Werner Oswald

Lastwagen · Lieferwagen · Transporter

1945–1988

Werner Oswald

Lastwagen Lieferwagen Transporter

1945–1988

Motorbuch Verlag Stuttgart

Umbruch und Redaktion: Werner Oswald
Umschlagzeichnung: Carlo Demand
Einband und Umschlagkonzeption: Siegfried Horn

Fotos und Zeichnungen:

Werkbilder und Archiv Werner Oswald (991), Sammlung Erich Schlie † (40), Redaktion Lastauto-Omnibus (26), Foto Axel Johanßen (24), Foto Wölfer (10), Deutsches Museum (5), Fotos Gihl (3), Sammlung Spielberger (3), Bundesverteidigungsministerium (2), Archiv Eckermann (2), Foto Matthies (2), Archiv Neubauer (2), Foto Friedolin Benteler (1), Foto Klaus Holl (1), Foto Lintelmann (1), Sammlung Schubert (1), Foto Zhorzel (1)

ISBN 3-613-01197-2

2. Auflage 1993

Ein Unternehmen der Paul Pietsch-Verlage GmbH & Co.

Satz und Druck: Dr. Cantz'sche Druckerei, 73760 Ostfildern 1.
Bindung: Verlagsbuchbinderei Karl Dieringer, 70828 Gerlingen.
Printed in Germany.

Lieber Leser,

den Personenwagen jeglicher Art und Gestalt gilt das Hauptinteresse des automobilbegeisterten Publikums. Groß ist aber auch das Informationsbedürfnis über die Nutzfahrzeuge. Deren Markt und Angebot lassen sich allerdings gar nicht so leicht überschauen. Mit diesem Buch soll versucht werden, den weiten Bereich der Nutzfahrzeuge zu erschließen. Mit genauen Daten und Bildern werden die Lastwagen, Lieferwagen und Transporter vorgestellt, welche die deutsche Automobilindustrie in den über 40 Jahren seit dem Kriegsende 1945 angeboten hat oder anbietet. Gewiß überrascht hierbei die Vielfalt der Ausführungen, und zwar nicht so sehr die Zahl der Aufbauten als vielmehr der Variantenreichtum schon bei den Grundmodellen. Modellwechsel und Modifikationen gibt es auf diesem Gebiet fast so oft wie bei den Personenwagen. Nur fällt dies im Alltagsverkehr kaum auf, weil sich das äußere Erscheinungsbild meistens nur in ziemlich langen Zeitabständen deutlich wandelt. Aber die technische Weiterentwicklung macht niemals große Pausen. Dafür sorgt vor allem schon die Konkurrenz. Sie schläft zwar manchmal, ist aber meistens doch ziemlich wach.

Übrigens gilt die Aufmerksamkeit der Konstrukteure zuvörderst den Motoren, deren Leistung und Wirtschaftlichkeit inzwischen einen Stand erreicht haben, den man noch vor 30 Jahren kaum für möglich gehalten hätte. Ferner gelang es, die Arbeitsbedingungen für den Fahrer durch komfortable Ausgestaltung der Kabinen, durch wesentliche Erleichterungen in Bezug auf die Bedienung der Fahrzeuge und durch erstaunlich wirksame Sicherheitsmaßnahmen eindrucksvoll zu harmonisieren. An den Grundmustern der üblichen Aufbauten läßt sich ohnehin kaum viel ändern, während die Entwicklung von Sonderaufbauten hauptsächlich spezialisierten Zulieferern obliegt. Recht wenig aber tut sich bisher bei den Fahrwerken. Auf dem Gebiet der Bremsen sind anerkennenswerte Fortschritte zu verzeichnen, aber in puncto Federung, Straßen- und Kurvenverhalten hat sich seit Menschengedenken wenig bewegt. Hier vor allem bleibt in Zukunft noch viel zu tun.

Recht herzlich möchte sich der Verfasser bei jenen vielen Freunden, Kollegen und Bekannten bedanken, die ihm bei der jahrelangen Arbeit an diesem Buch in uneigennütziger Hilfsbereitschaft zur Seite standen. Ich kann nicht alle diese lieben Menschen beim Namen nennen, und manche wollen das auch gar nicht, aber es sei mir gestattet, an dieser Stelle wenigstens diejenigen direkt anzusprechen, die sich am meisten um das Zustandekommen dieses Buches verdient gemacht haben. Besonders danken möchte ich in diesem Sinn den Herren Kunze und Grammer (Daimler-Benz), Richard Köbberling (MAN), Bodo Fischer (Opel), Ingo Kasten (Redaktion Lastauto-Omnibus) und Erich Völmle, dem früheren Werkfotografen von Magirus.

Vor allem für den Verfasser, aber auch für alle Beteiligten war es eine ebenso schwierige wie dankbare Aufgabe, diese umfangreiche Typologie der deutschen Lastwagen, Lieferwagen und Transporter zu erarbeiten. An solche Sisyphus-Arbeit hatte sich bisher noch keiner herangewagt. Warum wohl?

Herzlichst Ihr

Ing. Werner Oswald
Postfach 126
8024 Deisenhofen bei München

Inhalt

Volkswagen

Im Vergleich zum spektakulären Welterfolg des VW Käfer (VW Typ 1) machten die VW Transporter (VW Typ 2) seit jeher wenig von sich reden, obwohl sie genau wie der Käfer alle ihre Konkurrenten zahlenmäßig weit hinter sich ließen. Der VW Typ 2 basierte auf der gleichen Mechanik wie der Typ 1, doch steckte in seiner gesamten Anlage nicht weniger Genialität wie im Urtyp. Oft ist es nämlich schwieriger, ein neues Konzept unter dem Zwang starrer Vorgaben zu entwickeln, als frei nach bestmöglichen Lösungen suchen zu dürfen. Ungerechterweise ist im Gegensatz zu Professor Porsche, dem Schöpfer des VW Typ 1 in seiner ursprünglichen Form, der Konstrukteur des Typ 2 der Öffentlichkeit völlig unbekannt geblieben: Es war Dr.-Ing. Alfred Haesner, 1934 bis 1945 Technischer Leiter der Phänomen-Werke (Zittau), 1948 bis 1952 Entwicklungsleiter des Volkswagenwerks (Wolfsburg) und 1952 bis 1954 Chefingenieur der Ford-Werke (Köln).

Am 8. März 1950 begann die Serienproduktion des VW Typ 2 in Wolfsburg, wo sie bis März 1956 verblieb. Der rapid wachsende Verkaufserfolg sowohl des Käfers als auch des Transporters erschöpfte nämlich

Produktionszahlen des VW Transporter und des VW Bus in Deutschland

	Kombi	Bus 7/8/9 Sitze	Kastenwagen	Pritschenwagen	Doppelkabine	Krankenwagen	Sonstige	
1949	1	1	6					**8**
1950	1 254	1 142	5 662	1				**8 059**
1951	2 843	3 074	6 049	1		36		**12 003**
1952	5 031	5 194	9 363	1 606		481		**21 665**
1953	5 753	5 375	11 190	5 741		358		**28 417**
1954	8 868	7 630	14 550	8 562		589		**40 199**
1955	11 346	10 152	17 577	10 138		694		**49 907**
1956	16 002	11 798	22 657	11 449		586		**62 492**
1957	23 495	20 711	30 683	16 460		644		**91 993**
1958	21 732	23 841	36 672	19 142		486		**101 873**
1959	25 699	29 184	41 395	24 465		710		**121 453**
1960	30 425	30 350	47 498	30 988		658		**139 919**
1961	35 950	33 506	45 121	36 822		883	4	**152 286**
1962	38 506	41 179	47 237	38 118		728	7	**165 774**
1963	40 882	45 968	47 891	39 458		675		**174 874**
1964	44 659	54 146	48 481	30 387	9 445	829		**187 947**
1965	44 331	50 400	43 723	27 948	9 496	864		**176 726**
1966	46 286	49 557	43 084	26 730	9 804	816		**176 275**
1967	41 241	31 016	39 341	22 011	7 404	556		**141 569**
1968	68 597	64 411	50 880	31 070	12 091	1 241		**228 290**
1969	77 956	64 326	54 929	31 296	15 152	1 270	16	**244 945**
1970	87 391	71 719	53 759	28 340	15 393	1 242	29	**257 873**
1971	87 137	74 860	47 913	24 639	14 896	1 357	11	**250 813**
1972	90 712	66 400	56 119	27 175	16 829	1 860	6	**259 101**
1973	87 849	58 442	56 866	25 490	15 506	2 023	1	**246 177**
1974	64 027	38 700	39 822	17 715	12 082	1 762	13	**174 121**
1975	63 928	29 062	39 392	14 608	11 043	1 699		**159 752**
1976	65 799	31 390	45 263	14 014	11 807	1 221		**169 494**
1977	55 245	38 068	40 008	14 139	12 115	1 411		**160 986**
1978	52 251	34 331	40 454	12 694	13 396	1 310		**154 436**
1979 (alt)	31 732	13 566	28 569	5 667	5 475	623		**85 632**
1979 (neu)	18 807	8 818	16 400	5 166	724	323		**50 228**
1980	63 371	28 673	48 774	16 487	15 518	1 422		**174 245**
1981	54 126	25 083	36 030	11 583	11 805	1 255		**139 882**
1982	37 947	24 203	30 419	10 422	9 505	1 079		**113 575**
1983	38 592	27 082	28 426	10 099	9 856	801		**114 856**
1984	35 515	31 417	26 500	9 607	10 716	684		**114 439**
1985	37 507	25 412	26 451	9 137	10 834	851		**110 192**
1986	40 744	28 489	30 700	9 640	11 993	759		**122 325**

VW Kastenwagen Prototyp 1949

bald die Produktionskapazität des Stammwerks. Deshalb ließ Generaldirektor Nordhoff in Hannover-Stöcken, wenige hundert Meter von der Autobahn und vom Mittellandkanal entfernt, ein hochmodernes VW-Transporterwerk errichten. Dort lief nach nur einjähriger Bauzeit am 8. März 1956 der erste Wagen vom Band. Ein Motorenwerk, das dazu kam, stellte ab Ende 1959 sämtliche Volkswagenmotoren her, und zwar auch für die in Wolfsburg gebauten Personenwagen. Insgesamt waren das damals etwa 5000 Motoren pro Tag.

Der enorme Erfolg der VW Lasten- und Personen-Transporter beruhte zum einen auf deren technischer Konzeption, ihrer Fahrsicherheit durch die bei allen Belastungen nahezu gleichbleibende Achslastverteilung, ihrer Robustheit, Anspruchslosigkeit, Zuverlässigkeit und Wirtschaftlichkeit. Zum anderen trugen dazu die exzellente Verarbeitung, die sorgfältige Modellpflege, der weltweite Kundendienst, der relativ geringe Wertverlust und der problemlose Wiederverkauf bei. Alles in allem war eben die weit überwiegende Mehrzahl der Käufer überzeugt, daß ein VW Transporter den besten Kauf in der 3/4 bis 1 t Nutzlastklasse darstellt.

Andererseits sind die VW Typ 2 Kasten- und Kombiwagen durch den Heckmotor insofern etwas benachteiligt, weil dieser die Beladung durch die Heckklappe behindert, was die breite Seitentür nicht immer auszugleichen vermag. Manche Fahrer fühlen sich durch die Frontlenker-Bauart verunsichert, weil sie sich hinter einem mehr oder weniger großen Motor-Vorbau geschützter vorkommen. Außerdem sind für die unmittelbar über der Vorderachse Sitzenden der Fahrkomfort sowie Ein- und Ausstieg ziemlich beeinträchtigt.

Doch die Vorzüge der VW Transporter werden von den Kunden weit höher bewertet als deren Nachteile. Ein an die 40 Jahre andauernder Erfolg darf hierfür als untrüglicher Beweis gelten. Allerdings befindet sich wohl in den heute gebauten Wagen kein einziges Teil oder Teilchen mehr, das schon im Urmodell vorhanden gewesen wäre. Dennoch blieb der Gesamtentwurf seither im wesentlichen unverändert, denn er hat sich bestens bewährt. Solche Beständigkeit und Langlebigkeit gab es bisher noch bei keinem anderen Fahrzeug dieser Gattung.

VW Transporter (1950–1967)
VW Bus (1950–1967)

November 1949: Das Volkswagenwerk stellt die ersten Musterwagen des vom VW Käfer (Typ 1) abgeleiteten VW Transporter (Typ 2) vor. Während die beiden Typen in bezug auf Motor und Fahrwerk weitgehend übereinstimmen, zeigen sie in ihrer äußeren Gestalt überhaupt keine Ähnlichkeit: Beim Transporter nämlich zielte man darauf ab, auf dem gleichen Radstand und etwa gleicher Spur (wegen der vorhandenen Einrichtungen in den VW-Werkstätten) einen möglichst großen Nutzraum bei möglichst gleichmäßig verteilter Achslast zu erzielen und dabei dem Aufbau ein ebenso funktionelles wie gefälliges Aussehen zu geben. Eine technische Besonderheit gegenüber dem VW Personenwagen bestand (bis 1967) im Ritzelantrieb der Hinterräder. Wie beim früheren Wehrmacht-Kübelwagen des Volkswagenwerks erfolgte der Antrieb der Hinterräder über ein Vorgelege, ein Ritzelzahnradpaar, das die Antriebsübersetzung vergrößerte und vor allem die Bodenfreiheit des Wagens erhöhte.

März 1950: Beginn der Serienproduktion des VW Kastenwagens (VW 21). Im Mai folgen der Kombi (VW 23 und 25) sowie der Bus (VW 22 und 24). Den Kombi gibt es mit und ohne Sitzeinrichtung. Der Bus kann als Sieben-, Acht- oder Neunsitzer geliefert werden. In der Sonderausführung ist der Bus mit komfortablen Sitzen, verkleideten Innenwänden, Dachhimmel, Golde-Faltschiebedach, Rundum- und Dachrandverglasung sowie mit einer Armaturentafel über die ganze Fahrerhausbreite ausgestattet.

Anfang 1951: Der Kombi wird auch als Krankentransporter (VW 27) angeboten, wahlweise als Werksmodell oder mit Einrichtung der Firma Miesen (Bonn). Ab November 1951 wird der Krankenwagen serienmäßig hergestellt.

Oktober 1952: Alle VW Transporter- und Bus-Modelle erhalten ein vom II. bis IV. Gang synchronisiertes Getriebe. Ergänzt wird das Programm durch einen vom Kastenwagen abgeleiteten Pritschenwagen (VW 26). Eine nicht zu hohe und doch durchgehend ebene Ladefläche wurde erreicht, indem man das Reserverad (bei den seitherigen Modellen im Motorraum) hinter den Fahrersitz und den Kraftstofftank rechts vor die Hinterachse verlegte. Als Besonderheit besitzt der Pritschenwagen unter der Pritsche einen abschließbaren zweiten Laderaum.

Januar 1954: 30 PS-Motor mit Muldenkolben und Verdichtung 1:6,1.

August 1954: 30 PS-Motor mit Flachkolben und Verdichtung 1:6,6.

März 1955: Durchgehende Armaturentafel (wie bisher nur beim Achtsitzer-Sondermodell), Reserverad hinter Fahrersitz (wie bisher nur beim Pritschenwagen), Kraftstofftank bei den geschlossenen Modellen nicht mehr über dem Motor, sondern rechts über der Hinterachse. Seitliche Tankeinfüllung. Hydraulischer Lenkungsdämpfer. Jetzt auch hinten serienmäßige Stoßstange. 15″- statt 16″-Räder.

März 1956: Produktion der VW Transporter- und Bus-Modelle wird von Wolfsburg nach Hannover verlegt, wo für diesen Zweck ein völlig neues Karosserie- und Montagewerk errichtet worden war. 5000 Beschäftigte bauen zunächst 250 Wagen pro Tag.

Anfang 1959: Es gibt den Pritschenwagen auch mit Doppelkabine und entsprechend verkürzter Pritsche (VW 26-16), ferner zusätzlich als Großraumpritsche in Stahl- oder in Holzausführung.

Mai 1959: Völlig umkonstruierter Motor mit verstärkter Kurbelwelle, größerem Kurbelgehäuse, schräghängenden Ventilen sowie anderer Auspuffanlage. Leistung unverändert 30 PS, aber höheres Drehmoment. Kühlluftgebläse 1:1,8 statt 1:2 untersetzt. Viergang-Getriebe voll synchronisiert und anders übersetzt. Stärkere Stoßstangen.

Anfang 1960: Blinker statt Winker. Größere Heckleuchten. Auf Wunsch Hochdach für Kastenwagen.

Juni 1960: 34 PS Motorleistung und Startautomatik.

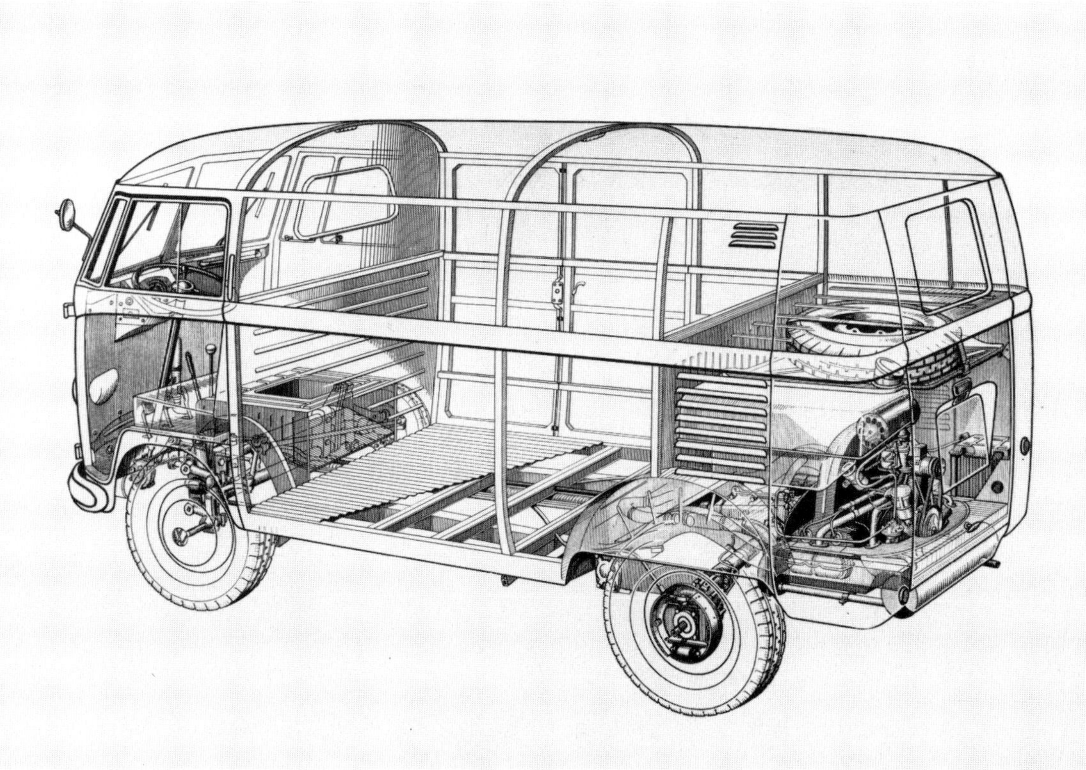

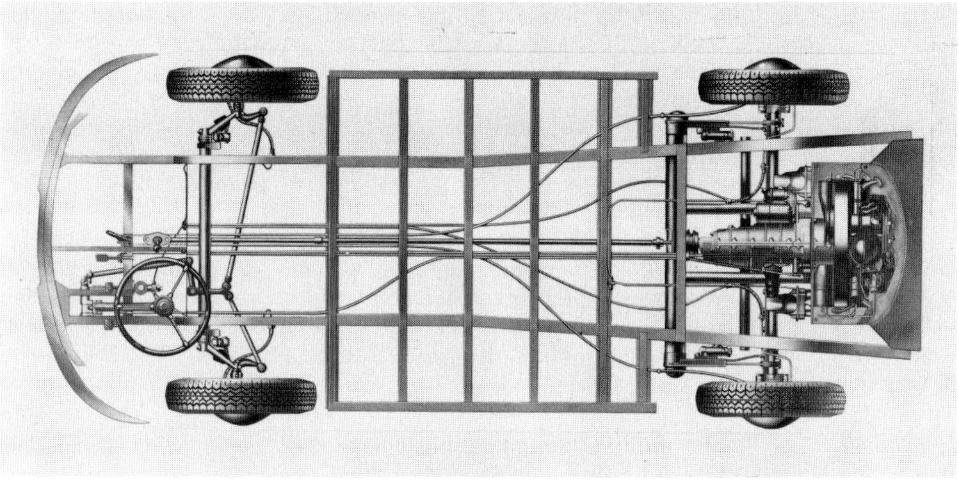

VW Typ 2
Kastenwagen
1950–1954

VW Typ 2
Fahrgestell
1950–1967

Preise VW Transporter und VW Bus 1950–1967

	Kastenwagen und Pritschenwagen mit Plane	Kombi	Achtsitzer	Achtsitzer Sonderausführung
1,2 Liter 25 PS 1950–1952	DM 5850,–	DM 6450,–	DM 6950,–	DM 9025,–
1,2 Liter 25 PS 1950–1953	DM 6400,–	DM 7100,–	DM 7450,–	DM 8975,–
1,2 Liter 30 PS 1954–1960	DM 5975,–	DM 6600,–	DM 6975,–	DM 8475,–
1,2 Liter 34 PS 1962–1964	DM 5975,–	DM 6600,–	DM 6975,–	DM 8475,–
1,5 Liter 42 PS 1960–1964	DM 6325,–	DM 6950,–	DM 7325,–	DM 8825,–
1,5 Liter 42 PS 1963–1965	DM 6395,–	DM 7020,–	DM 7435,–	DM 8940,–
1,5 Liter 44 PS 1965–1967	DM 6395,–	DM 7020,–	DM 7435,–	DM 8940,–

August 1962: Fahrersitz von den zwei Beifahrersitzen abgeteilt, letztere vorklappbar. Fahrersitz- und lehne verstellbar. Flachere Scheinwerfermulden. Tiefere Reserveradmulde.

März 1963: Alle Personen-Transporter (Kombi, Bus, Krankenwagen, Campingwagen, Polizei- und Feuerlöschfahrzeuge) erhalten auf Wunsch stärkeren 42 PS 1,5 Liter Motor. Außerdem können Kastenwagen und Personen-Transporter statt der zweiflügeligen Seitentür eine in Schienen geführte Schiebetür (Aufpreis 250 DM) erhalten.

August 1963: Alle Transporter- und Bus-Modelle nunmehr wahlweise mit 34 PS- oder 42 PS-Motor lieferbar. Die 42 PS Transporter gibt es ab jetzt auch in Eintonner-Ausführung mit verstärkten Achsen, Antrieb und Bremsen sowie Niederquerschnittreifen 7,00-14. Hintere Radausschnitte mit kleinem Wulst. Rückwandtür bei Kastenwagen und allen Personen-Transportern erheblich breiter. Blinkleuchten über den Scheinwerfern wesentlich vergrößert.

August 1964: Scheibenwischer größer, Scheibenwischer-Motor stärker, Scheibenwaschanlage, Innenspiegel. Alle Bus-Modelle mit Plastik-Dachhimmel. Drehzahlbegrenzer.

August 1965: 1,5 Liter-Motor weiterentwickelt, größere Ein- und Auslaßventile, 44 PS Leistung. Stabilisator vorn, Zweistufen-Scheibenwischer, Motorklappe mit Druckknopfverschluß. Alle Pritschenwagen mit großem Heckfenster.

Oktober 1965: Produktion aller Transporter mit 34 PS-Motor und 750 kg Nutzlast ist beendet. Es gibt nur noch die 44 PS Eintonner-Ausführungen.

August 1966: 12 Volt-Anlage, Einschlüssel-System, auf Wunsch Anschlüsse für Sitzgurte,

Juni 1967: Produktion des VW Typ 2 bisheriger Form und Bauart wird beendet. Seit 1950 über 1,8 Millionen Stück gefertigt.

VW Kastenwagen
1950–1954

←

VW Pritschenwagen
1952–1954

VW Bus
Achtsitzer
1950–1954

VW Bus
Achtsitzer
Sonderausführung
1950–1954

VW Bus Achtsitzer
1955–1958

←

VW Kastenwagen 1955–1958

VW Kastenwagen 1959

VW Kombi 1959

VW Pritschenwagen mit Plane 1959

←

VW Bus Achtsitzer
Sonderausführung
1955–1958

<table>
<tr><th></th><th>VW Transporter
VW Bus
1950–1952</th><th>VW Transporter
VW Bus
1952–1953</th></tr>
<tr><td>Bauart</td><td colspan="2">Frontlenker-Kleintransporter
Luftgekühlter Heckmotor hinter, Getriebe vor der Hinterachse</td></tr>
<tr><td>Motor</td><td colspan="2">Volkswagen-Vergasermotor</td></tr>
<tr><td>Zylinderzahl</td><td colspan="2">4 (Boxer)</td></tr>
<tr><td>Bohrung × Hub</td><td colspan="2">75 × 64 mm</td></tr>
<tr><td>Hubraum</td><td colspan="2">1131 ccm</td></tr>
<tr><td>Leistung</td><td colspan="2">25 PS bei 3300 U/min</td></tr>
<tr><td>Getriebe</td><td>4 Gang (unsynchronisiert)</td><td>4 Gang (II.–IV. synchronisiert)</td></tr>
<tr><td>Rahmen</td><td colspan="2">Hilfsrahmen aus Kasten-Längs- und Querträgern
Mittragende Ganzstahlkarosserie</td></tr>
<tr><td>Vorderradaufhängung</td><td colspan="2">Kurbellenker oben und unten, 2 Federstäbe quer</td></tr>
<tr><td>Hinterradaufhängung</td><td colspan="2">Eingelenk-Pendelachse
Längslenker, beiderseits je 1 Federstab quer</td></tr>
<tr><td>Fußbremse</td><td colspan="2">Hydraulisch, 4 Räder</td></tr>
<tr><td></td><td colspan="2">Kastenwagen</td></tr>
<tr><td>Radstand</td><td colspan="2">2400 mm</td></tr>
<tr><td>Spur vorn/hinten</td><td colspan="2">1356/1360 mm</td></tr>
<tr><td>Gesamtmaße</td><td colspan="2">4100 × 1700 × 1900 mm</td></tr>
<tr><td>Laderaum</td><td colspan="2">2000 × 1500 × 1350 mm +
(über Motorraum) 700 × 1500 × 550 mm</td></tr>
<tr><td>Reifen</td><td colspan="2">5,50–16</td></tr>
<tr><td>Wagengewicht (mit Fahrer)</td><td colspan="2">990 kg</td></tr>
<tr><td>Zuläss. Gesamtgewicht</td><td colspan="2">1750 kg</td></tr>
<tr><td>Höchstgeschwindigkeit</td><td colspan="2">90 km/h</td></tr>
<tr><td>Verbrauch/100 km</td><td colspan="2">10 Liter</td></tr>
<tr><td></td><td>Kombi</td><td>Kombi</td></tr>
<tr><td>Wagengewicht (mit Fahrer)</td><td>1010 kg</td><td>1020 kg, Krankenwagen 1265 kg</td></tr>
<tr><td>Zuläss. Gesamtgewicht</td><td>1750 kg</td><td>1759 kg</td></tr>
<tr><td></td><td colspan="2">Achtsitzer-Bus</td></tr>
<tr><td>Wagengewicht (mit Fahrer)</td><td colspan="2">1110 kg</td></tr>
<tr><td>Zuläss. Gesamtgewicht</td><td colspan="2">1750 kg</td></tr>
<tr><td></td><td></td><td>Pritschenwagen</td></tr>
<tr><td>Radstand</td><td></td><td>2400 mm</td></tr>
<tr><td>Spur vorn/hinten</td><td></td><td>1356/1360 mm</td></tr>
<tr><td>Gesamtmaße</td><td></td><td>4140 × 1710 × 1890 bzw.
(mit Plane) 2230 mm</td></tr>
<tr><td>Ladefläche</td><td></td><td>2600 × 1570 mm, Bordwand 375 mm
Lichte Höhe Plane 1200 mm
Schließfach unter Pritsche:
1200 × 1600 × 340 mm</td></tr>
<tr><td>Reifen</td><td></td><td>5,50–16</td></tr>
<tr><td>Wagengewicht (mit Fahrer)</td><td></td><td>1035 (mit Plane 1070) kg</td></tr>
<tr><td>Zuläss. Gesamtgewicht</td><td></td><td>1820 kg</td></tr>
<tr><td>Höchstgeschwindigkeit</td><td></td><td>85 km/h</td></tr>
<tr><td>Verbrauch/100 km</td><td></td><td>10,5 Liter</td></tr>
<tr><td>Ladefläche</td><td></td><td></td></tr>
<tr><td>Wagengewicht (mit Fahrer)</td><td></td><td></td></tr>
<tr><td>Zuläss. Gesamtgewicht</td><td></td><td></td></tr>
</table>

<table>
<tr><th>VW Transporter
VW Bus
1954–1955</th><th>VW Transporter
VW Bus
1955–1959</th><th>VW Transporter
VW Bus
1959–1960</th></tr>
<tr><td colspan="3">Frontlenker-Kleintransporter</td></tr>
<tr><td colspan="3">Luftgekühlter Heckmotor hinter, Getriebe vor der Hinterachse</td></tr>
<tr><td colspan="3">Volkswagen Vergasermotor</td></tr>
<tr><td colspan="3">4 (Boxer)</td></tr>
<tr><td colspan="3">77 × 64 mm</td></tr>
<tr><td colspan="3">1192 ccm</td></tr>
<tr><td colspan="3">30 PS bei 3400 U/min</td></tr>
<tr><td>4 Gang (II.–IV. synchronisiert)</td><td>4 Gang (II.–IV. synchronisiert)</td><td>4 Gang (I.–IV. synchronisiert)</td></tr>
<tr><td colspan="3">Hilfsrahmen aus Kasten-Längs- und Querträgern</td></tr>
<tr><td colspan="3">Mittragende Ganzstahlkarosserie</td></tr>
<tr><td colspan="3">Kurbellenker oben und unten, 2 Federstäbe quer</td></tr>
<tr><td colspan="3">Eingelenk-Pendelachse</td></tr>
<tr><td colspan="3">Längslenker, beiderseits je 1 Federstab quer</td></tr>
<tr><td colspan="3">Hydraulisch, 4 Räder</td></tr>
<tr><td>Kastenwagen</td><td colspan="2">Kastenwagen</td></tr>
<tr><td>2400 mm</td><td colspan="2">2400 mm</td></tr>
<tr><td>1356/1360 mm</td><td colspan="2">1370/1360 mm</td></tr>
<tr><td>4100 × 1700 × 1900 mm</td><td>4190 × 1725 × 1940 mm</td><td>4280 × 1750 × 1940 mm</td></tr>
<tr><td>2000 × 1500 × 1350 +
(über Motorraum) 700 × 1500 × 550 mm</td><td colspan="2">2000 × 1500 × 1350 +
(über Motorraum) 700 × 1450 × 800 mm</td></tr>
<tr><td>5,50–16</td><td colspan="2">6,40–15</td></tr>
<tr><td>1000 kg</td><td colspan="2">1020 kg</td></tr>
<tr><td>1800 kg</td><td colspan="2">1850 kg</td></tr>
<tr><td>95 km/h</td><td colspan="2">95 km/h</td></tr>
<tr><td>10 Liter</td><td colspan="2">10 Liter</td></tr>
<tr><td>Kombi</td><td colspan="2">Kombi</td></tr>
<tr><td>1020 kg, Krankenwagen 1285 kg</td><td colspan="2">1040 kg, Krankenwagen 1285 kg</td></tr>
<tr><td>1800 kg</td><td colspan="2">1850 kg</td></tr>
<tr><td>Achtsitzer-Bus</td><td colspan="2">Achtsitzer-Bus</td></tr>
<tr><td>1165 kg</td><td colspan="2">1185 kg</td></tr>
<tr><td>1800 kg</td><td colspan="2">1850 kg</td></tr>
<tr><td>Pritschenwagen</td><td colspan="2">Pritschenwagen</td></tr>
<tr><td>2400 mm</td><td colspan="2">2400 mm</td></tr>
<tr><td>1356/1360 mm</td><td colspan="2">1370/1360 mm</td></tr>
<tr><td>4140 × 1710 × 1890 bzw.
(mit Plane) 2230 mm</td><td>4190 × 1710 × 1920 bzw.
(mit Plane) 2210 mm</td><td>4290 × 1750 × 1920 bzw.
(mit Plane) 2210 mm</td></tr>
<tr><td>2600 × 1570 mm, Bordwand 375 mm</td><td colspan="2">2600 × 1570 mm, Bordwand 375 mm</td></tr>
<tr><td>Lichte Höhe Plane 1200 mm</td><td colspan="2">Lichte Höhe Plane 1200 mm</td></tr>
<tr><td>Schließfach unter Pritsche:
1200 × 1600 × 340 mm</td><td colspan="2">Schließfach unter Pritsche:
1200 × 1600 × 340 mm</td></tr>
<tr><td>5,50–16</td><td colspan="2">6,40–15</td></tr>
<tr><td>1035 (mit Plane 1070) kg</td><td colspan="2">1050 (mit Plane 1085) kg</td></tr>
<tr><td>1820 kg</td><td colspan="2">1850 kg</td></tr>
<tr><td>90 km/h</td><td colspan="2">90 km/h</td></tr>
<tr><td>10,5 Liter</td><td colspan="2">10,5 Liter</td></tr>
<tr><td></td><td></td><td>Doppelkabine</td></tr>
<tr><td></td><td></td><td>1755 × 1750 mm, Bordwand 375 mm</td></tr>
<tr><td></td><td></td><td>Lichte Höhe Plane 1200 mm</td></tr>
<tr><td></td><td></td><td>Kein Schließfach unter Pritsche</td></tr>
<tr><td></td><td></td><td>1100 (mit Plane 1120) kg</td></tr>
<tr><td></td><td></td><td>1850 kg</td></tr>
</table>

←

VW Kastenwagen mit Hochdach 1960–1963

←

→

VW Krankenwagen 1960–1963

VW Pritschenwagen mit Doppelkabine (3 Türen) 1960–1963

→

VW Kofferwagen Aufbau: Westfalia 1960–1963

←

VW Kastenwagen
1960–1963 (rechts)
1963–1967 (links)

VW Bus
Siebensitzer Sondermodell
Achtsitzer Sondermodell
Neunsitzer Sondermodell
1963–1967

VW Großraum-Holzpritsche
1963–1967

VW Pritschenwagen
mit Doppelkabine (3 Türen)
1963–1967

VW Krankenwagen
1963–1967

	VW Transporter **VW Bus** **1960–1964**
Bauart	Frontlenker-Kleintransporter, luftgekühlter Heckmotor hinter, Getriebe vor der Hinterachse
Motor	Volkswagen Vergasermotor
Zylinderzahl	4 (Boxer)
Bohrung × Hub	77 × 64 mm
Hubraum	1192 ccm
Leistung	34 PS bei 3600 U/min
Getriebe	4 Gang (I.–IV. synchronisiert)
Rahmen	Hilfsrahmen aus Kasten-Längs- und Querträgern Mittragende Ganzstahlkarosserie
Vorderradaufhängung	Kurbellenker oben und unten, 2 Federstäbe quer
Hinterradaufhängung	Eingelenk-Pendelachse Längslenker, beiderseits je 1 Federstab quer
Fußbremse	Hydraulisch, 4 Räder
	Kastenwagen
Radstand	2400 mm
Spur vorn/hinten	1370/1360 mm
Gesamtmaße	4280 × 1750 × 1940 (Hochraum-Kastenwagen 2290) mm
Laderaum	2000 × 1500 × 1350 (Hochraum-Kastenwagen 1680) mm + über Motorraum 700 × 1450 × 800 (1130) mm
Reifen	6,40–15
Wagengewicht (mit Fahrer)	1050 (Hochraum-Kastenwagen 1110) kg
Zuläss. Gesamtgewicht	1865 kg
Höchstgeschwindigkeit	95 (Hochraum-Kastenwagen 90) km/h
Verbrauch/100 km	10 (Hochraum-Kastenwagen 10,5) Liter
	Kombi
Wagengewicht (mit Fahrer)	1120 kg, Krankenwagen 1300 kg
Zuläss. Gesamtgewicht	1865 kg
	Achtsitzer-Bus
Gesamtmaße	4280 × 1750 × 1940 mm, Sondermodell 4300 × 1800 × 1940 mm
Wagengewicht (mit Fahrer)	1200 kg
Zuläss. Gesamtgewicht	1865 kg
	Pritschenwagen
Gesamtmaße	4290 × 1750 × 1920 bzw. (mit Plane) 2210 mm
Ladefläche	2600 × 1570 mm, Bordwand 375 mm Lichte Höhe Plane 1200 mm Schließfach unter Pritsche: 1200 × 1600 × 340 mm
Wagengewicht (mit Fahrer)	1065 (mit Plane 1100) kg
Zuläss. Gesamtgewicht	1865 kg
Höchstgeschwindigkeit	90 km/h
Verbrauch/100 km	10,5 Liter
	Doppelkabine
Gesamtmaße	4290 × 1750 × 1920 bzw. (mit Plane) 2210 mm
Ladefläche	1755 × 1570 mm, Bordwand 375 mm Lichte Höhe Plane 1200 mm, kein Schließfach unter Pritsche
Wagengewicht (mit Fahrer)	1115 (mit Plane 1135) kg
	Großraum-Stahlblechpritsche
Gesamtmaße	4290 × 2020 × 1920 mm
Ladefläche	2600 × 1910 mm, Bordwand 375 mm Schließfach unter Pritsche: 1200 × 1600 × 340 mm
Wagengewicht (mit Fahrer)	1115 kg
	Großraum-Holzpritsche
Gesamtmaße	4300 × 1980 × 1920 mm
Ladefläche	2720 × 1850 mm, Bordwand 400 mm Schließfach unter Pritsche: 1200 × 1600 × 340 mm
Wagengewicht (mit Fahrer)	1135 kg

VW Transporter VW Bus 1963–1964	**VW Transporter VW Bus 1963–1967**

Frontlenker-Kleintransporter, luftgekühlter Heckmotor
hinter, Getriebe vor der Hinterachse
Volkswagen-Vergasermotor
4 (Boxer)
83 × 69 mm
1493 ccm
42 PS bei 3800 U/min bzw. (ab August 1965) 44 PS bei 4000 U/min
4 Gang (I.–IV. synchronisiert)
Hilfsrahmen aus Kasten-Längs- und Querträgern
Mittragende Ganzstahlkarosserie
Kurbellenker oben und unten, 2 Federstäbe quer. Ab August 1965: Stabilisator

VW Transporter / VW Bus 1963–1964	VW Transporter / VW Bus 1963–1967
Eingelenk-Pendelachse, Längslenker, beiderseits je 1 Federstab quer Hydraulisch, 4 Räder	Eingelenk-Pendelachse, Längslenker, beiderseits je 1 Federstab quer, dazu je 1 Gummi-Hohlfeder Hydraulisch, 4 Räder
Kastenwagen 2400 mm 1375/1360 mm 4280 × 1750 × 1940 (Hochraum-Kastenwagen 2290) mm 2000 × 1500 × 1350 (Hochraum-Kastenwagen 1680) mm + über Motorraum 700 × 1450 × 800 (1130) mm 6,40–15 1070 (Hochraum-Kastenwagen 1110) kg 1900 kg 105 (Hochraum-Kastenwagen 100) km/h 10,5 (Hochraum-Kastenwagen 11) Liter	**Kastenwagen** 2400 mm 1375/1360 mm 4280 × 1750 × 1925 (Hochraum-Kastenwagen 2275) mm 2000 × 1500 × 1350 (Hochraum-Kastenwagen 1680) mm + über Motorraum 700 × 1450 × 800 (1130) mm 7,00–14 (6 PR) 1070 (Hochraum-Kastenwagen 1110) kg 2070 kg 105 (Hochraum-Kastenwagen 100) km/h 11 (Hochraum-Kastenwagen 11,5) Liter
Kombi 1140 kg, Krankenwagen 1320 kg 1900 kg	**Kombi** 1140 kg, Krankenwagen 1320 kg 2070 kg
Achtsitzer-Bus 4280 × 1750 × 1940 mm, Sondermodell 4300 × 1800 × 1940 mm 1220 kg 1900 kg	**Achtsitzer-Bus** 4280 × 1750 × 1925 mm, Sondermodell 4300 × 1800 × 1925 mm 1225 kg 2070 kg
Pritschenwagen 4290 × 1750 × 1920 bzw. (mit Plane) 2210 mm 2600 × 1570 mm, Bordwand 375 mm Lichte Höhe Plane 1200 mm Schließfach unter Pritsche 1200 × 1600 × 340 mm 1085 (mit Plane 1120) kg 1900 kg 100 km/h 11 Liter	**Pritschenwagen** 4290 × 1750 × 1910 bzw. (mit Plane) 2200 mm 2600 × 1570 mm, Bordwand 375 mm Lichte Höhe Plane 1200 mm Schließfach unter Pritsche 1200 × 1600 × 340 mm 1085 (mit Plane 1120) kg 2070 kg 100 km/h 11,5 Liter
Doppelkabine 4290 × 1750 × 1920 bzw. (mit Plane) 2210 mm 1755 × 1570 mm, Bordwand 375 mm Lichte Höhe Plane 1200 mm, kein Schließfach unter Pritsche 1130 (mit Plane 1150) kg	**Doppelkabine** 4290 × 1750 × 1910 bzw. (mit Plane) 2200 mm 1755 × 1570 mm, Bordwand 375 mm Lichte Höhe Plane 1200 mm, kein Schließfach unter Pritsche 1130 (mit Plane 1150) kg
Großraum-Stahlblechpritsche 4290 × 2020 × 1920 mm 2600 × 1910 mm, Bordwand 375 mm Schließfach unter Pritsche 1200 × 1600 × 340 mm 1130 kg	**Großraum-Stahlblechpritsche** 4290 × 2020 × 1910 mm 2600 × 1910 mm, Bordwand 375 mm Schließfach unter Pritsche 1200 × 1600 × 340 mm 1130 kg
Großraum-Holzpritsche 4300 × 1980 × 1920 mm 2720 × 1850 mm, Bordwand 400 mm Schließfach unter Pritsche 1200 × 1600 × 340 mm 1150 kg	**Großraum-Holzpritsche** 4300 × 1980 × 1910 mm 2720 × 1850 mm, Bordwand 400 mm Schließfach unter Pritsche 1200 × 1600 × 340 mm 1150 kg

VW Transporter (1967–1979)
VW Bus (1967–1979)

August 1967: VW Typ 2 wird in Form und Technik durchgreifend modernisiert herausgebracht. Gustav Mayer, inzwischen Leiter der Nutzfahrzeug-Entwicklung des Volkswagenwerks, änderte zwar nicht die grundsätzliche Konzeption des seitherigen Transporters, ließ ihn aber konstruktiv völlig neu durcharbeiten. Normaler Profilrahmen statt des Gitter-Hilfsrahmens. Wegfall des Ritzelvorgeleges an den Antriebsrädern. Äußere Merkmale des neuen Modelles sind die ungeteilte, gebogene Windschutzscheibe, die größeren Seitenfenster, das Lufteinlaßgitter vorn und die rechteckigen Blinker unter den Scheinwerfern. Kombi-, Kasten- und Krankenwagen sowie der Bus besitzen nun serienmäßig die seitliche Schiebetür. Zu den technischen Errungenschaften zählen der 1,6 Liter-Motor mit stehendem Kühlgebläse, die Pendelachse mit Doppelgelenk-Antriebswellen, die Zweikreisbremse und die nun serienmäßigen Befestigungspunkte für Sitzgurte. Der Kraftstofftank wurde auf 55 Liter (die Prospekte behaupteten 60 Liter) vergrößert. Das seitherige Sondermodell, nun vorübergehend Clipper L, dann Achtsitzer L geheißen, erhält Stahlkurbeldach (lieferbar ab Januar 1968) statt Faltschiebedach. Dabei wird allerdings Dachöffnung über Fahrersitz vermißt. Das Reserverad befindet sich bei allen Modellen mit durchgehender Fahrerraum-Rückwand unter den Vordersitzen, bei Modellen mit Durchgang vom Fahrerraum zum Lade- oder Fahrgastraum hinten links über dem Motorraum.

Januar 1968: Hochraum-Kastenwagen nicht mehr mit Stahlblech-, sondern mit Plastikdach, das weniger dröhnt. Auf Wunsch dazu Hochraum-Schiebetür (Höhe 1,56 stat 1,25 Meter) lieferbar. Aufpreis etwa 500 DM. Hochraum-Kastenwagen gehen hauptsächlich an die Bundespost.

August 1969: Verstärkte Türen, versteifte Rahmenanlage, Lenksäulenbefestigung mit Soll-Knickstelle.

August 1970: Leistung des 1,6 Liter-Motors durch Zylinderköpfe mit Doppeleinlaßkanälen und Gabelansaugrohre von 47 PS auf 50 PS angehoben. Scheibenbremsen vorn, Bremskraftregler im hinteren Bremskreis, auf Wunsch Bremskraftverstärker (Aufpreis 150 DM). Stärkere Antriebswellen, breitere Spur. Stärker ausgewölbte Radausschnitte hinten. Lochscheibenräder (mattsilber lackiert, leider sehr rostanfällig) mit flacheren Radkappen.

August 1971: Größere Kühlluftöffnungen (»Kiemen«) oben seitlich am Heck der geschlossenen Aufbauten. Indirekte Lüftung für Fahrer- und Fahrgastraum. Doppelt so große Schlußleuchten wie seither. Wirksamere Geräuschdämpfung. Bei allen geschlossenen Modellen Platzgewinn durch Verlegung der Tankklappe nach weiter hinten (außerhalb des Bereiches der Schiebetür). Für alle geschlossenen Modelle (nicht für Pritschenwagen) auf Wunsch 1,7 Liter-Flachmotor des VW 411 E, hier jedoch mit zwei Vergasern und 66 PS Leistung. Bei diesem Motor befindet sich das Kühlluftgebläse raumsparend auf der Kurbelwelle.

August 1972: Für bessere Aufprallsicherheit erhält der Fahrzeugrahmen vorn ein Deformationselement. Im Zusammenhang damit Änderung der Wagenfront, Blinkleuchten in Höhe der Luftschlitze, VW-Zeichen kleiner, stärkere Stoßstangen, (»Eisenbahnschienen«), Vordertür-Trittbretter nicht mehr Teil der Stoßstangen, sondern schmutzgeschützt nach innen verlegt. Leichtgängigere Gemmer-Schneckenrollen-Lenkung. Sicherheits-Lenksäule mit Knickgelenk. Auf Wunsch H4-Halogenscheinwerfer. In Verbindung mit 1,7 Liter-Motor (nicht für Pritschen-Modelle) kann das seit Jahren im VW 1600 und VW 411 bewährte vollautomatische Getriebe geliefert werden.

August 1973: Vereinfachte Tankeinfüllung ohne Klappe. Sitzgurte serienmäßig. Getriebestufen geändert. Schiebetür mit Federspannschloß und automatischer Verriegelung. 1,6 Liter-Motor unverändert, stärkere Version mit 1,8 statt 1,7 Liter Hubraum.

August 1975: Basismodelle mit 1,6 Liter-Motor unverändert. Stärkere Version mit 2 statt 1,8 Liter Hubraum. Garantie 1 Jahr ohne Kilometerbegrenzung.

August 1976: Bei den Bus-Modellen entfallen die Trennwände hinter den Vordersitzen, um deren Verstellbereich zu vergrößern.

Juli 1978: Vom Achtsitzer mit 2 Liter-Motor wird eine Sonderserie mit Silbermetallic-Lackierung und besonders umfangreicher Komfortausstattung aufgelegt.

Anfang 1979: Volkswagenwerk stellte Gelände-Transporter mit Vierrad-Antrieb vor. 5 Versuchsexemplare sind gebaut. Vorerst nur Erkundung des Marktes, aber noch keine Serienproduktion.

Juli 1979: Produktion der zweiten Generation des VW Transporters wird beendet. Er brachte es auf eine Gesamtzahl von etwa 3 Millionen Stück.

VW Bus Sondermodell 1967–1972

Preise VW Transporter und VW Bus 1967–1979

	Kastenwagen	Kombi	Achtsitzer L	Automatic
1,6 Liter 47 PS (1967–1970)				
August 1967	DM 6 680,–	DM 7 375,–	DM 8 980,–	–
August 1968	DM 7 195,–	DM 7 950,–	DM 9 750,–	–
1,6 Liter 50 PS (1970–1979)				
August 1970	DM 8 375,–	DM 9 280,–	DM 11 170,–	–
August 1971	DM 8 795,–	DM 9 745,–	DM 11 740,–	–
August 1972	DM 9 450,–	DM 10 535,–	DM 12 620,–	–
August 1973	DM 10 030,–	DM 11 175,–	DM 12 790,–	–
August 1974	DM 11 375,–	DM 12 670,–	DM 14 505,–	–
April 1975	DM 12 270,–	DM 13 665,–	DM 15 645,–	–
März 1976	DM 12 870,–	DM 14 335,–	DM 16 410,–	–
August 1977	DM 13 450,–	DM 14 985,–	DM 17 145,–	–
März 1978	DM 14 050,–	DM 15 650,–	DM 17 915,–	–
1,7 Liter 66 PS (1971–1973)				
August 1971	DM 9 470,–	DM 10 420,–	DM 12 415,–	–
August 1972	DM 10 165,–	DM 11 230,–	DM 13 315,–	+ DM 950,–
1,8 Liter 68 PS (1972–1975)				
August 1973	DM 10 765,–	DM 11 910,–	DM 13 525,–	+ DM 1000,–
August 1974	DM 12 345,–	DM 13 570,–	DM 15 225,–	+ DM 1135,–
April 1975	DM 13 165,–	DM 14 560,–	DM 16 540,–	+ DM 1225,–
2 Liter 70 PS (1975–1979)				
August 1975	DM 13 165,–	DM 14 560,–	DM 16 540,–	+ DM 1225,–
März 1976	DM 13 810,–	DM 15 275,–	DM 17 350,–	+ DM 1285,–
August 1977	DM 14 430,–	DM 15 965,–	DM 18 125,–	+ DM 1345,–
März 1978	DM 15 075,–	DM 16 675,–	DM 18 940,–	+ DM 1405,–

VW Kastenwagen
1967–1970

VW Pritschenwagen
mit Doppelkabine (3 Türen)
1967–1970

VW Kastenwagen
mit Hochdach
1968–1970

VW Achtsitzer 1967–1970

VW Achtsitzer L 1970–1972

VW
Achtsitzer
1972–1973

VW
Achtsitzer L
1972–1973

VW Campingbus (Westfalia) mit Pferdetransport-Anhänger (Westfalia) 1977

VW Pritschenwagen 1973–1979

VW Großraum-Holzpritsche 1973–1979

VW Pritschenwagen mit Doppelkabine (3 Türen) 1973–1979

VW Pritschenwagen mit Kippvorrichtung 1973–1979

	VW Transporter VW Bus 1967–1970
Bauart	Frontlenker-Kleintransporter, luftgekühlter Heckmotor hinter, Getriebe vor der Hinterachse
Motor	Volkswagen Vergasermotor
Zylinderzahl	4 (Boxer)
Bohrung × Hub	85,5 × 69 mm
Hubraum	1584 ccm
Leistung	47 PS bei 4000 U/min
Getriebe	4 Gang
Rahmen	Profilrahmen, mittragende Ganzstahlkarosserie
Vorderradaufhängung	Kurbellenker oben und unten, 2 Federstäbe quer, Gummipuffer, Drehstab-Stabilisator
Hinterradaufhängung	Doppelgelenk-Pendelachse, Längslenker, beiderseits je 1 Federstab quer, dazu je 1 Gummi-Hohlfeder
Fußbremse	Zweikreis-Hydraulik, 4 Räder
	Kastenwagen
Radstand	2400 mm
Spur vorn/hinten	1385/1426 mm
Gesamtmaße	4420 × 1765 × 1995 (mit Hochdach 2290) mm
Laderaum	2100 × 1570 × 1400 (mit Hochdach 1680) mm + über Motorraum 700 × 1450 × 800 (1080) mm
Reifen	7,00–14 (8 PR)
Wagengewicht (mit Fahrer)	1175 (mit Hochdach 1250) kg
Zuläss. Gesamtgewicht	2175 kg
Höchstgeschwindigkeit	110 (Mit Hochdach 100) km/h
Verbrauch/100 km	12 (mit Hochdach 12,5) Liter
	Kombi
Reifen	Kombi 7,00–14 (8 PR), Krankenwagen 185 SR 14
Wagengewicht (mit Fahrer)	1265 kg, Krankenwagen 1425 kg
Zuläss. Gesamtgewicht	2175 kg, Krankenwagen 1900 kg
	Achtsitzer-Bus
Reifen	Achtsitzer: 7,00–14 (6 PR), Achtsitzer L: 185 SR 14
Gesamtmaße	4420 × 1765 × 1940 mm, Achtsitzer L: 4445 × 1815 × 1940 mm
Wagengewicht (mit Fahrer)	Achtsitzer: 1310 kg, Achtsitzer L: 1335 kg
Zuläss. Gesamtgewicht	2125 kg
	Pritschenwagen
Gesamtmaße	4420 × 1765 × 1955 bzw. (mit Plane) 2245 mm
Ladefläche	2700 × 1570 mm, Bordwand 375 mm Lichte Höhe Plane 1200 mm Schließfach unter Pritsche: 1300 × 1600 × 340 mm
Wagengewicht (mit Fahrer)	1175 (mit Plane 1210) kg
Zuläss. Gesamtgewicht	2175 kg
Höchstgeschwindigkeit	100 km/h
Verbrauch/100 km	12,5 Liter
	Doppelkabine
Gesamtmaße	4420 × 1765 × 1950 bzw. (mit Plane) 2220 mm
Ladefläche	1855 × 1570 mm, Bordwand 375 mm Lichte Höhe Plane 1200 mm, kein Schließfach unter Pritsche
Wagengewicht (mit Fahrer)	1225 (mit Plane 1250) kg
	Großraum-Holzpritsche
Gesamtmaße	4470 × 1980 × 1955 mm
Ladefläche	2820 × 1850 mm, Bordwand 400 mm Schließfach unter Pritsche: 1300 × 1600 × 340 mm
Wagengewicht (mit Fahrer)	1255 kg

VW Transporter
VW Bus
1970–1972

VW Transporter
VW Bus
1972–1979

Frontlenker-Kleintransporter, luftgekühlter Heckmotor
hinter, Getriebe vor der Hinterachse
Volkswagen Vergasermotor
4 (Boxer)
85,5 × 69 mm
1584 ccm
50 PS (37 kW) bei 4000 U/min
4 Gang
Profilrahmen, mittragende Ganzstahlkarosserie
Kurbellenker oben und unten, 2 Federstäbe quer,
Gummipuffer, Drehstab-Stabilisator
Doppelgelenk-Pendelachse, Längslenker,
beiderseits je 1 Federstab quer, dazu je 1 Gummi-Hohlfeder
Zweikreis-Hydraulik, vorn Scheibenbremsen, auf Wunsch Servohilfe

Kastenwagen
2400 mm
1386/1439 mm
4420 × 1765 × 1955 (mit Hochdach 2290) mm
2100 × 1570 × 1400 (mit Hochdach 1680) mm +
über Motorraum 700 × 1450 × 800 (1080) mm
7,00–14 (8 PR). Auf Wunsch: 185 R 14 C
1175 (Hochdach 1250) kg
2235 kg
115 (Hochdach 110) km/h
13 (Hochdach 13,5) Liter

Kombi
Kombi: 7,00–14 (8 PR), Krankenwagen: 185 SR 14
1265, Krankenwagen 1425 kg
2235, Krankenwagen 1900 kg

Achtsitzer-Bus
Achtsitzer: 7,00–14 (6 PR), Achtsitzer L: 185 SR 14
4420 × 1765 × 1940 mm, Achtsitzer L: 4445 × 1815 × 1940 mm
Achtsitzer: 1310 kg, Achtsitzer L: 1335 kg
Achtsitzer: 2205 kg, Achtsitzer L: 2125 kg

Pritschenwagen
4420 × 1765 × 1955 bzw. (mit Plane) 2245 mm
2700 × 1570 mm, Bordwand 375 mm
Lichte Höhe Plane 1200 mm
Schließfach unter Pritsche: 1300 × 1600 × 340 mm
1175 (mit Plane 1210) kg
2235 kg
110 km/h
13,5 Liter

Doppelkabine
4420 × 1765 × 1950 bzw. (mit Plane) 2220 mm
1855 × 1570 mm, Bordwand 375 mm
Lichte Höhe Plane 1200 mm, kein Schließfach unter Pritsche
1225 (mit Plane 1250) kg

Großraum-Holzpritsche
4470 × 1980 × 1955 mm
2820 × 1850 mm, Bordwand 400 mm
Schließfach unter Pritsche 1300 × 1600 × 340 mm
1255 kg

Kastenwagen
2400 mm
1395/1455 mm
4505 × 1720 × 1960 (mit Hochdach 2290) mm
2100 × 1570 × 1400 (mit Hochdach 1680) mm +
über Motorraum 700 × 1450 × 800 (1080) mm
7,00–14 (8 PR). Auf Wunsch: 185 R 14 C
1300 (Hochdach 1350) kg
2300 kg
115 (Hochdach 110) km/h
13 (Hochdach 13,5) Liter

Kombi
Kombi: 7,00–14 (8 PR) oder 185 R 14 C. Krankenw.: 185 SR 14
1380, Krankenwagen 1565 kg
2300, Krankenwagen 2100 kg

Achtsitzer-Bus
7,00–14 (8 PR) oder 185 R 14 C. Achtsitzer L: 185 SR 14
4505 × 1720 × 1960 mm, Achtsitzer L: 4545 × 1760 × 1960 mm
Achtsitzer: 1435 kg, Achtsitzer L: 1460 kg
Achtsitzer: 2300 kg, Achtsitzer L: 2250 kg

Pritschenwagen
4505 × 1720 × 1960 bzw. (mit Plane) 2245 mm
2700 × 1570 mm, Bordwand 375 mm
Lichte Höhe Plane 1200 mm
Schließfach unter Pritsche: 1300 × 1600 × 340 mm
1300 (mit Plane 1335) kg
2300 kg
110 km/h
13,5 Liter

Doppelkabine
4505 × 1720 × 1960 bzw. (mit Plane) 2220 mm
1855 × 1570 mm, Bordwand 375 mm
Lichte Höhe Plane 1200 mm, kein Schließfach unter Pritsche
1350 (mit Plane 1375) kg

Großraum-Holzpritsche
4525 × 1980 × 1960 mm
2820 × 1850 mm, Bordwand 400 mm
Schließfach unter Pritsche 1300 × 1600 × 340 mm
1380 kg

VW Kastenwagen 1973–1979

VW Achtsitzer L 1973–1979

VW Achtsitzer L Sonderserie (»Silberfisch«) 1978–1979

Bauart
Motor

Getriebe
Rahmen
Vorderradaufhängung
Hinterradaufhängung
Fußbremse

Radstand
Spur vorn/hinten
Gesamtmaße
Laderaum

Reifen
Wagengewicht (mit Fahrer)
Zuläss. Gesamtgewicht
Höchstgeschwindigkeit
Verbrauch/100 km

Gesamtmaße
Reifen
Wagengewicht (mit Fahrer)
Zuläss. Gesamtgewicht

Bauart
Motor

Getriebe
Rahmen
Vorderradaufhängung
Hinterradaufhängung
Fußbremse

Radstand
Spur vorn/hinten
Gesamtmaße
Laderaum
Reifen
Wagengewicht (mit Fahrer)
Zuläss. Gesamtgewicht
Höchstgeschwindigkeit
Verbrauch/100 km

Gesamtmaße
Reifen
Wagengewicht (mit Fahrer)
Zuläss. Gesamtgewicht

VW Transporter VW Bus 1971–1972	VW Transporter VW Bus 1972–1973

Frontlenker-Kleintransporter, luftgekühlter Heckmotor hinter, Getriebe vor der Hinterachse

Volkswagen Zweivergaser-Motor	Volkswagen Zweivergaser-Motor
4 Zylinder (Boxer), 90 × 66 mm, Hubraum 1679 ccm	4 Zylinder (Boxer), 90 × 66 mm, Hubraum 1679 ccm
66 PS bei 4800 U/min	66 PS bei 4800 U/min, mit Automatik 62 PS bei 4200 U/min
4 Gang	4 Gang-Schaltgetriebe oder 3 Gang-Automatik

Profilrahmen, mittragende Ganzstahlkarosserie
Kurbellenker oben und unten, 2 Federstäbe quer, Gummipuffer, Drehstab-Stabilisator
Doppelgelenk-Pendelachse, Längslenker, beiderseits je 1 Federstab quer, dazu je 1 Gummi-Hohlfeder
Zweikreis-Hydraulik, vorn Scheibenbremsen, Servohilfe

Kastenwagen und Kombi	**Kastenwagen und Kombi**
2400 mm	2400 mm
1386/1439 mm	1395/1455 mm
4420 × 1765 × 1955 mm	4505 × 1720 × 1960 mm
2100 × 1570 × 1400 mm + (über Motorraum) 700 × 1450 × 800 mm	2100 × 1570 × 1400 mm + (über Motorraum) 700 × 1450 × 800 mm
185 R 14 C	185 R 14 C
Kastenwagen 1265, Kombi 1355 kg	Kastenwagen 1320, Kombi 1400 kg
2280 kg	2280 kg
128 km/h	128 (Automatik 125) km/h
14 Liter	14 (Automatik 15) Liter
Bus Achtsitzer L	**Bus Achtsitzer L**
4445 × 1815 × 1940 mm	4545 × 1760 × 1960 mm
185 SR 14	185 SR 14
1425 kg	1480 kg
2250 kg	2250 kg

VW Transporter VW Bus 1973–1975	VW Transporter VW Bus 1975–1979

Frontlenker-Kleintransporter, luftgekühlter Heckmotor hinter, Getriebe vor der Hinterachse

Volkswagen Zweivergaser-Motor	Volkswagen Zweivergaser-Motor
4 Zylinder (Boxer), 90 × 66 mm, Hubraum 1795 ccm	4 Zylinder (Boxer), 94 × 71 mm, Hubraum 1970 ccm
68 PS (50 kW) bei 4200 U/min	70 PS (51 kW) bei 4200 U/min

4 Gang-Schaltgetriebe oder 3 Gang-Automatik
Profilrahmen, mittragende Ganzstahlkarosserie
Kurbellenker oben und unten, 2 Federstäbe quer, Gummipuffer, Drehstab-Stabilisator
Doppelgelenk-Pendelachse, Längslenker, beiderseits je 1 Federstab quer, dazu je 1 Gummi-Hohlfeder
Zweikreis-Hydraulik, vorn Scheibenbremsen, Servohilfe

Kastenwagen und Kombi
2400 mm
1395/1455 mm
4505 × 1720 × 1960
2100 × 1570 × 1400 mm + (über Motorraum) 700 × 1540 × 800 mm
185 R 14 C
Kastenwagen 1320, Kombi 1400 kg
2300 kg

128 (Automatik 125) km/h	130 (Automatik 127) km/h
14 (Automatik 15) Liter	14 (Automatik 15) Liter

Bus Achtsitzer L
4505 × 1720 × 1960 mm
185 SR 14
1480 kg
2250 kg

VW Transporter (ab 1979)
VW Bus (ab 1979)

Mai 1979: Der Nachfolger des VW Typ 2 wird vorgestellt und bereits in kleiner Stückzahl neben dem noch laufenden Vormodell produziert. Zur allgemeinen Überraschung der Fachwelt hat sich das Volkswagenwerk (Leiter der Nutzfahrzeug-Entwicklung: Gustav Mayer) wieder für die Heckmotor-Bauart entschieden. Dennoch stellt auch der VW Transporter der 3. Generation, von den Motoren abgesehen, eine völlige Neukonstruktion dar. Wiederum gelang es, den Frontlenker-Aufbauten nicht nur ein modernes und gefälliges Aussehen zu geben, sondern auch ihren Luftwiderstands-Beiwert (Cw) zu verringern, den Nutzraum zu vergrößern und dessen Zugänglichkeit zu verbessern. Front- und Heckscheibe wurden breiter und höher. Die etwas breitere Karosserie bietet im Fahrerraum Platz für drei vollwertige Sitze. Die neue Rahmen-Bodenlage, hoher konstruktiver Aufwand für das Fahrwerk, eine exakt reagierende Zahnstangenlenkung und eine effiziente Bremsanlage vermitteln dem Wagen außergewöhnlich angenehme und sichere Fahreigenschaften. Das Reserverad liegt klapperfrei in einer Wanne vor der Vorderachse, der Kraftstoffbehälter liegt gut geschützt hinter der Vorderachse. Diese Anordnung kommt nicht nur der passiven Fahrzeugsicherheit zustatten, sondern auch einer bestmöglichen Achslastverteilung, wobei das Gewicht des Heckmotors dafür sorgt, daß auch unter extrem ungünstigen Bedingungen ein ausreichender Vortrieb gewährleistet bleibt. Wieder steht ein 1,6 und ein 2 Liter-Motor zur Wahl, letzterer auch mit Automatik. Nunmehr aber ist der 1,6 Liter ebenfalls ein Flachmotor mit Kühlluftgebläse auf der Kurbelwelle. Beide Motoren erhielten hydraulische Ventilstößel, elektronische Transistor-Zündung und digitale Leerlaufstabilisierung. Serienmäßig erhalten alle Transporter Unterbodenschutz und Hohlraumkonservierung. Außerdem wurden Radläufe und Rahmenträger als offene Profile gestaltet, um durch Belüftung und Austrocknung anfälliger Stellen der Unterrostung vorzubeugen. – Im Volkswagenwerk Hannover ging nach den Betriebsferien im August 1979 der neue VW Transporter in vollem Umfang in die Produktion.

März 1981: Lieferbeginn des seit Jahren erwarteten und in einem Großversuch bei der Bundespost (noch mit 1,5 Liter Hubraum) seit längerem erprobten Dieselmotor für den VW Typ 2. Es handelt sich um den 1,6 Liter Diesel aus dem VW Golf. Der wassergekühlte Reihenmotor ist, in Fahrtrichtung gesehen, um 50°

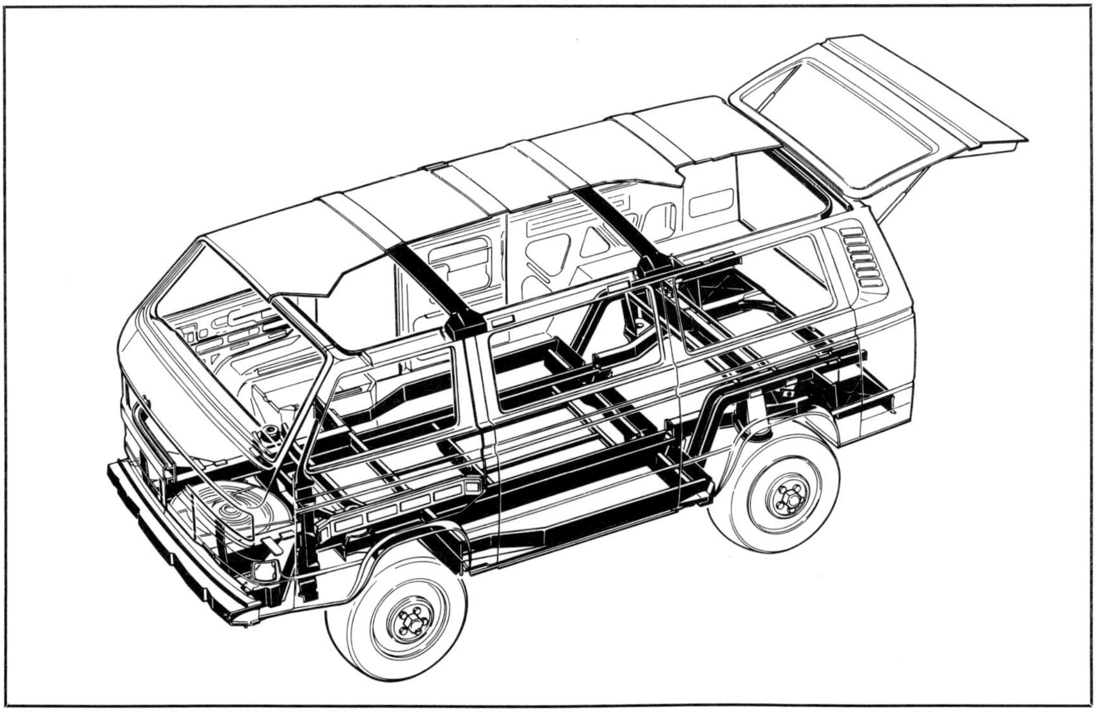

Preise

(ohne MWSteuer)

	Kastenwagen	Kombi (ohne Sitze)	Achtsitzer L	Caravelle	Automatic
1,6 Liter 50 PS luftgekühlt					
Juli 1979	DM 15 400,–	DM 16 200,–	DM 20 100,–	–	–
Juli 1980	DM 17 000,–	DM 18 000,–	DM 23 120,–	–	–
Mai 1981	DM 17 800,–	DM 18 700,–	DM 23 120,–	–	–
2 Liter 70 PS luftgekühlt					
Juli 1979	DM 16 530,–	DM 17 300,–	DM 20 930,–	–	+ DM 1550,–
Juli 1980	DM 18 220,–	DM 19 060,–	DM 23 940,–	–	+ DM 1800,–
Mai 1981	DM 18 700,–	DM 19 560,–	DM 24 000,–	–	+ DM 1800,–
September 1981	DM 18 700,–	DM 19 560,–	DM 24 000,–	DM 25 720,–	+ DM 1800,–
1,6 Liter 50 PS Diesel					
Juli 1980	DM 18 830,–	DM 19 660,–	DM 22 900,–	–	–
Mai 1981	DM 20 300,–	DM 21 070,–	DM 25 100,–	–	–
September 1981	DM 20 300,–	DM 21 070,–	DM 25 100,–	DM 27 040,–	–

	Kastenwagen	Kombi (ohne Sitze)	Caravelle CL	Caravelle Carat	Automatic	Syncro (nicht f. Carat)
1,9 Liter 60 PS / 44 kW						
Juli 1984	DM 18 800,–	DM 19 700,–	DM 23 500,–	–	–	–
Juli 1985	DM 19 500,–	DM 20 340,–	DM 24 200,–	–	–	–
Juli 1986	DM 20 200,–	DM 21 150,–	DM 25 200,–	–	–	–
Juli 1987	DM 20 550,–	DM 21 620,–	DM 25 750,–	–	–	–
1,9 Liter 78 PS / 57 kW						
Juli 1984	DM 19 400,–	DM 20 300,–	DM 24 100,–	–	–	–
Juli 1985	DM 20 100,–	DM 20 940,–	DM 23 300,–	–	+ DM 1560,–	+ DM 8300,–
Juli 1986	DM 20 820,–	DM 21 770,–	DM 25 820,–	–	+ DM 1900,–	+ DM 8600,–
Juli 1987	DM 21 200,–	DM 22 260,–	DM 26 400,–	–	+ DM 1975,–	+ DM 8750,–
1,9 Liter 90 PS / 70 kW						
Juli 1984	DM 21 200,–	DM 22 100,–	DM 25 800,–	DM 42 150,–	+ DM 1235,–	–
2,2 Liter 112 PS / 82 kW						
Juli 1985	DM 22 100,–	DM 23 000,–	DM 25 320,–	DM 44 050,–	+ DM 1265,–	–
Juli 1986	DM 22 960,–	DM 23 900,–	DM 27 960,–	DM 45 800,–	+ DM 1325,–	+ DM 8000,–
Juli 1987	DM 23 350,–	DM 24 420,–	DM 28 500,–	DM 46 650,–	+ DM 1375,–	+ DM 8200,–
1,6 Liter 50 PS Diesel						
Juli 1984	DM 20 150,–	DM 21 100,–	DM 24 800,–	–	–	–
Juli 1985	DM 20 850,–	DM 21 740,–	DM 24 100,–	–	–	–
Juli 1986	DM 21 660,–	DM 22 600,–	DM 26 660,–	–	–	–
Juli 1987	DM 22 100,–	DM 23 130,–	DM 27 300,–	–	–	–
1,6 Liter 70 PS Turbo-Diesel						
Juli 1985	DM 22 000,–	DM 22 920,–	DM 25 300,–	–	–	–
Juli 1986	DM 22 880,–	DM 23 820,–	DM 27 880,–	–	–	+ DM 8600,–
Juli 1987	DM 23 400,–	DM 24 400,–	DM 28 500,–	–	–	+ DM 8750,–

nach links geneigt, nach wie vor im Heck eingebaut, wobei sich aber der Wasserkühler an der Wagenfront befindet. Deshalb besitzen alle Diesel-Transporter einen zusätzlichen zweiten Grill an der Wagenfront.

September 1981: VW Bus nunmehr in drei Ausstattungsvarianten lieferbar: als normaler Sieben-, Acht- oder Neunsitzer, als Sieben-, Acht- oder Neunsitzer L sowie als Siebensitzer »Caravelle« mit Luxusausstattung.

September 1982: Ersatz der luftgekühlten Boxermotoren mit Vergaser durch völlig neue wassergekühlte Boxermotoren (»Wasser-Boxer«). Bei 1,9 Liter Hubraum leisten sie 60 PS mit Einfachvergaser oder 78 PS mit Registervergaser. (Transporter mit luftgekühlten Boxermotoren werden weiterhin von den Volkswagenwerken in Argentinien, Brasilien, Mexiko und Südafrika hergestellt.) Die neuen Wasser-Boxer, Leichtmetallmotoren modernster Konstruktion, laufen bedeutend ruhiger und leiser, verfügen über

VW Achtsitzer
mit luftgekühltem Motor
1979–1982

bessere Kaltlaufeigenschaften und verbrauchen im Vergleich zu den Vorgängern trotz höherer Nutzleistung deutlich weniger Kraftstoff, zumal im Kurzstreckenbereich. Des weiteren erlaubt der neue Motor eine raschere und leistungsfähigere Heizung des Wagens. Neu ist ferner ein (leider oft hakeliges) 5 Gang-Getriebe, das alternativ zum seitherigen 4 Gang-Getriebe oder zur 3 Gang-Automatic geliefert werden kann.

September 1983: Als dritter 1,9 Liter Wasser-Boxer erscheint ein 90 PS Einspritzmotor. Der Bus heißt je nach Ausstattung nunmehr »Caravelle C, CL und GL«. Dazu kommt das Luxusmodell »Caravelle Carat«, dem zunächst der 90 PS Einspritzmotor vorbehalten bleibt. Der Caravelle Carat ist äußerlich vor allem an den rechteckigen Halogen-Doppelscheinwerfern, am anders gestylten Lufteintrittsgitter sowie am Frontspoiler zu erkennen. Servolenkung sowie Leichtmetallräder mit breiten Stahlgürtelreifen sind Serie.

Dezember 1984: Produktionsbeginn und im März 1985 Markteinführung der allradangetriebenen VW Transporter Syncro und VW Caravelle Syncro. Die Entwicklung des permanenten Allrad-Antriebs erfolgte in Zusammenarbeit mit der Steyr-Daimler-Puch AG. in Graz/Österreich, wo auch die Herstellung der allrad-spezifischen Teile und die Montage der damit ausgerüsteten Wagen stattfindet.

Februar 1985: Den Dieselmotor gibt es von nun an nicht nur in der 50 PS Saug-Ausführung, sondern auch mit KKK Abgas-Turbolader, Leistung 70 PS. Gleichzeitig vorgestellt und ab Herbst 1985 lieferbar wird der Wasserboxer-Einspritzmotor mit auf 2,1 Liter vergrößertem Hubraum und 112 PS Leistung. Somit stehen für alle Transporter nunmehr fünf Motoren von 50 bis 112 PS zur Wahl, wobei die zwei neuen Motoren hauptsächlich für den Caravelle und die inzwischen zahlreich gewordenen Wohnmobile in Betracht kommen.

September 1985: Endlich Einschlüsselsystem, dazu neue Sonderausstattung wie Servolenkung (bisher nur für Caravelle Carat), Klimaanlage (richtiger: Kühlanlage), Zentralverriegelung. Neues Modell »Multivan«: von Westfalia für das Volkswagenwerk gebaute Einfachausführung des Wohnmobils »Joker«, als Freizeitautomobil auch für gelegentliche Übernachtungen geeignet, jedoch nicht als mobiles Heim für längerdauernde Reisen.

September 1986: Antiblockiersystem ABS von Bosch (Aufpreis 3000 DM) für alle heckgetriebenen Modelle lieferbar, für Syncro in Vorbereitung.

Frühjahr 1987: Für extremes Gelände Syncro mit 16"-Rädern (Reifen 195 R 16 oder 205 R 16). 25 mm mehr Bodenfreiheit, andere Getriebe-Übersetzungen. Karosserie, Fahrwerk und Bremsen verstärkt. Differentialsperre hinten Serie.

VW Diesel-Transporter. Der seitlich geneigte Einbau ermöglichte es, den Dieselmotor in dem bisher nur für Boxermotoren vorgesehenen Raum unterzubringen. Weitere Vorteile der Schräglage: Einspritzpumpe, Düsen, Glühkerzen und Nebenaggregate sind von oben leicht zu erreichen. Der Wasserkühler vorn im Wagen sorgt für gute Kühlung sowie für Achslastausgleich. Die Kühlwasserrohre liegen geschützt im Bodenrahmen. Der später hinzugekommene »Wasser-Boxer« besitzt ein entsprechendes Kühlsystem.

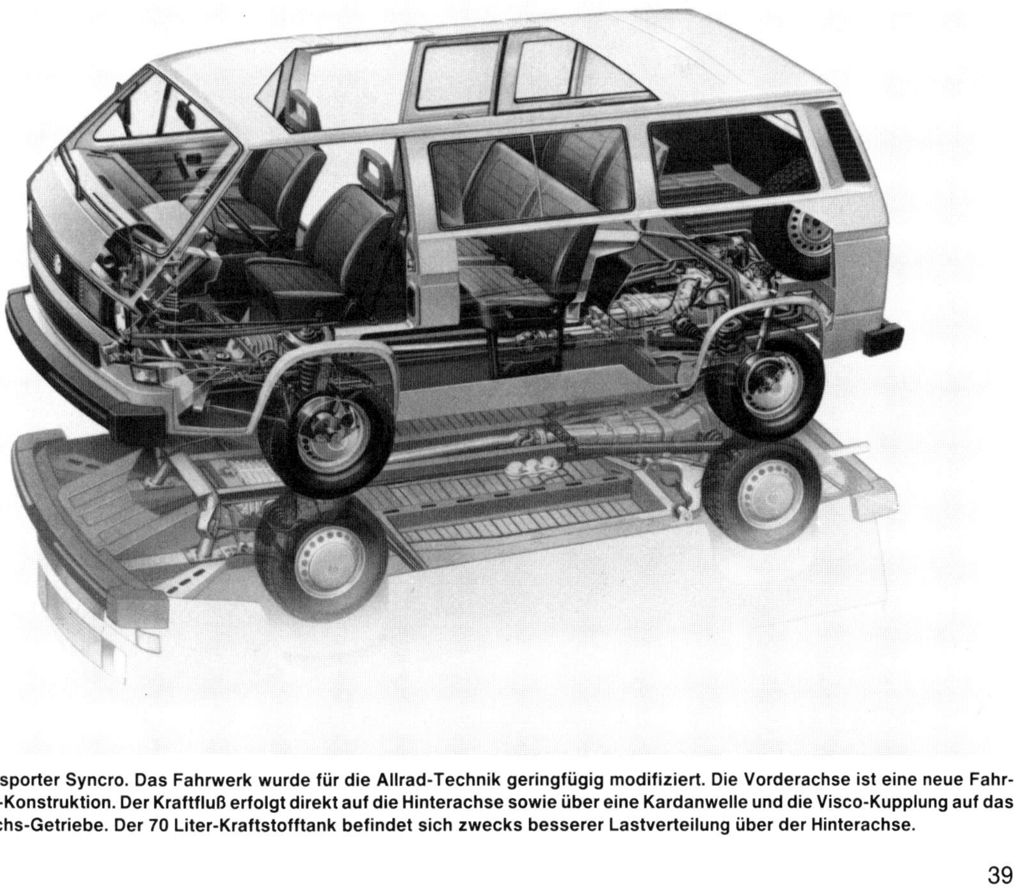

VW Transporter Syncro. Das Fahrwerk wurde für die Allrad-Technik geringfügig modifiziert. Die Vorderachse ist eine neue Fahrschemel-Konstruktion. Der Kraftfluß erfolgt direkt auf die Hinterachse sowie über eine Kardanwelle und die Visco-Kupplung auf das Vorderachs-Getriebe. Der 70 Liter-Kraftstofftank befindet sich zwecks besserer Lastverteilung über der Hinterachse.

VW Kombi
1979–1982

VW Achtsitzer L
1979–1982

VW Pritschenwagen und
VW Pritschenwagen mit
Doppelkabine (3 Türen)
1979–1982

	VW Transporter VW Bus 1979–1982	
Bauart	Frontlenker-Heckmotor-Kleintransporter	
	Luftgekühlter Boxermotor hinter, Getriebe vor der Hinterachse	
Motor	VW, 1 Fallstromvergaser	VW, 2 Fallstromvergaser
Zylinderzahl	4 (Boxer)	4 (Boxer)
Bohrung × Hub	85,5 × 69 mm	94 × 71 mm
Hubraum	1584 ccm	1970 ccm
Leistung	50 PS (37 kW) bei 4000 U/min	70 PS (51 kW) bei 4200 U/min
Getriebe	4 Gang-Schaltgetriebe	4 Gang-Schaltgetriebe oder 3 Gang-Automatik
Rahmen	Selbsttragende Ganzstahlkarosserie, mit Längs- und Querträgern verstärkt	
Vorderradaufhängung	Doppel-Querlenker, Schraubenfedern, Stabilisator	
Hinterradaufhängug	Schräglenker, Miniblock-Schraubenfedern	
Fußbremse	Zweikreis-Hydraulik, vorn Scheibenbremsen	Zweikreis-Hydraulik, vorn Scheibenbremsen
	Kastenwagen	
Radstand	2460 mm	
Spur vorn/hinten	1570/1570 mm	
Gesamtmaße	4570 × 1845 × 1965 (mit Hochdach 2365) mm	
Laderaum	2780 × 1590 × 1465 (mit Hochdach 1880) mm bzw. über Motorraum 1100 (mit Hochdach 1500) mm	
Reifen	7,00–14 (8 PR), 185 R 14 C oder 185 SR 14	185 R 14 C oder 185 SR 14
Wagengewicht (mit Fahrer)	1365 (mit Hochdach 1415) kg	1395 (mit Hochdach 1445) kg
Zuläss. Gesamtgewicht	2360 kg	2360 kg
Höchstgeschwindigkeit	110 (mit Hochdach 105) km/h	127 (mit Hochdach 122) km/h bzw. bei Automatic 122 (mit Hochdach 115) km/h
Verbrauch/100 km	13 (mit Hochdach 13,5) Liter	14,5 (Automatik 16) Liter
	Kombi	
Wagengewicht (mit Fahrer)	1440 (mit Hochdach 1490) kg	1470 (mit Hochdach 1520) kg
Zuläss. Gesamtgewicht	2360 kg	2360 kg
	Achtsitzer-Bus	
Wagengewicht (mit Fahrer)	1540 kg	1570 kg
Zuläss. Gesamtgewicht	2310 kg	2310 kg
	Pritschenwagen	
Gesamtmaße	4570 × 1870 × 1925 bzw. (mit Plane) 2230 mm	
Ladefläche	2730 × 1375 mm, Bordwand 365 mm, lichte Höhe Plane 1215 mm Schließfach unter Pritsche: 1500 × 1650 × 390 mm	
Wagengewicht (mit Fahrer)	1365 (mit Plane 1400) kg	1395 (mit Plane 1430) kg
Zuläss. Gesamtgewicht	2360 kg	2360 kg
Höchstgeschwindigkeit	105 km/h	122 (Automatik 115) km/h
Verbrauch/100 km	13,5 Liter	14,5 (Automatik 16 Liter)
	Großraum-Holzpritsche	
Gesamtmaße	4635 × 2000 × 1940 mm	
Ladefläche	2820 × 1895 mm, Bordwand 405 mm Schließfach unter Pritsche: 1500 × 1650 × 390 mm	
Wagengewicht (mit Fahrer)	1460 kg	1490 kg
	Doppelkabine	
Gesamtmaße	4570 × 1870 × 1925 bzw. (mit Plane) 2230 mm	
Ladefläche	1880 × 1735 mm, Bordwand 365 mm, lichte Höhe Plane 1215 mm Schließfach unter Pritsche: 650 × 1650 × 390 mm	
Wagengewicht (mit Fahrer)	1450 (mit Plane 1475) kg	1480 (mit Plane 1505) kg

VW Krankenwagen
ab 1982

VW Caravelle
ab 1982

VW Caravelle Carat
ab 1983

<table>
<tr><th></th><th colspan="2">VW Transporter (ab 1982)
VW Bus (1982–1983)
VW Caravelle (ab 1982)</th></tr>
<tr><td>Bauart</td><td colspan="2">Frontlenker-Heckmotor-Kleintransporter
Wassergekühlter Boxermotor hinter, Getriebe vor der Hinterachse</td></tr>
<tr><td>Motor</td><td>VW, 1 Fallstromvergaser</td><td>VW, 1 Register-Fallstromvergaser</td></tr>
<tr><td>Zylinderzahl</td><td>4 (Boxer)</td><td>4 (Boxer)</td></tr>
<tr><td>Bohrung × Hub</td><td>94 × 68,9 mm</td><td>94 × 68,9 mm</td></tr>
<tr><td>Hubraum</td><td>1913 ccm</td><td>1913 ccm</td></tr>
<tr><td>Leistung</td><td>60 PS (44 kW) bei 3700 U/min</td><td>78 PS (57 kW) bei 4600 U/min</td></tr>
<tr><td>Getriebe</td><td>4 Gang- oder 5 Gang-Schaltgetriebe</td><td>4 Gang- oder 5 Gang-Schaltgetriebe
oder 3 Gang-Automatik</td></tr>
<tr><td>Rahmen</td><td colspan="2">Selbsttragende Ganzstahlkarosserie, mit Längs- und Querträgern verstärkt</td></tr>
<tr><td>Vorderradaufhängung</td><td colspan="2">Doppel-Querlenker, Schraubenfedern, Stabilisator</td></tr>
<tr><td>Hinterradaufhängung</td><td colspan="2">Schräglenker, Miniblock-Schraubenfedern</td></tr>
<tr><td>Fußbremse</td><td colspan="2">Zweikreis-Hydraulik, Servohilfe, Scheibenbremsen vorn</td></tr>
<tr><td></td><td colspan="2">Kastenwagen</td></tr>
<tr><td>Radstand</td><td colspan="2">2460 mm</td></tr>
<tr><td>Spur vorn/hinten</td><td colspan="2">1585/1570 mm</td></tr>
<tr><td>Gesamtmaße</td><td colspan="2">4570 × 1845 × 1965 (mit Hochdach 2365) mm</td></tr>
<tr><td>Laderaum</td><td colspan="2">2780 × 1590 × 1465 (mit Hochdach 1880) mm bzw.
über Motorraum 1100 (mit Hochdach 1500) mm</td></tr>
<tr><td>Reifen</td><td colspan="2">185 SR 14 oder 185 R 14 C</td></tr>
<tr><td>Wagengewicht (mit Fahrer)</td><td colspan="2">1400 (mit Hochdach 1450) kg</td></tr>
<tr><td>Zuläss. Gesamtgewicht</td><td colspan="2">2390 oder 2600 kg</td></tr>
<tr><td>Höchstgeschwindigkeit</td><td>120 (Hochdach 115) km/h</td><td>130 (Hochdach 125) km/h bzw.
Automatik: 120 (Hochdach 115) km/h</td></tr>
<tr><td>Verbrauch/100 km</td><td>12 (Hochdach 12,5) Liter</td><td>13 (Hochdach 13,5) Liter bzw.
Automatik: 14,5 (Hochdach 15) Liter</td></tr>
<tr><td></td><td colspan="2">Kombi</td></tr>
<tr><td>Wagengewicht (mit Fahrer)</td><td colspan="2">1470 (Hochdach 1520) kg</td></tr>
<tr><td>Zuläss. Gesamtgewicht</td><td colspan="2">2390 oder 2600 kg</td></tr>
<tr><td></td><td colspan="2">Bus und Caravelle</td></tr>
<tr><td>Wagengewicht (mit Fahrer)</td><td colspan="2">je nach Ausstattung 1550 bis 1650 kg</td></tr>
<tr><td>Zuläss. Gesamtgewicht</td><td colspan="2">2390 oder 2600 kg</td></tr>
<tr><td></td><td colspan="2">Pritschenwagen</td></tr>
<tr><td>Gesamtmaße</td><td colspan="2">4570 × 1870 × 1925 (mit Plane 2235) mm</td></tr>
<tr><td>Ladefläche</td><td colspan="2">2730 × 1735 mm, Bordwand 365 mm, lichte Höhe Plane 1215 mm
Schließfach unter Pritsche: 1500 × 1650 × 390 mm</td></tr>
<tr><td>Wagengewicht (mit Fahrer)</td><td colspan="2">1400 (mit Plane 1435) kg</td></tr>
<tr><td>Zuläss. Gesamtgewicht</td><td colspan="2">2390 oder 2600 kg</td></tr>
<tr><td></td><td colspan="2">Großraum-Holzpritsche</td></tr>
<tr><td>Gesamtmaße</td><td colspan="2">4635 × 2000 × 1925 mm</td></tr>
<tr><td>Ladefläche</td><td colspan="2">2820 × 1895 mm, Bordwand 405 mm
Schließfach unter Pritsche: 1500 × 1650 × 390 mm</td></tr>
<tr><td>Wagengewicht (mit Fahrer)</td><td colspan="2">1500 kg</td></tr>
<tr><td>Zuläss. Gesamtgewicht</td><td colspan="2">2390 oder 2600 kg</td></tr>
<tr><td></td><td colspan="2">Doppelkabine</td></tr>
<tr><td>Gesamtmaße</td><td colspan="2">4570 × 1870 × 1925 (mit Plane 2325) mm</td></tr>
<tr><td>Ladefläche</td><td colspan="2">1880 × 1735 mm, Bordwand 365 mm, lichte Höhe Plane 1215 mm
Schließfach unter Pritsche: 650 × 1650 × 390 mm</td></tr>
<tr><td>Wagengewicht (mit Fahrer)</td><td colspan="2">1485 (mit Plane 1510) kg</td></tr>
<tr><td>Zuläss. Gesamtgewicht</td><td colspan="2">2390 oder 2600 kg</td></tr>
</table>

VW Wohnmobil Westfalia »Club Joker« (ab 1983)

VW Wohnmobil »Karman-Mobil« (ab 1980)

VW Wohnmobil Weinsberg »Terra« (ab 1986)

VW Wohnmobil Dehler »Profi« (ab 1981)

VW Caravelle Syncro 4 x 4 (ab 1985) mit Knaus Wohnanhänger

	VW Transporter (1984–1985) VW Caravelle (1983–1985)	VW Transporter (ab 1985) VW Caravelle (ab 1985)
Bauart	Frontlenker-Heckmotor-Kleintransporter	
	Wassergekühlter Boxermotor hinter, Getriebe vor der Hinterachse	
Motor	VW-Motor mit digitalgesteuerter Einspritzanlage	
Zylinderzahl	4 (Boxer)	4 (Boxer)
Bohrung × Hub	94 × 68,9 mm	94 × 76 mm
Hubraum	1913 ccm	2109 ccm
Leistung	90 PS (66 kW) bei 4600 U/min	112 PS (82 kW) bei 4800 U/min bzw. bei Katalysator 95 PS (70 kW) bei 4800 U/min
Getriebe	5 Gang-Schaltgetriebe oder 3 Gang-Automatik	
Rahmen	Selbsttragende Ganzstahlkarosserie, mit Längs- und Querträgern verstärkt	
Vorderradaufhängung	Doppel-Querlenker, Schraubenfedern, Stabilisator	
Hinterradaufhängung	Schräglenker, Miniblock-Schraubenfedern	
Fußbremse	Zweikreis-Hydraulik, Servohilfe, Scheibenbremsen vorn	
	Kastenwagen	
Radstand	2460 mm	
Spur vorn/hinten	1585/1570 mm	
Gesamtmaße	4570 × 1845 × 1965 (Hochdach 2365) mm	
Laderaum	2780 × 1590 × 1465 (Hochdach 1880) mm bzw. über Motorraum 1100 (Hochdach 1500) mm	
Reifen	185 SR 14 oder 185 R 14 C	
Wagengewicht (mit Fahrer)	1400 (Hochdach 1450) kg Automatik + 40 kg	
Zuläss. Gesamtgewicht	2390 oder 2600 kg	
Höchstgeschwindigkeit	135 (Automatik 130) km/h	150 (Automatik 145) km/h bzw. bei Katalysator 140 (Automatik 135) km/h
Verbrauch/100 km	13 (Automatik 14) Liter Super	13 (Automatik 14) bzw. bei Katalysator 15 (Automatik 16) Liter Super
	Kombi	
Wagengewicht (mit Fahrer)	1470 (Hochdach 1520) kg	
Zuläss. Gesamtgewicht	2390 oder 2600 kg	
	Caravelle	
Wagengewicht (mit Fahrer)	je nach Ausstattung 1550 bis 1650 kg	
Zuläss. Gesamtgewicht	2390 oder 2600 kg	
	Caravelle Carat	
Radstand	2460 mm	
Spur vorn/hinten	1603/1588 mm	
Gesamtmaße	4605 × 1845 × 1950 mm	
Reifen	250/70 R 14	
Wagengewicht (mit Fahrer)	1800 kg	
Zuläss. Gesamtgewicht	2340 kg	
	Pritschenwagen **Großraum-Holzpritsche** **Doppelkabine**	
	Abweichende Daten wie Seite 43	

VW Kastenwagen als Werkstatt- oder Kundendienstwagen 1987

VW Kastenwagen mit Hochdach 1986

VW Kastenwagen mit Hochdach als Verkaufswagen 1986

Bauart

Motor

Zylinderzahl
Bohrung × Hub
Hubraum
Leistung
Getriebe

Rahmen
Vorderradaufhängung
Hinterradaufhängung
Fußbremse

Radstand
Spur vorn/hinten
Gesamtmaße
Laderaum

Reifen
Wagengewicht (mit Fahrer)
Zuläss. Gesamtgewicht
Höchstgeschwindigkeit
Verbrauch/100 km

Wagengewicht (mit Fahrer)
Zuläss. Gesamtgewicht

Wagengewicht (mit Fahrer)
Zuläss. Gesamtgewicht

Gesamtmaße
Ladefläche

Wagengewicht (mit Fahrer)
Zuläss. Gesamtgewicht

Gesamtmaße
Ladefläche

Wagengewicht (mit Fahrer)
Zuläss. Gesamtgewicht

Gesamtmaße
Ladefläche

Wagengewicht (mit Fahrer)
Zuläss. Gesamtgewicht

<table>
<tr><th>VW Transporter
VW Bus und Caravelle
1981–1987</th><th>VW Transporter
VW Caravelle
ab 1987</th><th>VW Transporter
VW Caravelle
ab 1985</th></tr>
<tr><td colspan="2">Frontlenker-Kleintransporter mit Diesel-Heckmotor
Wasserkühlung, Kühler vorn im Wagen
Motor hinter, Getriebe vor der Hinterachse
Volkswagen Wirbelkammer-Dieselmotor
(in Fahrtrichtung 50° nach links geneigt)</td><td>Frontlenker-Kleintransporter mit Turbodiesel-Heckmotor
Wasserkühlung, Kühler vorn im Wagen
Motor hinter, Getriebe vor der Hinterachse
Volkswagen Wirbelkammer-Dieselmotor
(in Fahrtrichtung 50° nach links geneigt)
mit KKK Abgas-Turbolader</td></tr>
<tr><td>4 (Reihe)
76,5 × 86,4 mm
1588 ccm
50 PS (37 kW) b. 4200 U/min
4 oder 5 Gang-Schaltgetriebe</td><td>4 (Reihe)
79,5 × 86,4 mm
1715 ccm
57 PS (42 kW) b. 4500 U/min
4 oder 5 Gang-Schaltgetriebe</td><td>4 (Reihe)
76,5 × 86,4 mm
1588 ccm
70 PS (51 kW) b. 4500 U/min
4 oder 5 Gang-Schaltgetriebe</td></tr>
<tr><td colspan="3">Selbsttragende Ganzstahlkarosserie, mit Längs- und Querträgern verstärkt
Doppel-Querlenker, Schraubenfedern, Stabilisator
Schräglenker, Miniblock-Schraubenfedern
Zweikreis-Hydraulik, vorn Scheibenbremsen, Servohilfe</td></tr>
<tr><td colspan="3">Kastenwagen
2460 mm
1510/1570 mm
4570 × 1845 × 1965 (mit Hochdach 2365) mm
2780 × 1590 × 1465 (mit Hochdach 1880) mm bzw.
über Motorraum 1100 (mit Hochdach 1500) mm
7,00–14 / 8 PR bzw. (ab 1982) 185 R 14 C
1465 (mit Hochdach 1515) kg
2460 oder 2600 kg</td></tr>
<tr><td>110 (mit Hochdach 105) km/h
10,5 (Hochdach 11,5) l Diesel</td><td>115 (mit Hochdach 110) km/h
11 (Hochdach 12) l Diesel</td><td>130 (mit Hochdach 125) km/h
11 (Hochdach 12) l Diesel</td></tr>
<tr><td colspan="3">Kombi
1545 (mit Hochdach 1595) kg
2460 oder 2600 kg</td></tr>
<tr><td colspan="3">Achtsitzer-Bus oder -Caravelle
je nach Ausstattung 1620 bis 1720 kg
2460 oder 2600 kg</td></tr>
<tr><td colspan="3">Pritschenwagen
4570 × 1870 × 1925 (mit Plane 2235) mm
2730 × 1735 mm, Bordwand 365 mm, lichte Höhe Plane 1215 mm
Schließfach unter Pritsche 1500 × 1650 × 390 mm
1465 (mit Plane 1500) kg
2460 oder 2600 kg</td></tr>
<tr><td colspan="3">Großraum-Holzpritsche
4636 × 2000 × 1925 mm
2820 × 1895 mm, Bordwand 405 mm
Schließfach unter Pritsche 1500 × 1650 × 390 mm
1560 kg
2460 oder 2600 kg</td></tr>
<tr><td colspan="3">Doppelkabine
4570 × 1870 × 1925 (mit Plane 2225) mm
1880 × 1735 mm, Bordwand 365 mm, lichte Höhe Plane 1215 mm
Schließfach unter Pritsche 650 × 1650 × 390 mm
1550 (mit Plane 1575) kg
2460 oder 2600 kg</td></tr>
</table>

VW Transporter Syncro 4 x 4
Kombi
ab 1985

VW Transporter Syncro 4 x 4
Pritschenwagen
mit Doppelkabine (3 Türen)
Design-Studie »Magma«
1986

VW Transporter Syncro 4 x 4
Pritschenwagen
mit 16 Zoll-Reifen
ab 1986

VW Transporter Syncro
VW Caravelle Synchro
ab 1985

Bauart	Frontlenker-Heckmotor-Kleintransporter Wassergekühlter Boxer-Benzin- oder Reihen-Dieselmotor hinter, Getriebe vor der Hinterachse Allrad-Antrieb mit automatischer bedarfsabhängiger Zuschaltung des Vorderradantriebs mit lastabhängig variabler Kräfteverteilung zwischen vorn und hinten mittels Viscose-Silikon-Kupplung (System Ferguson) im Vorderachsgetriebe		
Motor	VW Benzinmotor mit 1 Register-Fallstromvergaser	VW Benzinmotor mit digitalgesteuerter Einspritzung	VW Vorkammer-Dieselmotor mit Abgas-Turbolader
Zylinderzahl	4 (Boxer)	4 (Boxer)	4 (Reihe)
Bohrung × Hub	94 × 68,9 mm	94 × 76 mm	76,5 × 86,4 mm
Hubraum	1913 ccm	2109 ccm	1588 ccm
Leistung	78 PS (57 kW) bei 4600 U/min	112 PS (82 kW) bei 4800 U/min bzw. bei Katalysator 95 PS (70 kW) bei 4800 U/min	70 PS (51 kW) bei 4500 U/min
Getriebe	4 Gang-Schaltgetriebe + Geländegang		
Rahmen	Selbsttragende Ganzstahlkarosserie, mit Längs- und Querträgern verstärkt		
Vorderradaufhängung	Doppel-Querlenker, Schraubenfedern, Stabilisator		
Hinterradaufhängung	Schräglenker, Miniblock-Schraubenfedern		
Fußbremse	Zweikreis-Hydraulik, Servohilfe, Scheibenbremsen vorn		
	Kombi (mit Sitzen)		
Radstand	2460 mm		
Spur vorn/hinten	1568/1560 mm		
Gesamtmaße	4570 × 1845 × 1990 (Hochdach 2390) mm		
Laderaum	2780 × 1590 × 1465 (Hochdach 1880) mm bzw. über Motorraum 1100 (Hochdach 1500) mm		
Reifen	185 R 14 C oder (gegen Aufpreis) 205 R 14 C oder 205/70 R 14		
Wagengewicht (mit Fahrer)	1700 (Hochdach 1750) kg	1700 (Hochdach 1750) kg	1785 (Hochdach 1835) kg
Zuläss. Gesamtgewicht	2500 kg	2500 kg	2500 kg
Höchstgeschwindigkeit	125 (Hochdach 120) km/h	140 (Hochdach 135) km/h bzw. bei Katalysator 130 (Hochdach 125) km/h	130 (Hochdach 125) km/h
Verbrauch/100 km	14,5 (Hochdach 15) Liter	15 (Hochdach 15,5) l Super bzw. bei Katalysator 16 (Hochdach 16,5) l Super	11,5 (Hochdach 11) l Diesel
	Kastenwagen		
Wagengewicht (mit Fahrer)	1540 (Hochdach 1590) kg	1540 (Hochdach 1590) kg	1625 (Hochdach 1675) kg
Zuläss. Gesamtgewicht	2500 kg	2500 kg	2500 kg
	Caravelle		
Wagengewicht (mit Fahrer)	1700 bis 1820 kg je nach Ausstattung	1700 bis 1820 kg je nach Ausstattung	1785 bis 1905 kg je nach Ausstattung
Zuläss. Gesamtgewicht	2500 kg	2500 kg	2500 kg
	Pritschenwagen		
Gesamtmaße	4570 × 1870 × 1950 mm		
Ladefläche	2730 × 1735 mm, Bordwand 365 mm		
Wagengewicht (mit Fahrer)	1540 kg	1540 kg	1625 kg
Zuläss. Gesamtgewicht	2500 kg	2500 kg	2500 kg
	Doppelkabine		
Gesamtmaße	4570 × 1870 × 1950 mm		
Ladefläche	1880 × 1735 mm, Bordwand 365 mm		
Wagengewicht (mit Fahrer)	1625 kg	1625 kg	1710 kg
Zuläss. Gesamtgewicht	2500 kg	2500 kg	2500 kg
	VW Transporter und Caravelle Syncro 16″		
Gesamtmaße	Gesamthöhe + 25 mm		
Reifen	195 R 16 oder (gegen Aufpreis) 205 R 16		
Zuläss. Gesamtgewicht	+ 200 kg		

Volkswagen LT-Reihe (ab 1975)

Über den inzwischen 25 Jahre lang bewährten VW Transporter (1 t Nutzlast) stellte das Volkswagenwerk den VW Lastentransporter LT. In Abkehr von der bis dahin VW-typischen Heckmotor-Bauart präsentierte sich der VW LT als Frontlenker mit vornliegendem wassergekühlten Reihenmotor und Antrieb auf die Hinterräder. Begonnen wurde zunächst mit 3 Modellreihen:

LT 28 für 1 1/4 t Nutzlast und 2,8 t zuläss. Gesamtgewicht
LT 31 für 1 1/2 t Nutzlast und 3,1 t zuläss. Gesamtgewicht
LT 35 für 1 3/4 t Nutzlast und 3,5 t zuläss. Gesamtgewicht.

In den folgenden Jahren wurde dieses Programm durch weitere Typen aufgestockt:

LT 40 für 2 t Nutzlast und 4 t Gesamtgewicht
LT 45 für 2 1/2 t Nutzlast und 4 1/2 t zuläss. Gesamtgewicht
LT 50 für 2 3/4 t Nutzlast und 5 t zuläss. Gesamtgewicht
LT 55 für 3 1/4 t Nutzlast und 5 1/2 t zuläss. Gesamtgewicht.

Die Produktion des LT 28 und des LT 31 begann im April 1975, des LT 35 im Februar 1976. Sie standen serienmäßig zunächst nur als Kasten- und Pritschenwagen sowie als Fahrgestell für Sonderaufbauten zur Verfügung. Ab Sommer 1976 kam der Kombi hinzu, den es aber wegen gesetzlicher Bestimmungen in der Bundesrepublik nur als LT 28 gab. Der LT 31 Kombi blieb dem Export vorbehalten.

Zunächst besaß die LT-Reihe ausschließlich einen VW 2 Liter Vergasermotor. Ab Februar 1976 kam als Alternative ein 2,6 Liter Perkins Vierzylinder-Dieselmotor hinzu, den die englische Massey-Ferguson im ehemaligen Hanomag-Werk in Hannover-Linden baute. Es wurden hierzu weitgehend deutsche Zulieferteile verwendet, wobei der Motor zunächst nur an VW, später aber auch an andere Marken geliefert werden sollte. Letzteres ließ sich allerdings nicht realisieren, und als das Volkswagenwerk dazu überging, in die LT-Baureihe einen eigenen Sechszylinder-Dieselmotor einzubauen, mußte zum Jahresende 1978 die Fabrikation von Perkins in Deutschland wieder aufgegeben werden. Immerhin kamen bis dahin etwa 32 000 VW Lastentransporter mit Perkins-Dieselmotor zur Auslieferung. Leider litt die englische Maschine unter Schwächen, die sich trotz jahrelanger Modellpflege niemals ganz beseitigen ließen.

Da bei den mit Perkins-Diesel ausgerüsteten Wagen die Abstufung des ursprünglich verwendeten Getriebes nicht paßte, wurde Anfang 1977 ein Einheitsgetriebe für Benzin- und Dieselwagen eingeführt, das sich bei beiden gleichermaßen bewährte.

Ab August 1978 (angekündigt April 1978) begann die Auslieferung des LT 40 und des LT 45. Sie besaßen starre Vorderachsen sowie statt des Perkins-Diesel erstmals den vom Volkswagenwerk selbst entwickelten Sechszylinder-Dieselmotor und dazu ein Fünfganggetriebe. Diesen neuen Diesel erhielten ab Anfang 1979 auch die kleineren Modellreihen LT 28 bis LT 35. Nur Rechtslenker-Fahrzeuge für den Export behielten noch bis 1980 den englischen Motor.

Zum Jahresbeginn 1983 erhielt die LT-Baureihe einheitliche 2,4 Liter-Sechszylinder-Reihenmotoren in Vergaser-, Diesel- und Turbodiesel-Ausführung. Der Turbodiesel blieb allerdings (wohl aus Kapazitätsgründen) zunächst den großen Modellen ab LT 40 vorbehalten. Bei allen Modellen 1983 konnte durch Schrägstellung und Tieferlegung des Motors in dem auch sonst neu ausstaffierten Fahrerhaus ein dritter Sitz zwischen Fahrer und Beifahrer geschaffen werden. Zur weiteren Ergänzung des Programms erschien der LT 50.

Ab Juli 1985 erhielt die gesamte LT-Reihe eine modifizierte Wagenfront, kenntlich an den Rechteck-Scheinwerfern, den anders geformten Außenspiegeln und der auf einem Zierband zwischen den Blinkern angebrachten Typenbezeichnung. Auch für die kleineren Typen LT 28 bis LT 35 war von nun an der Turbodiesel erhältlich, was hauptsächlich die Käufer von Wohnmobilen interessierte. Neu waren ferner der LT 55 sowie die beiden längst erwarteten Allrad-Ausführungen LT 40 A (abgelasteter LT 45) und LT 45 A (abgelasteter LT 50).

Produktion

	LT 28 Kombi	LT 28 D Kombi	LT 28 – 40 Transporter	LT 28 – 40 D Transporter	LT 45 – 55 Transporter	LT 45 – 55 D Transporter	
1975			6 608				**6 608**
1976	670	64	15 765	7 071			**25 570**
1977	2405	614	15 344	12 276			**30 639**
1978	2961	970	16 965	9 488	64	6	**30 454**
1979	1747	1301	14 559	13 367	314	2082	**33 370**
1980	1963	1620	13 518	15 446	306	1530	**34 383**
1981	579	1377	6 041	13 345	132	1437	**22 911**
1982	457	1185	5 409	12 946	167	1072	**21 236**
1983	352	1097	6 083	11 788	142	2171	**21 633**
1984	397	1689	4 896	11 760	210	2028	**20 980**
1985	293	1292	4 187	13 235	100	2607	**21 714**
1986	210	1395	3 665	13 193	80	2282	**20 825**

Preise

(ohne MWSteuer)	LT 28	LT 35	LT 40	LT 50	Diesel
April 1975	ca. DM 14 600,–	–	–	–	–
März 1976	ca. DM 14 600,–	ca. DM 16 200,–	–	–	+ ca. DM 2000,–
August 1977	ca. DM 17 100,–	ca. DM 19 000,–	–	–	+ ca. DM 2000,–
Mai 1978	ca. DM 18 200,–	ca. DM 20 200,–	–	–	+ ca. DM 1600,–
Juni 1979	ca. DM 19 800,–	ca. DM 21 900,–	ca. DM 23 300,–	–	+ ca. DM 2000,–
Juli 1980	ca. DM 22 200,–	ca. DM 24 400,–	ca. DM 25 400,–	–	+ ca. DM 1600,–
Mai 1981	ca. DM 23 300,–	ca. DM 26 000,–	ca. DM 26 600,–	–	+ ca. DM 1700,–
Dezember 1982	ca. DM 26 400,–	ca. DM 29 000,–	ca. DM 30 300,–	ca. DM 31 500,–	+ ca. DM 1700,–
März 1984	ca. DM 27 000,–	ca. DM 30 000,–	ca. DM 32 500,–	ca. DM 34 500,–	+ ca. DM 1250,–
Juli 1985	ca. DM 28 500,–	ca. DM 31 500,–	ca. DM 34 000,–	ca. DM 36 200,–	+ ca. DM 1300,–
September 1986	ca. DM 30 800,–	ca. DM 33 800,–	ca. DM 36 000,–	ca. DM 38 400,–	+ ca. DM 1300,–
Dezember 1986	ca. DM 31 500,–	ca. DM 34 500,–	ca. DM 36 700,–	ca. DM 39 200,–	+ ca. DM 1400,–

Volkswagen LT Fahrgestell mit 2 Liter Vergasermotor 1975–1982

Volkswagen LT 28
Kombi
1976–1985

Volkswagen LT 31
Hochdach-Kombi
1976–1985

(Nur für den Export bestimmt. In der Bundesrepublik kamen wegen gesetzlicher Bestimmungen Kombi und Hochdach-Kombi nur als LT 28 oder LT 28 D auf den Markt.)

Volkswagen LT 31
Kastenwagen
1975–1985

<table>
<tr><th></th><th>Volkswagen
LT 28
1975–1982</th><th>Volkswagen
LT 28 D
1976–1979</th><th>Volkswagen
LT 28 D
1979–1982</th></tr>
<tr><td>Bauart</td><td colspan="3">Frontlenker-Großtransporter, Motor zwischen Fahrer- und Beifahrersitz</td></tr>
<tr><td>Motor</td><td>VW, 1 Fallstromvergaser</td><td>Perkins, Wirbelkammer-Diesel</td><td>VW, Wirbelkammer-Diesel</td></tr>
<tr><td>Zylinderzahl</td><td>4 (Reihe)</td><td>4 (Reihe)</td><td>6 (Reihe)</td></tr>
<tr><td>Bohrung × Hub</td><td>86,5 × 84,4 mm</td><td>92 × 101,6 mm</td><td>76,5 × 86,4 mm</td></tr>
<tr><td>Hubraum</td><td>1984 ccm</td><td>2710 ccm</td><td>2383 ccm</td></tr>
<tr><td>Leistung</td><td>75 PS (55 kW) b. 4300 U/min</td><td>65 PS (48 kW) b. 3600 U/min</td><td>75 PS (55 kW) b. 4500 U/min</td></tr>
<tr><td>Getriebe</td><td>4 bzw. (ab 1979 auch) 5 Gang</td><td>4 Gang</td><td>5 Gang</td></tr>
<tr><td>Antrieb</td><td colspan="3">Antrieb auf Hinterräder</td></tr>
<tr><td>Rahmen</td><td colspan="3">Selbsttragende Ganzstahlkarosserie, Hilfsrahmen aus Kasten-Längs- und Querträgern
Pritschenwagen und Sonderaufbauten: Kastenrahmen</td></tr>
<tr><td>Vorderradaufhängung</td><td colspan="3">Doppel-Querlenker, Schraubenfedern, Stabilisator</td></tr>
<tr><td>Hinterradaufhängung</td><td colspan="3">Rohr-Starrachse, Einblatt-Halbfedern, auf Wunsch Stabilisator</td></tr>
<tr><td>Fußbremse</td><td colspan="3">Zweikreis-Hydraulik, Servohilfe, Scheibenbremsen vorn</td></tr>
<tr><td></td><td colspan="3">Kastenwagen (ab 1975)</td></tr>
<tr><td>Radstand</td><td colspan="3">2500 mm</td></tr>
<tr><td>Gesamtmaße</td><td colspan="3">4840 × 2020 × 2150 mm</td></tr>
<tr><td>Laderaum</td><td colspan="3">3060 × 1820 × 1460 mm</td></tr>
<tr><td>Reifen</td><td colspan="3">185 R 14 C 8 PR, Einfach-Hinterräder</td></tr>
<tr><td>Wagengewicht (mit Fahrer)</td><td>1630 kg</td><td>1770 kg</td><td>1730 kg</td></tr>
<tr><td>Zuläss. Gesamtgewicht</td><td>2800 kg</td><td>2940 kg</td><td>2800 kg</td></tr>
<tr><td></td><td colspan="3">Hochdach-Kastenwagen (ab 1975 bzw. August 1979)</td></tr>
<tr><td>Radstand</td><td colspan="3">2500 oder 2950 mm</td></tr>
<tr><td>Gesamtmaße</td><td colspan="3">4840 (5290) × 2020 × 2560 mm</td></tr>
<tr><td>Laderaum</td><td colspan="3">3060 (3500) × 1820 × 1870 mm</td></tr>
<tr><td>Reifen</td><td colspan="3">185 R 14 C 8 PR, Einfach-Hinterräder</td></tr>
<tr><td>Wagengewicht (mit Fahrer)</td><td>1680 (1800) kg</td><td>1820 kg</td><td>1780 (1900) kg</td></tr>
<tr><td>Zuläss. Gesamtgewicht</td><td>2800 kg</td><td>2940 kg</td><td>2800 kg</td></tr>
<tr><td></td><td colspan="3">Kombi (ab August 1976)</td></tr>
<tr><td>Radstand</td><td colspan="3">2500 mm</td></tr>
<tr><td>Gesamtmaße</td><td colspan="3">4840 × 2020 × 2140 (Hochdach 2550) mm</td></tr>
<tr><td>Laderaum</td><td colspan="3">3060 × 1820 × 1460 (Hochdach 1870) mm</td></tr>
<tr><td>Reifen</td><td colspan="3">195 R 14 C 8 PR, Einfach-Hinterräder</td></tr>
<tr><td>Sitzplätze</td><td colspan="3">1 + 7 oder 1 + 8</td></tr>
<tr><td>Wagengewicht (mit Fahrer)</td><td>1815 (1865) kg
mit Sitzeinrichtung</td><td>1955 kg
mit Sitzeinrichtung</td><td>1915 (1965) kg
mit Sitzeinrichtung</td></tr>
<tr><td>Zuläss. Gesamtgewicht</td><td>2800 kg</td><td>2800 kg</td><td>2800 kg</td></tr>
<tr><td></td><td colspan="3">Pritschenwagen (ab 1975)</td></tr>
<tr><td>Radstand</td><td colspan="3">2500 oder 2950 mm</td></tr>
<tr><td>Gesamtmaße</td><td colspan="3">4870 (5625) × 2140 × 2080 mm (Höhe über Fahrerhaus)</td></tr>
<tr><td>Pritsche</td><td colspan="3">2990 (3750) × 2015 mm, Bordwand 400 mm, lichte Höhe Plane 1800 mm</td></tr>
<tr><td>Reifen</td><td colspan="3">185 R 14 C 8 PR, Einfach-Hinterräder</td></tr>
<tr><td>Wagengewicht (mit Fahrer)</td><td>1600 (1675) kg
Plane + 60 (70) kg</td><td>1740 (1815) kg
Plane + 60 (70) kg</td><td>1700 (1775) kg
Plane + 60 (70) kg</td></tr>
<tr><td>Zuläss. Gesamtgewicht</td><td>2800 kg</td><td>2940 kg</td><td>2800 kg</td></tr>
<tr><td></td><td colspan="3">Tieflade-Pritschenwagen (ab 1975)
Gleiche Daten wie Pritschenwagen mit Radstand 2500 mm</td></tr>
<tr><td></td><td colspan="3">Doppelkabine (ab August 1978)</td></tr>
<tr><td>Radstand</td><td colspan="3">2950 mm</td></tr>
<tr><td>Gesamtmaße</td><td colspan="3">5325 × 2140 × 2140 mm (Höhe über Fahrerhaus)</td></tr>
<tr><td>Pritsche</td><td colspan="3">2515 × 2015 mm. Bordwand 400 mm, lichte Höhe Plane 1800 mm</td></tr>
<tr><td>Reifen</td><td colspan="3">185 R 14 C 8 PR, Einfach-Hinterräder</td></tr>
<tr><td>Wagengewicht (mit Fahrer)</td><td>1825 kg
Plane + 55 kg</td><td>1965 kg
Plane + 55 kg</td><td>1925 kg
Plane + 55 kg</td></tr>
<tr><td>Zuläss. Gesamtgewicht</td><td>2800 kg</td><td>2940 kg</td><td>2800 kg</td></tr>
</table>

Volkswagen LT 31
Pritschenwagen
Radstand 2500 mm
1975–1985

Volkswagen LT 31
Pritschenwagen mit
Doppelkabine (3 Türen)
Radstand 2950 mm
1978–1985

Volkswagen LT 31
Wohnmobil
Westfalia »Sven Hedin«
mit Hochdach und Dachgalerie
1981–1985

	Volkswagen LT 31 1975–1982	Volkswagen LT 31 D 1976–1979	Volkswagen LT 31 D 1979–1982
Bauart	Frontlenker-Großtransporter, Motor zwischen Fahrer- und Beifahrersitz		
Motor	VW, 1 Fallstromvergaser	Perkins, Wirbelkammer-Diesel	VW, Wirbelkammer-Diesel
Zylinderzahl	4 (Reihe)	4 (Reihe)	6 (Reihe)
Bohrung × Hub	86,5 × 84,4 mm	92 × 101,6 mm	76,5 × 86,4 mm
Hubraum	1984 ccm	2710 ccm	2383 ccm
Leistung	75 PS (55 kW) b. 4300 U/min	65 PS (48 kW) b. 3600 U/min	75 PS (55 kW) b. 4500 U/min
Getriebe	4 bzw. (ab 1979 auch) 5 Gang	5 Gang	5 Gang
Antrieb	Antrieb auf Hinterräder		
Rahmen	Selbsttragende Ganzstahlkarosserie, Hilfsrahmen aus Kasten-Längs- und Querträgern Pritschenwagen und Sonderaufbauten: Kastenrahmen		
Vorderradaufhängung	Doppel-Querlenker, Schraubenfedern, Stabilisator		
Hinterradaufhängung	Rohr-Starrachse, Einblatt-Halbfedern, auf Wunsch Stabilisator		
Fußbremse	Zweikreis-Hydraulik, Servohilfe, Scheibenbremsen vorn		
	Kastenwagen (ab 1975)		
Radstand	2500 mm		
Gesamtmaße	4840 × 2020 × 2160 mm		
Laderaum	3060 × 1820 × 1460 mm		
Reifen	195 R 14 C 8 PR, Einfach-Hinterräder		
Wagengewicht (mit Fahrer)	1630 kg	1770 kg	1730 kg
Zuläss. Gesamtgewicht	3080 kg	3220 kg	3200 kg
	Hochdach-Kastenwagen (ab 1975 bzw. August 1979)		
Radstand	2500 oder 2950 mm		
Gesamtmaße	4840 (5290) × 2020 × 2570 mm		
Laderaum	3060 (3500) × 1820 × 1870 mm		
Reifen	195 R 14 C 8 PR, Einfach-Hinterräder		
Wagengewicht (mit Fahrer)	1680 (1800) kg	1820 kg	1780 (1900) kg
Zuläss. Gesamtgewicht	3080 kg	3220 kg	3200 kg
	Pritschenwagen (ab 1975)		
Radstand	2500 oder 2950 mm		
Gesamtmaße	4870 (5625) × 2140 × 2090 mm (Höhe über Fahrerhaus)		
Pritsche	2990 (3750) × 2015 mm, Bordwand 400 mm, lichte Höhe Plane 1800 mm		
Reifen	205 R 14 C 8 PR, Einfach-Hinterräder		
Wagengewicht (mit Fahrer)	1600 (1675) kg Plane + 60 (70) kg	1740 kg Plane + 60 (70) kg	1700 (1775) kg Plane + 60 (70) kg
Zuläss. Gesamtgewicht	3080 kg	3220 kg	3200 kg
	Tieflade-Pritschenwagen (ab 1975)		
	Gleiche Daten wie Pritschenwagen mit Radstand 2500 mm		
	Doppelkabine (ab August 1978)		
Radstand	2950 mm		
Gesamtmaße	5325 × 2140 × 2140 mm (Höhe über Fahrerhaus)		
Pritsche	2515 × 2015 mm, Bordwand 400 mm, lichte Höhe Plane 1800 mm		
Reifen	205 R 14 C 8 PR, Einfach-Hinterräder		
Wagengewicht (mit Fahrer)	1825 kg Plane + 55 kg	1965 kg Plane + 55 kg	1925 kg Plane + 55 kg
Zuläss. Gesamtgewicht	3080 kg	3220 kg	3200 kg

Volkswagen LT 35
mit Kofferaufbau
aus Leichtmetall
1977–1985

Volkswagen LT 35 D
Aluminium-gepanzerter
Geld- und Werttransporter
Aufbau:
Bischoff & Hamel, Hannover
1978

Volkswagen LT 35
Wohnmobil
Niesmann »Clou«
Aufbau aus
Aluminium-Sandwich-Platten
1981–1985

	Volkswagen LT 35 1976–1982	Volkswagen LT 35 D 1976–1979	Volkswagen LT 35 D 1979–1982
Bauart	Frontlenker-Großtransporter, Motor zwischen Fahrer- und Beifahrersitz		
Motor	VW, 1 Fallstromvergaser	Perkins, Wirbelkammer-Diesel	VW, Wirbelkammer-Diesel
Zylinderzahl	4 (Reihe)	4 (Reihe)	6 (Reihe)
Bohrung × Hub	85,5 × 84,4 mm	92 × 101,6 mm	76,5 × 86,4 mm
Hubraum	1984 ccm	2710 ccm	2383 ccm
Leistung	75 PS (55 kW) b. 4300 U/min	65 PS (48 kW) b. 3600 U/min	75 PS (55 kW) b. 4500 U/min
Getriebe	4 bzw. (ab 1979 auch) 5 Gang	4 Gang	5 Gang
Antrieb	Antrieb auf Hinterräder		
Rahmen	Selbsttragende Ganzstahlkarosserie, Hilfsrahmen aus Kasten-Längs- und Querträgern Pritschenwagen und Sonderaufbauten: Kastenrahmen		
Vorderradaufhängung	Doppel-Querlenker, Schraubenfedern, auf Wunsch Stabilisator		
Hinterradaufhängung	Rohr-Starrachse, Zweiblatt-Halbfedern, auf Wunsch Stabilisator		
Fußbremse	Zweikreis-Hydraulik, Servohilfe, Scheibenbremsen vorn		
	Kastenwagen (ab 1976)		
Radstand	2500 mm		
Gesamtmaße	4840 × 2080 × 2200 (Hochdach 2610) mm		
Laderaum	3060 × 1820 × 1460 (Hochdach 1870) mm		
Reifen	185 R 14 C 8 PR, Zwillings-Hinterräder		
Wagengewicht (mit Fahrer)	1740 (1790) kg	1880 (1930) kg	1840 (1890) kg
Zuläss. Gesamtgewicht	3500 kg	3640 kg	3640 kg
	Pritschenwagen (ab 1976)		
Radstand	2500 oder 2950 mm		
Gesamtmaße	4870 (5625) × 2140 × 2090 mm (Höhe über Fahrerhaus)		
Pritsche	2990 (3750) × 2015 mm, Bordwand 400 mm, lichte Höhe Plane 1800 mm		
Reifen	185 R 14 C 8 PR, Zwillings-Hinterräder		
Wagengewicht (mit Fahrer)	1675 (1730) kg Plane + 60 (70) kg	1815 (1870) kg Plane + 60 (70) kg	1775 (1830) kg Plane + 60 (70) kg
Zuläss. Gesamtgewicht	3500 kg	3640 kg	3640 kg
	Doppelkabine (ab August 1978)		
Radstand	2950 mm		
Gesamtmaße	5325 × 2140 × 2090 mm (Höhe über Fahrerhaus)		
Pritsche	2515 × 2015 mm, Bordwand 400 mm, lichte Höhe Plane 1800 mm		
Reifen	185 R 14 C 8 PR, Zwillings-Hinterräder		
Wagengewicht (mit Fahrer)	1880 kg Plane + 55 kg	2020 kg Plane + 55 kg	1980 kg Plane + 55 kg
Zuläss. Gesamtgewicht	3500 kg	3640 kg	3500 kg
	Panorama-Bus (ab 1976)		
Radstand	2500 mm		
Gesamtmaße	5105 × 2060 × 2630 mm		
Sitzplätze	1 + 14		
Reifen	185 R 14 C 6 PR, Zwillings-Hinterräder		
Wagengewicht (mit Fahrer)	2375 kg	2515 kg	2475 kg
Zuläss. Gesamtgewicht	3650 kg	3790 kg	3650 kg

Volkswagen LT 45
Pritschenwagen
1978–1985

Volkswagen LT 45
Hochdach-Kastenwagen
1978–1985

Volkswagen LT 50 D
Pritschenwagen
Radstand 3650 mm
1983–1985

Volkswagen LT 50 D
Pritschenwagen mit
Doppelkabine (3 Türen)
1983–1985

	Volkswagen LT 40 1978–1982	Volkswagen LT 40 D 1978–1982
Bauart	Frontlenker-Großtransporter, Motor zwischen Fahrer- und Beifahrersitz	
Motor	VW, 1 Fallstromvergaser	VW, Wirbelkammer-Diesel
Zylinderzahl	4 (Reihe)	6 (Reihe)
Bohrung × Hub	86,5 × 84,4 mm	76,5 × 86,4 mm
Hubraum	1984 ccm	2383 ccm
Leistung	75 PS (55 kW) b. 4300 U/min	75 PS (55 kW) b. 4500 U/min
Getriebe	4 Gang	5 Gang
Antrieb	Antrieb auf Hinterräder	
Rahmen	Selbsttragende Ganzstahlkarosserie, Hilfsrahmen aus Kasten-Längs- und Querträgern Pritschenwagen und Sonderaufbauten: Kastenrahmen	
Vorderradaufhängung	Starrachse, Zweiblatt-Längsfedern, Stabilisator	
Hinterradaufhängung	Rohr-Starrachse, Mehrblatt-Längsfedern	
Fußbremse	Zweikreis-Hydraulik, Servohilfe, Scheibenbremsen vorn	
	Hochdach-Kastenwagen	
Radstand	2950 mm	
Gesamtmaße	5290 × 2060 × 2640 mm	
Laderaum	3500 × 1820 × 1870 mm	
Reifen	195 R 14 C 8 PR, Zwillings-Hinterräder	
Wagengewicht (mit Fahrer)	2000 kg	2100 kg
Zuläss. Gesamtgewicht	4000 kg	4000 kg
	Pritschenwagen	
Radstand	2950 mm	
Gesamtmaße	5625 × 2140 × 2150 mm (Höhe über Fahrerhaus)	
Pritsche	3750 × 2015 mm, Bordwand 400 mm, lichte Höhe Plane 1800 mm	
Reifen	185 R 14 C 8 PR, Zwillings-Hinterräder	
Wagengewicht (mit Fahrer)	1915 kg, Plane + 70 kg	2015 kg, Plane + 70 kg
Zuläss. Gesamtgewicht	4000 kg	4000 kg
	Doppelkabine	
Radstand	2950 mm	
Gesamtmaße	5325 × 2015 × 2140 mm (Höhe über Fahrerhaus)	
Pritsche	2515 × 2015 mm, Bordwand 400 mm, lichte Höhe Plane 1800 mm	
Reifen	185 R 14 C 8 PR, Zwillings-Hinterräder	
Wagengewicht (mit Fahrer)	2070 kg, Plane + 55 kg	2170 kg, Plane + 55 kg
Zuläss. Gesamtgewicht	4000 kg	4000 kg

	Volkswagen LT 45 1978–1982	Volkswagen LT 45 D 1978–1982
	Von LT 40 abweichende Daten:	Von LT 40 abweichende Daten:
	Hochdach-Kastenwagen	
Wagengewicht (mit Fahrer)	2000 kg	2100 kg
Zuläss. Gesamtgewicht	4500 kg	4500 kg
	Pritschenwagen	
Wagengewicht (mit Fahrer)	1915 kg, Plane + 70 kg	2015 kg, Plane + 70 kg
Zuläss. Gesamtgewicht	4500 kg	4500 kg

Rechts:
Volkswagen LT 28
Kombi 1976–1985
Links:
Volkswagen LT 28
Kombi ab 1985

Volkswagen LT 40
mit Spezialaufbau
für Viehtransporte
ab 1985

Volkswagen LT 28
Hochdach-Kombi (ab 1985)
dazu Leichtmetall-
Kofferanhänger
mit Tandemachse

	Volkswagen LT 28 ab 1983	Volkswagen LT 28 ab 1983	Volkswagen LT 28 ab 1985
Bauart	Frontlenker-Großtransporter, Motor unter Mittelsitz zwischen Fahrer- und Beifahrer		
Motor	VW, 1 Fallstrom-Registervergaser	VW, Wirbelkammer-Diesel	VW, Wirbelkammer-Diesel mit Abgas-Turbolader
Zylinderzahl	6 (Reihe)	6 (Reihe)	6 (Reihe)
Bohrung × Hub	76,5 × 86,4 mm	76,5 × 86,4 mm	76,5 × 86,4 mm
Hubraum	2384 ccm	2384 ccm	2384 ccm
Leistung	90 PS (66 kW) b. 4500 U/min	75 PS (55 kW) b. 4300 U/min	102 PS (75 kW) b. 4300 U/min
Getriebe	4 oder 5 Gang	5 Gang	5 Gang
Antrieb	Antrieb auf Hinterräder		
Rahmen	Selbsttragende Ganzstahlkarosserie, Hilfsrahmen aus Kasten-Längs- und Querträgern Pritschenwagen und Sonderaufbauten: Kastenrahmen		
Vorderradaufhängung	Doppel-Querlenker, Schraubenfedern, Stabilisator		
Hinterradaufhängung	Rohr-Starrachse, Einblatt-Halbfedern, auf Wunsch Stabilisator		
Fußbremse	Zweikreis-Hydraulik, Servohilfe, Scheibenbremsen vorn		
	Kastenwagen		**Hochdach-Kastenwagen**
Radstand	2500 oder (ab 1985 auch) 2950 mm		2500 oder 2950 mm
Gesamtmaße	4855 (5305) × 2040 × 2160 mm		4855 (5305) × 2040 × 2570 mm
Laderaum	2970 (3410) × 1815 × 1460 mm		2970 (3410) × 1815 × 1870 mm
Reifen	185 R 14 C 8 PR, Einfach-Hinterräder		185 R 14 C 8 PR, Einfach-Hinterräder
Wagengewicht (mit Fahrer)	1695 (1775) kg Hochdach + 50 kg	1750 (1830) kg Hochdach + 50 kg	1765 (1845) kg Hochdach + 50 kg
Zuläss. Gesamtgewicht	2800 kg	2800 kg	2800 kg
	Kombi Abweichende Daten vom Kastenwagen:		**Hochdach-Kombi** Abweichende Daten vom Kastenwagen:
Wagengewicht (mit Fahrer)	1800 (1850) kg Hochdach + 50 kg	1855 (1905) kg Hochdach + 50 kg	1870 (1920) kg Hochdach + 50 kg
Zuläss. Gesamtgewicht	2800 kg	2800 kg	2800 kg
	Pritschenwagen		
Radstand	2500 oder 2950 mm		
Gesamtmaße	4875 (5630) × 2140 × 2105 mm (Höhe über Fahrerhaus)		
Pritsche	2990 (3750) × 2015 mm, Bordwand 400 mm, lichte Höhe Plane 1800 mm		
Reifen	185 R 14 C 8 PR, Einfach-Hinterräder		
Wagengewicht (mit Fahrer)	1690 (1745) kg Plane + 60 (70) kg	1745 (1800) kg Plane + 60 (70) kg	1760 (1815) kg Plane + 60 (70) kg
Zuläss. Gesamtgewicht	2800 kg	2800 kg	2800 kg
	Tieflade-Pritschenwagen Gleiche Daten wie Pritschenwagen mit Radstand 2500 mm		
	Pritschenwagen und Tieflade-Pritschenwagen mit Doppelkabine		
Radstand	2950 mm		
Gesamtmaße	5330 × 2140 × 2015 mm (Höhe über Fahrerhaus)		
Pritsche	2515 × 2015 mm, Bordwand 400 mm, lichte Höhe Plane 1800 mm		
Reifen	185 R 14 C 8 PR, Einfach-Hinterräder		
Wagengewicht (mit Fahrer)	1885 kg Plane + 55 kg	1940 kg Plane + 55 kg	1955 kg Plane + 55 kg
Zuläss. Gesamtgewicht	2800 kg	2800 kg	2800 kg

Volkswagen LT 31 Kombi (ab 1985)
als Polizeifahrzeug für Einsatzleitung,
Streifendienst oder Unfallaufnahme

	Volkswagen LT 31 ab 1983	Volkswagen LT 31 ab 1983	Volkswagen LT 31 ab 1985
Bauart	Frontlenker-Großtransporter, Motor unter Mittelsitz zwischen Fahrer- und Beifahrer		
Motor	VW, 1 Fallstrom-Registervergaser	VW, Wirbelkammer-Diesel	VW, Wirbelkammer-Diesel mit Abgas-Turbolader
Zylinderzahl	6 (Reihe)	6 (Reihe)	6 (Reihe)
Bohrung × Hub	76,5 × 86,4 mm	76,5 × 86,4 mm	76,5 × 86,4 mm
Hubraum	2384 ccm	2384 ccm	2384 ccm
Leistung	90 PS (66 kW) b. 4500 U/min	75 PS (55 kW) b. 4300 U/min	102 PS (75 kW) b. 4300 U/min
Getriebe	4 oder 5 Gang	5 Gang	5 Gang
Antrieb	Antrieb auf Hinterräder		
Rahmen	Selbsttragende Ganzstahlkarosserie, Hilfsrahmen aus Kasten-Längs- und Querträgern Pritschenwagen und Sonderaufbauten: Kastenrahmen		
Vorderradaufhängung	Doppel-Querlenker, Schraubenfedern, Stabilisator		
Hinterradaufhängung	Rohr-Starrachse, Einblatt-Halbfedern, auf Wunsch Stabilisator		
Fußbremse	Zweikreis-Hydraulik, Servohilfe, Scheibenbremsen vorn		
	Kastenwagen		
Radstand	2500 (oder ab 1985 auch) 2950 mm		
Gesamtmaße	4855 (5305) × 2040 × 2160 mm		
Laderaum	2970 (3410) × 1815 × 1460 mm		
Reifen	195 R 14 C 8 PR, Einfach-Hinterräder		
Wagengewicht (mit Fahrer)	1745 (1825) kg	1800 (1880) kg	1815 (1895) kg
Zuläss. Gesamtgewicht	3200 kg	3200 kg	3200 kg
	Hochdach-Kastenwagen		
Radstand	2500 oder 2950 mm		
Gesamtmaße	4855 (5305) × 2040 × 2570 mm		
Laderaum	2970 (3410) × 1815 × 1870 mm		
Reifen	195 R 14 C 8 PR, Einfach-Hinterräder		
Wagengewicht (mit Fahrer)	1795 (1875) kg	1850 (1930) kg	1865 (1945) kg
Zuläss. Gesamtgewicht	3200 kg	3200 kg	3200 kg
	Pritschenwagen		
Radstand	2500 oder 2950 mm		
Gesamtmaße	4875 (5630) × 2140 × 2105 mm (Höhe über Fahrerhaus)		
Pritsche	2990 (3750) × 2015 mm, Bordwand 400 mm, lichte Höhe Plane 1800 mm		
Reifen	205 R 14 C 8 PR, Einfach-Hinterräder		
Wagengewicht (mit Fahrer)	1740 (1795) kg Plane + 60 (70) kg	1795 (1850) kg Plane + 60 (70) kg	1810 (1865) kg Plane + 60 (70) kg
Zuläss. Gesamtgewicht	3200 kg	3200 kg	3200 kg
	Tieflade-Pritschenwagen		
	Gleiche Daten wie Pritschenwagen mit Radstand 2500 mm		
	Pritschenwagen und Tieflade-Pritschenwagen mit Doppelkabine		
Radstand	2950 mm		
Gesamtmaße	5330 × 2015 × 2140 mm (Höhe über Fahrerhaus)		
Pritsche	2515 × 2015 mm, Bordwand 400 mm, lichte Höhe Plane 1800 mm		
Reifen	205 R 14 C 8 PR, Einfach-Hinterräder		
Wagengewicht (mit Fahrer)	1915 kg	1970 kg	1985 kg
Zuläss. Gesamtgewicht	3200 kg	3200 kg	3200 kg
	Bus »Braunschweig« und »Hannover«		
Radstand	2500 mm		
Sitzplätze	max. 14 + 1		
Zuläss. Gesamtgewicht	3200 kg		
	Hochdach-Bus »Wolfsburg«		
Radstand	2950 mm		
Sitzplätze	max. 14 + 1		
Zuläss. Gesamtgewicht	3400 kg		

Volkswagen LT 35
Tieflade-Pritschenwagen
mit Doppelkabine (3 Türen)
ab 1985

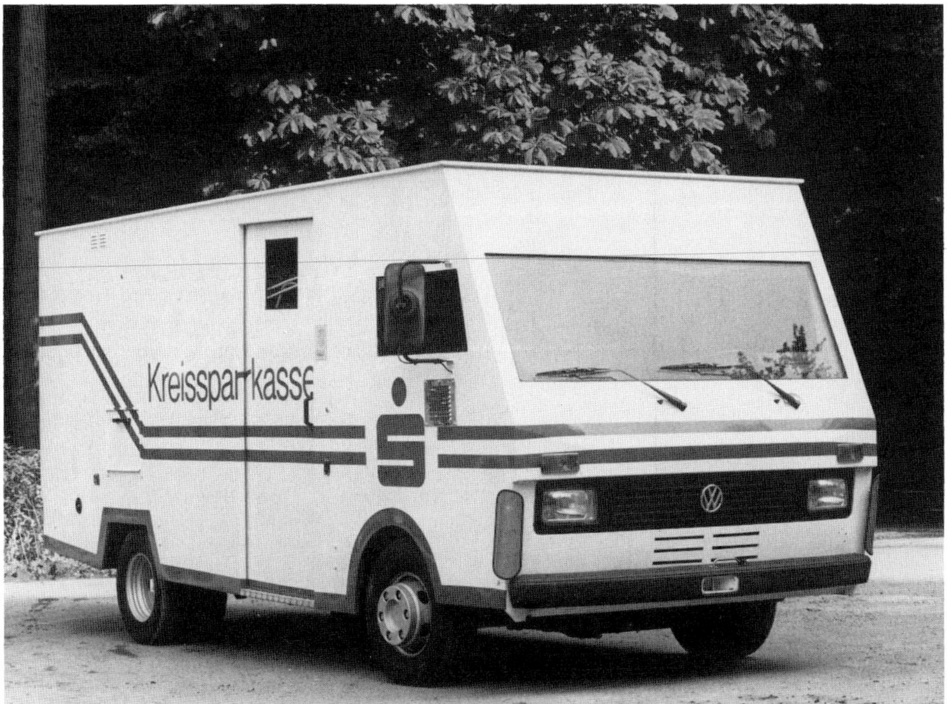

Volkswagen LT 40
mit gepanzertem Sonderaufbau
für Geld- und Werttransporte
1986

	Volkswagen LT 35 ab 1983	**Volkswagen LT 35 ab 1983**	**Volkswagen LT 35 ab 1985**
Bauart	Frontlenker-Großtransporter, Motor unter Mittelsitz zwischen Fahrer- und Beifahrer		
Motor	VW, 1 Fallstrom-Registervergaser	VW, Wirbelkammer-Diesel	VW, Wirbelkammer-Diesel mit Abgas-Turbolader
Zylinderzahl	6 (Reihe)	6 (Reihe)	6 (Reihe)
Bohrung × Hub	76,5 × 86,4 mm	76,5 × 86,4 mm	76,5 × 86,4 mm
Hubraum	2384 ccm	2384 ccm	2384 ccm
Leistung	90 PS (66 kW) b. 4500 U/min	75 PS (55 kW) b. 4300 U/min	102 PS (75 kW) b. 4300 U/min
Getriebe	4 oder 5 Gang	5 Gang	5 Gang
Antrieb	Antrieb auf Hinterräder		
Rahmen	Selbsttragende Ganzstahlkarosserie, Hilfsrahmen aus Kasten-Längs- und Querträgern Pritschenwagen und Sonderaufbauten: Kastenrahmen		
Vorderradaufhängung	Doppel-Querlenker, Schraubenfedern, Stabilisator		
Hinterradaufhängung	Rohr-Starrachse, Zweiblatt-Halbfedern, auf Wunsch Stabilisator		
Fußbremse	Zweikreis-Hydraulik, Servohilfe, Scheibenbremsen vorn		
	Kastenwagen		**Hochdach-Kastenwagen**
Radstand	2500 oder 2950 mm		2500 oder 2950 mm
Gesamtmaße	4855 (5305) × 2040 × 2175 mm		4855 (5305) × 2040 × 2585 mm
Laderaum	2970 (3410) × 1815 × 1460 mm		2970 (3410) × 1815 × 1870 mm
Reifen	205 R 14 C 8 PR, Einfach-Hinterräder		205 R 14 C 8 PR, Einfach-Hinterräder
Wagengewicht (mit Fahrer)	1765 (1845) kg Hochdach + 50 kg	1820 (1900) kg Hochdach + 50 kg	1835 (1915) kg Hochdach + 50 kg
Zuläss. Gesamtgewicht	3500 kg	3500 kg	3500 kg
	Pritschenwagen		
Radstand	2500 oder 2950 mm		
Gesamtmaße	4875 (5630) × 2140 × 2105 mm (Höhe über Fahrerhaus)		
Pritsche	2990 (3750) × 2015 mm, Bordwand 400 mm, lichte Höhe Plane 1800 mm		
Reifen	215 R 14 C 8 PR, Einfach-Hinterräder		
Wagengewicht (mit Fahrer)	1760 (1815) kg Plane + 60 (70) kg	1815 (1870) kg Plane + 60 (70) kg	1830 (1885) kg Plane + 60 (70) kg
Zuläss. Gesamtgewicht	3500 kg	3500 kg	3500 kg
	Tieflade-Pritschenwagen Gleiche Daten wie Pritschenwagen mit Radstand 2500 mm		
	Pritschenwagen und Tieflade-Pritschenwagen mit Doppelkabine		
Radstand	2950 mm		
Gesamtmaße	5330 × 2140 × 2015 mm (Höhe über Fahrerhaus)		
Pritsche	2515 × 2015 mm, Bordwand 400 mm, lichte Höhe Plane 1800 mm		
Reifen	215 R 14 C 8 PR, Einfach-Hinterräder		
Wagengewicht (mit Fahrer)	1935 kg	1990 kg	2005 kg
Zuläss. Gesamtgewicht	3500 kg	3500 kg	3500 kg
	Pritschenwagen (wahlweise ab August 1975 mit Zwillingsreifen, in dieser Ausführung aber nicht mit Turbo-Diesel lieferbar)		
Radstand	2500 oder 2950 mm		
Gesamtmaße	4875 (5630) × 2140 × 2100 mm (Höhe über Fahrerhaus)		
Pritsche	2990 (3750) × 2015 mm, Bordw. 400 mm, l. Höhe Plane 1800 mm		
Reifen	185 R 14 C 8 PR, Zwillings-Hinterräder		
Wagengewicht (mit Fahrer)	1795 (1850) kg Plane + 60 (70) kg	1850 (1905) kg Plane + 60 (70) kg	
Zuläss. Gesamtgewicht	3500 kg	3500 kg	
	Pritschenwagen mit Doppelkabine		
Radstand	2950 mm		
Gesamtmaße	5330 × 2140 × 2110 mm (Höhe über Fahrerhaus)		
Pritsche	2515 × 2015 mm, Bordw. 400 mm, l. Höhe Plane 1800 mm		
Reifen	185 R 14 C 8 PR, Zwillings-Hinterräder		
Wagengewicht (mit Fahrer)	1970 kg	2025 kg	
Zuläss. Gesamtgewicht	3500 kg	3500 kg	

Volkswagen LT 40
Pritschenwagen
ab 1985

Volkswagen LT 40
Sattelzugmaschine
ab 1985

Volkswagen LT 40
Sattelzugmaschine
mit Kässbohrer
Pritschen-Auflieger
ab 1985

	Volkswagen LT 40 ab 1983		
Bauart	Frontlenker-Großtransporter, Motor unter Mittelsitz zwischen Fahrer- und Beifahrer		
Motor	VW, 1 Fallstrom-Registervergaser	VW, Wirbelkammer-Diesel	VW, Wirbelkammer-Diesel mit Abgas-Turbolader
Zylinderzahl	6 (Reihe)	6 (Reihe)	6 (Reihe)
Bohrung × Hub	76,5 × 86,4 mm	76,5 × 86,4 mm	76,5 × 86,4 mm
Hubraum	2384 ccm	2384 ccm	2384 ccm
Leistung	90 PS (66 kW) b. 4500 U/min	75 PS (55 kW) b. 4300 U/min	102 PS (75 kW) b. 4300 U/min
Getriebe	4 oder 5 Gang	5 Gang	5 Gang
Antrieb	Antrieb auf Hinterräder		
Rahmen	Selbsttragende Ganzstahlkarosserie, Hilfsrahmen aus Kasten-Längs- und Querträgern Pritschenwagen und Sonderaufbauten: Kastenrahmen		
Vorderradaufhängung	Starrachse, Mehrblatt-Längsfedern, Stabilisator		
Hinterradaufhängung	Rohr-Starrachse, Mehrblatt-Längsfedern, Kastenwagen mit Stabilisator		
Fußbremse	Zweikreis-Hydraulik, Servohilfe, Scheibenbremsen vorn		
	Kastenwagen		
Radstand	2950 mm		
Gesamtmaße	5305 × 2050 × 2250 (Hochdach 2660) mm		
Laderaum	3410 × 1815 × 1460 (Hochdach 1870) mm		
Reifen	195 R 14 C 8 PR, Zwillings-Hinterräder		
Wagengewicht (mit Fahrer)	2075 kg Hochdach + 50 kg	2130 kg Hochdach + 50 kg	2145 kg Hochdach + 50 kg
Zuläss. Gesamtgewicht	4000 kg	4000 kg	4000 kg
	Pritschenwagen		
Radstand	2950 oder 3650 mm		
Gesamtmaße	5630 (6545) × 2140 (2370) × 2115 mm (Höhe über Fahrerhaus)		
Pritsche	3750 × 2015 (4600 × 2200) mm, Bordwand 400 mm, lichte Höhe Plane 1800 mm		
Reifen	195 R 14 C 8 PR, Zwillings-Hinterräder		
Wagengewicht (mit Fahrer)	1995 (2400) kg Plane + 70 (80) kg	2050 (2455) kg Plane + 70 (80) kg	2065 (2470) kg Plane + 70 (80) kg
Zuläss. Gesamtgewicht	4000 kg	4000 kg	4000 kg
	Pritschenwagen mit Doppelkabine		
Radstand	2950 oder 3650 mm		
Gesamtmaße	5330 (6560) × 2410 × 2115 mm (Höhe über Fahrerhaus)		
Pritsche	2515 (3750) × 2015 mm, Bordwand 400 mm, lichte Höhe Plane 1800 mm		
Reifen	195 R 14 C 8 PR, Zwillings-Hinterräder		
Wagengewicht (mit Fahrer)	2080 (2300) kg Plane + 60 (70) kg	2135 (2355) kg Plane + 60 (70) kg	2150 (2370) kg Plane + 60 (70) kg
Zuläss. Gesamtgewicht	4000 kg	4000 kg	4000 kg

	Volkswagen LT 45 ab 1983
	Gleiche Daten wie LT 40, jedoch
Zuläss. Gesamtgewicht	4600 kg

Volkswagen LT 55 Dreiseiten-Kipper (ab 1985)

Volkswagen LT 50 mit Ruthmann-Steiger (1987)
für Montage-, Reparatur- und Wartungsarbeiten, Gebäudereinigung usw.

Volkswagen LT 50 ab 1983

Bauart	Frontlenker-Großtransporter, Motor unter Mittelsitz zwischen Fahrer- und Beifahrer		
Motor	VW, 1 Fallstrom-Registervergaser	VW, Wirbelkammer-Diesel	VW, Wirbelkammer-Diesel mit Abgas-Turbolader
Zylinderzahl	6 (Reihe)	6 (Reihe)	6 (Reihe)
Bohrung × Hub	76,5 × 86,4 mm	76,5 × 86,4 mm	76,5 × 86,4 mm
Hubraum	2384 ccm	2384 ccm	2384 ccm
Leistung	90 PS (66 kW) b. 4500 U/min	75 PS (55 kW) b. 4300 U/min	102 PS (75 kW) b. 4300 U/min
Getriebe	4 oder 5 Gang	5 Gang	5 Gang
Antrieb	Antrieb auf Hinterräder		
Rahmen	Kastenrahmen		
Vorderradaufhängung	Starrachse, Mehrblatt-Längsfedern, Stabilisator		
Hinterradaufhängung	Rohr-Starrachse, Mehrblatt-Längsfedern		
Fußbremse	Zweikreis-Hydraulik, Servohilfe, Scheibenbremsen vorn		
	Pritschenwagen		
Radstand	2950 oder 3650 mm		
Gesamtmaße	5630 (6545) × 2140 (2370) × 2115 mm (Höhe über Fahrerhaus)		
Pritsche	3750 × 2015 (4600 × 2200) mm, Bordwand 400 mm, lichte Höhe über Plane 1800 mm		
Reifen	195 R 14 C 8 PR, Zwillings-Hinterräder		
Wagengewicht (mit Fahrer)	2100 (2400) kg Plane + 70 (80) kg	2155 (2455) kg Plane + 70 (80) kg	2170 (2470) kg Plane + 70 (80) kg
Zuläss. Gesamtgewicht	5000 kg	5000 kg	5000 kg
	Pritschenwagen mit Doppelkabine		
Radstand	2950 oder 3650 mm		
Gesamtmaße	5330 (6560) × 2140 × 2115 mm (Höhe über Fahrerhaus)		
Pritsche	2515 (3750) × 2015 mm, Bordwand 400 mm, lichte Höhe Plane 1800 mm		
Reifen	195 R 14 C 8 PR, Zwillings-Hinterräder		
Wagengewicht (mit Fahrer)	2180 (2300) kg Plane + 60 (70) kg	2235 (2355) kg Plane + 60 (70) kg	2250 (2370) kg Plane + 60 (70) kg
Zuläss. Gesamtgewicht	5000 kg	5000 kg	5000 kg

Volkswagen LT 55 ab 1985

	Allgemeine Daten wie LT 50, jedoch nicht mit Vergasermotor	
	Pritschenwagen	
	Daten wie LT 50 Pritschenwagen, jedoch	
Zuläss. Gesamtgewicht	5600 kg	
	Pritschenwagen mit Doppelkabine	
Radstand	3650 mm	
Gesamtmaße	6560 × 2140 × 2115 mm (Höhe über Fahrerhaus)	
Pritsche	3750 × 2015 mm, Bordwand 400 mm, lichte Höhe Plane 1800 mm	
Reifen	195 R 14 C 8 PR, Zwillings-Hinterräder	
Wagengewicht (mit Fahrer)	2355 kg Plane + 70 kg	2370 kg Plane + 70 kg
Zuläss. Gesamtgewicht	5600 kg	5600 kg

Volkswagen LT 40 Allrad
Rettungswagen
Umbau von etwa 50 Fahrzeugen
durch Fahrzeugbau Sülzer
(Königsbrunn bei Augsburg)
1979–1983

Volkswagen LT 40 Allrad
Wohnmobil
ab 1985

Volkswagen LT 40 Allrad
Pritschenwagen mit
Doppelkabine (3 Türen)
ab 1985

Volkswagen LT 40 Allrad ab 1985

Bauart	Frontlenker-Großtransporter mit Allrad-Antrieb, Motor unter Mittelsitz zwischen Fahrer und Beifahrer		
Motor	VW, 1 Fallstrom-Registervergaser	VW, Wirbelkammer-Diesel	VW, Wirbelkammer-Diesel mit Abgas-Turbolader
Zylinderzahl	6 (Reihe)	6 (Reihe)	6 (Reihe)
Bohrung × Hub	76,5 × 86,4 mm	76,5 × 86,4 mm	76,5 × 86,4 mm
Hubraum	2384 ccm	2384 ccm	2384 ccm
Leistung	90 PS (66 kW) b. 4500 U/min	75 PS (55 kW) b. 4300 U/min	102 PS (75 kW) b. 4300 U/min
Getriebe	5 Gang + Vorgelege		
Antrieb	Antrieb auf Hinterräder, Antrieb auf Vorderräder mechanisch zuschaltbar Differentialsperre hinten und auf Wunsch vorn		
Rahmen	Kastenprofilrahmen, Kastenaufbau mittragend		
Vorderradaufhängung	Starrachse, Mehrblatt-Längsfedern, Stabilisator		
Hinterradaufhängung	Starrachse, Mehrblatt-Längsfedern, Stabilisator		
Fußbremse	Zweikreis-Hydraulik, Servohilfe, Scheibenbremsen vorn		
	Kastenwagen		
Radstand	2950 mm		
Gesamtmaße	5305 × 2085 × 2360 (Hochdach 2770) mm		
Laderaum	3410 × 1815 × 1460 (Hochdach 1870) mm		
Reifen	7,00 R 16, Einfach-Hinterräder		
Wagengewicht (mit Fahrer)	2375 kg Hochdach + 50 kg	2430 kg Hochdach + 50 kg	2445 kg Hochdach + 50 kg
Zuläss. Gesamtgewicht	4500 (Hochdach 4000) kg	4500 (Hochdach 4000) kg	4500 (Hochdach 4000) kg
	Pritschenwagen		
Radstand	2950 mm		
Gesamtmaße	5630 × 2140 × 2225 mm (Höhe über Fahrerhaus)		
Pritsche	3750 × 2015 mm, Bordwand 400 mm, lichte Höhe Plane 1800 mm		
Reifen	7,00 R 16, Einfach-Hinterräder		
Wagengewicht (mit Fahrer)	2345 kg Plane + 70 kg	2400 kg Plane + 70 kg	2415 kg Plane + 70 kg
Zuläss. Gesamtgewicht	4000 kg	4000 kg	4000 kg
	Pritschenwagen mit Doppelkabine		
Radstand	2950 mm		
Gesamtmaße	5330 × 2140 × 2225 mm (Höhe über Fahrerhaus)		
Pritsche	2515 × 2015 mm, Bordwand 400 mm, lichte Höhe Plane 1800 mm		
Reifen	7,00 R 16, Einfach-Hinterräder		
Wagengewicht (mit Fahrer)	2430 kg Plane + 60 kg	2485 kg Plane + 60 kg	2500 kg Plane + 60 kg
Zuläss. Gesamtgewicht	4000 kg	4000 kg	4000 kg

Volkswagen LT 45 Allrad ab 1985

Abweichende Daten von LT 40 Allrad:

	Pritschenwagen und Pritschenwagen mit Doppelkabine
Gesamthöhe	+ 40 mm
Reifen	7,50 R 16, Einfach-Hinterräder
Wagengewicht	+ 100 kg
Zuläss. Gesamtgewicht	4500 kg

Mercedes-Benz

Die Daimler-Benz AG., hervorgegangen aus den beiden ältesten Automobilfabriken der Welt, konnte die Herstellung ihrer Lastwagen schon bald nach Kriegsende wieder aufnehmen. Glücklicherweise hatten die Werksanlagen in Mannheim und in Gaggenau nur verhältnismäßig geringe Zerstörungen erlitten. Das Bauprogramm war damals noch höchst einfach und übersichtlich gegliedert. Mit nur je einem Grundtyp kamen die mittleren Lastwagen und Omnibusse aus dem Werk Mannheim, die schweren Lastwagen und Omnibusse aus dem Werk Gaggenau. Letzteres übernahm außerdem 1951 die Fertigung des Unimog. Als nächste markante Programmerweiterung folgte der Einstieg in das Transporter-Geschäft. Deren Produktion lief seit August 1956 in Sindelfingen, während der entsprechende Kleinbus fast gleichzeitig im Werk Mannheim auf das Band kam.

Anfang 1959 hatte Daimler-Benz auf Betreiben des damaligen Großaktionärs Friedrich Flick die unrentabel gewordene Auto Union übernehmen müssen. Diese wurde 1965 an die Volkswagen AG. weiter veräußert, doch behielt Daimler das Werk Düsseldorf. Dort nämlich, wo ein Jahrzehnt lang die DKW Personenwagen entstanden waren, lief seit Juli 1962 die Produktion der Mercedes-Benz Transporter, die sich seit ihrer Einführung so rasch durchgesetzt hatten, daß die Werke Untertürkheim, Sindelfingen und Mannheim dringend davon entlastet werden mußten.

Der Erlös aus dem Verkauf der Auto Union wurde für die 1962 begonnene Errichtung des neuen, gegenüber Karlsruhe gelegenen Lastwagenwerks Wörth am Rhein mitverwendet. In dieser riesigen Anlage fand hinfort die Endmontage aller leichten, mittleren und schweren Lastwagen statt. Was sich im Personenwagenbau schon seit Jahren bewährt hatte, wurde damit auch im Lastwagenbereich eingeführt, nämlich die Trennung der Aggregate-Fertigung von der Montage. Das funktioniert grob gesehen so, daß die Werke Mannheim und Marienfelde die Motoren, Gaggenau die Getriebe und Außenplanetenachsen, Kassel alle anderen Achsen sowie Düsseldorf die Lenkungen liefern. Die so erreichte Großserienfabrikation bringt Kostenvorteile und erlaubt darüber hinaus die rasche Anpassung an wechselnde Bedürfnisse des Marktes. Wörth, heute die größte und modernste Lastwagenfabrik Westeuropas, wurde 1965 mit einer Vorserie des damals neuen LP 608 in Betrieb genommen, die volle Produktion allerdings setzte erst im Jahre 1968 ein. Weil jedoch das Lastwagengeschäft im Inland schon damals kaum noch Zuwachs erhoffen ließ, mußte die Mehrproduktion künftig im nicht minder schwierigen Export untergebracht werden. Daß und wie dies gelang, ist ein Schulbeispiel für die Flexibilität eines freien Privatunternehmens. Jedenfalls handelt es sich beim Lastwagenwerk Wörth um die wichtigste Investition der Daimler-Benz AG. seit 1945 bis heute.

Ebenfalls 1968 gab die Firma Krupp die Herstellung ihrer nahezu unverkäuflich gewordenen Lastwagen auf. Daimler-Benz übernahm deren Vertriebsorganisation und gewann damit im Nutzfahrzeugbereich auf einen Schlag zehn neue Niederlassungen.

Doch war dies ja nur ein kleiner Fisch, gemessen an dem Zukauf, den die Daimler-Benz AG. bereits Anfang 1968 getätigt hatte, als man von den Rheinischen Stahlwerken (Rheinstahl) die Lastwagenfabriken Hanomag und Henschel übernahm. Sie wurden im Frühjahr 1970 in Hanomag-Henschel-Fahrzeugbau GmbH. (HHF) umbenannt und als sogenannter »zweiter Vertriebsweg« weitergeführt. Doch schon 1974 verschwanden leider die alten Marken und ab Jahresbeginn 1977 gehörten die Werke Bremen, Hamburg und Kassel auch dem Namen nach zur Daimler-Benz AG. Das einstige Kasseler Henschel-Lastwagenwerk stellt heute Achsen für alle Nutzfahrzeuge des Konzerns her, nachdem man dort außerdem noch jahrelang die schweren Hauben-Lastwagen für den Export montieren ließ. Das frühere Tempo-Werk in Hamburg-Harburg produziert Fahrgestellteile und Gelenkwellen. Das Werk Bremen-Sebaldsbrück, 1938 hochmodern errichtet und nach dem Krieg wiederaufgebaut, war einstmals Stolz und Mittelpunkt der Firma Borgward. Nach der Pleite übernahm Hanomag 1961 die Anlagen und verlegte dorthin die eigene Lastwagenproduktion. 1965 kaufte die nunmehrige Rheinstahl-Hanomag AG. das Tempo-Werk in Hamburg-Harburg dazu und überführte dessen Kleintransporter-Fertigung ebenfalls nach Bremen. Als das Werk schließlich in den Besitz der Daimler-Benz AG. gelangte, stellte diese den Bau der Hanomag-Lastwagen ein, ließ aber zunächst die Kleintransporter unter dem eigenen Markenzeichen weiterlaufen, weil solche Fahrzeuge im seitherigen Lieferprogramm sowieso noch fehlten. Im Mai 1977 brachte Daimler dann eine völlig neue Reihe leichter Transporter eigener Konstruktion auf den Markt. Auch deren Herstellung erfolgte zunächst in Bremen, wurde aber bis Mitte 1984 etappenweise in das Werk Düsseldorf verlegt, wo nun sämtliche Transporter beider Baureihen entstehen. Bremen nämlich hatte man als zweiten Schwerpunkt nach Stuttgart für den Personenwagenbau des Konzerns bestimmt.

Automobil-Produktion der Daimler-Benz AG, seit 1945 (ohne Ausland)

	Personenwagen (und davon abgeleitete Liefer-, Kranken- und Polizeiwagen)	Geländewagen (G-Reihe)	Transporter	Lastwagen	Klein-Omnibusse	Groß-Omnibusse	Unimog	MB - trac	Lastwagen-Teilesätze	Omnibus-Teilesätze
1945	–			1 037						
1946	214			2 019						
1947	1 045			2 406						
1948	5 116			4 688		82				
1949	17 417			5 517		398				
1950	33 906			6 914		1 532				
1951	42 222			11 140		1 081	1 005			
1952	36 824			13 447		1 592	3 799		980	
1953	34 975			12 279		2 173	1 753		480	
1954	48 816			13 415		2 161	2 544		974	
1955	63 683			17 997		2 296	4 727		4 648	
1956	69 601		1 037	20 200	In Zahl der »Transporter« enthalten	2 035	4 999		10 104	
1957	80 899		6 438	17 256		2 922	5 940		12 092	150
1958	99 209		9 209	17 785		3 263	5 391		20 490	1 344
1959	108 440		8 092	23 945		3 364	6 766		19 324	1 097
1960	122 684		8 209	30 412		4 153	9 450		20 400	336
1961	137 431		8 901	28 929		4 182	9 826		25 344	1 296
1962	146 393		10 140	29 882		4 196	10 514		17 868	1 286
1963	153 182		13 373	33 503		3 778	10 358		18 898	–
1964	165 532		14 609	33 805		3 451	9 596		27 723	536
1965	174 007		13 784	36 758		3 560	8 882		26 222	812
1966	191 625		13 483	41 424		4 548	9 339		40 071	1 542
1967	200 470		14 895	31 533		4 802	6 416		34 251	2 182
1968	216 284		17 297	41 960		6 035	8 368		38 961	3 326
1969	256 713		24 055	52 988	2 791	8 296	12 292		46 643	4 010
1970	280 419		25 672	65 254	4 061	9 531	12 185		28 652	3 676
1971	284 230		29 922	63 459	2 804	8 047	8 290		26 160	2 608
1972	323 878		41 072	63 070	3 698	10 997	7 393		29 204	4 472
1973	331 682		51 498	72 962	5 088	12 100	7 291	520	30 310	2 920
1974	340 006		50 782	81 548	6 605	13 726	9 044	1 100	32 594	1 414
1975	350 098		53 396	105 762	6 572	13 344	5 986	1 468	24 488	2 500
1976	370 348		71 784	98 832	7 425	12 824	7 671	2 093	20 836	5 216
1977	401 255		70 615	95 543	4 421	11 595	7 395	2 150	37 838	6 344
1978	393 203		73 814	81 777	1 657	8 210	7 302	1 998	29 240	9 919
1979	421 159	2 508	80 085	90 008	1 763	8 529	8 149	2 001	32 238	5 927
1980	429 078	6 667	83 977	99 501	1 841	9 643	8 201	1 799	8 300	9 515
1981	440 778	6 455	69 357	107 142	2 335	9 647	7 817	2 113	2 912	7 706
1982	458 345	6 566	64 473	101 446	1 466	7 925	10 497	2 703	2 200	6 882
1983	476 183	5 662	63 050	75 845	908	7 123	7 100	3 700	2 874	9 516
1984	478 349	5 532	60 717	68 008	901	5 186	6 108	3 082	8 696	5 496
1985	541 039	6 303	62 385	65 407	1 005	5 345	6 639	3 611	17 889	4 896
1986	594 080	5 945	69 485	61 978	998	5 084	6 254	2 956	7 491	424

1968/69 kam es zu einer Vereinbarung mit der MAN über die arbeitsteilige Entwicklung und Herstellung bestimmter Nutzfahrzeug-Aggregate. Bis heute fortwirkendes Ergebnis dieser Zusammenarbeit waren die Motoren-Baureihe 400 und die vereinheitlichten Außenplanetenachsen. Die Vereinbarung war wohl in der Freude über die Gründung der MTU und offenbar auch mit gelindem Druck des Bundesverteidigungsministeriums zustandegekommen, doch seitdem scheinen an deren Fortbestand beide Partner nicht mehr interessiert zu sein.

Die Firma Daimler-Benz hat im Laufe ihrer hundertjährigen Geschichte entscheidend dazu beigetragen, daß Lastwagen und Omnibusse längst eine Schlüsselrolle in jeder modernen Volkswirtschaft übernommen haben. Allerdings setzt dies heute eine riesige Modellvielfalt voraus, die vom Transporter bis zum Schwerlastwagen, vom Spezialfahrzeug über ausgeklügelte Sonderaufbauten bis zu rationellen Verladetechniken reichen muß. Wirtschaftliche und leistungsfähige Motoren sind ebenso notwendig wie funktionsgerecht eingerichtete Fahrerhäuser, alternative Federungssysteme sowie eine umwelt- und wartungsfreundliche Gesamtkonzeption. Praktikable Lösungen gelingen oft nur bei bestmöglichen Kompromissen. Hier seit jeher Beispielhaftes zu vollbringen, gehört sowohl zu den historischen als auch zu den aktuellen Verdiensten des Hauses Daimler-Benz.

Mannheimer Hauben-Lastwagen 1945–1961

Das Werk Mannheim der Daimler-Benz AG. befaßte sich seit August 1944 kriegsbedingt mit dem Nachbau des Dreitonners Opel–Blitz. Nachdem die Produktionsanlagen einigermaßen intakt geblieben waren, konnte die Herstellung dieses Wagens schon im Juni 1945 weitergeführt werden. Die Adam Opel AG. hatte sich damit einverstanden erklärt, beanspruchte aber von nun an die Hälfte der hergestellten Wagen für sich und zum Verkauf durch die eigenen Händler. Die Produktion blieb ohnehin infolge der Planwirtschaft und der Rohstoffknappheit auf einem zahlenmäßig niedrigen Niveau.

Verständlicherweise wollte Daimler-Benz den Nachbau des Fremdfabrikats baldmöglichst wieder durch einen Typ eigener Machart ersetzen. Schon 1946/47 entstand der erste Versuchswagen, der bereits weitgehend der späteren Serienausführung entsprach. Genau zur Jahresmitte 1949 erfolgte fast nahtlos der Übergang zum neuen Typ L 3250. Unter dieser Bezeichnung lief er allerdings nur wenige Monate, weil bereits zum Jahresbeginn 1950 seine Aufstockung zum L 3500 erfolgte.

Der Typ L 3500 bewährte sich hervorragend. Er übernahm sofort die Marktführung seiner Klasse, wobei ihm zustatten kam, daß es den Opel Dreitonner, den früheren Hauptkonkurrenten, nicht mehr gab, und daß er konstruktiv weitgehend auf diesem basierte. Der Typ L 3500, ab 1955 in Typ L 311 umbenannt, blieb ohne wesentliche Änderungen 12 Jahre lang bis 1961 im Programm.

Noch übertroffen hat den Erfolg des L 3500 der ab Juli 1953 gebaute Typ L 4500 bzw. (ab Anfang 1955) L 312. Es war nahezu der gleiche Wagen, der jedoch durch größere Reifen über eine höhere Nutzlast verfügte. Als dritter im Bunde kam 1957 der Typ L 321 mit über 5 t Nutzlast hinzu, der aber nur zwei Jahre überdauerte.

Produktion

Typ	Konstruktionsnummer	Zuläss. Gesamtgewicht	Produktion	Gesamtzahl
L 701	701	5,8 t	1945–1949	10 300
L 311	311	7 t	1949–1961	51 687
LA 311	311	7 t	1950–1961	2 984
L 312	312	8 t	1953–1961	64 793
LA 312	312	8 t	1953–1961	6 941
LG 312	312	8 t	1956–1966	1 299
L 321	321	9,25 t	1957–1959	4 829
LA 321	321	9,25 t	1957–1959	2 696

Mercedes-Benz L 701
(Nachbau Opel-Blitz)
Pritschenwagen
1945–1949

Mercedes-Benz L 701
(Nachbau Opel-Blitz)
Feuerwehr
Löschgruppenfahrzeug LF 15
Aufbau: Metz (Karlsruhe)
Fahrgestell-Baujahr 1945
Erstzulassung 1949

Mercedes-Benz L 3250
Pritschenwagen
1949

Mercedes-Benz L 3500 bzw. L 311 Pritschenwagen (Radstand 3600 mm) 1950–1961

Mercedes-Benz L 3500 bzw. L 311 Pritschenwagen (Radstand 4200 mm) 1950–1961

Mercedes-Benz L 3500 Sa Sattelzugmaschine 1951–1952

	Mercedes-Benz **L 701 (Nachbau Opel-Blitz)** **1945–1949**	**Mercedes-Benz** **L 3250 (L 311)** **1949**	
Bauart	Hauben-Lastwagen. Motor vor, Fahrersitz hinter Vorderachse		
Motor	Lizenz Opel Vergasermotor	Daimler-Benz OM 312 Vorkammer-Dieselmotor	
Zylinderzahl	6 (Reihe)	6 (Reihe)	
Bohrung × Hub	90 × 95 mm	90 × 120 mm	
Hubraum	3630 ccm	4580 ccm	
Leistung	68 PS bei 3000 U/min	90 PS bei 2800 U/min	
Getriebe	5 Gang	5 Gang	
Antrieb	Antrieb auf Hinterräder	Antrieb auf Hinterräder	
	Pritschenwagen	**Pritschenwagen**	
Radstand	3600 mm	3600 mm	
Pritsche	3500 × 2125 mm	3800 × 2100 mm	
Gesamtmaße	6070 × 2265 × 2115 mm (Höhe über Fahrerhaus)	6565 × 2240 × 2325 mm (Höhe über Fahrerhaus)	
Reifen	7,25/7,50 Tr oder 190–20 Zwillings-Hinterräder	7,25–20 Tr Zwillings-Hinterräder	
Wagengewicht	2500 kg	2985 kg	
Zuläss. Gesamtgewicht	5800 kg	6500 kg	
Preis	1948/49: DM 10 200,–		
		L 3250 K: Kipper	
Radstand		3600 mm	
Pritsche		3200 mm	

	Mercedes-Benz **L 3500 1950–1954** **L 311 1955–1961**	**Mercedes-Benz** **L 3500 1950–1954** **L 311 1955–1961**	**Mercedes-Benz** **LA 3500 1950–1954** **LA 311 1955–1961**
Bauart	Hauben-Lastwagen. Motor vor, Fahrersitz hinter Vorderachse		
Motor	Daimler-Benz OM 321 Vorkammer-Dieselmotor 6 Zylinder, 90 × 120 mm, 4580 ccm 90 PS bei 2800 U/min bzw. (ab 1956) 100 PS bei 3000 U/min bzw. (ab 1954 für Feuerwehr-Fahrzeuge auf Wunsch): OM 321 mit Abgas-Turbolader: 115 PS bei 3000 U/min		
Getriebe	5 Gang		
Antrieb	Antrieb auf Hinterräder	Antrieb auf Hinterräder	Allradantrieb (abschaltbar)
	Pritschenwagen	**Pritschenwagen**	**Pritschenwagen**
Radstand	3600 oder 4200 mm	3600 oder 4200 mm	3600 oder 4200 mm
Pritsche	3800 (4500) × 2100 mm	3800 (4500) × 2100 mm	3500 (4500) × 2100 mm
Gesamtmaße	6565 (7265) × 2240 × 2325 (Höhe über Fahrerhaus)	6565 (7265) × 2240 × 2325 (Höhe über Fahrerhaus)	6265 (7265) × 2240 × 2420 (Höhe über Fahrerhaus)
Reifen	7,50–20 Tr Zwillings-Hinterräder	8,25–20 Tr Zwillings-Hinterräder	8,25–20 Gelände Zwillings-Hinterräder
Wagengewicht	2985 (3125) kg	3050 (3190) kg	3345 (3465) kg
Zuläss. Gesamtgewicht	6700 kg	7100 bzw. (ab 1952) 7800 kg	7100, Gelände 6600 kg
Preis	DM 16 500,–		DM 22 000,–
Bemerkungen		Ab 1954 auch Fahrgestell mit Radstand 4830 mm für Sonderaufbauten	
	L 3500 K, LK 311: Kipper	**L 3500 K, LK 311: Kipper**	**LA 3500 K, LAK 311: Kipper**
Radstand	3600 mm	3600 mm	3600 mm
Pritsche	3200 mm	3200 mm	3200 mm
		L 3500 Sa: Sattelzugmaschine (lieferbar bis 1952)	**LA 3500 Sa: Sattelzugmaschine** (lieferbar bis 1952)
Radstand		3200 mm	3200 mm
	L/LA 3500 F, LF/LAF 311: Fahrgestell für Feuerwehr-Fahrzeuge		
Radstand	3600 oder 4200 mm		

Mercedes-Benz L 4500
Pritschenwagen
Radstand 4200 mm
1953–1954

Mercedes-Benz L 312
Pritschenwagen
Radstand 4200 mm
1955–1961

Mercedes-Benz LK 312
Dreiseiten-Kipper
Radstand 3600 mm
1955–1961

Mercedes-Benz L 321
Pritschenwagen
Radstand 4830 mm
1957–1959

	Mercedes-Benz **L 4500 1953–1954** **L 312 1955–1961**	**Mercedes-Benz** **LA 4500 1953–1954** **LA 312 1955–1961**
Bauart	Hauben-Lastwagen. Motor vor, Fahrersitz hinter Vorderachse	
Motor	Daimler-Benz OM 312 Vorkammer-Dieselmotor 6 Zylinder, 90 × 120 mm, 4580 ccm 90 PS bei 2800 U/min bzw. (ab 1956) 100 PS bei 3000 U/min bzw. (ab 1957 auch) OM 321 Dieselmotor 110 PS	
Getriebe	5 Gang	
Antrieb	Antrieb auf Hinterräder	Allrad-Antrieb (abschaltbar)
	Pritschenwagen	**Pritschenwagen**
Radstand	3600 oder 4200 mm	3600 oder 4200 mm
Pritsche	3800 (4500) × 2100 mm	3500 (4500) × 2100 mm
Gesamtmaße	6565 (7265) × 2240 × 2325 (Höhe über Fahrerhaus)	6265 (7265) × 2300 × 2420 mm (Höhe über Fahrerhaus)
Reifen	8,25–20 Tr Zwillings-Hinterräder	8,25–20 Gelände Zwillings-Hinterräder
Wagengewicht	3220 (3300) kg	3380 (3480) kg
Zuläss. Gesamtgewicht	8100 kg bzw. (mit Reifen 8,25–20 eHD verst.) 8500 kg	Straße 7800, Gelände 7200 kg
Preis	DM 19 500,–	DM 23 500,–
Bemerkungen	Ab 1954 auch Fahrgestell mit Radstand 4830 mm für Sonderaufbauten	
	L 4500 K, LK 312: Kipper	**LA 4500 K, LAK 312: Kipper**
Radstand	3600 mm	3600 mm
Pritsche	3400 mm	3400 mm
	L 4500 Sa bzw. LS 312: **Sattelzugmaschine**	**LA 4500 Sa bzw. LS 312:** **Sattelzugmaschine**
Radstand	3600 mm	3600 mm
	LM 312: Müllwagen	**LG 312: Militär-Lastwagen**
Radstand	3600 mm	3600 oder 4200 mm

	Mercedes-Benz **L 321** **1957–1959**	**Mercedes-Benz** **LA 321** **1957–1959**
Bauart	Hauben-Lastwagen. Motor vor, Fahrersitz hinter Vorderachse	
Motor	Daimler-Benz OM 321 Vorkammer-Dieselmotor 6 Zylinder, 95 × 120 mm, 5100 ccm 110 PS bei 3000 U/min	
Getriebe	5 Gang	
Antrieb	Antrieb auf Hinterräder	Allrad-Antrieb (abschaltbar)
	Pritschenwagen	**Pritschenwagen**
Radstand	3600, 4200 oder 4830 mm	3600 oder 4200 mm
Pritsche	3800 (4500, 5000) × 2100 mm	3500 (4500) × 2100 mm
Gesamtmaße	6660–8360 × 2300 × 2325 (Höhe über Fahrerhaus)	6360 (7360) × 2300 × 2520 mm (Höhe über Fahrerhaus)
Reifen	8,25–20 eHD verst. Zwillings-Hinterräder	8,25–20 eHD verst. Zwillings-Hinterräder
Wagengewicht	3475–3755 kg	3740 (3850) kg
Zuläss. Gesamtgewicht	9250 kg	9250 kg
Preis	DM 21 500,–	DM 25 500,–
	LK 321: Kipper	LAK 321: Kipper
Radstand	3200 oder 3600 mm	3200 oder 3600 mm
Pritsche	2900 bzw. 3400 mm	2900 bzw. 3400 mm
	LS 321: Sattelzugmaschine	**LAS 321: Sattelzugmaschine**
Radstand	3200 oder 3600 mm	3200 oder 3600 mm

Schwere Hauben-Lastwagen aus Gaggenau 1945–1964

Auch im Werk Gaggenau der Daimler-Benz AG. konnte die Produktion des standardisierten Kriegstyps L 4500 schon im August 1945 wieder aufgenommen werden. Bis über die Währungsreform hinaus behielt er jenes armselige Erscheinungsbild, das sich, der Not der Zeit entsprechend, durch die kriegsbedingten Abmagerungen ergeben hatte. Das sah man vor allem am eckigen Einheits-Fahrerhaus aus Holz, an den primitiven Kotflügeln, an den winzigen Lämpchen sowie am Fehlen von Stoßstangen und Peilstäben. Infolge des Mangels an Rohstoffen und Zulieferungen blieben die Fertigungszahlen trotz der enormen Nachfrage recht bescheiden, und selbst davon beanspruchte die französische Armee noch einen beträchtlichen Teil.

Mit Beginn des Jahres 1949 wurde der L 4500 zum L 5000 aufgewertet, wozu eine nun wieder vollständige Ausstattung sowie vor allem ein ordentliches Stahl-Fahrerhaus gehörten. Der Typ L 5000, ab Mitte 1954 in L 325 umbenannt, blieb bis 1957 auf dem deutschen Markt und wurde dann noch 4 Jahre lang als Typ 330 für den Export gebaut. Er war ein hervorragendes Auto, der Stolz seiner Besitzer in der turbulenten Anfangszeit des Wiederaufbaus.

Ab November 1950 lief die Produktion der ersten Gaggenauer Neukonstruktion nach dem Krieg, des Typs L 6600, deutlich schwerer, größer, stärker und auch gefälliger im Aussehen als der L 5000. Er gedieh zu einem ausgesprochenen Erfolgstyp und erfreute sich vor allem großer Beliebtheit in dem nun rasch wieder anwachsenden Fernverkehr. Mitte 1954 wurde der L 6600 in L 315 umgetauft.

Der Mercedes–Benz Typ LG 315, der zum Gelände-Lastwagen in Militärausführung abgewandelte Typ L 315, hat sich bei der Bundeswehr ganz ausgezeichnet bewährt.

Im Herbst 1952 wurde der Typ L 5000 mittels einer neuen Motorhaube dem L 6600 äußerlich angeglichen, und im März 1953 folgte die Weiterentwicklung zum Typ L 5500. Dies führte allerdings zu Schwierigkeiten mit dem damaligen Schweizer Importeur, weil in diesem Land zum Schutz der dortigen Industrie die Einfuhr von Lastwagen über 5 t Nutzlast nahezu unmöglich war. So baute man für die Schweiz den Wagen weiterhin als L 5000, doch kehrte trotzdem keine Ruhe ein, weil der gleiche Wagen zu Hause L 5500 hieß. Daraufhin beschloß Daimlers Vorstand, künftig alle Nutzfahrzeuge des Hauses nicht mehr nach der Nutzlast-Klasse, sondern mit der bis dahin hausinternen Konstruktions-Nummer zu bezeichnen. Diese voreilige und unüberlegte Entscheidung erwies sich als miserabel für Presse und Werbung so-

Mercedes-Benz L 4500 Pritschenwagen 1945–1948

wie für das Erscheinungsbild des Fabrikats auf dem Lastwagenmarkt. Die Konstruktions-Nummern nämlich, an sich nur für den Hausgebrauch bestimmt und dafür durchaus sinnvoll, haben mit voller Absicht keinerlei Bezug untereinander, und sie erlauben weder auf die Größe oder Leistung eines Wagens noch auf die zeitliche Folge der Konstruktion irgendwelche Rückschlüsse. Ab Mitte 1954 wurden (zunächst bei den schweren Lastwagen) die neuen Typenbezeichnungen eingeführt, und sie bewirkten bald und für lange Zeit die völlige Unübersichtlichkeit des Lastwagenprogramms. Wohl prägten sich die Nummern einiger besonders wichtiger Typen in das Bewußtsein der Fachwelt ein, doch die wenigsten wurden solcherart zu einem festen Begriff.

Eine eindrucksvolle Neukonstruktion folgte 1956 mit dem 8,5 Tonner Typ L 326, ausgerüstet mit einem 200 PS-Motor. Der Wagen wurde ursprünglich nur für den Export gebaut, weil er nicht in das Schema der Seebohm'schen Maße und Gewichte paßte, schließlich aber nach einigen Anpassungen doch auch in Deutschland zugelassen.

Produktion

Typ	Konstruktions-nummer	Zuläss. Gesamtgewicht	Produktion	Gesamtzahl
L 303	303	10,5–12 t	1945–1954	7 446
L 325	325	11–12 t	1954–1957	5 900
L 330 (Export)	330	13 t	1957–1961	1 854
L 315	304	12,5 t	1950–1958	13 735
LA 315	304	13,8 t	1954–1957	1 264
LG 315	304	12,85 t	1956–1965	8 283
L 331 (Export)	331	15 t	1957–1959	309
LA 331 (Export)	331	15 t	1957–1959	72
L 329	329	12 t	1956–1959	910
LA 329	329	12 t	1957–1962	1 024
L 326	326	15–16 t	1956–1958	313
L 334 (Export)	334	18,5 t	1958–1962	1 207
L 332 (Export)	332	17,5 t	1958–1962	2 787
LA 332 (Export)	332	17,5 t	1958–1962	480

Mercedes-Benz L 4500 bzw. L 5000 Kuka-Müllwagen 1949–1952

Mercedes-Benz L 5500 Pritschenwagen 1953–1954

Mercedes-Benz L 325 Pritschenwagen 1954–1957

<table>
<tr><th></th><th>Mercedes-Benz
L 4500 (L 303)
1945–1948</th><th>Mercedes-Benz
L 5000 (L 303)
1949–1952</th></tr>
<tr><td>Bauart</td><td colspan="2">Hauben-Lastwagen. Motor vor, Fahrersitz hinter Vorderachse</td></tr>
<tr><td>Motor</td><td colspan="2">Daimler-Benz OM 67/4 Vorkammer-Dieselmotor
6 Zylinder, 105 × 140 mm, 7270 ccm
112 PS bei 2250 U/min</td></tr>
<tr><td>Getriebe</td><td colspan="2">5 Gang</td></tr>
<tr><td>Antrieb</td><td colspan="2">Antrieb auf Hinterräder</td></tr>
<tr><td></td><td>Pritschenwagen</td><td>Pritschenwagen</td></tr>
<tr><td>Radstand</td><td>4600 mm</td><td>4600 mm</td></tr>
<tr><td>Pritsche</td><td>5000 × 2220 mm</td><td>5000 × 2300 mm</td></tr>
<tr><td>Gesamtmaße</td><td>8000 × 2360 × 2570 mm
(Höhe über Fahrerhaus)</td><td>8000 × 2460 × 2430 mm
(Höhe über Fahrerhaus)</td></tr>
<tr><td>Reifen</td><td>270–20 extra
Zwillings-Hinterräder</td><td>10,00–20
Zwillings-Hinterräder</td></tr>
<tr><td>Wagengewicht</td><td>5300 kg</td><td>5450 kg</td></tr>
<tr><td>Zuläss. Gesamtgewicht</td><td>10 500 kg</td><td>10 500 kg</td></tr>
<tr><td>Preis</td><td>1948: DM 22 700,–</td><td>DM 28 000,–</td></tr>
<tr><td></td><td></td><td>L 5000 K: Kipper</td></tr>
<tr><td>Radstand</td><td></td><td>4600 mm</td></tr>
<tr><td>Pritsche</td><td></td><td>4000 mm</td></tr>
<tr><td></td><td></td><td>L 5000 Sa: Sattelzugmaschine</td></tr>
<tr><td>Radstand</td><td></td><td>3600 mm</td></tr>
<tr><td></td><td></td><td>LM 5000 F: Fahrgestell für Feuerwehr-Fahrzeuge</td></tr>
<tr><td></td><td></td><td>L 5000 M: Fahrgestell für Müllwagen</td></tr>
<tr><td>Radstand</td><td></td><td>4600 mm</td></tr>
</table>

<table>
<tr><th></th><th>Mercedes-Benz
L 5000 (L 303) 1952–1953
L 5500 (L 303) 1953–1954</th><th>Mercedes-Benz
L 325
1954–1957</th></tr>
<tr><td>Bauart</td><td colspan="2">Hauben-Lastwagen. Motor vor, Fahrersitz hinter Vorderachse</td></tr>
<tr><td>Motor</td><td>Daimler-Benz OM 67/8
Vorkammer-Dieselmotor</td><td>Daimler-Benz OM 325
Vorkammer-Dieselmotor</td></tr>
<tr><td>Zylinder</td><td>6 (Reihe), 105 × 140 mm</td><td>6 (Reihe), 105 × 140 mm</td></tr>
<tr><td>Hubraum</td><td>7270 ccm</td><td>7270 ccm</td></tr>
<tr><td>Leistung</td><td>120 PS bei 2100 U/min</td><td>125 PS bei 2200 U/min</td></tr>
<tr><td>Getriebe</td><td>5 Gang</td><td>5 Gang</td></tr>
<tr><td>Antrieb</td><td>Antrieb auf Hinterräder</td><td>Antrieb auf Hinterräder</td></tr>
<tr><td></td><td colspan="2">Pritschenwagen</td></tr>
<tr><td>Radstand</td><td colspan="2">4600 mm</td></tr>
<tr><td>Pritsche</td><td colspan="2">5000 × 2300 mm</td></tr>
<tr><td>Gesamtmaße</td><td colspan="2">8000 × 2500 × 2450 mm (Höhe über Fahrerhaus)</td></tr>
<tr><td>Reifen</td><td colspan="2">10,00–20 eHD (oder auch 11,00–20 eHD), Zwillings-Hinterräder</td></tr>
<tr><td>Wagengewicht</td><td colspan="2">5450 kg</td></tr>
<tr><td>Zuläss. Gesamtgewicht</td><td colspan="2">11 000–12 000 kg</td></tr>
<tr><td>Preis</td><td colspan="2">DM 28 000,–</td></tr>
<tr><td></td><td>L 5000 K: Kipper</td><td>LK 325: Kipper</td></tr>
<tr><td>Radstand</td><td>4600 mm</td><td>4200 mm</td></tr>
<tr><td>Pritsche</td><td>4000 mm</td><td>4000 mm</td></tr>
<tr><td></td><td></td><td>LS 325: Sattelzugmaschine</td></tr>
<tr><td>Radstand</td><td></td><td>3600 oder 4200 mm</td></tr>
<tr><td></td><td></td><td>LF 325: Fahrgestell für Feuerwehr-Fahrzeuge</td></tr>
<tr><td></td><td></td><td>LM 325: Fahrgestell für Müllwagen</td></tr>
<tr><td>Radstand</td><td></td><td>4600 mm</td></tr>
</table>

Mercedes-Benz L 6600
Pritschenwagen
1950–1954

Mercedes-Benz LG 315
Militär-Lastwagen
Bundeswehr-Ausführung
1956–1964

Mercedes-Benz LKO 315
Radstand 5200 mm
Drehleiter DL 37
37 + 2 Meter Steighöhe
Aufbau: Metz (Karlsruhe)
etwa 1954

	Mercedes-Benz L 6600 (L 304) 1950–1954 L 315 (L 304) 1954–1958	Mercedes-Benz LA 6600 (LA 304) 1954 LA 315 (LA 304) 1954–1957
Bauart	Hauben-Lastwagen. Motor vor, Fahrersitz hinter Vorderachse	
Motor	Daimler-Benz OM 315 Vorkammer-Dieselmotor 6 Zylinder, 112 × 140 mm, 8280 ccm 145 PS bei 2100 U/min	
Getriebe	6 Gang	6 Gang + Vorgelege
Antrieb	Antrieb auf Hinterräder	Allrad-Antrieb (abschaltbar)
	Pritschenwagen	**Pritschenwagen**
Radstand	4800 oder 5200 mm	4600 mm
Pritsche	5000 (6000) × 2350 mm	5000 × 2350 mm
Gesamtmaße	8200 (9200) × 2500 × 2480 mm (Höhe über Fahrerhaus)	8280 × 2500 × 2580 mm (Höhe über Fahrerhaus)
Reifen	11,00–20 eHD Zwillings-Hinterräder	11,00–20 eHD Zwillings-Hinterräder
Wagengewicht	6500 kg	6600 kg
Zuläss. Gesamtgewicht	12 550 kg	13 800 kg
Zuläss. Lastzuggewicht	37 250 kg	37 800 kg
Preis	DM 34 000,–	DM 41 500,–
	L 6600 K: Kipper	**LA 6600 K: Kipper**
Radstand	4600 mm	4600 mm
Pritsche	4000 oder 4500 mm	4000 oder 4500 mm
	LK 315: Kipper	**LAK 315: Kipper**
Radstand	4200 oder 4600 mm	4200 oder 4600 mm
Pritsche	4000 (4500) mm	4000 (4500) mm
	L 6600 Sa, LS 315: Sattelzugmaschine	**L 6600 Sa, LAS 315: Sattelzugmaschine**
Radstand	3600 oder 4200 mm	3600 oder 4200 mm

	Mercedes-Benz LG 315 (LG 304) 1956–1964
Bauart	Hauben-Gelände-Lastwagen. Motor vor, Fahrersitz hinter Vorderachse
Motor	Daimler-Benz OM 315 Vorkammer-Dieselmotor 6 Zylinder, 112 × 140 mm, 8280 ccm 145 PS bei 2100 U/min
Getriebe	6 Gang + Vorgelege
Antrieb	Allrad-Antrieb (abschaltbar)
	Pritschenwagen
Radstand	4600 mm
Pritsche	5000 × 2350 mm
Gesamtmaße	8280 × 2500 × 2580 mm (Höhe über Fahrerhaus)
Reifen	14,00–20 eHD verst. M, Einzel-Hinterräder
Wagengewicht	7700 kg
Zuläss. Gesamtgewicht	12 850 kg

Mercedes-Benz L 329
Radstand 4600 mm
Pritschenwagen
1956–1959

Mercedes-Benz L 326
Radstand 5200 mm
Pritschenwagen
1956–1958

Mercedes-Benz LK 326
Radstand 4600 mm
Meiller Dreiseiten-Kipper
1956–1958

	Mercedes-Benz L 329 1956–1957	Mercedes-Benz L 329 1957	Mercedes-Benz L 326 1956–1958
Bauart	Hauben-Lastwagen. Motor vor, Fahrersitz hinter Vorderachse		
Motor	Daimler-Benz OM 315 Vorkammer-Dieselmotor		Daimler-Benz OM 326 Vorkammer-Dieselmotor
Zylinder	6 (Reihe), 112 × 140 mm		6 (Reihe), 128 × 140 mm
Hubraum	8280 ccm		10 810 ccm
Leistung	145 PS bei 2100 U/min		192–200 PS bei 2200 U/min
Getriebe	6 Gang	6 Gang + Vorgelege	6 Gang
Antrieb	Antrieb auf Hinterräder	Allrad-Antrieb (abschaltbar)	Antrieb auf Hinterräder
	Pritschenwagen		**Pritschenwagen**
Radstand	4600 mm		5200 mm
Pritsche	4800 × 2350 mm		5400 × 2350 mm
Gesamtmaße	8200 × 2500 × 2470 mm (Höhe über Fahrerhaus)		8540 × 2500 × 2550 mm (Höhe über Fahrerhaus)
Reifen	10,00–20 eHD Zwillings-Hinterräder		11,00 od. 12,00–20 eHD verst. Zwillings-Hinterräder
Wagengewicht	5500 kg		6400 kg
Zuläss. Gesamtgewicht	12 000 kg		15 000 bzw. 16 000 kg
Zuläss. Lastzuggewicht	28 000 kg		32 000–40 000 kg
Preis	DM 31 000,–		
	LK 329: Kipper	**LAK 329: Kipper**	**LK 326: Kipper**
Radstand	4200 mm	4200 mm	4600 mm
Pritsche	4000 mm	4000 mm	4000 mm
	LS 329: Sattelzugmaschine	**LAS 329: Sattelzugmaschine**	**LS 326: Sattelzugmaschine**
Radstand	3600 mm	3600 mm	3600 mm
			LK 326: Muldenkipper
Radstand			3600 mm

	Mercedes-Benz L 329 1958–1959	Mercedes-Benz LA 329 1958–1962	
Bauart	Hauben-Lastwagen. Motor vor, Fahrersitz hinter Vorderachse		
Motor	Daimler-Benz OM 326 IV Vorkammer-Dieselmotor 6 Zylinder, 128 × 140 mm, 10 810 ccm 172 PS bei 2200 U/min		
Getriebe	6 Gang	6 Gang + Vorgelege	
Antrieb	Antrieb auf Hinterräder	Allrad-Antrieb (abschaltbar)	
	Pritschenwagen		
Radstand	4600 mm		
Pritsche	4800 × 2350 mm		
Gesamtmaße	8200 × 2500 × 2460 mm (Höhe über Fahrerhaus)		
Reifen	9,00–20 eHD verst. Zwillings-Hinterräder		
Wagengewicht	6000 kg		
Zuläss. Gesamtgewicht	12 000 kg		
Zuläss. Lastzuggewicht	24 000 kg		
Preis	DM 31 000,–		
	LK 329: Kipper	**LAK 329: Kipper**	
Radstand	4200 mm	4200 mm	
Pritsche	4000 mm	4000 mm	
	LS 329: Sattelzugmaschine	**LAS 329: Sattelzugmaschine**	
Radstand	3600 mm	3600 mm	

Mittlere Frontlenker-Lastwagen 1954–1969

Zunächst tauchten der L 3500 und der L 4500 nur ganz vereinzelt im Straßenverkehr als Frontlenker auf. Deren Fahrerhäuser stammten hauptsächlich von den Firmen Kässbohrer, Wackenhut und Binz, und diese sorgten anfangs auch für die Vorverlegung des Fahrersitzes. Angesichts der steigenden Nachfrage aber entschloß man sich in Mannheim, ab Mitte 1954 auch komplette Frontlenker-Fahrgestelle (ohne Fahrerhaus und Aufbau) herauszubringen. Gemeinsames Kennzeichen fast aller damaligen Mercedes Frontlenker mittlerer Größe war die SL-ähnliche Kühlermaske.

Schon seit den Vorkriegsjahren, als Daimler–Benz seine ersten Omnibusse dieser Bauart (OP 3500) herausbrachte, wurden alle Frontlenker der Marke mit einem »P« (= Pullmann) in der Typenbezeichnung ausgewiesen. »LP« hießen die Frontlenker-Lastwagen, »OP« die Frontlenker-Omnibusse. Wer bei Daimler einst auf die absurde Idee verfiel, einen Frontlenker völlig unzutreffend mit einem Pullmann gleichzusetzen, läßt sich wohl kaum mehr feststellen, doch 50 Jahre lang hielt die Firma daran unbeirrt fest.

Produktion

Typ	Konstruktions-nummer	Zuläss. Gesamtgewicht	Produktion	Gesamtzahl
LP 311	311	7 t	1955–1961	1 759
LAP 311	311	7 t	1956–1960	142
LP 312	312	8 t	1954–1961	2 459
LAP 312	312	8 t	1954–1960	73
LP 321	321	9,25 t	1957–1959	3 136
LAP 321	321	9,25 t	1958–1959	9
LP 323 / LP 710	323	7,4 t	1961–1968	5 267
LAP 323	323	7,4 t	1962	2
LP 328 / LP 911	328	9 t	1961–1969	7 209
LAP 328 / LAP 911	328	9 t	1961–1967	51
LP 322 / LP 1113	322	10,5 t	1959–1969	15 594
LAP 322 / LAP 1113	322	10,5 t	1959–1969	104
LP 327 / LP 1413	327	14 t	1958–1969	4 691

Mercedes-Benz OP 312
Möbelwagen auf
Omnibus-Fahrgestell
Karosserie: Vetter
1957

←

→

Mercedes-Benz LPF 311
Radstand 3600 mm
Tanklöschfahrzeug TLF 16
Aufbau: Bachert
etwa 1955

Mercedes-Benz LPF 311
Radstand 3600 mm
Löschfahrzeug LF 16
Aufbau: Metz
etwa 1957

→

Mercedes-Benz LPF 311
Radstand 3600 mm
Schaumkraftfahrzeug
Aufbau: Bachert

→

←

Mercedes-Benz LPF 312
Radstand 4200 mm
Lösch- und Leiter-
transportfahrzeug
Aufbau: Metz
etwa 1960

Mercedes-Benz LP 4500
Pritschenwagen
Fahrerhaus: Binz
1955

Mercedes-Benz LPS 312
Sattelzugmaschine mit
Kasten-Auflieger
Aufbau: Ackermann
1957

Mercedes-Benz LP 312
Radstand 4200 mm
Kofferwagen
Aufbau: Eylert
1957

Mercedes-Benz LP 321
Radstand 3600 mm
Pritschenwagen
1957–1959

	Mercedes-Benz LP 3500 1953–1954 LP 311 1955–1961	Mercedes-Benz LP 4500 1954 LP 312 1955–1961
Bauart	Frontlenker. Motor und Fahrersitz über Vorderachse	
Motor	Daimler-Benz OM 312 Vorkammer-Dieselmotor 6 Zylinder, 90 × 120 mm, 4580 ccm 90 PS bei 2800 U/min bzw. (ab 1956) 100 PS bei 3000 U/min	
Getriebe	5 Gang	
Fußbremse	Hydraulisch, 4 Räder z. T. Druckluft-Servohilfe z. T. Motorbremse	Hydraulisch, 4 Räder Druckluft-Servohilfe z. T. Motorbremse
Antrieb	Antrieb auf Hinterräder	Antrieb auf Hinterräder
	Fahrgestell für Pritschen- u. Sonderaufbauten	**Fahrgestell für Pritschen- u. Sonderaufbauten**
Radstand	3600, 4200 oder 4830 mm	3600, 4200 oder 4830 mm
Reifen	7,50 oder 8,25–20 Tr Zwillings-Hinterräder	8,25–20 Tr Zwillings-Hinterräder
Zuläss. Gesamtgewicht	6700 (7100) kg	8100 kg
		LP 4500 Sa bzw. LPS 312: Sattelzugmaschine
Radstand		3200 oder 3600 mm
	LAP 311 (1956–1960): Fahrgestell für Pritschen- u. Sonderaufbauten	**LAP 312: Fahrgestell für Pritschen- u. Sonderaufbauten**
Antrieb	Allrad-Antrieb (abschaltbar)	Allrad-Antrieb (abschaltbar)
Radstand	3600 oder 4200 mm	3600 oder 4200 mm

	Mercedes-Benz LP 321 1957–1959
Bauart	Frontlenker. Motor und Fahrersitz über Vorderachse
Motor	Daimler-Benz OM 321 Vorkammer-Dieselmotor 6 Zylinder, 95 × 120 mm, 5100 ccm 110 PS bei 3000 U/min
Getriebe	5 Gang
Fußbremse	Hydraulisch, 4 Räder, Druckluft-Servohilfe, Motorbremse
Antrieb	Antrieb auf Hinterräder
	Pritschenwagen
Radstand	3200, 3600, 4200 oder 4830 mm
Gesamtmaße	6425–8700 × 2500 × 2440 mm (Höhe über Fahrerhaus)
Pritsche	4500–7350 × 2100 mm
Reifen	8,25–20 eHD verst., Zwillings-Hinterräder
Fahrzeuggewicht	3665–3830 kg
Zuläss. Gesamtgewicht	9250 kg
Zuläss. Lastzuggewicht	18 300 kg
Preis	DM 22 500,–
	LPK 321: Kipper
Radstand	3200 mm
	LPS 321: Sattelzugmaschine
Radstand	3200 oder 3600 mm
	LAP 321: Pritschenwagen mit Allrad-Antrieb
Radstand	3200, 3600 oder 4200 mm
	LAPS 321: Sattelzugmaschine mit Allrad-Antrieb
Radstand	3200 oder 3600 mm

Mercedes-Benz LP 710
Pritschenwagen (Radstand 3600 mm)
1963–1968

Mercedes-Benz LP 328
Pritschenwagen (Radstand 3600 mm)
1961–1963

Mercedes-Benz LP 911
Pritschenwagen (Radstand 3600 mm)
1963-1969

Bauart
Motor

Getriebe

Radstand
Pritsche
Gesamtmaße

Reifen
Wagengewicht (mit Fahrer)
Zuläss. Gesamtgewicht
Zuläss. Lastzuggewicht
Preis
Bemerkung

Radstand

Radstand
Bemerkung

Bauart
Motor

Getriebe

Radstand
Pritsche
Gesamtmaße

Reifen
Wagengewicht (mit Fahrer)
Zuläss. Gesamtgewicht
Zuläss. Lastzuggewicht
Preis
Bemerkung

Radstand
Pritsche

Radstand
Bemerkung

Mercedes-Benz
LP 323 (1961–1963)
LP 710 (1963–1968)

Frontlenker-Lastwagen
Bis 1964: Daimler-Benz OM 321 Vorkammer-Dieselmotor
6 Zylinder, 90 × 120 mm, 4580 ccm, 100 PS bei 3000 U/min
Ab Juni 1964: Daimler-Benz OM 352 Direkteinspritz-Dieselmotor
6 Zylinder, 97 × 128 mm, 5675 ccm, 100 PS bei 2900 U/min

5 Gang

Pritschenwagen
3200 oder 3600 mm
4500 (5500) × 2100 mm
6330 (7330) × 2380 × 2455 mm
(Höhe über Fahrerhaus)
7,50–20 verst., Zwillings-Hinterräder
3430 (3500) kg
7400 kg (Export bis 8400 kg)
14 800–16 000 kg
1962: DM 21 000,–
Für Sonderaufbauten auch Radstand 4200 oder 4830 mm

LPS 323 / LPS 710: Sattelzugmaschine
3200 oder 3600 mm

LPN 710 (ab 1964): Niederrahmen-Lastwagen für Getränketransport
3800 mm

Mercedes-Benz
LP 328 (1961–1963)
LP 911 (1963–1969)

Frontlenker-Lastwagen
Daimler-Benz OM 312 Vorkammer-Dieselmotor
6 Zylinder, 90 × 120 mm, 4580 ccm, 100 PS bei 3000 U/min
oder zunächst wahlweise, dann ab 1962 Serie:
Daimler-Benz OM 312 Vorkammer-Dieselmotor
6 Zylinder, 95 × 120 mm, 5100 ccm, 110 PS bei 3000 U/min
Ab Juli 1964: Daimler-Benz OM 352 Direkteinspritz-Dieselmotor
6 Zylinder, 97 × 128 mm, 5675 ccm, 110 PS bei 2900 U/min
5 Gang

Pritschenwagen
3200 oder 3600 mm
4500 (5500) × 2100 mm
6330 (7330) × 2380 × 2475 mm
(Höhe über Fahrerhaus)
8,25–20 Zwillings-Hinterräder
3630 (3730) kg
8950 kg
16 000–18 300 kg
1962: DM 22 000,–
Für Sonderaufbauten auch Radstand 4200 oder 4830 mm

LPS 328 / LPS 911: Sattelzugmaschine
3200 oder 3600 mm

Auch mit Allrad-Antrieb lieferbar

Mercedes-Benz
LP 322 (1959–1963)
LP 1113 (1963–1969)

Mercedes-Benz
LP 327 (1962–1963)
LP 1413 (1963–1969)

Frontlenker-Lastwagen | Frontlenker-Lastwagen
Bis Herbst 1963: Daimler-Benz OM 321 Vorkammer-Dieselmotor, 6 Zylinder, 95 × 120 mm, 5104 ccm, 110 PS bei 3000 U/min
Ab Herbst 1961: Daimler-Benz OM 322 Vorkammer-Dieselmotor, 6 Zylinder, 97 × 128 mm, 5675 ccm, 126 PS bei 2800 U/min
Ab Januar 1964: Daimler-Benz OM 352 Direkteinspritz-Dieselmotor, 6 Zylinder, 97 × 128 mm, 5675 ccm, 126 PS bei 2800 U/min
oder ab 1966 auch: OM 352 A mit Abgas-Turbolader, 150 PS
5 Gang oder (ab 1963) 5 Gang + 2 Gang-Hinterachse

Pritschenwagen (LP 322 / LP 1113)
3200 oder 3600 oder 4200 mm
4500 (5500) (6250) × 2100 mm
6330 (7330) (8080) × 2380 × 2490 mm
(Höhe über Fahrerhaus)
8,25–20 eHD Super, Zwillings-Hinterräder
3750 (3865) (3980) kg
10 500 kg
21 000 kg
1962: DM 26 000,–
Für Sonderaufbauten auch
Radstand 4830 oder (ab 1966 auch) 5170 mm

LPK 1113: Kipper (erst ab 1968)
3200 mm
3600 × 2100 mm

LPS 322 / LPS 1113: Sattelzugmaschine
3200 oder (für langes Fahrerhaus) 3600 mm
Auch mit Allrad-Antrieb lieferbar

Pritschenwagen (LP 327 / LP 1413)
3600 oder 4200 mm
5500 (6250) × 2100 mm
7330 (8080) × 2380 × 2605 mm
(Höhe über Fahrerhaus)
10,00–20 Super, Zwillings-Hinterräder
4450 (4560) kg
14 000 kg
21 000 kg

Für Sonderaufbauten auch
Radstand 4380 mm

LPS 327 / LPS 1413: Sattelzugmaschine
3200 oder (für langes Fahrerhaus) 3600 mm
Auch mit Allrad-Antrieb lieferbar

Mercedes-Benz LP 322
Radstand 3200 mm
Pritschenwagen
1959–1963

Mercedes-Benz LP 1113
Radstand 4200 mm
Pritschenwagen
1963–1969

Mercedes-Benz LP 911
Radstand 4830 mm
Stadtbüchereiwagen
Leichtmetall-Kastenaufbau
Aufbau: Eylert
etwa 1963

Mercedes-Benz LP 327
Sattelzugmaschine mit
Blumhardt Tankaufleger
etwa 1963

Mercedes-Benz LP 1413
Möbelwagen
Aufbau: Ackermann
1965

Mercedes-Benz LP 1413
Fahrbarer Selbstbedienungsladen
für Migros-Genossenschaft
Schweizer Aufbau
1968

Schwere Frontlenker-Lastwagen 1950–1968

Schon 1950 tauchten die ersten Mercedes–Benz Schwerlastwagen auf, die – überwiegend von den Firmen Kässbohrer und Wackenhut – zu Frontlenkern umgebaut und mit eigenen Fahrerhäusern versehen worden waren.

Ab Juni 1955 (im Export schon ab 1954) gab es den ersten serienmäßigen Frontlenker-Schwerlastwagen von Mercedes, den vom L 315 abgeleiteten Typ LP 315. Von nun an bis auf weiteres besaßen alle schweren Frontlenker der Marke ein einheitliches, bei der Firma Wackenhut (Nagold) in normaler und langer Ausführung gebautes Serien-Fahrerhaus. Neben dessen rundlicher Form blieben die SL-ähnliche Kühlermaske mit darin einbezogenen Scheinwerfern sowie die geteilte Frontscheibe bis 1963 für Daimlers schwere Frontlenker kennzeichnend. Ihr damals viel beklagter Nachteil war die Anordnung des Motors zwischen Fahrer und Beifahrer.

Als besonders typisches Produkt der Politik des damals auf seinem Gebiet fast allmächtigen Bundesverkehrsministers Seebohm mag der Mercedes–Benz Typ LP 333 gelten. Dieser Wagen mit zwei gelenkten Vorderachsen erregte wegen seiner hierzulande ungewohnten Bauart viel Aufsehen, und beim Publikum gewann er außergewöhnliche Popularität. Der LP 333 (zuweilen auch »Tausendfüßler« genannt) entsprach zwar bestmöglich den gerade wieder einmal geänderten Maßen und Gewichten, vermochte aber vor allem deshalb nicht recht zu überzeugen, weil er bei Anhängerbetrieb nur noch eine ziemlich kurze Pritsche erlaubte. Hervorragend bewährte sich hingegen die vom Lastwagen LP 333 abgeleitete Sattelzugmaschine LPS 333, bei der allerdings die zweite Achse wieder auf ihren angestammten Platz zurück-

genommen wurde, aber dennoch lenkbar blieb. Man erreichte auf solche Weise besonders gute Fahr- und Federungseigenschaften, vor allem aber eine sehr sichere Kurvenführung. Diese Konzeption wurde dann ab 1966 bei der schweren Sattelzugmaschine LPS 2020 wieder aufgenommen und mit deren Nachfolgern bis heute erfolgreich beibehalten.

Produktion

Typ	Konstruktions-nummer	Zuläss. Gesamtgewicht	Produktion	Gesamtzahl
LP 315	304	14,9 t	1954–1957	2 480
LP 331 (Export)	331	15 t	1957–1959	194
LP 329	329	12 t	1957–1959	629
LP 326	326	16 t	1957–1958	280
LP 334 (Export)	334	18,5 t	1957–1963	424
LP 332 (Export)	332	17,5 t	1960–1962	227
LP 333	333	16 t	1958–1961	1 751
LP 333 (Export)	333	20/22,5 t	1958–1961	82
LP 337	337	12 t	1958–1960	1 026
LP 338 / LP 1418	338	13,5 t	1960–1968	2 487
LP 334	334	16 t	1960–1963	4 073

Mercedes-Benz L 5000 Sattelzug-Ferntransporter für 8 Personenwagen Aufbau: Kässbohrer (Ulm) 1950

Mercedes-Benz L 5000
Pritschenwagen für Fernverkehr
Fahrerhaus und Aufbau: Kässbohrer
etwa 1950

Mercedes-Benz LP 315
Pritschenwagen für Fernverkehr
Fahrerhaus und Aufbau: Wackenhut
1954

Mercedes-Benz LP 315
Pritschenwagen
1954-1957

Bauart
Motor

Zylinderzahl
Bohrung × Hub
Hubraum
Leistung
Getriebe
Antrieb
Fußbremse

Radstand
Pritsche
Gesamtmaße

Reifen

Fahrzeuggewicht
Zuläss. Gesamtgewicht
Zuläss. Lastzuggewicht
Preis

Radstand
Pritsche

Radstand

Radstand

Bauart

Motor

Getriebe
Antrieb
Fußbremse

Radstand
Pritsche

Gesamtmaße

Reifen

Fahrzeuggewicht
Zuläss. Gesamtgewicht
Zuläss. Lastzuggewicht
Preis

Mercedes-Benz Typ LP 315 (LP 304) 1954–1957	**Mercedes-Benz Typ LP 329 1957**	**Mercedes-Benz Typ LP 329 1958–1962**	**Mercedes-Benz Typ LP 326 1957–1958**
Frontlenker-Lastwagen. Motor und Fahrersitz über Vorderachse			
Daimler-Benz OM 315	Daimler-Benz OM 315	Daimler-Benz OM 326 IV	Daimler-Benz OM 326
Vorkammer-Dieselmotor	Vorkammer-Dieselmotor	Vorkammer-Dieselmotor	Vorkammer-Dieselmotor
6 (Reihe)	6 (Reihe)	6 (Reihe)	6 (Reihe)
112 × 140 mm	112 × 140 mm	128 × 140 mm	128 × 140 mm
8280 ccm	8280 ccm	10 810 ccm	10 810 ccm
145 PS bei 2100 U/min	145 PS bei 2100 U/min	172 PS bei 2200 U/min	192–200 PS bei 2200 U/min
6 Gang	6 Gang	6 Gang	6 Gang
Antrieb auf Hinterräder	Antrieb auf Hinterräder	Antrieb auf Hinterräder	Antrieb auf Hinterräder
Druckluft, 4 Räder	Druckluft, 4 Räder	Druckluft, 4 Räder	Druckluft, 4 Räder
Motorbremse	Motorbremse	Motorbremse	Motorbremse
Pritschenwagen	**Pritschenwagen**	**Pritschenwagen**	**Pritschenwagen**
4200 mm	3500 mm	3500 oder 4000 mm	4600 oder 5200 mm
6000 × 2350 mm	5000 × 2350 mm	5000 (6000) × 2350 mm	6000 (6300) × 2350 mm
8450 × 2500 × 2850 mm	7100 × 2500 × 2750 mm	7050 (8050) × 2500 × 2740 mm	8000 (8275) × 2500 × 2900 mm
(Höhe über Fahrerhaus)	(Höhe über Fahrerhaus)	(Höhe über Fahrerhaus)	(Höhe über Fahrerhaus)
11,00–20 eHD	10,00–20 eHD	9,00–20 eHD verst.	12,00–20 eHD verst.
Zwillings-Hinterräder	Zwillings-Hinterräder	Zwillings-Hinterräder	Zwillings-Hinterräder
6700 kg	5700 kg	5600 (5800) kg	6800 (7100) kg
14 900 kg	12 000 kg	12 000 kg	16 000 kg
38 900 kg	28 000 kg	24 000 kg	32 000–40 000 kg
DM 35 200,–	DM 35 000,–	DM 35 000,–	DM 45 000,–
LPK 315: Kipper			
3600 mm			
4500 × 2200 mm			
LPS 315: Sattelzugmaschine	**LPS 329: Sattelzugmaschine**	**LPS 329: Sattelzugmaschine**	
3600 mm	3000 mm	3000 oder 3500 mm	
Fahrgestell für Sonderaufbauten			
4600 mm			

Mercedes-Benz
Typ LP 333
1958–1961

Sechsrad-Frontlenker (»Front-Dreiachser«) mit zwei gelenkten Vorderachsen
Motor und Fahrersitz über 1. Vorderachse
Daimler-Benz OM 326 Vorkammer-Dieselmotor
6 Zylinder, 128 × 140 mm, 10 810 ccm
200 PS bei 2200 U/min
6 Gang
Achsen 1 und 2: Lenkachsen, Achse 3: Antriebsachse
Druckluft, 6 Räder, Motorbremse

LP 333: Pritschenwagen	**LP 333: Pritschenwagen**	**LP 333: Pritschenwagen**	**LPS 333: Sattelzugmaschine**
1365 + 3385 mm	1365 + 3385 mm	1365 + 3385 mm	2100 + 1400 mm
Fahrerhaus normal:	Fahrerhaus normal:	Fahrerhaus normal:	–
6200 × 2350 mm	6400 × 2350 mm	6400 × 2350 mm	
Fahrerhaus lang:	Fahrerhaus lang:	Fahrerhaus lang:	
5500 × 2350 mm	5900 × 2350 mm	5900 × 2350 mm	
8200 × 2400 × 2800 mm	8360 × 2400 × 2850 mm	8360 × 2400 × 2900 mm	5820 × 2400 × 2850 mm
(Höhe über Fahrerhaus)	(Höhe über Fahrerhaus)	(Höhe über Fahrerhaus)	(Höhe über Fahrerhaus)
10,00–20 eHD verst.	11,00–20 eHD verst.	12,00–20 PR 18	10,00–20 eHD verst.
3. Achse: Zwillingsräder	3. Achse: Zwillingsräder	3. Achse: Zwillingsräder	3. Achse: Zwillingsräder
6900 kg	7500 kg	7800 kg	6500 kg
16 000 kg	20 000 kg	22 500 kg	16 000 kg
32 000 kg			32 000 kg
DM 46 000,–			DM 46 000,–

Mercedes-Benz LP 329
Radstand 3500 mm
Pritschenwagen mit
geteilten Bordwänden und
Schwalbennest-Schlafkabine
1957

Mercedes-Benz LPM 329
Kuka-Müllwagen (13 bis 15 m³)
Aufbau: Keller & Knappich
1956/57

Mercedes-Benz LP 332
Radstand 5200 mm
Pritschenwagen
Aufbau: Kässbohrer
etwa 1961

Mercedes-Benz LPS 337
Pritschen-Sattelzug
Anhänger: Ackermann
etwa 1959

Mercedes-Benz LP 1418
Radstand 4200 mm
Pritschenwagen
mit kurzem Fahrerhaus
1963–1968

Mercedes-Benz LP 337
Radstand 4200 mm
Drehleiter DL 30
Aufbau: Metz
1959

Mercedes-Benz LP 333
Lastwagen-Fahrgestell
1958–1961

Mercedes-Benz LPS 333
Sattelzugmaschine mit langem Fahrerhaus
1958–1961

Mercedes-Benz LP 333
Pritschenwagen, Aufbau: Wackenhut
1959

Mercedes-Benz LP 333
Pritschenwagen mit langem Fahrerhaus
1958–1961

Mercedes-Benz LP 334
Pritschenwagen
mit kurzem Fahrerhaus
1963

Mercedes-Benz LP 334
Pritschenwagen
mit langem Fahrerhaus
1963

Mercedes-Benz LPS 334
Pritschen-Sattelzug
Anhänger: Eylert
1961

	Mercedes-Benz LP 337 1958–1960	Mercedes-Benz LP 338 (1960–1963) LP 1418 (1963–1968)
Bauart	Frontlenker-Schwerlastwagen. Motor, Fahrer und Beifahrer über Vorderachse	
Motor	Daimler-Benz OM 326 Vorkammer-Dieselmotor 6 Zylinder, 128 × 140 mm, 10 810 ccm, 172 PS bei 2200 U/min	Daimler-Benz OM 326 Vorkammer-Dieselmotor 6 Zylinder, 128 × 140 mm, 10 810 ccm, 180 PS bei 2200 U/min bzw. ab 1964: Daimler-Benz OM 346 Direkteinspritz-Dieselmotor 6 Zylinder, 128 × 140 mm, 10 810 ccm 180–185 PS bei 2200 U/min
Getriebe	5 Gang + 2 Gang-Hinterachse	5 Gang + 2 Gang-Hinterachse
Antrieb	Antrieb auf Hinterräder	Antrieb auf Hinterräder
Fußbremse	Hydraulisch, Druckluft-Servohilfe, dazu Motorbremse	Hydraulisch, Druckluft-Servohilfe, dazu Motorbremse
	Pritschenwagen	**Pritschenwagen**
Radstand	3700, 4200 oder 5000 mm	4200 mm *
Pritsche	5000 (6000) (6400) × 2350 mm	5000–6000 × 2350 mm
Gesamtmaße	7000–8550 × 2500 × 2560 mm (Höhe über Fahrerhaus)	7500–8000 × 2500 × 2600 mm (Höhe über Fahrerhaus)
Reifen	9,00–20 eHD verst., Zwillings-Hinterräder	10,00–20 Super, Zwillings-Hinterräder
Fahrzeuggewicht	4740 (4950) (5020) kg	5500 kg
Zuläss. Gesamtgewicht	12 000 kg	13 500–14 000 kg
Zuläss. Lastzuggewicht	24 000 kg	27 000–30 000 kg
Preis	ca. 35 000 DM	ca. 40 000 DM
	LPS 337: Sattelzugmaschine	**LPS 338 bzw. LPS 1418: Sattelzugmaschine**
Radstand	3200 oder 3700 mm	3200 oder 3700 mm
Zuläss. Lastzuggewicht	24 000 kg	29 500–30 000 kg
		* Für Sonderaufbauten auch Radstand 5000 mm

	Mercedes-Benz LP 334 1960–1963
Bauart	Frontlenker-Schwerlastwagen. Motor, Fahrer und Beifahrer über Vorderachse
Motor	Daimler-Benz OM 326 Vorkammer-Dieselmotor 6 Zylinder, 128 × 140 mm, 10 810 ccm 200 PS bei 2200 U/min
Getriebe	6 Gang ZF
Antrieb	Antrieb auf Hinterräder
Fußbremse	Druckluft, dazu Motorbremse
	Pritschenwagen
Radstand	4600 mm
Pritsche	6000 (bei Schlafkabine 5500) × 2350 mm
Gesamtmaße	7900–8000 × 2500 × 2850 mm (Höhe über Fahrerhaus)
Reifen	12,00–20 verst., Zwillings-Hinterräder
Fahrzeuggewicht	6720 (bei Schlafkabine 6800) kg
Zuläss. Gesamtgewicht	16 000 kg
Zuläss. Lastzuggewicht	32 000 kg
Preis	ca. 50 000 DM
	LPS 334: Sattelzugmaschine
Radstand	3500 mm bzw. (ab 1962) 3200 oder 3700 mm
Zuläss. Lastzuggewicht	32 000 kg

Unimog Lastwagen und Zugmaschinen ab 1955

Der Unimog von Daimler-Benz existiert in der Vorstellung der meisten Leute hauptsächlich als Zugmaschine und Vielzweckgerät der Landwirtschaft, und nur hierfür war er ursprünglich auch gedacht. Indes fand der Unimog bald auch mancherlei Verwendung im gewerblichen, industriellen und kommunalen Bereich. Dennoch wäre er zur Bedeutungslosigkeit verurteilt und womöglich schon längst verschwunden, wenn ihm nicht seine Abwandlung zum außergewöhnlich geländetüchtigen Militär-Lastwagen weltweiten Ruhm und folglich erst lohnende Stückzahlen eingebracht hätten.

Im Mai 1955 begann die Produktion des Unimog S. Dieser leichte Gelände-Lastwagen der 1,5 t-Klasse, ausgerüstet mit dem 82 PS-Motor des damaligen Personenwagens Typ 220, war in kürzester Zeit für die neue Bundeswehr aus dem normalen Unimog entwickelt worden. Die ersten 1100 Exemplare beanspruchte die französische Armee, dann aber gingen im Laufe der folgenden zehn Jahre etwa 36 000 Stück an die Bundeswehr. Der Unimog S wurde bis 1980 (für die Bundeswehr bis 1972) gebaut, auch für zivile Zwecke und fremdes Militär. Er hat sich im großen Ganzen bestens bewährt und läuft heute noch, so beispielsweise bei zahlreichen Feuerwehren.

Im Juli 1965 kam der Unimog 416 auf den Markt, eine Straßenzugmaschine mit zunächst 80 und später bis zu 110 PS Motorleistung. Ihr Radstand von 2900 mm entsprach dem Unimog S. Es lag nahe, auch diesen Typ als Lastwagen zu verwenden. So ging schließlich der größte Teil seiner Produktion an solche fremden Heere, die den U 416 wegen seines Dieselmotors dem Unimog S vorzogen.

Produktion

Typ	Konstruktionsnummer	Zuläss. Gesamtgewicht	Produktion	Gesamtzahl bis einschl. 1986
Unimog S	404	4,5 t	1955–1980	64 242
Unimog S	405		1958–1960	15
U 34	411	3,5 t	1969–1974	1 145
U 80 / U 84 / U 900	406	5–6 t	ab 1972	623
U 90 / U 100 / U 1100	416	5–6 t	ab 1969	37 107
U 45 / U 52 / U 60	421	4 t	ab 1969	4 651
U 80 / U 80 L	413	6–6,5 t	ab 1979	627
426	426		1969–1970	2 563
431	431		1971	88

Unimog U 100
Straßen-Zugmaschine
1969–1977

	Unimog S (Baureihe 404) 1955–1956	Unimog S (Baureihe 404 B) 1956–1980	Unimog S (Baureihe 404) 1972–1980
Bauart	Militär-Gelände-Lastwagen	Militär-Gelände-Lastwagen	Militär-Gelände-Lastwagen
Motor	Daimler-Benz M 180 II Einvergasermotor	Daimler-Benz M 180 II Einvergasermotor	Daimler-Benz M 130 Zweivergasermotor
Zylinderzahl	6 (Reihe)	6 (Reihe)	6 (Reihe)
Bohrung × Hub	80 × 72,8 mm	80 × 72,8 mm	86,5 × 78,8 mm
Hubraum	2195 ccm	2195 ccm	2778 ccm
Leistung	82 PS bei 4850 U/min	82 PS bei 4850 U/min	110 PS bei 4800 U/min
Getriebe	6 Gang	6 Gang	6 Gang
Antrieb	Allrad-Antrieb (abschaltbar)	Allrad-Antrieb (abschaltbar)	Allrad-Antrieb (abschaltbar)
Radstand	2670 mm	2900 mm	2900 mm
Pritsche	2700 × 2000 mm	3000 oder 3100 × 2000 mm	3000 × 2000 mm
Gesamtmaße	4060 × 2130 × 2190 mm (Höhe über Fahrerhaus)	4925 (5025) × 2130 × 2190 mm (Höhe über Fahrerhaus)	5025 × 2130 × 2260 mm (Höhe über Fahrerhaus)
Reifen	10,00–20 M Einzel-Hinterräder	10,00 oder 10,50–20 M Einzel-Hinterräder	10,50–20 (6, 8 oder 10 PR) Einzel-Hinterräder
Wagengewicht	2850 kg	2900 kg	2970 kg
Zuläss. Gesamtgewicht	4350 kg	4400–5000 kg	4750–5500 kg
Preis (ohne MWSteuer)	ca. 16 800 DM	1962: ca. 22 000 DM	1974: ca. 29 000 DM

	Unimog U 52 1970–1977 Unimog 600 L ab 1977 (Baureihe 421)	Unimog U 80 1969–1977 Unimog 800 L ab 1977 (Baureihe 413)	Unimog U 90, U 100, U 125 1969–1980 Unimog 1100 L ab 1977 (Baureihe 416)
Bauart	Gelände-Lastwagen	Gelände-Lastwagen	Gelände-Lastwagen
Motor	Daimler-Benz OM 616 Vorkammer-Dieselmotor	Daimler-Benz OM 314 Direkteinspritz-Dieselmotor	Daimler-Benz OM 352 Direkteinspritz-Dieselmotor
Zylinderzahl	4 (Reihe)	4 (Reihe)	6 (Reihe)
Bohrung × Hub	92 bzw. (ab 1977) 91 × 92,4	97 × 128 mm	97 × 128 mm
Hubraum	2456 bzw. (ab 1977) 2404 ccm	3780 ccm	5675 ccm
Leistung	60 PS (44 kW) b. 3500 U/min	80 PS bei 2800 U/min bzw. (ab 1977) 72 PS (53 kW) bzw. später 75 PS (55 kW) b. 2600 U/min	90, 100 oder 125 PS bzw. (ab 1977) 110 PS (91 kW) oder 125 PS (92 kW) b. 2800 U/min
Getriebe	6 Gang oder (ab 1977) 2 × 4 oder 8 + 8 Gang	6 Gang oder (ab 1977) 2 × 4 oder 8 + 8 Gang	6 Gang oder (ab 1977) 2 × 4 oder 8 + 8 Gang
Antrieb	Allrad-Antrieb (abschaltbar)	Allrad-Antrieb (abschaltbar)	Allrad-Antrieb (abschaltbar)
Radstand	2605 mm	2900 mm	2900 oder 3400 mm
Pritsche	2500 × 1600 mm	3000 × 2000 mm	3000 (3600) × 2000 mm
Gesamtmaße	5000 × 1865 × 2250 mm (Höhe über Fahrerhaus)	5350 × 2160 × 2350 mm (Höhe über Fahrerhaus)	5350 (5950) × 2160 × 2360 mm (Höhe über Fahrerhaus)
Reifen	10,50–18 (6 oder 8 PR) 10,50–20 (6 oder 8 PR) Einzel-Hinterräder	10,50–20 (8 oder 10 PR) 12,50–20 (12 PR) 22–20 (10 PR) Einzel-Hinterräder	10,50 oder 12,50–20 (10 PR) oder 12,50 R 20 oder 22–20 (10 PR) Einzel-Hinterräder
Wagengewicht	2500 kg	3200 kg	3500–4000 kg
Zuläss. Gesamtgewicht	4000–4200 kg	6000–6500 kg	6000–6750 kg
	Schlepper oder Zugmaschine		**Straßen-Zugmaschine**
Radstand	2250 mm		2900 mm
Pritsche	1750 × 1500 mm		1950 × 1890 mm
			Sattelzugmaschine
Radstand			2900 mm

Unimog S
Militär-Geländelastwagen
Bundeswehr-Ausführung
1955–1980

Unimog 416
Radstand 2900 mm
Rüstwagen RW 1
für Feuerwehren
Aufbau: Metz
1972

Die ersten Transporter 1956–1967

Nachdem Daimler-Benz seit Kriegsende sowohl das Personenwagen- als auch das Lastwagen- und Omnibus-Programm wieder einigermaßen komplettiert hatte, schien es an der Zeit, sich um einen weiteren großen Markt zu kümmern, der inzwischen entstanden war: Das Geschäft mit den Transportern. Als erste Baureihe dieser Art präsentierte Daimler–Benz auf der Frankfurter Automobil-Ausstellung im September 1955 den Typ L 319. Die Fachwelt beäugte den Neuling recht skeptisch, denn er ließ jegliche moderne Technik vermissen, deren sich gerade seine Hersteller so gern rühmten. Eine gewisse Betroffenheit galt vor allem dem überaus simplen Fahrwerk mit Starrachsen und Blattfedern, zu schwach erschien

Produktion

Typ	Konstruktions-nummer	Zuläss. Gesamtgewicht	Produktion	Gesamtzahl
L 319 / L 404 / L 408	319	3,6/3,9 t	1957–1968	6 331
L 319 D / L 405 / L 406	319	3,6/3,9 t	1956–1968	101 314
O 319	319	3,6 t	1956–1968	1 909
O 319 D	319	3,6 t	1956–1968	13 680
				123 234

der 1,8 Liter Dieselmotor für 1,75 t Nutzlast, der Fahrer war insbesondere im Kastenwagen dröhnendem Lärm ausgesetzt und selbst die äußere Form des Transporters, geradezu unbeholfen wirkend, ließ jeden »Pfiff« vermissen. Während die geschlossenen Aufbauten mittragend konstruiert waren, stand für die offenen Aufbauten ein herkömmlicher Leiterrahmen zur Verfügung. Parallel zum L 319 wurde auch der Omnibus O 319 in drei Ausführungen vorgestellt, so auch als ein fürs Auge prächtig ausstaffierter Luxusbus. Das Werk Sindelfingen nahm im August 1956 die Fertigung des L 319 auf, das Werk Mannheim die des O 319. Ab Februar 1957 gab es die neue Baureihe wahlweise auch mit 65 PS Benzinmotor, der den Diesel an Leistung und Laufverhalten deutlich übertraf, aber im Verkauf dennoch stets nur eine unbedeutende Rolle spielte. Ab Herbst 1961 gelangte der etwas größere 2 Liter Dieselmotor mit 50 PS Leistung zum Einbau. Ab Jahresende 1961 verlegte man die Produktion der Transporter und Kleinbusse in das Werk Düsseldorf, so daß im April 1962 Stuttgart und Mannheim deren Fertigung beenden konnten.

1963 erfolgte eine Umbenennung, wonach der L 319 D hinfort L 405 und der L 319 hinfort L 407 hieß, während der kleine Omnibus O 319 seine Bezeichnung behielt. Gleichzeitig kamen mehrere neue Varianten hinzu. Stärkere Federn und Bremsen erlaubten wahlweise eine Nutzlast von 2 statt 1,75 t, außerdem kam ein längeres Rahmen-Fahrgestell hinzu, das entweder eine 4 Meter-Pritsche oder eine Doppelkabine ermöglichte. Ab 1965 brachte der Dieselmotor 55 statt 50 PS Leistung. 1965 feierte man den 100 000sten Wagen des Baumusters 319. Sein Verkaufserfolg war eklatant, die zurückhaltende Beurteilung durch die Fachkritiker ließ die Kaufinteressenten in bemerkenswerter Weise unbeeindruckt. 11 Jahre lang blieb diese Baureihe auf dem Markt, bis im Januar 1967 der Nachfolger antrat.

Mercedes-Benz
Kastenwagen
L 319, L 319 D (1956–1963)
L 407, L 405 (1963–1964)
L 408, L 406 (1965–1968)

Mercedes-Benz L 406
Kastenwagen mit
Seitenfenstern
1965

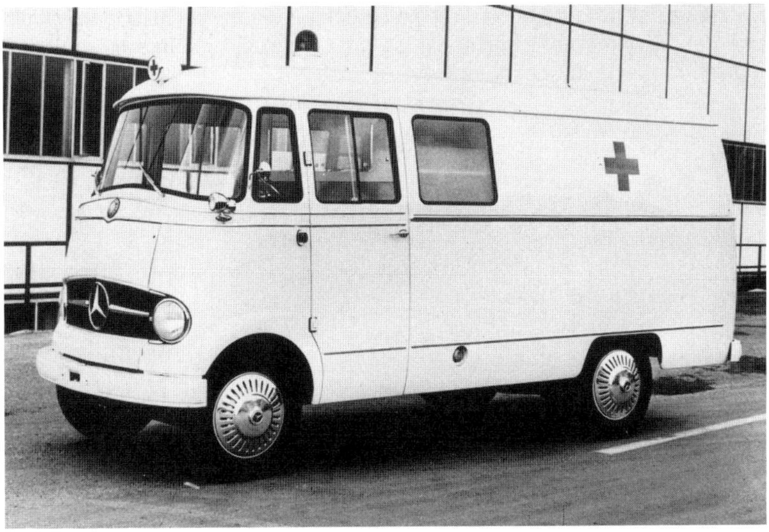

Mercedes-Benz L 319
Rettungswagen
Aufbau: Binz
1957

Mercedes-Benz
Pritschenwagen, Radstand 2850 mm
L 319, L 319 D (1956–1963)
L 407, L 405 (1963–1964)
L 408, L 406 (1965–1968)

Mercedes-Benz L 319 D
Verkaufswagen
1957/58

Mercedes-Benz L 406
Rollende Zahnklinik
Leichtmetall-Aufbau: Eylert
1967

	Mercedes-Benz L 319 (1957–1961) O 319 (1957–1961)	Mercedes-Benz L 319 D (1956–1961) O 319 D (1956–1961)
Bauart	Frontlenker-Großtransporter	Frontlenker-Großtransporter
Motor	Daimler-Benz M 121 B III Vergasermotor	Daimler-Benz OM 636 VI Vorkammer-Dieselmotor
Zylinderzahl	4 (Reihe)	4 (Reihe)
Bohrung × Hub	85 × 83,6 mm	75 × 100 mm
Hubraum	1897 ccm	1767 ccm
Leistung	65 PS bei 4500 U/min	43 PS bei 3500 U/min
Getriebe	4 Gang	4 Gang
Antrieb	Antrieb auf Hinterräder	
Rahmen	Kastenwagen: Kastenprofil-Rahmen mit mittragendem Ganzstahlaufbau verschweißt Pritschenwagen: U-Profil-Rahmen mit Querträgern	
Vorderradaufhängung	Starrachse, Halbfedern	
Hinterradaufhängung	Starrachse, Halbfedern	
Fußbremse	Hydraulisch, 4 Räder, auf Wunsch Servohilfe	
	Kastenwagen	
Radstand	2850 mm	
Laderaum	3000 × 1800 × 1550 mm	
Gesamtmaße	4820 × 2080 × 2365 mm	
Reifen	6,00–16 extra Transport, Zwillings-Hinterräder	
Wagengewicht (mit Fahrer)	1975 kg	
Zuläss. Gesamtgewicht	3600 kg	
Höchstgeschwindigkeit	95 km/h	80 km/h
Verbrauch/100 km	16 Liter Benzin	11 Liter Diesel
Preis	1958: 10 000 DM	1958: 10 500 DM
	Pritschenwagen	
Radstand	2850 mm	
Pritsche	3000 × 2000 mm	
Gesamtmaße	4840 × 2120 × 2280 mm (Höhe über Fahrerhaus)	
Wagengewicht (mit Fahrer)	1800 kg	
Zuläss. Gesamtgewicht	3600 kg	
	Tieflader-Pritschenwagen	
Radstand	2850 mm	
Pritsche	3000 × 1880 mm	
Gesamtmaße	4800 × 2080 × 2280 mm (Höhe über Fahrerhaus)	
Radstand		
Ladefläche		
Gesamtmaße		
Wagengewicht (mit Fahrer)		
Zuläss. Gesamtgewicht		
	O 319 bzw. O 319 D: Omnibus	
Radstand	2850 mm	
Sitzplätze	10 oder 17 + 1	
Gesamtmaße	4820 × 2080 × 2300 mm	
Reifen	6,00–20 extra Transport, Zwillings-Hinterräder	
Wagengewicht	je nach Aufbau	
Zuläss. Gesamtgewicht	3600 kg	
Höchstgeschwindigkeit	95 km/h	80 km/h
Verbrauch/100 km	16 Liter Benzin	11 Liter Diesel
Preis	1957–1959: 15 800–17 300 DM 1961: 16 700–18 350 DM	1957–1959: 16 000–17 500 DM 1961: 16 900–18 550 DM

Mercedes-Benz **L 319 (1961–1963)** **L 407 (1963–1964)** **O 319 (1961–1964)**	**Mercedes-Benz** **L 319 D (1961–1963)** **L 405 (1963–1964)** **O 319 D (1961–1964)**	**Mercedes-Benz** **L 408 (1965–1968)** **O 319 (1965–1968)**	**Mercedes-Benz** **L 406 (1965–1968)** **O 319 D (1965–1968)**
Frontlenker-Großtransporter	Frontlenker-Großtransporter	Frontlenker-Großtransporter	Frontlenker-Großtransporter
Daimler-Benz M 121	Daimler-Benz OM 621	Daimler-Benz M 121	Daimler-Benz OM 621
Vergasermotor	Vorkammer-Dieselmotor	Vergasermotor	Vorkammer-Dieselmotor
4 (Reihe)	4 (Reihe)	4 (Reihe)	4 (Reihe)
85 × 83,6 mm	87 × 83,6 mm	85 × 83,6 mm	87 × 83,6 mm
1897 ccm	1998 ccm	1897 ccm	1998 ccm
68 PS bei 4400 U/min	50 PS bei 4000 U/min	80 PS bei 5000 U/min	55 PS bei 4350 U/min
4 Gang	4 Gang	4 Gang	4 Gang
Antrieb auf Hinterräder		Antrieb auf Hinterräder	
Kastenwagen: Kastenprofil-Rahmen mit mittragendem Ganzstahlaufbau verschweißt		Kastenwagen: Kastenprofil-Rahmen mit mittragendem Ganzstahlaufbau verschweißt	
Pritschenwagen: U-Profil-Rahmen mit Querträgern		Pritschenwagen: U-Profil-Rahmen mit Querträgern	
Starrachse, Halbfedern		Starrachse, Halbfedern	
Starrachse, Halbfedern		Starrachse, Halbfedern	
Hydraulisch, 4 Räder, auf Wunsch Servohilfe		Hydraulisch, 4 Räder, auf Wunsch Servohilfe	
Kastenwagen		**Kastenwagen**	
2850 mm		2850 mm	
3000 × 1800 × 1550 bzw. (bei Hochdach) 1680 mm		3000 × 1800 × 1550 bzw. (bei Hochdach) 1680 mm	
4820 × 2080 × 2365 bzw. (bei Hochdach) 2495 mm		4820 × 2080 × 2365 bzw. (bei Hochdach) 2495 mm	
6,00–16 extra Transport, Zwillings-Hinterräder		6,00–16 extra Transport, Zwillings-Hinterräder	
1975 kg		1975 kg	
3600 oder 3900 kg		3600 oder 3900 kg	
95 km/h	90 km/h	110 km/h	95 km/h
16 Liter Benzin	11 Liter Diesel	17 Liter Super	11,5 Liter Diesel
1962: 12 000 DM	1962: 12 500 DM	1967: 13 500 DM	1967: 14 000 DM
Pritschenwagen		**Pritschenwagen**	
2850 mm		2850 mm	
3000 × 2000 mm		3000 × 2000 mm	
4840 × 2120 × 2280 mm (Höhe über Fahrerhaus)		4850 × 2160 × 2280 mm (Höhe über Fahrerhaus)	
1800 kg		1825 kg	
3600 oder 3900 kg		3600 oder 3900 kg	
Tieflader-Pritschenwagen		**Tieflader-Pritschenwagen**	
2850 mm		2850 mm	
3000 × 1880 mm		3000 × 1880 mm	
4840 × 2080 × 2280 mm (Höhe über Fahrerhaus)		4750 × 2080 × 2290 mm (Höhe über Fahrerhaus)	
Pritschenwagen		**Pritschenwagen**	
3600 mm		3600 mm	
4000 × 2000 bzw. (bei Doppelkabine) 3000 × 2000 mm		4000 × 2000 bzw. (bei Doppelkabine) 3000 × 2000 mm	
5850 × 2120 × 2280 mm (Höhe über Fahrerhaus)		5850 × 2160 × 2280 mm (Höhe über Fahrerhaus)	
1915 bzw. (bei Doppelkabine) 2015 kg		1915 bzw. (bei Doppelkabine) 2015 kg	
3600 oder 3900 kg			
O 319 bzw. O 319 D: Omnibus		**O 319 bzw. O 319 D: Omnibus**	
2850 mm		2850 mm	
10 oder 17 + 1		10 oder 17 + 1	
4820 × 2080 × 2300 mm		4820 × 2080 × 2300 mm	
6,00–16 extra Transport, Zwillings-Hinterräder		6,00–16 extra Transport, Zwillings-Hinterräder	
je nach Ausstattung 2000–2200 kg		je nach Ausstattung 2000–2200 kg	
3600 kg		3600 kg	
95 km/h	90 km/h	110 km/h	95 km/h
16 Liter Benzin	11 Liter Diesel	17 Liter Super	11,5 Liter Diesel
1963/64: 18 600–20 250 DM	1963/64: 18 800–20 450 DM	1967: 20 000–22 000 DM	1967: 20 500–22 500 DM

Leichte und mittlere Kurzhauber ab 1958

Schon bald nach dem Kriege zeichnete es sich ab, daß man bei den Personenwagen von der klassischen Linienführung mit freistehenden Kotflügeln zur sogenannten Pontonform übergehen würde. Folglich mußte sich auch für den herkömmlichen Hauben-Lastwagen eine der Pontonform angenäherte Frontgestaltung durchsetzen.

Dementsprechend erschienen bei Daimler-Benz im Frühjahr 1959 als Vorboten einer neuen Typenfamilie der L 322 und der zunächst nur für den Export bestimmte L 327 in der mittleren sowie der L 337 in der schweren Nutzlastklasse. Sie fielen besonders wegen ihrer Bauart als Kurzhauber auf. Bedingt war diese bis dahin ungewohnte Form aber keineswegs bloß durch die Mode, sondern vor allem durch die damals (zugunsten der Bundesbahn) verordnete Maß- und Gewichtsbeschränkung der Lastwagen. Dadurch sahen sich die Konstrukteure gezwungen, bei begrenzten Außenabmessungen möglichst große Ladeflächen zu schaffen und überdies recht leicht zu bauen, um Nutzlast zu gewinnen. Freilich wäre es noch logischer gewesen, sofort und konsequent zum Frontlenker überzugehen, den es ja auch parallel zu den Kurzhaubern gab, aber man nahm damals bei Daimler-Benz lieber die Zweigleisigkeit in Kauf, als sich der aus dem Ausland übergreifenden Frontlenker-Mode, wie man glaubte, zu unterwerfen.

Im Frühjahr 1961 ersetzte Daimler-Benz den seitherigen L 312 (L 4500) durch den L 328 und im Sommer 1961 den bewährten 3,5 Tonner L 311 durch den Kurzhauber L 323. In technischer Beziehung brachten sie beide keine bemerkenswerten Besonderheiten.

Ab September 1963 wurden die Typenbezeichnungen des gesamten Lastwagenprogramms geändert, wobei sich die neuen Kennzahlen aus der PS-Leistung und dem (für die Zulassung jetzt wichtigen) Gesamtgewicht zusammensetzen. Das war sehr viel sinnvoller als die seitherigen Baumuster-Zahlen, die absolut nichts besagten. So wurden beispielsweise umbenannt:

L 323	(Nachfolger des L 3500)	in	L 710
L 328	(Nachfolger des L 4500)	in	L 911
L 322		in	L 1113.

Im Laufe der Jahre 1967 bis 1970 wurde die Reihe der mittleren Lastwagen nach oben durch die neuen Typen 1313/1317/1319 und 1513/1517/1519 ergänzt.

1968 erschienen die verbesserten Typen L/LA 911 B und L/LA 1113 B. Sie besaßen, wie zuletzt schon die Vorgänger ab Juli 1967, ein neues Fahrerhaus mit höherer Windschutzscheibe und 3 statt 2 Scheibenwischer. Für den sehr beliebt gewesenen L 710 gab es in der zweiten Halbzeit der damaligen Lastwagengeneration keinen unmittelbaren Nachfolger mehr, weil ein solcher durch die 1965 eingeführte LP-Reihe entbehrlich geworden war.

Obwohl die Kurzhauber inzwischen längst durch die »Neue Generation« abgelöst sind, werden einige davon auch heute noch für den Export hergestellt. Vor allem der LA 911 B erfreut sich als robuster und anspruchsloser Gelände-Lastwagen nach wie vor des Zuspruchs mancher auf ihn eingeschworenen Militärbehörden in fremden Ländern.

Produktion

Die mittelgroßen Kurzhauber (1. Halbzeit) 1958–1970

Typ	Konstruktions-nummer	Zuläss. Gesamtgewicht	Produktion	Gesamtzahl
L 323 / L 710	323	7,4 t	1961–1970	30 407
LA 323 / LA 710	323	7,4 t	1961–1970	2 023
L 328 / L 911	328	9 t	1961–1969	30 977
LA 328 / LA 911	328	9 t	1961–1969	5 835
L 322 / L 1113	322	10,5 t	1958–1969	42 538
LA 322 / LA 1113	322	10,5 t	1959–1969	18 752
L 327 / L 1413	327	14 t	1959–1970	21 754
LA 327 / LA 1413	327	14 t	1963–1970	6 839

Die mittelgroßen Kurzhauber (2. Halbzeit) ab 1967

Typ	Konstruktions-nummer	Zuläss. Gesamtgewicht	Produktion	Gesamtzahl
L 911 B	353	9 t	1968–	88 688*)
LA 911 B	353	9 t	1968–	34 800*)
LT 911 B	353		1972–	129*)
LA 1117 (Export)	353	11 t	1981–1984	563
L 1113 B	358	10,5 t	1968–	31 637*)
LA 1113 B	358	10,5 t	1968–	19 470*)
L 1313	352	13 t	1967–	12 188*)
LA 1313	352	13 t	1968–	2 516*)
L 1813 (6 × 2)	352	18 t	1968–1975	614
L 1813 (6 × 4)	352	18 t	1969–1977	304
L 1513	360	15 t	1969–	18 227*)
LA 1513	360	15 t	1969–	10 964*)
L 1517	360	15 t	1970–1971	857
LA 1517	360	15 t	1969–1971	822
L 1519	360	15 t	1970–1976	1 819
LA 1519	360	15 t	1970–1976	2 898
L 1817 (6 × 4)	360	18 t	1969–1971	83
L 1819 (6 × 4)	360	18 t	1971–1976	1 570

*) Gesamtzahl bis einschl. 1986. Produktion nicht beendet

Mercedes-Benz L 323
Radstand 3600 mm
Pritschenwagen
1961–1963
(Blinker neben den Scheinwerfern)

Mercedes-Benz L 710
Radstand 4830 mm
Pritschenwagen
1963–1967
(Blinker an den Kotflügeln)

Mercedes-Benz L 710
Radstand 4200 mm
Pritschenwagen
1967–1970
(Höheres Dach und höhere Frontscheibe)

Mercedes-Benz LAF 710
Radstand 3600 mm
Löschfahrzeug LF 8
Aufbau: Metz (Karlsruhe)
1970

	Mercedes-Benz L 323 (1961–1963) L 710 (1963–1970)	**Mercedes-Benz LA 323 (1961–1963) LA 710 (1963–1969)**
Bauart	Kurzhauber-Lastwagen	Kurzhauber-Lastwagen mit Allrad-Antrieb (abschaltbar)
Motor	Bis 1964: Daimler-Benz OM 312 Vorkammer-Dieselmotor 6 Zylinder, 90 × 120 mm, 4580 ccm, 100 PS bei 3000 U/min Ab Juni 1964: Daimler-Benz OM 352 Direkteinspritz-Dieselmotor 6 Zylinder, 97 × 128 mm, 5675 ccm, 100 PS bei 2900 U/min	
Getriebe	5 Gang	5 Gang + Vorgelege
Fußbremse	Hydraulisch, 4 Räder, Druckluft-Servohilfe, auf Wunsch Motorbremse	Hydraulisch, 4 Räder, Druckluft-Servohilfe, auf Wunsch Motorbremse
	Pritschenwagen	**Pritschenwagen**
Radstand	3600, 4200 oder 4830 mm	3600 oder 4200 mm
Pritsche	3800 (4500) (5500) × 2100 mm	3800 (4500) × 2100 mm
Gesamtmaße	6175 (6875) (7875) × 2340 × 2355 mm (Höhe über Fahrerhaus)	6175 (6875) × 2340 × 2500 mm (Höhe über Fahrerhaus)
Reifen	7,50–20 verst., Zwillings-Hinterräder	7,50–20 verst. Gelände, Zwillings-Hinterräder
Wagengewicht (mit Fahrer)	3350 (3450) (3550) kg	3730 (3830) kg
Zuläss. Gesamtgewicht	7400 (Export bis 8400 kg)	7400 (Export bis 8400 kg)
Zuläss. Lastzuggewicht	14 800 kg	14 800 kg
Preis	1962: 19 000 DM	1962: 23 000 DM
	LK 323 bzw. LK 710: Kipper	**LAK 323 bzw. LAK 710: Kipper**
Radstand	3200 oder 3600 kg	3200 oder 3600 kg
Pritsche	3000 (3600) × 2100 mm	3000 (3600) × 2100 mm
	LS 323 bzw. LS 710: Sattelzugmaschine	**LAS 323 bzw. LAS 710: Sattelzugmaschine**
Radstand	3200 oder 3600 mm	3200 oder 3600 mm

	Mercedes-Benz L 321 H (1960) L 328 (1960–1963) L 911 (1963-1969)	**Mercedes-Benz LA 328 (1961–1963) LA 911 (1963–1969)**
Bauart	Kurzhauber-Lastwagen	Kurzhauber-Lastwagen mit Allrad-Antrieb (abschaltbar)
Motor	Daimler-Benz OM 321 Vorkammer-Dieselmotor 6 Zylinder, 90 × 120 mm, 4580 ccm, 100 PS bei 3000 U/min oder zunächst wahlweise, dann ab 1962 Serie: Daimler-Benz OM 321 Vorkammer-Dieselmotor 6 Zylinder, 95 × 120 mm, 5100 ccm, 110 PS bei 3000 U/min Ab Juli 1964: Daimler-Benz OM 352 Direkteinspritz-Dieselmotor 6 Zylinder, 97 × 128 mm, 5765 ccm, 110 PS bei 2900 U/min	
Getriebe	5 Gang	5 Gang + Vorgelege
Fußbremse	Hydraulisch, 4 Räder, Druckluft-Servohilfe, auf Wunsch Motorbremse	Hydraulisch, 4 Räder, Druckluft-Servohilfe, auf Wunsch Motorbremse
	Pritschenwagen	**Pritschenwagen**
Radstand	3600, 4200 oder 4830 mm	3600 oder 4200 mm
Pritsche	3800 (4500) (5500) × 2100 mm	3800 (4500) × 2100 mm
Gesamtmaße	6175 (6875) (7875) × 2340 × 2435 mm (Höhe über Fahrerhaus)	6175 (6875) × 2340 × 2530 mm (Höhe über Fahrerhaus)
Reifen	8,25–20 Zwillings-Hinterräder	8,25–20 Gelände, Zwillings-Hinterräder
Wagengewicht (mit Fahrer)	3550 (3650) (3750) kg	3860 (3965) kg
Zuläss. Gesamtgewicht	9000 kg	9000 kg
Zuläss. Lastzuggewicht	16 000 kg	16 000 kg
Preis	1962: 23 000 DM	1962: 27 000 DM
Bemerkung	Bis Mitte 1962: Reifen 7,50–20 verst., Ges.gewicht 8300 kg	
	LK 328 bzw. LK 911: Kipper	**LAK 328 bzw. LAK 911: Kipper**
Radstand	3200 oder 3600 mm	3200 oder 3600 mm
	LS 328 bzw. LS 911: Sattelzugmaschine	**LAS 328 bzw. LAS 911: Sattelzugmaschine**
Radstand	3200 oder 3600 mm	3600 mm

Mercedes-Benz L 328 Pritschenwagen 1961–1963

Mercedes-Benz LA 328
Pritschenwagen mit Allrad-Antrieb
für Bundesgrenzschutz und Bereitschaftspolizei
1962–1963

Mercedes-Benz LA 911
Pritschenwagen mit Allrad-Antrieb
für Bundesgrenzschutz und Bereitschaftspolizei
1964–1967

Mercedes-Benz LS 911 Sattelzugmaschine mit Ackermann Pritschenauflieger 1965

Mercedes-Benz L 911 Pritschenwagen 1963–1967

Mercedes-Benz L 911
Straßen-Kehrmaschine
Aufbau: Schörling
etwa 1965

Mercedes-Benz LAK 911
Allrad-Dreiseiten-Kipper
Aufbau: Meiller
1963–1967

Mercedes-Benz L 911 Milchtransportwagen 1968

Mercedes-Benz L 322 Pritschenwagen 1959–1963

Mercedes-Benz LAK 322
Allrad-Dreiseiten-Kipper
Radstand 3600 mm
1959–1963

Mercedes-Benz LA 113
Allrad-Pritschenwagen
Radstand 3600 mm
1963–1969

Mercedes-Benz L 327 Pritschenwagen (Radstand 5000 mm) 1959–1961

<table>
<tr><th></th><th>Mercedes-Benz
L 322 (1959–1963)
L 1113 (1963–1969)</th><th>Mercedes-Benz
LA 322 (1959–1963)
LA 1113 (1963–1969)</th></tr>
<tr><td>Bauart</td><td>Kurzhauber-Lastwagen</td><td>Kurzhauber-Lastwagen
mit Allrad-Antrieb (abschaltbar)</td></tr>
<tr><td>Motor</td><td colspan="2">Bis Ende 1962: Daimler-Benz OM 321 Vorkammer-Dieselmotor
6 Zylinder, 95 × 120 mm, 5104 ccm, 110 PS bei 3000 U/min
Ab Herbst 1961: Daimler-Benz OM 322 Vorkammer-Dieselmotor
6 Zylinder, 97 × 128 mm, 5675 ccm, 126 PS bei 2800 U/min
Ab Januar 1964: Daimler-Benz OM 352 Direkteinspritz-Dieselmotor
6 Zylinder, 97 × 128 mm, 5675 ccm, 126 PS bei 2800 U/min</td></tr>
<tr><td>Getriebe</td><td>5 Gang</td><td>5 Gang + Vorgelege</td></tr>
<tr><td></td><td>Pritschenwagen</td><td>Pritschenwagen</td></tr>
<tr><td>Radstand</td><td>3600, 4200 oder 4830 mm</td><td>3600 oder 4200 mm</td></tr>
<tr><td>Pritsche</td><td>3800 (4500) (5500) × 2100 mm</td><td>3800 (4500) × 2100 mm</td></tr>
<tr><td>Gesamtmaße</td><td>6135 (6835) (7835) × 2340 × 2435 mm
(Höhe über Fahrerhaus)</td><td>6135 (6835) × 2340 × 2560 mm
(Höhe über Fahrerhaus)</td></tr>
<tr><td>Reifen</td><td>8,25–20 eHD Super
Zwillings-Hinterräder</td><td>8,20–20 eHD Super Gelände oder 9,00–20
Zwillings-Hinterräder</td></tr>
<tr><td>Wagengewicht (mit Fahrer)</td><td>3650 (3750) (3900) kg</td><td>3960 (4050) kg</td></tr>
<tr><td>Zuläss. Gesamtgewicht</td><td>10 500 kg</td><td>10 500 kg</td></tr>
<tr><td>Zuläss. Lastzuggewicht</td><td>21 000 kg</td><td>21 000 kg</td></tr>
<tr><td>Preis</td><td>1965: 26 000 DM</td><td>1965: 30 000 DM</td></tr>
<tr><td></td><td>LK 322 bzw. LK 1113: Kipper</td><td>LAK 322 bzw. LAK 1113: Kipper</td></tr>
<tr><td>Radstand</td><td>3600 mm</td><td>3600 mm</td></tr>
<tr><td>Pritsche</td><td>3400–3600 × 2100 mm</td><td>3400–3600 × 2100 mm</td></tr>
<tr><td></td><td>LS 322 bzw. LS 1113: Sattelzugmaschine</td><td>LAS 322 bzw. LAS 1113: Sattelzugmaschine</td></tr>
<tr><td>Radstand</td><td>3200 oder 3600 mm</td><td>3200 oder 3600 mm</td></tr>
</table>

<table>
<tr><th></th><th>Mercedes-Benz
L 327 (1959–1961)</th><th>Mercedes-Benz
L 327 (1962–1963)
L 1143 (1963–1969)</th><th>Mercedes-Benz
LA 327 (1962–1963)
LA 1413 (1963–1969)</th></tr>
<tr><td>Bauart</td><td>Kurzhauber-Lastwagen</td><td>Kurzhauber-Lastwagen</td><td>Kurzhauber-Lastwagen
mit Allrad-Antrieb (abschaltbar)</td></tr>
<tr><td>Motor</td><td colspan="3">Bis Herbst 1963: Daimler-Benz OM 321 Vorkammer-Dieselmotor
6 Zylinder, 95 × 120 mm, 5104 ccm, 110 PS bei 3000 U/min
Ab Herbst 1961: Daimler-Benz OM 322 Vorkammer-Dieselmotor
6 Zylinder, 97 × 128 mm, 5675 ccm, 126 PS bei 2800 U/min
Ab Januar 1964: Daimler-Benz OM 352 Direkteinspritz-Dieselmotor
6 Zylinder, 97 × 128 mm, 5675 ccm, 126 PS bei 2800 U/min
oder ab 1966: OM 352 A mit Abgas-Turbolader, 150 PS</td></tr>
<tr><td>Getriebe</td><td>5 Gang</td><td>5 Gang oder (ab 1963)
5 Gang + 2 Gang-Hinterachse</td><td>5 Gang + Vorgelege</td></tr>
<tr><td></td><td>Pritschenwagen</td><td>Pritschenwagen</td><td>Pritschenwagen</td></tr>
<tr><td>Radstand</td><td>4400 oder 5000 mm</td><td>4200 oder 4830 mm</td><td>4200 mm</td></tr>
<tr><td>Pritsche</td><td>4500 (5400) × 2300 mm</td><td>4500 (5500) × 2300 mm</td><td>4500 × 2300 mm</td></tr>
<tr><td>Gesamtmaße</td><td>6790 (7770) × 2500 × 2480 mm</td><td>6875 (7875) × 2500 × 2550 mm</td><td>6875 × 2500 × 2550 mm</td></tr>
<tr><td>Reifen</td><td>9,00–20 eHD verst.
Zwillings-Hinterräder</td><td>10,00–20 Super
Zwillings-Hinterräder</td><td>10,00–20 Super
Zwillings-Hinterräder</td></tr>
<tr><td>Wagengewicht (mit Fahrer)</td><td>4150 (4320) kg</td><td>4500 (4625) kg</td><td>4850 kg</td></tr>
<tr><td>Zuläss. Gesamtgewicht</td><td>12 000 kg</td><td>14 000 kg</td><td>14 000 kg</td></tr>
<tr><td></td><td>LK 327: Kipper</td><td>LK 327 / LK 1413: Kipper</td><td>LAK 327 / LAK 1413: Kipper</td></tr>
<tr><td>Radstand</td><td>4200 mm</td><td>3600 oder 4200 mm</td><td>3600 oder 4200 mm</td></tr>
<tr><td>Pritsche</td><td>4000 × 2300 mm</td><td>3800 (4000) × 2300 mm</td><td>3800 (4000) × 2300 mm</td></tr>
<tr><td></td><td>LS 327: Sattelzugmaschine</td><td>Sattelzugmaschine</td><td></td></tr>
<tr><td>Radstand</td><td>3700 mm</td><td>3600 mm</td><td></td></tr>
<tr><td></td><td></td><td>LB 327 / LB 1413 / LB 1513:
Transport-Betonmischer</td><td>LAB 1413:
Transport-Betonmischer</td></tr>
<tr><td>Radstand</td><td></td><td>3600 mm</td><td>3600 mm</td></tr>
</table>

Mercedes-Benz L 911 B
Pritschenwagen (ab 1968)

Mercedes-Benz LG 911 B
Militär-Lastwagen mit Allrad-Antrieb (ab 1968)

Mercedes-Benz LAF 1113 B
Feuerwehr-Rüstwagen RW 2, Radstand 3600 mm, Aufbau: Metz (1971)

Bauart

Motor

Getriebe
Fußbremse

Radstand
Pritsche
Gesamtmaße

Reifen
Wagengewicht (mit Fahrer)
Zuläss. Gesamtgewicht
Zuläss. Lastzuggewicht
Preis (ohne MWSteuer)

Radstand
Pritsche
Reifen
Wagengewicht (mit Fahrer)
Zuläss. Gesamtgewicht

Radstand
Zuläss. Lastzuggewicht

Bauart
Motor

Getriebe
Fußbremse

Radstand
Pritsche
Gesamtmaße
Reifen
Wagengewicht (mit Fahrer)
Zuläss. Gesamtgewicht
Zuläss. Lastzuggewicht
Preis (ohne MWSteuer)

Radstand
Pritsche

Radstand

Mercedes-Benz **L 911 B** **Ab 1968**	**Mercedes-Benz** **LA 911 B** **Ab 1968**	**Mercedes-Benz** **LA 911 B (4 × 4)** **Ab 1968**
Kurzhauber-Lastwagen	Kurzhauber-Lastwagen mit Allrad-Antrieb (abschaltbar)	Kurzhauber-Militär-Lastwagen mit Allrad-Antrieb (nicht abschaltbar)
Daimler-Benz OM 352 Direkteinspritz-Dieselmotor 6 Zylinder, 97 × 128 mm, 5675 ccm, 110 PS bei 2900 U/min oder (ab Sept. 1973) wahlweise gegen Aufpreis OM 352 mit 130 PS Leistung oder OM 352 A mit Abgas-Turbolader und 168 PS Leistung		
5 Gang	5 Gang + Vorgelege	5 Gang
Hydraulisch, 4 Räder, Druckluft-Servohilfe, auf Wunsch Motorbremse		
Pritschenwagen 3600, 4200 oder 4830 mm 3600 (4500) (5300) × 2350 mm 6285 (6885) (7485) × 2460 × 2465 mm (Höhe über Fahrerhaus) 7,50–20 / 12 PR, Zwillings-Hinterräder 3750 (3980) (4025) kg 8900 kg 13 700–21 000 kg 1975: DM 40 000,– 1985: DM 62 000,–	**Pritschenwagen** 3600 oder 4200 mm 3600 (4500) × 2350 mm 6285 (6885) × 2460 × 2510 mm (Höhe über Fahrerhaus) 7,50–20 / 12 PR, Zwillings-Hinterräder 4100 (4230) kg 8900 kg 13 700–21 000 kg 1975: DM 43 000,– 1985: DM 70 000,–	**Pritschenwagen** 3600 oder 4200 mm 3600 (4500) × 2350 mm 5980 (6900) × 2460 × 2710 mm (Höhe über Fahrerhaus) 12,00–20, Einzel-Hinterräder 5600 kg 10 000 kg 21 600 kg
LK 911 B: Kipper 3600 mm 3600 × 2100 mm 7,25–20 / 12 PR, Zwillings-Hinterräder 4300 kg 9300 kg	**LAK 911 B: Kipper** 3600 mm 3600 × 2100 mm 8,25–20 / 14 PR, Zwillings-Hinterräder 4690 kg 9300 kg	
LS 911 B: Sattelzugmaschine 3200 oder 3600 mm 18 300 kg	**LAS 911 B: Sattelzugmaschine** 3600 mm 18 300 kg	

Mercedes-Benz **L 1113 B** **Ab 1968**	**Mercedes-Benz** **LA 1113 B** **Ab 1968**
Kurzhauber-Lastwagen	Kurzhauber-Lastwagen mit Allrad-Antrieb (abschaltbar)
Daimler-Benz OM 352 Direkteinspritz-Dieselmotor 6 Zylinder, 97 × 128 mm, 5675 ccm, 130 PS bei 2800 U/min	
5 Gang	5 Gang + Vorgelege
Hydraulisch, 4 Räder, Druckluft-Servohilfe, dazu Motorbremse	
Pritschenwagen 3600, 4200 oder 4830 mm 3600 (4500) (5300) × 2350 mm 6285 (6885) (7485) × 2460 × 2515 mm (Höhe über Fahrerhaus) 8,25–20 / 14 PR Super, Zwillings-Hinterräder 3925 (4080) (4125) kg 11 000 kg 21 600 kg 1975: DM 43 000,– 1985: DM 66 000,–	**Pritschenwagen** 3600 oder 4200 mm 3600 (4200) × 2350 mm 6285 (6885) × 2460 × 2580 mm (Höhe über Fahrerhaus) 8,25–20 / 14 PR Super, Zwillings-Hinterräder 4200 (4300) kg 11 000 kg 21 600 kg 1975: DM 44 000,– 1985: DM 75 000,–
LK 1113 B: Kipper 3600 mm 3600 × 2100 mm	**LAK 1113 B: Kipper** 3600 mm 3600 × 2100 mm
LS 1113 B: Sattelzugmaschine 3600 mm	**LAS 1113 B: Sattelzugmaschine** 3600 mm

Mercedes-Benz LK 1313
Dreiseiten-Kipper
Aufbau: Meiller (München)
1967

Mercedes-Benz L 1313
Milchsammelwagen
1967

Mercedes-Benz LAK 1313
Allrad-Dreiseiten-Kipper
Aufbau: Meiller (München)
1969

<table>
<tr><th></th><th>Mercedes-Benz
L 1313
Ab 1967</th><th>Mercedes-Benz
LA 1313
Ab 1968</th></tr>
<tr><td>Bauart</td><td>Kurzhauber-Lastwagen</td><td>Kurzhauber-Lastwagen
mit Allrad-Antrieb (abschaltbar)</td></tr>
<tr><td>Motor</td><td colspan="2">Daimler-Benz OM 352 Direkteinspritz-Dieselmotor
6 Zylinder, 97 × 128 mm, 5765 ccm, 126 PS bzw. (ab 1969) 130 PS bei 2800 U/min
oder wahlweise OM 352 A mit Abgas-Turbolader, Leistung 168 PS</td></tr>
<tr><td>Getriebe</td><td>5 Gang</td><td>5 Gang + Vorgelege</td></tr>
<tr><td>Fußbremse</td><td>Hydraulisch, Druckluft-Servohilfe,
dazu Motorbremse</td><td>Hydraulisch, Druckluft-Servohilfe,
dazu Motorbremse</td></tr>
<tr><td></td><td>Pritschenwagen</td><td>Pritschenwagen</td></tr>
<tr><td>Radstand</td><td>3600 oder 4200 oder 4830 mm</td><td>3600 oder 4200 mm</td></tr>
<tr><td>Pritsche</td><td>3600 (4500) (5300) × 2350 mm</td><td>3600 (4500) × 2350 mm</td></tr>
<tr><td>Gesamtmaße</td><td>6285 (6885) (7485) × 2460 × 2550 mm
(Höhe über Fahrerhaus)</td><td>6285 (6885) × 2340 × 2600 mm
(Höhe über Fahrerhaus)</td></tr>
<tr><td>Reifen</td><td>9,00 R 20 / 14 PR
Zwillings-Hinterräder</td><td>9,00 R 20 / 14 PR Super Gelände
Zwillings-Hinterräder</td></tr>
<tr><td>Wagengewicht (mit Fahrer)</td><td>4200 (4300) (4450) kg</td><td>4500 (4650) kg</td></tr>
<tr><td>Zuläss. Gesamtgewicht</td><td>13 000 kg</td><td>12 500 kg</td></tr>
<tr><td></td><td>LK 1313: Kipper</td><td>LAK 1313: Kipper</td></tr>
<tr><td>Radstand</td><td>3600 mm</td><td>3600 mm</td></tr>
<tr><td>Pritsche</td><td>3600 × 2100 mm</td><td>3600 × 2100 mm</td></tr>
<tr><td></td><td>LS 1313: Sattelzugmaschine</td><td>LAS 1313: Sattelzugmaschine</td></tr>
<tr><td>Radstand</td><td>3600 mm</td><td>3600 mm</td></tr>
<tr><td>Zuläss. Lastzuggewicht</td><td>21 000 kg</td><td>21 000 kg</td></tr>
<tr><td>Bemerkungen</td><td>Für Sonderaufbauten auch Radstand 5170 mm</td><td></td></tr>
</table>

<table>
<tr><th></th><th>Mercedes-Benz
L 1513
Ab 1969</th><th>Mercedes-Benz
LA 1513
Ab 1969</th></tr>
<tr><td>Bauart</td><td>Kurzhauber-Lastwagen</td><td>Kurzhauber-Lastwagen
mit Allrad-Antrieb (abschaltbar)</td></tr>
<tr><td>Motor</td><td colspan="2">Daimler-Benz OM 352 Direkteinspritz-Dieselmotor
6 Zylinder, 97 × 128 mm, 5675 ccm, 130 PS bei 2800 U/min</td></tr>
<tr><td>Getriebe</td><td>5 Gang</td><td>5 Gang + Vorgelege</td></tr>
<tr><td>Fußbremse</td><td>Zweikreis-Hydraulik, Druckluft-Servohilfe,
dazu Motorbremse</td><td>Zweikreis-Hydraulik, Druckluft-Servohilfe,
dazu Motorbremse</td></tr>
<tr><td></td><td>Pritschenwagen</td><td>Pritschenwagen</td></tr>
<tr><td>Radstand</td><td>4200 oder 4830 mm</td><td>3600 oder 4200 mm</td></tr>
<tr><td>Pritsche</td><td>4500 (5300) × 2350 mm</td><td>3600 (4500) × 2350 mm</td></tr>
<tr><td>Gesamtmaße</td><td>6885 (7485) × 2640 × 2580 mm
(Höhe über Fahrerhaus)</td><td>6285 (6885) × 2340 × 2640 mm
(Höhe über Fahrerhaus)</td></tr>
<tr><td>Reifen</td><td>10,00–20 / 16 PR
Zwillings-Hinterräder</td><td>10,00–20 / 16 PR
Zwillings-Hinterräder</td></tr>
<tr><td>Wagengewicht (mit Fahrer)</td><td>5100 (5250) kg</td><td>5300 (5450) kg</td></tr>
<tr><td>Zuläss. Gesamtgewicht</td><td>14 800 kg</td><td>14 800 kg</td></tr>
<tr><td></td><td>LK 1513: Kipper</td><td>LAK 1513: Kipper</td></tr>
<tr><td>Radstand</td><td>3600 oder 4200 mm</td><td>3600 oder 4200 mm</td></tr>
<tr><td></td><td>LS 1513: Sattelzugmaschine</td><td>LAS 1513: Sattelzugmaschine</td></tr>
<tr><td>Radstand</td><td>3200 oder 3600 mm</td><td>3600 mm</td></tr>
<tr><td>Zuläss. Lastzuggewicht</td><td>21 000 kg</td><td>21 000 kg</td></tr>
</table>

Mercedes-Benz L 1513
Getränke-Lastwagen
1969

Mercedes-Benz LK 1517
Dreiseiten-Kipper
1970

Mercedes-Benz LS 1519
Sattelzugmaschine
Radstand 3600 mm
1971

	Mercedes-Benz **L 1517** **1970–1971**	**Mercedes-Benz** **LA 1517** **1969–1971**
Bauart	Kurzhauber-Lastwagen	Kurzhauber-Lastwagen mit Allrad-Antrieb (abschaltbar)
Motor	Daimler-Benz OM 360 Direkteinspritz-Dieselmotor 6 Zylinder, 115 × 140 mm, 8720 ccm, 172 PS bei 2500 U/min	
Getriebe	5 Gang	5 Gang + Vorgelege
Fußbremse	Zweikreis-Hydraulik, Druckluft-Servohilfe, dazu Motorbremse	Zweikreis-Hydraulik, Druckluft-Servohilfe, dazu Motorbremse
	Pritschenwagen	**Pritschenwagen**
Radstand	4200 oder 4830 mm	3600 oder 4200 mm
Pritsche	4500 (5300) × 2350 mm	3600 (4500) × 2350 mm
Gesamtmaße	6885 (7485) × 2460 × 2580 mm (Höhe über Fahrerhaus)	6285 (6885) × 2640 × 2640 mm (Höhe über Fahrerhaus)
Reifen	10,00–20 / 16 PR Zwillings-Hinterräder	10,00–20 / 16 PR Zwillings-Hinterräder
Wagengewicht (mit Fahrer)	5250 (5400) kg	5450 (5600) kg
Zuläss. Gesamtgewicht	14 800 kg	14 800 kg
	LK 1517: Kipper	**LAK 1517: Kipper**
Radstand	3600 oder 4200 mm	3600 oder 4200 mm
	LS 1517: Sattelzugmaschine	**LAS 1517: Sattelzugmaschine**
Radstand	3200 oder 3600 mm	3600 mm
Zuläss. Lastzuggewicht	28 300 kg	28 300 kg

	Mercedes-Benz **L 1519** **1970–1976**	**Mercedes-Benz** **LA 1519** **1970–1976**
Bauart	Kurzhauber-Lastwagen	Kurzhauber-Lastwagen mit Allrad-Antrieb (abschaltbar)
Motor	Daimler-Benz OM 360 Direkteinspritz-Dieselmotor 6 Zylinder, 115 × 140 mm, 8270 ccm, 192 PS bei 2500 U/min	
Getriebe	5 Gang	5 Gang + Vorgelege
Fußbremse	Zweikreis-Hydraulik, Druckluft-Servohilfe, dazu Motorbremse	Zweikreis-Hydraulik, Druckluft-Servohilfe, dazu Motorbremse
	Pritschenwagen	**Pritschenwagen**
Radstand	4200 oder 4830 mm	3600 oder 4200 mm
Pritsche	4500 (5300) × 2350 mm	3600 (4500) × 2350 mm
Gesamtmaße	6885 (7485) × 2640 × 2580 mm (Höhe über Fahrerhaus)	6285 (6885) × 2640 × 2640 mm (Höhe über Fahrerhaus)
Reifen	10,00–20 / 16 PR Zwillings-Hinterräder	10,00–20 / 16 PR Zwillings-Hinterräder
Wagengewicht (mit Fahrer)	5250 (5400) kg	5450 (5600) kg
Zuläss. Gesamtgewicht	14 800 kg	14 800 kg
	LK 1519: Kipper	**LAK 1519: Kipper**
Radstand	3600 oder 4200 mm	3600 oder 4200 mm
	LS 1519: Sattelzugmaschine	**LAS 1519: Sattelzugmaschine**
Radstand	3200 oder 3600 mm	3600 mm
Zuläss. Lastzuggewicht	32 000 kg	28 600 kg

	Mercedes-Benz L 1813 (6 × 2) 1968–1975 L 1813 (6 × 4) 1969–1977	Mercedes-Benz L 1817 (6 × 4) 1969–1971 L 1819 (6 × 4) 1971–1976
Bauart	Kurzhauber-Lastwagen (6 × 2): Antrieb auf Mittelachse (6 × 4): Antrieb auf 4 Hinterräder	Kurzhauber-Lastwagen Antrieb auf 4 Hinterräder
Motor	Daimler-Benz OM 352 Direkteinspritz-Dieselmotor 6 Zylinder, 97 × 128 mm, 5675 ccm, 126 bzw. (ab 1969) 130 PS bei 2800 U/min	Daimler-Benz OM 360 Direkteinspritz-Dieselmotor 6 Zylinder, 115 × 140 mm, 8210 ccm, L 1817: 170 PS bei 2200 U/min L 1819: 192 PS bei 2500 U/min
Getriebe	5 Gang	6 Gang
Fußbremse	Zweikreis-Hydraulik, 6 Räder, Druckluft-Servohilfe, dazu Motorbremse	Zweikreis-Hydraulik, 6 Räder, Druckluft-Servohilfe, dazu Motorbremse
	Fahrgestell für Sonderaufbauten	**Fahrgestell für Sonderaufbauten**
Radstand	3600 oder 4200 oder 4830 + 130 mm	3600 oder 4200 oder 4830 + 130 mm
Aufbaulänge	bis 6000 mm	bis 6000 mm
Reifen	8,25–20 / 14 PR 4 Zwillings-Hinterräder	8,25–20 / 14 PR 4 Zwillings-Hinterräder
Fahrgestellgewicht	5200 (5300) (5450) kg mit Fahrerhaus	5800 (5900) (6050) kg mit Fahrerhaus
Zuläss. Gesamtgewicht	18 000 kg	18 000 kg
Zuläss. Lastzuggewicht	Nur für Solobetrieb	Nur für Solobetrieb

Mercedes-Benz L 1813 (6×2) Kofferwagen 1968

Kurzhauber-Schwerlastwagen ab 1958

Gleichzeitig mit den zur Mittelklasse zählenden Typen L 322 und L 327 erschien im Frühjahr 1959 als erster Schwerlastwagen im Kurzhauber-Stil der L 337. Er entsprach der neuen Verordnung über Maße und Gewichte. Mit 172 PS Leistung bot dieser bei 12 t Gesamtgewicht eine Nutzlast von 7,3 t. Der Lastzug durfte maximal 24 t wiegen. Er galt als ausgesprochener »Seebohm-Typ«. Die deutsche Regelung hatte zur Folge, daß für den Export verstärkte Fahrzeuge mit höherem Gesamtgewicht entwickelt werden mußten, wie der L 332.

Eine erneute Änderung der Zulassungsvorschriften verlangte ein Leistungsgewicht von 6 PS/t. Deshalb wurde schon 1960 der L 337 durch den L 338 ersetzt, der dann ab 1963 unter der Typenbezeichnung L 1418 lief.

Im gleichen Jahr 1960 aber erschien vor allem der neue L 334 (ab 1963: L 1620), der als 16 Tonner bzw. als 32 Tonner-Lastzug mit 200 PS-Motor bald zum Standard-Lastzug auf unseren Fernstraßen wurde. Die Motorleistung stieg im Laufe der nächsten Jahre auf 230 und 240 PS.

Auf der Frankfurter Automobil-Ausstellung im September 1963 präsentierte Daimler-Benz zum ersten Mal nach dem Kriege einen schweren Dreiachser, der speziell für Transporte im Baustellen- und Kurz-

Produktion

Typ	Konstruktions-nummer	Zuläss. Gesamtgewicht	Produktion	Gesamtzahl
L 337	337	12 t	1958–1960	2 351
L 338 / L 1418	338	13,5 t	1960–1976	19 374
LA 329 / LA 1518	339	15 t	1962–1968	1 372
L 332 B	348	19 t	1962	435
L 331 B / L 1618	349	16 t	1963–1970	2 667
L 332 C / L 1918	349	19 t	1963–1969	6 251
L 1621 (Export)	349	16 t	1969–1979	8 487
L 1921 (Export)	349	19 t	1969–1982	32 623
L 334 B / L 1620	335	16 t	1960–1967	7 399
LA 334 B / LA 1620	335	16 t	1962–1967	2 744
L 334 C / L 1920	336	19 t	1962–1970	9 188
LA 334 C / LA 1920	336	19 t	1962–1969	1 745
L 1623	335	16 t	1967–1970	1 400
LA 1623	335	16 t	1967–1970	987
L 1624	346	16 t	1969–1975	3 381
LA 1624	346	16 t	1969–1975	2 632
L 1923	336	19 t	1967–1970	3 549
LA 1923	336	19 t	1967–1970	387
L 1924	346	19 t	1969–1982	74 845
LA 1924	346	19 t	1970–1980	4 032
L 2220 / L 2620 (6 × 4)	343	22/26 t	1964–1968	1 986
LA 2220 / LA 2620 (6 × 6)	343	22/26 t	1964–1968	1 110
L 2623 (6 × 4)	343	22/26 t	1967–1969	2 641
LA 2623 (6 × 6)	343	22/26 t	1967–1970	1 335
L 2624 (6 × 4)	343	22/26 t	1969–1982	53 373
LA 2624 (6 × 6)	343	22/26 t	1969–1982	14 847
L 1924 (modifiziert)	346	19 t	ab 1981	26 704*)
L 1928 (modifiziert)	346	19 t	ab 1979	11 181*)
L 2624 (mod.) (6 × 4)	343	26 t	ab 1979	31 277*)
L 2628 (mod.) (6 × 6)	343	26 t	ab 1979	26 584*)

*) Gesamtzahl bis einschl. 1986. Produktion nicht beendet.

streckenverkehr gedacht war. Der imposant aussehende Kipper durfte auf der Straße mit 22 t, außerhalb des öffentlichen Verkehrs mit 26 t Gesamtgewicht gefahren werden. Vierrad- oder Sechsrad-Antrieb standen zur Wahl. Zwei Jahre später erschien eine entsprechende Dreiachs-Sattelzugmaschine für Kipper-Sattelauflieger, Tieflade-Anhänger und Spezialtransporte.

Anfang 1964 erfolgte die Umstellung der Vorkammer-Dieselmotoren auf direkte Dieseleinspritzung. Das seitherige Verfahren zeichnete sich durch einen etwas ruhigeren Lauf aus, während man sich von den neuen Motoren billigere Herstellungskosten, geringeren Verbrauch und höhere Lebensdauer erhoffte.

Weitere konstruktive Errungenschaften jener Zeit waren die Einführung des vollsynchronisierten Fünfganggetriebes, der neuen Hinterachse mit Zweigang-Planetengetriebe, der Zweikreis-Bremsanlagen, der werkseigenen Hydrolenkung sowie der Einbau längerer Vorder- und Hinterfedern in Verbindung mit Stabilisatoren und Stoßdämpfern.

Ab Ende 1965 wurde die Produktion der schweren Lastwagen stufenweise vom Werk Gaggenau nach dem neuen Werk Wörth verlegt.

Ab Juli 1967 erhalten die Kurzhauber ein verbessertes Fahrerhaus mit hochgezogener, wesentlich größerer Frontscheibe, mehr Innenhöhe und Dachluke sowie drei Scheibenwischern.

Als ob es die »Neue Generation« gar nicht gäbe, werden einige der schweren Kurzhauber-Typen, wenn auch ausschließlich für den Export, bis heute weitergebaut. Sie wurden sogar um 1980 herum nochmals »modifiziert«.

Mercedes-Benz LS 337 Sattelzugmaschine mit Doppelstock-Zweiachs-Auflieger 1959

	Mercedes-Benz L 337 (1959–1960)	Mercedes-Benz L 338 (1960–1963) L 1418 (1963–1976)	Mercedes-Benz LA 329 B(1962–1963) LA 1518 (1963–1968)
Bauart	Kurzhauber-Schwerlastwagen		
Motor	Bis 1964: Daimler-Benz OM 326 Vorkammer-Dieselmotor 6 Zylinder, 128 × 140 mm, 10 810 ccm, 180 PS (L 337: 172 PS) bei 2200 U/min Ab 1964: Daimer-Benz OM 346 Direkteinspritz-Dieselmotor 6 Zylinder, 128 × 140 mm, 10 810 ccm, 180–185 PS bei 2200 U/min		
Antrieb	Antrieb auf Hinterräder	Antrieb auf Hinterräder	Allrad-Antrieb (abschaltbar)
Getriebe	5 Gang + 2 Gang-Hinterachse	5 Gang + 2 Gang-Hinterachse	6 Gang + Vorgelege
	L 337: **Pritschenwagen**	**L 338 bzw. L 1418:** **Pritschenwagen**	
Radstand	4400 oder 5500 mm	4400 oder 5000 mm	
Pritsche	5000 (6000) × 2350 mm	5000 (6000) × 2350 mm	
Gesamtmaße	7600 (8600) × 2500 × 2470 mm (Höhe über Fahrerhaus)	7800 (8800) × 2500 × 2500 mm (Höhe über Fahrerhaus)	
Reifen	9,00–20 eHD verst. Zwillings-Hinterräder	10,00–20 Super Zwillings-Hinterräder	
Wagengewicht (mit Fahrer)	4740 (4950) kg	5350 (5550) kg	
Zuläss. Gesamtgewicht	12 000 kg	13 500–14 000 kg	
Zuläss. Lastzuggewicht	24 000 kg	27 000–30 000 kg	
	LS 337: **Sattelzugmaschine**	**LS 338 bzw. LS 1418:** **Sattelzugmaschine**	
Radstand	3700 mm	3200, 3700 oder 4200 mm	
	LK 337: **Kipper**	**LK 338 bzw. LK 1418:** **Kipper**	**LAK 329 bzw. LAK 1518:** **Kipper**
Radstand	4200 mm	4000 oder 4200 mm	3750 mm
Pritsche	4000 × 2300 mm	4000 (4200) × 2300 mm	4000 × 2300 mm
Gesamtmaße	7050 × 2500 × 2470 mm	7130 × 2500 × 2500 mm	7280 × 2500 × 2610 mm
Reifen	9,00–20 eHD verst. Zwillings-Hinterräder	10,00–20 Super Zwillings-Hinterräder	11,00–20 eHD verst. Zwillings-Hinterräder
Wagengewicht (mit Fahrer)	6330 kg	6500 kg	7150 kg
Zuläss. Gesamtgewicht	12 000 kg	13 500–14 000 kg	14 800

	Mercedes-Benz L 332 B (1962)	Mercedes-Benz L 331 B (1963) L 1618 (1964–1970)	Mercedes-Benz L 332 C (1963) L 1918 (1964–1969)
Bauart	Kurzhauber-Schwerlastwagen		
Motor	wie oben		
Antrieb	Antrieb auf Hinterräder		
Getriebe	6 Gang		
	L 332 B: **Pritschenwagen**	**L 331 B bzw. L 1618:** **Pritschenwagen**	**L 332 C bzw. L 1918:** **Pritschenwagen**
Radstand	5200 mm	5200 mm	5200 mm
Pritsche	6000 mm	6000 mm	6000 mm
Gesamtmaße	9000 × 2500 × 2600 mm	9000 × 2500 × 2600 mm	9000 × 2500 × 2600 mm
Reifen	12,00–20 eHD Super	11,00–20 eHD Super	12,00–20 eHD Super
Wagengewicht (mit Fahrer)	7300 kg	7000 kg	7300 kg
Zuläss. Gesamtgewicht	19 000 kg	16 500 kg	19 000 kg
Zuläss. Lastzuggewicht	35 000 kg	32 500 kg	35 000 kg
	LK 332 B: **Kipper**	**LK 331 B bzw. LK 1618:** **Kipper**	**LK 332 C bzw. LK 1918:** **Kipper**
Radstand	4200 mm	4200 mm	4200 mm
Pritsche	4200 mm	4200 mm	4200 mm
	LS 332 B: **Sattelzugmaschine**	**LS 311 B bzw. LS 1618:** **Sattelzugmaschine**	**LS 322 C bzw. LS 1918:** **Sattelzugmaschine**
Radstand	3600 mm	3600 mm	3600 mm

Mercedes-Benz L 338
Radstand 5000 mm
Pritschenwagen
1960–1963

Mercedes-Benz LAK 329
Mercedes-Benz LAK 1518
Radstand 3750 mm
Allrad-Dreiseiten-Kipper
1962–1968

Mercedes-Benz LAK 334
Mercedes-Benz LAK 1620
Radstand 4200 mm
Allrad-Dreiseiten-Kipper
1962–1967

	Mercedes-Benz **L 334 B (1960–1963)** **L 1620 (1963–1967)**	**Mercedes-Benz** **LA 334 B (1962–1963)** **LA 1620 (1963–1967)**
Bauart	Kurzhauber-Schwerlastwagen	
Motor	Bis 1964: Daimler-Benz OM 326 Vorkammer-Dieselmotor 6 Zylinder, 128 × 140 mm,10 810 ccm, 192–200 PS bei 2200 U/min Ab 1964: Daimler-Benz OM 346 Direkteinspritz-Dieselmotor 6 Zylinder, 128 × 140 mm, 10 810 ccm, 210 PS bei 2200 U/min	
Getriebe	6 Gang	6 Gang + Vorgelege
Antrieb	Antrieb auf Hinterräder	Allrad-Antrieb (abschaltbar)
Fußbremse	Druckluft, dazu Motorbremse	Druckluft, dazu Motorbremse
		LG 1620: Militär-Gelände-Lastwagen
Radstand		4200 mm
Pritsche		4250 × 2300 mm
Gesamtmaße		7050 × 2400 × 2650 mm (Höhe über Fahrerhaus)
Reifen		12,00–20 / PR 16 M-Profil Zwillings-Hinterräder
Wagengewicht (mit Fahrer)		8200 kg
Zuläss. Gesamtgewicht		16 000 kg
	LK 334 bzw. LK 1620: Kipper	**LAK 334 bzw. LAK 1620: Kipper**
Radstand	4600 mm	4200 mm
Pritsche	4400 × 2300 mm	4200 × 2300 mm
Gesamtmaße	7220 × 2500 × 2600 mm (Höhe über Fahrerhaus)	7020 × 2500 × 2650 mm (Höhe über Fahrerhaus)
Reifen	12,00–20 eHD verst., Zwillings-Hinterräder	12,00–20 eHD verst., Zwillings-Hinterräder
Wagengewicht (mit Fahrer)	7120 kg	7620 kg
Zuläss. Gesamtgewicht	16 000 kg	16 000 kg
	LS 344 bzw. LS 1620: Sattelzugmaschine	**LAS 334 bzw. LAS 1620: Sattelzugmaschine**
Radstand	3600 bzw. (mit Fahrerhaus lang) 4200 mm	3600 mm
Gewicht der Zugmaschine (mit Fahrer)	5700 kg	6500 kg
Zuläss. Lastzuggewicht	32 000–38 000 kg	32 000–38 000 kg

	Mercedes-Benz **L 334 C (1962–1963)** **L 1920 (1963–1970)**	**Mercedes-Benz** **LA 334 C (1962–1963)** **LA 1920 (1963–1969)**
	Allgemeine Daten wie oben	
	L 334 bzw. L 1920: Pritschenwagen	**LA 334 bzw. LA 1920: Pritschenwagen**
Radstand	5200 mm	5000 mm
Pritsche	6000 mm	6000 mm
Gesamtmaße	8650 × 2500 × 2600 mm (Höhe über Fahrerhaus)	8670 × 2500 × 2650 mm (Höhe über Fahrerhaus)
Reifen	12,00–20 eHD Super, Zwillings-Hinterräder	12,00–20 eHD Super, Zwillings-Hinterräder
Wagengewicht (mit Fahrer)	6910 kg	7520 kg
Zuläss. Gesamtgewicht	19 000 kg	19 000 kg
Zuläss. Lastzuggewicht	35 000 kg	35 000 kg
	LK 334 bzw. LK 1920: Kipper	**LAK 334 bzw. LAK 1920: Kipper**
Radstand	4200 oder 4600 mm	4200 oder 4600 mm
Pritsche	4200 (4400) × 2300 mm	4400 × 2300 mm
Gesamtmaße	6830 (7090) × 2500 × 2600 mm	7000 × 2500 × 2650 mm
Reifen	12,00–20 eHD Super, Zwillings-Hinterräder	12,00–20 eHD Super, Zwillings-Hinterräder
Wagengewicht (mit Fahrer)	7300 kg	7900 kg
Zuläss. Gesamtgewicht	19 000 kg	19 000 kg
	LS 334 bzw. LS 1920: Sattelzugmaschine	**LAS 334 bzw. LAS 1920: Sattelzugmaschine**
Radstand	3600 bzw. (mit Fahrerhaus lang) 4200 mm	3600 mm
Zuläss. Lastzuggewicht	35 000–38 000 kg	35 000–38 000 kg
Bemerkung	Für Export	Für Export

Mercedes-Benz LS 1623
Sattelzugmaschine mit Zweiachs-Tankauflieger
1968

Mercedes-Benz LAK 1924
Allrad-Dreiseiten-Kipper
mit Dreiachs-Kippanhänger
1970

	Mercedes-Benz L 1623 (1967–1970) L 1624 (1969–1975)	Mercedes-Benz LA 1623 (1967–1970) LA 1624 (1969–1975)
Bauart	Kurzhauber-Schwerlastwagen	
Motor	Daimler-Benz OM 335 Direkteinspritz-Dieselmotor 6 Zylinder, 128 × 150 mm,11 580 ccm, 230 bzw. 240 PS bei 2200 U/min	
Getriebe	6 Gang oder 6 Gang + Vorschaltgruppe	6 Gang + Vorgelege
Antrieb	Antrieb auf Hinterräder	Allrad-Antrieb (abschaltbar)
Fußbremse	Zweikreis-Druckluft, dazu Motorbremse	Zweikreis-Druckluft, dazu Motorbremse
	LK 1623 bzw. LK 1624: Kipper	**LAK 1623 bzw. LAK 1624: Kipper**
Radstand	4600 mm	4200 mm
Pritsche	4400 × 2300 mm	4200 × 2300 mm
Gesamtmaße	7220 × 2500 × 2640 mm (Höhe über Fahrerhaus)	7020 × 2500 × 2700 mm (Höhe über Fahrerhaus)
Reifen	12,00–20 / 16 PR verst., Zw.-Hinterräder	12,00–20 / 16 PR verst., Zw.-Hinterräder
Wagengewicht (mit Fahrer)	7240 kg	7760 kg
Zuläss. Gesamtgewicht	16 000 kg	16 000 kg
	LS 1623 bzw. LS 1624: Sattelzugmaschine	**LAS 1623 oder LAS 1624: Sattelzugmaschine**
Radstand	3600 oder (mit Fahrerhaus lang) 4200 mm	3600 mm
Zuläss. Lastzuggewicht	38 000 bzw. (ab 1971) 30 000 kg	38 000 bzw. (ab 1971) 30 000 kg
		LA 1623: Militär-Gelände-Lastwagen
Radstand		4200 mm
Pritsche		4250 × 2300 mm
Gesamtmaße		7050 × 2500 × 2650 mm (Höhe über Fahrerhaus)
Reifen		12,00–20 / 16 PR M-Profil Zwillings-Hinterräder
Wagengewicht (mit Fahrer)		7940 kg
Zuläss. Gesamtgewicht		16 000 kg

	Mercedes-Benz L 1923 (1967–1970) L 1924 (1969–1982)	Mercedes-Benz LA 1923 (1967–1970) LA 1924 (1970–1980)
	Allgemeine Daten wie oben	
	L 1923 bzw. L 1924: Pritschenwagen	**LA 1923 bzw. LA 1924: Pritschenwagen**
Radstand	5200 mm	5200 mm
Pritsche	6000 × 2385 mm	6000 × 2385 mm
Gesamtmaße	8650 × 2500 × 2600 mm (Höhe über Fahrerhaus)	8670 × 2500 × 2650 mm (Höhe über Fahrerhaus)
Reifen	12,00–20 / PR 18 Super, Zwillings-Hinterräder	12,00–20 / PR 18 Super, Zwillings-Hinterräder
Wagengewicht (mit Fahrer)	7080 kg	7690 kg
Zuläss. Gesamtgewicht	19 000 kg	19 000 kg
	LK 1923 bzw. LK 1924: Kipper	**LAK 1923 bzw. LAK 1924: Kipper**
Radstand	3600, 4200 oder 4600 mm	4200 oder 4600 mm
	LS 1923 bzw. LS 1924: Sattelzugmaschine	**LAS 1923 bzw. LAS 1924: Sattelzugmaschine**
Radstand	3600 oder (mit Fahrerhaus lang) 4200 mm	3600 mm
Zuläss. Lastzuggewicht	38 000 kg	38 000 kg
		LA 1924: Militär-Gelände-Lastwagen
Radstand		4600 mm
Pritsche		4500 × 2350 mm
Gesamtmaße		7425 × 2500 × 2870 mm (Höhe über Fahrerhaus)
Reifen		14,00–20 M-Profil, Einzel-Hinterräder
Wagengewicht (mit Fahrer)		8540 kg
Zuläss. Gesamtgewicht		15 500 kg
Zuläss. Lastzuggewicht		31 500 kg

Mercedes-Benz LAK 2624 (6×6)
Allrad-Dreiseiten-Kipper
Aufbau: Meiller (München)
1969–1982

Mercedes-Benz LB 2220 (6×4)
Mercedes-Benz LB 2620 (6×4)
Transport-Betonmischer
Inhalt 5 m^3
Aufbau: Stetter
1966

Mercedes-Benz LA 2620 (6×6)
Auto-Kran
Aufbau: Krupp-Ardelt
1967

	Mercedes-Benz **L 2220 (6 × 4) (1964–1968)** **L 2620 (6 × 4) (1964–1968)**	**Mercedes-Benz** **LA 2220 (6 × 6) (1964–1968)** **LA 2620 (6 × 6) (1964–1968)**
Bauart	Kurzhauber-Sechsrad-Schwerlastwagen	
Motor	Daimler-Benz OM 364 Direkteinspritz-Dieselmotor 6 Zylinder, 128 × 140 mm,10 810 ccm, 210 PS bei 2200 U/min	
Getriebe	6 Gang + Vorgelege	6 Gang + Vorgelege
Antrieb	Antrieb auf 4 Hinterräder	Allrad-Antrieb (abschaltbar)
Fußbremse	Zweikreis-Druckluft, dazu Motorbremse	Zweikreis-Druckluft, dazu Motorbremse
	LK 2220 bzw. LK 2620: Kipper	**LAK 2220 bzw. LAK 2620: Kipper**
Radstand	3600 oder 4000 + 1340 mm	3600 oder 4000 + 1340 mm
Pritsche	4500 (5000) × 2300 mm	4500 (5000) × 2300 mm
Gesamtmaße	7500 (8000) × 2500 × 2700 mm (Höhe über Fahrerhaus)	7500 (8000) × 2500 × 2700 mm (Höhe über Fahrerhaus)
Reifen	LK 22 t: 10,00–20 / PR 16 Super LK 26 t: 11,00–20 / PR 16 Super 4 Zwillings-Hinterräder	LAK 22 t: 10,00–20 / PR 16 Super LAK 26 t: 11,00–20 / PR 16 Super 4 Zwillings-Hinterräder
Wagengewicht (mit Fahrer)	10 560–10 710 kg	11 000–11 200 kg
Zuläss. Gesamtgewicht	22 000 bzw. 26 000 kg	22 000 bzw. 26 000 kg
Zuläss. Lastzuggewicht	32 000, später 38 000 kg	32 000, später 38 000 kg
Preis	1965: Kipper 72 000 DM	1965: Kipper 78 700 DM 1965: Muldenkipper 82 200 DM
	L 2220 bzw. L 2620: Fahrgestell **für Pritschenwagen oder Sonderaufbauten**	**LA 2220 bzw. LA 2620: Fahrgestell** **für Pritschenwagen oder Sonderaufbauten**
Radstand	5200 + 1340 mm	5200 + 1340 mm
Aufbaulänge	bis 7800 mm	bis 7800 mm
	LS 2220 bzw. LS 2620: Sattelzugmaschine	**LAS 2220 bzw. LAS 2620: Sattelzugmaschine**
Radstand	3600 + 1340 mm	3600 + 1340 mm
Zuläss. Lastzuggewicht	38 000 kg	38 000 kg
	LB 2220 bzw. LB 2620: Betonmischer	**LAB 2220 bzw. LAB 2620: Betonmischer**
Radstand	3600 + 1340 mm	3600 + 1340 mm
Fassungsvermögen	bis 6,5 m^3 Fertigbeton	bis 6,5 m^3 Fertigbeton

	Mercedes-Benz **L 2623 (6 × 4) (1967–1969)** **L 2624 (6 × 6) (1969–1983)**	**Mercedes-Benz** **LA 2623 (6 × 6) (1967–1970)** **LA 2624 (6 × 6) (1969–1982)**
Motor	Daimler-Benz OM 355 Direkteinspritz-Dieselmotor 6 Zylinder, 128 × 150 mm, 11 580 ccm, 230 bzw. 240 PS bei 2200 U/min Sonstige allgemeine Daten wie oben	
	LK 2623 bzw. LK 2624: Kipper Daten wie oben, jedoch	**LAK 2623 bzw. LAK 2624: Kipper** Daten wie oben, jedoch
Wagengewicht (mit Fahrer)	10 600–10 750 kg	11 500–11 650 kg
Zuläss. Gesamtgewicht	22 000 bzw. 26 000 kg	22 000 bzw. 26 000 kg
Zuläss. Lastzuggewicht	38 000 kg	38 000 kg
Preis	1971: Kipper 81 000 DM	1971: Kipper 87 000 DM
	L 2623 bzw. L 2624: Fahrgestell **für Pritschenwagen oder Sonderaufbauten** **LS 2623 bzw. LS 2624: Sattelzugmaschine** **LB 2623 bzw. LB 2624: Betonmischer** Daten wie oben	**LA 2623 bzw. LA 2624: Fahrgestell** **für Pritschenwagen oder Sonderaufbauten** **LAS 2623 bzw. LAS 2624: Sattelzugmaschine** **LAB 2623 bzw. LAB 2624: Betonmischer** Daten wie oben
		LA 2624: Militär-Gelände-Lastwagen
Radstand		4000 + 1340 mm
Pritsche		5000 × 2350 mm
Gesamtmaße		8300 × 2500 × 2880 mm (Höhe über Fahrerhaus)
Reifen		14,00–20 M-Profil, Einzel-Hinterräder
Wagengewicht (mit Fahrer)		11 040 kg
Zuläss. Gesamtgewicht		24 500 kg
Zuläss. Lastzuggewicht		40 000 kg (auf Straße)

Mercedes-Benz L 1924 (modifiziert)
Tiefkühl-Sattelzug, Aufbau Blumhardt, Export-Ausführung 1971

Mercedes-Benz LAK 2624 (6×6) (modifiziert)
Meiller Muldenkipper, Export-Ausführung 1971

	Mercedes-Benz **L 1924 (modifiziert)** **L 1928 (modifiziert)** **ab 1979**
Bauart	Kurzhauber-Vierrad-Schwerlastwagen
Motor	Daimler-Benz OM 355 bzw. OM 355 A Direkteinspritz-Dieselmotor 6 Zylinder, 128 × 150 mm, 11 580 ccm, 240 PS (177 kW) bzw. mit Abgas-Turbolader 280 PS (206 kW) bei 2200 U/min
Getriebe	6 Gang oder 8 Gang oder 6 Gang + Vorschaltgruppe
Antrieb	Antrieb auf Hinterräder
Fußbremse	Zweikreis-Druckluft, dazu Motorbremse
	L 1924 bzw. LK 1928: Pritschenwagen
Radstand	5200 mm
Pritsche	6000 × 2385 mm
Gesamtmaße	8650 × 2500 × 2600 mm (Höhe über Fahrerhaus)
Reifen	12,00–20 / PR 18, Zwillings-Hinterräder
Wagengewicht (mit Fahrer)	L 1924: 7080, L 1928: 7380 kg
Zuläss. Gesamtgewicht	19 000 kg
Zuläss. Lastzuggewicht	38 000 kg
	LK 1924 bzw. LK 1928: Kipper
Radstand	3600, 4200 oder 4600 mm
	LS 1924 bzw. LS 1928: Sattelzugmaschine
Radstand	3600 oderr 4200 mm
Bemerkung	Für Export

	Mercedes-Benz **L 2624 (modifiziert) (6 × 4)** **L 2628 (modifiziert) (6 × 4)** **ab 1979**
Bauart	Kurzhauber-Sechsrad-Schwerlastwagen
Motor	Daimler-Benz OM 355 bzw. OM 355 A Direkteinspritz-Dieselmotor 6 Zylinder, 128 × 150 mm, 11 580 ccm, 240 PS (177 kW) bzw. mit Abgas-Turbolader 280 PS (206 kW) bei 2000 U/min
Getriebe	6 Gang + Vorgelege
Antrieb	Antrieb auf 4 Hinterräder
Fußbremse	Zweikreis-Druckluft, dazu Motorbremse
	LK 2624 bzw. LK 2628: Kipper
Radstand	3600 oder 4000 + 1340 mm
Pritsche	4500 (5000) × 2300 mm
Gesamtmaße	7500 (8000) × 2500 × 2710 mm (Höhe über Fahrerhaus)
Reifen	11,00–20 / PR 16 Super, 4 Zwillings-Hinterräder
Wagengewicht (mit Fahrer)	LK 2624: 11 300, LK 2628: 11 500 kg
Zuläss. Gesamtgewicht	26 000 kg
Zuläss. Lastzuggewicht	38 000 kg
	L 2624 bzw. L 2628: Fahrgestell für Pritschenwagen oder Sonderaufbauten
Radstand	5200 + 1340 mm
Aufbaulänge	bis 7800 mm
	LS 2624 bzw. LS 2628: Sattelzugmaschine
Radstand	3600 + 1340 mm
Zuläss. Lastzuggewicht	38 000 kg

Leichte Lastwagen der LP-Reihe 1965–1984

Im Januar 1965 stellte Daimler-Benz mit dem Typ LP 608 einen völlig neuen Leichtlastwagen der 3 t-Nutzlastklasse vor. Der schnelle und wendige Frontlenker mit 80 PS Untersitz-Motor und Fünfgang-Synchrongetriebe war hauptsächlich für den Stadt- und Nahverkehr gedacht. Mit der Vorserie des LP 608 nahm das neue Lastwagenwerk Wörth seine Produktionstätigkeit auf, und allein in den ersten beiden Jahren entstanden dort über 10 000 Stück des neuen Fahrzeugs. In seiner Klasse erreichte es damals einen Marktanteil von 45 %, wobei vor allem Hanomag, bis dahin hier führend, beträchtliche Einbußen hinnehmen mußte.

Im September 1967 kam der LP 808 hinzu, der durch Verstärkung des Fahrgestells, der Federn und Reifen ein Gesamtgewicht von 7,5 t und eine Nutzlast von 4,5 t brachte. 1970 schließlich erschienen mit den Typen LP 811 und LP 913 zwei leistungsstärkere Versionen, die sich aber weder im Aussehen noch in der Zweckbestimmung vom Grundmodell unterschieden.

Ab 1976 gab es für den LP 1013 und ab Februar 1979 für den LP 1113 nochmals eine kräftige Verstärkung des Fahrgestells,wodurch nunmehr eine Nutzlast von 7,5 t zur Verfügung stand.

Im Herbst 1977 begann die zweite Halbzeit dieser Baureihe. Von außen fiel die glattere Frontgestaltung auf, wobei die Scheinwerfer aus dem Kühlergrill genommen und in der Stoßstange untergebracht wurden. Vor allem aber gab es im Sinn der Modellpflege zahlreiche technische Verbesserungen und die Pritschenwagen konnten mit luftgefederter Hinterachse geliefert werden. Außerdem hat man die Typenbezeichnungen den etwas höheren Motorleistungen angepaßt: Das Grundmodell hieß von da an LP 709.

1979 wurden alle Wartungsstellen nach außen verlegt. Man mußte das tun, weil sich inzwischen bei der Konkurrenz auch bereits in dieser Kategorie das kippbare Fahrerhaus durchsetzte. Überdies konnte bei der LP-Reihe der Motor nicht ohne Ausbau der Vorderachse gewechselt werden.

Die schließlich weit gefächerte und gut gegliederte LP-Reihe wurde respektable 20 Jahre alt. In ihrer Klasse erreichte sie einen Marktanteil von zwei Dritteln, den Rest teilten sich Iveco-Magirus und die MAN-VW-Gemeinschaftsreihe.

Produktion

Typ	Konstruktions-nummer	Zuläss. Gesamtgewicht	Produktion	Gesamtzahl
LP 608	314	6 t	1965–1983	88 252
LPL 608	314	6 t	1976–1977	10
LP 709	314	6,5 t	1977–1984	11 693
LPL 709	314	6,5 t	1977–1983	43
LP 808	316	7,5 t	1967–1983	60 420
LPL 808	316	7,5 t	1976–1977	54
LP 809	316	8 t	1977–1984	23 034
LPL 809	316	8 t	1977–1984	289
LP 811	318	7,5–8 t	1969–1973	12 246
LP 813	318	7,5–8 t	1973–1984	72 337
LPL 813	318	7,5–8 t	1976–1984	2 804
LP 913	318	8,9–9,2 t	1969–1984	20 603
LPL 913	318	8,9–9,2 t	1976–1984	373
LP 1013	318	10 t	1976–1984	5 921
LPL 1013	318	10 t	1977–1984	414
LP 1113	318	11 t	1978–1984	4 080
LPL 1113	318	11 t	1978–1984	304

	Mercedes-Benz LP 608 (1965–1977) LP 808 (1967–1977)	Mercedes-Benz LP 709 (1977–1983) LP 809 (1977–1983)
Bauart	Leichter Frontlenker-Lastwagen für den Nahverkehr, Motor unter Sitz	
Motor	Daimler-Benz OM 314 Direkteinspritz-Dieselmotor 4 Zylinder, 97 × 128 mm,3780 ccm, 80 PS bzw. (ab 1969) 85 PS (63 kW) bei 2800 U/min	
Getriebe	5 Gang oder (ab 1979) 4 Gang-Automatic	
Antrieb	Antrieb auf Hinterräder	
Fußbremse	Hydraulisch, Druckluft-Servohilfe, dazu auf Wunsch Motorbremse	Zweikreis-Hydraulik, Druckluft-Servohilfe, dazu auf Wunsch Motorbremse
	LP 608: Pritschenwagen	**LP 708: Pritschenwagen**
Radstand	3200 oder 3600 oder 4200 mm	3200 oder 3600 mm
Pritsche	3800 (4500) (5500) × 2200 mm	3800 (4500) × 2300 mm
Gesamtmaße	5450 (6150) (7150) × 2250 × 2375 mm (Höhe über Fahrerhaus)	5450 (6150) × 2350 × 2375 mm (Höhe über Fahrerhaus)
Reifen	7,00 R 16 / 12 PR, Zwillings-Hinterräder	8 R 17,5 L, Zwillings-Hinterräder
Wagengewicht (mit Fahrer)	2850 (2935) (3000) kg	3030 (3100) kg
Zuläss. Gesamtgewicht	5900 kg	6500 kg
Preis (ohne MWSteuer)	1968: ca. 15 000 DM 1977: ca. 34 000 DM	1978: ca. 36 000 DM 1983: ca. 46 000 DM
Bemerkungen	Mit Reifen 8 R 17,5 L: Zuläss. Gesamtgewicht 6500 kg 1977: LPL 608 mit Luftfederung hinten	Mit Reifen 7,00 R 16 / 12 PR: Zuläss. Gesamtgewicht 5900 kg ab 1978: LPL 709 mit Luftfederung hinten
	LPK 608: Kipper	**LPK 709: Kipper**
Radstand	3200 mm	3200 mm
Pritsche	3500 × 2100 mm	3500 × 2100 mm
	LPS 608: Sattelzugmaschine	**LPS 709: Sattelzugmaschine**
Radstand	3200 mm	3200 mm
Zuläss. Lastzuggewicht	14 000 kg	14 000 kg
	LP 808: Pritschenwagen	**LP 809: Pritschenwagen**
Radstand	3200 oder 3600 oder 4200 mm	3200 oder 3600 mm
Pritsche	3800 (4500) (5500) × 2200 mm	3800 (4500) × 2200 mm
Gesamtmaße	5550 (6200) (7200) × 2350 × 2480 mm (Höhe über Fahrerhaus)	5550 (6200) × 2350 × 2480 mm (Höhe über Fahrerhaus)
Reifen	7,50 R 16 / 12 PR, Zwillings-Hinterräder	8,5 R 17,5, Zwillings-Hinterräder
Wagengewicht (mit Fahrer)	2970 (3040) (3175) kg	3150 (3200) kg
Zuläss. Gesamtgewicht	7490 kg	8000 kg
Preis (ohne MWSteuer)	1968: ca. 19 000 DM 1977: ca. 36 000 DM	1978: ca. 38 000 DM 1984: ca. 50 000 DM
Bemerkungen	Mit Reifen 8,25–16: Zuläss. Gesamtgewicht 8000 kg 1977: LPL 808 mit Luftfederung hinten	Mit Reifen 7,50 R 16: Zuläss. Gesamtgewicht 7490 kg Ab 1978: LPL 809 mit Luftfederung hinten
	LPK 808: Kipper	**LPK 809: Kipper**
Radstand	3200 mm	3200 mm
Pritsche	3500 × 2100 mm	3500 × 2100 mm

Mercedes-Benz LPK 608
Dreiseiten-Kipper
Aufbau: Meiller
1965–1977

Mercedes-Benz LP 913
Pritschenwagen
Radstand 3600 mm
1970–1977

Mercedes-Benz LP 809
Tiefkühl-Kofferwagen
1977–1983

Mercedes-Benz LP 813
Pritschenwagen
Radstand 3600 mm
1973–1984

<table>
<tr><th></th><th>Mercedes-Benz
LP 811 (1970–1973)
LP 813 (1973–1984)</th><th>Mercedes-Benz
LP 913 (1970–1984)</th></tr>
<tr><td>Bauart</td><td colspan="2">Leichter Frontlenker-Lastwagen für den Nahverkehr, Motor unter Sitz</td></tr>
<tr><td>Motor</td><td colspan="2">Daimler-Benz OM 352 Direkteinspritz-Dieselmotor
6 Zylinder, 97 × 128 mm, 5375 ccm</td></tr>
<tr><td></td><td>LP 811: 110 PS bei 2800 U/min
LP 813: 130 PS = 96 kW bei 2500 U/min</td><td>130 PS = 96 kW bei 2800 U/min</td></tr>
<tr><td>Getriebe</td><td colspan="2">5 Gang oder (ab 1979) 4 Gang-Automatic</td></tr>
<tr><td>Antrieb</td><td colspan="2">Antrieb auf Hinterräder</td></tr>
<tr><td>Fußbremse</td><td colspan="2">Hydraulisch bzw. (ab 1977) Zweikreis-Hydraulik, Druckluft-Servohilfe
dazu auf Wunsch Motorbremse</td></tr>
<tr><td></td><td>LP 811 bzw. LP 813: Pritschenwagen</td><td>LP 913: Pritschenwagen</td></tr>
<tr><td>Radstand</td><td colspan="2">3200 oder 3600 oder 4200 mm</td></tr>
<tr><td>Pritsche</td><td colspan="2">3800 (4500) (5500) × 2200 mm</td></tr>
<tr><td>Gesamtmaße</td><td colspan="2">5480 (6180) (7180) × 2330 × 2430–2500 mm (Höhe über Fahrerhaus)</td></tr>
<tr><td>Reifen</td><td>7,50 R 16 / 12 PR oder 8 R 17,5
Zwillings-Hinterräder</td><td>8,25 R 16 / 14 PR oder 10 R 17,5
Zwillings-Hinterräder</td></tr>
<tr><td>Wagengewicht (mit Fahrer)</td><td>3300 (3370) (3500) kg</td><td>3400 (3480) (3570) kg</td></tr>
<tr><td>Zuläss. Gesamtgewicht</td><td>7490 bzw. (mit Reifen 8 R 17,5) 8000 kg</td><td>8900 bzw. (mit Reifen 10 R 17,5) 9200 kg</td></tr>
<tr><td>Zuläss. Lastzuggewicht</td><td>17 900 bzw. (ab 1973) 16 200 kg</td><td>18 000 bzw. (ab 1973) 16 200 kg</td></tr>
<tr><td>Bemerkungen</td><td>Fahrgestell für Sonderaufbauten
auch mit Radstand 4800 mm
Ab 1977: LPL 813 mit Luftfederung hinten</td><td>Fahrgestell für Sonderaufbauten
auch mit Radstand 4800 mm
Ab 1977: LPL 913 mit Luftfederung hinten</td></tr>
<tr><td></td><td>LPK 811 bzw. LPK 813: Kipper</td><td>LPK 913: Kipper</td></tr>
<tr><td>Radstand</td><td>3200 mm</td><td>3200 mm</td></tr>
<tr><td>Pritsche</td><td>3500 × 2100 mm</td><td>3500 × 2100 mm</td></tr>
<tr><td>Wagengewicht (mit Fahrer)</td><td>3850 kg</td><td>3920 kg</td></tr>
<tr><td></td><td>LPS 811 bzw. LPS 813: Sattelzugmaschine</td><td>LPS 913: Sattelzugmaschine</td></tr>
<tr><td>Radstand</td><td>3200 mm</td><td>3200 mm</td></tr>
<tr><td>Zuläss. Lastzuggewicht</td><td>17 900 (bzw. ab 1977) 16 200 kg</td><td>18 000 (bzw. ab 1973) 16 200 kg</td></tr>
</table>

<table>
<tr><th></th><th>Mercedes-Benz
LP 1013 (1976–1984)</th><th>Mercedes-Benz
LP 1113 (1979–1984)</th></tr>
<tr><td></td><td colspan="2">Allgemeine Daten wie LP 913</td></tr>
<tr><td></td><td>LP 1013: Pritschenwagen</td><td>LP 1113: Pritschenwagen</td></tr>
<tr><td>Radstand</td><td>3200 oder 3600 mm</td><td>3200 oder 3600 mm</td></tr>
<tr><td>Pritsche</td><td>3800 (4500) × 2200 mm</td><td>3800 (4500) × 2200 mm</td></tr>
<tr><td>Gesamtmaße</td><td>5480 (6180) × 2330 × 2550 mm
(Höhe über Fahrerhaus)</td><td>5480 (6180) × 2330 × 2550 mm
(Höhe über Fahrerhaus)</td></tr>
<tr><td>Reifen</td><td>10 R 17,5, Zwillings-Hinterräder</td><td>10 R 17,5, Zwillings-Hinterräder</td></tr>
<tr><td>Wagengewicht (mit Fahrer)</td><td>3450 (3550) kg</td><td>3450 (3550) kg</td></tr>
<tr><td>Zuläss. Gesamtgewicht</td><td>10 000 kg</td><td>11 000 kg</td></tr>
<tr><td>Zuläss. Lastzuggewicht</td><td>16 250 kg</td><td>21 600 kg</td></tr>
<tr><td>Bemerkung</td><td>Ab 1978: LPL 1013 mit Luftfederung hinten</td><td>Ab 1977: LPL 1113 mit Luftfederung hinten</td></tr>
<tr><td></td><td></td><td>LPK 1113: Kipper</td></tr>
<tr><td>Radstand</td><td></td><td>3200 mm</td></tr>
<tr><td>Pritsche</td><td></td><td>3500 × 2200 mm</td></tr>
</table>

Mittlere Frontlenker-Lastwagen 1965–1982

Die parallel zu den Kurzhaubern mit größtenteils identischer Technik gebauten Frontlenker besaßen zunächst noch die gleichen rundlichen Fahrerhäuser, wie sie bereits seit den fünfziger Jahren für die Vorgänger verwendet worden waren. Im September 1965 brachte Daimler-Benz jedoch eine neue Frontlenker-Baureihe mit einem völlig neuen, modern gezeichneten Fahrerhaus heraus, welche zunächst die Typen LP 810, LP 1013 und LP 1213 sowie bald auch noch den Typ L 1216 umfaßte. Der Motor war bei diesen neuen Frontlenkern nicht mehr im Fahrerhaus, sondern »unter Boden« angeordnet, was außer dem Raumgewinn eine bessere Schall- und Wärme-Isolierung ermöglichte.

Als 1968 die verbesserten Kurzhauber L/LA 911 B und L/LA 1113 B erschienen, wurden auch die entsprechenden Frontlenker LP 911 B und LP 1113 B mit dem neuen Fahrerhaus bedacht. Der LP 710, der 1968 auslief, erhielt keinen unmittelbaren Nachfolger, weil es ja inzwischen die »leichte« LP-Reihe (LP 608 und LP 808) gab.

Wichtigstes optisches Merkmal der mittelgroßen LP-Typen jener Zeit war die Anordnung der Rechteck-Scheinwerfer in den beiden unteren Ecken des rechteckigen Grills.

Produktion

Typ	Konstruktions-nummer	Zuläss. Gesamtgewicht	Produktion	Gesamtzahl
LP 810	353	8 t	1965–1966	712
LP 911 B	353	9 t	1967–1982	13 622
LAP 1117 (Export)	353	11 t	1984–1985	200
LP 1013	358	10 t	1965–1968	4 011
LP 1113 B	358	11 t	1968–1976	33 053
LP 1213	352	12 t	1965–1967	1 698
LP 1216	352	12 t	1966–1967	365
LP 1313	352	13 t	1967–1976	11 672
LP 1317	352	13 t	1967–1971	3 409
LP 1319	352	13 t	1970–1976	9 289
LP 1513	360	15 t	1967–1976	9 406
LP 1517	360	15 t	1967–1971	2 726
LP 1519	360	15 t	1970–1976	5 298
LP 2219 (6 × 2)	355	22 t	1972–1977	852
LP 2219 (6 × 4)	355	22 t	1972–1977	430

Mercedes-Benz LP 810 Pritschenwagen 1965–1966

	Mercedes-Benz LP 810 1965–1966	Mercedes-Benz LP 911 B 1967–1982
Bauart	Mittlerer Frontlenker-Lastwagen Motor unter Boden	Mittlerer Frontlenker-Lastwagen Motor unter Boden
Motor	Daimler-Benz OM 352 Direkteinspritz-Dieselmotor 6 Zylinder, 97 × 128 mm, 5675 ccm 100 PS bei 2900 U/min	Daimler-Benz OM 352 Direkteinspritz-Dieselmotor 6 Zylinder, 97 × 128 mm, 5675 ccm 110 PS bei 2900 U/min oder (ab Sept. 1973) wahlweise gg. Aufpreis OM 352 mit 130 PS Leistung oder OM 352 A mit 168 PS Leistung
Getriebe	5 Gang	5 Gang
Fußbremse	Zweikreis-Hydraulik, Druckluft-Servohilfe, dazu auf Wunsch Motorbremse	Zweikreis-Hydraulik, Druckluft-Servohilfe, dazu auf Wunsch Motorbremse
	Pritschenwagen	**Pritschenwagen**
Radstand	3200 oder 3600 oder 4200 mm	3200 oder 3600 oder 4200 mm
Pritsche	4500 (5300) (6250) × 2350 mm	4500 (5300) (6250) × 2350 mm
Gesamtmaße	6120 (6920) (7870) × 2540 × 2645 mm (Höhe über Fahrerhaus)	6120 (6920) (7870) × 2450 × 2685 mm (Höhe über Fahrerhaus)
Reifen	7,50–20 Super, Zwillings-Hinterräder	7,50–20 Super, Zwillings-Hinterräder
Wagengewicht (mit Fahrer)	3850 (4040) (4190) kg	3910 (4100) (4250) kg
Zuläss. Gesamtgewicht	8000 kg	8990 kg
Zuläss. Lastzuggewicht	16 600 kg	18 300 kg
Bemerkung	Fahrgestell für Sonderaufbauten auch mit Radstand 4830 mm	Fahrgestell für Sonderaufbauten auch mit Radstand 4830 mm
	LPS 810: Sattelzugmaschine	**LPS 911 B: Sattelzugmaschine**
Radstand	3200 oder 3600 mm	3200 oder 3600 mm

	Mercedes-Benz LP 1013 1965–1968	Mercedes-Benz LP 1113 B 1968–1976
Bauart	Mittlerer Frontlenker-Lastwagen Motor unter Boden	Mittlerer Frontlenker-Lastwagen Motor unter Boden
Motor	Daimler-Benz OM 352 Direkteinspritz-Dieselmotor 6 Zylinder, 97 × 128 mm, 5675 ccm 126 PS bei 2800 U/min	Daimler-Benz OM 352 Direkteinspritz-Dieselmotor 6 Zylinder, 97 × 128 mm, 5675 ccm 130 PS bei 2800 U/min
Getriebe	5 Gang	5 Gang
Fußbremse	Zweikreis-Hydraulik, Druckluft-Servohilfe, dazu Motorbremse	Zweikreis-Hydraulik, Druckluft-Servohilfe, dazu Motorbremse
	Pritschenwagen	**Pritschenwagen**
Radstand	3200 oder 3600 oder 4200 mm	3200 oder 3600 oder 4200 mm
Pritsche	4500 (5300) (6250) × 2350 mm	4500 (5300) (6250) × 2350 mm
Gesamtmaße	6120 (6920) (7870) × 2540 × 2675 mm (Höhe über Fahrerhaus)	6120 (6920) (7870) × 2450 × 2675 mm (Höhe über Fahrerhaus)
Reifen	8,25–20 Super, Zwillings-Hinterräder	8,25–20 / 14 PR Super, Zwillings-Hinterräder
Wagengewicht (mit Fahrer)	4055 (4280) (4350) kg	4115 (4340) (4410) kg
Zuläss. Gesamtgewicht	10 500 kg	11 000 kg
Zuläss. Lastzuggewicht	21 000 kg	21 600 kg
Preis		1975: DM 45 000,–
Bemerkung	Fahrgestell für Sonderaufbauten auch mit Radstand 4830 oder 5170 mm	Fahrgestell für Sonderaufbauten auch mit Radstand 4830 oder 5170 mm
	LPK 1013: Kipper	**LPK 1113 B: Kipper**
Radstand	3200 mm	3200 mm
Pritsche	3600 × 2200 mm	3600 × 2200 mm
	LPS 1013: Sattelzugmaschine	**LPS 1113: Sattelzugmaschine**
Radstand	3200 oder 3600 mm	3200 oder 3600 mm

Mercedes-Benz LP 1213 Pritschenwagen 1965–1967

Mercedes-Benz LP 1216 Pritschenwagen 1966–1967

Mercedes-Benz LPS 1317 mit Blumhardt Rollenbehälter-Sattelanhänger 1973

Bauart
Motor

Getriebe
Fußbremse

Radstand
Pritsche
Gesamtmaße

Reifen

Wagengewicht (mit Fahrer)
Zuläss. Gesamtgewicht
Zuläss. Lastzuggewicht
Bemerkung

Radstand
Pritsche

Radstand

Bauart
Motor

Getriebe
Fußbremse

Radstand
Pritsche
Gesamtmaße

Reifen

Wagengewicht (mit Fahrer)
Zuläss. Gesamtgewicht
Zuläss. Lastzuggewicht
Bemerkung

Radstand
Pritsche

Radstand

Mercedes-Benz LP 1213 1965–1967	Mercedes-Benz LP 1313 1967–1976	Mercedes-Benz LP 1513 1967–1976

Mittlerer Frontlenker-Lastwagen, Motor unter Boden
Daimler-Benz OM 352 Direkteinspritz-Dieselmotor
6 Zylinder, 97 × 128 mm, 5675 ccm, 126 PS bzw. (ab 1969) 130 PS bei 2800 U/min
oder (ab 1969 wahlweise) OM 352 A mit Abgas-Turbolader, Leistung 168 PS
5 Gang
Zweikreis-Hydraulik, Druckluft-Servohilfe, dazu Motorbremse

Pritschenwagen	**Pritschenwagen**	**Pritschenwagen**
3200 oder 3600 oder 4200 mm	3200 oder 3600 oder 4200 mm	3200 oder 3600 oder 4200 mm
4500 (5300) (6250) × 2350 mm	4500 (5300) (6250) × 2350 mm	4500 (5000) (6000) × 2350 mm
6120 (6920) (7870) × 2450 × 2700 mm	6120 (6920) (7870) × 2450 × 2700 mm	6120 (6620) (7620) × 2450 × 2750 mm
(Höhe über Fahrerhaus)	(Höhe über Fahrerhaus)	(Höhe über Fahrerhaus)
9,00–20 verst.	9,00–20 / 14 PR Super	10,00–20 / 16 PR Super
Zwillings-Hinterräder	Zwillings-Hinterräder	Zwillings-Hinterräder
4400 (4520) (4625) kg	4440 (4560) (4675) kg	4610 (4780) (4885) kg
12 000 kg	13 000 kg	14 800 kg
21 000 kg	21 000 kg	21 000 kg
Fahrgestell für Sonderaufbauten	Fahrgestell für Sonderaufbauten	Fahrgestell für Sonderaufbauten
auch mit Radstand 4830 oder 5170 mm	auch mit Radstand 4830 oder 5170 mm	auch mit Radstand 4830 oder 5170 mm
LPK 1213: Kipper	**LPK 1313: Kipper**	**LPK 1513: Kipper**
3200 mm	3200 mm	3200 mm
3800 × 2200 mm	3800 × 2200 mm	4200 × 2200 mm
LPS 1213: Sattelzugmaschine	**LPS 1313: Sattelzugmaschine**	**LPS 1513: Sattelzugmaschine**
3200 oder 3600 mm	3200 oder 3600 mm	3200 oder 3600 mm

Mercedes-Benz LP 1216 1966–1967	Mercedes-Benz LP 1317 1967–1971	Mercedes-Benz LP 1517 1967–1971

Mittlerer Frontlenker-Lastwagen, Motor unter Boden

Daimler-Benz OM 327	Daimler-Benz OM 327	Daimler-Benz OM 327
Direkteinspritz-Dieselmotor	Direkteinspritz-Dieselmotor	Direkteinspritz-Dieselmotor
6 Zylinder, 115 × 128 mm, 7980 ccm	6 Zylinder, 115 × 128 mm, 7980 ccm	6 Zylinder, 115 × 128 mm, 7980 ccm
160 PS bei 2300 U/min	170 PS bei 2600 U/min	170 PS bei 2600 U/min
		bzw. (ab 1969) Daimler-Benz OM 360
		6 Zylinder, 115 × 140 mm, 8720 ccm
		170 PS bei 2200 U/min

5 Gang
Zweikreis-Hydraulik, Druckluft-Servohilfe, dazu Motorbremse

Pritschenwagen	**Pritschenwagen**	**Pritschenwagen**
3200 oder 3600 oder 4200 mm	3200 oder 3600 oder 4200 mm	3200 oder 3600 oder 4200 mm
4500 (5300) (6250) × 2350 mm	4500 (5300) (6250) × 2350 mm	4500 (5000) (6000) × 2350 mm
6120 (6920) (7870) × 2450 × 2700 mm	6120 (6920) (7870) × 2450 × 2700 mm	6120 (6620) (7620) × 2450 × 2750 mm
(Höhe über Fahrerhaus)	(Höhe über Fahrerhaus)	(Höhe über Fahrerhaus)
9,00–20 Super	9,00–20 / 14 PR Super	10,00–20 / 16 PR Super
Zwillings-Hinterräder	Zwillings-Hinterräder	Zwillings-Hinterräder
4855 (5015) (5050) kg	4915 (5075) (5110) kg	5115 (5275) (5310) kg
12 500 kg	13 000 kg	14 800 kg
26 000 kg	28 300 kg	28 300 kg
Fahrgestell für Sonderaufbauten	Fahrgestell für Sonderaufbauten	Fahrgestell für Sonderaufbauten
auch mit Radstand 4830 oder 5170 mm	auch mit Radstand 4830 oder 5170 mm	auch mit Radstand 4830 oder 5170 mm
LPK 1216: Kipper	**LPK 1317: Kipper**	**LPK 1517: Kipper**
3200 mm	3200 mm	3200 mm
3800 × 2200 mm	3800 × 2200 mm	4200 × 2200 mm
LPS 1216: Sattelzugmaschine	**LPS 1317: Sattelzugmaschine**	**LPS 1517: Sattelzugmaschine**
3200 oder 3600 mm	3200 oder 3600 mm	3200 oder 3600 mm

Mercedes-Benz LP 1317
Getränke-Lastwagen
mit Anhänger
1968

Mercedes-Benz LP 1519
Pritschenwagen
1971

Mercedes-Benz LPL 2219 (6×2)
Pritschenwagen mit Luftfederung
für Wechselaufbauten u. Container
1972

<table>
<tr><th></th><th>Mercedes-Benz
LP 1319
1970–1976</th><th>Mercedes-Benz
LP 1519
1970–1976</th></tr>
<tr><td>Bauart</td><td colspan="2">Mittlerer Frontlenker-Lastwagen, Motor unter Boden</td></tr>
<tr><td>Motor</td><td colspan="2">Daimler-Benz OM 360 Direkteinspritz-Dieselmotor
6 Zylinder, 115 × 140 mm, 8720 ccm, 192 PS bei 2500 U/min</td></tr>
<tr><td>Getriebe</td><td colspan="2">5 Gang</td></tr>
<tr><td>Fußbremse</td><td colspan="2">Zweikreis-Hydraulik, Druckluft-Servohilfe, dazu Motorbremse</td></tr>
<tr><td></td><td>Pritschenwagen</td><td>Pritschenwagen</td></tr>
<tr><td>Radstand</td><td>3200 oder 3600 oder 4200 mm</td><td>3200 oder 3600 oder 4200 mm</td></tr>
<tr><td>Pritsche</td><td>4500 (5300) (6250) × 2350 mm</td><td>4500 (5000) (6000) × 2350 mm</td></tr>
<tr><td>Gesamtmaße</td><td>6120 (6920) (7870) × 2450 × 2700 mm
(Höhe über Fahrerhaus)</td><td>6120 (6620) (7620) × 2450 × 2750 mm
(Höhe über Fahrerhaus)</td></tr>
<tr><td>Reifen</td><td>9,00–20 / 14 PR Super
Zwillings-Hinterräder</td><td>10,00–20 / 16 PR Super
Zwillings-Hinterräder</td></tr>
<tr><td>Wagengewicht (mit Fahrer)</td><td>4970 (5060) (5125) kg</td><td>5115 (5310) (5410) kg</td></tr>
<tr><td>Zuläss. Gesamtgewicht</td><td>13 000 kg</td><td>14 800 kg</td></tr>
<tr><td>Zuläss. Lastzuggewicht</td><td>32 000 kg</td><td>32 000 kg</td></tr>
<tr><td>Bemerkungen</td><td>Fahrgestell für Sonderaufbauten auch mit Radstand 4830 oder 5170 mm</td><td>Fahrgestell für Sonderaufbauten auch mit Radstand 4830 oder 5170 mm</td></tr>
<tr><td></td><td>LPK 1319: Kipper</td><td>LPK 1519: Kipper</td></tr>
<tr><td>Radstand</td><td>3200 mm</td><td>3200 mm</td></tr>
<tr><td>Pritsche</td><td>3800 × 2200 mm</td><td>4200 × 2200 mm</td></tr>
<tr><td></td><td>LPS 1319: Sattelzugmaschine</td><td>LPS 1519: Sattelzugmaschine</td></tr>
<tr><td>Radstand</td><td>3200 oder 3600 mm</td><td>3200 oder 3600 mm</td></tr>
</table>

<table>
<tr><th></th><th>Mercedes-Benz
LPL 2219 (6 × 2) 1972–1977</th><th>Mercedes-Benz
LP 2219 (6 × 4) 1972–1977</th></tr>
<tr><td>Bauart</td><td>Mittleres Frontlenker-Fahrgestell (Motor unter Boden) für feste oder Wechsel-Aufbauten
Antrieb auf Mittelachse (Zwillingsräder)
Schleppachse antriebslos und einzelbereift
Luftfederung hinten</td><td>Mittleres Frontlenker-Fahrgestell (Motor unter Boden) für feste oder Wechsel-Aufbauten
Antrieb auf 4 Hinterräder</td></tr>
<tr><td>Motor</td><td colspan="2">Daimler-Benz OM 360 Direkteinspritz-Dieselmotor
6 Zylinder, 115 × 140 mm, 8720 ccm, 192 PS bei 2500 U/min</td></tr>
<tr><td>Getriebe</td><td colspan="2">6 Gang + Vorschaltgruppe</td></tr>
<tr><td>Fußbremse</td><td colspan="2">Zweikreis-Hydraulik, 6 Räder, Druckluft-Servohilfe, dazu Druckluft-Motorbremse</td></tr>
<tr><td></td><td colspan="2">Fahrgestell</td></tr>
<tr><td>Radstand</td><td colspan="2">3600 oder 4200 oder 4830 + 135 mm</td></tr>
<tr><td>Aufbaulänge</td><td colspan="2"></td></tr>
<tr><td>Reifen</td><td colspan="2">10,00–20 / 16 PR</td></tr>
<tr><td></td><td>Mittelachse zwillings-, 3. Achse einfachbereift</td><td>4 Zwillings-Hinterräder</td></tr>
<tr><td>Fahrgestellgewicht</td><td colspan="2">6300 kg (mit Fahrerhaus)</td></tr>
<tr><td>Zuläss. Gesamtgewicht</td><td colspan="2">22 000 kg</td></tr>
<tr><td>Zuläss. Lastzuggewicht</td><td colspan="2">Nur für Solobetrieb</td></tr>
</table>

Schwere Frontlenker-Lastwagen 1963–1973

Im September 1963 brachte Daimler-Benz für die schweren Frontlenker ein völlig neues, modern gestaltetes und innen hervorragend durchdachtes Fahrerhaus heraus. Ab Anfang 1965 gab es davon auch eine um 200 mm verlängerte Ausführung mit zwei fest eingebauten Liegen. Allerdings war auch das neue Fahrerhaus noch nicht kippbar. Stattdessen ermöglichten mehrere Klappen Arbeiten am Motor.

Ab Ende 1965 wird die Produktion der schweren Lastwagen stufenweise vom Werk Gaggenau nach dem neuen Werk Wörth verlegt.

1966 beginnt eine Serie schwerer Frontlenker-Dreiachs-Sattelzugmaschinen, die zwei Lenkachsen besitzen und damit eine bisher nicht für möglich gehaltene Wendigkeit aufweisen, von der Reifenschonung ganz abgesehen. 1967 folgten die ersten normalen Straßen-Dreiachser als Frontlenker für den Fernverkehr, und davon wiederum abgeleitet gab es nun auch Frontlenker-Dreiachs-Sattelzugmaschinen herkömmlicher Bauart.

Eine wichtige Zäsur stellte die Einführung der neuen Motoren-Baureihe 400 dar. Sie wurde im September 1969 vorgestellt und ging im Mai 1970 in Produktion. Entwicklung und Herstellung dieser Baureihe erfolgte in Zusammenarbeit der Daimler–Benz AG. mit der MAN, wobei das Bundesverteidigungsministerium mehr als nur ein bißchen nachgeholfen hatte. Zunächst erschien der berühmte 320 PS V10 Zylinder-

Produktion

Typ	Konstruktions-nummer	Zuläss. Gesamtgewicht	Produktion	Gesamtzahl
LP 1620	335	16 t	1963–1967	5 429
LP 1920	336	19 t	1963–1967	963
LP 1418	354	14 t	1965–1976	6 445
LP 1424	334	14 t	1972–1976	1 557
LP 1619	370	16 t	1968–1970	241
LP 1617	355	16 t	1970–1971	29
LP 1619	355	16 t	1971–1976	3 837
LP 1623	355	16 t	1967–1969	2 655
LP 1624	335	16 t	1969–1974	6 767
LP 1923	336	19 t	1967–1969	932
LP 1924	336	19 t	1969–1974	4 053
LP 1626	363	16 t	1972–1974	1 238
LP 1632	363	16 t	1970–1974	6 016
LPL 1632	363	16 t	1972–1975	317
LP 1926	363	19 t	1972–1974	2 835
LP 1932	363	19 t	1971–1974	817
LPS 2020 (6 × 2)	366	20 t	1966–1967	568
LPS 2023 (6 × 2)	366	20 t	1967–1969	965
LPS 2024 (6 × 2)	366	20 t	1969–1974	2 486
LPS 2023 (6 × 2)	363	20 t	1971–1975	1 707
LP 2223 (6 × 2)	335	22 t	1967–1969	294
LP 2223 (6 × 4)	361	22 t	1967–1970	1 111
LP 2224 (6 × 2)	335	22 t	1969–1974	1 539
LP 2224 (6 × 4)	361	22 t	1969–1974	4 199
LP 2226 (6 × 2)	363	22 t	1972–1974	179
LP 2226 (6 × 4)	363	22 t	1972–1974	149
LP 2623 (6 × 2)	363	26 t	1971–1974	1 086
LPL 2632 (6 × 2)	363	26 t	1971–1975	360
LP 2632 (6 × 4)	363	26 t	1971–1974	2 285
LAP 1632 (4 × 4)	663	16 t	1972–1973	577
LAP 2632 (6 × 6)	663	26 t	1972–1973	505

Mercedes-Benz LP 1620 Pritschenwagen 1963–1967

Motor, vordringlich im Hinblick auf die ab 1.1.1972 gültige Vorschrift von 8 PS/t. Ab Frühjahr 1972 stand die komplette Baureihe 400 zur Verfügung, wobei die Endmontage der 5 und 6 Zylinder-Reihenmotoren bei der MAN, die der 6, 8, 10 und 12 Zylinder V-Motoren bei Daimler-Benz in Mannheim erfolgte. Die gesamte Motorenpalette besaß gleiche Zylinderabmessungen und weitgehend übereinstimmende Einzelteile. Diese wurden jeweils nur von einer der beiden Firmen für den gemeinsamen Bedarf produziert.

Ab 1970 können bestimmte Typen mit luftgefederter Hinterachse geliefert werden, um zwecks Rationalisierung der Transporte mittels Niveauregelung den Einsatz von Wechselaufbauten und Sattelauflegern zu erleichtern.

Nach Eingliederung der Hanomag-Henschel-Fahrzeugwerke in die Daimler-Benz AG. übernahm man 1972/73 als Übergangstypen die zwei- und dreiachsigen Baustellenfahrzeuge aus dem einstigen Henschel-Programm, jedoch ausgerüstet mit dem V10-Motor, in das eigene Verkaufsangebot. Es waren Übergangstypen im doppelten Sinn. Sie sollten Besitzern der sich hoher Wertschätzung erfreuenden Henschel Baufahrzeuge den Übergang zu Mercedes-Benz ebnen, und sie sollten die Zeit bis zum Serienbeginn der Baustellenfahrzeuge der »Neuen Generation« überbrücken.

Wichtigstes optisches Merkmal der schweren Frontlenker von Daimler-Benz in jener Zeit war die Unterbringung der Rechteck-Scheinwerfer in der breiten Stoßstange.

Mercedes-Benz LPS 1623 Fernverkehrs-Lastzug mit Blumhardt Zweiachs-Sattelanhänger 1968

Mercedes-Benz LP 1923 Fernverkehrs-Lastzug mit Dreiachs-Anhänger 1969

Mercedes-Benz LPS 1624 Sattelzugmaschine mit Luftfederung für Container-Transporte, Schenk Dreiachs-Auflieger, 1969

<table>
<tr><th></th><th>Mercedes-Benz
LP 1620 (1963–1967)</th><th>Mercedes-Benz
LP 1920 (1963–1967)</th></tr>
<tr><td>Bauart</td><td colspan="2">Frontlenker-Schwerlastwagen</td></tr>
<tr><td>Motor</td><td colspan="2">Bis 1964: Daimler-Benz OM 326 Vorkammer-Dieselmotor
6 Zylinder, 128 × 140 mm, 10 810 ccm, 200 PS bei 2200 U/min
Ab 1964: Daimler Benz OM 346 Direkteinspritz-Dieselmotor
6 Zylinder, 128 × 140 mm, 10 810 ccm, 210 PS bei 2200 U/min</td></tr>
<tr><td>Getriebe</td><td colspan="2">6 Gang</td></tr>
<tr><td>Antrieb</td><td colspan="2">Antrieb auf Hinterräder</td></tr>
<tr><td></td><td colspan="2">LP 1620 bzw. LP 1920: Pritschenwagen</td></tr>
<tr><td>Radstand</td><td colspan="2">4500 oder (ab 1966) 4600 mm</td></tr>
<tr><td>Pritsche</td><td colspan="2">Bis 1964: 6030 oder (bei Fahrerhaus lang) 5800 × 2385 mm
Ab 1964: 6230 oder (bei Fahrerhaus lang) 6030 × 2385 mm</td></tr>
<tr><td>Gesamtmaße</td><td colspan="2">8070 oder (ab 1964) 8270 × 2500 × 2900 mm (Höhe über Fahrerhaus)</td></tr>
<tr><td>Reifen</td><td>12,00–20 / PR 16 Super, Zwillings-Hinterräder</td><td>12,00–20 / PR 18 Super, Zwillings-Hinterräder</td></tr>
<tr><td>Wagengewicht (mit Fahrer)</td><td>6800–6900 kg</td><td>7030–7180 kg</td></tr>
<tr><td>Zuläss. Gesamtgewicht</td><td>16 000 kg</td><td>19 000 kg</td></tr>
<tr><td></td><td>LPK 1620: Kipper (ab 1965)</td><td></td></tr>
<tr><td>Radstand</td><td>3600 mm</td><td></td></tr>
<tr><td>Pritsche</td><td>4600 × 2300 mm</td><td></td></tr>
<tr><td>Gesamtmaße</td><td>6800 × 2500 × 2900 (Höhe über Fahrerhaus)</td><td></td></tr>
<tr><td>Wagengewicht (mit Fahrer)</td><td>7640 kg</td><td></td></tr>
<tr><td></td><td colspan="2">LPS 1620 bzw. LPS 1920: Sattelzugmaschine</td></tr>
<tr><td>Radstand</td><td colspan="2">3200 oder 3700 bzw. (ab 1964) 3000 oder 3600 mm</td></tr>
<tr><td>Zuläss. Lastzuggewicht</td><td colspan="2">32 000–38 000 kg</td></tr>
</table>

<table>
<tr><th></th><th>Mercedes-Benz
LP 1623 (1967–1969)
LP 1624 (1969–1974)</th><th>Mercedes-Benz
LP 1923 (1967–1969)
LP 1924 (1969–1974)</th></tr>
<tr><td>Bauart</td><td colspan="2">Frontlenker-Schwerlastwagen</td></tr>
<tr><td>Motor</td><td colspan="2">Daimler-Benz OM 335 Direkteinspritz-Dieselmotor
6 Zylinder, 128 × 150 mm, 11 580 ccm, 230 PS bzw. (ab 1969) 240 PS bei 2200 U/min</td></tr>
<tr><td>Getriebe</td><td colspan="2">6 Gang oder 6 Gang + Vorschaltgruppe</td></tr>
<tr><td>Antrieb</td><td colspan="2">Antrieb auf Hinterräder</td></tr>
<tr><td></td><td>LP 1623 bzw. LP 1624: Pritschenwagen</td><td>LP 1923 bzw. LP 1924: Pritschenwagen</td></tr>
<tr><td>Radstand</td><td>4600 mm</td><td>4600 oder 5200 mm</td></tr>
<tr><td>Pritsche</td><td>6020–6230 × 2385 mm</td><td>6400–7300 × 2385 mm</td></tr>
<tr><td>Gesamtmaße</td><td>8300 × 2500 × 2900 mm
(Höhe über Fahrerhaus)</td><td>8500–9000 × 2500 × 2900 mm
(Höhe über Fahrerhaus)</td></tr>
<tr><td>Reifen</td><td>12,00–20 / PR 16 Super
Zwillings-Hinterräder</td><td>12,00–20 / PR 18 Super
Zwillings-Hinterräder</td></tr>
<tr><td>Wagengewicht (mit Fahrer)</td><td>7350 kg</td><td>7500 kg</td></tr>
<tr><td>Zuläss. Gesamtgewicht</td><td>16 000 kg</td><td>19 000 kg</td></tr>
<tr><td>Zuläss. Lastzuggewicht</td><td>38 000 bzw. (ab 1971) 30 000 kg</td><td>38 000 kg</td></tr>
<tr><td>Preis (ohne MWSteuer)</td><td>1973: ca. 71 000 DM</td><td></td></tr>
<tr><td></td><td>LPK 1623 bzw. 1624: Kipper</td><td></td></tr>
<tr><td>Radstand</td><td>3600 oder 4600 mm</td><td></td></tr>
<tr><td>Pritsche</td><td>4400–4600 × 2300 mm</td><td></td></tr>
<tr><td></td><td>LPS 1623 bzw. LPS 1624: Sattelzugmaschine</td><td>LPS 1923 bzw. LPS 1924: Sattelzugmaschine</td></tr>
<tr><td>Radstand</td><td>3000 oder 3600 mm</td><td>3000 mm</td></tr>
<tr><td>Zuläss. Lastzuggewicht</td><td>38 000 bzw. (ab 1971) 30 000 kg</td><td>38 000 kg</td></tr>
<tr><td>Bemerkung</td><td></td><td>LP 1823 bzw. LP 1824 (für Export):
Gleiche Daten und Ausführungen wie oben, jedoch Reifen 11,00–20 oder 12,00–20, Gesamtgewicht 18 000 oder 18 500 kg</td></tr>
</table>

Mercedes-Benz LP 1626
mit Leichtmetall-Pritsche
1972–1974

Mercedes-Benz LP 1632
Fernverkehrs-Lastzug
1970–1974

Mercedes-Benz LPK 1632
Dreiseiten-Kipper
1972–1974

	Mercedes-Benz LP 1626 (1972–1974)	Mercedes-Benz LP 1632 (1972–1974)
Bauart	Frontlenker-Schwerlastwagen	Frontlenker-Schwerlastwagen
Motor	Daimler-Benz OM 402 Direkteinspritz-Dieselmotor	Daimler-Benz OM 403 Direkteinspritz-Dieselmotor
Zylinderzahl	8 (V-Form)	10 (V-Form)
Bohrung × Hub	125 × 130 mm	125 × 130 mm
Hubraum	12 760 ccm	15 950 ccm
Leistung	256 PS bei 2500 U/min	320 PS bei 2500 U/min
Getriebe	6 Gang oder 6 Gang + Vorschaltgruppe	8 Gang + Kriechgang
Fußbremse	Zweikreis-Druckluft, dazu Motorbremse	Zweikreis-Druckluft, dazu Motorbremse
	LP 1626: Pritschenwagen	**LP 1632: Pritschenwagen**
Radstand	4500 mm	4500 mm
Pritsche	6050/6200 × 2430 mm	6050/6200 × 2430 mm
Gesamtmaße	8270 × 2500 × 2990 mm (Höhe über Fahrerhaus)	8270 × 2500 × 2990 mm (Höhe über Fahrerhaus)
Reifen	12,00–20 / 16 PR Zwillings-Hinterräder	12,00–20 / 16 PR verst. Zwillings-Hinterräder
Wagengewicht (mit Fahrer)	7530 kg	7820 kg
Zuläss. Gesamtgewicht	16 000 kg	16 000 kg
Zuläss. Lastzuggewicht	32 000 kg	38 000 kg
Preis (ohne MWSteuer)	ca. 76 000 DM	ca. 80 000 DM
	LPK 1626: Kipper	**LPK 1632: Kipper**
Radstand	3600 mm	3600 mm
Pritsche	4500 × 2300 mm	4500 × 2300 mm
Gesamtmaße	6790 × 2490 × 2960 mm (Höhe über Fahrerhaus)	6790 × 2490 × 2960 mm (Höhe über Fahrerhaus)
Wagengewicht (mit Fahrer)	7980 kg	8300 kg
Zuläss. Gesamtgewicht	16 000 kg	16 000 kg
	LPS 1626: Sattelzugmaschine	**LPS 1632: Sattelzugmaschine**
Radstand	3200 oder 3600 mm	3200 oder 3600 mm
Zuläss. Lastzuggewicht	32 000 kg	38 000 kg
	LPL 1626: Fahrgestell für Sonder- und Wechselaufbauten	**LPL 1632: Pritschenwagen**
Radstand	5200 mm	4500 mm
Federung	Hinterachse mit Luftfederbälgen	Hinterachse mit Luftfederbälgen

	Mercedes-Benz LP 1926 (1972–1974)	Mercedes-Benz LP 1932 (1972–1974)
	Allgemeine Daten wie oben	Allgemeine Daten wie oben
	LP 1926: Fahrgestell für Pritschen- und Sonderaufbauten	**LP 1932: Fahrgestell für Pritschen- und Sonderaufbauten**
Radstand	4500 oder 5200 mm	4500 oder 5200 mm
Reifen	12,00–20 / 18 PR Zwillings-Hinterräder	12,00–20 / 18 PR verst. Zwillings-Hinterräder
Zuläss. Gesamtgewicht	19 000 kg	19 000 kg
Zuläss. Lastzuggewicht	32 000 kg	38 000 kg
	LPS 1926: Sattelzugmaschine	**LPS 1932: Sattelzugmaschine**
Radstand	3200 mm	3200 mm
Zuläss. Lastzuggewicht	32 000 kg	38 000 kg

Mercedes-Benz LP 1418
Radstand 4200 mm
Pritschenwagen
1965–1976

Mercedes-Benz LP 1418
Tank-Lastzug aus
rostfreiem Chrom-Nickel-Stahl
für Chemikalien-Transporte
1968

Mercedes-Benz LP 1619
Radstand 4600 mm
Pritschenwagen
mit hoher Bordwand
Export-Ausführung 1968–1970

	Mercedes-Benz LP 1418 (1965–1976)	**Mercedes-Benz LP 1424 (1972–1976)**
Bauart	Frontlenker-Schwerlastwagen	Frontlenker-Schwerlastwagen
Motor	Daimler-Benz OM 346 Direkteinspritz-Dieselmotor 6 Zylinder, 128 × 140 mm, 10 810 ccm 185 PS bei 2200 U/min	Daimler-Benz OM 355 Direkteinspritz-Dieselmotor 6 Zylinder, 128 × 150 mm, 11 580 ccm 240 PS bei 2200 U/min
Getriebe	5 Gang + 2 Gang-Hinterachse	6 Gang oder 6 Gang + Vorschaltgruppe
Antrieb	Antrieb auf Hinterräder	Antrieb auf Hinterräder
Fußbremse	Zweikreis-Hydraulik, Druckluft-Servohilfe, dazu Motorbremse	Zweikreis-Hydraulik, Druckluft-Servohilfe, dazu Motorbremse
	LP 1418: Pritschenwagen	**LP 1424: Pritschenwagen**
Radstand	4200*) mm	4200*) mm
Pritsche	6000 × 2430 mm	6000 × 2430 mm
Gesamtmaße	8100 × 2500 × 2850 mm (Höhe über Fahrerhaus)	8100 × 2500 × 2850 mm (Höhe über Fahrerhaus)
Reifen	10,00–20 Super, Zwillings-Hinterräder	10,00–20 Super, Zwillings-Hinterräder
Wagengewicht (mit Fahrer)	6200 kg	6200 kg
Zuläss. Gesamtgewicht	14 500 kg	14 800 kg
Zuläss. Lastzuggewicht	30 000 kg	30 000 kg
	LPS 1418: Sattelzugmaschine	**LPS 1424: Sattelzugmaschine**
Radstand	3000 oder 3600 mm	3600 mm
Zuläss. Lastzuggewicht	30 500 kg	32 000 kg
Bemerkung	*) Für Sonderaufbauten auch Radstand 3600 oder 4600 mm	*) Für Sonderaufbauten auch 3600 oder 4600 mm

<table>
<tr><th></th><th>Mercedes-Benz
LP 1619 (1968–1970)</th><th>Mercedes-Benz
LP 1617 (1970–1971)</th><th>Mercedes-Benz
LP 1619 B (1971–1976)</th></tr>
<tr><td>Bauart</td><td>Frontlenker-Schwerlastwagen</td><td>Frontlenker-Schwerlastwagen</td><td>Frontlenker-Schwerlastwagen</td></tr>
<tr><td>Motor</td><td>Daimler-Benz OM 346
Direkteinspritz-Dieselmotor</td><td>Daimler-Benz OM 360 III
Direkteinspritz-Dieselmotor</td><td>Daimler-Benz OM 360 I
Direkteinspritz-Dieselmotor</td></tr>
<tr><td>Zylinderzahl</td><td>6 (Reihe)</td><td>6 (Reihe)</td><td>6 (Reihe)</td></tr>
<tr><td>Bohrung × Hub</td><td>128 × 140 mm</td><td>115 × 140 mm</td><td>115 × 140 mm</td></tr>
<tr><td>Hubraum</td><td>10 810 ccm</td><td>8720 ccm</td><td>8720 ccm</td></tr>
<tr><td>Leistung</td><td>192 PS bei 2200 U/min</td><td>170 PS bei 2200 U/min</td><td>192 PS bei 2500 U/min</td></tr>
<tr><td>Getriebe</td><td>6 Gang</td><td colspan="2">5 Gang</td></tr>
<tr><td>Antrieb</td><td>Antrieb auf Hinterräder</td><td colspan="2">Antrieb auf Hinterräder</td></tr>
<tr><td>Fußbremse</td><td>Druckluft, dazu Motorbremse</td><td colspan="2">Zweikreis-Hydraulik, Druckluft-Servohilfe, dazu Motorbremse</td></tr>
<tr><td></td><td>LP 1619: Pritschenwagen</td><td>LP 1617: Pritschenwagen</td><td>LP 1619 B: Pritschenwagen</td></tr>
<tr><td>Radstand</td><td>4600 mm*)</td><td colspan="2">4200 mm*)</td></tr>
<tr><td>Pritsche</td><td>6030/6230 × 2385 mm</td><td colspan="2">5500 × 2385 mm</td></tr>
<tr><td>Gesamtmaße</td><td>8270 × 2500 × 2850 mm
(Höhe über Fahrerhaus)</td><td colspan="2">7120 × 2500 × 2800 mm
(Höhe über Fahrerhaus)</td></tr>
<tr><td>Reifen</td><td>11,00–20 Super
Zwillings-Hinterräder</td><td colspan="2">10,00–20 / PR 16
Zwillings-Hinterräder</td></tr>
<tr><td>Wagengewicht (einschl. Fahrer)</td><td>5080 kg</td><td colspan="2">5000 kg</td></tr>
<tr><td>Zuläss. Gesamtgewicht</td><td>16 000 kg</td><td colspan="2">16 000 kg</td></tr>
<tr><td>Zuläss. Lastzuggewicht</td><td>32 000 kg</td><td colspan="2">32 000 bzw. (ab 1974) 24 000 kg</td></tr>
<tr><td>Preis (ohne MWSteuer)</td><td></td><td colspan="2">1971: ca. 49 000 DM</td></tr>
<tr><td>Bemerkungen</td><td>*) Für Sonderaufbauten auch:
Radstand 5200 mm</td><td colspan="2">*) Für Sonderaufbauten auch:
Radstand 4830 oder 5170 mm</td></tr>
</table>

Mercedes-Benz LPS 2020 (6×2)
Mercedes-Benz LPS 2023 (6×2)
Mercedes-Benz LPS 2024 (6×2)
Mercedes-Benz LPS 2032 (6×2)
Sattelzugmaschine
1966–1975

←
←
←

	Mercedes-Benz LPS 2020 (6 × 2) 1966–1967	**Mercedes-Benz LPS 2023 (6 × 2) 1967–1969 LPS 2024 (6 × 2) 1969–1974**	**Mercedes-Benz LPS 2032 (6 × 2) 1971–1975**
Bauart	Frontlenker-Sechsrad-Sattelzugmaschine mit Lenkung der Vorder- und Mittelachse sowie Antrieb auf Achse 3		
Motor	Daimler-Benz OM 346 Direkteinspritz-Dieselmotor	Daimler-Benz OM 355 Direkteinspritz-Dieselmotor	Daimler-Benz OM 403 Direkteinspritz-Dieselmotor
Zylinderzahl	6 (Reihe)	6 (Reihe)	10 (V-Form)
Bohrung × Hub	128 × 140 mm	128 × 150 mm	125 × 130 mm
Hubraum	10 810 ccm	11 580 ccm	15 950 ccm
Leistung	210 PS bei 2200 U/min	230 bzw. 240 PS b. 2200 U/min	320 PS bei 2500 U/min
Getriebe	6 Gang oder 6 Gang + Vorschaltgruppe	6 Gang oder 6 Gang + Vorschaltgruppe	9 Gang
Antrieb	Hintere Hinterräder	Hintere Hinterräder	Hintere Hinterräder
Fußbremse	Zweikreis-Druckluft, dazu Motorbremse	Zweikreis-Druckluft, dazu Motorbremse	Zweikreis-Druckluft, dazu Motorbremse
Radstand	2100 + 1500 mm		
Pritsche	Aufleger bis 12 Meter		
Gesamtmaße	Zugmaschine 6225 × 2500 × 2830 mm		
Reifen	11,00–20 eHD Super, Vorder- und Mittelachse Einzelräder, 3. Achse Zwillingsräder		
Fahrgestellgewicht	6700 kg		
Wagengewicht (mit Fahrer)	Zugmaschine 7500 kg		
Zuläss. Gesamtgewicht	18 000–20 000 kg		
Zuläss. Lastzuggewicht	38 000 kg		
Preis (ohne MWSteuer)	1967: 60 000 DM 1972: 80 000 DM		

	Mercedes-Benz LAP 1632 (4 × 4) 1972–1973	**Mercedes-Benz LAP 2632 (6 × 6) 1972–1973**
Bauart	Frontlenker-Vierrad-Schwerlastwagen	
Motor	Daimler-Benz OM 403 Direkteinspritz-Dieselmotor 10 Zylinder (V-Form) 125 × 130 mm, 15 950 ccm, 320 PS bei 2500 U/min	
Getriebe	8 Gang + Kriechgang	
Antrieb	Allrad-Antrieb (nicht abschaltbar)	
Fußbremse	Zweikreis-Druckluft, dazu Motorbremse	
	LAPK 1632: Kipper	**LAPK 2632: Kipper**
Radstand	3600 mm	3230 + 1340 mm
Pritsche	4500 × 2300 mm	4800 × 2300 mm
Gesamtmaße	6610 × 2500 × 2870 mm (Höhe über Fahrerhaus)	7345 × 2500 × 2865 mm (Höhe über Fahrerhaus)
Reifen	12,00–20 / PR 16 Zwillings-Hinterräder	22 t: 10,00–20 / PR 16 Super 26 t: 11,00–20 / PR 16 Super 4 Zwillings-Hinterräder
Wagengewicht (mit Fahrer)	8675 kg	11 500 kg
Zuläss. Gesamtgewicht	16 000 kg	22 000 oder 26 000 kg
Zuläss. Lastzuggewicht	38 000 kg	38 000 kg
Preis (ohne MWSteuer)	91 500 DM	105 500 DM
	LAPS 1632: Sattelzugmaschine	
Radstand	3600 mm	
Zuläss. Lastzuggewicht	38 000 kg	

Mercedes-Benz LAPK 1632 (4×4)
und
Hanomag-Henschel F 136 AK
Dreiseiten-Kipper
1972–1974

Mercedes-Benz LAPK 1632 (4×4)
Dreiseiten-Kipper
1972–1974

Mercedes-Benz LAPS 1632 (4×4)
Sattelzugmaschine
mit Hinterkipp-Auflieger
1972

Mercedes-Benz LAPK 2632 (6×6)
Hinterkipper
1972–1973

Mercedes-Benz LAPK 2632 (6×6)
Tanklöschfahrzeug
GTLF 8 (TLF 32/80–2)
der Berufsfeuerwehr Duisburg
Aufbau: Metz 1974

Mercedes-Benz LP 223, LP 2224, LP 226, LP 2232 (6×4)
Pritschenwagen mit Antrieb auf beide Hinterachsen, 1967–1974

Mercedes-Benz LP 2223, LP 2224, LP 2226, LP 2232 (6×2)
Pritschenwagen mit Schleppachse und Antrieb auf Mittelachse, 1967–1974

	Mercedes-Benz LP 2223 (6 × 4) 1967–1970 LP 2224 (6 × 4) 1969–1974	Mercedes-Benz LP 2226 (6 × 4) 1972–1974	Mercedes-Benz LP 2232 (6 × 4) 1971–1974
Bauart	Frontlenker-Sechsrad-Schwerlastwagen	Frontlenker-Sechsrad-Schwerlastwagen	Frontlenker-Sechsrad-Schwerlastwagen
Motor	Daimler-Benz OM 355 Direkteinspritz-Dieselmotor	Daimler-Benz OM 402 Direkteinspritz-Dieselmotor	Daimler-Benz OM 403 Direkteinspritz-Dieselmotor
Zylinderzahl	6 (Reihe)	8 (V-Form)	10 (V-Form)
Bohrung × Hub	128 × 150 mm	125 × 130 mm	125 × 130 mm
Hubraum	11 580 ccm	12 760 ccm	15 950 ccm
Leistung	230 bzw. 240 PS b. 2200 U/min	256 PS bei 2500 U/min	320 PS bei 2500 U/min
Getriebe	6 Gang + Vorschaltgruppe	6 Gang	8 Gang + Kriechgang
Antrieb	Antrieb auf 4 Hinterräder	Antrieb auf 4 Hinterräder	Antrieb auf 4 Hinterräder
	LP 2223 bzw. LP 2224: Pritschenwagen	**LP 2226: Pritschenwagen**	**LP 2232: Pritschenwagen**
Radstand	4300 + 1340 mm	4200 + 1340 mm	4200 + 1340 mm
Pritsche	7300/7500 × 2400 mm	7300/7500 × 2400 mm	7500 × 2400 mm
Gesamtmaße	9600 × 2500 × 3000 mm (Höhe über Fahrerhaus)	9600 × 2500 × 3000 mm (Höhe über Fahrerhaus)	9600 × 2500 × 3000 mm (Höhe über Fahrerhaus)
Reifen	11,00–20 / 16 PR Super 4 Zwillings-Hinterräder	11,00–20 / 16 PR Super 4 Zwillings-Hinterräder	11,00–20 / 16 PR Super 4 Zwillings-Hinterräder
Wagengewicht (mit Fahrer)	8850 kg	9250 kg	9450 kg
Zuläss. Gesamtgewicht	22 000 kg	22 000 kg	22 000 kg
Zuläss. Lastzuggewicht	38 000 kg	38 000 kg	38 000 kg
Preis (ohne MWSteuer)	1973: 83 000 DM	1973: 87 500 DM	1973: 91 500 DM
	LPK 2223 bzw. LPK 2224: Kipper	**LPK 2226: Kipper**	**LPK 2232: Kipper**
Radstand	2600 + 1340 mm	2600 + 1340 mm	2600 + 1340 mm
Pritsche	4700 × 2300 mm	4700 × 2300 mm	4700 × 2300 mm
	LPS 2223 bzw. LPS 2224: Sattelzugmaschine	**LPS 2226: Sattelzugmaschine**	**LPS 2232: Sattelzugmaschine**
Radstand	2600 + 1340 mm	2600 + 1340 mm	2600 + 1340 mm
Zuläss. Lastzuggewicht	38 000 kg	38 000 kg	38 000 kg
	LPB 2223 bzw. LPB 2224: Betonmischer		
Radstand	2600 + 1340 mm		
Gesamtmaße	6740 × 2500 × 2920 mm		
Zuläss. Gesamtgewicht	22 000 kg		
	LP 2223 bzw. LP 2224 (6 × 2): Pritschenwagen	**LP 2226 (6 × 2): Pritschenwagen**	**LP 2232 (6 × 2): Pritschenwagen**
Radstand	4600 + 1340 mm	4600 + 1340 mm	4500 + 1340 mm
Antrieb	Antrieb auf Mittelachse (Zwillingsräder) 3. Achse als Schleppachse ohne Antrieb u. einzelbereift	Antrieb auf Mittelachse (Zwillingsräder) 3. Achse als Schleppachse ohne Antrieb u. einzelbereift	Antrieb auf Mittelachse (Zwillingsräder) 3. Achse als Schleppachse ohne Antrieb u. einzelbereift

Mercedes-Benz LB 2223 (6×4)
Mercedes-Benz LB 2224 (6×4)
mit Betonmischer-Aufbau
1967–1974

Mercedes-Benz LPK 2223 (6×4)
Mercedes-Benz LPK 2224 (6×4)
Dreiseiten-Kipper
1967–1974

Mercedes-Benz LPS 2223 (6×4)
Mercedes-Benz LPS 2224 (6×4)
Sattelzugmaschine mit
Zweiachs-Muldenkipper-Auflieger
1967–1974

Adoptiert: Die ersten leichten Mercedes Transporter 1970–1977

Ende 1949 brachte das Tempo-Werk (Hamburg–Harburg) sein erstes Nachkriegsmodell eines Vierrad-Lieferwagens auf den Markt. Es war der Tempo Matador, zunächst mit einem VW-Motor ausgerüstet und allein schon deshalb damals recht populär. Mit dem dritten Modellwechsel wurde daraus der Hanomag Matador E, nachdem 1965 das Tempo-Werk durch die damalige Rheinstahl–Hanomag AG. übernommen worden war. 1969 faßte der Rheinstahl-Konzern seine Aktivitäten auf dem Automobilsektor in der neuen Firma Hanomag–Henschel–Fahrzeugwerke GmbH. zusammen. Sie bestand im wesentlichen aus der Nutzfahrzeugproduktion von Hanomag im Stammwerk Hannover–Linden, im früheren Tempo-Werk in Hamburg–Harburg und im einstigen Borgward-Hauptwerk Bremen–Sebaldsbrück sowie aus der Lastwagenfabrik von Henschel in Kassel. An der neuen HHF GmbH. beteiligte sich die Daimler-Benz AG. mit 51 %, um sie schließlich ab 1.1.1971 zu 100 % zu übernehmen. Das Programm der vereinigten Marken Hanomag-Henschel wurde zunächst weitergeführt, wobei freilich bald »Kooperationsmodelle« Motoren und Aufbauten von Daimler-Benz erhielten. Vom »zweiten Vertriebsweg« war die Rede, aber dennoch konnte es nicht überraschen, daß Daimler-Benz schon 1973/74 das Verkaufsprogramm von Hanomag–Henschel rigoros aus dem Markt drängte. Lediglich die vom früheren Tempo-Matador abstammenden Leichttransporter, die schon seit 1970 wahlweise mit dem Mercedes-Stern lieferbar waren, wurden nun voll in das eigene Programm übernommen, weil sie dort die letzte wesentliche Lücke füllten. Übrigens hatte man, nachdem im Werk Harburg mit einer Jahresproduktion von annähernd 25 000 Wagen die Kapazitätsgrenze erreicht war, bereits im September 1969 die Fertigung der Kasten- und Kombiwagen, später auch anderer Modelle, nach Bremen-Sebaldsbrück verlegt. Seit 1972 wurden die Leichttransporter überwiegend, ab 1976 jahrelang ausschließlich in Bremen hergestellt. Ab 1.1.1978 wurden alle Betriebsstätten der Hanomag–Henschel–Fahrzeugwerke GmbH. in die Daimler–Benz AG. eingegliedert.

Die Hanomag–Henschel Leichttransporter waren wahlweise mit einem englischen Austin Vergasermotor oder mit einem 2 Liter 50 PS Dieselmotor von Mercedes–Benz ausgerüstet. Im letzteren Fall erhielten die Fahrzeuge auf dem Kühler ein kleines »Mercedes–Benz Diesel«-Emailleschild. Ab Ende 1970 erschienen die Leichttransporter aber auch, mit dem »richtigen« Stern versehen, im regulären Verkaufsprogramm der Daimler-Benz AG.

Ab Januar 1972 gelangte der deutlich kräftigere 2,2 Liter 60 PS-Dieselmotor zur Verwendung. Auch die Sitzposition wurde verbessert, die Pedale hängend angeordnet und (schon ab Juli 1971) die Außenspiegel größer und zweckmäßiger befestigt.

Schon ab Januar 1973 erhielt der Leichttransporter, ohne daß er sich äußerlich geändert hätte, ein konstruktiv vereinfachtes, weniger bauaufwendiges Fahrgestell. Der Frontantrieb blieb jedoch erhalten. Verbessert wurden Lenkung und Bremsen, die bisher verschleißanfällig waren. Lochscheibenräder kennzeichneten die neue Ausführung.

Nach diesem Konzept wurde der Mercedes-Benz Leichttransporter, der noch auf den Tempo-Matador zurückging, bis August 1977 gebaut.

Produktion

Typ	Konstruktions-nummer	Zuläss. Gesamtgewicht	Produktion	Gesamtzahl
L 206 D / L 207	607/605	2,4/2,5 t	1970–1977	79 397
L 206 D / L 207	607/605	2,7/2,8 t	1970–1977	32 900
L 306 D / L 307	608/606	3,0/3,1 t	1970–1977	17 070
L 306 D / L 307	608/606	3,3/3,5 t	1970–1980	35 223
L 306 D / L 307	608/606	5,0 t	1973–1980	385
LE 306 (Elektro)	630	4,4 t	1975–1977	59
				165 034

Mercedes-Benz L 206 D
Radstand 2920 mm
Kombi
1970–1971

Mercedes-Benz L 306 D
Radstand 2400 mm
Kastenwagen
1970–1971

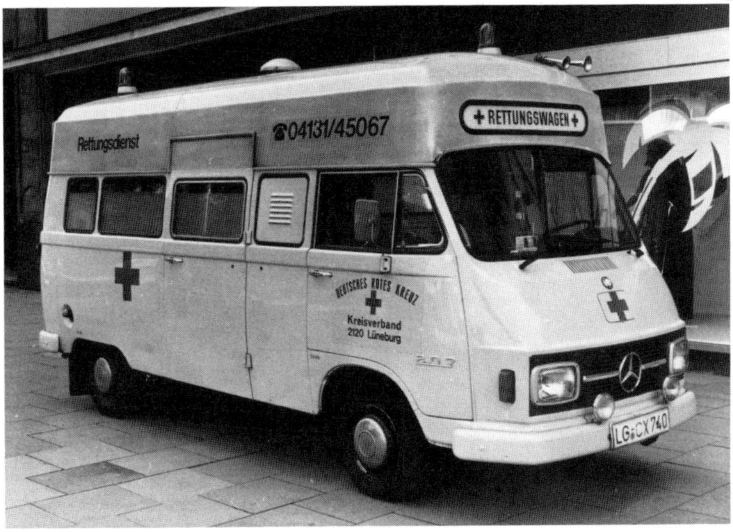

Mercedes-Benz L 207
Radstand 2920 mm
Rettungswagen
1972

Mercedes-Benz L 206 D
Radstand 2800 mm
Pritschenwagen
1972

Mercedes-Benz L 207
Radstand 2400 mm
Kastenwagen
1973–1977

Mercedes-Benz L 306 D
Radstand 2700 mm
Hinterkipper
(handbetätigt)
1973–1977

	Mercedes-Benz L 206 D 1970–1971	Mercedes-Benz L 306 D 1970–1971
Bauart	Leichter Transporter mit Antrieb auf die Vorderräder	
Motor	Daimler-Benz OM 615 Vorkammer-Dieselmotor 4 Zylinder, 87 × 83,6 mm, 1988 ccm, 55 PS bei 4200 U/min	
Getriebe	4 Gang	
Rahmen	Parallel-Doppelrohr-Rahmen mit Querträgern	
Vorderradaufhängung	Doppel-Querlenker, Längs-Federstabbündel	
Hinterradaufhängung	Kurbel-Starrachse, Quer-Federstabbündel	
Fußbremse	Hydraulisch, 4 Räder	
	Kastenwagen bzw. Kombi	
Radstand	2400 mm	
Laderaum	2700 × 1600 × 1410 bzw. (bei Hochdach) 1610 oder 1800 mm	
Gesamtmaße	4500 × 1820 × 2000–2500 mm	
Reifen	6,70–13 Tr / 6 PR oder 6,70–15 Tr / 6 PR Hinterräder einfachbereift	6,70–15 XC eTr oder 6,70 R 15 Spezial Hinterräder einfachbereift
Wagengewicht (mit Fahrer)	1470, Kombi 1570 kg	1500, Kombi 1610 kg
Zuläss. Gesamtgewicht	2400 oder 2700 kg	3000 oder 3300 kg
Höchstgeschwindigkeit	105 km/h	105 km/h
Verbrauch/100 km	9 Liter Diesel	9,5 Liter Diesel
Preis	11 000, Kombi 12 000 DM	13 500, Kombi 14 500 DM
	Kastenwagen bzw. Kombi	
Radstand	2920 mm	
Laderaum	3300 × 1600 × 1410 bzw. (bei Hochdach) 1610 oder 1800 mm	
Gesamtmaße	5030 × 1820 × 2000–2500 mm	
	Hoch- bzw. Tieflade-Pritsche	
Radstand	2800 mm	
Ladefläche	2900 × 1800 mm	
Gesamtmaße	4840 × 1900 × 2100 mm	
	Hoch- bzw. Tieflade-Pritsche	
Radstand	3000 mm	
Ladefläche	3300 × 1800 bzw. (mit Doppelkabine) 2200 × 1800 mm	
Gesamtmaße	5240 bzw. (mit Doppelkabine) 5100 × 1900 × 2100 mm	
	Hoch- bzw. Tieflade-Pritsche	
Radstand	3500 mm	
Ladefläche	3900 × 1800 bzw. (mit Doppelkabine) 2900 oder 3300 × 1800 mm	
Gesamtmaße	5840 bzw. (mit Doppelkabine) 5800 oder 6200 × 1900 × 2100 mm	
	Für Sonderaufbauten	
Radstand	bis 4380 mm	
	oder mit Doppel-Hinterachse	
Radstand	2400, 2530, 2800 oder 2930 + 800 mm	
	Typ L 206 und L 306	
Motor	Austin A 60 Vergasermotor 4 Zylinder, 1622 ccm, 55 PS bei 4400 U/min	

Mercedes-Benz L 206 D 1972	Mercedes-Benz L 306 D 1972	Mercedes-Benz L 206 D 1973–1977	Mercedes-Benz L 306 D 1973–1977

Leichter Transporter mit Antrieb auf die Vorderräder
Daimler-Benz OM 615 Vorkammer-Dieselmotor
4 Zylinder, 87 × 92,4 mm, 2197 ccm, 60 PS bei 4200 U/min
4 Gang
Parallel-Doppelrohr-Rahmen mit Querträgern
Doppel-Querlenker, Längs-Federstabbündel
Kurbel-Starrachse, Quer-Federstabbündel
Hydraulisch, 4 Räder, auf Wunsch Servohilfe

Kastenwagen bzw. Kombi
2400 mm
2700 × 1600 × 1410 bzw.
(bei Hochdach) 1610 oder 1800 mm
4500 × 1820 × 2000–2500 mm

L 206 D 1972	L 306 D 1972
7,00–14 / 8 PR oder 6,70–15 TC / 6 PR	6,70 R 15 C / 8 PR
Hinterräder einfachbereift	Hinterräder einfachbereift
1470, Kombi 1570 kg	1510, Kombi 1610 kg
2400 oder 2700 kg	3000 oder 3300 kg
105 km/h	105 km/h
10 Liter Diesel	10 Liter Diesel
12 000, Kombi 13 000 DM	14 500, Kombi 15 500 DM

Kastenwagen bzw. Kombi
2920 mm
3300 × 1600 × 1410 bzw. (bei Hochdach) 1610 oder 1800 mm
5030 × 1820 × 2000–2500 mm

Hoch- bzw. Tieflade-Pritsche
2800 mm
2900 × 1800 mm
4840 × 1900 × 2100 mm

Hoch- bzw. Tieflade-Pritsche
3000 mm
3300 × 1800 bzw. (mit Doppelkabine) 2000 × 1800 mm
5240 bzw. (mit Doppelkabine) 5100 × 1900 × 2100 mm

Hoch- bzw. Tieflade-Pritsche
3500 mm
3900 × 1800 bzw. (mit Doppelkabine) 2900 oder 3300 × 1800 mm
5840 bzw. (mit Doppelkabine) 5800 oder 6200 × 1900 × 2100 mm

Für Sonderaufbauten
bis 4380 mm
Ladefläche bis 5000 × 1800–2000 mm
oder mit Doppel-Hinterachse
2400, 2530, 2800 oder 2930 + 800 mm

Leichter Transporter mit Antrieb auf die Vorderräder
Daimler-Benz OM 615 Vorkammer-Dieselmotor
4 Zylinder, 87 × 92,4 mm, 2197 ccm, 60 PS bei 4200 U/min
4 Gang
V-Form Doppelrohr-Rahmen mit Querträgern
Doppel-Querlenker, Längs-Federstabbündel
Starre Rohrachse, Halbfedern
Zweikreis-Hydraulik, 4 Räder,
Servohilfe (bei L 206 D nur auf Wunsch)

Kastenwagen bzw. Kombi
2400 mm
2710 × 1600 × 1470 bzw.
(bei Hochdach) 1600 oder 1800 mm
4500 × 1820 × 2000–2500 mm

L 206 D 1973–1977	L 306 D 1973–1977
175 R 14 C / 6 PR oder 185 R 14 C / 6 PR	175 R 380 C oder 6,70 R 15 C / 10 PR
Hinterräder einfachbereift	Hinterräder einfachbereift
1470, Kombi 1570 kg	1510, Kombi 1610 kg
2500 oder 2800 kg	3100 oder 3500 kg
105 km/h	105 km/h
10 Liter Diesel	10 Liter Diesel
13 000, Kombi 14 000 DM	15 500, Kombi 16 500 DM

Kastenwagen bzw. Kombi
2940 mm
3250 × 1600 × 1470 bzw. (bei Hochdach) 1600 oder 1800 mm
5300 × 1800 × 2000–2500 mm

Hoch- bzw. Tieflade-Pritsche
2700 mm
2900 × 1800 mm
4840 × 1900 × 2105 mm

Hoch- bzw. Tieflade-Pritsche
2940 mm
3300 × 1800 bzw. (mit Doppelkabine) 2300 × 1800 mm
5200 × 1900 × 1960–2105 mm

Hoch- bzw. Tieflade-Pritsche
3400 mm
3900 × 1800 bzw. (mit Doppelkabine) 2900 × 1800 mm
5800 × 1900 × 1960–2015 mm

Typ L 207 und L 307
Austin A 70 Vergasermotor
4 Zylinder, 80,3 × 88,9 mm, 1798 ccm, 70 PS bei 4800 U/min.

Düsseldorfer Transporter 1967–1986

Mitte Januar 1967 stellte Daimler-Benz die Transporter L 406 und L 408 sowie den entsprechenden Kleinomnibus O 309 vor. In dreierlei Hinsicht unterschied sich die neue Baureihe sehr deutlich von der vorhergehenden. Erstens wies die zweite Generation der Großtransporter im Gegensatz zur vorangegangenen ein ganz hervorragendes Styling auf. Zweitens gelang eine recht wirksame Feinabstimmung inbezug auf Fahreigenschaften und Fahrkultur, was auch den kritischen Betrachter geneigter machte, sich mit der an sich primitiv gebliebenen Technik eher abzufinden. Dritte Errungenschaft war die große, dank des Baukastensystems klar gegliederte Modellvielfalt.

So gab es beispielsweise den Kastenwagen mit zwei (später drei) verschiedenen Radständen und zwei (später drei) Dachhöhen. Für diese alle sind wahlweise Dreh- oder Schiebetüren sowie eine Vielzahl von Türkombinationen möglich. Der Pritschenwagen stand in vier (später sechs) Varianten zur Wahl. Für Sonderaufbauten und Spezialfahrzeuge bot Daimler je sechs Fahrgestelle mit oder ohne Fahrerhaus. Nach dem Baukastensystem konnten die Großtransporter zunächst in drei (später noch mehr) Nutzlastklassen geliefert werden.

Soweit die Transporter dieser Baureihe zur Güterbeförderung oder die Kleinomnibusse im Nah- und Berufsverkehr eingesetzt wurden, genügten sie gewiß den üblichen Ansprüchen. Für einen bestimmten Verwendungszweck freilich erschien ihre Eignung sehr zweifelhaft, und trotzdem genossen sie ausgerechnet in dieser Beziehung nahezu eine Monopolstellung, nämlich als Großraum-Kranken-, Rettungs- und Sanitätswagen. Tatsächlich waren diese Autos, zumal in Verbindung mit einem Dieselmotor, für den Transport von Schwerkranken oder Schwerverletzten die reinsten Folterinstrumente. Zwar bestand die Möglichkeit, durch genaueste Abstimmung von Federung, sanitärer Inneneinrichtung und Verwendungszweck etwas erträglichere Verhältnisse zu schaffen. Aber offenbar sind zur sachgemäßen Ausnützung der gebotenen Möglichkeiten die technisch versierteren Feuerwehren, die in den nördlichen Bundesländern den Rettungsdienst besorgen, eher befähigt als das rein kostenorienterte Rote Kreuz im Süden, um von den kleinen Rettungsorganisationen erst gar nicht zu reden.

Die Produktion der damals neuen Baureihe setzte – nach einer kleinen Vorserie am Ende des Vorjahres – im Januar 1967 voll ein. Schon ein Jahr später erfuhren diese Großtransporter eine entscheidende Aufwertung, indem sie die leistungs- und durchzugstärkeren 2,2 Liter Benzin- und Dieselmotoren aus den

Produktion

Typ	Konstruktions-nummer	Zuläss. Gesamtgewicht	Produktion	Gesamtzahl bis einschl. 1986
L 408 / L 409	309 B	3,5–4,6 t	1967–1982	15 052
L 406 D / L 407 D	309	3,5–4,6 t	ab 1966	152 022
L 408 D	309	4,2 t	1968–1971	1 727
L 410	309 B	4,0 t	ab 1982	1 096
L 508 D	309	5,0 t	ab 1968	143 125
L 608 D	310	5,6 t	ab 1968	71 242
L 608 DA	310	6,3–6,5 t	ab 1971	48 609
LT 608 D	310	7,5 t	ab 1981	381
L 613 D	313	6,5 t	ab 1977	5 550
Omnibusse				
O 309 B	309	4,0–4,6 t	ab 1967	1 608
O 309 D/Dc	309	4,0–4,6 t	ab 1967	10 007
O 309 DA	309/310	4,2–5,9 t	ab 1968	14 902
O 309 DE	313	5,4–6,3 t	ab 1977	4 598
Omnibus-Fahrgestelle				
O 309 B	309	4,0–4,6 t	1969–1982	1 872
O 309 D/Dc	309	4,0–4,6 t	ab 1968	4 450
O 309 DA	309	4,2–5,9 t	1968–1984	20 134
O 309 DE	313	5,4–6,3 t	1981–1983	72

entsprechenden Personenwagen bekamen. Im Mai 1968 erschien zusätzlich der L 508 D mit 80 PS Dieselmotor, wobei je nach Aufbau nun bis zu 2,5 t Nutzlast geboten wurden. Im September 1968 folgte der nochmals verstärkte Typ L 608 D mit dem gleichen 80 PS Motor und bis zu 3 t Nutzlast. Ende 1974 brachte Daimler den Transporter und den Omnibus in einer überlangen Ausführung mit 4100 mm Radstand. Ab Mitte 1976 konnten die Düsseldorfer Transporter mit automatischem 4 Gang-Getriebe geliefert werden.

Ab Juli 1977 brachte Daimler den noch stärkeren L 613 D mit dem 130 PS Vielzweck-Dieselmotor OM 352 heraus. Seine Nutzlast betrug bis zu 3,5 t. Bei der gesamten Baureihe wurden einige stilistische Änderungen vorgenommen, kenntlich an anderen Heckleuchten und den gummibewehrten Stoßfängern.

Mercedes-Benz L 406 D
Kastenwagen
Bundespost-Ausführung
1967–1974

Mercedes-Benz L 406 D
Mercedes-Benz L 408
Pritschenwagen
mit Stahlpritsche
Radstand 2950 mm
1967–1974

Ein neues Armaturenbrett, Kurbelfenster und Ausstellscheiben in den Türen, andere Bedienungshebel und -griffe sowie die Ummantelung des Lenkrads vervollständigten die Modellpflege. Als wichtigste Neuerung gab es damals die breite Version des langen Omnibusses, später entsprechend auch beim Kastenwagen erhältlich.

Im September 1981 stellte sich die gesamte Baureihe mit einem schwarzen Kunststoff-Kühlergrill sowie mit einer breiten Kunststoff-Stoßstange vor. Neuartige Verkleidungen sorgten für eine deutliche Verminderung des Lärms im Fahrerhaus.

Im Frühjahr 1986 wurden die Transporter (aber vorerst noch nicht die Omnibusse), die immerhin fast 20 Jahre erfolgreich liefen, durch eine neue Baureihe ersetzt.

Mercedes-Benz L 406 D
Mercedes-Benz L 408
Pritschenwagen
mit Plane
Radstand 3500 mm
1967–1974

Mercedes-Benz L 406 D
Kofferwagen
für Möbeltransporte
Aufbau: Staufen
1967

Mercedes-Benz L 408
Kofferwagen
für Möbeltransporte
Aufbau: Brentenwerke (Wien)
1967

	Mercedes-Benz L 406 D 1967–1974	Mercedes-Benz L 408 1967–1974
Motor	Daimler-Benz OM 621 Vorkammer-Dieselmotor 4 Zylinder, 87 × 83,6 mm, 1988 ccm, 55 PS bei 4350 U/min bzw. (ab Beginn 1968) Daimler-Benz OM 615 Vorkammer-Dieselmotor 4 Zylinder, 87 × 92,4 mm, 2197 ccm 60 PS bei 4200 U/min	Daimler-Benz M 121 Vergasermotor 4 Zylinder, 87 × 83,6 mm, 1988 ccm, 80 PS bei 5000 U/min (Verd. 1:9) oder 68 PS bei 5000 U/min (Verd. 1:7) bzw. (ab Beginn 1968) Daimler-Benz M 151 Vergasermotor 4 Zylinder, 87 × 92,4 mm, 2197 ccm 85 PS bei 5000 U/min (Verd. 1:9) oder 75 PS bei 4400 U/min (Verd. 1:7,8)
Getriebe	4 Gang	
Rahmen	U-Profil-Rahmen mit Querträgern	
Vorderradaufhängung	Starrachse, Blattfedern	
Hinterradaufhängung	Starrachse, Blattfedern	
Fußbremse	Hydraulisch, dazu auf Wunsch Motorbremse	Hydraulisch
Reifen	6,00–16 XC / 6 PR bzw. (für 4600 kg Gesamtgewicht) 6,00/6,50 R 16 Zwillings-Hinterräder	
Zuläss. Gesamtgewicht	wahlweise je nach Federung und Reifen 3490, 4000 oder 4600 kg	
Höchstgeschwindigkeit	85 oder 95 km/h	1967: 95 oder 110 km/h ab 1968: 105 oder 115 km/h
Verbrauch/100 km	ca. 11,5 Liter Diesel	ca. 17 Liter Super
Preis (ohne MWSteuer)	1968: ca. 13 500 DM 1972: ca. 16 000 DM	1968: ca. 13 000 DM 1972: ca. 15 500 DM
	Kastenwagen (Radstand 2950 mm)	
Laderaum	3080 × 1885 × 1600 oder 1750 mm	
Gesamtmaße	5040 × 2100 × 2385 oder 2560 mm	
Wagengewicht (mit Fahrer)	ca. 2250–2350 kg	
	Kastenwagen (Radstand 3500 mm)	
Laderaum	4025 × 1855 × 1750 mm	
Gesamtmaße	6000 × 2100 × 2560 mm	
Wagengewicht (mit Fahrer)	ca. 2430 kg	
	Pritschenwagen (Radstand 2950 mm)	
Pritsche	3000 (mit Doppelkabine 2000) × 2000 mm	
Gesamtmaße	5000 × 2120 × 2270 bzw. (mit Doppelkabine) 2330 mm (Höhe über Fahrerhaus)	
	Pritschenwagen (Radstand 3500 mm)	
Pritsche	4000 (mit Doppelkabine 3000) × 2000 mm	
Gesamtmaße	6000 × 2120 × 2270 bzw. (mit Doppelkabine) 2330 mm (Höhe über Fahrerhaus)	

Mercedes-Benz L 408
Löschgruppenfahrzeug LF 8
Aufbau: Metz (Karlsruhe)
1975

Mercedes-Benz L 408
Mercedes-Benz L 409
Unfall-Rettungswagen
Radstand 2950 mm
Aufbau: Miesen (Bonn)
1974

Mercedes-Benz L 409
Fahrbare Zweigstelle
einer Volksbank
Radstand 2950 mm
Aufbau: Thiele (Bremen)
1975

	Mercedes-Benz L 407 D ab 1974	Mercedes-Benz L 409 1974–1982	Mercedes-Benz L 410 ab 1982
Motor	Daimler-Benz OM 616 Vorkammer-Dieselmotor	Daimler-Benz M 115 Vergasermotor	Daimler-Benz M 102 Vergasermotor
Zylinderzahl	4 (Reihe)	4 (Reihe)	4 (Reihe)
Bohrung × Hub	90,9 × 92,4 mm	93,75 × 83,6 mm	95,5 × 80,25 mm
Hubraum	2399 (Steuer 2376) ccm	2277 ccm	2299 ccm
Leistung	65 PS (48 kW) b. 4200 U/min bzw. (ab 1982) 72 PS (53 kW) b. 4400 U/min	90 PS (66 kW) b. 4800 U/min	95 PS (70 kW) b. 5200 U/min
Getriebe	4 Gang oder 5 Gang oder 4 Gang-Automatik		
Rahmen	U-Profil-Rahmen mit Querträgern		
Vorderradaufhängung	Starrachse, Halbfedern		
Hinterradaufhängung	Starrachse, Halbfedern		
Fußbremse	Zweikreis-Hydraulik, Unterdruck-Servohilfe		
Reifen	6,00–16 C oder 6,00 R 16 C, Zwillings-Hinterräder		
Zuläss. Gesamtgewicht	wahlweise je nach Federung und Reifen 3490, 4000 oder 4600 kg		
Höchstgeschwindigkeit	90 km/h	105 km/h	105 km/h
Verbrauch/100 km			
Preis (ohne MWSteuer)	1975: ca. 23 000 DM 1980: ca. 28 500 DM	1975: ca. 22 500 DM 1980: ca. 28 000 DM	1984: ca. 37 000 DM

Kastenwagen (Radstand 2950 mm)

Laderaum	3080 × 1855 × 1600 oder 1750 oder 1900 mm
Gesamtmaße	5040 × 2100 × 2385 oder 2560 oder 2725 mm
Wagengewicht (mit Fahrer)	2250–2400 kg

Kastenwagen (Radstand 3500 mm)

Laderaum	4025 × 1855 × 1750 oder 1900 mm
Gesamtmaße	6000 × 2100 × 2560 oder 2725 mm
Wagengewicht (mit Fahrer)	2460–2580 kg

Pritschenwagen (Radstand 2950 mm)

Pritsche	3000 (mit Doppelkabine 2000) × 2000 mm
Gesamtmaße	5000 × 2120 × 2270 bzw. (mit Doppelkabine) 2330 mm (Höhe über Fahrerhaus)

Pritschenwagen (Radstand 3500 mm)

Pritsche	4000 (mit Doppelkabine 3000) × 2000 mm
Gesamtmaße	6000 × 2120 × 2270 bzw. (mit Doppelkabine) 2330 mm (Höhe über Fahrerhaus)

Mercedes-Benz L 508 D
Pritschenwagen
Radstand 3500 mm
1968–1977

Mercedes-Benz L 608 D
Großraum-Kastenwagen
Radstand 4100 mm
Breite Ausführung
ab 1980

Motor

Zylinderzahl
Bohrung × Hub
Hubraum
Leistung
Getriebe

Rahmen
Vorderradaufhängung
Hinterradaufhängung
Fußbremse

Reifen

Zuläss. Gesamtgewicht

Höchstgeschwindigkeit
Verbrauch/100 km
Preis (ohne MWSteuer)

Laderaum
Gesamtmaße
Wagengewicht (mit Fahrer)

Pritsche
Gesamtmaße

Laderaum
Gesamtmaße
Wagengewicht (mit Fahrer)

Pritsche
Gesamtmaße

Laderaum
Gesamtmaße
Wagengewicht (mit Fahrer)

Pritsche
Gesamtmaße

Laderaum
Gesamtmaße
Wagengewicht (mit Fahrer)

Mercedes-Benz L 408 D 1968–1972	Mercedes-Benz L 508 D ab 1968	Mercedes-Benz L 608 D ab 1968	Mercedes-Benz L 613 D ab 1977
Daimler-Benz OM 314			Daimler-Benz OM 352
Direkteinspritz-Dieselmotor			Direkteinspritz-Dieselmotor
4 (Reihe)			6 (Reihe)
97 × 128 mm			97 × 128 mm
3782 ccm			5675 ccm
80 PS bzw. (ab 1970) 85 PS (63 kW) bei 2800 U/min			130 PS (96 kW) b. 2800 U/min
5 Gang	5 Gang oder (ab 1976) 4 Gang-Automatik	5 Gang oder (ab 1976) 4 Gang-Automatik	5 Gang oder 4 Gang-Automatik
U-Profil-Rahmen mit Querträgern			
Starrachse, Halbfedern			
Starrachse, Halbfedern			
Hydraulisch, Unterdruck-Servohilfe dazu auf Wunsch Motorbremse	Hydraulisch bzw. (ab 1975) Zweikreis-Hydraulik, Unterdruck-Servohilfe, dazu auf Wunsch Motorbremse	Hydraulisch bzw. (ab 1975) Zweikreis-Hydraulik, Unterdruck-Servohilfe, dazu auf Wunsch Motorbremse	Zweikreis-Hydraulik, Unterdruck-Servohilfe dazu auf Wunsch Motorbremse
6,50 R 16	6,50 R 16	6,50 R 16	8 R 175 L
Zwillings-Hinterräder	Zwillings-Hinterräder	Zwillings-Hinterräder	Zwillings-Hinterräder
4200 kg bzw. (ab 1970) 3490, 4000 oder 4200 kg	4800 kg bzw. (ab 1970) 5000 kg	5600 kg bzw. ab 1970 auch 5900 kg und ab 1973 auch 6500 kg	6500 kg
90 km/h	90 km/h	90 km/h	90 km/h
	ca. 12 Liter Diesel		
	1970: ca. 17 500 DM	1970: ca. 19 000 DM	
	1975: ca. 25 000 DM	1975: ca. 28 000 DM	
	1980: ca. 35 500 DM	1980: ca. 38 000 DM	1980: ca. 46 500 DM

Kastenwagen (Radstand 2950 mm)

3080 × 1855 × 1600 oder 1750 oder 1900 mm
5040 × 2100 × 2400 oder 2550 oder 2700 mm
2550 – 2850 kg

Pritschenwagen (Radstand 2950 mm)

3000 (mit Doppelkabine 2000) × 2000 oder 2200 mm
5000 × 2210 (2410) × 2270 bzw. (mit Doppelkabine) 2330 mm

Kastenwagen (Radstand 3500 mm)

4025 × 1855 × 1750 oder 1900 mm
6000 × 2100 × 2550 oder 2700 mm
2750 – 3050 kg

Pritschenwagen (Radstand 3500 mm)

4000 (mit Doppelkabine 3000) × 2000 oder 2200 mm
6000 × 2210 (2410) × 2270 bzw. (mit Doppelkabine) 2330 mm

Ab 1974: Kastenwagen (Radstand 4100 mm)

4970 × 1855 × 1750 oder 1900 mm
6940 × 2100 × 2640 oder 2790 mm
3300 – 3550 kg

Ab 1972: Pritschenwagen (Radstand 4100 mm)

5000 (mit Doppelkabine 4000) × 2200 mm
7200 (mit Doppelkabine 6940) × 2410 × 2270 bzw. (mit Doppelkabine) 2330 mm

Ab 1980: Kastenwagen breit (Radstand 4100 mm)

4970 × 2165 ×1930 mm
6940 × 2400 × 2860 mm
3650 – 3850 kg

Mercedes-Benz O 309
Omnibus 15 Sitze
Radstand 2950 mm
1967–1977

Mercedes-Benz O 309
Omnibus 18 Sitze
mit Flachdach
Radstand 3500 mm
1968–1977

Mercedes-Benz O 309
Omnibus 18 Sitze
mit Hochdach
Radstand 3500 mm
1968–1977

	Mercedes-Benz O 309 ab 1967	Mercedes-Benz O 309 D ab 1967
Bauart	Kleiner Frontlenker-Omnibus, Motor vorn, Antrieb auf die Hinterräder, gerader U-Profil-Hochrahmen, Starrachsen mit Halbfedern vorn und hinten	
Motor	Daimler-Benz M 121 Vergasermotor 4 Zylinder, 87 × 83,6 mm, 1988 ccm, 80 PS bei 5000 U/min (Verd. 1:9) oder 68 PS bei 5000 U/min (Verd. 1:7) bzw. ab Beginn 1968: Daimler-Benz M 115 Vergasermotor 4 Zylinder, 87 × 92,4 mm, 2197 ccm 85 PS bei 5000 U/min (Verd. 1:9) oder 75 PS bei 4400 U/min (Verd. 1:7,8) bzw. ab Herbst 1974: Daimler-Benz M 115 Vergasermotor 4 Zylinder, 93,75 × 83,6 mm, 2277 ccm 90 PS (66 kW) bei 4800 U/min bzw. ab 1982: Daimler-Benz M 102 Vergasermotor 4 Zylinder, 95,5 × 80,25 mm, 2299 ccm 95 PS (70 kW) bei 5200 U/min	Daimler-Benz OM 621 Vorkammer-Dieselmotor 4 Zylinder, 87 × 83,6 mm, 1988 ccm, 55 PS bei 4350 U/min bzw. ab Beginn 1968: Daimler-Benz OM 615 Vorkammer-Dieselmotor 4 Zylinder, 87 × 92,4 mm, 2197 ccm 60 PS bei 4200 U/min bzw. ab Herbst 1974: Daimler-Benz OM 616 Vorkammer-Dieselmotor 4 Zylinder, 90,9 × 92,4 mm, 2399 ccm 65 PS (48 kW) bei 4200 U/min bzw. ab 1982: 72 PS (53 kW) bei 4400 U/min
Getriebe	4 Gang oder (ab 1976 auf Wunsch) 4 Gang-Automatik	
Fußbremse	Zweikreis-Hydraulik, Unterdruck-Servohilfe	Zweikreis-Hydraulik, Unterdruck-Servohilfe, dazu auf Wunsch Motorbremse
Reifen	6,00–16 / 6 PR Transport oder 6,00 R 16 Zwillings-Hinterräder	
Zuläss. Gesamtgewicht	je nach Federung und Reifen 4000 bis 4800 kg	
Höchstgeschwindigkeit	95 oder 110 km/h bzw. (ab 1968) 100 oder 115 km/h	85 oder 95 km/h
Verbrauch/100 km	ca. 17 Liter Super oder bei niedriger Verdichtung ca. 17 Liter Normalbenzin	ca. 11,5 Liter Diesel
Preis (ohne MWSteuer)	1968: ca. 20 500 DM	1968: ca. 21 000 DM 1975: ca. 30 000–31 000 DM 1980: ca. 40 000-43 000 DM 1985: ca. 52 000–58 000 DM
	Omnibus (Radstand 2950 mm)	
Sitzplätze	10, 14 oder 17 + 1	
Innenhöhe	1600 oder 1750 mm	
Gesamtmaße	5040 × 2100 × 2390 oder 2540 mm	
	Omnibus (Radstand 3500 mm)	
Sitzplätze	13, 17 oder 21 + 1	
Innenhöhe	1750 oder 1900 mm	
Gesamtmaße	6000 × 2100 × 2540 oder 2690 mm	

Mercedes-Benz O 309 DE
Luxus-Club-Bus »Teamstar«
Aufbau: Ernst Auwärter
1977

Mercedes-Benz O 309 DA
Mercedes-Benz O 309 DE
Omnibus 26 Sitze
Radstand 4100 mm
Breite Ausführung
ab 1979

	Mercedes-Benz O 309 D (0 309 DA) ab 1968	**Mercedes-Benz O 309 D (0 309 DE) ab 1977**
Bauart	Kleiner Frontlenker-Omnibus, Motor vorn, Antrieb auf die Hinterräder, gerader U-Profil-Hochrahmen, Starrachsen mit Halbfedern vorn und hinten	
Motor	Daimler-Benz OM 314 Direkteinspritz-Dieselmotor 4 Zylinder, 97 × 128 mm, 3782 ccm, 80 PS bzw. ab 1970 85 PS (63 kW) bei 2800 U/min	Daimler-Benz OM 352 Direkteinspritz-Dieselmotor 6 Zylinder, 97 × 128 mm, 5675 ccm, 130 PS (90 kW) bei 2800 U/min
Getriebe	5 Gang oder (ab 1976) 4 Gang-Automatik	5 Gang oder 4 Gang-Automatik
Fußbremse	Zweikreis-Hydraulik, Unterdruck-Servohilfe, dazu auf Wunsch Motorbremse	Zweikreis-Hydraulik, Unterdruck-Servohilfe, dazu auf Wunsch Motorbremse
	Omnibus (Radstand 2950 mm)	
Sitzplätze	10, 14 oder 17 + 1	
Innenhöhe	1600 oder 1750 mm	
Gesamtmaße	5040 × 2100 × 2425 oder 2575 mm	
Reifen	6,50–16 XC oder 6,50 R 16 Zwillings-Hinterräder	
Zuläss. Gesamtgewicht	4200 kg	
Höchstgeschwindigkeit	90 km/h	
Verbrauch/100 km	ca. 12 Liter Diesel	
Preis (ohne MWSteuer)	1970: ca. 24 000 DM 1975: ca. 34 000 DM 1980: ca. 40 000 DM 1985: ca. 60 000 DM	
	Omnibus (Radstand 3500 mm)	**Omnibus (Radstand 3500 mm)**
Sitzplätze	13, 17 oder 21 + 1	13, 17 oder 21 + 1
Innenhöhe	1750 oder 1900 mm	1750 oder 1900 mm
Gesamtmaße	6000 × 2100 × 2575 oder 2735 mm	6000 × 2100 × 2575 oder 2735 mm
Reifen	6,50–16 XC oder 6,50 R 16 Zwillings-Hinterräder	8 R 17,5 X Zwillings-Hinterräder
Zuläss. Gesamtgewicht	4800 kg	5600 kg
Höchstgeschwindigkeit	90 km/h	95 oder 110 km/h
Preis (ohne MWSteuer)	1970: ca. 25 500 DM 1975: ca. 37 000 DM 1980: ca. 48 000 DM 1985: ca. 64 000 DM	1980: ca. 55 000 DM 1985: ca. 73 000 DM
	Ab 1975: Omnibus (Radstand 4100 mm)	**Omnibus (Radstand 4100mm)**
Sitzplätze	25 + 1 (einschl. Mittel-Klappsitze)	25 + 1 (einschl. Mittel-Klappsitze)
Innenhöhe	1750 oder 1900 mm	1750 oder 1900 mm
Gesamtmaße	6940 × 2100 × 2650 oder 2800 mm	6940 × 2100 × 2650 oder 2800 mm
Reifen	8 – 17,5 Zwillings-Hinterräder	8 R 17,5 X Zwillings-Hinterräder
Zuläss. Gesamtgewicht	5900 kg	5900 oder 6300 kg
Höchstgeschwindigkeit	90 km/h	95 oder 110 km/h
Preis (ohne MWSteuer)	1975: ca. 41 500 DM 1980: ca. 54 000 DM 1985: ca. 72 000 DM	1980: ca. 64 000 DM 1985: ca. 81 000 DM
	Ab 1979: Omnibus breit (Radstand 4100 mm)	**Ab 1979: Omnibus breit (Radstand 4100 mm)**
Sitzplätze	25 + 1	25 + 1
Innenhöhe	1930 mm	1930 mm
Gesamtmaße	6955 × 2450 × 2860 mm	6955 × 2450 × 2860 mm
Reifen	8,5 R 17,5 Zwillings-Hinterräder	8,5 R 17,5 Zwillings-Hinterräder
Zuläss. Gesamtgewicht	6500 kg	6900 kg
Höchstgeschwindigkeit	90 km/h	95 oder 110 km/h
Preis (ohne MWSteuer)	1980: 64 000 DM 1985: 85 000 DM	1980: 68 000 DM 1985: 91 000 DM

Unimog Lastwagen und Zugmaschinen ab 1976

Als die Bundeswehr in den sechziger Jahren eine neue Fahrzeuggeneration konzipierte, bestand eigentlich nie ein Zweifel darüber, daß als Nachfolger des ausgezeichnet bewährten Unimog S nur wieder ein Unimog in Frage käme. Natürlicherweise setzte man dabei voraus, daß dieser Nachfolger sowohl technisch als auch äußerlich deutliche Fortschritte bringen mußte. Die vielfältige Modernisierung gelang vorzüglich, wobei die erzielten Errungenschaften natürlich nicht nur den Militär-Lastwagen, sondern auch den größeren Unimog-Zugmaschinen zugute kamen, soweit sie zur gleichen Typen-Familie gehören. Die kleineren Unimogs hingegen behielten bis heute ihr herkömmliches, inzwischen freilich ein bißchen antiquiertes Aussehen.

Als erster Unimog neuer Prägung erschien im September 1974 der U 120 (Baumuster 425), dessen Produktion dann aber erst im August 1975 begann, nämlich nur zwei Monate vor dem Baumuster 435, dem neuen Bundeswehr-Unimog. Rund 20 000 Stück davon besitzt inzwischen die Bundeswehr. Für das Werk Gaggenau, das jährlich etwa 9000 Unimog herstellt, entsprach dieser Großauftrag etwa der Produktion von über zwei Jahren. Darüber hinaus werden die neuen Gelände-Lastwagen natürlich auch an fremde Heere, an die Feuerwehren und für gewerbliche Zwecke geliefert.

Unimog U 1550 Schneeräumer mit Silostreuer ab 1986

Unimog U 1300 L Rüstwagen RW 1 für Feuerwehren Aufbau: Metz 1985

	Unimog U 1250 (Baureihe 424) ab 1983	Unimog U 1550 (Baureihe 419) ab 1986	Unimog U 1700 (Baureihe 435) ab 1981
Bauart	Zugmaschine, Transportgerät, Geräteträger		
Motor	Daimler-Benz OM 352 A Direkteinspritz-Dieselmotor mit Abgas-Turbolader		
Zylinderzahl	6 (Reihe)		
Bohrung × Hub	97 × 128 mm		
Hubraum	5675 ccm		
Leistung	125 PS (92 kW) b. 2600 U/min	150 PS (110 kW) b. 2600 U/min	168 PS (124 kW) b. 2600 U/min
Getriebe	8 + 8 Gänge		
Antrieb	Allrad-Antrieb (abschaltbar)		
Radstand	3250 mm		
Pritsche	2300 oder 2800 × 1950 mm	2300 oder 2800 × 1950 mm	2550 oder 3000 × 2000 mm
Gesamtmaße	5070 × 2110 × 2610 mm (Höhe über Fahrerhaus)	5070 × 2110 × 2610 mm (Höhe über Fahrerhaus)	5210 × 2340 × 2720 mm (Höhe über Fahrerhaus)
Reifen	12,5–20 (12 oder 16 PR) 10,5 oder 14,5–20 (10 PR) 9,00–20 (14 PR) 12,5 oder 14,5 R 20	14,5 R 20	12 oder 13 R 22,5 16/70–24 (14 PR) 12,0 oder 14,5–20 (18 PR) 14,5–24 (16 PR)
Wagengewicht (mit Fahrer)	4600–4650 kg	5700 kg	5650–6000 kg
Zuläss. Gesamtgewicht	7500–8000 kg	10 500 kg	9000–12 500 kg

	Unimog U 1300 L (Baureihe 435) ab 1976	Unimog U 1700 L (Baureihe 435) ab 1976
Bauart	Militär-Gelände-Lastwagen	Militär-Gelände-Lastwagen
Motor	Daimler-Benz OM 352 Direkteinspritz-Dieselmotor	Daimler-Benz OM 352 A Direkteinspritz-Dieselmotor mit Abgas-Turbolader
Zylinderzahl	6 (Reihe)	6 (Reihe)
Bohrung × Hub	97 × 128 mm	97 × 128 mm
Hubraum	5675 ccm	5675 ccm
Leistung	130 PS (96 kW) bei 2800 U/min	168 PS (124 kW) bei 2800 U/min
Getriebe	8 Gang	8 Gang
Antrieb	Allrad-Antrieb (abschaltbar)	Allrad-Antrieb (abschaltbar)
Radstand	3250 oder 3700 mm	3250 oder 3850 mm
Pritsche	3150 (3900) × 2000–2200 mm	3150 × 2200 bzw. 4050 × 2375 mm
Gesamtmaße	5480 (5850) × 2300 × 2610 mm (Höhe über Fahrerhaus)	5480 (6230) × 2340 (2500) × 2650 mm (Höhe über Fahrerhaus)
Reifen	12,5 R 20 oder 14,5 R 20 Einzel-Hinterräder	13 R 22,5 oder auch 12,0–20 (18 PR), 12 R 22,5, 13 R 20, 14,5–20 (18 PR), 14,5–24 (16 PR), 16/70–24 (14 PR), 16,5/75–20 R Einzel-Hinterräder
Wagengewicht	4350 (4550) kg	5200 (5500) kg
Zuläss. Gesamtgewicht	7350–7500 kg oder auch 9000 kg	9000–12 000 kg

Produktion

Typ	Konstruktions-nummer	Zuläss. Gesamtgewicht	Produktion	Gesamtzahl bis einschl. 1986
U 1000 / 1200 / 1250	424	6,8–8 t	ab 1979	776
U 1200 / 1300 / 1500	425	9 t	ab 1976	259
U 1300 L / U 1700 L	435	7,5–12 t	ab 1975	25 137
U 1550	419	10,5 t	ab 1986	132

Leichttransporter ab 1977

Als Daimler-Benz die Produktion der damals schon betagten Leichttransporter von einstens Hanomag und Tempo weiterführte, war klar, daß man auch auf diesem Sektor baldmöglichst den Markt mit einer Baureihe eigener Konstruktion beschicken würde. Die Einfachheit des technischen Konzepts bereitete keine Schwierigkeiten, und ein eigenwilliges Styling sollte den neuen Leichttransportern im Straßenbild zur unverwechselbaren Erscheinung verhelfen. Doch erst im Mai 1977 wurde die neue Baureihe vorgestellt. So hat sich Daimler viel Zeit gelassen, die sich aber gelohnt hat, denn in der Tat waren die neuen Leichttransporter weitgehend frei von den sonst fast immer üblichen Kinderkrankheiten.

In der Öffentlichkeit erregten die »Bremer Transporter«, wie sie ursprünglich genannt wurden, anfangs großes Aufsehen. Zwar gefiel die äußere Form nicht unbedingt, doch anerkannte man sie als originell und funktionsgerecht, und sie war ohne Zweifel zeitgemäßer als beim Vorgänger. Vor allem aber war diesem der neue Mercedes hinsichtlich der verwendeten Motoren klar überlegen. Einen Rückschritt hingegen brachte das Fahrgestell, das nicht nur der pfiffigen Rahmenkonstruktion Vidal'scher Tempo-Tradition entriet, sondern auch die Radaufhängungen mit Federstäben durch simple blattgefederte Starrachsen ersetzte.

Bei der Baureihe TN (»Transporter neu«), inzwischen auch T 1 genannt, handelt es sich übrigens nicht um einen Frontlenker, sondern eher um einen Kurzhauber. Dieses Konzept ermöglicht besseren Zugang zum Motor und einen bequemeren Einstieg hinter der Vorderachse. Im Nah- und Kurzstreckenverkehr mit häufigem Ein- und Aussteigen ist dieser Punkt von großer Wichtigkeit. Ansonsten weist der Aufbau leichte Keilform auf, wobei die weit heruntergezogene Panorama-Frontscheibe und die schräg angeschnittenen Seitenfenster für gute Sicht sorgen.

Im September 1981 kamen zu den vier seitherigen Typenreihen (2,5 bis 3,5 to Gesamtgewicht) zwei weitere hinzu, die Typen 407 D und 409 D mit 4,6 t Gesamtgewicht. Mit dem 88 PS Fünfzylinder-Dieselmotor des 409 D können seit Herbst 1982 auch die kleineren Typenreihen ausgerüstet werden. Äußeres Erkennungsmerkmal der 400-Typen sind die Zwillings-Hinterräder.

Die Produktion der Leichttransporter fand ursprünglich im Werk Bremen statt, wurde aber im Verlauf der Jahre 1983/84 nach dem Werk Düsseldorf verlegt.

Mercedes-Benz 207 D
Pritschenwagen
ab 1982

Mercedes-Benz 209 D
Kombi lang
ab 1982

Mercedes-Benz 410
Kastenwagen lang
ab 1982

Mercedes-Benz 207 D
Kastenwagen
ab 1977

Mercedes-Benz 207 D
Hochdach-Kastenwagen
ab 1977

Produktion

Typ	Konstruktions-nummer	Zuläss. Gesamtgewicht	Produktion	Gesamtzahl bis einschl. 1986
207 D	601	2,5 t	ab 1976	129 277
207 D	601	2,8 t	ab 1977	90 289
307 D	602	3,2 t	ab 1977	30 875
307 D	602	3,5 t	ab 1976	122 066
208	601	2,5 t	1976–1982	10 079
208	601	2,8 t	1977–1982	7 426
308	602	3,2 t	1977–1982	3 746
308	602	3,5 t	1977–1982	6 918
209 D	601	2,5 t	ab 1982	1 553
209 D	601	2,8 t	ab 1982	10 174
309 D	602	3,2 t	ab 1982	3 506
309 D	602	3,5 t	ab 1982	12 592
210	601	2,5 t	ab 1982	3 821
210	601	2,8 t	ab 1982	2 418
310	602	3,2 t	ab 1982	1 592
310	602	3,5 t	ab 1982	5 899
407 D	611	4,6 t	ab 1981	7 957
409 D	611	4,6 t	ab 1981	15 163
410	611	4,6 t	ab 1981	738
Kleinbusse				
O 307 D	602	3,2 t	ab 1979	951
O 309 D	602	3,5 t	ab 1984	188
O 308	602	3,2 t	1980–1982	20
O 310	602	3,2 t	ab 1983	27

Mercedes-Benz 307 D Pritschenwagen 1977–1982

Mercedes-Benz 307 D Hochdach-Kastenwagen 1977–1982

Mercedes-Benz 208 Kombi 1977–1982

Motor

Getriebe
Antrieb
Rahmen

Vorderradaufhängung
Hinterradaufhängung
Fußbremse

Radstand
Laderaum
Gesamtmaße
Reifen

Wagengewicht (mit Fahrer)
Zuläss. Gesamtgewicht
Höchstgeschwindigkeit
Verbrauch/100 km
Preis (ohne MWSteuer)

Radstand
Laderaum
Gesamtmaße

Radstand
Ladefläche
Gesamtmaße

Radstand
Ladefläche
Gesamtmaße

Radstand
Ladefläche
Gesamtmaße

Mercedes-Benz 207 D (Typ 601) 1977–1982	Mercedes-Benz 307 D (Typ 602) 1977–1982	Mercedes-Benz 208 (Typ 601) 1977–1982	Mercedes-Benz 308 (Typ 602) 1977–1982
Daimler-Benz OM 616 Vorkammer-Dieselmotor 4 Zylinder, 91 × 92,4 mm, 2404 (Steuer 2376) ccm, 65 PS (48 kW) bei 4200 U/min		Daimler-Benz M 115 Vergasermotor 4 Zylinder, 93,75 × 83,60 mm, 2307 (Steuer 2277) ccm, 85 PS (63 kW) bei 4800 U/min	
4 Gang			
Antrieb auf Hinterräder			
Kastenwagen und Kombi: U-Profil-Rahmen mit mittragendem Ganzstahlaufbau verschweißt			
Pritschenwagen: Kastenprofil-Rahmen mit Querträgern			
Starrachse, Halbfedern			
Starrachse, Halbfedern			
Zweikreis-Hydraulik, Servohilfe, 4 Räder, vorn Scheibenbremsen			
Kastenwagen bzw. Kombi			
3050 mm			
2820 × 1680 × 1550 bzw. (bei Hochdach) 1830 mm			
4755 × 1975 × 2240 bzw. (bei Hochdach) 2525 mm			
175 R 14 CM / 6 PR oder 185 R 14 CM / 8 PR	205 R 14 CM / 8 PR oder 215 R 14 CM / 8 PR	175 R 14 CM / 6 PR oder 185 R 14 CM / 8 PR	205 R 14 CM / 8 PR oder 215 R 14 CM / 8 PR
1670, Kombi 1740 kg	1725, Kombi 1795 kg	1630, Kombi 1700 kg	1685, Kombi 1755 kg
2550 oder 2800 kg	3200 oder 3500 kg	2550 oder 2800 kg	3200 oder 3500 kg
110 km/h	105 km/h	115 km/h	115 km/h
12 Liter Diesel	12 Liter Diesel	14,5 Liter VK	14,5 Liter VK
1977: 18 000, Kombi 19 000 DM	1977: 21 000, Kombi 22 000 DM	1977: 16 500, Kombi 17 500 DM	1977: 19 500, Kombi 20 500 DM
1982: 23 000, Kombi 24 000 DM	1982: 26 000, Kombi 27 000 DM	1982: 21 500, Kombi 22 500 DM	1982: 24 500, Kombi 25 500 DM
Kastenwagen bzw. Kombi			
3350 mm			
3300 × 1680 × 1550 bzw. (bei Hochdach) 1830 mm			
5235 × 1975 × 2240 bzw. (bei Hochdach) 2525 mm			
Hoch- bzw. Tieflader-Pritsche			
3050 mm			
2810 × 1900 bzw. (bei Doppelkabine) 2300 × 1900 mm			
4840 bzw. (bei Doppelkabine) 5035 × 2000 × 2175 mm			
Hoch- bzw. Tieflader-Pritsche			
3350 mm			
3300 × 1900 bzw. (bei Doppelkabine) 2810 × 1900 mm			
5330 bzw. (bei Doppelkabine) 5445 × 2000 × 2175 mm			
Hoch- bzw. Tieflader-Pritsche			
3700 mm			
3900 × 1900 mm			
5930 × 2000 × 2175 mm			

Mercedes-Benz 307 D
Pritschenwagen
mit Doppelkabine
und Stahlpritsche
ab 1982

Mercedes-Benz 208
Reisemobil »Condor«
Aufbau: Tabbert
Preis ab 62 000 DM
1981

Mercedes-Benz 307 D
mit Kofferaufbau
ab 1982

	Mercedes-Benz 207 D (Typ 601) ab 1982	Mercedes-Benz 307 D (Typ 602) ab 1982	Mercedes-Benz 407 D (Typ 611) ab 1981
Motor	Daimler-Benz OM 616 Vorkammer-Dieselmotor 4 Zylinder, 90,9 × 92,4 mm, 2399 ccm 72 PS (53 kW) bei 4400 U/min		
Getriebe	5 Gang oder Automatik-4 Gang		
Antrieb	Antrieb auf Hinterräder		
Rahmen	Kastenwagen und Kombi: U-Profil-Rahmen mit mittragender Ganzstahlkarosserie verschweißt Pritschenwagen: Kastenprofil-Rahmen mit Querträgern		
Vorderradaufhängung	Starrachse, Halbfedern		
Hinterradaufhängung	Starrachse, Halbfedern		
Fußbremse	Zweikreis-Hydraulik, Servohilfe, 4 Räder, vorn Scheibenbremsen		
	Kastenwagen bzw. Kombi	**Kastenwagen bzw. Kombi**	**Kastenwagen**
Radstand	3050 oder 3350 mm	3050 oder 3350 mm	3350 oder 3700 mm
Laderaum	2820 (3300) × 1680 × 1550 bzw. (bei Hochdach) 1830 mm	2820 (3300) × 1680 × 1550 bzw. (bei Hochdach) 1830 mm	3300 (3950) × 1680 × 1550 bzw. (bei Hochdach) 1830 mm
Gesamtmaße	4755 (5235) × 1975 × 2215 bzw. (mit Hochdach) 2500 mm	4755 (5235) × 1975 × 2250 bzw. (mit Hochdach) 2540 mm	5235 (5885) × 2000 × 2250 bzw. (mit Hochdach) 2540 mm
Reifen	175 R 14 C/N 6 PR oder 185 R 14 C/N 8 PR Einzel-Hinterräder	205 R 14 C/N 8 PR oder 215 R 14 C/N 8 PR Einzel-Hinterräder	185 R 14 C/N 8 PR Zwillings-Hinterräder
Wagengewicht (mit Fahrer)	Kasten 1740–1850 kg Kombi 1815–1915 kg	Kasten 1810–1910 kg Kombi 1870–1975 kg	Kasten 2035–2145 kg
Zuläss. Gesamtgewicht	2550 oder 2800 kg	3200 oder 3500 kg	4600 kg
Höchstgeschwindigkeit	120 km/h	115 km/h	110 km/h
Verbrauch/100 km	12 Liter Diesel	12 Liter Diesel	13 Liter Diesel
Preis (ohne MWSteuer)	1985: 28 000, Kombi 29 000 DM	1985: 31 500, Kombi 32 500 DM	1985: 36 000 DM
	Hoch- bzw. Tief-Pritsche	**Hoch- bzw. Tief-Pritsche**	**Hoch-Pritsche**
Radstand	3050 oder 3350 oder 3700 mm	3050 oder 3350 oder 3700 mm	3350 oder 3700 mm
Pritsche	2810 (3300) (3900) × 1900	2810 (3300) (3900) × 1900	3355 (3900) × 2060 mm
Gesamtmaße	4840 (5330) (5930) × 2000 × 2175 mm	4840 (5330) (5930) × 2000 × 2175 mm	5365 (5910) × 2180 × 2175 mm
	Hoch- bzw. Tief-Pritsche mit Doppelkabine	**Hoch- bzw. Tief-Pritsche mit Doppelkabine**	**Hoch-Pritsche mit Doppelkabine**
Radstand	3050 oder 3350	3050 oder 3350 oder 3700 mm	3350 oder 3700 mm
Pritsche	2300 (2810) × 1900 mm	2300 (2810) (3300) × 1900	2810 (3355) × 2060 mm
Gesamtmaße	5035 (5545) × 2000 × 2175 mm	5035 (5545) (6100) × 2000 × 2175 mm	5525 (6070) × 2180 × 2175 mm
		Dreiseiten-Kipper	
Radstand		3050 oder 3350 mm	
Pritsche		2900 (3400) × 2000 mm	
Gesamtmaße		4940 (5440) × 2140 × 2175 mm	
		Dreiseiten-Kipper mit Doppelkabine	
Radstand		3050 oder 3350 mm	
Pritsche		2300 (2800) × 2000 mm	
		Omnibus O 307 D	
Radstand		3350 mm	
Sitzplätze		12 + 1	
Reifen		205 R 14 C/N 8 PR	
Zuläss. Gesamtgewicht		3200 kg	
Preis (ohne MwSteuer)		1985: ca. 38 500 DM	

Mercedes-Benz 407 D
Hochdach-Kastenwagen
Zwillings-Hinterräder
ab 1981

Mercedes-Benz 409 D
Geschützter Geld- und
Werttransportwagen
Aufbau: Thiele (Bremen)
1985

Mercedes-Benz 409 D
Dreiseiten-Kipper
mit Doppelkabine,
Stahlpritsche und
Zwillings-Hinterrädern
ab 1982

	Mercedes-Benz 209 D (Typ 601) ab 1982	Mercedes-Benz 309 D (Typ 602) ab 1982	Mercedes-Benz 409 D (Typ 611) ab 1982
Motor	Daimler-Benz OM 617 Vorkammer-Dieselmotor 5 Zylinder, 90,9 × 92,4 mm, 2998 ccm 88 PS (65 kW) bei 4400 U/min		
Getriebe	5 Gang oder Automatik-4 Gang		
Antrieb	Antrieb auf Hinterräder		
Rahmen	Kastenwagen und Kombi: U-Profil-Rahmen mit mittragender Ganzstahlkarosserie verschweißt Pritschenwagen: Kastenprofil-Rahmen mit Querträgern		
Vorderradaufhängung	Starrachse, Halbfedern		
Hinterradaufhängung	Starrachse, Halbfedern		
Fußbremse	Zweikreis-Hydraulik, Servohilfe, 4 Räder, vorn Scheibenbremsen		
	Kastenwagen bzw. Kombi	**Kastenwagen bzw. Kombi**	**Kastenwagen**
Radstand	3050 oder 3350 mm	3050 oder 3350 mm	3350 oder 3700 mm
Laderaum	2820 (3300) × 1680 × 1550 bzw. (bei Hochdach) 1830 mm	2820 (3300) × 1680 × 1550 bzw. (bei Hochdach) 1830 mm	3300 (3950) × 1680 × 1550 bzw. (bei Hochdach) 1830 mm
Gesamtmaße	4755 (5235) × 1975 × 2215 bzw. (mit Hochdach) 2500 mm	4755 (5235) × 1975 × 2250 bzw. (mit Hochdach) 2540 mm	5235 (5885) × 2000 × 2250 bzw. (mit Hochdach) 2540 mm
Reifen	175 R 14 C/N 6 PR oder 185 R 14 C/N 8 PR Einzel-Hinterräder	205 R 14 C/N 8 PR oder 215 R 14 C/N 8 PR Einzel-Hinterräder	185 R 14 C/N 8 PR Zwillings-Hinterräder
Wagengewicht (mit Fahrer)	Kasten 1780–1890 kg Kombi 1870–1955 kg	Kasten 1850–1950 kg Kombi 1910–2015 kg	Kasten 2075–2185 kg
Zuläss. Gesamtgewicht	2550 oder 2800 kg	3200 oder 3500 kg	4600 kg
Höchstgeschwindigkeit	125 km/h	120 km/h	115 km/h
Verbrauch/100 km	12,5 Liter Diesel	12,5 Liter Diesel	13,5 Liter Diesel
Preis (ohne MWSteuer)	1985: 30 000, Kombi 31 000 DM	1985: 33 000, Kombi 34 000 DM	1985: 37 500 DM
	Hoch- bzw. Tief-Pritsche	**Hoch- bzw. Tief-Pritsche**	**Hoch-Pritsche**
Radstand	3050 oder 3350 oder 3700 mm	3050 oder 3350 oder 3700 mm	3350 oder 3700 mm
Pritsche	2810 (3300) (3900) × 1900	2810 (3300) (3900) × 1900	3355 (3900) × 2060
Gesamtmaße	4940 (5330) (5930) × 2000 × 2175 mm	4840 (5330) (5930) × 2000 × 2175 mm	5335 (5910) × 2180 × 2175 mm
	Hoch- bzw. Tief-Pritsche mit Doppelkabine	**Hoch- bzw. Tief-Pritsche mit Doppelkabine**	**Hoch-Pritsche mit Doppelkabine**
Radstand	3050 oder 3350 mm	3050 oder 3350 oder 3700 mm	3350 oder 3700 mm
Pritsche	2300 (2810) × 1900 mm	2300 (2810) (3300) × 1900	2810 (3355) × 2060 mm
Gesamtmaße	5035 (5545) × 2000 × 2175 mm	5035 (5545) (6100) × 2000 × 2175 mm	5525 (6070) × 2180 × 2175 mm
		Dreiseiten-Kipper	
Radstand		3050 oder 3350 mm	
Pritsche		2900 (3400) × 2000 mm	
		Dreiseiten-Kipper mit Doppelkabine	
Radstand		3050 oder 3350 mm	
Pritsche		2300 (2800) × 2000 mm	
		Omnibus O 309 D	
Radstand		3350 mm	
Sitzplätze		12 + 1	
Reifen		205 R 14 C/N 8 PR	
Zuläss. Gesamtgewicht		3500 kg	
Preis (ohne MWSteuer)		1985: ca. 41 000 DM	

Mercedes-Benz 210
Hochdach-Kombi
ab 1982

Mercedes-Benz 207 D
Luxus-Kleinbus
ab 1982

	Mercedes-Benz 210 (Typ 601) ab 1982	Mercedes-Benz 310 (Typ 602) ab 1982	Mercedes-Benz 410 (Typ 611) ab 1982
Motor	Daimler-Benz M 102 Vergasermotor 4 Zylinder, 95,5 × 80,25 mm, 2299 ccm 95 PS (70 kW) bei 5200 U/min		
Getriebe	5 Gang oder Automatik-4 Gang		
Antrieb	Antrieb auf Hinterräder		
Rahmen	Kastenwagen und Kombi: U-Profil-Rahmen mit mittragendem Ganzstahlaufbau verschweißt Pritschenwagen: Kastenprofil-Rahmen mit Querträgern		
Vorderradaufhängung	Starrachse, Halbfedern		
Hinterradaufhängung	Starrachse, Halbfedern		
Fußbremse	Zweikreis-Hydraulik, Servohilfe, 4 Räder, vorn Scheibenbremsen		
	Kastenwagen bzw. Kombi	**Kastenwagen bzw. Kombi**	**Kastenwagen**
Radstand	3050 oder 3350 mm	3050 oder 3350 mm	3350 oder 3700 mm
Laderaum	2820 (3300) × 1680 × 1550 bzw. (bei Hochdach) 1830 mm	2820 (3300) × 1680 × 1550 bzw. (bei Hochdach) 1830 mm	3300 (3950) × 1680 × 1550 bzw. (bei Hochdach) 1830 mm
Gesamtmaße	4755 (5235) × 1975 × 2215 bzw. (mit Hochdach) 2500 mm	4755 (5235) × 1975 × 2250 bzw. (mit Hochdach) 2540 mm	5235 (5885) × 2000 × 2250 bzw. (mit Hochdach) 2540 mm
Reifen	175 R 14 C/N 6 PR oder 185 R 14 C/N 8 PR Einzel-Hinterräder	205 R 14 C/N 8 PR oder 215 R 14 C/N 8 PR Einzel-Hinterräder	185 R 14 C/N 8 PR Zwillings-Hinterräder
Wagengewicht (mit Fahrer)	Kasten 1700–1810 kg Kombi 1760–1875 kg	Kasten 1770–1870 kg Kombi 1830–1935 kg	Kasten 1995–2105 kg
Zuläss. Gesamtgewicht	2550 oder 2800 kg	3200 oder 3500 kg	4600 kg
Höchstgeschwindigkeit	130 km/h	130 km/h	130 km/h
Verbrauch/100 km	15 Liter VK	15 Liter VK	17 Liter VK
Preis (ohne MWSteuer)	1985: 27 000, Kombi 28 000 DM	1985: 30 500, Kombi 31 500 DM	1985: 35 000 DM
	Hoch- bzw. Tief-Pritsche	**Hoch- bzw. Tief-Pritsche**	**Hoch-Pritsche**
Radstand	3050 oder 3350 oder 3700 mm	3050 oder 3350 oder 3700 mm	3350 oder 3700 mm
Pritsche	2810 (3300) (3900) × 1900	2810 (3300) (3900) × 1900	3355 (3900) × 2060 mm
Gesamtmaße	4840 (5330) (5930) × 2000 × 2175 mm	4840 (5330) (5930) × 2000 × 2175 mm	5365 (5910) × 2180 × 2175 mm
	Hoch- bzw. Tief-Pritsche mit Doppelkabine	**Hoch- bzw. Tief-Pritsche mit Doppelkabine**	**Hoch-Pritsche mit Doppelkabine**
Radstand	3050 oder 3350 mm	3050 oder 3350 oder 3700 mm	3350 oder 3700 mm
Pritsche	2300 (2810) × 1900 mm	2300 (2810) (3300) × 1900	2810 (3355) × 2060 mm
Gesamtmaße	5035 (5545) × 2000 × 2175 mm	5035 (5545) (6010) × 2000 × 2175 mm	5525 (6070) × 2180 × 2175 mm
		Dreiseiten-Kipper	
Radstand		3050 oder 3350 mm	
Pritsche		2900 (3400) × 2000 mm	
		Dreiseiten-Kipper mit Doppelkabine	
Radstand		3050 oder 3350 mm	
Pritsche		2300 (2800) × 2000 mm	
		Omnibus O 310	
Radstand		3350 mm	
Sitzplätze		12 + 1	
Reifen		205 R 14 C/N 8 PR	
Zuläss. Gesamtgewicht		3200 kg	
Preis (ohne MWSteuer)		1985: ca. 37 000 DM	

Großtransporter ab 1986

Im März 1986 präsentierte Daimler-Benz die neuen Großtransporter der Baureihe T 2 als Nachfolger des 20 Jahre lang und rund 500 000fach bewährten »Düsseldorfer Transporters«. Die völlig neukonstruierte Baureihe wird in Zukunft Marktführer im Bereich von 4,5 bis 7,5 t Gesamtgewicht sein. In ihrer äußeren Erscheinung passen die neuen Wagen genau zwischen die Kleintransporter der Baureihe T 1 und die Leichtlastwagen der Baureihe LN, so daß nunmehr alle leichten Nutzfahrzeuge von Daimler die wünschenswerte Familienähnlichkeit besitzen. Beim neuen Großtransporter hat sich diese bereits dadurch ergeben, daß er das gleiche Fahrerhaus wie der Leichtlastwagen LN erhielt. Damit ist schon mal genügend Raum, Bequemlichkeit und Rundsicht für das Fahrpersonal gewährleistet. (3 Personen haben hinreichend Platz.) In technischer Hinsicht sind vor allem die beim Kastenwagen günstigeren Laderaummaße, die breitere Spur und die Scheibenbremsen an den Vorderrädern zu nennen. Der Basistyp 507 D ist allerdings mit dem alten 2,4 Liter Personenwagen-Diesel unbedingt zu schwach motorisiert. Etliche Mängel von untergeordneter Bedeutung sind zwar vorhanden, schmälern aber kaum den Gesamteindruck der Mercedes-üblichen Perfektion.

Mercedes-Benz 814
(Baureihe LN)

→

Mercedes-Benz 811 D
(Baureihe T 2) →

→

Mercedes-Benz 309 D
(Baureihe T 1)

Mercedes-Benz 507 D
Radstand 3150 mm
Kastenwagen
ab 1986

Mercedes-Benz 609 D
Radstand 4250 mm
Kastenwagen
ab 1986 ↓ ↓

	Mercedes-Benz 507 D ab 1986	Mercedes-Benz 510 ab 1986
Bauart	Großtransporter mit kurzem Vorbau Einstieg hinter Vorderachse	
Motor	Daimler-Benz OM 616 Vorkammer-Dieselmotor 4 Zylinder, 90,9 × 92,4 mm, 2399 ccm 75 PS = 53 kW bei 4000 U/min	Daimler-Benz M 102 Vergasermotor 4 Zylinder, 95,5 × 80,25 mm, 2299 ccm 95 PS = 70 kW bei 5200 U/min
Getriebe	5 Gang Schaltgetriebe oder 4 Gang Automatik	
Antrieb	Antrieb auf Hinterräder	
Vorderradaufhängung	Starrachse, Halbfedern	
Hinterradaufhängung	Starrachse, Halbfedern, Stabilisator	
Fußbremse	Zweikreis-Hydraulik, Servohilfe, vorn Scheibenbremsen	
Reifen	185 R 14 CN, Zwillings-Hinterräder	
Zuläss. Gesamtgewicht	4600 bzw. (abgelastet) 4000 oder 3490 kg	
Höchstgeschwindigkeit	100 km/h	105 km/h
Verbrauch/100 km	15 Liter Diesel	
Preis (ohne MWSteuer)	1987: ca. 40 000 bis 45 000 DM	1987: ca. 41 000 bis 46 000 DM
	Kastenwagen (Radstand 3150 mm)	
Laderaum	3170 × 1880 × 1785 oder 1940 mm	
Gesamtmaße	5335 × 2180 × 2560 oder 2720 mm	
Wagengewicht (mit Fahrer)	2380–2420 kg	
	Kastenwagen (Radstand 3700 mm)	
Laderaum	4050 × 1880 × 1785 oder 1940 mm	
Gesamtmaße	6215 × 2180 × 2560 oder 2720 mm	
Wagengewicht (mit Fahrer)	2520–2560 kg	
	Pritschenwagen (Radstand 3150 mm)	
Pritsche	3060 × 2100 mm	
	Pritschenwagen (Radstand 3700 mm)	
Pritsche	4060 × 2100 mm	
	Pritschenwagen mit Doppelkabine (Radstand 3700 mm)	
Pritsche	3060 × 2100 mm	
	507 DK: Kipper (Radstand 3150 mm)	
Pritsche	3100 × 2200 mm	
	507 DK: Kipper mit Doppelkabine (Radstand 3700 mm)	
Pritsche	3100 × 2200 mm	

Mercedes-Benz 609 D
Radstand 4250 mm
Kastenwagen mit
Doppelkabine (3 Türen)
ab 1986

Mercedes-Benz 609 D
Radstand 3700 mm
Kastenwagen mit
Doppelkabine (3 Türen)
ab 1986

Mercedes-Benz 609 D
Radstand 3700 mm
Pritschenwagen
mit Stahlpritsche
ab 1986

	Mercedes-Benz 609 D ab 1986	Mercedes-Benz 709 D ab 1986	Mercedes-Benz 809 D ab 1986
Bauart	Großtransporter mit kurzem Vorbau Einstieg hinter Vorderachse		
Motor	Daimler-Benz OM 364 Direkteinspritz-Dieselmotor 4 Zylinder, 97,5 × 133 mm, 3972 ccm 90 PS = 66 kW bei 2800 U/min		
Getriebe	5 Gang Schaltgetriebe oder 4 Gang Automatik		
Antrieb	Antrieb auf Hinterräder		
Vorderradaufhängung	Starrachse, Halbfedern		
Hinterradaufhängung	Starrachse, Halbfedern, Stabilisator		
Fußbremse	Zweikreis-Hydraulik, Servohilfe, vorn Scheibenbremsen		
Reifen	205/75 R 16 Zwillings-Hinterräder	215/75 R 16 Zwillings-Hinterräder	205/75 R 17,5 Zwillings-Hinterräder
Zuläss. Gesamtgewich	5600 bzw. (abgelastet) 5000 od. 4000 kg	6600 bzw. (abgelastet) 5990 kg	7490 kg
Preis (ohne MWSteuer)	1987: ca. 46 000 DM	1987: ca. 51 000 DM	1987: ca. 57 000 DM
	Kastenwagen (Radstand 3150 mm)		
Laderaum	3170 × 1880 × 1785 oder 1940 mm		
Wagengewicht (mit Fahrer)	2820–2840 kg	2890–2910 kg	2980–3000 kg
	Kastenwagen (Radstand 3700 mm)		
Laderaum	4050 × 1880 × 1785 oder 1940 mm		
Wagengewicht (mit Fahrer)	2960–2980 kg	3055–3075 kg	3160–3180 kg
	Kastenwagen (Radstand 4250 mm)		
Laderaum	4930 × 1880 × 1940 mm		
Wagengewicht (mit Fahrer)	3100 kg	3220 kg	3340 kg
	Pritschenwagen (Radstand 3150 mm)		
Pritsche	3060 × 2100 mm		
	Pritschenwagen (Radstand 3700 mm)		
Pritsche	4060 × 2100 mm		
	Pritschenwagen (Radstand 4250 mm)		
Pritsche	5060 × 2100 mm		
	Pritschenwagen mit Doppelkabine (Radstand 3700 mm)		
Pritsche	3060 × 2100 mm		
	Pritschenwagen mit Doppelkabine (Radstand 4250 mm)		
Pritsche	4060 × 2100 mm		
	Kipper (Radstand 3150 mm)		
Pritsche	3100 × 2200 mm		
	Kipper (Radstand 3700 mm)		
Pritsche	4000 × 2200 mm		
	Kipper mit Doppelkabine (Radstand 3700 mm)		
Pritsche	3100 × 2200 mm		

Mercedes-Benz 609 D
Löschfahrzeug LF 8
für Feuerwehren
Aufbau: Rosenbauer
(Leonding/Österreich)
ab 1987

Bild Mitte links:
Mercedes-Benz 709 D
Getränke-Transporter
1986

Bild Mitte rechts:
Mercedes-Benz 709 D
Tiefkühl-Transporter
1986

Mercedes-Benz 709 D Möbelwagen mit Kofferaufbau (1986)

	Mercedes-Benz 711 D ab 1986	Mercedes-Benz 811 D ab 1986
Bauart	Großtransporter mit kurzem Vorbau Einstieg hinter Vorderachse	
Motor	Daimler-Benz OM 364 A Direkteinspritz-Dieselmotor mit Abgas-Turbolader 4 Zylinder, 97,5 × 133 mm, 3972 ccm 115 PS = 85 kW bei 2600 U/min	
Getriebe	5 Gang Schaltgetriebe oder 4 Gang Automatik	
Antrieb	Antrieb auf Hinterräder	
Vorderradaufhängung	Starrachse, Halbfedern	
Hinterradaufhängung	Starrachse, Halbfedern, Stabilisator	
Fußbremse	Zweikreis-Hydraulik, Servohilfe, vorn Scheibenbremsen	
	Kastenwagen (Radstand 3150 mm)	
Laderaum	3170 × 1880 × 1785 mm	
Wagengewicht (mit Fahrer)	2970 kg	
Reifen	225/75 R 17,5, Zwillings-Hinterräder	
Zuläss. Gesamtgewicht	6600 bzw. (abgelastet) 5990 kg	
	Kastenwagen (Radstand 3700 mm)	**Kastenwagen (Radstand 3700 mm)**
Laderaum	4050 × 1880 × 1785 oder 1940 mm	4050 × 1880 × 1785 oder 1940 mm
Wagengewicht (mit Fahrer)	3145–3165 kg	3260–3280 kg
Reifen	225/75 R 16, Zwillings-Hinterräder	205/75 R 17,5, Zwillings-Hinterräder
Zuläss. Gesamtgewicht	6600 bzw. (abgelastet) 5990 kg	7490 kg
	Kastenwagen (Radstand 4250 mm)	**Kastenwagen (Radstand 4250 mm)**
Laderaum	4930 × 1880 × 1940 mm	4830 × 1880 × 1940 mm
Wagengewicht (mit Fahrer)	3310 kg	3420 kg
Reifen	225/75 R 16, Zwillings-Hinterräder	205/75 R 17,5, Zwillings-Hinterräder
Zuläss. Gesamtgewicht	6600 bzw. (abgelastet) 5990 kg	7490 kg
	Fahrgestell (Radstand 3150 mm)	
Reifen	225/75 R 16 C, Zwillings-Hinterräder	
Zuläss. Gesamtgewicht	6600 bzw. (abgelastet) 5990 kg	
	Pritschenwagen (Radstand 3700 mm)	**Pritschenwagen (Radstand 3700 mm)**
Pritsche	4060 × 2260 mm	4060 × 2260 mm
Reifen	225/75 R 16, Zwillings-Hinterräder	205/75 R 17,5, Zwillings-Hinterräder
	Pritschenwagen (Radstand 4250 mm)	**Pritschenwagen (Radstand 4250 mm)**
Pritsche	5060 × 2260 mm	5060 × 2260 mm
Reifen	225/75 R 16, Zwillings-Hinterräder	205/75 R 17,5, Zwillings-Hinterräder
	Doppelkabine (Radstand 3700 mm)	**Doppelkabine (Radstand 3700 mm)**
Pritsche	3060 × 2260 mm	3060 × 2260 mm
	Doppelkabine (Radstand 4250 mm)	**Doppelkabine (Radstand 4250 mm)**
Pritsche	4060 × 2260 mm	4060 × 2260 mm

Leichte Klasse ab 1984

Im März 1984 stellte Daimler-Benz als Nachfolger der wegen ihrer Robustheit und Zuverlässigkeit sehr geschätzten LP-Reihe die völlig neuen Leichtlastwagen der Baureihe LN 2 vor. Sie deckt den Bereich von 6,5 bis 11 t und seit November 1984 bis 13 t Gesamtgewicht bzw. von 3 bis 8,5 t Nutzlast ab. Dabei ist die neue Baureihe nicht mehr nur für den Stadt- und Nah-, den Verteiler- und Baustellenverkehr, sondern auch für Ferntransporte von Volumengütern prädestiniert. Folgerichtig stehen zwei – nunmehr kippbare – Fahrerhäuser zur Wahl, nämlich außer der Normal- oder Standardausführung ein langes Fahrerhaus mit zwei Liegen. Bei den Fahrerhäusern fällt die Unterkante der Seitenfenster nach vorn ab und genau dieser schräge Fensterrand stellt auf der Straße das wichtigste Erkennungsmerkmal der neuen Baureihe dar. Ein weiterer Fortschritt bei den neuen Fahrerhäusern ist der recht bequeme Einstieg vor der Vorderachse.

Alle Wagen werden serienmäßig mit Servolenkung, vollsynchronisiertem Getriebe und einer reinen Druckluft-Bremsanlage ausgerüstet, die auch den Einbau des Anti–Blockier–Systems (ABS) erlaubt. Zum Antrieb dient ein neu entwickelter Vier- oder Sechszylinder-Motor, letzterer in drei Leistungsstufen. Hingewiesen sei auf die erstmalige Serienausrüstung eines Lastwagens mit Niederquerschnitt-Reifen, was unbestreitbar Vorteile, aber sicherlich nicht nur diese, mit sich bringt.

Die wiederum überaus erfolgreiche Baureihe wurde zur Frankfurter Automobil-Ausstellung im September 1985 durch den Typ 817 erweitert, welcher sich dank seines besonders günstigen Leistungsgewichts vor allem für Anhängerbetrieb, aber auch für den raschen Verteilerverkehr in hügeligem Gelände oder zum Einsatz als Feuerwehrfahrzeug eignet.

Seit Frühjahr 1968 stehen innerhalb dieser Baureihe mehrere Typen als Allrad-Kipper zur Verfügung, ferner zwei Allrad-Fahrgestelle für Feuerwehr-Aufbauten.

Produktion

Typ	Konstruktions-nummer	Zuläss. Gesamtgewicht	Produktion	Gesamtzahl bis einschl. 1986
709	673	6,5 t	ab 1983	2 606
809	673	7,5–8,6 t	ab 1983	5 679
814	674	7,5–8,6 t	ab 1983	24 267
814 L	674	7,5–8,6 t	ab 1983	1 151
817	676	7,5–8,6 t	ab 1985	624
817 L	676	7,5–8,6 t	ab 1985	151
817 A	676	7,5–8,6 t	ab 1985	2
914	674	9,2 t	ab 1983	4 960
917 A	676	9,2 t	ab 1986	56
1114 EA			ab 1986	32
1114	675	11 t	ab 1983	4 568
1114 L	675	11 t	ab 1984	202
1114 A	675	11 t	ab 1985	2
1117	676	11 t	ab 1983	2 994
1117 L	676	11 t	ab 1984	420
1117 E	676	11 t	ab 1986	6
1117 A	676	11 t	ab 1986	12
1120	677	11 t	ab 1984	921
1120 L	677	11 t	ab 1984	242
1120 A	677	11 t	ab 1985	13
1314	675	13 t	ab 1984	1 239
1314 A	675	13 t	ab 1986	20
1317	676	13 t	ab 1984	2 517
1317 L	676	13 t	ab 1984	384
1320	677	13 t	ab 1984	2 029
1320 L	677	13 t	ab 1985	485

<table>
<tr><th></th><th>Mercedes-Benz
709
ab 1983</th><th>Mercedes-Benz
809
ab 1983</th></tr>
<tr><td>Bauart</td><td colspan="2">Leichter Frontlenker-Lastwagen</td></tr>
<tr><td>Motor</td><td colspan="2">Daimler-Benz OM 364 Direkteinspritz-Dieselmotor
4 Zylinder, 97,5 × 133 mm, 3972 ccm
90 PS = 66 kW bei 2800 U/min</td></tr>
<tr><td>Getriebe</td><td colspan="2">5 Gang Schaltgetriebe oder 4 Gang Automatik</td></tr>
<tr><td>Fußbremse</td><td colspan="2">Druckluft, dazu Motorbremse</td></tr>
<tr><td></td><td>709: Pritschenwagen</td><td>809: Pritschenwagen</td></tr>
<tr><td>Radstand</td><td>3090 oder 3460 oder 4190 mm</td><td>3150 oder 3700 oder 4250 oder 4900 mm</td></tr>
<tr><td>Pritsche</td><td>4300 (5200) (6200) × 2260 mm
bei Normal-Fahrerhaus</td><td>4200 (5200) (6200) (7200) × 2260 mm
bei Normal-Fahrerhaus</td></tr>
<tr><td>Gesamtlänge</td><td>6100 (7000) (7900) mm</td><td>5950 (6900) (7900) (8900) mm</td></tr>
<tr><td>Reifen</td><td>225/75 R 16
Zwillings-Hinterräder</td><td>215/15 R 17,5
Zwillings-Hinterräder</td></tr>
<tr><td>Wagengewicht (mit Fahrer)</td><td>3150–3350 kg</td><td>3150–3550 kg</td></tr>
<tr><td>Zuläss. Gesamtgewicht</td><td>6500 kg</td><td>7490 oder 8000 kg</td></tr>
<tr><td>Zuläss. Lastzuggewicht</td><td>15 000 kg</td><td>15 000 kg</td></tr>
<tr><td>Preis (ohne MWSteuer)</td><td>1985: ca. 53 000 DM</td><td>1985: ca. 58 000 DM</td></tr>
<tr><td></td><td>709 K: Kipper</td><td>809 K: Kipper</td></tr>
<tr><td>Radstand</td><td>3090 mm</td><td>3150 mm</td></tr>
<tr><td>Pritsche</td><td>3800 × 2200 mm</td><td>3800 × 2200 mm</td></tr>
</table>

Mercedes-Benz 809 Tankwagen für 5 500 Liter Heiz- oder Dieselöl, Aufbau: Esterer, 1984

Mercedes-Benz 814
Radstand 3700 mm
Löschgruppenfahrzeug LF 8
für Feuerwehren
1985

Mercedes-Benz 914 K
Dreiseiten-Kipper
mit Stahlpritsche
1986

Mercedes-Benz 1114
mit Kofferaufbau
1984

Mercedes-Benz 1314
Radstand 4190 mm
Pritschenwagen
mit Plane
1984

	Mercedes-Benz 814 ab 1983	Mercedes-Benz 914 ab 1983
Bauart	Leichter Frontlenker-Lastwagen	
Motor	Daimler-Benz OM 366 Direkteinspritz-Dieselmotor 6 Zylinder, 97,5 × 133 mm, 5958 ccm 136 PS = 100 kW bei 2800 U/min	
Getriebe	5 Gang Schaltgetriebe oder 4 Gang Automatik	
Fußbremse	Druckluft, dazu Motorbremse	
	814: Pritschenwagen	**914: Pritschenwagen**
Radstand	3150 oder 3700 oder 4250 oder 4900 mm	3150 oder 3700 oder 4250 oder 4900 mm
Pritsche	4200 (5200) (6200) (7200) × 2260 mm bei Normal-Fahrerhaus	4200 (5200) (6200) (7200) × 2260 mm bei Normal-Fahrerhaus
Gesamtlänge	5950 (6900) (7900) (8900) mm	5950 (6900) (7900) (8900) mm
Reifen	215 oder 225/75 R 17,5 L Zwillings-Hinterräder	235/15 R 17,5 L Zwillings-Hinterräder
Wagengewicht (mit Fahrer)	3500–3900 kg	3550–3950 kg
Zuläss. Gesamtgewicht	7490 oder 8000 oder 8600 kg	9200 kg
Zuläss. Lastzuggewicht	18 000 kg	18 000 kg
Preis (ohne MWSteuer)	1985: ca. 63 000 DM	1985: ca. 65 500 DM
Bemerkung	**814 L:** Pritschenwagen mit Luftfederung	
	814 K: Kipper	**914 K: Kipper**
Radstand	3150 mm	3150 mm
Pritsche	3800 × 2200 mm	3800 × 2200 mm
	814 S: Sattelzugmaschine	**914 AK: Allrad-Kipper**
Radstand	3150 mm	3090 oder 3640 mm
	814 F: Feuerwehr-Fahrgestell	
Radstand	3150 mm	

	Mercedes-Benz 1114 ab 1984	Mercedes-Benz 1314 ab 1984
	Allgemeine Daten wie Typen 814 und 914	
	1114: Pritschenwagen	**1314: Pritschenwagen**
Radstand	3700 oder 4250 oder 4900 mm	3640 oder 4190 oder 4840 mm
Pritsche	5200 (6200) (7200) × 2260 mm bei Normal-Fahrerhaus	5200 (6200) (7200) × 2260 mm bei Normal-Fahrerhaus
Gesamtlänge	6900 (7900) (8900) mm	6900 (7900) (8900) mm
Reifen	245/70 R 19,5 Zwillings-Hinterräder	285/70 R 19,5 Zwillings-Hinterräder
Wagengewicht (mit Fahrer)	4100–4300 kg	4350–4650 kg
Zuläss. Gesamtgewicht	11 000 kg	13 000 kg
Zuläss. Lastzuggewicht	21 000 kg	21 000 kg
Preis (ohne MWSteuer)	1985: ca. 74 000 DM	1985: ca. 82 000 DM
Bemerkung	**1114 L:** Pritschenwagen mit Luftfederung	
	1114 K: Kipper	**1314 K: Kipper**
Radstand	3150 mm	3090 mm
Pritsche	3800 × 2330 mm	3800 × 2330 mm
	1114 S: Sattelzugmaschine	
Radstand	3150 oder 3700 mm	
	1114 AK: Allrad-Kipper	**1314 AK: Allrad-Kipper**
Radstand	3090 oder 3640 mm	3090 oder 3640 mm

Mercedes-Benz 817 Pritschenwagen (ab 1985)

Mercedes-Benz 1320 Sattelzug (ab 1984)

Bauart
Motor

Getriebe

Radstand

Pritsche

Gesamtlänge
Reifen

Wagengewicht (mit Fahrer)
Zuläss. Gesamtgewicht
Zuläss. Lastzuggewicht
Preis
Bemerkung

Radstand
Bemerkung

Radstand

Bauart
Motor

Getriebe

Radstand

Pritsche

Gesamtlänge
Reifen

Wagengewicht (mit Fahrer)
Zuläss. Gesamtgewicht
Zuläss. Lastzuggewicht
Preis
Bemerkung

Radstand
Bemerkung

Radstand

Mercedes-Benz 817 ab 1985	**Mercedes-Benz 1117 ab 1984**	**Mercedes-Benz 1317 ab 1984**

Leichter Frontlenker-Lastwagen
Daimler-Benz OM 366 A Direkteinspritz-Dieselmotor mit Abgas-Turbolader
6 Zylinder, 97,5 × 135 mm, 5958 ccm, 170 PS = 125 kW bei 2600 U/min
5 Gang oder 6 Gang

817: Pritschenwagen	**1117: Pritschenwagen**	**1317: Pritschenwagen**
3700 oder 4250 oder 4900 mm,	3700 oder 4250 oder 4900 mm,	3640 oder 4190 oder 4840 mm,
für Sonderaufbauten auch 5550 mm	für Sonderaufbauten auch 5550 mm	für Sonderaufbauten auch 5490 mm
5200 (6200) (7200) × 2260 mm	5200 (6200) (7200) × 2260 mm	5200 (6200) (7200) × 2430 mm
bei Normal-Fahrerhaus	bei Normal-Fahrerhaus	bei Normal-Fahrerhaus
6900 (7900) (8900) mm	6900 (7900) (8900) mm	6900 (7900) (8900) mm
225/75 R 17,5 L	245/70 R 19,5 L	285/70 R 19,5 L
Zwillings-Hinterräder	Zwillings-Hinterräder	Zwillings-Hinterräder
3550–3950 kg	4150–4350 kg	4450–4700 kg
7490 oder 8000 oder 8600 kg	11 000 kg	13 000 kg
18 000–20 800 kg	21 000 kg	21 000 kg
	1985: ca. 80 000,– DM	1985: ca. 88 000,– DM
817 L: Pritschenwagen m. Luftfederung	1117 L: Pritschenwagen m. Luftfederung	1317 L: Pritschenwagen m. Luftfederung
817 S: Sattelzugmaschine	**1117 S: Sattelzugmaschine**	**1317 S: Sattelzugmaschine**
3150 oder 3700 mm	3150 oder 3700 mm	3090 oder 3640 mm
817 LS: Sattelzugmaschine mit Luftfederung	1117 LS: Sattelzugmaschine mit Luftfederung	1317 LS: Sattelzugmaschine mit Luftfederung
817 F: Fahrgestell bzw. 817 AF: Allrad-Fahrgestell für Feuerwehr-Fahrzeuge	**1117 A: Allrad-Fahrgestell**	
3090 oder 3640 mm	3640 mm	

	Mercedes-Benz 1120 ab 1984	**Mercedes-Benz 1320 ab 1984**

Leichter Frontlenker-Lastwagen
Daimler-Benz OM 366 LA Direkteinspritz-Dieselmotor
mit Abgas-Turbolader und Ladeluftkühlung
6 Zylinder, 97,5 × 133 mm, 5958 ccm
201 PS = 148 kW (ab Herbst 1985) 204 PS = 150 kW bei 2600 U/min
6 Gang

1120: Pritschenwagen	**1320: Pritschenwagen**
3700 oder 4250 oder 4900 mm,	3640 oder 4190 oder 4840 mm,
für Sonderaufbauten auch 5550 mm	für Sonderaufbauten auch 5490 mm
5200 (6200) (7200) × 2260 mm	5200 (6200) (7200) × 2430 mm
bei Normal-Fahrerhaus	bei Normal-Fahrerhaus
6900 (7900) (8900) mm	6900 (7900) (8900) mm
245/70 R 19,5 L	285/70 R 19,5 L
Zwillings-Hinterräder	Zwillings-Hinterräder
4200–4450 kg	4600–4850 kg
11 000 kg	13 000 kg
21 000 kg	31 200 kg
1985: ca. 89 000 DM	1985: ca. 97 000 DM
1120 L: Pritschenwagen m. Luftfederung	1320 L: Pritschenwagen m. Luftfederung
1120 S: Sattelzugmaschine	**1320 S: Sattelzugmaschine**
3150 oder 3700 mm	3090 oder 3640 mm
1120 LS: Sattelzugmaschine mit Luftfederung	1320 LS: Sattelzugmaschine mit Luftfederung
1120 F: Fahrgestell bzw. 1120 AF: Allrad-Fahrgestell für Feuerwehr-Fahrzeuge	
3640 mm	

Mittlere und schwere Lastwagen der »Neuen Generation« ab 1973

Einen auf dem Lastwagenmarkt bisher einzigartigen Erfolg verzeichnete die »Neue Generation« von Daimler-Benz. Diese Baureihe gedieh nach und nach zu einem riesigen Programm, weshalb die Einführung stufenweise erfolgte.

Eingeläutet wurde die »Neue Generation« im August 1973 mit einer Staffel neuer Schwerlastwagen für die Bauwirtschaft. Es handelte sich zunächst um 15 Kipper mit 16 bis 26 t Gesamtgewicht. Äußeres Hauptmerkmal der Baureihe NG war und ist bis heute das formal recht ansprechende und innen gut durchdachte Fahrerhaus mit geteiltem Seitenfenster, wobei dessen vordere Partie zwecks besserer Sicht auffallend herabgezogen wurde. Daß ausgerechnet die Baustellenfahrzeuge als Vorreiter ausersehen waren, hatte drei Gründe. Erstens wollte man endlich der »Bullen«-Werbung wirksam entgegentreten, welche die Konkurrenzmarke Magirus schon seit Ende 1970 sehr massiv betrieb. Zweitens wollte man bei Daimler die Henschel Auslauftypen baldigst ersetzt sehen. Und drittens ermöglichte der begrenzte Markt für Baustellen-Kipper, daß die »Neue Generation« mit kleinen Stückzahlen ohne Hast in die Fertigung gehen konnte.

Im Mai 1974 setzte das Programm der Schwerlastwagen in vollem Umfang ein. Von nun an standen außer den Kippern auch Pritschenwagen, Sattelzugmaschinen und Sonderfahrzeuge mit 16 bis 26 t Gesamtgewicht zur Verfügung. Zum normalen Fahrerhaus kam von jetzt an wahlweise ein um 600 mm verlängertes Fernfahrerhaus hinzu, beide Ausführungen übrigens mittels einer Hydraulik-Einrichtung nach vorn kippbar. Als Kraftquelle der neuen Schwerlastwagen dienten die bereits bekannten V6-, V8- und V10-Zylinder-Motoren mit 192, 256 und 320 PS Leistung. Die größtmögliche Vereinheitlichung aller Baugruppen und Einzelteile erlaubte trotz der Vielfalt von Typen eine rationelle Serienproduktion.

Zur Frankfurter Automobil-Ausstellung im September 1975 ergänzte Daimler-Benz die »Neue Generation« durch ein umfangreiches Angebot entsprechender Mittelklasse-Lastwagen von 10, 12 und 14 t Ge-

samtgewicht. Innerhalb von nur zwei Jahren wurde damit ein Bau- und Verkaufsprogramm erneuert, wie es in solchem Umfang bis dahin in der Automobilindustrie ohne Beispiel war. In die neuen mittelschweren Lastwagen kamen 4 Motoren im Leistungsbereich von 130 bis 240 PS zum Einbau.

Ferner begann Daimler zunächst 1975 bei den schweren und ein Jahr später bei den mittleren Typen mit der Einführung luftgefederter Hinterachsen für den kombinierten Verkehr.

Die mittleren Lastwagen der »Neuen Generation« (1. Halbzeit) 1973–1984

Typ	Konstruktions-nummer	Zuläss. Gesamtgewicht	Produktion	Gesamtzahl bis einschl. 1986
1013	380	10 t	1975–1984	5 977
1013 A	380	10 t	ab 1975	258
1017	380	10 t	ab 1975	8 176
1017 L	380	10 t	1976–1985	209
1017 A	380	10 t	ab 1975	11 179
1019	380	10 t	1978–1983	75
1019 A	380	10 t	1978–1983	792
1213	381	12 t	ab 1975	17 496
1213 A	381	12 t	ab 1975	545
1216	367	12 t	1982	4
1217	381	12 t	ab 1975	15 697
1217 L	381	12 t	ab 1976	2 142
1217 A	381	12 t	ab 1975	983
1219	381	12 t	1975–1983	2 292
1219 A	381	12 t	1975–1982	280
1413	383	14 t	1975–1984	5 501
1413 A	383	14 t	1975–1984	191
1417	383	14 t	ab 1975	6 230
1417 A	383	14 t	1975–1984	564
917 (ex 1417)	383	9,2 t	1983–1984	1 708
1419	383	14 t	1975–1982	9 859
1419 L	383	14 t	1976–1983	1 572
1419 A	383	14 t	1975–1982	268
1424	383	14 t	1975–1983	1 332
1424 L	383	14 t	1977–1983	243
1613	385	16 t	1975–1984	2 883
1613 L	385	16 t	1977–1984	186
1617	385	16 t	ab 1974	14 642
1617 L	385	16 t	1976–1984	723
1617 A	385	16 t	1974–1984	1 777
1619	385	16 t	1974–1983	16 832
1619 L	385	16 t	1977–1983	1 206
1619 A	385	16 t	1975–1982	3 235
1624	385	16 t	1975–1982	4 709
1624 L	385	16 t	1977–1983	921
1626	387	16 t	1973–1981	11 507
1626 L	387	16 t	1975–1981	1 180
1626 A	387	16 t	1973–1981	1 693
1632	387	16 t	1973–1982	19 882
1632 L	387	16 t	1974–1983	1 833
1632 A	387	16 t	1973–1983	1 838
1719	387	17 t	1973–1982	1 253
1719 A	387	17 t	1973–1982	1 584
1919	389	19 t	1973–1982	6 435
1919 A	389	19 t	1976–1982	240
1926	389	19 t	1973–1981	16 216
1926 L	389	19 t	1978–1980	95
1926 A	389	19 t	1973–1981	892
1932	389	19 t	1973–1982	8 650
1932 L	389	19 t	1977–1981	95
1932 A	389	19 t	1973–1983	682

Ein bemerkenswertes Schaustück war bei der Frankfurter Automobil-Ausstellung 1975 die neue Sattelzugmaschine 2032 S (6 × 2 - 4) mit zwei gelenkten Vorderachsen und Antrieb der Planetenrad-Hinterachse. Hier war die optimale Lösung für den 38 t-Sattelzug geboten. Die Bauart gewährleistet eine außergewöhnliche Wendigkeit und stabile Kurvenfahrt unter Schonung der Reifen, und überdies entfallen hier die bei den herkömmlichen Sattelzügen so lästigen und keineswegs ungefährlichen Federungsprobleme. Der passende Auflieger hierzu kann mit zwei starren Achsen oder einer mitlenkenden Nachlaufachse realisiert werden.

Ab Herbst 1977 wurde neben dem normalen und dem langen Fahrerhaus als dritte Ausführung ein mittellanges herausgebracht. Ein Bedarf hierfür bestand auf einigen Exportmärkten, so beispielsweise in Frankreich wegen der dortigen Zulassungsbestimmungen für Sattelzüge.

Die schweren Lastwagen der »Neuen Generation« ab 1973

Typ	Konstruktions-nummer	Zuläss. Gesamtgewicht	Produktion	Gesamtzahl bis einschl. 1986
2024 / 6 × 4	383	20 t	1975	1
2026 / 6 × 2–4	391	20 t	1976–1980	482
2032 / 6 × 2–4	391	20 t	1975–1983	1 397
2032 L / 6 × 2–4	391	20 t	ab 1982	495
2219 / 6 × 2	385	22 t	1976–1983	976
2219 L / 6 × 2	385	22 t	1976–1985	668
2219 / 6 × 4	385	22 t	1976–1982	3 030
2219 / 6 × 2–4	385	22 t	1980–1983	165
2224 / 6 × 2	385	22 t	1976–1982	286
2224 / 6 × 4	385	22 t	1975–1984	6 067
2226 / 6 × 2	393	22 t	1974–1982	2 363
2226 L / 6 × 2	393	22 t	1975–1981	758
2226 / 6 × 4	393	22 t	1974–1980	998
2226 L / 6 × 4	393	22 t	1976–1980	14
2232 / 6 × 2	393	22 t	1974–1983	3 770
2232 L / 6 × 2	393	22 t	1974–1983	1 313
2232 / 6 × 4	393	22 t	1974–1986	4 684
2232 L / 6 × 4	393	22 t	1975–1983	70
2626 / 6 × 4	395	26 t	1973–1981	19 776
2626 A / 6 × 6	395	26 t	1973–1983	7 254
2632 / 6 × 4	395	26 t	1973–1983	14 463
2632 A / 6 × 6	395	26 t	1973–1984	8 100

Die drei Fahrerhäuser der »Neuen Generation«:

Fahrerhaus kurz ab 1973

Fahrerhaus mittellang ab 1977

Fahrerhaus lang (Fernfahrerhaus) ab 1974

	Mercedes-Benz 1013 ab 1975	**Mercedes-Benz 1017 ab 1975**	**Mercedes-Benz 1019 1978–1983**
Motor	Daimler-Benz OM 352 Direkteinspritz-Dieselmotor	Daimler-Benz OM 352 A Direkteinspritz-Dieselmotor mit Abgas-Turbolader	Daimler-Benz OM 401 Direkteinspritz-Dieselmotor
Zylinderzahl	6 (Reihe)	6 (Reihe)	6 (V-Form)
Bohrung × Hub	97 × 128 mm	97 × 128 mm	125 × 130 mm
Hubraum	5765 ccm	5765 ccm	9570 ccm
Leistung	130 PS (96 kW) b. 2800 U/min	168 PS (124 kW) b. 2800 U/min	192 PS (141 kW) b. 2500 U/min
Getriebe	5 Gang	5 Gang	5 Gang
Fußbremse	Zweikreis-Hydraulik, Druckluft-Servohilfe, dazu Motorbremse	Zweikreis-Hydraulik, Druckluft-Servohilfe, dazu Motorbremse	Zweikreis-Hydraulik, Druckluft-Servohilfe, dazu Motorbremse
	1013: Pritschenwagen	**1017: Pritschenwagen**	
Radstand	3200, 3600 oder 4200 mm (Für Sonderaufbauten auch 3900, 4800 oder 5200 mm)	3200, 3600 oder 4200 mm (Für Sonderaufbauten auch 3900, 4800 oder 5200 mm)	
Pritsche	4600 (5200) (6250) × 2385 mm (bei Normal-Fahrerhaus)	4600 (5200) (6250) × 2385 mm (bei Normal-Fahrerhaus)	
Reifen	8 R 22,5 Zwillings-Hinterräder	8 R 22,5 Zwillings-Hinterräder	
Wagengewicht (mit Fahrer)	4535 (4615) (4755) kg	4600 (4650) (4750) kg	
Zuläss. Gesamtgewicht	10 300 kg	10 300 kg	
Nutzlast	ca. 5,5 t	ca. 5,5 t	
Zuläss. Lastzuggewicht	16 250 bzw. (ab 1982) 21 600 kg	22 000 kg	
Höchstgeschwindigkeit	94 km/h	84 km/h	
Preis (ohne MWSteuer)	1980: ca. 56 000 DM	1980: ca. 61 000 DM	
	1013 K: Kipper	**1017 K: Kipper**	
Radstand	3200 mm	3200 mm	
Pritsche	3800 × 2300 mm	3800 × 2300 mm	
	1013 S: Sattelzugmaschine	**1017 S: Sattelzugmaschine**	
Radstand	3200 oder 3600 mm	3200 oder 3600 mm	
		1017 LS: Sattelzugmaschine mit Luftfederung	
Radstand		3200 oder 3600 mm	
	1013 A: Allrad-Fahrgestell für Pritschen- oder Sonderaufbauten	**1017 A: Allrad-Fahrgestell für Pritschen- oder Sonderaufbauten**	**1019 AF: Allrad-Fahrgestell für Feuerwehrfahrzeuge**
Antrieb	Allrad-Antrieb (4 × 4)	Allrad-Antrieb (4 × 4)	Allrad-Antrieb (4 × 4)
Getriebe	5 Gang + Vorgelege	5 Gang + Vorgelege	5 Gang + Vorgelege
Radstand	3200 oder 3600 mm	3200, 3600 oder 3900 mm	3600 mm
Aufbaulänge	5000 (5700) mm	5000 (5700) mm	
Reifen	9 R 22,5 S + G Zwillings-Hinterräder	9 R 22,5 S + G Zwillings-Hinterräder	9 oder 10 R 22,5 Zwillings-Hinterräder
Zuläss. Gesamtgewicht	10 300 kg	10 300 kg	11 500 bzw. 12 000 kg
	1013 AK: Allrad-Kipper	**1017 AK: Allrad-Kipper**	
Radstand	3200 mm	3200 mm	
Pritsche	3800 × 2300 mm	3800 × 2300 mm	
		1017 AS: Allrad-Sattelzugmaschine:	
Radstand		3200 mm	

Mercedes-Benz 1017 A
Mercedes-Benz 1217 A
Allrad-Gelände-Lastwagen
Militär-Ausführung
ab 1975

Mercedes-Benz 1019 AF
Löschfahrzeug LF 16 der
Berufsfeuerwehr Hamburg
Aufbau: Bachert
1983

Mercedes-Benz 1217
Pritschenwagen
ab 1975

	Mercedes-Benz 1213 ab 1975	**Mercedes-Benz 1217 ab 1975**	**Mercedes-Benz 1219 1975–1983**
Motor	Daimler-Benz OM 352 Direkteinspritz-Dieselmotor	Daimler-Benz OM 352 A Direkteinspritz-Dieselmotor mit Abgas-Turbolader	Daimler-Benz OM 401 Direkteinspritz-Dieselmotor
Zylinderzahl	6 (Reihe)	6 (Reihe)	6 (V-Form)
Bohrung × Hub	97 × 128 mm	97 × 128 mm	125 × 130 mm
Hubraum	5765 ccm	5765 ccm	9570 ccm
Leistung	130 PS (96 kW) b. 2800 U/min	168 PS (124 kW) b. 2800 U/min	192 PS (141 kW) b. 2500 U/min
Getriebe	5 Gang	5 Gang	5 Gang
Fußbremse	Zweikreis-Hydraulik, Druckluft-Servohilfe, dazu Motorbremse	Zweikreis-Hydraulik, Druckluft-Servohilfe, dazu Motorbremse	Zweikreis-Hydraulik, Druckluft-Servohilfe, dazu Motorbremse
	1213: Pritschenwagen	**1217: Pritschenwagen**	**1219: Pritschenwagen**
Radstand	3200, 3600 oder 4200 mm (Für Sonderaufbauten auch 4800 oder 5200 mm)	3200, 3600 oder 4200 mm (Für Sonderaufbauten auch 4800 oder 5200 mm)	3200, 3600 oder 4200 mm (Für Sonderaufbauten auch 4800 oder 5200 mm)
Pritsche	4600 (5200) (6250) × 2385 mm	4600 (5200) (6250) × 2385 mm	4600 (5200) (6250) × 2385 mm
Reifen	8 oder 9 R 22,5 Zwillings-Hinterräder	8 oder 9 R 22,5 Zwillings-Hinterräder	10 R 22,5 Zwillings-Hinterräder
Wagengewicht (mit Fahrer)	4830 (4920) (5080) kg	4840 (4930) (5090) kg	5265 (5355) (5515) kg
Zuläss. Gesamtgewicht	11 800 kg	11 800 kg	11 800 kg
Nutzlast	ca. 6 t	ca. 6 t	ca. 6 t
Zuläss. Lastzuggewicht	21 600 kg	22 000 kg	20 800 kg
Höchstgeschwindigkeit	87 km/h	87 km/h	75 km/h
Preis (ohne MWSteuer)	1980: ca. 60 000 DM	1980: ca. 65 000 DM	1980: ca. 77 000 DM
	1213 K: Kipper	**1217 K: Kipper**	**1219 K: Kipper**
Radstand	3200 mm	3200 mm	3200 mm
Pritsche	3800 × 2300 mm	3800 × 2300 mm	3800 × 2300 mm
	1213 S: Sattelzugmaschine	**1217 S: Sattelzugmaschine**	**1219 S: Sattelzugmaschine**
Radstand	3200 mm	3200 oder 3600 mm	3200 oder 3600 mm
Reifen	9 R 22,5	9 R 22,5	9 R 22,5
		1217 LS: Sattelzugmaschine mit Luftfederung	
Radstand		3200 oder 3600 mm	
	1213 A: Allrad-Fahrgestell für Pritschen- oder Sonderaufbauten	**1217 A: Allrad-Fahrgestell für Pritschen- oder Sonderaufbauten**	**1219 A: Allrad-Fahrgestell für Pritschen- oder Sonderaufbauten**
Antrieb	Allrad-Antrieb (4 × 4)	Allrad-Antrieb (4 × 4)	Allrad-Antrieb (4 × 4)
Getriebe	5 Gang + Vorgelege	5 Gang + Vorgelege	8 Gang + Kriechgang
Radstand	3200 oder 3600 mm	3200 oder 3600 mm	3200 oder 3600 mm
Wagengewicht	+ 125 kg	+ 175 kg	+ 800 kg
	1213 AK: Allrad-Kipper	**1217 AK: Allrad-Kipper**	**1219 AK: Allrad-Kipper**
Radstand	3200 mm	3200 mm	3200 mm
Pritsche	3800 × 2300 mm	3800 × 2300 mm	3800 × 2300 mm
Reifen	10 R 22,5 Zwillings-Hinterräder	10 R 22,5 Zwillings-Hinterräder	10 R 22,5 Zwillings-Hinterräder
	1213 AS: Allrad-Sattelzugmaschine	**1217 AS: Allrad-Sattelzugmaschine**	
Radstand	3200 mm	3200 oder 3600 mm	
Reifen	9 R 22,5	9 R 22,5	

Mercedes-Benz 1417 K Meiller Dreiseitenkipper mit Stahlpritsche

Mercedes-Benz 1419 Lastzug mit Aluminium-Pritschen

Motor

Zylinderzahl
Bohrung × Hub
Hubraum
Leistung
Getriebe

Fußbremse

Radstand

Pritsche

Reifen

Wagengewicht (mit Fahrer)
Zuläss. Gesamtgewicht
Nutzlast
Zuläss. Lastzuggewicht
Höchstgeschwindigkeit
Preis (ohne MWSteuer)

Radstand

Radstand
Pritsche

Radstand
Reifen

Antrieb
Getriebe
Radstand

Radstand
Reifen

Mercedes-Benz **1413** **ab 1975**	**Mercedes-Benz** **1417** **ab 1975**	**Mercedes-Benz** **1419** **1975–1982**	**Mercedes-Benz** **1424** **1975–1982**
Daimler-Benz OM 352 Direkteinspritz-Dieselmotor	Daimler-Benz OM 352 A Direkteinspritz-Dieselmotor mit Abgas-Turbolader	Daimler-Benz OM 401 Direkteinspritz-Dieselmotor	Daimler-Benz OM 402 Direkteinspritz-Dieselmotor
6 (Reihe)	6 (Reihe)	6 (V-Form)	8 (V-Form)
97 × 128 mm	97 × 128 mm	125 × 130 mm	125 × 130 mm
5765 ccm	5765 ccm	9570 ccm	12 760 ccm
130 PS (96 kW) b. 2800 U/min	168 PS (124 kW) b. 2800 U/min	192 PS (141 kW) b. 2500 U/min	240 PS (177 kW) b. 2300 U/min
5 Gang	8 Gang + Kriechgang	8 Gang + Kriechgang	8 Gang + (auf Wunsch) Vorschaltgruppe
Zweikreis-Hydraulik, Druckluft-Servohilfe, dazu Motorbremse	Zweikreis-Hydraulik, Druckluft-Servohilfe, dazu Motorbremse	Zweikreis-Hydraulik, Druckluft-Servohilfe, dazu Motorbremse	Zweikreis-Hydraulik, Druckluft-Servohilfe, dazu Motorbremse
1413: Pritschenwagen	**1417: Pritschenwagen**	**1419: Pritschenwagen**	
3600, 4200 oder 4800 mm (Für Sonderaufbauten auch 5200 mm)	3600, 4200 oder 4800 mm (Für Sonderaufbauten auch 5200 mm)	3600, 4200 oder 4800 mm (Für Sonderaufbauten auch 5200 mm)	
5100 (6100) (7150) × 2385 mm (bei Normal-Fahrerhaus)	5100 (6100) (7150) × 2385 mm (bei Normal-Fahrerhaus)	5100 (6100) (7150) × 2385 mm (bei Normal-Fahrerhaus)	
8 oder 9 R 22,5 bzw. (ab 1979) 10 R 22,5 Zwillings-Hinterräder	8 oder 9 R 22,5 bzw. (ab 1979) 10 R 22,5 Zwillings-Hinterräder	10 R 22,5 Zwillings-Hinterräder	
5280 (5420) (5700) kg	5650 (5950) (6000) kg	5860 (6150) (6300) kg	
14 000 kg	14 000 kg	14 000 kg	
ca. 8,5 t	ca. 8 t	ca. 7,5 t	
21 600 kg	28 000 kg	32 000 kg	
85 km/h	88 km/h	89 km/h	
1980: ca. 70 000 DM	1980: ca. 76 000 DM	1980: ca. 83 000 DM	
		1412 L: Fahrgestell **mit Luftfederung**	
		3200, 3600, 4200, 4800, 5200	
1413 K: Kipper	**1417 K: Kipper**	**1419 K: Kipper**	
3200 mm	3200 mm	3200 mm	
4000 × 2300 mm	4000 × 2300 mm	4000 × 2300 mm	
		1419 S: Sattelzugmaschine **1419 LS: Sattelzugmaschine** **mit Luftfederung**	**1424 S: Sattelzugmaschine** **1424 LS: Sattelzugmaschine** **mit Luftfederung**
		3200 oder 3600 mm	3200 oder 3600 mm
		10 R 22,5 Zwillings-Hinterräder	11 R 22,5 Zwillings-Hinterräder
1413 A: Allrad-Fahrgestell	**1417 A: Allrad-Fahrgestell**		
Allrad-Antrieb (4 × 4) 5 Gang + Vorgelege 3600 mm	Allrad-Antrieb (4 × 4) 5 Gang + Vorgelege 3600 mm		
1413 AK: Allrad-Kipper	**1417 AK: Allrad-Kipper**	**1419 AK: Allrad-Kipper** **1419 AS:** **Allrad-Sattelzugmaschine**	
3200 mm 11 R 22,5 S + G Zwillings-Hinterräder	3200 mm 11 R 22,5 S + G Zwillings-Hinterräder	3200 mm 11 R 22,5 S + G Zwillings-Hinterräder	

Mercedes-Benz 1617 mit Aluminium-Pritsche für Baumaterial-Transport

Mercedes-Benz 1619 Milchsammelwagen mit isoliertem Tankaufbau

Mercedes-Benz 1619 K Meiller Dreiseitenkipper mit Schneepflug und Ladebagger

Motor

Zylinderzahl
Bohrung × Hub
Hubraum
Leistung
Getriebe

Fußbremse

Radstand

Pritsche

Reifen

Wagengewicht (mit Fahrer)
Zuläss. Gesamtgewicht
Nutzlast
Zuläss. Lastzuggewicht
Höchstgeschwindigkeit
Preis (ohne MWSteuer)

Radstand

Pritsche

Radstand

Radstand

Antrieb
Getriebe
Radstand
Pritsche
Reifen

<table>
<tr><th>Mercedes-Benz
1613
ab 1975</th><th>Mercedes-Benz
1617
ab 1975</th><th>Mercedes-Benz
1619
1975–1983</th><th>Mercedes-Benz
1624
1975–1983</th></tr>
<tr><td>Daimler-Benz OM 352
Direkteinspritz-Dieselmotor

6 (Reihe)
97 × 128 mm
5765 ccm
130 PS (96 kW) b. 2800 U/min
5 Gang

Zweikreis-Hydraulik,
Druckluft-Servohilfe,
dazu Motorbremse</td><td>Daimler-Benz OM 352 A
Direkteinspritz-Dieselmotor
mit Abgas-Turbolader
6 (Reihe)
97 × 128 mm
5765 ccm
168 PS (124 kW) b. 2800 U/min
8 Gang + Kriechgang

Zweikreis-Hydraulik,
Druckluft-Servohilfe,
dazu Motorbremse</td><td>Daimler-Benz OM 401
Direkteinspritz-Dieselmotor

6 (V-Form)
125 × 130 mm
9570 ccm
192 PS (141 kW) b. 2500 U/min
8 Gang + Kriechgang

Zweikreis-Hydraulik,
Druckluft-Servohilfe,
dazu Motorbremse</td><td>Daimler-Benz OM 402
Direkteinspritz-Dieselmotor

8 (V-Form)
125 × 130 mm
12 760 ccm
240 PS (177 kW) b. 2300 U/min
8 Gang + (auf Wunsch)
Vorschaltgruppe
Zweikreis-Hydraulik,
Druckluft-Servohilfe,
dazu Motorbremse</td></tr>
<tr><td>1613: Pritschenwagen</td><td>1617: Pritschenwagen</td><td>1619: Pritschenwagen</td><td>1624: Pritschenwagen</td></tr>
<tr><td colspan="4">3900, 4500, 4800, 5200 oder 5500 mm
(Für Sonderaufbauten auch 5800 mm)
5100 (6100) (6100) (7150) (7150) × 2430 mm
(bei Normal-Fahrerhaus)</td></tr>
<tr><td>8 R 22,5 bzw.
(ab 1979) 11 R 22,5
Zwillings-Hinterräder
5500 (5700) (5900) kg
16 000 kg
ca. 10 t
21 600 kg
88 km/h
1980: ca. 74 000 DM</td><td>8 R 22,5 bzw.
(ab 1979) 11 R 22,5
Zwillings-Hinterräder
5800 (6000) (6200) kg
16 000 kg
ca. 10 t
28 000 kg
91 km/h
1980: ca. 85 000 DM</td><td>10 R 22,5 bzw.
(ab 1979) 11 R 22,5
Zwillings-Hinterräder
6100 (6300) (6500) kg
16 000 kg
ca. 9,5 t
32 000 kg
91 km/h
1980: ca. 89 000 DM</td><td>11 R 22,5
Zwillings-Hinterräder

6600 (6800) (7000) kg
16 000 kg
ca. 9 t
32 000 kg
93 km/h
1980: ca. 102 000 DM</td></tr>
<tr><td>1613 L:
Fahrgestell mit Luftfederung
für Pritschen- oder
Sonderaufbauten</td><td>1617 L:
Fahrgestell mit Luftfederung
für Pritschen- oder
Sonderaufbauten</td><td>1619 L:
Fahrgestell mit Luftfederung
für Pritschen- oder
Sonderaufbauten</td><td>1624 L:
Fahrgestell mit Luftfederung
für Pritschen- oder
Sonderaufbauten</td></tr>
<tr><td>1613 K: Kipper</td><td>1617 K: Kipper</td><td>1619 K: Kipper</td><td>1624 K: Kipper</td></tr>
<tr><td>3200 oder 3600 mm
(Für Sonderaufbauten wie
Kranwagen auch 3900 mm)
(4000-4400) × 2300 mm</td><td>3200 oder 3600 mm
(Für Sonderaufbauten wie
Kranwagen auch 3900 mm)
(4000-4400) × 2300 mm</td><td>3200 oder 3600 mm
(Für Sonderaufbauten wie
Kranwagen auch 3900 mm)
(4000-4400) × 2300 mm</td><td>3200 oder 3600 mm
(Für Sonderaufbauten wie
Kranwagen auch 3900 mm)
(4000-4400) × 2300 mm</td></tr>
<tr><td></td><td></td><td>1619 S: Sattelzugmaschine

3200 oder 3600 mm</td><td>1624 S: Sattelzugmaschine

3200 oder 3600 mm</td></tr>
<tr><td></td><td></td><td></td><td>1624 LS: Sattelzugmaschine
mit Luftfederung

3200 mm</td></tr>
<tr><td></td><td>1617 AK: Allrad-Kipper

Allrad-Antrieb (4 × 4)
5 Gang + Vorgelege
3200 oder 3600 mm
(4000-4400) × 2300 mm
11 R 22,5 S + G
Zwillings-Hinterräder</td><td>1619 AK: Allrad-Kipper

Allrad-Antrieb (4 × 4)
8 Gang + Kriechgang + Vorgelege
3200 oder 3600 mm
(4000-4400) × 2300 mm
11 R 22,5 S + G
Zwillings-Hinterräder</td><td></td></tr>
</table>

Mercedes-Benz 1719 S Sattelzugmaschine mit
Dreiachs-Muldenkipper-Sattelanhänger für Steintransporte
Anhänger: Blumhardt 1980

Mercedes-Benz 1626 AK (1632 AK, 1926 AK, 1932 AK)
Allrad-Dreiseiten-Kipper mit Stahlpritsche

	Mercedes-Benz 1719 1973–1982	Mercedes-Benz 1626 1973–1981	Mercedes-Benz 1632 1973–1983
Motor	Daimler-Benz OM 401	Daimler-Benz OM 402 I	Daimler-Benz OM 403
	Direkteinspritz-Dieselmotor	Direkteinspritz-Dieselmotor	Direkteinspritz-Dieselmotor
Zylinder	6 (V-Form)	8 (V-Form)	10 (V-Form)
Bohrung × Hub	125 × 130 mm	125 × 130 mm	125 × 130 mm
Hubraum	9570 ccm	12 760 ccm	15 950 ccm
Leistung	192 PS = 141 kW b. 2500 U/min	256 PS = 188 kW b. 2500 U/min	320 PS = 235 kW b. 2500 U/min
Getriebe	6 Gang	6 Gang	4 × 2 Gang + Kriechgang
Fußbremse	Zweikreis-Druckluft,	Zweikreis-Druckluft,	Zweikreis-Druckluft,
	dazu Motorbremse	dazu Motorbremse	dazu Motorbremse
	1719: Pritschenwagen	**1626: Pritschenwagen**	**1632: Pritschenwagen**
Radstand	4500 mm	4500, 4800 oder 5500 mm	4500 oder 4800 mm
Pritsche	6100 × 2430 mm	6100 (6100) (7150) × 2430 mm	6100 × 2430 mm
Gesamtmaße	8000 × 2500 × 2800 mm	8000 × 2500 × 2800 mm	8000 × 2500 × 2800 mm
	(mit Fahrerhaus kurz)	(mit Fahrerhaus kurz)	(mit Fahrerhaus kurz)
		9400 × 2500 × 3000 mm	
		(mit 7150 mm-Pritsche)	
Reifen	11,00 R 20 / 16 PR oder	12,00 R 20 / 18 PR oder	12,00 R 20 / 18 PR oder
	12 R 22,5	13 R 22,5	13 R 22,5
	Zwillings-Hinterräder	Zwillings-Hinterräder	Zwillings-Hinterräder
Wagengewicht (mit Fahrer)	ca. 7000 kg	ca. 7500–8000 kg	ca. 7500 kg
Zuläss. Gesamtgewicht	16 000 kg	16 000 kg	16 000 kg
Zuläss. Lastzuggewicht	24 000 kg	38 000 kg	38 000 kg
Preis (ohne MWSteuer)	1980: ca. 94 000 DM	1980: ca. 117 000 DM	1980: ca. 122 000 DM
		1626 L: Fahrgestell	**1632: L: Fahrgestell**
		mit Luftfederung	**mit Luftfederung**
Radstand		3800, 4500, 4800, 5500 mm	4500 oder 4800 mm
	1719 K: Kipper	**1626 K: Kipper**	**1632 K: Kipper**
Radstand	3800 mm	3800 mm	3800 mm
Pritsche	4800 × 2300 mm	4800 × 2300 mm	4800 × 2300 mm
	1719 S: Sattelzugmaschine	**1626 S: Sattelzugmaschine**	**1632 S: Sattelzugmaschine**
		1626 SL: Sattelzugmaschine	**1626 SL: Sattelzugmaschine**
		mit Luftfederung	**mit Luftfederung**
Radstand	3200 mm	3200, 3500 oder 3800 mm	3200, 3500 oder 3800 mm
	1719 AK: Kipper	**1626 AK: Kipper**	**1632 AK: Kipper**
Antrieb	Allrad-Antrieb (4 × 4)	Allrad-Antrieb (4 × 4)	Allrad-Antrieb (4 × 4)
Radstand	3800 mm	3800 mm	3800 mm
Pritsche	4800 × 2300 mm	4800 × 2300 mm	4800 × 2300 mm
Reifen	13 R 22,5 S + G	13 R 22,5 S + G	13 R 22,5 S + G
	Zwillings-Hinterräder	Zwillings-Hinterräder	Zwillings-Hinterräder
		1626 AS: Sattelzugmaschine	**1632 AS: Sattelzugmaschine**
Antrieb		Allrad-Antrieb (4 × 4)	Allrad-Antrieb (4 × 4)
Radstand		3200 oder 3800 mm	3200 oder 3800 mm

	Mercedes-Benz 1919 1973–1982	Mercedes-Benz 1926 1973–1981	Mercedes-Benz 1932 1973–1982
	Gleiche Daten wie 1719,	Gleiche Daten wie 1626,	Gleiche Daten wie 1632,
	jedoch:	jedoch:	jedoch:
Reifen	12,00–20 / 18 PR	12,00–20 / 18 PR	12,00–20 / 18 PR
Zuläss. Gesamtgewicht	19 000 kg	19 000 kg	19 000 kg
Bemerkungen		Nicht mit Luftfederung!	Nicht mit Luftfederung!
	Export-Modell	Export-Modell	Export-Modell

Mercedes-Benz 2224 B (6×4) Transport-Betonmischer

Mercedes-Benz 2224 KO (6×4) Kuka Hausmüllwagen (Inhalt 19 m³)

	Mercedes-Benz 2219 (6 × 2) 1976–1983 2219 (6 × 4) 1976–1982	Mercedes-Benz 2224 (6 × 2) 1977–1982 2224 (6 × 4) 1975–1984
Motor	Daimler-Benz OM 401 Direkteinspritz-Dieselmotor	Daimler-Benz OM 402 Direkteinspritz-Dieselmotor
Zylinderzahl	6 (V-Form)	8 (V-Form)
Bohrung × Hub	125 × 130 mm	125 × 130 mm
Hubraum	9570 ccm	12 760 ccm
Leistung	192 PS = 141 kW bei 2500 U/min	240 PS = 177 kW bei 2500 U/min
Getriebe	8 Gang	8 Gang
Antrieb	(6 × 2): Antrieb auf vordere Hinterachse Nachlaufachse auf Wunsch anhebbar (6 × 4): Antrieb auf beide Hinterachsen	(6 × 2): Antrieb auf vordere Hinterachse Nachlaufachse auf Wunsch anhebbar (6 × 4): Antrieb auf beide Hinterachsen
Fußbremse	Zweikreis-Druckluft, dazu Motorbremse	Zweikreis-Druckluft, dazu Motorbremse
	2219 (6 × 2): Fahrgestell für Pritschen- oder Sonderaufbauten	**2224 (6 × 2): Fahrgestell für Pritschen- oder Sonderaufbauten**
Radstand	3200, 3600, 4200 oder 5200 + 1350 mm	3200, 3600, 4200 oder 5200 + 1350 mm
Aufbaulänge	bis 5300 (5900) (6900) (8600) mm	bis 5400 (6050) (7050) (8750) mm
Reifen	11 R 22,5 Antriebsachsen Zwillingsräder Nachlaufachse Einzelräder	11 R 22,5 Antriebsachsen Zwillingsräder Nachlaufachse Einzelräder
Fahrgestellgewicht (einschl. Fahrerhaus)	6150–6400 kg	6600–6800 kg
Zuläss. Gesamtgewicht	22 000 kg	22 000 kg
Zuläss. Lastzuggewicht	32 000 kg	32 000 kg
	2219 L (6 × 2): Fahrgestell für Pritschen- oder Sonderaufbauten Gleiches Fahrgestell, jedoch: Achsen 2 und 3 mit Luftfederung	
	2219 (6 × 4): Fahrgestell für Pritschen- oder Sonderaufbauten	**2224 (6 × 4): Fahrgestell für Pritschen- oder Sonderaufbauten**
Radstand	3200, 3600, 4200 oder 4800 + 1350 mm	3600, 4200 oder 4800 + 1350 mm
Aufbaulänge	bis 5650 (6250) (7300) (8300) mm	bis 6400 (7450) (8500) mm
Reifen	11 R 22,5 4 Zwillings-Hinterräder	11 R 22,5 4 Zwillings-Hinterräder
Fahrgestellgewicht (einschl. Fahrerhaus)	6950–7150 kg	7350–7500 kg
Zuläss. Gesamtgewicht	22 000 kg	22 000 kg
Zuläss. Lastzuggewicht	32 000 kg	32 000 kg
		2224 B (6 × 4): Fahrgestell für Transport-Betonmischer
Radstand		2800 oder 3850 + 1350 mm
Getriebe		6 Gang
Fußbremse		Zweikreis-Hydraulik, Druckluft-Servohilfe, dazu Motorbremse
Zuläss. Gesamtgewicht		22 000 oder 26 000 kg

Mercedes-Benz 2226 L (6×2)
Mercedes-Benz 2632 L (6×2)
38 t-Lastzug mit
16 t-Zweiachs-Anhänger
1974–1983

Mercedes-Benz 2232 KO (6×4)
mit Wechsel-Container für
Bauschutt, Müll oder Abfälle
etwa 1980

Mercedes-Benz 2232 L (6×2)
mit Wackenhut Wechselaufbau
1974

	Mercedes-Benz 2226 (6 × 2) 1974–1982 2226 (6 × 4) 1974–1980	**Mercedes-Benz 2232 (6 × 2) 1974–1983 2232 (6 × 4) 1974–1983**
Motor	Daimler-Benz OM 402	Daimler-Benz OM 403
	Direkteinspritz-Dieselmotor	Direkteinspritz-Dieselmotor
Zylinderzahl	8 (V-Form)	10 (V-Form)
Bohrung × Hub	125 × 130 mm	125 × 130 mm
Hubraum	12 760 ccm	15 950 ccm
Leistung	256 PS = 188 kW bei 2500 U/min	320 PS = 235 kW bei 2500 U/min
Getriebe	4 × 2 Gang + Kriechgang	4 × 2 Gang + Kriechgang
Antrieb	(6 × 2): Antrieb auf vordere Hinterachse	(6 × 2): Antrieb auf vordere Hinterachse
	Nachlaufachse auf Wunsch anhebbar	Nachlaufachse auf Wunsch anhebbar
	(6 × 4): Antrieb auf beide Hinterachsen	(6 × 4): Antrieb auf beide Hinterachsen
Fußbremse	Zweikreis-Druckluft,	Zweikreis-Druckluft,
	dazu Motorbremse	dazu Motorbremse
	2226 (6 × 2): Pritschenwagen	**2232 (6 × 2): Pritschenwagen**
Radstand	4100 + 1350 mm	4100 + 1350 mm
	(Für Sonderaufbauten auch	(Für Sonderaufbauten auch
	3850, 4500 oder 4800 + 1350 mm)	3850, 4500 oder 4800 + 1350 mm)
Pritsche	7150 × 2430 mm	7150 × 2430 mm
Gesamtmaße	9075 × 2500 × 2900 mm	9075 × 2500 × 2900 mm
	(mit kurzem Fahrerhaus)	(mit kurzem Fahrerhaus)
	(Höhe über Fahrerhaus)	(Höhe über Fahrerhaus)
Reifen	11,00 R 20 / 16 PR oder 12 R 22,5	11,00 R 20 / 16 PR oder 12 R 22,5
	Antriebsachse Zwillingsräder	Antriebsachse Zwillingsräder
	Nachlaufachse Einzelräder	Nachlaufachse Einzelräder
Fahrgestellgewicht (einschl. Fahrerhaus)	7115 kg	7185 kg
Wagengewicht (mit Fahrer)	8240 kg	8310 kg
Zuläss. Gesamtgewicht	22 000 kg	22 000 kg
Nutzlast	ca. 13,5 t	ca. 13,5 t
Zuläss. Lastzuggewicht	38 000 kg	38 000 kg
Höchstgeschwindigkeit	95 km/h	111 km/h
Preis (ohne MWSteuer)	1980: ca. 123 000 DM	1980: ca. 138 000 DM
	2226 (6 × 4): Pritschenwagen	**2232 (6 × 4): Pritschenwagen**
Radstand	4100 + 1350 mm	4100 + 1350 mm
	(Für Sonderaufbauten auch	(Für Sonderaufbauten auch
	4500 + 1350 mm)	4500 + 1350 mm)
Pritsche	7150 × 2430 mm	7150 × 2430 mm
Fahrgestellgewicht (einschl. Fahrerhaus)	8105 kg	8355 kg
Wagengewicht (mit Fahrer)	9230 kg	9440 kg
Nutzlast	ca. 12,5 t	ca. 12,5 t
	2226 S (6 × 4): Sattelzugmaschine	**2232 S (6 × 4): Sattelzugmaschine**
Radstand	3000 + 1350 mm	3000 + 1350 mm
	2226 L (6 × 2): Pritschenwagen	**2232 L (6 × 2): Pritschenwagen**
	2226 L (6 × 4): Pritschenwagen	**2232 L (6 × 4): Pritschenwagen**
	2226 LS (6 × 4): Sattelzugmaschine	**2232 LS (6 × 4): Sattelzugmaschine**
	Gleiche Fahrzeuge, jedoch	Gleiche Fahrzeuge, jedoch
	beide Hinterachsen mit Luftfederung	beide Hinterachsen mit Luftfederung

Mercedes-Benz 2626 AK (6×6)
Mercedes-Benz 2632 AK (6×6)
Meiller Allrad-Dreiseitenkipper
1975–1983

Mercedes-Benz 2632 AF (6×6)
Radstand 4100 + 1350 mm
Flugplatz-Löschfahrzeug FLF 11 000
Aufbau: Metz (Karlsruhe)
1978

Mercedes-Benz 2632 S (6×4)
Sattelzugmaschine mit
Dreiachs-Tieflader-
Sattelanhänger
etwa 1980

	Mercedes-Benz 2626 (6 × 4) 1975–1981 2626 A (6 × 6) 1975–1983	**Mercedes-Benz 2632 (6 × 4) 1975–1983 2632 A (6 × 6) 1975–1983**
Motor	Daimler-Benz OM 402	Daimler-Benz OM 403
	Direkteinspritz-Dieselmotor	Direkteinspritz-Dieselmotor
Zylinderzahl	8 (V-Form)	10 (V-Form)
Bohrung × Hub	125 × 130 mm	125 × 130 mm
Hubraum	12 760 ccm	15 950 ccm
Leistung	256 PS = 188 kW bei 2500 U/min	320 PS = 235 kW bei 2500 U/min
Getriebe	(6 × 4): 6 Gang	(6 × 4): 4 × 2 Gang + Kriechgang
	(6 × 6): 8 Gang + Kriechgang	(6 × 6): 8 Gang + Kriechgang
Antrieb	(6 × 4): Antrieb auf 4 Hinterräder	(6 × 4): Antrieb auf 4 Hinterräder
	(6 × 6): Antrieb auf alle 6 Räder	(6 × 6): Antrieb auf alle 6 Räder
Fußbremse	Zweikreis-Druckluft, dazu Motorbremse	Zweikreis-Druckluft, dazu Motorbremse
	2626 (6 × 4): Fahrgestell für Pritschen- oder Sonderaufbauten	**2632 (6 × 4): Fahrgestell für Pritschen- oder Sonderaufbauten**
Radstand	4100 oder 4500 + 1350 mm	4100 oder 4500 + 1350 mm
Pritsche	7150 × 2430 mm	7150 × 2430 mm
Reifen	11,00–20 / 16 PR oder 12 R 22,5	11,00–20 / 16 PR oder 12 R 22,5
	4 Zwillings-Hinterräder	4 Zwillings-Hinterräder
Fahrgestellgewicht (einschl. Fahrerhaus)	8275 (8315) kg	8465 (8510) kg
Zuläss. Gesamtgewicht	22 000 oder 26 000 kg	22 000 oder 26 000 kg
Zuläss. Lastzuggewicht	32 000 oder 38 000 kg	38 000 kg
	2626 A (6 × 6): Fahrgestell für Pritschen- oder Sonderaufbauten	**2632 A (6 × 6): Fahrgestell für Pritschen- oder Sonderaufbauten**
Radstand	4100 + 1350 mm	4100 + 1350 mm
Reifen	11,00–20 / 16 PR oder 12 R 22,5 S + G	11,00–20 / 16 PR oder 12 R 22,5 S + G
	4 Zwillings-Hinterräder	4 Zwillings-Hinterräder
Fahrgestellgewicht (einschl. Fahrerhaus)	8510 kg	8880 kg
	2626 K (6 × 4): Kipper	**2632 K (6 × 4): Kipper**
Radstand	3200 oder 3500 + 1350 mm	3200, 3500 oder 3850 + 1350 mm
Pritsche	4800 (5200) × 2300 mm	4800 (5200) × 2300 mm
Gesamtlänge	7330 (7730) × 2500 × 3000 mm	7330 (7730) × 2500 × 3000 mm
	oder Muldenkipper	oder Muldenkipper
	7600 (8000) × 2500 × 3000 mm	7600 (8000) × 2500 × 3000 mm
	(Höhe über Fahrerhaus)	(Höhe über Fahrerhaus)
Wagengewicht (mit Fahrer)	10 510 kg	11 110 kg
Zuläss. Gesamtgewicht	22 000 oder 26 000 kg	22 000 oder 26 000 kg
	2626 AK (6 × 6): Kipper	**2632 AK (6 × 6): Kipper**
Wagengewicht (mit Fahrer)	11 375 kg	11 830 kg
Preis (ohne MWSteuer)	1980: ca. 156 000 DM	1980: ca. 167 000 DM
	2626 B (6 × 4): Betonmischer-Fahrgestell	
	2626 AB (6 × 6): Betonmischer-Fahrgestell	
Radstand	3200 + 1350 mm	

Mercedes-Benz 2032 S (6×2–4)
Sattelzugmaschine mit 2 Lenkachsen und
Kässbohrer Sattelanhänger für Bitumen-Transport
Inhalt ca. 30 000 Liter, Nutzlast ca. 23,5 t
Zweite Anhängerachse ebenfalls gelenkt
1975

	Mercedes-Benz 2219 (6 × 2–4) 1980–1983	Mercedes-Benz 2026 (6 × 2–4) 1976–1980
Motor	Daimler-Benz OM 401 Direkteinspritz-Dieselmotor	Daimler-Benz OM 402 Direkteinspritz-Dieselmotor
Zylinder	6 (V-Form)	8 (V-Form)
Bohrung × Hub	125 × 130 mm	125 × 130 mm
Hubraum	9570 ccm	12 760 ccm
Leistung	192 PS = 141 kW bei 2500 U/min	256 PS = 188 kW bei 2500 U/min
Getriebe	8 Gang	6 Gang + (auf Wunsch) Vorschaltgruppe
Antrieb	Achsen 1 und 2: Lenkachsen Achse 3: Antriebsachse	Achsen 1 und 2: Lenkachsen Achse 3: Antriebsachse
Fußbremse	Zweikreis-Druckluft, dazu Motorbremse	Zweikreis-Druckluft, dazu Motorbremse
	2219 S (6 × 2–4): Sattelzugmaschine	**2026 S (6 × 2–4): Sattelzugmaschine**
Radstand	2400 + 1350 mm	2400 + 1350 mm
Reifen	11 R 22,5 Achse 1 und 2: Einzelräder Achse 3: Zwillingsräder	12 R 22,5 Achse 1 und 2: Einzelräder Achse 3: Zwillingsräder
Fahrgestellgewicht (einschl. Fahrerhaus)	6900–7150 kg	7200–7450 kg
Zuläss. Gesamtgewicht	22 000 kg	19 000, 20 000 oder 22 000 kg
Zuläss. Lastzuggewicht	32 000 kg	38 000 kg
Bemerkung	Export-Modell	Export-Modell

	Mercedes-Benz 2032 (6 × 2–4) 1975–1983
Motor	Daimler-Benz OM 403 Direkteinspritz-Dieselmotor
Zylinder	10 (V-Form)
Bohrung × Hub	125 × 130 mm
Hubraum	15 950 ccm
Leistung	320 PS = 235 kW bei 2500 U/min
Getriebe	4 × 2 Gang + Kriechgang
Antrieb	Achsen 1 und 2: Lenkachsen Achse 3: Antriebsachse
Fußbremse	Zweikreis-Druckluft, dazu Motorbremse
	2032 S (6 × 2–4): Sattelzugmaschine
Radstand	2400 + 1350 mm
Reifen	12 R 22,5 Achsen 1 und 2: Einzelräder Achse 3: Zwillingsräder
Fahrgestellgewicht (einschl. Fahrerhaus)	7500–7700 kg
Zuläss. Gesamtgewicht	19 000, 20 000 oder 22 000 kg
Zuläss. Lastzuggewicht	38 000 kg

Mittlere und schwere Lastwagen der »Neuen Generation 80« ab 1980

Ab Herbst 1979 (Serienanlauf Herbst 1980) erhalten zunächst die schweren, bald aber auch die mittleren Lastwagen von Daimler-Benz erheblich verbesserte Motoren, beginnend mit dem OM 422. Es gab die neuen Triebwerke zunächst in zwei freisaugenden Ausführungen (250 und 280 PS) und als ladeluftgekühlten OM 422 LA mit 375 PS Leistung. Erst ein Jahr später folgte als vierte Version der 330 PS starke Ladermotor OM 422 A.

Mit diesen Motoren fuhr die »Neue Generation« gewissermaßen in ihre zweite Halbzeit. Äußere Kennzeichen der nunmehrigen »Neuen Generation 80« (NG 80) waren die »Kiemen« beiderseits des Kühlergitters, dazu der Wegfall der Zierleisten beiderseits des Mercedes–Sterns. Im übrigen erfolgte der Übergang zur NG 80 nicht von einem auf den anderen Tag, sondern fließend über Monate hinweg.

Zunächst nur für die ladeluftgekühlten, also leistungsstärksten Fernverkehrs-Lastwagen war das ebenfalls im September 1979 vorgestellte Großraum-Fahrerhaus bestimmt. Es bot innen 164 mm mehr an Breite und 148 mm mehr an Höhe. Das aufwendig ausgestattete und äußerlich sehr imposante Gehäuse gehörte trotz des beachtlichen Aufpreises bald zum Standard der schweren Lastwagen und Sattelzugmaschinen im Langstreckeneinsatz.

Eine wichtige Änderung hatten auch die Sattelzugmaschinen der »Neuen Generation 80« erfahren. Ihre Rahmenkonstruktion wurde völlig von der der Pritschenwagen getrennt. Unter Wegfall eines zusätzlichen Hilfsrahmens besteht nun der Hauptrahmen aus einem Doppel-U-Profil. Die um 120 mm niedrigere Bauart erlaubt den problemlosen Einsatz von bis zu 4 Meter hohen Containern.

Ebenfalls im Herbst 1979 führte Daimler–Benz das in Zusammenarbeit mit Westinghouse entwickelte Anti-Blockier-System (ABS) für Lastwagen und Omnibusse ein.

Im April 1983 wurde die Mittelklasse durch einen neuen Typ mit ladeluftgekühltem 192 PS Sechszylinder-Reihenmotor und neuem Sechsgang-Synchrongetriebe erweitert.

Ab Juli 1984 wurde für alle Lastwagen im Leistungsbereich von 170 bis 250 PS ein Vorschaltgetriebe angeboten, das jedoch in der Praxis nichts brachte und deshalb bald wieder verschwand.

1981 übernahm Daimler-Benz die Saurer-Fahrzeugwerke in Arbon (Schweiz), um sie als NAW (Nutzfahrzeuggesellschaft Arbon & Wetzikon AG.) weiterzuführen. Die NAW fertigt seither für Daimler–Benz schwere Spezialfahrzeuge in Kleinserien. Der dortigen Produktion entstammte 1984 die Schwerlast-Zugmaschine 3850 AS (6 × 4). Ferner brachte NAW die Vierachs-Lastwagen 3328/3333/3338 (8 × 4) heraus, die mit 30 t Gesamtgewicht seit Oktober 1984 auch in der Bundesrepublik für den Verkehr auf öffentlichen Straßen zugelassen sind. Für den Export waren vorher immerhin bereits 450 Vierachser ausgeliefert worden. Die Produktion der für den deutschen Markt infrage kommenden Vierachser wurde im August 1985 nach dem Werk Wörth verlegt.

Anläßlich der Frankfurter Automobil-Austellung 1985 erhielten die seitherigen 19 C-Typen unter der nunmehrigen Bezeichnung 1420, 1620 und 2220 den leistungsstärkeren Turbomotor OM 356 LA mit Ladeluft-Kühlung. Bei den Schwergewichten fanden sich in den Typen 1635 und 2235 sowie 1644 und 2244 neue V8-Motoren mit 354 bzw. 435 PS Motorleistung, die dank einer optimierten Brennraumgestaltung trotz höherer Leistung weniger verbrauchen als die Vorgänger. Dazu kam bei den Schwerlastwagen die Einführung der elektro-pneumatischen Schaltung (EPS) des 16 Gang-Getriebes. Im übrigen brachte die Neugestaltung des Rahmens eine Verminderung des Fahrzeuggewichts.

Ab Anfang 1987 waren einige ausgesuchte Typen nicht mehr nur mit luftgefederter Hinterachse, sondern sogar mit Vollluftfederung erhältlich.

Im Laufe des Jahres 1988 dürfte die NG 80 durch eine neue Baureihe von mittleren und schweren Lastwagen abgelöst werden.

Neu ab September 1979:
Das Großraum-Fahrerhaus,
zunächst nur für Fernlastzüge,
später für alle Wagen der
»Neuen Generation 80« lieferbar

Die »Neue Generation 80«
umfaßte den weiten Bereich
vom mittleren Lastwagen
(hier: Mercedes-Benz 1419 C)
bis zur Schwerlast-Zugmaschine
(hier: Mercedes-Benz 3850)

Mittelschwere Lastwagen
von Mercedes-Benz
auf der Frankfurter
Automobil-Ausstellung 1983
Neu: Typ 1419 C und
Dachspoiler für
hochragende Aufbauten

Die mittleren und schweren Lastwagen der »Neuen Generation 80« (2. Halbzeit, ab 1980)

Typ	Konstruktions-nummer	Zuläss. Gesamtgewicht	Produktion	Gesamtzahl bis einschl. 1986
1419	397	14 t	1981–1984	679
1924	397	19 t	1981–1984	724
1928	397	19 t	1981–1984	606
1214 A	615	12 t	ab 1984	73
1217 CA	615	12 t	ab 1985	20
1222	615	12 t	ab 1981	1 158
1222 A	615	12 t	ab 1981	1 021
1225 A			ab 1986	19
1414	616	14 t	ab 1983	526
1417 C	616	14 t	ab 1983	646
1417 CA	616	14 t	ab 1983	132
1419 C	616	14 t	1983–1985	200
1419 CL	616	14 t	1983–1985	85
1420	616	14 t	ab 1985	103
1420 L	616	14 t	ab 1985	98
1422	616	14 t	ab 1981	3 082
1422 L	616	14 t	ab 1981	1 506
1425	616	14 t	ab 1982	718
1425 L	616	14 t	ab 1982	111
1614	617	16 t	ab 1984	156
1617 C	617	16 t	ab 1984	4 476
1617 CL	617	16 t	ab 1984	303
1617 CA	617	16 t	ab 1984	444
1619 C	617	16 t	1982–1985	215
1620	617	16 t	ab 1985	400
1620 L	617	16 t	ab 1985	98
1622	617	16 t	ab 1981	8 559
1622 L	617	16 t	ab 1981	1 697
1622 A	617	16 t	ab 1981	1 768
1625	617	16 t	ab 1980	8 462
1625 L	617	16 t	ab 1982	1 005
1625 A	617	16 t	ab 1985	119
1628	620	16 t	ab 1979	8 274
1628 L	620	16 t	ab 1979	2 321
1633	620	16 t	ab 1980	11 295
1633 L	620	16 t	ab 1981	1 608
1636	620	16 t	ab 1984	170
1636 L	620	16 t	ab 1984	31
1638	620	16 t	ab 1979	2 236
1638 L	620	16 t	ab 1982	283
1922	621	19 t	ab 1981	5 160
1922 L	621	19 t	ab 1981	643
1928	621	19 t	ab 1979	9 144
1928 L	621	19 t	ab 1980	590
1928 A	621	19 t	ab 1980	2 617
1933	621	19 t	ab 1980	8 455
1933 L	621	19 t	ab 1983	536
1936	621	19 t	ab 1980	1 524
1936 A	621	19 t	ab 1980	754
1938	621	19 t	ab 1980	4 047
1635	645	16 t	ab 1985	2 458
1635 L	645	16 t	ab 1985	538
1644	645	16 t	ab 1985	1 376
1644 L	645	16 t	ab 1985	135
1935	646	19 t	ab 1985	390
1935 L	646	19 t	ab 1986	104
1944	646	19 t	ab 1985	217
1944 L	646	19 t	ab 1986	74

Die schweren Lastwagen der »Neuen Generation 80« (ab 1980)

Typ	Konstruktions-nummer	Zuläss. Gesamtgewicht	Produktion	Gesamtzahl bis einschl. 1986
2219 / 6 × 4	397	22 t	1980–1984	689
2624 / 6 × 4	397	26 t	1980–1984	931
2624 A / 6 × 6	397	26 t	1980–1984	86
2628 / 6 × 4	397	26 t	1980–1984	1 042
2628 A / 6 × 6	397	26 t	1981–1984	48
2025 / 6 × 2–4	619	20 t	ab 1983	284
2219 C / 6 × 2	619	22 t	1983–1985	66
2219 CL / 6 × 2	619	22 t	1983–1985	105
2219 C / 6 × 2–4	619	22 t	1983–1985	20
2220 / 6 × 2	619	22 t	ab 1985	121
2220 L / 6 × 2	619	22 t	ab 1985	165
2220 L / 6 × 2–4	619	22 t	ab 1986	34
2220 / 6 × 2–4	619	22 t	ab 1985	43
2222 / 6 × 2	619	22 t	ab 1982	377
2222 L / 6 × 2	619	22 t	ab 1983	217
2222 / 6 × 2–4	619	22 t	ab 1983	400
2222 / 6 × 4	619	22 t	ab 1982	2 267
2225 / 6 × 4	619	22 t	ab 1983	1 147
2028 L / 6 × 2–4	622	20 t	ab 1979	989
2036 L / 6 × 2–4	622	20 t	ab 1984	32
2228 / 6 × 2	623	22 t	ab 1979	2 532
2228 L / 6 × 2	623	22 t	ab 1979	1 872
2228 / 6 × 4	623	22 t	ab 1980	1 377
2233 / 6 × 2	623	22 t	ab 1981	1 768
2233 L / 6 × 2	623	22 t	ab 1981	2 179
2233 / 6 × 4	623	22 t	ab 1981	1 469
2236 / 6 × 2	623	22 t	ab 1982	378
2236 / 6 × 4	623	22 t	ab 1984	381
2238 L / 6 × 2	623	22 t	ab 1981	841
2238 L / 6 × 2	623	22 t	ab 1983	277
2238 / 6 × 4	623	22 t	ab 1981	319
2028 A / 6 × 6	624	20 t	ab 1984	783
2628 L / 6 × 4	624	26 t	ab 1980	12 232
2628 A / 6 × 6	624	26 t	ab 1980	4 128
2633 / 6 × 4	624	26 t	ab 1981	1 668
2636 / 6 × 4	624	26 t	ab 1981	3 937
2636 A / 6 × 6	624	26 t	ab 1981	1 563
2638 / 6 × 4	624	26 t	ab 1981	614
3236 / 6 × 6	625	32 t	ab 1986	31
3250 A / 6 × 6	625	32 t	ab 1986	7
3850 A / 6 × 6	625	38 t	ab 1984	72
2035 / 6 × 2–4	647	20 t	ab 1986	85
2035 L / 6 × 2–4	647	20 t	ab 1986	52
2235 / 6 × 2	648	22 t	ab 1985	435
2235 L / 6 × 2	648	22 t	ab 1986	446
2235 / 6 × 4	648	22 t	ab 1986	134
2244 / 6 × 2	648	22 t	ab 1986	266
2244 L / 6 × 2	648	22 t	ab 1985	176
2244 / 6 × 4	648	22 t	ab 1986	21
2635 / 6 × 4	649	26 t	ab 1985	226
2644 / 6 × 4	649	26 t	ab 1985	113
3328 / 8 × 4–4	624	33 t	1982–1983	33
3025 / 8 × 4–4	625	30 t	ab 1985	36
3028 / 8 × 4–4	625	30 t	ab 1985	275
3328 / 8 × 4–4	625	33 t	ab 1985	189
4025 / 8 × 8	625	40 t	ab 1986	8

Mercedes-Benz 1222 AF
Radstand 3600 mm
Tanklöschfahrzeug TLF 16/25
Feuerwehrfahrzeug
Aufbau: Metz (Karlsruhe)
1985

Mercedes-Benz 1222 AF
Radstand 3600 mm
Rüstwagen RW 2
Feuerwehrfahrzeug
Aufbau: Metz (Karlsruhe)
1984

Mercedes-Benz 1222 F
Radstand 3600 mm
mit vor- und tief-
gesetztem Fahrerhaus
Drehleiter DL 23–12
für Berliner Feuerwehr
1985

<table>
<tr><th></th><th>Mercedes-Benz
1222
ab 1981</th><th>Mercedes-Benz
1422
ab 1981</th><th>Mercedes-Benz
1425
ab 1982</th></tr>
<tr><td>Motor</td><td colspan="2">Daimler-Benz OM 421
Direkteinspritz-Dieselmotor</td><td>Daimler-Benz OM 422
Direkteinspritz-Dieselmotor</td></tr>
<tr><td>Zylinder</td><td colspan="2">V6</td><td>V8</td></tr>
<tr><td>Bohrung × Hub</td><td colspan="2">128 × 142 mm</td><td>128 × 142 mm</td></tr>
<tr><td>Hubraum</td><td colspan="2">10 960 ccm</td><td>14 620 ccm</td></tr>
<tr><td>Leistung</td><td colspan="2">216 PS/159 kW bei 2300 U/min</td><td>250 PS/184 kW bei 2300 U/min</td></tr>
<tr><td>Getriebe</td><td colspan="2">8 Gang</td><td>8 Gang</td></tr>
<tr><td>Fußbremse</td><td>Zweikreis-Hydraulik,
Servohilfe, dazu Motorbremse</td><td>Zweikreis-Druckluft,
dazu Motorbremse</td><td>Zweikreis-Druckluft,
dazu Motorbremse</td></tr>
<tr><td></td><td>1222: Fahrgestell für
Pritschen- u. Sonderaufbauten</td><td>1422: Pritschenwagen</td><td></td></tr>
<tr><td>Radstand</td><td>4200, 4800 oder 5200 mm</td><td>3600, 4200 oder 4800 mm
(Für Sonderaufbauten auch
5200 mm)</td><td></td></tr>
<tr><td>Pritsche</td><td></td><td>5100 (6100) (7150) × 2340 mm
bei Normal-Fahrerhaus)</td><td></td></tr>
<tr><td>Reifen</td><td>9 R 22,5
Zwillings-Hinterräder</td><td>10 R 22,5
Zwillings-Hinterräder</td><td></td></tr>
<tr><td>Fahrgestellgewicht
(mit Fahrerhaus)</td><td>5000 kg</td><td>5150–5300 kg</td><td></td></tr>
<tr><td>Wagengewicht (mit Fahrer)</td><td></td><td>6000–6400 kg</td><td></td></tr>
<tr><td>Zuläss. Gesamtgewicht</td><td>11 800 kg</td><td>14 000 kg</td><td></td></tr>
<tr><td>Zuläss. Lastzuggewicht</td><td>20 800 kg</td><td>32 000 kg</td><td></td></tr>
<tr><td>Preis (ohne MWSteuer)</td><td></td><td>1985: ca. 106 000 DM</td><td></td></tr>
<tr><td>Bemerkung</td><td>Fahrgestell eignet sich
besonders für groß-
volumige Sonderaufbauten</td><td></td><td></td></tr>
<tr><td></td><td>1222 S: Sattelzugmaschine</td><td>1422 S: Sattelzugmaschine
1422 LS: Sattelzugmaschine
mit Luftfederung</td><td>1425 S: Sattelzugmaschine
1425 LS: Sattelzugmaschine
mit Luftfederung</td></tr>
<tr><td>Radstand</td><td>3600 mm</td><td>3200 oder 3600 mm</td><td>3200 oder 3600 mm</td></tr>
<tr><td>Reifen</td><td>9 R 22,5
Zwillings-Hinterräder</td><td>11 R 22,5
Zwillings-Hinterräder</td><td>11 R 22,5
Zwillings-Hinterräder</td></tr>
<tr><td></td><td></td><td>1422 L: Pritschenwagen
mit Luftfederung</td><td></td></tr>
<tr><td>Radstand</td><td></td><td>4200 oder 4800 mm
(Für Sonderaufbauten auch
5200 mm)</td><td></td></tr>
<tr><td></td><td>1222 A:
Allrad-Fahrgestell für
Pritschen- u. Sonderaufbauten</td><td></td><td></td></tr>
<tr><td>Radstand</td><td>3600 oder 4200 mm</td><td></td><td></td></tr>
<tr><td>Reifen</td><td>10 R 22,5 S + G
Zwillings-Hinterräder</td><td></td><td></td></tr>
<tr><td>Getriebe</td><td>8 Gang + Vorgelege</td><td></td><td></td></tr>
<tr><td></td><td>1222 A (4 × 4):
Militär-Gelände-Lastwagen</td><td></td><td></td></tr>
<tr><td>Radstand</td><td>3550 oder 4150 mm</td><td></td><td></td></tr>
<tr><td>Pritsche</td><td>4350 (4850) × 2500 mm</td><td></td><td></td></tr>
<tr><td>Gesamtmaße</td><td>6870 (7400) × 2500 × 2930 mm
(Höhe über Fahrerhaus)</td><td></td><td></td></tr>
<tr><td>Reifen</td><td>13,00 R 20 XL
Einzel-Hinterräder</td><td></td><td></td></tr>
<tr><td>Wagengewicht</td><td>8500 kg</td><td></td><td></td></tr>
<tr><td>Zuläss. Gesamtgewicht</td><td>14 000 kg</td><td></td><td></td></tr>
<tr><td>Getriebe</td><td>8 Gang + Vorgelege</td><td></td><td></td></tr>
<tr><td></td><td>1222 F: Fahrgestell bzw.
1222 AF: Allrad-Fahrgestell
für Feuerwehr-Fahrzeuge</td><td></td><td></td></tr>
<tr><td>Radstand</td><td>3600 mm</td><td></td><td></td></tr>
</table>

Von links nach rechts:
Mercedes-Benz 1614 mit mittellangem Fahrerhaus
Mercedes-Benz 1617 C mit langem Fahrerhaus
Mercedes-Benz 1417 C mit Großraum-Fahrerhaus
Mercedes-Benz 1414 mit Standard-Fahrerhaus

Mercedes-Benz 1420
Mercedes-Benz 1620
Fahrgestell für Pritschen- oder Sonderaufbauten

Mercedes-Benz 1419 C Pritschenwagen
mit Leichtmetall-Pritsche und Wackenhut Anhänger

Motor

Zylinder
Bohrung × Hub
Hubraum
Leistung
Getriebe

Radstand
Reifen

Fahrgestellgewicht
(mit Fahrerhaus)
Zuläss. Gesamtgewicht

Radstand

Radstand
Reifen

Getriebe

Radstand
Pritsche

Motor
Getriebe

Radstand

Reifen

Fahrgestellgewicht
(mit Fahrerhaus)
Zuläss. Gesamtgewicht

Radstand

Radstand
Pritsche

Mercedes-Benz **1414** **ab 1983**	**Mercedes-Benz** **1417 C** **ab 1983**	**Mercedes-Benz** **1419 C** **1983–1985**	**Mercedes-Benz** **1420** **ab 1985**
Daimler-Benz OM 366 Direkteinspritz-Dieselmotor	Daimler-Benz OM 366 A Direkteinspritz-Dieselmotor mit Abgas-Turbolader	Daimler-Benz OM 362 LA Direkteinspritz-Dieselmotor mit Abgas-Turbolader und Ladeluft-Kühlung	Daimler-Benz OM 366 LA Direkteinspritz-Dieselmotor mit Abgas-Turbolader und Ladeluft-Kühlung
6 (Reihe) 97,5 × 133 mm 5960 ccm 136 PS/100 kW b. 2800 U/min 5 Gang	6 (Reihe) 97,5 × 133 mm 5960 ccm 170 PS/125 kW b. 2600 U/min 7 Gang	6 (Reihe) 97,0 × 128 mm 5675 ccm 192 PS/141 kW b. 2600 U/min 6 Gang	6 (Reihe) 97,5 × 133 mm 5960 ccm 204 PS/150 kW b. 2600 U/min 6 Gang
1414: Fahrgestell für Pritschen- und Sonderaufbauten 3600, 4200, 4800 oder 5200 mm 10 R 22,5 Zwillings-Hinterräder	**1417 C: Fahrgestell für Pritschen- und Sonderaufbauten** 3600, 4200, 4800 oder 5200 mm 10 R 22,5 Zwillings-Hinterräder	**1419 C: Fahrgestell für Pritschen- und Sonderaufbauten** 3600, 4200, 4800 oder 5200 mm 10 R 22,5 Zwillings-Hinterräder	**1420: Fahrgestell für Pritschen- und Sonderaufbauten** 3600, 4200, 4800 oder 5200 mm 10 R 22,5 Zwillings-Hinterräder
4475–4640 kg 14 000 kg	4655–4875 kg 14 000 kg	4840–5000 kg 14 000 kg	4840–5000 kg 14 000 kg
		1419 CL: Fahrgestell mit Luftfederung 4800 oder 5200 mm	**1420 L: Fahrgestell mit Luftfederung** 4800 oder 5200 mm
	1417 CA, 1417 CAF: Allrad-Fahrgestell 3600 mm 11 R 22,5 Zwillings-Hinterräder 6 Gang + Vorgelege	**1419 CA, 1419 CAF: Allrad-Fahrgestell** 3600 mm 11 R 22,5 Zwillings-Hinterräder 6 Gang + Vorgelege	
1414 K: Kipper 3200 mm 4000 × 2330 mm	**1417 CK: Kipper** **1417 CAK: Allrad-Kipper** 3200 mm 4000 × 2330 mm		

Mercedes-Benz **1614** **ab 1984**	**Mercedes-Benz** **1617 C** **ab 1984**	**Mercedes-Benz** **1619 C** **1982–1985**	**Mercedes-Benz** **1620** **ab 1985**
Daimler-Benz OM 366 5 Gang	Daimler-Benz OM 366 A 6 Gang	Daimler-Benz OM 362 LA 6 Gang	Daimler-Benz OM 366 LA 6 Gang
1614: Fahrgestell für Pritschen- u. Sonderaufbauten 3900, 4500, 5200, 5900 mm 11 R 22,5 Zwillings-Hinterräder	**1617 C: Fahrgestell für Pritschen- u. Sonderaufbauten** 3900, 4500, 5200, 5900 mm 11 R 22,5 Zwillings-Hinterräder	**1619 C: Fahrgestell für Pritschen- u. Sonderaufbauten** 3900, 4200, 4500, 11 R 22,5 Zwillings-Hinterräder	**1620: Fahrgestell für Pritschen- u. Sonderaufbauten** 3900, 4200, 4500, 5200, 5500, 5900 mm 11 R 22,5 Zwillings-Hinterräder
4750–5000 kg 16 000 kg	4950–5200 kg 16 000 kg	5000–5100 kg 16 000 kg	5000–5200 kg 17 000 kg
	1617 CL: Fahrgestell mit Luftfederung 4500, 5200, 5900 mm		**1620 L: Fahrgestell mit Luftfederung** 5500, 5900 mm
1614 K: Kipper 3600 mm 4400 × 2330	**1617 CK: Kipper** **1617 CAK: Allrad-Kipper** 3600 mm 4400 × 2330		

Mercedes-Benz 1622
Müllsammelwagen mit
Motor- und Getriebekapselung
sowie geräuschoptimiertem Aufbau
Aufbau: Haller
1987

Mercedes-Benz 1625
Pritschenwagen
mit Leichtmetall-Pritsche und
Wackenhut Anhänger als
32 t-Fernverkehrs-Lastzug
ab 1980

Mercedes-Benz 1928 AF
Großtanklöschfahrzeug GTLF 6000
Aufbau: Rosenbauer (Linz/Österreich)
1983

	Mercedes-Benz 1622 ab 1981	**Mercedes-Benz 1625 ab 1980**	**Mercedes-Benz 1628 ab 1979**
Motor	Daimler-Benz OM 421 Direkteinspritz-Dieselmotor	Daimler-Benz OM 422 III Direkteinspritz-Dieselmotor	Daimler-Benz OM 422 I Direkteinspritz-Dieselmotor
Zylinder	V6	V8	V8
Bohrung × Hub	128 × 142 mm	128 × 142 mm	128 × 142 mm
Hubraum	10 960 ccm	14 620 ccm	14 620 ccm
Leistung	216 PS/159 kW b. 2300 U/min	250 PS/184 kW b. 2300 U/min	280 PS/206 kW b. 2300 U/min
Getriebe	6 oder 8 Gang	6 Gang + Vorschaltgruppe oder 8 Gang + Kriechgang	4 × 2 Gang + Kriechgang oder 2 × 8 Gang
	1622: Pritschenwagen	**1625: Pritschenwagen**	**1628: Pritschenwagen**
Radstand	3900 oder 5200 mm (Für Sonderaufbauten auch 4200, 4500, 4800, 5500, 5900)	3900, 4500 oder 4800 mm (Für Sonderaufbauten auch 5200 mm)	4500 oder 4800 mm
Pritsche	5100 (7150) × 2430 mm	5100 (6100) × 2430 mm	6100 × 2430 mm
Gesamtmaße			8030 × 2500 × 2800 mm bei Normal-Fahrerhaus
Reifen	11 R 22,5 Zwillings-Hinterräder	12 R 22,5 L Zwillings-Hinterräder	13 R 22,5 L Zwillings-Hinterräder
Wagengewicht (mit Fahrer)	6100–6500 kg	6750–7000 kg	7300 kg
Zuläss. Gesamtgewicht	16 000 kg	16 000 kg	16 000 kg
Zuläss. Lastzuggewicht	32 000 kg	38 000 kg	38 000 kg
Preis (ohne MWSteuer)	1985: ca. 116 000 DM	1985: ca. 138 000 DM	1985: ca. 150 000 DM
	1622 L: Pritschenwagen mit Luftfederung	**1625 L: Pritschenwagen mit Luftfederung**	**1628: L: Pritschenwagen mit Luftfederung**
Radstand	4800, 5500 oder 5900 mm (Für Sonderaufbauten auch 5200 mm)	4800 oder 5200 mm	4500, 4800 oder 5500 mm Ab 1987: 1628 LL: Luftfederung vorn und hinten
Pritsche	6100 (7150) × 2430 mm	6100 × 2430 mm	6100 × 2430 mm
	1622 S: Sattelzugmaschine	**1625 S: Sattelzugmaschine**	**1628 S: Sattelzugmaschine**
Radstand	3200 oder 3600 mm	3200 oder 3600 mm	3200, 3500 oder 3800 mm
		1625 LS: Sattelzugmaschine mit Luftfederung	**1628 LS: Sattelzugmaschine mit Luftfederung**
Radstand		3600 mm	3500 oder 3800 mm
	1622 K: Kipper	**1625 K: Kipper**	
Radstand	3600 oder 3900 mm	3600 mm	
Pritsche	4400 (4000) × 2330 mm	4400 × 2330 mm	
	1622 AK: Kipper mit Allrad-Antrieb	**1625 AK: Kipper mit Allrad-Antrieb**	**1628 A: Militär-Lastwagen mit Allrad-Antrieb**
Radstand	3600 mm	3600 mm	4500 mm
Pritsche	4400 × 2330 mm	4400 × 2330 mm	4500 × 2350 mm
Reifen	12 R 22,5 S + G Zwillings-Hinterräder	12 R 22,5 S + G Zwillings-Hinterräder	14,00 R 20 XL Einzel-Hinterräder

	Mercedes-Benz 1922 ab 1981		**Mercedes-Benz 1928 ab 1979**
Motor	Daimler-Benz OM 421		Daimler-Benz OM 422 I
	1922: Fahrgestell		**1928: Fahrgestell**
Radstand	4500, 4800, 5500, 5900 mm		4500, 4800, 5500 mm
Reifen	13 R 22,5 Zwillings-Hinterräder		13 R 22,5 L Zwillings-Hinterräder
Zuläss. Gesamtgewicht	19 000 kg		19 000 kg
			1928, A 1928 AF: Allrad-Fahrgestell
Radstand			4100 oder 4500 mm

Mercedes-Benz 1638 S
Sattelzugmaschine mit
Blumhardt Pritschen-
Sattelanhänger (starres
Dreiachs-Aggregat) als
Fernverkehrs-Lastzug
1981

Mercedes-Benz 1638
Pritschenwagen mit
Dreiachs-Pritschen-Anhänger
als Fernverkehrs-Lastzug
1979–1985

Mercedes-Benz 1936 K
Dreiseiten-Kipper
mit Stahlpritsche
ab 1981

	Mercedes-Benz 1633 ab 1980	Mercedes-Benz 1638 ab 1979	Mercedes-Benz 1636 ab 1984
Motor	Daimler-Benz OM 422 A Direkteinspritz-Dieselmotor mit Abgas-Turbolader	Daimler-Benz OM 422 LA Direkteinspritz-Dieselmotor mit Abgas-Turbolader und Ladeluft-Kühlung	Daimler-Benz OM 423 Direkteinspritz-Dieselmotor
Zylinder	V8	V8	V10
Bohrung × Hub	128 × 142 mm	128 × 142 mm	128 × 142 mm
Hubraum	14 620 ccm	14 620 ccm	18 270 ccm
Leistung	330 PS/243 kW b. 2300 U/min	375 PS/276 kW b. 2300 U/min	355 PS/261 kW b. 2300 U/min
Getriebe	4 × 2 × 2 Gang	4 × 2 × 2 Gang	4 × 2 × 2 Gang
Fußbremse	Zweikreis-Druckluft, dazu Motorbremse	Zweikreis-Druckluft, dazu Motorbremse	Zweikreis-Druckluft, dazu Motorbremse
	1633: Pritschenwagen	**1638: Pritschenwagen**	**1636: Pritschenwagen**
Radstand	4800 mm	4800 mm	4800 mm
Pritsche	6100 × 2430 mm	6100 × 2430 mm	6100 × 2430 mm
Gesamtmaße	8400 × 2500 × 3200 mm bei Großraum-Fahrerhaus	8400 × 2500 × 3200 mm bei Großraum-Fahrerhaus	8400 × 2500 × 3200 mm bei Großraum-Fahrerhaus
Reifen	13 R 22,5 L Zwillings-Hinterräder	13 R 22,5 L Zwillings-Hinterräder	13 R 22,5 L Zwillings-Hinterräder
Wagengewicht (mit Fahrer)	ca. 8000 kg	ca. 8100 kg	ca. 8100 kg
Zuläss. Gesamtgewicht	16 000 kg	16 000 kg	16 000 kg
Zuläss. Lastzuggewicht	38 000 kg	38 000 kg	38 000 kg
Bemerkung	1633 L: mit Luftfederung	1638 L: mit Luftfederung	1636 L: mit Luftfederung
	1633 S: Sattelzugmaschine	**1638 S: Sattelzugmaschine**	**1636 S: Sattelzugmaschine**
Radstand	3600 oder 3800 bzw. 1633 LS mit Luftfederung 3800 mm	3500 oder 3800 bzw. 1638 LS mit Luftfederung 3800 mm	3500 oder 3800 bzw. 1636 LS mit Luftfederung 3800 mm

	Mercedes-Benz 1933 ab 1980	Mercedes-Benz 1938 ab 1980	Mercedes-Benz 1936 ab 1984
Motor	Daimler-Benz OM 422 A	Daimler-Benz OM 422 LA	Daimler-Benz OM 423
	1933: Fahrgestell	**1938: Fahrgestell**	**1936: Fahrgestell**
Radstand	4800 mm	4800 mm	4800 mm
Reifen	13 R 22,5 L Zwillings-Hinterräder	13 R 22,5 L Zwillings-Hinterräder	13 R 22,5 L Zwillings-Hinterräder
Zuläss. Gesamtgewicht	19 000 kg	19 000 kg	19 000 kg
Bemerkung	1933 L: mit Luftfederung	1938 L: mit Luftfederung	1936 L: mit Luftfederung
			1936 K: Kipper
Radstand			3800 mm
Pritsche			4800 × 2330 mm
Getriebe			8 Gang + Kriechgang
			1936 AK: Allrad-Kipper
Radstand			3800 mm
Pritsche			4800 × 2330 mm
Getriebe			4 × 2 Gang + Geländegang
Reifen			13 R 22,5 S + G
		1938 S: Sattelzugmaschine **1938 AS: mit Allrad-Antrieb**	**1936 S: Sattelzugmaschine** **1936 AS: mit Allrad-Antrieb**
Radstand		3500 mm	3500 mm

GER-PV 38

RA-Z 341

←

Mercedes-Benz 1635
Fernverkehrs-Lastzug
ab 1985

Mercedes-Benz 1644 S
Fernverkehrs-Sattelzug
ab 1985

←

	Mercedes-Benz 1635 ab 1985	**Mercedes-Benz 1644 ab 1985**
Motor	Daimler-Benz OM 442 A Direkteinspritz-Dieselmotor mit Abgas-Turbolader	Daimler-Benz OM 442 LA Direkteinspritz-Dieselmotor mit Abgas-Turbolader und Ladeluft-Kühlung
Zylinder	V8	V8
Hubraum	128 × 142 mm, 14 620 ccm	128 × 142 mm, 14 620 ccm
Leistung	354 PS/260 kW b. 2100 U/min	435 PS/320 kW b. 2100 U/min
Getriebe	16 Gang mit elektro- pneumatischer Schaltung	16 Gang mit elektro- pneumatischer Schaltung
Fußbremse	Zweikreis-Druckluft, dazu Motorbremse	Zweikreis-Druckluft, dazu Motorbremse
	1635: Pritschenwagen	**1644: Pritschenwagen**
Radstand	4800 mm	4800 mm
Pritsche	6100 × 2430 mm	6100 × 2430 mm
Gesamtmaße	8400 × 2500 × 3200 mm (bei Großraum-Fahrerhaus)	8400 × 2500 × 3200 mm (bei Großraum-Fahrerhaus)
Reifen	12 R 22,5 L Zwillings-Hinterräder	12 R 22,5 L Zwillings-Hinterräder
Wagengewicht (mit Fahrer)	ca. 8100 kg	ca. 8350 kg
Zuläss. Gesamtgewicht	16 000 kg	16 000 kg
Zuläss. Lastzuggewicht	38 000 kg	38 000 kg
Preise (ohne MWSteuer)	1987: ca. 187 000 DM	1987: ca. 194 000 DM
Bemerkung	1635 L: Luftfederung hinten bzw. (ab 1987) 1635 LL: Luftfederung vorn und hinten	
	1635 S: Sattelzugmaschine	**1644 S: Sattelzugmaschine**
Radstand	3500 oder 3800 bzw. 1635 LS mit Luftfederung: 3800 mm	3500 oder 3800 bzw. 1644 LS mit Luftfederung: 3800 mm
	1635 K: Kipper (ab 1987)	
Radstand	3800 mm	
Pritsche	4400 × 2330 mm	
Getriebe	4 × 2 × 2 Gang	

	Mercedes-Benz 1935 ab 1985	**Mercedes-Benz 1944 ab 1985**
Motor	Daimler-Benz OM 442 A	Daimler-Benz OM 442 LA
	1935: Fahrgestell für Pritschen- u. Sonderaufbauten	**1944: Fahrgestell für Pritschen- u. Sonderaufbauten**
Radstand	4500, 4800 oder 5500 mm	4500 oder 4800 mm
Reifen	13 R 22,5 L Zwillings-Hinterräder	13 R 22,5 L Zwillings-Hinterräder
Zuläss. Gesamtgewicht	19 000 kg	19 000 kg
	1935 S: Sattelzugmaschine	**1944 S: Sattelzugmaschine**
Radstand	3200, 3500 oder 3800 mm	3500 mm
	1935 AS: Sattelzugmaschine mit Allrad-Antrieb (ab 1987)	**1944 AS: Sattelzugmaschine mit Allrad-Antrieb**
Radstand	3500 mm	3500 mm
	1935 AK: Allrad-Kipper (ab 1987)	
Radstand	3800 mm	

Mercedes-Benz 1635 S Sattelzugmaschine mit Sili-Sattelauflieger (Räder, Druckluftbehälter und Silo aus Aluminium) 1985

Mercedes-Benz 1635 K Dreiseiten-Kipper mit Dreiachs-Anhänger zur Beförderung von Baustoffen ab 1987

Der Sicherheitstankzug »Topas« (Tankfahrzeug mit optimierten passiven und aktiven Sicherheitseinrichtungen) gemeinsam entwickelt von den Firmen Daimler-Benz, Haller-Fahrzeugbau und Raab Karcher, zeichnet sich durch zahlreiche Elemente zur Erhöhung der Sicherheit aus. Der Kippgefahr des Fahrzeugs beugt dessen niedriger Schwerpunkt vor. Die Rundumverkleidung dient als Unterfahrschutz und der Reifendruck wird ständig elektronisch überwacht. Die Sattelzugmaschine Mercedes-Benz 1935 LS ist mit ABS, der Antriebs-Schlupf-Regelung ASR, Differentialsperre, Retarder und der elektropneumatischen Schaltung EPS ausgestattet. Der luftgefederte Tankauflieger besitzt ebenfalls ABS. Er verfügt über besondere Beleuchtungseinrichtungen an der Rückwand. ↓

→
→

Auf einer Kommunalfahrzeug-Ausstellung, die im Mai 1987 in München stattfand, stand ein Mercedes-Benz 2428 A 6×6–4 als Musterfahrzeug. Der Allrad-Zweiseiten-Kipper (Aufbau: Meiller) besitzt zwei gelenkte Vorderachsen. Bis zu 13 600 kg Vorderachslast schaffen die Voraussetzung für den Anbau überschwerer und überbreiter Räumgeräte. Bei 6 Meter Räumbreite läßt sich eine Autobahn in einem Zug räumen. Dazu kann der »Über-Schneeräumer« einen 6 m³ großen Streuautomaten aufnehmen. Für den Ganzjahreseinsatz ist der Anbau eines Heckladekranes möglich.

Mercedes-Benz 2028 LS (6×2–4)
Sattelzugmaschine mit 2 Lenkachsen und Luftfederung
ab 1980

Mercedes-Benz 2028 LS (6×2–4)
Sattelzugmaschine mit 2 Lenkachsen und Luftfederung
sowie Krone Zweiachs-Pritschenauflieger
1980

Motor

Zylinder
Bohrung × Hub
Hubraum
Leistung
Getriebe

Antrieb

Federung

Radstand
Reifen

Fahrgestellgewicht

Zuläss. Gesamtgewicht
Zuläss. Lastzuggewicht

Motor

Zylinder
Bohrung × Hub
Hubraum
Leistung
Getriebe

Antrieb

Federung

Radstand
Reifen

Fahrgestellgewicht

Zuläss. Gesamtgewicht
Zuläss. Lastzuggewicht
Preis (ohne MWSteuer)

Mercedes-Benz **2025 S (6 × 2–4)** **ab 1983**		**Mercedes-Benz** **2035 S (6 × 2–4)** **ab 1987**	
Daimler-Benz OM 422 Direkteinspritz-Dieselmotor V8 128 × 142 mm 14 620 ccm 250 PS/184 kW b. 2300 U/min 4 × 2 × 2 Gang Achsen 1 + 2: Lenkachsen Achse 3: Antriebsachse Starrachsen, Halbfedern **Sattelzugmaschine** 2450 + 1350 mm 12 R 22,5 Achse 2: Einzelräder Achse 3: Zwillingsräder 6800 kg (mit Fahrerhaus lang) 20 000 kg 40 000 kg		Daimler-Benz OM 442 A Direkteinspritz-Dieselmotor mit Abgas-Turbolader V8 128 × 142 mm 14 620 ccm 354 PS/260 kW b. 2100 U/min 16 Gang mit elektro- pneumatischer Schaltung Achsen 1 + 2: Lenkachsen Achse 3: Antriebsachse Starrachsen Halbfedern **Sattelzugmaschine** 2450 + 1350 mm 12 R 22,5 Achse 2: Einzelräder Achse 3: Zwillingsräder 7600 kg (mit Fahrerhaus lang) 20 000 kg 40 000 kg	

Mercedes-Benz **2028 LS (6 × 2–4)** **ab 1980**	**Mercedes-Benz** **2033 LS (6 × 2–4)** **ab 1984**	**Mercedes-Benz** **2035 LS (6 × 2–4)** **ab 1987**	**Mercedes-Benz** **2036 LS (6 × 2–4)** **ab 1984**
Daimler-Benz OM 422 Direkteinspritz-Dieselmotor V8 128 × 142 mm 14 620 ccm 280 PS/206 kW b. 2300 U/min 4 × 2 × 2 Gang bzw. (ab 1985) 16 Gang mit elektro- pneumatischer Schaltung Achsen 1 + 2: Lenkachsen Achse 3: Antriebsachse Achsen 2 + 3: Luftfederung **Sattelzugmaschine** 2400 + 1350 mm 12 R 22,5 Achse 2: Einzelräder Achse 3: Zwillingsräder 7450 kg (mit Großraum-Fahrerhaus) 19 000–22 000 kg 40 000 kg 1987: ca. 167 500 DM (mit Normal-Fahrerhaus) ca. 181 000 DM (mit Großraum-Fahrerhaus)	Daimler-Benz OM 422 A Direkteinspritz-Dieselmotor mit Abgas-Turbolader V8 128 × 142 mm 14 620 ccm 330 PS/243 kW b. 2300 U/min 4 × 2 × 2 Gang bzw. (ab 1985) 16 Gang mit elektro- pneumatischer Schaltung Achsen 1 + 2: Lenkachsen Achse 3: Antriebsachse Achsen 2 + 3: Luftfederung **Sattelzugmaschine** 2400 + 1350 mm 12 R 22,5 Achse 2: Einzelräder Achse 3: Zwillingsräder 8250 kg (mit Großraum-Fahrerhaus) 19 000–22 000 kg 40 000 kg 1987: ca. 192 500 DM (mit Großraum-Fahrerhaus)	Daimler-Benz OM 442 A Direkteinspritz-Dieselmotor mit Abgas-Turbolader V8 128 × 142 mm 14 620 ccm 354 PS/260 kW b. 2100 U/min 16 Gang mit elektro- pneumatischer Schaltung Achsen 1 + 2: Lenkachsen Achse 3: Antriebsachse Achsen 2 + 3: Luftfederung **Sattelzugmaschine** 2400 + 1350 mm 12 R 22,5 Achse 2: Einzelräder Achse 3: Zwillingsräder 7480 kg (mit Fahrerhaus lang) 19 000–23 000 kg 40 000 kg 1987: ca. 184 000 DM (mit Normal-Fahrerhaus) ca. 197 500 DM (mit Großraum-Fahrerhaus)	Daimler-Benz OM 423 Direkteinspritz-Dieselmotor V10 128 × 142 mm 18 270 ccm 355 PS/261 kW b. 2300 U/min 4 × 2 × 2 Gang bzw. (ab 1985) 16 Gang mit elektro- pneumatischer Schaltung Achsen 1 + 2: Lenkachsen Achse 3: Antriebsachse Achsen 2 + 3: Luftfederung **Sattelzugmaschine** 2400 + 1350 mm 12 R 22,5 Achse 2: Einzelräder Achse 3: Zwillingsräder 7870 kg (mit Normal-Fahrerhaus) 22 000 kg 40 000 kg 1987: ca. 180 500 DM (mit Normal-Fahrerhaus)

Mercedes-Benz 2219 CL (6×2–4)
Pritschenwagen mit lenkbarer Vorlaufachse und Luftfederung
1983–1985

Mercedes-Benz 2219 C (6×2)
Fahrgestell für Pritschen- und Sonderaufbauten
mit nicht angetriebener, anhebbarer Schleppachse
1983–1985

	Mercedes-Benz 2219 C (6 × 2) 2219 C (6 × 2–4) 1983–1985	**Mercedes-Benz 2220 (6 × 2) 2220 (6 × 2–4) ab 1985**	**Mercedes-Benz 2222 (6 × 2) 2222 (6 × 2–4) ab 1983**
Bauart	(6 × 2): Achse 1 = Lenkachse, Achse 2 = Antriebsachse, Achse 3 = anhebbare Nachlaufachse (6 × 2–4): Achse 1 = Lenkachse, Achse 2 = mitlenkende Vorlaufachse, Achse 3 Antriebsachse		
Motor	Daimler-Benz OM 362 LA Direkteinspritz-Dieselmotor mit Abgas-Turbolader und Ladeluft-Kühlung	Daimler-Benz OM 366 LA Direkteinspritz-Dieselmotor mit Abgas-Turbolader und Ladeluft-Kühlung	Daimler-Benz OM 421 Direkteinspritz-Dieselmotor
Zylinder	6 (Reihe)	6 (Reihe)	V6
Bohrung × Hub	97 × 128 mm	97,5 × 133 mm	128 × 142 mm
Hubraum	5675 ccm	5960 ccm	10 960 ccm
Leistung	192 PS/141 kW b. 2300 U/min	204 PS/150 kW b. 2600 U/min	216 PS/159 kW b. 2300 U/min
	2219 C (6 × 2): Fahrgestell für Pritschen- und Sonderaufbauten	**2220 (6 × 2): Fahrgestell für Pritschen- und Sonderaufbauten**	**2222 (6 × 2): Fahrgestell für Pritschen- und Sonderaufbauten**
Radstand	3600, 4200 od. 5200 + 1350 mm	3600, 4200 od. 5200 + 1350 mm	4200 oder 5200 + 1350 mm
Getriebe	6 Gang	6 Gang	6 Gang
Reifen	11 R 22,5 Achse 2: Zwillingsräder Achse 3: Einzelräder	11 R 22,5 Achse 2: Zwillingsräder Achse 3: Einzelräder	11 R 22,5 Achse 2: Zwillingsräder Achse 3: Einzelräder
Fahrgestellgewicht	5950–6100 kg	5950–6100 kg	6350–6450 kg
Zuläss. Gesamtgewicht	22 000 kg	22 000 kg	22 000 kg
	2219 CL (6 × 2): Gleiches Fahrgestell, jedoch Achse 2 und 3 mit Luftfederung	**2220 L (6 × 2):** Gleiches Fahrgestell, jedoch Achse 2 und 3 mit Luftfederung	**2222 L (6 × 2):** Gleiches Fahrgestell, jedoch Achse 2 und 3 mit Luftfederung
	2219 C (6 × 2–4):	**2220 (6 × 2–4):**	**2222 (6 × 2–4):**
Radstand	3450 oder 3850 + 1350 mm	3450 oder 3850 + 1350 mm	3450 oder 3850 + 1350 mm
Getriebe	6 Gang	6 Gang	6 Gang
Reifen	11 R 22,5 Achse 3: Zwillingsräder	11 R 22,5 Achse 3: Zwillingsräder	11 R 22,5 Achse 3: Zwillingsräder
Fahrgestellgewicht	6500–6550 kg	6500–6550 kg	6860–6900 kg
Zuläss. Gesamtgewicht	22 000 kg	22 000 kg	22 000 kg

	Mercedes-Benz 2222 (6 × 4) ab 1982	**Mercedes-Benz 2225 (6 × 4) ab 1982**
Bauart	(6 × 4): Achse 1 = Lenkachse, Achsen 2 + 3 = Antriebsachsen	
Motor	Daimler-Benz OM 421 Direkteinspritz-Dieselmotor V6 Zylinder, 128 × 142 mm, 10 960 ccm 216 PS/159 kW bei 2300 U/min	Daimler-Benz OM 422 Direkteinspritz-Dieselmotor V8 Zylinder, 128 × 142 mm, 14 620 ccm 250 PS/184 kW bei 2300 U/min
	2222 (6 × 4): Fahrgestell für Pritschen- und Sonderaufbauten	
Radstand	3600, 4200 oder 4800 + 1350 mm	
Getriebe	8 Gang bzw. (ab 1983) 6 Gang	
Reifen	11 R 22,5, Achsen 2 + 3: Zwillingsräder	
Fahrgestellgewicht	7200–7350 kg	
Zuläss. Gesamtgewicht	22 000 kg	
	2222 K (6 × 4): Kipper	
Radstand	3200 oder 3600 + 1350 mm	
Getriebe	8 Gang + Kriechgang bzw. (ab 1983) 7 Gang	
	2222 B (6 × 4): Betonmischer	**2225 B (6 × 4): Betonmischer**
Radstand	2800 + 1350 mm	2800 + 1350 mm
Getriebe	8 Gang + Kriechgang	8 Gang + Kriechgang
Reifen	11 R 22,5	11 oder 12 R 22,5
Zuläss. Gesamtgewicht	22 000 kg	22 000 oder 26 000 kg

Heilemann
ES-CE 6966

ES-CE 6966

Mercedes-Benz 2228 L (6×2)
EZ 70 Eingelenk-Kurzkuppelzug
Pritschenwagen mit
Tandem-Sattelanhänger
Zuglänge 18 Meter
Gesamtgewicht 40 t
Anhänger: Ackermann-Frühauf
1986

Mercedes-Benz 2235 K (6×4)
Dreiseiten-Kipper
mit Anhänger
ab 1987

Mercedes-Benz 2235 LL (6×2)
Zugwagen
mit Voll-Luftfederung und
Anhänger für Container-Transport
ab 1987

←

←

Mercedes-Benz 2222 (6×2–4)
Müllsammelwagen mit
Motor- und Getriebekapselung
sowie geräuschoptimiertem Aufbau
Aufbau: Haller
1987

	Mercedes-Benz 2228 (6 × 2) ab 1979 2228 (6 × 4) ab 1980	Mercedes-Benz 2233 (6 × 2) ab 1981 2233 (6 × 4) ab 1981	Mercedes-Benz 2235 (6 × 2) ab 1985 2235 (6 × 4) ab 1986
Bauart	(6 × 2): Achse 1 = Lenkachse, Achse 2 = Antriebsachse, Achse 3 = Nachlaufachse anhebbar (6 × 4): Achse 1 = Lenkachse, Achsen 2 + 3 = Antriebsachsen		
Motor	Daimler-Benz OM 422 Direkteinspritz-Dieselmotor	Daimler-Benz OM 422 A Direkteinspritz-Dieselmotor mit Abgas-Turbolader	Daimler-Benz OM 442 A Direkteinspritz-Dieselmotor mit Abgas-Turbolader
Zylinder	V 8	V 8	V 8
Bohrung × Hub	128 × 142 mm	128 × 142 mm	128 × 142 mm
Hubraum	14 620 ccm	14 620 ccm	14 620 ccm
Leistung	280 PS/206 kW b. 2300 U/min	330 PS/224 kW b. 2300 U/min	354 PS/260 kW b. 2100 U/min
Getriebe	1979: 8 Gang + Kriechgang, dann 4 × 2 × 2 Gang	4 × 2 × 2 Gang	16 Gang mit elektro- pneumatischer Schaltung
Fußbremse	Zweikreis-Druckluft, dazu Motorbremse	Zweikreis-Druckluft, dazu Motorbremse	Zweikreis-Druckluft, dazu Motorbremse
	2228 (6 × 2): **Pritschenwagen**	**2233 (6 × 2):** **Pritschenwagen**	**2235 (6 × 2):** **Pritschenwagen**
Radstand	4100 + 1350 mm (Für Sonderaufbauten auch 3850, 4500 od. 4800 + 1350 mm)	4500 + 1350 mm	4500 + 1350 mm (Für Sonderaufbauten auch 4100 + 1350 mm)
Pritsche	7150 × 2430 mm	7150 × 2430 mm	7150 × 2430 mm
Gesamtmaße	9000 × 2500 × 3200 mm (bei Großraum-Fahrerhaus)	9000 × 2500 × 3200 mm (bei Großraum-Fahrerhaus)	9000 × 2500 × 3200 mm (bei Großraum-Fahrerhaus)
Reifen	12 R 22,5 L Achse 2: Zwillingsräder Achse 3: Einzelräder	12 R 22,5 L Achse 2: Zwillingsräder Achse 3: Einzelräder	12 R 22,5 L Achse 2: Zwillingsräder Achse 3: Einzelräder
Fahrgestellgewicht	7260 kg	8070 kg	8000 kg
Wagengewicht (mit Fahrer)	8460 kg (bei Großraum-Fahrerhaus)	9270 kg (bei Großraum-Fahrerhaus)	9200 kg (bei Großraum-Fahrerhaus)
Zuläss. Gesamtgewicht	22 000 kg	22 000 kg	22 000 kg
Zuläss. Lastzuggewicht	38 000 kg	38 000 kg	38 000 kg
Preis (ohne MWSteuer)	1987: ca. 188 000 DM	1987: ca. 200 000 DM	1987: ca. 205 000 DM
	2228 L (6 × 2): **Pritschenwagen** **mit Luftfederung**	**2233 L (6 × 2):** **Pritschenwagen** **mit Luftfederung**	**2235 L (6 × 2):** **Pritschenwagen** **mit Luftfederung**
Radstand	4100 oder 4500 + 1350 mm	4500 + 1350 mm	4500 + 1350 mm
Federung	Luftfederung Achsen 2 + 3 bzw. (ab 1987) Achsen 1–3	Luftfederung Achsen 2 + 3	Luftfederung Achsen 2 + 3 bzw. (ab 1987) Achsen 1–3
	2228 (6 × 4): **Pritschenwagen**	**2233 (6 × 4):** **Pritschenwagen**	**2235 (6 × 4):** **Pritschenwagen**
Radstand	4100 oder 4500 + 1350 mm	4500 + 1350 mm	4500 + 1350 mm
Pritsche	7150 × 2430 mm	7150 × 2430 mm	7150 × 2430 mm
Gesamtmaße	9000 × 2500 × 3200 mm (bei Großraum-Fahrerhaus)	9000 × 2500 × 3200 mm (bei Großraum-Fahrerhaus)	9000 × 2500 × 3200 mm (bei Großraum-Fahrerhaus)
Reifen	12 R 22,5 L 4 Zwillings-Hinterräder	12 R 22,5 L 4 Zwillings-Hinterräder	12 R 22,5 L 4 Zwillings-Hinterräder
Fahrgestellgewicht	8260 (8510) kg	8900 kg	8400 kg
Wagengewicht (mit Fahrer)	9460 (9710) kg (bei Großraum-Fahrerhaus)	10 100 kg (bei Großraum-Fahrerhaus)	9600 kg (bei Großraum-Fahrerhaus)
Zuläss. Gesamtgewicht	22 000 kg	22 000 kg	24 000 kg
Zuläss. Lastzuggewicht	38 000 kg	38 000 kg	40 000 kg
Preis (ohne MWSteuer)	1987: ca. 194 500 DM	1987: ca. 205 600 DM	1987: ca. 210 500 DM
	2228 S (6 × 4): **Sattelzugmaschine**	**2233 S (6 × 4):** **Sattelzugmaschine**	**2235 S (6 × 4):** **Sattelzugmaschine**
Radstand	3000 + 1350 mm	3000 + 1350 mm	3000 + 1350 mm
			2235 K (6 × 4): **Kipper (ab 1987)**
Radstand			3200 + 1350 mm
Pritsche			4800 × 2300 mm
Getriebe			4 × 2 × 2 Gang

Mercedes-Benz 2238 (6 × 2) ab 1981 2238 (6 × 4) ab 1981	**Mercedes-Benz 2244 (6 × 2) ab 1986 2244 (6 × 4) ab 1986**	**Mercedes-Benz 2236 (6 × 2) ab 1981 2236 (6 × 4) ab 1981**
(6 × 2): Achse 1 = Lenkachse, Achse 2 = Antriebsachse, Achse 3 = Nachlaufachse anhebbar (6 × 4): Achse 1 = Lenkachse, Achse 2 + 3 = Antriebsachsen		
Daimler-Benz OM 442 LA Direkteinspritz-Dieselmotor mit Abgas-Turbolader und Ladeluft-Kühlung	Daimler-Benz OM 442 LA Direkteinspritz-Dieselmotor mit Abgas-Turbolader und Ladeluft-Kühlung	Daimler-Benz OM 423 Direkteinspritz-Dieselmotor
V8	V8	V10
128 × 142 mm	128 × 142 mm	128 × 142 mm
14 620 ccm	14 620 ccm	18 270 ccm
375 PS/276 kW b. 2300 U/min	435 PS/320 kW b. 2100 U/min	355 PS/261 kW b. 2300 U/min
4 × 2 × 2 Gang	16 Gang mit elektro- pneumatischer Schaltung	4 × 2 × 2 Gang
Zweikreis-Druckluft, dazu Motorbremse	Zweikreis-Druckluft, dazu Motorbremse	Zweikreis-Druckluft, dazu Motorbremse
2238 (6 × 2): Pritschenwagen 4500 + 1350 mm	**2244 (6 × 2): Pritschenwagen** 4350 + 1350 mm	**2238 (6 × 2): Pritschenwagen** 4100 oder 4500 + 1350 mm
7150 × 2430 mm 9000 × 2500 × 3200 mm (bei Großraum-Fahrerhaus) 12 R 22,5 L Achse 2: Zwillingsräder Achse 3: Einzelräder 8100 kg 9300 kg (bei Großraum-Fahrerhaus) 22 000 kg 38 000 kg	7150 × 2430 mm 9000 × 2500 × 3200 mm (bei Großraum-Fahrerhaus) 12 R 22,5 L Achse 2: Zwillingsräder Achse 3: Einzelräder 7910 kg 9110 kg (bei Großraum-Fahrerhaus) 24 000 kg 40 000 kg 1987: ca. 211 500 DM	7150 × 2430 mm 9000 × 2500 × 3200 mm (bei Großraum-Fahrerhaus) 12 R 22,5 L Achse 2: Zwillingsräder Achse 3: Einzelräder 7900 (7950) kg 9100 (9150) kg (bei Großraum-Fahrerhaus) 22 000 kg 38 000 kg
2238 L (6 × 2): Pritschenwagen mit Luftfederung 4500 + 1350 mm Luftfederung Achsen 2 + 3	**2244 L (6 × 2): Pritschenwagen mit Luftfederung** 4500 + 1350 mm Luftfederung Achsen 2 + 3	
2238 (6 × 4): Pritschenwagen 4500 + 1350 mm 7150 × 2430 mm 9000 × 2500 × 3200 mm (bei Großraum-Fahrerhaus) 12 R 22,5 L 4 Zwillings-Hinterräder 8970 kg 10 170 kg (bei Großraum-Fahrerhaus) 22 000 kg 38 000 kg	**2244 (6 × 4): Pritschenwagen** 4500 + 1350 mm 7150 × 2430 mm 9000 × 2500 × 3200 mm (bei Großraum-Fahrerhaus) 12 R 22,5 L 4 Zwillings-Hinterräder 8870 kg 10 070 kg (bei Großraum-Fahrerhaus) 22 000 kg 38 000 kg 1987: ca. 211 500 DM	
2238 S (6 × 4): Sattelzugmaschine 3000 + 1350 mm	**2244 S (6 × 4): Sattelzugmaschine** 3000 + 1350 mm	**2236 S (6 × 4): Sattelzugmaschine** 3000 + 1350 mm

Mercedes-Benz 2244 LL (6×2) Container-Fernlastzug 1986

Mercedes-Benz 2644 S (6×4) Sattelzugmaschine mit
Kässbohrer Leichtmetall-Hinterkipp-Auflieger 1987

Mercedes-Benz 2628 (6×4)
Universallöschfahrzeug
ULF 7 000/10 000
für Ölraffinerie
Aufbau: Rosenbauer (Linz/Österr.)
1984

Mercedes-Benz 2635 AK (6×6)
Allrad-Dreiseiten-Kipper
Aufbau: Meiller (München)
1987

Mercedes-Benz 2636 AK (6×6)
Allrad-Muldenkipper
Aufbau: Meiller (München)
1985

	Mercedes-Benz 2628 (6 × 4) und (6 × 6) ab 1980	**Mercedes-Benz 2633 (6 × 4) ab 1981**	**Mercedes-Benz 2635 (6 × 4) ab 1985**
Bauart	(6 × 4): Achse 1 = Lenkachse, Achsen 2 + 3 = Antriebsachsen (6 × 6): Achse 1 = Lenkachse, Achsen 1–3 = Antriebsachsen		
Motor	Daimler-Benz OM 422 Direkteinspritz-Dieselmotor	Daimler-Benz OM 422 A Direkteinspritz-Dieselmotor mit Abgas-Turbolader	Daimler-Benz OM 442 A Direkteinspritz-Dieselmotor mit Abgas-Turbolader
Zylinder	V8	V8	V8
Bohrung × Hub	128 × 142 mm	128 × 142 mm	128 × 142 mm
Hubraum	14 620 ccm	14 620 ccm	14 620 ccm
Leistung	280 PS/206 kW b. 2300 U/min	330 PS/224 kW b. 2300 U/min	354 PS/260 kW b. 2100 U/min
Getriebe	4 × 2 × 2 Gang	4 × 2 × 2 Gang	16 Gang mit elektro-pneumatischer Schaltung
Fußbremse	Zweikreis-Druckluft, dazu Motorbremse	Zweikreis-Druckluft, dazu Motorbremse	Zweikreis-Druckluft, dazu Motorbremse
	2628 (6 × 4): Fahrgestell für Pritschen- oder Sonderaufbauten	**2633 (6 × 4): Fahrgestell für Pritschen- oder Sonderaufbauten**	**2635 (6 × 4): Fahrgestell für Pritschen- oder Sonderaufbauten**
Radstand	4100 oder 4500 + 1350 mm	4500 + 1350 mm	4500 + 1350 mm
Reifen	12 R 22,5 L 4 Zwillings-Hinterräder	12 R 22,5 L 4 Zwillings-Hinterräder	12 R 22,5 L 4 Zwillings-Hinterräder
Fahrgestellgewicht	8600 (8650) kg	8950 kg	8925 kg
Zuläss. Gesamtgewicht	22 000 oder 26 000 kg	26 000 kg	26 000 kg
Zuläss. Lastzuggewicht	38 000 kg	38 000 kg	40 000 kg
	2628 A (6 × 6): Fahrgestell für Pritschen- oder Sonderaufbauten		**2635 A (6 × 6): Fahrgestell für Pritschen- oder Sonderaufbauten**
Getriebe	6 Gang + Geländegang		16 Gang, mechan. Schaltung
Radstand	4100 oder 4500 + 1350 mm		4100 + 1350 mm
Fahrgestellgewicht	8950 (9000 kg)		9360 kg
	2628 S (6 × 4): Sattelzugmaschine	**2633 S (6 × 4): Sattelzugmaschine**	**2635 S (6 × 4): Sattelzugmaschine**
Radstand	3250 + 1350 mm	3200 + 1350 mm	3200 + 1350 mm
	2628 AS (6 × 6): Sattelzugmaschine		**2635 AS (6 × 6): Sattelzugmaschine**
Radstand	3500 + 1350 mm		3500 + 1350 mm
	2628 K (6 × 4): Kipper		
Radstand	3200 oder 3850 + 1350 mm		
Pritsche	4800 (5000) × 2300 mm		
Gesamtmaße	7150 (7750) × 2500 × 3000		
Wagengewicht (mit Fahrer)	11 100 (12 600) kg		
Zuläss. Gesamtgewicht	22 000 oder 26 000 kg		
Zuläss. Lastzuggewicht	38 000 kg		
	2628 AK (6 × 6): Kipper		**2635 AK (6 × 6): Kipper**
Radstand	3500 oder 3850 + 1350 mm		3500 oder 3850 + 1350 mm
Pritsche	4800 (5000) × 2300 mm		4800 (5000) × 2300 mm
Gesamtmaße	7150 (7750) × 2500 × 3000		7320 (7735) × 2500 × 3000
Wagengewicht (mit Fahrer)	11 700 (13 200) kg		12 100 (13 600) kg
	2628 B (6 × 4): Betonmischer-Fahrgestell		
Radstand	3200 + 1350 mm		
Zuläss. Gesamtgewicht	22 000 oder 26 000 kg		

Mercedes-Benz 2638 (6 × 4) ab 1981	Mercedes-Benz 2644 (6 × 4) ab 1985	Mercedes-Benz 2636 (6 × 4) und (6 × 6) ab 1981
(6 × 4): Achse 1 = Lenkachse, Achsen 2 + 3 = Antriebsachsen (6 × 6): Achse 1 = Lenkachse, Achsen 1–3 = Antriebsachsen		
Daimler-Benz OM 422 LA Direkteinspritz-Dieselmotor mit Abgas-Turbolader und Ladeluft-Kühlung	Daimler-Benz OM 442 LA Direkteinspritz-Dieselmotor mit Abgas-Turbolader und Ladeluft-Kühlung	Daimler-Benz OM 423 Direkteinspritz-Dieselmotor
V8	V8	V10
128 × 142 mm	128 × 142 mm	128 × 142 mm
14 620 ccm	14 620 ccm	18 270 ccm
375 PS/276 kW b. 2300 U/min	435 PS/320 kW b. 2100 U/min	355 PS/261 kW b. 2300 U/min
4 × 2 × 2 Gang	16 Gang mit elektro- pneumatischer Schaltung	4 × 2 × 2 Gang
Zweikreis-Druckluft, dazu Motorbremse	Zweikreis-Druckluft, dazu Motorbremse	Zweikreis-Druckluft, dazu Motorbremse
2638 (6 × 4): **Fahrgestell für Pritschen- oder Sonderaufbauten** 4500 + 1350 mm 12 R 22,5 L 4 Zwillings-Hinterräder 8980 kg 26 000 kg 38 000 kg		**2636 (6 × 4):** **Fahrgestell für Pritschen- oder Sonderaufbauten** 4100 oder 4500 + 1350 mm 12 R 22,5 L 4 Zwillings-Hinterräder 8550 kg 22 000 oder 26 000 kg 38 000 kg
		2636 A (6 × 6): **Fahrgestell für Pritschen- oder Sonderaufbauten** 6 Gang + Geländegang 4100 oder 4500 + 1350 mm 8350 (8400) kg
2638 S (6 × 4): **Sattelzugmaschine** 3200 + 1350 mm	**2644 S (6 × 4):** **Sattelzugmaschine** 3200 + 1350 mm	**2636 S (6 × 4):** **Sattelzugmaschine** 3200 + 1350 mm
		2636 AS (6 × 6): **Sattelzugmaschine** 3500 + 1350 mm
		2636 K (6 × 4): Kipper 3200 oder 3850 + 1350 mm 4800 (5000) × 2300 mm 7150 (7750) × 2500 × 3000 11 350 (12 850) kg 26 000 kg 38 000 kg
		2636 AK (6 × 6): Kipper 3500 oder 3800 + 1350 mm 4800 (5000) × 2300 mm 7150 (7750) × 2500 × 3000 12 200 (13 700) kg

Mercedes-Benz 3250 AF (6×6)
Flugfeld-Großlöschfahrzeug
FLF 11 000/1350 »Firehunter«
Aufbau: Metz (Karlsruhe)
1986

→

Mercedes-Benz 3850 AS (6×6)
Schwerlast-Zugmaschine
ab 1984

	Mercedes-Benz 3250 AS (6 × 6) ab 1986	Mercedes-Benz 3850 AS (6 × 6) ab 1984
Motor	Daimler-Benz OM 423 LA Direkteinspritz-Dieselmotor mit 2 Abgas-Turboladern und Ladeluft-Kühlung	
Zylinder	V10	
Bohrung × Hub	128 × 142 mm	
Hubraum	18 270 ccm	
Leistung	500 PS/368 kW bei 2300 U/min	
Getriebe	4 × 2 × 2 Gang + Wandler-Schaltkupplung	
Antrieb	6 × 6 (Allrad)	
Federung	Starrachsen, Halbfedern	
	Sattel- oder Schwerlast-Zugmaschine	
Radstand	3800 + 1450 mm	
Reifen	13 R 22,5 4 Zwillings-Hinterräder	12 R 24 oder für militärischen Einsatz 14,00–20 XL 4 Zwillings-Hinterräder
Fahrgestellgewicht	11 800 kg (mit Großraum-Fahrerhaus)	13 300 kg (mit Großraum-Fahrerhaus)
Sattellast oder Ballast-gewicht (einschl. Aufbau)	20 200 kg	24 700 kg
Zuläss. Gesamtgewicht	32 000 kg	39 000 kg
Zuläss. Lastzuggewicht	110 000 / 220 000 kg	110 000 / 220 000 kg
Preis (ohne MWSteuer)		1985: ca. 290 000 DM (mit Großraum-Fahrerhaus)

Mercedes-Benz 3328 (8×4–4)
Fahrgestell für Pritschen- oder Sonderaufbauten

Mercedes-Benz 3336 (8×6–4)
Meiller Hinterkipper

	Mercedes-Benz 3328 (8 × 4–4) 1982–1983	Mercedes-Benz 3025 (8 × 4–4) 1985–1986
Bauart	Achtrad-Frontlenker-Schwerlastwagen Achsen 1 + 2: Lenkachsen. Achsen 3 + 4: Antriebsachsen	Achtrad-Frontlenker-Schwerlastwagen Achsen 1 + 2: Lenkachsen. Achsen 3 + 4: Antriebsachsen
Motor	Daimler-Benz OM 422 Direkteinspritz-Dieselmotor V8 Zylinder, 128 × 142 mm, 14 620 ccm, 280 PS = 206 kW bei 2300 U/min	Daimler-Benz OM 422 Direkteinspritz-Dieselmotor V8 Zylinder, 128 × 142 mm, 14 620 ccm, 250 PS = 184 kW bei 2300 U/min
Getriebe	4 × 2 × 2 Gang	4 × 2 × 2 Gang
Fußbremse	Zweikreis-Druckluft, dazu Motorbremse	Zweikreis-Druckluft, dazu Motorbremse
	3328 (8 × 4–4): Fahrgestell für Pritschen- oder Sonderaufbauten	**3025 K (8 × 4–4): Kipper**
Radstand	1500 + 2600 + 1350 mm oder 1500 + 3000 + 1350 mm oder 1500 + 3650 + 1350 mm	1600 + 2540 + 1350 mm
Wagen-Gesamtlänge	ca. 9 bis 10 Meter	
Reifen	13 R 22,5 (4 Zwillings-Hinterräder)	11 R 22,5 (4 Zwillings-Hinterräder)
Fahrgestellgewicht (mit Fahrerhaus)	ca. 10 000 bis 10 500 kg	
Zuläss. Gesamtgewicht	33 000 kg	30 000 kg
	3328 K (8 × 4–4): Kipper-Fahrgestell	**3025 B (8 × 4–4): Betonmischer**
Radstand	1500 + 2350 + 1350 oder 1500 + 2600 + 1350 mm	1600 + 2540 + 1350 mm
Reifen	13 R 22,5 (4 Zwillings-Hinterräder)	11 R 22,5 (4 Zwillings-Hinterräder)
Zuläss. Gesamtgewicht	32 000 kg	30 000 kg

<table>
<tr><th></th><th>Mercedes-Benz
3028 (8 × 4–4)
ab 1985</th><th>Mercedes-Benz
3328 (8 × 4–4)
ab 1985</th></tr>
<tr><td>Bauart</td><td colspan="2">Achtrad-Frontlenker-Schwerlastwagen
Achsen 1 + 2: Lenkachsen, Achsen 3 + 4: Antriebsachsen</td></tr>
<tr><td>Motor</td><td colspan="2">Daimler-Benz OM 422
Direkteinspritz-Dieselmotor
V8 Zylinder, 128 × 142 mm, 14 620 ccm
280 PS = 206 kW bei 2300 U/min</td></tr>
<tr><td>Getriebe</td><td colspan="2">4 × 2 × 2 Gang</td></tr>
<tr><td>Fußbremse</td><td colspan="2">Zweikreis-Druckluft, dazu Motorbremse</td></tr>
<tr><td></td><td>3028 K (8 × 4–4): Kipper</td><td>3228 K (8 × 4–4): Kipper</td></tr>
<tr><td>Radstand</td><td>1500 + 2600 + 1350 oder
1500 + 3000 + 1350 mm</td><td>1500 + 2600 + 1350 oder
1500 + 3000 + 1350 mm</td></tr>
<tr><td>Wagen-Gesamtlänge</td><td>ca. 7,5 Meter</td><td>ca. 7,5 Meter</td></tr>
<tr><td>Reifen</td><td>11 R 22,5 (4 Zwillings-Hinterräder)</td><td>13 R 22,5 (4 Zwillings-Hinterräder)</td></tr>
<tr><td>Fahrgestellgewicht (mit Fahrerhaus)</td><td>ca. 9800 kg</td><td>ca. 9800 kg</td></tr>
<tr><td>Zuläss. Gesamtgewicht</td><td>30 000 kg</td><td>33 000 kg</td></tr>
<tr><td>Zuläss. Lastzuggewicht</td><td>38 000 kg</td><td>40 000 kg</td></tr>
<tr><td>Pritsche</td><td>5600 × 2300 × 1000 mm</td><td>5600 × 2300 × 1000 mm</td></tr>
<tr><td>Preis (ohne MWSteuer)</td><td>1985: ca. 232 000 DM
1987: ca. 247 000 DM</td><td>1985: ca. 234 000 DM
1987: ca. 249 000 DM</td></tr>
<tr><td></td><td>3028 B (8 × 4–4): Betonmischer</td><td>3328 B (8 × 4–4): Betonmischer</td></tr>
<tr><td>Radstand</td><td>1500 + 2600 + 1350 mm</td><td>1500 + 2600 + 1350 mm</td></tr>
<tr><td>Reifen</td><td>11 R 22,5 (4 Zwillings-Hinterräder)</td><td>13 R 22,5 (4 Zwillings-Hinterräder)</td></tr>
<tr><td>Zuläss. Gesamtgewicht</td><td>30 000 kg</td><td>33 000 kg</td></tr>
</table>

Mercedes-Benz 3336 (8×6–4)
Meiller Hakenabrollkipper
für Wechselaufbauten
Im Bild: Bachert Atemschutz-
geräteaufbau der
Stuttgarter Feuerwehr
1987

Mercedes-Benz 3336 (8×6–4)
Schwere Metz/Krupp-Drehleiter
DLK 37 S (Steighöhe 37 Meter)
mit Rettungskorb und
1800 Liter Schaummitteltank
für Werkfeuerwehr Sandoz (Basel)
1987

Mercedes-Benz 4050 (8×8–4)
Schwerlast-Sattelzugmaschine
für China (bestimmt für den
Transport von Ölbohrgeräten
in unwegsamem Gelände) 1987

	Mercedes-Benz 3528 (8 × 6–4) ab 1987	Mercedes-Benz 3535 (8 × 6–4) ab 1987	Mercedes-Benz 3535 A (8 × 8–4) ab 1987
Bauart	Achtrad-Frontlenker-Schwerlastwagen Achsen 1 + 2: Lenkachsen, Achsen 1 + 3 + 4: Antriebsachsen		Achtrad-Frontlenker-Schwerlastwagen Achsen 1 + 2: Lenkachsen, Achsen 1, 2, 3, 4: Antriebsachsen
Motor	Daimler-Benz OM 422 Direkteinspritz-Dieselmotor	Daimler-Benz OM 422 A Direkteinspritz-Dieselmotor mit Abgas-Turbolader	
Zylinder	V8	V8	
Bohrung × Hub	128 × 142 mm	128 × 142 mm	
Hubraum	14 620 ccm	14 620 ccm	
Leistung	280 PS (206 kW) b. 2300 U/min	354 PS (260 kW) b. 2100 U/min	
Getriebe	16 Gang	16 Gang	
	3528 K (8 × 6–4): Kipper	**3535 K (8 × 6–4): Kipper**	**3535 AK (8 × 8–4): Kipper**
Radstand	1500 + 2600 + 1350 mm oder 1500 + 3000 + 1350 mm	1500 + 2600 + 1350 mm oder 1500 + 3000 + 1350 mm	1500 + 3000 + 1350 mm
Reifen	13 R 22,5 4 Zwillings-Hinterräder	13 R 22,5 4 Zwillings-Hinterräder	13 R 22,5 4 Zwillings-Hinterräder
Fahrgestellgewicht (mit Fahrerhaus)	10 750 (10 810) kg	10 940 (11 000) kg	11 400 kg
Zuläss. Gesamtgewicht	32 000–35 000 kg	35 000 kg	35 000 kg

	Mercedes-Benz 3544 (8 × 4–4) ab 1987	Mercedes-Benz 4850 A (8 × 8–4) ab 1987
Bauart	Schwerlast-Zugmaschine Achsen 1 + 2: Lenkachsen, Achsen 3 + 4: Antriebsachsen	Schwerlast-Zugmaschine Achsen 1 + 2: Lenkachsen, Achsen 1, 2, 3, 4: Antriebsachsen
Motor	Daimler-Benz OM 442 LA Direkteinspritz-Dieselmotor mit Abgas-Turbolader und Ladeluft-Kühlung	Daimler-Benz OM 423 LA Direkteinspritz-Dieselmotor mit 2 Abgas-Turbolader und Ladeluft-Kühlung
Zylinder	V8, 128 × 142 mm, 14 620 ccm	V10, 128 × 142 mm, 18 270 ccm
Leistung	435 PS (320 kW) bei 2100 U/min	500 PS (368 kW) bei 2300 U/min
Getriebe	16 Gang + elektropneumatische Schaltung	16 Gang + Wandler-Schaltkupplung
	3544 S: Sattel- oder Schwerlast-Zugmaschine	**4850 AS: Sattel- oder Schwerlast-Zugmaschine**
Radstand	1500 + 2000 + 1350 mm	1550 + 3000 + 1450 mm
Reifen	13 R 22,5 (4 Zwillings-Hinterräder)	12,00 R 24 (4 Zwillings-Hinterräder)
Fahrgestellgewicht	10 500 kg (mit Großraum-Fahrerhaus)	15 340 kg (mit Großraum-Fahrerhaus)
Sattellast oder Ballast-gewicht (einschl. Aufbau)	24 500 kg	32 660 kg
Zuläss. Gesamtgewicht	35 000 kg	48 000 kg
Zuläss. Lastzuggewicht	180 t	200 t

Noch ein Kleintransporter

Auf der Frankfurter Automobil-Ausstellung im September 1987 präsentierte sich dem deutschen Publikum der Mercedes-Benz 100 D, ein völlig neues Auto der 1 t-Nutzlastklasse, angesiedelt knapp unterhalb der Kleintransporter-Reihe T 1. Die Herstellung des Wagens erfolgt in der spanischen Stadt Vitoria, wo einstens Daimler-Benz ein Werk der Auto Union übernommen hatte. Für den Mercedes 100 D verwendet Daimler weiterhin das zwar modifizierte, im Prinzip aber gleichgebliebene und bestens bewährte Fahrgestell vom früheren DKW Lieferwagen. Als Motor findet man den vom Personenwagen her wohlbekannten 2,4 Liter Diesel. Vor allem aber behielt der spanische Mercedes den im dortigen Werk längst traditionellen Frontantrieb bei. Vorgesehen ist der neue Transporter (samt seinen kommenden größeren Versionen) hauptsächlich für Spanien, Portugal und Südamerika, doch wird das Basismodell (nur dieses!) nunmehr auch in Deutschland und anderen westeuropäischen Ländern verkauft. Dort konkurriert er unmittelbar mit den leichten Ausführungen der T1-Reihe. Ein etwas kleinerer Transporter, Mercedes-Benz 80 D, der in Zusammenarbeit mit der japanischen Firma Mitsubishi ebenfalls in Spanien hergestellt werden sollte, wurde nicht realisiert.

Mercedes-Benz 100 D
Kombi 9 Sitze
Prototyp 1987

Mercedes-Benz 100 D
Hochdach-Kastenwagen
Prototyp 1987

	Mercedes-Benz 100 D ab 1987
Bauart	Kleiner Frontlenker-Transporter mit Frontantrieb
Motor	Daimler-Benz OM 616 Vorkammer-Dieselmotor
Zylinder	4 (Reihe)
Bohrung × Hub	90,9 × 92,4 mm
Hubraum	2399 ccm
Leistung	72 PS (53 kW) bei 4400 U/min
Getriebe	5 Gang
Antrieb	Frontantrieb, Motor-Getriebe-Block vor Vorderachse
Rahmen	Parallel-Doppelrohr-Rahmen mit Rohr-Querträgern
Vorderradaufhängung	Doppel-Querlenker, Längs-Federstäbe
Hinterradaufhängung	Starre Rohrachse, Eiblatt-Halbfedern
Fußbremse	vorn Scheiben-, hinten Trommelbremsen, Servohilfe
	Kastenwagen bzw. Kombi
Radstand	2450 mm
Laderaum	2080 × 1640 × 1490 bzw. (bei Hochdach) 1830 mm
Gesamtmaße	4475 × 1810 × 2060 bzw. (bei Hochdach) 2400 mm
Reifen	205 R 14 / PR 6
Wagengewicht (mit Fahrer)	Kastenwagen 1655 (1695) kg Kombi 1785 (1795) kg
Zuläss. Gesamtgewicht	2650 kg Ablastung auf 2600 oder 2500 kg möglich
Höchstgeschwindigkeit	116 km/h
Verbrauch/100 km	12 Liter Diesel
	Kastenwagen bzw. Kombi
Radstand	2675 mm
Laderaum	3160 × 1640 × 1490 bzw. (bei Hochdach) 1830 mm
Gesamtmaße	4925 × 1810 × 2060 bzw. (bei Hochdach) 2400 mm
Wagengewicht (mit Fahrer)	Kastenwagen 1745 (1785) kg Kombi 1885 (1895) kg
	Pritschenwagen
Radstand	2675 mm
Ladefläche	3200 × 1910 mm
Gesamtmaße	5000 × 1810 × 1990 mm
Reifen	205 R 14 / PR 6
Wagengewicht (mit Fahrer)	1635 kg
Zuläss. Gesamtgewicht	2650 kg Ablastung auf 2600 kg möglich
Höchstgeschwindigkeit	116 km/h
Verbrauch/100 km	12 Liter Diesel

Ford

Produktion der Kölner Ford-Werke samt deren Produktion in in- und ausländischen Zweigwerken

	Personenwagen	Lieferwagen (abgeleitet von Personenwagen)	Transit (Transporter)	Lastwagen	Omnibusse	Gesamtproduktion	Dazu: Teilesätze für Südafrika
1945	–	–	–	2443	–	**2 443**	–
1946	–	–	–	4649	–	**4 649**	–
1947	–	–	–	2060	–	**2 060**	–
1948	182	144	–	5230	175	**5 731**	–
1949	11 109	2425	–	3343	480	**17 357**	–
1950	24 443	3634	–	1522	217	**29 816**	–
1951	27 065	2808	–	4685	602	**35 160**	–
1952	30 693	2178	–	6818	708	**40 397**	–
1953	35 888	2573	1 021	3639	920	**44 041**	–
1954	42 631	2467	8 113	4208	1051	**58 470**	–
1955	58 456	2796	10 877	7202	1045	**80 376**	–
1956	64 872	983	13 478	6717	96	**86 146**	–
1957	67 254	–	13 415	6610	10	**87 289**	–
1958	111 976	–	14 872	1683	1	**128 532**	–
1959	130 156	1325	18 613	1869	–	**151 963**	–
1960	185 724	2128	24 595	1444	–	**213 881**	–
1961	229 904	5158	25 797	524	–	**261 383**	–
1962	267 943	6059	29 697	–	–	**303 699**	–
1963	349 519	4035	31 831	–	–	**385 385**	–
1964	356 872	3384	35 242	–	–	**395 498**	–
1965	470 678	2598	32 547	–	–	**505 823**	–
1966	442 310	2536	42 670	–	–	**487 516**	–
1967	339 043	2619	36 087	–	–	**377 749**	–
1968	350 470	3130	27 594	–	–	**381 194**	–
1969	570 355	3884	39 340	–	–	**613 579**	–
1970	641 677	2772	35 358	–	–	**680 807**	–
1971	736 919	2215	36 583	–	–	**775 717**	5775
1972	669 332	–	37 032	–	–	**706 364**	3696
1973	701 977	–	51 469	–	–	**753 446**	8965
1974	423 902	–	43 811	–	–	**467 713**	8500
1975	594 665	–	39 871	–	–	**634 536**	5800
1976	771 134	–	41 664	–	–	**812 798**	4250
1977	828 134	–	50 334	–	–	**878 468**	2720
1978	808 934	–	38 341	–	–	**847 275**	8355
1979	803 841	–	57 434	–	–	**861 275**	2300
1980	592 812	–	51 605	–	–	**644 417**	3700
1981	688 326	–	45 923	–	–	**734 249**	6815
1982	749 722	–	46 174	–	–	**795 896**	3253
1983	798 939	–	34 489	–	–	**833 428**	3455
1984	752 695	–	39 075	–	–	**791 170**	1300
1985	734 711	–	37 251	–	–	**771 962**	–
1986	802 833	–	60 083	–	–	**862 916**	–

Ford 3 t »BB«
Eiswagen (Isolierkoffer)
Aufbau: Blumhardt (Wuppertal)
1948

Ford 3 t »V8«
Sprengwagen
der Stadt Köln
1948

Ford 3 t »BB«
Drehleiter DL 17 der
Städt. Straßenbeleuchtung
München. Aufbau:
Bachert (Bad Friedrichshall)
etwa 1949

Ford Lastwagen 1945–1961

Die Dreitonner der Kölner Ford-Werke genossen in den dreißiger Jahren auf dem deutschen Markt einen ausgezeichneten Ruf. Dieser galt vor allem dem unverwüstlichen 50 PS Vierzylinder-Motor des Typs BB. Ab 1937 freilich sank das Vertrauen in die Leistung und Haltbarkeit der Ford Lastwagen ganz rapid, nachdem der nunmehr auch hier verwendete V8-Motor für gründliche Enttäuschungen sorgte. So hervorragend sich dieser V8-Motor im Personenwagen bewährte, so wenig eignete er sich offensichtlich für die Schwerarbeit im Nutzfahrzeug. Wohl oder übel bot man, was ursprünglich gewiß nicht vorgesehen war, den Vierzylinder-Lastwagen weiterhin parallel zum V8 an. Aber inzwischen genügte eben auch der BB leistungsmäßig nicht mehr den zeitgemäßen Ansprüchen. Während des Krieges, als die PS-Zahl an Wichtigkeit verloren hatte, erhielten die Ford Lastwagen weiterhin beide Motoren, was vermutlich allein schon aus Kapazitätsgründen geboten war. Vor allem beim mörderischen Einsatz in Rußland bestätigte sich dann wiederum die gegenüber dem V8 weit überlegene Belastbarkeit des BB-Vierzylinders. Auch nach dem Krieg bestückte Ford seine Lastwagen noch lange Zeit wahlweise mit diesen ungleichen Triebwerken, doch der V8 wurde nicht mehr besser, und der Vierzylinder widerstand allen Versuchen einer wesentlichen Leistungssteigerung. Außerdem hatte sich auch in dieser Nutzlast-Klasse inzwischen der Die-

Produktion

Produktion	1945[1]	1946	1947	1948	1949	1950	1951	1952	1953
1,5 + 2 t BB					613[2]	489	344	382	31
1,5 + 2 t V8						10	17	30	2
3 t BB + V8	2443	4649	2060	5230	2730	1004[3]			
»Ruhr« + FK 3000 BB							425[4]	613	392
»Rhein« + FK 3500 V8							2268	3407	1145
FK 3500 D						19	1631	2323	1465
FK 4000 V8									440[5]
FK 4000 D									132
FK 2500 V8									
FK 2500 D									
FK 3500 V8									
FK 3500 D									
FK 4500 D									
1,5–2 t Omnibus							40	135	1
3–5 t Omnibus				175	480	217[6]	562		
4–5 t V8 Omnibus								128[7]	785
4–5 t D Omnibus								445	134
	2443	**4649**	**2060**	**5405**	**3823**	**1739**	**5287**	**7463**	**4527**
Davon Militärfahrzeuge an Besatzungsmächte und (ab 1955) an Bundeswehr									
Lastwagen	?	?	?	676	704	316	862	520	578
Omnibusse				44	216	80	108	276	609

[1] ab Mai 1945
[2] ab Juli 1949
[3] bis Juli 1950
[4] ab März 1951
[5] ab September 1953
[6] bis Juli 1950
[7] ab März 1952
[8] bis November 1955
[9] ab Dezember 1955

sel-Motor durchgesetzt. In aller Eile stattete man von 1951 an die Kölner Lastwagen mit amerikanischen Hercules Dieselmotoren aus, die aber ebenfalls wenig Anklang fanden. Überdies war die äußere Erscheinung der Ford Dreitonner und noch mehr diejenige des 1953 hinzugekommenen Viertonners nicht mehr konkurrenzfähig. So brachte Ford Anfang 1956 eine grundlegend neue Typenreihe FK 2500, FK 3500 und FK 4500 heraus. Sie hatte endlich ein sehr gefälliges Styling erhalten, und vor allem glaubte man, mit der Übernahme des von dem österreichischen Professor List konstruierten Zweitakt-Dieselmotors nunmehr wieder erfolgreich und zukunftssicher auf dem Markt bestehen zu können. Doch was jedem erfahrenen Praktiker von vornherein klar war: Auch dieser Zweitakt-Diesel erwies sich als Reinfall ohnegleichen. Enttäuscht und entmutigt entschlossen sich 1960 die Kölner, nunmehr auf den Lastwagenbau völlig zu verzichten. – In den 16 Jahren seit Kriegsende brachten es die Ford Lastwagen stets nur auf kümmerliche Stückzahlen. Deren erhebliche Schwankungen in einzelnen Jahren beruhten weniger auf unterschiedlichen Ergebnissen im freien Verkauf als vielmehr in den schubweisen Auftragseingängen bei Militärfahrzeugen. Jeder dritte Lastwagen und jeder zweite Omnibus ging an die Besatzungsstreitkräfte oder ab 1955 an die Bundeswehr. Das ist, verglichen mit den anderen deutschen Nutzfahrzeugherstellern, ein außergewöhnlich hoher Anteil, erreicht durch ausgesprochene Billigangebote. Ohne diese Behördengeschäfte wäre der Lastwagenbau der Kölner Ford-Werke vermutlich schon sehr viel früher zum Erliegen gekommen.

	1954	1955	1956	1957	1958	1959	1960	1961	1962	Gesamtzahl
										1 859
										59
										18 116
	197	244[8)]								**1 871**
	1263	1063								**9 146**
	286	27								**5 751**
	1706	4947								**7 093**
	750	791								**1 673**
		4	37	31	81	64	66	25	1	**309**
		36	845	483	458	377	409	55		**2 663**
		25	2701	4024	800	1016	848	439		**9 853**
		8	368	269	105	105	62	9		**926**
		57[9)]	2760	1767	237	304	55	4	1	**5 185**
										176
										1 434
	940	1038	94	10	1					**2 996**
	111	7	2							**699**
	5253	**8247**	**6807**	**6584**	**1682**	**1866**	**1440**	**532**	**2**	**69 809**
	469	5284	1567	4753	709	1063	135	458		
	509	1433	74	67						

Ford 1,5–2 t »BB-Spezial«
Pritschenwagen
1949–1952

Ford 3 t »Ruhr«
Kofferwagen
Aufbau: Hall Nachf. (Köln)
etwa 1950

Ford 3 t »Rhein«
Pritschenwagen
1948–1952

	Ford 3 t »BB« 1945–1948	Ford 3 t »V8« 1945–1948
Motor	Ford Vergasermotor	Ford Vergasermotor
Zylinder	4 (Reihe)	8 (V-Form)
Bohrung × Hub	98,4 × 108 mm	77,8 × 95 mm
Hubraum	3285 ccm	3613 ccm
Leistung	52 PS bei 2800 U/min	90 PS bei 3800 U/min
Getriebe	4 Gang	4 Gang
Fußbremse	Hydraulisch, 4 Räder	Hydraulisch, 4 Räder
	Pritschenwagen	**Pritschenwagen**
Radstand	4013 mm	4013 mm
Pritsche	3500 × 2110 mm	3500 × 2110 mm
Gesamtmaße	6345 × 2245 × 2175 mm (Höhe über Fahrerhaus)	6345 × 2245 × 2175 mm (Höhe über Fahrerhaus)
Reifen	vorn 6,50, 7,25 oder 7,50–20 hinten 7,25 oder 7,50–20 Zwillings-Hinterräder	vorn 6,50, 7,25 oder 7,50–20 hinten 7,25 oder 7,50–20 Zwillings-Hinterräder
Fahrgestellgewicht	1785 (ohne bzw.) 2000 kg (mit Fahrerhaus)	1850 (ohne bzw.) 2070 kg (mit Fahrerhaus)
Wagengewicht	2410 kg	2480 kg
Zuläss. Gesamtgewicht	5850 kg	5850 kg
Nutzlast-Klasse	3000 kg	3000 kg
Höchstgeschwindigkeit	60 km/h	85 km/h
Bemerkung	Auch noch mit Holzfahrerhaus	Auch noch mit Holzfahrerhaus

	Ford BB Spezial 1949–1952	Ford 3 t »Ruhr« 1948–1952	Ford 3 t »Rhein« 1948–1952
Motor	Ford Vergasermotor	Ford Vergasermotor	Ford Vergasermotor
Zylinder	4 (Reihe)	4 (Reihe)	8 (V-Form)
Bohrung × Hub	98,4 × 108 mm	98,4 × 108 mm	81 × 95,2 mm
Hubraum	3285 ccm	3285 ccm	3924 ccm
Leistung	52 PS bei 2800 U/min	57 PS bei 2800 U/min	95 PS bei 3500 U/min
Getriebe	4 Gang	4 Gang	4 Gang
Fußbremse	Hydraulisch, 4 Räder	Hydraulisch, 4 Räder	Hydraulisch, 4 Räder
	Pritschenwagen	**Pritschenwagen**	**Pritschenwagen**
Radstand	3404 mm	4013 mm	4013 mm
Pritsche	2800 × 2000 mm	3500 × 2110 mm	3500 × 2110 mm
Gesamtmaße	5680 × 2150 × 2150 mm (Höhe über Fahrerhaus)	6345 × 2245 × 2175 mm (Höhe über Fahrerhaus)	6345 × 2245 × 2175 mm (Höhe über Fahrerhaus)
Reifen	6,00–20 (1,5 t Nutzlast) 6,50–20 (2 t Nutzlast) Zwillings-Hinterräder	vorn 6,50 oder 7,50–20 hinten 7,50–20 Zwillings-Hinterräder	vorn 6,50 oder 7,50–20 hinten 7,50–20 Zwillings-Hinterräder
Fahrgestellgewicht	1500 bzw. 1535 kg (ohne Fahrerhaus)	1785 (ohne bzw.) 2000 kg (mit Fahrerhaus)	1880 (ohne bzw.) 2100 kg (mit Fahrerhaus)
Wagengewicht	2200 bzw. 2235 kg	2410 kg	2480 kg
Zuläss. Gesamtgewicht	4000 bzw. 4535 kg	5850 kg	5850 kg
Nutzlast-Klasse	1,5 bzw. 2 t	3 t	3 t
		Kipper	**Kipper**
Radstand		4013 mm	4013 mm
Pritsche		3200 × 2000 mm	3200 × 2000 mm
Zuläss. Gesamtgewicht		6000 kg	6000 kg
Bemerkung		Für Omnibus- und Sonderaufbauten auch mit Frontlenker-Langrahmen-Fahrgestell Radstand 5300 mm	

Ford FK 2000 Kofferwagen (Aufbau: Hall) 1952–1953

Ford FK 3000 BB Motorhydraulischer Dreiseiten-Kipper 1951–1955

Ford FK 4000 Pritschenwagen 1953–1956

Motor

Zylinder
Bohrung × Hub
Hubraum
Leistung
Antrieb
Getriebe
Fußbremse

Radstand
Pritsche
Gesamtmaße

Reifen

Fahrgestellgewicht

Wagengewicht
Zuläss. Gesamtgewicht
Nutzlast-Klasse

Pritsche
Zuläss. Gesamtgewicht
Bemerkungen

Motor

Zylinder
Bohrung × Hub
Hubraum
Leistung
Antrieb
Getriebe
Fußbremse

Radstand
Pritsche
Gesamtmaße

Reifen

Fahrgestellgewicht

Wagengewicht
Zuläss. Gesamtgewicht
Nutzlast-Klasse

Radstand
Pritsche

Ford FK 2000 1952–1953	**Ford FK 3000 BB 1951–1955**	**Ford FK 3500 V8 1951–1956**	**Ford FK 3500 D 1951–1956**
Ford Vergasermotor 4 (Reihe) 98,4 × 108 mm 3285 ccm 52 PS bei 2800 U/min Antrieb auf Hinterräder 4 Gang Hydraulisch	Ford Vergasermotor 4 (Reihe) 98,4 × 108 mm 3285 ccm 57 PS bei 2800 U/min Antrieb auf Hinterräder 4 Gang Hydraulisch	Ford Vergasermotor 8 (V-Form) 80,9 × 95,25 mm 3924 ccm 100 PS bei 3000 U/min Antrieb auf Hinterräder 4 Gang Hydraulisch	Hercules Viertakt- Wirbelkammer-Dieselmotor 6 (Reihe) 92,07 × 101,6 mm 4080 ccm 90 PS bei 3000 U/min Antrieb auf Hinterräder 4 Gang Hydraulisch, auf Wunsch Druckluft-Servohilfe
Pritschenwagen 3404 mm 2800 × 2000 mm 5680 × 2150 × 2150 mm (Höhe über Fahrerhaus) 6,00–20 (1,5 t Nutzlast) 6,50–20 (2 t Nutzlast) Zwillings-Hinterräder 1500 bzw. 1535 kg (ohne Fahrerhaus) 2200 bzw. 2235 kg 4000 bzw. 4535 kg 1,5 bzw. 2 t	**Pritschenwagen** 4013 mm 3500 × 2110 mm 6360 × 2260 × 2715 mm (Höhe über Fahrerhaus) vorn 6,50 oder 7,50–20 hinten 7,50–20 Zwillings-Hinterräder 1910 (ohne bzw. 2100 kg mit Fahrerhaus) 2480 kg 5850 kg 3 t	**Pritschenwagen** 4013 oder 4404 mm 3500 (4000) × 2110 mm 6360 (6860) × 2260 × 2175 mm (Höhe über Fahrerhaus) 7,50–20 Zwillings-Hinterräder 2200 (2260) kg (mit Fahrerhaus) 2465 (2565) kg 6150 kg 3,5 t	**Pritschenwagen** 4013 oder 4404 mm 3500 (4000) × 2110 mm 6360 (6860) × 2260 × 2175 mm (Höhe über Fahrerhaus) 7,50–20 Zwillings-Hinterräder 2415 (2475) kg (mit Fahrerhaus) 2600 (2700) kg 6400 kg 3,5 t **Kipper** 3400 × 2000 mm 6700 kg
		Für Omnibusse und Sonderaufbauten auch mit Frontlenker-Langrahmen-Fahrgestell Radstand 4800 mm (Bremsen mit Druckluft-Servohilfe, Reifen 8,25–20, zuläss. Gesamtgewicht 7700 kg)	

Ford FK 3500 V8 Allrad 1952–1956	**Ford FK 3500 D Allrad 1952–1956**	**Ford FK 4000 V8 1953–1956**	**Ford FK 4000 D 1953–1956**
Ford Vergasermotor 8 (V-Form) 80,9 × 95,25 mm 3924 ccm 100 PS bei 3000 U/min Allrad-Antrieb (abschaltbar) 4 Gang + Vorgelege Hydraulisch, Druckluft-Servohilfe	Hercules Viertakt- Wirbelkammer-Dieselmotor 6 (Reihe) 90,07 × 101,6 mm 4080 ccm 90 PS bei 3000 U/min Allrad-Antrieb (abschaltbar) 4 Gang + Vorgelege Hydraulisch, Druckluft-Servohilfe	Ford Vergasermotor 8 (V-Form) 80,9 × 95,25 mm 3924 ccm 100 PS bei 3000 U/min Antrieb auf Hinterräder 5 oder 4 × 2 Gang Hydraulisch, Druckluft-Servohilfe	Hercules Viertakt- Wirbelkammer-Dieselmotor 6 (Reihe) 93,66 × 107,95 mm 4462 ccm 95 PS bei 3000 U/min Antrieb auf Hinterräder 5 oder 4 × 2 Gang Hydraulisch, Druckluft-Servohilfe
Pritschenwagen 4013 mm 3500 × 2110 mm 6360 × 2260 × 2300 mm (Höhe über Fahrerhaus) 7,50–20 Zwillings-Hinterräder 2555 kg (mit Fahrerhaus) 2955 kg 6450 kg 3,5 t **Kipper** 4013 mm 3400 × 2000 mm	**Pritschenwagen** 4013 mm 3500 × 2110 mm 6360 × 2260 × 2300 mm (Höhe über Fahrerhaus) 7,50–20 Zwillings-Hinterräder 2690 kg (mit Fahrerhaus) 3090 kg 6700 kg 3,5 t **Kipper** 4013 mm 3400 × 2000 mm	**Pritschenwagen** 4013 oder 4404 mm 3800 (4250) × 2110 mm 6660 (7110) × 2300 × 2280 mm (Höhe über Fahrerhaus) 8,25–20 Zwillings-Hinterräder 2670–2720 kg (mit Fahrerhaus) 3070–3120 kg 7700 (7800) kg 4 t **Kipper** 4013 mm 3400 × 2000 mm	**Pritschenwagen** 4013 oder 4404 mm 3800 (4250) × 2110 mm 6660 (7110) × 2300 × 2280 mm (Höhe über Fahrerhaus) 8,25–20 Zwillings-Hinterräder 2750–2800 kg (mit Fahrerhaus) 3150–3200 kg 7700 (7800) kg 4 t **Kipper** 4013 mm 3400 × 2000 mm

Ford FK 2500 D
Wasserrettungswagen
für Feuerwehr
Aufbau: Metz (Karlsruhe)
1959

»Nato-Ford« 3 t
Militär-Lastwagen
Nato-Ausführung
1955–1961

Ford FK 3500 V8
Militär-Lastwagen
für Export
1956–1961

	Ford FK 2500 D 1956–1961	Ford FK 3500 V8 1956–1961	Ford 3 t »Nato-Ford« 1955–1961
Motor	Ford (Prof. List) Zweitakt-Wirbelkammer-Dieselmotor mit Roots-Spülluftgebläse	Ford Vergasermotor	Ford Vergasermotor
Zylinder	4 (V-Form)	8 (V-Form)	8 (V-Form)
Bohrung × Hub	92 × 105 mm	80,9 × 95,25 mm	80,9 × 95,25 mm
Hubraum	2797 ccm	3924 ccm	3924 ccm
Leistung	80 PS bei 2800 U/min	100 PS bei 3000 U/min	92 PS bei 3500 U/min
Antrieb	Antrieb auf Hinterräder	Antrieb auf Hinterräder	Allrad-Antrieb (abschaltbar)
Getriebe	4 oder 5 Gang	4 Gang	4 Gang + Vorgelege
Fußbremse	Hydraulisch	Hydraulisch	Hydraulisch Zweikreis-Druckluft-Servohilfe
	Pritschenwagen	**Pritschenwagen**	**Militär-Lastwagen**
Radstand	3700 mm	3900 mm	4013 mm
Pritsche	3600 × 2100 mm	3800 × 2100 mm	4250 × 2250 mm
Gesamtmaße	6285 × 2260 × 2225 mm (Höhe über Fahrerhaus)	6485 × 2260 × 2225 mm (Höhe über Fahrerhaus)	7250 × 2445 × 3140 mm (Höhe über Fahrerhaus)
Reifen	6,50–20 Zwillings-Hinterräder	7,50–20 Zwillings-Hinterräder	11,00–20 eHD verst. M Einzel-Hinterräder
Fahrgestellgewicht	2090 kg (mit Fahrerhaus)	2500 kg (mit Fahrerhaus)	
Wagengewicht (mit Fahrer)			4550 kg
Zuläss. Gesamtgewicht	5200 kg	7000 kg	7480 kg
Nutzlast-Klasse	2,5 t	3,5 t	3 t
Bemerkungen	Auch mit 100 PS V8-Motor		

	Ford FK 3500 D 1956–1961	Ford FK 4500 D 1956–1961	Ford FK 4500 D Allrad 1956–1961
Motor	Ford (Prof. List) Zweitakt-Wirbelkammer-Dieselmotor mit Roots-Spülluftgebläse 6 Zylinder (V-Form), 92 × 105 mm, 4195 ccm, 120 PS bei 2800 U/min		
Antrieb	Antrieb auf Hinterräder	Antrieb auf Hinterräder	Allrad-Antrieb (selbst zu- und abschaltend)
Getriebe	4 oder 5 Gang	4 oder 5 Gang	4 Gang + Vorgelege
Fußbremse	Hydraulisch,	Hydraulisch, Druckluft-Servohilfe	Hydraulisch, Druckluft-Servohilfe
	Pritschenwagen	**Pritschenwagen**	**Pritschenwagen**
Radstand	3900 mm	3900 oder 4370 mm	3900 mm
Pritsche	3800 × 2225 mm	3800 (4500) × 2225 mm	3800 × 2225 mm
Gesamtmaße	6485 × 2260 × 2225 mm (Höhe über Fahrerhaus)	6485 (7185) × 2260 × 2275 mm (Höhe über Fahrerhaus)	6485 × 2260 × 2435 mm (Höhe über Fahrerhaus)
Reifen	7,25–20 Zwillings-Hinterräder	8,25–20 Zwillings-Hinterräder	8,25–20 Zwillings-Hinterräder
Fahrgestellgewicht	2600 kg (mit Fahrerhaus)	2735 (2785) kg (mit Fahrerhaus)	3100 kg (mit Fahrerhaus)
Wagengewicht			
Zuläss. Gesamtgewicht	7000 kg	8200 kg	8500 kg
Nutzlast-Klasse	3,5 t	4,5 t	4,5 t
		Kipper	**Kipper**
Radstand		3900 mm	3900 mm
Pritsche		3400 × 2000 mm	3400 × 2000 mm
Zuläss. Gesamtgewicht		8500 kg	8650 kg

Ford FK 1000, Ford Taunus Transit (1953–1965)

März 1953: Auf der Frankfurter Automobil-Ausstellung präsentierten die Kölner Ford-Werke ihren neuen Eilfrachter als Konkurrenz zum VW Transporter. Sein Konstrukteur war Dr. Alfred Haesner, der gleiche, der ein paar Jahre vorher den VW Transporter geschaffen hatte. Der vormalige Entwicklungsleiter des Volkswagenwerks fungierte inzwischen als Chefingenieur der Ford-Werke. Dr. Haesner konnte sich beim Ford FK 1000 weitgehend die Erfahrungen zunutze machen, welche die Entwicklung des VW Transporters mit sich gebracht hatten. Dabei war er beim Ford FK 1000 nicht auf die Heckmotor-Bauart festgelegt, woraus von vornherein die günstigeren Beladungsverhältnisse resultierten. Andererseits mußte er nach Art des Hauses mit einem möglichst einfachen und billigen Fahrwerk auskommen. Auch in bezug auf Verarbeitung und Modellpflege konnte der FK 1000 und die später davon abgeleiteten Modelle nie mit dem VW Transporter gleichziehen. Immerhin aber bot er diesem gegenüber eine beachtenswerte Alternative, was sich in recht erheblichen Verkaufszahlen niederschlug. 4 Basismodelle: Kastenwagen, Kombi, Achtsitzer-Bus (mit festen Sitzen und Pkw-gemäßer Innenausstattung) sowie Pritschenwagen. Die Serienproduktion begann im September 1953.

April 1955: Der FK 1000 ist wie bisher mit dem 12 M-, wahlweise nun aber auch mit dem 15 M-Motor erhältlich. Außerdem wird der Motor zwischen die Vordersitze zurückverlegt, um mehr Beinraum zu gewinnen und dem Fahrer den Durchstieg nach rechts zu ermöglichen.

Januar 1958: Blinker statt Winker. Neben dem FK 1000 mit 1,2 Liter-Motor und dem FK 1000/1,5 gibt es jetzt als dritte Ausführung den FK 1250 (mit 1,5 Liter-Motor) für 1,25 t Nutzlast.

Januar 1960: Ford FK 1000 mit 1,2 Liter-Motor nur noch als Kasten- oder Kombiwagen, aber nicht mehr als Bus und Pritschenwagen erhältlich. FK 1000/1,5 und FK 1250 nunmehr auch mit Holzpritsche (Ladefläche 2600×1700 mm) lieferbar.

Produktion

	Ford FK 1000 / Taunus Transit 1000			**Ford FK 1250 / Taunus Transit 1250**			
	Achtsitzer	Kombi	Kastenwagen Pritschenwagen u. a.	Achtsitzer	Kombi	Kastenwagen Pritschenwagen u. a.	
1953	43	2	976				**1021**
1954	675	1560	5878				**8113**
1955	990	2341	7546				**10877**
1956	970	2964	9544				**13478**
1957	911	3152	9352				**13415**
1958	721	1868	4938	510	1122	5713	**14872**
1959	730	2150	5540	899	1160	8134	**18613**
1960	844	2773	6975	1544	1791	10658	**24585**
1961	881	3335	6773	1702	1918	11188	**25797**
1962	414	2515	4903	1076	2575	11957	**29697**
1963	490	2467	4357	642	2662	13133	**31831**
1964	560	2561	3807	1011	3271	12537	**35242**
1965	488	1829	2908	1148	2664	10235	**28291**
	8717	**29517**	**73497**	**8532**	**17163**	**83555**	**255832**

	Ford Taunus Transit 800			**Ford Taunus Transit 1500**
	Achtsitzer	Kombi	Kastenwagen Pritschenwagen u. a.	Pritschenwagen Kofferwagen u. a.
1962	1087	1635	3535	
1963	1160	2254	4655	11
1964	1153	2482	4582	3278
1965	890	1759	3480	2890
	4290	**8130**	**16252**	**6179**

	Ford FK 1000 1953–1955	Ford FK 1000 1955–1960	Ford Taunus Transit 1000 1961–1962
Bauart	Frontlenker-Leichttransporter, Motor zwischen den Sitzen, Antrieb auf Hinterräder		
Motor	Ford Vergasermotor		
Zylinder	4 (Reihe)		
Bohrung × Hub	92,5 × 83,5 mm		
Hubraum	1172 ccm		
Leistung	38 PS bei 4250 U/min		
Getriebe	3 oder 4 Gang	4 Gang	4 Gang
Vorderradaufhängung	Starrachse, Halbfedern		
Hinterradaufhängung	Starrachse, Halbfedern		
Fußbremse	Hydraulisch		
	Kasten- bzw. Kombiwagen		
Radstand	2300 mm		
Laderaum	2720 × 1600 × 1335 mm		
Gesamtmaße	4300 × 1740 × 1965 mm		
Reifen	6,70–15 / 6 PR	6,70–15 / 6 PR	6,70–15 / 4 PR
Wagengewicht (mit Fahrer)	1050 (Kombi 1125) kg	1100 (Kombi 1175) kg	1100 (Kombi 1175) kg
Zuläss. Gesamtgewicht	2050 kg	2100 kg	2100 kg
Nutzlast-Klasse	1 t	1 t	1 t
Höchstgeschwindigkeit	95 km/h	95 km/h	95 km/h
Preis	DM 7375,– (Kombi DM 7975,–)	DM 7065,– (Kombi DM 7440,–)	DM 6515,– (Kombi DM 7115,–)
	Achtsitzer-Spezial		
Wagengewicht (mit Fahrer)	1200 kg	1250 kg	
Zuläss. Gesamtgewicht	1950 kg	2000 kg	
Preis	DM 8990,–	DM 8730,–	
	Pritschenwagen		
Radstand	2300 mm		
Ladefläche	2720 × 1520 bzw. (unten) 1040 mm		
Gesamtmaße	4300 × 1740 × 1960 bzw. (mit Plane) 2330 mm		
Reifen	6,70–15 / 6 PR		
Wagengewicht (mit Fahrer)	1050 kg	1100 kg	
Zuläss. Gesamtgewicht	2050 kg	2100 kg	
Preis	DM 7165,– (ohne Plane)	DM 6855,– (ohne Plane)	

Januar 1961: Bisherige FK-Baureihen werden als Taunus Transit 1000 bzw. 1250 weitergeführt. Viergangetriebe vollsynchronisiert.

September 1961: Fahrerhaustüren mit Schwenkfenstern. Programm wird ergänzt durch Luxus-Bus (Achtsitzer-Spezial mit Luxus-Ausstattung) und durch Tiefchassis für Sonderaufbauten.

April 1962: Erweiterung des Programms durch Taunus Transit 800, bestimmt für Kunden, welche nur den Laderaum, nicht aber die Nutzlast eines Eintonners benötigen. Mit allen Aufbauformen lieferbar. Alle Kastenwagen erhalten zusätzliche Seitentür (bisher auf Wunsch, Aufpreis 150 DM).

September 1963: Die Ford-Werke erweitern das Eilfrachter-Programm um den Taunus Transit 1500, einen kleinen Lastwagen für 1,5 t Nutzlast. Im Unterschied zu den anderen FT-Typen besitzt der 1500 einen Preßstahl-Kastenrahmen statt der Rahmen-Bodenanlage aus Stahlblech, eine zwillingsbereifte Lastwagen-Hinterachse und den 1,7 Liter-Motor des Taunus 17 M. Alle Ford Taunus Transit jetzt mit Mittelschalthebel statt der Lenkradschaltung. Außerdem wurden die Sitzverstellung und die Türschlösser verbessert.

Jahresende 1965: Die Produktion der Ford Eilfrachter wird beendet. Das Gesamtergebnis von Herbst 1953 bis Ende 1965 beträgt 255832 Einheiten dieses Frontlenker-Wagens.

	Ford FK 1000/1,5 1955–1960	Ford FK 1250 1958–1960
Bauart		Frontlenker-Leichttra
Motor		
Zylinder		
Bohrung × Hub		
Hubraum		
Leistung		
Getriebe		
Vorderradaufhängung		
Hinterradaufhängung		
Fußbremse		
	Kasten- bzw. Kombiwagen	
Radstand	2300 mm	
Laderaum	2600 × 1600 × 1335 mm	
Gesamtmaße	4300 × 1740 × 1965 mm	
Reifen	6,70–15 / 6 PR	6,70–15 / 6 PR extra T
Wagengewicht (mit Fahrer)	1150 (Kombi 1225) kg	
Zuläss. Gesamtgewicht	2150 kg	2400 kg
Nutzlast-Klasse	1 t	1,25 t
Höchstgeschwindigkeit	105 km/h	105 km/h
Preis	DM 6815,–, Kombi DM 7515,–	DM 7100,–, Kombi DM 7700,–
	Achtsitzer-Spezial	
Wagengewicht (mit Fahrer)	1300 kg	
Zuläss. Gesamtgewicht	2050 kg	2400 kg
Preis	DM 7915,–	DM 8100,–
	Pritschenwagen	
Radstand	2300 mm	
Ladefläche	2570 × 1320 bzw. (unten) 1040 mm	
Gesamtmaße	4300 × 1740 × 1960 bzw. (mit Plane) 2330 mm	
Reifen	6,70–15 / 6 PR	6,70–15 / 6 PR extra T
Wagengewicht (mit Fahrer)	1150 kg	1150 kg
Zuläss. Gesamtgewicht	2150 kg	2400 kg
Preis	DM 6790,–	DM 6970,–
Radstand		
Ladefläche		
Gesamtmaße		
Reifen		
Wagengewicht (mit Fahrer)		
Zuläss. Gesamtgewicht		
Preis		
Radstand		
Laderaum		
Gesamtmaße		
Reifen		
Wagengewicht (mit Fahrer)		
Zuläss. Gesamtgewicht		
Preis		

Ford Taunus Transit 800 1962–1965	Ford Taunus Transit 1000/1,5 1961–1965	Ford Taunus Transit 1250 1961–1965	Ford Taunus Transit 1500 1963–1965
›orter, Motor zwischen den Sitzen, Antrieb auf Hinterräder			
Ford-Vergasermotor			Ford Vergasermotor
4 (Reihe)			4 (Reihe)
82 × 70,9 mm			84 × 76,6 mm
1498 ccm			1698 ccm
55 PS bei 4250 U/min			60 PS bei 4250 U/min
4 Gang			4 Gang
Starrachse, Halbfedern			Starrachse, Halbfedern
Starrachse, Halbfedern			Starrachse, Halbfedern
Hydraulisch			Hydraulisch
	Kasten- bzw. Kombiwagen		
	2300 mm		
	2600 × 1600 × 1335 mm		
	4300 × 1740 × 1965 mm		
6,70–15 / 4 PR	6,70–15 / 4 PR	6,70–15 / 6 PR	
1120, Kombi 1195 kg	1150, Kombi 1225 kg	1150, Kombi 1225 kg	
2100 kg	2150 kg	2400 kg	
800 kg	1 t	1,25 t	
105 km/h	105 km/h	105 km/h	
DM 6490,–, Kombi DM 7115,–	DM 6940,–, Kombi DM 7595,–	DM 7140,–, Kombi DM 7765,–	
	Achtsitzer-Spezial		
1270 kg	1300 kg	1300 kg	
1950 kg	2150 kg	2400 kg	
DM 7490,–	DM 7965,–	DM 8150,–	
	Pritschenwagen		
	2300 mm		
	2570 × 1520 bzw. (unten) 1040 mm		
	4300 × 1740 × 1960 bzw. (mit Plane) 2330 mm		
	6,70–15 / 4 PR	6,70–15 / 6 PR	
	1150 kg	1150 kg	
	2150 kg	2400 kg	
	DM 6940,–	DM 7140,–	
	Holzpritsche		**Holzpritsche**
	2300 mm		2300 mm
	2600 × 1700 mm		3000 × 1900 mm
	4250 × 1820 × 1960		4660 × 2400 × 1950
	6,70–15 / 4 PR	6,70–15 / 6 PR	6,40–15 / 4 PR
			Zwillings-Hinterräder
	1150 kg	1150 kg	1370 kg
	2120 kg	2400 kg	2900 kg
	DM 6790,–	DM 6990,–	DM 8950,–
			Kofferaufbau
			2300 mm
			3000 × 1900 × 1800 mm
			4680 × 1960 × 2335 mm
			6,40–15 / 4 PR
			Zwillings-Hinterräder
			1535 kg
			2900 kg
			DM 11 250,–

Ford FK 1000
Achtsitzer-Spezial
1953–1955

Ford FK 1000
Pritschenwagen
1953–1955

Ford FK 1000
Ford FK 1000/1,5
Kastenwagen
1955–1957

Ford FK 1000
Ford FK 1250
Kombi 8 Sitze
1957–1960

Ford Taunus Transit 1250
Pritschenwagen
mit Doppelkabine (3 Türen)
1961–1965

Ford Taunus Tansit 1500
Pritschenwagen mit
Zwillingsreifen hinten
1963–1965

Ford Transit (1965–1970)

Am 4. Dezember 1965 wird der völlig neue Ford Transit vorgestellt, ein als Kurzhauber konzipierter Transporter, bestimmt zum Nachfolger des seither in Köln gebauten Frontlenker-Eilfrachters. Der neue Ford Transit wurde in den englischen Ford-Werken konstruiert und entwickelt. Seine Produktion wird in Southampton aufgenommen. Teilweise mit anderen Motoren bestückt bauen ihn aber auch die deutschen Ford-Werke in ihrer belgischen Zweigfabrik Genk, einer neuen Produktionsstätte, in welcher seit August 1963 bereits der Ford 12 M Personenwagen vom Band läuft.

Die deutsche Ausgabe des Ford Transit wird in 6 Typenreihen (entsprechend 6 Nutzlastklassen) angeboten. Der FT 600 besitzt den 1,2 Liter-V4-Motor des Ford 12 M, die Typen FT 900 und 1100 den 1,5 Liter-V4-Motor des Ford 15 M. Längerer Radstand, Zwillings-Hinterräder und ein 1,7 Liter-V4-Motor kennzeichnen die Typen FT 1300, FT 1500 und FT 1750 für 1,3, 1,5 und 1,75 t Nutzlast. Zum serienmäßigen Angebot gehören, wenn auch nicht durchgehend für alle Typen, 8 verschiedene Aufbauten. Außerdem sind 3 Fahrgestellausführungen für Sonderaufbauten erhältlich.

Gegenüber dem Vorgänger, vor allem aber im Vergleich zum VW Transporter als dem bei weitem wichtigsten Konkurrenten, bietet der neue Ford Transit mehr und besser zugänglichen Laderaum (Kastenwagen mit 18 möglichen Türkombinationen!), dem jeweiligen Bedarf besser anzupassende Motorgröße und Nutzlast, bequemeren Einstieg, die bessere Sitzposition für das Fahrpersonal und für dieses mehr Sicherheitsgefühl durch den vornliegenden Motor. Die Verarbeitungsqualität und Lebensdauer des VW Transporters hingegen erreichte der Ford Transit, zumal bei den bis 1970 gebauten Serien, bei weitem nicht. Er galt jahrelang als eine lärmige Blechschachtel. Als ziemlich anfällig hatten sich die elektrische Anlage und das Auspuffsystem erwiesen. Ärgerliche Mängel blieben bis 1972 die beiden untauglichen Außenspiegel und der sabbernde Tankstutzen. Ein primitives Fahrwerk verunmöglicht zeitgemäße Lenkungs- und Federungsqualitäten. Gürtelreifen für die leichteren Transit-Modelle waren erst ab 1970 lieferbar. Ein Schiebedach für den Bus wird erst seit 1978 angeboten, und selbst da nur für den langen 15-Sitzer.

Oktober 1966: Entsprechend der Umstellung beim Ford 12 M Personenwagen erhält der Transit 600 den von 1,2 auf 1,3 Liter vergrößerten V4-Motor. Preis unverändert.

Januar 1969: Durch Verstärkung der Federn, Stoßdämpfer und Reifen wird der FT 900 zum FT 1000. Neunsitzer-Bus erhält serienmäßig rechts eine zweite Seitentür mit angelenkter Trittstufe sowie mehr Beinfreiheit durch größeren Abstand der Sitzreihen. Alle Transit-Modelle mit Zweikreis-Bremsen und Vorkehrungen für mehr innere Sicherheit.

Preise

	Kastenwagen FT 600	Kastenwagen FT 1100	Kastenwagen	Kastenwagen FT 1300	Kastenwagen FT 1750	Bus 9 Sitze	Bus 12 Sitze	Bus 15 Sitze
1966	DM 6 340,–	DM 7 240,–		DM 8 700,–	DM 10 200,–	DM 8 100,–	DM 9 350,–	DM 11 300,–
	FT 75	**FT 100**	**FT 100 L**	**FT 130**	**FT 175**			
1974*)	DM 9 775,–	DM 10 270,–	DM 12 100,–	DM 13 400,–	DM 14 560,–	DM 11 600,–	DM 13 200,–	DM 17 200,–
	FT 80	**FT 100**	**FT 100 L**	**FT 130**	**FT 190**			
1981*)	DM 15 100,–	DM 15 500,–	DM 21 100,–	DM 22 900,–	DM 25 600,–	DM 18 950,–	DM 20 920,–	DM 29 600,–

*) Preise ohne Mehrwertsteuer

Ford Transit 600
Ford Transit 900 bzw. 1000
Ford Transit 1100
Kombi 8 Sitze
1965–1970

Ford Transit 1300
Ford Transit 1500
Ford Transit 1750
Pritschenwagen
1965–1970

Ford Transit 1300
Ford Transit 1500
Ford Transit 1750
Kastenwagen
1965–1970

<table>
<tr><th>Ford Transit 600
1965–1966</th><th>Ford Transit 600
1966–1970</th><th>Ford Transit 900
1965–1968
Ford Transit 1000
1965–1968</th><th>Ford Transit 1100
1969–1970</th></tr>
<tr><td colspan="4">Leichttransporter mit kurzem Vorbau, Motor vorn, Antrieb auf Hinterräder</td></tr>
<tr><td>Ford-Vergasermotor
4 (60°-V-Form)
80 × 58,86 mm
1183 ccm
45 PS bei 4500 U/min</td><td>Ford-Vergasermotor
4 (60°-V-Form)
84 × 58,86 mm
1305 (Steuer 1288) ccm
50 PS bei 5000 U/min</td><td colspan="2">Ford-Vergasermotor
4 (60°-V-Form)
90 × 58,86 mm
1498 ccm
60 PS bei 4500 U/min</td></tr>
<tr><td colspan="2">4 Gang
Starrachse, Halbfedern
Starrachse, Halbfedern
Hydraulisch bzw. (ab Januar 1969) Zweikreis-Hydraulik
Auf Wunsch: Servohilfe</td><td colspan="2">4 Gang
Starrachse, Halbfedern
Starrachse, Halbfedern
Hydraulisch bzw. (ab Januar 1969) Zweikreis-Hydraulik
Auf Wunsch: Servohilfe</td></tr>
<tr><td colspan="2">Kastenwagen bzw. Kombi
2692 mm
2320 × 1725 × 1360 mm
4425 × 1960 × 2040 mm
7,00–14 / 6 PR</td><td colspan="2">Kastenwagen bzw. Kombi
2692 mm
2320 × 1725 × 1360 mm
4425 × 1960 × 2040 mm</td></tr>
<tr><td colspan="2"></td><td>7,50–14 / 6 PR</td><td>7,50–14 / 8 PR</td></tr>
<tr><td colspan="2">1240, Kombi 1300 kg
1900 kg</td><td>1250, Kombi 1310 kg
FT 900: 2150, FT 1000: 2240 kg</td><td>1260, Kombi 1320 kg
2400 kg</td></tr>
<tr><td>90 km/h</td><td>100 km/h</td><td>103 km/h</td><td>103 km/h</td></tr>
<tr><td colspan="2">DM 6340,–, Kombi DM 6715,–</td><td>DM 6840,–, Kombi DM 7540,–</td><td>DM 7240,–, Kombi DM 7940,–</td></tr>
<tr><td></td><td></td><td colspan="2">Bus bzw. Panorama-Bus</td></tr>
<tr><td></td><td></td><td>1360 kg
FT 900: 2150, FT 1000: 2240 kg
Neunsitzer DM 8100,–
Panorama-Bus + DM 1500,–</td><td>1485 kg
2400 kg
Zwölfsitzer DM 9350,–
Panorama-Bus + DM 1500,–</td></tr>
<tr><td></td><td></td><td colspan="2">Großraum-Kastenwagen
2692 mm
2250 × 1930 × 1900 mm
4425 × 2080 × 2620 mm
7,50–14 / 8 PR

1540 kg
2400 kg
95 km/h
DM 10 550,–</td></tr>
<tr><td></td><td></td><td colspan="2">Hoch- bzw. Tief-Pritsche
2692 mm
2350 × 2000 mm
4460 × 2160 × 2040 mm</td></tr>
<tr><td></td><td></td><td>7,50–14 / 6 PR</td><td>7,50–14 / 8 PR</td></tr>
<tr><td></td><td></td><td colspan="2">Hoch- 1280, Tief-Pritsche 1250 kg</td></tr>
<tr><td></td><td></td><td>FT 900: 2150, FT 1000: 2240 kg
DM 6750,–</td><td>2400 kg
DM 7150,–</td></tr>
<tr><td></td><td></td><td colspan="2">Tief-Pritsche mit Doppelkabine
2692 mm
1615 × 2000 mm
4460 × 2120 × 2040 mm</td></tr>
</table>

Ford Taunus Transit 1300 1965–1970	Ford Taunus Transit 1500 1965–1970	Ford Taunus Transit 1750 1965–1970	
Leichttransporter mit kurzem Vorbau, Motor vorn, Antrieb auf Hinterräder			Bauart
Ford Vergasermotor			Motor
4 (60°-V-Form)			Zylinder
90 × 66,8 mm			Bohrung × Hub
1699 ccm			Hubraum
65 PS bei 4800 U/min			Leistung
4 Gang			Getriebe
Starrachse, Halbfedern			Vorderradaufhängung
Starrachse, Halbfedern			Hinterradaufhängung
Zweikreis-Hydraulik Auf Wunsch: Servohilfe			Fußbremse
Kastenwagen bzw. Kombi			
2997 mm			Radstand
3170 × 1725 × 1510 mm			Laderaum
5175 × 2060 × 2240 mm			Gesamtmaße
6,50–14 / 6 PR Zwillings-Hinterräder	7,00–14 / 6 PR Zwillings-Hinterräder	7,50–14 / 6 PR oder 7,00–14 X Zwillings-Hinterräder	Reifen
1450 kg	1470 kg	1485 kg	Wagengewicht (mit Fahrer)
2750 kg	3000 kg	3250 kg	Zuläss. Gesamtgewicht
110 km/h	110 km/h	110 km/h	Höchstgeschwindigkeit
DM 8700,–, Kombi DM 9600,–	DM 9550,–, Kombi DM 10 450,–	DM 10 200,–, Kombi 11 100,–	Preis
Bus			
1750 kg			Wagengewicht (mit Fahrer)
2750 kg			Zuläss. Gesamtgewicht
15 Sitze: DM 11 300,–			Preis
Großraum-Kastenwagen			
2997 mm			Radstand
2990 × 1930 × 1900 mm			Laderaum
5198 × 2080 × 2630 mm			Gesamtmaße
6,50–14 / 6 PR Zwillings-Hinterräder			Reifen
1750 kg			Wagengewicht (mit Fahrer)
3250 kg			Zuläss. Gesamtgewicht
	83 km/h		Höchstgeschwindigkeit
	DM 12 900,–		Preis
Hoch- bzw. Tief-Pritsche			
2997 mm			Radstand
3100 × 2100 mm			Ladefläche
5200 × 2220 × 2030 mm			Gesamtmaße
6,50–14 / 6 PR Zwillings-Hinterräder	7,00–14 / 6 PR Zwillings-Hinterräder	7,50–14 / 6 PR oder 7,00–14 X Zwillings-Hinterräder	Reifen
1485 kg	1500 kg	1515 kg	Wagengewicht (mit Fahrer)
2750 kg	3000 kg	3250 kg	Zuläss. Gesamtgewicht
DM 8000,–	DM 8650,–	DM 9500,–	Preis
Tief-Pritsche mit Doppelkabine			
2997 mm			Radstand
2350 × 2100 mm			Ladefläche
5200 × 2220 × 2025 mm			Gesamtmaße

Ford Transit (1971–1977)

Januar 1971: Ford hat das Transit-Programm durch Neugliederung der Marktlage angepaßt. Höhere Nutzlast für FT 75 (Nachfolger des FT 600) und für FT 125 (Nachfolger des FT 1100). Einerseits wird auf den 1,3 Liter-Motor verzichtet, andererseits können alle Transit ab FT 125 wahlweise mit starkem 2 Liter-V4-Motor (aus englischer Produktion) ausgerüstet werden. FT 125 wird damit laut Ford-Werbung mit 125 km/h zum schnellsten Neunsitzer-Kombi der Welt. Neu ist Ganzstahl-Tieflade-Pritsche für FT 100 und FT 125. Seitherige Hoch- und Tieflade-Pritschen werden durch eine einheitliche Pritschenausführung ersetzt. Detailverbesserungen am Fahrwerk sollen Fahrkomfort verbessern. Kühlergrill geändert. Preise etwa 6% höher. Verarbeitung jetzt gut.

April 1972: Alle Ford Transit können auf Wunsch mit einem 2,4 Liter-Diesel-Motor (aus englischer Produktion, aber mit Bosch-Pumpe) geliefert werden. Es handelt sich um einen Reihen-Vierzylinder, der nach dem Wirbelkammer-Verfahren arbeitet. Äußerlich erkennt man den Transit mit Dieselmotor am etwa 10 cm längeren Vorbau mit anderem Kühlergitter. Gebaut wird der Transit Diesel hauptsächlich für den Export, denn deutschen Haltern, soweit sie den Dieselkraftstoff zum Normalpreis an öffentlichen Tankstellen beziehen, bringt er keine Kostenvorteile, wohl aber Leistungs- und Komforteinbußen. – Etwa seit dem gleichen Zeitpunkt kann der Pritschenwagen mit Alu- statt Holzpritsche geliefert werden, die teurer ist, dafür aber etwas mehr Nutzlast erlaubt.

Juni 1973: Auch FT 75 und FT 100 mit 2 Liter-Motor lieferbar.

September 1973: Ford-Werke stellen auf der Frankfurter Automobil-Ausstellung das Transit-Programm für das Modelljahr 1974 vor. Neu ist der FT 100 L mit langem Radstand und Einzelrädern hinten, zunächst nur lieferbar als Kastenwagen, Pritsche und Fahrgestell für Sonderaufbauten. Alle Transit werden serienmäßig mit breiteren Felgen und Stahlgürtelreifen ausgerüstet. Neue Lagerung des Motor-Getriebe-Blocks und verbesserte Aufhängung der Auspuffanlage sollen Schwingungen und Geräusche wirksamer dämpfen. Schwarzes Armaturenbrett, Instrumentenplatte mit Holzmaserung, schwarze Türverkleidungen und Sitzbezüge.

Januar 1974: FT 75, FT 100 und FT 100 L mit Scheibenbremsen vorn und Bremskraftverstärker. Außerdem können FT 75 und FT 100, sofern sie mit 2 Liter-Benzin- oder 2,4 Liter-Dieselmotor ausgerüstet sind, auf Wunsch mit automatischem Getriebe geliefert werden (Aufpreis 1100 DM). Diese Borg-Warner-Automatik, zum Diesel besser als zum Benzinmotor passend, vermochte Steigungen nicht problemlos zu bewältigen und verursachte einen unmäßig hohen Verbrauch.

August 1975: Grill und Stoßstangen in sachlichem Schwarz. Mehr Bequemlichkeit und Bewegungsfreiheit für den Fahrer durch Änderung der Pedale, Lenksäule und Bedienungshebel sowie größeren Verstellbereich des Sitzes. Fahrerhaus der Pritschenwagen mit größerem Rückfenster. Serienmäßig elektrische Scheibenwaschanlage. Bei allen Typen (außer FT 75) zwei Benzinmotoren aufpreisfrei zur Wahl, dazu weiterhin gegen Aufpreis Dieselmotor.

September 1976: Als schwerster Transit ersetzt auf dem deutschen Markt FT 190 den FT 175. Alle Transit jetzt mit Scheibenbremsen vorn, dazu FT 125 bis FT 190 mit lastabhängigem Bremskraftregler für die hinteren Trommelbremsen.

Zum Jahresende 1977 wird die Produktion des seitherigen Ford Transit beendet. Hergestellt wurden seit 1965 im Werk Genk (Belgien) bis jetzt 487669 Ford Transit deutscher Ausführung, ferner über 0,7 Millionen Ford-Transit englischer Ausführung im Werk Southampton. In England ist der Ford Transit mit etwa 40% Marktanteil der meistgekaufte Transporter, während er in Westdeutschland mit einem Marktanteil von etwa 12 bis 14% (nach VW mit etwa 70 bis 75%) an zweiter Stelle liegt.

Ford Transit FT 75
Ford Transit FT 100
Ford Transit FT 125
Kombi 8 Sitze
1971–1975

Ford Transit FT 75 Diesel
Ford Transit FT 100 Diesel
Ford Transit FT 125 Diesel
Kastenwagen
1972–1975

Ford Transit FT 100 L
Kastenwagen
1973–1975

Ford Transit FT 75 1971–1973 Ford Transit FT 75 Diesel 1972–1973	**Ford Transit FT 100 1971–1973 Ford Transit FT 100 Diesel 1972–1973**		
Leichttransporter mit kurzem Vorbau, Motor vorn, Antrieb auf Hinterräder			
1,5 Liter Ford	1,5 Liter Ford	1,7 Liter Ford	2,4 Liter Ford
Vergasermotor	Vergasermotor	Vergasermotor	Wirbelkammer-Dieselmotor
4 (60°-V-Form)	4 (60°-V-Form)	4 (60°-V-Form)	4 (Reihe)
90 × 58,86 mm	90 × 58,86 mm	90 × 66,8 mm	93,7 × 85,6 mm
1488 ccm	1488 ccm	1688 ccm	2358 ccm
60 PS bei 4500 U/min	60 PS bei 4500 U/min	65 PS bei 4800 U/min	51 PS bei 3600 U/min
4 Gang	4 Gang		
Starrachse, Halbfedern	Starrachse, Halbfedern		
Starrachse, Halbfedern	Starrachse, Halbfedern		
Zweikreis-Hydraulik, auf Wunsch: Servohilfe	Zweikreis-Hydraulik, auf Wunsch: Servohilfe		
Kastenwagen bzw. Kombi	**Kastenwagen bzw. Kombi**		
2690 mm	2690 mm		
2510 × 1855 × 1360 mm	2510 × 1855 × 1360 mm		
4425 × 1960 × 1980 mm	4425 (Diesel 4524) × 1960 × 1980 mm		
7,00–14 / 6 PR oder 185 SR 14	7,75–14 / 6 PR oder 195 R 14 C		
1245, Kombi 1325 kg	1250, Kombi 1330 kg, Diesel + 255 kg		
1955 kg	2240 kg, Diesel + 255 kg		
110 km/h	110 km/h	120 km/h	100 km/h
	Bus 9 Sitze		
	7,75–14 / 6 PR oder 185 SR 14		
	1365 kg, Diesel + 255 kg		
	2150 kg, Diesel + 255 kg		
	Bus 12 Sitze		
	7,75–14 C / 6 PR oder 195 R 14 C		
	2150 kg, Diesel + 255 kg		
	2400 kg, Diesel + 255 kg		
	Großraum-Kastenwagen (Koffer-Aufbau)		
	2690 mm		
	2250 × 1930 × 1900 mm		
	4425 × 2080 × 2620 mm		
	7,50–14 C / 9 PR oder 195 R 14 C		
	1540 kg		
	2400 kg		
	Stahl-Pritsche		
	2690 mm		
	2400 × 1840 mm		
	4462 (Diesel 4561) × 1960 × 1955 mm		
	7,50–14 C / 6 PR oder 195 R 14 C		
	1340 kg, Diesel + 255 kg		
	2340 kg, Diesel + 255 kg		
	Pritschenwagen		
	2690 mm		
	2650 × 1960 mm		
	4738 (Diesel 4937) × 2045 × 1963 mm		
	Pritschenwagen mit Doppelkabine		
	2690 mm		
	1650 × 1960 mm		
	4472 (Diesel 4571) × 2045 × 1986 mm		
FT 75 Diesel: mit 2,4 Liter Dieselmotor (Daten mit entsprechenden Unterschieden wie bei FT 100)			

Ford Transit FT 125
1971–1973
Ford Transit FT 125 Diesel
1972–1973

Bauart		Leichttransporter mit kurzem Vorbau, Motor vorn, Antrieb auf Hinterräder	
Motor	1,7 Liter Ford Vergasermotor	2 Liter Ford Vergasermotor	2,4 Liter Ford Wirbelkammer-Dieselmotor
Zylinder	4 (60°-V-Form)	4 (60°-V-Form)	4 (Reihe)
Bohrung × Hub	90 × 66,8 mm	93,7 × 72,4 mm	93,7 × 85,6 mm
Hubraum	1688 ccm	1996 ccm	2358 ccm
Leistung	65 PS bei 4800 U/min	75 PS bei 4500 U/min	62 PS bei 3600 U/min
Getriebe		4 Gang	
Vorderradaufhängung		Starrachse, Halbfedern	
Hinterradaufhängung		Starrachse, Halbfedern	
Fußbremse		Zweikreis-Hydraulik Auf Wunsch: Servohilfe	
		Kastenwagen bzw. Kombi	
Radstand		2690 mm	
Laderaum		2510 × 1855 × 1360 mm	
Gesamtmaße		4425 (Diesel 4524) × 1960 × 2030 mm	
Reifen		205 R 14 C	
Wagengewicht (mit Fahrer)		1290, Kombi 1375, Diesel + 255 kg	
Zuläss. Gesamtgewicht		2635 kg, Diesel + 255 kg	
Höchstgeschwindigkeit	120 km/h	125 km/h	100 km/h
Reifen			
Wagengewicht (mit Fahrer)			
Zuläss. Gesamtgewicht			
Reifen			
Wagengewicht (mit Fahrer)			
Zuläss. Gesamtgewicht			
Radstand			
Laderaum			
Gesamtmaße			
Reifen			
Wagengewicht (mit Fahrer)			
Zuläss. Gesamtgewicht			
		Stahl-Pritsche	
Radstand		2690 mm	
Ladefläche		2400 × 1840 mm	
Gesamtmaße		4462 (Diesel 4561) × 1960 × 1993 mm	
Reifen		205 R 14 C	
Wagengewicht (mit Fahrer)		1375 kg, Diesel + 255 kg	
Zuläss. Gesamtgewicht		2570 kg, Diesel + 255 kg	
		Pritschenwagen	
Radstand		2690 mm	
Ladefläche		2650 × 1960 mm	
Gesamtmaße		4738 (Diesel 4837) × 2045 × 1989 mm	
		Pritschenwagen mit Doppelkabine	
Radstand		2690 mm	
Ladefläche		1650 × 1960 mm	
Gesamtmaße		4472 (Diesel 4571) × 2045 × 2013 mm	
Bemerkung			

Ford Transit FT 175 Kastenwagen 1971–1975

Ford Transit FT 130 Bus 15 Sitze 1971–1975

Ford Transit FT 130 (1971–1973)
Ford Transit FT 150 (1971–1973)
Ford Transit FT 175 (1971–1973)

Ford Transit FT 130 Diesel (1972–1973)
Ford Transit FT 150 Diesel (1972–1973)
Ford Transit FT 175 Diesel (1972–1973)

Bauart	Leichttransporter mit kurzem Vorbau, Motor vorn, Antrieb auf Hinterräder		
Motor	1,7 Liter Ford Vergasermotor	2 Liter Ford Vergasermotor	2,4 Liter Ford Wirbelkammer-Dieselmotor
Zylinder	4 (60°-V-Form)	4 (60°-V-Form)	4 (Reihe)
Bohrung × Hub	90 × 66,8 mm	93 × 72,4 mm	97,3 × 85,6 mm
Hubraum	1688 ccm	1986 ccm	2358 ccm
Leistung	65 PS bei 4800 U/min	75 PS bei 4500 U/min	62 PS bei 3600 U/min
Getriebe	4 Gang		
Vorderradaufhängung	Starrachse, Halbfedern		
Hinterradaufhängung	Starrachse, Halbfedern		
Fußbremse	Zweikreis-Hydraulik, auf Wunsch Servohilfe		
	Kastenwagen bzw. Kombi		
Radstand	2997 mm		
Laderaum	3270 × 1855 × 1550 mm		
Gesamtmaße	FT 130: 5175 (Diesel 5274) × 2060 × 2130 mm FT 150 und FT 175: 5175 (Diesel 5274) × 2060 × 2145 mm		
Reifen	FT 130: 6,50–14 / 6 PR oder 165 SR 14 FT 150: 7,00–14 / 6 PR oder 185 SR 14 FT 175: 6,50–14 C / 6 PR oder 185 SR 14 alle mit Zwillings-Hinterrädern		
Wagengewicht (mit Fahrer)	FT 130/150/175: 1450/1470/1475 kg Kombi + 60, Diesel + 255 kg		
Zuläss. Gesamtgewicht	FT 130/150/175: 2750/3000/3250 kg, Diesel + 255 kg		
Höchstgeschwindigkeit	113 km/h	120 km/h	103 km/h
	FT 130 Bus 15 Sitze		
Wagengewicht (mit Fahrer)	1710 kg, Diesel + 255 kg		
Zuläss. Gesamtgewicht	2835, Diesel 3090 kg		
	FT 150 Großraum-Kastenwagen		
Radstand	2997 mm		
Laderaum	2990 × 1930 × 1900 mm		
Gesamtmaße	5175 × 2080 × 2620 mm		
Reifen	6,50–14 / 6 PR oder 165 SR 14 Zwillings-Hinterräder		
Wagengewicht (mit Fahrer)	1750 kg		
Zuläss. Gesamtgewicht	3250 kg		
	Pritschenwagen		
Radstand	2997 mm		
Ladefläche	3130 × 2115 mm		
Gesamtmaße	5220 (Diesel 5319) × 2200 × 1950 mm		
Wagengewicht (mit Fahrer)	FT 130/150/175: 1500/1510/1520 kg Diesel + 255 kg		
Zuläss. Gesamtgewicht	FT 130/150/175: 2750/3000/3250 kg, Diesel + 255 kg		
	Pritschenwagen mit Doppelkabine		
Radstand	2997 mm		
Ladefläche	2400 × 1960 mm		
Gesamtmaße	5220 (Diesel 5319) × 2045 × 1950 mm		

Ford Transit FT 130
Ford Transit FT 150
Ford Transit FT 175
Pritschenwagen
1971–1975

Ford Transit FT 130 Diesel
Ford Transit FT 150 Diesel
Ford Transit FT 175 Diesel
mit Aluminium-Pritsche
1972–1975

Bauart
Motor

Zylinder
Bohrung × Hub
Hubraum
Leistung
Getriebe

Vorderradaufhängung
Hinterradaufhängung
Fußbremse

Radstand
Laderaum
Gesamtmaße
Reifen

Wagengewicht (mit Fahrer)

Zuläss. Gesamtgewicht

Radstand
Laderaum
Gesamtmaße
Reifen

Wagengewicht (mit Fahrer)

Zuläss. Gesamtgewicht

Wagengewicht (mit Fahrer)
Zuläss. Gesamtgewicht

Wagengewicht (mit Fahrer)
Zuläss. Gesamtgewicht

Radstand
Ladefläche
Gesamtmaße

Reifen

Wagengewicht (mit Fahrer)
Zuläss. Gesamtgewicht

Radstand
Ladefläche
Gesamtmaße

Reifen

Wagengewicht (mit Fahrer)
Zuläss. Gesamtgewicht

Ford Transit FT 75 (1974–1977)
Ford Transit FT 100 (1974–1977)

Leichttransporter mit kurzem Vorbau, Motor vorn, Antrieb auf Hinterräder			
Ford 1,5 Liter	Ford 1,7 Liter	Ford 2 Liter	Ford 2,4 Liter
Vergasermotor	Vergasermotor	Vergasermotor	Wirbelkammer-Dieselmotor
4 (60°-V-Form)	4 (60°-V-Form)	4 (60°-V-Form)	4 (Reihe)
90 × 58,86 mm	90 × 66,8 mm	93,7 × 72,4 mm	93,7 × 85,6 mm
1488 ccm	1688 ccm	1996 ccm	2358 ccm
60 PS bei 4500 U/min	65 PS bei 4800 U/min	75 PS bei 4500 U/min	62 PS bei 3600 U/min
4 Gang Schaltgetriebe	4 Gang Schaltgetriebe oder Borg-Warner 3 Gang Automatik	4 Gang Schaltgetriebe oder Borg-Warner 3 Gang Automatik	4 Gang Schaltgetriebe oder Borg-Warner 3 Gang Automatik
Starrachse, Halbfedern			
Starrachse, Halbfedern			
Zweikreis-Hydraulik, Servohilfe, ab Herbst 1976 Scheibenbremsen vorn			
FT 75 Kastenwagen / Kombi		**FT 75 Kastenwagen / Kombi**	**FT 75 Kastenwagen / Kombi**
2690 mm		2690 mm	2690 mm
2510 × 1855 × 1360 mm		2510 ×1855 × 1360 mm	2510 × 1855 × 1360 mm
4425 × 1960 × 1980 mm		4425 × 1960 × 1980 mm	4524 × 1960 × 1980 mm
185 SR 14 verstärkt		185 SR 14 verstärkt	185 SR 14 verstärkt
Einzel-Hinterräder		Einzel-Hinterräder	Einzel-Hinterräder
1245, Kombi 1325 kg		1245, Kombi 1325 kg	1500, Kombi 1580 kg
		Automatik + 20 kg	Automatik + 20 kg
1995 kg		1995 kg	2250 kg
FT 100 Kastenwagen / Kombi	**FT 100 Kastenwagen / Kombi**	**FT 100 Kastenwagen / Kombi**	**FT 100 Kastenwagen / Kombi**
2690 mm	2690 mm	2690 mm	2690 mm
2510 × 1855 × 1360 mm	2510 × 1855 × 1360 mm	2510 × 1855 × 1360 mm	2510 × 1855 × 1360 mm
4425 × 1960 × 1980 mm	4425 × 1960 × 1980 mm	4425 × 1960 × 1980 mm	4524 × 1960 × 1980 mm
195 R 14 C	195 R 14 C	195 R 14 C	195 R 14 C
Einzel-Hinterräder	Einzel-Hinterräder	Einzel-Hinterräder	Einzel-Hinterräder
1250, Kombi 1330 kg	1250, Kombi 1330 kg	1250, Kombi 1330 kg	1505, Kombi 1585 kg
	Automatik + 20 kg	Automatik + 20 kg	Automatik + 20 kg
2240 kg	2240 kg	2240 kg	2495 kg
Bus 9 Sitze	**Bus 9 Sitze**	**Bus 9 Sitze**	**Bus 9 Sitze**
1365 kg	1365, Automatik + 20 kg	1365, Automatik + 20 kg	1620, Automatik + 20 kg
2150 kg	2150 kg	2150 kg	2405 kg
Bus 12 Sitze	**Bus 12 Sitze**	**Bus 12 Sitze**	**Bus 12 Sitze**
1415 kg	1415, Automatik + 20 kg	1415, Automatik + 20 kg	1670, Automatik + 20 kg
2400 kg	2400 kg	2400 kg	2655 kg
FT 100 Pritschenwagen	**FT 100 Pritschenwagen**	**FT 100 Pritschenwagen**	**FT 100 Pritschenwagen**
2690 mm	2690 mm	2690 mm	2690 mm
2650 × 1960 mm	2650 × 1960 mm	2650 × 1960 mm	2650 × 1960 mm
4738 × 2045 × 1963 mm (Höhe über Fahrerhaus)	4738 × 2045 × 1963 mm (Höhe über Fahrerhaus)	4738 × 2045 × 1963 mm (Höhe über Fahrerhaus)	4837 × 2045 × 1963 mm (Höhe über Fahrerhaus)
195 R 14 C	195 R 14 C	195 R 14 C	195 R 14 C
Einzel-Hinterräder	Einzel-Hinterräder	Einzel-Hinterräder	Einzel-Hinterräder
1290 kg	1290, Automatik + 20 kg	1290, Automatik + 20 kg	1445, Automatik + 20 kg
2290 kg	2290 kg	2290 kg	2545 kg
FT 100 Pritschenwagen mit Doppelkabine	**FT 100 Pritschenwagen mit Doppelkabine**	**FT 100 Pritschenwagen mit Doppelkabine**	**FT 100 Pritschenwagen mit Doppelkabine**
2690 mm	2690 mm	2690 mm	2690 mm
1650 × 1960 mm	1650 × 1960 mm	1650 × 1960 mm	1650 × 1960 mm
4472 × 2045 × 1986 mm (Höhe über Fahrerhaus)	4472 × 2045 × 1986 mm (Höhe über Fahrerhaus)	4472 × 2045 × 1986 mm (Höhe über Fahrerhaus)	4571 × 2045 × 1986 mm (Höhe über Fahrerhaus)
195 R 14 C	195 R 14 C	195 R 14 C	195 R 14 C
Einzel-Hinterräder	Einzel-Hinterräder	Einzel-Hinterräder	Einzel-Hinterräder
1355 kg	1355, Automatik + 20 kg	1355, Automatik + 20 kg	1610, Automatik + 20 kg
2290 kg	2290 kg	2290 kg	2545 kg

Ford Transit FT 75 / FT 100 / FT 125 Kastenwagen 1975–1977

Ford Transit FT 75 / FT 100 / FT 125 Kombi 8 Sitze 1975–1977

Ford Transit FT 125
1974–1977

Bauart	Leichttransporter mit kurzem Vorbau, Motor vorn, Antrieb auf Hinterräder		
Motor	1,7 Liter Ford Vergasermotor	2 Liter Ford Vergasermotor	2,4 Liter Ford Wirbelkammer-Dieselmotor
Zylinder	4 (60°-V-Form)	4 (60°-V-Form)	4 (Reihe)
Bohrung × Hub	90 × 66,8 mm	93,7 × 72,4 mm	93,7 × 85,6 mm
Hubraum	1688 ccm	1996 ccm	2358 ccm
Leistung	65 PS bei 4800 U/min	75 PS bei 4500 U/min	62 PS bei 3600 U/min
Getriebe	4 Gang-Schaltgetriebe		
Vorderradaufhängung	Starrachse, Halbfedern		
Hinterradaufhängung	Starrachse, Halbfedern		
Fußbremse	Zweikreis-Hydraulik, Servohilfe, ab Herbst 1974 Scheibenbremsen vorn		
	Kastenwagen bzw. Kombi		
Radstand	2690 mm		
Laderaum	2510 × 1855 × 1360 mm		
Gesamtmaße	4425 (Diesel 4524) × 1969 × 2030 mm		
Reifen	205 R 14 C		
Wagengewicht (mit Fahrer)	1290, Kombi 1375 kg, Diesel + 255 kg		
Zuläss. Gesamtgewicht	2635 kg, Diesel + 255 kg		
	Pritschenwagen		
Radstand	2690 mm		
Ladefläche	2650 × 1960 mm		
Gesamtmaße	4738 (Diesel 4837) × 2045 × 1989 mm		
Reifen	205 R 14 C		
Wagengewicht (mit Fahrer)	1335, Diesel + 255 kg		
Zuläss. Gesamtgewicht	2570 kg, Diesel + 255 kg		
	Pritschenwagen mit Doppelkabine		
Radstand	2690 mm		
Ladefläche	1650 × 1960 mm		

Ford Transit FT 100 L
1974–1977

	1,7 Liter Ford Vergasermotor	2 Liter Ford Vergasermotor	2,4 Liter Ford Wirbelkammer-Dieselmotor
	Allgemeine Daten wie Ford Transit FT 125		
	Kastenwagen		
Radstand	2997 mm		
Laderaum	3270 × 1585 × 1510 mm		
Gesamtmaße	5175 (Diesel 5274) × 1960 × 2100 mm		
Reifen	195 R 14 C, Einzel-Hinterräder		
Wagengewicht (mit Fahrer)	1340 kg, Diesel + 255 kg		
Zuläss. Gesamtgewicht	2340 kg, Diesel + 255 kg		
	Pritschenwagen		
Radstand	2997 mm		
Ladefläche	3130 × 2115 mm		
Gesamtmaße	5220 (Diesel 5319) × 2200 × 1950 mm		
Reifen	195 R 14 C, Einzel-Hinterräder		
Wagengewicht (mit Fahrer)	1380 kg, Diesel + 255 kg		
Zuläss. Gesamtgewicht	2380 kg, Diesel + 255 kg		

Ford Transit FT 175 Diesel Pritschenwagen mit Doppelkabine (2 Türen) 1975–1976

Ford Transit FT 175 Diesel Kastenwagen 1975–1976

Ford Transit FT 130 (1974–1977)
Ford Transit FT 150 (1974–1977)
Ford Transit FT 175 (1974–1976)
Ford Transit FT 190 (1976–1977)

Bauart	Leichttransporter mit kurzem Vorbau, Motor vorn, Antrieb auf Hinterräder		
Motor	1,7 Liter Ford Vergasermotor	2 Liter Ford Vergasermotor	2,4 Liter Ford Wirbelkammer-Dieselmotor
Zylinder	4 (60°-V-Form)	4 (60°-V-Form)	4 (Reihe)
Bohrung × Hub	90 × 66,8 mm	93,7 × 72,4 mm	93,7 × 85,6 mm
Hubraum	1688 ccm	1996 ccm	2358 ccm
Leistung	65 PS bei 4800 U/min	75 PS bei 4500 U/min	62 PS bei 3600 U/min
Getriebe	4 Gang-Schaltgetriebe		
Vorderradaufhängug	Starrachse, Halbfedern		
Hinterradaufhängung	Starrachse, Halbfedern		
Fußbremse	Zweikreis-Hydraulik, Servohilfe ab Herbst 1976: Scheibenbremsen vorn		

Kastenwagen bzw. Kombi

Radstand	2997 mm
Laderaum	3270 × 1855 × 1510 mm
Gesamtmaße	FT 130: 5175 (Diesel 5274) × 2060 × 2130 mm FT 150/175/190: 5175 (Diesel 5274) × 2060 × 2145 mm
Reifen	FT 130 Benzin: 165 SR 14 verstärkt FT 150 Benzin: 165 R 14 C FT 130/150 Diesel, FT 175: 185 SR 14 verstärkt FT 190: 195 R 14 C alle mit Zwillings-Hinterrädern
Wagengewicht (mit Fahrer)	FT 130/150/175/190: 1510/1530/1535/1585 kg Kombi + 60 kg, Diesel + 255 kg
Zuläss. Gesamtgewicht	FT 130/150/175/190: 2750/3000/3250/3500 kg, Diesel + 255 kg

FT 130: Bus 15 Sitze

Radstand	2997 mm
Gesamtmaße	5175 (Diesel 5274) × 2060 × 2100 mm
Reifen	185 SR 14 verstärkt
Wagengewicht (mit Fahrer)	1710 (Diesel 1965) kg
Zuläss. Gesamtgewicht	2835 (Diesel 3090) kg

Pritschenwagen

Radstand	2997 mm
Ladefläche	3130 × 2115 mm
Gesamtmaße	5220 (Diesel 5319) × 2200 × 1950 mm (Höhe über Fahrerhaus)
Reifen	FT 130 Benzin: 165 SR 14 verstärkt FT 150 Benzin: 165 R 14 C FT 130/150 Diesel, FT 175: 185 SR 14 verstärkt FT 190: 195 R 14 C alle mit Zwillings-Hinterrädern
Wagengewicht (mit Fahrer)	FT 130/150/175/190: 1510/1530/1535/1585 kg, Diesel + 255 kg
Zuläss. Gesamtgewicht	FT 130/150/175/190: 2750/3000/3250/3500 kg, Diesel + 255 kg

Pritschenwagen mit Doppelkabine

Radstand	2997 mm
Ladefläche	2400 × 1960 mm
Gesamtmaße	5220 (Diesel 5319) × 2045 × 1950 mm (Höhe über Fahrerhaus)
Wagengewicht (mit Fahrer)	FT 130/150/175/190: 1550/1570/1575/1625 kg, Diesel + 255 kg
Zuläss. Gesamtgewicht	FT 130/150/175/190: 2750/3000/3250/3500 kg, Diesel + 255 kg

Ford Transit (1978–1985)

Februar 1978: Vorgestellt wird ein im Aussehen und in der Technik gründlich renovierter Ford Transit. Die seitherigen V4- wurden durch Reihen-Vierzylinder-Motoren ersetzt, was einen längeren Vorbau bedingt. Dieser verleiht in Verbindung mit dem schwarzen Plastik-Kühlergitter und Rechteck-Scheinwerfern dem Wagen ein modernes, gefälliges Gesicht. Außerdem ergibt sich bessere Zugänglichkeit zum Motor. Benzin- und Diesel-Wagen lassen sich äußerlich jetzt nicht mehr unterscheiden. Wieder wurde das Programm etwas anders gegliedert, doch blieb es bei 7 Modellreihen, die den Bereich von 0,8 bis 1,9 t Nutzlast abdecken. Mit weitem Abstand am meisten gekauft wird nach wie vor der Eintonner FT 100. Übergewicht liegt bei den Modellen mit geschlossenen Aufbauten. Weniger als 10% aller Transit erhalten Dieselmotor, was allerdings auch damit zusammenhängen mag, daß die Transit Diesel auf dem deutschen Markt nur über die Ford-Lkw-Händler verkauft werden. Kostenersparnisse sind hierzulande gegenüber dem Transit mit Benzinmotor sowieso nicht zu erwarten. In der jetzigen Ausführung zeichnet sich der Ford Transit durch seine technische Reife und gute Verarbeitung aus. Die sehr einfache Konstruktion des Fahrgestells ermöglicht allerdings nach wie vor wenig Fahr- und Federungskomfort. Eine wenigstens bei den größeren Modellen wünschenswerte Servolenkung gibt es selbst als Sonderausstattung nicht. Der Geradeauslauf des Transit bedarf ständiger Nachhilfe, und kräftiges Bremsen erfordert größte Aufmerksamkeit. Die Stärke dieses Automobils von Ford liegt in seiner Robustheit, Zuverlässigkeit, Anspruchslosigkeit und Ausdauer.

Mitte 1979: Für FT 130, FT 190 und Bus 15 Sitze wird zusätzlich ein 100 PS starker 3 Liter-V6-Motor angeboten.

Produktion Ford Transit 1965–1986

	FT 600	FT 900		FT 1100		FT 1300	FT 1500	FT 1750		
1965	65	1864		1031		519	459	318		**4256**
1966	2147	15686		12968		5399	2629	3841		**42670**
1967	2109	15268		9885		4209	1702	2914		**36087**
1968	1499	12135		6933		3289	1420	2318		**27594**
		FT 1000								
1969	1901	19241		7858		4757	1971	3612		**39340**
1970	1339	18719		6490		4593	1759	3460		**36360**
	FT 75	**FT 100**	**FT 115**	**FT 125**	**FT 100 L**	**FT 130**	**FT 150**	**FT 175**	**FT 190**	
1971	2673	20124	1897	2859		4271	1498	3259		**36581**
1972	1975	20489	1620	2152		4448	1865	4483		**37632**
1973	2136	29982	2507	2086	29	5612	2160	6957		**51469**
1974	1124	26575	2998	1256	598	4532	1378	5350		**43811**
1975	1371	24163	1590	1605	1652	4553	1223	3714		**39871**
1976	1530	22701	2444	2362	2591	4655	1705	2301	1375	**41664**
1977	1274	29790	2833	2006	3055	4341	2088	1218	3729	**50334**
	FT 80	**FT 100**		**FT 120**	**FT 100 L**	**FT 130**	**FT 160**	**FT 175**	**FT 190**	
1978	1188	23178		3634	2401	3461	1434	45	3000	**38341**
1979	1377	38208		6165	3676	6920	2434		4528	**57434**
1980										**51 605**
1981										**45 123**
1982										**46 174**
1983										**34 489**
1984										**39 075**
1985										**37 251**
1986										**60 083**
1987										**57 911**

Ford Transit FT 80
Ford Transit FT 100
Ford Transit FT 120
Kombi 8 Sitze
1978–1983

September 1979: Allrad-Antrieb und Luxusliner »Clubmobil« neu im Verkaufsprogramm.

Oktober 1980: Zwecks Verbrauchs- und Geräuschminderung thermostatisch gesteuerter Viscose-Lüfter für alle Modelle, außerdem als Sonderausstattung Overdrive, zuschaltbar zum 3. und 4. Gang. Dessen Rentabilität erscheint allerdings im Hinblick auf den Aufpreis von 1300 DM fraglich.

Juni 1981: Aufwendigere Serienausstattung sowie zwecks sparsameren Verbrauch neue Vergaser.

September 1983: Kühlergitter geändert, Frontspoiler, vordere Stoßfänger bis zu den Radausschnitten, vordere Blinker um die Flanken herumgezogen. Neue Heckleuchten für Kastenwagen, Kombi und Bus. Schöneres Armaturenbrett und für alle Modelle umschäumtes Lenkrad. Großteil der seitherigen L-Ausstattung sowie Verbundglas-Frontscheibe gehören jetzt zum Serienumfang. Benzinmotoren mit kontaktloser Transistorzündung, wartungsfreie Batterien.

April 1984: Neuer 2,5 Liter Diesel, erster »kleiner« Direkteinspritz-Diesel der Welt, ersetzt den seitherigen 2,4 Liter Wirbelkammer-Motor. Mehr Leistung, weniger Gewicht, weniger Verbrauch.

Juli 1985: FT 160 und FT 190 L mit 3,45 Meter Radstand und 4 Meter-Pritsche.

Ende 1985 löste ein neu konzipierter Ford Transit die seitherige Baureihe ab. Von dieser waren in 20 Jahren über 2 Millionen Stück verkauft worden.

Ford Transit FT 100 / FT 120 Pritschenwagen 1978–1983

Ford Transit FT 80 / FT 100 Kastenwagen 1983–1985

Ford Transit FT 100 Pritschenwagen mit Doppelkabine (2 Türen) 1983–1985

Bauart

Motor

Zylinder
Bohrung × Hub
Hubraum
Leistung
Getriebe

Vorderradaufhängung
Hinterradaufhängung
Fußbremse

Radstand
Laderaum
Gesamtmaße
Reifen
Wagengewicht (mit Fahrer)
Zuläss. Gesamtgewicht

Radstand
Laderaum
Gesamtmaße
Reifen
Wagengewicht (mit Fahrer)

Zuläss. Gesamtgewicht

Reifen
Wagengewicht (mit Fahrer)
Zuläss. Gesamtgewicht

Reifen
Wagengewicht (mit Fahrer)
Zuläss. Gesamtgewicht

Radstand
Ladefläche
Gesamtmaße

Reifen
Wagengewicht (mit Fahrer)
Zuläss. Gesamtgewicht

Radstand
Ladefläche
Gesamtmaße

Reifen
Wagengewicht (mit Fahrer)
Zuläss. Gesamtgewicht

Ford Transit FT 80 (1978–1985)
Ford Transit FT 100 (1978–1985)

Leichttransporter mit kurzem Vorbau, Motor vorn, Antrieb auf Hinterräder

Ford 1,6 Liter Vergasermotor 4 (Reihe) 87,67 × 66 mm 1593 ccm 65 PS = 48 kW b. 4750 U/min 4 Gang	Ford 2 Liter Vergasermotor 4 (Reihe) 98,2 × 76,95 mm 1954 ccm 78 PS = 57 kW b. 4500 U/min 4 Gang oder 4 Gang + Overdrive oder Ford 3 Gang Automatik	**Bis 1984:** Ford 2,4 Liter Wirbelkammer-Dieselmotor 4 (Reihe) 93,67 × 85,60 mm 2358 ccm 62 PS = 46 kW b. 3600 U/min 4 Gang oder 4 Gang + Overdrive	**Ab 1984:** Ford 2,5 Liter Direkteinspritz-Dieselmotor 4 (Reihe) 93,67 × 90,54 mm 2496 ccm 68 PS = 50 kW b. 4000 U/min 4 Gang oder 4 Gang + Overdrive

Starrachse, Halbfedern
Starrachse, Halbfedern
Zweikreis-Hydraulik, Servohilfe, Scheibenbremsen vorn

FT 80 Kastenwagen/Kombi 2692 mm 2510 × 1855 × 1360 mm 4552 × 1980 × 1958 mm 185 SR 14 verstärkt 1350, Kombi 1400 kg 2100, Kombi 2150 kg			**FT 80 Kastenwagen/Kombi** 2692 mm 2510 × 1855 × 1360 mm 4552 × 1980 × 1958 mm 185 SR 14 verstärkt 1460, Kombi 1510 kg 2280, Kombi 2300 kg
FT 100 Kastenwagen/Kombi 2692 mm 2510 × 1855 × 1360 mm 4552 × 1980 × 1984 mm 195 R 14 C 1360, Kombi 1410 kg 2330 kg	**FT 100 Kastenwagen/Kombi** 2692 mm 2510 × 1855 × 1360 mm 4552 × 1980 × 1984 mm 195 R 14 C 1360, Kombi 1410 kg Automatik + 20 kg 2330 kg	**FT 100 Kastenwagen/Kombi** 2692 mm 2510 × 1855 × 1360 mm 4552 × 1980 × 1984 mm 195 R 14 C 1530, Kombi 1580 kg 2500 kg	**FT 100 Kastenwagen/Kombi** 2692 mm 2510 × 1855 × 1360 mm 4552 × 1980 × 1984 mm 195 R 14 C 1470, Kombi 1520 kg 2500 kg
Bus 9 Sitze 195 R 14 C 1475 kg 2230 kg	**Bus 9 Sitze** 195 R 14 C 1475, Automatik + 20 kg 2230 kg	**Bus 9 Sitze** 195 R 14 C 1645 kg 2330 kg	**Bus 9 Sitze** 195 R 14 C 1585 kg 2330 kg
Bus 12 Sitze 195 R 14 C 1570 kg 2450 kg	**Bus 12 Sitze** 195 R 14 C 1570, Automatik + 20 kg 2450 kg	**Bus 12 Sitze** 195 R 14 C 1740 kg 2550 kg	**Bus 12 Sitze** 195 R 14 C 1680 kg 2550 kg
FT 100 Pritschenwagen 2692 mm 2650 × 1960 mm 4865 × 2045 × 1963 mm (Höhe über Fahrerhaus) 195 R 14 C 1370 kg 2360 kg	**FT 100 Pritschenwagen** 2692 mm 2650 × 1960 mm 4865 × 2045 × 1963 mm (Höhe über Fahrerhaus) 195 R 14 C 1370, Automatik + 20 kg 2360 kg	**FT 100 Pritschenwagen** 2692 mm 2650 × 1960 mm 4865 × 2045 × 1963 mm (Höhe über Fahrerhaus) 195 R 14 C 1540 kg 2550 kg	**FT 100 Pritschenwagen** 2692 mm 2650 × 1960 mm 4865 × 2045 × 1963 mm (Höhe über Fahrerhaus) 195 R 14 C 1480 kg 2550 kg
FT 100 Doppelkabine 2692 mm 1650 × 1960 mm 4600 × 2045 × 1986 mm (Höhe über Fahrerhaus) 195 R 14 C 1460 kg 2360 kg	**FT 100 Doppelkabine** 2692 mm 1650 × 1960 mm 4600 × 2045 × 1986 mm (Höhe über Fahrerhaus) 195 R 14 C 1460, Automatik + 20 kg 2360 kg	**FT 100 Doppelkabine** 2692 mm 1650 × 1960 mm 4600 × 2045 × 1986 mm (Höhe über Fahrerhaus) 195 R 14 C 1630 kg 2550 kg	**FT 100 Doppelkabine** 2692 mm 1650 × 1960 mm 4600 × 2045 × 1986 mm (Höhe über Fahrerhaus) 195 R 14 C 1570 kg 2550 kg

Auf der Frankfurter Automobil-Ausstellung im September 1979 wird der Ford Transit »Cruising Van«, ein Luxusliner nach amerikanischen Vorbildern, vorgestellt. Technische Besonderheiten: Gürtelreifen 245/60 VR 14 auf breiten 7″ Leichtmetall-Sportfelgen, innenbelüftete Scheibenbremsen, Bugspoiler. Serienherstellung als »Clubmobil« (Preis 35 000 DM) beginnt im Januar 1981.

Ford Transit FT 130
Wohnmobil »Arca-Mini«
1980–1983

Bauart

Motor

Zylinder
Bohrung × Hub
Hubraum
Leistung
Getriebe

Vorderradaufhängung
Hinterradaufhängung
Fußbremse

Radstand
Laderaum
Gesamtmaße
Reifen
Wagengewicht (mit Fahrer)

Zuläss. Gesamtgewicht

Radstand
Ladefläche
Gesamtmaße

Reifen
Wagengewicht (mit Fahrer)
Zuläss. Gesamtgewicht

Radstand
Ladefläche
Gesamtmaße

Reifen
Wagengewicht (mit Fahrer)
Zuläss. Gesamtgewicht

Radstand
Laderaum
Gesamtmaße
Reifen

Wagengewicht (mit Fahrer)

Zuläss. Gesamtgewicht

Radstand
Ladefläche
Gesamtmaße

Reifen

Wagengewicht (mit Fahrer)
Zuläss. Gesamtgewicht

Ford Transit FT 120 (1978–1985)
Ford Transit FT 100 L (1978–1985)

Leichttransporter mit kurzem Vorbau, Motor vorn, Antrieb auf Hinterräder

Nur bis 1981:		**Bis 1984:**	**Ab 1984:**
Ford 1,6 Liter	Ford 2 Liter	Ford 2,4 Liter	Ford 2,5 Liter
Vergasermotor	Vergasermotor	Wirbelkammer-Dieselmotor	Direkteinspritz-Dieselmotor
4 (Reihe)	4 (Reihe)	4 (Reihe)	4 (Reihe)
87,67 × 66 mm	90,82 × 76,95 mm	93,67 × 85,60 mm	93,67 × 90,54 mm
1593 ccm	1954 ccm	2358 ccm	2496 ccm
65 PS = 48 kW b. 4750 U/min	78 PS = 57 kW b. 4500 U/min	62 PS = 46 kW b. 3000 U/min	68 PS = 50 kW b. 4000 U/min
4 Gang	4 Gang oder	4 Gang oder	4 Gang oder
	4 Gang + Overdrive oder	4 Gang + Overdrive	4 Gang + Overdrive
	Ford 3 Gang Automatik		

Starrachse, Halbfedern

Starrachse, Halbfedern

Zweikreis-Hydraulik, Servohilfe, Scheibenbremsen vorn

FT 120 Kastenwagen/Kombi	**FT 120 Kastenwagen/Kombi**		
2692 mm	2692 mm		
2510 × 1855 × 1360 mm	2510 × 1855 × 1360 mm		
4552 × 1980 × 2039 mm	4552 × 1980 × 2039 mm		
205 R 14 C	205 R 14 C		
1400, Kombi 1450 kg	1400, Kombi 1450 kg		
	Automatik + 20 kg		
2575 kg	2575 kg		
FT 120 Pritschenwagen	**FT 120 Pritschenwagen**		
2692 mm	2692 mm		
2650 × 1960 mm	2650 × 1960 mm		
4865 × 2045 × 1982 mm	4865 × 2045 × 1982 mm		
(Höhe über Fahrerhaus)	(Höhe über Fahrerhaus)		
205 R 14 C	205 R 14 C		
1410 kg	1410, Automatik + 20 kg		
2575 kg	2575 kg		
FT 120 Doppelkabine	**FT 120 Doppelkabine**		
2692 mm	2692 mm		
1650 × 1960 mm	1650 × 1960 mm		
4600 × 2045 × 1993 mm	4600 × 2045 × 1993 mm		
(Höhe über Fahrerhaus)	(Höhe über Fahrerhaus)		
205 R 14 C	205 R 14 C		
1500 kg	1500, Automatik + 20 kg		
2575 kg	2575 kg		
	FT 100 L Kastenwagen/Kombi	**FT 100 L Kastenwagen/Kombi**	**FT 100 L Kastenwagen/Kombi**
	2997 mm	2997 mm	2997 mm
	3270 × 1585 × 1510 mm	3270 × 1585 × 1510 mm	3270 × 1585 × 1510 mm
	5302 × 1980 × 2177 mm	5302 × 1980 × 2177 mm	5302 × 1980 × 2177 mm
	195 R 14 C	195 R 14 C	195 R 14 C
	Einzel-Hinterräder	Einzel-Hinterräder	Einzel-Hinterräder
	1460, Kombi 1525 kg	1630, Kombi 1695 kg	1570, Kombi 1635 kg
	Automatik + 20 kg		
	2450 kg	2600 kg	2600 kg
	FT 100 L Pritschenwagen	**FT 100 L Pritschenwagen**	**FT 100 L Pritschenwagen**
	2997 mm	2997 mm	2997 mm
	3130 × 2115 mm	3130 × 2115 mm	3130 × 2115 mm
	5342 × 2200 × 1960 mm	5342 × 2220 × 1960 mm	5342 × 2200 × 1960 mm
	(Höhe über Fahrerhaus)	(Höhe über Fahrerhaus)	(Höhe über Fahrerhaus)
	195 R 14 C	195 R 14 C	195 R 14 C
	Einzel-Hinterräder	Einzel-Hinterräder	Einzel-Hinterräder
	1475, Automatik + 20 kg	1645 kg	1585 kg
	2450 kg	2600 kg	2600 kg

Ford Transit FT 190
mit Aluminium-Pritsche
1983–1985

Ford Transit FT 160 L
Ford Transit FT 190 L
Pritschenwagen 1985

Bauart

Motor

Zylinder
Bohrung × Hub
Hubraum
Leistung
Getriebe

Vorderradaufhängung
Hinterradaufhängung
Fußbremse

Radstand
Laderaum
Gesamtmaße
Reifen

Wagengewicht (mit Fahrer)

Zuläss. Gesamtgewicht

Wagengewicht (mit Fahrer)
Zuläss. Gesamtgewicht

Ladefläche

Ladefläche

Reifen

Wagengewicht (mit Fahrer)

Zuläss. Gesamtgewicht

Ladefläche

Radstand
Laderaum
Gesamtmaße
Reifen

Wagengewicht (mit Fahrer)

Zuläss. Gesamtgewicht

Ladefläche

Ladefläche

Radstand
Ladefläche

Ford Transit FT 130 (1978–1985)
Ford Transit FT 160 (1978–1985)
Ford Transit FT 190 (1978–1985)

Leichttransporter mit kurzem Vorbau, Motor vorn, Antrieb auf Hinterräder

Ford 2 Liter Vergasermotor 4 (Reihe) 90,82 × 76,95 mm 1954 ccm 78 PS = 57 kW b. 4500 U/min 4 Gang oder 4 Gang + Overdrive oder Ford 3 Gang Automatik	Ford 3 Liter Vergasermotor V6 (60°-V-Form) 93,67 × 72,42 mm 2993 ccm 100 PS = 74 kW b. 4650 U/min 4 Gang oder 4 Gang + Overdrive	**Bis 1984:** Ford 2,4 Liter Wirbelkammer-Dieselmotor 4 (Reihe) 93,67 × 85,60 mm 2358 ccm 62 PS = 46 kW b. 3600 U/min 4 Gang oder 4 Gang + Overdrive	**Ab 1984:** Ford 2,5 Liter Direkteinspritz-Dieselmotor 4 (Reihe) 93,67 × 90,54 mm 2496 ccm 68 PS = 50 kW b. 4000 U/min 4 Gang oder 4 Gang + Overdrive

Starrachse, Halbfedern
Starrachse, Halbfedern
Zweikreis-Hydraulik, Servohilfe, Scheibenbremsen vorn

FT 130 Kastenwagen/Kombi	**FT 130 Kastenwagen/Kombi**	**FT 130 Kastenwagen/Kombi**	**FT 130 Kastenwagen/Kombi**
2997 mm	2997 mm	2997 mm	2997 mm
3270 × 1855 × 1510 mm	3270 × 1855 × 1510 mm	3270 × 1855 × 1510 mm	3270 × 1855 × 1510 mm
5302 × 2060 × 2151 mm	5302 × 2060 × 2151 mm	5302 × 2060 × 2158 mm	5302 × 2060 × 2158 mm
185 SR 14 verstärkt	185 SR 14 verstärkt	185 SR 14 verstärkt	185 SR 14 verstärkt
Zwillings-Hinterräder	Zwillings-Hinterräder	Zwillings-Hinterräder	Zwillings-Hinterräder
1550, Kombi 1610 kg	1660, Kombi 1720 kg	1720, Kombi 1780 kg	1660, Kombi 1720 kg
Automatik + 20 kg			
2800 kg	2800 kg	3000 kg	3000 kg
FT 130 Bus 15 Sitze	**FT 130 Bus 15 Sitze**	**FT 130 Bus 15 Sitze**	**FT 130 Bus 15 Sitze**
1810, Automatik + 20 kg	1920 kg	1980 kg	1920 kg
3100 kg	3100 kg	3150 kg	3150 kg
FT 130 Pritschenwagen	**FT 130 Pritschenwagen**	**FT 130 Pritschenwagen**	**FT 130 Pritschenwagen**
3130 × 2115 mm	3130 × 2115 mm	3130 × 2115 mm	3130 × 2115 mm
FT 130 Doppelkabine	**FT 130 Doppelkabine**	**FT 130 Doppelkabine**	**FT 130 Doppelkabine**
2400 × 1960 mm	2400 × 1960 mm	2400 × 1960 mm	2400 × 1960 mm
FT 160 Kastenwagen/Kombi		**FT 160 Kastenwagen/Kombi**	**FT 160 Kastenwagen/Kombi**
185 SR 14 verstärkt		185 SR 14 verstärkt	185 SR 14 verstärkt
Zwillings-Hinterräder		Zwillings-Hinterräder	Zwillings-Hinterräder
1570, Kombi 1630 kg		1740, Kombi 1800 kg	1680, Kombi 1740 kg
Automatik + 20 kg			
3100 kg		3150 kg	3150 kg
FT 160 Pritschenwagen		**FT 160 Pritschenwagen**	**FT 160 Pritschenwagen**
3130 × 2115 mm		3130 × 2115 mm	3130 × 2115 mm
FT 190 Kastenwagen/Kombi	**FT 190 Kastenwagen/Kombi**	**FT 190 Kastenwagen/Kombi**	**FT 190 Kastenwagen/Kombi**
2997 mm	2997 mm	2997 mm	2997 mm
3270 × 1855 × 1510 mm	3270 × 1855 × 1510 mm	3270 × 1855 × 1510 mm	3270 × 1855 × 1510 mm
5302 × 2060 × 2177 mm	5302 × 2060 × 2177 mm	5302 × 2060 × 2177 mm	5302 × 2060 × 2177 mm
185 R 14 C	185 R 14 C	185 R 14 C	185 R 14 C
Zwillings-Hinterräder	Zwillings-Hinterräder	Zwillings-Hinterräder	Zwillings-Hinterräder
1610, Kombi 1670 kg	1720, Kombi 1780 kg	1780, Kombi 1840 kg	1720, Kombi 1780 kg
Automatik + 20 kg			
3500 kg	3500 kg	3500 kg	3500 kg
FT 190 Pritschenwagen	**FT 190 Pritschenwagen**	**FT 190 Pritschenwagen**	**FT 190 Pritschenwagen**
3130 × 2115 mm	3130 × 2115 mm	3130 × 2115 mm	3130 × 2115 mm
FT 190 Doppelkabine		**FT 190 Doppelkabine**	**FT 190 Doppelkabine**
2400 × 1960 mm		2400 × 1960 mm	2400 × 1960 mm
Ab Juli 1985: FT 160 L und FT 190 L Pritschenwagen			**Ab Juli 1985: FT 160 L und FT 190 L Pritschenwagen**
3452 mm			3452 mm
4000 × 2160 mm			4000 × 2160 mm

Ford Transit FT 100
Allrad 4 × 4
Kombi 8 Sitze
1979–1983

Die Ford-Werke nahmen im September 1979 den Transit mit Allrad-Antrieb in ihr Verkaufsprogramm auf. Schon seit 1977 baute der Ford-Händler Rau in Kirchheim/Teck Einzelexemplare des Ford Transit auf Allrad-Antrieb um. Der Umbaupreis betrug etwa 15 000 DM, der Wagen wurde dabei um 60 mm höher. Aber auch später, sozusagen mit dem Segen des Werks, blieben die Verkaufszahlen gering. Als Basistypen waren der FT 100 und der FT 160 vorgesehen. Die Allrad-Technik verursachte ein Mehrgewicht von 200 kg und eine entsprechende Verringerung der Nutzlast.

Ford Transit FT 100
Allrad 4 × 4
Freizeitmobil »Hymercar«
1983–1985

Ford Transit FT 100 L Kastenwagen 1978–1983

Ford Transit FT 130 Bus 15 Sitze 1978–1983

Ford Transit FT 100 L Kastenwagen mit Doppelkabine 1983–1985

Ford Lastwagen (ab 1973)

Nach 13 Jahren der Enthaltsamkeit wagten die Kölner Ford-Werke erneut den Versuch, sich am Lastwagengeschäft in Deutschland zu beteiligen. Dabei plante man keineswegs die Wiederaufnahme einer eigenen Produktion, sondern nur den Verkauf ausgesuchter Modelle der englischen Konzernschwester aus deren Montagewerk im holländischen Amsterdam. Der Start erfolgte anläßlich der Frankfurter Automobil-Ausstellung 1973. Vorgestellt wurden zunächst

- die A-Serie mit 62 bis 100 PS Dieselmotoren und 3,75 bis 5,6 t Gesamtgewicht, vorgesehen gewissermaßen zur Aufstockung des gut eingeführten Transit-Programms;

- die N-Serie mit 76 bis 144 PS Dieselmotoren und 7 bis 14,5 t Gesamtgewicht.

Im September 1974 angekündigt und ab Sommer 1975 lieferbar folgte

- der Schwerlastwagen Ford Transcontinental (H-Serie) mit amerikanischen Cummins-Dieselmotoren von 273 bis 340 PS Leistung sowie 16 t Gesamtgewicht als Zwei- und 22 t Gesamtgewicht als Dreiachser, also Lastzuggewicht bis 38 t. Der Ford Transcontinental (Die »rollende Wand«) war, da für 40 t Gesamt-

Ford A-Serie
Pritschenwagen
1973–1981

Ford N-Serie
Dreiseiten-Kipper
mit Stahlpritsche
Aufbau: Meiller (München)
1978

→

Ford Transcontinental
Pritschen-Sattelzug
für Güterfernverkehr
1975–1981

gewicht ausgelegt, ungemein haltbar, dauerhaft und massiv, infolge seines Übergewichts aber auch ziemlich großzügig im Verbrauch. Seine Robustheit verschaffte ihm begeisterte Freunde, zu wenige aber, um das Einschlafen der Produktion über 1984 hinaus weiter zu verschieben. Aus dem Lastwagengeschäft in Deutschland hatten sich der Transcontinental ebenso wie die A- und die N-Serie praktisch bereits 1980/81 unauffällig zurückgezogen, zumal seit deren Montage in Amsterdam nicht mehr stattfand.

Unverdrossen stellten die Kölner Ford-Werke als neuen mittelschweren Lastwagen und Nachfolger der N-Serie im März 1981

- den Ford Cargo vor, der zunächst mit 4 Ford Dieselmotoren von 80 bis 150 PS Leistung sowie 5,6 bis 15 t Gesamt- bzw. 9 bis 22 t Lastzuggewicht zur Verfügung stand. Im April 1982 wurden zwei Modellreihen der Schwerlast-Klasse hinzugefügt, Gesamtgewicht bis 16 t für Zwei- und 22 t für Dreiachser bzw. Lastzuggewicht bis zu 32 t. Der Antrieb der neuen Schwerlastwagen erfolgt mit luftgekühlten 170 und 204 PS starken V6-Dieselmotoren von Klöckner-Humboldt-Deutz. Als stärkste Maschine steht allerdings seit Oktober 1984 ein 243 PS Cummins Turbo-Diesel und seit September 1986 dessen ladeluftgekühlte Version mit 283 PS Leistung im Programm. Hergestellt wird der Cargo seit Beginn seiner Laufbahn im Ford-Werk Langhey, Berkshire, England. Trotz des beachtlichen Ergebnisses von jährlich bis zu 17000 Stück, von denen allein 10000 in England selbst verkauft werden, kam das Herstellerwerk bisher nicht aus den roten Zahlen. Seit 1. 7. 1986 gehört es zum Iveco-Markenverbund, wovon jedoch der Verkauf in Deutschland unberührt bleibt.

Ford Cargo 0808
Ford Cargo 0812
Dreiseiten-Kipper
mit Stahlpritsche
Aufbau: Meiller (München)
1981

Ford Cargo 1520
Löschgruppenfahrzeug LF 16
der Kölner Feuerwehr
Aufbau: Ziegler
1987

Ford Cargo 1624
mit Aluminium-Pritsche
für Fernverkehr
1984

Ford Cargo 1828
Fernverkehrs-Lastwagen
mit kurzem und mit
langem Fahrerhaus
1986

Ford Cargo 2420 (6 × 4)
Transport-Betonmischer
Inhalt 5 m^3
Aufbau: Stetter
1984

Ford Cargo 3424
Ford Cargo 3824
Sattelzugmaschine mit
Koffer-Sattelauflieger
1984

	Ford Cargo 0608 (1981) Ford Cargo 0609 (ab 1982)	Ford Cargo 0708 (1981) Ford Cargo 0709 (ab 1982)	Ford Cargo 0808 (1981) Ford Cargo 0809 (ab 1982)
Motor	Ford Dieselmotor (wassergekühlt) 4 Zylinder (Reihe), 107,2 × 114,9 mm, 4149 ccm 80 PS = 59 kW bzw. (ab 1982) 86 PS = 63 kW bei 2600 U/min		
Getriebe	ZF 5 Gang		
	Pritschenwagen	**Pritschenwagen**	**Pritschenwagen**
Radstand	3200, 3725 oder 4375 mm Für Sonderaufbauten auch 4975 mm		
Pritsche	4200 (5200) (6250) mm		
Gesamtlänge	6100 (7100) (8140) mm		
Reifen	8 R 17,5 Zwillings-Hinterräder		
Wagengewicht	3160 bis 3460 kg		
Zuläss. Gesamtgewicht	5,6 oder 6 t	6,5 t	7,5 t
Nutzlast-Klasse	2,2 oder 2,6 t	3 t	4 t
Zuläss. Lastzuggewicht	9,1 oder 9,5 t	10 t	10 oder 11 t
			Kipper (bis 1986)
Radstand			3200 mm
Pritsche			3600 mm
Reifen			9 R 17,5

	Ford Cargo 0912 (1981) Ford Cargo 0913 (ab 1982)	Ford Cargo 1113 ab 1982	Ford Cargo 1313 1982–1986
Motor	Ford Dieselmotor (wassergekühlt) 6 Zylinder (Reihe), 107,2 × 114,9 mm, 6221 ccm 121 PS = 89 kW bzw. (ab 1982) 128 PS = 94 kW bei 2600 U/min		
Getriebe	ZF 5 Gang		
	Pritschenwagen	**Pritschenwagen**	**Pritschenwagen**
Radstand	3075, 3600 oder 4250 mm Für Sonderaufbauten auch 4850 mm	3600, 4250 oder 4850 mm Für Sonderaufbauten auch 3075 und 5450 mm	
Pritsche	4200 (5200) (6250) mm	5200 (6200) (7200) mm	
Gesamtlänge	6100 (7100) (8140) mm	7100 (8140) (9100) mm	
Reifen	9 R 17,5 Zwillings-Hinterräder	10 R 22,5 Zwillings-Hinterräder	11 R 22,5 Zwillings-Hinterräder
Wagengewicht	3750 bis 4050 kg	4350 bis 4750 kg	4700 bis 5150 kg
Zuläss. Gesamtgewicht	9 t	11,5 t	13 t
Nutzlast-Klasse	5 t	7,5 t	8 t
Zuläss. Lastzuggewicht	16 t	16 t	16 t
Radstand			
Pritsche			
Reifen			
Radstand			
Reifen			
Zuläss. Lastzuggewicht			

<table>
<tr><th>Ford Cargo 0711
ab 1981</th><th>Ford Cargo 0811
ab 1981</th><th>Ford Cargo 0712 (1981)
Ford Cargo 0713 (ab 1982)</th><th>Ford Cargo 0812 (1981)
Ford Cargo 0813 (ab 1982)</th></tr>
<tr><td colspan="2">Ford Dieselmotor (wassergekühlt)
6 Zylinder (Reihe), 104,8 × 114,9 mm, 5947 ccm
113 PS = 83 kW bzw. (ab 1982) 110 PS = 81 kW bei 2600 U/min
ZF 5 Gang</td><td colspan="2">Ford Dieselmotor (wassergekühlt)
6 Zylinder (Reihe), 107,2 × 114,9 mm, 6221 ccm
121 PS = 89 kW bzw. (ab 1982) 128 PS = 94 kW bei 2600 U/min
ZF 5 Gang</td></tr>
<tr><td>Pritschenwagen</td><td>Pritschenwagen</td><td>Pritschenwagen</td><td>Pritschenwagen</td></tr>
<tr><td colspan="4">3200, 3725 oder 4375 mm
Für Sonderaufbauten auch 4975 mm
4200 (5200) (6250) mm
6100 (7100) (8140) mm
8,5 R 17,5
Zwillings-Hinterräder
3360 bis 3700 kg</td></tr>
<tr><td>6,5 t
3 t
10 t</td><td>7,5 t
4 t
11 oder 13 t</td><td>6,5 t
3 t
10 t</td><td>7,5 t
4 t
16 t

Kipper
3200 mm
3800 mm
9 R 17,5</td></tr>
</table>

<table>
<tr><th>Ford Cargo 0915
ab 1981</th><th>Ford Cargo 1115
ab 1981</th><th>Ford Cargo 1315
ab 1981</th><th>Ford Cargo 1515
ab 1981</th></tr>
<tr><td colspan="4">Ford Dieselmotor (wassergekühlt) mit Abgas-Turbolader
6 Zylinder (Reihe), 104,8 × 114,9 mm, 5947 ccm
150 PS = 110 kW bei 2400 U/min
Ford 6 oder 8 Gang</td></tr>
<tr><td>Pritschenwagen
3600 oder 4250 mm
Für Sonderaufbauten auch
3075 und 4850 mm
5200 (6250) mm
7100 (8140) mm
8 R 22,5
Zwillings-Hinterräder
4400 bis 4560 kg
9 t
4,5 t
21,6 t</td><td>Pritschenwagen
3600, 4250 oder 4850 mm
Für Sonderaufbauten auch
3075 und 5450 mm
5200 (6250) (7200) mm
7100 (8140) (9100) mm
10 R 22,5
Zwillings-Hinterräder
4440 bis 4760 kg
11,5 t
6,25–6,5 t
22 t

Cargo 2115: Sattelzugmaschine
3000 mm
10 R 22,5
21 t</td><td>Pritschenwagen
3600, 4250 oder 4850 mm
Für Sonderaufbauten auch
3075 und 5450 mm
5200 (6250) (7200) mm
7100 (8140) (9100) mm
11 R 22,5
Zwillings-Hinterräder
4820 bis 5210 kg
13 t
8 t
22 t

Kipper (bis 1986)
3075 mm
4000 mm
11 R 22,5</td><td>Pritschenwagen
4250, 5000 oder 5600 mm
Für Sonderaufbauten auch
3600 mm
5200 (6250) (7200) mm
7100 (8140) (9100) mm
12 R 22,5
Zwillings-Hinterräder
5280 bis 6000 kg
15 t
9,5 t
22 t

Kipper (bis 1986)
3200 mm
4000 mm
12 R 22,5</td></tr>
</table>

<table>
<tr><th></th><th>Ford Cargo 1317
ab 1982</th><th>Ford Cargo 1517
ab 1982</th><th>Ford Cargo 1617
ab 1982</th></tr>
<tr><td>Motor</td><td colspan="3">Klöckner-Humboldt-Deutz Dieselmotor F 6 L 413 F (luftgekühlt)
6 Zylinder (V-Form), 125 × 130 mm, 9572 ccm, 170 PS = 125 kW bei 2500 U/min</td></tr>
<tr><td>Getriebe</td><td colspan="3">ZF 6 Gang oder 6 Gang + Vorschaltgruppe</td></tr>
<tr><td></td><td>Pritschenwagen</td><td>Pritschenwagen</td><td>Pritschenwagen</td></tr>
<tr><td>Radstand</td><td colspan="3">4250, 5000 oder 5600 mm
Für Sonderaufbauten auch 3520 und 6200 mm</td></tr>
<tr><td>Pritsche</td><td colspan="3">5200 (6250) (7200) mm</td></tr>
<tr><td>Gesamtlänge</td><td colspan="3">7100 (8150) (9100) mm</td></tr>
<tr><td>Reifen</td><td colspan="3">11 R 22,5
Zwillings-Hinterräder</td></tr>
<tr><td>Wagengewicht</td><td colspan="3">5540 bis 6000 kg</td></tr>
<tr><td>Zuläss. Gesamtgewicht</td><td>13,3 t</td><td>15 t</td><td>16 t</td></tr>
<tr><td>Nutzlast-Klasse</td><td>7,5 t</td><td>9,25 t</td><td>10 t</td></tr>
<tr><td>Zuläss. Lastzuggewicht</td><td>28 t</td><td>28 t</td><td>28 t</td></tr>
<tr><td></td><td></td><td>Kipper (1982–1986)</td><td>Kipper</td></tr>
<tr><td>Radstand</td><td></td><td>3520 mm</td><td>3850 mm</td></tr>
<tr><td>Pritsche</td><td></td><td>4200 mm</td><td>4400 mm</td></tr>
<tr><td>Reifen</td><td></td><td>11 R 22,5</td><td>11 R 22,5</td></tr>
<tr><td></td><td></td><td>Cargo 2817: Sattelzugmaschine (1982–1986)</td><td></td></tr>
<tr><td>Radstand</td><td></td><td>3000 oder 3520 mm</td><td></td></tr>
<tr><td>Reifen</td><td></td><td>11 R 22,5</td><td></td></tr>
<tr><td>Zuläss. Lastzuggewicht</td><td></td><td>28 t</td><td></td></tr>
</table>

<table>
<tr><th></th><th>Ford Cargo 1624
ab 1984</th><th>Ford Cargo 1824
ab 1984</th><th>Ford Cargo 1924
ab 1984</th></tr>
<tr><td>Motor</td><td colspan="3">Cummins Direkteinspritz-Dieselmotor (wassergekühlt) mit Abgas-Turbolader
6 Zylinder (Reihe), 125 × 136 mm, 9945 ccm, 243 PS = 179 kW bei 2100 U/min</td></tr>
<tr><td>Getriebe</td><td colspan="3">Fuller 9 Gang</td></tr>
<tr><td></td><td>Fahrgestell</td><td>Fahrgestell</td><td>Fahrgestell</td></tr>
<tr><td>Radstand</td><td colspan="3">3520, 4250, 5000, 5600 oder 6200 mm</td></tr>
<tr><td>Aufbaulänge</td><td colspan="3">Empfohlen: 4000 (5100) (6200) (7200) (8100) mm</td></tr>
<tr><td>Reifen</td><td colspan="3">295/80 R 22,5
Zwillings-Hinterräder</td></tr>
<tr><td>Zuläss. Gesamtgewicht</td><td>16 t</td><td>17,5 t</td><td>19 t</td></tr>
<tr><td>Zuläss. Lastzuggewicht</td><td>32 t</td><td>32 t</td><td>32 t</td></tr>
<tr><td></td><td></td><td></td><td>Cargo 3424: Sattelzugmaschine</td></tr>
<tr><td>Radstand</td><td></td><td></td><td>3520 mm</td></tr>
<tr><td>Reifen</td><td></td><td></td><td>295/80 R 22,5</td></tr>
<tr><td>Zuläss. Lastzuggewicht</td><td></td><td></td><td>34 t</td></tr>
<tr><td></td><td></td><td></td><td>Cargo 3824: Sattelzugmaschine</td></tr>
<tr><td>Radstand</td><td></td><td></td><td>3520 mm</td></tr>
<tr><td>Reifen</td><td></td><td></td><td>295/80 R 22,5</td></tr>
<tr><td>Zuläss. Lastzuggewicht</td><td></td><td></td><td>38 t</td></tr>
</table>

<table>
<tr><th>Ford Cargo 1320
ab 1982</th><th>Ford Cargo 1520
ab 1982</th><th>Ford Cargo 1620
ab 1982</th><th>Ford Cargo 2420
ab 1982</th></tr>
<tr><td colspan="4">Klöckner-Humboldt-Deutz Dieselmotor F 6 L 413 FZ (luftgekühlt)
6 Zylinder (V-Form), 125 × 130 mm, 9572 ccm, 240 PS = 150 kW bei 2500 U/min
ZF 6 Gang oder 6 Gang + Vorschaltgruppe</td></tr>
<tr><td>Pritschenwagen</td><td>Pritschenwagen</td><td>Pritschenwagen</td><td>2420 (6 × 2): Fahrgestell (1982–1984)</td></tr>
<tr><td colspan="3">4250, 5000 oder 5600 mm
Für Sonderaufbauten auch 3520 und 6200 mm</td><td>3574 (4250) (4814) + 1372 mm</td></tr>
<tr><td colspan="3">5200 (6250) (7200) mm</td><td></td></tr>
<tr><td colspan="3">7100 (8150) (9100) mm</td><td></td></tr>
<tr><td colspan="3">11 R 22,5</td><td>11 R 22,5</td></tr>
<tr><td colspan="3">Zwillings-Hinterräder</td><td>Zwillings-Hinterräder</td></tr>
<tr><td colspan="3">5570 bis 6000 kg</td><td></td></tr>
<tr><td>13,3 t</td><td>15 t</td><td>16 t</td><td>22 t</td></tr>
<tr><td>7,5 t</td><td>9,25 t</td><td>10 t</td><td></td></tr>
<tr><td>31 t</td><td>32,5 t</td><td>32,5 t</td><td>25,5 t</td></tr>
<tr><td></td><td>Kipper (1982–1986)</td><td>Kipper</td><td>2420 K (6 × 4): Kipper</td></tr>
<tr><td></td><td>3850 mm (Für Sonderaufbauten auch 3520 mm)</td><td>3850 mm (Für Sonderaufbauten auch 3520 mm)</td><td>3574 oder 4250 + 1372 mm</td></tr>
<tr><td></td><td>4400 mm</td><td>4400 mm</td><td></td></tr>
<tr><td></td><td>11 R 22,5</td><td>11 R 22,5</td><td>11 R 22,5</td></tr>
<tr><td></td><td>Cargo 3020: Sattelzugmaschine (1982–1986)</td><td>Cargo 3220: Sattelzugmaschine (1982–1986)</td><td></td></tr>
<tr><td></td><td>3000 oder 3520 mm</td><td>3000 oder 3520 mm</td><td></td></tr>
<tr><td></td><td>11 R 22,5</td><td>11 R 22,5</td><td></td></tr>
<tr><td></td><td>31 t</td><td>32 t</td><td></td></tr>
</table>

Ford Cargo 1828
ab 1986

Cummins Direkteinspritz-Dieselmotor (wassergekühlt) mit Abgas-Turbolader
6 Zylinder (Reihe), 125 × 136 mm, 9945 ccm, 283 PS = 208 kW bei 2100 U/min
Fuller 9 Gang oder (ab 1987) 3 × 4 = 12 Gang

Fahrgestell
3520, 4250, 5000, 5600 oder 6200 mm
Empfehlung: 4000 (5250) (6500) (7500) (8500) mm
12 R 22,5 oder 295/80 R 22,5
Zwillings-Hinterräder
17 t
40 t

Cargo 4028: Sattelzugmaschine
3250 mm
11 R 22,5
40 t

Ford Econovan (ab 1985)

Mini-Transporter für etwa 750 bis 800 kg Nutzlast bei bis zu 2 t Gesamtgewicht wurden bis vor etlichen Jahren hierzulande fast allein von Fiat angeboten. Inzwischen beherrschen die Japaner diesen Marktsektor, und seit Herbst 1985 ist auch Ford mit dem Econovan dabei. Der stammt freilich ebenfalls aus Japan, denn er wird von Mazda gebaut, und an dieser Marke ist der amerikanische Ford-Konzern mit 25% beteiligt. Den Ford Econovan gibt es als Kastenwagen, als Kombi oder als gut ausstaffierten Siebensitzer-Luxus-Bus, wahlweise mit 65 PS 1,4 Liter Benzin- oder mit 56 PS 2 Liter Dieselmotor. Das Triebwerk, unmittelbar unter dem Mitfahrersitz angeordnet, verursacht in dem kleinen Auto mächtigen Lärm, und auch sonst leidet dieses unter einigen störenden Ungereimtheiten. Ansonsten aber zeichnet sich der Ford Econovan durch ordentliche Fahrleistungen und -eigenschaften, durch die Vorteile kompakter Außenabmessungen und auch durch einige pfiffig ausgedachte Kleinigkeiten aus. Auf den deutschen Straßen freilich tritt er bisher wenig in Erscheinung.

Ford Econovan
ab 1985

Bauart	Kleiner Frontlenker-Transporter, Motor längs über der Vorderachse bzw. zwischen den Sitzen, Antrieb auf die Hinterräder	
Motor	Mazda Vergasermotor	Mazda Vorkammer-Dieselmotor
Zylinder	4 (Reihe)	4 (Reihe)
Bohrung × Hub	77 × 76 mm	86 × 66 mm
Hubraum	1405 ccm (nach Steuerformel)	1984 ccm (nach Steuerformel)
Leistung	55 PS (48 kW) b. 5500 U/min	56 PS (41 kW) b. 4650 U/min
Getriebe	5 Gang	
Rahmen	Selbsttragende Ganzstahlkarosserie	
Vorderradaufhängung	Doppel-Querlenker, Federstäbe, Stabilisator	
Hinterradaufhängung	Starrachse, Halbfedern	
Lenkung	Zahnstange	
Fußbremse	Zweikreis-Hydraulik, Servohilfe, Scheibenbremsen vorn	
	Kastenwagen bzw. Kombi	
Radstand	2220 mm	
Laderaum	2280 × 1455 × 1125 mm	
Gesamtmaße	4030 × 1630 × 1850 mm	
Reifen	165 R 14 C / 8 PRN	
Wagengewicht (mit Fahrer)	1300, Kombi o. Sitze 1310 kg	1385, Kombi o. Sitze 1395 kg
Zuläss. Gesamtgewicht	2130 kg	2255 kg
Höchstgeschwindigkeit	128 km/h	128 km/h
Verbrauch/100 km	11 Liter	9 Liter Diesel
Preis	1987: 19 600 DM	1987: 22 700 DM
	Bus 8 Sitze	
Radstand	2220 mm	
Laderaum	2280 × 1455 × 1370 mm (mit Hochdach)	
Gesamtmaße	4030 × 1630 × 1970 mm (mit Hochdach)	
Reifen	165 R 14 C / 6 PRN	
Wagengewicht (mit Fahrer)	1390 kg	1475 kg
Zuläss. Gesamtgewicht	2095 kg	2180 kg
	XLT Bus 7 Sitze	
Radstand	2220 mm	
Laderaum	2280 × 1455 × 1370 mm (mit Hochdach)	
Gesamtmaße	4110 × 1640 × 1990 mm (mit Hochdach)	
Reifen	165 R 14 C / 6 PRN	
Wagengewicht (mit Fahrer)	1460 kg	1545 kg
Zuläss. Gesamtgewicht	2095 kg	2180 kg

←

Ford Econovan
Kastenwagen
ab 1985

Ford Econovan
Kombi 5 Sitze
ab 1985

Ford Econovan XLT
Luxus-Bus 7 Sitze
ab 1986

←

Ford Transit (ab 1986)

Ein technisch wie stilistisch weitgehend neu konzipierter Ford Transit wurde im Januar 1986 vorgestellt. Die Produktion hatte bereits im November 1985 begonnen, und zwar die der deutschen Ausführung im belgischen Zweigwerk Genk, die der englischen Ausführung in Southampton. Beide unterscheiden sich im wesentlichen nur durch die jeweils verwendeten Motoren. Äußerlich fällt vor allem die ungewohnte Frontgestaltung des neuen Transit auf. Der Kurzhauber hatte sich zum Frontlenker gewandelt, der aber, weil man aus guten Gründen den Motor weit vorn beließ, eine sehr schräge Frontseite erhielt. Und diese erinnert – neuerdings übrigens auch bei anderen Transportern – unwillkürlich an den DKW Schnell-Laster der Jahre 1949 bis 1962. Wenn man es so sehen will: Wie modern doch dieses Auto schon vor Jahrzehnten aussah! – Wichtigste Errungenschaft des heutigen Ford Transit in den leichteren Ausführungen mit kurzem Radstand ist die Einzelaufhängung der Vorderräder an McPherson-Federbeinen sowie der Übergang von der Kugelumlauf- auf Zahnstangenlenkung. Dies brachte in bezug auf Bedienung und Komfort einen beträchtlichen Fortschritt. Vor allem braucht man für die Lenkung weniger Kraft als vorher. Unruhig freilich blieb sie noch immer, aber der Wunsch nach einer Servohilfe hat an Dringlichkeit verloren. Für die größeren Wagen mit langem Radstand, welche die alte Vorderachse behielten, braucht man unbedingt eine Servolenkung, und hierfür ist sie seit September 1987 nun endlich wenigstens auf Wunsch lieferbar. Etwas ungünstiger sind die Sichtverhältnisse geworden, und die Handschalter unter dem Lenkrad könnte man sich praxisgerechter vorstellen. Doch insgesamt präsentiert sich der heutige Ford Transit gegenüber seinem Vorgänger als ein deutlich besseres Auto, das sich auf dem deutschen Transporter-Markt gewiß auch weiterhin gut behaupten wird.

**Ford Transit FT 100
Kastenwagen
ab 1986**

Ford Transit FT 80 (ab 1986)
Ford Transit FT 100 (ab 1986)

Bauart	Frontlenker-Leichttransporter mit kurzem Vorbau, Motor vorn, Antrieb auf Hinterräder		
Motor	Ford 1,6 Liter Vergasermotor	Ford 2 Liter Vergasermotor	Ford 2,5 Liter Direkteinspritz-Dieselmotor
Zylinder	4 (Reihe)	4 (Reihe)	4 (Reihe)
Bohrung × Hub	87,6 × 66,0 mm	90,8 × 77,0 mm	93,67 × 90,54 mm
Hubraum	1593 ccm	1993 ccm	2496 ccm
Leistung	63 PS = 46 kW b. 4750 U/min	78 PS = 57 kW b. 4500 U/min	68 PS = 50 kW b. 4000 U/min
Getriebe	4 Gang	4 oder 5 Gang	4 oder 5 Gang
Vorderradaufhängung	McPherson-Federbeine mit Schraubenfedern		
Hinterradaufhängung	Starrachse, Einblatt-Halbfeder		
Fußbremse	Zweikreis-Hydraulik, Unterdruck-Servohilfe, Scheibenbremsen vorn		
	FT 80 Kastenwagen bzw. Kombi		
Radstand	2815 mm		
Laderaum	Normaldach: 2460 × 1720 × 1330 mm Hochdach: 2460 × 1720 × 1515 bzw. (ab Sept. 1987) 1850 mm		
Gesamtmaße	Normaldach: 4610 × 1940 × 1980 mm Hochdach: 4610 × 1940 × 2255 bzw. (ab Sept. 1987) 2525 mm		
Reifen	185 SR 14 (Einzel-Hinterräder)		
Wagengewicht (mit Fahrer)	1330, Kombi 1380 kg	1345, Kombi 1395 kg	1470, Kombi 1520 kg
Zuläss. Gesamtgewicht	2100, Kombi 2180 kg	2100, Kombi 2180 kg	2270, Kombi 2350 kg
	FT 100 Kastenwagen bzw. Kombi		
Radstand	2815 mm		
Laderaum	wie FT 80		
Gesamtmaße	wie FT 80		
Reifen	185 R 14 / 6 PR (Einzel-Hinterräder)		
Wagengewicht (mit Fahrer)	1340, Kombi 1390 kg	1355, Kombi 1405 kg	1480, Kombi 1530 kg
Zuläss. Gesamtgewicht	2360, Kombi 2520 kg	2360, Kombi 2520 kg	2520, Kombi 2600 kg
		Bus 9 Sitze	**Bus 9 Sitze**
Wagengewicht (mit Fahrer)		1485 kg	1615 kg
Zuläss. Gesamtgewicht		2260 kg	2430 kg
		FT 100 Pritschenwagen	**FT 100 Pritschenwagen**
Radstand		2815 mm	
Pritsche		2650 × 1960 mm	
Gesamtmaße		4915 × 2045 × 1980 mm (Höhe über Fahrerhaus)	
Reifen		195 R 14 C (Einzel-Hinterräder)	
Wagengewicht (mit Fahrer)		1400 kg	1450 kg
Zuläss. Gesamtgewicht		2400 kg	2450 kg
		FT 100 Pritschenwagen mit Doppelkabine	
Radstand		2815 mm	
Pritsche		1650 × 1960 mm	
Gesamtmaße		4660 × 2045 × 1980 mm (Höhe über Fahrerhaus)	
Reifen		195 R 14 C (Einzel-Hinterräder)	
Wagengewicht (mit Fahrer)		1500 kg	1550 kg
Zuläss. Gesamtgewicht		2450 kg	2500 kg

Ford Transit FT 80
Ford Transit FT 100
Ford Transit FT 120
Kombi, bis 9 Sitze
ab 1986

Ford Transit FT 100
Wohnmobil »Karmann«
ab 1987

Ford Transit FT 130
Ford Transit FT 160
Ford Transit FT 190
Pritschenwagen
ab 1986

	Ford Transit FT 120 (ab 1986)	
Bauart	Frontlenker-Leichttransporter mit kurzem Vorbau, Motor vorn, Antrieb auf Hinterräder	
Motor	Ford 2 Liter Vergasermotor	Ford 2,5 Liter Direkteinspritz-Dieselmotor
Zylinder	4 (Reihe)	4 (Reihe)
Bohrung × Hub	90,8 × 77,0 mm	93,67 × 90,54 mm
Hubraum	1993 ccm	2496 ccm
Leistung	78 PS = 57 kW b. 4500 U/min	68 PS = 50 kW b. 4000 U/min
Getriebe	4 oder 5 Gang oder Ford 3 Gang Automatik	4 oder 5 Gang
Vorderradaufhängung	McPherson-Federbeine mit Schraubenfedern	
Hinterradaufhängung	Starrachse, Dreiblatt-Halbfedern	
Fußbremse	Zweikreis-Hydraulik, Unterdruck-Servohilfe, Scheibenbremsen vorn	
	FT 120 Kastenwagen bzw. Kombi	**FT 120 Kastenwagen**
Radstand	2815 mm	
Laderaum	Normaldach: 2460 × 1720 × 1330 mm Hochdach: 2460 × 1720 × 1515 bzw. (ab Sept. 1987) 1850 mm	
Gesamtmaße	Normaldach: 4610 × 1940 × 2020 mm Hochdach: 4610 × 1940 × 2295 bzw. (ab Sept. 1987) 2630 mm	
Reifen	195 R 14 C (Einzel-Hinterräder)	
Wagengewicht (mit Fahrer)	1365, Kombi 1415 kg	1490 kg
Zuläss. Gesamtgewicht	2580, Kombi 2630 kg	2770 kg
	Bus 12 Sitze	**Bus 12 Sitze**
Wagengewicht (mit Fahrer)	1610 kg	1735 kg
Zuläss. Gesamtgewicht	2480 kg	2650 kg

	Ford Transit FT 100 L (ab 1986)	
Bauart	Frontlenker-Leichttransporter mit kurzem Vorbau, Motor vorn, Antrieb auf Hinterräder	
Motor	Ford 2 Liter Vergasermotor	Ford 2,5 Liter Direkteinspritz-Dieselmotor
Getriebe	4 oder 5 Gang	4 oder 5 Gang
Vorderradaufhängung	Starrachse, Einblatt-Halbfedern	
Hinterradaufhängung	Starrachse, Einblatt-Halbfedern	
Fußbremse	Zweikreis-Hydraulik, Unterdruck-Servohilfe, Scheibenbremsen vorn	
	FT 100 L Kastenwagen bzw. Kombi	
Radstand	3020 mm	
Laderaum	Hochdach: 3210 × 1720 × 1515 bzw. (ab Sept. 1987) 1850 mm	
Gesamtmaße	Hochdach: 5360 × 1970 × 2255 bzw. (ab Sept. 1987) 2630 mm	
Reifen	195 R 14 / 8 PR (Einzel-Hinterräder)	
Wagengewicht (mit Fahrer)	1560, Kombi 1630 kg	1695, Kombi 1765 kg
Zuläss. Gesamtgewicht	2630 kg	2790 kg
	FT 100 L Pritschenwagen	
Radstand	3020 mm	
Pritsche	3130 × 2115 mm	
Gesamtmaße	5400 × 2200 × 2115 mm (Höhe über Fahrerhaus)	
Reifen	195 R 14 / 8 PR (Einzel-Hinterräder)	
Wagengewicht (mit Fahrer)	1530 kg	1640 kg
Zuläss. Gesamtgewicht	2600 kg	2770 kg

Ford Transit FT 100
Polizei-Streifenwagen
1987

Ford Transit FT 130
Polizei-Mannschaftswagen
1987

Ford Transit FT 130
Ford Transit FT 160
Ford Transit FT 190
Kastenwagen
mit Hochdach
ab 1987

Ford Transit FT 190
Pritschenwagen
mit Doppelkabine (2 Türen)
ab 1986

	Ford Transit FT 130 (ab 1986) Ford Transit FT 160 (ab 1986) Ford Transit FT 190 (ab 1986)	
Bauart	Frontlenker-Leichttransporter mit kurzem Vorbau, Motor vorn, Antrieb auf Hinterräder	
Motor	Ford 2 Liter Vergasermotor	Ford 2,5 Liter Direkteinspritz-Dieselmotor
Zylinder	4 (Reihe)	4 (Reihe)
Bohrung × Hub	90,8 × 77,0 mm	93,67 × 90,54 mm
Hubraum	1993 ccm	2496 ccm
Leistung	78 PS = 57 kW b. 4500 U/min	68 PS = 50 kW b. 4000 U/min
Getriebe	4 oder 5 Gang oder Ford 3 Gang-Automatik	4 Gang oder 4 Gang + Overdrive
Vorderradaufhängung	Starrachse, Einblatt-Halbfedern	
Hinterradaufhängung	Starrachse, Zweiblatt-Halbfedern	
Fußbremse	Zweikreis-Hydraulik, Unterdruck-Servohilfe, Scheibenbremsen vorn	
	FT 130 Kastenwagen bzw. Kombi	
Radstand	3020 mm	
Laderaum	Hochdach: 3210 × 1720 × 1515 bzw. (ab Sept. 1987) 1850 mm	
Gesamtmaße	Hochdach: 5360 × 1970 × 2240 bzw. (ab Sept. 1987) 2630 mm	
Reifen	185 R 14 C (Zwillings-Hinterräder)	
Wagengewicht (mit Fahrer)	1600, Kombi 1700 kg	1735, Kombi 1835 kg
Zuläss. Gesamtgewicht	2930 kg	3080 kg
	Bus 15 Sitze	
Wagengewicht (mit Fahrer)	1825 kg	1960 kg
Zuläss. Gesamtgewicht	3500 kg	3200 kg
	FT 160 Kastenwagen bzw. Kombi	
Wagengewicht (mit Fahrer)	1605, Kombi 1705 kg	1740, Kombi 1840 kg
Zuläss. Gesamtgewicht	3230 kg	3380 kg
	FT 190 Kastenwagen bzw. Kombi	
Wagengewicht (mit Fahrer)	1610, Kombi 1710 kg	1745, Kombi 1845 kg
Zuläss. Gesamtgewicht	3500 kg	3500 kg
	FT 130 Pritschenwagen	
Radstand	3020 mm	
Pritsche	3130 × 2115 mm	
Gesamtmaße	5400 × 2045 × 2000 mm (Höhe über Fahrerhaus)	
Reifen	185 R 14 C (Zwillings-Hinterräder)	
Wagengewicht (mit Fahrer)	1610 kg	1745 kg
Zuläss. Gesamtgewicht	2930 kg	3080 kg
	FT 160 Pritschenwagen	
Wagengewicht (mit Fahrer)	1615 kg	1750 kg
Zuläss. Gesamtgewicht	3230 kg	3380 kg
	FT 190 Pritschenwagen	
Wagengewicht (mit Fahrer)	1620 kg	1755 kg
Zuläss. Gesamtgewicht	3500 kg	3500 kg
	FT 130 und FT 190 Pritschenwagen mit Doppelkabine	
Pritsche	2400 × 1960 mm	
	FT 160 L und FT 190 L Pritschenwagen	
Radstand	3472 mm	
Pritsche	4000 × 2115 mm	

MAN

Die MAN ist zwar nicht die älteste Automobilfabrik, aber doch wohl das älteste Unternehmen der deutschen Automobilindustrie. Ihre Geschichte geht auf das Jahr 1840 zurück, als in Augsburg eine Maschinenfabrik gegründet wurde. Diese vereinigte sich 1898 mit einer gleichartigen Nürnberger Gesellschaft zur MAN, nämlich zur Maschinenfabrik Augsburg-Nürnberg AG. Die MAN wiederum gehörte seit 1920 zum Konzern des Gutehoffnungshütte Aktienvereins. Dieses Zusammengehen erwies sich für beide Seiten als ersprießlich: Der Grubenbetrieb sorgte damit für einen kontinuierlichen Absatz seiner Erzeugnisse, während sich die Maschinenbauer einen von Krisen und Marktlaunen unbeeinflußten Rohstoffbezug sicherten.

1915/16 begann, damals kriegsbedingt, die MAN im Werk Nürnberg mit dem Bau von Lastkraftwagen und bald auch von Omnibussen, die sich ja zu jener Zeit ohnehin nur durch den Aufbau unterschieden. Die Nutzfahrzeuge der MAN errangen sich sehr schnell einen ausgezeichneten Ruf. Die Jahresproduktion war bis 1927 auf über 800 Stück gestiegen, dann 1932 auf 118 Stück zurückgefallen, um bis zum Kriegsausbruch ganz rapid wieder auf 2500 Einheiten anzuwachsen.

Das Kriegsende erzwang am 20. April 1945 die Stillegung des Nürnberger MAN-Werks. Trotz umfangreicher Schäden konnte aber bereits am 8. Mai 1945 die Arbeit wieder aufgenommen werden. Zunächst durfte man sich allerdings nur mit Lastwagen-Reparaturen sowie mit der Anfertigung einiger dringend benötigter Ersatzteile befassen. Im Juli 1945 genehmigten die Amerikaner auch wieder die Herstellung kompletter Lastwagen. In bescheidenen Stückzahlen wurde nun der seit 1940 im Kriegseinsatz bestens bewährte 4,5 Tonner weitergebaut. Als erste Neukonstruktion seit Kriegsende erschien Mitte 1949 das Omnibus-Niederrahmen-Fahrgestell Typ MKN, dem auf der Frankfurter Automobil-Ausstellung 1951 der Schwerlastwagen Typ F 8 mit 180 PS V8-Motor folgte. Bei der gleichen Gelegenheit zeigten die Nürnberger den ersten serienreifen Turbo-Dieselmotor, den Sechszylinder aus dem MK 26 mit Abgas-Turbolader.

Im Laufe des Jahres 1955 verlegte die MAN ihren Lastwagenbau aus dem Werk Nürnberg in das ehemalige BMW Flugmotorenwerk München-Allach. Die Übernahme für 25 Millionen DM (zu jener Zeit viel Geld!) brachte der damals maroden BMW AG. einen entscheidenden Beitrag zur Sanierung und der MAN den dringend benötigten Zuwachs an Produktionskapazität. Am 15. November 1955 begann der erste MAN Lastwagen aus München zu dieseln. Der Motorenbau war übrigens in Nürnberg verblieben, wo er sich auch heute noch befindet.

Stark beeinflußt wurde die Werksgeschichte eine Zeitlang durch die auf 10 Jahre angelegte Zusammenarbeit mit der französischen Firma Saviem. Der Vertrag hierüber, der 1967 zustandekam, sah die gemeinsame Entwicklung und Fertigung sowie auf Gegenseitigkeit den Vertrieb aller Frontlenker-Lastwagen beider Partner vor, wobei die MAN den Import der leichten Transporter und außerdem die Verantwortung für die schweren Lastwagen (12 bis 30 t Gesamtgewicht) übernahm, während Saviem die Transporter und die mittlere Baureihe (7,5 bis 12 t Gesamtgewicht) betreute. Der Vertrag wurde zwar beiderseits in freundschaftlichem Einvernehmen abgewickelt, doch in wirtschaftlicher Hinsicht entsprach er offenbar kaum den Hoffnungen der beiden Partner.

Unvergleichlich größere Auwirkungen sollte hingegen der ebenfalls im Jahre 1967 abgeschlossene Kooperationsvertrag mit der Büssing AG zeitigen. Dieser Vertrag, der zunächst mit einer Minderheitsbeteiligung verbunden war, hatte freilich weniger eine Zusammenarbeit als vielmehr die spätere Fusion zum Ziel. 1969 besaß die MAN bereits 50 % des Aktienkapitals der Büssing AG, und die andere Hälfte ging bis zum 30. Juni 1972 an die Konzernmutter Gutehoffnungshütte. Von diesem Zeitpunkt an wurde Büssing Zug um Zug in die MAN eingegliedert, was bis 1974 dauerte. Schon ab Jahresbeginn 1972 hatte man einige zum Weiterbau vorgesehene Lastwagen mit Unterflurmotor in das Verkaufsprogramm der MAN integriert, wogegen die Frontlenker mit Untersitzmotor und die Haubenwagen der Braunschweiger Marke, Auslauftypen oder Lagerwagen, als Sonderangebote ausverkauft wurden.

Eine Zusammenarbeit, über welche beide Parteien nur wortkarg Auskunft geben, bewirkte der Kooperationsvertrag, den 1970 die MAN mit der Daimler-Benz AG. vereinbarte. Wiewohl er nur unter sanfter Nachhilfe des Bundesverteidigungsministeriums zustande kam, hinterließ er über die Vertragsdauer hinaus bis auf den heutigen Tag seine Spuren in den Lastwagen-Programmen beider Firmen. Beide nämlich sahen sich zur Entwicklung einer neuen Motoren-Reihe genötigt, die heute noch, wenn auch weiterentwickelt, die jeweiligen Fahrzeugfamilien prägt. Ebenso blieb die gemeinsame Außenplaneten-Achse bis heute ein anerkanntes Konzept, für hochbeanspruchte Schwerlast- und Geländefahrzeuge.

Von jeher fehlte der MAN eine Typenfolge leichter Lastwagen im Angebot. Schon deshalb verlief die damalige Zusammenarbeit mit Saviem unbefriedigend, weil deren Produkte französischen Stils auf dem deutschen Markt nur wenig Gefallen fanden. So schien es geradezu ein Geschenk des Himmels zu sein, als sich 1977 die Gelegenheit bot, mit dem Volkswagenwerk zusammen eine Reihe leichter Lastwagen gemeinsam zu entwickeln und zu bauen. Zwar wurden auch hier wieder die ursprünglich sehr hochgesteckten Erwartungen nicht erfüllt. Indes zeigt man sich heute mit den jährlich etwa 5000 gebauten und verkauften Einheiten der G-Reihe einigermaßen zufrieden. Der Anteil von VW an der G-Reihe ist allerdings nicht mehr überwältigend und wird wohl früher oder später ebenfalls der MAN zufallen.

1979 wäre es fast zu einer weiteren spektakulären Übernahme à la Büssing gekommen: Die MAN wollte sich in Amerika einkaufen und beabsichtigte, die Mehrheit der Lastwagenfabrik White zu übernehmen. Die Verhandlungen mit der von schwierigen Finanzproblemen geplagten Firma scheiterten – glücklicherweise, darf man im nachhinein wohl sagen.

Die bei der MAN besonders lange Reihe von Kooperationen und Fusionen wird noch ergänzt durch einen österreichischen Part. Um auf dem dortigen Markt fester Fuß zu fassen, übernahm die MAN schon im Jahr 1936 die Aktienmehrheit der damals vom Zusammenbruch bedrohten ÖAF, einer kleinen Automobilfabrik, die bis dahin unter dem Namen Austro-Fiat firmierte. Als 35 Jahre später auch die angesehene Marke Gräf & Stift in finanzielle Schwierigkeiten geraten war, vereinigten sich die beiden österreichischen Firmen unter dem Dach der MAN zur ÖAF Gräf & Stift AG., Wien. Inzwischen wurde das völlig veraltete Fabriksgemäuer in Wien-Floridsdorf geschlossen. Die gesamte Fertigung und Montage sind nun im neu errichteten Werk Wien-Liesing zusammengefaßt. Im Verbund mit der MAN findet hier die Entwicklung und Herstellung von überschweren und sonstigen Spezialfahrzeugen, von Linien- und Oberleitungs-Omnibussen sowie von Verteilergetrieben für Geländewagen statt, außerdem natürlich auch der Vertrieb des Gesamtprogrammes auf dem österreichischen Markt.

Wie bereits erwähnt, gehörte die MAN seit 1920 zum Konzern des Gutehoffnungshütte Aktienvereins. Schon damals war die MAN ein bedeutendes Unternehmen, aber dennoch nur ein kleiner Fisch im Kochtopf des Stahl- und Kohle-Riesen. Im Laufe von sechs Jahrzehnten freilich bewirkten politische und wirtschaftliche Ereignisse, vor allem die Montan-Entflechtung nach dem Krieg und die seitherige Wandlung der Strukturen, eine völlige Umkehr der Proportionen. Die MAN und in erster Linie deren Nutzfahrzeugbereich wurden mit der Zeit innerhalb des Konzerns zum wichtisten Umsatzträger, während die vom Bergbau abgekoppelte GHH mehr und mehr an Bedeutung verlor. Schließlich wackelte der Schwanz mit dem Hund, und das war auf die Dauer ein unguter Zustand. Um den Konzern wieder vom Kopf auf die Füße zu stellen, wurde 1985/86 die GHH mit der seitherigen MAN verschmolzen. Sitz des neuen Konzerns, der den Namen MAN Aktiengesellschaft führt, ist München, während in Oberhausen nur noch eine Regionaldirektion verblieb. Die neue Konzernleitung wacht über acht rechtlich selbständige Gesellschaften, als größte davon die MAN Nutzfahrzeuge GmbH., sowie über zahlreiche Beteiligungen an anderen Firmen. Der neue Konzern zählt weltweit etwa 65 000 und in der Bundesrepublik etwa 50 000 Mitarbeiter. Davon sind im Nutzfahrzeugbau weltweit etwa 24 000 und in der Bundesrepublik etwa 18 500 Leute beschäftigt.

Die MAN Nutzfahrzeuge GmbH. fertigt im Haupt- und Stammwerk München-Allach alle schweren Frontlenker und Haubenwagen. Im Werk Salzgitter ist der gesamte Omnibusbau zusammengefaßt. Außerdem entstehen dort die Lastwagen mit Unterflurmotor, die überschweren Zugmaschinen und die hochgeländegängigen Militärfahrzeuge. 1979 kamen die MAN/VW Gemeinschafts-Baureihe und 1983 das Programm der damals neuen Mittelklasse-Lastwagen hinzu. Außerdem wurden dem Nutzfahrzeugbereich die Motorenfertigung in Nürnberg sowie das Preßwerk in Gustavsburg zugeschlagen. Das frühere Büssing-Hauptwerk in Braunschweig-Querum und das frühere MAN-Omnibuswerk Penzberg befassen sich mit der Herstellung von Teilen und Baugruppen. Auf die Sonderstellung des ÖAF-Werks Wien-Liesing wurde bereits hingewiesen.

Die Automobil-Produktion der MAN seit 1945

Jahr	Lastwagen					Omnibusse					Gesamtzahl
	Handelsübliche Lastwagen	Militär-Lastwagen	CKD-Lieferungen	Teile-Sätze	Summe	Komplette Omnibusse	Omnibus-Fahrgestelle	CKD-Lieferungen	Teile-Sätze	Summe	
1945	5				5						**5**
1946	299				299						**299**
1947	597				597						**597**
1948	756				756	9				9	**765**
1949	846				846	186				186	**1 032**
1950	1 131				1 131	279				279	**1 410**
1951	1 227				1 227	353				353	**1 580**
1952	1 349				1 349	224				224	**1 573**
1953	1 121				1 121	304				304	**1 425**
1954	1 516				1 516	170	16			186	**1 702**
1955	1 999				1 999	63	53			116	**2 115**
1956	2 828	148			2 976	50	55			105	**3 081**
1957	3 895	1454			5 349	11	164			175	**5 524**
1958	4 030	591			4 621	53	128			181	**4 802**
1959	4 658	2536	1260		8 454	61	121			182	**8 636**
1960	6 544	3081	720		10 345	106	182			288	**10 633**
1961	7 831	3171	1220		12 222	183	178			361	**12 583**
1962	8 362	3792	1560		13 714	268	249			517	**14 231**
1963	9 132	3167	240	1 000	13 539	299	174			473	**14 012**
1964	8 818	2748	197	880	12 643	394	71			465	**13 108**
1965	8 406	2404	557	520	11 887	439	62			501	**12 388**
1966	8 497	2411	1392	800	13 100	461	41			502	**13 602**
1967	7 342	515	1538	1 350	10 745	523	249			772	**11 517**
1968	9 583	753	706	1 750	12 792	629	77			706	**13 498**
1969	10 834	1000	707	900	13 441	701	39			740	**14 181**
1970	11 865	761	1234	1 227	15 087	1046	15			1061	**16 148**
1971	15 283	452	1085	1 810	18 630	1764		64		1828	**20 458**
1972	12 437	50	1228	2 884	16 599	1441		359		1800	**18 399**
1973	12 142	12	2115	9 324	23 593	1307		361		1668	**25 261**
1974	13 242	102	2006	29 398	44 808	1312	143	306	1834	3595	**48 403**
1975	12 496	—	1750	9 683	23 929	1397	285	253	2235	4170	**28 099**
1976	13 124	201	2443	14 675	30 443	1923	620	278	2275	5096	**35 539**
1977	13 651	3297	1923	13 376	32 247	1655	477	364	2431	4927	**37 174**
1978	13 131	3252	1652	10 534	28 569	1874	420	335	2562	5191	**33 760**
1979	14 878	2406	1268	5 790	24 342	1920	45	1139	2601	5705	**30 047**
1980	20 484	1300	2035	4 118	27 937	1613	708	771	2478	5570	**33 507**
1981	21 371	615	2051	3 281	27 318	1251	779	1105	2122	5257	**32 575**
1982	16 902	167	1506	3 379	21 954	910	514	1268	2040	4732	**26 686**
1983	15 293	837	778	2 877	19 785	961	416	1017	2012	4406	**24 191**
1984	15 526	549	1318	2 620	20 113	559	508	1000	1732	3799	**23 812**
1985	17 408	180	1159	2 215	20 962	676	388	1415	1860	4369	**25 331**
1986	19 370	344	603	1 710	22 027	684	543	1077	1536	3840	**25 867**

Auf dem deutschen Lastwagenmarkt der Nachkriegszeit gelang es Mercedes-Benz, sofort die Spitzenposition zu besetzen und immer mehr zu festigen. Um den zweiten Platz gab es zwei Jahrzehnte lang eine harte Konkurrenz zwischen MAN und Magirus, welche schließlich seit Mitte der sechziger Jahre die MAN eindeutig für sich entscheiden konnte.

Die Lastwagen der MAN genießen seit jeher einen ausgezeichneten Ruf. In technischer Beziehung eilen sie dem Stuttgarter Rivalen oft ein Stückchen und manchmal sogar ein beträchtliches Stück voraus, was

Die Leitung des Lastwagen- und Omnibusbaus der MAN besorgten:

Direktor Richard Carstanjen	1950–1967
Dr.-Ing. Kurt Kries	1956–1967
Dr.-Ing. Hans Moll	1967–1974
Dipl.-Ing. Otto Voisard	1974–1979
Dipl.-Ing. Wilfried Lochte	ab 1979

Maßgebend für Konstruktion und Technik der MAN Nutzfahrzeuge:

Direktor Ing. Paul Wiebicke	1916–1951
Oberbaurat Dipl.-Ing. Julius Liebel	1951–1969
Dipl.-Ing. Ottmar Winkle	1930–1966
Prof. Dr. techn. Rudolf Klanner	1960–1979
Dr.-Ing. Hans Hagen	1964–1983
Dr.-Ing. Klaus Schubert	ab 1982

allerdings gelegentlich zu hektischen Modellwechseln führte. Die Betriebsreife und damit die Betriebsbereitschaft litten darunter zuweilen, und damit natürlich auch der Wiederverkaufswert. So hat der rasche Fortschritt eben doch zwei Gesichter!

Immerhin strebt die MAN neuerdings offensichtlich an, die zeitweise enorm groß gewesene Typenvielfalt zu verringern. Das Programm wurde mit Einführung der F 90-Baureihe deutlich gestrafft und übersichtlicher gestaltet.

Neubeginn und Wiederaufbau: MAN Lastwagen der Nachkriegszeit (ab 1945)

Wie alle deutschen Automobilfabriken, so begann auch die MAN ihre Nachkriegsproduktion zunächst mit der unveränderten Weiterführung des Kriegsprogramms. Dieses wiederum bestand seit Jahren nur noch aus einem einzigen Typ, einem robusten und bewährten 4,5 Tonner. Er wurde ab 1945 als Typ MK angeboten. Er selbst und sein ausgezeichneter 120 PS Sechszylinder-Motor erlebte in den nächsten zehn Jahren eine Vielzahl von Abwandlungen, die aber niemals die Substanz in Frage stellten.

Eine zweite Typenreihe begann 1951 mit dem F 8, der bald zu den meistgefahrenen Fernlastwagen zählte. Er besaß einen völlig neuen 180 PS V8-Motor und galt nach damaligen Begriffen als ein ausgesprochener Schwerlastwagen. Auch von ihm gab es bald viele Versionen, doch der Basistyp F 8 beherrschte das Programm und wurde auch, nämlich bis 1963, weitaus am längsten gebaut.

Bemerkenswerter Ableger des F 8 war jener ansonsten völlig gleiche Schwerlastwagen, der statt des V8-Motors einen 155 PS Sechszylinder mit Abgas-Turbolader besaß. Er hatte wohl noch nicht die nötige Betriebsreife und wurde deshalb nur von 1954 bis 1957 angeboten, aber er war mit weitem Abstand der erste serienmäßige Turbodiesel in Deutschland.

Für großes Aufsehen in Fachkreisen sorgte das Anfang 1954 vorgestellte M-Verfahren (benannt nach dem Motorenkonstrukteur Dr. Meurer). Bei diesem Direkteinspritz-Dieselmotor befand sich der Kugelbrennraum in der Mitte des Kolbens. Erreicht wurde damit ein deutlich ruhigerer Motorlauf und weitgehende Unempfindlichkeit gegen unterschiedliche Kraftstoffqualität. Da diese Vorzüge allerdings in der Praxis mit einem höheren Verbrauch zu bezahlen waren, fiel das einst so bejubelte M-Verfahren schließlich der Energiekrise zum Opfer.

Durch Umbau des Fahrgestells mögen Aufbaufirmen einige MAN Lastwagen jener Jahre zu Frontlenkern gemacht haben, aber ein Typ MKF, der kürzlich in einem Fachblatt genannt war, ist in den Annalen des Werksarchivs nirgends verzeichnet.

MAN-Lastwagenproduktion
Die Typen der ersten Nachkriegsjahre

		1945	1946	1947	1948	1949	1950	1951	1952	1953	1954	1955	1956	1957
4,5 t	ML 4500 S	5	129	–	–	–	–	–	–	–	–	–	–	–
5 t	MK	–	170	597	756	846	652	2	–	1	–	–	–	–
5 t	MK 25	–	–	–	–	–	180	437	551	411	67	2	1	1
6 t	MK 26	–	–	–	–	–	296	660	561	477	38	–	–	–
5 t	515 L 1	–	–	–	–	–	–	–	–	–	185	591	96	–
6 t	620 L 1	–	–	–	–	–	–	–	–	–	–	–	1026	774
6 t	620 L 3	–	–	–	–	–	–	–	–	–	–	–	–	–
6,5 t	630 L 1	–	–	–	–	–	–	–	–	47	501	163	–	–
6,5 t	630 L 2	–	–	–	–	–	–	–	–	–	–	594	104	–
7,5 t	735 L 1	–	–	–	–	–	–	–	–	–	–	–	575	63
7,5 t	745 L 2	–	–	–	–	–	–	–	–	–	–	–	–	–
7,5 t	758 L 1	–	–	–	–	–	–	–	–	7	408	285	117	2
7,5 t	750 L 1	–	–	–	–	–	–	–	–	–	–	–	–	132
7,5 t	750 TL 1	–	–	–	–	–	–	–	–	–	40	84	87	13
8 t	F 8	–	–	–	–	–	3	128	237	176	84	93	34	37
8 t	830 L 1	–	–	–	–	–	–	–	–	2	192	142	–	–
8 t	830 L 2	–	–	–	–	–	–	–	–	–	–	83	17	–
8 t	835 L 1	–	–	–	–	–	–	–	–	–	–	22	146	25
8 t	845 L 1	–	–	–	–	–	–	–	–	–	–	–	1	107
8 t	860 L 1	–	–	–	–	–	–	–	–	–	–	–	–	66

MAN Typ MK
Pritschenwagen
1945–1949

MAN Typ MK
Kastenwagen für
Lebensmittel-Transporte
Aufbau: Kässbohrer (Ulm)
1948

1958	1959	1960	1961	1962	1963	Gesamtzahl
–	–	–	–	–	–	134
–	–	–	–	–	–	3024
–	–	–	–	–	–	1650
–	–	–	–	–	–	2032
–	–	–	–	–	–	872
500	108	1	–	–	–	2409
–	135	265	–	–	–	400
–	–	–	–	–	–	712
–	–	–	–	–	–	698
–	–	–	–	–	–	638
–	75	187	58	–	–	320
–	2	–	–	–	–	761
409	848	368	13	3	3	1776
–	–	–	–	–	–	224
54	55	57	26	9	20	1013
–	–	–	–	–	–	336
–	–	–	–	–	–	100
–	–	–	–	–	–	193
17	–	–	–	–	–	125
95	42	4	–	–	–	207

MAN Typ MK
Dreiseiten-Kipper
Aufbau: Meiller (München)
1948–1949

MAN Typ MK 25
Pritschenwagen
1950–1954

Links im Bild:
MAN Typ MK 25
Rechts im Bild:
MAN Typ MK 26

MAN Typ MK 26
Pritschenwagen
1950–1954

	MAN Typ MK 1945–1949	MAN Typ MK 25 1950–1954	MAN Typ MK 25 A 1952–1954
Bauart	Kurzhauben-Lastwagen	Kurzhauben-Lastwagen	Kurzhauben-Lastwagen mit Allrad-Antrieb
Motor	MAN D 1040 G 2 Direkteinspritz-Dieselmotor	MAN D 1040 G 2 Direkteinspritz-Dieselmotor	MAN D 1040 G 2 Direkteinspritz-Dieselmotor
Zylinder	6 (Reihe)	6 (Reihe)	6 (Reihe)
Bohrung × Hub	110 × 140 mm	110 × 140 mm	110 × 140 mm
Hubraum	7980 ccm	7980 ccm	7980 ccm
Leistung	120 PS bei 2000 U/min	120 PS bei 2000 U/min	120 PS bei 2000 U/min
Getriebe	5 Gang	5 Gang	5 Gang + Vorgelege
	Pritschenwagen	**Pritschenwagen**	**Pritschenwagen**
Radstand	4600 mm	4600 oder 5200 mm	4600 mm
Pritsche	5000 mm	5000 (6000) mm	5000 mm
Gesamtmaße	7525 × 2350 × 2600 mm (Höhe über Fahrerhaus)	7525 (8525) × 2350 × 2600 mm (Höhe über Fahrerhaus)	7525 × 2350 × 2600 mm (Höhe über Fahrerhaus)
Reifen	10,00–20 eHD Zwillings-Hinterräder	10,00–20 eHD Zwillings-Hinterräder	11,00–20 eHD Zwillings-Hinterräder
Wagengewicht (mit Fahrer)	5500 kg	5500 (5700) kg	6000 kg
Zuläss. Gesamtgewicht	10 500 kg	10 500 kg	11 000 kg
Nutzlast-Klasse	5 t	5 t	5 t
Zuläss. Lastzuggewicht			
	Kipper (ab 1948)	**Kipper**	**Kipper**
Radstand	4100 mm	4100 mm	4100 mm
Pritsche	4000 mm	4000 mm	4000 mm
	Sattelzugmaschine (ab 1948)	**Sattelzugmaschine**	**Sattelzugmaschine**
Radstand	3320 mm	3320 mm	3320 mm

		MAN Typ MK 26 1950–1954	MAN Typ MK 26 A 1952–1954
Bauart		Kurzhauben-Lastwagen	Kurzhauben-Lastwagen mit Allrad-Antrieb
Motor		MAN D 1546 G Direkteinspritz-Dieselmotor	MAN D 1546 G Direkteinspritz-Dieselmotor
Zylinder		6 (Reihe)	6 (Reihe)
Bohrung × Hub		115 × 140 mm	115 × 140 mm
Hubraum		8725 ccm	8725 ccm
Leistung		130 PS bei 2000 U/min	130 PS bei 2000 U/min
Getriebe		6 Gang	6 Gang + Vorgelege
		Pritschenwagen	**Pritschenwagen**
Radstand		4600 oder 5200 mm	4600 mm
Pritsche		5000 (6000) mm	5000 mm
Gesamtmaße		7490 (8490) × 2400 × 2600 mm (Höhe über Fahrerhaus)	7490 × 2400 × 2600 mm (Höhe über Fahrerhaus)
Reifen		10,00 oder 11,00–20 eHD Zwillings-Hinterräder	11,00–20 eHD Zwillings-Hinterräder
Wagengewicht (mit Fahrer)		5800 (6000) kg	6300 kg
Zuläss. Gesamtgewicht		11 800 kg	12 300 kg
Nutzlast-Klasse		6 t	6 t
Zuläss. Lastzuggewicht		28 000 kg	
		Kipper	**Kipper**
Radstand		4100 mm	4100 mm
Pritsche		4000 mm	4000 mm
		Sattelzugmaschine	**Sattelzugmaschine**
Radstand		3320 mm	3320 mm

MAN 620 L 1 Sattelzugmaschine mit Schenk Pritschen-Auflieger

MAN 750 L 1 Lastwagen für Langmaterialtransporte, Aufbau Hall (Köln)

	MAN 515 L 1 1954–1956	MAN 620 L 1 1956–1959	MAN 620 L 3 1959–1960
Bauart	Kurzhauben-Lastwagen (4 × 2) und (4 × 4)	Kurzhauben-Lastwagen (4 × 2) und (4 × 4)	Kurzhauben-Lastwagen (4 × 2) und (4 × 4)
Motor	MAN D 1046 M 1 Direkteinspritz-Dieselmotor	MAN D 1246 M 4 Direkteinspritz-Dieselmotor	MAN D 0026 M 2 Direkteinspritz-Dieselmotor
Zylinder	6 (Reihe)	6 (Reihe)	6 (Reihe)
Bohrung × Hub	110 × 140 mm	112 × 140 mm	110 × 125 mm
Hubraum	7983 ccm	8276 ccm	5981 ccm
Leistung	115 PS bei 2000 U/min	120 PS bei 2000 U/min	120 PS bei 2700 U/min
Getriebe	5 Gang	5 Gang	5 Gang
	Pritschenwagen	**Pritschenwagen**	
Radstand	4600 oder 5200 mm	4600 oder 5200 mm	
Pritsche	5000 (6000) mm	5000 (6000) mm	
Gesamtmaße	7550 (8550) × 2400 × 2720 mm (Höhe über Fahrerhaus)	7550 (8550) × 2400 × 2730 mm (Höhe über Fahrerhaus)	
Reifen	9,00–20 eHD Zwillings-Hinterräder	10,00–20 eHD Zwillings-Hinterräder	
Wagengewicht (mit Fahrer)	5200 (5350) kg	5115 (5385) kg	
Zuläss. Gesamtgewicht	10 200 kg	12 000 kg	
Zuläss. Lastzuggewicht		28 000 kg	
	Kipper	**Kipper**	
Radstand	4100 mm	4100 oder 4600 mm	
Pritsche	4000 mm	4000 (4500) mm	
		Sattelzugmaschine	
Radstand		3320 oder 4100 mm	
Bemerkung		Bei Allrad-Antrieb (4 × 4): 5 Gang + Geländegang	

		MAN 750 L 1 1957–1960	MAN 750 L 1 A 1957–1960
Bauart		Kurzhauben-Lastwagen (4 × 2)	Kurzhauben-Lastwagen (4 × 4)
Motor		MAN D 1246 M 8 Direkteinspritz-Dieselmotor	
Zylinder		6 (Reihe)	
Bohrung × Hub		112 × 140 mm	
Hubraum		8726 ccm	
Leistung		145 PS bei 2400 U/min	
Getriebe		5 oder 6 Gang	5 (6) Gang + Vorgelege
		Pritschenwagen	**Pritschenwagen**
Radstand		4600 oder 5200 mm	4600 oder 5200 mm
Pritsche		5200 (6300) mm	4850 (5900) mm
Gesamtmaße		7725 (8820) × 2500 × 2720 mm (Höhe über Fahrerhaus)	7375 (8425) × 2500 × 2720 mm (Höhe über Fahrerhaus)
Reifen		9,00–20 eHD verst. Zwillings-Hinterräder	10,00–20 eHD Zwillings-Hinterräder
Wagengewicht (mit Fahrer)		5100 (5300) kg	5850 (6000) kg
Zuläss. Gesamtgewicht		12 000 kg	12 000 kg
Zuläss. Lastzuggewicht		28 000 kg	28 000 kg
		Kipper	**Kipper**
Radstand		4100 oder 4600 mm	4100 oder 4600 mm
Pritsche		3800 (4500) mm	3800 (4500) mm
		Sattelzugmaschine	**Sattelzugmaschine**
Radstand		3320 oder 4100 mm	3320 mm

MAN 630 L 1 Pritschenwagen 1953–1955

MAN 630 L 2 AE Militär-Gelände-Lastwagen, Bundeswehr-Ausführung, 1956–1975

	MAN 630 L 1 1953–1955	MAN 630 L 2 1955–1956 MAN 735 L 1 1956–1957	MAN 745 L 1 1956–1957 MAN 745 L 2 1959–1961
Bauart	Kurzhauben-Lastwagen (4 × 2) und (4 × 4) mit großem Fahrerhaus		
Motor	MAN D 1246 M 2 Direkteinspritz-Dieselmotor	MAN D 1246 M 3 Direkteinspritz-Dieselmotor	MAN D 1246 M 10 Direkteinspritz-Dieselmotor
Zylinderzahl	6 (Reihe)	6 (Reihe)	6 (Reihe)
Bohrung × Hub	112 × 140 mm	112 × 140 mm	112 × 140 mm
Hubraum	8276 ccm	8276 ccm	8276 ccm
Leistung	130 PS bei 2000 U/min	135 PS bei 2100 U/min	145 PS bei 2400 U/min

	Pritschenwagen	**Pritschenwagen**
Antrieb	(4 × 2)	(4 × 4)
Getriebe	6 Gang	6 Gang + Vorgelege
Radstand	4600 oder 5200 mm	4600 mm
Pritsche	5000 (6000) mm	5000 mm
Gesamtmaße	7760 (8760) × 2400 × 2750 mm (Höhe über Fahrerhaus)	7760 × 2400 × 2750 mm (Höhe über Fahrerhaus)
Reifen	11,00–20 eHD Zwillings-Hinterräder	11,00–20 eHD Zwillings-Hinterräder
Wagengewicht (mit Fahrer)	5830 (6000) kg	6600 kg
Zuläss. Gesamtgewicht	630, 635: 12 400 kg 745: 14 000 kg	630, 635: 13 200 kg 745: 14 800 kg
Nutzlast-Klasse	6 bzw. 7 t	6 bzw. 7 t
Zuläss. Lastzuggewicht	36 400 bzw. 38 000 kg	37 200 bzw. 38 000 kg
	Kipper	**Kipper**
Radstand	4100 mm	4100 mm
Pritsche	4000 mm	4000 mm
	Sattelzugmaschine	
Radstand	3620 bzw. 3320 kg	

	MAN 630 L 2 A 1956–1975	MAN 630 L 2 AE 1956–1975
Bauart	Militär-Gelände-Hauben-Lastwagen (4 × 4) Nato- bzw. Bundeswehr-Ausführung	
Motor	MAN D 1246 M 3 A/W Direkteinspritz-Diesel-Vielstoff-Motor	
Zylinder	6 (Reihe)	
Bohrung × Hub	112 × 140 mm	
Hubraum	8276 ccm	
Leistung	130 PS bei 2000 U/min	
Getriebe	6 Gang + Vorgelege	
	Pritschenwagen	**Pritschenwagen**
Radstand	4600 mm	4600 mm
Pritsche	5000 mm	5000 mm
Gesamtmaße	7900 × 2500 × 2845 mm (Höhe über Fahrerhaus-Verdeck)	8280 × 2500 × 3120 mm (Höhe über Fahrerhaus-Verdeck)
Reifen	11,00–20 eHD verst. M Zwillings-Hinterräder	14,00–20 eHD verst. M Einzel-Hinterräder
Wagengewicht (mit Fahrer)	7515 kg	7700 kg
Zuläss. Gesamtgewicht	13 000 kg	13 200 kg
Nutzlast-Klasse	5 t	5 t
	Kipper	
Radstand	4100 mm	
Pritsche	4000 mm	
	Sattelzugmaschine	
Radstand	4100 mm	

MAN F 8 Fernlastzug. Aufbau und Anhänger: Kässbohrer (Ulm)

MAN F 8 Sattelzugmaschine mit Pritschen-Aufleger 1953

MAN 758 T. L 1 (Turbo-Diesel) Pritschenwagen 1954–1957

MAN F 8 Pritschenwagen 1951–1953

MAN F 8 Pritschenwagen. Aufbau: Wackenhut

MAN 758 L 1 Kastenwagen. Aufbau: Kässbohrer

MAN 758 L 1 Pritschenwagen 1954–1956

Bauart
Antrieb
Motor

Zylinder
Bohrung × Hub
Hubraum
Leistung
Getriebe

Radstand
Pritsche
Gesamtmaße

Reifen

Wagengewicht (mit Fahrer)
Zuläss. Gesamtgewicht
Nutzlast-Klasse
Zuläss. Lastzuggewicht

Radstand
Pritsche

Radstand

Bauart
Antrieb
Motor

Zylinder
Bohrung × Hub
Hubraum
Leistung
Getriebe

Radstand
Pritsche
Gesamtmaße
Reifen
Wagengewicht (mit Fahrer)
Zuläss. Gesamtgewicht
Nutzlast-Klasse
Zuläss. Lastzuggewicht

Radstand
Pritsche

Radstand

MAN F 8 **1951–1953**	**MAN F 8** **1953–1963**	**MAN 758 L 1** **1954–1956**	**MAN 758 T. L 1** **1954–1957**
Schwerer Hauben-Lastwagen (4 × 2) MAN D 1548 G Direkteinspritz-Dieselmotor 8 (V-Form) 115 × 140 mm 11 630 ccm 180 PS bei 2000 U/min 6 Gang	Schwerer Hauben-Lastwagen (4 × 2) MAN D 1548 M Direkteinspritz-Dieselmotor 8 (V-Form) 115 × 140 mm 11 630 ccm 180 PS bei 2000 U/min 6 Gang	Schwerer Hauben-Lastwagen (4 × 2) oder (4 × 4) MAN D 1048 M Direkteinspritz-Dieselmotor 8 (V-Form) 110 × 140 mm 10 644 ccm 155 PS bei 2000 U/min 6 Gang	Schwerer Hauben-Lastwagen (4 × 2) oder (4 × 4) MAN D 1246 M 2 T 1 Direkteinspritz-Dieselmotor mit Abgas-Turbolader 6 (Reihe) 112 × 140 mm 8276 ccm 155 PS bei 2000 U/min 6 Gang
Pritschenwagen 4900 oder 5500 mm 5000 (6000) mm 7860 (8860) × 2500 × 2700 mm (Höhe über Fahrerhaus) 13,00–20 eHD Zwillings-Hinterräder 7700 (7900) kg 16 000 (Export 19 000) kg 8 t (Export 11 t) 40 000 kg **Kipper** 4300 mm 4000 mm **Sattelzugmaschine** 3800 mm	**Pritschenwagen** 4900, 5500 oder 6100 mm 4800 (5800) (6200) mm 7875 (8875) (9275) × 2500 × 2700 (Höhe über Fahrerhaus) 13,00–20 eHD Zwillings-Hinterräder 7700 (7900) (8200) kg 16 000 (Export 19 000) kg 8 t (Export 11 t) 40 000 kg **Kipper** 4300 mm 3800 oder 4000 mm **Sattelzugmaschine** 3800 mm	**Pritschenwagen** 5000 oder 5500 mm 5000 (6000) mm 8090 (9090) × 2500 × 2745 mm (Höhe über Fahrerhaus) 12,00–20 eHD Zwillings-Hinterräder 7500 (7700) kg 15 000 kg 7 t 39 000 kg **Kipper** 4500 oder 5000 mm 4000 (4500) mm **Sattelzugmaschine** 4000 mm	

MAN 830 L 1 **1953–1955**	**MAN 830 L 2** **1955–1956** **MAN 835 L 1** **1955–1957**	**MAN 845 L 1** **1957–1958**	**MAN 860 L 1** **1957–1959**
Schwerer Hauben-Lastwagen (4 × 2) MAN D 1246 M 2 Direkteinspritz-Dieselmotor 6 (Reihe) 112 × 140 mm 8276 ccm 130 PS bei 2000 U/min 6 Gang	Schwerer Hauben-Lastwagen (4 × 2) MAN D 1246 M 3 Direkteinspritz-Dieselmotor 6 (Reihe) 112 × 140 mm 8276 ccm 135 PS bei 2100 U/min 6 Gang	Schwerer Hauben-Lastwagen (4 × 2) MAN D 1246 M 5 Direkteinspritz-Dieselmotor 6 (Reihe) 112 × 140 mm 8276 ccm 145 PS bei 2400 U/min 6 Gang	Schwerer Hauben-Lastwagen (4 × 2) MAN D 1546 M 2 Direkteinspritz-Dieselmotor 6 (Reihe) 115 × 140 mm 8725 ccm 160 PS bei 2200 U/min 6 Gang
	Pritschenwagen 5000 oder 5500 mm 5000 (6000) mm 8090 (9090) × 2500 × 2745 mm (Höhe über Fahrerhaus) 12,00–20 eHD, Zwillings-Hinterräder 6800 (7000) kg 15 000 kg 7,5–8 t 36 500–39 000 kg **Kipper** 4500 mm 4000 mm **Sattelzugmaschine** 4000 mm		

Ponton-Kurzhauber und Bullnasen-Frontlenker (ab 1956)

Im Juni 1956 begann die MAN mit dem Typ 400, der für sich wenig Ruhm erntete, aber bald zum erfolgreichen Dauerbrenner Typ 415 reifte, ein völlig neues Bauprogramm. Technisch zeichnete es sich durch eine gründlich überarbeitete Motoren-Reihe aus, äußerlich durch eine ebenso gefällig wie modern gestaltete Kabine mit breiter Motorhaube in Pontonform. Diese steht, wenn auch inzwischen modernisiert, selbst heute noch, über 30 Jahre später, den Haubenwagen des aktuellen Programms gut zu Gesicht.

1957 begann die MAN mit der Lieferung serienmäßiger Frontlenker. Sie waren zwar in Anlehnung an die Haubenwagen, aber dennoch längst nicht so harmonisch gestaltet. Immerhin überdauerten sie 10 Jahre, denn erst im September 1967 gab es ein modern gezeichnetes Frontlenker-Fahrerhaus, das, inzwischen über 20 Jahre alt, immer noch zeitgemäß aussieht.

Zur besseren Unterscheidung führten von da an die Haubenwagen ein »H« in der Typenbezeichnung, die Frontlenker ein »F«. Noch kurz vor dem Modellwechsel, nämlich zur Frankfurter Automobil-Ausstellung im September 1965, wurde das alte Frontlenker-Fahrerhaus kippbar gemacht und führte für seine restliche Laufzeit das Kennzeichen »BF« (= Bewegliches Frontlenker-Fahrerhaus). Bei der neuen Kippkabine ab 1967 wurde auf dieses »B« wieder verzichtet.

Auf der Frankfurter Automobil-Ausstellung im September 1959 präsentierte die MAN drei Prototypen ihrer ersten Nachkriegs-Dreiachser, sofern man von ein paar früheren Exportwagen mit Nachlaufachse absieht. Die Prototypen von 1959 blieben ebenfalls Einzelexemplare, denn erst drei Jahre später kamen die ersten Serien-Dreiachser der MAN auf den Markt. Ebenso wurde ein 230 PS-Motor, 1963 vorgestellt, nach mehrern Anläufen erst 1967 tatsächlich verfügbar.

1960 bis 1967 gab es wieder einen Sechszylinder mit Abgas-Turoblader, aber man holte gleichzeitig auch ohne einen solchen 210 PS aus dem gleichen Motor heraus.

MAN 400 L 1 Pritschenwagen 1956–1958

MAN 415 L 1
Pritschenwagen
1957–1970

MAN 415 L 1
mit Arbeitsbühne
für Hochmontage
Arbeitshöhe bis 14,5 m
1958

MAN 415 L 1 A Pritschenwagen mit Allrad-Antrieb (1959)

MAN 520 L 1 mit Frischbeton-Aufbau (1961)

MAN 520 L 1 A (4 × 4) Tanklöschfahrzeug TLF 16. Aufbau: Bachert (1959)

Bauart
Motor

Zylinder
Bohrung × Hub
Hubraum
Leistung
Getriebe

Radstand
Pritsche
Gesamtmaße

Reifen

Wagengewicht (mit Fahrer)
Zuläss. Gesamtgewicht
Nutzlast-Klasse
Zuläss. Lastzuggewicht

Radstand
Pritsche

Radstand

Bauart
Motor

Zylinder
Bohrung × Hub
Hubraum
Leistung
Getriebe

Radstand
Pritsche
Gesamtmaße

Reifen

Wagengewicht (mit Fahrer)
Zuläss. Gesamtgewicht
Nutzlast-Klasse
Zuläss. Lastzuggewicht

Radstand
Pritsche

Radstand

MAN 400 L 1 1956–1958	MAN 400 L 1 A 1956–1958	MAN 415 L 1 (1957–1962) MAN 415 H (1962–1970) MAN 6.115 H (1968–1973)	MAN 415 L 1 A 1957–1962 MAN 415 HA 1962–1970
Hauben-Lastwagen (4 × 2) MAN D 9626 M 1 Direkteinspritz-Dieselmotor 6 (Reihe) 96 × 120 mm 5211 ccm 100 PS bei 2700 U/min 5 Gang **Pritschenwagen** 3600 oder 4200 mm 3500 (4500) mm 6180 (7180) × 2200 × 2430 mm (Höhe über Fahrerhaus) 8,25–20 eHD Zwillings-Hinterräder 3850 (3950) kg 9000 kg 4,5 t 18 000 kg **Kipper** 3600 mm 3400 mm **Sattelzugmaschine** 3200 mm	Hauben-Lastwagen (4 × 4) MAN D 9626 M 1 Direkteinspritz-Dieselmotor 6 (Reihe) 96 × 120 mm 5211 ccm 100 PS bei 2700 U/min 5 Gang + Geländegang **Pritschenwagen** 3600 oder 4200 mm 3500 (4500) mm 6180 (7180) × 2200 × 2430 mm (Höhe über Fahrerhaus) 8,25–20 eHD verst. Zwillings-Hinterräder 4250 (4350) kg 9400 kg 4,5 t 18 400 kg **Kipper** 3600 mm 3400 mm **Sattelzugmaschine** 3200 mm	Hauben-Lastwagen (4 × 2) MAN D 0026 M 1 Direkteinspritz-Dieselmotor 6 (Reihe) 100 × 125 mm 5891 ccm 115 PS bei 2500 U/min 5 Gang **Pritschenwagen** 4200 oder 4800 mm 4500 (5000) mm 7180 (8180) × 2250 × 2430 mm (Höhe über Fahrerhaus) 8,25–20 eHD Zwillings-Hinterräder 4050 (4300) kg 9000 kg 4,5 t 18 000 kg **Kipper** 3600 oder 4200 mm 3400 (3800) mm **Sattelzugmaschine** 3200 oder 3600 mm	Hauben-Lastwagen (4 × 4) MAN D 0026 M 1 Direkteinspritz-Dieselmotor 6 (Reihe) 100 × 125 mm 5891 ccm 115 PS bei 2500 U/min 5 Gang + Geländegang **Pritschenwagen** 3600 oder 4200 mm 3500 (4500) mm 6195 (7180) × 2250 × 2430 mm (Höhe über Fahrerhaus) 8,25–20 eHD verst. Zwillings-Hinterräder 4350 (4600) kg 9400 kg 4,5 t 18 400 kg **Kipper** 3600 mm 3400 mm **Sattelzugmaschine** 3200 oder 3600 mm

MAN 520 L 1 1957–1962 MAN 520 H 1962–1966	MAN 520 L 1 A 1957–1962 MAN 520 HA 1962–1966	MAN 626 H 1965–1969 MAN 7.126 H 1967–1975	MAN 626 HA 1965–1969
Hauben-Lastwagen (4 × 2) MAN D 0026 M 2 Direkteinspritz-Dieselmotor 6 (Reihe) 100 × 125 mm 5891 ccm 120 PS bei 2700 U/min 5 Gang **Pritschenwagen** 4200 oder 4800 mm 4500 (5500) mm 7180 (8180) × 2250 × 2430 mm (Höhe über Fahrerhaus) 8,25–20 eHD verst. Zwillings-Hinterräder 4200 (4450) kg 9800, ab 1961: 10 200 kg 5,5 t 19 800, ab 1961: 20 000 kg **Kipper** 3600 mm 3400 mm **Sattelzugmaschine** 3200 oder 3600 mm	Hauben-Lastwagen (4 × 4) MAN D 0026 M 2 Direkteinspritz-Dieselmotor 6 (Reihe) 100 × 125 mm 5891 ccm 120 PS bei 2700 U/min 5 Gang + Geländegang **Pritschenwagen** 3600 oder 4200 mm 3500 (4500) mm 6185 (7180) × 2200 × 2430 mm (Höhe über Fahrerhaus) 8,25–20 eHD verst. Zwillings-Hinterräder 4500 (4750) kg 9800, ab 1961: 10 200 kg 5,5 t 19 800, ab 1961: 20 000 kg **Kipper** 3600 mm 3400 mm **Sattelzugmaschine** 3200 oder 3600 mm	Hauben-Lastwagen (4 × 2) MAN D 0026 M 6 Direkteinspritz-Dieselmotor 6 (Reihe) 100 × 125 mm 5891 ccm 126 PS bei 2700 U/min 5 Gang **Pritschenwagen** 4200 oder 4800 mm 4500 (5500) mm 7170 (8170) × 2250 × 2450 mm (Höhe über Fahrerhaus) 8,25–20 Super Zwillings-Hinterräder 4140 (4390) kg 11 000 kg 6,5 t 21 000 kg **Kipper** 3600 oder 4200 mm 3400 (3800) mm **Sattelzugmaschine** 3600 mm	Hauben-Lastwagen (4 × 4) MAN D 0026 M 6 Direkteinspritz-Dieselmotor 6 (Reihe) 100 × 125 mm 5891 ccm 126 PS bei 2700 U/min 5 Gang + Geländegang **Kipper** 3600 oder 4200 mm 3400 (3800) mm 6100 (6800) × 2280 × 2450 mm (Höhe über Fahrerhaus) 8,25–20 Super Zwillings-Hinterräder 4880 (4980) kg 11 400 kg 6,5 t 21 400 kg

MAN 415 L 1 F
Pritschenwagen
1957–1962

MAN 415 L 1 FS
Sattelzugmaschine
mit Möbel-Aufleger
1961

MAN 450 H
Tanklöschfahrzeug TLF 16
der Berliner Feuerwehr
Aufbau: Bachert
1965–1972

	MAN 415 L 1 F 1957–1962 MAN 415 F 1962–1970	MAN 520 L 1 F 1957–1962 MAN 520 F 1962–1966	MAN 626 F 1965–1969
Bauart	Frontlenker-Lastwagen (4 × 2)	Frontlenker-Lastwagen (4 × 2)	Frontlenker-Lastwagen (4 × 2)
Motor	MAN D 0026 M 1 Direkteinspritz-Dieselmotor	MAN D 0026 M 2 Direkteinspritz-Dieselmotor	MAN D 0026 M 6 Direkteinspritz-Dieselmotor
Zylinder	6 (Reihe)	6 (Reihe)	6 (Reihe)
Bohrung × Hub	100 × 125 mm	100 × 125 mm	100 × 125 mm
Hubraum	5891 ccm	5891 ccm	5891 ccm
Leistung	115 PS bei 2500 U/min	120 PS bei 2700 U/min	126 PS bei 2700 U/min
Getriebe	5 Gang	5 Gang	5 Gang
	Pritschenwagen		**Pritschenwagen**
Radstand	3200, 3600, 4200 oder 4800 mm		3600, 4200 oder 4800 mm
Pritsche	4600 (5300) (6200) (7000) mm		5200 (6200) (7000) mm
Gesamtmaße	6370 (7070) (7970) (8770) × 2250 × 2430 mm (Höhe über Fahrerhaus)		6985 (7985) (8795) × 2250 × 2450 mm (Höhe über Fahrerhaus)
Reifen	8,25–20 eHD Zwillings-Hinterräder	8,25–20 eHD verst. Zwillings-Hinterräder	8,25–20 Super Zwillings-Hinterräder
Wagengewicht (mit Fahrer)	4000–4500 kg	4040–4570 kg	4220–4670 kg
Zuläss. Gesamtgewicht	9000 kg	9800 kg	11 000 kg
Nutzlast-Klasse	4,5 t	5 t	6 t
Zuläss. Lastzuggewicht	18 000 kg	19 800 kg	21 000 kg
	Sattelzugmaschine	**Sattelzugmaschine**	**Sattelzugmaschine**
Radstand	3200 oder 3600 mm	3200 oder 3600 mm	3600 mm

	MAN 620 L 1 F 1957–1959	MAN 620 L 3 F 1959–1960	MAN 450 H 1965–1972
Bauart	Frontlenker-Lastwagen (4 × 2)	Frontlenker-Lastwagen (4 × 2)	Hauben-Fahrgestell (4 × 2) oder (4 × 4) für Feuerwehr-Fahrzeuge
Motor	MAN D 1246 M 4 Direkteinspritz-Dieselmotor	MAN D 0026 M 5 Direkteinspritz-Dieselmotor	MAN D 0836 HM 7 Direkteinspritz-Dieselmotor
Zylinder	6 (Reihe)	6 (Reihe)	6 (Reihe)
Bohrung × Hub	112 × 140 mm	100 × 125 mm	108 × 128 mm
Hubraum	8726 ccm	5891 ccm	7035 ccm
Leistung	120 PS bei 2000 U/min	120 PS bei 2700 U/min	150 PS bei 2500 U/min
Getriebe	5 Gang	5 Gang	6 Gang
	Pritschenwagen		**Löschfahrzeug LF oder TLF 16**
Radstand	3320, 4100, 4800 oder 5200 mm		3600 oder 4200 mm
Pritsche	5000 (5600) (6400) (7400) mm		
Gesamtmaße	7035 (7635) (8335) (9435) × 2400 × 2760 mm (Höhe über Fahrerhaus)		
Reifen	10,00–20 eHD, Zwillings-Hinterräder		
Wagengewicht (mit Fahrer)	5250–5750 kg		
Zuläss. Gesamtgewicht	12 000 kg		11 600 kg
Nutzlast-Klasse	6–6,5 t		
Zuläss. Lastzuggewicht	28 000 kg		
	Sattelzugmaschine		**Drehleiter DL 30**
Radstand	3320 mm		4800 mm

MAN 635 L 1 K Dreiseiten-Kipper 1960–1962

MAN 735 H mit Frischbeton-Aufbau (3 m³) 1961

MAN 770 L 1 Pritschenwagen mit Anhänger 1960–1962

Bauart
Motor

Zylinder
Bohrung × Hub
Hubraum
Leistung
Getriebe

Radstand
Pritsche
Gesamtmaße

Reifen

Wagengewicht (mit Fahrer)
Zuläss. Gesamtgewicht
Nutzlast-Klasse
Zuläss. Lastzuggewicht

Radstand

Radstand

Bauart

Motor

Zylinder
Bohrung × Hub
Hubraum
Leistung
Getriebe

Radstand
Pritsche
Gesamtmaße

Reifen

Wagengewicht (mit Fahrer)
Zuläss. Gesamtgewicht
Nutzlast-Klasse
Zuläss. Lastzuggewicht

Radstand

Radstand
Nutzraum

<table>
<tr><th>MAN 635 L 1
1960–1962
MAN 635 H
1962–1969</th><th>MAN 635 L 1 A
1960–1962
MAN 635 HA
1962–1969</th><th>MAN 650 H
1964–1968</th><th>MAN 650 HA
1964–1968</th></tr>
<tr><td>Hauben-Lastwagen (4 × 2)</td><td>Hauben-Lastwagen (4 × 4)</td><td>Hauben-Lastwagen (4 × 2)</td><td>Hauben-Lastwagen (4 × 4)</td></tr>
<tr><td colspan="2">MAN D 0836 M 2
Direkteinspritz-Dieselmotor
6 (Reihe)
108 × 128 mm
7035 ccm
135 PS bei 2500 U/min</td><td colspan="2">MAN D 0836 HM 4
Direkteinspritz-Dieselmotor
6 (Reihe)
108 × 128 mm
7035 ccm
150 PS bei 2500 U/min</td></tr>
<tr><td>5 Gang</td><td>5 Gang + Geländegang</td><td>6 Gang</td><td>6 Gang + Geländegang</td></tr>
<tr><td>Pritschenwagen
4350 oder 4900 mm
4500 (5500) mm
7170 (8170) × 2500 × 2435 mm
(Höhe über Fahrerhaus)
8,25–20 Super
Zwillings-Hinterräder
4300 (4420) kg
11 000 kg
6,5 t
22 000 kg

Kipper
3950 oder 4350 mm

Sattelzugmaschine
3200 oder 3950 mm</td><td>Kipper
3950 oder 4350 mm
3600 (4000) mm
6365 (6925) × 2500 × 2475 mm
(Höhe über Fahrerhaus)
8,25–20 Super S + G
Zwillings-Hinterräder
5120 (5260) kg
11 300 kg
6 t
22 500 kg</td><td>Pritschenwagen
4350 oder 4900 mm
4500 (5500) mm
7170 (8170) × 2250 × 2450 mm
(Höhe über Fahrerhaus)
9,00–20 PR 14
Zwillings-Hinterräder
4680 (4800) kg
12 000 kg
7 t
24 000 kg

Kipper
3950 oder 4350 mm

Sattelzugmaschine
3200 oder 3950 mm</td><td>Kipper
3950 oder 4350 mm
3600 (4000) mm
6365 (6925) × 2280 × 2475 mm
(Höhe über Fahrerhaus)
9,00–20 PR 14
Zwillings-Hinterräder
5500 (5650) kg
12 500 kg
6,5 t
24 500 kg</td></tr>
<tr><th>MAN 735 H
1961–1966</th><th>MAN 735 HA
1961–1966</th><th>MAN 770 L 1 (1960–1962)
MAN 770 H (1962–1964)
MAN 780 H (1963–1972)</th><th>MAN 770 L 1 A (1960–1962)
MAN 770 HA (1962–1964)
MAN 780 HA (1963–1972)</th></tr>
<tr><td>Schwerer
Hauben-Lastwagen (4 × 2)</td><td>Schwerer
Hauben-Lastwagen (4 × 4)</td><td>Schwerer
Hauben-Lastwagen (4 × 2)</td><td>Schwerer
Hauben-Lastwagen (4 × 4)</td></tr>
<tr><td colspan="2">MAN D 0836 M 2
Direkteinspritz-Dieselmotor
6 (Reihe)
108 × 128 mm
7030 ccm
135 PS bei 2600 U/min</td><td colspan="2">MAN D 2146 M 1 bzw. M 11
Direkteinspritz-Dieselmotor
6 (Reihe)
121 × 140 mm
9659 ccm
770: 172 PS bzw. 780: 180 PS bei 2200 U/min</td></tr>
<tr><td>6 Gang</td><td>5 Gang + Geländegang</td><td>6 Gang</td><td>6 Gang + Vorgelege</td></tr>
<tr><td>Pritschenwagen
4600 mm
5000 mm
7670 × 2500 × 2600 mm
(Höhe über Fahrerhaus)
10,00–20 Super
Zwillings-Hinterräder
5900 kg
14 000 kg
7,5 t
28 000 kg

Kipper
4100 mm

Betonmischer
4100 mm
3 m³</td><td>Kipper
4100 mm
4000 mm
6750 × 2500 × 2630 mm
(Höhe über Fahrerhaus)
10,00–20 Super
Zwillings-Hinterräder
6500 kg
14 600 kg
7,5 t</td><td>Pritschenwagen
4600 oder 5200 mm
5000 (6000) mm
7670 (8670) × 2500 × 2600 mm
(Höhe über Fahrerhaus)
10,00–20 PR 16
Zwillings-Hinterräder
5600 (5800) kg
14 000 kg
7,5 t
770: 28 000, 780: 32 000 kg

Kipper
4100 oder 4600 mm

Sattelzugmaschine
3700 oder 4100 mm</td><td>Kipper
4100 oder 4600 mm
4000 (4500) mm
6760 (7470) × 2500 × 2630 mm
(Höhe über Fahrerhaus)
10,00–20 PR 16
Zwillings-Hinterräder
6800 (7000) kg
14 600 kg
7,5 t</td></tr>
</table>

MAN 635 FM Ochsner-Preßmüllwagen (10 m³) 1964–1970

MAN 780 F Pritschenwagen 1963–1972

MAN 850 H Kraftstoff-Tankwagen, Aufbau: Blumhardt, 1965–1968

Bauart
Motor

Zylinder
Bohrung × Hub
Hubraum
Leistung
Getriebe

Radstand
Pritsche
Gesamtmaße

Reifen

Wagengewicht (mit Fahrer)
Zuläss. Gesamtgewicht
Zuläss. Lastzuggewicht

Radstand

Radstand
Reifen
Nutzraum
Nutzlast
Zuläss. Gesamtgewicht

Bauart

Motor

Zylinder
Bohrung × Hub
Hubraum
Leistung

Getriebe

Radstand
Pritsche
Gesamtmaße

Reifen

Wagengewicht (mit Fahrer)
Zuläss. Gesamtgewicht
Zuläss. Lastzuggewicht

Radstand

Radstand
Nutzraum

<table>
<tr>
<th>MAN 735 L 1 F
1957</th>
<th>MAN 750 L 1 F
1957–1961</th>
<th colspan="2">MAN 635 L 1 F
1960–1962
MAN 635 F
1962–1968</th>
<th colspan="2">MAN 650 F
1964–1967</th>
</tr>
<tr>
<td>Frontlenker-Lastwagen (4 × 2)
MAN D 1246 M 3
Direkteinspritz-Dieselmotor
6 (Reihe)
112 × 140 mm
8726 ccm
135 PS bei 2100 U/min
6 Gang

Pritschenwagen
4600 oder 5200 mm
6600 (7700) mm
8635 (9735) × 2400 × 2760 mm
(Höhe über Fahrerhaus)

11,00–20 eHD verst.
Zwillings-Hinterräder
6275 (6485) kg
14 500 kg

Sattelzugmaschine
3320 mm

Kipper
4100 mm</td>
<td>Frontlenker-Lastwagen (4 × 2)
MAN D 1246 M 8
Direkteinspritz-Dieselmotor
6 (Reihe)
112 × 140 mm
8726 ccm
145 PS bei 2400 U/min
6 Gang

Pritschenwagen
4100, 4600 oder 5200 mm
5600 (6400) (7400) mm
7635 (8345) (9435) ×
2500 × 2700 mm
(Höhe über Fahrerhaus)
11,00–20 eHD
Zwillings-Hinterräder
5365 (5500) (5700) kg
12 000 kg

Sattelzugmaschine
3320 mm</td>
<td colspan="2">Frontlenker-Lastwagen (4 × 2)
MAN D 0836 M 2
Direkteinspritz-Dieselmotor
6 (Reihe)
108 × 128 mm
7035 ccm
135 PS bei 2500 U/min
5 Gang

Pritschenwagen
3950, 4350 oder 4900 mm
5700 (6400) (7300) mm
7490 (8190) (9090) ×
2500 × 2435 mm
(Höhe über Fahrerhaus)
8,25–20 Super
Zwillings-Hinterräder
4400 (4500) (4700) kg
11 000 kg
22 000 kg

Sattelzugmaschine
3200 oder 3950 mm

Preßmüllwagen (1964–1970)
3950 mm
9,00 R 20
10 m³
6,5 t
14 500 kg</td>
<td colspan="2">Frontlenker-Lastwagen (4 × 2)
MAN D 0836 HM 4
Direkteinspritz-Dieselmotor
6 (Reihe)
108 × 128 mm
7035 ccm
150 PS bei 2500 U/min
6 Gang

Pritschenwagen
3950, 4350 oder 4900 mm
5700 (6400) (7300) mm
7520 (8220) (9130) ×
2500 × 2450 mm
(Höhe über Fahrerhaus)
9,00–20 PR 14
Zwillings-Hinterräder
4735 (4835) (5040) kg
12 000 kg
24 000 kg

Sattelzugmaschine
3200 oder 3950 mm</td>
</tr>
<tr>
<th>MAN 770 L 1 F (1960–1962)
MAN 770 F (1962–1964)
MAN 780 F (1963–1972)</th>
<th></th>
<th colspan="2">MAN 850 H
1965–1968</th>
<th colspan="2">MAN 850 HA
1965–1968</th>
</tr>
<tr>
<td rowspan="3">Frontlenker-Schwerlastwagen
(4 × 2)
MAN D 2146 M 1 bzw. M 11
Direkteinspritz-Dieselmotor
6 (Reihe)
121 × 140 mm
9659 ccm
770: 172 PS bei 2200 U/min
780: 180 PS bei 2200 U/min
6 Gang

Pritschenwagen
4000 oder 4600 mm
5000 od. 6000 (6000 od. 6800) mm
7455–8760 × 2500 × 2790 mm
(Höhe über Fahrerhaus)
10,00–20 PR 16
Zwillings-Hinterräder
5850–6150 kg
14 000 kg
770: 28 000, 780: 32 000 kg
Sattelzugmaschine
3200 oder 3700 mm</td>
<td rowspan="3"></td>
<td colspan="2">Hauben-Schwerlastwagen
(4 × 2)</td>
<td colspan="2">Hauben-Schwerlastwagen
(4 × 4)</td>
</tr>
<tr>
<td colspan="4">MAN D 0836 HM 70
Direkteinspritz-Dieselmotor
6 (Reihe)
108 × 128 mm
7035 ccm
156 PS bei 2500 U/min</td>
</tr>
<tr>
<td colspan="2">6 Gang

Pritschenwagen
4000 oder 5200 mm
5000 (6000) mm
7685 (8685) × 2500 × 2580 mm
(Höhe über Fahrerhaus)
10,00–20 PR 16
Zwillings-Hinterräder
5520 (5690) kg
14 500 kg
26 000 kg
Kipper
4100 mm
Betonmischer
4100 mm
3–3,5 m³ Beton</td>
<td colspan="2">6 Gang + Vorgelege

Kipper
4100 mm
4000 mm
6750 × 2500 × 2580 mm
(Höhe über Fahrerhaus)
10,00–20 PR 16
Zwillings-Hinterräder
6750 kg
14 800 kg
27 000 kg</td>
</tr>
</table>

MAN 1080 F-TM Stetter Transport-Betonmischer 1963–1965

MAN 10.230 T-FS Sattelzugmaschine 1963

MAN 13.215 BF Pritschenwagen, Aufbau Blumhardt, 1966–1967

Bauart

Motor

Zylinder
Bohrung × Hub
Hubraum
Leistung

Getriebe

Radstand
Pritsche
Gesamtmaße

Reifen

Wagengewicht (mit Fahrer)
Zuläss. Gesamtgewicht
Zuläss. Lastzuggewicht

Radstand

Radstand
Pritsche

Bauart

Motor

Zylinder
Bohrung × Hub
Hubraum
Leistung

Getriebe

Radstand
Pritsche
Gesamtmaße

Reifen

Wagengewicht (mit Fahrer)

Zuläss. Gesamtgewicht
Zuläss. Lastzuggewicht

Radstand

MAN 1070 F (1961–1964) **MAN 1080 F (1963–1965)** **MAN 1080 BF (1965–1967)**	**MAN 10.210 T. L 1 F** **1960–1962** **MAN 10.210 T. F** **1962–1964**	**MAN 10.212 F (1963–1965)** **MAN 10.212 BF (1965–1966)** **MAN 13.212 BF (1965–1966)**	**MAN 10.215 BF** **1966–1967** **MAN 13.215 BF** **1966–1967**
Frontlenker-Schwerstlastwagen (4 × 2) MAN D 2146 M 1 bzw. M 11 Direkteinspritz-Dieselmotor 6 (Reihe) 121 × 140 mm 9659 ccm 1070: 172 PS bei 2200 U/min 1080: 180 PS bei 2200 U/min 6 Gang **Pritschenwagen** 4600 oder 5000 mm 5000, 5500, 6000 od. 6500 mm 7470–8150 × 2500 × 2705 mm (Höhe über Fahrerhaus) 12,00–20 eHD verst. Zwillings-Hinterräder 6100 (6250) kg 16 000 kg 28 000 (1080: 32 000) kg **Sattelzugmaschine** 3200 oder 3700 mm	Frontlenker-Schwerstlastwagen (4 × 2) MAN D 2146 M T 1 Direkteinspritz-Dieselmotor mit Abgas-Turbolader 6 (Reihe) 121 × 140 mm 9659 ccm 210 PS bei 2100 U/min 6 Gang **Pritschenwagen** 4600 oder 5000 mm 5000, 5500, 6000 od. 6500 mm 7470–8150 × 2500 × 2705 mm (Höhe über Fahrerhaus) 12,00–20 eHD verst. Zwillings-Hinterräder 6500 (6650) kg 16 000 kg 32 000 kg **Sattelzugmaschine** 3200 oder 3700 mm	Frontlenker-Schwerstlastwagen (4 × 2) MAN D 2146 HM 1 Direkteinspritz-Dieselmotor 6 (Reihe) 121 × 140 mm 9659 ccm 212 PS bei 2200 U/min 6 Gang + Vorschaltgruppe **Pritschenwagen** 4500, 4900 oder 5100 mm 5500, 6000 od. 6500 mm 7850–8250 × 2500 × 2845 mm (Höhe über Fahrerhaus) 12,00–20 eHD verst. 13.212: 12,00–20 Super 18 PR Zwillings-Hinterräder 6600–7150 kg 16 000 (13.212: 19 000) kg 32 000 (13.212: 38 000) kg **Sattelzugmaschine** 3500 oder 4000 mm	Frontlenker-Schwerstlastwagen (4 × 2) MAN D 2156 HM 3 Direkteinspritz-Dieselmotor 6 (Reihe) 121 × 150 mm 10 344 ccm 215 PS bei 2200 U/min 6 Gang + Vorschaltgruppe **Pritschenwagen** 4500, 4900 oder 5100 mm 5500, 6000 od. 6500 mm 7850–8250 × 2500 × 2845 mm (Höhe über Fahrerhaus) 12,00–20 eHD verst. 13.215: 12,00–20 Super 18 PR Zwillings-Hinterräder 6850–7400 kg 16 000 (13.215: 19 000) kg 32 000 (13.215: 38 000) kg **Sattelzugmaschine** 3500 oder 4000 mm **Kipper** 3500 mm 4400 mm

MAN 1070 H **1961–1964** **MAN 1080 H** **1963–1967**	**MAN 10.210 T. L 1 H** **1960–1962** **MAN 10.210 T. H** **1962–1964**	**MAN 10.212 H** **1963–1966** **MAN 13.212 H** **1965–1966**	**MAN 10.215 H** **1966–1967** **MAN 13.215 H** **1966–1967**
Hauben-Schwerstlastwagen (4 × 2) oder (4 × 4) MAN D 2146 M 1 bzw. M 11 Direkteinspritz-Dieselmotor 6 (Reihe) 121 × 140 mm 9659 ccm 1070: 172 PS bei 2200 U/min 1080: 180 PS bei 2200 U/min 6 Gang **Kipper** 4600 mm 4200 mm 6950 × 2500 × 2655 mm (Höhe über Fahrerhaus) 12,00–20 eHD verst. Zwillings-Hinterräder (4 × 2): 7000 kg (4 × 4): 7600 kg 16 000 kg 28 000 (1080: 32 000) kg	Hauben-Schwerstlastwagen (4 × 2) oder (4 × 4) MAN D 2146 M T 1 Direkteinspritz-Dieselmotor mit Abgas-Turbolader 6 (Reihe) 121 × 140 mm 9659 ccm 210 PS bei 2100 U/min 6 Gang **Kipper** 4600 mm 4200 mm 6950 × 2500 × 2655 mm (Höhe über Fahrerhaus) 12,00–20 eHD verst. Zwillings-Hinterräder (4 × 2): 7200 kg (4 × 4): 7800 kg 16 000 kg 32 000 kg	Hauben-Schwerstlastwagen (4 × 2) oder (4 × 4) MAN D 2146 HM 1 Direkteinspritz-Dieselmotor 6 (Reihe) 121 × 140 mm 9659 ccm 212 PS bei 2200 U/min 6 Gang + Vorschaltgruppe **Kipper** 4100 oder 4600 mm 4000 (4400) mm 6700 (7250) × 2500 × 2655 mm (Höhe über Fahrerhaus) 12,00–20 eHD verst. 13.212: 12,00–20Super 18 PR Zwillings-Hinterräder (4 × 2): 7230 bzw. 7720 kg (4 × 4): 7830 bzw. 8320 kg 16 000 (13.212: 19 000 kg) 32 000 (13.212: 38 000) kg **Sattelzugmaschine** 3700 oder 4100 mm	Hauben-Schwerstlastwagen (4 × 2) oder (4 × 4) MAN D 2156 HM 3 Direkteinspritz-Dieselmotor 6 (Reihe) 121 × 150 mm 10 344 ccm 215 PS bei 2200 U/min 6 Gang + Vorschaltgruppe **Kipper** 4100 oder 4600 mm 4000 (4400) mm 6700 (7250) × 2500 × 2655 mm (Höhe über Fahrerhaus) 12,00–20 eHD verst. 13.215: 12,00–20 Super 18 PR Zwillings-Hinterräder (4 × 2): 7230 bzw. 7720 kg (4 × 4): 7830 bzw. 8320 kg 16 000 (13.215: 19 000 kg) 32 000 (13.215: 38 000) kg **Sattelzugmaschine** 3700 oder 4100 mm

MAN 13.212 HK
Dreiseiten-Kipper
mit Anhänger
1965–1966

MAN 13.215 HSA (4 × 4)
Sattelzugmaschine
mit Mulden-Aufleger
1967

MAN 13.215 BF
Fernverkehrs-Lastzug
(neues Fahrerhaus)
1966

MAN 15.215 BFN Fernverkehrs-Lastzug (neues Fahrerhaus) 1967

MAN 14.230 DFS Sattelzugmaschine 1965/66
Produktion nur 5 Stück
Großraum-Fahrerhaus, Radstand 2775 + 1350 mm, Sattelzug 38 t

MAN 1580 DH Tankwagen (18 000 Liter), Aufbau: Strüver, 1966

MAN 2170 DH Meiller-Muldenkipper 1962

MAN 1580 FN-M Ochsner Preßmüllwagen (18 m³) 1964

Bauart
Antrieb

Motor

Zylinder
Bohrung × Hub
Hubraum
Leistung

Getriebe

Radstand
Pritsche
Gesamtmaße
Reifen

Wagengewicht (mit Fahrer)
Zuläss. Gesamtgewicht

Radstand
Wagengewicht (mit Fahrer)

Radstand
Nutzraum

Radstand

Bauart
Antrieb

Motor

Zylinder
Bohrung × Hub
Hubraum
Leistung

Getriebe

Radstand
Pritsche
Gesamtmaße
Reifen

Wagengewicht (mit Fahrer)
Zuläss. Gesamtgewicht

Radstand

Radstand
Nutzraum
Nutzlast

<table>
<tr><th>MAN 1570 DH
1963
MAN 1580 DH
1963–1968</th><th>MAN 15.212 DH
1964–1966</th><th>MAN 15.215 DH
1966–1968</th><th>MAN 15.215 DF
1966–1968</th></tr>
<tr><td colspan="3">Hauben-Schwerstlastwagen
(6 × 4): Antrieb auf Achse 2 und 3
(6 × 6): Antrieb auf Achse 1 bis 3</td><td>Frontlenker-Schwerstlastwagen
(6 × 4)</td></tr>
<tr><td>MAN D 2146 M 1 bzw. M 2
Direkteinspritz-Dieselmotor
6 (Reihe)
121 × 140 mm
9659 ccm
1570: 172 PS bei 2200 U/min
1580: 180 PS bei 2200 U/min</td><td>MAN D 2146 HM 1
Direkteinspritz-Dieselmotor
6 (Reihe)
121 × 140 mm
9659 ccm
212 PS bei 2200 U/min</td><td>MAN D 2156 HM 3
Direkteinspritz-Dieselmotor
6 (Reihe)
121 × 150 mm
10 344 ccm
215 PS bei 2200 U/min</td><td>MAN D 2156 HM 3
Direkteinspritz-Dieselmotor
6 (Reihe)
121 × 150 mm
10 344 ccm
215 PS bei 2200 U/min</td></tr>
<tr><td colspan="3">6 × 4): 6 Gang (6 × 6): 6 Gang + Vorgelege</td><td>6 Gang</td></tr>
<tr><td colspan="3">Kipper
3425 oder 3850 + 1350 mm
4200 (4800) mm
6950 (7450) × 2500 × 2610 mm (Höhe über Fahrerhaus)</td><td>Pritschenwagen
4700 + 1350 mm
8000 mm
9960 × 2500 × 2805 mm</td></tr>
<tr><td>10,00–20 PR 16
4 Zwillings-Hinterräder</td><td>10,00–20 PR 16
4 Zwillings-Hinterräder</td><td>11,00–20 Super
4 Zwillings-Hinterräder</td><td>11,00–20 Super
4 Zwillings-Hinterräder</td></tr>
<tr><td colspan="3">9000 bis 10 300 kg
22 000, technisch zulässig 26 000 kg</td><td>9320 kg
22 000, techn. 26 000 kg</td></tr>
<tr><td colspan="2">Muldenkipper
3425 + 1350 mm
11 500 bis 12 400 kg
Betonmischer
3425 oder 3850 + 1350 mm
5 m^3</td><td>Sattelzugmaschine
3425 + 1350 mm</td><td>Betonmischer
3425 oder 3850 + 1350 mm
5 m^3
Sattelzugmaschine
3425 oder 3850 + 1350 mm</td></tr>
</table>

<table>
<tr><th>MAN 1570 FN
1963–1964
MAN 1580 FN
1963–1968</th><th>MAN 2170 DH
1962–1963
MAN 2180 DH
1963–1965</th><th>MAN 21.212 DH
1965–1972</th><th>MAN 21.215 DH
1966–1967</th></tr>
<tr><td>Frontlenker-Schwerstlastwagen
(6 × 2)
Achse 2: Antriebsachse
Achse 3: Nachlaufachse</td><td colspan="3">Hauben-Schwerstlastwagen
(6 × 4): Antrieb auf Achse 2 und 3
(6 × 6): Antrieb auf Achse 1 bis 3</td></tr>
<tr><td>MAN D 2146 M 1 bzw. M 2
Direkteinspritz-Dieselmotor
6 (Reihe)
121 × 140 mm
9659 ccm
1570: 172 PS bei 2200 U/min
1580: 180 PS bei 2200 U/min</td><td>MAN D 2146 M 1 bzw. M 2
Direkteinspritz-Dieselmotor
6 (Reihe)
121 × 140 mm
9659 ccm
2170: 172 PS bei 2200 U/min
2180: 180 PS bei 2200 U/min</td><td>MAN D 2146 HM 1
Direkteinspritz-Dieselmotor
6 (Reihe)
121 × 140 mm
9659 ccm
212 PS bei 2200 U/min</td><td>MAN D 2546 HM 3
Direkteinspritz-Dieselmotor
6 (Reihe)
121 × 150 mm
10 344 ccm
215 PS bei 2200 U/min</td></tr>
<tr><td>6 Gang</td><td colspan="3">6 Gang + Vorgelege</td></tr>
<tr><td>Fahrgestell (6 × 4)
2775, 3850 od. 4200 + 1350 mm</td><td colspan="3">Kipper (6 × 4) oder (6 × 6)
3400 oder 3825 + 1400 mm
4200 (4800) mm
6950 (7450) × 2500 × 2635 mm (Höhe über Fahrerhaus)</td></tr>
<tr><td>11,00–20 PR 16
4 Zwillings-Hinterräder</td><td colspan="3">12,00–24 EM-Spezial
4 Zwillings-Hinterräder</td></tr>
<tr><td>22 000, technisch 26 000 kg</td><td colspan="3">11 500 bis 13 000 kg
22 000, technisch zulässig 30 000 kg</td></tr>
<tr><td>Preßmüllwagen (6 × 2)
3850 + 1300 mm
18 m^3
11 t</td><td colspan="2">Muldenkipper
3400 + 1400 mm</td><td>Sattelzugmaschine
3400 + 1400 mm</td></tr>
</table>

Zusammenarbeit mit Saviem (1967–1977)

Mit der französischen, zur Renault-Gruppe gehörenden Marke Saviem vertiefte die MAN im Jahr 1967 eine schon längere Zeit gepflegte Zusammenarbeit auf technischem Gebiet durch einen viel weiter gehenden Kooperationsvertrag. Dieser sollte möglichst viel Gemeinsamkeit der beiden Partner bei der Entwicklung, der Produktion und beim Vertrieb ihrer Lastwagen bewirken. Daraufhin importierte MAN die Transporter der L-Reihe komplett aus Frankreich und montierte außerdem die leichten Lastwagen von Saviem unter Verwendung zugelieferter Baugruppen und Motoren. Andererseits kümmerte sich die MAN um die schweren Lastwagen beider Marken. Aus der bereits vorher bestehenden Zusammenarbeit stammte das Frontlenker-Fahrerhaus, das bei den deutschen Typen ab Herbst 1967 zur Einführung kam und für welches die Franzosen die Blechteile lieferten. Jahrelang ergab die Kooperation für die MAN erheblich höhere Produktionsergebnisse, doch insgesamt erfüllte der Vertrag offenbar keineswegs die Hoffnungen beider Seiten. Vor allem die Transporter, die schon damals recht antiquiert aussahen, fanden auf dem deutschen Markt zu geringen Anklang. Aber Saviem zog sich schließlich wohl deshalb zurück, weil die französische Regierung eine Kooperation über die Grenzen hinweg mit Argwohn betrachtete, und vor allem auch, um die Verschmelzung von Saviem und Berliet zur Renault Vehicules Industriels zu ermöglichen. Rein zahlenmäßig war übrigens das Zusammenspiel mit Saviem durchaus effizient gewesen. Etwa 5600 Transporter und 7100 leichte Lastwagen hatten die MAN passiert, die ihrerseits an die 20 000 Vorderachsen und über 25 000 Motoren für schwere Lastwagen an Saviem lieferte. Das wohlgelungene Fahrerhaus F 8 erinnert bis auf den heutigen Tag an den französischen Partner von einst.

MAN / Saviem 270 F Kastenwagen 1967 – 1973

MAN / Saviem 270 F Pritschenwagen mit Doppelkabine 1967

	MAN / Saviem 270 1967–1973	MAN / Saviem 485 1967–1973	MAN / Saviem 585 1969–1973
Bauart	Frontlenker-Transporter		
Motor	Saviem 720/04, Direkteinspritz-Dieselmotor		
Zylinder	4 (Reihe)		
Bohrung × Hub	98 × 110 mm		
Hubraum	3320 ccm		
Leistung	70 PS bei 3200 U/min	85 PS bei 3200 U/min	85 PS bei 3200 U/min
Getriebe	4 Gang oder 3 Gang-Automatik	5 Gang	5 Gang
	Pritschenwagen	**Pritschenwagen**	**Pritschenwagen**
Radstand	2680 oder 3240 mm	2680, 3240 oder 3940 mm	2680, 3240 oder 3940 mm
Pritsche	2750–4000 mm	3300–5500 mm	3300–5500 mm
Gesamtmaße	4615–6010 × 2000 × 2180 mm (Höhe über Fahrerhaus)	5235–7935 × 2350 × 2200 mm (Höhe über Fahrerhaus)	5235–7935 × 2350 × 2150 mm (Höhe über Fahrerhaus)
Reifen	7,00–16 Einzel-Hinterräder	7,00–20 Einzel-Hinterräder	8,5 × 17,5 Zwillings-Hinterräder
Wagengewicht (mit Fahrer)	2170–2280 kg	2600–3000 kg	2700–3150 kg
Zuläss. Gesamtgewicht	4000 kg	6000 kg	7500 kg
Nutzlast-Klasse	1,5–1,75 t	2,5–3 t	3,5–4 t
	Kipper	**Kipper**	**Kipper**
Radstand	2680 mm	2680 mm	2680 mm
Pritsche	2800 mm	3300 mm	3300 mm
	Kastenwagen		
Radstand	2680 mm		
Gesamtmaße	4620 × 2030 × 2210 mm		
Laderaum	2710 × 1865 × 1450 mm		

	MAN/Saviem 5.126 F 1967–1971	MAN/Saviem 6.126 F 1967–1971	MAN/Saviem 7.126 F 1968–1971	MAN/Saviem 8.126 F 1968–1971
Bauart	Leichter Frontlenker-Lastwagen			
Motor	Saviem 597/02, Direkteinspritz-Dieselmotor			
Zylinder	4 (Reihe)			
Bohrung × Hub	100 × 112 mm			
Hubraum	5278 ccm			
Leistung	126 PS bei 2900 U/min			
Getriebe	5 Gang			
	Pritschenwagen		Pritschenwagen	
Radstand	3500, 4000 oder 4500 mm		3500, 4000, 4500 oder 5300 mm	
Pritsche	4500 (5300) (6200) mm		4500 (5300) (6200) (----) mm	
Gesamtmaße	6510 (7310) (8210) × 2350 × 2425 mm (Höhe über Fahrerhaus)		6510 (7310) (8210) (----) × 2350 × 2465 mm (Höhe über Fahrerhaus)	
Reifen	7,50–20 Zw.-Hinterräder	7,50–20 Super Zw.-Hinterräder	8,25–20 Super Zw.-Hinterräder	9,00–20 Super Zw.-Hinterräder
Wagengewicht (mit Fahrer)	3700–3970 kg	3730–4000 kg	4160–4500 kg	4360–4700 kg
Zuläss. Gesamtgewicht	7500 kg	9000 kg	11 000 kg	12 300 kg
Nutzlast-Klasse	3,5 t	4,5 t	6 t	7 t
	Kipper	**Kipper**	**Kipper**	**Kipper**
Radstand	3000 mm	3000 mm	3500 mm	3500 mm
Pritsche	3800 mm	3800 mm	4500 mm	4500 mm

MAN / Saviem 475 F
Pritschenwagen
1967

MAN / Saviem 7.126 F
Getränkewagen
1971

MAN / Saviem 7.126 F
Pritschenwagen
1968–1971

	MAN/Saviem 4.70 F/II 1973–1977	**MAN/Saviem 5.70 F 1973–1977**	**MAN/Saviem 6.90 F 1973–1977**	**MAN/Saviem 7.90 F 1973–1977**
Bauart	Frontlenker-Transporter		Frontlenker-Transporter	
Motor	Saviem 720/04 Direkteinspritz-Dieselmotor		Saviem 720/05 Direkteinspritz-Dieselmotor	
Zylinder	4 (Reihe)		4 (Reihe)	
Bohrung × Hub	98 × 110 mm		102 × 110 mm	
Hubraum	3320 ccm		3570 ccm	
Leistung	70 PS bei 3200 U/min		88 PS bei 3000 U/min	92 PS bei 3200 U/min
Getriebe	4 Gang		5 Gang	5 Gang
	Pritschenwagen		**Pritschenwagen**	**Pritschenwagen**
Radstand	2680 oder 3420 mm		2680, 3240 od. 3490 mm	2680, 3240 od. 3940 mm
Pritsche	2750–4000 mm		3300–5500 mm	3300–5500 mm
Gesamtmaße	4615–6010 × 2000 × 2180 mm (Höhe über Fahrerhaus)		5235–7935 × 2350 × 2275 (Höhe über Fahrerhaus)	5235–7935 × 2350 × 2235 mm (Höhe über Fahrerhaus)
Reifen	6,50 R 16 Einzel-Hinterräder		7 R 19,5 Einzel-Hinterräder	7,50–16 Zw.-Hinterräder
Wagengewicht (mit Fahrer)	2400–2500 kg		2670–2975 kg	2700–3140 kg
Zuläss. Gesamtgewicht	4500 kg		6000 kg	7500 kg
	Kipper		**Kipper**	**Kipper**
Radstand	2680 mm		2680 mm	2680 mm
Pritsche	2800 mm		3300 mm	3300 mm
	Kastenwagen	**Kastenwagen**		
Radstand	2680 oder 3240 mm	2640 oder 3240 mm		
Reifen	6,50 R 16 Einzel-Hinterräder	8,5 R 17,5 Einzel-Hinterräder		
Zuläss. Gesamtgewicht	4500 kg	4500 kg		

			MAN/Saviem 7.136 F 1971–1975	**MAN/Saviem 9.136 F 1971–1975**
Bauart			Leichter Frontlenker-Lastwagen	
Motor			Saviem 597/02 Direkteinspritz-Dieselmotor	
Zylinder			4 (Reihe)	
Bohrung × Hub			102 × 112 mm	
Hubraum			5488 ccm	
Leistung			136 PS bei 3000 U/min	
Getriebe			5 Gang	
			Pritschenwagen	
Radstand			3500, 4000 oder 4500 mm	
Pritsche			4500 (5300) (6200) mm	
Gesamtmaße			6510–8210 × 2350 × 2425 mm (Höhe über Fahrerhaus)	
Reifen			7,25–20 Zw.-Hinterräder	7,25–20 Super Zw.-Hinterräder
Wagengewicht (mit Fahrer)			3740–4010 kg	3770–4040 kg
Zuläss. Gesamtgewicht			7500 kg	9000 kg
			Kipper	
Radstand			3000 mm	
Pritsche			3600 mm	

Frontlenker-Fahrerhaus in Kastenform (ab 1967) und modernisierte Kurzhauber (ab 1969)

Zur Frankfurter Automobil-Ausstellung im September 1967 wurde für die erweiterte Frontlenker-Baureihe ein völlig neues Fahrerhaus eingeführt. Es war zusammen mit Saviem für beide Marken entwickelt worde. Die rechteckige Kastenform mit klaren, geraden Linien wirkte angenehm zeitlos, womit ihre Aktualität über 20 Jahre hinweg gewahrt blieb. Das kippbare Einheitsgehäuse mit dem Motor unter den Sitze stand zunächst in einer Normal- und in einer langen Fernverkehrs-Ausführung zur Verfügung, zwei Jahre später kam noch eine Kurzausführung für den Nahverkehr hinzu.

Ebenfalls im September 1967 brachte die MAN einen neuen V8-Motor mit 250 und 275 PS heraus. Zwei Jahre später hat man dieses Triebwerk, ein wenig aufgebohrt, auf 304 PS gebracht.

Auf der Frankfurter Automobil-Ausstellung im September 1969 überraschten die Haubenwagen mit einem gefällig modernisierten Aussehen. Die neuen Fahrerhäuser fielen weniger auf, umso mehr aber die klare, imposante Vorderfront. Statt des aufklappbaren Motordeckels konnte nun der gesamte Vorbau einschließlich der Kotflügel hochgehoben werden. Die Scheinwerfer, vorher ziemlich hoch in die Kotflügel eingebaut, befanden sich nunmehr wie bei den neuen Frontlenkern im Stoßbalken. Da gehören sie auch hin, denn je tiefer die Scheinwerfer liegen, desto weniger blenden sie den Gegenverkehr.

Große Hoffnungen setzte man in der Nachkriegszeit auf die Gasturbine als Automobilantrieb. Die MAN führt 1969 eine 350 PS Gasturbine im damals handelsüblichen 38 Tonnen Fernlastzug vor. Dieser unterschied sich äußerlich vom Serienfahrzeug nur durch zwei Abgasschächte, die hinter dem Fahrerhaus nach oben herausragten. Der Lastzug hielt mühelos eine Dauergeschwindigkeit von 100 km/h. Vorzüge der Gasturbine im Vergleich zum Dieselmotor waren der leise, vibrationsfreie Lauf, der geringe Schadstoffgehalt der Abgase, der bescheidene Wartungsbedarf und einige andere Eigenschaften, die vornehmlich im Langstreckenbetrieb zu Buche schlugen. Der hohe Kraftstoffverbrauch aber nahm aus heutiger Sicht der Gasturbine im Auto jegliche Erfolgsaussicht.

MAN 9.126 HK
Dreiseiten-Kipper
1969

Bei den neuen Kurzhaubern
(ab September 1969)
läßt sich der gesamte Vorbau
einschließlich der Kotflügel
hochklappen. Kräftige
Stahlbügel zum Hochsteigen
und Festhalten sind vorhanden.

→

←

MAN 26.304 DF
Pritschenwagen
1974

MAN 7.126 H Fäkalien-Saugwagen 1968
(Hauben-Ausführung bis 1969)

MAN 7.136 HKA Allrad-Dreiseiten-Kipper 1971
(Hauben-Ausführung ab 1969)

Bauart
Motor
Zylinder
Bohrung × Hub
Hubraum
Leistung
Getriebe

Radstand
Pritsche
Gesamtmaße

Reifen

Wagengewicht (mit Fahrer)

Zuläss. Gesamtgewicht
Nutzlast-Klasse
Zuläss. Lastzuggewicht

Radstand
Pritsche

Radstand

Bauart

Motor

Zylinder
Bohrung × Hub
Hubraum
Leistung
Getriebe

Radstand
Pritsche
Gesamtmaße

Reifen

Wagengewicht (mit Fahrer)

Zuläss. Gesamtgewicht
Nutzlast-Klasse
Zuläss. Lastzuggewicht

Radstand
Pritsche

Radstand

MAN 7.126 H **1969–1970** **MAN 7.136 H** **1971–1972**	**MAN 8.126 H** **1969–1970** **MAN 8.136 H** **1971–1972**	**MAN 9.126 H** **1969–1970** **MAN 9.136 H** **1971–1972**	**MAN 10.126 H** **1969–1970** **MAN 10.136 H** **1971–1972**
Hauben-Lastwagen (4 × 2)	Hauben-Lastwagen (4 × 2) und (4 × 4) Saviem 597/03 bzw. 797 Direkteinspritz-Dieselmotor 6 (Reihe) 100 bzw. 102 × 112 mm 5278 bzw. 5488 ccm 126 PS bei 2900 U/min bzw. 136 PS bei 3000 U/min 6 Gang bzw. (bei 4 × 4) 6 Gang + Vorgelege		
Pritschenwagen 4400 oder 5000 mm 4500 (5000) mm 7170 (7670) × 2250 × 2450 mm (Höhe über Fahrerhaus)	**Pritschenwagen** 4600 oder 5200 mm 5000 (6000) mm 7685 (8685) × 2500 × 2580 mm (Höhe über Fahrerhaus)		
8,25–20 Super Zwillings-Hinterräder 4140 (4390) kg 10 000 kg 4,5 t Für Solobetrieb bestimmt **Kipper** 4100 mm 4000 mm **Sattelzugmaschine** 3700 mm	9,00–20 Super Zwillings-Hinterräder 4 × 2: 4450 (4700) kg 4 × 4: 5050 (5300) kg 12 000 kg 6,5–7,5 t Für Solobetrieb bestimmt	10,00–20 verst. Zwillings-Hinterräder 4 × 2: 5200 (5370) kg 4 × 4: 5800 (5970) kg 13 000 kg 7–7,5 t Für Solobetrieb bestimmt **Kipper** 4100 mm 4000 mm **Sattelzugmaschine** 3700 mm	10,00–20 / PR 16 Zwillings-Hinterräder 4 × 2: 5500 (5750) kg 4 × 4: 6150 (6350) kg 15 000 kg 8,5–9 t Für Solobetrieb bestimmt **Kipper** 4300 mm 4200 mm

MAN 7.135 H **1967–1969** **1969–1970**	**MAN 8.126 H** **1969–1970**	**MAN 9.126 H** **1970–1972**	
Hauben-Lastwagen (4 × 2) MAN D 0836 M 2 Direkteinspritz-Dieselmotor 6 (Reihe) 108 × 128 mm 7030 ccm 135 PS bei 2500 U/min 5 Gang	Hauben-Lastwagen (4 × 2) MAN D 0026 M 1/6 Direkteinspritz-Dieselmotor 6 (Reihe) 100 × 125 mm 5891 ccm 126 PS bei 2700 U/min 6 Gang	Hauben-Lastwagen (4 × 2) und (4 × 4) MAN D 0026 M 1/6 Direkteinspritz-Dieselmotor 6 (Reihe) 100 × 125 mm 5891 ccm 126 PS bei 2700 U/min 6 Gang bzw. (bei 4 × 4) 6 Gang + Vorgelege	
Pritschenwagen 4350 oder 4900 mm 4500 (5000) mm 7170 (7670) × 2250 × 2470 (Höhe über Fahrerhaus) 9,00–20 verst. Zwillings-Hinterräder 4440 (4690) kg 11 000 kg 6 t Für Solobetrieb bestimmt **Kipper (4 × 2) und (4 × 4)** 4100 mm 4000 mm **Sattelzugmaschine** 3700 mm	**Pritschenwagen** 4350 oder 4900 mm 4500 (5000) mm 7170 (7670) × 2250 × 2470 (Höhe über Fahrerhaus) 9,00–20 Super Zwillings-Hinterräder 4450 (4700) kg 12 000 kg 7 t Für Solobetrieb bestimmt	**Pritschenwagen** 4600 oder 5200 mm 5000 (6000) mm 7685 (8685) × 2500 × 2580 (Höhe über Fahrerhaus) 10,00–20 verst. Zwillings-Hinterräder 4 × 2: 5200 (5370) kg 4 × 4: 5800 (5970) kg 13 000 kg 7–7,5 t Für Solobetrieb bestimmt **Kipper** 4100 mm 4000 mm **Sattelzugmaschine** 3700 mm	

MAN 9.160 HA-TM Betonmischer 1970

Bauart

Motor

Zylinder
Bohrung × Hub
Hubraum
Leistung
Getriebe

Radstand
Pritsche
Gesamtmaße

Reifen

Wagengewicht (mit Fahrer)

Zuläss. Gesamtgewicht
Zuläss. Lastzuggewicht

Radstand
Pritsche

Radstand

MAN 9.216 HK Dreiseiten-Kipper 1971

Bauart

Motor

Zylinder
Bohrung × Hub
Hubraum
Leistung
Getriebe

Radstand
Pritsche
Gesamtmaße
Reifen

Wagengewicht (mit Fahrer)

Zuläss. Gesamtgewicht
Zuläss. Lastzuggewicht

Radstand
Pritsche

Radstand

<table>
<tr><th>MAN 8.156 H
1967–1969</th><th>MAN 8.156 H
1969–1970</th><th>MAN 9.156 H
1967–1969
1969–1970</th><th>MAN 9.186 H
1967–1969
1969–1973</th></tr>
<tr><td>Schwerer Hauben-Lastwagen
(4 × 2) und (4 × 4)</td><td>Schwerer Hauben-Lastwagen
(4 × 2) und (4 × 4)</td><td>Schwerer Hauben-Lastwagen
(4 × 2) und (4 × 4)</td><td>Schwerer Hauben-Lastwagen
(4 × 2) und (4 × 4)</td></tr>
<tr><td colspan="3">MAN D 0836 HM 70/71
Direkteinspritz-Dieselmotor
6 (Reihe)
108 × 128 mm
7030 ccm
156 PS bei 2500 U/min
6 Gang bzw. (bei 4 × 4)
6 Gang + Vorgelege</td><td>MAN D 2416 M 9/11/14
Direkteinspritz-Dieselmotor
6 (Reihe)
112 × 140 mm
9659 ccm
186 PS bei 2200 U/min
6 Gang bzw. (bei 4 × 4)
6 Gang + Vorgelege</td></tr>
<tr><td>Pritschenwagen
4350 oder 4900 mm
4500 (5000) mm
7170 (7670) × 2250 × 2470 mm
(Höhe über Fahrerhaus)</td><td colspan="3">Pritschenwagen
4600 oder 5200 mm
5000 (6000) mm
7685 (8685) × 2500 × 2580 mm
(Höhe über Fahrerhaus)</td></tr>
<tr><td>9,00–20 Super
Zwillings-Hinterräder
4 × 2: 4750 (5000) kg
4 × 4: 5350 (5600) kg
12 000 kg</td><td>9,00–20 Super
Zwillings-Hinterräder
4 × 2: 5200 (5370) kg
4 × 4: 5800 (5970) kg
13 000 kg
26 000 kg</td><td>10,00–20 Super
Zwillings-Hinterräder
4 × 2: 5520 (5690) kg
4 × 4: 6120 (6320) kg
15 000 kg
26 000 kg</td><td>10,00–20 Super
Zwillings-Hinterräder
4 × 2: 5710 (5880) kg
4 × 4: 6310 (6480) kg
15 000 kg
31 000 kg</td></tr>
<tr><td>Kipper
3950 mm
3600 mm
Sattelzugmaschine
3950 mm</td><td>Kipper
4100 mm
4000 mm
Sattelzugmaschine
3700 mm</td><td>Kipper
4300 mm
4200 mm
Sattelzugmaschine
3100 oder 3700 mm</td><td>Kipper
4300 mm
4200 mm
Sattelzugmaschine
3100, 3500 oder 3700 mm</td></tr>
<tr><th></th><th>MAN 8.160 H
1970–1973</th><th>MAN 9.160 H
1970–1973</th><th>MAN 9.216 H
1970–1972</th></tr>
<tr><td></td><td>Schwerer Hauben-Lastwagen
(4 × 2) und (4 × 4)</td><td>Schwerer Hauben-Lastwagen
(4 × 2) und (4 × 4)</td><td>Schwerer Hauben-Lastwagen
(4 × 2) und (4 × 4)</td></tr>
<tr><td></td><td colspan="2">MAN D 0846 HM 2
Direkteinspritz-Dieselmotor
6 (Reihe)
108 × 132 mm
7252 ccm
160 PS bei 2500 U/min
5 Gang bzw. (bei 4 × 4)
5 Gang + Vorgelege</td><td>MAN D 2156 HM 3/9
Direkteinspritz-Dieselmotor
6 (Reihe)
121 × 150 mm
10 344 ccm
216 PS bei 2200 U/min
6 Gang bzw. (bei 4 × 4)
6 Gang + Vorgelege</td></tr>
<tr><td></td><td colspan="3">Pritschenwagen
4600 oder 5200 mm
5000 (6000) mm
7685 (9685) × 2500 × 2850 mm (Höhe über Fahrerhaus)</td></tr>
<tr><td></td><td>9,00–20 Super
Zwillings-Hinterräder
4 × 2: 5240 (5400) kg
4 × 4: 5840 (6000) kg
13 000 kg
20 000 kg</td><td>10,00–20 Super
Zwillings-Hinterräder
4 × 2: 6000 (6200) kg
4 × 4: 6600 (6800) kg
15 000 kg
20 000 kg</td><td>10,00–20 Super
Zwillings-Hinterräder
4 × 2: 6120 (6370) kg
4 × 4: 6720 (6970) kg
15 000 kg
31 000 kg</td></tr>
<tr><td></td><td>Kipper
4100 mm
4000 mm
Sattelzugmaschine
3700 mm</td><td>Kipper
4300 mm
4200 mm
Sattelzugmaschine
3700 mm</td><td>Kipper
4300 mm
4200 mm
Sattelzugmaschine
3700 mm</td></tr>
</table>

MAN 19.215 DH Schlamm-Saugwagen (11 m³) 1968

MAN 19.230 DHK Muldenkipper 1969

	MAN 12.215 H 1967–1974 MAN 13.215 H 1966–1971	MAN 12.230 H 1969–1974 MAN 13.230 H 1967–1974	MAN 13.256 H 1970–1973
Bauart	Hauben-Schwerlastwagen 4 × 2 und 4 × 4	Hauben-Schwerlastwagen 4 × 2 und 4 × 4	Hauben-Schwerlastwagen 4 × 2 und 4 × 4
Motor	MAN D 2156 HM 3/9 Direkteinspritz-Dieselmotor	MAN D 2356 HM 3/9 Direkteinspritz-Dieselmotor	MAN D 2156 MT 2 Direkteinspritz-Dieselmotor mit Abgas-Turbolader
Zylinder	6 (Reihe)	6 (Reihe)	6 (Reihe)
Bohrung × Hub	121 × 150 mm	123 × 150 mm	121 × 150 mm
Hubraum	10 344 ccm	10 689 ccm	10 344 ccm
Leistung	215 PS bei 2200 U/min	230 PS bei 2200 U/min	256 PS bei 2200 U/min
Getriebe	6 Gang bzw. bei 4 × 4: 6 Gang + Vorgelege	6 Gang bzw. bei 4 × 4: 6 Gang + Vorgelege	6 Gang bzw. bei 4 × 4: 6 Gang + Vorgelege
	Pritschenwagen		
Radstand	5200 oder 5600 mm		
Pritsche	5500 (6000) mm		
Gesamtmaße	8145 (8695) × 2500 × 2600 mm (Höhe über Fahrerhaus)		
Reifen	12,00–20 eHD verst., Zwillings-Hinterräder		
Wagengewicht (mit Fahrer)	4 × 2: 5600–5900 kg 4 × 4: 6200–6500 kg		
Zuläss. Gesamtgewicht	16 000, Export 19 000 kg		
Zuläss. Lastzuggewicht	38 000 kg		
	Kipper		
Radstand	4100 oder 4600 mmm		
Pritsche	4000 (4400) mm		
	Sattelzugmaschine		
Radstand	3700 oder 4100 mm		

	MAN 11.136 H 1970–1981	MAN 13.168 H MAN 15.168 H 1973–1977	
Bauart	Hauben-Lastwagen 4 × 2 und 4 × 4	Hauben-Lastwagen 4 × 2 und 4 × 4	
Motor	Saviem 797 Direkteinspritz-Dieselmotor	MAN D 0846 HMY 11 Direkteinspritz-Dieselmotor	
Zylinder	6 (Reihe)	6 (Reihe)	
Bohrung × Hub	102 × 112 mm	108 × 132 mm	
Hubraum	5488 ccm	7252 ccm	
Leistung	136 PS (100 kW) b. 3000 U/min	168 PS (124 kW) b. 2500 U/min	
Getriebe	5 Gang dazu bei 4 × 4 Vorgelege	6 Gang oder 6 Gang + Vorschaltgruppe, dazu bei 4 × 4 Vorgelege	
	Pritschenwagen	**Pritschenwagen**	
Radstand	4400 oder 5000 mm	4600 oder 5200 mm	
Pritsche	4500 (5000) mm	5000 (6100) mm	
Gesamtmaße	7200 (7700) × 2500 × 2580 (Höhe über Fahrerhaus)	7700 (8800) × 2500 × 2690 (Höhe über Fahrerhaus)	
Reifen	8,25 Super / 14 PR Zwillings-Hinterräder	9,00 bzw. 10,00–20 Super Zwillings-Hinterräder	
Wagengewicht (mit Fahrer)	4470 (4670) kg	4 × 2: 5235 (5465) kg	
Zuläss. Gesamtgewicht	11 000 kg	13 000 bzw. 15 000 kg	
Zuläss. Lastzuggewicht	21 000 kg	21 000 kg	
	Kipper	**Kipper**	
Radstand	3700 oder 4100 mm	4100, 4300 oder 4600 mm	
Pritsche	3400 (3800) mm	4000 (4200) (4400) mm	
	Sattelzugmaschine	**Sattelzugmaschine**	
Radstand	3700 mm	3700 oder 4100 mm	

MAN 22.230 DHKA
Dreiseiten-Allrad-Kipper
1971

MAN 19.230 DH
Betonmischer-Sattelzug
(Aufbau Stetter)
1971

	MAN 19.215 DH 1966–1971	MAN 19.230 DH 1967–1971	MAN 19.256 DH 1969–1973
Bauart	Sechsrad-Hauben-Schwerstlastwagen für Baustellenverkehr DH (6 × 4): Antrieb auf Achsen 2 und 3 DHA (6 × 6): Antrieb auf Achsen 1 bis 3		
Motor	MAN D 2156 HM 3/9 Direkteinspritz-Dieselmotor	MAN D 2356 HM 3/9 Direkteinspritz-Dieselmotor	MAN D 2156 MT 2 Direkteinspritz-Dieselmotor mit Abgas-Turbolader
Zylinder	6 (Reihe)	6 (Reihe)	6 (Reihe)
Bohrung × Hub	121 × 150 mm	123 × 150 mm	121 × 150 mm
Hubraum	10 344 ccm	10 689 ccm	10 344 ccm
Leistung	215 PS bei 2200 U/min	230 PS bei 2200 U/min	256 PS bei 2200 U/min
Getriebe	6 Gang bzw. bei 6 × 6: 6 Gang + Vorgelege	6 Gang bzw. bei 6 × 6: 6 Gang + Vorgelege	6 Gang bzw. bei 6 × 6: 6 Gang + Vorgelege
	Kipper		
Radstand	3425 oder 3850 + 1350 mm		
Pritsche	4200 (4800) mm		
Gesamtmaße	6950 (7760) × 2500 × 2590 (6 × 6: 2620) mm (Höhe über Fahrerhaus)		
Reifen	11,00–20 Super, Zwillings-Hinterräder		
Wagengewicht (mit Fahrer)	je nach Ausführung 9300 bis 10 600 kg		
Zuläss. Gesamtgewicht	20 000 kg, technisch zulässig 26 000 kg		
Zuläss. Lastzuggewicht	38 000 kg		
	Muldenkipper		
Radstand	3425 + 1350 mm		
	Fahrgestell für Betonmischer und Sonderaufbauten		
Radstand	3425 oder 3850 + 1350 mm		
	Sattelzugmaschine		
Radstand	3425 + 1350 mm		

	MAN 22.215 DH 1966–1971	MAN 22.230 DH 1967–1971	MAN 22.256 DH 1969–1973
	Bauart, Motor und Getriebe wie oben		
	Kipper		
Radstand	3825 + 1350 mm		
Pritsche	4800 mm		
Gesamtmaße	7760 × 2500 × 2650 (6 × 6: 2680) mm (Höhe über Fahrerhaus)		
Reifen	12,00–20 eHD verst., 4 Zwillings-Hinterräder		
Wagengewicht (mit Fahrer)	je nach Ausführung 11 600 bis 12 200 kg		
Zuläss. Gesamtgewicht	30 000 kg		
Zuläss. Lastzuggewicht	38 000 kg		
	Muldenkipper		
Radstand	3400 + 1400 mm		
	Fahrgestell für Sonderaufbauten		
Radstand	3400 + 1400 oder 3825 + 1350 mm		
	Sattelzugmaschine		
Radstand	3425 + 1350 mm		

MAN 9.156 F Pritschenwagen 1967–1970

MAN 9.186 FL mit Luftfederung und Werkstatt-Container der Berliner Feuerwehr

MAN 9.160 FK Absetzkipper (Aufbau Teha) 1970

Bauart
Motor

Zylinder
Bohrung × Hub
Hubraum
Leistung
Getriebe

Radstand
Pritsche
Gesamtmaße

Reifen

Wagengewicht (mit Fahrer)
Zuläss. Gesamtgewicht
Zuläss. Lastzuggewicht

Radstand
Pritsche

Radstand

Bauart
Motor

Zylinder
Bohrung × Hub
Hubraum
Leistung

Getriebe

Radstand

Pritsche
Gesamtmaße

Reifen

Wagengewicht (mit Fahrer)
Zuläss. Gesamtgewicht
Zuläss. Lastzuggewicht

Radstand
Pritsche

Radstand

MAN 8.156 F **1967–1970**	**MAN 9.156 F** **1966–1970**	**MAN 9.186 F** **1967–1973**	
Frontlenker-Schwerlastwagen MAN D 0836 HM 70/71 Direkteinspritz-Dieselmotor 6 (Reihe) 108 × 128 mm 7030 ccm 156 PS bei 2500 U/min 6 Gang **Pritschenwagen (4 × 2)** 3500, 4000 oder 4500 mm 5200 (6100) (6900) mm 6200–8800 × 2300 × 2860 (Höhe über Fahrerhaus) 9,00–20 Super Zwillings-Hinterräder 5650–5850 kg 13 000 kg 26 000 kg **Kipper (4 × 2)** 3100 mm 4000 mm **Sattelzugmaschine (4 × 2)** 3100 oder 3500 mm	Frontlenker-Schwerlastwagen MAN D 0836 HM 70/71 Direkteinspritz-Dieselmotor 6 (Reihe) 108 × 128 mm 7030 ccm 156 PS bei 2500 U/min 6 Gang **Pritschenwagen (4 × 2)** 4000, 4500 oder 5000 mm 5400 (6300) (7000) mm 7400–9000 × 2300 × 2875 mm (Höhe über Fahrerhaus) 10,00–20 PR 16 Zwillings-Hinterräder 6150–6350 kg 15 000 kg 26 000 kg **Kipper (4 × 2)** 3100 mm 4000 mm **Sattelzugmaschine (4 × 2)** 3100 oder 3500 mm	Frontlenker-Schwerlastwagen MAN D 2146 M 9/11/14 Direkteinspritz-Dieselmotor 6 (Reihe) 121 × 140 mm 9659 ccm 186 PS bei 2200 U/min 6 Gang oder 6 Gang + Vorschaltgruppe **Pritschenwagen (4 × 2)** 4000, 4500 oder 5000 mm 5400 (6300) (7000) mm 7400–9000 × 2300 × 2875 mm (Höhe über Fahrerhaus) 10,00–20 PR 16 Zwillings-Hinterräder 6300–6500 kg 15 000 kg 31 000 kg **Kipper (4 × 2)** 3100 mm 4000 mm **Sattelzugmaschine (4 × 2)** 3100 oder 3500 mm	**MAN 9.156 FL (ab Ende 1968)** **MAN 9.186 FL (ab Ende 1968)** Pritschenwagen (4 × 2) Mit Voll-Luftfederung

MAN 8.160 F **1970–1973**	**MAN 9.160 F** **1970–1973**	**MAN 9.216 F** **1970–1973**	**MAN 10.126 F** **1970** **MAN 10.136 F** **1971–1972**
Frontlenker-Schwerlastwagen MAN D 0846 HMN 1 Direkteinspritz-Dieselmotor 6 (Reihe) 108 × 132 mm 7252 ccm 160 PS bei 2500 U/min 5 Gang **Pritschenwagen (4 × 2)** 3500, 4000 oder 4500 mm Für Sonderaufbauten auch 5000 mm 5200 (6100) (6900) mm 6200–8800 × 2500 × 2860 (Höhe über Fahrerhaus) 9,00–20 Super Zwillings-Hinterräder 5650–5850 kg 13 000 kg 26 000 kg **Kipper (4 × 2)** 3100 mm 4000 mm **Sattelzugmaschine (4 × 2)** 3100 oder 3500 mm	Frontlenker-Schwerlastwagen MAN D 0846 HMN 1 Direkteinspritz-Dieselmotor 6 (Reihe) 108 × 132 mm 7252 ccm 160 PS bei 2500 U/min 5 Gang **Pritschenwagen (4 × 2)** 4000 oder 4500 mm Für Sonderaufbauten auch 5000 mm 5400 (6300) mm 7400–8800 × 2500 × 2875 (Höhe über Fahrerhaus) 10,00–20 PR 16 Zwillings-Hinterräder 6150–6250 kg 15 000 kg 31 000 kg **Kipper (4 × 2)** 3100 mm 4000 mm **Sattelzugmaschine (4 × 2)** 3100 oder 3500 mm	Frontlenker-Schwerlastwagen MAN D 2156 HMN 1 Direkteinspritz-Dieselmotor 6 (Reihe) 121 × 150 mm 10 344 ccm 216 PS bei 2000 U/min 6 Gang **Pritschenwagen (4 × 2)** 4000 oder 4500 mm 5400 (6300) mm 7400–8800 × 2500 × 2875 (Höhe über Fahrerhaus) 10,00–20 PR 16 Zwillings-Hinterräder 6300–6400 kg 15 000 kg 31 000 kg **Kipper (4 × 2)** 3100 mm 4000 mm **Sattelzugmaschine (4 × 2)** 3100 oder 3500 mm	Frontlenker-Schwerlastwagen Saviem 597/03 bzw. 797 Direkteinspritz-Dieselmotor 6 (Reihe) 100 bzw. 102 × 112 mm 5278 bzw. 5488 ccm 126 PS bei 2900 U/min bzw. 136 PS bei 3000 U/min 6 Gang **Pritschenwagen (4 × 2)** 4000, 4500 oder 5000 mm 6100 (7000) (7800) mm 7900–9600 × 2500 × 2900 (Höhe über Fahrerhaus) 10,00–20 PR 16 Zwillings-Hinterräder 6300–6500 kg 15 000 kg Für Solobetrieb bestimmt **Kipper (4 × 2)** 3100 mm 4000 mm

MAN 13.250 F Pritschenwagen mit Heck-Ladekran 1968–1969

MAN 13.304 F Fernlastzug (38 t Gesamtgewicht) 1971–1972

MAN 13.304 FS Sattelzugmaschine mit Dreiachs-Silo-Aufleger 1971

Bauart
Motor

Zylinder
Bohrung × Hub
Hubraum
Leistung
Getriebe

Radstand

Pritsche

Gesamtmaße
Reifen
Wagengewicht (mit Fahrer)
Zuläss. Gesamtgewicht
Nutzlast-Klasse
Zuläss. Lastzuggewicht

Radstand
Pritsche

Radstand

Bauart

Motor

Zylinder
Bohrung × Hub
Hubraum
Leistung
Getriebe

Radstand
Pritsche
Gesamtmaße
Reifen

Wagengewicht (mit Fahrer)
Zuläss. Gesamtgewicht
Nutzlast-Klasse
Zuläss. Lastzuggewicht

Radstand
Pritsche

Radstand

MAN 12.215 F 1967–1969 MAN 13.215 F 1967–1969	MAN 12.230 F 1967–1974 MAN 13.230 F 1969–1974	MAN 13.250 F 1968–1969 MAN 13.275 F 1968–1969	MAN 13.256 F 1970–1972
Frontlenker-Schwerlastwagen	Frontlenker-Schwerlastwagen	Frontlenker-Schwerlastwagen	Frontlenker-Schwerlastwagen
MAN D 2156 HM 3	MAN D 2356 HM 2/9	MAN D 2658 M 2 bzw. M 2/3	MAN D 2156 MTN 1
Direkteinspritz-Dieselmotor	Direkteinspritz-Dieselmotor	Direkteinspritz-Dieselmotor	Direkteinspritz-Dieselmotor mit Abgas-Turbolader
6 (Reihe)	6 (Reihe)	8 (V-Form)	6 (Reihe)
121 × 150 mm	123 × 150 mm	126 × 150 mm	121 × 150 mm
10 344 ccm	10 869 ccm	14 952 ccm	10 344 ccm
215 PS bei 2200 U/min	230 PS bei 2200 U/min	250 bzw. 275 PS b. 2100 U/min	256 PS bei 2200 U/min
6 Gang + Vorschaltgruppe	6 Gang + Vorschaltgruppe	6 Gang + Vorschaltgruppe	6 Gang + Vorschaltgruppe

Pritschenwagen (4 × 2)
4500 oder 5000 mm
Für Sonderaufbauten auch 3800, 4800 oder 5800 mm
Mit Fahrerhaus kurz: 5600 (6300) mm
Mit Fahrerhaus lang: 6300 (7100) mm
7970–9070 × 2500 × 2950 mm (Höhe über Fahrerhaus)
11,00 bzw. 12,00–20 PR 16 oder PR 18 (Zwillings-Hinterräder)
7000 bis 8500 kg
16 000 (Export 19 000) kg
7,5–9 t
38 000 kg

Kipper (4 × 2)
3500 mm
4000 mm

Sattelzugmaschine
3500 mm

MAN 10.160 FL 1970–1973	MAN 10.230 FL 1971–1974		MAN 13.304 F 1971–1972 MAN 16.304 F 1972–1977
Frontlenker-Schwerlastwagen mit Voll-Luftfederung für Wechselaufbauten			Frontlenker-Schwerlastwagen
MAN D 0846 HMN 1	MAN D 2356 HM 2/9		MAN D 2858 M 1
Direkteinspritz-Dieselmotor	Direkteinspritz-Dieselmotor		Direkteinspritz-Dieselmotor
6 (Reihe)	6 (Reihe)		8 (V-Form)
108 × 132 mm	123 × 150 mm		128 × 150 mm
7252 ccm	10 869 ccm		15 442 ccm
160 PS bei 2500 U/min	230 PS bei 2200 U/min		304 PS bei 2200 U/min
6 Gang	6 Gang		6 Gang + Vorschaltgruppe
Pritschenwagen (4 × 2) mit Wechselbrücke			**Pritschenwagen (4 × 2)**
5000 oder 5400 mm			4500, 4800 oder 5000 mm
11,00–20 Zwillings-Hinterräder	11,00–20 Zwillings-Hinterräder		12,00–20 Zwillings-Hinterräder
16 000 kg	16 000 kg		16 000 kg
38 000 kg	38 000 kg		38 000 kg
			Kipper (4 × 2)
			3500 mm
			4000 mm
	Sattelzugmaschine (4 × 2)		**Sattelzugmaschine (4 × 2)**
	3500 mm		3500 mm

MAN 16.186 FN-M Ochsner Preßmüllwagen (17 m³) 1969

MAN 16.250 FNS Sattelzugmaschine mit Kipp-Aufleger 1968

	MAN 16.186 FN 1967–1971	MAN 16.215 FN 1967–1970	MAN 16.230 FN 1967–1973	MAN 16.256 FN 1971–1973
Bauart	Sechsrad-Frontlenker-Schwerstlastwagen 6 × 4 Antrieb auf beide Hinterachsen			
Motor	MAN D 2146 M 11 Direkteinspritz-Dieselmotor	MAN D 2156 HMN 1 Direkteinspritz-Dieselmotor	MAN D 2356 HM 2/9 Direkteinspritz-Dieselmotor	MAN D 2156 MTN Direkteinspritz-Dieselmotor mit Abgas-Turbolader
Zylinder	6 (Reihe)	6 (Reihe)	6 (Reihe)	6 (Reihe)
Bohrung × Hub	121 × 140 mm	121 × 150 mm	123 × 150 mm	121 × 150 mm
Hubraum	9659 ccm	10 344 ccm	10 689 ccm	10 344 ccm
Leistung	186 PS b. 2200 U/min	215 PS b. 2200 U/min	230 PS b. 2200 U/min	256 PS b. 2200 U/min
Getriebe	6 Gang + Vorschaltgruppe	6 Gang + Vorschaltgruppe	6 Gang + Vorschaltgruppe	6 Gang + Vorschaltgruppe
	Pritschenwagen			
Radstand	4000 oder 4500 + 1350 mm			
Pritsche	Bei Fahrerhaus kurz: 7100 (7900) mm Bei Fahrerhaus lang: 6300 (7100) mm			
Gesamtmaße	9100–9500 × 2500 × 2950 mm (Höhe über Fahrerhaus)			
Reifen	11,00 bzw. 12,00–20 PR 16 oder PR 18 (4 Zwillings-Hinterräder)			
Wagengewicht (mit Fahrer)	je nach Ausführung 8000 bis 9500 kg			
Zuläss. Gesamtgewicht	20 000 kg			
Nutzlast-Klasse	13,5–14 t			
Zuläss. Lastzuggewicht	38 000 kg			
	Sattelzugmaschine			
Radstand	2300 + 1300 oder 3100 + 1350 mm			

	MAN 16.250 FN 1968	MAN 16.275 FN 1969–1970	MAN 16.304 FN 1969–1973
Bauart	Dreiachser-Frontlenker-Schwerstlastwagen (6 × 4) Antrieb auf beide Hinterachsen		
Motor	MAN D 2658 M 2 Direkteinspritz-Dieselmotor	MAN D 2658 M 23 Direkteinspritz-Dieselmotor	MAN D 2858 M 1 Direkteinspritz-Dieselmotor
Zylinder	8 (V-Form)	8 (V-Form)	8 (V-Form)
Bohrung × Hub	126 × 150 mm	126 × 150 mm	128 × 150 mm
Hubraum	14 952 ccm	14 952 ccm	15 442 ccm
Leistung	250 PS bei 2100 U/min	275 PS bei 2000 U/min	304 PS bei 2200 U/min
Getriebe	6 Gang + Vorschaltgruppe	6 Gang + Vorschaltgruppe	6 Gang + Vorschaltgruppe

Maße, Reifen und Gewicht wie oben!

MAN 19.230 DF Pritschenwagen mit Ladekran und Anhänger 1968–1971

MAN 19.304 DFS Großtanklöschfahrzeug GTLF 24–1 der Frankfurter Feuerwehr
Ziegler-Aufbau und Stadler-Tankaufleger (24 000 Liter Löschmittel)

	MAN 19.215 DF **1968–1971**	**MAN 19.230 DF** **1968–1971**	**MAN 19.256 DF** **1971–1973**
Bauart	Sechsrad-Frontlenker-Schwerstlastwagen 6 × 4, Antrieb auf beide Hinterachsen		
Motor	MAN D 2156 HM 1 Direkteinspritz-Dieselmotor	MAN D 2356 HM 2/9 Direkteinspritz-Dieselmotor	MAN D 2156 MTN Direkteinspritz-Dieselmotor mit Abgas-Turbolader
Zylinder	6 (Reihe)	6 (Reihe)	6 (Reihe)
Bohrung × Hub	121 × 150 mm	123 × 150 mm	121 × 150 mm
Hubraum	10 344 ccm	10 689 ccm	10 344 ccm
Leistung	215 PS bei 2200 U/min	230 PS bei 2200 U/min	256 PS bei 2200 U/min
Getriebe	6 Gang + Vorschaltgruppe	6 Gang + Vorschaltgruppe	6 Gang + Vorschaltgruppe
	Pritschenwagen		
Radstand	4500 + 1350 mm Für Sonderaufbauten auch 2800, 3200 oder 3850 + 1350 mm		
Pritsche	7200 mm		
Gesamtmaße	9875 × 2500 × 2695 mm (Höhe über Fahrerhaus)		
Reifen	11,00–20 Super oder 11,00 R 22,5 (4 Zwillings-Hinterräder)		
Wagengewicht (mit Fahrer)	je nach Ausführung 9050 bis 9350 kg		
Zuläss. Gesamtgewicht	22 000 oder 26 000 kg		
Nutzlast-Klasse	12 oder 16 t		
Zuläss. Lastzuggewicht	38 000 kg		
	Kipper		
Radstand	2800 oder 3200 + 1350 mm		
Pritsche	4800 mm		
	Sattelzugmaschine		
Radstand	2800 + 1350 mm		

	MAN 19.250 DF **1969** **MAN 19.275 DF** **1969–1970**	**MAN 19.304 DF** **1968–1973**	**MAN 22.304 DFSA** **1970–1971** **MAN 26.304 DFSA** **1972–1974**
Bauart	Sechsrad-Frontlenker-Schwerstlastwagen 6 × 4, Antrieb auf beide Hinterachsen		Sechsrad-Frontlenker- Schwerstlast-Zugmaschine 6 × 6 (Allrad-Antrieb)
Motor	MAN D 2658 M 2 bzw. M 2/3 Direkteinspritz-Dieselmotor	MAN D 2858 M 1 Direkteinspritz-Dieselmotor	
Zylinder	8 (V-Form)	8 (V-Form)	
Bohrung × Hub	126 × 150 mm	128 × 150 mm	
Hubraum	14 952 ccm	15 442 ccm	
Leistung	250 bzw. 275 PS b. 2100 U/min	304 PS bei 2200 U/min	
Getriebe	6 Gang + Vorschaltgruppe	6 Gang + Vorschaltgruppe	6 Gang + Vorgelege
	Pritschenwagen **Kipper** **Sattelzugmaschine** Maße, Reifen und Gewichte wie oben		**Schwerstlast-** **Sattelzugmaschine**
Radstand			3200 + 1350 mm
Reifen			12,00–20 Super 4 Zwillings-Hinterräder
Wagengewicht (mit Fahrer)			9000 kg
Zuläss. Gesamtgewicht			30 000 bzw. 32 000 kg
Anhängelast			bis 100 000 kg
		Ab 1971: 19.304 DFL u. DFLS: mit Luftfederung	

Im Zeichen des Komponentenmotors D 25 (ab 1972)

Im September 1970 vereinbarten die MAN und die Daimler-Benz AG. einen Kooperationsvertrag. Sein vordergründiges Ziel war die Kostensenkung dank Fertigung größerer Stückzahlen. In Wirklichkeit aber fügten sich beide Firmen dem sanften Druck des Bundesverteidigungsministeriums, welches für die damals in der Planung befindliche Folgegeneration der Bundeswehr-Lastwagen eine weitgehende Vereinheitlichung wichtiger Baugruppen bei den beteiligten Herstellerfirmen anstrebte.

Der Kooperationsvertrag zwischen MAN und Daimler-Benz sah vor, daß jeder der beiden Partner eine ihr gesamtes Lastwagenprogramm abdeckende Motoren-Reihe herausbringen sollte. Unterscheiden durften sich die Motoren nur durch das jeweils firmenspezifische Verbrennungsverfahren, wogegen alle sonstigen Bauteile und auch die Grundabmessungen quer durch beide Motoren-Reihen hindurch übereinstimmen mußten. Dies führte 1972/73 bei der MAN zur Motoren-Reihe D 25 mit der Direkteinspritzung nach dem M-Verfahren und bei Daimler-Benz zur Motoren-Reihe OM 400 mit dem dort gepflegten Direkteinspritz-Dieselsystem herkömmlicher Art.

Baugleiche Teile wurden jeweils nur in einem Werk gefertigt. Eine Aufteilung zwischen beiden Partnern wurde in der Weise vorgenommen, daß der Schwerpunkt der Teilefertigung für V-Motoren bei Daimler-Benz, für Reihenmotoren bei der MAN lag. Es bleibe dahingestellt, ob dieser Aufteilung schon der Gedanke zugrunde lag, oder ob erst aus dieser Aufteilung die Folge resultierte, daß sich bei der alsbald einsetzenden Weiterentwicklung Daimler-Benz praktisch nur noch den V-Motoren, die MAN fast nur noch den Reihenmotoren widmete. Die MAN brachte dabei den relativ kleinen Reihen-Sechszylinder mittels Abgas-Turboaufladung und Ladeluftkühlung auf beachtliche Leistungen. So kam es, daß seit Ende 1976 die 280 PS und 320 PS Reihen-Sechszylinder die bis dahin verwendeten V8 und V10 fast völlig verdrängten. Den Zehnzylinder verwendete die MAN nur noch auf Wunsch bei den üblichen Fernlast-Kalibern und den großen Kippern. Lediglich bei Schwerstlastfahrzeugen wollte man auf ihn bisher nicht verzichten.

Des weiteren sah der Kooperationsvertrag die gemeinsame Entwicklung und Produktion von Außenplaneten-Antriebsachsen vor, wobei ebenfalls militärische Interessen im Hinblick auf die Folgegeneration ihren Niederschlag fanden. Von der Baureihe F 90 an (ab 1986) gab es die AP-Achsen bei der MAN nur noch für die Schwerstgewichte sowie auf Wunsch für Baufahrzeuge und Straßentypen. Überwiegend aber kam nun eine leichtere, mit der amerikanischen Firma Eaton entwickelte Hypoidachse zum Einbau.

Typ	Zylinder	Bohrung × Hub	Hubraum	Leistung
MAN D 2555 M	5 (Reihe)	125 × 150 mm	9 204 ccm	168 PS bei 2300 U/min
MAN D 2556 M	6 (Reihe)	125 × 150 mm	11 045 ccm	192 PS bei 2300 U/min
MAN D 2556 MX	6 (Reihe)	125 × 150 mm	11 045 ccm	232 PS bei 2300 U/min
MAN D 2538 M	V8	125 × 130 mm	12 763 ccm	256 PS bei 2500 U/min
MAN D 2538 MT	V8	125 × 130 mm	12 763 ccm	320 PS bei 2500 U/min
MAN D 2530 M	V10	125 × 130 mm	15 953 ccm	320 PS bei 2500 U/min
Daimler-Benz OM 409	5 (Reihe)	125 × 150 mm	9 204 ccm	192 PS bei 2300 U/min
Daimler-Benz OM 407	6 (Reihe)	125 × 150 mm	11 045 ccm	210 PS bei 2400 U/min
Daimler-Benz OM 401	V6	125 × 130 mm	9 570 ccm	165 PS bei 2200 U/min 192 PS bei 2500 U/min
Daimler-Benz OM 402	V8	125 × 130 mm	12 763 ccm	220 PS bei 2200 U/min 265 PS bei 2500 U/min
Daimler-Benz OM 403	V10	125 × 130 mm	15 953 ccm	275 PS bei 2200 U/min 320 PS bei 2500 U/min
Daimler-Benz OM 404	V12	125 × 130 mm	20 615 ccm	350 PS bei 2200 U/min 350 PS bei 2200 U/min

	MAN 11.168 H-LF MAN 13.168 H-DL 1972–1981	MAN 15.168 H MAN 16.168 H 1973–1981	MAN 19.168 H 1973–1980
Bauart	Feuerwehr-Fahrgestelle 4 × 2 und 4 × 4	Hauben-Schwerlastwagen 4 × 2 und 4 × 4	Hauben-Schwerlastwagen 4 × 2 und 4 × 4
Motor	Bis 1976: MAN D 2555 M Direkteinspritz-Dieselmotor 5 Zylinder in Reihe, 125 × 150 mm, 9204 ccm 168 PS (124 kW) bei 2300 U/min Ab 1977: MAN D 2565 M Direkteinspritz-Dieselmotor 5 Zylinder in Reihe, 125 × 155 mm, 9445 ccm 168 PS (124 kW) bei 2200 U/min		
Getriebe	6 Gang oder 6 Gang + Vorschaltgruppe, dazu bei 4 × 4 Vorgelege		
	11.168 H-LF bzw. 11.168 HA-LF Fahrgestell 4 × 2 bzw. 4 × 4 für Feuerwehr-Löschfahrzeuge	**Pritschenwagen**	**Pritschenwagen**
Radstand	3700 oder 4100 mm	4600 oder 5200 mm	5200 oder 5600 mm
Pritsche	–	5000 (5000 oder 6100) mm	5500 (5500 oder 6000) mm
Gesamtmaße	je nach Aufbau	7700 (8800) × 2500 × 2690 mm bzw. bei 4 × 4: 2705 mm (Höhe über Fahrerhaus)	8290 (8815) × 2500 × 2775 bzw. bei 4 × 4: 2790 mm (Höhe über Fahrerhaus)
Reifen	9 R 22,5 Zwillings-Hinterräder	11 R 22,5 bzw. 10,00–20 Super Zwillings-Hinterräder	12,00–20 Super Zwillings-Hinterräder
Wagengewicht (mit Fahrer)	je nach Aufbau	4 × 2: 5900–6250 kg 4 × 4: 6450–6750 kg	4 × 2: 6200–6550 kg 4 × 4: 6750–7050 kg
Zuläss. Gesamtgewicht	11 500 kg	15 000 bzw. 16 000 kg	19 000 kg
Zuläss. Lastzuggewicht	–	31 000 bzw. 32 000 kg	32 000 kg
	13.168 H-DL: Fahrgestell 4 × 2 für Feuerwehr-Drehleiter	**Kipper**	**Kipper**
Radstand	5000 mm	4100, 4300 oder 4600 mm	4100, 4300 oder 4600 mm
Pritsche	–	4000 (4200) (4400) mm	4000 (4200) (4400) mm
Reifen	9,00–20 Super / 14 PR Zwillings-Hinterräder	11 R 22,5 Zwillings-Hinterräder	12 R 22,5 Zwillings-Hinterräder
Zuläss. Gesamtgewicht	13 800 kg	15 000 bzw. 16 000 kg	19 000 kg
		Sattelzugmaschine	**Sattelzugmaschine**
Radstand		3700 oder 4100 mm	3700 oder 4100 mm

	MAN 11.192 H-LF MAN 13.192 H-DL 1973–1981	MAN 15.192 H MAN 16.192 H 1973–1981	MAN 19.192 H 1973–1981
Bauart	Feuerwehr-Fahrgestelle 4 × 2 und 4 × 4	Hauben-Schwerlastwagen 4 × 2 und 4 × 4	Hauben-Schwerlastwagen 4 × 2 und 4 × 4
Motor	Bis 1976: MAN D 2555 MXF Direkteinspritz-Dieselmotor 5 Zylinder in Reihe, 125 × 150 mm, 9240 ccm 192 PS (141 kW) bei 2300 U/min Ab 1977: MAN D 2565 MXF Direkteinspritz-Dieselmotor 5 Zylinder in Reihe, 125 × 155 mm, 9511 ccm 192 PS (141 kW) bei 2200 U/min		
	Getriebe, Maße, Reifen und Gewichte wie oben		

Der Vertrag mit Daimler lief bis 1981. Seitdem findet kein Komponenten-Austausch mehr statt. Wohl aber werden je nach Bedarf übereinstimmende Teile auch heute noch für die jeweils andere Firma mit hergestellt und wie von jedem anderen Zulieferer abgerechnet. Dabei fallen übrigens erhebliche Beträge an, wobei der Warenfluß von der MAN zu Daimler umsatzmäßig etwa doppelt so hoch ist wie in umgekehrter Richtung. Dieses überraschende Ergebnis beruht auf der Lieferung von Fahrgestellrahmen an die Daimler-Benz AG. aus dem Werk Gustavsburg der MAN.

Weitere bemerkenswerte Begebenheiten aus dieser Zeit:

September 1975: Fahrerhaus der Frontlenker mit besserer Ausstattung und neuer Armaturentafel sowie Knüppel- statt Lenkradschaltung.

September 1979: Kurzhauber erhalten 60 mm höheres Fahrerhaus mit entsprechend höheren Fenstern. Bei allen Wagen besteht der vordere Stoßbalken nunmehr aus Kunststoff statt Stahl.

September 1981: Kurzhauber und Frontlenker mit noch markanterem Kühlergrill. Die drei Buchstaben »MAN« und der Büssing-Löwe wurden deutlich größer, der Schriftzug »Diesel« entfiel. Größere Blinker vorn, ergänzt durch seitliche Leuchten.

MAN 16.256 HAK Kipper mit Allrad-Antrieb und Außenplaneten-Antriebsachsen

Bauart
Motor

Zylinder
Bohrung × Hub
Hubraum
Leistung

Getriebe

Radstand
Pritsche
Gesamtmaße

Reifen

Wagengewicht (mit Fahrer)
Zuläss. Gesamtgewicht
Zuläss. Lastzuggewicht

Radstand

Radstand

Bauart
Motor

Zylinder
Bohrung × Hub
Hubraum
Leistung

Getriebe

Radstand
Pritsche
Reifen
Zuläss. Gesamtgewicht
Zuläss. Lastzuggewicht

Radstand
Pritsche
Reifen

Radstand

MAN 15.200 H, 15.240 H MAN 16.200 H, 16.240 H 1973–1981		MAN 16.256 H MAN 19.256 H 1972–1977	MAN 16.320 H MAN 19.320 H 1972–1977	
Schwerer Hauben-Lastwagen 4 × 2 und 4 × 4		Schwerer Hauben-Lastwagen 4 × 2 und 4 × 4		
Bis 1976: MAN D 2556 M	Ab 1977: MAN D 2566 M	MAN D 2538 M	MAN D 2538 MT	
Direkteinspritz-Diesel	Direkteinspritz-Diesel	Direkteinspritz-Diesel	Direkteinspritz-Diesel mit Abgas-Turbolader	
6 (Reihe)	6 (Reihe)	8 (V-Form)	8 (V-Form)	
125 × 150 mm	125 × 155 mm	125 × 130 mm	125 × 130 mm	
11 045 ccm	11 413 ccm	12 763 ccm	12 763 ccm	
200 PS (147 kW) bzw. 240 PS (177 kW) bei 2300 U/min	200 PS (147 kW) bzw. 240 PS (177 kW) bei 2200 U/min	256 PS (188 kW) bei 2500 U/min	320 PS (235 kW) bei 2500 U/min	
6 Gang oder 6 Gang + Vorschaltgruppe, bei 4 × 4: Vorgelege	6 Gang oder 6 Gang + Vorschaltgruppe, bei 4 × 4: Vorgelege	6 Gang oder 6 Gang + Vorschaltgruppe, bei 4 × 4: Vorgelege	9 Gang, bei 4 × 4: Vorgelege	
Pritschenwagen		**Kipper**		
4600 oder 5200 mm		4100, 4300 oder 4600 mm		
5000 (6100) mm		4000 (4200) (4400) mm		
7700 (8800) × 2500 × 2690 mm (Höhe über Fahrerhaus)		7000–7400 × 2500 × 2720 (4 × 4: 2770) mm (Höhe über Fahrerhaus)		
11 R 22,5 bzw. 10,00–20 Super Zwillings-Hinterräder		13 R 22,5 bzw. 12,00–20 Super Zwillings-Hinterräder		
4 × 2: 7100 (7300) kg		7500–8500 kg		
15 000 bzw. 16 000 kg		16 000 bzw. 19 000 kg		
31 000 kg		38 000 kg		
Kipper 4100, 4300 oder 4600 mm				
Sattelzugmaschine 3700 oder 4100 mm		**Sattelzugmaschine** 3700 oder 4100 mm		

MAN 19.240 H 1973–1981		MAN 19.280 H 1977–1981	MAN 19.281 H 1980–1981	MAN 19.321 H 1980–1981
Schwerer Hauben-Lastwagen 4 × 2 und 4 × 4		Schwerer Hauben-Lastwagen 4 × 2 und 4 × 4		
Bis 1976: MAN D 2556 M	Ab 1977: MAN D 2566 M	MAN D 2566 MT	MAN D 2566 MK	MAN D 2566 MK
Direkteinspritz-Diesel	Direkteinspritz-Diesel	Direkteinspritz-Diesel mit Abgas-Turbolader	Direkteinspritz-Diesel mit Abgas-Turbolader und Ladeluftkühlung	Direkteinspritz-Diesel mit Abgas-Turbolader und Ladeluftkühlung
6 (Reihe)	6 (Reihe)	6 (Reihe)	6 (Reihe)	6 (Reihe)
125 × 150 mm	125 × 155 mm	125 × 155 mm	125 × 155 mm	125 × 155 mm
11 045 ccm	11 413 ccm	11 413 ccm	11 413 ccm	11 413 ccm
240 PS (177 kW) bei 2300 U/min	240 PS (177 kW) bei 2200 U/min	280 PS (206 kW) bei 2200 U/min	280 PS (206 kW) bei 2200 U/min	320 PS (235 kW) bei 2200 U/min
6 Gang oder 6 Gang + Vorschaltgruppe, bei 4 × 4: Vorgelege	6 Gang oder 6 Gang + Vorschaltgruppe, bei 4 × 4: Vorgelege	9 Gang, bei 4 × 4: Vorgelege	16 Gang ZF oder Fuller, bei 4 × 4: Vorgelege	16 Gang ZF oder Fuller, bei 4 × 4: Vorgelege

Fahrgestell 4 × 2 und 4 × 4 für Pritschen- und Sonderaufbauten
5200 oder 5600 mm
5500 (6000) mm
12,00–20 Super, Zwillings-Hinterräder
19 000 kg
38 000 kg

Kipper
4100 oder 4600 mm
4000 (4400) mm
13 R 22,5, Zwillings-Hinterräder
Sattelzugmaschine
3700 oder 4100 mm

MAN 26.320 DHAK Dreiachs-Allrad-Dreiseiten-Kipper 1972–1977

MAN 26.320 DHA 6 × 6 Flugfeldlöschfahrzeug TroLF 24/40-4-P2000 der Flughafen-Feuerwehr Frankfurt, Aufbau Ziegler 1980

Bauart
Motor

Zylinder
Bohrung × Hub
Hubraum
Leistung
Motor

Zylinder
Bohrung × Hub
Hubraum
Leistung
Getriebe

Radstand

Pritsche

Gesamtmaße

Reifen

Wagengewicht (mit Fahrer)
Zuläss. Gesamtgewicht

Radstand
Pritsche

Radstand

Motor

Radstand
Pritsche
Gesamtmaße
Reifen

Wagengewicht (mit Fahrer)
Zuläss. Gesamtgewicht

MAN 13.168 F **MAN 14.168 F** **1974–1983**	**MAN 15.192 F** **1974–1983**	**MAN 15.200 F** **1974–1980**	**MAN 15.240 F** **1974–1983**
Frontlenker-Lastwagen 4 × 2. FL: mit Luftfederung			
Bis 1976: MAN D 2555 MF Direkteinspritz-Dieselmotor 5 (Reihe) 125 × 150 mm 9204 ccm 168 PS (124 kW) b. 2300 U/min Ab 1977: MAN D 2565 MF Direkteinspritz-Dieselmotor 5 (Reihe) 125 × 155 mm 9511 ccm 168 PS (124 kW) b. 2200 U/min	Bis 1976: MAN D 2555 MXF Direkteinspritz-Dieselmotor 5 (Reihe) 125 × 150 mm 9204 ccm 192 PS (141 kW) b. 2300 U/min Ab 1977: MAN D 2565 MXF Direkteinspritz-Dieselmotor 5 (Reihe) 125 × 155 mm 9511 ccm 192 PS (141 kW) b. 2200 U/min	Bis 1976: MAN D 2556 MF Direkteinspritz-Dieselmotor 6 (Reihe) 125 × 150 mm 11 045 ccm 200 PS (147 kW) b. 2300 U/min Ab 1977: MAN D 2566 MF Direkteinspritz-Dieselmotor 6 (Reihe) 125 × 155 mm 11 413 ccm 200 PS (147 kW) b. 2200 U/min	Bis 1976: MAN D 2556 MXF Direkteinspritz-Dieselmotor 6 (Reihe) 125 × 150 mm 11 045 ccm 240 PS (177 kW) b. 2300 U/min Ab 1977: MAN D 2566 MXF Direkteinspritz-Dieselmotor 6 (Reihe) 125 × 155 mm 11 413 ccm 240 PS (177 kW) b. 2200 U/min
6 Gang oder 6 Gang + Vorschaltgruppe **Pritschenwagen** 3500, 4100 oder 4650 mm Für Sonderaufbauten auch 5000 oder 5200 mm 6100 (7090) mm Export: 5500 (6300) mm 8075 (8975) × 2500 × 2785 mm (Höhe über Fahrerhaus) 10 R 22,5 oder 9,00–20 Super Zwillings-Hinterräder 5730 (5930) kg 13 000 bzw. 14 000 kg **Kipper** 3100 mm 4000 mm **Sattelzugmaschine** 3100 oder 3500 mm		6 Gang oder 6 Gang + Vorschaltgruppe **Pritschenwagen** 4200 oder 4650 mm Für Sonderaufbauten auch 3100, 3500 oder 5000 mm 6100 (7090) mm Export: 5500 (6300) mm 8075 (9065) × 2500 × 2800 mm (Höhe über Fahrerhaus) 11 R 22,5 oder 10,00–20 Super Zwillings-Hinterräder 6120 (6350) kg 15 000 kg **Kipper** 3100 mm 4000 mm **Sattelzugmaschine** 3100 oder 3500 mm	
MAN 13.192 F **MAN 14 192 F** **1974–1983**	**MAN 15.168 F** **1974–1983**		
Daten wie oben, jedoch 192 PS-Motor	Daten wie oben, jedoch 168 PS-Motor		
MAN 14.192 F-DL **1980–1984**	**MAN 16.192 F-LF** **MAN 16.240 F-LF** **1980–1984**	**MAN 14.192 FAEG** **1974–1984**	**MAN 14.240 FAEG** **1974–1984**
192 PS	192 bzw. 240 PS	192 PS	240 PS
Feuerwehr-Drehleiter DL 23 **4 × 2** 4650 mm – 10 R 22,5 Zwillings-Hinterräder 14 500 kg	**Feuerwehr-Löschfahrzeug** **4 × 2 oder 4 × 4** 3800 mm – 11 R 22,5 Zwillings-Hinterräder 16 000 kg	**Militär-Gelände-Lastwagen** **4 × 4** 4000 mm 4300 mm 7000 × 2500 × 3250 mm (Höhe über Fahrerhaus) 14,00–20 / PR 18 M Einzel-Hinterräder 8000 kg 14 000 kg	

MAN 16.256 F Pritschenwagen 1972–1977

MAN 16.192 F-KO Ochsner Preßmüllwagen 1981–1983

	MAN 16.168 F MAN 16.192 F 1974–1983	MAN 16.200 F MAN 16.240 F 1974–1983	MAN 16.256 F 1973–1977
Bauart	Frontlenker-Schwerlastwagen 4 × 2 und 4 × 4	Frontlenker-Schwerlastwagen 4 × 2 und 4 × 4	Frontlenker-Schwerlastwagen 4 × 2
Motor	MAN D 2555 MF bzw. MXF Direkteinspritz-Dieselmotor	MAN D 2556 MF bzw. MXF Direkteinspritz-Dieselmotor	MAN D 2538 M Direkteinspritz-Dieselmotor
Zylinder	5 (Reihe)	6 (Reihe)	8 (V-Form)
Bohrung × Hub	125 × 150 mm	125 × 150 mm	125 × 130 mm
Hubraum	9204 ccm	11 045 ccm	12 763 ccm
Leistung	168 PS (124 kW) bzw. 192 PS (141 kW) b. 2300 U/min	200 PS (147 kW) bzw. 240 PS (177 kW) b. 2300 U/min	256 PS (199 kW) b. 2500 U/min
	Ab 1977:	**Ab 1977:**	
Motor	MAN D 2565 MF bzw. MXF	MAN D 2566 MF bzw. MXF	
Bohrung × Hub	125 × 155 mm	125 × 155 mm	
Hubraum	9511 ccm	11 413 ccm	
Leistung	168 PS (124 kW) bzw. 192 PS (141 kW) b. 2200 U/min	200 PS (147 kW) bzw. 240 PS (177 kW) b. 2200 U/min	
Getriebe	6 Gang oder 6 Gang + Vorschaltgruppe	6 Gang oder 6 Gang + Vorschaltgruppe 4 × 4: 6 Gang + Vorgelege	6 Gang + Vorschaltgruppe

	MAN 16.168 F / 16.192 F	MAN 16.200 F / 16.240 F / 16.256 F
	Pritschenwagen (auch mit Luftfederung)	**Pritschenwagen** (auch mit Luftfederung vorn und hinten)
Radstand	4500 oder 5000 mm Für Sonderaufbauten auch 3500 oder 3800 mm	Mit Nahverkehrs-Fahrerhaus: 4500 oder 5000 mm Mit Fernverkehrs-Fahrerhaus: 4800 oder 5500 mm 4 × 4: 4500 mm Für Sonderaufbauten auch 3500 oder 3800 mm
Pritsche	6100 (7100) mm	6100 (7100) mm
Gesamtmaße	8040 (9000) × 2500 × 2775 mm (Höhe über Fahrerhaus)	7700–9870 × 2500 × 2900 (4 × 4: 3050) mm (Höhe über Fahrerhaus)
Reifen	10,00–20 Super oder 11 R 22,5 Zwillings-Hinterräder	10,00–20 Super oder 11 R 22,5 oder 12 R 22,5 Zwillings-Hinterräder
Wagengewicht (mit Fahrer)	6230 (6520) kg	6600–7100 kg
Zuläss. Gesamtgewicht	16 000 kg	16 000 kg
Nutzlast-Klasse	9,5 t	9 t
Zuläss. Lastzuggewicht	28 000, Export 32 000 kg	32 000 bzw. (ab 1976) 38 000 kg
	Kipper	**Kipper**
Radstand	3100 oder 3500 mm	3500 oder 3800 mm
Pritsche	4400 mm	4400 (4800) mm
	Sattelzugmaschine (auch mit Luftfederung)	**Sattelzugmaschine** (auch mit Luftfederung hinten)
Radstand	3100, 3500 oder 3800 mm	3100, 3500 oder 3800 mm
	Fahrgestell für Müllwagen und Kommunalfahrzeuge	
Radstand	3500, 4000 oder 4500 mm	

		MAN 19.200 F MAN 19.240 F 1974–1983	MAN 19.256 F 1973–1977
		Abweichend von obigen Daten:	
Reifen		11,00–20 oder 12,00–20 Super oder 13 R 22,5 Zwillings-Hinterräder	
Wagengewicht (mit Fahrer)		6700–7200 kg	
Zuläss. Gesamtgewicht		16 000 kg, Export 19 000 kg	
Nutzlast-Klasse		8,5 t, Export 11,5 t	
Zuläss. Lastzuggewicht		38 000 kg	

MAN 19.281 F
Brauerei-Pritschenwagen
1983

MAN 19.280 FS
Sattelzugmaschine mit
Blumhardt Dreiachs-
Pritschen-Sattelanhänger
1979

MAN 19.281 FS
Übertragungswagen
für Farbfernsehen
beim NDR Hamburg
Aufbau: Thiele, Bremen
etwa 1980

	MAN 16.320 F 1972–1981	MAN 19.320 F 1972–1981	MAN 19.360 F 1978–1982
Bauart	Frontlenker-Schwerlastwagen 4 × 2 und 4 × 4		Frontlenker-Schwerlastwagen 4 × 2
Motor	MAN D 2530 MXF Direkteinspritz-Dieselmotor		MAN D 2530 MTXF Direkteinspritz-Dieselmotor mit Abgas-Turbolader
Zylinder	10 (V-Form)		10 (V-Form)
Bohrung × Hub	125 × 130 mm		125 × 130 mm
Hubraum	15 953 ccm		15 953 ccm
Leistung	320 PS (235 kW) bei 2500 U/min		360 PS (265 kW) b. 2300 U/min
Getriebe	ZF 8 Gang + Kriechgang oder Fuller 12 Gang + Kriechgang		Fuller 12 Gang + Kriechgang
	Pritschenwagen (auch mit Luftfederung vorn und hinten)		**Pritschenwagen**
Radstand	4500 oder 5000 mm, 4 × 4: 4500 mm Für Sonderaufbauten und Luftfederung: 4800 mm		4800 mm
Pritsche	6100 oder 6300 (7100) mm		7000 mm
Gesamtmaße	8240 (8970) × 2500 × 2865 mm (Höhe über Fahrerhaus)		8900 × 2500 × 2920 mm
Reifen	11,00 bzw. 12,00–20 Super, Zwillings-Hinterräder		12,00–20 Super
Wagengewicht (mit Fahrer)	7000–7500 kg		7500 kg
Zuläss. Gesamtgewicht	16 000 kg, Export 19 000 kg		16 000 kg, Export 19 000 kg
Zuläss. Lastzuggewicht	38 000 kg		38 000 kg
	Kipper		
Radstand	3500 mm		
Pritsche	4400 mm		
	Sattelzugmaschine		**Sattelzugmaschine** (auch mit Luftfederung hinten)
Radstand	3500 mm		3500 mm

	MAN 16.280 F MAN 19.280 F 1976–1979	MAN 19.281 F 1979–1985	MAN 19.321 F 1979–1985
Bauart	Frontlenker-Schwerlastwagen 4 × 2 und 4 × 4		
Motor	MAN D 2566 MTF Direkteinspritz-Dieselmotor mit Abgas-Turbolader	MAN 2566 MKF Direkteinspritz-Dieselmotor mit Abgas-Turbolader und Ladeluft-Kühlung	
Zylinder	6 (Reihe)	6 (Reihe)	
Bohrung × Hub	125 × 155 mm	125 × 155 mm	
Hubraum	11 413 ccm	11 413 ccm	
Leistung	280 PS (206 kW) b. 2200 U/min	280 PS (206 kW) b. 2200 U/min	320 PS (235 kW) b. 2200 U/min
Getriebe	9 Gang oder Fuller 12 Gang + Kriechgang 4 × 4: 9 Gang + Vorgelege	16 Gang ZF oder Fuller, dazu bei 4 × 4: Vorgelege	
	Pritschenwagen (auch mit Luftfederung vorn und hinten)		
Radstand	4 × 2 mit Nahverkehrs-Fahrerhaus: 4500 oder 5000 mm 4 × 2 mit Fernverkehrs-Fahrerhaus: 4800 oder 5500 mm 4 × 4: 4500 mm Für Sonderaufbauten auch 3800 oder 5800 mm		
Pritsche	6100 (7100) mm		
Gesamtmaße	7700–9870 × 2500 × 2975 (4 × 4: 3125) mm (Höhe über Fahrerhaus)		
Reifen	12,00–20 Super oder 9,00 × 22,5 oder 12 R 22,5 oder 13 R 22,5 Zwillings-Hinterräder		
Wagengewicht (mit Fahrer)	7300–8000 kg		
Zuläss. Gesamtgewicht	16 000 kg, Export 19 000 kg		
Zuläss. Lastzuggewicht	38 000 kg		
	Kipper		
Radstand	3500 oder 3800 mm		
Pritsche	4400 (4800) mm		
	Sattelzugmaschine (auch mit Luftfederung hinten)		
Radstand	3100, 3500 oder 3800 mm		

	MAN 22.192 FNL 1977–1984	MAN 22.240 FNL 1974–1982	MAN 22.320 FNL 1972–1980
Bauart	Sechsrad-Frontlenker-Schwerlastwagen (6 × 2) für Straßen-Fernverkehr Achse 1: Lenkachse, Blatt- oder Luftfederung Achse 2: Antriebsachse, Luftfederung, zwillingsbereift Achse 3: Nachlaufachse, auf Wunsch anhebbar, Luftfederung, einfachbereift		
Motor		Bis 1976: MAN D 2556 MXF Direkteinspritz-Dieselmotor	MAN D 2530 MXF Direkteinspritz-Dieselmotor
Zylinder		6 (Reihe)	10 (V-Form)
Bohrung × Hub		125 × 150 mm	125 × 130 mm
Hubraum		11 045 ccm	15 953 ccm
Leistung		240 PS (177 kW) b. 2300 U/min	320 PS (235 kW) b. 2500 U/min
Motor	MAN D 2565 MXF Direkteinspritz-Dieselmotor	Ab 1977: MAN D 2566 MXF Direkteinspritz-Dieselmotor	
Zylinder	6 (Reihe)	6 (Reihe)	
Bohrung × Hub	125 × 155 mm	125 × 155 mm	
Hubraum	9511 ccm	11 413 ccm	
Leistung	192 PS (114 kW) b. 2200 U/min	240 PS (177 kW) b. 2200 U/min	
Getriebe	6 Gang oder 6 Gang + Vorschaltgruppe	6 Gang oder 6 Gang + Vorschaltgruppe	ZF oder Fuller 9 Gang oder (ab 1975) 12 Gang Vorwählgetriebe
	Pritschenwagen		
Radstand	4100 oder 4600 + 1350 mm Für Sonderaufbauten auch 3900 + 1350 mm		
Pritsche	Fahrerhaus kurz: 7100 (7900) mm Fahrerhaus lang: 6300 (7100) mm		
Gesamtmaße	8600–9475 × 2500 × 2830–2960 mm (Höhe über Fahrerhaus)		
Reifen	12,00–20 Super, 12 R 22,5 oder 13 R 22,5 (Achse 2 zwillings-, Achse 3 einfachbereift)		
Wagengewicht (mit Fahrer)	7900–9100 kg		
Zuläss. Gesamtgewicht	22 000 kg		
Zuläss. Lastzuggewicht	38 000 kg		

	MAN 22.280 FNL 1976–1981	MAN 22.281 FNL 1979–1985	MAN 22.321 FNL 1979–1985
Bauart	Sechsrad-Frontlenker-Schwerstlastwagen (6 × 2) für Straßen-Fernverkehr Achse 1: Lenkachse, Blatt- oder Luftfederung Achse 2: Antriebsachse, Luftfederung, zwillingsbereift Achse 3: Nachlaufachse, auf Wunsch anhebbar, Luftfederung, einfachbereift		
Motor	MAN D 2566 MTF Direkteinspritz-Dieselmotor mit Abgas-Turbolader	MAN D 2566 MKF Direkteinspritz-Dieselmotor mit Abgas-Turbolader und Ladeluftkühlung	
Zylinder	6 (Reihe)	6 (Reihe)	
Bohrung × Hub	125 × 155 mm	125 × 155 mm	
Hubraum	11 413 ccm	11 413 ccm	
Leistung	280 PS (206 kW) b. 2200 U/min.	280 PS (206 kW) b. 2200 U/min.	320 PS (265 kW) b. 2200 U/min.
Getriebe	9 Gang	16 Gang ZF oder Fuller	
	Pritschenwagen		
Radstand	4100 oder 4600 + 1350 mm		
Pritsche	Mit Nahverkehrs-Fahrerhaus: 7100 (7900) mm Mit Fernverkehrs-Fahrerhaus: 6300 (7100) mm		
Gesamtmaße	8600–9840 × 2500 × 2960 mm (Höhe über Fahrerhaus)		
Reifen	13 R 22,5, Export: 12,00–20 Super Achse 2: Zwillingsräder, Achse 3: Einfachräder		
Wagengewicht (mit Fahrer)	8750–9000 kg		
Zuläss. Gesamtgewicht	22 000 kg		
Zuläss. Lastzuggewicht	38 000 kg		
	Sattelzugmaschine		
Radstand	3400 + 1350 mm		

	MAN 20.320 FVLS **MAN 22.320 FVLS** **1972–1978**
Bauart	Sechsrad-Frontlenker-Sattelzugmaschine (6 × 2) für Straßen-Fernverkehr Achse 1: Lenkachse, Blattfedern Achse 2: Mitlenkende Vorlaufachse, Luftfederung, einfachbereift Achse 3: Antriebsachse, Luftfederung, zwillingsbereift
Motor	MAN D 2530 MXF Direkteinspritz-Dieselmotor
Zylinder	10 (V-Form)
Bohrung × Hub	125 × 130 mm
Hubraum	15 953 ccm
Leistung	320 PS (235 kW) b. 2500 U/min
Getriebe	9 Gang ZF oder Fuller
	Sattelzugmaschine
Radstand	2300 + 1300 mm
Gesamtmaße	5835 × 2500 × 2875 mm (Höhe über Fahrerhaus)
Reifen	12,00–20 Super Achse 2 einfach-, Achse 3 zwillingsbereift
Wagengewicht (mit Fahrer)	7900–8000 kg
Zuläss. Gesamtgewicht	20 000 bzw. 22 000 kg
Zuläss. Sattellast	14 000 kg
Zuläss. Lastzuggewicht	38 000 kg

	MAN 20.280 FVLS **MAN 22.280 FVLS** **1976–1981**	**MAN 20.281 FVLS** **MAN 22.281 FVLS** **1979–1985**	**MAN 20.321 FVLS** **MAN 22.321 FVLS** **1979–1985**
Bauart	Sechsrad-Frontlenker-Sattelzugmaschine (6 × 2) für Straßen-Fernverkehr Achse 1: Lenkachse, Blattfederung Achse 2: Mitlenkende Vorlaufachse, Luftfederung, einfachbereift Achse 3: Antriebsachse, Luftfederung, zwillingsbereift		
Motor	MAN D 2566 MTF Direkteinspritz-Dieselmotor mit Abgas-Turbolader	MAN D 2566 MKF Direkteinspritz-Dieselmotor mit Abgas-Turbolader und Ladeluft-Kühlung	
Zylinder	6 (Reihe)	6 (Reihe)	
Bohrung × Hub	125 × 155 mm	125 × 155 mm	
Hubraum	11 413 ccm	11 413 ccm	
Leistung	280 PS (206 kW) b. 2200 U/min.	280 PS (206 kW) b. 2200 U/min.	320 PS (235 kW) b. 2200 U/min.
Getriebe	9 Gang	16 Gang ZF oder Fuller	
	Sattelzugmaschine		
Radstand	2300 + 1300 mm		
Gesamtmaße	6085 × 2500 × 2990 mm (Höhe über Fahrerhaus)		
Reifen	13 R 22,5 Achse 2 einfach-, Achse 3 zwillingsbereift		
Wagengewicht (mit Fahrer)	7900–8000 kg		
Zuläss. Gesamtgewicht	20 000 bzw. 22 000 kg		
Zuläss. Sattellast	14 000 kg		
Zuläss. Lastzuggewicht	38 000 kg		

MAN 22.281 FNL/LL
mit Nachlaufachse, Voll-Luftfederung und
Behälter-Aufbau für Futtermittel-Transporte
1983

MAN 22.240 FVL-TM
mit luftgefederter Vorlaufachse
Transport-Betonmischer (5,5 m³)
1983

Bauart

Motor

Zylinder
Bohrung × Hub
Hubraum
Leistung
Getriebe

Radstand

Pritsche

Gesamtmaße
Reifen
Wagengewicht (mit Fahrer)
Zuläss. Gesamtgewicht
Zuläss. Lastzuggewicht

Radstand

Pritsche

Radstand

Radstand

Radstand
Pritsche
Gesamtmaße
Reifen
Wagengewicht (mit Fahrer)
Zuläss. Gesamtgewicht

Motor

Zylinder
Bohrung × Hub
Hubraum
Leistung
Getriebe

MAN 22.192 DF 1979–1980	MAN 26.240 DF 1974–1976	MAN 26.240 DF 1977–1983	MAN 26.280 DF 1976–1984
Frontlenker-Lastwagen 6 × 4	Frontlenker-Schwerlastwagen 6 × 4 und 6 × 6 6 × 4 = Antrieb auf beide Hinterachsen 6 × 6 = Antrieb auf alle drei Achsen		
MAN D 2565 MF Direkteinspritz-Dieselmotor	MAN D 2556 MXF Direkteinspritz-Dieselmotor	MAN D 2566 MXF Direkteinspritz-Dieselmotor	MAN D 2566 MTF Direkteinspritz-Dieselmotor mit Abgas-Turbolader
5 (Reihe)	6 (Reihe)	6 (Reihe)	6 (Reihe)
125 × 155 mm	125 × 150 mm	125 × 155 mm	125 × 155 mm
9511 ccm	11 045 ccm	11 413 ccm	11 413 ccm
192 PS (141 kW) b. 2200 U/min	240 PS (177 kW) b. 2300 U/min	240 PS (177 kW) b. 2200 U/min	280 PS (206 kW) b. 2200 U/min
6 Gang oder 6 Gang + Vorschaltgruppe	6 Gang oder 9 Gang oder 6 Gang + Vorschaltgruppe, 6 × 6: 6 Gang + Vorgelege		6 Gang ZF oder Fuller, dazu bei 6 × 6: Vorgelege
Fahrgestell für Pritschen- und Sonderaufbauten	**Pritschenwagen**		
3600 oder 4000 + 1270 mm	6 × 4: 4500 + 1350 mm		
	Für Sonderaufbauten auch 3200, 3500, 3850 oder 4200 + 1350 mm		
	6 × 6: 3850 + 1350 mm		
	Mit Fahrerhaus kurz: 7900 mm		
	Mit Fahrerhaus lang: 7100 mm		
	8900–9800 × 2500 × 2880 mm (Höhe über Fahrerhaus)		
11 R 22,5 (4 Zw.-Hinterräder)	11 R 22,5 oder 10,00–20 Super (4 Zwillings-Hinterräder)		
	9200–9900 kg		
22 000 kg	22 000 oder 26 000 kg		
	38 000 kg		
	Kipper		
	6 × 4: 2800 oder 3200 + 1350 mm		
	6 × 6: 3400 oder 3550 + 1350 mm		
	4800 mm		
	Betonmischer		
	6 × 4: 2800 + 1350 mm		
	Sattelzugmaschine		
	6 × 4: 2800 oder 3200 + 1350 mm		
	6 × 6: 3550 oder 3850 + 1350 mm		
	20.240 DFAEG, 20.280 DFAEG: Militär-Gelände-Lastwagen 6 × 6		
	4000 + 1400 mm		
	6200 mm		
	9100 × 2500 × 3250 mm (Höhe über Fahrerhaus)		
	14,00–20 (PR 18) M (Einzel-Hinterräder)		
	10 000 kg		
	20 300 kg		

MAN 26.256 DF 1972–1977	MAN 26.320 DF 1972–1986	MAN 26.281 DF 1980–1983	MAN 26.321 DF 1980–1983
MAN D 2538 M Direkteinspritz-Dieselmotor	MAN D 2530 MXF Direkteinspritz-Dieselmotor	MAN D 2566 MKF Direkteinspritz-Dieselmotor mit Abgas-Turbolader und Ladeluft-Kühlung	
8 (V-Form)	10 (V-Form)	6 (Reihe)	
125 × 130 mm	125 × 130 mm	125 × 155 mm	
12 763 ccm	15 953 ccm	11 413 ccm	
256 PS (199 kW) b. 2500 U/min	320 PS (235 kW) b. 2500 U/min	280 PS (206 kW) b. 2200 U/min	320 PS (235 kW) b. 2200 U/min
6 Gang + Vorschaltgruppe	9 Gang ZF oder Fuller, dazu bei 6 × 6: Vorgelege	16 Gang, dazu bei 6 × 6: Vorgelege	
Bauart, Maße, Reifen und Gewichte wie oben			

MAN 26.281 DFAK 6 × 6 Dreiseiten-Kipper 1984

Bauart
Motor

Zylinder
Bohrung × Hub
Hubraum
Leistung
Getriebe

Radstand

Radstand

Pritsche
Gesamtmaße

Reifen

Wagengewicht (mit Fahrer)
Zuläss. Gesamtgewicht
Zuläss. Lastzuggewicht

Radstand

Bauart
Motor

Zylinder
Bohrung × Hub
Hubraum
Leistung
Getriebe

Radstand

Radstand

Pritsche
Gesamtmaße

Reifen
Zuläss. Gesamtgewicht

Radstand

Reifen
Wagengewicht (mit Fahrer)
Zuläss. Gesamtgewicht

MAN 32.240 DF **1974–1976**	**MAN 32.240 DF** **1977–1983**	**MAN 32.320 DF** **1972–1986**	**MAN 38.320 DF** **1972–1986**
Frontlenker-Schwerlastwagen 6 × 4 und 6 × 6			
MAN D 2556 MXF	MAN D 2566 MXF	MAN D 2530 MXF	
Direkteinspritz-Dieselmotor	Direkteinspritz-Dieselmotor	Direkteinspritz-Dieselmotor	
6 (Reihe)	6 (Reihe)	10 (V-Form)	
125 × 150 mm	125 × 155 mm	125 × 130 mm	
11 045 ccm	11 413 ccm	15 953 ccm	
240 PS (177 kW) b. 2300 U/min	240 PS (177 kW) b. 2200 U/min	320 PS (255 kW) b. 2500 U/min	
6 Gang oder 6 Gang + Vorschaltgruppe, 6 × 6: 6 Gang + Vorgelege		ZF oder Fuller 9 Gang 6 × 6: 9 Gang + Vorgelege	Fuller 16 Gang 6 × 6: 16 Gang + Vorgelege
Fahrgestell für Pritschen- und Sonderaufbauten 3200, 3850 oder 4500 + 1350 mm			
Kipper			**Muldenkipper**
6 × 4: 3200 + 1350 mm 6 × 6: 3400 oder 3850 + 1350 mm			3400 + 1350 mm
4800 mm			5100 mm
7520–7800 × 2500 × 2870 (6 × 6: 3100) mm (Höhe über Fahrerhaus)			8000 × 2500 × 3135 mm (Höhe über Fahrerhaus)
12,00–20 Super			12,00–24 / PR 20
4 Zwillings-Hinterräder			4 Zwillings-Hinterräder
12 000 kg			13 500 kg
32 000 kg			38 000 kg
38 000 kg			technisch 105 000 kg
Sattelzugmaschine 3200 oder 3400 + 1350 mm			**Sattelzugmaschine** 6 × 6: 3400 + 1350 mm

MAN 32.281 DF **1979–1983**	**MAN 32.321 DF** **1979–1983**
Frontlenker-Schwerlastwagen 6 × 4 und 6 × 6	
MAN D 2566 MKF	
Direkteinspritz-Dieselmotor mit Abgas-Turbolader und Ladeluft-Kühlung	
6 (Reihe)	
125 × 155 mm	
11 413 ccm	
280 PS (206 kW) b. 2200 U/min	320 PS (235 kW) b. 2200 U/min
ZF oder Fuller 16 Gang 6 × 6: 16 Gang + Vorgelege	
Fahrgestell für Pritschen- und Sonderaufbauten 3200, 3850, 4200 oder 4500 + 1350 mm	
Kipper 6 × 4: 3200 + 1350 mm 6 × 6: 3400 oder 3550 + 1350 mm	
4800 mm	
7520–7800 × 2500 × 2870 (6 × 6: 3100) mm (Höhe über Fahrerhaus)	
13 R 22,5 oder 12,00–20 Super (4 Zwillings-Hinterräder)	
32 000 kg	
Sattelzugmaschine 3200, 3400, 3550 oder 3850 + 1350 mm 6 × 6: 3550 oder 3850 + 1350 mm	
13 R 22,5 oder 12,00–20 Super (4 Zwillings-Hinterräder)	
8600–9600 kg	
38 000 kg	

MAN 26.320 DFS
Sattelzugmaschine mit
Blumhardt Pritschen-Aufleger
in Bundesbahn-Ausführung
1974

MAN 26.281 DFS
Sattelzugmaschine mit
Ladekran und Aufleger
für Langholztransport
1983

MAN 30.240 VF
Vierachs-Fahrgestell mit
Hochdruck-Spül- und
Sauge-Aufbau für die
Industrie-Entsorgung
1981

→
→

MAN 48.321 VFAK 8 × 8
»Super-Kiesbomber«
Mulden-Hinterkipper (24 m^3)
für Großbaustelleneinsatz
Aufbau:
Hönkhaus (Gelsenkirchen)
Gesamtpreis 330 000 DM
1983

HONKHAUS
SCHOLTEN&SÖHNE
M·A·N
DIESEL
WES-0422
HINTERKIPPER

HONKHAUS
HINTERKIPPER

Büssing-Gedächtnis-Lastwagen (ab 1972)

Obwohl damals auch bei Büssing kaum mehr als die Hälfte aller Lastwagen einen Unterflurmotor besaß, war dieser längst gewissermaßen zu einem Markensymbol, ja sogar zu einem Gütesiegel geworden. Es gab viele Fuhrunternehmer und Fernfahrer, welche auf dieses Konzept schworen und es für die ultima ratio hielten. Und weil der Unterflurmotor tatsächlich für bestimmte Verwendungen, so insbesondere für Schwerlastwagen im Güterfernverkehr, gravierende Vorzüge aufweist, hat die MAN folgerichtig gehandelt, diese Bauart in ihr eigenes Bau- und Verkaufsprogramm mit zu übernehmen. Nicht oder nur als Aus-

MAN-Büssing 11.136 U Pritschenwagen 1972–1973

MAN-Büssing 11.136 U / 13.136 U Pritschenwagen 1973–1974

MAN 14.192 U Ausstellungswagen 1984

laufmodelle weitergebaut wurden die einst von Büssing angebotenen Haubenwagen sowie alle Frontlenker mit der üblichen Anordnung des Motors im Fahrerhaus. Im übrigen hat man auch die Unterflurtypen auf die wichtigsten reduziert. Diese wurden zunächst ziemlich unverändert weitergeführt, dann aber sukzessive mit Fahrerhäusern, Motoren, Achsen und anderen Aggregaten aus dem eigenen Baukasten der MAN komplettiert. Ab 1979 waren auch die Lastwagen mit Unterflurmotoren zu rassereinen MAN-Typen geworden, weshalb von da an auf der Wagenfront statt »MAN-Büssing« nur noch der Schriftzug »MAN« stand. Um aber auch weiterhin an die Tradition der Marke Büssing zu erinnern, tragen jetzt alle MAN Fahrzeuge den Braunschweiger Burglöwen als zusätzliches Markensymbol. Freilich kann das nur eine gutgemeinte Geste sein, denn dieser Löwe hat außerhalb seiner engeren Heimat keinen besonders großen Bekanntheitsgrad. Jetzt schon meinen immer mehr Leute, es handele sich da vorn auf den MAN Lastwagen um den bayerischen Löwen!

MAN-Büssing 16.320 U Fernlastzug 1972–1973

MAN-Büssing 16.320 U Fernlastzug 1973–1977

	MAN-Büssing 11.136 U 1972–1979 MAN 11.136 U 1979–1981	MAN-Büssing 13.136 U 1972–1979 MAN 13.136 U 1979–1981
Bauart	Mittelgroßer Frontlenker-Lastwagen 4 × 2 liegender Unterflur-Motor zwischen den Achsen	
Motor	MAN D 0216 MXUL Direkteinspritz-Dieselmotor 4 Zylinder in Reihe, 102 × 112 mm, 5490 ccm, 136 PS bei 3000 U/min	
Getriebe	5 Gang	
	Pritschenwagen	
Radstand	3900, 4200 oder 5050 mm	
Pritsche	5600 (6100) (7600) mm	
Gesamtmaße	7320 (7820) (9320) × 2500 × 2760 mm	7320 (7820) (9320) × 2500 × 2775 mm
Reifen	8,25–20 PR 14 (Zwillings-Hinterräder)	9,00–20 PR 14 (Zwillings-Hinterräder)
Wagengewicht (mit Fahrer)	4770 (4820) (4900) kg	4890 (4940) (5020) kg
Zuläss. Gesamtgewicht	11 000 kg	13 000 kg
		13.136 UK: Kipper, Radstand 3450 mm

	MAN-Büssing 12.192 U 1972–1975	MAN-Büssing 13.192 U 1972–1975	MAN-Büssing 14.192 U 1972–1975	MAN-Büssing 15.192 U 1972–1975
Motor	Büssing U 11 D Direkteinspritz-Dieselmotor 6 Zylinder in Reihe, 128 × 150 mm, 11 581 ccm, 192 PS bei 2200 U/min			
Getriebe	6 Gang			
	Pritschenwagen		**Pritschenwagen**	
Radstand	4300 mm		4300 mm	
Pritsche	6100 mm		6100 mm	
Gesamtmaße	7820 × 2500 × 2650 mm		7820 × 2500 × 2680 mm	
Reifen	9,00–20 PR 12 Zw.-Hinterräder	9,00–20 PR 14 Zw.-Hinterräder	10,00–20 PR 14 Zw.-Hinterräder	10,00–20 PR 16 Zw.-Hinterräder
Wagengewicht (mit Fahrer)	5810 kg	5840 kg	6075 kg	6100 kg
Zuläss. Gesamtgewicht	12 400 kg	13 200 kg	14 000 kg	15 000 kg

	MAN-Büssing 13.192 U 1975–1978	MAN-Büssing 14.192 U 1975–1979 MAN 14.192 U ab 1979
Motor	Bis 1976: MAN D 2555 MXUL Direkteinspritz-Dieselmotor 5 Zylinder in Reihe, 125 × 150 mm, 9199 ccm, 192 PS (141 kW) bei 2300 U/min Ab 1977: MAN D 2565 MUL Direkteinspritz-Dieselmotor 5 Zylinder in Reihe, 125 × 155 mm, 9511 ccm, 192 PS (141 kW) bei 2200 U/min	
Getriebe	6 Gang oder 6 Gang + Vorschaltgruppe	
	Pritschenwagen	**Pritschenwagen**
Radstand	3900, 4350 oder 5300 mm Für Sonderaufbauten auch 4100 oder 4650 mm	4350 oder 5300 mm Für Sonderaufbauten auch 3900 oder 4800 mm
Pritsche	5000 (6100) (7600) mm	Mit Fahrerhaus kurz 6100 (7600) mm Mit Fahrerhaus lang 5600 (7100) mm
Gesamtmaße	7000 (8025) (9525) × 2500 × 2830 mm	8025 (9525) × 2500 × 2850 mm
Reifen	9,00–20 PR 14 (Zwillings-Hinterräder)	10 R 22,5 (Zwillings-Hinterräder)
Wagengewicht (mit Fahrer)	5750–6150 kg	5950–6200 kg
Zuläss. Gesamtgewicht	13 000 kg	14 000 kg
		14.192 UL: Luftfederung hinten

	MAN-Büssing 16 256 U 1972–1973	MAN-Büssing 16.320 U 1972–1973	MAN-Büssing 22.320 UN 1972–1973
Bauart	Frontlenker-Schwerlastwagen 4 × 2 für den Güterfernverkehr Längsliegender Unterflur-Motor zwischen den Achsen Hinterachse mit Blatt- oder Luftfedern		Dreiachs-Frontlenker-Schwerlastwagen 6 × 2 für den Güterfernverkehr Längsliegender Unterflur-Motor zwischen den Achsen Hinterachse mit Blatt- oder Luftfedern Achse 3 = Nachlaufachse (a. W. pneumatisch anhebbar)
Motor	Büssing U 12 D Direkteinspritz- Dieselmotor	Büssing U 12 DA Direkteinspritz- Dieselmotor mit Abgas-Turbolader	Büssing U 12 DA Direkteinspritz- Dieselmotor mit Abgas-Turbolader
Zylinder	6 (Reihe)	6 (Reihe)	6 (Reihe)
Bohrung × Hub	132 × 150 mm	132 × 150 mm	132 × 150 mm
Hubraum	12 316 ccm	12 316 ccm	12 316 ccm
Leistung	256 PS bei 2300 U/min	320 PS bei 2200 U/min	320 PS bei 2200 U/min
Getriebe	ZF 6 oder 2 × 6 Gang	Fuller 9 Gang	Fuller 9 Gang
	Pritschenwagen mit Großraum-Fahrerhaus		**Pritschenwagen mit Großraum-Fahrerhaus**
Radstand	4800 oder 5250 mm		4800 + 1300 mm
Pritsche	5600 (6100) mm		7000 mm
Gesamtmaße	7800 (8300) × 2500 × 2885 mm (Höhe über Fahrerhaus)		9235 × 2500 × 2885 mm (Höhe über Fahrerhaus)
Reifen	12,00–20 PR 16 Zwillings-Hinterräder		12,00–20 PR 16 Achse 2 = Antriebsachse: Zwillingsräder Achse 3 = Nachlaufachse: Einzelräder
Wagengewicht (mit Fahrer)	7200–7800 kg		9000–9100 kg
Zuläss. Gesamtgewicht	16 000 kg		22 000 kg
Zuläss. Lastzuggewicht	38 000 kg		38 000 kg
		16.320 UK: Dreiseiten-Kipper	
Radstand		4550 mm	
Pritsche		4800 mm	

	MAN-Büssing 16.256 U 1973–1977	MAN-Büssing 16.320 U 1973–1977	MAN-Büssing 22.320 UN 1973–1977
Bauart	wie oben		wie oben
Motor	wie oben		wie oben
Getriebe	ZF 6 oder 2 × 6 Gang	ZF 9 Gang	ZF 9 Gang
	Pritschenwagen		**Pritschenwagen mit Fahrerhaus lang**
Radstand	4700 oder 5100 mm		4700 + 1350 mm
Pritsche	Fahrerhaus kurz: 6100 (6500) mm Fahrerhaus lang: 5600 (6100) mm		7100 mm
Gesamtmaße	8000 (8400) × 2500 × 2860 mm (Höhe über Fahrerhaus)		9400 × 2500 × 2860 mm (Höhe über Fahrerhaus)
Reifen	11,00 oder 12,00–20 PR 16 Zwillings-Hinterräder		12,00–20 PR 16 Achse 2 = Antriebsachse: Zwillingsräder Achse 3 = Nachlaufachse: Einzelräder
Wagengewicht (mit Fahrer)	7450–7800 kg		9000 kg
Zuläss. Gesamtgewicht	16 000 kg		22 000 kg
Zuläss. Lastzuggewicht	38 000 kg		38 000 kg
		16.320 UK: Dreiseiten-Kipper	
Radstand		4700 mm	
Pritsche		4800 mm	

	MAN-Büssing 19.240 U 1977–1979	**MAN-Büssing 19.320 U 1977–1979**	**MAN-Büssing 22.240 UN 1977–1979**	**MAN-Büssing 22.320 UN 1977–1979**
Bauart	Frontlenker-Schwerlastwagen 4 × 2 für den Güterfernverkehr Längsliegender Unterflur-Motor zwischen den Achsen Rundum Blatt- oder Luftfedern		Dreiachs-Frontlenker-Schwerlastwagen 6 × 2 für den Güterfernverkehr Längsliegender Unterflur-Motor zwischen den Achsen Rundum Blatt- oder Luftfedern Achse 1 = Lenkachse, Achse 2 = Antriebsachse, Achse 3 = Nachlaufachse (a. W. anhebbar)	
Motor	MAN D 3256 BYUL Direkteinspritz- Dieselmotor	MAN D 3256 BTXU Direkteinspritz- Dieselmotor mit Abgas-Turbolader	MAN D 3256 BYUL Direkteinspritz- Dieselmotor	MAN D 3256 BTXU Direkteinspritz- Dieselmotor mit Abgas-Turbolader
Zylinder	6 (Reihe)	6 (Reihe)	6 (Reihe)	6 (Reihe)
Bohrung × Hub	132 × 150 mm	132 × 150 mm	132 × 150 mm	132 × 150 mm
Hubraum	12 316 ccm	12 316 ccm	12 316 ccm	12 316 ccm
Leistung	240 PS (177 kW) bei 2300 U/min	320 PS (235 kW) bei 2200 U/min	240 PS (177 kW) bei 2300 U/min	320 PS (235 kW) bei 2200 U/min
Getriebe	ZF 6 oder 2 × 6 Gang	ZF 9 Gang	ZF 6 oder 2 × 6 Gang	ZF 9 Gang
	Pritschenwagen		**Pritschenwagen**	
Radstand	4700 oder 5100 mm		4700 + 1350 mm	
Pritsche	Fahrerhaus kurz: 6100 (6500) mm Fahrerhaus lang: 5600 (6100) mm		Fahrerhaus lang: 7100 mm	
Gesamtmaße	8000 (8400) × 2500 × 2950 mm (Höhe über Fahrerhaus)		9400 × 2500 × 2950 mm (Höhe über Fahrerhaus)	
Reifen	13 R 22,5 Zwillings-Hinterräder		12 R 22,5 Achse 2 = Antriebsachse: Zwillingsräder Achse 3 = Nachlaufachse: Einzelräder	
Wagengewicht (mit Fahrer)	7650–8000 kg		9000 kg	
Zuläss. Gesamtgewicht	19 000 kg		22 000 kg	
Zuläss. Lastzuggewicht	38 000 kg		38 000 kg	
	Dreiseiten-Kipper			
Radstand	4700 mm			
Pritsche	4800 mm			

	MAN 19.241 U 1979–1981	**MAN 19.321 U 1979–1985**	**MAN 22.241 UN 1979–1981**	**MAN 22.321 UN 1979–1985**
Bauart	wie oben		wie oben	
Motor	MAN D 2566 MUL Direkteinspritz- Dieselmotor	MAN D 2566 MKUL Direkteinspritz- Dieselmotor mit Abgas-Turbolader und Ladeluft-Kühlung	MAN D 2566 MUL Direkteinspritz- Dieselmotor	MAN D 2566 MKUL Direkteinspritz- Dieselmotor mit Abgas-Turbolader und Ladeluft-Kühlung
Zylinder	6 (Reihe)	6 (Reihe)	6 (Reihe)	6 (Reihe)
Bohrung × Hub	125 × 155 mm	125 × 155 mm	125 × 155 mm	125 × 155 mm
Hubraum	11 413 ccm	11 413 ccm	11 413 ccm	11 413 ccm
Leistung	240 PS (177 kW) bei 2200 U/min	320 PS (235 kW) bei 2200 U/min	240 PS (177 kW) bei 2200 U/min	320 PS (235 kW) bei 2200 U/min
Getriebe	ZF 6 oder 2 × 6 Gang	ZF oder Fuller 16 Gang	ZF 6 oder 2 × 6 Gang	ZF oder Fuller 16 Gang
	Pritschenwagen Maße und Gewichte wie oben		**Pritschenwagen** Maße und Gewichte wie oben	
	Dreiseiten-Kipper Maße wie oben			

	MAN 19.331 U **1985–1986**	**MAN 19.361 U** **1985–1986**	**MAN 22.331 UN** **MAN 24.331 UN** **1985–1987**	**MAN 22.361 UN** **MAN 24.361 UN** **1985–1987**
Bauart	Frontlenker-Schwerlastwagen 4 × 2		Dreiachs-Frontlenker-Schwerlastwagen 6 × 2	
	für den Güterfernverkehr		für den Güterfernverkehr	
	Längsliegender Unterflur-Motor		Längsliegender Unterflur-Motor	
	zwischen den Achsen		zwischen den Achsen	
	Rundum Blatt- oder Luftfedern		Achse 1 = Lenkachse, Achse 2 = Antriebsachse,	
			Achse 3 = Nachlaufachse (anhebbar)	
			Achse 1: Blatt- oder Luftfederung	
			Achse 2 + 3: Luftfederung	
Motor	MAN D 2866 LUL	MAN D 2866 KUL	MAN D 2866 LUL	MAN D 2866 KUL
	Direkteinspritz-Dieselmotor mit Abgas-Turbolader und Ladeluft-Kühlung	Direkteinspritz-Dieselmotor mit Abgas-Turbolader und Ladeluft-Kühlung	Direkteinspritz-Dieselmotor mit Abgas-Turbolader und Ladeluft-Kühlung	Direkteinspritz-Dieselmotor mit Abgas-Turbolader und Ladeluft-Kühlung
Zylinder	6 (Reihe)	6 (Reihe)	6 (Reihe)	6 (Reihe)
Bohrung × Hub	128 × 155 mm	128 × 155 mm	128 × 155 mm	128 × 155 mm
Hubraum	11 967 ccm	11 967 ccm	11 967 ccm	11 967 ccm
Leistung	330 PS (243 kW) bei 2200 U/min	360 PS (265 kW) bei 2200 U/min	330 PS (243 kW) bei 2200 U/min	360 PS (265 kW) bei 2200 U/min
Getriebe	ZF 16 Gang	Fuller 13 Gang	ZF 16 Gang	Fuller 13 Gang
	Pritschenwagen		**Pritschenwagen**	
Radstand	4700 oder 5100 mm		4700 + 1350 mm	
Pritsche	Fahrerhaus kurz: 6100 (6500) mm		Fahrerhaus kurz: 7600 mm	
	Fahrerhaus lang: 5600 (6100) mm		Fahrerhaus lang: 7100 mm	
Gesamtmaße	7870–8710 × 2500 × 2950 mm (Höhe über Fahrerhaus)		9400 × 2500 × 2950 mm (Höhe über Fahrerhaus)	
Reifen	12 bzw. 13 R 22,5		12 bzw. 13 R 22,5	
	Zwillings-Hinterräder		Achse 2 = Antriebsachse: Zwillingsräder	
			Achse 3 = Nachlaufachse: Einzelräder	
Wagengewicht (mit Fahrer)	7700–8000 kg		9000–9200 kg	
Zuläss. Gesamtgewicht	17 000 bzw. 19 000 kg		22 000 bzw. 24 000 kg	
Zuläss. Lastzuggewicht	40 000 kg		40 000 kg	

	MAN 19.332 U **ab 1986**	**MAN 19.362 U** **ab 1986**	**MAN 24.332 UN** **ab 1987**	**MAN 24.362 UN** **ab 1987**
Bauart	wie oben, jedoch Großraum-Fahrerhaus F 90		wie oben, jedoch Großraum-Fahrerhaus F 90	
Motor und Getriebe	wie oben		wie oben	
	Pritschenwagen		**Pritschenwagen**	
Radstand	5100 mm		4700 + 1350 mm	
Pritsche	6150 mm		7150 mm	
Gesamtmaße	8430 × 2500 × 3100 mm (Höhe über Fahrerhaus)		9430 × 2500 × 3100 mm (Höhe über Fahrerhaus)	
Reifen	12 bzw. 13 R 22,5		12 bzw. 13 R 22,5	
	Zwillings-Hinterräder		Achse 2 = Antriebsachse: Zwillingsräder	
			Achse 3 = Nachlaufachse: Einzelräder	
Wagengewicht (mit Fahrer)	8200 kg		9300 kg	
Zuläss. Gesamtgewicht	17 000 bzw. 19 000 kg		24 000 kg	
Zuläss. Lastzuggewicht	40 000 kg		40 000 kg	

MAN 22.361 UN Fernlastwagen für Wechselaufbauten. Baujahr 1983

MAN 22.361 UN Fernlastwagen mit breitem Fahrerhaus (Typ 930) 1986

MAN 10.332 U Fernlastzug mit Fahrerhaus F 90 (1987)

MAN-VW Gemeinschafts-Baureihe (ab 1979)

Im August 1977 vereinbarten die MAN und das Volkswagenwerk, eine Typenfamilie leichter Lastwagen gemeinsam zu entwickeln und zu fertigen. Die Einführung der neuen Fahrzeuge erfolgte bei der Frankfurter Automobil-Ausstellung im September 1979. Bereits zwei Monate später begann die Auslieferung. Es handelte sich zunächst um vier Typen von 6 bis 9 t Gesamtgewicht, wobei die Dieselmotoren, der Rahmen, die Bremsen und die Vorderachsen von der MAN, die vom Fahrerhaus des Volkswagen LT abgeleitete Kippkabine, ferner die Pritsche, das Getriebe und die Hinterachse von VW stammten.

Leider litt der Anlauf des von der Technik her grundsoliden Konzepts unter preis- und verkaufspolitischen Widrigkeiten. Die ursprünglich erhoffte Jahresproduktion von 15 000 Fahrzeugen, wovon drei Viertel bei VW in Hannover und ein Viertel bei der MAN in Salzgitter hergestellt werden sollten, wurden allerdings bei weitem verfehlt. Etwa ein Drittel dieser Zahl ließ sich realisieren, wobei auf jeden der beiden Partner ungefähr die Hälfte entfiel. So lag es nahe, ab 1972 die gesamte G-Reihe nur noch bei der MAN in Salzgitter zu montieren. Der Verkauf lief übrigens praktisch von Anfang an sowieso nur über die MAN.

1981 brachte die MAN einen Zehntonner heraus, der zwar nicht offiziell, aber seiner gesamten Technik nach zur G-Reihe gehört. 1982 folgte mit der Variante MAN-VW 8.136 FAE ein kleines Geländefahrzeug mit permanentem Allrad-Antrieb und Niederdruck-Einzelreifen. Auf der Frankfurter Automobil-Ausstellung im September 1987 stellte sich die G-Reihe mit höheren Motorleistungen und geänderter Frontgestaltung (Scheinwerfer im Plastik-Stoßbalken) vor.

MAN-VW 8.136 F
Pritschenwagen
mit Stahlbrücke
Modell 1981–1987

MAN-VW 8.136 FAE
Radstand 3500 mm
Straßendienstfahrzeug mit
Meiller Dreiseiten-Kipper,
Meiller Ladekran und
Pietsch Streuer
1983

MAN-VW 8.136 FAE
Einsatzfahrzeug LF 8
für kleine Feuerwehren
Besatzung 8 + 1 Mann
Aufbau: Ziegler
1985

	MAN-VW 6.90 F 1979–1987	MAN-VW 8.90 F 1979–1987	MAN-VW 8.136 F 1979–1987	MAN-VW 9.136 F 1979–1987	MAN 10.136 F 1981–1987
Bauart	Leichter Frontlenker-Lastwagen 4 × 2		Leichter-Frontlenker-Lastwagen 4 × 2 Pritschenwagen und Sattelzugmaschine ab 1983 wahlweise mit Luftfederung hinten		
Motor	MAN D 0224 MF Direkteinspritz-Dieselmotor		MAN D 0226 MF Direkteinspritz-Dieselmotor		
Zylinder	4 (Reihe)		6 (Reihe)		
Bohrung × Hub	102 × 116 mm		102 × 116 mm		
Hubraum	3791 ccm		5687 ccm		
Leistung	90 PS (66 kW) bei 3000 U/min		136 PS (100 kW) bei 3000 U/min		
Getriebe	5 Gang		5 Gang		
	Pritschenwagen		**Pritschenwagen**		
Radstand	3100, 3600, 4250 oder 4600 mm		3100, 3600, 4250 oder 4600 mm Für Sonderaufbauten auch 5100 mm		
Pritsche	3750 (4600) (5600) (6150) mm		3750 (4600) (5600) (6150) mm		
Gesamtmaße	5700–8100 × 2365 × 2365–2385 mm (Höhe über Fahrerhaus)		5700–8100 × 2365 × 2385–2410 mm (Höhe über Fahrerhaus)		
Reifen	8 R 17,5 Zw.-Hinterräder	8,5 R 17,5 Zw.-Hinterräder	8,5 R 17,5 Zw.-Hinterräder	9 R 17,5 Zw.-Hinterräder	9,5 R 17,5 Zw.-Hinterräder
Wagengewicht (mit Fahrer)	3060–3430 kg	3190–3540 kg	3280–3680 kg	3430–3720 kg	3440–3850 kg
Zuläss. Gesamtgewicht	5990 od. 6500 kg	7490 od. 8000 kg	7490 od. 8000 kg	8990 od. 9000 kg	10 000 kg
Zuläss. Lastzuggewicht	11 500 kg	13 000 kg	16 000–16 250 kg	18 000 kg	18 000 kg
	Dreiseiten-Kipper		**Dreiseiten-Kipper**		
Radstand	3100 mm		3100 mm		
Pritsche	3600 mm		3600 mm		
			Sattelzugmaschine		
Radstand			3100 mm		

			MAN-VW 8.136 FAE 1982–1987	MAN-VW 9.136 FAE 1986–1987	
Bauart			Leichter Frontlenker-Gelände- Lastwagen und Geräteträger 4 × 4		
Motor			136 PS wie oben		
Getriebe			5 Gang + Vorgelege		
			Pritschenwagen		
Radstand			3100 oder 3500 mm		
Pritsche			3750 (4500) mm		
Gesamtmaße			5700 (6500) × 2500 × 2685–2700 mm (Höhe über Fahrerhaus)		
Reifen			9,00 R 20 Einzel- Hinterräder	10,00 R 20 Einzel- Hinterräder	
Wagengewicht (mit Fahrer)			ca. 4300 kg	ca. 4400 kg	
Zuläss. Gesamtgewicht			8000 kg	9000 kg	
Zuläss. Lastzuggewicht			17 000 kg	17 000 kg	

MAN-VW 8.150 F
MAN-VW 9.150 F
Pritschenwagen
ab 1987

MAN-VW 8.150 F
MAN-VW 9.150 F
Dreiseiten-Kipper
ab 1987

MAN-VW 9.150 FAE
Expeditionsfahrzeug
1988

	MAN-VW 6.100 F ab 1987	MAN-VW 8.100 F ab 1987	MAN-VW 8.150 F ab 1987	MAN-VW 9.150 F ab 1987	MAN-VW 10.150 F ab 1987
Bauart	Leichter Frontlenker-Lastwagen 4 × 2		Leichter Frontlenker-Lastwagen 4 × 2 FL: mit Luftfederung hinten		
Motor	MAN D 0824 F Direkteinspritz-Dieselmotor		MAN D 0826 F Direkteinspritz-Dieselmotor		
Zylinder	4 (Reihe)		6 (Reihe)		
Bohrung × Hub	108 × 125 mm		108 × 125 mm		
Hubraum	4580 ccm		6871 ccm		
Leistung	102 PS (75 kW) bei 2700 U/min		150 PS (110 kW) bei 2700 U/min		
Getriebe	5 Gang		5 Gang		
	Pritschenwagen		**Pritschenwagen**		
Radstand	3600, 4250 oder 4600 mm Für Sonderaufbauten auch 3100 mm		3600, 4250 oder 4600 mm Für Sonderaufbauten auch 3100 oder 5100 mm		
Pritsche	4600 (5600) (6150) mm		4600 (5600) (6150) mm		
Gesamtmaße	6560–8110 × 2365 × 2355–2370 mm (Höhe über Fahrerhaus)		6560–8110 × 2365 × 2370–2400 mm (Höhe über Fahrerhaus)		
Reifen	205/75 R 17,5 Zw.-Hinterräder	205/75 R 17,5 Zw.-Hinterräder	215/75 R 17,5 Zw.-Hinterräder	215/75 R 17,5 Zw.-Hinterräder	235/75 R 17,5 Zw.-Hinterräder
Wagengewicht (mit Fahrer)	3300–3600 kg	3400–3700 kg	3600–3900 kg	3700–4000 kg	3750–4200 kg
Zuläss. Gesamtgewicht	5990 od. 6500 kg	7490 od. 8000 kg	7490 od. 8000 kg	8990 od. 9300 kg	10 000 kg
Zuläss. Lastzuggewicht	11 500 kg	13 000 kg	16 250 kg	16 250 kg	18 000 kg
	Dreiseiten-Kipper		**Dreiseiten-Kipper**		
Radstand	3100 mm		3100 mm		
Pritsche	3600 mm		3600 mm		
Reifen	8 R 17,5 Zw.-Hinterräder		8 R 17,5 Zw.-Hinterräder	9,5 R 17,5 Zw.-Hinterräder	9,5 R 17,5 Zw.-Hinterräder
			Sattelzugmaschine		
Radstand			3100 mm		

	MAN-VW 8.150 FAE ab 1987	MAN-VW 9.150 FAE ab 1987
Bauart	Leichter Frontlenker-Gelände-Lastwagen und Geräteträger 4 × 4	
Motor	150 PS wie oben	
Getriebe	5 Gang + Vorgelege	
	Pritschenwagen	
Radstand	3100 oder 3500 mm	
Pritsche	3800 (4500) mm	
Gesamtmaße	5700 (6500) × 2500 × 2685–2700 mm (Höhe über Fahrerhaus)	
Reifen	9,00 R 20 Einzel-Hinterräder	10,00 R 20 Einzel-Hinterräder
Wagengewicht (mit Fahrer)	ca. 4300 kg	ca. 4400 kg
Zuläss. Gesamtgewicht	7500 kg	9000 kg

Die Mittleren (ab 1983)

Seit es MAN Lastwagen gibt, waren das überwiegend Schwerlastwagen, wobei freilich solche Klassifizierung im Lauf der Jahrzehnte kräftig nach oben rutschte. In der (nach damaligen Begriffen) mittleren Gewichtsklasse trat die MAN erstmalig 1933 in Erscheinung, nämlich mit dem bis in den Krieg hinein gebauten Typ Z für 3 t Nutzlast bei 6,5 t Gesamtgewicht. Heute zählt man Lastwagen mit der doppelten Nutzlast und dem doppelten Gesamtgewicht zu jenen der mittleren Größenordnung. Die MAN war in dieser heutigen Mittelklasse auch während der sechziger und siebziger Jahre zwar stets vertreten, doch handelte es sich dabei nicht um originäre Mittelgewichtler, sondern um »abgelastete« Schwerlastwagen. Doch diese taten sich schwer auf dem Markt, denn sie waren vergleichsweise viel zu schwer und viel zu teuer.

Eine Serie »echter« Mittelklassewagen von 12 bis 16 (bzw. später 17) t Gesamtgewicht stellte die MAN im Frühjahr 1983 vor. Diese führten sich auf dem Markt gut ein, zumal keine nennenswerten Anfangsschwierigkeiten das Geschäft störten. Zum Antrieb verwendete man den vom MAN-VW her bekannten Motor, mit Aufladung für die größeren Einheiten. Die ursprüngliche Absicht, auch für die Mittelklasse das Fahrerhaus der Gr-Reihe zu verwenden, ließ sich allerdings nicht realisieren. So bekamen diese Wagen ein eigenständiges Fahrerhaus, abgeleitet, von diesem aber optisch abgehoben durch die Frontpartie, des mittelgroßen Unterflur-Typs. Sicherlich dürften in absehbarer Zeit konstruktive und formale Angleichungen der Mitelklasse an die Schwerlastwagen der neuen Baureihe F 90 erfolgen.

MAN 12.170 F
Pritschenwagen
Radstand 4900 mm
1983–1987

	MAN 12.136 F **MAN 14.136 F** **1983–1987**	**MAN 12.170 F, 12.192 F** **MAN 14.170 F, 14.192 F** **1983–1987**
Bauart	F = Frontlenker-Lastwagen FL = Luftfederung hinten	F = Frontlenker-Lastwagen FL = Luftfederung hinten, FA = Allrad-Antrieb 4 × 4
Motor	MAN D 0226 MF Direkteinspritz-Dieselmotor	MAN D 0226 MKF Direkteinspritz-Dieselmotor mit Abgas-Turbolader und Ladeluft-Kühlung
Zylinder	6 (Reihe)	6 (Reihe)
Bohrung × Hub	102 × 116 mm	102 × 116 mm
Hubraum	5687 ccm	5687 ccm
Leistung	136 PS (100 kW) b. 3000 U/min	170 PS (125 kW) bzw. 192 PS (141 kW) bei 2800 U/min
Getriebe	6 Gang oder 6 Gang + Vorschaltgruppe	6 Gang oder 6 Gang + Vorschaltgruppe, dazu bei 4 × 4: Vorgelege

	Pritschenwagen
Radstand	4350 oder 4900 mm Für Sonderaufbauten auch 3200, 3800 oder 5200 mm 4 × 4: 3200 oder 3600 mm
Pritsche	12 t mit Fahrerhaus kurz: 6300 (7100) mm 12 t mit Fahrerhaus lang: 5800 (6900) mm 14 t mit Fahrerhaus kurz: 6100 (7100) mm 14 t mit Fahrerhaus lang: 5600 (6000) mm
Gesamtmaße	8300–9500 × 2440 × 2790–2825 (4 × 4: 2950) mm (Höhe über Fahrerhaus)
Reifen	9, 10 oder 11 R 22,5 (Zwillings-Hinterräder)
Wagengewicht (mit Fahrer)	5200–5900 kg
Zuläss. Gesamtgewicht	11 800 bzw. 14 000 kg
	Dreiseiten-Kipper
Radstand	3200 mm
Pritsche	4000 mm
	Sattelzugmaschine
Radstand	3200 mm

	MAN 16.136 F, 16.170 F, 16.192 F (1984–1986) **MAN 17.136 F, 17.170 F, 17.192 F (1987)**
	Bauart, Motoren und Getriebe wie oben
	Pritschenwagen
Radstand	Mit Fahrerhaus kurz: 4700 oder 5150 mm Mit Fahrerhaus lang: 5600 mm Für Sonderaufbauten auch 4000, 4300 oder 5900 mm 4 × 4: 3600 mm
Pritsche	Mit Fahrerhaus kurz: 6300 (7100) mm Mit Fahrerhaus lang: 7100 mm
Gesamtmaße	8250–9430 × 2500 × 2890 (4 × 4: 3050) mm (Höhe über Fahrerhaus)
Reifen	11 R 22,5 (Zwillings-Hinterräder)
Wagengewicht (mit Fahrer)	5650–6450 kg
Zuläss. Gesamtgewicht	16 000 bzw. 17 000 kg

MAN 12.170 F
Dreiseiten-Kipper
mit Stahlpritsche
1983–1987

MAN 14.192 FL/BL
Autotransporter mit
luftgefederter Hinterachse
und Tandemanhänger
für 8 Personenwagen
1985

MAN 16.192 F
mit Kofferaufbau für
Lebensmitteltransporte
1986

Imponieren immer noch: Die schweren Hauben-Lastwagen für die Bauwirtschaft (ab 1981)

MAN 19.281 HAK 4 × 4 Dreiseiten-Kipper (ab 1981)

MAN 32.321 DH 6 × 6 Langholztransporter (in Malaysia) 1984

	MAN 16.240 H 1981–1986 MAN 17.240 H ab 1987	MAN 19.240 H ab 1981
Bauart	Schwerer Hauben-Lastwagen 4 × 2 und 4 × 4	
Motor	MAN D 2566 M Direkteinspritz-Dieselmotor	
Zylinder	6 (Reihe)	
Bohrung × Hub	125 × 155 mm	
Hubraum	11 413 ccm	
Leistung	240 PS (177 kW) bei 2200 U/min	
Getriebe	6 Gang oder 6 Gang + Vorschaltgruppe, dazu bei 4 × 4: Vorgelege	
	Kipper	
Radstand	4100, 4300 oder 4600 mm	
Pritsche	4000 (4200) (4400) mm	
Gesamtmaße	7045 (7245) (7445) × 2500 × 2730–2770 mm (Höhe über Fahrerhaus)	
Reifen	11 R 22,5 Zwillings-Hinterräder	12 R 22,5 Zwillings-Hinterräder
Wagengewicht (mit Fahrer)	7100–7950 kg	7300–8150 kg
Zuläss. Gesamtgewicht	17 000 kg	17 000 kg, Export 19 000 kg
Nutzlast-Klasse	9–9,5 t	
Zuläss. Lastzuggewicht	33 000 kg	40 000 kg
	Sattelzugmaschine	
Radstand	3700 oder 4100 mm	
	Fahrgestell für Pritschen- und Sonderaufbauten	
Radstand	5200 mm	

	MAN 19.281 H ab 1981	MAN 19.321 H ab 1981
Bauart	Schwerer Hauben-Lastwagen 4 × 2 und 4 × 4	
Motor	MAN D 2566 MK Direkteinspritz-Dieselmotor mit Abgas-Turbolader und Ladeluft-Kühlung	
Zylinder	6 (Reihe)	
Bohrung × Hub	125 × 155 mm	
Hubraum	11 413 ccm	
Leistung	280 PS (206 kW) b. 2200 U/min	320 PS (235 kW) b. 2200 U/min
Getriebe	16 Gang, dazu bei 4 × 4: Vorgelege	
	Kipper	
Radstand	4100 oder 4600 mm	
Pritsche	4000 (4400) mm	
Gesamtmaße	7045 (7445) × 2500 × 2750 (4 × 4: 2770) mm (Höhe über Fahrerhaus)	
Reifen	12 R 22,5 Zwillings-Hinterräder	
Wagengewicht (mit Fahrer)	7700–8500 kg	
Zuläss. Gesamtgewicht	17 000 kg	
Nutzlast-Klasse	8–9 t	
Zuläss. Lastzuggewicht	40 000 kg	
	Sattelzugmaschine	
Radstand	3700 oder 4100 mm	
	Fahrgestell für Pritschen- und Sonderaufbauten	
Radstand	5200 mm	

	MAN 26.240 DH ab 1981	MAN 26.281 DH MAN 26.321 DH ab 1981
Bauart	Dreiachs-Hauben-Schwerstlastwagen für die Bauwirtschaft 6 × 4: Antrieb auf Achsen 2 und 3 6 × 6: Antrieb auf Achsen 1 bis 3	
Motor	MAN D 2566 M Direkteinspritz-Dieselmotor	MAN D 2566 MK Direkteinspritz-Dieselmotor mit Abgas-Turbolader und Ladeluft-Kühlung
Zylinder	6 (Reihe)	6 (Reihe)
Bohrung × Hub	125 × 155 mm	125 × 155 mm
Hubraum	11 413 ccm	11 413 ccm
Leistung	240 PS (177 kW) bei 2200 U/min	280 PS (206 kW) bzw. 320 PS (235 kW) bei 2200 U/min
Getriebe	6 Gang oder 6 Gang + Vorschaltgruppe, dazu bei 6 × 6: Vorgelege	16 Gang, dazu bei 6 × 6: Vorgelege
	Dreiseiten-Kipper	
Radstand	3425 oder 3850 + 1350 mm	
Pritsche	4400 (4800) mm	
Gesamtmaße	7400 (7820) × 2500 × 2725 (6 × 6: 2760) mm (Höhe über Fahrerhaus)	
Reifen	12 R 22,5 (4 Zwillings-Hinterräder)	
Wagengewicht (mit Fahrer)	10 100–11 100 kg	
Zuläss. Gesamtgewicht	22 000 kg, technisch 26 000 kg	
Nutzlast-Klasse	11–11,5 t	
Zuläss. Lastzuggewicht	38 000 kg	
	Muldenkipper	
Radstand	3425 + 1350 mm	
Mulde	4500 mm	
Reifen	12 R 22,5 S+G (4 Zwillings-Hinterräder)	
Wagengewicht (mit Fahrer)	11 200–12 200 kg	
	Sattelzugmaschine	
Radstand	3425 oder 3850 + 1350 mm	
	Fahrgestell für Sonderaufbauten	
	3425, 3850 oder 5025 + 1350 mm 26 240 H auch 4200 + 1350 mm	

	MAN 32.240 DH ab 1981	MAN 32.281 DH MAN 32.321 DH ab 1981
	Bauart, Motor und Getriebe wie oben	
	Dreiseiten-Kipper	
Radstand	3425 oder 3850 + 1350 mm	
Pritsche	4500 (5000) mm	
Gesamtmaße	7510 (8125) × 2500 × 2740 (6 × 6: 2780) mm (Höhe über Fahrerhaus)	
Reifen	13 R 22,5 (4 Zwillings-Hinterräder)	
Wagengewicht (mit Fahrer)	10 450–12 350 kg	
Zuläss. Gesamtgewicht	32 000 kg	
Nutzlast-Klasse	20 t	
	Muldenkipper 6 × 6	
Radstand	3400 + 1400 mm	
Mulde	4900 mm	
Reifen	12,00–24 (4 Zwillings-Hinterräder)	
Wagengewicht (mit Fahrer)	13 450–13 700 kg	
	Sattelzugmaschine	
Radstand	3425 oder 3850 + 1350 mm	
	Fahrgestell für Sonderaufbauten	
Radstand	3425, 3850 oder 5025 + 1350 mm	

Hochgeländegängige Prachtstücke (ab 1977)

Als Mitte der fünfziger Jahre unsere Bundeswehr neu aufgestellt wurde, erhielt sie als Erstausstattung eine ziemlich bunte Sammlung von Lastwagen. Diese ergab sich daraus, daß sowohl aus politischen als auch aus zeitlichen Gründen jede Marke, die eine genügend große Produktionskapazität besaß, auch mit einem angemessenen Auftrag bedacht sein wollte. Trotz der Vielfalt konnte die Bundeswehr mit ihren Lastwagen, von wenigen Typen abgesehen, recht zufrieden sein. Dennoch bestand Klarheit darüber, daß der gesamte Bestand im Laufe der Zeit aus militärischen, technischen und wirtschaftlichen Gründen durch eine neue Fahrzeuggeneration ersetzt werden müsse. Dabei kristallisierte sich bald der Wunsch nach einer einheitlichen Typenfamilie heraus, mit welcher das gesamte Transportwesen der Bundeswehr hätte bewältigt werden können. Man dachte an eine Reihe hochgeländegängiger Typen für den taktischen Einsatz im Gefecht sowie eine entsprechende, technisch vereinfachte (»abgemagerte«) Baureihe für den Nachschub und die Versorgung der Truppe.

Zur Entwicklung dieser sogenannten Rad-Folgegeneration bestand von Ende 1964 bis zum Jahr 1975 ein Gemeinschaftsbüro, das im Auftrag und mit finanzieller Hilfe des Bundesverteidigungsministeriums arbeitete. Ihm gehörten unter Führung der MAN zunächst die Firmen MAN, Magirus, Henschel, Krupp und Büssing, später, nämlich ab 1971, die MAN, Magirus und Daimler-Benz an.

Die ersten Prototypen standen Ende 1967 bereit. Ab April 1968 wurden diese und in der Folge einige Dutzend weiterer Musterfahrzeuge bei der Bundeswehr jahrelangen Versuchen und harten Erprobungen unterworfen. Ende 1975 schließlich erhielt die MAN den Auftrag als Generalunternehmen für die Lieferung von zunächst an die 8500 Lastwagen der Folgegeneration.

Diese inzwischen längst ausgelieferten Fahrzeuge, montiert im ehemaligen Büssing-Werk Salzgitter-Watenstedt, zählen heute anerkanntermaßen zu den teuersten, aber auch besten Gelände- und Militär-Lastwagen der Welt. Zu verdanken haben sie diese hohe Qualifikation dem damaligen MAN-Chefkonstrukteur Professor Dr.-Ing. Rudolf Klanner, der seine Ideen von einem Fahrgestell kompromißloser Radikalität durchzusetzen vermochte. Dessen möglichst verwindungsfester Kastenrahmen hält die Aufbauten, Kabinen und Geräte von lästigen Biegekräften frei. Umso notwendiger war es andererseits, den Laufrädern und ihren Aufhängungen – hochbeweglichen schraubengefederten Starrachsen – einen sehr großen Bewegungsspielraum zu geben. Die Außenplanetenachsen, gemeinsam von MAN und Daimler-Benz produziert, bringen dank ihres kleinen Differentials viel Bodenfreiheit, erleichtern die Übertragung großer Drehmomente und entlasten die Differentialsperren.

MAN 5 t BW 4 × 4
Bundeswehr-Ausführung
Kategorie I
1977–1982

Teuer, aber trotzdem lohnend ist die Wandler-Schaltkupplung von ZF. Sie erleichtert das Fahren, sie schont Motor und Antrieb, sie erweist sich als große Hilfe im schwierigen Gelände. Zu den ausdrücklichen Forderungen der Bundeswehr gehörte die Luftkühlung. Deshalb sind deren Fahrzeuge, obwohl von der MAN gebaut und geliefert, mit luftgekühlten Deutz-Motoren ausgerüstet.

Die ursprüngliche Absicht der Bundeswehr, vereinfachte Versionen dieser Geländewagen für Nachschub- und Versorgungstransporte einzusetzen, wurde später fallengelassen, weil sich diese Aufgaben durch entsprechend hergerichtete Serienfahrzeuge handelsüblicher Bauart doch wesentlich wirtschaftlicher durchführen lassen. Verzichtet wurde aber auch – der Verfasser dieses Buches hatte sich sehr nachdrücklich für den Verzicht eingesetzt – auf die ursprünglich geforderte Schwimmfähigkeit aller für den taktischen Einsatz bestimmten Fahrzeuge. An den ungemein kostspieligen und dennoch wenig sinnvollen Aufwand, der damit verbunden gewesen wäre, erinnert bei allen Lastwagen der Folgegeneration das weit vorgebaute Fahrerhaus und der verhältnismäßig hoch untergebrachte Motor.

Von den höchst splendiden Modellen für die Bundeswehr hat die MAN etliche Export-Ausführungen abgeleitet, die für das Militär anderer Länder gedacht sind und hierfür seit Jahren in kleineren Serien gebaut werden. Während die Fahrzeuge der Kategorie II lediglich den etwa abweichenden Einsatzbedingungen oder anderen taktischen Forderungen angepaßt werden, steht bei den Fahrzeugen der Kategorie III hauptsächlich die Verringerung der Kosten im Vordergrund, wozu die Verwendung handelsüblicher Fahrerhäuser wesentlich beiträgt. Außerdem werden sowohl bei der Kategorie II als auch bei der Kategorie III die serienmäßigen MAN-Motoren verwendet.

Produktion

	1976	1977	1978	1979	1980	1981	1982	1983	1984	1985	1986
5 t BW 4 × 4	–	479	1899	487	682	50	4	–	–	–	–
7 t BW 6 × 6	–	183	614	1435	205	267	140	60	–	–	–
10 t BW 8 × 8	–	2416	729	481	–	279	11	3	–	–	–
14.240 FAEG	–	–	–	–	10	–	203	52	14	53	12
20.280 DFAEG	–	–	–	–	–	267	246	108	125	22	7
27.365 VFAEG (USA)	–	–	–	–	–	21	56	123	124	59	140
27.365 VFAEG	–	–	–	–	–	–	2	57	139	1	4

MAN 10 t BW 8 × 8
Bundeswehr-Ausführung
Kategorie I
1977–1983

MAN 5 t BW 4 × 4
Bundeswehr-Ausführung
Kategorie I A 1
ab 1985

MAN 7 t BW 6 × 6
Bundeswehr-Ausführung
Kategorie I A 1
ab 1985

MAN 15 t BW 8 × 8
Bundeswehr-Ausführung
Kategorie I A 1
ab 1985

	MAN 5 t BW 4 × 4 Bundeswehr-Ausführung (Kategorie I) 1977–1982	**MAN 7 t BW 6 × 6 Bundeswehr-Ausführung (Kategorie I) 1977–1983**	**MAN 10 t BW 8 × 8 Bundeswehr-Ausführung (Kategorie I) 1977–1983**
Bauart	Hochgeländegängiger Frontlenker-Lastwagen 4 × 4 Schraubenfedern Motor hinter Fahrerhaus	Hochgeländegängiger Frontlenker-Lastwagen 6 × 6 Schraubenfedern Motor hinter Fahrerhaus	Hochgeländegängiger Frontlenker-Lastwagen 8 × 8 Schraubenfedern Motor hinter Fahrerhaus
Motor	Deutz F 8 L 413 F Direkteinspritz-Dieselmotor	Deutz BF 8 L 413 F Direkteinspritz-Dieselmotor mit Abgas-Turbolader und Ladeluft-Kühlung	Deutz BF 8 L 413 F Direkteinspritz-Dieselmotor mit Abgas-Turbolader und Ladeluft-Kühlung
Kühlung	Luft/Gebläse	Luft/Gebläse	Luft/Gebläse
Zylinder	8 (V-Form)	8 (V-Form)	8 (V-Form)
Bohrung × Hub	125 × 130 mm	125 × 130 mm	125 × 130 mm
Hubraum	12 763 ccm	12 763 ccm	12 763 ccm
Leistung	256 PS (188 kW) b. 2650 U/min	320 PS (253 kW) b. 2650 U/min	320 PS (253 kW) b. 2650 U/min
Getriebe	Wandler-Schaltkupplung 6 Gang ZF + Vorgelege	Wandler-Schaltkupplung 6 Gang ZF + Vorgelege	Wandler-Schaltkupplung 6 Gang ZF + Vorgelege
	Pritschenwagen	**Pritschenwagen**	**Pritschenwagen**
Radstand	4500 mm	3800 + 1400 mm	1930 + 3670 + 1400 mm
Pritsche	5010 mm	5610 mm	7110 mm
Gesamtmaße	8015 × 2500 × 2860 mm (Höhe über Fahrerhaus)	8615 × 2500 × 2860 mm (Höhe über Fahrerhaus)	10 115 × 2500 × 2860 mm (Höhe über Fahrerhaus)
Reifen	14,00 R 20 M / 18 PR Einzel-Hinterräder	14,00 R 20 M / 18 PR Einzel-Hinterräder	14,00 R 20 M / 18 PR Einzel-Hinterräder
Wagengewicht	9300 kg	11 500 kg	15 200 kg
Zuläss. Gesamtgewicht	14 300 kg	18 500 kg	24 200 kg
		Dreiseiten-Kipper	
Radstand		3800 + 1400 mm	
Pritsche		4200 mm	

	MAN 5 t BW 4 × 4 Bundeswehr-Ausführung (Kategorie I A 1) ab 1985	**MAN 7 t BW 6 × 6 Bundeswehr-Ausführung (Kategorie I A 1) ab 1985**	**MAN 15 t BW 8 × 8 Bundeswehr-Ausführung (Kategorie I A 1) ab 1985**
	Angaben wie oben, jedoch	Angaben wie oben, jedoch	Angaben wie oben, jedoch
Motor	Deutz F 8 L 513	Deutz BF 8 L 513 C	Deutz BF 8 L 513 C
Leistung	256 PS (188 kW)	360 PS (265 kW)	360 PS (265 kW)
	Pritschenwagen	**Pritschenwagen**	**Pritschenwagen**
Radstand	4500 mm	4250 + 1500 mm	1930 + 3570 + 1500 mm
Pritsche	5100 mm	6200 mm	7200 mm
Reifen	14,00 R 20 M / 18 PR	14,00 R 20 M / 18 PR	14,00 R 20 M / 18 PR

MAN 14.361 FAEG
Dritter in der Lastwagenwertung der Rallye Paris – Dakar 1988

MAN 27.365 VFAE
Sattelzugmaschine für die US-Army 1982/83

	MAN 14.240 FAEG Export-Ausführung (Kategorie III) 1978–1989	MAN 20.280 DFAEG Export-Ausführung (Kategorie III) 1978–1989	MAN 27.365 VFAEG Export-Ausführung (Kategorie II) ab 1981
Bauart	Hochgeländegängiger Frontlenker-Lastwagen 4 × 4 Starrachsen, Schraubenfedern Motor hinter den Sitzen	Hochgeländegängiger Frontlenker-Lastwagen 6 × 6 Starrachsen, Schraubenfedern Motor hinter den Sitzen	Hochgeländegängiger Frontlenker-Lastwagen 8 × 8 Starrachsen, Schraubenfedern Motor hinter den Sitzen
Motor	MAN D 2566 MFG Direkteinspritz-Dieselmotor	MAN D 2566 MTFG Direkteinspritz-Dieselmotor mit Abgas-Turbolader	MAN D 2840 Direkteinspritz-Dieselmotor
Zylinder	6 (Reihe), Wasserkühlung	6 (Reihe), Wasserkühlung	10 (V-Form), Wasserkühlung
Bohrung × Hub	125 × 155 mm	125 × 155 mm	128 × 142 mm
Hubraum	11 413 ccm	11 413 ccm	18 300 ccm
Leistung	240 PS (177 kW) b. 2200 U/min	280 PS (206 kW) b. 2200 U/min	365 PS (268 kW) b. 2300 U/min
Getriebe	ZF Wandler-Schaltkupplung 6 Gang + Vorgelege	ZF Wandler-Schaltkupplung 8 Gang + Vorgelege	ZF Wandler-Schaltkupplung 6 Gang + Vorgelege
	Pritschenwagen	**Pritschenwagen**	**Pritschenwagen**
Radstand	4500 mm	4000 + 1400 mm	1930 + 3200 + 1500 mm
Pritsche	5000 mm	6000 mm	5600 mm (mit Heck-Kran)
Gesamtmaße	8065 × 2500 × 3065 mm (Höhe über Fahrerhaus)	9165 × 2500 × 3065 mm (Höhe über Fahrerhaus)	9730 × 2500 × 2860 mm (Höhe über Fahrerhaus)
Reifen	14,00 R 20 M / 18 PR Einzel-Hinterräder	14,00 R 20 M / 18 PR Einzel-Hinterräder	14,00 R 20 M / 18 PR Einzel-Hinterräder
Wagengewicht	9000 kg	11 000 kg	17 700 kg (mit Heck-Kran)
Zuläss. Gesamtgewicht	14 000 kg	20 000 kg	27 000 kg

	MAN 16.240 FAEG Export-Ausführung (Kategorie II) ab 1987	MAN 24.290 DFAEG Export-Ausführung (Kategorie II) ab 1987	MAN 30.360 VFAEG Export-Ausführung (Kategorie II) ab 1987
Bauart	Hochgeländegängiger Frontlenker-Lastwagen 4 × 4 Starrachsen, Schraubenfedern Motor hinter den Sitzen	Hochgeländegängiger Frontlenker-Lastwagen 6 × 6 Starrachsen, Schraubenfedern Motor hinter den Sitzen	Hochgeländegängiger Frontlenker-Lastwagen 8 × 8 Starrachsen, Schraubenfedern Motor hinter den Sitzen
Motor	MAN D 2866 FG Direkteinspritz-Dieselmotor	MAN D 2866 LFG Direkteinspritz-Dieselmotor mit Abgas-Turbolader und Ladeluft-Kühlung	MAN D 2866 LXFG Direkteinspritz-Dieselmotor mit Abgas-Turbolader und Ladeluft-Kühlung
Zylinder	6 (Reihe), Wasserkühlung	6 (Reihe), Wasserkühlung	6 (Reihe), Wasserkühlung
Bohrung × Hub	128 × 155 mm	128 × 155 mm	128 × 155 mm
Hubraum	11 967 ccm	11 967 ccm	11 967 ccm
Leistung	240 PS (177 kW) b. 2200 U/min	290 PS (213 kW) b. 2200 U/min	360 PS (265 kW) b. 2100 U/min
Getriebe	9 Gang + Vorgelege	16 Gang + Vorgelege oder ZF Wandler-Schaltkupplung 16 Gang + Vorgelege oder Automatic + Vorgelege	ZF Wandler-Schaltkupplung 16 Gang + Vorgelege oder Automatic + Vorgelege
	Pritschenwagen	**Pritschenwagen**	**Pritschenwagen**
Radstand	4500 mm	4000, 4250 od. 4500 + 1500 mm	1930 + 3570 + 1500 mm
Pritsche	5000 mm	6000 mm	6900 mm
Gesamtmaße	8000 × 2500 × 3050 mm (Höhe über Fahrerhaus)	9200 × 2500 × 3050 mm (Höhe über Fahrerhaus)	10 000 × 2500 × 3050 mm (Höhe über Fahrerhaus)
Reifen	14,00 oder 16,00 R 20 M Einzel-Hinterräder	14,00 oder 16,00 R 20 M Einzel-Hinterräder	14,00 oder 16,00 R 20 M Einzel-Hinterräder
Wagengewicht	10 000 kg	12 000 kg	13 800 kg
Zuläss. Gesamtgewicht	16 000 kg	24 000 kg	30 000 kg

Motor D 28 (ab 1983) und Baureihe F 90 (ab 1986)

Recht unauffällig begann die heutige Schwerlastwagen-Generation der MAN ihren Weg. Als Vorbote gewissermaßen erschien auf der Frankfurter Automobil-Ausstellung im September 1983 der Motor D 28 mit 360 PS Leistung. Konstruktiv war man vom Sechszylinder D 25 ausgegangen, hatte den Hubraum auf 12 Liter aufgebohrt und den Mittelkugel-Brennraum aufgegeben. Daß die MAN nach 30 Jahren auf das bewährte M-Verfahren verzichtete, welches den damit arbeitenden Dieselmotoren zu ungewöhnlicher Laufruhe verhalf, war dadurch begründet, daß der neue Motor mit der Vierstrahl-Direkteinspritzung verbrauchsmäßig deutlich sparsamer lief. Zwei Jahre später war aus diesem einen Motor schon eine Baureihe geworden: Die 290 PS- und 330 PS-Versionen des D 28 wurden im Herbst 1985 vorgestellt.

Nachdem Ende 1984 das zulässige Gesamtgewicht für Solofahrzeuge auf 30 t erhöht wurde, bot die MAN nun auch auf dem deutschen Markt die bereits seit Jahren, aber eben nur für den Export gebauten Vierachser an. Sie blieben hierzulande freilich bis heute eine seltene Erscheinung.

Ab Jahresbeginn 1987 traten für die Bundesrepublik wiederum neue Tonnage-Bestimmungen in Kraft, die bei der Baureihe F 90 voll durchschlugen. Der Solo-Lastwagen mit zwei Achsen war nunmehr für 17 statt 16 t, als Dreiachser für 24 statt 22 t und als Vierachser für 32 statt 30 t zugelassen. Das Gesamtgewicht eines Last- oder Sattelzuges durfte nunmehr 40 statt 38 t betragen.

Im Juni 1986 kam die Baureihe F 90 auf den Markt. Ihre wichtigsten Merkmale waren die D 28-Motoren und ein völlig neues Fahrerhaus F 90, das der neuen Baureihe den Namen gab. Dieses neue Fahrerhaus gab es zunächst nur in der Großraum-Ausführung für ein paar ausgewählte Typen. Die komplette Baureihe stand dann im Herbst 1987 auf der Frankfurter Automobil-Ausstellung. Nunmehr wurden alle Schwerlastwagen (von einigen Spezialfahrzeugen vorerst abgesehen) mit dem Fahrerhaus F 90 ausgerüstet, das nunmehr in drei Ausführungen (Kurz, Lang, Großraum) zur Wahl stand.

Ein weiteres Merkmal der Baureihe F 90 bestand (seit Herbst 1987) darin, daß bei allen Straßenfahrzeugen statt der aus dem Komponentenvertrag mit Daimler stammenden Außenplanetenachsen nunmehr eine in Zusammenarbeit mit der amerikanischen Firma Eaton entstandene Hypoid-Antriebsachse verwendet wurde. Diese ist einfach übersetzt, weist somit einen höheren Wirkungsgrad auf, erlaubt höhere Geschwindigkeiten, sie spart Gewicht, läuft leiser und sie kostet weniger. Bei den »echten« Dreiachs-Straßenfahrzeugen (unter den DF-Typen) wurden Weitspalt-Parabelfedern an allen drei Achsen und eine Achslenker-Führung des Hinterachs-Tandems eingeführt, ferner ein Stabilisator an der zweiten Hinterachse, wozu neue Stoßdämpfer und Gummielemente kommen, was insgesamt die Bezeichnung »Komfort-Dreiachser« berechtigt erscheinen läßt.

Das Fahrerhaus F 90, um darauf zurückzukommen, ist in jeder Hinsicht neu und wohlgelungen. Innen weist es bei allerdings verhältnismäßig sparsamer Grundausstattung interessante Einzelheiten auf. Auch in der äußeren Gestalt hat das Fahrerhaus F 90 nichts mehr mit dem seitherigen gemein, ohne daß man aber das Erscheinungsbild sehr viel geändert hätte. Das erwies sich als sehr klug, denn für Fachleute und Laien blieb das neue Auto unverwechselbar ein MAN!

Spitzenreiter der Baureihe F 90 ist seit Herbst 1987 die Sattelzugmaschine MAN 19.462 FLS mit 460 PS V10 Zylinder-Motor. Die MAN kann sich damit ein weiteres Mal mehr rühmen, als erste Marke den stärksten Fernverkehrs-Lastzug Europas anzubieten!

Motoren-Reihe D 28

Stand: September 1987

Typ	Zylinder	Bohrung × Hub	Hubraum	Leistung
D 2866 F	6 (Reihe)	128 × 155 mm	11 967 ccm	240 PS (177 kW) bei 2200 U/min
D 2865 LF	5 (Reihe) Turbo Ladeluftkühlung	128 × 155 mm	9 973 ccm	260 PS (191 kW) bei 2200 U/min
D 2866 TF/TUH	6 (Reihe) Turbo	128 × 155 mm	11 967 ccm	290 PS (213 kW) bei 2200 U/min
D 2866 LFZ/290	6 (Reihe) Turbo Ladeluftkühlung	128 × 155 mm	11 967 ccm	290 PS (213 kW) bei 2200 U/min
D 2866 LFZ	6 (Reihe) Turbo Ladeluftkühlung	128 × 155 mm	11 967 ccm	330 PS (244 kW) bei 2200 U/min
D 2866 KFZ	6 (Reihe) Turbo Komb. Aufladung	128 × 155 mm	11 967 ccm	360 PS (265 kW) bei 2200 U/min
D 2866 LXF	6 (Reihe) Turbo Ladeluftkühlung	128 × 155 mm	11 967 ccm	360 PS (265 kW) bei 2200 U/min
D 2840 LF/460	10 (V-Form) Turbo Ladeluftkühlung	128 × 142 mm	18 273 ccm	460 PS (338 kW) bei 2000 U/min

MAN 16.240 FL
Brauereiwagen
mit Luftfederung
ab 1983

MAN 14.240 FAEG 4 × 4
Militär-Lastwagen
ab 1985

Bauart

Motor

Zylinder
Bohrung × Hub
Hubraum
Leistung
Getriebe

Radstand

Pritsche

Gesamtmaße

Reifen

Wagengewicht (mit Fahrer)
Zuläss. Gesamtgewicht
Zuläss. Lastzuggewicht

Radstand
Pritsche

Radstand

Bauart

Motor

Zylinder
Bohrung × Hub
Hubraum
Leistung
Getriebe

Radstand

Pritsche
Gesamtmaße
Reifen
Wagengewicht (mit Fahrer)
Zuläss. Gesamtgewicht
Zuläss. Lastzuggewicht

Radstand
Pritsche

Radstand

MAN 14.220 F **ab 1983**	**MAN 15.220 F** **MAN 15.240 F** **ab 1983**	**MAN 16.220 F, 16.240 F** **1983–1986** **MAN 17.220 F, 17.240 F** **ab 1987**
Frontlenker-Lastwagen 4 × 2 FL und FLS: Pritschenwagen und Sattelzugmaschine mit Luftfederung hinten		Frontlenker-Lastwagen 4 × 2 oder 4 × 4 FL: Pritschenwagen mit Voll-Luftfederung FLS: Sattelzugmaschine mit Luftf. hinten
MAN D 2566 MF Direkteinspritz-Dieselmotor 6 (Reihe) 125 × 155 mm 11 413 ccm 220 PS (162 kW) bzw. 240 PS (177 kW) bei 2200 U/min		
6 Gang oder 6 Gang + Vorschaltgruppe	6 Gang oder 6 Gang + Vorschaltgruppe	6 Gang oder 6 Gang + Vorschaltgruppe, dazu bei 4 × 4: Vorgelege
Pritschenwagen 4200 oder 4650 mm Für Sonderaufbauten auch 3500 oder 5000 mm		**Pritschenwagen** Fahrerhaus kurz: 4500 oder 5000 mm Fahrerhaus lang: 5500 mm Für Sonderaufbauten auch 3500, 3800, 4000 oder 4800 mm 4 × 4: 3800 oder 4500 mm
Fahrerhaus kurz: 6100 (7100) mm Fahrerhaus lang: 5500 (6300) mm		Fahrerhaus kurz: 6100 (7100) mm Fahrerhaus lang: 7100 mm
8100–9100 × 2500 × 2890 mm (Höhe über Fahrerhaus)	8100–9100 × 2500 × 2910 mm (Höhe über Fahrerhaus)	8100–9500 × 2500 × 2910 mm (Höhe über Fahrerhaus)
10 R 22,5	11 R 22,5	11 R 22,5 bzw. (bei 4 × 4) 12 R 22,5
Zwillings-Hinterräder	Zwillings-Hinterräder	Zwillings-Hinterräder
6300–6515 kg	6410–6630 kg	6700–7100 kg, bei 4 × 4: + 750 kg
14 000 kg	15 000 kg	16 000 bzw. 17 000 kg
32 000 kg	32 000 kg	33 000 kg
Kipper 3100 mm 4000 mm		**Kipper** 3500 oder 3800 mm 4400 (4800) mm
Sattelzugmaschine 3100 oder 3500 mm		**Sattelzugmaschine** 3100, 3500 oder 3800 mm

MAN 19.240 F **ab 1983**	**MAN 19.291 F** **ab 1985**	**MAN 19.331 F** **ab 1985**	**MAN 19.361 F** **ab 1983**
Frontlenker-Lastwagen 4 × 2 oder 4 × 4 FL: Pritschenwagen mit Voll-Luftfederung FLS: Sattelzugmaschine mit Luftfederung hinten			
MAN D 2566 Direkteinspritz-Dieselmotor 6 (Reihe) 125 × 155 mm 11 413 ccm	MAN D 2866 Direkteinspritz-Dieselmotor mit Abgas-Turbolader und Ladeluft-Kühlung 6 (Reihe) 128 × 155 mm 11 967 ccm		
240 PS (177 kW) b. 2200 U/min 6 Gang oder 6 Gang + Vorschaltgruppe, dazu bei 4 × 4: Vorgelege	290 PS (213 kW) b. 2200 U/min 16 Gang ZF, dazu bei 4 × 4: Vorgelege	330 PS (243 kW) b. 2200 U/min 16 Gang ZF, dazu bei 4 × 4: Vorgelege	360 PS (265 kW) b. 2200 U/min 13 Gang Fuller, dazu bei 4 × 4: Vorgelege
Pritschenwagen Fahrerhaus kurz: 4500 mm, Fahrerhaus lang: 4800 oder 5000 mm Für Sonderaufbauten auch 3800 oder 5800 mm, 4 × 4: 4500 mm Fahrerhaus kurz: 6300 mm, Fahrerhaus lang: 6100 (6300) mm 8240–8600 × 2500 × 2890–2940 (4 × 4: 3110–3160) mm (Höhe über Fahrerhaus) 12 R 22,5 (Zwillings-Hinterräder) 7000–7700 kg (4 × 4: + 750 kg) 17 000 kg, technisch 19 000 kg 40 000 kg			
Kipper 3500 oder 3800 mm 4400 (4800) mm			
Sattelzugmaschine 3100, 3500 oder 3800 mm			

MAN 15.220 F
Pritschenwagen
mit Anhänger
ab 1983

MAN 16.240 FS
Sattelzug für
Leichtgut-Transporte
1984/85

MAN 19.361 FLS
Sattelzug für den
Güterfernverkehr
mit breitem Fahrerhaus
ab 1983

	MAN 19.292 F 1986–1987	MAN 19.332 F 1986–1987	MAN 19.362 F 1986–1987
Bauart	Frontlenker-Schwerlastwagen 4 × 2 für den Straßen-Fernverkehr FL und FLS: Pritschenwagen und Sattelzugmaschine mit Luftfederung hinten		
Motor	MAN D 2866 Direkteinspritz-Dieselmotor mit Abgas-Turbolader und Ladeluft-Kühlung		
Zylinder	6 (Reihe)		
Bohrung × Hub	128 × 155 mm		
Hubraum	11 967 ccm		
Leistung	290 PS (213 kW) b. 2200 U/min	330 PS (243 kW) b. 2200 U/min	360 PS (265 kW) b. 2200 U/min
Getriebe	16 Gang ZF	16 Gang ZF	13 Gang Fuller
	Pritschenwagen		
Radstand	4800 mm Für Sonderaufbauten auch 5500 mm		
Pritsche	6150 mm		
Gesamtmaße	8500 × 2500 × 3120 mm (Höhe über Fahrerhaus)		
Reifen	12 R 22,5 (Zwillings-Hinterräder)		
Wagengewicht (mit Fahrer)	8000 kg		
Zuläss. Gesamtgewicht	16 000 (ab 1987: 17 000) bzw. 19 000 kg		
Zuläss. Lastzuggewicht	38 000 kg		
	Sattelzugmaschine		
Radstand	3200, 3500 oder 3800 mm		
	Kipper (ab 1987)		
Radstand	3500 mm		
Pritsche	4400 mm		

	MAN 19.462 FLS 1987
	Schwere Frontlenker-Sattelzugmaschine 4 × 2 für den Straßen-Fernverkehr Luftfederung hinten
Motor	MAN D 2840 LF Direkteinspritz-Dieselmotor mit 2 Abgas-Turboladern und Ladeluft-Kühlung
Zylinder	10 (V-Form)
Bohrung × Hub	128 × 142 mm
Hubraum	18 273 ccm
Leistung	460 PS (338 kW) b. 2000 U/min
Getriebe	16 Gang ZF
	Sattelzugmaschine
Radstand	3500 mm
Gesamtmaße	6025 × 2500 × 3110 mm (Höhe über Fahrerhaus)
Reifen	12 R 22,5 (Zwillings-Hinterräder)
Wagengewicht (mit Fahrer)	7400 kg
Zuläss. Gesamtgewicht	17 000 kg
Zuläss. Lastzuggewicht	40 000 kg

MAN 19.362 FS
Sattelzug für
Güterfernverkehr
ab 1986/87

SUPER
TRUCK
MAN
M-AN 362

Bild oben links:
MAN 19.262 F
Pritschenwagen
ab 1986/87

Bild oben rechts:
MAN 19.292 FK
Dreiseiten-Kipper
ab 1986/87

MAN 19.462 FS
Sattelzug für
Güterfernverkehr
mit 460 PS V10-Motor
ab 1987

MAN 19.332 FLS/BL
Sattelzugmaschine mit
Nahverkehrs-Fahrerhaus
und Tankaufleger
der Firma Haller
mit optimierten
Sicherheitseinrichtungen
1988

	MAN 19.242 F ab 1987	MAN 19.292 F ab 1987	MAN 19.332 F ab 1987	MAN 19.362 F ab 1987
Bauart	Frontlenker-Schwerlastwagen 4 × 2 für den Straßen-Güterfernverkehr FL und FLS: Lastwagen und Sattelzugmaschine mit Luftfederung hinten			
Motor	MAN D 2866 F	MAN D 2866 TF	MAN D 2866 LF	MAN D 2866 KF
	Direkteinspritz-Dieselmotor	Direkteinspritz-Dieselmotor mit Abgas-Turbolader und Ladeluft-Kühlung		
Zylinder	6 (Reihe)		6 (Reihe)	
Bohrung × Hub	128 × 155 mm		128 × 155 mm	
Hubraum	11 967 ccm		11 967 ccm	
Leistung	240 PS (177 kW) bei 2200 U/min	290 PS (213 kW) bei 2200 U/min	330 PS (243 kW) bei 2200 U/min	360 PS (265 kW) bei 2200 U/min
Getriebe	16 Gang ZF	16 Gang ZF	16 Gang ZF	16 Gang ZF oder 13 Gang Fuller
	Pritschenwagen			
Radstand	Mit Fahrerhaus kurz: 4500 oder 5000 mm, für Sonderaufbauten auch 5700 mm Mit Fahrerhaus lang: 4800 mm, für Sonderaufbauten auch 5500 mm			
Pritsche	Mit Fahrerhaus kurz: 6100 (7100) mm, mit Fahrerhaus lang: 6100 mm			
Gesamtmaße	8100–9100 × 2500 × 3100 mm (Höhe über Fahrerhaus)			
Reifen	12 R 22,5 (Zwillings-Hinterräder)			
Wagengewicht (mit Fahrer)	7350–7700 kg	7600–7900 kg	7600–7900 kg	7600–7900 kg
Zuläss. Gesamtgewicht	17 000 kg	17 000 kg	17 000 kg	17 000 kg
Zuläss. Lastzuggewicht	40 000 kg	40 000 kg	40 000 kg	40 000 kg
	Kipper			
Radstand	3600 oder 3800 mm			
Pritsche	4400 (4800) mm			
	Sattelzugmaschine			
Radstand	3200, 3500 oder 3800 mm			

	MAN 19.262 F ab 1987	MAN 19.462 FS ab 1987
Bauart	Frontlenker-Schwerlastwagen 4 × 2 für den Straßen-Güterfernverkehr	Schwere Frontlenker-Sattelzugmaschine 4 × 2 für den Straßen-Güterfernverkehr
Motor	MAN D 2865 LF Direkteinspritz-Dieselmotor mit Abgas-Turbolader und Ladeluft-Kühlung	MAN D 2840 LF Direkteinspritz-Dieselmotor mit 2 Abgas-Turboladern und Ladeluft-Kühlung
Zylinder	5 (Reihe)	10 (V-Form)
Bohrung × Hub	128 × 155 mm	128 × 142 mm
Hubraum	9973 ccm	18 273 ccm
Leistung	260 PS (191 kW) bei 2200 U/min	460 PS (338 kW) bei 2200 U/min
Getriebe	16 Gang ZF	16 Gang ZF
	Pritschenwagen Maße und Reifen wie oben	
Wagengewicht (mit Fahrer)	7350–7700 kg	
	Kipper wie oben	
	Sattelzugmaschine	**Sattelzugmaschine**
Radstand	3200, 3500 oder 3800 mm	3500 oder 3800 mm
Gesamtmaße	5800 (6100) (6400) × 2500 × 3110 mm (Höhe über Fahrerhaus)	6100 (6400) × 2500 × 3100 mm (Höhe über Fahrerhaus)
Reifen	12 R 22,5 (Zwillings-Hinterräder)	12 R 22,5 (Zwillings-Hinterräder)
Wagengewicht (mit Fahrer)	6250–6350 kg	6800–6950 kg
Zuläss. Gesamtgewicht	17 000 kg	17 000 kg
Zuläss. Lastzuggewicht	40 000 kg	40 000 kg

MAN 22.291 FNL
Brauerei-Lastzug für
weite Verteilerstrecken
1985

MAN 24.262 FNL
Fernlastzug mit
Kurzkuppelsystem
1988

MAN 24.292 FNL/BL
20 000 Liter-Tanklastzug
mit Aufbau und Anhänger
der Firma Ellinghaus
1988

	MAN 22.200/240 FNL 1983–1986 MAN 24.200/240 FNL 1987	MAN 22.291 FNL 1985–1986 MAN 24.291 FNL 1987	MAN 22.331 FNL 1985–1986 MAN 24.331 FNL 1987	MAN 22.361 FNL 1983–1986 MAN 24.361 FNL 1987
Bauart	Sechsrad-Frontlenker-Schwerlastwagen 6 × 2 für den Straßen-Fernverkehr Achse 1: Lenkachse, Blatt- oder Luftfederung Achse 2: Antriebsachse, Luftfederung, Zwillingsreifen Achse 3: Nachlaufachse, pneumatisch anhebbar, Luftfederung, einfachbereift			
Motor	MAN D 2566 Direkteinspritz- Dieselmotor	MAN D 2866 Direkteinspritz-Diesel mit Abgas-Turbolader und Ladeluft-Kühlung		
Zylinder	6 (Reihe)	6 (Reihe)		
Bohrung × Hub	125 × 155 mm	128 × 155 mm		
Hubraum	11 413 ccm	11 967 ccm		
Leistung	220 PS (162 kW) bzw. 240 PS (177 kW) bei 2200 U/min	290 PS (213 kW) bei 2200 U/min	330 PS (243 kW) bei 2200 U/min	360 PS (265 kW) bei 2200 U/min
Getriebe	6 Gang oder 6 Gang + Vorschaltgruppe	16 Gang ZF	16 Gang ZF	13 Gang Fuller
	Pritschenwagen			
Radstand	4100 oder 4600 + 1350 mm Für Sonderaufbauten auch 3900, 5200 oder 5600 + 1350 mm			
Pritsche	Fahrerhaus kurz: 7100 (7900) mm Fahrerhaus lang: 6300 (7100) mm			
Gesamtmaße	8600–9850 × 2500 × 2890–2940 mm (Höhe über Fahrerhaus)			
Reifen	12 R 22,5 Achse 2 zwillings-, Achse 3 einfachbereift			
Wagengewicht (mit Fahrer)	8200–9000 kg			
Zuläss. Gesamtgewicht	22 000 bzw. (ab 1987) 24 000 kg			
Zuläss. Lastzuggewicht	38 000 bzw. (ab 1987) 40 000 kg			
		Sattelzugmaschine		
Radstand		3100 oder 3400 + 1350 mm		

		MAN 24.292 FNL 1987	MAN 24.232 FNL 1987	MAN 24.362 FNL 1987
		Bauart, Motor und Getriebe wie oben		
		Pritschenwagen		
Radstand		4500 + 1350 mm Für Sonderaufbauten auch 4000 + 1350 mm		
Pritsche		7100 mm		
Gesamtmaße		9410 × 2500 × 3110 mm (Höhe über Fahrerhaus)		
Reifen		12 R 22,5 Achse 2 zwillings-, Achse 3 einfachbereift		
Wagengewicht (mit Fahrer)		9100 kg		
Zuläss. Gesamtgewicht		24 000 kg		
Zuläss. Lastzuggewicht		40 000 kg		

MAN 24.242 FNL
MAN 24.262 FNL
Isolier-Lastzug für
Lebensmittel-Ferntransporte
1988

	MAN 24.242 FNL ab 1987	MAN 24.262 FNL ab 1987
Bauart	Sechsrad-Frontlenker-Schwerlastwagen 6 × 2 für Straßen-Güterfernverkehr Achse 1: Lenkachse, Blatt- oder Luftfederung Achse 2: Antriebsachse, Luftfederung, Zwillingsräder Achse 3: Nachlaufachse, Luftfederung, Einzelräder	
Motor	MAN D 2866 F Direkteinspritz-Dieselmotor	MAN D 2865 LF Direkteinspritz-Dieselmotor mit Abgas-Turbolader und Ladeluft-Kühlung
Zylinder	6 (Reihe)	5 (Reihe)
Bohrung × Hub	128 × 155 mm	128 × 155 mm
Hubraum	11 967 ccm	9973 ccm
Leistung	240 PS (177 kW) bei 2200 U/min	260 PS (191 kW) bei 2200 U/min
Getriebe	16 Gang ZF	16 Gang ZF
	Pritschenwagen	
Radstand	4500 + 1350 mm Für Sonderaufbauten auch 4000 + 1350 mm	
Pritsche	7100 mm	
Gesamtmaße	9385 × 2500 × 3110 mm (Höhe über Fahrerhaus)	
Reifen	12 R 22,5 Achse 2: Zwillings-, Achse 3 Einzelräder	
Wagengewicht (mit Fahrer)	8900 kg	
Zuläss. Gesamtgewicht	24 000 kg	
Zuläss. Lastzuggewicht	40 000 kg	

	MAN 24.292 FNL ab 1987	MAN 24.332 FNL ab 1987	MAN 24.362 FNL ab 1987
Bauart	Sechsrad-Frontlenker-Schwerlastwagen 6 × 2 für Straßen-Güterfernverkehr Achse 1: Lenkachse, Blatt- oder Luftfederung Achse 2: Antriebsachse, Luftfederung, Zwillingsräder Achse 3: Nachlaufachse, Luftfederung, Einzelräder Nachlaufachse bei Voll-Luftfederung pneumatisch anhebbar		
Motor	MAN D 2866 TF	MAN D 2866 LF	MAN D 2866 KF
	Direkteinspritz-Dieselmotor mit Abgas-Turbolader und Ladeluft-Kühlung		
Zylinder	6 (Reihe)		
Bohrung × Hub	128 × 155 mm		
Hubraum	11 967 ccm		
Leistung	290 PS (213 kW) b. 2200 U/min	330 PS (243 kW) b. 2200 U/min	360 PS (265 kW) b. 2200 U/min
Getriebe	16 Gang ZF	16 Gang ZF	13 Gang Fuller
	Pritschenwagen		
Radstand	4500 + 1350 mm Für Sonderaufbauten auch 4000 + 1350 mm		
Pritsche	7100 mm		
Gesamtmaße	9385 × 2500 × 3110 mm (Höhe über Fahrerhaus)		
Reifen	12 R 22,5 Achse 2 Zwillings-, Achse 3 Einzelräder		
Wagengewicht (mit Fahrer)	9100 kg		
Zuläss. Gesamtgewicht	24 000 kg		
Zuläss. Lastzuggewicht	40 000 kg		

	MAN 20.192 FVL, 22.192 FVL 1981–1986 MAN 24.192 FVL 1987	MAN 20.240 FVL, 22.240 FVL 1982–1986 MAN 24.240 FVL 1987
Bauart	FVL: Sechsrad-Frontlenker-Schwerlastwagen 6 × 2 – 4 für Kommunal- und Sonderaufbauten Achse 1: Lenkachse, Blattfedern Achse 2: Mitlenkende und antriebslose Vorlaufachse, Luftfederung, Einzelräder Achse 3: Antriebsachse, Luftfederung, Zwillingsräder	
Motor	MAN D 2565 Direkteinspritz-Dieselmotor	MAN D 2566 Direkteinspritz-Dieselmotor
Zylinder	5 (Reihe)	6 (Reihe)
Bohrung × Hub	125 × 155 mm	125 × 155 mm
Hubraum	9511 ccm	11 413 ccm
Leistung	192 PS (141 kW) bei 2200 U/min	240 PS (177 kW) bei 2200 U/min
Getriebe	6 Gang oder 6 Gang + Vorschaltgruppe	9 Gang ZF
	Fahrgestell für Pritschen- oder Sonderaufbauten	
Radstand	3200 oder 3700 + 1300 mm	
Reifen	12 R 22,5 (Vorlaufachse Einzel-, Antriebsachse Zwillingsräder)	
Fahrgestellgewicht	6800–7250 kg	
Zuläss. Gesamtgewicht	20 000 bzw. 22 000 bzw. 24 000 kg	

	MAN 20.291 FVL 1985–1986 MAN 24.291 FVL 1987	MAN 20.331 FVL 1985–1986 MAN 24.331 FVL 1987	MAN 20.361 FVL 1983–1986 MAN 24.361 FVL 1987
Bauart	FVL: Sechsrad-Frontlenker-Schwerlastwagen 6 × 2 – 4 für Kommunal- und Sonderaufbauten FVLS: Schwere Sechsrad-Frontlenker-Sattelzugmaschine 6 × 2 – 4 für Güterfernverkehr Achse 1: Lenkachse, Blattfedern Achse 2: Mitlenkende und antriebslose Vorlaufachse, Luftfederung, Einzelräder Achse 3: Antriebsachse, Luftfederung, Zwillingsräder		
Motor	MAN D 2866 Direkteinspritz-Dieselmotor mit Abgas-Turbolader und Ladeluft-Kühlung		
Zylinder	6 (Reihe)		
Bohrung × Hub	128 × 155 mm		
Hubraum	11 967 ccm		
Leistung	290 PS (213 kW) b. 2200 U/min	330 PS (243 kW) b. 2200 U/min	360 PS (265 kW) b. 2200 U/min
Getriebe	16 Gang ZF	16 Gang ZF	13 Gang Fuller
	Fahrgestell für Pritschen- oder Sonderaufbauten		
Radstand	3200 oder 3700 + 1300 mm		
Reifen	12 R 22,5 (Achse 2 Einzel-, Achse 3 Zwillingsräder)		
Fahrgestellgewicht	7400–7600 kg		
Zuläss. Gesamtgewicht	20 000 bzw. 24 000 kg		
	Sattelzugmaschine		
Radstand	2300 + 1300 mm		
Gesamtmaße	6100 × 2500 × 3000 mm (Höhe über Fahrerhaus)		
Reifen	12 R 22,5 (Achse 2 Einzel-, Achse 3 Zwillingsräder)		
Fahrzeuggewicht	7800–8000 kg		
Zuläss. Gesamtgewicht	20 000 bzw. 24 000 kg		
Zuläss. Gesamtzuggewicht	38 000–40 000 kg		

	MAN 24.242 FVL ab 1987	MAN 24.262 FVL ab 1987
Bauart	FVL: Sechsrad-Frontlenker-Schwerlastwagen 6 × 2 – 4 für Kommunal- und Sonderaufbauten FVLS: Schwere Sechsrad-Frontlenker-Sattelzugmaschine 6 × 2 – 4 für Güterfernverkehr Achse 1: Lenkachse, Blattfedern Achse 2: Mitlenkende und antriebslose Vorlaufachse, Luftfederung, Einzelräder Achse 3: Antriebsachse, Luftfederung, Zwillingsräder	
Motor	MAN D 2866 F Direkteinspritz-Dieselmotor	MAN D 2865 LF Direkteinspritz-Dieselmotor mit Abgas-Turbolader und Ladeluft-Kühlung
Zylinder	6 (Reihe)	5 (Reihe)
Bohrung × Hub	128 × 155 mm	128 × 155 mm
Hubraum	11 967 ccm	9973 ccm
Leistung	240 PS (177 kW) bei 2200 U/min	260 PS (191 kW) bei 2200 U/min
Getriebe	16 Gang ZF	16 Gang ZF
	Fahrgestell für Pritschen- oder Sonderaufbauten	
Radstand	3200 oder 3700 oder 4100 + 1350 mm	
	Sattelzugmaschine	
Radstand	2500 + 1350 mm	
Gesamtmaße	6150 × 2500 × 3110 mm (Höhe über Fahrerhaus)	
Reifen	12 R 22,5 (Achse 2 Einzel-, Achse 3 Zwillingsräder)	
Fahrzeuggewicht	7600 kg	
Zuläss. Gesamtgewicht	24 000 kg	
Zuläss. Gesamtzuggewicht	40 000 kg	

	MAN 24.292 FVL ab 1987	MAN 24.332 FVL ab 1987	MAN 24.362 FVL ab 1987
Bauart	wie oben		
Motor	MAN D 2866 TF	MAN D 2866 LF	MAN D 2866 KF
	Direkteinspritz-Dieselmotor mit Abgas-Turbolader und Ladeluft-Kühlung		
Zylinder	6 (Reihe)		
Bohrung × Hub	128 × 155 mm		
Hubraum	11 967 ccm		
Leistung	290 PS (213 kW) b. 2200 U/min	330 PS (243 kW) b. 2200 U/min	360 PS (265 kW) b. 2200 U/min
Getriebe	16 Gang ZF	16 Gang ZF	13 Gang Fuller
	Fahrgestell für Pritschen- oder Sonderaufbauten		
Radstand	3200 oder 3700 oder 4100 + 1350 mm		
	Sattelzugmaschine		
Radstand	2500 + 1350 mm		
Gesamtmaße	6150 × 2500 × 3110 mm (Höhe über Fahrerhaus)		
Reifen	12 R 22,5 (Achse 2 Einzel-, Achse 3 Zwillingsräder)		
Fahrzeuggewicht	7700 kg		
Zuläss. Gesamtgewicht	24 000 kg		
Zuläss. Gesamtzuggewicht	40 000 kg		

MAN 22.240 FVL-TM 6 × 2 – 4
Transport-Betonmischer
1982–1986

MAN 22.240 FVL 6 × 2 – 4
Meiller-Absetzkipper
1984

MAN 22.242 FVLS 6 × 2 – 4
MAN 24.262 FVLS 6 × 2 – 4
MAN 24.292 FVLS 6 × 2 – 4
MAN 24.332 FVLS 6 × 2 – 4
MAN 24.362 FVLS 6 × 2 – 4
Sattelzugmaschine mit
Aufleger für
Container-Transporte
ab 1987

MAN 22.240 DF 6 × 4 Militär-Lastwagen (Bundeswehr-Ausführung) für Straßentransporte, ab 1976

MAN 26.280 DFAEG 6 × 6 Militär-Lastwagen für Straße und Gelände, ab 1985

MAN 22.361 DFS Sattelzugmaschine mit Tankaufleger 1984/85

MAN 26.240 DF Pritschenwagen mit Ladekran 1986

Bauart

Motor

Zylinder
Bohrung × Hub
Hubraum
Leistung

Getriebe

Radstand

Pritsche

Gesamtmaße

Reifen
Wagengewicht (mit Fahrer)
Zuläss. Gesamtgewicht
Zuläss. Lastzuggewicht

Radstand
Pritsche

Radstand
Pritsche

Radstand

Radstand

Radstand

Reifen
Gesamtmaße
Wagengewicht
Zuläss. Gesamtgewicht

<table>
<tr><th>MAN 26.240 DF
1983–1987</th><th>MAN 26.291 DF
1985–1987</th><th>MAN 26.331 DF
1985–1987</th><th>MAN 26.361 DF
1983–1987</th><th>MAN 26.365 DF
1983–1987</th></tr>
<tr><td colspan="5">Schwerer Sechsrad-Frontlenker-Lastwagen 6 × 4 und 6 × 6
6 × 4 = Antrieb auf beide Hinterachsen
6 × 6 = Antrieb auf alle drei Achsen
Bei Radstand 2800 mm auch Luftfederung der Hinterachsen</td></tr>
<tr><td rowspan="2">MAN D 2566 MF
Direkteinspritz-
Dieselmotor
6 (Reihe)
125 × 155 mm
11 413 ccm
250 PS (177 kW)
bei 2200 U/min
9 Gang ZF</td><td colspan="3">MAN D 2866 LFZ
Direkteinspritz-Diesel
mit Abgas-Turbolader und Ladeluft-Kühlung
6 (Reihe)
128 × 155 mm
11 967 ccm</td><td rowspan="2">MAN D 2840
Direkteinspritz-
Dieselmotor
10 (V-Form)
128 × 142 mm
18 300 ccm
365 PS (268 kW)
bei 2300 U/min
13 Gang Fuller,
bei 6 × 6: Vorgelege</td></tr>
<tr><td>290 PS (213 kW)
bei 2200 U/min
16 Gang ZF,
bei 6 × 6: Vorgelege</td><td>330 PS (243 kW)
bei 2200 U/min
16 Gang ZF,
bei 6 × 6: Vorgelege</td><td>360 PS (265 kW)
bei 2200 U/min
13 Gang Fuller,
bei 6 × 6: Vorgelege</td></tr>
<tr><td colspan="5">Pritschenwagen
4500 + 1350 mm
Für Sonderaufbauten auch 2800, 3200, 3850 oder 4200 + 1350 mm
6 × 6: 3850 oder 4200 + 1350 mm
Fahrerhaus kurz: 7900 mm
Fahrerhaus lang: 7100 mm
Fahrerhaus kurz: 9280 × 2500 × 2903 mm
Fahrerhaus lang: 9420 × 2500 × 2953 mm
12 R 22,5 (4 Zwillings-Hinterräder)</td></tr>
<tr><td>9200 kg</td><td>9300 kg</td><td>9300 kg</td><td>9400 kg</td><td>10 000 kg</td></tr>
<tr><td colspan="5">22 000–26 000 kg
38 000–40 000 kg</td></tr>
<tr><td>Kipper 6 × 4
2800 od. 3200 + 1350
4800 mm</td><td colspan="3">Kipper 6 × 4
2800 od. 3200 + 1350
4800 mm
Kipper 6 × 6
3400 od. 3550 + 1350
4800 mm</td><td>Kipper 6 × 4
3200 od. 3500 + 1350
4800 mm
Kipper 6 × 6
3500 + 1350 mm
4800 mm</td></tr>
<tr><td>Sattelzugmaschine
6 × 4
2800 od. 3200 + 1350</td><td colspan="3">Sattelzugmaschine
6 × 4
2800 od. 3200 + 1350</td><td>Sattelzugmaschine
6 × 4
3200, 3550 oder
3850 + 1350 mm</td></tr>
<tr><td></td><td colspan="3">Sattelzugmaschine
6 × 6
3400, 3550 oder 3850 + 1350 mm</td><td>Sattelzugmaschine
6 × 6
3550 od. 3850 + 1350</td></tr>
<tr><td>Betonmischer
2800 + 1350 mm</td><td colspan="3"></td><td></td></tr>
<tr><th>MAN 32.240 DF
1983–1987</th><th>MAN 32.291 DF
1985–1987</th><th>MAN 32.331 DF
1985–1987</th><th>MAN 32.361 DF
1983–1987</th><th>MAN 32.365 DF
1983–1987</th></tr>
<tr><td colspan="5">Daten wie oben, jedoch
Radstand 2800 + 1350 mm sowie Luftfederung entfallen
13 R 22,5 (4 Zwillings-Hinterräder)
Höhe über Fahrerhaus: 2923 bzw. 2973 mm
+ 450 kg
32 000 kg</td></tr>
</table>

MAN 40.365 DF
Mulen-Hinterkipper
Aufbau: Meiller (München)
1986

MAN 40.400 DFAZ
Straßenzugmaschine
für schwerste Lasten
1978–1983

MAN 24.292 DFK 6 × 4
Dreiseiten-Kipper
Aufbau: Meiller (München)
1988

	MAN 40.320 DF 1977–1979	MAN 40.400 DF 1978–1983	
Bauart	Schwerlast-Frontlenker-Zugmaschine 6 × 4 oder 6 × 6		
Motor	MAN D 2530 MF Direkteinspritz-Dieselmotor	MAN D 2530 MTXF Direkteinspritz-Dieselmotor mit Abgas-Turbolader	
Zylinderzahl	10 (V-Form)	10 (V-Form)	
Bohrung × Hub	125 × 130 mm	125 × 130 mm	
Hubraum	15 953 ccm	15 953 ccm	
Leistung	320 PS (235 kW) b. 2500 U/min	400 PS (294 kW) b. 2500 U/min	
Getriebe	Fuller 12 Gang + Kriechgang	8 Gang Wandler-Schaltgetriebe + Vorgelege	
	Sattel- oder Straßen-Zugmaschine		
Radstand	3825 + 1400 mm		
Gesamtmaße	7750 × 2500 × 3200 mm (Höhe über Fahrerhaus)		
Reifen	12,00–24 / PR 20 (4 Zwillings-Hinterräder)		
Fahrzeuggewicht	12 300 kg		
Sattellast	technisch 40 000 kg		
Zuläss. Gesamtgewicht	28 000 kg		
Zuläss. Lastzuggewicht	technisch 250 000 kg		
	Muldenkipper		
Radstand	3825 + 1400 mm		
Wagengewicht	15 000 kg		
Zuläss. Gesamtgewicht	40 000 kg		

	MAN 40.365 DF ab 1985	MAN 40.440 DF ab 1983	MAN 40.525 DFAS ab 1985
Bauart	Schwerlast-Frontlenker- Zugmaschine 6 × 4 oder 6 × 6	Schwerlast-Frontlenker- Zugmaschine 6 × 4 oder 6 × 6	Schwerlast-Frontlenker- Zugmaschine 6 × 6
Motor	MAN D 2840 Direkteinspritz-Dieselmotor	MAN D 2540 MTF Direkteinspritz-Dieselmotor mit Abgas-Turbolader	MAN D 2540 MLF Direkteinspritz-Dieselmotor mit Abgas-Turbolader und Ladeluft-Kühlung
Zylinder	10 (V-Form)	10 (V-Form)	10 (V-Form)
Bohrung × Hub	128 × 142 mm	125 × 142 mm	125 × 142 mm
Hubraum	18 300 ccm	17 426 ccm	17 426 ccm
Leistung	365 PS (268 kW) b. 2300 U/min	440 PS (324 kW) b. 2300 U/min	525 PS (386 kW) b. 2300 U/min
Getriebe	16 Gang ZF, dazu bei 6 × 6: Vorgelege	8 Gang Wandler-Schaltgetriebe dazu bei 6 × 6: Vorgelege	8 Gang Wandler-Schaltge- triebe + Vorgelege
	Sattel- oder Straßen-Zugmaschine		**Sattelzugmaschine**
Radstand	3825 + 1400 mm		4200 + 1400 mm
Gesamtmaße	7750 × 2500 × 3250 mm (Höhe über Fahrerhaus)		8000 × 2800 × 3400 mm (Höhe über Fahrerhaus)
Reifen	12,00–24 / PR 20 4 Zwillings-Hinterräder		
Fahrzeuggewicht	12 000 kg		13 000 kg
Zuläss. Gesamtgewicht	28 000 kg		28 000 kg
Zuläss. Lastzuggewicht	40 000 kg, technisch 250 000 kg		40 000 kg, technisch 250 000 kg
	Mulden- oder Dreiseiten-Kipper		
Radstand	3825 + 1400 mm		
Wagengewicht	15 000 kg		
Zuläss. Gesamtgewicht	40 000 kg		

	MAN 24.242 DF MAN 33.242 DF MAN 40.242 DF ab 1987	MAN 24.262 DF MAN 33.262 DF MAN 40.262 DF ab 1987
Bauart		
Motor	MAN D 2866 F Direkteinspritz-Dieselmotor	MAN D 2865 LF Direkteinspritz-Dieselmotor mit Abgas-Turbolader und Ladeluft-Kühlung
Zylinder	6 (Reihe)	5 (Reihe)
Bohrung × Hub	128 × 155 mm	128 × 155 mm
Hubraum	11 967 ccm	9973 ccm
Leistung	240 PS (177 kW) b. 2200 U/min	260 PS (191 kW) b. 2200 U/min
Getriebe	16 Gang ZF	16 Gang ZF
Radstand		
Radstand		
Radstand		
Radstand		
Radstand		
Radstand		
Pritsche		
Gesamtmaße		
Reifen		
Wagengewicht (mit Fahrer)		
Zuläss. Gesamtgewicht		
Zuläss. Gesamtzuggewicht		
Radstand		
Radstand		
Radstand		
Gesamtmaße		
Reifen		
Wagengewicht (mit Fahrer)		
Zuläss. Gesamtgewicht		
Zuläss. Gesamtzuggewicht		
Radstand		
Radstand		
Radstand		

MAN 24.292 DF MAN 33.292 DF MAN 40.292 DF ab 1987	MAN 24.332 DF MAN 33.332 DF MAN 40.332 DF ab 1987	MAN 24.362 DF MAN 33.362 DF MAN 40.362 DF ab 1987	MAN 33.462 DF MAN 40.462 DF ab 1987

Sechsrad-Frontlenker-Schwerstlastwagen
6 × 4 = Antrieb auf Achsen 2 und 3
6 × 6 = Antrieb auf Achsen 1 bis 3

MAN D 2866 LF	MAN D 2866 LF	MAN D 2866 KF	MAN D 2840 LF
Direkteinspritz-Dieselmotor	Direkteinspritz-Dieselmotor	Direkteinspritz-Dieselmotor	Direkteinspritz-Dieselmotor
mit Abgas-Turbolader	mit Abgas-Turbolader	mit Abgas-Turbolader	mit 2 Abgas-Turbolader
und Ladeluft-Kühlung	und Ladeluft-Kühlung	und Ladeluft-Kühlung	und Ladeluft-Kühlung
6 (Reihe)	6 (Reihe)	6 (Reihe)	10 (V-Form)
128 × 155 mm	128 × 155 mm	128 × 155 mm	128 × 142 mm
11 967 ccm	11 967 ccm	11 967 ccm	18 273 ccm
290 PS (213 kW) b. 2200 U/min	330 PS (243 kW) b. 2200 U/min	360 PS (265 kW) b. 2200 U/min	460 PS (338 kW) b. 2200 U/min
16 Gang ZF	16 Gang ZF	13 Gang Fuller	16 Gang ZF

24.— DF: Fahrgestell 6 × 4
3200, 3850, 4100 oder 4600 + 1350 mm

33.— DF: Fahrgestell 6 × 4
3200, 3850, 4100 oder 4600 + 1400 mm

33.— DFA: Fahrgestell 6 × 6
3600, 3825 oder 4175 + 1400 mm

40.— DF: Fahrgestell 6 × 4
3825 + 1400 mm

40.— DFA: Fahrgestell 6 × 6
3825 + 1400 mm

24.— DFK: Dreiseiten-Kipper 6 × 4
2900 oder 3200 + 1350 mm
4800 mm
7355 × 2500 × 3100 mm (Höhe über Fahrerhaus)
12 R 22,5 (4 Zwillings-Hinterräder)
10 800 kg
24 000 kg
40 000 kg

33.— DFK: Dreiseiten-Kipper 6 × 4
2875 oder 3175 + 1400 mm

33.— DFAK: Dreiseiten-Kipper 6 × 6
3400 oder 3600 + 1400 mm

24.— DFS: Sattelzugmaschine 6 × 4
2900, 3200 oder 3850 + 1350 mm
6500–7450 × 2500 × 3200 mm (Höhe über Fahrerhaus)
12 R 22,5 (4 Zwillings-Hinterräder)
8400–8600 kg
24 000 kg
40 00 kg

33.— DFS: Sattelzugmaschine 6 × 4
2875, 3175 oder 3825 + 1400 mm

33.— DFAS: Sattelzugmaschine 6 × 6
3400, 3600 oder 3825 + 1400 mm

24.— DF-TM, 33.— DF-TM: Transport-Betonmischer 6 × 4
2900 + 1350 mm

MAN 30.281 VF 8 × 4 Betonmischer (Aufbau Stetter) 1980–1985

MAN 30.361 VF 10 × 6 Betonpumpe (Aufbau Putzmeister) 1986
mit 5. Achse und 52 Meter Ausleger-Länge

Bauart

Motor

Zylinder
Bohrung × Hub
Hubraum
Leistung
Getriebe

Radstand
Gesamtmaße

Reifen

Fahrgestellgewicht
Zuläss. Gesamtgewicht

Radstand

Bauart

Motor

Zylinder
Bohrung × Hub
Hubraum
Leistung
Getriebe

Radstand
Gesamtmaße

Reifen

Fahrgestellgewicht
Wagengewicht (mit Fahrer)
Zuläss. Gesamtgewicht

Radstand
Fahrgestellgewicht

MAN 30.240 VF 1976	MAN 30.240 VF 1977–1984	MAN 30.280 VF 1977–1981	MAN 33.280 VF 1979–1982
VF = Vierachs-Frontlenker-Schwerlastwagen für die Bauwirtschaft VF = 8 × 4: Achsen 1 + 2 Lenkachsen, Achsen 3 + 4 Antriebsachsen VFA = 8 × 8 (ab 1979): Achsen 1 + 2 Lenkachsen, Achsen 1–4 Antriebsachsen			
MAN D 2556 MXF	MAN D 2566 MXF	MAN D 2566 MTF	
Direkteinspritz-Dieselmotor	Direkteinspritz-Dieselmotor	Direkteinspritz-Dieselmotor mit Abgas-Turbolader	
6 (Reihe)	6 (Reihe)	6 (Reihe)	
125 × 150 mm	125 × 155 mm	125 × 155 mm	
11 045 ccm	11 413 ccm	11 413 ccm	
240 PS (177 kW) b. 2300 U/min	240 PS (177 kW) b. 2200 U/min	280 PS (206 kW) b. 2200 U/min	
8 × 4: 6 Gang oder 6 Gang + Vorschaltgruppe, dazu bei 8 × 8: Vorgelege		8 × 4: ZF oder Fuller 9 Gang, dazu bei 8 × 8: Vorgelege	
Kipper-Fahrgestell		**Betonmischer-Fahrgestell**	**Kipper-Fahrgestell**
8 × 4		**8 × 4**	**8 × 8**
1500 + 2500, 3100, 3450 oder 3650 + 1350 mm		1500 + 2500 od. 3450 + 1350	1500 + 3150 oder 3450 + 1350
Fahrgestell mit Fahrerhaus		Fahrgestell mit Fahrerhaus	Fahrgestell mit Fahrerhaus
7775–8825 × 2500 × 2930 mm		7775 (8625) × 2500 × 2875 mm	8235 (8535) × 2500 × 3220 mm
13 R 22,5		11,00–20 Super	8,5–20
4 Zwillings-Hinterräder		4 Zwillings-Hinterräder	4 Zwillings-Hinterräder
9200–9320 kg		8920 (9010) kg	10 630 (10 730) kg
28 000–30 000 kg		28 000–30 000 kg	33 000 kg
Fahrgestell 8 × 4 für Pritschen- oder Sonderaufbauten 1500 + 2500 oder 3450 + 1350 mm			

MAN 30.281 VF 1980–1985	MAN 30.321 VF 1980–1985	MAN 48.321 VFAK 1983–1986	
VF = Vierachs-Frontlenker-Schwerlastwagen für die Bauwirtschaft VF = 8 × 4: Achsen 1 + 2 Lenkachsen, Achsen 3 + 4 Antriebsachsen VFA = 8 × 8: Achsen 1 + 2 Lenkachsen, Achsen 1–4 Antriebsachsen			
MAN D 2566 MKF			
Direkteinspritz-Dieselmotor mit Abgas-Turbolader und Ladeluft-Kühlung			
6 (Reihe)			
125 × 155 mm			
11 413 ccm			
280 PS (206 kW) bzw. 320 PS (235 kW) bei 2200 U/min			
8 × 4: 16 Gang ZF 8 × 8: 16 Gang ZF + Vorgelege		16 Gang ZF + Vorgelege	
Fahrgestell 8 × 4 für Kipper oder Sonderaufbauten		**Muldenkipper 8 × 8**	
1500 + 2500, 3450 oder 3650 + 1350 mm		1500 + 3150 + 1350 mm	
Fahrgestell: 7775–8825 × 2500 × 2930 mm (Höhe über Fahrerhaus)		9200 × 2600 × 3700 mm (Gesamthöhe)	
13 R 22,5		14,00–20 XL	
4 Zwillings-Hinterräder		4 Zwillings-Hinterräder	
9400–9530 kg		12 000 kg	
–		19 500 kg	
28 000–30 000 kg		48 000 kg	
Fahrgestell 8 × 8 für Kipper oder Sonderaufbauten 1500 + 3150 + 1350 mm 10 530 kg			

MAN 30.365 VF 8 × 4
30 Meter Gelenk-Löscharm
für die Werkfeuerwehr
der Bayer AG.
Aufbau: Bachert / Meiller
1984

MAN 32.291 VF 8 × 4
Allstoff-Entsorgungsfahrzeug
Aufbau: Mabo-Air-Bull
1987

	MAN 32.291 VF ab 1985	MAN 32.331 VF ab 1985	MAN 32.361 VF ab 1983
Bauart	VF = Vierachs-Frontlenker-Schwerlastwagen für die Bauwirtschaft VF = 8 × 4: Achsen 1 + 2 Lenkachsen, Achsen 3 + 4 Antriebsachsen VFA = 8 × 8: Achsen 1 + 2 Lenkachsen, Achsen 1–4 Antriebsachsen		
Motor	MAN D 2866 Direkteinspritz-Dieselmotor mit Abgas-Turbolader und Ladeluft-Kühlung		
Zylinder	6 (Reihe)		
Bohrung × Hub	128 × 155 mm		
Hubraum	11 967 ccm		
Leistung	290 PS (213 kW) b. 2200 U/min	330 PS (243 kW) b. 2300 U/min	360 PS (265 kW) b. 2200 U/min
Getriebe	16 Gang ZF, dazu bei 8 × 8: Vorgelege	16 Gang ZF, dazu bei 8 × 8: Vorgelege	13 Gang Fuller, dazu bei 8 × 8: Vorgelege
	Dreiseiten-Kipper		
Radstand	1500 + 2600 oder 3150 + 1350 mm		
Pritsche	5600 (6200) mm		
Gesamtmaße	8300 (8900) × 2500 × 2930 (8 × 8: 3260) mm (Höhe über Fahrerhaus)		
Reifen	13 R 22,5 (4 Zwillings-Hinterräder)		
Wagengewicht (mit Fahrer)	13 000–15 000 kg		
Zuläss. Gesamtgewicht	32 000 kg		
	Fahrgestell 8 × 4 für Kipper oder Sonderaufbauten		
Radstand	1500 + 2600, 3150, 3450, 3650 oder 4350 + 1350 mm		
Fahrgestellgewicht	9400–9600 kg		
	Fahrgestell 8 × 8 für Kipper oder Sonderaufbauten		
Radstand	1500 + 3150 + 1350 mm		
Fahrgestellgewicht	10 800 kg		
	Betonmischer 8 × 4		
Radstand	1500 + 2600 + 1350 mm		

	MAN 41.361 VFS ab 1983	MAN 48.525 VFAS ab 1983	MAN 48.700 VFAS ab 1985
Bauart	Schwerlast-Vierachs-Frontlenker-Zugmaschine 8 × 4	Schwerlast-Vierachs-Frontlenker-Zugmaschine 8 × 8	Schwerlast-Vierachs-Frontlenker-Zugmaschine 8 × 8
Motor	MAN D 2866 KFZ Direkteinspritz-Dieselmotor mit Abgas-Turbolader und Ladeluft-Kühlung	MAN D 2542 L Direkteinspritz-Dieselmotor mit Abgas-Turbolader und Ladeluft-Kühlung	MAN D 2540 MLE Direkteinspritz-Dieselmotor mit Abgas-Turbolader und Ladeluft-Kühlung
Zylinder	6 (Reihe)	10 (V-Form)	12 (V-Form)
Bohrung × Hub	128 × 155 mm	125 × 142 mm	125 × 142 mm
Hubraum	11 967 ccm	17 430 ccm	20 910 ccm
Leistung	360 PS (265 kW) b. 2200 U/min	525 PS (386 kW) b. 2300 U/min	700 PS (520 kW) b. 2300 U/min
Getriebe	16 Gang Wandler-Schaltgetriebe	16 Gang Wandler-Schaltgetriebe + Vorgelege	7 Gang Renk-Automatik + Vorgelege
		Sattel- oder Straßen-Zugmaschine	
Radstand	1650 + 3150 + 1350 mm	1500 + 3150 + 1350 mm	1500 + 3450 + 1400 mm
Gesamtmaße	6600 × 2500 × 2970 mm	7950 × 2500 × 3550 mm	8855 × 2840 × 3550 mm
Reifen	315/80 R 22,5		
Fahrgestellgewicht	11 000 kg	13 400 kg	17 200 kg
Sattellast	bis 30 000 kg	bis 32 000 kg	bis 32 000 kg
Zuläss. Gesamtzuggewicht	41 000 kg, technisch 170 000	48 000 kg, technisch 250 000	48 000 kg, technisch 250 000

MAN Vierachser-Lkw Programm 1988

Typ		Radstand
MAN 32.242 VFK	Kipper	1500 + 2600 / 3100 / 3450 + 1350 / 1400 mm
MAN 32.262 VFK	Kipper	1500 + 2600 / 3100 / 3450 + 1350 / 1400 mm
MAN 32.292 VFK	Kipper	1500 + 2600 / 3100 / 3450 + 1350 / 1400 mm
MAN 32.332 VFK	Kipper	1500 + 2600 / 3100 / 3450 + 1350 / 1400 mm
MAN 32.362 VFK	Kipper	1500 + 2600 / 3100 / 3450 + 1350 / 1400 mm
MAN 41.242 VFK	Kipper	1500 + 2575 / 3075 / 3425 + 1350 / 1400 mm
MAN 41.262 VFK	Kipper	1500 + 2575 / 3075 / 3425 + 1350 / 1400 mm
MAN 41.292 VFK	Kipper	1500 + 2575 / 3075 / 3425 + 1350 / 1400 mm
MAN 41.332 VFK	Kipper	1500 + 2575 / 3075 / 3425 + 1350 / 1400 mm
MAN 41.362 VFK	Kipper	1500 + 2575 / 3075 / 3425 + 1350 / 1400 mm
MAN 48.292 VFAK	Kipper	1500 + 3075 + 1350 / 1400 mm
MAN 48.332 VFAK	Kipper	1500 + 3075 + 1350 / 1400 mm
MAN 48.362 VFAK	Kipper	1500 + 3075 + 1350 / 1400 mm
MAN 32.242 VF	Fahrgestell	1500 + 2600 / 3100 / 3450 / 3650 / 4350 + 1350 / 1400 mm
MAN 32.262 VF	Fahrgestell	1500 + 2600 / 3100 / 3450 + 1350 / 1400 mm
MAN 32.292 VF	Fahrgestell	1500 + 2600 / 3100 / 3450 / 3650 / 4350 + 1350 / 1400 mm
MAN 32.332 VF	Fahrgestell	1500 + 2600 / 3100 / 3450 + 1350 / 1400 mm
MAN 32.362 VF	Fahrgestell	1500 + 2600 / 3100 / 3450 / 3650 / 4350 + 1350 / 1400 mm
MAN 41.242 VF	Fahrgestell	1500 + 2575 / 3075 / 3425 / 3625 / 4325 + 1350 / 1400 mm
MAN 41.262 VF	Fahrgestell	1500 + 2575 / 3075 / 3425 / 3625 / 4325 + 1350 / 1400 mm
MAN 41.292 VF	Fahrgestell	1500 + 2575 / 3075 / 3425 / 3625 / 4325 + 1350 / 1400 mm
MAN 41.332 VF	Fahrgestell	1500 + 2575 / 3075 / 3425 / 3625 / 4325 + 1350 / 1400 mm
MAN 41.362 VF	Fahrgestell	1500 + 2575 / 3075 / 3425 / 3625 / 4325 + 1350 / 1400 mm
MAN 48.292 VFA	Fahrgestell	1500 + 3075 + 1350 / 1400 mm
MAN 48.332 VFA	Fahrgestell	1500 + 3075 + 1350 / 1400 mm
MAN 48.362 VFA	Fahrgestell	1500 + 3075 + 1350 / 1400 mm

MAN 32.262 VFK 8 × 4
Meiller Dreiseiten-Kipper 1988

Magirus-Deutz (bis 1982)
Iveco-Magirus (ab 1982)

Conrad Dietrich Magirus, seines Zeichens Feuerwehr-Kommandant von Ulm, begann 1864 dortselbst im Alter von 40 Jahren mit der fabrikmäßigen Herstellung von Feuerwehr-Requisiten. Bald ging er zur Entwicklung anspruchsvoller Geräte über. Schon ab 1867 lieferte er Schiebeleitern, 1892 die erste Drehleiter (Steighöhe 25 + 3 Meter). 1893 folgte die erste Motorspritze für Pferdezug. Im Jahr 1903 ging die erste mit Dampfkraft angetriebene Feuerspritze und 1904 die erste Dampf-Drehleiter an die Kölner Feuerwehr. C. D. Magirus selbst lebte bis 1895, als seine Firma bereits zu hoher Blüte gediehen war.

Die nunmehrige Magirus AG. nahm 1916 auf Veranlassung der Heeresverwaltung den Bau von Lastwagen auf. Dieser Fabrikationszweig, nach dem ersten Weltkrieg weitergeführt, wurde bald zum wichtigsten des Unternehmens. Dazu kamen dann auch Omnibusse sowie der Bau kompletter Feuerwehrfahrzeuge.

1935/36 wurde die C. D. Magirus AG. der Klöckner-Humboldt-Deutz AG. angegliedert, die sich stolz als älteste Motorenfabrik der Welt bezeichnet. Geheimrat Klöckner hatte diese Fusion bewerkstelligt, um einen Großabnehmer für seine Lastwagenmotoren fest in die Hand zu bekommen, nachdem es nicht gelungen war, diese in genügend großer Zahl an Fremdfirmen oder Einzelkunden zu verkaufen. Von 1940 an glaubten die Kölner, auf die Traditionsmarke Magirus verzichten zu können, weshalb die Lastwagen aus Ulm nunmehr »Klöckner-Deutz« hießen. Als man schließlich begriff, daß die Kundschaft den alten Namen bevorzugte, führte man ab 1949 als offizielle Marke die Bezeichnung »Magirus-Deutz« ein.

Dennoch hat Deutz den besonderen Charakter der Magirus-Lastwagen und Omnibusse jahrzehntelang entscheidend geprägt, nämlich durch die Einführung und dann ausschließliche Verwendung von luftgekühlten Dieselmotoren. Porsche hatte mit dem Volkswagen die Luftkühlung populär gemacht, und unter Porsche's Einfluß begannen im Zweiten Weltkrieg maßgebende Leute daran zu glauben, daß auch für Militärfahrzeuge aller Art der luftgekühlte Motor vorzuziehen sei. Die Erfahrungen sowohl in den russischen Wintern als auch in der Hitze Afrikas sprachen dafür, das laute, damals noch sehr laute Motorgeräusch aber erwies sich als ein wichtiges Negativmerkmal. Und das galt keineswegs nur in Kampfgebieten, sondern auch im Frieden.

Jedenfalls hat Deutz für seine Dreitonner-Lastwagen im Krieg einen luftgekühlten Dieselmotor entwikkelt, von dem dann allerdings nur noch 800 Stück im Raupenschlepper Ost Verwendung fanden. Voll zum Einsatz kam dieses Triebwerk erst ab Mitte 1948 im ansonsten wenig veränderten Dreitonner. Im Laufe der Zeit entstand eine ganze Familie luftgekühlter Lastwagen-Dieselmotoren, wobei ständige Leistungssteigerungen der Marktentwicklung folgten und natürlich auch immer größere Fahrzeugeinheiten ermöglichten. Im gleichen Maße, wie die Mode, also die allgemeine Wertschätzung der Luftkühlung nachließ, wuchsen für Magirus-Deutz die Schwierigkeiten auf dem Markt. Es ergab sich nämlich, daß die Fahrer der schweren Fernlastzüge an den Luftgekühlten aus Ulm, den Staubsaugern, wie sie oft genannt wurden, immer weniger Gefallen fanden, während sich die Magirus als Baustellenfahrzeuge nach wie vor großer, ja sogar noch steigender Beliebtheit erfreuten. So kam denn auch die »Bullen«-Werbung sehr gut an, welche das Werk in den siebziger Jahren recht massiv betrieb. Trotzdem blieb eine gewisse Schieflage bestehen, denn an den Straßenfahrzeugen wird besser verdient. Vor allem aber vermochte das erfreuliche Geschäft mit den Bau-»Bullen« nicht die Verluste auszugleichen, welche die rückläufige Nachfrage nach Ferntransportern und vor allem nach Omnibussen auslöste. Ebensowenig schaffte das an sich stabile Geschäft mit den Feuerwehrfahrzeugen den nötigen Ausgleich.

Um nicht weiter abzurutschen, brauchte Magirus einen starken Partner. Der erschien in Gestalt der »Iveco«, einer neu gegründeten Gesellschaft, in welcher Fiat den Ton angab und mit Jahresbeginn 1975 den eigenen Lastwagenbau, den der Tochterfirmen Lancia und OM, die kleine französische Marke Unic und schließlich die Magirus-Deutz AG. zusammenfaßte. Inzwischen kam noch der Lastwagenbau der englischen Ford-Werke hinzu. Zahlen- und umsatzmäßig belegt der neue Unternehmensverband den 2. Platz hinter Daimler-Benz auf dem europäischen Nutzfahrzeugmarkt.

Innerhalb der Iveco wurden die Aufgaben neu verteilt. Fiat und deren Tochterfirmen obliegt die Entwicklung und die Produktion aller Transporter, leichten und mittleren Lastwagen sowie sämtlicher Omnibusse, Magirus andererseits behielt die Zuständigkeit für die schweren Lastwagen und für die Feuerwehrfahrzeuge. Abweichend von diesem Strickmuster werden Militärfahrzeuge jeweils im Land des Auftraggebers endmontiert, weil dies meistens von den zuständigen Behörden wegen der politischen Optik vorausgesetzt wird. Bestückt werden die schweren Straßen-Lastwagen inzwischen fast ausschließlich mit wassergekühlten Iveco-Fiat-Motoren, die Bau-Bullen weiterhin vorrangig mit luftgekühlten Deutz-Dieselmotoren. Aber der Käufer kann die ersteren auch luft- und die letzteren ebensogut wassergekühlt ordern. Seit der Klöckner-Konzern seine letzten Magirus-Anteile an Fiat verkauft hat, lautet die Markenbezeichnung für die Ulmer Produkte bzw. für den deutschen Markt »Iveco-Magirus«, wobei das zweite Wort optisch und sprachlich mehr und mehr zurückgedrängt wird. Offensichtlich sollen möglichst bald alle Nutzfahrzeuge des Konzerns einheitlich nur noch »Iveco« heißen, ohne Rücksicht auf Verluste sozusagen, denn gewiß mögen sich keineswegs alle Kunden der alten Traditionsmarken mit dem unterkühlten Kunstwort »Iveco« anzufreunden.

Produktion 1945–1987

	Produktion im Inland			Produktion im Ausland			Total
	Lastwagen und Sattelzug-maschinen	Omnibusse	Gesamtzahl	Lastwagen und Sattelzug-maschinen	Omnibusse	Gesamtzahl	
1945	–	–	–	–	–	–	–
1946	481	–	**481**	–	–	–	**481**
1947	462	–	**462**	–	–	–	**462**
1948	915	112	**1 027**	–	–	–	**1 027**
1949	3 032	550	**3 582**	–	–	–	**3 582**
1950	4 730	551	**5 281**	–	–	–	**5 281**
1951	4 823	555	**5 378**	–	–	–	**5 378**
1952	5 666	358	**6 024**	–	–	–	**6 024**
1953	6 083	436	**6 519**	–	–	–	**6 519**
1954	6 289	385	**6 684**	–	–	–	**6 684**
1955	6 879	408	**7 268**	–	–	–	**7 268**
1956	8 406	339	**8 845**	–	–	–	**8 845**
1957	5 850	366	**6 216**	–	–	–	**6 216**
1958	5 401	324	**5 725**	–	–	–	**5 725**
1959	8 938	589	**9 527**	–	–	–	**9 527**
1960	10 529	766	**11 295**	–	–	–	**11 295**
1961	11 340	1362	**12 702**	2825	–	2825	**15 587**
1962	11 749	1572	**13 321**	280	–	280	**13 601**
1963	12 906	1391	**14 297**	–	–	–	**14 297**
1964	13 762	1214	**14 976**	4800	210	5010	**19 986**
1965	11 014	1267	**12 281**	3960	65	4026	**16 306**
1966	10 377	1431	**11 808**	–	200	200	**12 008**
1967	7 486	1576	**9 062**	–	6	6	**9 068**
1968	12 077	1485	**15 362**	–	–	–	**15 362**
1969	12 935	1482	**14 417**	–	–	–	**14 417**
1970	17 560	1868	**19 428**	–	–	–	**19 428**
1971	13 313	1049	**14 362**	–	–	–	**14 362**
1972	10 833	933	**11 766**	–	–	–	**11 766**
1973	10 493	798	**11 291**	–	–	–	**11 291**
1974	12 532	1508	**14 040**	–	–	–	**14 040**
1975	15 781	2071	**17 852**	–	595	595	**18 447**
1976	20 445	2626	**23 071**	5507	1440	6947	**30 018**
1977	16 926	1535	**18 461**	7126	2142	9268	**27 729**
1978	17 283	1402	**18 685**	6220	1827	8047	**26 732**
1979	18 859	1325	**20 184**	7029	2271	9300	**29 484**
1980	18 692	1927	**20 619**	7356	1921	9277	**29 896**
1981	17 101	1145	**18 246**	6968	2128	9096	**27 342**
1982	17 200	882	**18 082**	5315	2223	7538	**25 620**
1983	10 066	320	**10 386**	5393	2371	7764	**18 150**
1984	9 004	30	**9 034**	4872	1641	6513	**15 547**
1985	10 441	140	**10 581**	5423	2042	7465	**18 046**
1986	12 475	175	**12 650**	4044	2005	6049	**18 699**
1987	12 512	350	**12 862**	7747	1271	9018	**21 880**

Die ersten zehn Nachkriegsjahre 1946–1955

Klöckner-Deutz
RS 1500 Waldschlepper
1946–1947

Das für die Forstwirtschaft bestimmte Halbketten-Fahrzeug wurde aus Restbeständen des im Krieg für die Wehrmacht gebauten Vollketten-Lastwagens Raupenschlepper-Ost RSO-3 entwickelt und hergestellt. Die Produktion des Waldschleppers RS 1500 betrug an die 200 Stück, also längst nicht so viele, wie in anderen Veröffentlichungen behauptet wird.

←

→

Klöckner-Deutz
S 3000
Dreiseiten-Kipper
August 1946

→

Klöckner-Deutz
S 3000
Pritschenwagen
April 1948

←

Klöckner-Deutz
S 3000
Pritschenwagen und
Dreiseiten-Kipper
1946–1948

→

Klöckner-Deutz
O 3000
Möbelwagen auf
Omnibus-Fahrgestell
Aufbau: Kässbohrer
1948

Magirus-Deutz
S 3500
Werkstattwagen
1952

→

←

Klöckner-Deutz
S 3000
Links:
Drehleiter DL 22
(Mai 1949)
Rechts:
Löschgruppenfahrzeug LF 15
(1948)
der Magirus Werksfeuerwehr

Magirus-Deutz S 3500
Pritschenwagen
Juli 1949

←

Magirus-Deutz S 3500
Polizei-Mannschaftswagen
Juni 1951

←

→

Magirus-Deutz S 3500
Montage-Turmwagen für
Arbeiten an elektrischen Oberleitungen
Größte Arbeitshöhe 6 Meter
1950

Magirus-Deutz S 3500
Feuerwehr-Drehleiter DL 25
Ausstellungsfahrzeug IAA 1951 →

Als Übergangsausführung zu den runden Motorhauben (»Rundnasen«) erhielten schwerere Feuerwehr- und Kommunalfahrzeuge des Typs 3500 bereits ab 1950 das neue Fahrerhaus sowie eine flachere, nach vorn abfallende Eckhaube.

←

Magirus-Deutz O 3500
Bautruppwagen für die Bundespost
Omnibus-Fahrgestell
April 1951

←

Magirus-Deutz O 3500
Möbelwagen auf Omnibus-Fahrgestell
Leichtmetall-Aufbau: Kässbohrer
1952

STRASSENBAHNEN
DER STADT ULM
51 · 6606

Magirus-Deutz A 3500 Pritschenwagen 1949–1954

Magirus-Deutz A 3500 Mannschaftswagen (für Äthiopien) 1952/53

Magirus-Deutz A 4500 Dreiseiten-Kipper, Ausführung 1954–1955

Bauart

Motor

Zylinder
Bohrung × Hub
Hubraum
Leistung
Getriebe

Radstand
Pritsche
Gesamtmaße

Reifen

Wagengewicht
Zuläss. Gesamtgewicht
Anhängerlast

Bauart

Motor

Zylinder
Bohrung × Hub
Hubraum
Leistung
Getriebe

Radstand
Pritsche
Gesamtmaße

Reifen

Wagengewicht
Zuläss. Gesamtgewicht

Radstand
Pritsche

Radstand

Radstand

Bemerkungen

Klöckner-Deutz RS 1500 Waldschlepper 1946–1947		Klöckner-Deutz S 3000 1946–1948	Klöckner-Deutz S 3000 H 1946–1948
Halbketten-Fahrzeug für die Forstwirtschaft KHD F 4 L 514 Wirbelkammer-Dieselmotor		Mittl. Lastwagen mit eckiger Motorhaube KHD F 4 M 513 Vorkammer-Dieselmotor	Mittl. Lastwagen mit eckiger Motorhaube KHD G F 4 M 513 Auf Fremdzündung umgerüsteter Dieselmotor mit Imbert Holzgas-Anlage
4 (Reihe), Luftkühlung 110 × 140 mm 5322 ccm 70 PS bei 2100 U/min 4 Gang		4 (Reihe), Wasserkühlung 110 × 130 mm 4942 ccm 80 PS bei 2500 U/min 5 Gang	4 (Reihe), Wasserkühlung 110 × 130 mm 4942 ccm 50 PS bei 2250 U/min 5 Gang
Waldschlepper technisch 1875 mm 2100 × 1860 mm 4600 × 2000 × 2400 mm (Höhe über Fahrerhaus) 6,50 oder 7,25–20 Tr (nur Vorderräder) 3800 kg 5300 kg 12 000 kg auf trockenem Boden		**Pritschenwagen** 3700 oder 4200 mm 3500 (4000) × 2100 mm 6100 (6600) × 2220 × 2400 mm (Höhe über Fahrerhaus) 190–20 oder 7,50–20 eHD Zwillings-Hinterräder 3350 (3600) kg 6470 (6760) kg	**Pritschenwagen** 4200 mm 3500 × 2100 mm 7040 × 2220 × 2450 mm (Höhe über Fahrerhaus) 190–20 Zwillings-Hinterräder 3880 kg 6880 kg

Magirus-Deutz S 3000 1948–1949	Magirus-Deutz S 3500 1949–1952	Magirus-Deutz A 3500 1949–1954	Magirus-Deutz A 4500 1954–1955
Mittl. Lastwagen 4 × 2 mit eckiger Motorhaube	Mittl. Lastwagen 4 × 2 mit eckiger Motorhaube	Mittl. Lastwagen 4 × 4 mit eckiger Motorhaube	Mittl. Lastwagen 4 × 4 mit eckiger Motorhaube
KHD F 4 L 514 Wirbelkammer-Dieselmotor 4 (Reihe), Luftkühlung 110 × 140 mm 5322 ccm		KHD F 4 L 514 Wirbelkammer-Dieselmotor 4 (Reihe), Luftkühlung 110 × 140 mm 5322 ccm	
75 PS bei 2350 mm		85 PS (Prospektangabe auch 90 PS) bei 2300 U/min	
5 Gang	5 Gang	4 Gang + Vorgelege	5 Gang + Vorgelege
Pritschenwagen 4200 mm 4000 × 2100 mm 6620 × 2200 × 2385 mm (Höhe über Fahrerhaus) 7,25 oder 7,50–20 extra Zwillings-Hinterräder 3350 kg 6470 kg	**Pritschenwagen** 4200 mm 4000 × 2100 mm 6620 × 2200 × 2385 mm (Höhe über Fahrerhaus) 7,50–20 extra Zwillings-Hinterräder 3650 kg 7200 kg	**Dreiseiten-Kipper** 3700 mm 3200 × 2100 mm 5970 × 2200 × 2435 mm (Höhe über Fahrerhaus) 8,25–20 extra Zwillings-Hinterräder 3900 kg 7600 kg	**Dreiseiten-Kipper** 3700 mm 3200 × 2100 mm 5970 × 2200 × 2455 mm (Höhe über Fahrerhaus) 8,25–20 eHD Gelände Zwillings-Hinterräder 4000 kg 8500 kg
	Dreiseiten-Kipper 3700 mm 3200 mm	**Pritschenwagen** 3700 oder 4200 mm 3500 (4000) mm	
	Sattelzugmaschine 3200 mm **Fahrgestell für Feuerwehr- und Kommunal-Fahrzeuge** 4200 mm		
A 3000: Pritschenwagen 4 × 4	Für Sonderaufbauten auch Radstand 4900 oder 5200 mm		

Die Zeit der Rundnasen 1950–1967

Magirus-Deutz S 3500
Pritschenwagen
Radstand 4200 mm
1952–1955

Magirus-Deutz A 3500
Flugplatz-Löschfahrzeug FLF 25
1954

Magirus-Deutz Sirius
Arbeits-Drehleiter DL 17
Steighöhe 17 Meter
etwa 1960

Magirus-Deutz 85 D 7 K
Dreiseiten-Kipper
Radstand 3600 mm
1964–1967

Magirus-Deutz Sirius 90 L
Pritschenwagen
Radstand 4650 mm
1959–1964

Magirus-Deutz 90 D 7 L
Paketwagen der
Deutschen Bundespost
1967

Speziell für die Bundespost wurde noch bis 1971 der Magirus-Deutz 100 / 110 D 7 mit der runden Nase gebaut.

Magirus-Deutz Mercur K
Dreiseiten-Kipper
1958

Magirus-Deutz Mercur 125 A
Trockenlöschfahrzeug TLF 15
1955

Magirus-Deutz Mercur 125
Löschfahrzeug LF 15
1955

	Magirus-Deutz S 3500 1952–1955 Magirus-Deutz S 3500 Pluto 1955–1957	Magirus-Deutz Sirius 1957–1964 Magirus-Deutz 85 D 7 1964–1967	Magirus-Deutz Sirius 90 1959–1964 Magirus-Deutz 90 D 7 1964–1965
Bauart	Mittlerer Hauben-Lastwagen 4 × 2 mit runder Nase		
Motor	KHD F 4 L 514 Wirbelkammer-Dieselmotor	KHD F 4 L 514 Wirbelkammer-Dieselmotor	KHD F 6 L 812 Wirbelkammer-Dieselmotor
Zylinder	4 (Reihe), Luftkühlung	4 (Reihe), Luftkühlung	6 (Reihe), Luftkühlung
Bohrung × Hub	110 × 140 mm	110 × 140 mm	95 × 120 mm
Hubraum	5322 ccm	5322 ccm	5100 ccm
Leistung	85 PS bei 2300 U/min (Prospektangabe auch 90 PS)	85 PS bei 2300 U/min	90 PS bei 2800 U/min
Getriebe	5 Gang	5 Gang	5 Gang
	Pritschenwagen	**Dreiseiten-Kipper**	**Pritschenwagen**
Radstand	4200 (oder 4850) mm	3700 mm	4200 (oder 4850) mm
Pritsche	4250 (5000) mm	3200 mm	4250 (5250) mm
Gesamtmaße	7050 (7800) × 2250 × 2250 mm (Höhe über Fahrerhaus)	6100 × 2250 × 2250 mm (Höhe über Fahrerhaus)	7000 (8000) × 2250 × 2300 mm (Höhe über Fahrerhaus)
Reifen	7,50 oder 8,25–20 eHD Zwillings-Hinterräder	7,50–20 PR 8 oder 10 Zwillings-Hinterräder	7,50–20 PR 8 Zwillings-Hinterräder
Wagengewicht	3350–3500 kg	3950–4000 kg	3450–3550 kg
Zuläss. Gesamtgewicht	Reifen 7,50–20: 7200 kg Reifen 8,25–20: 7700 kg	7450 bzw. 7900 kg	7450 kg
Zuläss. Lastzuggewicht	Reifen 8,25–20: 14 000 kg	14 150 kg	14 900 kg
	Dreiseiten-Kipper	**Pritschenwagen (bis 1959)**	
Radstand	3700 mm	4200 (oder 4850) mm	
Pritsche	3200 mm	4250 (5000) mm	
	Sattelzugmaschine		
Radstand	3200 mm		

	Magirus-Deutz S 4500 1953–1955 Magirus-Deutz S 4500 Mercur 1955–1962	Magirus-Deutz S 4500/6 Mercur 1956–1957 Magirus-Deutz Mercur 112/125 1957–1958	Magirus-Deutz Mercur 120 1958–1963
Bauart	Mittlerer Hauben-Lastwagen 4 × 2 mit runder Nase		
Motor	KHD F 4 L 514 Wirbelkammer-Dieselmotor	KHD F 6 L 614 Wirbelkammer-Dieselmotor	KHD F 6 L 613 Wirbelkammer-Dieselmotor
Zylinder	4 (Reihe), Luftkühlung	V6, Luftkühlung	V6, Luftkühlung
Bohrung × Hub	110 × 140 mm	110 × 140 mm	110 × 130 mm
Hubraum	5322 ccm	7983 ccm	7412 ccm
Leistung	85 PS bei 2300 U/min	112 bzw. 125 PS bei 2300 U/min	120 PS bei 2500 U/min
Getriebe	5 Gang	5 Gang	5 Gang
	Pritschenwagen		
Radstand	4200 (oder 4850) mm		
Pritsche	4250 (5000) mm		
Gesamtmaße	7100 (7850) × 2250 × 2320 mm (Höhe über Fahrerhaus)		
Reifen	8,25–20 eHD oder 8,25–20 eHD verst., Zwillings-Hinterräder		
Wagengewicht	3800–4000 kg	4100–4350 kg	4100–4350 kg
Zuläss. Gesamtgewicht	8500 bzw. 8700 kg	9000–10 000 kg	9000–10 000 kg
	Dreiseiten-Kipper	**Dreiseiten-Kipper**	**Dreiseiten-Kipper (bis 1962)**
Radstand	3700 mm	4200 mm	4200 mm
Pritsche	3200 mm	3800 mm	3800 mm
	Sattelzugmaschine	**Sattelzugmaschine**	
Radstand	3200 mm	3200 mm	

Magirus-Deutz S 6000
Rüstkranwagen RKW 7
1951

Um dem dringenden Bedarf an Feuerwehr-Großfahrzeugen zu entsprechen, baute man 1950/51 in wenigen Einzelexemplaren den Magirus-Deutz S 6000 mit luftgekühltem Reihen-Sechszylinder-Dieselmotor. Die Lieferung dieser großmächtigen Fahrgestelle erfolgte nur bis zum Produktionsbeginn des neuen Typs S 6500. Wer kennt die genaue Stückzahl sowie die exakten Fahrgestell- und Fahrzeugdaten des Magirus-Deutz S 6000?

Magirus-Deutz S 6000
Drehleiter DL 26 mit
Staffel-Fahrerhaus für die
Berufsfeuerwehr Koblenz
1951

Magirus-Deutz S 6500
Drehleiter DL 30 für die
Berufsfeuerwehr Köln
1954

<table>
<tr><th></th><th></th><th>Magirus-Deutz S 5500 Saturn
1956–1958</th><th>Magirus-Deutz Saturn 145
1958–1961</th></tr>
<tr><td>Bauart</td><td></td><td colspan="2">Schwerer Hauben-Lastwagen 4 × 2 mit runder Nase</td></tr>
<tr><td>Motor</td><td></td><td>KHD F 6 L 614
Wirbelkammer-Dieselmotor</td><td>KHD F 6 L 714
Wirbelkammer-Dieselmotor</td></tr>
<tr><td>Zylinder</td><td></td><td>V6, Luftkühlung</td><td>V6, Luftkühlung</td></tr>
<tr><td>Bohrung × Hub</td><td></td><td>110 × 140 mm</td><td>120 × 140 mm</td></tr>
<tr><td>Hubraum</td><td></td><td>7983 ccm</td><td>9500 ccm</td></tr>
<tr><td>Leistung</td><td></td><td>125 PS bei 2300 U/min</td><td>145 PS bei 2300 U/min</td></tr>
<tr><td>Getriebe</td><td></td><td>5 Gang</td><td>5 Gang</td></tr>
<tr><td></td><td></td><td colspan="2">Pritschenwagen</td></tr>
<tr><td>Radstand</td><td></td><td colspan="2">4850 mm</td></tr>
<tr><td>Pritsche</td><td></td><td colspan="2">5000 mm</td></tr>
<tr><td>Gesamtmaße</td><td></td><td colspan="2">7820 × 2400 × 2300 mm (Höhe über Fahrerhaus)</td></tr>
<tr><td>Reifen</td><td></td><td colspan="2">9,00–20 eHD oder 9,00–20 eHD verst., Zwillings-Hinterräder</td></tr>
<tr><td>Wagengewicht</td><td></td><td colspan="2">4600–4850 kg</td></tr>
<tr><td>Zuläss. Gesamtgewicht</td><td></td><td colspan="2">10 500 bzw. 10 700 kg</td></tr>
<tr><td>Zuläss. Lastzuggewicht</td><td></td><td colspan="2">21 000 kg</td></tr>
<tr><td></td><td></td><td colspan="2">Dreiseiten-Kipper</td></tr>
<tr><td>Radstand</td><td></td><td colspan="2">4200 mm</td></tr>
<tr><td>Pritsche</td><td></td><td colspan="2">3600 mm</td></tr>
<tr><td></td><td></td><td>Sattelzugmaschine</td><td></td></tr>
<tr><td>Radstand</td><td></td><td>3200 mm</td><td></td></tr>
</table>

<table>
<tr><th></th><th>Magirus-Deutz S 6000
1950–1951</th><th>Magirus-Deutz S 6500
1951–1955</th><th>Magirus-Deutz S 7500 Jupiter
1955–1959</th></tr>
<tr><td>Bauart</td><td>Feuerwehr-Großfahrzeug
Übergangstyp, etwa 30 Stück</td><td colspan="2">Schwerer Hauben-Lastwagen 4 × 2 mit runder Nase</td></tr>
<tr><td>Motor</td><td>KHD F 6 L 514
Wirbelkammer-Dieselmotor</td><td colspan="2">KHD F 8 L 614
Wirbelkammer-Dieselmotor</td></tr>
<tr><td>Zylinder</td><td>6 (Reihe), Luftkühlung</td><td colspan="2">V8, Luftkühlung</td></tr>
<tr><td>Bohrung × Hub</td><td>110 × 140 mm</td><td colspan="2">110 × 140 mm</td></tr>
<tr><td>Hubraum</td><td>7933 ccm</td><td colspan="2">10 644 ccm</td></tr>
<tr><td>Leistung</td><td>125 PS bei 2250 U/min</td><td>170 PS bei 2300 U/min
(Prospektangabe auch 175 PS)</td><td>170 PS bei 2300 U/min</td></tr>
<tr><td>Getriebe</td><td></td><td colspan="2">6 Gang</td></tr>
<tr><td></td><td>Feuerwehr-Fahrgestell</td><td colspan="2">Pritschenwagen</td></tr>
<tr><td>Radstand</td><td></td><td colspan="2">4800 (oder 5400) mm</td></tr>
<tr><td>Pritsche</td><td></td><td colspan="2">5000 (6000) mm</td></tr>
<tr><td>Gesamtmaße</td><td></td><td colspan="2">8020 (9015) × 2500 × 2340 mm (Höhe über Fahrerhaus)</td></tr>
<tr><td>Reifen</td><td></td><td>11,00–20 eHD
Zwillings-Hinterräder</td><td>11,00–20 eHD verst.
Zwillings-Hinterräder</td></tr>
<tr><td>Wagengewicht</td><td></td><td>5850–6050 kg</td><td>6000–6200 kg</td></tr>
<tr><td>Zuläss. Gesamtgewicht</td><td></td><td>13 000 kg</td><td>14 600 kg</td></tr>
<tr><td>Zuläss. Lastzuggewicht</td><td></td><td>37 100 kg</td><td></td></tr>
<tr><td></td><td></td><td colspan="2">Dreiseiten-Kipper 4 × 2</td></tr>
<tr><td>Radstand</td><td></td><td colspan="2">4400 mm</td></tr>
<tr><td>Pritsche</td><td></td><td colspan="2">4000 mm</td></tr>
<tr><td></td><td></td><td colspan="2">Sattelzugmaschine</td></tr>
<tr><td>Radstand</td><td></td><td colspan="2">3600 mm</td></tr>
<tr><td></td><td></td><td>A 6500: (nur 1953–1954)
Dreiseiten-Kipper 4 × 4</td><td></td></tr>
</table>

Magirus-Deutz S 6500
Pritschenwagen
1951–1954

Magirus-Deutz S 6500
Pritschenwagen mit dem
im März 1952 eingeführten
Fernfahrerhaus

Magirus-Deutz S 6500
Sattelzugmaschine mit
Strüver-Tankauflieger
1951–1955

Frontlenker alter Art
1957–1965

Magirus-Deutz Mercur F
Pritschenwagen
1957–1958

Magirus-Deutz Mercur F
Kastenwagen
Leichtmetall-Aufbau: Ackermann
1958

Magirus-Deutz Mercur F
Ausstellungswagen
Aufbau: Blumhardt
1958

Magirus-Deutz Saturn 145 F–L
Pritschenwagen
Oktober 1958

Magirus-Deutz Saturn 145 F–L
Pritschenwagen
Mai 1959

Magirus-Deutz Saturn 150 F–L
Pritschenwagen
November 1961

	Magirus-Deutz Mercur F 1957–1958	**Magirus-Deutz Mercur 112 F bzw. 125 F 1957–1958**
Bauart	Mittlerer Frontlenker-Lastwagen 4 × 2, Motor zwischen Sitzen	
Motor	KHD F 4 L 514 Wirbelkammer-Dieselmotor	KHD F 6 L 614 Wirbelkammer-Dieselmotor
Zylinder	4 (Reihe), Luftkühlung	V6, Luftkühlung
Bohrung × Hub	110 × 140 mm	110 × 140 mm
Hubraum	5322 ccm	7983 ccm
Leistung	85 PS bei 2300 U/min	112 bzw. 125 PS b. 2300 U/min
Getriebe	5 Gang	5 Gang
	Pritschenwagen	**Pritschenwagen**
Radstand	3700 mm	4200 oder 4850 mm
Pritsche	5000 mm	6000 (6500) mm
Gesamtmaße	6565 × 2250 × 2515 mm (Höhe über Fahrerhaus)	7440 (7940) × 2250 × 2515 mm (Höhe über Fahrerhaus)
Reifen	8,25–20 eHD Zwillings-Hinterräder	8,25–20 eHD verst. Zwillings-Hinterräder
Wagengewicht	4150 kg	4550 (4600) kg
Zuläss. Gesamtgewicht	9150 kg	9500 kg
Gesamt-Lastzuggewicht	18 300 kg	19 000 kg
	Fahrgestell f. Sonderaufbauten	**Sattelzugmaschine**
Radstand	3200 mm	3200 mm

	Magirus-Deutz Mercur 120 F 1959–1963	**Magirus-Deutz Mercur 126 F 1963–1964 126 D 11 1964–1965**
Bauart	Mittl. Frontlenker-Lastwagen 4 × 2, Motor zwischen Sitzen	
Motor	KHD F 6 L 613 Wirbelkammer-Dieselmotor	
Zylinder	V6, Luftkühlung	
Bohrung × Hub	110 × 130 mm	
Hubraum	7412 ccm	
Leistung	120 PS bei 2600 U/min	126 PS bei 2500 U/min
Getriebe	5 Gang	
	Pritschenwagen	
Radstand	3200 oder 3700 mm Für Sonderaufbauten auch 4850 mm	
Pritsche	4500 (5000) mm	
Gesamtmaße	6450 (7450) × 2400 × 2550 mm (Höhe über Fahrerhaus)	
Reifen	8,25–20 eHD Super Zwillings-Hinterräder	8,25–20 eHD Super oder 9,00–20 eHD verstärkt Zwillings-Hinterräder
Wagengewicht	4250 (4500) kg	4500 bzw. 4650 (4700 / 4850)
Zuläss. Gesamtgewicht	10 600 kg	11 000 bzw. 11 200 kg
Gesamt-Lastzuggewicht	20 000 kg	20 000 kg
	Sattelzugmaschine	**Sattelzugmaschine**
Radstand	3000 mm	3200 mm

←

Magirus-Deutz
Saturn 145 F–S 4 × 2
Sattelzugmaschine mit
Ackermann-Anhänger
1959

←

Magirus-Deutz
Saturn 195 F–S 6 × 4
Sattelzugmaschine für
die Deutsche Bundesbahn
1962

Magirus-Deutz
Saturn 150 F–S 6 × 4
Sattelzugmaschine mit
Kögel Kipper-Aufleger
1964

←

	Magirus-Deutz **Saturn 145 F** **1958–1961**	**Magirus-Deutz** **Saturn 150 F 1961–1964** **150 D 13 1964–1965**
Bauart	Schwerer Frontlenker-Lastwagen 4 × 2, Motor unter den Sitzen	
Motor	KHD F 6 L 714 Wirbelkammer-Dieselmotor	
Zylinder	V6, Luftkühlung	
Bohrung × Hub	120 × 140 mm	
Hubraum	9500 ccm	
Leistung	145 bzw. 150 PS bei 2300 U/min	
Getriebe	5 Gang	
	Pritschenwagen	**Pritschenwagen**
Radstand	4000 mm	4400 mm
Pritsche	5500 mm	Fahrerhaus kurz: 6000 mm Fahrerhaus lang: 5600 mm
Gesamtmaße	7500 × 2400 × 2570 mm (Höhe über Fahrerhaus)	7980 × 2400 × 2670 mm (Höhe über Fahrerhaus)
Reifen	9,00–20 eHD verstärkt Zwillings-Hinterräder	10,00–20 eHD verstärkt Zwillings-Hinterräder
Wagengewicht	5000 kg	5250–5400 kg
Zuläss. Gesamtgewicht	12 000 kg	13 000 kg
Lastzug-Gesamtgewicht	24 000 kg	25 000 kg
	Sattelzugmaschine	**Sattelzugmaschine**
Radstand	3000 mm	3000 oder 3200 mm
Bemerkung	Sattelzugmaschine mit 125 PS- und 145 PS-Motor bereits ab 1957 in geringer Stückzahl geliefert	

	Magirus-Deutz **Saturn 195 FS 6 × 4** **1959–1961**	**Magirus-Deutz** **Saturn 200 FS 1961–1964** **200 D 20 1964–1965**
Bauart	Schwere Frontlenker-Sattelzugmaschine 6 × 4, Antrieb auf beide Hinterachsen Motor unter den Sitzen	
Motor	KHD F 8 L 714 Wirbelkammer-Dieselmotor	
Zylinder	V8, Luftkühlung	
Bohrung × Hub	120 × 140 mm	
Hubraum	12 667 ccm	
Leistung	195 bzw. 200 PS bei 2300 U/min	
Getriebe	6 Gang	
	Sattelzugmaschine	**Sattelzugmaschine**
Radstand	2760 + 1280 mm	2750 + 1300 mm
Gesamtmaße	6120 × 2300 × 2670 mm (Höhe über Fahrerhaus)	6120 × 2300 × 2670 mm (Höhe über Fahrerhaus)
Reifen	9,00–20 eHD verstärkt 4 Zwillings-Hinterräder	9,00 R 20 4 Zwillings-Hinterräder
Fahrzeuggewicht	6300 kg	6600 kg
Lastzug-Gesamtgewicht	32 000 kg	32 000 kg
Nutzlast des Zuges	ca. 20 t	ca. 20 t

AGIRUS · DEUTZ

UL · 04280

← Magirus-Deutz S 7500 Frontlenker Pritschenwagen Prototyp 1955 Keine Serie

	Magirus-Deutz Jupiter 195 F 1960–1961	Magirus-Deutz Jupiter 200 F 1961, Pluto 200 F 1961–1964, 200 D 16 1964–1965
Bauart	Schwerer Frontlenker-Lastwagen 4 × 2, Motor unter den Sitzen	
Motor	KHD F 8 L 714 Wirbelkammer-Dieselmotor	
Zylinder	V8, Luftkühlung	
Bohrung × Hub	120 × 140 mm	
Hubraum	12 667 ccm	
Leistung	195 PS bei 2300 U/min	200 PS bei 2300 U/min
Getriebe	6 Gang	
	Pritschenwagen	
Radstand	4400 mm	
Pritsche	Fahrerhaus kurz: 6000 mm Fahrerhaus lang: 5700 mm	
Gesamtmaße	Fahrerhaus kurz: 8110 × 2500 × 2650 mm Fahrerhaus lang: 8065 × 2500 × 2750 mm (Höhe über Fahrerhaus)	
Reifen	12,00–20 eHD verstärkt, Zwillings-Hinterräder	
Wagengewicht	6700–6800 kg	
Zuläss. Gesamtgewicht	16 000 kg	
Lastzug-Gesamtgewicht	32 000 kg	
	Dreiseiten-Kipper	
Radstand	3500 mm	
Pritsche	4400 mm	
	Sattelzugmaschine	
Radstand	3500 mm	
Reifen	11,00 R 20 / PR 16, Zwillings-Hinterräder	

← Magirus-Deutz Jupiter 200 F–L Pritschenwagen 1961–1964

Magirus-Deutz Pluto 200 F–K Dreiseiten-Kipper 1961–1964 ←

	Magirus-Deutz Pluto TE 200 FL 1963–1964, 200 D 19 FL 1964–1965
Bauart	Schwerer Frontlenker-Lastwagen 4 × 2, Motor unter den Sitzen
Motor	KHD F 8 L 714, Wirbelkammer-Dieselmotor
Zylinder	V8, Luftkühlung
Bohrung × Hub	120 × 140 mm
Hubraum	12 667 ccm
Leistung	200 PS bei 2300 U/min
Getriebe	6 Gang
	Pritschenwagen
Radstand	5000 mm
Pritsche	Fahrerhaus kurz: 7500 mm Fahrerhaus lang: 7000 mm
Gesamtmaße	Fahrerhaus kurz: 9670 × 2500 × 2650 mm Fahrerhaus lang: 9470 × 2500 × 2750 mm (Höhe über Fahrerhaus)
Reifen	12,00–20 Super / PR 18, Zwillings-Hinterräder
Wagengewicht	7550–7600 kg
Zuläss. Gesamtgewicht	19 000 kg
Lastzug-Gesamtgewicht	38 000 kg

Als die »Bullen« kamen 1954–1970

Magirus-Deutz A 4500 Mercur Kipper 1955–1957

Magirus-Deutz Mercur A–L Pritschenwagen 1957–1962

Magirus-Deutz
Mercur 120 L
Lastwagen für den
Bundesgrenzschutz
1963–1964

Magirus-Deutz
FM 150 D 11 A 4 × 4
Trocken-Tanklöschfahrzeug
Tro TLF 16
1967

	Magirus-Deutz **A 4500 Mercur 1955–1957** **Mercur A 1957–1962**	**Magirus-Deutz** **Mercur 112 AK 1957–1958**	**Magirus-Deutz** **Mercur 120 AK 1958–1963**
Bauart	Mittl. Baustellen-Lastwagen mit kantiger Motorhaube	Mittlerer Baustellen-Lastwagen »Bulle« mit breiter Motorhaube	
Motor	KHD F 4 L 514 Wirbelkammer-Dieselmotor	KHD F 6 L 614 Wirbelkammer-Dieselmotor	KHD F 6 L 613 Wirbelkammer-Dieselmotor
Zylinder	4 (Reihe), Luftkühlung	V6, Luftkühlung	V6, Luftkühlung
Bohrung × Hub	110 × 140 mm	110 × 140 mm	110 × 130 mm
Hubraum	5322 ccm	7983 ccm	7412 ccm
Leistung	85 PS bei 2300 U/min	112 PS bei 2300 U/min	120 PS bei 2500 U/min
Getriebe	5 Gang + Vorgelege	5 Gang + Vorgelege	5 Gang + Vorgelege
	Dreiseiten-Kipper 4 × 4	**Dreiseiten-Kipper 4 × 4**	
Radstand	3700 mm	3700 mm	
Pritsche	3200 mm	3200 mm	
Gesamtmaße	6100 × 2340 × 2500 mm (Höhe über Fahrerhaus)	6030 × 2250 × 2450 mm (Höhe über Fahrerhaus)	
Reifen	8,25–20 eHD Zwillings-Hinterräder	8,25–20 Gelände Super Zwillings-Hinterräder	
Wagengewicht	4500 kg	4800 kg	
Zuläss. Gesamtgewicht	9000 kg	10 600 kg	

	Magirus-Deutz **Mercur 120 L 1963–1964** **120 D 9 L 1964–1965**	**Magirus-Deutz** **Mercur 126 L/(A)K 1963–1964** **126 D 11 L/(A)K 1964–1967**	**Magirus-Deutz** **135 D 12 (A)K** **1967–1970**
Bauart	Mittlerer Baustellen-Lastwagen, »Bulle« mit breiter Motorhaube		
Motor	KHD F 6 L 613 Wirbelkammer-Dieselmotor		KHD F 6 L 312 Wirbelkammer-Dieselmotor
Zylinder	V6, Luftkühlung		V6, Luftkühlung
Bohrung × Hub	110 × 130 mm		115 × 120 mm
Hubraum	7412 ccm		7478 ccm
Leistung	120 PS bei 2500 U/min	126 PS bei 2500 U/min	135 PS bei 2600 U/min
Getriebe	5 Gang	5 Gang bzw. (bei 4 × 4) 5 Gang + Vorgelege	5 Gang bzw. (bei 4 × 4) 5 Gang + Vorgelege
	Pritschenwagen 4 × 2	**Pritschenwagen 4 × 2**	
Radstand	4200 mm	4400 (oder 4850) mm	
Pritsche	4250 mm	4250 (5000) mm	
Gesamtmaße	6920 × 2250 × 2300 mm (Höhe über Fahrerhaus)	6930 (7680) × 2400 × 2350 mm (Höhe über Fahrerhaus)	
Reifen	8,25–20 / PR 10 Zwillings-Hinterräder	8,25–20 Super / PR 14 oder 9,00–20 verstärkt Zwillings-Hinterräder	
Wagengewicht	4150 kg	4400 bzw. 4550 (4500 bzw. 4650)	
Zuläss. Gesamtgewicht	8900 kg	11 000 bzw. 11 200 kg	
Lastzug-Gesamtgewicht		20 000 bzw. 21 000 kg	
		Dreiseiten-Kipper 4 × 2	**Dreiseiten-Kipper 4 × 2**
Radstand		3700 (oder 4200) mm	3700 (oder 4200) mm
Pritsche		3200 (3800) mm	3400 (3800) mm
Gesamtmaße		5910 (6540) × 2400 × 2350 mm	6100 (6540) × 2400 × 2350 mm
Reifen		9,00–20 verst. Gelände Zwillings-Hinterräder	9,00–20 / PR 14 Gelände Zwillings-Hinterräder
Wagengewicht		4850 (4950) kg	4800 (4900) kg
		Dreiseiten-Kipper 4 × 4	**Dreiseiten-Kipper 4 × 4**
Radstand		3700 mm	3700 mm
Pritsche		3400 mm	3400 mm

Magirus-Deutz Saturn 145 AK 6 × 6 Muldenkipper 1959

Bauart
Motor

Zylinder
Bohrung × Hub
Hubraum
Leistung
Getriebe

Radstand
Pritsche
Gesamtmaße
Reifen

Wagengewicht
Zuläss. Gesamtgewicht

Magirus-Deutz Saturn 145 K Dreiseiten-Kipper 1961

Bauart
Motor

Zylinder
Bohrung × Hub
Hubraum
Leistung
Getriebe

Radstand
Pritsche
Gesamtmaße

Reifen

Wagengewicht
Zuläss. Gesamtgewicht
Lastzug-Gesamtgewicht

Radstand
Pritsche

Magirus-Deutz 150 D 13 AK 4 × 4 Dreiseiten-Kipper 1964–1965
Magirus-Deutz 150 D 14 AK 4 × 4 Dreiseiten-Kipper 1965–1967

Radstand

	Magirus-Deutz Saturn A 1958	**Magirus-Deutz Saturn 145 A 4 × 4 1958–1961**	**Magirus-Deutz Saturn 145 A 6 × 6 1958–1961**
	Schwere Baustellen-Lastwagen, »Bullen« mit breiter Motorhaube		
	KHD F 6 L 614 Wirbelkammer-Dieselmotor V6, Luftkühlung 110 × 140 mm 7983 ccm 125 PS bei 2300 U/min 5 Gang + Vorgelege	KHD F 6 L 714 Wirbelkammer-Dieselmotor V6, Luftkühlung 120 × 140 mm 9500 ccm 145 PS bei 2500 U/min 5 Gang + Vorgelege	
	Dreiseiten-Kipper 4 × 4 4200 mm 3800 mm 6145 × 2400 × 2560 mm 9,00–20 eHD verstärkt Zwillings-Hinterräder 5750 kg 12 000 kg	**Dreiseiten-Kipper 4 × 4** 4200 mm 3800 mm 6145 × 2400 × 2560 mm 9,00–20 eHD verstärkt Zwillings-Hinterräder 5825 kg 12 000 kg	**Muldenkipper 6 × 6** 3350 + 1300 mm 3500 mm, Inhalt 6,5 m³ 6850 × 2400 × 2560 mm 9,00–20 eHD verstärkt 4 Zwillings-Hinterräder 9000 kg 18 500 kg

Magirus-Deutz 126 D 15 1965–1967	**Magirus-Deutz Saturn 150 A 4 × 4 1961–1964 150 D 13 1964–1965 150 D 14 1965–1967**	**Magirus-Deutz Saturn 150 A 6 × 6 1961–1964 150 D 21 1964–1967**	**Magirus-Deutz 156 D 15 (A)K 1967–1970**
	Schwere Baustellen-Lastwagen »Bullen« mit breiter Motorhaube		
KHD F 6 L 613 Wirbelkammer-Dieselmotor V6, Luftkühlung 110 × 130 mm 7412 ccm 126 PS bei 2500 U/min 5 Gang bzw. (bei 4 × 4) 5 Gang + Vorgelege	KHD F 6 L 714 Wirbelkammer-Dieselmotor V6, Luftkühlung 120 × 140 mm 9500 ccm 150 PS bei 2300 U/min 5 Gang bzw. (bei 4 × 4) 5 Gang + Vorgelege	6 Gang bzw. (bei 6 × 6) 6 Gang + Vorgelege	KHD F 6 L 814 Direkteinspritz-Dieselmotor V6, Luftkühlung 115 × 140 mm 8730 ccm 156 PS bei 2300 U/min 6 Gang bzw. (bei 4 × 4) 6 Gang + Vorgelege
Dreiseiten-Kipper 4 × 4 4200 mm 3800 mm 6680 × 2400 × 2560 mm (Höhe über Fahrerhaus) 10,00–20 Gelände / PR 16 Zwillings-Hinterräder 6600 kg 14 500 kg 21 000 kg	**Dreiseiten-Kipper 4 × 4** 4200 mm 3800 mm 6680 × 2400 × 2650 mm (Höhe über Fahrerhaus) 10,00–20 Gelände / PR 16 Zwillings-Hinterräder 6600 kg 13 000 bzw. 14 000 kg 25 000 kg	**Muldenkipper 6 × 6** 3750 + 1300 mm 3500 mm, Inhalt 6,5 m³ 6850 × 2400 × 2560 mm (Höhe über Fahrerhaus) 10,00–20 Gelände / PR 16 4 Zwillings-Hinterräder 9220 kg 20 500 kg –	**Dreiseiten-Kipper 4 × 4** 4200 mm 3800 mm 6680 × 2470 × 2560 mm (Höhe über Fahrerhaus) 10,00–20 Gelände / PR 16 Zwillings-Hinterräder 6750 kg 15 000 kg 26 000 kg
Dreiseiten-Kipper 4 × 2 4400 mm 4000 mm	**Dreiseiten-Kipper 4 × 2** 4400 mm 4000 mm	**Fahrgestell 6 × 4 (ab 1964)** 3750 oder 5150 + 1300 mm	**Dreiseiten-Kipper 4 × 2** 4400 mm 4000 mm
			Magirus-Deutz 156 D 22 B 1967–1970
Betonmischer 4 × 2 4400 mm	**Betonmischer 4 × 2** 4400 mm	**Betonmischer 6 × 4** 3750 + 1300 mm	**Betonmischer 6 × 4** 3750 + 1300 mm

Magirus-Deutz A 6500
Dreiseiten-Kipper
1953–1955

Magirus-Deutz A 6500
Militär-Lastwagen
Bundeswehr-Ausführung
1956–1960

Magirus-Deutz Jupiter
Militär-Lastwagen
Bundeswehr-Ausführung
1960–1967

	Magirus-Deutz A 6500 1953–1955	Magirus-Deutz A 7500 Jupiter 1955–1959
Bauart	Schwere Lastwagen, »Bullen« mit breiter Motorhaube	
Motor	KHD F 8 L 614 Wirbelkammer-Dieselmotor	
Zylinder	V8, Luftkühlung	
Bohrung × Hub	110 × 140 mm	
Hubraum	10 644 ccm	
Leistung	170 PS bei 2300 U/min	
Getriebe	6 Gang + Vorgelege	
	Dreiseiten-Kipper 4 × 4	
Radstand	4415 mm	
Pritsche	4000 mm	
Gesamtmaße	7250 × 2500 × 2550 mm (Höhe über Fahrerhaus)	
Reifen	11,00–20 eHD Gelände, Zwillings-Hinterräder	
Wagengewicht	6350 kg	7100 kg
Zuläss. Gesamtgewicht	13 200 kg	15 000 kg
Lastzug-Gesamtgewicht	36 000 kg	36 000 kg
		Pritschenwagen 4 × 4
Radstand		4815 mm
Pritsche		5000 mm
		Sattelzugmaschine 4 × 4
Radstand		3615 mm

	Magirus-Deutz A 6500 1956–1960 (Bundeswehr-Ausführung)	Magirus-Deutz A 7500 Jupiter 1960–1964 178 D 15 A 1964–1967 (Bundeswehr-Ausführung)
Bauart	Lkw 7 t gl (4 × 4)	Lkw 7 t gl (6 × 6)
Motor	KHD F 8 L 614 Wirbelkammer-Dieselmotor	KHD F 8 L 714 A Vielstoff- Wirbelkammer-Dieselmotor
Zylinder	V8, Luftkühlung	V8, Luftkühlung
Bohrung × Hub	110 × 140 mm	120 × 140 mm
Hubraum	10 644 ccm	12 667 ccm
Leistung	170 PS bei 2300 U/min	178 PS bei 2300 U/min
Getriebe	6 Gang + Vorgelege	6 Gang + Vorgelege
	Pritschenwagen (4 × 4)	**Pritschenwagen (6 × 6)**
Radstand	4815 mm	4160 + 1280 mm
Pritsche	5000 mm	5000 mm
Gesamtmaße	8000 × 2500 × 2550 mm (Höhe über Fahrerhaus)	8000 × 2500 × 2550 mm (Höhe über Fahrerhaus)
Reifen	11,00–20 eHD. verst. M Zwillings-Hinterräder	11,00–20 (14 PR) M Einzel-Hinterräder
Wagengewicht	7000 kg	7450 kg
Zuläss. Gesamtgewicht	14 600 kg	14 750 kg
Lastzug-Gesamtgewicht	24 600 kg	25 000 kg
	Abschleppwagen	**Zugkraftwagen**
Radstand	3615 mm	3760 + 1280 mm
Pritsche	3200 mm	4250 mm
	Sattelzugmaschine	**Sattelzugmaschine**
Radstand	4415 mm	3760 + 1280 mm

Magirus-Deutz
Jupiter 6 × 6 Z
Dreiseiten-Kipper
1962–1964

Magirus-Deutz
Pluto 200 S
Sattelzugmaschine mit
Stahlmulden-Hinterkipper
Anhänger: Blumhardt
etwa 1962/63

Magirus-Deutz FM 200 D 16 Leiterbühne LB 30 für die Frankfurter Feuerwehr (1957)

	Magirus-Deutz Jupiter 150 K 1960–1961	**Magirus-Deutz Jupiter 195 (A)K 1960–1962**	**Magirus-Deutz Jupiter 6 × 6 Z 1962–1964 195 D 22 AK 1964–1965**
Bauart	Schwere Baustellen-Lastwagen, »Bullen« mit breiter Motorhaube		
Motor	KHD F6 L 714 Wirbelkammer-Dieselmotor	KHD F 8 L 714 Wirbelkammer-Dieselmotor	
Zylinder	V6, Luftkühlung	V8, Luftkühlung	
Bohrung × Hub	120 × 140 mm	120 × 140 mm	
Hubraum	9500 ccm	12 667 ccm	
Leistung	150 PS bei 2300 U/min	195 PS bei 2300 U/min	
Getriebe	6 Gang	6 Gang	
	Dreiseiten-Kipper 4 × 2	**Dreiseiten-Kipper 4 × 4**	**Dreiseiten-Kipper 6 × 6**
Radstand	4400 mm	4115 mm	3750 + 1300 mm
Pritsche	4000 mm	4000 mm	4200 mm
Gesamtmaße	6600 × 2500 × 2340 mm (Höhe über Fahrerhaus)	6600 × 2500 × 2580 mm (Höhe über Fahrerhaus)	7170 × 2500 × 2560 mm (Höhe über Fahrerhaus)
Reifen	10,00–20 Gelände Super PR 16 Zwillings-Hinterräder	11,00–20 Gelände Super PR 16 4 Zwillings-Hinterräder	10,00–20 Gelände Super PR 16 Zwillings-Hinterräder
Wagengewicht	6300 kg	7800 kg	9150 kg
Zuläss. Gesamtgewicht	15 200 kg	15 050 kg	21 500 kg
		Dreiseiten-Kipper 4 × 2	**Muldenkipper 6 × 6**
Radstand		4400 mm	3750 + 1300 mm
Wagengewicht		8400 kg	9700 kg

		Magirus-Deutz Jupiter 200 (A)K 1961 Pluto 200 (A)K 1961–1964 200 D 16 (A)K 1964–1967	**Magirus-Deutz 230 D 16 (A)K 1967–1970**
Bauart		Schwere Baustellen-Lastwagen, »Bullen« mit breiter Motorhaube	
Motor		KHD F 8 L 714 Wirbelkammer-Dieselmotor	KHD F 8 L 914 Direkteinspritz-Dieselmotor
Zylinder		V8, Luftkühlung	V8, Luftkühlung
Bohrung × Hub		120 × 140 mm	120 × 140 mm
Hubraum		12 667 ccm	12 667 ccm
Leistung		200 PS bei 2300 U/min	230 PS bei 2300 U/min
Getriebe		6 Gang bzw. (bei 4 × 4) 6 Gang + Vorgelege	6 Gang bzw. (bei 4 × 4) 6 Gang + Vorgelege
		Dreiseiten-Kipper 4 × 4	
Radstand		4600 mm	
Pritsche		4000 mm	
Gesamtmaße		6900 × 2500 × 2625 mm (Höhe über Fahrerhaus)	
Reifen		12,00–20 Gelände Super PR 16, Zwillings-Hinterräder	
Wagengewicht		7500 kg	
Zuläss. Gesamtgewicht		16 000 kg	
Lastzug-Gesamtgewicht		32 000 kg	
		Dreiseiten-Kipper 4 × 2	
Radstand		4600 mm	
Pritsche		4000 mm	
		Sattelzugmaschine 4 × 2	
Radstand		4000 mm	
Reifen		11,00–20 Gelände Super PR 16	
Sattelzug-Gesamtgewicht		32 000–36 000 kg	

Magirus-Deutz
A 12000 Uranus 6 × 6
Versuchswagen bei
9000 km Sahara-
Durchquerung 1957

Magirus-Deutz
Kranwagen KW 12 für
Rettungsdienste und
Feuerwehren
1956/57

Magirus-Deutz
Kranwagen KW 20 für
Rettungsdienste und
Feuerwehren
1967–1975

	Magirus-Deutz A 12 000 Uranus 1955–1957 Uranus 170 A 1957–1959	Magirus-Deutz A 12 000 Uranus 1955–1957 Uranus 250 A 1957–1964 250 D 25 A 1964–1965	Magirus-Deutz Uranus AE 1959–1960 (Bundeswehr-Ausführung)
Bauart	Schwere Lastwagen, »Bullen« mit breiter Motorhaube		
Motor	KHD F 8 L 614 Wirbelkammer-Dieselmotor	KHD F 12 L 614 Wirbelkammer-Dieselmotor	
Zylinder	V8, Luftkühlung	V12, Luftkühlung	
Bohrung × Hub	110 × 140 mm	110 × 140 mm	
Hubraum	10 644 ccm	15 966 ccm	
Leistung	170 PS bei 2300 U/min	250 PS bei 2300 U/min	
Getriebe	6 Gang + Vorgelege	6 Gang + Vorgelege	
	Pritschenwagen **6 × 4 oder 6 × 6**	**Pritschenwagen** **6 × 6**	**Pritschenwagen** **6 × 6**
Radstand	4450 + 1380 mm	4450 + 1380 mm	4450 + 1380 mm
Pritsche			
Gesamtmaße			
Reifen	11,00–20 Gelände 4 Zwillings-Hinterräder	12,00–20 Gelände 4 Zwillings-Hinterräder	14,00–20 M 4 Einzel-Hinterräder
Fahrgestellgewicht	7600 kg	8400 kg	
Wagengewicht	9000 kg	9800 kg	
Zuläss. Gesamtgewicht	23 000 kg	25 000 kg	
	Muldenkipper		
Radstand	3800 + 1280 mm		
	Straßen- oder Sattelzugmaschine		
Radstand	3800 + 1280 mm		

	Magirus-Deutz Kranwagen KW 15 1957–1960	Magirus-Deutz Kranwagen KW 16 1961–1967	Magirus-Deutz Kranwagen KW 20 1967–1975
Bauart	Schwere Bergungs-Kranwagen 6 × 6, »Bullen« mit breiter Motorhaube, Einsatz bei Berufsfeuerwehren, Rettungsorganisationen, Kranbetriebs- und Abschleppunternehmen		
Motor	KHD F 12 L 614 Wirbelkammer-Dieselmotor		KHD F 8 L 914 Direkteinspritz-Dieselmotor
Zylinder	V12, Luftkühlung		V8, Luftkühlung
Bohrung × Hub	110 × 140 mm		120 × 140 mm
Hubraum	15 966 ccm		12 667 ccm
Leistung	250 PS bei 2300 U/min		230 PS bei 2300 U/min
Getriebe	6 Gang + Vorgelege		6 Gang + Vorgelege
	Kranwagen	**Kranwagen**	**Kranwagen**
Radstand	3800 + 1280 mm	3775 + 1330 mm	3850 + 1380 mm
Gesamtmaße	8500 × 2500 × 3500 mm (Kran in Fahrtstellung)	8700 × 2500 × 3350 mm (Kran in Fahrtstellung)	8800 × 2500 × 3575 mm (Kran in Fahrtstellung)
Reifen	11,00–20 Gelände 4 Zwillings-Hinterräder	11,00–20 Gelände 4 Zwillings-Hinterräder	12,00–20 Super PR 18 M-Profil 4 Zwillings-Hinterräder
Fahrzeuggewicht	18 000 kg	22 700 kg	
Kranlast	bis 15 t	bis 16 t	bis 20 t
Zuläss. Gesamtgewicht	23 000 kg	25 400 kg	26 000 kg
Bemerkungen	1956/57 waren bereits einige Kranwagen KW 12 gebaut worden		Einzelne KW 20 mit 270 PS

	Magirus-Deutz 200 D 22 (A)K 1965–1967	Magirus-Deutz 200 D 26 (A)K 1965–1967
Bauart	Schwere Baustellen-Lastwagen, »Bullen« mit breiter Motorhaube	
Motor	KHD F 8 L 714 Wirbelkammer-Dieselmotor	
Zylinder	V8, Luftkühlung	
Bohrung × Hub	120 × 140 mm	
Hubraum	12 667 ccm	
Leistung	200 PS bei 2300 U/min	
Getriebe	6 Gang + Vorgelege	

←

Magirus-Deutz
200 D 22 K 6 × 4
Dreiseiten-Kipper
1965–1967

Magirus-Deutz
200 D 26 AK 6 × 6
Mulden-Hinterkipper
1965–1967

←

	Magirus-Deutz 230 D 22 (A)K 1967–1971	Magirus-Deutz 230 D 26 (A)K 1967–1971
Bauart	Schwere Baustellen-Lastwagen, »Bullen« mit breiter Motorhaube	
Motor	KHD F 8 L 914 Direkteinspritz-Dieselmotor	
Zylinder	V8, Luftkühlung	
Bohrung × Hub	120 × 140 mm	
Hubraum	12 667 ccm	
Leistung	230 PS bei 2300 U/min	
Getriebe	6 Gang + Vorgelege	

Magirus-Deutz
250 D 25 AK 6 × 6
Mulden-Hinterkipper
1964–1965

←

	Dreiseiten-Kipper 6 × 4	**Dreiseiten-Kipper 6 × 4**
Radstand	3750 + 1300 mm	3850 + 1380 mm
Pritsche	4200 mm	4500 mm
Gesamtmaße	7150 × 2500 × 2460 mm (Höhe über Fahrerhaus)	7480 × 2500 × 2535 mm (Höhe über Fahrerhaus)
Reifen	10,00–20 / PR 16 Gelände 4 Zwillings-Hinterräder	12,00–20 / PR 16 Gelände 4 Zwillings-Hinterräder
Wagengewicht	8950 kg	11 000 kg
Zuläss. Gesamtgewicht	22 000 kg	22 000 kg, technisch 26 000 kg
Lastzug-Gesamtgewicht	38 000 kg	38 000 kg
	Dreiseiten-Kipper 6 × 6	**Dreiseiten-Kipper 6 × 6**
Radstand	3750 + 1300 mm	3850 + 1380 mm
Pritsche	4200 mm	4500 mm
Gesamtmaße	7150 × 2500 × 2560 mm	7480 × 2500 × 2635 mm
Wagengewicht	9300 kg	11 350 kg
	Muldenkipper 6 × 6	**Muldenkipper 6 × 6**
Radstand	3750 + 1300 mm	3750 + 1300 mm
Pritsche	Mulde 4000 mm	Mulde 4500 mm
	Betonmischer 6 × 4	
Radstand	3750 + 1300 mm	

Die ersten Frontlenker neuer Art 1963–1973

Magirus-Deutz
M 80 D 6/7/8 FK
Dreiseiten-Kipper
1969–1975

Magirus-Deutz M 70 D 6 F
Gelenkmast-Bühne GB 11
1966

Magirus übernahm 1966 den für 3 t Nutzlast ausgelegten Frontlenker-Lastwagen der Schlepperfabrik Eicher in das eigene Verkaufsprogramm. Als einzige wesentliche Änderung war der luftgekühlte 65 PS Eicher-Dieselmotor durch einen etwas stärkeren, ebenfalls luftgekühlten Deutz-Diesel ersetzt worden. Der »Magirus-Eicher« wurde im Lohnauftrag weiterhin bei Eicher in Dingolfing hergestellt (bis zu 2000 Stück jährlich), bis 1976 im Zeichen der Iveco ein abgewandelter Fiat, die spätere Zeta-Baureihe, an seine Stelle trat.

Magirus-Deutz
M 75/80 D 6 F
Drehleiter DL 18
1967–1975

	Magirus-Deutz 70 D 6 F 1966–1967	Magirus-Deutz 75 D 6 F 1967–1969
Bauart	Frontlenker-Lieferwagen 4 × 2 für den Stadt- und Nahverkehr Motor unter den Sitzen	
Motor	KHD F 4 L 812 D Direkteinspritz-Dieselmotor	KHD F 4 L 912 D Direkteinspritz-Dieselmotor
Zylinder	4 (Reihe), Luftkühlung	4 (Reihe), Luftkühlung
Bohrung × Hub	95 × 120 mm	100 × 120 mm
Hubraum	3402 ccm	3768 ccm
Leistung	70 PS bei 2800 U/min	75 PS bei 2800 U/min
Getriebe	5 Gang	5 Gang
	Pritschenwagen	
Radstand	3200, 3400 oder 4000 mm	
Pritsche	3950 (4500) (5600) mm	
Gesamtmaße	5860 (6400) (7500) × 2230 × 2280 mm (Höhe über Fahrerhaus)	
Reifen	7,00 R 16 / PR 10, Zwillings-Hinterräder	
Wagengewicht	2500 (2600) (2800) kg	
Zuläss. Gesamtgewicht	5900 kg	
Lastzug-Gesamtgewicht	11 650 kg	
	Dreiseiten-Kipper	
Radstand	3000 mm	
Pritsche	3000 mm	
	Sattelzugmaschine	
Radstand	3000 mm	

	Magirus-Deutz 80 D 6 F 1969–1975	Magirus-Deutz 80 D 7 F 1969–1975 80 D 8 F 1969–1975
Bauart	Frontlenker-Lieferwagen 4 × 2 für den Stadt- und Nahverkehr Motor unter den Sitzen	
Motor	KHD F 4 L 912 Direkteinspritz-Dieselmotor	
Zylinder	4 (Reihe), Luftkühlung	
Bohrung × Hub	100 × 120 mm	
Hubraum	3768 ccm	
Leistung	80 PS bei 2800 U/min	
Getriebe	5 Gang	
	Pritschenwagen	**Pritschenwagen**
Radstand	3200 oder 3400 mm	3550 oder 4150 mm
Pritsche	3950 (4500) mm	4500 (5600) mm
Gesamtmaße	5860 (6400) × 2230 × 2280 mm (Höhe über Fahrerhaus)	6400 (7500) × 2230 × 2280 mm (Höhe über Fahrerhaus)
Reifen	7,00 R 16 / PR 12 Zwillings-Hinterräder	7,50 R 16 / PR 12 Zwillings-Hinterräder
Wagengewicht	2500 (2650) kg	2900 (3300) kg
Zuläss. Gesamtgewicht	6400 kg	7490 bzw. 8000 kg
Lastzug-Gesamtgewicht	13 330 kg	13 330 kg
	Dreiseiten-Kipper	**Dreiseiten-Kipper**
Radstand	3050 mm	3050 mm
Pritsche	3500 mm	3500 mm
	Fahrgestell f. Sonderaufbauten	**Fahrgestell f. Sonderaufbauten**
Radstand	4000 mm	4600 mm

Magirus-Deutz
90 D 7 FL
Pritschenwagen
1965–1966

Magirus-Deutz
90 D 7 FL
Möbelwagen
Aufbau: Staufen
1966

Magirus-Deutz
90 D 7 FA 4 × 4
Löschgruppenfahrzeug LF 8
1965

	Magirus-Deutz **90 D 7 F 1965–1966**	**Magirus-Deutz** **100 D 7 F 1965–1968** **100 D 8 F 1965–1968**	**Magirus-Deutz** **100 D 9 F 1967–1968**
Bauart	Leichter Frontlenker-Lastwagen für den Stadt- und Nahverkehr Motor unter den Sitzen		
Motor	KHD F 6 L 812 Wirbelkammer-Dieselmotor	KHD F 6 L 812 D Direkteinspritz-Dieselmotor	
Zylinder	6 (Reihe), Luftkühlung	6 (Reihe), Luftkühlung	
Bohrung × Hub	95 × 120 mm	95 × 120 mm	
Hubraum	5100 ccm	5100 ccm	
Leistung	90 PS bei 2800 U/min	100 PS bei 2800 U/min	
Getriebe	5 Gang	5 Gang	
	Pritschenwagen	**Pritschenwagen**	
Radstand	3150 oder 3750 mm	3150, 3750 oder 4200 mm	
Pritsche	4500 (5650) mm	4500 (5650) (6300) mm	
Gesamtmaße	6350 (7500) × 2310 × 2500 mm (Höhe über Fahrerhaus)	6350 (7500) (8130) × 2380 × 2500 (D 9: 2520) mm (Höhe über Fahrerhaus)	
Reifen	7,50–20 / PR 10 Zwillings-Hinterräder	7,50–20 / PR 10 Zwillings-Hinterräder	8,25–20 / PR 10 Zwillings-Hinterräder
Wagengewicht	3550 (3650) kg	3625–3800 kg	3800–4000 kg
Zuläss. Gesamtgewicht	7450 kg	7450 bzw. 8000 kg	8990 kg
Lastzug-Gesamtgewicht	14 900 kg	16 650 kg	16 650 kg
		Dreiseiten-Kipper	
Radstand		3150 mm	
Pritsche		3600 mm	
		Sattelzugmaschine	
Radstand		3150 mm	

	Magirus-Deutz **110 D 7 F 1968–1970** **110 D 8 F 1968–1970**	**Magirus-Deutz** **120 D 7 F 1971–1975** **120 D 8 F 1971–1975**
Bauart	Leichter Frontlenker-Lastwagen für den Stadt- und Nahverkehr Motor unter den Sitzen	
Motor	KHD F 6 L 912, Direkteinspritz-Dieselmotor	
Zylinder	6 (Reihe), Luftkühlung	
Bohrung × Hub	100 × 120 mm	
Hubraum	5655 ccm	
Leistung	110 PS bei 2800 U/min	120 PS bei 2800 U/min
Getriebe	5 Gang	5 Gang
	Pritschenwagen	**Pritschenwagen**
Radstand	3200, 3550 oder 4150 mm	3350 oder 4150 mm
Pritsche	4500 (5650) (6300) mm	4500 (5600) mm
Gesamtmaße	6350 (7500) (8130) × 2380 × 2520 mm (Höhe über Fahrerhaus)	6350 (7500) × 2380 × 2520 mm (Höhe über Fahrerhaus)
Reifen	7,50–20 / PR 10 Zwillings-Hinterräder	7,50 R 16 / PR 12 Zwillings-Hinterräder
Wagengewicht	3800 kg	3700 kg
Zuläss. Gesamtgewicht	7490 bzw. 8000 kg	7490 bzw. 8000 kg
Lastzug-Gesamtgewicht	15 000 kg	15 000 kg
	Dreiseiten-Kipper	**Dreiseiten-Kipper**
Radstand	3050 mm	3050 mm
Pritsche	3500 mm	3500 mm
	Sattelzugmaschine	**Sattelzugmaschine**
Radstand	3050 mm	3050 mm
		Fahrgestell für Sonderaufbauten
Radstand		4600 mm

Magirus-Deutz FM 150 D 9 F 4 × 4
mit Kramer-Portalachsen
Wasserrettungswagen
(Bootswagen BW 2 der
Frankfurter Feuerwehr)
1969

Magirus-Deutz FM 150 D 9 F 4 × 4
mit Kramer-Portalachsen
Pulverlöschfahrzeug
1969

Magirus-Deutz 126 D 11 ⟶
Pritschenwagen
1965–1966

(Bild: Die ersten Wagen dieses Typs mit dem damals völlig neuen Fahrerhaus verlassen Anfang Juli 1965 das Ulmer Werk.)

	Magirus-Deutz 126 D 11 F 1965–1966 126 D 12 F 1965–1966	Magirus-Deutz 135 D 10 F 1965–1967 135 D 11 F 1967–1969	Magirus-Deutz 135 D 12 F 1965–1969
Bauart	Mittlerer Frontlenker-Lastwagen 4 × 2, Motor unter Mittelsitz		
Motor	KHD F 6 L 613 Wirbelkammer-Dieselmotor	KHD F 6 L 312 Direkteinspritz-Dieselmotor	
Zylinder	V6, Luftkühlung	V6, Luftkühlung	
Bohrung × Hub	110 × 130 mm	115 × 120 mm	
Hubraum	7412 ccm	7478 ccm	
Leistung	126 PS bei 2500 U/min	135 PS bei 2600 U/min	
Getriebe	5 Gang	5 Gang	
	Pritschenwagen	**Pritschenwagen**	
Radstand	3150, 3750 oder 4850 mm	3750 oder 4200 mm Für Sonderaufbauten auch 3150, 4850 oder 5100 mm	
Pritsche		Mit Normalfahrerhaus *): 5650 (6300) mm	
Gesamtmaße		Mit Normalfahrerhaus *): 7500 (8150) × 2380 × 2600 mm (Höhe über Fahrerhaus)	
Reifen		8,25–20 / PR 14 Zwillings-Hinterräder	9,00–20 / PR 14 Zwillings-Hinterräder
Wagengewicht	4400–4650 kg	4400–4600 kg	4500–4750 kg
Zuläss. Gesamtgewicht	11 000 bzw. 11 700 kg	10 000–11 000 kg	12 000 kg
	Sattelzugmaschine	**Sattelzugmaschine**	
Radstand	3150 mm	3150 mm	
		Dreiseiten-Kipper	
Radstand		3150 kg	
Pritsche		3800 mm	

*) Mit Fernfahrerhaus abweichende Daten

Sonderfahrgestelle

135 D 14 F für Kommunalfahrzeuge,	Radstand 3450 od. 3750 mm
135 D 15 F für Tankaufbauten,	Radstand 3500 mm Reifen 10,00–20 Super Gesamtgewicht 15 000 kg
135 D 17 F für Kommunalfahrzeuge,	Radstand 4400 mm
135 D 19 F für Kommunalfahrzeuge,	Radstand 4400 mm

Magirus-Deutz 150 D 14 F–L Pritschenwagen 1964–1965

Magirus-Deutz 150 D 22 FB 6 × 4 Betonmischer 1966

	Magirus-Deutz **150 D 13 F 1964–1966** **150 D 14 F 1964–1965**	**Magirus-Deutz** **156 D 16 F 1966–1968**	**Magirus-Deutz** **156 D 22 F 1966–1968**
Bauart	Mittl. Frontlenker-Lastwagen 4 × 2, Motor unter Mittelsitz	Frontlenker-Fahrgestell 4 × 2 Motor unter Mittelsitz	Frontlenker-Fahrgestell 6 × 4 Motor unter Mittelsitz
Motor	KHD F 6 L 714 Wirbelkammer-Dieselmotor	KHD F 6 L 814 Direkteinspritz-Dieselmotor	
Zylinder	V6, Luftkühlung	V6, Luftkühlung	
Bohrung × Hub	120 × 140 mm	115 × 140 mm	
Hubraum	9500 ccm	8730 ccm	
Leistung	150 PS bei 2300 U/min	156 PS bei 2300 U/min	
Getriebe	5 Gang	6 Gang	
	Pritschenwagen		
Radstand	4400 mm		
Pritsche	6050 mm		
Gesamtmaße	7950 × 2500 × 2630 mm (Höhe über Fahrerhaus)		
Reifen	10,00–20 eHD verstärkt Zwillings-Hinterräder		
Wagengewicht	5550 kg		
Zuläss. Gesamtgewicht	13 000 bzw. 14 000 kg		
	Sattelzugmaschine	**Betonmischer**	**Betonmischer**
Radstand	3150 mm	3500 mm	2700 + 1300 mm
	Fahrgestell f. Sonderaufbauten		**Fahrgestell f. Tankaufbauten**
Radstand	4850 mm		3750 + 1300 mm
Zuläss. Gesamtgewicht			22 000 kg

	Magirus-Deutz **180 D 12 F 1965–1969**	**Magirus-Deutz** **186 D 13 F 1967–1968**	**Magirus-Deutz** **186 D 15 F 1967–1971**
Bauart	Mittlerer Frontlenker-Lastwagen 4 × 2, Motor unter Mittelsitz		
Motor	KHD F 8 L 312, Direkteinspritz-Dieselmotor		
Zylinder	V8, Luftkühlung		
Bohrung × Hub	115 × 120 mm		
Hubraum	9974 ccm		
Leistung	180 PS bei 2600 U/min	186 PS bei 2600 U/min	186 PS bei 2600 U/min
Getriebe	6 Gang	6 Gang	6 Gang
	Pritschenwagen		**Pritschenwagen**
Radstand	4200 mm		4600 mm
Pritsche	Mit Normalfahrerhaus: 6300 mm Mit Fernfahrerhaus: 6050 mm		
Gesamtmaße	Mit Normalfahrerhaus: 8200 × 2380 × 2630 mm Mit Fernfahrerhaus: 8350 × 2500 × 2830 mm (Höhe über Fahrerhaus)		8280 × 2480 × 2630 mm 8430 × 2500 × 2830 mm (Höhe über Fahrerhaus)
Reifen	9,00–20 / PR 14 Zwillings-Hinterräder	10,00–20 / PR 14 Zwillings-Hinterräder	10,00–20 / PR 16 Zwillings-Hinterräder
Wagengewicht	5400–5500 kg	5550–5650 kg	6400–6500 kg
Zuläss. Gesamtgewicht	12 000 kg	13 000 kg	15 000 kg
	Sattelzugmaschine	**Sattelzugmaschine**	**Sattelzugmaschine**
Radstand	3150 mm	3150 mm	3150 mm
	Fahrgestell f. Sonderaufbauten		**Dreiseiten-Kipper**
Radstand	3950 mm		3150 mm
Pritsche			4000 mm

Magirus-Deutz
170 D 11 FL
Lastwagen mit
Aluminium-Pritsche
1972

Magirus-Deutz
170 D 11 F
Drehleiter DL 30
mit Rettungskorb
1969

Magirus-Deutz
170 D 11 FA 4 × 4
Trockenlöschmittel- und
Tanklöschfahrzeug
Tro TLF 16
mit Schiebetüren
1972

	Magirus-Deutz 120 D 9 F 1971–1973	**Magirus-Deutz 120 D 11 F 1969–1973**	**Magirus-Deutz 120 D 13 F 1969–1973**
Bauart	Mittlerer Frontlenker-Lastwagen 4 × 2, Motor unter Mittelsitz		
Motor	KHD F 6 L 912, Direkteinspritz-Dieselmotor		
	6 (Reihe), Luftkühlung, 100 × 120 mm, Hubraum 5655 ccm, 120 PS bei 2800 U/min		
Getriebe	5 Gang		
	Pritschenwagen	**Pritschenwagen**	**Pritschenwagen**
Radstand	3200 oder 3750 mm	3750 oder 4200 mm	4200 oder 4600 mm
Pritsche	4500 (5625) mm	5625 (6275) mm	5625 (6275) mm
Reifen	7,50–20 / PR 12	8,25–20 / PR 14	9,00–20 / PR 14
Wagengewicht		4900 (5000) kg	5100 (5200) kg
Zuläss. Gesamtgewicht	8990 kg	10 600–11 000 kg	13 000–13 400 kg
	Fahrgestell f. Sonderaufbauten	**Fahrgestell f. Sonderaufbauten**	**Fahrgestell f. Sonderaufbauten**
Radstand	5100 mm	5100 mm	5100 mm
		Kommunalfahrzeuge	
Radstand		3150 mm	

	Magirus-Deutz 170 D 11 F 1970–1972	**Magirus-Deutz 170 D 13 F 1969–1972**	**Magirus-Deutz 170 D 15 F 1969–1972**
Bauart	Mittlerer Frontlenker-Lastwagen 4 × 2, Motor unter Mittelsitz		
Motor	KHD F 6 L 413, Direkteinspritz-Dieselmotor		
	V6, Luftkühlung, 120 × 125 mm, Hubraum 8482 ccm, 170 PS bei 2650 U/min		
Getriebe	5 Gang		
	Pritschenwagen	**Pritschenwagen**	**Pritschenwagen**
Radstand	3750 oder 4200 mm	4200 oder 4600 mm	3900 oder 4400 mm
Pritsche	5650 (6300) mm	5650 (6300) mm	5650 (6050) mm
Reifen	8,25–20 / PR 14	9,00–20 / PR 14	10,00–20 / PR 16
	Zwillings-Hinterräder	Zwillings-Hinterräder	Zwillings-Hinterräder
Wagengewicht	5000 (5100) kg	5350 (5450) kg	6050 (6150) kg
Zuläss. Gesamtgewicht	11 200 kg	13 000–13 400 kg	15 000 kg
	Fahrgestell f. Sonderaufbauten	**Fahrgestell f. Sonderaufbauten**	**Fahrgestell f. Sonderaufbauten**
Radstand	5100 mm	5100 mm	5200 mm
		Kipper 4 × 2	**Kipper 4 × 2 und 4 × 4**
Radstand		3200 mm	3500 mm
Pritsche		4000 mm	4200 mm
		Sattelzugmaschine	
Radstand		3500 mm	

	Magirus-Deutz 170 D 16 F 1969–1970	**Magirus-Deutz 170 D 17 F 1970–1971**	**Magirus-Deutz 170 D 19 F 1970–1971**
Motor	170 PS bei 2650 U/min		
	Pritschenwagen	**Fahrgestell für Kommunalfahrzeuge**	**Fahrgestell für Kommunalfahrzeuge**
Radstand	4800 mm	3900 oder 4400 mm	3900 oder 4400 mm
Reifen		10,00–20 / PR 16	11,00–20 / PR 16
Zuläss. Gesamtgewicht	16 000 kg	16 500 kg	18 150 kg

	Magirus-Deutz 210 D 16 F 1965–1968	Magirus-Deutz 230 D 16 F 1967–1971	
Bauart	Schwerer Frontlenker-Lastwagen 4 × 2 für den Güterfernverkehr Motor zwischen den Sitzen		
Motor	KHD F 8 L 814 Direkteinspritz-Dieselmotor	KHD F 8 L 914 Direkteinspritz-Dieselmotor	
Zylinder	V8, Luftkühlung	V8, Luftkühlung	
Bohrung × Hub	115 × 140 mm	120 × 140 mm	
Hubraum	11 633 ccm	12 667 ccm	
Leistung	210 PS bei 2300 U/min	230 PS bei 2300 U/min	
Getriebe	6 Gang + Vorschaltgruppe	6 Gang + Vorschaltgruppe	
	Pritschenwagen		
Radstand	4800 mm		
Pritsche	Mit Normalfahrerhaus: 6300 mm Mit Fernfahrerhaus: 6050 mm		
Gesamtmaße	Mit Normalfahrerhaus: 8200 × 2500 × 2635 mm Mit Fernfahrerhaus: 8350 × 2500 × 2835 mm		
Reifen	12,00–20 / PR 16, Zwillings-Hinterräder		
Wagengewicht	7100–7300 kg		
Zuläss. Gesamtgewicht	16 000 kg		
Lastzug-Gesamtgewicht	38 000 kg		
	Sattelzugmaschine		
Radstand	3500 mm		
	Dreiseiten-Kipper		
Radstand	3500 mm		
Pritsche	4400 mm		
Bemerkung		Pritschenwagen wahlweise mit Luftfederung	

	Magirus-Deutz 232 D 15 F(A)K 1970–1973	Magirus-Deutz 232 D 16 F(A)K 1970–1971	Magirus-Deutz 310 D 16 F(A)K 1972–1973
Bauart	Schwerer Frontlenker-Kipper-Lastwagen 4 × 4 und 4 × 2 für die Bauwirtschaft Motor zwischen den Sitzen		
Motor	KHD F 8 L 413 Direkteinspritz-Dieselmotor		KHD F 10 L 413 Direkteinspritz-Dieselmotor
Zylinder	V8, Luftkühlung		V10, Luftkühlung
Bohrung × Hub	120 × 125 mm		120 × 130 mm
Hubraum	11 309 ccm		14 702 ccm
Leistung	232 PS bei 2650 U/min		305 PS bei 2650 U/min
Getriebe	6 Gang + Vorgelege		10 Gang
	Dreiseiten-Kipper 4 × 4	**Dreiseiten-Kipper 4 × 4**	**Dreiseiten-Kipper 4 × 4**
Radstand	3500 mm	3500 mm	3800 mm
Pritsche	4200 mm	4400 mm	4400 mm
Gesamtmaße	6300 × 2500 × 2675 mm (Höhe über Fahrerhaus)	6430 × 2500 × 2850 mm (Höhe über Fahrerhaus)	6430 × 2500 × 2850 mm (Höhe über Fahrerhaus)
Reifen	10,00–20 / PR 16 Zwillings-Hinterräder	12,00–20 / PR 16 Zwillings-Hinterräder	12,00–20 / PR 16 Zwillings-Hinterräder
Wagengewicht	6800 kg	7325 kg	7650 kg
Zuläss. Gesamtgewicht	15 000 kg	16 000 kg	16 000 kg
Lastzug-Gesamtgewicht	36 000 kg	38 000 kg	38 000 kg
	Dreiseiten-Kipper 4 × 2	**Dreiseiten-Kipper 4 × 2**	**Dreiseiten-Kipper 4 × 2**
Radstand	3500 mm	3500 mm	3800 mm
Pritsche	4200 mm	4400 mm	4400 mm
	Sattelzugmaschine 4 × 2		
Radstand	3500 mm		

	Magirus-Deutz 310 D 15 F 1971	Magirus-Deutz 310 D 16 F 1971–1973	Magirus-Deutz 340 D 16 F 1972–1973
Bauart	Schwerer Frontlenker-Lastwagen 4 × 2, Motor zwischen den Sitzen		
Motor	KHD F 10 L 413 Direkteinspritz-Dieselmotor		KHD F 12 L 413 Direkteinspritz-Dieselmotor
Zylinder	V10, Luftkühlung		V12, Luftkühlung
Bohrung × Hub	120 × 130 mm		120 × 125 mm
Hubraum	14 702 ccm		16 695 ccm
Leistung	305 PS bei 2650 U/min		340 PS bei 2650 U/min
Getriebe	9 Gang		9 Gang
	Pritschenwagen	**Pritschenwagen**	
Radstand	4400 mm	4800 mm	
Pritsche	5800 mm	Mit Normalfahrerhaus: 6300 mm Mit Fernfahrerhaus: 6050 mm	
Gesamtmaße		Mit Normalfahrerhaus: 8200 × 2500 × 2735 mm Mit Fernfahrerhaus: 8350 × 2500 × 2935 mm	
Reifen	10,00–20 / PR 16 Zwillings-Hinterräder	12,00–20 / PR 16 Zwillings-Hinterräder	
Wagengewicht	6750 kg	7400 kg	7650 kg
Zulässiges Gesamtgewicht	15 500 kg	16 000 kg	16 000 kg
Lastzug-Gesamtgewicht	37 200 kg	38 000 kg	38 000 kg
		Fahrgestell für 7 m-Wechselaufbauten	
Radstand		5400 mm	
Bemerkung		Blattfedern oder Luftfederung	Blattfedern oder Luftfederung

	Magirus-Deutz 170 D 15,5 F 1972–1973	Magirus-Deutz 232 D 15,5 F 1972–1973	Magirus-Deutz 270 D 15,5 F 1972–1973 310 D 15,5 F 1972–1973
Bauart	Schwerer Frontlenker-Lastwagen 4 × 2, Motor zwischen den Sitzen		
Motor	KHD F 6 L 413 Direkteinspritz-Dieselmotor	KHD F 8 L 413 Direkteinspritz-Dieselmotor	KHD F 10 L 413 Direkteinspritz-Dieselmotor
Zylinder	V6, Luftkühlung	V8, Luftkühlung	V10, Luftkühlung
Bohrung × Hub	120 × 125 mm	120 × 125 mm	120 × 130 mm
Hubraum	8482 ccm	11 309 ccm	14 702 ccm
Leistung	170 PS bei 2650 U/min	232 PS bei 2650 U/min	270 bzw. 305 PS bei 2650 U/min
Getriebe	6 Gang	10 Gang	10 Gang
	Pritschenwagen		
Radstand	4400 mm		
Pritsche	6025 mm		
Gesamtmaße			
Reifen	10,00–20 / PR 16 Zwillings-Hinterräder		
Wagengewicht	6500 kg	6750 kg	7075 kg
Zuläss. Gesamtgewicht	15 500 kg	15 500 kg	15 500 kg
Lastzug-Gesamtgewicht	20 000 kg	29 000 kg	270 PS: 33 750 kg 305 PS: 37 200 kg
	Fahrgestell f. Sonderaufbauten	**Fahrgestell f. Sonderaufbauten**	**Fahrgestell f. Sonderaufbauten**
Radstand	3900 oder 5200 mm	5200 mm	5200 mm
		Sattelzugmaschine	**Sattelzugmaschine**
Radstand		3500 mm	3500 mm

→

Magirus-Deutz
250 D 22 FL 6 × 4
Fernverkehrs-Lastwagen
1967

Magirus-Deutz
230 D 22 FK 6 × 4
Dreiseiten-Kipper
mit Normal-Fahrerhaus
1970

←

Bild oben:
Magirus-Deutz Saturn TE 235 F
Fernverkehrs-Sattelzug
1964

Zur Frankfurter Automobil-Ausstellung 1963 brachte Magirus-Deutz mit dem Typ »Saturn TE« seinen ersten Dreiachs-Fernverkehrs-Lastwagen für Anhängerbetrieb heraus. Völlig neu war dabei auch das TE (»Transeuropa«)-Fernfahrerhaus, das viel Aufsehen erregte und bald für alle Fernverkehrs-Lastwagen des Ulmer Fabrikats eingeführt wurde.

	Magirus-Deutz Saturn TE 235 F 1963–1964 230 D 22 F 1964–1967	Magirus-Deutz 250 D 22 F 1967–1971
Bauart	Schwerer Frontlenker-Dreiachs-Lastwagen 6 × 4 für den Güterfernverkehr Motor zwischen den Sitzen, Antrieb auf beide Hinterachsen	
Motor	KHD F 10 L 614, Wirbelkammer-Dieselmotor	KHD F 10 L 814, Direkteinspritz-Dieselmotor
Zylinder	V10, Luftkühlung	V10, Luftkühlung
Bohrung × Hub	120 × 140 mm	115 × 140 mm
Hubraum	15 833 ccm	14 569 ccm
Leistung	235 PS bei 2300 U/min	250 PS bei 2300 U/min
Getriebe	6 Gang	6 Gang + Vorschaltgruppe
	Pritschenwagen	**Pritschenwagen**
Radstand	4650 + 1300 mm	4650 + 1300 mm
Pritsche	7500 mm	7300 mm
Gesamtmaße	9755 × 2500 × 2830 mm (Fernfahrerhaus)	9700 × 2500 × 2845 mm (Fernfahrerhaus)
Reifen	10,00 R 20 / PR 16, 4 Zwillings-Hinterräder	10,00 R 20 / PR 16, 4 Zwillings-Hinterräder
Wagengewicht	9000 kg	9250 kg
Zuläss. Gesamtgewicht	22 000 kg	22 000 kg
Lastzug-Gesamtgewicht	38 000 kg	38 000 kg
	Sattelzugmaschine	**Sattelzugmaschine**
Radstand	2700 + 1300 mm	2700 + 1300 mm
	Dreiseiten-Kipper (ab 1965)	**Dreiseiten-Kipper**
Radstand	2700 + 1300 mm	2700 + 1300 mm
Pritsche	4500 mm	4500 mm

	Magirus-Deutz 210 D 22 F 1966–1968	Magirus-Deutz 230 D 22 F 1967–1970
Bauart	Schwerer Frontlenker Dreiachs-Lastwagen 6 × 4 für den Güterfernverkehr Motor zwischen den Sitzen, Antrieb auf beide Hinterachsen	
Motor	KHD F 8 L 814, Direkteinspritz-Dieselmotor	KHD F 8 L 914, Direkteinspritz-Dieselmotor
Zylinder	V8, Luftkühlung	V8, Luftkühlung
Bohrung × Hub	115 × 140 mm	120 × 140 mm
Hubraum	11 633 ccm	12 667 ccm
Leistung	210 PS bei 2300 U/min	230 PS bei 2300 U/min
Getriebe	6 Gang + Vorschaltgruppe	6 Gang + Vorschaltgruppe
	Pritschenwagen	
Radstand	4650 + 1300 mm	
Pritsche	7300 mm	
Gesamtmaße	9700 × 2500 × 2845 mm (Fernfahrerhaus)	
Reifen	10,00 R 20 / PR 16, 4 Zwillings-Hinterräder	
Wagengewicht	9050 kg	
Zuläss. Gesamtgewicht	22 000 kg	
Lastzug-Gesamtgewicht	38 000 kg	
	Sattelzugmaschine (bis 1970)	
Radstand	2700 + 1300 mm	
	Dreiseiten-Kipper (bis 1970)	
Radstand	2700 + 1300 mm	
Pritsche	4500 mm	
	Fahrgestell für Betonmischer	
Radstand	2700 + 1300 mm	
	Fahrgestell für Tankwagen	
Radstand	3750 + 1300 mm	

Magirus-Deutz
340 D 22 FL 6 × 4
Fernlastwagen mit
7 Meter langer
Ackermann-Wechselpritsche
1972

Magirus-Deutz
310 bzw. 340 D 22 FL 6 × 4
Fernlastwagen mit
Luftfederung
Aufbau: Kögel
1972

Magirus-Deutz
340 D 22 FS 6 × 4
Sattelzugmaschine
mit Luftfederung und
40 Fuß IWT Container
1972

	Magirus-Deutz 232 D 22 F 1971	Magirus-Deutz 310 D 22 F 1971–1973	Magirus-Deutz 340 D 22 F 1972–1973
Bauart	Schwerer Frontlenker-Dreiachs-Lastwagen 6 × 4 für den Güterfernverkehr Motor zwischen den Sitzen, Antrieb auf beide Hinterachsen		
Motor	KHD F 8 L 413 Direkteinspritz-Dieselmotor	KHD F 10 L 413 Direkteinspritz-Dieselmotor	KHD F 12 L 413 Direkteinspritz-Dieselmotor
Zylinder	V8, Luftkühlung	V10, Luftkühlung	V12, Luftkühlung
Bohrung × Hub	120 × 125 mm	120 × 130 mm	120 × 125 mm
Hubraum	11 310 ccm	14 702 ccm	16 955 ccm
Leistung	232 PS bei 2650 U/min	305 PS bei 2650 U/min	340 PS bei 2650 U/min
Getriebe	6 Gang	9 Gang	9 Gang
	Pritschenwagen		
Radstand	4600 + 1320 mm		
Pritsche	7000 mm (Fernfahrerhaus)		
Gesamtmaße	9400 × 2500 × 2940 mm (Fernfahrerhaus)		
Reifen	10,00 oder 11,00 R 20 / PR 16, 4 Zwillings-Hinterräder		
Wagengewicht	9050 kg	9400 kg	9750 kg
Zuläss. Gesamtgewicht	22 000 kg	22 000 kg	22 000 kg
Lastzug-Gesamtgewicht	38 000 kg	38 000 kg	38 000 kg
	Sattelzugmaschine		
Radstand	2850 + 1320 mm		
Bemerkung		Blattfedern od. Luftfederung	Blattfedern od. Luftfederung

	Magirus-Deutz 232 D 22 F(A)K 1970–1971	Magirus-Deutz 290 D 22 F(A)K 1971	Magirus-Deutz 310 D 22 F(A)K 1971–1973
Bauart	Schwerer Frontlenker-Dreiachs-Kipper-Lastwagen 6 × 6 oder 6 × 4 für die Bauwirtschaft Motor zwischen den Sitzen, Antrieb auf alle drei Achsen oder auf beide Hinterachsen		
Motor	KHD F 8 L 413 Direkteinspritz-Dieselmotor	KHD F 10 L 413 Direkteinspritz-Dieselmotor	KHD F 10 L 413 Direkteinspritz-Dieselmotor
Zylinder	V8, Luftkühlung	V10, Luftkühlung	V10, Luftkühlung
Bohrung × Hub	120 × 125 mm	120 × 125 mm	120 × 130 mm
Hubraum	11 309 ccm	14 137 ccm	14 702 ccm
Leistung	232 PS bei 2650 U/min	290 PS bei 2650 U/min	305 PS bei 2650 U/min
Getriebe	6 Gang + Vorgelege	6 Gang + Vorgelege	9 Gang
	Dreiseiten-Kipper		
Radstand	3200 + 1300 mm		
Pritsche	4600 mm		
Gesamtmaße	7000 × 2500 × 2660 mm (Höhe über Fahrerhaus)		
Reifen	10,00 R 20 / PR 16 4 Zwillings-Hinterräder		
Wagengewicht	9050 kg	9270 kg	9570 kg
Zuläss. Gesamtgewicht	22 000 kg	22 000 kg	22 000 kg
Lastzug-Gesamtgewicht	38 000 kg	38 000 kg	38 000 kg
	Betonmischer		
Radstand	2700 + 1300 mm		

Magirus-Deutz 310 D 22 FK 6 × 4 Meiller Dreiseiten-Kipper 1971–1973

Magirus-Deutz 310 D 28 FB 8 × 4 – 4
Stetter Transport-Betonmischer 1975
(Weil in der Bundesrepublik noch nicht zugelassen, werden Vierachser vorderhand ausschließlich für den Export hergestellt, und zwar vor allem für die Schweiz und für England.)

Kantige Eckhauber: Moderne »Bullen« 1970–1973

	Magirus-Deutz 120 D 12 (A)K 1970–1973	**Magirus-Deutz 170 D 12 AK 1970–1973**	**Magirus-Deutz 170 D 15 (A)K 1970–1973**
Bauart	Mittl. Lastwagen 4 × 2 oder 4 × 4 für die Bauwirtschaft »Bullen« mit kantig-breiter Motorhaube		
Motor	KHD F 6 L 912 Direkteinspritz-Dieselmotor	KHD F 6 L 413 V Direkteinspritz-Dieselmotor	
Zylinder	6 (Reihe), Luftkühlung	V6, Luftkühlung	
Bohrung × Hub	100 × 120 mm	120 × 125 mm	
Hubraum	5655 ccm	8482 ccm	
Leistung	120 PS bei 2800 U/min	170 PS bei 2650 U/min	
Getriebe	5 Gang bzw. (bei 4 × 4) 5 Gang + Vorgelege	5 oder 6 Gang + (bei 4 × 4) Vorgelege	
	Dreiseiten-Kipper 4 × 4	**Dreiseiten-Kipper 4 × 4**	**Dreiseiten-Kipper 4 × 4**
Radstand	3900 bzw. (bei Ladekran) 4200 mm	3900 bzw. (bei Ladekran) 4200 mm	4400 mm
Pritsche	3800 mm	3800 mm	4200 mm
Gesamtmaße	6405 (6850) × 2300 × 2700 mm (Höhe über Fahrerhaus)	6405 (6850) × 2300 × 2700 mm (Höhe über Fahrerhaus)	6775 × 2300 × 2700 mm (Höhe über Fahrerhaus)
Reifen	9,00–20 / PR 14 Gelände Zwillings-Hinterräder	9,00–20 / PR 14 Gelände Zwillings-Hinterräder	10,00–20 / PR 16 Gelände Zwillings-Hinterräder
Wagengewicht	5650 kg	6200 kg	7050 kg
Zuläss. Gesamtgewicht	12 000 kg	12 000 kg	15 000 kg
	Dreiseiten-Kipper 4 × 2		**Dreiseiten-Kipper 4 × 2**
Radstand	3900 bzw. (bei Ladekran) 4200 mm		4400 mm
Pritsche	3800 mm		4200 mm
Wagengewicht	5100 kg		6550 kg

Magirus-Deutz 120 D 12 AK 170 D 12 AK Dreiseiten-Kipper 1970–1973

Magirus-Deutz
F 110 D 11 FA 4 × 4
Löschfahrzeug LF 16-P
(mit 250 kg Pulverlöschanlage)
für die Feuerwehr eines
Bundesbahn-Ausbesserungs-
werks
1977

Magirus-Deutz
M 232 D 16 FA 4 × 4
Tanklöschfahrzeug TLF 24/50
für den Einsatz
bei Autobahnunfällen
1976

Magirus-Deutz
192 M 14 FL
Fahrgestell für
schweren Mittelklasse-
Lastwagen mit neuer
Fahrerhaus-Front
ab September 1977

	Magirus-Deutz 170 D 15 F(A)K 1973–1981	**Magirus-Deutz 232 D 15 F(A)K 1973–1981**
Bauart	Mittl. Frontlenker-Lastwagen 4 × 2 oder 4 × 4, Motor zwischen den Sitzen	
Motor	KHD F 6 L 413 Direkteinspritz-Dieselmotor	KHD F 8 L 413 Direkteinspritz-Dieselmotor
Zylinder	V6, Luftkühlung	V8, Luftkühlung
Bohrung × Hub	120 × 125 mm	120 × 125 mm
Hubraum	8482 ccm	11 310 ccm
Leistung	176 PS (129 kW) bei 2650 U/min	232 PS (171 kW) bei 2650 U/min
Getriebe	5 Gang bzw. (bei 4 × 4) 5 Gang + Vorgelege	6 Gang bzw. (bei 4 × 4) 6 Gang + Vorgelege
	Dreiseiten-Kipper 4 × 2 oder 4 × 4	
Radstand	3500 mm	
Pritsche	4200 mm	
Gesamtmaße		
Reifen	10,00–20 PR 16 (bei 4 × 4: S + G), Zwillings-Hinterräder	
Wagengewicht	6750 bzw. (4 × 4) 6900 kg	7600 bzw. (4 × 4) 8200 kg
Zuläss. Gesamtgewicht	15 000 kg	15 200 kg

	Magirus-Deutz 170 D 19 F 1974–1981	**Magirus-Deutz 232 D 13 F 1975–1977**
	Fahrgestell 4 × 2 für Kommunalaufbauten	**Pritschenwagen 4 × 2**
Radstand	3900 oder 4400 mm	4600 (für Sonderaufbauten auch 5100) mm
Pritsche		6275 mm
Gesamtmaße		8220 × 2400 × 2580 mm (Höhe über Fahrerhaus)
Reifen	11,00–20 / PR 16, Zwillings-Hinterräder	9,00–20 / PR 14, Zwillings-Hinterräder
Wagengewicht		5900 kg
Zuläss. Gesamtgewicht	19 000 kg	13 000 kg

	Magirus-Deutz 170 D 15,5 F 1973–1977	**Magirus-Deutz 232 D 15,5 F 1973–1977**
	Pritschenwagen 4 × 2	
Radstand	4400 (für Sonderaufbauten auch 5200) mm	
Pritsche	6025 mm	
Gesamtmaße	8030 × 2500 × 2730 mm (Fernfahrerhaus)	
Reifen	10,00–20 / PR 16, Zwillings-Hinterräder	
Wagengewicht	6700 kg	6850 kg
Zuläss. Gesamtgewicht	15 500 kg	15 500 kg
		Sattelzugmaschine
Radstand		3500 mm
Bemerkung		Pritschenwagen und Sattelzugmaschine auch mit Luftfederung

Magirus-Deutz
170 D 12 LA 4 × 4
Fahrleitungs-Gerätewagen
für die Deutsche Bundesbahn
Aufbau: Kögel (Bückeburg)
1978

Magirus-Deutz
232 D 19 4 × 2
Pritschenwagen
für Rußland
1975

Magirus-Deutz
310 D 16 S 4 × 2
Sattelzugmaschine
für 38 t-Zug
1975

	Magirus-Deutz 130 D 12 1973–1982	Magirus-Deutz 160 D 12 1973–1982	
Motor	KHD F 6 L 913 Direkteinspritz-Dieselmotor	KHD BF 6 L 913 Direkteinspritz-Dieselmotor mit Abgas-Turbolader	KHD F 6 L 413 Direkteinspritz-Dieselmotor
Zylinder	6 (Reihe), Luftkühlung	6 (Reihe), Luftkühlung	V8, Luftkühlung
Bohrung × Hub	102 × 125 mm	102 × 125 mm	102 × 125 mm
Hubraum	6129 ccm	6129 ccm	8482 ccm
Leistung	130 PS (96 kW) b. 2800 U/min	160 PS (118 kW) b. 2650 U/min	176 PS (129 kW) b. 2650 U/min
Getriebe	5 Gang bzw. (bei 4 × 4) 5 Gang + Vorgelege	5 Gang bzw. (bei 4 × 4) 5 Gang + Vorgelege	5 Gang bzw. (bei 4 × 4) 5 Gang + Vorgelege
Bauart	Mittl. Lastwagen 4 × 2 oder 4 × 4 für die Bauwirtschaft »Bullen« mit kantig-breiter Motorhaube		
	Dreiseiten-Kipper 4 × 2		
Radstand	3900 bzw. (bei Ladekran) 4200 mm		
Pritsche	3800 mm		
Gesamtmaße	6405 (6850) × 2300 × 2650 mm (Höhe über Fahrerhaus)		
Reifen	9,00–20 / PR 14, Zwillings-Hinterräder		
Wagengewicht	5300 kg	5650 kg	
Zuläss. Gesamtgewicht	12 300 kg	12 300 kg	
	Dreiseiten-Kipper 4 × 4		
Radstand	3900 bzw. (bei Ladekran) 4200 mm		
Pritsche	3800 mm		
Wagengewicht	5700 kg	6050 kg	
Zuläss. Gesamtgewicht	12 600 kg	12 600 kg	

	Magirus-Deutz 130 D 15 1973–1982	Magirus-Deutz 160 D 15 1973–1982	Magirus-Deutz 170 D 15 1973–1983
Bauart	Mittl. Lastwagen 4 × 2 oder 4 × 4 für die Bauwirtschaft »Bullen« mit kantig-breiter Motorhaube		
	Dreiseiten-Kipper 4 × 2		
Radstand	4400 mm		
Pritsche	4200 mm		
Gesamtmaße	6775 × 2300 × 2650 mm (Höhe über Fahrerhaus)		
Reifen	10,00–20 / PR 16, Zwillings-Hinterräder		
Wagengewicht	6900 kg	7000 kg	7100 kg
Zuläss. Gesamtgewicht	15 000 kg	15 000 kg	15 000 kg
	Dreiseiten-Kipper 4 × 4		
Radstand	4400 mm		
Pritsche	4200 mm		
Wagengewicht	7300 kg	7400 kg	7500 kg
Zuläss. Gesamtgewicht	15 200 kg	15 200 kg	15 200 kg

Magirus-Deutz
232 D 22 K 6 × 4
Dreiseiten-Kipper
Aufbau: Meiller (München)
1973

Magirus-Deutz
232 D 24 K 6 × 4
Mulden-Hinterkipper
1975

Magirus-Deutz
232 D 26 K 6 × 4
10 t-Kran für
Bau-, Abschlepp-, Bergungs- und Montagearbeiten
1977

	Magirus-Deutz 232 D 16 1973–1977	Magirus-Deutz 270 D 16 1973–1979	Magirus-Deutz 310 D 16 1973–1979
Bauart	Schwerlastwagen 4 × 4 und 4 × 2 für die Bauwirtschaft »Bullen« mit kantig-breiter Motorhaube		
Motor	KHD F 8 L 413 Direkteinspritz-Dieselmotor	KHD F 10 L 413 Direkteinspritz-Dieselmotor	
Zylinder	V8, Luftkühlung	V10, Luftkühlung	
Bohrung × Hub	120 × 125 mm	120 × 130 mm	
Hubraum	11 310 ccm	14 702 ccm	
Leistung	232 PS (171 kW) b. 2650 U/min	270 PS (199 kW) b. 2650 U/min	305 PS (224 kW) b. 2650 U/min
Getriebe	9 Gang bzw. (bei 4 × 4) 9 Gang + Vorgelege		
	Dreiseiten-Kipper 4 × 4		
Radstand	4600 mm		
Pritsche	4300 mm		
Gesamtmaße	7030 × 2450 × 2800 mm (Höhe über Fahrerhaus)		
Reifen	12,00–20 / PR 16 Gelände, Zwillings-Hinterräder		
Wagengewicht	8200 kg	8400 kg	8400 kg
Zuläss. Gesamtgewicht	16 000 kg	16 000 kg	16 000 kg
Lastzug-Gesamtgewicht	29 000 kg	33 750 kg	38 000 kg
		Dreiseiten-Kipper 4 × 2	
Radstand		4600 mm	
Pritsche		4300 mm	
Wagengewicht		8100 kg	
	Sattelzugmaschine 4 × 2	**Sattelzugmaschine 4 × 2**	**Sattelzugmaschine 4 × 2**
Radstand	4000 mm	4000 mm	4000 mm
Reifen	12,00–20 / PR 18	12,00 R 20 / PR 18	12,00 R 20 / PR 18
Nutzlast			Sattelzug ca. 26 000 kg

	Magirus-Deutz 232 D 22 1973–1977	Magirus-Deutz 232 D 26 1973–1977	Magirus-Deutz 310 D 22 1973–1979	Magirus-Deutz 310 D 26 1973–1979
Bauart	Schwerlastwagen 6 × 6 und 6 × 4 für die Bauwirtschaft »Bullen« mit kantig-breiter Motorhaube			
Motor	KHD F 8 L 413 Direkteinspritz-Dieselmotor		KHD F 10 L 413 Direkteinspritz-Dieselmotor	
Zylinder	V8, Luftkühlung		V10, Luftkühlung	
Bohrung × Hub	120 × 125 mm		120 × 130 mm	
Hubraum	11 310 ccm		14 702 ccm	
Leistung	232 PS (171 kW) bei 2650 U/min		305 PS (224 kW) bei 2650 U/min	
Getriebe	9 Gang bzw. (bei 6 × 6) 9 Gang + Vorgelege			
	Dreiseiten-Kipper 6 × 6 und 6 × 4	**Dreiseiten-Kipper 6 × 6 und 6 × 4**	**Dreiseiten-Kipper 6 × 6 und 6 × 4**	**Dreiseiten-Kipper 6 × 6 und 6 × 4**
Radstand	3750 + 1380 mm	3850 + 1380 mm	3750 + 1380 mm	3850 + 1380 mm
Pritsche	4600 mm	4500 mm	4600 mm	4500 mm
Gesamtmaße	7330 × 2500 × 2870 mm	7480 × 2500 × 2900 mm	7330 × 2500 × 2870 mm	7480 × 2500 × 2900 mm
Reifen	10,00–20 / PR 16 Gel. 4 Zw.-Hinterräder	12,00–20 / PR 16 Gel. 4 Zw.-Hinterräder	11,00 R 20 / PR 16 G. 4 Zw.-Hinterräder	12,00 R 20 / PR 18 G. 4 Zw.-Hinterräder
Wagengewicht	6 × 6: 10 000 kg	6 × 6: 10 700 kg	6 × 6: 10 500 kg	6 × 6: 11 200 kg
Zuläss. Gesamtgewicht	22 000 kg	26 000 kg	22 000 kg	26 000 kg
	Muldenkipper 6 × 6	**Muldenkipper 6 × 6**	**Muldenkipper 6 × 6**	**Muldenkipper 6 × 6**
Radstand	3750 + 1380 mm	3850 + 1380 mm	3750 + 1380 mm	3850 + 1380 mm
Mulde	4200 mm	4800 mm	4200 mm	4800 mm
Wagengewicht	10 300 kg	11 000 kg	10 800 kg	11 600 kg

Magirus-Deutz
256 D 19 S 4 × 2
Sattelzugmaschine mit
30 m³ Silo-Auflieger
von Kässbohrer (Ulm)
1977

Magirus-Deutz
256 D 26 AK 6 × 6
Dreiseiten-Kipper
1976

Magirus-Deutz
256 M 26 AK 6 × 6
Mulden-Hinterkipper
Aufbau: Meiller (München)
1977–1982

	Magirus-Deutz 192 M 16 / 192 M 19 1981–1982 Iveco-Magirus 160 – 19 ANW 1982–1984	Magirus-Deutz 256 D 16 / 256 M 19 1977–1982
Bauart	Schwerlastwagen 4 × 2 und 4 × 4 für die Bauwirtschaft »Bullen« mit kantig-breiter Motorhaube	
Motor	KHD F 6 L 413 F Direkteinspritz-Dieselmotor	KHD F 8 L 413 F Direkteinspritz-Dieselmotor
Zylinder	V6, Luftkühlung	V8, Luftkühlung
Bohrung × Hub	120 × 125 mm	125 × 130 mm
Hubraum	8482 ccm	12 763 ccm
Leistung	192 PS (141 kW) bei 2800 U/min	256 PS (188 kW) bei 2500 U/min
Getriebe	6 Gang + Vorgelege	6 Gang bzw. (bei 4 × 4) 6 Gang + Vorgelege
	Dreiseiten-Kipper 4 × 4	**Dreiseiten-Kipper 4 × 4**
Radstand	4600 mm	4600 mm
Pritsche	4300 mm	4300 mm
Reifen	11 R 22,5 S+G, Zwillings-Hinterräder	13 R 22,5 S+G, Zwillings-Hinterräder
Wagengewicht	8100 kg	8150 kg
Zuläss. Gesamtgewicht	16 000 bzw. 19 000 kg	16 000 bzw. 19 000 kg
Lastzug-Gesamtgewicht	38 000 kg	38 000 kg
		Dreiseiten-Kipper 4 × 2
Radstand		4600 mm
Pritsche		4300 mm
Gesamtmaße		7030 × 2500 × 2840 mm (Höhe über Fahrerhaus)
Reifen		12 R 20 bzw. (bei M 19) 13 R 22,5 Zwillings-Hinterräder
Wagengewicht		7600 kg

	Magirus-Deutz 256 M 26 1977–1982	Magirus-Deutz 310 D 32 1977–1983 Iveco-Magirus 320–31 ANW 1983–1984
Bauart	Schwerlastwagen 6 × 4 und 6 × 6 für die Bauwirtschaft »Bullen« mit kantig-breiter Motorhaube	
Motor	KHD F 8 L 413 F Direkteinspritz-Dieselmotor	KHD F 10 L 413 Direkteinspritz-Dieselmotor
Zylinder	V8, Luftkühlung	V10, Luftkühlung
Bohrung × Hub	125 × 130 mm	120 × 130 mm
Hubraum	12 763 ccm	14 702 ccm
Leistung	256 PS (188 kW) bei 2500 U/min	305 PS (224 kW) bei 2650 U/min
Getriebe	9 Gang	9 Gang
	Dreiseiten-Kipper 6 × 4 und 6 × 6	**Fahrgestell 6 × 6 für Kipper- und Sonderaufbauten**
Radstand	3850 + 1380 mm	4000 + 1380 mm
Pritsche	4600 mm	
Gesamtmaße	7330 × 2500 × 2870 mm (Höhe über Fahrerhaus)	
Reifen	12 R 22,5 (6 × 6: 12 R 22,5 S+G) 4 Zwillings-Hinterräder	12,00 R 24 / PR 18 S+G 4 Zwillings-Hinterräder
Wagengewicht	6 × 4: 10 200 kg 6 × 6: 10 800 kg	
Zuläss. Gesamtgewicht	22 000, technisch 26 000 kg	22 000, technisch 32 000 kg
Lastzug-Gesamtgewicht	38 000 kg	38 000 kg
	Muldenkipper 6 × 6	
Radstand	3850 + 1380 mm	
Mulde	4800 mm	

Magirus-Deutz 170 D 15 FAK 4 × 4 Dreiseiten-Kipper 1973–1977

Magirus-Deutz 256 D 22 FB 6 × 4 Stetter-Transport-Betonmischer 6 m³ (1977)

	Magirus-Deutz **256 M 19 F(A)K 1977–1982** **Iveco-Magirus** **190 – 25 AH(W) ab 1982**	**Magirus-Deutz** **320 M 19 F(A)K 1977–1982** **Iveco-Magirus** **190 – 32 AH(W) ab 1982**
Motor	KHD F 8 L 413 F Direkteinspritz-Dieselmotor	KHD F 10 L 413 F Direkteinspritz-Dieselmotor
Zylinder	V8, Luftkühlung	V10, Luftkühlung
Bohrung × Hub	125 × 130 mm	125 × 130 mm
Hubraum	12 763 ccm	15 945 ccm
Leistung	256 PS = 188 kW bei 2500 U/min	320 PS = 235 kW bei 2500 U/min
Getriebe	8 Gang bzw. (bei 4 × 4) 8 Gang + Vorgelege	8 Gang bzw. (bei 4 × 4) 8 Gang + Vorgelege
Bauart	Schwerer Frontlenker-Lastwagen für die Bauwirtschaft Motor zwischen den Sitzen	
	Dreiseiten-Kipper 4 × 2 und 4 × 4	**Dreiseiten-Kipper 4 × 2 und 4 × 4**
Radstand	3800 mm	3800 mm
Pritsche	4800 mm	4800 mm
Reifen	13 R 22,5 (4 × 4: Gelände) Zwillings-Hinterräder	13 R 22,5 (4 × 4: Gelände) Zwillings-Hinterräder
Wagengewicht	ca. 8000 kg, 4 × 4: ca. 8700 kg	ca. 8300 kg, 4 × 4: ca. 9000 kg
Zuläss. Gesamtgewicht	16 000 kg, technisch 19 000 kg	16 000 kg, technisch 19 000 kg
Lastzug-Gesamtgewicht	38 000 kg	38 000 kg

	Magirus-Deutz **256 M 26 F(A)K 1977–1982** **Iveco-Magirus** **260 – 25 AH(W) ab 1982**	**Magirus-Deutz** **320 M 26 F(A)K 1977–1982** **Iveco-Magirus** **260 – 32 AH(W) ab 1982**
Bauart	Schwere Frontlenker-Lastwagen für die Bauwirtschaft Motor zwischen den Sitzen	
	Dreiseiten-Kipper 6 × 4	
Radstand	3500 + 1380 mm (für Sonderaufbauten auch 3850 + 1380 mm)	
Pritsche	4800 mm	
Gesamtmaße	7550 × 2500 × 3150 mm (Höhe über Fahrerhaus)	
Reifen	12 R 22,5, 4 Zwillings-Hinterräder	
Wagengewicht	ca. 11 200–11 500 kg	
Zuläss. Gesamtgewicht	22 000 kg, technisch 26 000 kg	
Lastzug-Gesamtgewicht	38 000 kg	
	Dreiseiten-Kipper 6 × 6	
Radstand	3500 + 1380 mm	
Pritsche	4800 mm	
	Pritschenwagen 6 × 4	
Radstand	4700 + 1380 mm	
	Sattelzugmaschine 6 × 4	
Radstand	3500 + 1380 mm	

	Magirus-Deutz **256 D 22 FB** **1977–1982**	
	Schwerer Frontlenker-Betonmischer 6 × 4	
Motor	KHD F 8 L 413 F	
Leistung	Reduziert: 220 PS = 162 kW b. 2200 U/min	
Getriebe	6 Gang	
Radstand	2700 + 1380 mm	
Reifen	10,00 R 20, 4 Zwillings-Hinterräder	
Zuläss. Gesamtgewicht	26 000 kg	

Magirus-Deutz 270 D 19 FL Pritschenwagen 1977

Magirus-Deutz 310 D 19 FS Sattelzugmaschine mit Haller Tankauflieger 1976

	Magirus-Deutz 270 D 16 F 270 D 19 F 1973–1977	Magirus-Deutz 310 D 16 F 310 D 19 F 1973–1977	Magirus-Deutz 340 D 16 F 340 D 19 F 1973–1977
Bauart	Schwerer Frontlenker-Lastwagen 4 × 2 für den Güterfernverkehr Motor zwischen den Sitzen		
Motor	KHD F 10 L 413 Direkteinspritz-Dieselmotor	KHD F 10 L 413 Direkteinspritz-Dieselmotor	KHD F 12 L 413 Direkteinspritz-Dieselmotor
Zylinder	V10, Luftkühlung	V10, Luftkühlung	V12, Luftkühlung
Bohrung × Hub	120 × 130 mm	120 × 130 mm	120 × 125 mm
Hubraum	14 702 ccm	14 702 ccm	16 965 ccm
Leistung	270 PS (190 kW) b. 2650 U/min	305 PS (224 kW) b. 2650 U/min	340 PS (250 kW) b. 2650 U/min
Getriebe	9 Gang	9 Gang	9 Gang
	Pritschenwagen		
Radstand	4800 mm		
Pritsche	6050 mm (bei Fernfahrerhaus)		
Gesamtmaße	8350 × 2500 × 2840 mm (Höhe über Fahrerhaus)		
Reifen	12,00 R 20 / PR 18, Zwillings-Hinterräder		
Wagengewicht	7300–7500 kg		
Zuläss. Gesamtgewicht	16 000 bzw. 19 000 kg		
Lastzug-Gesamtgewicht	38 000 kg		
Bemerkung	Blattfedern oder Luftfederung		
	Sattelzugmaschine		
Radstand	3200 oder 3500 mm		
Bemerkung	Blattfedern oder Luftfederung		
	Dreiseiten-Kipper 4 × 2 oder 4 × 4		
Radstand	3800 mm		
Pritsche	4400 mm		

Magirus-Deutz 310 D 22 FSL 6 × 2 – 4 Container-Sattelzug 1975

**Magirus-Deutz
310 D 22 FLL 6 × 2
Fernlastwagen mit
liftbarer Nachlaufachse
und Wechselaufbau
1975**

**Magirus-Deutz
310 D 22 FSL 6 × 4
Sattelzugmaschine in
Bundesbahn-Ausführung
(u. a. vornliegende
Auspuffanlage) mit
Fruehauf-Container-Auflieger
1976**

**Magirus-Deutz
F 310 D 21 F 6 × 4
Leiterbühne FB 30/5
1977**

	Magirus-Deutz 310 D 22 FLL 6 × 2 1973–1977	**Magirus-Deutz 310 D 22 FL(L) 6 × 4 1973–1977**	**Magirus-Deutz 340 D 22 FL(L) 6 × 4 1973–1977**
Bauart	Schwerer Frontlenker-Dreiachs-Lastwagen für den Güterfernverkehr Motor zwischen den Sitzen		
	Achse 2 = Antriebsachse Achse 3 = Liftachse Luftfederung	Achsen 2 und 3 = Antriebsachsen Blattfedern oder Luftfederung	
Motor	KHD F 10 L 413 Direkteinspritz-Dieselmotor		KHD F 12 L 413 Direkteinspritz-Dieselmotor
Zylinder	V10, Luftkühlung		V12, Luftkühlung
Bohrung × Hub	120 × 130 mm		120 × 125 mm
Hubraum	14 702 ccm		16 965 ccm
Leistung	305 PS (224 kW) b. 2650 U/min		340 PS (250 kW) b. 2650 U/min
Getriebe	9 Gang		9 Gang
	Pritschenwagen	**Pritschenwagen**	
Radstand	4800 + 1320 mm	4600 + 1320 mm	
Pritsche	7100 mm (Fernfahrerhaus)	7100 mm (Fernfahrerhaus)	
Gesamtmaße	9500 × 2500 × 3000 mm (Höhe über Fahrerhaus)	9500 × 2500 × 3000 mm (Höhe über Fahrerhaus)	
Reifen	11,00 R 20 / PR 16 Achse 2 zwillings-, Achse 3 einfachbereift	11,00 R 20 / PR 16 4 Zwillings-Hinterräder	
Wagengewicht	8300 kg	8800 kg	9300 kg
Zuläss. Gesamtgewicht	22 000 kg	22 000 kg	22 000 kg
Lastzug-Gesamtgewicht	38 000 kg	38 000 kg	38 000 kg
	Sattelzugmaschine 6 × 2-4	**Sattelzugmaschine 6 × 4**	**Sattelzugmaschine 6 × 4**
Bauart	Achsen 1 + 2 = Lenkachsen Achse 3 = Antriebsachse Luftfederung	Achsen 2 und 3 = Antriebsachsen Blattfedern	Achsen 2 und 3 = Antriebsachsen Blatt- oder Luftfederung
Radstand	2500 + 1320 mm	2850 + 1320 mm	2850 + 1320 mm

	Magirus-Deutz K 232 D 26 F 1971–1977	**Magirus-Deutz 232 D 22 F(A)K 1973–1977**	**Magirus-Deutz 310 D 26 F(A)K 1973–1977**
Bauart	Frontlenker-Fahrgestell 6 × 4 für schwere Kommunalfahrzeuge	Schwere Frontlenker-Dreiachs-Kipper-Lastwagen 6 × 6 oder 6 × 4 für die Bauwirtschaft. Motor zwischen den Sitzen	
Motor	KHD F 8 L 413 Direkteinspritz-Dieselmotor	KHD F 8 L 413 Direkteinspritz-Dieselmotor	KHD F 10 L 413 Direkteinspritz-Dieselmotor
Zylinder	V8, Luftkühlung	V10, Luftkühlung	V10, Luftkühlung
Bohrung × Hub	120 × 125 mm	120 × 125 mm	120 × 130 mm
Hubraum	11 310 ccm	11 310 ccm	14 702 ccm
Leistung	232 PS (171 kW) b. 2650 U/min	232 PS (171 kW) b. 2650 U/min	305 PS (224 kW) b. 2650 U/min
Getriebe	6 Gang	6 Gang bzw. (bei 4 × 4) 6 Gang + Vorgelege	9 Gang bzw. (bei 4 × 4) 9 Gang + Vorgelege
	Fahrgestell 6 × 4	**Dreiseiten-Kipper 6 × 4**	**Dreiseiten-Kipper 6 × 4**
Radstand	3800, 4200 oder 4600 + 1380	3200 + 1380 mm	3200 + 1380 mm
Pritsche		4600 mm	4600 mm
Reifen	10,00 R 20 / PR 16 4 Zwillings-Hinterräder	10,00–20 / PR 16 4 Zwillings-Hinterräder	12,00 R 20 / PR 16 4 Zwillings-Hinterräder
Wagengewicht		9200 kg	10 800 kg
Zuläss. Gesamtgewicht	22 000, technisch 26 000 kg	22 000 kg	26 000 kg
		Dreiseiten-Kipper 6 × 6	**Dreiseiten-Kipper 6 × 6**
Radstand		3350 + 1380 mm	3500 + 1380 mm
Pritsche		4600 mm	4600 mm
		Betonmischer 6 × 4	**Betonmischer 6 × 4**
Radstand		2700 + 1380 mm	2700 + 1380 mm

Magirus-Deutz 320 M 19 FL 4 × 2
Pritschenwagen mit Dreiachs-Pritschen-Anhänger als 42 t-Fernlastzug (1978, für Export)

Magirus-Deutz 320 M 19 FS 4 × 2
38 t Sattel-Fernlastzug 1978

Magirus-Deutz 320 M 19 FL (Phantombild 1977)

Motor

Zylinder
Bohrung × Hub
Hubraum
Leistung

Getriebe

Bauart

Radstand
Pritsche
Gesamtmaße
Reifen
Wagengewicht
Zuläss. Gesamtgewicht
Lastzug-Gesamtgewicht

Radstand

Bauart

Radstand
Pritsche
Gesamtmaße
Reifen
Wagengewicht
Zuläss. Gesamtgewicht
Lastzug-Gesamtgewicht

Radstand

Radstand

Radstand

Magirus-Deutz 256 M 19 F (1977–1982) Iveco-Magirus 190 – 25 A (1982–1987)	Magirus-Deutz 290 M 19 F (1980–1982) Iveco-Magirus 190 – 29 A (1982–1987)	Magirus-Deutz 320 M 19 F (1977–1982) Iveco-Magirus 190 – 32 A (1982–1987)	Magirus-Deutz 170 F 30 (1982) Iveco-Magirus 190 – 30 (1982–1984)	Magirus-Deutz 170 F 38 (1982) Iveco-Magirus 190 – 38 (1982–1984)
KHD F 8 L 413 F Direkteinspritz- Dieselmotor V8, Luftkühlung 125 × 130 mm 12 763 ccm 256 PS (188 kW) bei 2500 U/min 8 oder 13 Gang	KHD BF 8 L 413 F Direkteinspritz- Dieselmotor mit 2 Abgas-Turboladern V8, Luftkühlung 125 × 130 mm 12 763 ccm 280–288 PS (206–212 kW) bei 2300 U/min 13 Gang	KHD F 10 L 413 F Direkteinspritz- Dieselmotor V10, Luftkühlung 125 × 130 mm 15 945 ccm 320 PS (235 kW) bei 2500 U/min 8 oder 13 Gang	Iveco 8210.22 Direkteinspritz- Dieselmotor mit Abgas-Turbolader 6 (Reihe), Wasserkühlung 137 × 156 mm 13 798 ccm 304 PS (224 kW) bei 2000 U/min 16 Gang	Iveco 8280.22 Direkteinspritz- Dieselmotor mit 2 Abgas-Turboladern V8, Wasserkühlung 145 × 130 mm 17 174 ccm 380 PS (280 kW) bei 1900 U/min 16 Gang

Schwerer Frontlenker-Lastwagen 4 × 2 für den Güterfernverkehr
Motor zwischen den Sitzen, wahlweise Blattfedern oder Luftfederung

Pritschenwagen
5005 mm (für Sonderaufbauten auch 5700 mm)
Mit Normal- oder Fernfahrerhaus 6150 mm
8520 × 2500 × 3060 mm (Höhe über Fahrerhaus)
12,00 R 20 / PR 18 bzw. (ab 1980) 13 R 22,5, Zwillings-Hinterräder
ca. 8300–8500 kg
16 000, dann 17 000 kg, technisch 19 000 kg
38 000 kg
Sattelzugmaschine
3485 oder 3800 mm

Magirus-Deutz 256 M 22 F (1977–1980)	Magirus-Deutz 290 M 22 F (1980–1982) Iveco-Magirus 290 M 22 (1982–1987)	Magirus-Deutz 320 M 22 F (1977–1981)	Magirus-Deutz 240 F 30 (1982) Iveco-Magirus 240 – 30 (1982–1984)	Magirus-Deutz 240 F 38 (1982) Iveco-Magirus 240 – 38 (1982–1984)

Schwerer Frontlenker-Lastwagen 6 × 2 (Achse 3 = Nachlauf-Liftachse) und
Frontlenker-Sattelzugmaschine 6 × 2 – 4 (Achsen 1 + 2 = Lenkachsen)
für den Güterfernverkehr
Motor zwischen den Sitzen, wahlweise Blattfedern oder Luftfederung

Pritschenwagen
Mit Normal-Fahrerhaus 4100 + 1380 mm, mit Fernfahrerhaus 4610 + 1380 mm
Mit Normal-Fernfahrerhaus 6150 mm, mit Fernfahrerhaus 7150 mm
8520 (9520) × 2500 × 3060 mm (Höhe über Fahrerhaus)
11,00 R 20 / PR 16 bzw. (ab 1980) 12 R 22,5 (Achse 2 Zwillings-, Achse 3 Einzel-Hinterräder)
ca. 9300–9500 kg
22 000, technisch 24 000 kg
38 000 kg
Sattelzugmaschine
2480 oder 1320 mm

Magirus-Deutz 256 M 26 F (1980–1982)		Magirus-Deutz 320 M 26 F (1980–1981)		
Fahrgestell **für Sonderaufbauten** 4700 + 1380 mm **Sattelzugmaschine** 3500 + 1380 mm		**Fahrgestell** **für Sonderaufbauten** 4700 + 1380 mm **Sattelzugmaschine** 3500 + 1380 mm		

Magirus-Deutz 232 D 30 FK 8 × 4 – 4 Hinterkipper (für England 1975)

Magirus-Deutz 310 D 28 FL 8 × 4 – 4 Fernlastwagen (Schweiz 1977)

	Magirus-Deutz 310 D 28 FL 1974–1980	**Magirus-Deutz 232 D 30 FK 1974–1980**
Bauart	Frontlenker-Schwerlastwagen 8 × 4 – 4 Achsen 1 + 2 = Lenkachsen, Achsen 3 + 4 = Antriebsachsen Motor zwischen den Sitzen	
Motor	KHD F 10 L 413 Direkteinspritz-Dieselmotor	KHD F 8 L 413 Direkteinspritz-Dieselmotor
Zylinder	V10, Luftkühlung	V8, Luftkühlung
Bohrung × Hub	120 × 130 mm	120 × 125 mm
Hubraum	14 702 ccm	11 310 ccm
Leistung	305 PS (224 kW) bei 2650 U/min	232 PS (171) bei 2650 U/min
Getriebe	9 Gang	9 Gang
	Fahrgestell für Pritschen- oder Sonderaufbauten	**Fahrgestell für Pritschen- oder Sonderaufbauten**
Radstand	1600 + 3100 + 1380 mm	1600 + 3350 + 1380 mm
Reifen	12 R 22,5, 4 Zwillings-Hinterräder	11 R 22,5, 4 Zwillings-Hinterräder
Zuläss. Gesamtgewicht	28 000 kg	30 000 kg

Magirus-Deutz 310 D 28 FL/FT 8 × 4 – 4 Tanklastwagen (Schweiz 1975)

»Iveco« heißt jetzt die Parole!
Ab 1982

Iveco-Magirus »Z« 50-10
Kastenwagen
1982–1986

Iveco-Magirus »Z« 50-8
Kipper/Doppelkabine
1982–1986

Iveco-Magirus »Z« 79-14
Pritschenwagen
Sonderausführung 1986

Bauart

Motor
Zylinder
Bohrung × Hub
Hubraum
Leistung
Getriebe

Radstand
Pritsche
Reifen

Nutzlast
Zuläss. Gesamtgewicht

Radstand
Laderaum

Motor
Zylinder
Bohrung × Hub
Hubraum
Leistung
Getriebe

Radstand
Pritsche
Reifen

Nutzlast
Zuläss. Gesamtgewicht

<table>
<tr><th>Iveco-Magirus
50–8 (Z-Reihe)
1982–1986</th><th>Iveco-Magirus
50–10 (Z-Reihe)
1982–1986</th><th>Iveco-Magirus
60–10 (Z-Reihe)
1982–1986</th><th>Iveco-Magirus
65–10 (Z-Reihe)
1982–1986</th></tr>
<tr><td colspan="4">Frontlenker-Großtransporter 4 × 2 für Stadt- und Nahverkehr
Motor zwischen den Sitzen</td></tr>
<tr><td>Fiat Diesel
4 (Reihe), Wasserkühlung

85 PS (63 kW)</td><td colspan="3">Fiat Diesel
4 (Reihe), Wasserkühlung
115 × 110 mm
4570 ccm
100 PS (74 kW) bei 2800 U/min
5 Gang</td></tr>
<tr><td colspan="3">Pritschenwagen
2600, 3000 oder 3600 mm
3500 (4100) (5100) mm
8 R 17,5 C
Zwillings-Hinterräder</td><td rowspan="2">Pritschenwagen
2600, 3000, 3600 od. 4417 mm
3500 (4100) (5100) (6100) mm
8 R 17,5 C
Zwillings-Hinterräder
3170–3840 kg
6500–6700 kg</td></tr>
<tr><td>2400–2540 kg
5300 kg</td><td>2400–2600 kg
5400 kg</td><td>2990–3170 kg
5990 kg</td></tr>
<tr><td colspan="4">Kastenwagen
3000 oder 3600 mm
4170 (5130) × 1850 × 1900 (Hochdach 2130) mm
Pritschenwagen mit Doppelkabine: Radstand 3000 oder 3600 mm, Pritsche 3200 bzw. 4100 mm
Pritsche mit Dreifachkabine: Radstand 3600 mm, Pritsche 3800 mm
Dreiseiten-Kipper: Radstand 2600 mm, Pritsche 3500 mm
Dreiseiten-Kipper mit Doppelkabine: 3600 mm, Pritsche 3500 mm</td></tr>
</table>

<table>
<tr><th>Iveco-Magirus
79–10 (Z-Reihe)
1982–1986</th><th>Iveco-Magirus
79–13 (Z-Reihe)
1982–1986</th><th>Iveco-Magirus
90–13 (Z-Reihe)
1982–1986</th><th>Iveco-Magirus
100–13 (Z-Reihe)
1982–1986</th></tr>
<tr><td>Fiat Diesel
4 (Reihe), Wasserkühlung
115 × 110 mm
4570 ccm
100 PS (74 kW) bei 2800 U/min
5 Gang</td><td colspan="3">Fiat Diesel
6 (Reihe), Wasserkühlung
103 × 110 mm
5499 ccm
130 PS (96 kW) bei 3200 U/min
5 Gang</td></tr>
<tr><td colspan="3">Pritschenwagen
3000, 3600 oder 4417 mm
4100 (5100) (6100) mm</td><td rowspan="2">Pritschenwagen
2987, 3587 od. 4417 mm
(4100) (5100) (6100) mm
9 R 22,5
Zwillings-Hinterräder

10 600 kg</td></tr>
<tr><td>8,5 R 17,5
Zwillings-Hinterräder
ca. 4200 kg
7490 oder 8000 kg</td><td>8,5 R 17,5
Zwillings-Hinterräder
ca. 3700 kg
7490 oder 8100 kg</td><td>8 R 22,5
Zwillings-Hinterräder
ca. 5200 kg
8990 kg</td></tr>
<tr><td colspan="2">Kastenwagen
Pritschenwagen mit Doppel- oder Dreifachkabine
Dreiseiten-Kipper oder Kipper mit Doppelkabine
wie oben</td><td colspan="2">Dreiseiten-Kipper
Radstand 3000 mm
Pritsche 3800 mm</td></tr>
</table>

Iveco-Magirus »Zeta« 50-9 Kastenwagen (ab 1987)

Iveco-Magirus »Zeta« 65-12 Pritschenwagen (ab 1987)

Iveco-Magirus »Zeta« 65-12 Kipper/Doppelkabine (ab 1987)

Bauart

Motor
Zylinder
Bohrung × Hub
Hubraum
Leistung
Getriebe

Radstand
Pritsche
Gesamtmaße
Reifen
Wagengewicht
Zuläss. Gesamtgewicht

Radstand
Laderaum

Radstand
Pritsche

Radstand
Pritsche

Radstand
Pritsche

Radstand
Pritsche

Motor

Zylinder
Bohrung × Hub
Hubraum
Leistung
Getriebe

Radstand
Pritsche
Gesamtmaße
Reifen

Wagengewicht
Zuläss. Gesamtgewicht

Radstand
Laderaum

Iveco-Magirus 50–9 (Zeta-Reihe) ab 1987	**Iveco-Magirus 65–9 (Zeta-Reihe) ab 1987**	**Iveco-Magirus 60–11 (Zeta-Reihe) ab 1987**	**Iveco-Magirus 65–12 (Zeta-Reihe) ab 1987**
Frontlenker-Großtransporter 4 × 2 für Stadt- und Nahverkehr Motor zwischen den Sitzen			
Iveco 800 Diesel 4 (Reihe), Wasserkühlung 104 × 115 mm 3908 ccm		Iveco 800 Diesel mit Abgas-Turbolader 4 (Reihe), Wasserkühlung 104 × 115 mm 3908 ccm	
88 PS (65 kW) bei 3000 U/min 5 Gang		100 PS (74 kW) b. 2700 U/min 5 Gang	115 PS (85 kW) b. 2700 U/min 5 Gang
Pritschenwagen 2600, 3000 oder 3600 mm 3500 (4100) (5100) mm 4520 (5120) (6120) × 2150 × 2625 mm (Höhe über Fahrerhaus) 8 R 17,5 C, Zwillings-Hinterräder		**Pritschenwagen** 3000 oder 3600 mm 4100 (5100) mm	**Pritschenwagen** 3000, 3600 oder 4117 mm 4100 (5100) (6190) mm
		5120 (6120) (7310) × 2150 × 2625 mm (Höhe über Fahrerhaus) 8 R 17,5 C, Zwillings-Hinterräder	
2750–2950 kg 5300 kg	2900–3100 kg 6700 kg	3000–3100 kg 5990 kg	3000–3300 kg 6700 kg
Kastenwagen 3000 oder 3600 mm 4170 (5130) × 1850 × 1900 (Hochdach 2130) mm **Pritschenwagen mit Doppelkabine** 3000 oder 3600 mm 3000 (4100) mm **Pritschenwagen mit Dreifachkabine** 3600 mm 3500 mm			
Dreiseiten-Kipper 2600 mm 3500 mm **Kipper mit Doppelkabine** 3600 mm 3500 mm			**Dreiseiten-Kipper** 2600 mm 3500 mm **Kipper mit Doppelkabine** 3600 mm 3500 mm

Iveco-Magirus 79–12 (Zeta-Reihe) ab 1987	**Iveco-Magirus 79–14 (Zeta-Reihe) ab 1987**	**Iveco-Magirus 95–14 (Zeta-Reihe) ab 1987**	**Iveco-Magirus 109–14 (Zeta-Reihe) ab 1987**
Iveco 800 Diesel mit Abgas-Turbolader 4 (Reihe), Wasserkühlung 104 × 115 mm 3908 ccm 115 PS (85 kW) bei 2700 U/min 5 Gang	Iveco 800 Diesel 6 (Reihe), Wasserkühlung 104 × 115 mm 5861 ccm 138 PS (101 kW) bei 3000 U/min 5 Gang		
Pritschenwagen 3000, 3600 oder 4117 mm 4100 (5100) (6190) mm 5120 (6120) (7310) × 2150 × 2625 mm (Höhe über Fahrerhaus) 8,5 R 17,5 Zwillings-Hinterräder 3000–3300 kg 7490 oder 8100 kg **Kastenwagen** 3600 mm 5130 × 1850 × 1900 (Hochdach 2130) mm Doppelkabine, Dreifachkabine und Kipper wie oben		**Pritschenwagen** 3200, 3800, 4400 oder 5100 mm 4500 (5460) (6420) (7500) mm	
		225/75 R 17,5 Zwillings-Hinterräder 3570–3770 kg 9400 kg	265/70 R 19,5 Zwillings-Hinterräder 3810–4270 kg 10 900 kg

Iveco-Magirus 80-16 A
MK-Baureihe (»Viererclub«)
Pritschenwagen
Sondermodell 1985

Iveco-Magirus 90-13 A
MK-Baureihe (»Viererclub«)
Feuerwehr-Drehleiter
DLK 23-6 CC
ab 1987

	Iveco-Magirus **75 – 9 A (MK-Reihe)** **ab 1983**	Iveco-Magirus **80 – 13 A (MK-Reihe)** **80 – 16 A (MK-Reihe)** **ab 1983**	Iveco-Magirus **90 – 13 A (MK-Reihe)** **ab 1983**
Bauart	Mittl. Frontlenker-Lastwagen 4 × 2, Motor zwischen den Sitzen		
Motor	KHD F 4 L 913 Direkteinspritz-Dieselmotor	KHD BF 6 L 913 T Direkteinspritz-Dieselmotor mit Abgas-Turbolader	KHD BF 6 L 913 Direkteinspritz-Dieselmotor mit Abgas-Turbolader
Zylinder	4 (Reihe), Luftkühlung	6 (Reihe), Luftkühlung	6 (Reihe), Luftkühlung
Bohrung × Hub	102 × 125 mm	102 × 125 mm	102 × 125 mm
Hubraum	4086 ccm	6128 ccm	6128 ccm
Leistung	87 PS (64 kW) b. 2800 U/min	130 PS (96 kW) b. 2500 U/min	160 PS (118 kW) b. 2500 U/min
Getriebe	5 Gang	5 Gang	6 Gang
	Pritschenwagen	**Pritschenwagen**	
Radstand	3250 oder 3850 mm	3250, 3850 oder 4450 mm	
Pritsche	4500 (5500) mm	4500 (5500) (6500) mm	
Reifen	8,5 R 17,5 Zwillings-Hinterräder	8,5 R 17,5 bzw. (ab Herbst 1985) 205/75 R 17,5 L Zwillings-Hinterräder	9,5 R 17,5 bzw. (ab Herbst 1985) 225/75 R 17,5 L Zwillings-Hinterräder
Nutzlast	4250 (4090) kg	3600–5500 kg	ca. 5600 kg
Zuläss. Gesamtgewicht	7490 kg	7490 oder 8000 kg	9400 kg
		Dreiseiten-Kipper	
Radstand		3000 mm	
Pritsche		3500 mm	
		Sattelzugmaschine	
Radstand		3000 mm	
		Getränkewagen	
Radstand		4420 mm	

	Iveco-Magirus **110 – 13 A (MK-Reihe)** **110 – 16 A (MK-Reihe)** **ab 1983**	Iveco-Magirus **130 – 13 A (MK-Reihe)** **130 – 16 A (MK-Reihe)** **ab 1983**
	Pritschenwagen	**Pritschenwagen**
Radstand	4000, 4600 oder 5200 mm	4000, 4600 oder 5200 mm
Pritsche	5500 (6500) (7500) mm	5500 (6500) (7500) mm
Reifen	9 R 22,5 bzw. (ab Herbst 1955) 245/70 R 19,5 L Zwillings-Hinterräder	10 R 22,5 bzw. (ab Herbst 1955) 285/70 R 19,5 L Zwillings-Hinterräder
Nutzlast	6350–6600 kg	8270–8530 kg
Zuläss. Gesamtgewicht	11 000 kg	13 000 kg
	Dreiseiten-Kipper	**Dreiseiten-Kipper**
Radstand	3100 mm	3100 mm
Pritsche	3800 mm	4000 mm
		Sattelzugmaschine
Radstand		3100 mm
	Getränkewagen	**Getränkewagen**
Radstand	4420 mm	5760 mm

Iveco-Magirus 175-24 (M-Reihe) Pritschenwagen (ab 1987)

Magirus-Deutz F 256 M 12 F (1980–1982)
bzw. Iveco-Magirus 120 – 25 A (ab 1983)
Drehleiter niedrige Bauart DLK 23-12

Bauart

Motor

Getriebe

Radstand

Pritsche

Reifen

Nutzlast
Zuläss. Gesamtgewicht
Lastzug-Gesamtgewicht

Radstand
Reifen

Radstand

Bauart

Motor
Zylinder
Bohrung × Hub
Hubraum
Leistung
Getriebe

Radstand

Pritsche

Reifen

Nutzlast
Zuläss. Gesamtgewicht
Lastzug-Gesamtgewicht

Radstand

Iveco-Magirus 115 – 17 (M-Reihe) ab 1983	**Iveco-Magirus 135 – 17 (M-Reihe) ab 1983**	**Iveco-Magirus 145 – 17 (M-Reihe) ab 1986**	**Iveco-Magirus 165 – 17 (M-Reihe) 1983–1986 175 – 17 (M-Reihe) ab 1986**

Mittelschwerer Frontlenker-Lastwagen 4 × 2 für Verteiler- und Volumentransporte
Motor zwischen den Sitzen
Iveco-Fiat Direkteinspritz-Dieselmotor mit Abgas-Turbolader
1983–1986: 6 Zylinder in Reihe, Wasserkühlung, 103 × 110 mm, 5500 ccm, 168 PS (124 kW) bei 2700 U/min
Ab 1986: 6 Zylinder in Reihe, Wasserkühlung, 104 × 115 mm, 5861 ccm, 176 PS (130 kW) bei 2700 U/min
6 Gang + Vorschaltgruppe

Pritschenwagen Mit Normal-Fahrerhaus 3800, 4400 oder 5000 mm (Für Sonderaufbauten auch 5550 mm)	**Pritschenwagen** Mit Normal-Fahrerhaus 4400 oder 5000 mm (Für Sonderaufbauten auch 3800 mm) Mit Fernfahrerhaus 5000 oder 5550 mm (Für Sonderaufbauten auch 4400 mm)	**Pritschenwagen** Mit Normal-Fahrerhaus 4400 oder 5000 mm (Für Sonderaufbauten auch 3200, 3800 oder 5550 mm) Mit Fernfahrerhaus 5000 oder 5550 mm (Für Sonderaufbauten auch 4400 mm)	**Pritschenwagen** Mit Normal-Fahrerhaus 4400 oder 5000 mm (Für Sonderaufbauten auch 3800, 5550 oder 5900 mm) Mit Fernfahrerhaus 5000 oder 5550 mm (Für Sonderaufbauten auch 4400 oder 5900 mm)
Mit Normal-Fahrerhaus 5100 (6100) (7100) mm	Mit Normal-Fahrerhaus 6100 (7100) mm Mit Fernfahrerhaus 6500 (7450) mm	Mit Normal-Fahrerhaus 6100 (7100) mm Mit Fernfahrerhaus 6500 (6450) mm	Mit Normal-Fahrerhaus 6100 (7100) mm Mit Fernfahrerhaus 6500 (7450) mm
265/70 R 19,5 Zwillings-Hinterräder ca. 7000 kg 12 000 kg	285/70 R 19,5 Zwillings-Hinterräder ca. 8000 kg 13 000 kg 23 000 kg	305/70 R 19,5 Zwillings-Hinterräder ca. 9000 kg 14 500 kg 28 000 kg	295/80 R 22,5 Zwillings-Hinterräder ca. 11 000 kg 17 000 kg
Dreiseiten-Kipper 3200 oder 3800 mm 9 R 22,5	**Dreiseiten-Kipper** 3200 oder 3800 mm 10 R 22,5		
	Sattelzugmaschine 3200 mm		**Sattelzugmaschine** 3200 oder 3800 mm

Iveco-Magirus 165 – 24 (M-Reihe) 1983–1986	**Iveco-Magirus 180 – 24 (M-Reihe) 1983–1986**	**Iveco-Magirus 175 – 24 (M-Reihe) ab 1987**

Mittelschwerer Frontlenker-Lastwagen 4 × 2 für Verteiler- und Volumentransporte
Motor zwischen den Sitzen
Iveco-Fiat Direkteinspritz-Dieselmotor mit Abgas-Turbolader

165 – 24 / 180 – 24	175 – 24
6 (Reihe), Wasserkühlung 125 × 130 mm 9572 ccm 240 PS (176 kW) bei 2300 U/min 9 Gang oder 6 Gang + Vorschaltgruppe	6 (Reihe), Wasserkühlung 120 × 140 mm 9570 ccm 240 PS (176 kW) bei 2300 U/min 9 Gang oder 6 Gang + Vorschaltgruppe

Pritschenwagen
Mit Normal-Fahrerhaus 4400 oder 5000 mm (Für Sonderaufbauten auch 3800, 5550 oder 5900 mm)
Mit Fernfahrerhaus 5000 oder 5550 (Für Sonderaufbauten auch 4400 oder 5000 mm)
Mit Normal-Fahrerhaus 6100 (7100) mm
Mit Fernfahrerhaus 6500 (7450) mm

12 R 22,5 Zwillings-Hinterräder 16 000 kg	315/80 R 22,5 Zwillings-Hinterräder 19 000 kg	295/80 R 22,5 Zwillings-Hinterräder ca. 10 500 kg 17 000 kg 38 000 kg

Sattelzugmaschine
3200 oder 3800 mm

Iveco-Magirus 160-23 ANW
Allrad-Dreiseiten-Kipper
mit Schmidt Schneepflug
1986

Iveco-Magirus 160-23 ANW
Allrad-Dreiseiten-Kipper
mit Doppelkabine und
Dreifach-Kommunalhydraulik
für den Autobahn-Winterdienst
1987

Iveco-Magirus 190-30 ANT
Sattelzugmaschine
1988

	Iveco-Magirus 120 – 13 ANW ab 1982	**Iveco-Magirus 120 – 16 ANW ab 1982**	**Iveco-Magirus 150 – 16 AN(W) ab 1982**
Bauart	Mittl. Lastwagen 4 × 2 oder 4 × 4 für die Bauwirtschaft »Bullen« mit kantig-breiter Motorhaube		
Motor	KHD (B)F L 913 Direkteinspritz-Dieselmotor ab 1985: mit Abgas-Turbolader	KHD BF 6 L 913 Direkteinspritz-Dieselmotor mit Abgas-Turbolader	
Zylinder	6 (Reihe), Luftkühlung	6 (Reihe), Luftkühlung	
Bohrung × Hub	102 × 125 mm	102 × 125 mm	
Hubraum	6129 ccm	6129 ccm	
Leistung	130 PS (96 kW) b. 2800 U/min bzw. mit Abgas-Turbolader 130 PS (96 kW) b. 2500 U/min	160 PS (118 kW) bei 2650 U/min	
Getriebe	5 Gang + Vorgelege	6 Gang bzw. (bei 4 × 4) 6 Gang + Vorgelege	
	Dreiseiten-Kipper 4 × 4		**Dreiseiten-Kipper 4 × 4**
Radstand	3900 bzw. (bei Ladekran) 4200 mm		4400 mm
Pritsche	3800 mm		4200 mm
Gesamtmaße	6420 (6865) × 2300 × 2740 mm (Höhe über Fahrerhaus)		6770 × 2300 × 2860 mm (Höhe über Fahrerhaus)
Reifen	10 R 22,5 S+G Zwillings-Hinterräder		11 R 22,5 S+G Zwillings-Hinterräder
Wagengewicht	5880 kg	6040 kg	6780 kg
Zuläss. Gesamtgewicht	12 600 kg	12 600 kg	15 500 kg
			Dreiseiten-Kipper 4 × 2
Radstand			4400 mm
Pritsche			4200 mm

	Iveco-Magirus 160 – 23 ANW ab 1983	**Iveco-Magirus 190 – 25 AN(W) ab 1982**	**Iveco-Magirus 190 – 30 N ab 1985**
Bauart	Schwerlastwagen 4 × 2 und 4 × 4 für die Bauwirtschaft »Bullen« mit kantig-breiter Motorhaube		
Motor	KHD F 8 L 413 Direkteinspritz-Dieselmotor	KHD F 8 L 413 F Direkteinspritz-Dieselmotor	Iveco 8210.22 Direkteinspritz-Dieselmotor mit Abgas-Turbolader
Zylinder	V8, Luftkühlung	V8, Luftkühlung	6 (Reihe), Wasserkühlung
Bohrung × Hub	125 × 130 mm	125 × 130 mm	137 × 156 mm
Hubraum	12 763 ccm	12 763 ccm	13 798 ccm
Leistung	228 PS (168 kW) b. 2200 U/min	256 PS (188 kW) b. 2500 U/min	304 PS (224 kW) b. 2300 U/min
Getriebe	8 Gang + Vorgelege	9 Gang bzw. (bei 4 × 4) 9 Gang + Vorgelege	9 Gang
	Dreiseiten-Kipper 4 × 4		**Dreiseiten-Kipper 4 × 2**
Radstand	4600 mm		4650 mm
Pritsche	4200 mm		4200 mm
Gesamtmaße	7030 × 2500 × 2910 mm (Höhe über Fahrerhaus)		7030 × 2500 × 2840 mm (Höhe über Fahrerhaus)
Reifen	13 R 22,5 S+G Zwillings-Hinterräder		13 R 22,5 Zwillings-Hinterräder
Wagengewicht	ca. 8100 kg	ca. 8400 kg	
Zuläss. Gesamtgewicht	17 000 kg	17 000 kg	17 000 kg
Lastzug-Gesamtgewicht	38 000 kg	40 000 kg	40 000 kg
		Dreiseiten-Kipper 4 × 2	
Radstand		4600 mm	
Pritsche		4200 mm	
		Sattelzugmaschine 4 × 2	**Sattelzugmaschine 4 × 2**
Radstand		4000 mm	4050 mm

Iveco-Magirus 330-32 ANT 6 × 4 (1983)
Schwere Sattelzugmaschine mit Fernverkehrs-Haubenfahrerhaus

Iveco-Magirus 330-30 ANW 6 × 6 Meiller Dreiseiten-Kipper 1987

	Iveco-Magirus 260 –25 AN(W) ab 1982	**Iveco-Magirus 260 – 26 NW ab 1982**
Bauart	Schwerlastwagen 6 × 4 und 6 × 6 für die Bauwirtschaft »Bullen« mit kantig-breiter Motorhaube	
Motor	KHD F 8 L 413 F Direkteinspritz-Dieselmotor	Iveco 8210.02 Direkteinspritz-Dieselmotor
Zylinder	V8, Luftkühlung	6 (Reihe), Wasserkühlung
Bohrung × Hub	125 × 130 mm	137 × 156 mm
Hubraum	12 763 ccm	13 798 ccm
Leistung	256 PS (188 kW) bei 2500 U/min	256 PS (188 kW) bei 2200 U/min
Getriebe	9 oder 12 Gang	4 Gang + Vorschaltgruppe
	Dreiseiten-Kipper 6 × 4 und 6 × 6	
Radstand	3850 + 1380 mm	
Pritsche	4600 mm	
Gesamtmaße	7330 × 2500 × 2870 mm (Höhe über Fahrerhaus)	
Reifen	12 R 22,5 (6 × 6: 12 R 22,5 S+G) 4 Zwillings-Hinterräder	
Wagengewicht	6 × 4: 10 200 kg 6 × 6: 10 800 kg	
Zuläss. Gesamtgewicht	22 000, technisch 26 000 kg	
Lastzug-Gesamtgewicht	38 000 kg	
	Muldenkipper 6 × 6	
Radstand	3850 + 1380 mm	
Mulde	4800 mm	

		Iveco-Magirus 330 – 30 AN(W) ab 1986
	Schwerlastwagen 6 × 4 und 6 × 6 für die Bauwirtschaft »Bullen« mit kantig-breiter Motorhaube	
Motor		KHD BF 8 L 513 Direkteinspritz-Dieselmotor mit 2 Abgas-Turboladern
Zylinder		V8, Luftkühlung
Bohrung × Hub		125 × 130 mm
Hubraum		12 763 ccm
Leistung		306 PS (225 kW) bei 2300 U/min
Getriebe		8 Gang + Vorgelege
		Dreiseiten-Kipper 6 × 4 und 6 × 6
Radstand		4000 + 1380 mm
Pritsche		4800 mm
Gesamtmaße		7490 × 2500 × 2875 mm (Höhe über Fahrerhaus)
Reifen		13 R 22,5 (S+G), 4 Zwillings-Hinterräder
Wagengewicht		6 × 6: 13 825 kg
Zuläss. Gesamtgewicht		26 000 kg, technisch 33 000 kg
Lastzug-Gesamtgewicht		38 000 kg, später 40 000 kg

Iveco-Magirus 190-25 AH
Dreiseiten-Kipper
1983

Iveco-Magirus 160-30 AHW 4 × 4
Tanklöschfahrzeug TLF 24/50
mit GFK-Aufbau und -Löschmitteltank
1988

Iveco-Magirus 260-30 AHW 6× 6
Meiller Dreiseiten-Kipper
1987

	Iveco-Magirus 160 – 23 AH(W) ab 1986	Iveco-Magirus 160 – 30 AH(W) ab 1986	Iveco-Magirus 190 – 30 H ab 1985
Bauart	Schwere Frontlenker-Lastwagen 4 × 2 und 4 × 4 für die Bauwirtschaft Motor zwischen den Sitzen		
Motor	KHD F 8 L 413 Direkteinspritz-Dieselmotor	KHD BF 8 L 513 Direkteinspritz-Dieselmotor mit 2 Abgas-Turboladern	Iveco 8210.22 Direkteinspritz-Dieselmotor mit Abgas-Turbolader
Zylinder	V8, Luftkühlung	V8, Luftkühlung	6 (Reihe), Wasserkühlung
Bohrung × Hub	125 × 130 mm	125 × 130 mm	137 × 156 mm
Hubraum	12 763 ccm	12 763 ccm	13 798 ccm
Leistung	228 PS = 168 kW b. 2200 U/min	306 PS = 225 kW b. 2300 U/min	304 PS = 224 kW b. 2000 U/min
Getriebe	6 Gang	8 × 2 Gang	13 Gang
	Dreiseiten-Kipper 4 × 2	**Dreiseiten-Kipper 4 × 2**	
Radstand	3600 mm	3800 mm	
Pritsche	4400 mm	4600 oder 4800 mm	
Reifen	12 R 22,5 Zwillings-Hinterräder	13 R 22,5 Zwillings-Hinterräder	
Wagengewicht	7700 kg	8200–8500 kg	
Zuläss. Gesamtgewicht	17 000 kg	17 000 kg	
		Pritschenwagen 4 × 2	**Pritschenwagen 4 × 2**
Radstand		4900 mm	4800 mm
	Dreiseiten-Kipper 4 × 4	**Dreiseiten-Kipper 4 × 4**	
Radstand	3600 mm	3800 mm	
Pritsche	4400 mm	4600 mm	
Reifen	12 R 22,5 S+G	13 R 22,5 S+G	

		Iveco-Magirus 260 – 30 AH(W) ab 1986	Iveco-Magirus 330 – 30 H ab 1986
Bauart		Schwerer Frontlenker-Lastwagen 6 × 4 und 6 × 6 für die Bauwirtschaft Motor zwischen den Sitzen	
		Dreiseiten-Kipper 6 × 4	
Radstand		3200 + 1380	
Pritsche		4800 mm	
Reifen		12 R 22,5 Zwillings-Hinterräder	13 R 22,5 Zwillings-Hinterräder
Wagengewicht		10 675 kg	11 465 kg
Zuläss. Gesamtgewicht		24 000, technisch 26 000 kg	26 000, technisch 33 000 kg
		Dreiseitenkipper 6 × 6	
Radstand		3500 + 1380 mm	
Pritsche		4800 mm	
Reifen		12 R 22,5 S+G	
		Pritschenwagen 6 × 4	
Radstand		4700 + 1380 mm	
		Sattelzugmaschine 6 × 4	
Radstand		3000 + 1380 mm	

Iveco-Magirus 260-30 AHT
Sattelzugmaschine 6 × 4
mit neuem Fahrerhaus
1985

→

Iveco-Magirus
Turbostar 190-36
Sattel-Fernlastzug
ab 1987

→

Iveco-Magirus 160-23 AH
Haller 15 m³ Müllsammelwagen
mit liftbarer Vorlaufachse
1987

260-30
Turbo
IVECO
MAGIRUS

HALLER X2
ulm
IVECO
MAGIRUS
UL-MU 621

	Iveco-Magirus 190 – 26 (T-Reihe) ab 1987	Iveco-Magirus 190 – 30 (T-Reihe) ab 1985
Motor	Iveco Direkteinspritz-Dieselmotor mit Abgas-Turbolader	Iveco 8210.22 Direkteinspritz-Dieselmotor mit Abgas-Turbolader
Zylinder	6 (Reihe), Wasserkühlung	6 (Reihe), Wasserkühlung
Bohrung × Hub		137 × 156 mm
Hubraum	9500 ccm	13 798 ccm
Leistung	260 PS (191 kW) b. 2200 U/min	304 PS (224 kW) b. 2000 U/min
Getriebe	9 Gang	ZF 16 Gang
Bauart	**Pritschenwagen mit Normal- oder Fernfahrerhaus**	
Radstand	5005 mm (für Sonderaufbauten auch 4400 mm)	
Pritsche	6100 mm	
Gesamtmaße	8550 × 2500 × 3110 mm (Höhe über Fahrerhaus)	
Reifen	315/80 R 22,5, Zwillings-Hinterräder	
Nutzlast	ca. 9000–9500 kg	
Zuläss. Gesamtgewicht	17 000, technisch 19 000 kg	
Lastzug-Gesamtgewicht	40 000 kg	
	Sattelzugmaschine	
Radstand	3485 oder 3800 mm	

		Iveco-Magirus 240 – 30 (T-Reihe) ab 1985
Bauart		**Pritschenwagen**
Radstand		4010 oder 4610 + 1380 mm
Pritsche		6150 oder 7150 mm
Gesamtmaße		8270 (9270) × 2500 × 3110 mm
Reifen		315/80 R 22,5
Nutzlast		ca. 9500 kg
Zuläss. Gesamtgewicht		22 000, technisch 24 000 kg
Lastzug-Gesamtgewicht		40 000 kg
		Sattelzugmaschine
Radstand		2480 + 1350 mm

Iveco-Magirus 190 – 33 (T-Reihe) 1984–1987	Iveco-Magirus 190 – 36 (T-Reihe) ab 1987	Iveco-Magirus 190 – 38 (T-Reihe) 1985–1987	Iveco-Magirus 190 – 42 (T-Reihe) ab 1984
Iveco 8210.22 Direkteinspritz-Dieselmotor mit Abgas-Turbolader und Ladeluftkühlung 6 (Reihe), Wasserkühlung 137 × 156 mm 13 798 ccm 330 PS (242 kW) b. 1800 U/min ZF 16 Gang od. Fuller 13 Gang	Iveco 8210.42 Direkteinspritz-Dieselmotor mit Abgas-Turbolader und Ladeluftkühlung 6 (Reihe), Wasserkühlung 137 × 156 mm 13 798 ccm 360 PS (265 kW) b. 1800 U/min ZF 16 Gang od. Fuller 13 Gang	Iveco 8280.22 R Direkteinspritz-Dieselmotor mit 2 Abgas-Turboladern V8, Wasserkühlung 145 × 130 mm 17 174 ccm 380 PS (280 kW) b. 1900 U/min ZF 16 Gang od. Fuller 13 Gang	Iveco 8280.22 S Direkteinspritz-Dieselmotor mit 2 Abgas-Turboladern V8, Wasserkühlung 145 × 130 mm 17 174 ccm 420 PS (309 kW) b. 1800 U/min ZF 16 Gang od. Fuller 13 Gang

Schwerer Frontlenker-Lastwagen 4 × 2 und Sattelzugmaschine 4 × 2 für den Güterfernverkehr
Motor zwischen den Sitzen, wahlweise Blattfedern oder Luftfederung

Pritschenwagen
mit Normal- oder Fernfahrerhaus oder »Turbostar« mit Großraum-Fahrerhaus
5005 mm
6100 mm
8550 × 2500 × 3110 (mit Großraum-Fahrerhaus 3280) mm
315/80 R 22,5, Zwillings-Hinterräder
8500–9000 kg
17 000, technisch 19 000 kg
40 000 kg

Sattelzugmaschine
3485 oder 3800 mm

	Iveco-Magirus 240 – 36 (T-Reihe) ab 1987	Iveco-Magirus 240 – 38 (T-Reihe) 1985–1987	

Schwerer Frontlenker-Lastwagen 6 × 2 (Achse 3 = Nachlauf-Liftachse) und
schwere Frontlenker-Sattelzugmaschine 6 × 2 – 4 (Achsen 1 + 2 = Lenkachsen)
für den Güterfernverkehr
Motor zwischen den Sitzen, wahlweise Blattfedern oder Luftfederung

Pritschenwagen
4010 oder 4610 + 1380 mm
6150 oder 7150 mm
8270 (9270) × 2500 × 3110 mm (Höhe über Fahrerhaus)
315/80 R 22,5, Achse 2 Zwillings-, Achse 3 Einzelräder
ca. 9500 kg
22 000, technisch 24 000 kg
40 000 kg

Sattelzugmaschine
2480 + 1350 mm

Iveco-Magirus 300-25 AHB 8 × 4 – 4 Transport-Betonmischer (ab 1986)

Iveco-Magirus 300-30 AH 8 × 4 – 4 Meiller-Kipper (ab 1987)

	Magirus-Deutz 320 D 30 FK 1979–1982 Iveco-Magirus 320 – 32 AH 1982–1985	Iveco-Magirus 320 – 30 H ab 1986
Bauart	Frontlenker-Schwerstlastwagen 8 × 4 – 4 Achsen 1 + 2 = Lenkachsen, Achsen 3 + 4 = Antriebsachsen	
	Motor zwischen den Sitzen	
Motor	KHD F 10 L 413 F Direkteinspritz-Dieselmotor	Iveco 8210.22 Direkteinspritz-Dieselmotor mit Abgas-Turbolader
Zylinder	V10, Luftkühlung	6 (Reihe), Wasserkühlung
Bohrung × Hub	125 × 130 mm	137 × 156 mm
Hubraum	15 945 ccm	13 798 ccm
Leistung	320 PS = 235 kW bei 2500 U/min	304 PS = 224 kW bei 2000 U/min
Getriebe	4 × 2 Gang	4 × 2 Gang
	Fahrgestell für Kipper- oder Sonderaufbauten	**Fahrgestell für Kipper- oder Sonderaufbauten**
Radstand	1600 + 2200/3100 oder 3700 + 1380 mm	1400 + 2100 oder 3800 + 1380 mm
Pritsche	5000 (6500) (9300) mm	
Gesamtmaße	7125 (8125) (11 140) × 2500 × 2720 mm	6950 (11 600) × 2300 × 3100 mm
Reifen	11,00-20, 4 Zwillings-Hinterräder	12 R 22,5, 4 Zwillings-Hinterräder
Wagengewicht	8400 (8500) (9120) kg	9700 kg
Zuläss. Gesamtgewicht	32 000 kg	32 000 kg

	Iveco-Magirus 300 – 25 AH ab 1985	Iveco-Magirus 300 – 30 AH ab 1987
Bauart	Frontlenker-Schwerstlastwagen 8 × 8 – 4 Achsen 1 + 2 = Lenkachsen, Achsen 3 + 4 = Antriebsachsen	
	Motor zwischen den Sitzen	
Motor	KHD F 8 L 413 F Direkteinspritz-Dieselmotor	KHD BF 8 L 513 Direkteinspritz-Dieselmotor mit 2 Abgas-Turboladern
Zylinder	V8, Luftkühlung	V8, Luftkühlung
Bohrung × Hub	125 × 130 mm	125 × 130 mm
Hubraum	12 763 ccm	12 763 ccm
Leistung	256 PS = 188 kW bei 2500 U/min	306 PS = 225 kW bei 2300 U/min
Getriebe	9 Gang	16 Gang
		Dreiseiten-Kipper
Radstand		4200 + 1380 mm
Pritsche		5600 mm
Gesamtmaße		8000 × 2500 × 3110 mm (Höhe über Fahrerhaus)
Reifen		vorn 315/80 R 22,5, hinten 12 R 22,5 4 Zwillings-Hinterräder
Wagengewicht		12 850 kg
Zuläss. Gesamtgewicht		32 000 kg
	Fahrgestell für Betonmischer	**Fahrgestell für Betonmischer**
Radstand	4200 + 1380 mm	4200 + 1380 mm
Reifen	vorn 315/75 R 22,5, hinten 11 R 22,5 4 Zwillings-Hinterräder	vorn 315/75 R 22,5, hinten 11 R 22,5 4 Zwillings-Hinterräder
Zuläss. Gesamtgewicht	32 000 kg	32 000 kg

Tempo (bis 1965), Hanomag (1966 – 1969), Hanomag-Henschel (1969 – 1974)

Weite Verbreitung fanden in den zwanziger Jahren jene motorradähnlichen Eilwagen, bei welchen der Fahrer hinter der Ladepritsche oder dem Ladekasten im Reitsitz über dem hinteren Antriebsrad saß. Ab etwa 1930 wurden diese Fahrzeuge immer auto-ähnlicher: Die nunmehrigen Dreirad-Lieferwagen besaßen vorn ein richtiges Fahrerhaus mit Sitzbank und Lenkrad, der Goliath sogar auch einen ganz automobilmäßigen Kardanantrieb auf die Hinterachse. Der Marktführer Tempo mochte nicht so weit gehen und trieb das Einzel-Vorderrad unmittelbar vom darüberstehenden Zweitaktmotor an. Es gab noch weitere Dreirad-Lieferwagen wie Framo, O.D., Standard u.a., aber Tempo und Goliath beherrschten eindeutig diesen Markt. Im Krieg wurde der Tempo E 400 zum Einheitsmodell bestimmt und auch von Konkurrenzfirmen gebaut, er war für die Kriegswirtschaft weithin das einzige oder doch am ehesten verfügbare

Die Dreirad-Lieferwagen

Bereits im Juli 1945 wird die Produktion des Tempo A 400 in unveränderter Ausführung wieder aufgenommen. Nach zunächst gutem Start (vor allem noch aus Vorräten) fallen die Produktionszahlen infolge Materialmangels bald weit zurück, um sich erst nach der Währungsreform kräftig zu erholen. Das Modell 1949 wird als Tempo Hanseat in friedensmäßiger Verarbeitung und Ausstattung angeboten. Ab März 1950 erhält der Tempo Hanseat einen Flachkolbenmotor mit höherer Leistung, ein Vierganggetriebe, stärkere Antriebsketten und eine andere Pendel-Hinterachse. Äußerlich keine auffallende Änderung.

Im Juni 1950 beginnt die Produktion des Tempo Boy, der optisch vom Hanseat kaum zu unterscheiden, technisch aber beträchtlich abgemagert ist. Wahlweise 200 oder 250 ccm-Motor. Trotz niedrigem Preis und Führerschein IV findet der Tempo Boy nur wenig Interesse. Tempo Hanseat und Tempo Boy sind seit Einführung des letzteren auch als Kombiwagen (Karosserie Hebmüller) erhältlich. Er kostet nur etwa 300 DM mehr als der Kastenwagen, bringt es aber nur auf einen Anteil von etwa 8% an den Stückzahlen der beiden Dreirad-Lieferwagen.

Im Laufe des Jahres 1953 erhalten Hanseat und Boy neue, von Dipl.-Ing. Hans Müller-Andernach (1902 – 1968) konstruierte Zweitakt-Motoren. Der 250 ccm-Motor wird weiterhin bei Jlo, der 400 ccm-Motor bei der Firma Heinkel (Stuttgart-Zuffenhausen) hergestellt. Im Juni 1954 erhalten Hanseat und Boy hydraulische Bremsen.

November 1956: Die Produktion des Tempo Hanseat und des Tempo Boy wird beendet. Für den Export nach Indien werden von Mai 1958 bis November 1961 weitere 3500 Hanseat hergestellt. Seit 1962 wird der Tempo Hanseat in Indien produziert. Die damalige 26%-Beteiligung des Tempo-Werks an der Bajaj-Tempo Ltd., Poona (Indien), gehört heute der Daimler-Benz AG.

Transportmittel. Dennoch blieb das Tempo-Werk in Hamburg-Harburg von Schäden verschont, so daß bereits im Juli 1945 die Produktion der Dreirad-Lieferwagen fortgesetzt werden konnte. Sie brachten es in den geldknappen Wiederaufbaujahren nach der Währungsreform zu respektablen Stückzahlen. Aber bald hatten die wachsenden Ansprüche der Kundschaft zur Folge, daß die vom Tempo-Werk inzwischen ebenfalls wieder gebauten Vierrad-Lieferwagen die Dreiräder innerhalb weniger Jahre völlig verdrängten. Der Wettbewerb freilich verschärfte sich nunmehr rapid. Das Tempo-Werk teilte sich den Markt jetzt nicht nur mit Goliath und einigen kleineren Marken. Vielmehr hatte man es nun mit der mächtigen Konkurrenz des VW Transporters und des Ford Transit zu tun, der das vergleichsweise kleine 2000 Mann-Privatunternehmen auf die Dauer nicht standhalten konnte. Am 1. 1. 1955 überließ Oscar Vidal der Rheinstahl-Hanomag AG. eine 50%-Beteiligung an seiner Firma, 1965 ging sie ganz in deren Besitz über. Das Markenzeichen von Tempo wurde 1966 durch dasjenige von Rheinstahl-Hanomag und ab September 1969 durch den Schriftzug Hanomag-Henschel ersetzt. Da die Hanomag-Henschel Fahrzeugwerke GmbH. zum Konzern der Daimler-Benz AG. gehörten, erhielten ab 1970 mehr und mehr und ab 1975 alle vom einstigen Tempo Matador abgeleiteten Leichttransporter den Mercedes-Stern als Markenzeichen. Erst 1977 brachte Daimler eine eigene Konstruktion heraus. Das frühere Tempo-Werk in Hamburg-Harburg ist heute voll in den Verbund aller Werke der Daimler-Benz AG. eingegliedert. 2400 Mitarbeiter produzieren dort Fahrgestellteile für andere Konzernbetriebe.

	Tempo Boy	**Tempo A 400 bzw. Hanseat**
1945		796
1946		1665
1947		1096
1948		3769
1949		9868
1950	1186 + 101	8820 + 883
1951	2133 + 214	6336 + 664
1952	1207 + 55	4854 + 407
1953	313 + 13	2253 + 100
1954	262 + 12	956 + 9
1955	276 + 6	614 + 2
1956	159	339
	5536 + 401 Kombi	41366 + 2065 Kombi
	5937	43431
		Export nach Indien:
1958		430
1959		670
1960		1150
1961		1250
		3500
		Produktion in Indien:
1962		375
1963		1350
1964		1900
1965		1600
1966		1500
1967		1200
1968		1300
		9225

Tempo A 400 Hoch-Pritsche 1945–1948

Tempo A 400 Kastenwagen I 1945–1948

Tempo A 400 Kastenwagen II 1945–1948

Tempo Hanseat
Hoch-Pritsche
1949–1950

Tempo Hanseat
Hoch-Pritsche
1951–1956

Tempo Hanseat
Kastenwagen
1951–1956

	Tempo A 400 1945–1948 Tempo Hanseat 1949–1950	**Tempo Hanseat 1950–1953**	**Tempo Hanseat 1953–1956**
Bauart	Dreirad-Lieferwagen, Frontantrieb, Motor schrägstehend über Vorderrad Gekapselte Duplex-Rollenkette im Ölbad zwischen Motor und Getriebe Gekapselte Einfach-Rollenkette im Ölbad zwischen Getriebe und Vorderrad		
Motor	Jlo WEGR 2/200 T Nasenkolben-Zweitakter	Jlo WEGR 2/200 TF Flachkolben-Zweitakter mit Umkehrspülung	Heinkel TF 400 Flachkolben-Zweitakter mit Umkehrspülung
Zylinder	2 (Reihe), 61 × 68 mm	2 (Reihe), 61 × 68 mm	2 (Reihe), 62 × 66 mm
Hubraum	397,4 ccm	397,4 ccm	396 ccm
Leistung	12,5 PS bei 3500 U/min	13,5 PS bei 3500 U/min	15 PS bei 4500 U/min
Getriebe	3 Gang, Krückstock-schaltung an Armaturentafel	4 Gang, Krückstock-schaltung an Armaturentafel	4 Gang, Krückstock-schaltung an Armaturentafel
Rahmen	Zentralrohrrahmen mit Querträgern		
Vorderradaufhängung	Kettenkasten als Träger des Vorderrads, 2 Schraubenfedern		
Hinterradaufhängung	Pendel-Schwingachse, 2 Schraubenfedern je Rad		
Fußbremse	Mechanisch bzw. (ab Juni 1954) hydraulisch		
	Kastenwagen I	**Kastenwagen I**	**Kastenwagen bzw. Kombi**
Radstand	2870, Spur hinten 1370 mm	2780, Spur hinten 1370 mm	3170, Spur hinten 1370 mm
Laderaum	1665 × 1200 × 980 mm	2000 × 1255 × 990 mm	2245 × 1350 × 1140 mm
Gesamtmaße	3700 × 1620 × 1550 mm	4090 × 1690 × 1700 mm	4250 × 1640 × 1730 mm
Reifen	5,50–16	5,50–16	5,50–16
Wagengewicht (mit Fahrer)	830 kg	840 kg	900 kg
Zuläss. Gesamtgewicht	1580 kg	1580 kg	1580 kg
Nutzlast	750 kg	740 kg	680 kg
Höchstgeschwindigkeit	50 km/h	55 km/h	55 km/h
Preis	August 1948: DM 4835,–	1950: DM 3900,–	
	Kastenwagen II	**Kastenwagen II**	
Radstand	2870, Spur hinten 1700 mm	2870, Spur hinten 1700 mm	
Laderaum	1800 × 1400 × 1150 mm	2000 × 1390 × 1600 mm	
Gesamtmaße	3920 × 2000 × 1750 mm	4120 × 1980 × 1790 mm	
Wagengewicht (mit Fahrer)	870 kg	880 kg	
		Kastenwagen III	**Koffer-Kastenwagen**
Radstand		3170, Spur hinten 1700 mm	3170, Spur hinten 1700 mm
Laderaum		2300 × 1400 × 1320 mm	2300 × 1400 × 1460 mm
Gesamtmaße		4390 × 1980 × 1940 mm	4430 × 2000 × 2015 mm
	Stahl-Pritsche	**Stahl-Pritsche**	
Radstand	2870, Spur hinten 1370 mm	2870, Spur hinten 1370 mm	
Pritsche	1850 × 1250, Bord 440 mm	2000 × 1225, Bord 440 mm	
Gesamtmaße	4000 × 1660 × 1550 mm	4080 × 1690 × 1600 mm	
	Hoch-Pritsche	**Hoch-Pritsche**	**Hoch-Pritsche**
Radstand	3170, Spur hinten 1370 mm	3170, Spur hinten 1370 mm	3170, Spur hinten 1370 mm
Pritsche	2500 × 1600, Bord 340 mm	2500 × 1600, Bord 340 mm	2500 × 1600, Bord 340 mm
Gesamtmaße	4650 × 1730 × 1550 mm	4630 × 1750 × 1600 mm	4630 × 1750 × 1740 mm
		Hoch-Pritsche	
Radstand		3570, Spur hinten 1700 mm	
Pritsche		3200 × 1900, Bord 460 mm	
Gesamtmaße		5340 × 1750 × 1600 mm	
	Tief-Pritsche	**Tief-Pritsche**	**Tief-Pritsche**
Radstand	3170, Spur hinten 1700 mm	3170, Spur hinten 1700 mm	3170, Spur hinten 1700 mm
Pritsche	2250 × 1500, Bord 460 mm	2500 × 1470, Bord 460 mm	2500 × 1470, Bord 460 mm
Gesamtmaße	4650 × 1970 × 1550 mm	4685 × 1980 × 1600 mm	4650 × 2000 × 1740 mm
		Tief-Pritsche	
Radstand		3570, Spur hinten 1700 mm	
Pritsche		3200 × 1470, Bord 460 mm	
Gesamtmaße		5360 × 1980 × 1600 mm	

Tempo Boy
Tief-Pritsche
1950–1956

Tempo Boy
Kastenwagen
1950–1956

Die Vierrad-Lieferwagen

Tempo Matador (1949 – 1952). Im November 1949 brachte das Tempo-Werk seine erste Neukonstruktion nach dem Krieg auf den Markt, einen Vierrad-Lieferwagen. Man hatte es fertiggebracht, für den Neuling den VW-Motor verwenden zu dürfen. Aber im Gegensatz zum VW-Transporter, der etwa zur gleichen Zeit herauskam, war beim Tempo Matador der VW-Motor vorn oder, wenn man so sagen will, als Mittelmotor eingebaut. Beim überaus pfiffig ausgedachten Fahrgestell bildete der Fronttriebblock samt Fahrerhaus gewissermaßen einen Zugkopf, der für die Größe und Gestaltung der Aufbauten und vor allem auch Sonderaufbauten unvergleichlich mehr Spielraum ließ als beispielsweise der VW Transporter. Weniger überzeugend wirkte freilich die äußere Form der ersten Tempo Matador, verursacht durch die schwülstige Stirnseite, die hohe Gürtellinie und die niedrigen Fenster. Deshalb gab es ab März 1951 zusätzlich die geschlossenen Modelle als Tempo Matador Luxus. Deren Aufbauten, die sich durch eine glattere Front und normalgroße Fenster auszeichneten, stammten überwiegend von der Firma Hebmüller.

Tempo Matador 1000 und 1400 (1952 – 1955). Der Einbau des Volkswagenmotors in den Tempo-Matador konnte kein Dauerzustand bleiben. Deshalb brachte das Tempo-Werk im Juni 1952 die Nachfolger Matador 1000 und 1400 auf den Markt. Die beiden waren optisch kaum zu unterscheiden, ihre Linienfüh-

	Tempo Boy 1950–1953	Tempo Boy 1950–1953	Tempo Boy 1953–1956
Bauart	Dreirad-Lieferwagen, Frontantrieb, Motor senkrecht über Vorderrad Gekapselte Duplex-Rollenkette im Ölbad zwischen Motor und Getriebe Gekapselte Einfach-Rollenkette im Ölbad zwischen Getriebe und Vorderrad		
Motor	Jlo WU 200 Doppelkolben-Zweitakter	Jlo WU 250 Doppelkolben-Zweitakter	Jlo TE 250 P Zweitakter
Zylinder	Einzylinder, 43 × 68 mm	Einzylinder, 48 × 68 mm	Einzylinder, 69 × 66 mm
Hubraum	197,5 ccm	244 ccm	245 ccm
Leistung	7,5 PS bei 4000 U/min	9,5 PS bei 4000 U/min	10 PS bei 4500 U/min
Getriebe	3 Gang, Krückstockschaltung an Armaturentafel		
Rahmen	Zentralrohrrahmen mit Querträgern		
Vorderradaufhängung	Kettenkasten als Träger des Vorderrads, 2 Schraubenfedern		
Hinterradaufhängung	Pendel-Schwingachse, 1 Schraubenfeder je Rad		
Fußbremse	Mechanisch bzw. (ab Juni 1954) hydraulisch		
	Kastenwagen I		
Radstand	2870, Spur hinten 1370 mm		
Laderaum	2000 × 1225 × 990 mm		
Gesamtmaße	4060 × 1690 × 1590 mm		
Reifen	4,50–16	4,50–16	4,50 oder 5,00–16
Wagengewicht (mit Fahrer)	700 kg	700 kg	700 kg
Zuläss. Gesamtgewicht	1120 kg	1120 kg	1195 bzw. 1350 kg
Nutzlast	420 kg	420 kg	495 bzw. 650 kg
Höchstgeschwindigkeit	40 km/h	45 km/h	45 km/h
Preis	1950: DM 2980,–		
	Stahl-Pritsche		
Radstand	2870, Spur hinten 1370 mm		
Pritsche	2000 × 1225, Bord 400 mm		
Gesamtmaße	4700 × 1690 × 1580 mm		
	Hoch-Pritsche		
Radstand	2870, Spur hinten 1370 mm		
Pritsche	2000 × 1600, Bord 340 mm		
Gesamtmaße	4120 × 1750 × 1600 mm		
	Tief-Pritsche		
Radstand	2870, Spur hinten 1700 mm		
Pritsche	2000 × 1600, Bord 340 mm		
Gesamtmaße	4120 × 1980 × 1600 mm		

rung zwar besser als beim Vorgänger, aber immer noch unbefriedigend proportioniert. Der Matador 1000 besaß einen Dreizylinder-Zweitaktmotor von Müller-Andernach, der anfangs bei Jlo und später bei Heinkel hergestellt wurde. Man war damit nie so recht glücklich geworden. Der Heinkel Viertaktmotor des Matador 1400 galt wohl als ausgereifter, aber auch mit ihm war nicht viel Staat zu machen.

Tempo Wiking (1953 – 1955). Der kleine Vierrad-Lieferwagen Tempo Wiking, im März 1953 vorgestellt, ging im Mai 1953 in Serie. Niedrige Preise und die Hoffnung auf wirtschaftlichen Betrieb verschafften ihm zunächst eine gute Position auf dem Markt. Bald aber beeinträchtigten der Zweizylinder-Zweitaktmotor sowie die ungedämpfte Federung seinen Ruf. Rein optisch wirkte der Wagen schmalbrüstig und hoch, die Kühlluftöffnung wie ein Fischmaul. Ab September 1954 gab man dem Wiking größere Front- und Seitenscheiben sowie unten angeschlagene Scheibenwischer. So lief er bis zum Sommer 1955.

Tempo Matador I. (1955 – 1963). Zur Frankfurter Automobil-Ausstellung im September 1955 ersetzte Tempo die Zwillinge Matador 1000 und 1400 durch den Matador I für 1,3 t Nutzlast. Er besaß zunächst noch den anfälligen 34 PS Heinkel-Motor, erhielt dann aber ab Frühjahr 1957 den bewährten 1,5 Liter-Motor aus dem englischen Personenwagen Austin A 50. Der Matador I hatte bei seiner Einführung ein neues, nunmehr für alle Typen gleiches Fahrerhaus erhalten, das dann allerdings für den Austin-Motor hinter der Vorderachse etwas verlängert werden mußte und senkrechte Kühlluftöffnungen bekam. Das neue Fahrerhaus verhalf dem Matador I zu einer viel gefälligeren Erscheinung im Vergleich zu seinen Vorgängern. Allerdings war nun äußerlich eine frappierende Ähnlichkeit mit dem VW Transporter gegeben. Innen war das Fahrerhaus des Matador I zwar einfacher ausgestattet, bot aber andererseits drei Sitzplätze. Um dies zu erreichen, mußte freilich der Schalthebel in das Armaturenbrett verlegt werden. Die Gestängeschaltung um mehrere Ecken herum blieb von da an ein ewiges Ärgernis für Fahrer und Werkstätten. – Ab Juli 1958 wird der Tempo Matador I auch für 1,5 t Nutzlast angeboten. Ab Mai 1962 steht der Matador I wahlweise mit 1,6 Liter 42 PS Perkins-Dieselmotor im Programm, doch es dürften, wenn überhaupt, nur einige wenige Wagen damit ausgeliefert worden sein. Im Juli 1963 wird die Produktion des Tempo Matador I eingestellt.

Tempo Wiking I (1955 – 1963). Ab September 1955 besitzt der Wiking I das gleiche neue Fahrerhaus wie der Matador I. Für das Auge wirkt er damit viel gefälliger als vorher, doch die ansonsten unveränderte Mechanik geriet durch die unvorteilhafte Armaturenbrettschaltung eher noch weiter ins Minus.

Tempo Rapid (1957 – 1963). Auf der Frankfurter Automobil-Ausstellung im September 1957 wurde der Tempo Wiking Rapid vorgestellt, der ab November 1957 in Serie ging und bald nur noch Tempo Rapid hieß. Es war der gleiche Wagen wie der Wiking I, doch hatte man dessen Heinkel-Zweitaktmotor durch einen wesentlich leistungsstärkeren und kultivierter laufenden Austin-Motor ersetzt. Der Wiking I blieb zwar wie der Rapid bis Mai 1963 in der Produktion, doch verlor er den größten Teil seiner Kundschaft an den Viertakter. Übrigens besaß der Rapid wie auch der Matador I das etwas verlängerte Fahrerhaus.

Tempo Matador E (1963 – 1967). Zur Frankfurter Automobil-Ausstellung im September 1963 löste das Tempo-Werk die seitherigen drei Typenreihen durch den Matador E (E = Einheitstyp) ab. Er war zwar weiterhin für drei Nutzlast-Klassen (1, 1,3 und 1,6 t) ausgelegt, die aber alle nicht nur das gleiche Fahrerhaus und das gleiche Aussehen, sondern auch den gleichen Motor und das gleiche Fahrgestell besaßen. Bei diesem hatte man zwar an dem Grundgedanken festgehalten, den gesamten Antrieb im Vorderwagen zusammenzufassen, aber dennoch handelte es sich um eine völlig neue Konstruktion. Die beiden Rahmenrohre verliefen nicht mehr V-förmig, sondern parallel, die Pendelachsen wurden durch moderne Aufhängungen ersetzt, der Motor befand sich nun vor der Vorderachse, der Tank und das Reserverad waren nach hinten verlegt. Zum Antrieb verwendete man weiterhin den inzwischen größer gewordenen Austin-Motor. Statt der komplizierten und gewöhnungsbedürftigen Gestängeschaltung saß der Schalthebel wieder direkt auf dem Getriebe.

Ab Juni 1964 war der Matador E wahlweise mit dem nicht mehr neuen, aber sehr bewährten 1,8 Liter Hanomag Dieselmotor erhältlich. 1966/67 gelangte er bereits in 40% aller Matador-Wagen zum Einbau.

Ab 1966 prangte an der Vorderseite des Fahrerhauses das Markensymbol von Rheinstahl-Hanomag. Ab Frühjahr 1966 gab es den Matador E auch für 1,75 t Nutzlast. Von 1963 bis 1967 wurden insgesamt 40 330 Matador E hergestellt.

Hanomag bzw. Hanomag-Henschel F 20 bis F 35 (1967 – 1974). Im April 1967 brachte Rheinstahl-Hanomag die Folgetypen des Matador E heraus. Sie blieben in konstruktiver Hinsicht unverändert, erhielten aber anders gestaltete und besser ausgestattete Fahrerhäuser. Ab Sommer 1968 waren die Kasten- und Kombiwagen dieser Baureihe mit Hochdach (lichte Höhe des Laderaums 1800 mm) sowie ab 1969 mit längerem Radstand (2920 mm) lieferbar.

Ab April 1969 hieß die Markenbezeichnung Hanomag-Henschel. Ab 1970 erhielten die Transporter statt des 50 PS Hanomag-Dieselmotors den 55 PS Dieselmotor des Mercedes-Benz Typ 200 D. Das machte einen um etwa 100 mm verlängerten Fahrerhaus-Vorbau erforderlich, welcher an den nunmehr außen unsichtbaren Türscharnieren und den senkrecht angeordneten Blinkern zu erkennen war. Auch das Vergaser-Modell, in welchem der preisgünstige Austin-Motor weiterverwendet wurde, erhielt das modifizierte Fahrerhaus. Doch über die Hälfte der Wagen wird als Diesel bestellt. Die Hanomag-Henschel-Fahrzeuge mit Dieselmotor werden bis 1971 mit einem kleinen Mercedes-Schild auf dem Kühlergitter gekennzeichnet. Im Januar 1972 wird der Dieselmotor Typ 200 D durch den kräftigeren Typ 220 D ersetzt. Dazu: Sitzposition verbessert, hängende Pedale, größere und zweckmäßiger befestigte Außenspiegel.

Im Januar 1973 erschien die letzte Abwandlung des früheren Tempo Matador. Das Publikum bemerkte dies kaum, weil die Bezeichnung der Typenreihe und die äußere Erscheinung der Fahrzeuge unverändert blieb. Ferner behielten die Vergasermodelle weiterhin den englischen Austin-Motor, allerdings in einer nochmals etwas größeren Ausführung. Beträchtlich anders aber sah das Fahrgestell aus, das wieder einen V-förmigen Rahmen, dazu hinten eine Blattfeder-Starrachse erhielt. Außerdem Verbesserungen im Fahrerhaus, Zweikreis-Bremsen, 60 Liter-Tank.

Bereits seit 1970 gab es parallel zu den Transportern von Hanomag-Henschel die gleiche Typenreihe als Mercedes-Benz L 206 bzw. 207 und L 306 bzw. 307, die sich lediglich durch den Stern auf dem Kühler unterschied. Im Laufe des Jahres 1974 gingen die Werke Hamburg-Harburg und Bremen-Sebaldsbrück dazu über, nur noch als Mercedes-Benz ausgewiesene Transporter zu bauen. Die letzten Hanomag-Henschel Transporter wurden im Februar 1975 fertiggestellt.

Tempo, Hanomag und Hanomag-Henschel Vierrad-Transporter Produktion 1949–1975

	Tempo Wiking	Tempo Matador	Tempo Matador 1000	Tempo Matador 1400		
1949		27				27
1950		4553				4553
1951		5248/ 360/ 72				5680
1952		3059/ 160/142	1387/ 650/ 3	894/ 29		6324
1953	2600/ 632		927/ 604/ 38	1806/ 632		7239
1954	4036/1529		657/ 121/ 7	1535/ 91		7976
1955	4813/ 827		436/ 66/ 1	1005/ 33/ 3		
1956				26		
	14437	**13691**	**4867**	**6054**		
	Tempo Wiking I	**Tempo Rapid**	**Tempo Matador I (1,3 t)**	**Tempo Matador I (1,5 t)**		
1955			249			7433
1956	6058/1592		2043/ 68			9787
1957	4208/ 990	427/ 21	2559/ 365/ 37			8607
1958	914/ 236	3997/ 698	1472/ 68/ 57	245		7687
1959	1028/ 186	3881/ 521/ 38	1448/ 57/191	597		7947
1960	1403/ 204	3657/ 460/ 32	2036/ 63/113	875		8843
1961	1205/ 132	2786/ 272/ 2	1731/ 91/290	1227/ –/ 1		7737
1962	1062/ 122	2823/ 319/ 16	1798/ 129/187	1914/ –/ 44		8414
1963	730/ 94	1366/ 165	946/ 68/ 30	1053/ 3/292		
	20164	**21481**	**16096**	**6251**		
		Tempo Matador E (1 t)	**Tempo Matador E (1,3 t)**	**Tempo Matador E (1,6 t)**		
1963		1355	782/ 114/ 2	955		7955
1964		4329	2427/ 836/ 9	3161		10762
1965		4583	2879/ 936/ 23	3412		11833
		10267	**8008**	**7528**		
		Hanomag Matador E (1 t)	**Hanomag Matador E (1,3 t)**	**Hanomag Matador E (1,6 t)**	**Hanomag Matador E (1,75 t)**	
1966		4861	2896/1071/ 34	3415	299	12576
1967		1062	553/ 108/ 3	606	84	
		5923	**4665**	**4021**	**383**	
		Hanomag bzw. Hanomag-Henschel F 20	**Hanomag bzw. Hanomag-Henschel F 25**	**Hanomag bzw. Hanomag-Henschel F 30**	**Hanomag bzw. Hanomag-Henschel F 35**	
1967		4689/ 781	2000/ 206/ 5	1670/ 66	1545/ 5	13383
1968		8131/1569	3134/ 417/ 23	2809/ 41	3036/ 32	19292
1969		10499/1958	4133/ 868/ 62	4101/ 277/ 1	4290/ 65	26254
1970		11157/2836	4893/ 514/ 40	6589/ 279	5800/ 60/ 1	32169
1971		10008/3107	4806/ 686	3904/ 314	4052/ 75	26952
1972		11456/3056	5461/ 807	2797/ 267	4718/ 61	28623
1973		8616/1530	2989/ 457	2526/ 150	3890/ 65	20223
1974		1758/ 216	302/ 37	617/ 19	1067/ 14	4030
1975		10			39	49
		81377	**31840**	**26527**	**28815**	**312355**

In der 1. Zahl sind alle Kastenwagen, Pritschenwagen und Sonderfahrzeuge zusammengefaßt, in der 2. Zahl die Kombiwagen und in der 3. Zahl die Kleinbusse.

Tempo Matador
Hoch-Pritsche
1949–1952

Tempo Matador Luxus
Kastenwagen
Aufbau Hebmüller
1951–1952

Tempo Matador 1000
Bus 8 Sitze
1952–1955

Tempo Matador 1400
Tief-Pritsche
1952–1955

	Tempo Matador 1949–1952	Tempo Matador 1000 1952–1955	Tempo Matador 1400 1952–1956
Bauart	Vierrad-Frontlenker-Lieferwagen Frontantrieb, Motor hinter Vorderachse und Fahrersitzbank, Getriebe vor der Vorderachse		
Motor	Volkswagen Viertakt-Vergasermotor	Heinkel Zweitakter mit Umkehrspülung	Heinkel Viertakt-Vergasermotor
Zylinder	4 (Boxer)	3 (Reihe)	4 (Reihe)
Bohrung × Hub	75 × 64 mm	66 × 66 mm	70 × 71 (1955/56: 70 × 73) mm
Hubraum	1131 ccm	672 ccm	1092 (1955/56: 1123) ccm
Leistung	25 PS bei 3000 U/min	26 PS bei 4500 U/min	34 (39) PS bei 3600 U/min
Getriebe	4 Gang, Schalthebel in Wagenmitte		
Rahmen	V-Form-Doppelrohrrahmen mit Querträgern		
Vorderradaufhängung	Pendel-Schwingachse, Querlenker unten, 1 Querfeder oben		
Hinterradaufhängung	Pendel-Schwingachse, 2 Schraubenfedern pro Rad		
Fußbremse	Hydraulisch		
	Kastenwagen	**Kastenwagen**	**Kastenwagen**
Radstand	2600 mm	2400 mm	2400 mm
Spur	1470/1470 mm	1350/1390 mm	1470/1470 mm
Gesamtmaße	4330 × 1730 × 1800 mm	4350 × 1630 × 1900 mm	4380 × 1740 × 1910 mm
Laderaum	2550 × 1350 × 1150 mm	2450 × 1420 × 1320 mm	2450 × 1420 × 1320 mm
Reifen	6,00–16	6,00–16	6,50–16
Wagengewicht (mit Fahrer)	1200 kg	1200 kg	1220 kg
Zuläss. Gesamtgewicht	2075 kg	2100 kg	2520 kg
Nutzlast	875 kg	900 kg	1300 kg
Höchstgeschwindigkeit	80 km/h	80 km/h	80 km/h
Preis	1950: DM 6900,–	1952: DM 7350,–	1952: DM 8450,–
	Bus 1 + 10 Sitze	**Bus 1 + 7 Sitze**	**Bus 1 + 15 Sitze**
Radstand	2600 mm	2400 mm	3000 oder 3150 mm
Gesamtmaße	4550 × 1775 × 2050 mm	4350 × 1630 × 1900 mm	5310 × 1860 × 2200 mm
Preis		1952: DM 8580,–	1952: DM 12 500,– Bus (Mikafa) DM 18 985,–
	Hoch-Pritsche	**Hoch-Pritsche**	**Hoch-Pritsche**
Radstand	2600 mm	2600 mm (auch 2750 mm)	3000 mm (auch 2750 mm)
Pritsche	2750 × 1640, Bord 390 mm	2750 × 1640, Bord 390 mm	3000 × 1640, Bord 390 mm
Gesamtmaße	4520 × 1820 × 1780 mm	4700 × 1760 × 1900 mm	4950 × 1760 × 1910 mm
	Tief-Pritsche	**Tief-Pritsche**	**Tief-Pritsche**
Radstand	2600 mm	2600 mm (auch 2750 mm)	3000 mm (auch 2750 mm)
Pritsche	2750 × 1600, Bord 500 mm	2750 × 1600, Bord 500 mm	3000 × 1600, Bord 500 mm
Gesamtmaße	4530 × 1350 × 1770 mm	4700 × 1720 × 1900 mm	4950 × 1720 × 1910 mm
			H.-Pritsche mit Doppelkabine
Radstand			3000 mm
Pritsche			2000 × 1640, Bord 390 mm
Gesamtmaße			5200 × 1760 × 1910 mm
	Hoch-Pritsche		**Hoch-Pritsche**
Radstand	2800 mm (auch 3000 oder 3150 mm)		3150 mm
Pritsche	3000 × 1640, Bord 390 mm		3500 × 1640, Bord 390 mm
	Tief-Pritsche		**Tief-Pritsche**
Radstand	2800 mm (auch 3000 oder 3150 mm)		3150 mm
Pritsche	3000 × 1600, Bord 500 mm		3500 × 1600, Bord 500 mm
	Fahrgestell f. Sonderaufbauten (Möbelwagen oder Bus)		
Radstand	3150 mm		

Tempo Wiking
Pritschenwagen
1953–1954

Tempo Wiking I
Kastenwagen
1955–1963

Tempo (Wiking) Rapid
Kofferwagen
1957–1963

	Tempo Wiking 1953–1955	Tempo Wiking I 1955–1963	Tempo (Wiking) Rapid 1957–1963
Bauart	Vierrad-Frontlenker-Lieferwagen Frontantrieb, Motor hinter Vorderachse und Fahrersitzbank, Getriebe vor der Vorderachse		
Motor	Heinkel TE 460 Zweitakter mit Umkehrspülung	Heinkel TE 460 Zweitakter mit Umkehrspülung	Austin A 35 Viertakt-Vergasermotor
Zylinder	2 (Reihe)	2 (Reihe)	4 (Reihe)
Bohrung × Hub	66 × 66 mm	66 × 66 mm	62,94 × 76,2 mm
Hubraum	452 ccm	452 ccm	948 ccm
Leistung	17 PS bei 4000 U/min	17 PS bzw. (ab 1959) 20 PS bei 4000 U/min	32 PS bei 4100 U/min
Getriebe	4 Gang, Schalthebel in Wagenmitte	4 Gang, Schalthebel am Armaturenbrett	4 Gang, Schalthebel am Armaturenbrett
Rahmen	V-Form-Doppelrohrrahmen mit Querträgern		
Vorderradaufhängung	Pendel-Schwingachse, Querlenker unten, 1 Querfeder oben		
Hinterradaufhängung	Pendel-Schwingachse, 1 Schraubenfeder pro Rad		
Fußbremse	Hydraulisch		
	Kastenwagen, Kombi	**Kastenwagen, Kombi**	**Kastenwagen, Kombi**
Radstand	2100 mm	2100 mm	2400 mm
Spur vorn/hinten	1300/1370 mm	1300/1370 mm	1300/1370 mm
Gesamtmaße	3720 × 1640 × 1850 mm	3910 × 1720 × 1860 mm (mit 13″-Reifen 15 mm niedriger)	4370 × 1720 × 1900 mm (mit 13″-Reifen 15 mm niedriger)
Laderaum	2150 × 1250 × 1300/1225 mm	2250 × 1630 × 1310 mm	2450 × 1630 × 1310 mm
Reifen	5,00–16 oder 5,90–15	5,90–15, ab 1961: 6,40–13	5,90 oder 6,40–15 bzw. (ab 1961) 6,40–13
Wagengewicht (mit Fahrer)	Kastenwagen 880 kg	Kastenwagen 980 kg	Kastenwagen 1110–1140 kg
Zuläss. Gesamtgewicht	1630 kg	1800 kg	1840–2000 kg
Nutzlast	750 kg	820 kg	730–860 kg
Höchstgeschwindigkeit	80 km/h	80 km/h	87 km/h
Preis	1954: Kastenwagen DM 5810,–	1962: Kastenwagen DM 5635,–	1962: Kastenwagen DM 6450,–
			Achtsitzer-Bus
Preis			1962: DM 9000,–
	Kofferwagen	**Kofferwagen**	**Kofferwagen**
Radstand	2300 mm	2300 mm	2600 mm
Laderaum	2300 × 1320 × 1400 mm	2300 × 1500 × 1320 mm	2600 × 1500 × 1480 mm
			Großraum-Kastenwagen
Radstand			2800 mm
Laderaum			2850 × 1630 × 1430 mm
	Hoch-Pritsche	**Hoch-Pritsche**	**Hoch-Pritsche**
Radstand	2500 oder 2850 mm	2700 oder 2850 mm	2700 oder 3200 mm
Spur vorn/hinten	1300/1370 mm	1300/1370 mm	1300/1370 mm
Pritsche	2500 (3200) × 1470 mm	2750 (3200) × 1650 mm	2750 (3500) × 1650 mm
	Tief-Pritsche	**Tief-Pritsche**	**Tief-Pritsche**
Radstand	2500 oder 2850 mm	2700 oder 2850 mm	2700 oder 3200 mm
Spur vorn/hinten	1300/1370 mm	1300/1370 mm	1300/1370 mm
Pritsche	2500 (3200) × 1470 mm	2750 (3200) × 1600 mm	2750 (3500) × 1600 mm
		Hoch-Pritsche extra breit	**Hoch- bzw. Tief-Pritsche mit Doppelkabine**
Radstand		2700 oder 2850 mm	3000 mm
Spur vorn/hinten		1300/1700 mm	1300/1370 mm
Pritsche		2750 (3200) × 1900 mm	2250 × 1650 (1600) mm

Tempo Matador I
Kombi 8 Sitze
1955–1963

Tempo Matador I
Möbelwagen
1955–1963

Tempo Matador I
Hubwagen mit hydraulisch
heb- und senkbarer Pritsche
1962

	Tempo Matador I (1,3 t) 1955–1963	Tempo Matador I (1,5 t) 1958–1963
Bauart	Vierrad-Frontlenker-Lieferwagen	
	Frontantrieb, Motor hinter Vorderrad und Fahrersitzbank, Getriebe vor der Vorderachse	
Motor	Austin A 50	
	Viertakt-Vergasermotor	
Zylinder	4 (Reihe)	
Bohrung × Hub	73 × 89 mm	
Hubraum	1489 ccm	
Leistung	48 PS bei 4100 U/min	
Getriebe	4 Gang, Schalthebel am Armaturenbrett	
Rahmen	V-Form-Doppelrohrrahmen mit Querträgern	
Vorderradaufhängung	Pendel-Schwingachse, Querlenker unten, 1 Querfeder oben	
Hinterradaufhängung	Pendel-Schwingachse, 2 Schraubenfedern pro Rad	
Fußbremse	Hydraulisch	
	Kastenwagen, Kombi	**Kastenwagen, Kombi**
Radstand	2400 mm	2400 mm
Spur vorn/hinten	1350/1390 mm	1350/1390 mm
Gesamtmaße	4370 × 1720 × 1940 mm (mit 15″-Reifen 25 mm niedriger)	4370 × 1720 × 1940 mm (mit 15″-Reifen 25 mm niedriger)
Laderaum	2450 × 1630 × 1440 mm	2450 × 1630 × 1440 mm
Reifen	6,50–16 extra Transport bzw. (ab 1961) 6,70–15 extra Transport	7,50–16 extra Transport bzw. (ab 1961) 6,70–15 XC extra Transport
Wagengewicht (mit Fahrer)	Kastenwagen 1340 kg	Kastenwagen 1440 kg
Zuläss. Gesamtgewicht	2600 kg	2900 kg
Nutzlast	Kastenwagen 1260 kg	Kastenwagen 1460 kg
Höchstgeschwindigkeit	100 km/h	100 km/h
Preis	1962: DM 8300,–	1962: DM 8800,–
	Großraum-Kastenwagen	**Großraum-Kastenwagen**
Radstand	2800 mm	2800 mm
Laderaum	2850 × 1630 × 1430 mm	2850 × 1630 × 1430 mm
	Bus (1 + 10 bis 13 Sitze)	
Radstand	2800 mm	
Wagengewicht (mit Fahrer)	1500 kg	
Preis	1962: DM 11 250,–	
	Kofferwagen	**Kofferwagen**
Radstand	2600 mm	2600 mm
Laderaum	2600 × 1500 × 1480 mm	2600 × 1500 × 1480 mm
	Hoch-Pritsche	**Hoch-Pritsche**
Radstand	3000 oder 3200 mm	3000 oder 3200 mm
Spur vorn/hinten	1350/1390 mm	1350/1390 mm
Pritsche	3000 (3500) × 1650 mm	3000 (3500) × 1650 mm
	Tief-Pritsche	**Tief-Pritsche**
Radstand	3000 oder 3200 mm	3000 oder 3200 mm
Spur vorn/hinten	1350/1390 mm	1350/1390 mm
Pritsche	3000 (3500) × 1600 mm	3000 (3500) × 1600 mm
	Möbelwagen	**Möbelwagen**
Radstand	3300 mm	3300 mm
Spur vorn/hinten	1350/1700 mm	1350/1700 mm
Laderaum	3230 × 1750 × 2000 mm	3230 × 1750 × 2000 mm
	Hoch-bzw. Tief-Pritsche mit Doppelkabine	**Hoch- bzw. Tief-Pritsche mit Doppelkabine**
Radstand	3000 mm	3000 mm
Spur vorn/hinten	1350/1390 mm	1350/1390 mm
Pritsche	2250 × 1650 (1600) mm	2250 × 1650 (1600) mm
Bemerkung	1962/63 auch mit 1,6 Liter 42 PS Perkins-Dieselmotor lieferbar	1962/63 auch mit 1,6 Liter 42 PS Perkins-Dieselmotor lieferbar

Tempo Matador E Kombi 8 Sitze 1963–1967

Tempo Matador E »Messe-Blitz« im Messegelände Hannover

Hanomag Matador E Pritschenwagen mit Doppelkabine

Bauart

Motor
Zylinder
Hubraum
Leistung
Getriebe
Rahmen
Vorderradaufhängung
Hinterradaufhängung
Fußbremse

Radstand
Spur vorn/hinten
Gesamtmaße
Laderaum
Reifen

Wagengewicht (mit Fahrer)

Zuläss. Gesamtgewicht
Nutzlast

Höchstgeschwindigkeit
Preis

Wagengewicht (mit Fahrer)

Preis

Radstand
Spur vorn/hinten
Pritsche

Radstand
Spur vorn/hinten
Pritsche

Radstand
Spur vorn/hinten
Laderaum

Radstand
Spur vorn/hinten
Pritsche

Tempo Matador E (1 t) **1963–1965** **Hanomag Matador E (1 t)** **1966–1967**	**Tempo Matador E (1,3 t)** **1963–1965** **Hanomag Matador E (1,3 t)** **1966–1967**	**Tempo Matador E (1,6 t)** **1963–1965** **Hanomag Matador E (1,6 t)** **1966–1967**	**Hanomag Matador E (1,75 t)** **1966–1967**

Vierrad-Frontlenker-Lieferwagen
Motor vor, Getriebe hinter der Vorderachse

Austin A 60 Vergasermotor	Hanomag D 301 E 2 Dieselmotor
4 (Reihe), 76,2 × 89 mm	4 (Reihe), 78 × 94 mm
1622 ccm	1797 ccm
54 PS bei 4000 U/min	50 PS bei 4000 U/min

4 Gang, Schalthebel Wagenmitte
Parallel-Doppelrohrrahmen mit Querträgern
Doppel-Querlenker, Längs-Federstabbündel
Kurbel-Starrachse, Quer-Federstabbündel
Hydraulisch

Kastenwagen, Kombi	**Kastenwagen, Kombi**	**Kastenwagen, Kombi**	**Kastenwagen**
2400 mm	2400 mm	2400 mm	2400 mm
1372/1400 mm	1372/1400 mm	1372/1400 mm	1372/1400 mm
4400 × 1700 × 2170 mm	4400 × 1700 × 2200 mm	4400 × 1700 × 2200 mm	4400 × 1700 × 2200 mm
2750 × 1550 × 1600 mm	2750 × 1550 × 1600 mm	2750 × 1550 × 1600 mm	2750 × 1550 × 1600 mm
6,70–13 oder 6,70–13 extra Transport	6,70–15 extra Transport	6,70–15 XC extra Transport	6,70–15 XC extra Transport
Kastenwagen 1375 (1405) kg	Kastenwagen 1400 kg	Kastenwagen 1440 kg	Kastenwagen 1450 kg
Diesel + 60 kg	Diesel + 60 kg	Diesel + 60 kg	Diesel + 60 kg
2260 (2400) kg	2700 kg	3000 kg	3300 kg
Kastenwagen 885 (985) kg	Kastenwagen 1300 kg	Kastenwagen 1560 kg	Kastenwagen 1850 kg
Diesel minus 60 kg	Diesel minus 60 kg	Diesel minus 60 kg	Diesel minus 60 kg
105, Diesel 100 km/h	100, Diesel 95 km/h	100, Diesel 95 km/h	95, Diesel 90 km/h
1966: DM 7500,–	1966: DM 8350,–	1966: DM 9100,–	1966: DM 9500,–
Diesel + DM 1250,–	Diesel + DM 1250,–	Diesel + DM 1250,–	Diesel + DM 1250,–
	Bus (1 + 10 bis 13 Sitze)		
	1525 kg		
	Diesel + 60 kg		
	1966: DM 11 250,–		
	Diesel + DM 1250,–		
Hoch-Pritsche	**Hoch-Pritsche**	**Hoch-Pritsche**	
2800 oder 3000 mm	2800 oder 3000 mm	2800 oder 3000 mm	
1372/1400 mm	1372/1400 mm	1372/1400 mm	
2900 (3300) × 1650 mm	2900 (3300) × 1650 mm	2900 (3300) × 1650 mm	
Tief-Pritsche	**Tief-Pritsche**	**Tief-Pritsche**	
2800 oder 3000 mm	2800 oder 3000 mm	2800 oder 3000 mm	
1372/1400 mm	1372/1400 mm	1372/1400 mm	
2900 (3300) × 1650 mm	2900 (3300) × 1650 mm	2900 (3300) × 1650 mm	
	Möbelwagen		**Möbelwagen**
	3630 mm		3630 mm
	1372/1730 mm		1372/1730 mm
	4100 × 1720 × 2000 mm		4100 × 1720 × 2000 mm
Hoch- bzw. Tief-Pritsche mit Doppelkabine	**Hoch- bzw. Tief-Pritsche mit Doppelkabine**	**Hoch- bzw. Tief-Pritsche mit Doppelkabine**	
3000 mm	3000 mm	3000 mm	
1372/1400 mm	1372/1400 mm	1372/1400 mm	
2250 × 1650 mm	2250 × 1650 mm	2250 × 1650 mm	

Hanomag F 25
Hochdach-Kastenwagen
der Deutschen Bundespost
1967–1969

Hanomag-Henschel F 35
Gepanzerter Geldtransporter
Aufbau: Thiele (Bremen)
1969–1970

Bauart

Motor

Zylinder
Hubraum
Leistung
Getriebe
Rahmen
Vorderradaufhängung
Hinterradaufhängung
Fußbremse

Radstand
Spur vorn/hinten
Gesamtmaße

Laderaum
Reifen

Wagengewicht (mit Fahrer)
Zuläss. Gesamtgewicht
Nutzlast
Höchstgeschwindigkeit
Preis

Radstand
Spur vorn/hinten
Gesamtmaße

Laderaum

Radstand
Sitzplätze
Wagengewicht

Radstand
Spur vorn/hinten
Pritsche

Radstand
Spur vorn/hinten
Pritsche

Radstand
Spur vorn/hinten
Pritsche

Radstand

Hanomag F 20 1967–1969 Hanomag Henschel F 20 1969–1973	Hanomag F 25 1967–1969 Hanomag Henschel F 25 1969–1973	Hanomag F 30 1967–1969 Hanomag Henschel F 30 1969–1973	Hanomag F 35 1967–1969 Hanomag Henschel F 35 1969–1973
Vierrad-Frontlenker-Lieferwagen			
Motor vor, Getriebe hinter der Vorderachse			
1967–1973:	**1967–1969:**	**1970–1972:**	**1972–1973:**
Austin A 60	Hanomag D 301 E 2	Daimler-Benz OM 315	Daimler-Benz OM 315
Vergasermotor	Wirbelkammer-Dieselmotor	Vorkammer-Dieselmotor	Vorkammer-Dieselmotor
4 (Reihe), 76,2 × 89 mm	4 (Reihe), 78 × 94 mm	4 (Reihe), 87 × 83,6 mm	4 (Reihe), 87 × 92,4 mm
1622 ccm	1797 ccm	1988 ccm	2197 ccm
54 PS bei 4000 U/min	50 PS bei 4000 U/min	55 PS bei 4200 U/min	60 PS bei 4200 U/min
4 Gang, Schalthebel Wagenmitte			
Parallel-Doppelrohrrahmen mit Querträgern			
Doppel-Querlenker, Längs-Federstabbündel			
Kurbel-Starrachse, Quer-Federstabbündel			
Hydraulisch			
Kastenwagen	**Kastenwagen**	**Kastenwagen**	**Kastenwagen**
2400 mm	2400 mm	2400 mm	2400 mm
1372/1400 mm	1372/1400 mm	1372/1400 mm	1372/1400 mm
4490 × 1820 × 2140/2220/2250	4490 × 1820 × 2170/2250/2280	4490 × 1820 × 2170/2250/2280	4490 × 1820 × 2170/2250/2280
(Höhe je nach Dachausführung)	(Höhe je nach Dachausführung)	(Höhe je nach Dachausführung)	(Höhe je nach Dachausführung)
2700 × 1600 × 1470/1610/1800	2700 × 1600 × 1470/1610/1800	2700 × 1600 × 1470/1610/1800	2700 × 1600 × 1470/1610/1800
6,70–13 extra Transport	6,70–15 extra Transport	6,70–15 extra Transport	6,70–15 extra Transport
oder 7,00–14 / PR 8		oder 6,70 R 15 C	oder 6,70 R 15 C
1410, Diesel + 60 kg	1430, Diesel + 60 kg	1445, Diesel + 60 kg	1545, Diesel + 60 kg
2400 kg	2700 kg	3000 kg	3300 kg
990, Diesel minus 60 kg	1200, Diesel minus 60 kg	1555, Diesel minus 60 kg	1755, Diesel minus 60 kg
105, Diesel 100 km/h	100, Diesel 95 km/h	100, Diesel 95 km/h	95, Diesel 90 km/h
1967: DM 7750,–	1967: DM 8700,–	1967: DM 9400,–	1967: DM 9800,–
Diesel + DM 1250,–	Diesel + DM 1250,–	Diesel + DM 1250,–	Diesel + DM 1250,–
Kastenwagen	**Kastenwagen**	**Kastenwagen**	**Kastenwagen**
2920 mm	2920 mm	2920 mm	2920 mm
1372/1400 mm	1372/1400 mm	1372/1400 mm	1372/1400 mm
5030 × 1820 × 2080/2220/2410	5030 × 1820 × 2080/2220/2410	5030 × 1820 × 2080/2220/2410	5030 × 1820 × 2080/2220/2410
(Höhe je nach Dachausführung)	(Höhe je nach Dachausführung)	(Höhe je nach Dachausführung)	(Höhe je nach Dachausführung)
3300 × 1600 × 1470/1610/1800	3300 × 1600 × 1470/1610/1800	3300 × 1600 × 1470/1610/1800	3300 × 1600 × 1470/1610/1800
Kombi	**Kombi**	**Kombi**	
2400 oder 2920 mm	2400 oder 2920 mm	2400 oder 2920 mm	
1 + 6 bzw. 1 + 8	1 + 6 bzw. 1 + 8	1 + 6 bzw. 1 + 8	
+ 100 kg	+ 100 kg	+ 100 kg	
Hoch- bzw. Tief-Pritsche	**Hoch- bzw. Tief-Pritsche**	**Hoch- bzw. Tief-Pritsche**	**Hoch- bzw. Tief-Pritsche**
2800 mm	2800 mm	2800 mm	2800 mm
1392/1400 mm	1392/1400 mm	1392/1400 mm	1392/1400 mm
2900 × 1800 mm	2900 × 1800 mm	2900 × 1800 mm	2900 × 1800 mm
Hoch- bzw. Tief-Pritsche extra breit	**Hoch- bzw. Tief-Pritsche extra breit**	**Hoch- bzw. Tief-Pritsche extra breit**	**Hoch- bzw. Tief-Pritsche extra breit**
2800 mm	2800 mm	2800 mm	2800 mm
1372/1730 mm	1372/1730 mm	1372/1730 mm	1372/1730 mm
2900 × 1900 mm	2900 × 1900 mm	2900 × 1900 mm	2900 × 1900 mm
Hoch- bzw. Tief-Pritsche mit Doppelkabine	**Hoch- bzw. Tief-Pritsche mit Doppelkabine**	**Hoch- bzw. Tief-Pritsche mit Doppelkabine**	**Hoch- bzw. Tief-Pritsche mit Doppelkabine**
3000 mm	3000 mm	3000 mm	3000 mm
1372/1400 mm	1372/1400 mm	1372/1400 mm	1372/1400 mm
2200 × 1800 mm	2200 × 1800 mm	2200 × 1800 mm	2200 × 1800 mm
Fahrgestell für Sonderaufbauten	**Fahrgestell für Sonderaufbauten**	**Fahrgestell für Sonderaufbauten**	**Fahrgestell für Sonderaufbauten**
bis 4380 mm	bis 4380 mm	bis 4380 mm	bis 4380 mm

Bild oben und Bild links unten:
Hanomag-Henschel F 35
Kombi 9 Sitze 1969–1971

Bild rechts unten:
Hanomag-Henschel F 35
Pritschenwagen 1969–1971

Bauart

Motor

Zylinder
Hubraum
Leistung
Getriebe
Rahmen
Vorderradaufhängung
Hinterradaufhängung
Fußbremse

Radstand
Spur vorn/hinten
Gesamtmaße
Laderaum
Reifen
Wagengewicht (mit Fahrer)
Zuläss. Gesamtgewicht
Nutzlast
Höchstgeschwindigkeit
Preis

Radstand
Sitzplätze
Wagengewicht

Radstand
Spur vorn/hinten
Pritsche

Hanomag-Henschel F 20 1973–1974	Hanomag-Henschel F 25 1973–1974	Hanomag-Henschel F 30 1973–1974	Hanomag-Henschel F 35 1973–1974

Vierrad-Frontlenker-Lieferwagen
Motor vor, Getriebe hinter der Vorderachse

Austin A 70	Daimler-Benz OM 615
Vergasermotor	Vorkammer-Dieselmotor
4 (Reihe), 80,3 × 88,9 mm	4 (Reihe), 87 × 92,4 mm
1798 ccm	2197 ccm
70 PS bei 4800 U/min	60 PS bei 4200 U/min

4 Gang, Schalthebel Wagenmitte
hinten gegabelter Doppelrohrrahmen mit Querträgern
Doppel-Querlenker, Längs-Federstabbündel
Starre Rohrachse, Halbfedern
Zweikreis-Hydraulik

F 20	F 25	F 30	F 35
Kastenwagen	**Kastenwagen**	**Kastenwagen**	**Kastenwagen**
2400 mm	2400 mm	2400 mm	2400 mm
1372/1400 mm	1372/1400 mm	1372/1400 mm	1372/1400 mm
4490 × 1810 × 2175 mm	4490 × 1810 × 2210 mm	4490 × 1810 × 2230 mm	4490 × 1810 × 2230 mm
2710 × 1600 × 1610 mm	2710 × 1600 × 1610 mm	2710 × 1600 × 1610 mm	2710 × 1600 × 1610 mm
175 R 14 C / PR 6	185 R 14 C / PR 6	17 R 180 C	6,70 R 15 C / PR 10
1410, Diesel + 60 kg	1455, Diesel + 60 kg	1510, Diesel + 60 kg	1560, Diesel + 60 kg
2500 kg	2800 kg	3100 kg	3500 kg
1090, Diesel minus 60 kg	1345, Diesel minus 60 kg	1590, Diesel minus 60 kg	1940, Diesel minus 60 kg
120, Diesel 108 km/h	120, Diesel 105 km/h	120, Diesel 105 km/h	110, Diesel 100 km/h
1973: DM 11 000,– Diesel + DM 1950,–			
Kombi	**Kombi**	**Kombi**	
2400 mm	2400 mm	2400 mm	
1 + 6	1 + 6	1 + 6	
+ 100 kg	+ 100 kg	+ 100 kg	
Hoch- bzw. Tief-Pritsche	**Hoch- bzw. Tief-Pritsche**	**Hoch- bzw. Tief-Pritsche**	**Hoch- bzw. Tief-Pritsche**
2940 oder 3400 mm	2940 mm	2940 mm	2940 mm
1372/1400 mm	1372/1400 mm	1372/1400 mm	1372/1400 mm
3300 (3900) × 1800 mm	3300 × 1800 mm	3300 × 1800 mm	3300 × 1800 mm

Hanomag (bis 1969)
Hanomag-Henschel (1969–1974)

Auch die Firma Hanomag in Hannover mußte Kriegszerstörungen hinnehmen, doch war die Substanz offenbar kaum betroffen. Schon wenige Wochen nach der Kapitulation lief der Fabrikbetrieb wieder mit beachtlichen Stückzahlen. Vom 40 PS Ackerschlepper, dem zunächst wichtigsten Erzeugnis, konnten

1945: 647	1947: 967
1946: 1374	1948: 1373 Stück

ausgeliefert werden. Damals erregten solche Zahlen Stolz und Bewunderung. Aber auch die berühmte Straßen-Zugmaschine ST 100, die sich schon vor dem Krieg in der gewerblichen Wirtschaft und im Krieg bei der Luftwaffe und bei den Heerespionieren großartig bewährt hatte, gehörte ebenfalls schon 1945 wieder zum Bauprogramm.

Mit den gut verkäuflichen Ackerschleppern und Zugmaschinen kam die Hanomag in den schwierigen Nachkriegsjahren glatt über die Runden. Als die Versuche, aus der Sattelzugmaschine STA 100 einen 5 t-Lastwagen zu machen, nicht befriedigten, wurde hieraus der Typ HD 5 N entwickelt, der zwar optisch recht gefällig aussah, technisch aber den rasch wachsenden Ansprüchen jener Zeit nicht mehr genügte.

Im Jahre 1951 gedachten die Hannoveraner wieder voll in das Automobilgeschäft einzusteigen. Mit dem Typ »Partner« hatte man einen dreisitzigen Kleinwagen mit Zweitaktmotor entwickelt, der aber beim Publikum so wenig Anklang fand, daß die Firma fortan auf den Bau von Personenwagen konsequent verzichtete. Zu einem schönen Erfolg gedieh hingegen der seit Mai 1950 hergestellte 1,5 t Lastwagen Typ L 28, aus dem in den folgenden Jahren eine bis zum Dreitonner hinaufreichende Typenfamilie entstand. Der L 28 blieb bis 1960 das wichtigste Produkt der Firma.

Abgeleitet vom L 28 war auch der AL 28 mti Allrad-Antrieb, der überwiegend auf Bestellung des Bundesinnenministeriums beim Bundesgrenzschutz, bei den Bereitschaftspolizeien und beim Technischen Hilfswerk zum Einsatz kam.

Auch die nachfolgenden Typen Kurier, Garant und Markant, völlig neu konzipiert als Frontlenker mit Einzelaufhängung der Vorderräder, verkauften sich zufriedenstellend. Allerdings vermochte das rundliche Fahrerhaus und die wie ein Fischmaul aussehende Kühleröffnung stilistisch kaum zu überzeugen, und auch die Verwendung des alten D 28-Motors legte die Vermutung einer Behelfslösung nahe. Eine solche war es auch, denn ursprünglich wollte Hanomag die neue Typenreihe mit kleinen Hochleistungs-Zweitakt-Dieselmotoren herausbringen. Aber nach unzähligen Versuchen und Fehlschlägen ließen die führenden Hanomag-Leute klugerweise die ganze Zweitakterei kurzerhand verschrotten.

Übrigens gehörte Hanomag bereits seit 1934 den Vereinigten Stahlwerken und kam im Zuge der Entflechtung dieses Konzerns 1952 zu den Rheinischen Stahlwerken. In das Bewußtsein einer breiteren Öffentlichkeit drang dies erst, als 1960 alle Konzernmarken unter das Brückensymbol der Rheinischen Stahlwerke gestellt und in die Firmenbezeichnungen das Wort „Rheinstahl“ einbezogen wurde.

Nun kam die Zeit der rasch aufeinander folgenden Firmenaufkäufe, Fusionen und Umbenennungen. 1961 und 1962 übernahm Rheinstahl-Hanomag in zwei Stufen das ehemalige Borgward-Werk Bremen-Sebaldsbrück, um seinen Lastwagenbau in diese viel moderneren Produktionsstätten zu verlegen. 1965 kaufte Rheinstahl-Hanomag das Tempo-Werk in Hamburg-Harburg. Am 1. 4. 1969 erfolgte der Zusammenschluß von Rheinstahl-Hanomag und Rheinstahl-Henschel zur Hanomag-Henschel Fahrzeugwerke GmbH. (HHF), deren Produkte ab September 1969 unter dem Markenzeichen »Hanomag-Henschel« angeboten wurden. Die Daimler-Benz AG übernimmt zunächst 51 % und zum Jahresende 1970 alle 100 % des Stammkapitals der HHF. 1974 verschwindet die Marke »Hanomag-Henschel« vom Markt.

Aber nur der Automobilbau von Hanomag war in der HHF und schließlich in der Daimler-Benz AG. aufgegangen. Das Stammwerk in Hannover-Linden und die traditionsreiche Marke existieren heute noch, erlebten freilich in der Zwischenzeit ein sehr wechselhaftes Schicksal. Der Bau von Ackerschleppern, lange Zeit das sicherste Geschäft der Firma, wurde 1970 aufgegeben und die gesamte Einrichtung für die Produktion von Dieselmotoren hat man 1972 an Volvo verkauft. Seitdem stellt Hanomag hauptsächlich Baumaschinen der verschiedensten Art her. Eine vorübergehende Blütezeit, die sich als Scheinblüte erwies, erlebte die Firma im Rahmen des von Horst-Dieter Esch hochgezogenen IBH-Konzerns, der aber 1983 in einer fulminanten Pleite unterging. Andere Geldgeber besorgten 1986 die Gründung einer neuen Hanomag AG.

Produktion

	1945	**1946**	**1947**	**1948**	**1949**	**1950**	**1951**					**Gesamtzahl**
ST 20			12	197	349	267						**825**
St 55					50	50						**100**
ST 100	154	305	136	234	170	53	60					**1 112**
STA 100						90	33					**123**
HD 5 N						7	34					**41**
	1950	**1951**	**1952**	**1953**	**1954**	**1955**	**1956**	**1957**	**1958**	**1959**	**1960**	
L 28 (1,5 t)	2 549	6 079	3 044	2 899	3 835	3 624	812					**22 842**
L 28 (1,75 t)							3 342	2 817	2 309	955	124	**9 347**
L 28 (2 t)		179	2 411	2 742	1 577	864	919	1 185	1 219	351	8	**11 455**
L 28 (2,5 t)				266	2 389	3 253	2 153	1 638	1 537	947	94	**12 277**
L 28 (3 t)						500	1 196	1 409	1 180	1 229	705	**6 219**
L 28 Omnibus (1,5 t)		104	54	103	17	1	1					**280**
L 28 Omnibus (2 t)				4	64	28	9					**105**
AL 28 (1,5 t)				*)	*)	*)	*)	*)	309	214	82	→
AL 28 (2,5 t)									10	8	6	→
	1961	**1962**	**1963**	**1964**	**1965**	**1966**	**1967**	**1968**	**1969**	**1970**	**1971**	
AL 28 (1,5 t)	43	130	784	358	321	403	156	103	49	36		**2 988**
AL 28 (2,5 t)	54	69	873	351	83	485	352	117	14	40	11	**2 473**
		1958	**1959**	**1960**	**1961**	**1962**	**1963**	**1964**	**1965**	**1966**	**1967**	
Kurier		225	4 844	7 146	7 259	6 697	9 014	8 927	9 634	6 465	1 261	**61 472**
Garant			777	3 466	3 476	3 525	4 089	2 589	2 992	2 887	421	**24 222**
Markant				552	2 508	3 294	4 727	5 195	4 415	3 048	450	**24 189**
				1967	**1968**	**1969**	**1970**	**1971**	**1972**	**1973**	**1974**	
F 45				4 377	8 351	8 591	9 807	6 543	5 017	3 535		**46 221**
F 46					18	354	522	442	408	305		**2 049**
F 55				1 102	1 771	2 045	2 024	1 452	990	705		**10 089**
F 65				1 517	1 616	2 040	2 026	1 469	729	422		**9 819**
F 66				840	756	1 330	1 578	1 275	1 139	1 096		**8 014**
F 75, F 76				743	1 677	2 043	3 325	2 595	1 697	810		**12 890**
F 85, F 86					251	453	683	650	384	375		**2 796**
F 40 Ka							143	1 164	1 366	1 088	263	**4 024**
F 45 Ka							1	39	48	18	17	**123**
F 46 Ka							41	670	973	922	161	**2 767**
F 55 Ka							32	447	502	342	51	**1 374**
F 65 Ka								13	166	133	16	**328**
F 40 B (Bus)								13	8	6		**27**
F 45 B (Bus)							10	43	85	71	15	**224**
												280 815

*) Die Zahlen für den AL 28 sind in den Jahren 1953 bis 1957 beim L 28 mit enthalten.

Hanomag ST 20
Kleine Straßen-Zugmaschine
1947–1950

Hanomag ST 100
Schwere Straßen-Zugmaschine
mit 8 t Hanomag Anhänger
1945–1951

	Hanomag ST 20 1947–1950	Hanomag ST 55 1949–1950
Bauart	Kleine Straßen-Zugmaschine Motor vorn, Antrieb auf Hinterräder	Mittl. Straßen-Zugmaschine Motor vorn, Antrieb auf Hinterräder
Motor	Hanomag D 19 Vorkammer-Dieselmotor	Hanomag Vorkammer-Dieselmotor
Zylinder	4 (Reihe)	4 (Reihe)
Bohrung × Hub	80 × 95 mm	105 × 150 mm
Hubraum	1910 ccm	5195 ccm
Leistung	19,8 PS bei 1950 U/min	55 PS bei 1500 U/min
Getriebe	4 Gang	4 Gang
	Straßen-Zugmaschine	**Straßen-Zugmaschine**
Radstand	1935 mm	2680 mm
Spur vorn/hinten	1350/1350 mm	1676/1680 mm
Gesamtmaße	3225 × 1700 × 1770 mm	4450 × 2200 × 2350 mm
Reifen	6,50–16 extra Zwillings-Hinterräder	7,50 oder 8,25–20 extra Zwillings-Hinterräder
Fahrzeuggewicht	1575 kg	4000 kg
Zuläss. Anhängelast	15 000 kg	20 000 kg

<table>
<tr><th></th><th>Hanomag ST 100
1945–1951</th><th>Hanomag STA 100
1950–1951</th><th>Hanomag HD 5 N
1950–1951</th></tr>
<tr><td>Bauart</td><td>Schw. Straßen-Zugmaschine
Motor vorn,
Antrieb auf Hinterräder</td><td>Schw. Sattelzugmaschine
Motor vorn,
Antrieb auf Hinterräder</td><td>Schw. Hauben-Lastwagen
Motor vorn,
Antrieb auf Hinterräder</td></tr>
<tr><td>Motor</td><td colspan="3">Hanomag D 85 S Vorkammer-Dieselmotor</td></tr>
<tr><td>Zylinder</td><td colspan="3">6 (Reihe)</td></tr>
<tr><td>Bohrung × Hub</td><td colspan="3">110 × 150 mm</td></tr>
<tr><td>Hubraum</td><td colspan="3">8553 ccm</td></tr>
<tr><td>Leistung</td><td colspan="3">100 PS bei 1550 U/min</td></tr>
<tr><td>Getriebe</td><td>4 Gang</td><td>4 oder 5 Gang</td><td>5 Gang</td></tr>
<tr><td></td><td>Straßen-Zugmaschine</td><td>Pritschenwagen</td><td>Pritschenwagen</td></tr>
<tr><td>Radstand</td><td>3000 mm</td><td>4250 mm</td><td>4600 mm</td></tr>
<tr><td>Spur vorn/hinten</td><td>1924/1890 mm</td><td>1924/1890 mm</td><td></td></tr>
<tr><td>Gesamtmaße</td><td>5545 × 2460 × 2420 mm
(Höhe über Fahrerhaus)</td><td>6680 × 2490 × 2420 mm
(Höhe über Fahrerhaus)</td><td>8200 × 2500 × 2420 mm
(Höhe über Fahrerhaus)</td></tr>
<tr><td>Pritsche</td><td>–</td><td>3430 × 2350 mm</td><td>5000 × 2500 mm</td></tr>
<tr><td>Reifen</td><td>270–20 oder 10,00–20 eHD
Zwillings-Hinterräder</td><td>10,00–20 eHD
Zwillings-Hinterräder</td><td>10,00–20 eHD
Zwillings-Hinterräder</td></tr>
<tr><td>Wagengewicht</td><td>6600 kg</td><td>6350 kg</td><td>7000 kg</td></tr>
<tr><td>Zuläss. Gesamtgewicht</td><td>8750 kg</td><td>11 500 kg</td><td>12 000 kg</td></tr>
<tr><td>Zuläss. Anhängelast</td><td>30 000 kg</td><td></td><td></td></tr>
<tr><td>Preis</td><td>1949: DM 28 000,–</td><td></td><td></td></tr>
<tr><td>Bemerkung</td><td>ST 100 W: mit Seilwinde</td><td></td><td></td></tr>
<tr><td></td><td></td><td>Dreiseiten-Kipper</td><td></td></tr>
<tr><td>Radstand</td><td></td><td>4250 mm</td><td></td></tr>
<tr><td>Pritsche</td><td></td><td>3380 × 2320 mm</td><td></td></tr>
<tr><td></td><td></td><td>Sattelzugmaschine od. Langmaterial-Drehschemelwagen</td><td></td></tr>
<tr><td>Radstand</td><td></td><td>4250 mm</td><td></td></tr>
<tr><td>Zuläss. Anhängelast</td><td></td><td>25 000 kg</td><td></td></tr>
</table>

Hanomag STA 100
5 t Lastwagen
1950–1951

Hanomag STA 100
Zugmaschine mit Drehschemel
für Langholz-Transporte
1950–1951

Hanomag HD 5 N
5 t Lastwagen mit
8 t Hanomag Anhänger
1950–1951

Hanomag L 28
1,5 t Nutzlast
Kofferwagen
1950–1956

Hanomag L 28
1,5 t Nutzlast
Kastenwagen
1950–1956

Hanomag L 28
mit Sonderaufbau für
Werbungs- und Ausstellungszwecke
1951

Hanomag L 28
2 t Nutzlast
Pritschenwagen
1951–1955

Hanomag L 28
2,5 t Nutzlast
Pritschenwagen
1953–1960

Hanomag L 28
2,5 t Nutzlast
Kastenwagen
1953–1960

Hanomag L 28
2,5 t Nutzlast
Kofferwagen
1953–1960

	Hanomag L 28 (1,5 t Nutzlast) 1950–1956	**Hanomag L 28 (1,75 t Nutzlast) 1956–1960**	**Hanomag L 28 (2 t Nutzlast) 1951–1955**
Bauart	Leichter Hauben-Lastwagen 4 × 2		
	Motor vorn, Antrieb auf Hinterräder		
Motor	Hanomag D 28 L		
	Vorkammer-Dieselmotor		
Zylinder	4 (Reihe)		
Bohrung × Hub	90 × 110 mm		
Hubraum	2799 ccm		
Leistung	45 PS bzw. (ab April 1951) 50 PS bei 2800 U/min	50 PS bei 2800 U/min	50 PS bei 2800 U/min
Getriebe	ZF 4 Gang	ZF 4 Gang	ZF 4 Gang
	Pritschenwagen	**Pritschenwagen**	**Pritschenwagen**
Radstand	3400 od. (ab April 1951) 4000	3400 oder 4000 mm	4000 mm
Pritsche	3000 × 1800 (3600 × 1900) mm	3000 × 1800 (3600 × 1900) mm	3600 × 1900 mm
Gesamtmaße	5660 × 1935 × 2015 mm (6260 × 2030 × 2015 mm) (Höhe über Fahrerhaus)	5660 × 1935 × 2030 mm (6260 × 2030 × 2030 mm) (Höhe über Fahrerhaus)	6260 × 2030 × 2040 mm (Höhe über Fahrerhaus)
Reifen	6,00–18 extra Zwillings-Hinterräder	6,00–18 extra Transport Zwillings-Hinterräder	6,00–20 extra Transport Zwillings-Hinterräder
Wagengewicht (mit Fahrer)	2025 (2080) kg	2060 (2125) kg	2340 kg
Zuläss. Gesamtgewicht	3800 kg	4000 kg	4500 kg
	Kofferwagen	**Kofferwagen**	**Kofferwagen**
Radstand	3400 mm	3400 mm	4000 mm
Laderaum	2780 × 1750 × 1450 mm	2780 × 1750 × 1450 mm	3390 × 1780 × 1450 mm
	Kastenwagen	**Kastenwagen**	**Kastenwagen**
Radstand	3400 mm	3400 mm	4000 mm
Laderaum	2850 × 1720 × 1420 mm	2850 × 1720 × 1420 mm	3470 × 1790 × 1420 mm

	Hanomag L 28 (2,5 t Nutzlast) 1953–1960	**Hanomag L 28 (3 t Nutzlast) 1955–1960**
Bauart	Leichter Hauben-Lastwagen 4 × 2	
	Motor vorn, Antrieb auf Hinterräder	
Motor	Hanomag D 28 LA	Hanomag D 28 LAS
	Vorkammer-Dieselmotor mit Roots-Gebläse-Aufladung	
Zylinder	4 (Reihe)	
Bohrung × Hub	90 × 110 mm	
Hubraum	2799 ccm	
Leistung	65 PS bei 2800 U/min	70 PS bei 2800 U/min
Getriebe	4 Gang	4 Gang
	Pritschenwagen	**Pritschenwagen**
Radstand	4000 mm	4000 mm
Pritsche	3600 × 2000 mm	3800 × 2100 mm
Gesamtmaße	6260 × 2130 × 2125 mm (Höhe über Fahrerhaus)	6640 × 2230 × 2215 mm (Höhe über Fahrerhaus)
Reifen	6,50–20 extra Transport Zwillings-Hinterräder	7,00–20 extra Transport Zwillings-Hinterräder
Wagengewicht (mit Fahrer)	2600 kg	2625 kg
Zuläss. Gesamtgewicht	5200 kg	5875 kg
	Kofferwagen	**Kofferwagen**
Radstand	4000 mm	4000 mm
Laderaum	3390 × 1780 × 1450 mm	3390 × 1780 × 1450 mm
	Kastenwagen	**Kastenwagen**
Radstand	4000 mm	4000 mm
Laderaum	3430 × 1720 × 1420 mm	3430 × 1720 × 1420 mm

Hanomag AL 28
Funkkraftwagen beim
Technischen Hilfswerk
1953–1963

Hanomag AL 28
Funk- oder
Kommandowagen
1953–1963

Hanomag AL 28 A
Gruppen-Kraftwagen (Grukw II)
des Bundesgrenzschutzes
und der Bereitschaftspolizei
1964–1968

	Hanomag AL 28 (1,5 t Nutzlast) 1953–1963	Hanomag AL 28 (2,5 t Nutzlast) 1958–1963
Bauart	Leichter Hauben-Gelände-Lastwagen 4 × 4	Leichter Hauben-Gelände-Lastwagen 4 × 4
Motor	Hanomag D 28 ALA bzw. (1963) D 28 ALAS Vorkammer-Dieselmotor mit Roots-Gebläse-Aufladung	Hanomag D 28 ALA bzw. (1963) D 28 ALAS Vorkammer-Dieselmotor mit Roots-Gebläse-Aufladung
Zylinder	4 (Reihe)	4 (Reihe)
Bohrung × Hub	90 × 110 mm	90 × 110 mm
Hubraum	2799 ccm	2799 ccm
Leistung	65 PS bzw. (1963) 70 PS bei 2800 U/min	65 PS bzw. (1963) 70 PS bei 2800 U/min
Getriebe	4 Gang + Vorgelege	4 Gang + Vorgelege
	Pritschenwagen	**Pritschenwagen**
Radstand	3400 mm	3400 mm
Pritsche	3000 × 2000 mm	3000 × 2000 mm
Gesamtmaße	5450 × 2130 × 2295 mm (Höhe über Fahrerhaus)	5450 × 2130 × 2295 mm (Höhe über Fahrerhaus)
Reifen	10,00–20 M / PR 6 Einzel-Hinterräder	10,00–20 M verstärkt Einzel-Hinterräder bzw. für Sonderaufbauten auch 6,50–20 M / PR 8 Zwillings-Hinterräder
Wagengewicht (mit Fahrer)	2810 kg	2820 bzw. 2885 kg
Zuläss. Gesamtgewicht	4600 kg	5300 bzw. 5500 kg
Nutzlast	1790 kg	2480 bzw. 2615 kg

	Hanomag AL 28 (1,5 t Nutzlast) 1964–1970	Hanomag AL 28 (2,5 t Nutzlast) 1964–1971
Bauart	Leichter Hauben-Gelände-Lastwagen 4 × 4	Leichter Hauben-Gelände-Lastwagen 4 × 4
Motor	Hanomag D 28 ALAS Vorkammer-Dieselmotor mit Roots-Gebläse-Aufladung	Hanomag D 28 ALAS Vorkammer-Dieselmotor mit Roots-Gebläse-Aufladung
Zylinder	4 (Reihe)	4 (Reihe)
Bohrung × Hub	90 × 110 mm	90 × 110 mm
Hubraum	2799 ccm	2799 ccm
Leistung	70 PS bei 2800 U/min	70 PS bei 2800 U/min
Getriebe	4 Gang + Vorgelege	4 Gang + Vorgelege
	Pritschenwagen	**Pritschenwagen**
Radstand	3480 mm	3480 mm
Pritsche	3000 × 2000 mm	3000 × 2000 mm
Gesamtmaße	5540 × 2130 × 2375 mm (Höhe über Fahrerhaus)	5540 × 2130 × 2375 mm (Höhe über Fahrerhaus)
Reifen	10,00–20 M / PR 6 Einzel-Hinterräder	10,00–20 M verstärkt Einzel-Hinterräder
Wagengewicht (mit Fahrer)	2810 kg	2875 kg
Zuläss. Gesamtgewicht	4700 kg	5400 kg
Nutzlast	1890 kg	2525 kg

Hanomag Kurier I
Pritschenwagen
1958–1967

Hanomag Kurier I
Rungenwagen für
Langmaterial
1958–1967

Hanomag Kurier II
Funkkommando-Wagen der
Feuerwehr Hannover
1964

<table>
<tr><th></th><th>Hanomag Kurier I
1958–1962</th><th>Hanomag Kurier I
1962–1967</th><th>Hanomag Kurier I
1964–1967</th></tr>
<tr><td>Bauart</td><td colspan="3">Mittl. Frontlenker-Transporter
Motor hinter Vorderachse (unter Mittelsitz), Antrieb auf Hinterräder, Einstieg vor der Vorderachse</td></tr>
<tr><td>Motor</td><td>Hanomag D 28 KL
Vorkammer-Dieselmotor</td><td>Hanomag D 28 CL
Wirbelkammer-Dieselmotor</td><td>Hanomag O 301 L
Vergasermotor</td></tr>
<tr><td>Zylinder</td><td>4 (Reihe)</td><td>4 (Reihe)</td><td>4 (Reihe)</td></tr>
<tr><td>Bohrung × Hub</td><td>90 × 110 mm</td><td>90 × 110 mm</td><td>78× 94 mm</td></tr>
<tr><td>Hubraum</td><td>2799 ccm</td><td>2799 ccm</td><td>1797 ccm</td></tr>
<tr><td>Leistung</td><td>50 PS bei 2800 U/min</td><td>60 PS bei 3000 U/min</td><td>60 PS bei 4000 U/min</td></tr>
<tr><td>Getriebe</td><td colspan="3">4 Gang</td></tr>
<tr><td>Rahmen</td><td colspan="3">U-Profil-Leiterrahmen</td></tr>
<tr><td>Vorderradaufhängung</td><td colspan="3">Doppel-Querlenker, Schraubenfedern</td></tr>
<tr><td>Hinterradaufhängung</td><td colspan="3">Starrachse, Halbfedern</td></tr>
<tr><td></td><td colspan="3">Kurier: Pritschenwagen</td></tr>
<tr><td>Radstand</td><td colspan="3">2500 mm</td></tr>
<tr><td>Pritsche</td><td colspan="3">3085 × 1800 mm</td></tr>
<tr><td>Gesamtmaße</td><td colspan="3">5135 × 2170 × 2085 mm (Höhe über Fahrerhaus)</td></tr>
<tr><td>Reifen</td><td>6,50–16 extra Transport
Zwillings-Hinterräder</td><td colspan="2">6,50–16 extra Transport oder 6,00 R 16 Transport
Zwillings-Hinterräder</td></tr>
<tr><td>Wagengewicht (mit Fahrer)</td><td>1890 kg</td><td>1890 kg</td><td>1655 kg</td></tr>
<tr><td>Zuläss. Gesamtgewicht</td><td>3870 kg</td><td>3870 kg</td><td>3635 kg</td></tr>
<tr><td>Nutzlast</td><td>1980 kg</td><td>1980 kg</td><td>1980 kg</td></tr>
<tr><td></td><td colspan="3">Kurier L: Pritschenwagen (ab 1959)</td></tr>
<tr><td>Radstand</td><td colspan="3">2850 mm</td></tr>
<tr><td>Pritsche</td><td colspan="3">3800 × 1900 mm</td></tr>
<tr><td>Zuläss. Gesamtgewicht</td><td>3975 kg</td><td>3975 kg</td><td>3740 kg</td></tr>
<tr><td>Nutzlast</td><td>2100 kg</td><td>2100 kg</td><td>2100 kg</td></tr>
<tr><td></td><td colspan="3">Kurier LL: Pritschenwagen (ab 1961)</td></tr>
<tr><td>Radstand</td><td colspan="3">3100 mm</td></tr>
<tr><td>Pritsche</td><td colspan="3">4050 × 2000 mm</td></tr>
<tr><td>Zuläss. Gesamtgewicht</td><td>3975 kg</td><td>3975 kg</td><td>3740 kg</td></tr>
<tr><td>Nutzlast</td><td>1955 kg</td><td>1955 kg</td><td>1955 kg</td></tr>
<tr><td></td><td colspan="3">Kurier: Kofferwagen</td></tr>
<tr><td>Radstand</td><td colspan="3">2500 mm</td></tr>
<tr><td>Laderaum</td><td colspan="3">3100 × 1890 × 1775 mm</td></tr>
<tr><td>Zuläss. Gesamtgewicht</td><td>3870 kg</td><td>3980 kg</td><td>3745 kg</td></tr>
<tr><td>Nutzlast</td><td>1745 kg</td><td>1800 kg</td><td>1800 kg</td></tr>
<tr><td></td><td colspan="3">Kurier L: Kofferwagen (ab 1959)</td></tr>
<tr><td>Radstand</td><td colspan="3">2850 mm</td></tr>
<tr><td>Laderaum</td><td colspan="3">3700 × 1890 × 1775 mm</td></tr>
<tr><td></td><td></td><td colspan="2">Kurier T: Kastenwagen (ab 1964)</td></tr>
<tr><td>Radstand</td><td></td><td colspan="2">2500 mm</td></tr>
<tr><td>Laderaum</td><td></td><td colspan="2">3070 × 1860 × 1580 mm</td></tr>
<tr><td>Zuläss. Gesamtgewicht</td><td></td><td>4200 kg</td><td>3965 kg</td></tr>
<tr><td>Nutzlast</td><td></td><td>1950 kg</td><td>1950 kg</td></tr>
</table>

<table>
<tr><th></th><th>Hanomag Kurier II
1961–1962</th><th>Hanomag Kurier II
1962–1967</th><th>Hanomag Kurier II
1964–1967</th></tr>
<tr><td>Bauart</td><td colspan="3">Mittl. Frontlenker-Transporter
Motor vor der Vorderachse, Antrieb auf Hinterräder, Einstieg hinter der Vorderachse</td></tr>
<tr><td></td><td colspan="3">Kurier II: Großraum-Kastenwagen</td></tr>
<tr><td>Radstand</td><td colspan="3">2900 mm</td></tr>
<tr><td>Laderaum</td><td colspan="3">3250 × 1895 × 1775 mm</td></tr>
<tr><td>Zuläss. Gesamtgewicht</td><td>3885 kg</td><td>4255 kg</td><td>4020 kg</td></tr>
<tr><td>Nutzlast</td><td>1650 kg</td><td>1980 kg</td><td>1980 kg</td></tr>
</table>

Hanomag Markant
Pritschenwagen
1960–1967

Hanomag Garant
Kofferwagen
1959–1967

Hanomag Markant
Löschgruppenfahrzeug LF 8
Aufbau: Bierstedt
1963

<table>
<tr><th></th><th>Hanomag Garant
1959–1965</th><th>Hanomag Garant
1965–1967</th><th>Hanomag Garant S
1966–1967</th></tr>
<tr><td>Bauart</td><td colspan="3">Mittl. Frontlenker-Transporter
Motor hinter Vorderachse (unter Mittelsitz), Antrieb auf Hinterräder
Einstieg vor der Vorderachse</td></tr>
<tr><td>Motor</td><td>Hanomag D 28 GLA
Vorkammer-Dieselmotor mit
Roots-Gebläse-Aufladung</td><td colspan="2">Hanomag D 351 GL
Vorkammer-Dieselmotor</td></tr>
<tr><td>Zylinder</td><td>4 (Reihe)</td><td colspan="2">4 (Reihe)</td></tr>
<tr><td>Bohrung × Hub</td><td>90 × 110 mm</td><td colspan="2">94 × 120 mm</td></tr>
<tr><td>Hubraum</td><td>2799 ccm</td><td colspan="2">3331 ccm</td></tr>
<tr><td>Leistung</td><td>65 PS bei 2800 U/min</td><td colspan="2">70 PS bei 2800 U/min</td></tr>
<tr><td>Getriebe</td><td colspan="3">4 Gang</td></tr>
<tr><td>Rahmen</td><td colspan="3">U-Profil-Leiterrahmen</td></tr>
<tr><td>Vorderradaufhängung</td><td colspan="3">Doppel-Querlenker, Schraubenfedern</td></tr>
<tr><td>Hinterradaufhängung</td><td colspan="3">Starrachse, Halbfedern</td></tr>
<tr><td></td><td>Pritschenwagen</td><td>Pritschenwagen</td><td>Pritschenwagen</td></tr>
<tr><td>Radstand</td><td>2850 mm</td><td>2850 oder 3100 mm</td><td>3100 mm</td></tr>
<tr><td>Pritsche</td><td>3800 × 2000 mm</td><td>3800 (4050) × 2000 mm</td><td>4050 × 2000 mm</td></tr>
<tr><td>Gesamtmaße</td><td>5835 × 2170 × 2145 mm
(Höhe über Fahrerhaus)</td><td>5835 (6085) × 2170 × 2145 mm
(Höhe über Fahrerhaus)</td><td>6085 × 2170 × 2415 mm
(Höhe über Fahrerhaus)</td></tr>
<tr><td>Reifen</td><td>7,50–16 extra Transport
Zwillings-Hinterräder</td><td>7,50–16 extra Transport
Zwillings-Hinterräder</td><td>7,50–16 extra Transport
Zwillings-Hinterräder</td></tr>
<tr><td>Wagengewicht (mit Fahrer)</td><td>2325 kg</td><td>2325 (2375) kg</td><td>2435 kg</td></tr>
<tr><td>Zuläss. Gesamtgewicht</td><td>5000 kg</td><td>5000 kg</td><td>5390 kg</td></tr>
<tr><td>Nutzlast</td><td>2675 kg</td><td>2675 (2625) kg</td><td>2955 kg</td></tr>
<tr><td></td><td colspan="2">Kofferwagen</td><td></td></tr>
<tr><td>Radstand</td><td colspan="2">2850 mm</td><td></td></tr>
<tr><td>Laderaum</td><td colspan="2">3700 × 1890 × 1775 mm</td><td></td></tr>
<tr><td></td><td colspan="2">Dreiseiten-Kipper</td><td></td></tr>
<tr><td>Radstand</td><td colspan="2">2850 mm</td><td></td></tr>
<tr><td>Pritsche</td><td colspan="2">3000 oder 3300 × 2000 mm</td><td></td></tr>
</table>

<table>
<tr><th></th><th>Hanomag Markant
1960–1962</th><th>Hanomag Markant
1962–1965</th><th>Hanomag Markant
1965–1967</th></tr>
<tr><td></td><td colspan="3">Mittl. Frontlenker-Transporter
Motor hinter Vorderachse (unter Mittelsitz), Antrieb auf Hinterräder
Einstieg vor der Vorderachse</td></tr>
<tr><td>Motor</td><td>Hanomag D 28 GLA 3
Vorkammer-Dieselmotor mit
Roots-Gebläse-Aufladung</td><td>Hanomag D 351 ML
Vorkammer-Dieselmotor</td><td>Hanomag D 351 MLA
Vorkammer-Dieselmotor mit
Roots-Gebläse-Aufladung</td></tr>
<tr><td>Zylinder</td><td>4 (Reihe)</td><td>4 (Reihe)</td><td>4 (Reihe)</td></tr>
<tr><td>Bohrung × Hub</td><td>90 × 110 mm</td><td>94 × 120 mm</td><td>94 × 120 mm</td></tr>
<tr><td>Hubraum</td><td>2799 ccm</td><td>3331 ccm</td><td>3331 ccm</td></tr>
<tr><td>Leistung</td><td>70 PS bei 2800 U/min</td><td>70 PS bei 2800 U/min</td><td>80 PS bei 2800 U/min</td></tr>
<tr><td>Getriebe</td><td>4 Gang</td><td>4 Gang</td><td>5 Gang</td></tr>
<tr><td>Rahmen</td><td colspan="3">U-Profil-Leiterrahmen</td></tr>
<tr><td>Vorderradaufhängung</td><td colspan="3">Doppel-Querlenker, Schraubenfedern</td></tr>
<tr><td>Hinterradaufhängung</td><td colspan="3">Starrachse, Halbfedern</td></tr>
<tr><td></td><td>Pritschenwagen</td><td>Pritschenwagen</td><td>Pritschenwagen</td></tr>
<tr><td>Radstand</td><td>3100 mm</td><td>3100 mm</td><td>3100 oder 3350 mm</td></tr>
<tr><td>Pritsche</td><td>4050 × 2100 mm</td><td>4050 × 2100 mm</td><td>4050 (4540) × 2100 mm</td></tr>
<tr><td>Nutzlast</td><td>3260 kg</td><td>3560 kg</td><td>3550 (3500) kg</td></tr>
<tr><td></td><td colspan="3">Kofferwagen: Radstand 2850 mm
Dreiseiten-Kipper: Radstand 2850 mm
Sattelzugmaschine: Radstand 2850 mm</td></tr>
</table>

	Hanomag F 45 1967–1969 Hanom.-Henschel F 45 1969–1973	Hanomag F 46 1968–1969 Hanom.-Henschel F 46 1969–1973	Hanomag F 55 1967–1969 Hanom.-Henschel F 55 1969–1973	Hanomag F 65 1967–1969 Hanom.-Henschel F 65 1969–1973
Bauart	Frontlenker-Großtransporter, mit kurzem Vorbau Motor hinter der Vorderachse, Antrieb auf Hinterräder Einstieg hinter den Vorderrädern			
Motor	Hanomag D 141 L Wirbelkammer-Diesel	Hanomag D 142 L Wirbelkammer-Diesel		
Zylinder	4 (Reihe)	4 (Reihe)		
Bohrung × Hub	95 × 100 mm	100 × 100 mm		
Hubraum	2835 ccm	3142 ccm		
Leistung	65 PS b. 3400 U/min	80 PS b. 3400 U/min		
Getriebe	4 Gang	5 Gang		
Rahmen	U-Profil-Leiterrahmen			
Vorderradaufhängung	Starrachse, Halbfedern			
Hinterradaufhängung	Starrachse, Halbfedern			
Reifen	6,50–16 Tr / PR 6 Zw.-Hinterräder	6,50–16 C / PR 8 Zw.-Hinterräder	7,50–16 Tr / PR 8 Zw.-Hinterräder	7,50–16 Tr / PR 10 Zw.-Hinterräder
Zuläss. Gesamtgewicht	4300 kg	4400 kg	5300 kg	6300 (oder 5990) kg
	Pritschenwagen	**Pritschenwagen**	**Pritschenwagen**	**Pritschenwagen**
Radstand	3050 mm	3050 mm	3500 mm	3900 mm
Pritsche	3100 × 2000 mm	3100 × 2000 mm	4050 × 2000 mm	4050 × 2200 mm
Gesamtmaße	5130 × 2140 × 2280 (Höhe üb. Fahrerhaus)	5130 × 2140 × 2280 (Höhe üb. Fahrerhaus)	6080 × 2340 × 2315 (Höhe üb. Fahrerhaus)	6080 × 2340 × 2345 (Höhe üb. Fahrerhaus)
Nutzlast	2150 kg	2150 kg	2685 kg	3600 bzw. 3290 kg
	Pritschenwagen	**Pritschenwagen**	**Pritschenwagen**	**Pritschenwagen**
Radstand	3500 mm	3500 mm	3900 mm	4150 mm
Pritsche	4050 × 2200 mm	4050 × 2200 mm	4500 × 2200 mm	4500 × 2200 mm
Gesamtmaße	6080 × 2340 × 2280	6080 × 2340 × 2280	6530 × 2340 × 2315	6530 × 2340 × 2345
Nutzlast	2000 kg	2000 kg	2625 kg	3545 bzw. 3240 kg
	Pritschenwagen	**Pritschenwagen**	**Pritschenwagen**	**Pritschenwagen**
Radstand	3900 mm	3900 mm	4150 mm	4750 mm
Pritsche	4500 × 2200 mm	4500 × 2200 mm	5100 × 2200 mm	5500 × 2200 mm
Gesamtmaße	6530 × 2340 × 2280	6530 × 2340 × 2280	7130 × 2340 × 2315	7530 × 2340 × 2345
Nutzlast	1950 kg	1950 kg	2485 kg	3400 bzw. 3090 kg
	Dreiseiten-Kipper		**Dreiseiten-Kipper**	**Dreiseiten-Kipper**
Radstand	3050 mm		3500 mm	3500 mm
Pritsche	3000 × 2000 mm		3000 × 2000 mm	3300 × 2240 mm
	Sattelzugmaschine	**Sattelzugmaschine**	**Sattelzugmaschine**	
Radstand	3050 mm	3050 mm	3500 mm	
Sattelzug-Gesamtgewicht	6800 kg	7490 kg	8900 kg	
	Kofferwagen		**Kofferwagen**	**Kofferwagen**
Radstand	3050 oder 3500 mm		3500 mm	3500 mm
Laderaum	3125 (3710) × 1890 × 1770 mm		3710 × 1890 × 1770	3710 × 1890 × 1770
Nutzlast	1880 (1750) kg		2400 kg	3360 bzw. 3050 kg
	Kastenwagen		**Kastenwagen**	**Kastenwagen**
Radstand	3050 oder 3500 mm		3500 mm	3500 mm
Laderaum	3100 (3800) × 1880 × 1635 mm		3800 × 1880 × 1635	3800 × 1880 × 1635
Nutzlast	1860 (1710) kg		2400 kg	3360 bzw. 3050 kg
Bemerkungen		**Ab 1969: F 46–0** mit 75 oder 80 PS Daimler-Benz M 115 Vergasermotor lieferbar		

Hanomag F 66 1967–1969 Hanom.-Henschel F 66 1969–1973	**Hanomag F 75 1967–1969 Hanom.-Henschel F 75 1969–1973**	**Hanomag F 76 1967–1969 Hanom.-Henschel F 76 1969–1973**	**Hanomag F 85 1968–1969 Hanom.-Henschel F 85 1969–1973**	**Hanom.-Henschel F 86 1969–1973**
Frontlenker-Großtransporter mit kurzem Vorbau Motor hinter der Vorderachse, Antrieb auf Hinterräder Einstieg hinter der Vorderachse				
Hanomag D 161 L Wirbelkammer-Diesel 6 (Reihe) 95 × 100 mm 4253 ccm 100 PS b. 3400 U/min 5 Gang	Hanomag D 142 L Wirbelkammer-Diesel 4 (Reihe) 100 × 100 mm 3142 ccm 80 PS b. 3400 U/min 5 Gang	Hanomag D 161 L Wirbelkammer-Diesel 6 (Reihe) 95 × 100 mm 4253 ccm 100 PS b. 3400 U/min 5 Gang	Hanomag D 161 L Wirbelkammer-Diesel 6 (Reihe) 95 × 100 mm 4253 ccm 100 PS b. 3400 U/min 5 Gang	Hanomag D 162 L Wirbelkammer-Diesel 6 (Reihe) 100 × 100 mm 4713 ccm 115 PS b. 3400 U/min 5 Gang
U-Profil-Leiterrahmen Starrachse, Halbfedern Starrachse, Halbfedern				
7,50–16 Tr / PR 10 Zw.-Hinterräder 6300 (oder 5990) kg	8,25–16 Tr / PR 10 Zw.-Hinterräder 7400 kg	8,25–16 Tr / PR 10 Zw.-Hinterräder 7490 kg	8,25–16 C / PR 14 Zw.-Hinterräder 8500 kg	8,25–16 C / PR 14 Zw.-Hinterräder 8500 kg
Pritschenwagen 3900 mm 4050 × 2200 mm 6080 × 2340 × 2345 (Höhe üb. Fahrerhaus) 3490 bzw. 3180 kg	**Pritschenwagen** 3900 mm 4050 × 2200 mm 6080 × 2340 × 2345 (Höhe üb. Fahrerhaus) 4520 kg	**Pritschenwagen** 3900 mm 4050 × 2200 mm 6080 × 2340 × 2345 (Höhe üb. Fahrerhaus) 4515 kg	**Pritschenwagen** 3900 mm 4050 × 2200 mm 6080 × 2340 × 2380 (Höhe üb. Fahrerhaus) 5225 kg	**Pritschenwagen** 3900 mm 4050 × 2200 mm 6080 × 2340 × 2380 (Höhe üb. Fahrerhaus) 5225 kg
Pritschenwagen 4150 mm 4500 × 2200 mm 6530 × 2340 × 2345 3430 bzw. 3120 kg	**Pritschenwagen** 4150 mm 4500 × 2200 mm 6530 × 2340 × 2345 4460 kg	**Pritschenwagen** 4150 mm 4500 × 2200 mm 6530 × 2340 × 2345 4450 kg	**Pritschenwagen** 4150 mm 4500 × 2200 mm 6530 × 2340 × 2380 5435 kg	**Pritschenwagen** 4150 mm 4500 × 2200 mm 6530 × 2340 × 2380 5435 kg
Pritschenwagen 4750 mm 5500 × 2200 mm 7530 × 2340 × 2345 3425 bzw. 3115 kg	**Pritschenwagen** 4750 mm 5500 × 2200 mm 7530 × 2340 × 2345 4320 kg	**Pritschenwagen** 4750 mm 5500 × 2200 mm 7530 × 2340 × 2345 4315 kg	**Pritschenwagen** 4750 mm 5500 × 2200 mm 7530 × 2340 × 2380 5300 kg	**Pritschenwagen** 4750 mm 5500 × 2200 mm 7530 × 2340 × 2380 5300 kg
	Dreiseiten-Kipper 3500 mm 3300 × 2240 mm	**Dreiseiten-Kipper** 3500 mm 3300 × 2240 mm		**Dreiseiten-Kipper** 3500 mm 3300 × 2240 mm
	Sattelzugmaschine 3500 mm 12 400 kg	**Sattelzugmaschine** 3500 mm 12 400 kg		**Sattelzugmaschine** 3500 mm
Kofferwagen 3500 mm 3710 × 1890 × 1770 3425 bzw. 3115 kg **Kastenwagen** 3500 mm 3800 × 1880 × 1635 3380 bzw. 3000 kg				
		Ab September 1969 auch mit Luftfederung	Für Sonderaufbauten auch Radstand 3500	Für Sonderaufbauten auch Radstand 3500

Koffer- und Kastenwagen wurden Ende 1970 durch die Mercedes-Benz Gemeinschaftstypen ersetzt

Hanomag F 45
»Rollendes Bierfaß«
1967

Hanomag F 46-0
Löschgruppenfahrzeug LF 8
Aufbau: Bachert
1969

Hanomag F 65
Sattelzugmaschine mit
Blumhardt-Sattelanhänger
1968

Bild oben:
Hanomag-Henschel F 65
Montage-Drehleiter DL 15
Aufbau: Bachert
1969–1973

Bild Mitte:
Hanomag-Henschel F 85
Getränkewagen
mit Wechselaufbau
1969–1973

Bild unten:
Hanomag-Henschel F 86
Pritschenwagen
Radstand 4750 mm
1969–1973

Hanomag-Henschel Kastenwagen 1970–1974

Hanomag-Henschel Omnibus 1970–1974

	Hanomag-Henschel F 40 Ka 1970–1974	Hanomag-Henschel F 46 Ka 1970–1974	Hanomag-Henschel F 55 Ka 1970–1974
Bauart	Gleicher Wagen wie der »Düsseldorfer Transporter« von Daimler-Benz, wie dieser in Düsseldorf produziert, lediglich Wagenfront optisch etwas geändert		
Motor	Daimler-Benz OM 615 Vorkammer-Dieselmotor	Daimler-Benz OM 314 Direkteinspritz-Dieselmotor	
Zylinder	4 (Reihe)	4 (Reihe)	
Bohrung × Hub	87 × 92,4 mm	97 × 128 mm	
Hubraum	2197 ccm	3782 ccm	
Leistung	60 PS bei 4200 U/min	85 PS bei 2800 U/min	
Getriebe	4 Gang	5 Gang	
Rahmen	U-Profil-Leiterrahmen		
Vorderradaufhängung	Starrachse, Halbfedern		
Hinterradaufhängung	Starrachse, Halbfedern		
	Kastenwagen (Radstand 2950 mm)		
Laderaum	3080 × 1855 × 1600 oder 1750 oder 1900 mm		
Gesamtmaße	5040 × 2100 × 2400 oder 2575 oder 2700 mm		
Reifen	6,00 R 16 Zwillings-Hinterräder	6,50 R 16 Zwillings-Hinterräder	6,50–16 XC Zwillings-Hinterräder
Zuläss. Gesamtgewicht	4000 kg (auch 3490 oder 4600 kg)	5000 kg	5600 oder 5900 kg
	Kastenwagen (Radstand 3500 mm)		
Laderaum	4025 × 1855 × 1750 oder 1900 mm		
Gesamtmaße	6000 × 2100 × 2575 oder 2700 mm		

	Hanomag-Henschel F 40 B 1971–1973	Hanomag-Henschel F 45 B 1970–1974	Hanomag-Henschel F 45 OB 1970–1974
Motor	Daimler-Benz OM 615 Vorkammer-Dieselmotor	Daimler-Benz OM 314 Direkteinspritz-Dieselmotor	Daimler-Benz M 115 Vergasermotor
Zylinder	4 (Reihe)	4 (Reihe)	4 (Reihe)
Bohrung × Hub	87 × 92,4 mm	97 × 128 mm	87 × 92,4 mm
Hubraum	2197 ccm	3782 ccm	2197 ccm
Leistung	60 PS bei 4200 U/min	85 PS bei 2800 U/min	85 PS bei 5500 U/min
Getriebe	4 Gang	5 Gang	4 Gang
	Omnibus (Radstand 2950 mm)		
Sitzplätze	10, 14 oder 17 + 1		
Innenhöhe	1600 oder 1750 mm		
Gesamtmaße	5040 × 2100 × 2390 oder 2540 mm		
Reifen	6,00–16 / 6 PR Transport oder 6,00 R 16 Zwillings-Hinterräder		
Zuläss. Gesamtgewicht	je nach Federung und Reifen 4000–4800 kg		
	Omnibus (Radstand 3500 mm)		
Sitzplätze	13, 17 oder 21 + 1		
Innenhöhe	1750 oder 1900 mm		
Gesamtmaße	6000 × 2100 × 2540 oder 2690 mm		

Henschel (bis 1969)
Hanomag-Henschel (1969–1974)

Die Firma Henschel & Sohn (Kassel) konnte trotz schwerer Zerstörungen bald nach dem zweiten Weltkrieg weiter arbeiten. Man begann mit der Instandsetzung amerikanischer Heeresfahrzeuge sowie mit der Herstellung von Dieselmotoren, um erstere für zivile Zwecke wirtschaftlicher zu machen. Und für die verwüsteten Städte lieferte Henschel bereits 1946 die ersten Oberleitungs-Omnibusse. Erst Mitte des Jahres 1950 lief dann auch wieder die Serienproduktion eines Sechstonner-Diesel-Lastwagens an. Bei dieser Gelegenheit stellte die Firma auch einen zweimotorigen Bimot-Bus für 90 Personen vor, der viel Aufsehen erregte, dann aber doch nur in wenigen Exemplaren verkauft werden konnte. Hingegen entwikkelte sich das Geschäft mit den Schwerlastwagen ausgezeichnet, zumal dem HS 140 schon 1951 der kleinere Erfolgstyp HS 100 beigesellt wurde. 1956 erfolgte ein gravierender Produktionseinbruch, der teils durch die Marktlage bedingt, teils aber auch durch die unberechenbare Politik des damaligen Verkehrsministers verschuldet war. Noch erhoffte man sich einen gewissen Ausgleich durch die schnell herausgebrachten Typen HS 90 und HS 95, die sich aber nur schleppend verkauften.

Im September 1957 mußte ein gerichtliches Vergleichsverfahren beantragt werden. Der mit der Sanierung betraute Wirtschaftsprüfer Dr. Johannes Semmler überführte das im Besitz der Familie Henschel befindliche Stammkapital (45 Mill. DM) an ein Konsortium, in welchem der Düsseldorfer Industriemanager Dr. Fritz Aurel Goergen (Jahrgang 1909) anteilmäßig mit 27,5% beteiligt wurde. Ab März 1959 fungierte dieser als Generaldirektor der nunmehrigen Henschel-Werke GmbH. In kürzester Zeit brachte er den Be-

Produktion

	1946 bis 1949	1950	1951	1952	1953	1954	1955	1956	1957
HS 140, HS 145	–	363	620	710	664	517	1347	677	547
HS 150, HS 170, HS 165	–	–	–	–	103	87	31	54	15
HS 190 S Bimot	–	–	3	–	–	–	–	–	–
HS 90	–	–	–	–	–	–	–	–	98
HS 95	–	–	–	–	–	–	–	–	5
HS 100 (4,5 t)	–	–	173	1164	1329	1296	1687	1266	628
HS 100 (6,5 t), HS 11, HS 12, HS 122	–	–	–	–	–	–	–	–	–
HS 115	–	–	–	–	–	103	363	26	87
HS 120	–	–	–	–	–	–	654	1088	532
HS 12 V	–	–	–	–	–	–	–	–	–
HS 14, 140, 141	–	–	–	–	–	–	–	–	–
HS 15, 150, 151	–	–	–	–	–	–	–	–	–
HS 16, HS 18, HS 19, 161, 191, 163, 193	–	–	–	–	–	–	–	–	–
170	–	–	–	–	–	–	–	–	–
111	–	–	–	–	–	–	–	–	–
130, 131	–	–	–	–	–	–	–	–	–
150 II	–	–	–	–	–	–	–	–	–
HS 3–125, HS 20, HS 22, HS 26, 201, 203, 221, 223, 261, 263	–	–	–	–	–	–	–	–	76
HS 3–170, HS 3–180, HS 34, 320	–	–	–	–	–	–	–	4	140
420	–	–	–	–	–	–	–	–	–
500	–	–	–	–	–	–	–	–	–
Omnibusse	–	22	42	41	43	70	89	32	51
Oberleitungs-Omnibusse	239	22	24	134	175	52	29	16	16
	239	**407**	**862**	**2049**	**2314**	**2125**	**4200**	**3163**	**2195**

trieb wieder in Schwung. Noch im gleichen Jahr vermehrte er die Belegschaft von 8000 auf 12 000 und bis 1961 auf 13 500. Der Umsatz stieg von 200 Mill. DM in 1958 auf 250 Mill. DM in 1959, auf 400 Mill. DM in 1960 und auf 460 Mill. DM in 1961. Der Nutzfahrzeugbau war daran mit etwa 50% beteiligt. Bereits nach einem halben Jahr hatte der tatkräftige Unternehmer die Schulden von 100 auf 20 Mill. DM abgebaut.

Zur Frankfurter Automobil-Ausstellung im September 1961 erneuerten die Henschel-Werke, beginnend mit den Typen HS 14 und HS 16, das Bauprogramm, wobei vor allem die moderne Linienführung der Front und des Fahrerhauses, gestaltet von Louis L. Lepoix, sehr vorteilhaft auffielen. Auch die fortschrittliche Inneneinrichtung des Fahrerhauses fand viel Aufmerksamkeit. Eine weitere Sensation der damaligen Ausstellung war die von Henschel mit Saviem-Renault vereinbarte Zusammenarbeit, die allerdings statt der vereinbarten 25 nur 2 Jahre lang Bestand hatte.

Inzwischen befaßten sich die seit 1962 wieder in eine Aktiengesellschaft umgewandelten Henschel-Werke auch mit der Reparatur von Bundeswehrpanzern amerikanischer Herkunft. Angebliche Unregelmäßigkeiten hierbei galten als Vorwand für die spektakuläre Verhaftung Goergens im April 1964. Sieben lange Jahre mußte er auf seinen Prozeß warten, der schließlich möglichst geräuschlos beendet wurde, nachdem man sich zu der späten Einsicht durchgerungen hatte, daß hier kein Rüstungs-, sondern ein veritabler Justizskandal vorlag, dessen Folgen für den zu Unrecht Beschuldigten und unglaublich rüde behandelten Angeklagten sowie für die ihrer überragenden Führungspersönlichkeit beraubten Firma überhaupt nicht mehr gutzumachen waren. Aber wann jemals werden in solchen Fällen die ach so »verantwortlichen« Richter und Staatsanwälte zur Rechenschaft gezogen?

Im Juli 1964 übernahmen die Rheinischen Stahlwerke AG. (Essen) das gesamte Aktienkapital der Henschel-Werke. Goergen, der zuletzt über 50% besessen hatte, war zum Verkauf gezwungen worden. Rheinstahl-Chef Werner Söhngen übernahm den Vorsitz im Aufsichtsrat der Henschel-Werke, die nach erneuter Umfirmierung ab 1. 9.1965 Rheinstahl-Henschel AG. hießen. Übrigens war trotz der gescheiter-

1958	1959	1960	1961	1962	1963	1964	1965	1966	1967	1968	1969	1970	1971	1972	1973	1974	Gesamtzahl
269	460	311	918	21	–	–	–	–	–	–	–	–	–	–	–	–	**7 097**
50	30	141	485	2	–	–	–	–	–	–	–	–	–	–	–	–	**998**
–	–	–	–	–	–	–	–	–	–	–	–	–	–	–	–	–	**3**
290	170	–	–	–	–	–	–	–	–	–	–	–	–	–	–	–	**558**
192	288	208	–	–	–	–	–	–	–	–	–	–	–	–	–	–	**693**
443	110	–	–	–	–	–	–	–	–	–	–	–	–	–	–	–	**8 096**
–	950	2180	1989	1494	716	395	241	225	169	145	48	24	–	–	–	–	**8 576**
–	–	–	–	–	–	–	–	–	–	–	–	–	–	–	–	–	**579**
551	826	1290	223	5	–	–	–	–	–	–	–	–	–	–	–	–	**5 169**
–	–	–	–	–	1023	534	488	176	101	31	–	–	–	–	–	–	**2 353**
–	–	–	11	970	123	112	161	71	151	624	450	384	75	–	–	–	**3 132**
–	–	–	–	75	794	385	398	241	249	230	247	197	20	–	–	–	**2 836**
–	–	–	71	1485	1339	1508	1386	1257	965	1454	1818	1969	2369	1529	893	150	**18 193**
–	–	–	–	–	–	–	–	–	–	–	46	101	90	28	–	–	**265**
–	–	–	–	–	–	–	–	–	2	–	6	–	–	–	–	–	**8**
–	–	–	–	–	–	–	–	–	–	–	169	150	269	213	95	83	**979**
–	–	–	–	–	–	–	–	–	–	–	–	–	446	424	251	77	**1 198**
194	276	452	242	666	506	1293	1432	1562	901	1691	2148	3402	2905	1839	1319	349	**21 253**
83	45	77	51	97	33	59	4	6	1	13	4	8	–	1	–	–	**626**
–	–	–	–	–	–	–	–	–	–	3	4	12	6	5	2	–	**32**
–	–	–	–	–	–	–	–	–	–	–	–	–	1	–	–	–	**1**
64	53	193	134	99	3	5	–	–	–	–	–	–	–	–	–	–	**941**
7	18	22	28	18	–	–	–	–	–	–	–	–	–	–	–	–	**800**
2143	**3226**	**4874**	**4152**	**4932**	**4537**	**4291**	**4100**	**3538**	**2539**	**4191**	**4940**	**6247**	**6181**	**4039**	**2560**	**659**	**84 500**

ten Zusammenarbeit mit Saviem im November 1963 mit der englischen Rootes-Gruppe ebenfalls eine Kooperation eingeleitet worden, weil Henschel auch leichte Lastwagen anbieten wollte. Dies blieb erst recht ein aussichtsloses Unterfangen, das überdies Sinn und Gültigkeit verlor, seit das Kasseler Werk zum Rheinstahl-Konzern gehörte, in welchem Hanomag bereits kleine und mittlere Nutzfahrzeuge produzierte.

Trotz dieser günstigen Konstellation arbeitete die Automobilfertigung des Rheinstahl-Konzerns mit Verlust. Es war kein Mann wie Goergen da. Ein Jahr lang verhandelte Toni Schmücker, der neue Vorstands-Vorsitzer der Rheinischen Stahlwerke AG., ergebnislos mit Magirus-Deutz, ehe er sich ein günstiges Angebot von Daimler-Benz zu eigen machte. Anfang 1969 faßte er den gesamten Nutzfahrzeugbau seines Bereichs in den Hanomag-Henschel Fahrzeugwerken GmbH. (Sitz Hannover) zusammen, die etwa 11 000 Beschäftigte zählten. Rheinstahl und Daimler-Benz brachten je die Hälfte des Kapitals in die neue Gesellschaft ein. Ende 1970 ging sie völlig in den Besitz der Stuttgarter über. Deren erklärte Absicht war ursprünglich eine Rationalisierung durch technische Zusammenarbeit beider Firmen, aber auch die selbständige Weiterproduktion der Fahrzeuge von Hanomag-Henschel und deren Verkauf im Rahmen eines zweiten Vertriebswegs der Daimler-Benz AG. Doch solche Zusagen erwiesen sich bald als leere Versprechungen. Schon Anfang 1972 bestand Klarheit über die demnächstige Auflösung der HHF-Organisation, und 1974 wurden die letzten Wagen ausgeliefert, die »Hanomag-Henschel« hießen. Die Betriebe der einstigen HHF in Kassel, Bremen und Harburg dienen der Daimler-Benz AG. heute als Zweigwerke. Sicherlich dürfte deren wirtschaftliche Existenz damit langfristig gesichert sein, aber dennoch bleiben Zweifel bestehen, ob es richtig war, so angesehene Marken wie Henschel, Hanomag und auch Tempo kurzerhand in den Orkus zu werfen. Der Lastwagenbau von Henschel beispielsweise verkörperte schließlich nicht nur soundsoviel Produktionskapazität, sondern auch einen beachtlichen Marktwert. Freilich: Daß dieses renommierte Kasseler Unternehmen seine Selbständigkeit verlor, hat weniger Daimler-Benz, sondern vor allem eine ebenso übermächtige wie überhebliche Justiz verschuldet.

	Henschel HS 190 S Bimot 1951
Bauart	Kurzhauber 6 × 4 Sattelzugmaschine
Motor	2 × Luftspeicher-Dieselmotor Henschel (Lanova)
Zylinderzahl	2 × 6 (Reihe)
Bohrung × Hub	90 × 125 mm
Hubraum	2 × 5431 = 10 862 ccm
Leistung	2 × 95 = 190 PS bei 2200 U/min
Getriebe	Doppel-4 Gang
Radstand	3250 + 1440 mm
Gesamtmaße	
Ladefläche	–
Reifen	12,00–22 eHD alle Räder einfachbereift
Fahrzeuggewicht	Fahrgestell 7200 kg
Zuläss. Gesamtgewicht	
Bemerkungen	2 Motoren vorn quer und hintereinander Nur 3 Stück gebaut

	Henschel HS 150 1953
Bauart	Haubenwagen 4 × 2 Pritschenwagen
Motor	Luftspeicher-Dieselmotor Henschel (Lanova)
Zylinderzahl	6 (Reihe)
Bohrung × Hub	110 × 150 mm
Hubraum	8550 ccm
Leistung	150 PS bei 2300 U/min
Getriebe	Doppel-4 Gang
Radstand	5500 mm
Gesamtmaße	9300 × 2500 × 2700 mm (Höhe über Fahrerhaus)
Ladefläche	6000 × 2350 mm
Reifen	12,00–20 eHD Zwillings-Hinterräder
Fahrzeuggewicht	7200 kg
Zuläss. Gesamtgewicht	16 000 kg
Bemerkungen	Nur ein halbes Jahr lang gebauter Übergangstyp zum HS 170

Henschel HS 6 1950–1951 Henschel HS 140 1951–1958	Henschel 140 A 1955–1961	Henschel 145 T 1955–1957	Henschel 140 S 1959–1961
Haubenwagen 4 × 2 Pritschenwagen Luftspeicher-Dieselmotor Henschel (Lanova) 6 (Reihe) 110 × 150 mm 8550 ccm 140 PS bzw. (ab Herbst 1955) 145 PS bei 2200 U/min Doppel-4- oder 6 Gang 4800 (oder 5500) mm 8200 (9200) × 2500 × 2635 mm (Höhe über Fahrerhaus)	Haubenwagen 4 × 4 Pritschenwagen Luftspeicher-Dieselmotor Henschel (Lanova) 6 (Reihe) 110 × 150 mm 8550 ccm 145 PS bei 2200 U/min 6 Gang + Vorgelege 4800 mm 8300 × 2500 × 2675 mm (Höhe über Fahrerhaus)	Frontlenker 4 × 2 Pritschenwagen Luftspeicher-Dieselmotor Henschel (Lanova) 6 (Reihe) 110 × 150 mm 8550 ccm 145 PS bei 2200 U/min 6 Gang 4200 mm 8200 × 2500 × 2700 mm (Höhe über Fahrerhaus)	Haubenwagen 4 × 2 Sattelzugmaschine Direkteinspritz-Dieselmotor Henschel 6 (Reihe) 125 × 150 mm 11 045 ccm 192 PS bei 2200 U/min 6 Gang 3600 mm 6035 × 2350 × 2620 mm (Höhe über Fahrerhaus)
5000 (6000) × 2350 mm 11,00–20 eHD Zwillings-Hinterräder 6000 kg 12 500 kg bzw. mit Reifen 11,00–20 eHD verst. 14 500 kg	5000 × 2350 mm 11,00–20 eHD verstärkt Zwillings-Hinterräder 6700 kg 14 500 kg	5700 × 2350 mm 11,00–20 eHD verstärkt Zwillings-Hinterräder 6700 kg 15 000 kg	– 11,00–20 eHD verstärkt Zwillings-Hinterräder 5200 kg 16 000 kg
HS 140 K: Kipper Radstand 4200 mm Pritsche 4000 mm HS 140 S: Sattelzugmaschine Radstand 3600 oder 4200 mm Gesamtzug-Gewicht bis 36 t Pritschenwagen 1953–1955 auch als Frontlenker	HS 140 AK: Kipper Radstand 4200 mm Pritsche 4000 mm	HS 145 TK: Kipper Radstand 3400 mm Pritsche 4600 mm HS 145 TS: Sattelzugmaschine Radstand 3000 oder 3400 mm Gesamtzug-Gewicht 35 t	HS 140 K: Kipper 4 × 2 Radstand 4400 mm Motorleistung 162 PS HS 140 AK: Kipper 4 × 4 Radstand 4400 mm Motorleistung 168 PS Fahrzeuggewicht + 500 kg

Henschel HS 170 1954–1955		Henschel HS 165 T 1955–1956	Henschel HS 165 TI 1958–1961
Haubenwagen 4 × 2 Pritschenwagen Luftspeicher-Dieselmotor Henschel (Lanova) 6 (Reihe) 125 × 150 mm 11 045 ccm 170 PS bei 2000 U/min 5 oder 6 Gang 5800 mm 9300 × 2500 × 2670 mm (Höhe über Fahrerhaus) 6000 × 2350 mm 12,00–22 eHD verstärkt Zwillings-Hinterräder 7300 kg 16 000 kg bzw. mit Anhänger 32 000 kg	Frontlenker 4 × 2 Pritschenwagen Luftspeicher-Dieselmotor Henschel (Lanova) 6 (Reihe) 125 × 150 mm 11 045 ccm 170 PS bei 2000 U/min 5 oder 6 Gang 5500 mm 9300 × 2500 × 2700 mm (Höhe über Fahrerhaus) 6000 × 2350 mm 12,00–22 eHD verstärkt Zwillings-Hinterräder 7600 kg 16 000 kg bzw. mit Anhänger 32 000 kg	Frontlenker 4 × 2 Pritschenwagen Luftspeicher-Dieselmotor Henschel (Lanova) 6 (Reihe) 125 × 150 mm 11 045 ccm 165 PS bei 2000 U/min 6 Gang 4700 mm 8350 × 2500 × 2700 mm (Höhe über Fahrerhaus) 6000 × 2350 mm 12,00–22 eHD verstärkt Zwillings-Hinterräder 6750 kg 16 000 kg bzw. mit Anhänger 32 000 kg HS 165 TK: Kipper Radstand 3900 mm	Frontlenker 4 × 2 Pritschenwagen Direkteinspritz-Dieselmotor Henschel 6 (Reihe) 125 × 150 mm 11 045 ccm 192 PS bei 2200 U/min 5 Gang 4800 mm 8000 × 2500 × 2900 mm (Höhe über Fahrerhaus) 5500 × 2350 mm 12,00–22 eHD verstärkt Zwillings-Hinterräder 7100 kg 16 000 kg bzw. mit Anhänger 32 000 kg HS 165 TKI: Kipper Radstand 3600 mm Pritsche 4600 mm HS 165 TSI: Sattelzugmaschine Radstand 3600 mm

Henschel HS 140 K Dreiseiten-Kipper 1952

Henschel HS 140 Müllwagen mit Kuka-Aufbau 1952

Henschel HS 140 Frontlenker Kühlwagen mit Kässbohrer-Aufbau, ca. 1954

Henschel HS 140 S Sattelzugmaschine
mit Blumhardt Sattelanhänger
1955

Henschel HS 190 S Bimot Sattelzugmaschine
mit Ellinghaus Sattelanhänger
Tankaufbau für 21 000 Liter Kraftstoff
1951 (nur 3 Stück gebaut)

Henschel HS 150 Pritschenwagen 1953

Henschel HS 170 Pritschenwagen, Aufbau Kässbohrer 1954/55
Henschel HS 165 T Pritschenwagen 1955–1956

Henschel HS 140 S Sattelzugmaschine mit Blumhardt Sattelanhänger 1960

Henschel HS 145 TS Sattelzug der Deutschen Bundesbahn 1955–1957
Henschel HS 165 TSI Sattelzugmaschine mit Blumhardt Sattelanhänger 1960

Henschel HS 90 Pritschenwagen 1957–1959

Henschel HS 100 N Omnibus-Fahrgestell mit Kässbohrer Möbelaufbau, ca. 1955

Henschel HS 11 HAK Löschfahrzeug LF 16, Aufbau Arve (Springe) 1962

Bauart

Motor

Zylinderzahl
Bohrung × Hub
Hubraum
Leistung

Getriebe
Radstand
Gesamtmaße

Ladefläche
Reifen

Fahrzeuggewicht
Zuläss. Gesamtgewicht

Bemerkungen

Bauart

Motor
Zylinderzahl
Bohrung × Hub
Hubraum
Leistung
Getriebe
Radstand
Gesamtmaße
Ladefläche
Reifen

Fahrzeuggewicht
Zuläss. Gesamtgewicht

Bemerkungen

<table>
<tr><th>Henschel HS 90
1957–1959</th><th>Henschel HS 95
1958–1959</th><th>Henschel HS 95
1959–1960</th><th>Henschel HS 115
1954–1957</th></tr>
<tr><td>Frontlenker 4 × 2
Unterflurmotor unmittelbar hinter Vorderachse
Pritschenwagen</td><td>Haubenwagen 4 × 2
Pritschenwagen</td><td>Haubenwagen 4 × 2
Pritschenwagen</td><td>Frontlenker 4 × 4
Pritschenwagen</td></tr>
<tr><td>Luftspeicher-Dieselmotor
Henschel (Lanova)</td><td>Luftspeicher-Dieselmotor
Henschel (Lanova)</td><td>Luftspeicher-Dieselmotor
Henschel (Lanova)</td><td>Luftspeicher-Dieselmotor
Henschel (Lanova)</td></tr>
<tr><td>4 (Reihe)</td><td>6 (Reihe)</td><td>6 (Reihe)</td><td>6 (Reihe)</td></tr>
<tr><td>100 × 130 mm</td><td>100 × 125 mm</td><td>100 × 130 mm</td><td>100 × 130 mm</td></tr>
<tr><td>4080 ccm</td><td>5890 ccm</td><td>6126 ccm</td><td>6126 ccm</td></tr>
<tr><td>90 PS bei 2700 U/min</td><td>100–110 PS bei 2200 U/min</td><td>115 PS bei 2400 U/min</td><td>115 PS bzw. (ab Herbst 1955)
125 PS bei 2500 U/min</td></tr>
<tr><td>5 Gang</td><td>5 Gang</td><td>5 Gang</td><td>Doppel-5 Gang</td></tr>
<tr><td>3100 (oder 3950) mm</td><td>4100 mm</td><td>4100 (oder 4800) mm</td><td>3850 mm</td></tr>
<tr><td>5900 (7300) × 2250 × 2400
(Höhe über Fahrerhaus)</td><td>6900 × 2250 × 2450 mm
(Höhe über Fahrerhaus)</td><td>6900 (8200) × 2250 × 2450 mm
(Höhe über Fahrerhaus)</td><td>6360 × 2400 × 2600 mm
(Höhe über Fahrerhaus)</td></tr>
<tr><td>4200 (5500) × 2100 mm</td><td>4200 × 2100 mm</td><td>4200 (5500) × 2100 mm</td><td>4200 × 2350 mm</td></tr>
<tr><td>7,50–20 eHD
Zwillings-Hinterräder</td><td>8,25–20 eHD
Zwillings-Hinterräder</td><td>8,25–20 eHD verstärkt
Zwillings-Hinterräder</td><td>12,00–20 eHD verstärkt
Zwillings-Hinterräder</td></tr>
<tr><td>3300 (3550) kg</td><td>4000 kg</td><td>4000 (4300) kg</td><td>5600 kg</td></tr>
<tr><td>7600 kg bzw. mit
Reifen 7,50–20 eHD verstärkt
8200 kg</td><td>8900 kg</td><td>9600 kg</td><td>10 000 kg</td></tr>
<tr><td>HS 90 K: Kipper
Radstand 3100 mm
Pritsche 3400 mm

HS 90 S: Sattelzugmaschine</td><td>HS 95 K: Kipper
Radstand 3650 mm
Pritsche 3400 mm</td><td>HS 95 K: Kipper
Radstand 3650 mm
Pritsche 3400 mm</td><td>Militärfahrzeug</td></tr>
</table>

<table>
<tr><th>Henschel HS 100
1951–1959</th><th>Henschel HS 100 A
1953–1959</th><th>Henschel HS 100
1959–1961
Henschel HS 11 HL
1961–1962</th><th>Henschel HS 100 AK
1959–1961
Henschel HS 11 HAK
1961–1962</th></tr>
<tr><td>Haubenwagen 4 × 2
Pritschenwagen</td><td>Haubenwagen 4 × 4
Pritschenwagen</td><td>Haubenwagen 4 × 2
Pritschenwagen</td><td>Haubenwagen 4 × 4
Kipper</td></tr>
<tr><td colspan="2">Luftspeicher-Dieselmotor Henschel (Lanova)</td><td colspan="2">Luftspeicher-Dieselmotor Henschel (Lanova)</td></tr>
<tr><td colspan="2">6 (Reihe)</td><td colspan="2">6 (Reihe)</td></tr>
<tr><td colspan="2">96 × 125 mm</td><td colspan="2">100 × 130 mm</td></tr>
<tr><td colspan="2">5430 ccm</td><td colspan="2">6126 ccm</td></tr>
<tr><td colspan="2">100 PS bzw. (ab 1955) 105 PS bei 2400 U/min</td><td colspan="2">132 PS bei 2600 U/min</td></tr>
<tr><td colspan="2">Doppel-5 Gang</td><td colspan="2">Doppel-5 Gang</td></tr>
<tr><td>4200 (oder 5200) mm</td><td>3850 mm</td><td>4480 (oder 5200) mm</td><td>3850 mm</td></tr>
<tr><td>7400 (8700) × 2350 × 2550</td><td>6800 × 2350 × 2550 mm</td><td>7100 (8400) × 2350 × 2550 mm</td><td>6300 × 2350 × 2550 mm</td></tr>
<tr><td>4800 (6100) × 2200 mm</td><td>4200 × 2200 mm</td><td>4500 (5800) × 2200 mm</td><td>3600 × 2200 mm</td></tr>
<tr><td>9,00–20 eHD
Zwillings-Hinterräder</td><td>9,00–20 eHD verstärkt
Zwillings-Hinterräder</td><td>9,00–20 eHD
Zwillings-Hinterräder</td><td>9,00–20 eHD
Zwillings-Hinterräder</td></tr>
<tr><td>4600 (4800) kg</td><td>4800 kg</td><td>4450 (4650) kg</td><td>5100 kg</td></tr>
<tr><td>9500 kg bzw. mit
Reifen 9,00–20 eHD verstärkt
10 500 kg</td><td>10 500 kg</td><td>11 000 kg bzw. mit
Reifen 9,00–20 eHD verstärkt
12 000 kg</td><td>11 000 kg</td></tr>
<tr><td>HS 100 K: Kipper
Radstand 3850 mm
Pritsche 3600 mm

HS 100 S: Sattelzugmaschine
Radstand 3850 mm</td><td>HS 100 AK: Kipper
Radstand 3850 mm
Pritsche 3600 mm</td><td>HS 100 K, HS 11 HK: Kipper
Radstand 3850 mm
Pritsche 3600 mm

HS 100 S: Sattelzugmaschine
Radstand 3850 mm

HS 100 T:
Frontlenker-Pritschenwagen
Radstand 3850 mm
Pritsche 5500 mm</td><td></td></tr>
</table>

Henschel HS 95 Pritschenwagen 1958–1959

Henschel HS 95 K Löschfahrzeug LF 16, Aufbau Metz (Karlsruhe) 1960

Henschel HS 100 Pritschenwagen (Radstand 4480 mm) 1959–1961

Henschel HS 100 A Militär-Lastwagen mit Seilwinde, 1959–1961

Henschel HS 115 A Militär-Lastwagen, Prototyp 1953/54

Henschel HS 11 HL Pritschenwagen (Radstand 5200 mm) 1961–1962

Henschel HS 120 T
Frontlenker-Fahrgestell
1957/58

Bauart

Motor

Zylinder
Leistung
Getriebe
Radstand
Gesamtmaße
Ladefläche
Reifen

Fahrzeuggewicht
Zuläss. Gesamtgewicht

Bemerkungen

Henschel HS 12 HAKV
Dreiseiten-Kipper
1962–1967

Bauart

Motor

Zylinder
Leistung
Getriebe
Radstand
Gesamtmaße
Ladefläche
Reifen

Fahrzeuggewicht
Zuläss. Gesamtgewicht

Bemerkungen

<table>
<tr><th>Henschel HS 120
1955–1960</th><th>Henschel HS 120 AK
1955–1960</th><th>Henschel HS 120 T
1957–1960</th><th>Henschel HS 120 T
1960–1961</th></tr>
<tr><td>Haubenwagen 4 × 2
Pritschenwagen</td><td>Haubenwagen 4 × 2
Kipper</td><td>Frontlenker 4 × 2
Pritschenwagen</td><td>Frontlenker 4 × 2
Pritschenwagen</td></tr>
<tr><td colspan="4">Luftspeicher-Dieselmotor Henschel (Lanova)
Ab 1958 mit Roots-Ladegebläse
6 (Reihe), 100 × 130 mm, 6126 ccm
125 PS bzw. (ab 1958) 145–150 PS bei 2500 U/min</td></tr>
<tr><td>5 oder 6 Gang
4800 mm
7700 × 2500 × 2500 mm
5000 × 2350 mm
10,00–20 eHD verstärkt
Zwillings-Hinterräder
5300 kg
12 000–12 500 kg</td><td>Doppel-5 Gang
3850 mm
6500 × 2400 × 2600 mm
3600 × 2350 mm
10,00–20 eHD verstärkt
Zwillings-Hinterräder
5725 kg
12 000–12 500 kg</td><td>5 oder 6 Gang
3850 mm
7300 (7600) × 2500 × 2615 mm
4800 (oder 5600) × 2350 mm
10,00–20 eHD verstärkt
Zwillings-Hinterräder
5450 kg
12 000 kg
mit Anhänger 24 000 kg</td><td>6 Gang
4200 mm
8000 (8330) × 2500 × 2700 mm
5500 (oder 6300) × 2350 mm
10,00–20 eHD verstärkt
Zwillings-Hinterräder
5500 kg
12 500 kg
mit Anhänger 25 000 kg</td></tr>
<tr><td>HS 120 K: Kipper
Radstand 4200 mm
Pritsche 4000 mm

HS 120 S: Sattelzugmaschine
Radstand 3820 oder 4200 mm
Gesamtzug-Gewicht 24 000 kg</td><td>HS 120 AS:
Sattelzugmaschine 4 × 4
Radstand 3850 mm</td><td>HS 120 TS: Sattelzugmaschine
Radstand 3000 oder 3850 mm

HS 120 TK: Kipper
Radstand 3200 mm
Pritsche 4000 oder 4500 mm

HS 120 TAK: Kipper 4 × 4
5 Gang + Vorgelege
Radstand 3200 mm
Pritsche 4000 oder 4500 mm</td><td>HS 120 TS: Sattelzugmaschine
Radstand 3000 oder 3850 mm

HS 120 TK: Kipper
Radstand 3200 mm
Pritsche 4000 oder 4500 mm

HS 120 TAK: Kipper 4 × 4
5 Gang + Vorgelege
Radstand 3200 mm
Pritsche 4000 oder 4500 mm</td></tr>
</table>

<table>
<tr><th>Henschel HS 12 HL
1962–1967</th><th>Henschel HS 12 HLV
1962–1967</th><th>Henschel HS 12 TL
1962–1967</th></tr>
<tr><td>Haubenwagen 4 × 2
Pritschenwagen</td><td>Haubenwagen 4 × 2
Pritschenwagen</td><td>Frontlenker 4 × 2
Pritschenwagen</td></tr>
<tr><td colspan="3">Luftspeicher-Dieselmotor Henschel (Lanova)
ohne oder mit Roots-Ladegebläse
6 (Reihe), 100 × 130 mm, 6126 ccm
132 PS bzw. (mit Gebläse) 150 PS bei 2600 U/min
6 Gang</td></tr>
<tr><td>5200 mm
8515 × 2500 × 2600 mm
5800 × 2350 mm
9,00–20 eHD verstärkt
Zwillings-Hinterräder
4900 kg
12 000 kg</td><td>4480 (oder 5200) mm
7125 (8400) × 2500 × 2600 mm
4800 (6000) × 2350 mm
10,00–20 / PR 14
Zwillings-Hinterräder
5000 kg
13 000 kg</td><td>4350 (oder 4800) mm
8600 (9000) × 2500 × 2650 mm
6000 (6500) × 2350 mm
9,00–20 eHD verstärkt
Zwillings-Hinterräder
5250 kg
12 000 kg</td></tr>
<tr><td>HS 12 HK: Kipper 4 × 2
Doppel-5 Gang-Getriebe
Radstand 3850 mm
Pritsche 3600 mm

HS 12 HAK: Kipper 4 × 4
Doppel-5 Gang-Getriebe
Radstand 3850 mm
Pritsche 3600 mm
Fahrzeuggewicht + 500 kg

HS 12 HS: Sattelzugmaschine
Radstand 3850 mm</td><td>HS 12 HKV: Kipper 4 × 2
Doppel-5 Gang-Getriebe
Radstand 3850 oder 4200 mm
Pritsche 3600 (4000) mm

HS 12 HAVK: Kipper 4 × 4
Doppel-5 Gang-Getriebe
Radstand 3850 mm
Pritsche 3600 mm
Fahrzeuggewicht + 500 kg

HS 12 HBMV: Radstand 3850 mm
Betonmischer-Fahrgestell</td><td>HS 12 TS: Sattelzugmaschine
Radstand 3120 mm</td></tr>
</table>

Henschel HS 3 – 125 BM Betonmischer 1959–1961

Henschel HS 3 – 125 T Pritschenwagen 1959–1961

Henschel HS 3 – 180 TAK Muldenkipper 1959

Bauart

Motor
Zylinderzahl
Bohrung × Hub
Hubraum
Leistung
Getriebe
Radstand
Gesamtmaße
Ladefläche
Reifen

Fahrzeuggewicht
Zuläss. Gesamtgewicht

Bemerkungen

Bauart

Motor

Zylinderzahl
Bohrung × Hub
Hubraum
Leistung
Getriebe
Radstand
Gesamtmaße
Ladefläche
Reifen

Fahrzeuggewicht
Zuläss. Gesamtgewicht

Bemerkungen

	Henschel HS 3 – 125 1957–1959		Henschel HS 3 – 125 K 1957–1959	Henschel HS 3 – 125 K 1959–1961
Bauart	Haubenwagen 6 × 4 Pritschenwagen		Haubenwagen 6 × 4 Kipper	Haubenwagen 6 × 4 Kipper
Motor	Luftspeicher-Dieselmotor Henschel (Lanova), ab 1958 mit Roots-Ladegebläse			
Zylinder	6 (Reihe)			
Bohrung × Hub	100 × 130 mm			
Hubraum	6126 ccm			
Leistung	125 PS bzw. (ab 1958) 145–150 PS bei 2500 U/min			
Getriebe	Doppel-5 Gang			
Radstand	3715 + 1310 mm	4145 + 1310 mm	3245 + 1310 mm	3715 + 1310 mm
Maße	7465 (7665) × 2500 × 2600	8315 × 2500 × 2600 mm	6675 (6875) × 2500 × 2600	7215 × 2500 × 2600 mm
Ladefläche	4800 (oder 5000) × 2350 mm	5500 × 2350 mm	4000 (oder 4200) × 2000 mm	
Bereifung	9,00–20 eHD	9,00–20 eHD	9,00–20 eHD	10,00–20 eHD
	4 Zwillings-Hinterräder	4 Zwillings-Hinterräder	4 Zwillings-Hinterräder	4 Zwillings-Hinterräder
Leergewicht	6250 kg	6400 kg	6400 kg	7500 kg
Gesamtgewicht	16 000 kg	16 000 kg	16 000 kg	18 000 kg
Varianten	HS 3 – 125 A: Allrad 6 × 6 Fahrzeuggewicht + 500 kg	HS 3 – 125 A: Allrad 6 × 6 Fahrzeuggewicht + 500 kg	HS 3 – 125 AK: Kipper 6 × 6 Fahrzeuggewicht + 500 kg	
	HS 3 – 125 S: Sattelzugmaschine		HS 3 – 125 BM: Betonmischer-Fahrgestell 6 × 4 HS 3 –125 ABM: Betonmischer-Fahrgestell 6 × 6 132 PS-Motor Radstand 3245 + 1310 oder 4115 + 1310 mm	

	Henschel HS 3 –125 T 1959–1961		Henschel HS 3 –180 TA 1956–1961	Henschel HS 3 –180 TAK 1956–1961
Bauart	Frontlenker 6 × 4 Pritschenwagen		Frontlenker 6 × 4 Pritschenwagen	Frontlenker 6 × 4 Muldenkipper
Motor	Direkteinspritz-Dieselmotor Henschel		Direkteinspritz-Dieselmotor Henschel	
Zylinder	6 (Reihe)		6 (Reihe)	
Bohrung × Hub	125 × 150 mm		125 × 150 mm	
Hubraum	11 045 ccm		11 045 ccm	
Leistung	192 PS bei 2200 U/min		180 PS bei 2000 U/min	
Getriebe	6 Gang		6 Gang + Vorgelege	
Radstand	3715 + 1310 mm		3385 + 1530 mm	3385 + 1530 mm
Maße	8155 × 2500 × 2900 mm		9350 × 2500 × 2880 mm	8150 × 2500 × 2915 mm
Ladefläche	5500 (oder 6000) × 2350 mm		5500 × 2350 mm	Laderaum ca. 10 m^3
Bereifung	12,00–20 eHD verstärkt		12,00–24 EM Spezial	12,00–24 EM Spezial
	alle Räder einfachbereift		4 Zwillings-Hinterräder	4 Zwillings-Hinterräder
Leergewicht	6750 kg		10 000 kg	14 000 kg
Gesamtgewicht	18 000 kg bzw. mit Anhänger 32 000 kg		34 000 kg bzw. (auf öffentl. Straßen) 22 000 kg	34 000 kg bzw. (auf öffentl. Straßen) 22 000 kg
Varianten			HS 3 – 180 TAS: Sattelzugmaschine 6 × 6	

Links: Henschel HS 15 HAS Sattelzugmaschine 1962–1965
Rechts: Henschel HS 15 TS Sattelzugmaschine 1962–1965

Henschel HS 16 TL mit Kofferaufbau und Kofferanhänger von Wackenhut

Henschel HS 16 TS Sattelzugmaschine
mit Blumhardt Dreiseiten-Kipper-Sattelanhänger 1965

Bauart

Motor
Zylinder
Leistung
Getriebe
Radstand
Gesamtmaße
Ladefläche
Reifen

Fahrzeuggewicht
Zuläss. Gesamtgewicht

Bemerkungen

Bauart

Motor
Zylinder
Leistung
Getriebe
Radstand
Gesamtmaße
Ladefläche
Reifen

Fahrzeuggewicht
Zuläss. Gesamtgewicht

Bemerkungen

Henschel HS 14 TL 1961–1965	Henschel HS 14 HK 1961–1962	Henschel HS 15 TL 1962–1965	Henschel HS 15 HK 1962–1965
Frontlenker 4 × 2 Pritschenwagen	Haubenwagen 4 × 2 Kipper	Frontlenker 4 × 2 Pritschenwagen	Haubenwagen 4 × 2 Kipper
Henschel Direkteinspritz-Dieselmotor 6 (Reihe), 125 × 150 mm, 11 045 ccm 180 PS bei 2100 U/min 6 Gang bzw. (bei 4 × 4) 6 Gang + Vorgelege		Henschel Direkteinspritz-Dieselmotor 6 (Reihe), 125 × 150 mm, 11 045 ccm 192 PS bei 2100 U/min 6 Gang bzw. (bei 4 × 4) 6 Gang + Vorgelege	
4350 mm	4350 mm	4350 mm	4350 mm
8000 × 2500 × 2540 mm	7115 × 2450 × 2540 mm	8000 × 2500 × 2625 mm	7115 × 2450 × 2625 mm
5500 (oder 6000) × 2350 mm	4000 × 2300 mm	5500 (oder 6000) × 2350 mm	4000 × 2300 mm
10,00–20 Super Zwillings-Hinterräder	10,00–20 Super Zwillings-Hinterräder	11,00–20 eHD verstärkt Zwillings-Hinterräder	11,00–20 eHD verstärkt Zwillings-Hinterräder
6000 kg	6600 kg	6400 kg	7000 kg
14 000 kg mit Anhänger 28 000 kg	14 000 kg	15 000 kg mit Anhänger 30 000 kg	15 000 kg
HS 14 TK: Kipper 4 × 2 Radstand 3360 mm Pritsche 4000 mm	HS 14 HAK: Kipper 4 × 4 Fahrzeuggewicht + 500 kg	HS 15 TK: Kipper 4 × 2 Radstand 3360 mm Pritsche 4000 oder 4200 mm	HS 15 HAK: Kipper 4 × 4 Fahrzeuggewicht + 500 kg 180 PS-Motor Reifen 10,00–20 Super
HS 14 TS: Sattelzugmaschine Radstand 3360 mm Gesamtzug-Gewicht 30 000 kg	HS 16 HAS: Sattelzugmaschine 4 × 4 Radstand 4350 mm Gesamtzug-Gewicht 32 000 kg	HS 15 TS: Sattelzugmaschine Radstand 3360 mm Gesamtzug-Gewicht 31 000 kg	HS 15 HAS: Sattelzugmaschine 4 × 4 180 PS-Motor Reifen 10,00–20 Super Gesamtzug-Gewicht 31 000 kg

Henschel HS 16 TL 1961–1965	Henschel HS 16 HK 1961–1965	Henschel HS 19 TL 1963–1965	Henschel HS 19 HL 1963–1965
Frontlenker 4 × 2 Pritschenwagen	Haubenwagen 4 × 2 Kipper	Frontlenker 4 × 2 Pritschenwagen	Haubenwagen 4 × 2 Pritschenwagen
Henschel Direkteinspritz-Dieselmotor 6 (Reihe), 125 × 150 mm, 11 045 ccm 192 PS bei 2100 U/min 6 Gang bzw. (bei 4 × 4) 6 Gang + Vorgelege			
4700 mm	4350 mm	4700 mm	5600 mm
8000 × 2500 × 2580 mm	7115 × 2450 × 2700 mm	8000 × 2500 × 2680 mm	9000 × 2500 × 2680 mm
5500 (oder 6000) × 2350 mm	4000 × 2300 mm	5500 (oder 6000) × 2350 mm	6000 × 2350 mm
12,00–20 eHD verstärkt Zwillings-Hinterräder	12,00–20 eHD verstärkt Zwillings-Hinterräder	12,00–20 eHD verstärkt Zwillings-Hinterräder	12,00–20 eHD verstärkt Zwillings-Hinterräder
6700 kg	7300 kg	6750 kg	6850 kg
16 000 kg mit Anhänger 32 000 kg	16 000 kg	19 000 kg mit Anhänger 38 000 kg	19 000 kg
HS 16 TK: Kipper 4 × 2 HS 16 TAK: Kipper 4 × 4 Radstand 3625 mm Pritsche 4500 mm	HS 16 HAK: Kipper 4 × 4 Fahrzeuggewicht + 500 kg	HS 19 TK: Kipper 4 × 2 HS 19 TAK: Kipper 4 × 4 Radstand 3625 mm Pritsche 4500 mm	HS 19 HK: Kipper 4 × 2 HS 19 HAK: Kipper 4 × 4 Radstand 4350 mm Pritsche 4200 mm
HS 16 TS: Sattelzugmaschine Radstand 3360 oder 3625 mm	HS 16 HS: Sattelzugmaschine Radstand 4350 mm	HS 19 TS: Sattelzugmaschine Radstand 3360 mm	HS 19 HS: Sattelzugmaschine Radstand 4350 mm
HS 16 TAS: Sattelzugmaschine 4 × 4 Radstand 3625 mm HS 16 TBM: Fahrgestell für Betonmischer Radstand 3360 mm 132 PS-Motor Reifen 10,00–20 Super	HS 16 HAS: Sattelzugmaschine 4 × 4 Radstand 4350 mm	HS 19 TAS: Sattelzugmaschine 4 × 4 Radstand 3625 mm HS 19 TBM: Fahrgestell für Betonmischer Radstand 3680 mm	

Henschel HS 12 T mit Möbelaufbau von Kramer (Gütersloh), ca. 1965

Bauart

Motor

Zylinder
Hubraum
Leistung
Getriebe
Radstand
Gesamtmaße
Ladefläche
Reifen

Fahrzeuggewicht
Zuläss. Gesamtgewicht

Bemerkungen

Bauart

Motor

Zylinder
Hubraum
Leistung

Getriebe
Radstand
Gesamtmaße
Ladefläche
Reifen

Fahrzeuggewicht
Zuläss. Gesamtgewicht

Bemerkungen

Henschel HS 14 TL 1965–1967		Henschel HS 15 TL 1965–1967	Henschel HS 15 HAK 1965–1967
Frontlenker 4 × 2 Pritschenwagen Henschel Direkteinspritz-Dieselmotor 6 (Reihe), 125 × 150 mm 11 045 ccm 180 PS bei 2100 U/min 6 Gang 4350 mm 8450 × 2500 × 2900 mm 6000 (oder 6300) × 2350 mm 10,00–20 / PR 16 Zwillings-Hinterräder 6150 kg 14 000 kg HS 14 TK: Kipper 4 × 2 Radstand 3360 mm Pritsche 4000 mm HS 14 TS: Sattelzugmaschine Radstand 3360 mm		Frontlenker 4 × 2 Pritschenwagen Henschel Direkteinspritz-Dieselmotor 6 (Reihe), 125 × 150 mm 11 045 ccm 192 PS bei 2100 U/min 6 Gang 4350 mm 7940 × 2450 × 2710 mm 5500 × 2300 mm 11,00–20 / PR 14 Zwillings-Hinterräder 6550 kg 15 000 kg HS 15 TK: Kipper 4 × 2 Radstand 3360 mm Pritsche 4200 mm HS 15 TS: Sattelzugmaschine Radstand 3300 mm	Haubenwagen 4 × 4 Kipper Henschel Direkteinspritz-Dieselmotor 6 (Reihe), 125 × 150 mm 11 045 ccm 180 PS bei 2100 U/min 6 Gang + Vorgelege 4350 mm 7015 × 2450 × 2800 mm 4000 × 2300 mm 10,00–20 / PR 16 Zwillings-Hinterräder 7000 kg 15 000 kg

Henschel HS 16 TL 1965–1967	Henschel HS 16 HK 1965–1967	Henschel HS 19 TL 1965–1967	Henschel HS 19 HAK 1965–1967
Frontlenker 4 × 2 Pritschenwagen Henschel Direkteinspritz-Dieselmotor ohne o. mit Abgas-Turbolader 6 (Reihe), 125 × 150 mm 11 045 ccm 210 PS bei 2150 U/min bzw. 240 PS bei 2500 U/min 6 Gang 4700 mm 8635 × 2500 × 2930 mm 6000 (oder 6350) × 2350 mm 12,00–20 / PR 16, h. PR 14 Zwillings-Hinterräder 7150 kg 16 000 kg HS 16 TK: Kipper 4 × 2 Radstand 3625 mm Pritsche 4500 mm HS 16 TAK: Kipper 4 × 4 192 PS, 6 Gang + Vorgelege HS 16 TS: Sattelzugmaschine Radstand 3300 mm HS 16 TAS: Radstand 3625 mm Sattelzugmaschine 4 × 4 HS 16 TBM: Radstand 3360 mm Betonmischer-Fahrgestell 132 oder 180 PS-Motor Reifen 10,00–20 / PR 16	Haubenwagen 4 × 2 Kipper Henschel Direkteinspritz-Dieselmotor 6 (Reihe), 125 × 150 mm 11 045 ccm 210 PS bei 2150 U/min 6 Gang 4600 mm 7200 × 2450 × 2740 mm 4200 × 2300 mm 14,00–20 / PR 16, h. PR 14 Zwillings-Hinterräder 7400 kg 16 000 kg HS 16 HAK: Kipper 4 × 4 Radstand 4350 mm Pritsche 4000 mm HS 16 HAS: Sattelzugmaschine 4 × 4 Radstand 4350 mm	Frontlenker 4 × 2 Pritschenwagen Henschel Direkteinspritz-Dieselmotor ohne o. mit Abgas-Turbolader 6 (Reihe), 125 × 150 mm 11 045 ccm 210 PS bei 2150 U/min bzw. 240 PS bei 2500 U/min 6 Gang 5450 mm 10 000 × 2500 × 2930 mm 7500 (oder 8000) × 2350 mm 12,00–20 / PR 16, h. PR 18 Zwillings-Hinterräder 7550 kg 19 000 kg mit Anhänger 38 000 kg HS 19 TK: Kipper 4 × 2 Radstand 3625 mm HS 19 TS: Sattelzugmaschine Radstand 3300 mm	Haubenwagen 4 × 4 Kipper Henschel Direkteinspritz-Dieselmotor 6 (Reihe), 125 × 150 mm 11 045 ccm 192 PS bei 2100 U/min 6 Gang + Vorgelege 4350 mm 7040 × 2450 × 2835 mm 4000 × 2300 mm 12,00–20 / PR 16, h. PR 18 Zwillings-Hinterräder 8075 kg 19 000 kg

Henschel HS 22 TBM
Transport-Betonmischer
1963–1965

Henschel HS 22 TS
Sattelzugmaschine mit
Kessel-Sattelanhänger
1965–1967

<table>
<tr><th></th><th>Henschel HS 22 TL
1963–1965</th><th>Henschel HS 22 TS
1963–1965</th><th>Henschel HS 22 TK
1963–1965</th></tr>
<tr><td>Bauart</td><td>Frontlenker 6 × 4
Pritschenwagen</td><td>Frontlenker 6 × 4
Sattelzugmaschine</td><td>Frontlenker 6 × 4
Kipper</td></tr>
<tr><td>Motor</td><td colspan="3">Direkteinspritz-Dieselmotor Henschel</td></tr>
<tr><td>Zylinderzahl</td><td colspan="3">6 (Reihe)</td></tr>
<tr><td>Bohrung × Hub</td><td colspan="3">125 × 150 mm</td></tr>
<tr><td>Hubraum</td><td colspan="3">11 045 ccm</td></tr>
<tr><td>Leistung</td><td>180 oder 192 PS
bei 2100 U/min</td><td>192 PS bei 2100 U/min bzw.
(mit Abgas-Turbolader)
230–235 PS bei 2000 U/min</td><td>192 PS bei 2100 U/min</td></tr>
<tr><td>Getriebe</td><td>6 Gang</td><td>6 Gang</td><td>6 Gang</td></tr>
<tr><td>Radstand</td><td>4145 + 1310 mm</td><td>2745 + 1310 mm</td><td>2745 + 1310 mm</td></tr>
<tr><td>Gesamtmaße</td><td>8700 × 2500 × 2680 mm</td><td>6310 × 2330 × 2680 mm</td><td>6535 × 2450 × 2680 mm</td></tr>
<tr><td>Ladefläche</td><td>6000 (oder 6500) × 2350 mm</td><td>–</td><td>4500 × 2300 mm</td></tr>
<tr><td>Reifen</td><td>10,00–20 Super
4 Zwillings-Hinterräder</td><td>9,00 oder 10,00–20 Super
4 Zwillings-Hinterräder</td><td>10,00–20 Super
4 Zwillings-Hinterräder</td></tr>
<tr><td>Fahrzeuggewicht</td><td>7700 kg</td><td>6500 kg</td><td>8600 kg</td></tr>
<tr><td>Zuläss. Gesamtgewicht</td><td>22 000 kg</td><td>Gesamtzug-Gewicht 36 000 bzw.
(Reifen 10,00–20) 38 000 kg</td><td>22 000 kg</td></tr>
<tr><td>Bemerkungen</td><td>HS 22 TLN: Fahrgestell für Tankaufbauten, Siloanlagen, Kohlentrimmer oder überlange Ladebrücken. – Nur vordere Hinterachse angetrieben und zwillingsbereift. Nachlaufende Tragachse einfachbereift.</td><td></td><td>HS 22 TBM:
Betonmischer-Fahrgestell</td></tr>
</table>

<table>
<tr><th></th><th>Henschel HS 22 TL
1965–1967</th><th>Henschel HS 22 TS
1965–1967</th><th>Henschel HS 22 TK
1965–1967</th></tr>
<tr><td>Bauart</td><td>Frontlenker 6 × 4
Pritschenwagen</td><td>Frontlenker 6 × 4
Sattelzugmaschine</td><td>Frontlenker 6 × 4
Kipper</td></tr>
<tr><td>Motor</td><td colspan="3">Henschel Direkteinspritz-Dieselmotor
ohne oder mit Abgas-Turbolader</td></tr>
<tr><td>Zylinderzahl</td><td colspan="3">6 (Reihe)</td></tr>
<tr><td>Bohrung × Hub</td><td colspan="3">125 × 150 mm</td></tr>
<tr><td>Hubraum</td><td colspan="3">11 045 ccm</td></tr>
<tr><td>Leistung</td><td colspan="3">210 PS bei 2150 U/min bzw.
(mit Turbolader) 240 PS bei 2050 U/min</td></tr>
<tr><td>Getriebe</td><td colspan="3">6 Gang</td></tr>
<tr><td>Radstand</td><td>4395 + 1310 mm</td><td>2695 + 1310 mm</td><td>2745 + 1310 mm</td></tr>
<tr><td>Gesamtmaße</td><td>9650 × 2500 × 2730 mm</td><td>6500 × 2450 × 2850 mm</td><td>6520 × 2450 × 2645 mm</td></tr>
<tr><td>Ladefläche</td><td>7000 (oder 7500) × 2350 mm</td><td>–</td><td>4500 × 2300 mm</td></tr>
<tr><td>Reifen</td><td>10,00–20 Super
4 Zwillings-Hinterräder</td><td>10,00–20 Super
4 Zwillings-Hinterräder</td><td>10,00–20 Super
4 Zwillings-Hinterräder</td></tr>
<tr><td>Fahrzeuggewicht</td><td>8350 kg</td><td>6925 kg</td><td>8700 kg</td></tr>
<tr><td>Zuläss. Gesamtgewicht</td><td>22 000 kg bzw.
mit Anhänger 38 000 kg</td><td>Gesamtzug-Gewicht 38 000 kg</td><td>22 000 kg bzw.
mit Anhänger 38 000 kg</td></tr>
<tr><td>Bemerkungen</td><td>HS 22 TLN: Fahrgestell für Tankaufbauten, Siloanlagen, Kohlentrimmer oder überlange Ladebrücken. – Nur vordere Hinterachse angetrieben und zwillingsbereift. Nachlaufende Tragachse einfachbereift.
Radstand 4585 + 1310 mm</td><td></td><td>HS 22 TBM:
Betonmischer-Fahrgestell
192 oder 210 PS-Motor

HS 26 TBM:
Betonmischer-Fahrgestell
192 oder 210 PS-Motor
Reifen 11,00–20 Super
Gesamtgewicht 26 000 kg</td></tr>
</table>

Henschel HS 14 HAK
Dreiseiten-Kipper 1961–1962

Henschel HS 22 HAK
Dreiseiten-Kipper 1962–1964

Henschel HS 34 TAK
Mulden-Hinterkipper 1961–1967

Bauart

Motor

Zylinderzahl
Bohrung × Hub
Hubraum
Leistung
Getriebe
Radstand
Gesamtmaße
Ladefläche
Reifen

Fahrzeuggewicht
Zuläss. Gesamtgewicht

Bemerkungen

Bauart

Motor

Zylinderzahl
Bohrung × Hub
Hubraum
Leistung
Getriebe
Radstand
Gesamtmaße
Ladefläche
Reifen

Fahrzeuggewicht
Zuläss. Gesamtgewicht

Bemerkungen

Henschel HS 20 HK 1961–1965	Henschel HS 22 HAK 1962–1964		
Haubenwagen 6 × 4	Haubenwagen 6 × 6		
Kipper	Kipper		
Luftspeicher-Dieselmotor Henschel (Lanova)	Luftspeicher-Dieselmotor Henschel (Lanova) mit Roots-Ladegebläse		
6 (Reihe)	6 (Reihe)		
100 × 130 mm	100 × 130 mm		
6126 ccm	6126 ccm		
132 PS bei 2600 U/min	150 PS bei 2500 U/min		
Doppel-5 Gang	5 Gang + Vorgelege		
3715 + 1310 mm	3425 + 1310 mm	3715 + 1310 mm	
7500 × 2450 × 2600 mm	7200 × 2450 × 2620 mm	7500 × 2450 × 2725 mm	
	4000 × 2300 mm	4200 (oder 4500) × 2300 mm	
9,00–20 Super	10,00–20 Super	10,00–20 Super	
4 Zwillings-Hinterräder	4 Zwillings-Hinterräder	4 Zwillings-Hinterräder	
8000 kg	9000 kg	9550 kg	
20 000 kg	22 000 kg	22 000 kg	
HS 20 HAK: Kipper 6 × 6 Fahrzeuggewicht + 500 kg		HS 22 HK: Kipper 6 × 4 Fahrzeuggewicht – 500 kg	
		HS 22 HBM: Betonmischer-Fahrgestell 6 × 4	
		HS 22 HABM: Betonmischer-Fahrgestell 6 × 6	

Henschel HS 22 HAK 1964–1965	Henschel HS 26 HAK 1964–1965	Henschel HS 26 HK 1965–1967	Henschel HS 34 TAK 1961–1967
Haubenwagen 6 × 6		Haubenwagen 6 × 4	Frontlenker 6 × 6
Kipper		Kipper	Muldenkipper
Henschel Direkteinspritz-Dieselmotor		Henschel Direkteinspritz-Dieselmotor	Henschel Direkteinspritz-Dieselmotor
6 (Reihe)		6 (Reihe)	6 (Reihe)
125 × 150 mm		125 × 150 mm	125 × 150 mm
11 045 ccm		11 045 ccm	11 045 ccm
192 PS bei 2100 U/min		210 PS bei 2150 U/min	192 PS bei 2100 U/min
6 Gang + Vorgelege		6 Gang + Vorgelege	6 Gang + Vorgelege
3705 + 1310 mm	3895 + 1310 mm	3705 + 1310 mm	3385 + 1430 mm
7500 × 2450 × 2725 mm	7770 × 2500 × 2735 mm	7560 × 2450 × 2735 mm	8060 × 2500 × 3300 mm
4500 × 2300 mm	4600 × 2300 mm	4500 × 2300 mm	Laderaum ca. 10 m^3
10,00–20 Super	11,00–20 Super	11,00–20 Super	12,00–20 oder 24 EM Spezial
4 Zwillings-Hinterräder	4 Zwillings-Hinterräder	4 Zwillings-Hinterräder	4 Zwillings-Hinterräder
9675 kg	10 650 kg	10 350 kg	14 000 kg
22 000 kg	26 000 kg bzw. (auf öffentl. Straßen) 22 000 kg	22 000 oder 26 000 kg	34 000 kg bzw. (auf öffentl. Straßen) 22 000 kg
	HS 26 HK: Kipper 6 × 4 Fahrzeuggewicht – 500 kg	HS 26 HAK: Kipper 6 × 6 Fahrzeuggewicht + 500 kg 192 oder 210 PS-Motor	HS 34 TAS: Sattelzugmaschine 6 × 6 Radstand 3385 + 1430 mm

Henschel H 122 Schlammabsaugwagen ca. 1968

Bauart

Motor

Zylinderzahl
Bohrung × Hub
Hubraum
Leistung
Getriebe
Radstand
Gesamtmaße
Ladefläche
Reifen

Fahrzeuggewicht
Zuläss. Gesamtgewicht

Bemerkungen

Henschel F 150 M Müllwagen ca. 1968

Bauart

Motor
Zylinderzahl
Bohrung × Hub
Hubraum
Leistung
Getriebe
Radstand
Gesamtmaße
Ladefläche
Reifen

Fahrzeuggewicht
Zuläss. Gesamtgewicht

Bemerkungen

<table>
<tr><th>Henschel F 111 L
Prototyp 1967</th><th>Henschel F 122 L
Prototyp 1967</th><th></th><th>Henschel F 150 BM
1967–1969</th></tr>
<tr><td>Frontlenker 4 × 2</td><td>Frontlenker 4 × 2</td><td></td><td>Frontlenker 4 × 2</td></tr>
<tr><td>Pritschenwagen</td><td>Pritschenwagen</td><td></td><td>Betonmischer-Fahrgestell</td></tr>
<tr><td>Henschel</td><td>Henschel</td><td></td><td>Henschel</td></tr>
<tr><td>Direkteinspritz-Dieselmotor</td><td>Direkteinspritz-Dieselmotor</td><td></td><td>Direkteinspritz-Dieselmotor</td></tr>
<tr><td>5 (Reihe)</td><td>6 (Reihe)</td><td></td><td>6 (Reihe)</td></tr>
<tr><td>115 × 125 mm</td><td>115 × 125 mm</td><td></td><td>115 × 125 mm</td></tr>
<tr><td>6490 ccm</td><td>7788 ccm</td><td></td><td>7788 ccm</td></tr>
<tr><td>130 PS bei 2600 U/min</td><td>160 PS bei 2600 U/min</td><td></td><td>160 PS bei 2600 U/min</td></tr>
<tr><td>5 Gang</td><td>5 Gang</td><td></td><td>6 Gang</td></tr>
<tr><td>4300 mm</td><td>4300 mm</td><td></td><td>3360 mm</td></tr>
<tr><td>8040 × 2300 × 2650 mm</td><td>8040 × 2300 × 2650 mm</td><td></td><td>–</td></tr>
<tr><td>6300 × 2200 mm</td><td>6300 × 2200 mm</td><td></td><td>–</td></tr>
<tr><td>8,25–20</td><td>8,25–20</td><td></td><td>10,00–20 / PR 16</td></tr>
<tr><td>Zwillings-Hinterräder</td><td>Zwillings-Hinterräder</td><td></td><td>Zwillings-Hinterräder</td></tr>
<tr><td>4375 kg</td><td>4425 kg</td><td></td><td>–</td></tr>
<tr><td>10 500 kg</td><td>10 500 kg</td><td></td><td>15 500 kg</td></tr>
<tr><td colspan="2">Keine Serie
Vorläufer des Typenpaares
F 131 L bzw. F 130 L und F 150 L</td><td></td><td>F 150 M:
Müllwagen-Fahrgestell
Radstand 3800 oder 4350 mm
5 Gang-Getriebe
Zuläss. Gesamtgewicht
15 200 oder 16 200 kg</td></tr>
</table>

<table>
<tr><th>Henschel F 122 L
1967–1968</th><th>Henschel H 122 K
1967–1969</th><th>Henschel F 140 L
1967–1968</th><th>Henschel H 140 AK
1967–1969</th></tr>
<tr><td>Frontlenker 4 × 2</td><td>Haubenwagen 4 × 2</td><td>Frontlenker 4 × 2</td><td>Haubenwagen 4 × 4</td></tr>
<tr><td>Pritschenwagen</td><td>Kipper</td><td>Pritschenwagen</td><td>Kipper</td></tr>
<tr><td colspan="4">Henschel Direkteinspritz-Dieselmotor
6 (Reihe)
115 × 125 mm
7788 ccm
160 PS bei 2600 U/min</td></tr>
<tr><td>6 Gang</td><td>Doppel-5 Gang</td><td>6 oder 5 Gang</td><td>Doppel-5 Gang</td></tr>
<tr><td>4350 mm</td><td>3850 mm</td><td>4350 mm</td><td>4200 mm</td></tr>
<tr><td>8000 × 2500 × 2625 mm</td><td>6315 × 2400 × 2585 mm</td><td>8000 × 2500 × 2700 mm</td><td>6545 × 2400 × 2610 mm</td></tr>
<tr><td>5500 (oder 6000) × 2350 mm</td><td>3600 × 2240 mm</td><td>6000 × 2350 mm</td><td>3800 × 2240 mm</td></tr>
<tr><td>9,00–20 / PR 16</td><td>9,00–20 / PR 12</td><td>10,00–20 / PR 16</td><td>10,00–20 / PR 16</td></tr>
<tr><td>Zwillings-Hinterräder</td><td>Zwillings-Hinterräder</td><td>Zwillings-Hinterräder</td><td>Zwillings-Hinterräder</td></tr>
<tr><td>5250 kg</td><td>5425 kg</td><td>5825 kg</td><td>6375 kg</td></tr>
<tr><td>12 000 kg</td><td>12 000 kg</td><td>14 400 kg</td><td>14 600 kg</td></tr>
<tr><td>F 122 K: Kipper 4 × 2
Radstand 3120 mm
Pritsche 3800 mm

F 122 S: Sattelzugmaschine
Radstand 3120 mm
Gesamtzug-Gewicht 26 500 kg</td><td>H 122 AK: Kipper 4 × 4
Fahrzeuggewicht + 300 kg</td><td>F 140 K: Kipper 4 × 2
Radstand 3360 mm
Pritsche 4000 mm

F 140 T: Fahrgestell
Radstand 3800 mm</td><td></td></tr>
</table>

Hanomag-Henschel F 131 L
Pritschenwagen
1969–1970

Hanomag-Henschel F 131 K
Dreiseiten-Kipper
1969–1970

Hanomag-Henschel F 170 AK
Dreiseiten-Kipper
1969–1972

<table>
<tr><th></th><th>Hanomag-Henschel F 131 L
1969–1970</th><th>Hanomag-Henschel F 150 L
1969–1970</th><th>Hanomag-Henschel F 170 K
1969–1972</th></tr>
<tr><td>Bauart</td><td colspan="2">Frontlenker 4 × 2
Pritschenwagen</td><td>Frontlenker 4 × 2
Kipper</td></tr>
<tr><td>Motor</td><td colspan="3">Henschel Direkteinspritz-Dieselmotor</td></tr>
<tr><td>Zylinder</td><td colspan="3">6 (Reihe), 118 × 125 mm, 8198 ccm</td></tr>
<tr><td>Leistung</td><td colspan="3">180 PS bei 2600 U/min</td></tr>
<tr><td>Getriebe</td><td colspan="3">6 Gang</td></tr>
<tr><td>Radstand</td><td colspan="2">3200 oder 3800 oder 4200 mm</td><td>3800 mm</td></tr>
<tr><td>Gesamtmaße</td><td colspan="2">131 L: 6260 (7205) (8055) × 2480 × 2640 mm
150 L: 6420 (7420) (8070) × 2480 × 2650 mm</td><td>6635 × 2300 × 2685 mm</td></tr>
<tr><td>Ladefläche</td><td colspan="2">131 L: 4200 (5200) (6100) × 2350 mm
150 L: 4500 (5500) (6100) × 2350 mm</td><td>4500 × 2150 mm</td></tr>
<tr><td>Reifen</td><td>9,00–20 / PR 14
Zwillings-Hinterräder</td><td>10,00–20 / PR 14, h. PR 16
Zwillings-Hinterräder</td><td>11,00–20
Zwillings-Hinterräder</td></tr>
<tr><td>Fahrzeuggewicht</td><td>5075–5425 kg</td><td>5225–5825 kg</td><td>5150 kg</td></tr>
<tr><td>Zuläss. Gesamtgewicht</td><td>13 000 kg</td><td>14 600</td><td>17 000</td></tr>
<tr><td>Bemerkungen</td><td>F 131 K: Kipper 4 × 2
Radstand 3200 mm
Pritsche 4000 mm

F 131 AK: Kipper 4 × 4
Doppel-6 Gang-Getriebe
Radstand 3200 mm
Pritsche 4000 mm

F 131 S: Sattelzugmaschine
Radstand 3200 mm</td><td>F 150 K: Kipper 4 × 2
Radstand 3200 mm
Pritsche 4000 mm</td><td>F 170 AK: Kipper 4 × 4
Doppel-6 Gang-Getriebe
Radstand 3500 mm
Pritsche 4200 mm
Fahrzeuggewicht + 450 kg</td></tr>
</table>

	Hanomag-Henschel F 130 L 1971–1974	Hanomag-Henschel F 150 L 1971–1974	
Bauart	Frontlenker 4 × 2 Pritschenwagen	Frontlenker 4 × 2 Pritschenwagen	
Motor	Daimler-Benz OM 352 Direkteinspritz-Dieselmotor	Daimler-Benz OM 360 Direkteinspritz-Dieselmotor	
Zylinder	6 (Reihe), 97 × 128 mm	6 (Reihe), 115 × 140 mm	
Hubraum	5675 ccm	8720 ccm	
Leistung	130 PS bei 2800 U/min	192 PS bei 2500 U/min	
Getriebe	5 Gang	5 Gang	
Radstand	3600 (oder 4200) mm	3600 (oder 4200) mm	
Gesamtmaße	7120 (8070) × 2450 × 2600	6820 (7820) × 2480 × 2635	
Ladefläche	5300 (6250) × 2350 mm	5000 (6000) × 2350 mm	
Reifen	10 R 22,5 Zwillings-Hinterräder	11 R 22,5 Zwillings-Hinterräder	
Fahrzeuggewicht	4625 (4750) kg	5175 (5300) kg	
Zuläss. Gesamtgewicht	13 000 kg	14 800 kg	
Bemerkungen	Für Sonderaufbauten auch Radstand 4830 oder 5170 mm F 130 S: Sattelzugmaschine Radstand 3200 mm F 130 K: Kipper 4 × 2 5 Gang-Getriebe Radstand 3200 mm Pritsche 3800 mm F 130 AK: Kipper 4 × 4 Doppel-5 Gang-Getriebe Radstand 3200 mm Pritsche 3800 mm	Für Sonderaufbauten auch Radstand 4830 oder 5170 mm F 150 S: Sattelzugmaschine Radstand 3200 mm F 150 K: Kipper 4 × 2 Doppel-5 Gang-Getriebe Radstand 3200 mm Pritsche 4200 mm F 150 AK: Kipper 4 × 4 Motor OM 360 mit 172 PS Doppel-6 Gang-Getriebe Radstand 3200 mm Pritsche 4200 mm	

Henschel F 141 S
Sattelzugmaschine mit
Vidal Pritschen-
Sattelanhänger
1967–1970

Henschel H 161 AS
Flugfeldfahrzeug
ca. 1968

Hanomag-Henschel H 161 AK
Dreiseiten-Kipper
1969–1973

	Henschel F 141 L 1967–1970	Henschel F 151 S 1967–1969	
Bauart	Frontlenker 4 × 2 Pritschenwagen	Frontlenker 4 × 2 Sattelzugmaschine	
Motor	Henschel Direkteinspritz-Dieselmotor	Henschel Direkteinspritz-Dieselmotor	
Zylinderzahl	6 (Reihe)	6 (Reihe)	
Bohrung × Hub	130 × 150 mm	130 × 150 mm	
Hubraum	11 943 ccm	11 943 ccm	
Leistung	186 PS bei 2150 U/min	215 PS bei 2150 U/min	
Getriebe	6 Gang	6 Gang	
Radstand	4350 mm	3350 mm	
Gesamtmaße	8330 × 2500 × 2900 mm	5800 × 2500 × 2960 mm	
Ladefläche	6100 (oder 6350) × 2350 mm	–	
Reifen	10,00–20 / PR 14, h. PR 16 Zwillings-Hinterräder	11,00–20 / PR 14 Zwillings-Hinterräder	
Fahrzeuggewicht	6375 kg	5800 kg	
Zuläss. Gesamtgewicht	14 900 kg	Sattelzug 38 000 kg	
Bemerkungen	F 141 K: Kipper 4 × 2 Radstand 3100 mm Pritsche 4000 mm F 141 S: Sattelzugmaschine Radstand 3350 mm Gesamtzug-Gewicht 31 000 kg		

	Henschel H 151 AK 1967–1969	Henschel H 161 K 1967–1969 Hanomag-Henschel H 161 K 1969–1973	Henschel H 191 K 1967–1969 Hanomag-Henschel H 191 K 1969–1973
Bauart	Haubenwagen 4 × 4 Kipper	Haubenwagen 4 × 2 Kipper	Haubenwagen 4 × 2 Kipper
Motor	Henschel Direkteinspritz-Dieselmotor	Henschel Direkteinspritz-Dieselmotor	
Zylinderzahl	6 (Reihe)	6 (Reihe)	
Bohrung × Hub	130 × 150 mm	130 × 150 mm	
Hubraum	11 943 ccm	11 943 ccm	
Leistung	186 PS bei 2150 U/min	230 PS bzw. (ab Herbst 1969) 240 PS bei 2150 U/min	
Getriebe	Doppel-6 Gang	6 Gang bzw. (bei 4 × 4) Doppel-6 Gang	
Radstand	4350 mm	4600 mm	
Gesamtmaße	7015 × 2450 × 2800 mm	7200 × 2450 × 2800 mm	
Ladefläche	4000 × 2300 mm	4200 × 2300 mm	
Reifen	10,00–20 / PR 16, h. PR 14 Zwillings-Hinterräder	12,00–20 / PR 16, h. PR 14 Zwillings-Hinterräder	
Fahrzeuggewicht	7200 kg	7400 kg	7800 kg
Zuläss. Gesamtgewicht	14 900 kg	16 000 kg	19 000 kg
Bemerkungen		H 161 AK: Kipper 4 × 4 Radstand 4350 mm Pritsche 4000 mm H 161 S: Radstand 4350 mm Sattelzugmaschine 4 × 2 H 161 AS: Radstand 4350 mm Sattelzugmaschine 4 × 4	H 191 L: Pritschenwagen Radstand 5600 mm Pritsche 6000 mm H 191 AK: Kipper 4 × 4 Radstand 4350 mm Pritsche 4000 mm H 191 S: Radstand 4350 mm Sattelzugmaschine 4 × 2 H 191 AS: Radstand 4350 mm Sattelzugmaschine 4 × 4

Henschel F 161 Absetz-Kipper, ca. 1968

Bauart
Motor
Zylinderzahl
Bohrung × Hub
Hubraum
Leistung
Getriebe
Radstand
Gesamtmaße
Ladefläche
Reifen

Fahrzeuggewicht
Zuläss. Gesamtgewicht

Bemerkungen

Hanomag-Henschel F 161 S Sattelzugmaschine 1969
Blumhardt-Pritschen-Sattelanhänger mit Luftfederung und lenkbarer 3. Achse

Bauart
Motor
Zylinderzahl
Bohrung × Hub
Hubraum
Leistung
Getriebe
Radstand
Gesamtmaße
Ladefläche
Reifen

Fahrzeuggewicht
Zuläss. Gesamtgewicht

Bemerkungen

Hanomag-Henschel F 193 AK Dreiseiten-Kipper 1969–1974

Henschel F 161 L
1967–1969
Hanomag-Henschel F 161 L
1969–1974

Frontlenker 4 × 2, Pritschenwagen
Henschel Direkteinspritz-Dieselmotor
6 (Reihe)
130 × 150 mm
11 943 ccm
230 PS bzw. (ab Herbst 1969) 240 PS bei 2150 U/min
6 Gang bzw. (bei 4 × 4) Doppel-6 Gang
4750 mm
8325 × 2500 × 2900 mm
6100 (oder 6350) × 2350 mm
12,00–20 / PR 16, hinten PR 14
Zwillings-Hinterräder
7125 kg
16 000 kg bzw. mit Anhänger 38 000 kg

F 161 LL (ab 1969): Pritschenwagen mit Luftfederung
F 161 S: Sattelzugmaschine, Radstand 3350 oder 3600 mm
F 161 SL (ab 1969): Sattelzugmaschine mit Luftfederung
F 161 AS: Sattelzugmaschine 4 × 4, Radstand 3625 mm
F 161 K: Kipper 4 × 2, Radstand 3800 bzw. (ab 1969) 3600 mm
F 161 AK: Kipper 4 × 4, Radstand 3625 mm, Pritsche 4500 mm
F 161 BM: Betonmischer-Fahrgestell, Radstand 3360 mm

Hanomag-Henschel F 163 L
1969–1974

Frontlenker 4 × 2, Pritschenwagen
Daimler-Benz OM 403 Direkteinspritz-Dieselmotor
V10 (90°-V-Form)
125 × 130 mm
15 950 ccm
320 PS bei 2500 U/min
8 + 1
4700 mm
8325 × 2500 × 2900 mm
6100 (oder 6350) × 2350 mm
12,00 R 20
Zwillings-Hinterräder
7600 kg
16 000 kg bzw. mit Anhänger 38 000 kg

F 163 LL: Pritschenwagen mit Luftfederung
F 163 S: Sattelzugmaschine, Radstand 3600 mm
F 163 SL: Sattelzugmaschine mit Luftfederung

F 163 K: Kipper 4 × 2, Radstand 3600 mm, Pritsche 4500 mm

Henschel F 191 L
1967–1969
Hanomag-Henschel F 191 L
1969–1974

Frontlenker 4 × 2, Pritschenwagen
Henschel Direkteinspritz-Dieselmotor
6 (Reihe)
130 × 150 mm
11 943 ccm
230 PS bzw. (ab Herbst 1969) 240 PS bei 2150 U/min
6 Gang bzw. (bei 4 × 4) Doppel-6 Gang
4750 (oder 5700) mm
8600 (10300) × 2500 × 2900 mm
6500 (8200) × 2350 mm
12,00–20
Zwillings-Hinterräder
7525 kg
19 000 kg

F 191 LL (ab 1969): Pritschenwagen mit Luftfederung
F 191 S: Sattelzugmaschine, Radstand 3350 oder 3600 mm
F 191 SL (ab 1969): Sattelzugmaschine mit Luftfederung
F 191 AS: Sattelzugmaschine 4 × 4, Radstand 3525 mm
F 191 K: Kipper 4 × 2, Radstand 3600 mm, Pritsche 4500 mm
F 191 AK: Kipper 4 × 4, Radstand 3625 mm, Pritsche 4500 mm

Hanomag-Henschel F 193 L
1969–1974

Frontlenker 4 × 2, Pritschenwagen
Daimler-Benz OM 403 Direkteinspritz-Dieselmotor
V10 (90°-V-Form)
125 × 130 mm
15 950 ccm
320 PS bei 2500 U/min
8 + 1
4700 mm
8325 × 2500 × 2900 mm
6000 × 2350 mm
12,00 R 20
Zwillings-Hinterräder
8000 kg
19 000 kg

F 193 LL: Pritschenwagen mit Luftfederung
F 193 S: Sattelzugmaschine, Radstand 3350 oder 3600 mm
F 193 SL: Sattelzugmaschine mit Luftfederung

F 193 AK: Kipper 4 × 4, Radstand 3600 mm

F 192 K: Kipper 4 × 2, Radstand 3600 mm
Motor OM 402 (V8, 256 PS)

Henschel F 201 S 2 A bzw. F 221 S 2 A
Container-Sattelzugmaschine 1967–1969

Hanomag-Henschel F 223 LN 1971–1974
Dreiachs-Fahrgestell mit Grundrahmen für Wechselaufbauten

	Henschel F 221 LE 1967–1969 Hanomag-Henschel F 221 LE 1969–1974	**Henschel F 221 LN 1967–1969 Hanomag-Henschel F 221 LN 1969–1974**	**Hanomag-Henschel F 223 LN 1971–1974**
Bauart	Frontlenker 6 × 4 Pritschenwagen Antrieb beide Hinterachsen	Frontlenker 6 × 2 Pritschenwagen Antrieb über Mittelachse	Frontlenker 6 × 2 Pritschenwagen Antrieb über Mittelachse
Motor	Henschel Direkteinspritz-Dieselmotor		Daimler-Benz OM 403 Direkteinspritz-Dieselmotor
Zylinderzahl	6 (Reihe)		V10 (90°-V-Form)
Bohrung × Hub	130 × 150 mm		125 × 130 mm
Hubraum	11 943 ccm		15 950 ccm
Leistung	230 PS bzw. (ab Herbst1969) 240 PS bei 2150 U/min		320 PS bei 2500 U/min
Getriebe	6 Gang		8 + 1
Radstand	4735 + 1350 mm	4585 + 1310 mm	4550 + 1320 mm
Gesamtmaße	9270 (9455) × 2500 × 2900 mm	9310 (9540) × 2500 × 2900 mm	9310 (9540) × 2500 × 2900 mm
Ladefläche	7000 (oder 7500) × 2350 mm	7000 (oder 7500) × 2350 mm	7000 (oder 7500) × 2350 mm
Reifen	10,00–20 / PR 16, h. PR 12 4 Zwillings-Hinterräder	11,00–20 / PR 16, h. PR 14 Mittelachse zwillings-, 3. Achse einfachbereift	12,00 R 20 Mittelachse zwillings-, 3. Achse einfachbereift
Fahrzeuggewicht	8500 kg	8000 kg	9000 kg
Zuläss. Gesamtgewicht	22 000 kg bzw. mit Anhänger 38 000 kg	22 000 kg bzw. mit Anhänger 38 000 kg	22 000 kg bzw. mit Anhänger 38 000 kg
Bemerkungen	F 221 LEL (ab 1969): mit Luftfederung hinten Radstand 4325 + 1450 mm F 221 S: Sattelzugmaschine 6 × 4 Radstand 2475 + 1310 mm F 221 K: Kipper 6 × 4 Radstand 2745 + 1310 mm Pritsche 4500 mm	F 221 LNL (ab 1969): mit Luftfederung hinten Radstand 4585 + 1450 mm F 221 MN: Müllwagen-Fahrgestell Radstand 4100 + 1310 mm F 221 TN: Tankwagen-Fahrgestell Radstand 4100 + 1310 mm	F 223 LNL: mit Luftfederung hinten Radstand 4550 + 1450 mm

	Henschel F 201 S 2 A 1967–1969 Hanomag-Henschel F 201 S 2 A 1969–1974	**Henschel F 221 S 2 A 1967–1969 Hanomag-Henschel F 221 S 2 A 1969–1974**	**Hanomag-Henschel F 203 S 2 1971–1974**
Bauart	Frontlenker 6 × 4 Sattelzugmaschine Vordere und mittlere Achse lenkbar Mittlere und dritte Achse angetrieben		Frontlenker 6 × 2 Sattelzugmaschine Vordere und mittl. Achse lenkbar Nur 3. Achse angetrieben
Motor	Henschel Direkteinspritz-Dieselmotor		Daimler-Benz OM 403 Direkteinspritz-Dieselmotor
Zylinderzahl	6 (Reihe)		V10 (90°-V-Form)
Bohrung × Hub	130 × 150 mm		125 × 130 mm
Hubraum	11 943 ccm		15 950 ccm
Leistung	230 PS bzw. (ab Herbst 1969) 240 PS bei 2150 U/min		320 PS bei 2500 U/min
Getriebe	6 Gang oder Doppel-6 Gang		8 + 1
Radstand	2300 + 1310 mm		2300 + 1310 mm
Gesamtmaße	6100 × 2500 × 2900 mm		6100 × 2500 × 2900 mm
Reifen	10,00–20 / PR 16 3. Achse zwillingsbereift	11,00–20 / PR 14 3. Achse zwillingsbereift	12,00 R 20 3. Achse zwillingsbereift
Fahrzeuggewicht	7250 kg	7250 kg	7750 kg
Zuläss. Gesamtgewicht	19 000 oder 20 000 kg Gesamtzug-Gewicht 38 000 kg	22 000 kg Gesamtzug-Gewicht 38 000 kg	19 000 oder 20 000 kg Gesamtzug-Gewicht 38 000 kg
Bemerkungen	F 201 S 2: Sattelzugmaschine 6 × 2 Nur 3. Achse angetrieben	F 221 S 2 AL (ab 1969): mit Luftfederung Radstand 2600 + 1450 mm	F 203 S 2 A: Antrieb 6 × 4 F 203 S 2 AL: Antrieb 6 × 4 Luftfederung Radstand 2600 + 1450 mm

Hanomag-Henschel F 221 K
Dreiseiten-Kipper 1969–1974

Mercedes-Benz LAPS 1632 Sattelzugmaschine
mit Muldenkipper-Sattelanhänger 1973

Bauart
Motor
Zylinderzahl
Bohrung × Hub, Hubraum
Leistung
Getriebe
Radstand
Gesamtmaße
Ladefläche
Reifen

Fahrzeuggewicht
Zuläss. Gesamtgewicht

Bemerkungen

Bauart
Motor
Zylinderzahl
Bohrung × Hub, Hubraum
Leistung
Getriebe
Radstand
Gesamtmaße
Ladefläche
Reifen

Fahrzeuggewicht
Zuläss. Gesamtgewicht

Bemerkungen

Bauart
Motor

Zylinderzahl
Bohrung × Hub, Hubraum
Leistung
Getriebe
Radstand
Gesamtmaße
Ladefläche
Reifen

Fahrzeuggewicht
Zuläss. Gesamtgewicht

Bemerkungen

<table>
<tr><th>Henschel H 221 AK
1967–1969
Hanomag-Henschel H 261 AK-22
1969–1974</th><th colspan="2">Henschel H 261 AK
1967–1969
Hanomag-Henschel H 261 AK
1969–1974</th><th></th></tr>
<tr><td colspan="3">Kipper, Haubenwagen 6 × 6
Henschel Direkteinspritz-Dieselmotor
6 (Reihe)
130 × 150 mm, 11 943 ccm
230 PS bzw. (ab Herbst 1969) 240 PS bei 2150 U/min
Doppel-6 Gang</td><td></td></tr>
<tr><td>3705 + 1310 mm
7575 × 2450 × 2800 mm
4500 × 2300 mm
10,00–20 / PR 16, h. PR 12
4 Zwillings-Hinterräder
9850 kg
22 000 kg</td><td>3705 + 1310 mm
7575 × 2450 × 2810 mm
4500 × 2300 mm
11,00–20 / PR 16, h. PR 14
4 Zwillings-Hinterräder
10 500 kg
26 000 kg

H 261 K: Kipper 6 × 4</td><td>4145 + 1310 mm
8075 × 2450 × 2810 mm
5000 × 2300 mm
11,00–20 / PR 16, h. PR 14
4 Zwillings-Hinterräder
11 000 kg
26 000 kg

H 261 K: Kipper 6 × 4</td><td></td></tr>
</table>

<table>
<tr><th>Henschel F 221 K
1967–1969
Hanomag-Henschel F 221 K
1969–1974</th><th>Henschel F 261 K
1967–1969
Hanomag-Henschel F 261 K
1969–1974</th><th>Henschel F 261 AK
1967–1969
Hanomag-Henschel F 261 AK
1969–1974</th><th>Henschel F 320 AK
1967–1969
Hanomag-Henschel F 320 AK
1969–1970</th></tr>
<tr><td>Kipper, Frontlenker 6 × 4</td><td>Kipper, Frontlenker 6 × 4</td><td>Kipper, Frontlenker 6 × 6</td><td>Muldenkipper, Frontl., 6 × 6</td></tr>
<tr><td colspan="4">Henschel Direkteinspritz-Dieselmotor
6 (Reihe)
130 × 150 mm, 11 943 ccm
230 PS bzw. (ab Herbst 1969) 240 PS bei 2150 U/min
Doppel-6 Gang</td></tr>
<tr><td>2745 + 1310 mm
6600 × 2450 × 2770 mm
4500 × 2300 mm
10,00–20 / PR 16, h. PR 12
4 Zwillings-Hinterräder
9000 kg
22 000 kg

F 261 BM 22:
Betonmischer-Fahrgestell</td><td>2745 + 1310 mm
6600 × 2450 × 2810 mm
4500 × 2300 mm
11,00–20 / PR 16, h. PR 14
4 Zwillings-Hinterräder
9500 kg
26 000 kg

F 261 BM 26:
Betonmischer-Fahrgestell</td><td>3245 + 1310 mm
7275 × 2450 × 2810 mm
4800 × 2300 mm
11,00–20 / PR 16, h. PR 14
4 Zwillings-Hinterräder
10 650 kg
26 000 kg</td><td>3000 + 1430 mm
7325 × 2500 × 3300 mm
4700 × 2200 mm (Mulde)
12,00–20 / PR 18
4 Zwillings-Hinterräder
12 800 kg
32 000 kg</td></tr>
</table>

<table>
<tr><th>Hanomag-Henschel F 162 K
1972–1974
Mercedes-Benz LPK 1632
1972–1974</th><th>Hanomag-Henschel F 163 AK
1972–1974
Mercedes-Benz LAPK 1632
1972–1974</th><th>Hanomag-Henschel F 223 K
1972–1974
Mercedes-Benz LPK 2232/6 × 4
1972–1974</th><th>Hanomag-Henschel F 263 AK
1972–1974
Mercedes-Benz LAPK 2632/6 × 6
1972–1974</th></tr>
<tr><td>Kipper, Frontlenker 4 × 2</td><td>Kipper, Frontlenker 4 × 4</td><td>Kipper, Frontlenker 6 × 4</td><td>Kipper, Frontlenker 6 × 6</td></tr>
<tr><td colspan="2">Daimler-Benz OM 402
Direkteinspritz-Dieselmotor
V8 (90°-V-Form)
125 × 130 mm, 12 760 ccm
256 PS bei 2500 U/min
8 Gang</td><td colspan="2">Daimler-Benz OM 403
Direkteinspritz-Dieselmotor
V10 (90°-V-Form)
125 × 130 mm, 15 950 ccm
320 PS bei 2500 U/min
8 Gang</td></tr>
<tr><td>3600 mm
6800 × 2500 × 2900 mm
4500 × 2300 mm
12,00–20
Zwillings-Hinterräder
8000 kg
16 000 kg</td><td>3600 mm
6800 × 2500 × 2900 mm
4500 × 2300 mm
12,00–20
Zwillings-Hinterräder
8350 kg
16 000 kg</td><td>2730 + 1340 mm
6600 × 2500 × 2900 mm
4500 × 2300 mm
11,00–20
4 Zwillings-Hinterräder
9500 kg
22 000 kg</td><td>3220 + 1310 mm
7500 × 2500 × 2900 mm
4800 × 2300 mm
11,00–20
4 Zwillings-Hinterräder
11 200 kg
26 000 kg

F 263 K bzw. LPK 2632/6 × 4:
Kipper 6 × 4</td></tr>
</table>

Opel-Blitz (bis 1975)
Bedford-Blitz (1973–1987)

In den dreißiger Jahren war Opel nicht nur die größte deutsche Personenwagen-, sondern auch die größte deutsche Lastwagenmarke. Für diese überragende Position sorgte vor allem der berühmte Opel-Blitz mit zunächst 2,5 und später 3 t Nutzlast. Um dessen kolossalen Erfolg weiterhin zu sichern, erbaute die Adam Opel AG. eigens hierfür ein hochmodernes Montagewerk in Brandenburg. Es wurde 1944 durch einen Luftangriff total zerstört, dann bis Kriegsende weitgehend wieder aufgebaut und schließlich nach der Kapitulation von der sowjetischen Siegermacht restlos demontiert. Für Opel war somit das Lastwagenwerk Brandenburg endgültig verloren. Daß der

Opel-Blitz Dreitonner in den allerersten Nachkriegsjahren

dennoch eine wichtige Rolle spielte, hatte sich aus besonderen Umständen ergeben. Bekanntlich mußte das Werk Mannheim der Daimler-Benz AG. statt des eigenen Dreitonners ab 1944 den Opel-Blitz 3 t für die Wehrmacht herstellen. Die Produktion des Dreitonners konnte schon im Juni 1945 weitergeführt werden. Dies geschah einvernehmlich mit der Adam Opel AG., die aber von nun an die Hälfte der hergestellten Wagen für sich und zum Verkauf durch die eigenen Händler beanspruchte. Als dann Daimler Mitte 1949 wieder einen eigenen Typ dieser Größenordnung herausbrachte, der übrigens konstruktiv noch weitgehend auf dem Blitz-Dreitonner basierte, übernahm Opel sämtliche unverkauften Wagen sowie den Restbestand an Teilen und Halbfabrikaten. Opel setzte daraus bis 1954 nach und nach weitere 467 Dreitonner zusammen, großenteils übrigens als Omnibus-Fahrgestelle mit langem Radstand. Von den 11 000 Wagen, die nach dem Krieg insgesamt gebaut wurden, hat Opel etwa 6000 und Daimler etwa 5000 auf den Markt gebracht. Die Daten des Opel-Blitz 3 t stimmen genau mit jenen des Mercedes-Benz L 701 überein, wie sie auf Seite 77 des vorliegenden Buches verzeichnet sind. Nach der Abwicklung des in der Geschichte der deutschen Automobilindustrie immerhin bemerkenswerten Geschäftes bedankten sich die Generaldirektoren der beiden Firmen in betont freundschaftlichen Briefen gegenseitig für die angenehme und verständnisvolle Zusammenarbeit.

Der »kleine« Opel-Blitz und seine Nachfolger

Auch der »kleine« Opel-Blitz hat schon vor dem Krieg erheblich zum höheren Ruhm von Opel als Lastwagenmarke beigetragen. Aus dem früheren Eintonner (mit dem Motor des Opel Olympia) war 1938 ein 1,5 Tonner (mit dem Motor des Opel Kapitän) geworden, der bis 1942 gefertigt wurde, und zwar in Rüsselsheim, nicht etwa in Brandenburg. Seine Produktion wurde im Juli 1946 wieder aufgenommen, und er blieb viele Jahre lang unangefochten der Marktführer unter den kleinen Lastwagen. Der drehmomentstarke und hochelastische Sechszylinder-Motor verhalf dem Auto zu beachtlicher Leistung, verbunden mit einem Fahr- und Bedienungskomfort, wie ihn vergleichbare Dieselfahrzeuge kaum jemals bieten konnten. Selbst der Verbrauch blieb durchaus erträglich, wobei übrigens viele Besitzer des kleinen Blitz die Kosten mit Hilfe einer Treibgasanlage drastisch zu mindern wußten. Dadurch hatte zwar der Fahrer etwas mehr zu tun, die Motorleistung aber blieb uneingeschränkt verfügbar. Auch der Umstand, daß der 1,5 Tonner vom ersten Exemplar an komplett in friedensmäßiger Ausstattung geliefert wurde, trug damals zu seiner Beliebtheit erheblich bei.

Der Opel-Blitz 1,75 t, der ab Jahresbeginn 1952 den 1,5 t ablöste, unterschied sich vom Vorgänger praktisch nur durch die amerikanisierte Formgebung des Fahrerhauses und seines Vorbaus. Auch er blieb zwar noch der Marktführer, bekam es aber mit zunehmend harter Konkurrenz zu tun, die ihm in Gestalt des Hanomag Diesel 1,5 t und des Mercedes-Benz Transporters L 319 nunmehr entgegentraten.

Im Gegenzug brachte Opel 1960 den 1,9 t heraus, der außer einem neuen Sechszylinder-Motor vor allem eine modernere Konzeption mit kurzer, nach vorn abfallender Motorhaube besaß. Daß das Styling dieses Wagens kaum Beifall fand, bedeutete wenig, weil diesbezüglich auch die beiden Hauptkonkurrenten keine bessere Figur machten.

Als 1965 die Produktionszahlen bedrohlich abgesunken waren, versuchte Opel nochmals mit einem neuen Modell die Lage zu retten. Endlich hatte man ein geradezu mustergültig schönes Styling zustandegebracht, und der Sechszylinder-Motor wurde vorerst durch einen »optisch« sparsamer aussehenden Vierzylinder ersetzt. Aber den Dieselmotor, den der Markt halt dringend verlangte, hatte man offenbar verschlafen. Als Notlösung baute Opel schließlich ab 1968 wahlweise einen Peugeot Dieselmotor ein, der dem letzten Opel Lastwagen auch tatsächlich vorübergehend zu einem Aufschwung verhalf und sich bald in der Hälfte aller gelieferten Wagen deutlich vernehmbar machte. Angesichts des florierenden Personenwagengeschäfts verloren Werk und Händler mehr und mehr das Interesse am Opel-Blitz, bis man auf seine Produktion endgültig verzichtete. Im Januar 1975 wurden die letzten Wagen fertiggestellt.

Produktion

	1946	**1947**	**1948**	**1949**	**1950**	**1951**	**1952**	**1953**	**1954**	**1955**
Blitz 1,5 t	839	3 219	7 063	11 574	7 654	6 768				
Blitz 1,75 t						2	10 374	9 730	13 130	12 235
Blitz 3 t					99	237	50	46	35	
	1956	**1957**	**1958**	**1959**	**1960**	**1961**	**1962**	**1963**	**1964**	**1965**
Blitz 1,75 t	12 642	11 375	9 602	9 505	1 172					
Blitz 1,9 t					4 743	10 611	8 313	8 258	7 637	5 539
	1966	**1967**	**1968**	**1969**	**1970**	**1971**	**1972**	**1973**	**1974**	**1975**
Blitz 1,7 bis 2,4 t	7 722	3 540	4 070	7 202	6 461	5 201	4 614	4 398	3 070	58
										Gesamtzahl: 218 788

Opel-Blitz 3 t
Polizei-Mannschaftswagen
ca. 1950

Opel-Blitz 3 t
Feuerwehr-Drehleiter DL 17
Aufbau: Metz (Karlsruhe)
1951

Opel-Blitz 3 t
Polizeifahrzeug
ca. 1950

Opel-Blitz 1,5 t
Pritschenwagen
1946–1951

Opel-Blitz 1,5 t
Viehtransportwagen
Aufbau: Voll
1946–1951

Opel-Blitz 1,5 t
Landpostwagen
Aufbau: Voll
1946–1951

Opel-Blitz 1,75 t
Pritschenwagen
1952–1960

Opel-Blitz 1,75 t
Kofferwagen
Aufbau: Westfalia
1952–1960

Opel-Blitz 1,75 t
Stadtlieferwagen
Aufbau: Kässbohrer
1952–1960

	Opel-Blitz (Nutzlast 1,5 t) 1946–1951	Opel-Blitz (Nutzlast 1,75 t) 1952–1960	Opel-Blitz (Nutzlast 1,9 t) 1960–1965
Bauart	Leichter Hauben-Lastwagen	Leichter Hauben-Lastwagen	Le. Kurzhauben-Lastwagen
Motor	Opel 2,5 Liter Vergasermotor	Opel 2,5 Liter Vergasermotor	Opel 2,6 Liter Vergasermotor
Zylinder	6 (Reihe), 80 × 82 mm	6 (Reihe), 80 × 82 mm	6 (Reihe), 85 × 76,5 mm
Hubraum	2473 ccm	2473 ccm	2605 ccm
Leistung	55 PS bei 3500 U/min	58 PS bzw. (ab 1955) 62 PS bei 3700 U/min	70 PS bei 3600 U/min
Getriebe	4 Gang	4 Gang	4 Gang
	Pritschenwagen	**Pritschenwagen**	**Pritschenwagen**
Radstand	3250 mm	3300 oder 3750 mm	3000 oder 3300 mm
Pritsche	2900 × 1800 mm	2900 (3800) × 1800 mm	2900 (3800) × 1970 mm
Gesamtmaße	5410 × 1940 × 1875 mm (Höhe über Fahrerhaus)	5670 (6560) × 1940 × 1950 mm (Höhe über Fahrerhaus)	5170 (6070) × 2100 × 2250 mm (Höhe über Fahrerhaus)
Reifen	6,00–18 extra Transport Zwillings-Hinterräder	6,00–18 extra Transport Zwillings-Hinterräder	6,00–18 extra Transport Zwillings-Hinterräder
Wagengewicht	1675 kg	1750 (1835) kg	1815 (1890) kg
Zuläss. Gesamtgewicht	3400 kg	3600 bzw. (ab 1955) 3800 kg	3800 kg
Preis	1950: DM 7850,–	1955: DM 8250,–	1964: DM 9500,–
			Kastenwagen
Radstand			3000 oder 3300 mm
Laderaum			3000 (3900) × 1880 × 1630
Gesamtmaße			5270 (6170) × 2065 × 2840
Wagengewicht			1970 (2070) kg
Bemerkungen	Für Sonderaufbauten auch Radstand 3700 und 4100 mm	Für Krankenwagen u. ä. Sonderaufbauten Reifen 7,50–17 extra, Einzel-Hinterräder	

	Opel-Blitz (Nutzlast 1,7 und 1,9 t) 1965–1975	Opel-Blitz (Nutzlast 2,1 und 2,4 t) 1966–1975	Opel-Blitz (Nutzlast 2,1 und 2,4 t) 1968–1975
Bauart	Leichter Kurzhauben-Lastwagen		
Motor	Opel 1,9 Liter Vergasermotor	Opel 2,5 Liter Vergasermotor	Peugeot XDP 4,90 Wirbelkammer-Dieselmotor
Zylinder	4 (Reihe), 93 × 69,8 mm	6 (Reihe), 87 × 69,8 mm	4 (Reihe), 90 × 83 mm
Hubraum	1897 ccm	2490 ccm	2112 ccm
Leistung	70 PS bei 5000 U/min	80 PS bei 4500 U/min	60 PS bei 4500 U/min
Getriebe	4 Gang oder (ab Mitte 1970 auch) 5 Gang		
	Pritschenwagen		
Radstand	3000, 3300 oder 3750 mm		
Pritsche	2800 (3300) (3950) × 1970 mm		
Gesamtmaße	5040 (5540) (6190) × 2190 × 2445 mm (Höhe über Fahrerhaus)		
Reifen	1,7 t: 6,50–17 L / PR 6 1,9 t: 6,50–17 L / PR 8 Zwillings-Hinterräder	2,1 t: 6,50–17 L / PR 8 2,4 t: 6,50–17 L / PR 10 oder 6,50–17 XC Michelin Zwillings-Hinterräder	
Wagengewicht	1710 (1790) (1850) kg	2,1 t: 1750 (1830) (1890) kg; 2,4 t: + 35 kg	
Zuläss. Gesamtgewicht	3475 bzw. 3700 kg	4000 bzw. 4350 kg	
	Kastenwagen		
Radstand	3000, 3300 oder 4750 mm		
Laderaum	3000 (3500) (4150) × 1880 × 1630 mm		
Gesamtmaße	5270 (5770) (6420) × 2080 × 2440 mm		
		Kastenwagen (hohe Ausführung)	
Radstand		3000, 3300 oder 3750 mm	
Laderaum		2970 (3470) (4120) × 1880 × 1730 mm	
Gesamtmaße		5150 (5650) (6300) × 2080 × 2850 mm	

Opel-Blitz 1,9 t
Pritschenwagen
1960–1965

Opel-Blitz 1,9 t
Pritschenwagen
mit Doppelkabine
1960–1965

Opel-Blitz 1,9 t
Löschfahrzeug LF 8
Aufbau: Magirus
1963

Opel-Blitz 1,9 t
Mannschaftswagen
19 Sitze
Hamburger Polizei
1960–1965

Opel-Blitz
Pritschenwagen
1965–1975

Opel-Blitz
Kastenwagen
1965–1975

Opel-Blitz
Kastenwagen
(hohe Ausführung)
1966–1975

Der »Blitz« aus England

Bedford war die Nutzfahrzeugmarke der englischen Firma Vauxhall, welche (wie die Adam Opel AG. in Deutschland) zur amerikanischen General Motors Corporation gehört. Ende 1969 erschien der Bedford CF als neue, offensichtlich am Beispiel des Ford Transit orientierte Transporter-Reihe. Ab April 1973 wurde diese unter der Bezeichnung »Bedford Blitz« in das Verkaufsprogramm der Adam Opel AG. übernommen, die damals im Begriff war, die Produktion des eigenen Opel-Blitz Lastwagens aufzugeben.

Der Bedford Blitz trug auf der Motorhaube und auf dem Lenkrad den Opel-Pfeil, und auch sonst gaben sich die Rüsselsheimer damals eine Zeitlang die größte Mühe, das nach britischem Konstruktions- und Qualitätsstandard gebaute Fahrzeug den Ansprüchen des deutschen Marktes anzupassen. Dennoch blieben für hiesige Begriffe sowohl die Detailverarbeitung als auch der Fahr-, Federungs- und Bedienungskomfort unzureichend. Andererseits wurde bei kompakten Außenmaßen relativ viel Innenraum geboten, der Wagen war wendig und handlich, der Preis erschien recht günstig. Deshalb wohl sah man den Bedford Blitz auffallend häufig als Motor-Caravan. Allein 1970 wurden im Bundesgebiet 1100 solcher Wohnmobile zugelassen, was in der populären Klasse bis 2,8 Tonnen einem Marktanteil von 23 Prozent entsprach.

1987 hat General Motors das Bedford Lastwagen- und Omnibuswerk an eine englische Firmengruppe verkauft. Selbstverständlich war damit für die Adam Opel AG. das Kapitel Bedford beendet. Viel ist dabei sowieso nicht herausgekommen.

Bedford-Blitz Neuzulassungen in der Bundesrepublik

1973	1006
1974	2253
1975	3049
1976	3424
1977	3936
1978	4248
1979	3826
1980	3113
1981	2558
1982	1005
1983	371
1984	152
1985	97
1986	55
1987	36

←
←

Bedford-Blitz
Kastenwagen F 6
Pritschenwagen G 4
1973–1980

Bedford-Blitz
Hymermobil 1976
Voll Motorcaravan 1975

→
→

Bedford Blitz
1973–1980

Bauart	Kurzhauben-Großtransporter		
Motor	Vauxhall Normalbenzinmotor	Vauxhall Normalbenzinmotor	Ab Oktober 1975: Opel Wirbelkammer-Dieselmotor
Zylinder	4 (Reihe)	4 (Reihe)	4 (Reihe)
Bohrung × Hub	83,75 × 76,2 mm	97,54 × 76,2 mm	88 × 85 mm
Hubraum	1759 ccm	2278 ccm	2068 ccm
Leistung	68 PS = 50 kW b. 5200 U/min	80 PS = 59 kW b. 4600 U/min	60 PS = 44 kW b. 4400 U/min
Getriebe	4 Gang	4 Gang oder 3 Gang-Automatik	4 Gang
	Kastenwagen F 6, Kombi F 8		
Radstand	2692 mm		
Laderaum	2350 × 1680 × 1340 bzw. (mit Hochdach) 1700 oder 1850 mm		
Gesamtmaße	4300 × 1940 × 1950 bzw. (mit Hochdach) 2300 oder 2450 mm		
Reifen	185 SR 14, Einzel-Hinterräder		
Wagengewicht (mit Fahrer)	1405, Kombi 1470 kg, Automatik + 20, Diesel + 70 kg		
Zuläss. Gesamtgewicht	2340 kg		
	Pritschenwagen F 3		
Radstand	2692 mm		
Pritsche	2540 × 2000 mm		
Gesamtmaße	4510 × 2050 × 1930 mm (Höhe über Fahrerhaus)		
		Kastenwagen F 7, Kombi F 9	
Radstand		2692 mm	
Laderaum		2350 × 1680 × 1340 bzw. (mit Hochdach) 1700 oder 1850 mm	
Gesamtmaße		4300 × 1940 × 1950 bzw. (mit Hochdach) 2300 oder 2450 mm	
Reifen		195 R 14 C 6 PR, Einzel-Hinterräder	
Wagengewicht (mit Fahrer)		1415, Kombi 1480 kg, Automatik + 20, Diesel + 70 kg	
Zuläss. Gesamtgewicht		2540 kg	
		1973–1974: Kastenwagen H 8, Kombi H 9	
Reifen		205 R 14 C 6 PR, Einzel-Hinterräder	
Zuläss. Gesamtgewicht		2740 kg	
		Pritschenwagen F 4	
Radstand		2692 mm	
Pritsche		2540 × 2000 mm	
Gesamtmaße		4510 × 2030 × 1930 mm (Höhe über Fahrerhaus)	
Reifen		195 R 14 C 6 PR, Einzel-Hinterräder	
Wagengewicht (mit Fahrer)		1470 kg, Automatik + 20, Diesel + 70 kg	
Zuläss. Gesamtgewicht		2540 kg	
		Pritschenwagen H 7	
Reifen		205 R 14 C 6 PR, Einzel-Hinterräder	
Zuläss. Gesamtgewicht		2740 kg	

	Bedford Blitz 1973–1980	
Bauart	Kurzhauben-Großtransporter	
Motor	Vauxhall Normalbenzinmotor	Ab Oktober 1975: Opel Wirbelkammer-Dieselmotor
Zylinder	4 (Reihe)	4 (Reihe)
Bohrung × Hub	97,54 × 76,2 mm	88 × 85 mm
Hubraum	2278 ccm	2068 ccm
Leistung	80 PS = 59 kW b. 4600 U/min	60 PS = 44 kW b. 4400 U/min
Getriebe	4 Gang oder 3 Gang-Automatik oder (ab 1979 auch) 5 Gang	4 Gang oder (ab 1979 auch) 5 Gang
	Kastenwagen G 6, Kombi G 6	
Radstand	3200 mm	
Laderaum	2850 × 1680 × 1490 bzw. (mit Hochdach) 1850 mm	
Gesamtmaße	4800 × 1940 × 2130 bzw. (mit Hochdach) 2480 mm	
Reifen	205 R 14 C 6 PR, Einzel-Hinterräder	
Wagengewicht (mit Fahrer)	1530, Kombi 1605 kg, Automatik + 20, Diesel + 70 kg	
Zuläss. Gesamtgewicht	2800 kg	
	Pritschenwagen G 3	
Radstand	3200 mm	
Pritsche	3050 × 2000 mm	
Gesamtmaße	5205 × 2050 × 1940 mm (Höhe über Fahrerhaus)	
	Kastenwagen G 7	
Radstand	3200 mm	
Reifen	185 R 14 C 6 PR, Zwillings-Hinterräder	
Zuläss. Gesamtgewicht	3500 kg	
	Pritschenwagen G 4	
Radstand	3200 mm	
Reifen	185 R 14 C 6 PR, Zwillings-Hinterräder	
Zuläss. Gesamtgewicht	3500 kg	
	Großraum-Kastenwagen H 4 (ab Ende 1976)	
Radstand	3556 mm	
Laderaum	3600 × 1900 × 1840	
Gesamtmaße	5780 × 2070 × 2570	
Reifen	185 R 14 C 6 PR, Zwillings-Hinterräder	
Wagengewicht (mit Fahrer)	1940 kg, Automatik + 20, Diesel + 70 kg	
Zuläss. Gesamtgewicht	3500 kg	
	Pritschenwagen H 3 (ab Ende 1976)	
Radstand	3556 mm	
Pritsche	3550 × 2140 mm	
Gesamtmaße	5525 × 2190 × 1930 mm (Höhe über Fahrerhaus)	
Reifen	185 R 14 C 6 PR, Zwillings-Hinterräder	
Wagengewicht (mit Fahrer)	1745 kg, Automatik + 20, Diesel + 70, Plane + 50 kg	
Zuläss. Gesamtgewicht	3500 kg	

Bedford-Blitz Luxus-Kombi 1979–1980

	Bedford Blitz 1980–1987	
Bauart	Kurzhauben-Großtransporter	
Motor	Vauxhall Normalbenzinmotor	Opel Wirbelkammer-Dieselmotor
Zylinder	4 (Reihe)	4 (Reihe)
Bohrung × Hub	95 × 69,8 mm	92 × 85 mm
Hubraum	1956 ccm	2244 ccm
Leistung	76 PS = 56 kW bei 4500 U/min	63 PS = 46 kW bei 4000 U/min
Getriebe	4 Gang oder 5 Gang oder 3 Gang-Automatik	4 Gang oder 5 Gang
	Kastenwagen F 7, Kombi F 9	
Radstand	2692 mm	
Laderaum	2350 × 1680 × 1350 bzw. (mit Hochdach) 1850 mm	
Gesamtmaße	4410 × 1940 × 1950 bzw. (mit Hochdach) 2450 mm	
Reifen	185 R 14 C / 6 PR, Einzel-Hinterräder	
Wagengewicht (mit Fahrer)	1475 kg, Diesel + 70 kg	
Zuläss. Gesamtgewicht	2540 kg	
	Pritschenwagen F 4	
Radstand	2692 mm	
Pritsche	2540 × 2000 mm	
Gesamtmaße	4610 × 2050 × 1930 mm (Höhe über Fahrerhaus)	
Reifen	185 R 14 C / 6 PR, Einzel-Hinterräder	
Wagengewicht (mit Fahrer)	1525 kg, Diesel + 70 kg	
Zuläss. Gesamtgewicht	2540 kg	
	Kastenwagen G 6	
Radstand	3200 mm	
Laderaum	2850 × 1680 × 1490 bzw. (mit Hochdach) 1850 mm	
Gesamtmaße	4900 × 1940 × 2130 bzw. (mit Hochdach) 2480 mm	
Reifen	205 R 14 C / 6 PR, Einzel-Hinterräder	
Wagengewicht (mit Fahrer)	1605 kg, Diesel + 70 kg	
Zuläss. Gesamtgewicht	2800 kg	
	Pritschenwagen H 3	
Radstand	3556 mm	
Pritsche	3550 × 2140 mm	
Gesamtmaße	5620 × 2190 × 1930 mm (Höhe über Fahrerhaus)	
Reifen	185 R 14 C / 6 PR, Zwillings-Hinterräder	
Wagengewicht (mit Fahrer)	1780 kg, Diesel + 70 kg	
Zuläss. Gesamtgewicht	3500 kg	

Bedford-Blitz
Kastenwagen
1980–1987

Borgward, Goliath, Lloyd (bis 1961)

Die großen Borgward-Lastwagen

Die Gebäude der Bremer Borgward-Werke wurden im Krieg durch Luftangriffe fast total zerstört, wogegen der Maschinenpark weitgehend intakt blieb. Dieses Glück im Unglück machte es möglich, bereits im Juli 1945 die Produktion des Dreitonner-Lastwagens weiterzuführen. Es handelte sich dabei um jenen Typ 3000 S, der sich im Kriegseinsatz gut bewährt hatte. Dessen 3,8 Liter Vergasermotor wurde im März 1949 beim besser ausgestatteten Typ B 3000 D durch einen 5 Liter Diesel ersetzt.

Im Juli 1950 folgte der Borgward B 4000, äußerlich gleich, aber mit höherer Nutzlast und mit einem wachsenden Angebot verschiedener Ausführungen. Im November 1952 wird die Motorleistung von 85 auf 95 PS angehoben. Im Juli 1953 bringt Borgward den Typ B 4500 mit Zusatzgetriebe bei sonst gleicher Technik heraus. Der B 4000 bleibt im Programm. Seit März 1953 gibt es den B 4000 A mit Allrad-Antrieb, hauptsächlich geeignet als Baustellen- und Militärfahrzeug, den aber bald der B 4500 A ersetzt. Ab März 1953 erhalten B 4000 und B 4500 als einzige in Deutschland eine als Scheibenbremse am Getriebe ausgeführte Handbremse.

Im April 1951 brachte Borgward den 2 t-Lastwagen B 2000 heraus. Motor wie B 4000, jedoch 4 statt 6 Zylinder. Vorgestellt wurde der neue Typ mit Reifen 5,50–16, ab Serie aber 6,00–20. Der B 2500 (ab Juli 1954) unterscheidet sich vom B 2000 durch größere Reifen 6,50–20 und entsprechend höhere Nutzlast. Der B 2000 wird weitergebaut, aber fast nur noch exportiert. Ab September 1955 wird, als Abwandlung des B 2000 A für die Bundeswehr, der B 2500 A mit Allrad-Antrieb sowie wahlweise mit Vergaser- oder

Borgward B 3000 D Pritschenwagen 1949–1950

Dieselmotor angeboten. Ebenfalls ab September 1955 gibt es den Frontlenker B 2500 F für Omnibus- und Nutzfahrzeug-Sonderaufbauten. Ab September 1957 wird der 60 PS 3,3 Liter Diesel durch einen neu konstruierten 70 PS 3,3 Liter Dieselmotor ersetzt. Ab 1. 5. 1959 gelten neue Typenbezeichnungen. Der Borgward B 2500 wird zum B 522. Der Frontlenker in nunmehr endgültiger Ausführung heißt B 622. Er ist äußerlich vom gewichtigeren B 665 kaum zu unterscheiden.

Ab September 1957 erhalten alle Borgward B 4000 und B 4500 einen neu entwickelten 110 PS Dieselmotor. Sonst äußerlich und technisch keine wesentlichen Änderungen. Vom gleichen Zeitpunkt an wird der B 4500 auch als Frontlenker angeboten. Für Sonderaufbauten steht das Omnibus-Tiefrahmen-Fahrgestell BO 4500 mit 5300 mm Radstand sowohl in Hauben- als auch in Frontlenker-Ausführung zur Verfügung. Es kommen geschlossene Aufbauten in Betracht, aber auch eine überlange 6 Meter-Pritsche mit geteilter Bordwand, Nutzlast 4200 kg, bestimmt für sperrige Ladegüter. Ab 1. 5. 1959 wird der B 4500 zum B 555. Die seitherigen B 4500 Frontlenker, welche nicht so recht überzeugten, werden durch den neuen Frontlenkertyp B 655 ersetzt, der in seiner konstruktiven und äußeren Gestaltung gut gefällt. Durch den Zusammenbruch der Firma verschwand er allerdings bald wieder vom Markt.

Produktion

Lastwagen	B 2000	B 2500 B 522	B 622	B 2000 A *)	B 3000	B 4000 B 533 B 544	B 4500 B 555	B 655	B 4500 A B 555 A	
1945					372					372
1946					792					792
1947					679					679
1948					903					903
1949					1 378					1 378
1950					516	513				1 029
1951					1	2 080				2 981
1951	1 611					2 115				3 726
1953	1 138					1 513	567			3 218
1954	777	619				61	1 195			2 652
1955	237	1 234		656		370	2 111			4 608
1956	110	718		2 081		193	1 744			4 846
1957	155	665		2 654		201	457		445	4 577
1958	99	657		838		218	387		375	2 574
1959	36	803	518	298		197	612	17	808	3 289
1960	4	1 040	1 359	83		155	486	343	670	4 140
1961		308	606	148		46	175	108	396	1 787
1962		3	4			1	17	2	4	31
1963										
1964				104						104
1965				28						28
1966				6						6
	5 067	6 074	2 487	6 896	4 641	7 663	7 751	470	2 698	43 720

Omnibusse	BO 2000	BO 2500			BO 3000	BO 4000	BO 4500			
1949					54					54
1950					48					48
1951						15				15
1952	74					96				170
1953	110					72	13			195
1954	32	29					39			105
1965		32					12			44
	216	61			102	183	64			631

*) Gelände-Kfz für Bundeswehr, Bundesgrenzschutz und Katastrophenschutz

Borgward B 4000
Dreiseiten-Kipper
Aufbau: Meiller
1950–1957

Borgward B 4500
Pritschenwagen
1953–1957

Borgward B 4500 A
Gerätewagen des Technischen Hilfswerks
Aufbau: Kässbohrer
1953–1957

	Borgward B 3000 S 1945–1949	Borgward B 3000 D 1949–1950	Borgward B 4000 1950–1957
Bauart	Hauben-Lastwagen 4 × 2	Hauben-Lastwagen 4 × 2	Hauben-Lastwagen 4 × 2
Motor	Borgward B 3000 Vergasermotor	Borgward D 6 M 5 Wirbelkammer-Dieselmotor	Borgward D 6 M 5 Wirbelkammer-Dieselmotor
Zylinder	6 (Reihe), 85 × 110 mm	6 (Reihe), 90 × 130 mm	6 (Reihe), 90 × 130 mm
Hubraum	3745 ccm	4962 ccm	4962 ccm
Leistung	78 PS bei 3000 U/min	75 PS bei 2000 U/min	85 PS bei 2250 U/min bzw. (ab Nov. 1952) 95 PS bei 2400 U/min
Getriebe	5 Gang	5 Gang	5 Gang
	Pritschenwagen	**Pritschenwagen**	**Pritschenwagen**
Radstand	3700 mm	3700 oder 4200 mm	4200 mm
Pritsche	4000 × 2100 mm	4000 (4600) × 2100 mm	4400 × 2200 mm
Gesamtmaße	6450 × 2350 × 2200 mm (Höhe über Fahrerhaus)	6450 (7050) × 2350 × 2200 mm (Höhe über Fahrerhaus)	6935 × 2400 × 2225 mm (Höhe über Fahrerhaus)
Reifen	190 × 20″ Zwillings-Hinterräder	7,50–20 eHD Zwillings-Hinterräder	8,25–20 eHD Zwillings-Hinterräder
Wagengewicht (mit Fahrer)	2790 kg	3015 (3065) kg	3500 kg
Zuläss. Gesamtgewicht	6190 kg	6415 kg	7500 kg
Nutzlast	3400 kg	3400 kg	4000 kg
Bemerkung			Ab 1952 auch als Kipper (Radstand 3800 mm) oder als Sattelzugmaschine (Radstand 3400 mm) sowie mit Zusatzgetriebe oder mit Allrad-Antrieb lieferbar

	Borgward B 4500 1953–1957	Borgward B 4500 A 1953–1957
Bauart	Hauben-Lastwagen 4 × 2	Hauben-Lastwagen 4 × 4
Motor	Borgward D 6 M 5 Wirbelkammer-Dieselmotor	Borgward D 6 M 5 Wirbelkammer-Dieselmotor
Zylinder	6 (Reihe), 90 × 130 mm	6 (Reihe), 90 × 130 mm
Hubraum	4962 ccm	4962 ccm
Leistung	95 PS bei 2400 U/min	95 PS bei 2400 U/min
Getriebe	5 Gang + Zusatzgetriebe	5 Gang + Vorgelege
	Pritschenwagen	**Pritschenwagen**
Radstand	4200 mm	4200 mm
Pritsche	4400 × 2200 mm	4400 × 2200 mm
Gesamtmaße	6850 × 2340 × 2225 mm (Höhe über Fahrerhaus)	7045 × 2400 × 2340 mm (Höhe über Fahrerhaus)
Reifen	8,25–20 eHD Zwillings-Hinterräder	8,25–20 eHD Zwillings-Hinterräder
Wagengewicht (mit Fahrer)	3545 kg	3905 kg
Zuläss. Gesamtgewicht	8045 kg	8045 kg
Nutzlast	4500 kg	4140 kg
	Dreiseiten-Kipper	**Dreiseiten-Kipper**
Radstand	3800 mm	3800 mm
Pritsche	3600 × 2100 mm	3600 × 2100 mm
Wagengewicht (mit Fahrer)	3900 kg	4275 kg
	Sattelzugmaschine	
Radstand	3400 mm	
Sattelzug-Gesamtgewicht	17 265 kg	

Borgward B 2000
Pritschenwagen
1951–1957

Borgward B 2500 A
Melktankwagen
1957

Borgward B 522 A
Tanklöschfahrzeug
TLF 8 des Katastrophenschutzes
Aufbau: Voll
Ausrüstung: Ziegler
1959

Borgward B 622
Pritschenwagen
1959–1961

Bauart
Motor

Zylinder
Hubraum
Leistung
Getriebe

Radstand
Pritsche
Gesamtmaße

Reifen

Wagengewicht (mit Fahrer)
Zuläss. Gesamtgewicht
Nutzlast

Radstand
Sattelzug-Gesamtgewicht
Nutzlast

Bauart
Motor

Zylinder
Hubraum
Leistung
Getriebe

Radstand
Pritsche
Gesamtmaße

Reifen

Wagengewicht (mit Fahrer)
Zuläss. Gesamtgewicht
Nutzlast

Radstand
Laderaum
Gesamtmaße

Bemerkung

Borgward B 2000 **1951–1957**	**Borgward B 2500** **1954–1957**	**Borgward B 2500 A** **1955–1957**	**Borgward B 2500 A–O** **1955–1957**
Hauben-Lastwagen 4 × 2	Hauben-Lastwagen 4 × 2	Hauben-Lastwagen 4 × 4	Hauben-Lastwagen 4 × 4
	Borgward D 4 M 3,3		Borgward 6 M 2,4 A
	Wirbelkammer-Dieselmotor		Vergasermotor
	4 (Reihe), 90 × 130 mm		6 (Reihe), 78 × 81,5 mm
	3308 ccm		2337 ccm
	60 PS bei 2600 U/min		80 PS bei 4000 U/min
4 Gang	4 Gang	4 Gang + Vorgelege	4 Gang + Vorgelege
Pritschenwagen	**Pritschenwagen**	**Dreiseiten-Kipper**	**Dreiseiten-Kipper**
3400 oder 3800 mm	3400 oder 3800 mm	3400 mm	3400 mm
3200 (3800) × 2000 mm	3200 (3800) × 2000 mm	3000 × 1900 mm	3000 × 1900 mm
5600 (6160) × 2200 × 1950 mm	5600 (6160) × 2200 × 1960 mm	5555 × 2200 × 2250 mm	5555 × 2200 × 2250 mm
(Höhe über Fahrerhaus)	(Höhe über Fahrerhaus)	(Höhe über Fahrerhaus)	(Höhe über Fahrerhaus)
6,00–20	6,50–20	6,50–20 Gelände	6,50–20 Gelände
Zwillings-Hinterräder	Zwillings-Hinterräder	Zwillings-Hinterräder	Zwillings-Hinterräder
2130 (2175) kg	2260 (2305) kg	2600 kg	2600 kg
4500 kg	4850 kg	5000 kg	5000 kg
2370 (2325) kg	2590 (2545) kg	2400 kg	2400 kg
	Sattelzugmaschine		
	3400 mm		
	8500 kg		
	ca. 4500 kg		
Borgward B 2500 F **1957–1959** **Borgward B 622** **1959–1961**	**Borgward B 2500** **1957–1959** **Borgward B 522** **1959–1961**	**Borgward B 2500 A** **1957–1959** **Borgward B 522 A–D** **1959–1961**	**Borgward B 2500 A–O** **1957–1959** **Borgward B 522 A–O** **1959–1961**
Frontlenker-Lastwagen 4 × 2	Hauben-Lastwagen 4 × 2	Hauben-Lastwagen 4 × 4	Hauben-Lastwagen 4 × 4
	Borgward D 4 M 3,3 II		Borgward 6 M 2,3 A II
	Wirbelkammer-Dieselmotor		Vergasermotor
	4 (Reihe), 94 × 120 mm		6 (Reihe), 75 × 84,5 mm
	3331 ccm		2338 ccm
	70 PS bei 2800 U/min		82 PS bei 4000 U/min
4 Gang	4 Gang	4 Gang + Vorgelege	4 Gang + Vorgelege
Pritschenwagen	**Pritschenwagen**	**Pritschenwagen**	**Pritschenwagen**
2800 oder 3200 mm	3400 oder 3800 mm	3400 mm	3400 mm
3800 (4500) × 2100 mm	3200 (3800) × 2000 mm	3200 × 2000 mm	3200 × 2000 mm
5900 (6500) × 2290 × 2365 mm	5550 (6180) × 2200 × 2100 mm	5550 × 2200 × 2250 mm	5550 × 2200 × 2250 mm
(Höhe über Fahrerhaus)	(Höhe über Fahrerhaus)	(Höhe über Fahrerhaus)	(Höhe über Fahrerhaus)
6,50–20	6,50–20	6,50–20 Gelände	6,50–20 Gelände
Zwillings-Hinterräder	Zwillings-Hinterräder	Zwillings-Hinterräder	Zwillings-Hinterräder
2550 (2670) kg	2285 (2325) kg	2550 kg	2550 kg
5540 (5595) kg	5285 (5325) kg	5000 kg	5000 kg
2990 (2980) kg	3000 kg	2450 kg	2450 kg
Möbelwagen	**Sattelzugmaschine**		
3600 mm	3400 mm		
5000 × 2050 × 2200 mm			
7050 × 2250 × 3280 mm			
Für Sonderaufbauten auch Radstand 3400 mm lieferbar			

Borgward B 555
Dreiseiten-Kipper
1959–1961

Borgward B 655
Pritschenwagen
1959–1961

Borgward B 655
mit Kässbohrer
Möbelaufbau und
Möbelanhänger
1959

	Borgward B 4000 1957–1959 Borgward B 533 1959–1961	Borgward B 4000 1957–1959 Borgward B 544 1959–1961
Bauart	Hauben-Lastwagen 4 × 2	Hauben-Lastwagen 4 × 2
Motor	Borgward D 6 M 5 II Wirbelkammer-Dieselmotor	
Zylinder	6 (Reihe), 94 × 120 mm, 4966 ccm	
Leistung	110 PS bei 2800 U/min	
Getriebe	5 Gang	
	Pritschenwagen	**Pritschenwagen**
Radstand	4200 mm	4200 mm
Pritsche	4250 × 2200 mm	4250 × 2200 mm
Gesamtmaße	6850 × 2400 × 2210 mm (Höhe über Fahrerhaus)	6850 × 2400 × 2225 mm (Höhe über Fahrerhaus)
Reifen	7,50–20 eHD Zwillings-Hinterräder	8,25–20 eHD Zwillings-Hinterräder
Wagengewicht (mit Fahrer)	3425 kg	3460 kg
Zuläss. Gesamtgewicht	7200 kg	7460 kg
Nutzlast	3775 kg	4000 kg
		Dreiseiten-Kipper
Radstand		3800 mm
Pritsche		3400 × 2100 mm

	Borgward B 4500 1957–1959 Borgward B 555 1959–1961	Borgward B 4500 A 1957–1959 Borgward B 555 A 1959–1961	Borgward B 655 1959–1961
Bauart	Hauben-Lastwagen 4 × 2	Hauben-Lastwagen 4 × 4	Frontlenker-Lastwagen 4 × 2
Motor	Borgward D 6 M 5 II Wirbelkammer-Dieselmotor		
Zylinder	6 (Reihe), 94 × 120 mm, 4966 ccm		
Leistung	110 PS bei 2800 U/min		
Getriebe	5 Gang + Zusatzgetriebe	5 Gang + Vorgelege	5 Gang
	Pritschenwagen	**Pritschenwagen**	**Pritschenwagen**
Radstand	4200 mm	4200 mm	3200 oder 3700 mm
Pritsche	4250 × 2200 mm	4250 × 2200 mm	4250 (5250) × 2200 mm
Gesamtmaße	6850 × 2400 × 2470 mm (Höhe über Fahrerhaus)	6850 × 2400 × 2485 mm (Höhe über Fahrerhaus)	6320 (7230) × 2420 × 2470 mm (Höhe über Fahrerhaus)
Reifen	8,25–20 eHD / PR 14 Zwillings-Hinterräder	8,25–20 eHD / PR 14 Zwillings-Hinterräder	8,25–20 eHD oder 8,25–20 verstärkt Zwillings-Hinterräder
Wagengewicht (mit Fahrer)	3545 kg	4050 kg	3700 (3780) kg
Zuläss. Gesamtgewicht	8495 kg	8800 kg	8800 kg bzw. (mit verst. Reifen) 9300 kg
Nutzlast	4950 kg	4750 kg	5100 bzw. 5600 kg
	Dreiseiten-Kipper	**Dreiseiten-Kipper**	
Radstand	3800 mm	3800 mm	
Pritsche	3400 × 2100 mm	3400 × 2100 mm	
	Sattelzugmaschine		
Radstand	3400 mm		

Die kleinen Borgward Lastwagen und Transporter

Über zwei Jahre nach dem Dreitonner ging im Dezember 1947 auch der kleine Lastwagen Borgward B 1000 wieder in die Serie. Dieser war erst 1939 als Nachfolger des Borgward Expreß herausgekommen und bis 1943 gebaut worden. Die im ersten Halbjahr 1948 bis zur Währungsreform gefertigten Fahrzeuge wiesen freilich außen und innen eine ziemlich dürftige Ausstattung auf. Ab August 1949 ersetzte der Borgward B 1250 den B 1000. Vom Vorgänger unterschied er sich durch den 1,5 Liter 48 PS-Motor, anderes Getriebe, andere Lenkung, die Chrom-Radkappen vom Hansa 1500 und natürlich durch die höhere Nutzlast.

Ab Dezember 1951 erhielt der Borgward B 1250 ein breiteres Fahrerhaus sowie eine andere Motorhaube. In dieser Ausführung wurde er bis Oktober 1952 hergestellt. Den Nachfolger Borgward B 1500 gab es wahlweise mit 1,8 Liter Vergaser- oder mit 1,8 Liter Dieselmotor, beide übernommen aus dem Personenwagen Hansa 1800. Die Produktion des B 1500 D begann im August 1952, die des B 1500 O im November 1952.

Im April 1954 erhielt der B 1500, wie übrigens schon ein Jahr vorher auf der Frankfurter Automobil-Ausstellung gezeigt, ein um weitere 100 mm verbreitertes Fahrerhaus sowie ein amerikanisiertes Gesicht, unübersehbar dem damaligen Opel-Blitz nachempfunden (genau wie der Hanomag 1,5 t). Ab September 1954 wird der 1,8 Liter Vergasermotor aus dem nicht mehr gebauten Hansa 1800 durch den 1,5 Liter Vergasermotor aus der eben in Serie gegangenen Isabella ersetzt. Unverändert 60 PS Leistung, aber geringeres Drehmoment. Ab 1. 5. 1959 erhält der B 1500 die neue Typenbezeichnung B 511. Die Produktion dieser Hauben-Lastwagen läuft bis zum Jahresende 1960.

Auf der Frankfurter Automobil-Ausstellung September 1957 hatte Borgward mit einem neuen Frontlenker-Transporter überrascht. Dieser hieß zunächst B 1500 F (F = Frontlenker), dann ab Mai 1959 Borgward B 611. Er besaß die gleichen, jedoch unterflur eingebauten Motoren, aber eine höhere Nutzlast als der B 1500 bzw. B 511. Die Produktion der Frontlenker lief bis Herbst 1961.

Borgward Kleinlastwagen- und Transporter-Produktion

	B 1000	B 1250	B 1500 (D) B 511 (D)	B 1500 F (D) B 611 (D)	B 1500 (O) B 511 (O)	B 1500 F (O) B 611 (O)	BO 611 Bus	
1947	4							**4**
1948	2 022							**2 022**
1949	4 643	1 968						**6 611**
1950		5 242						**5 242**
1951		2 829						**2 829**
1952		1 969	985		152			**3 096**
1953			2 410		650			**3 060**
1954			3 384		664			**4 048**
1955			3 314		1 120			**4 434**
1956			2 171		1 522			**3 693**
1957			1 421		1 099			**2 520**
1958			2 392		1 555			**3 947**
1959			730	2 152	657	907	175	**4 621**
1960			457	4 121	410	1 816	284	**7 088**
1961				1 687		994	250	**2 931**
	6 669	**12 008**	**25 227**		**11 536**		**709**	**56 146**

	Borgward B 1000 1947–1948	Borgward B 1000 1948–1949
Bauart	Kleiner Hauben-Lastwagen 4 × 2	
Motor	Borgward 4 M 1,4 Vergasermotor	
Zylinder	4 (Reihe), 72 × 85 mm, 1384 ccm	
Leistung	30 PS bei 3000 U/min	33 PS bei 3500 U/min
Getriebe	4 Gang, Schalthebel Wagenmitte	
Rahmen	U-Profil-Leiterrahmen	
Vorderradaufhängung	Starrachse, Halbfedern	
Hinterradaufhängung	Starrachse, Halbfedern	
	Pritschenwagen	**Pritschenwagen**
Radstand	2800 mm	2800 mm
Pritsche	2350 × 1620 mm	2500 × 1800 mm
Gesamtmaße	4680 × 1725 × 1900 mm (Höhe über Fahrerhaus)	4640 × 1910 × 1900 mm (Höhe über Fahrerhaus)
Reifen	vorn 5,50–16, hinten 6,00–20 Einzel-Hinterräder	5,50–16 Zwillings-Hinterräder
Wagengewicht (mit Fahrer)	1260 kg	1325 kg
Zuläss. Gesamtgewicht	2330 kg	2325 kg
Nutzlast	1070 kg	1100 kg
	Wagen mit Koffer-Aufbau	**Wagen mit Koffer-Aufbau**
Radstand	2800 mm	2800 mm
Laderaum	2300 × 1500 × 1200 mm	2300 × 1500 × 1200 mm
Gesamtmaße	4390 × 1860 × 1900 mm	4390 × 1860 × 1900 mm
Wagengewicht (mit Fahrer)	1335 kg	1400 kg
Zuläss. Gesamtgewicht	2400 kg	2400 kg
Nutzlast	1105 kg	1100 kg

	Borgward B 1250 1949–1952	Borgward B 1500 (D) 1952–1954	Borgward B 1500 (O) 1952–1954
Bauart	Kleiner Hauben-Lastwagen 4 × 2		
Motor	Borgward 4 M 1,5 Vergasermotor	Borgward D 4 M 1,8 Wirbelkammer-Dieselmotor	Borgward 4 M 1,8 Vergasermotor
Zylinder	4 (Reihe), 72 × 92 mm	4 (Reihe), 78 × 92 mm	4 (Reihe), 78 × 92 mm
Hubraum	1498 ccm	1758 ccm	1758 ccm
Leistung	48 PS bei 4000 U/min	42 PS bei 3700 U/min	60 PS bei 4200 U/min
Getriebe	4 Gang, Mittelschaltung	4 Gang, Mittelschaltung	4 Gang, Mittelschaltung
Rahmen	U-Profil-Leiterrahmen		
Vorderradaufhängung	Starrachse, Halbfedern		
Hinterradaufhängung	Starrachse, Halbfedern		
	Pritschenwagen	**Pritschenwagen**	
Radstand	2800, 3200 oder 3600 mm	3200 oder 3600 mm	
Pritsche	2500 (3000) (3500) × 1800	3000 (3500) × 1800 mm	
Gesamtmaße	4645 (5085) (5585) × 1975 × 1900 mm	5230 (5640) × 1975 × 1900 mm (Höhe über Fahrerhaus)	
Reifen	5,50–16 Zwillings-Hinterräder	6,00–16 Zwillings-Hinterräder	
Wagengewicht (mit Fahrer)	1295 (1300) (1350) kg	1480 (1530) kg	1380 (1430) kg
Zuläss. Gesamtgewicht	2545 (2550) (2580) kg	3080 (3120) kg	2980 (3030) kg
Nutzlast	1250 kg	1600 kg	1600 kg
	Wagen mit Koffer-Aufbau	**Wagen mit Koffer-Aufbau**	
Laderaum	2335 (2800) (3300) × 1540 × 1240 mm	2800 (3300) × 1670 × 1265 mm	
Gesamtmaße	4390 (4950) (5360) × 1860 × 1970 mm	4969 (5460) × 1860 × 1970 mm	
Nutzlast	1250 (1250) (1000) kg	1500 (1550) kg	1550 (1600) kg

Borgward B 1250
Pritschenwagen
1949–1951

Borgward B 1250
Borgward B 1500
Kofferwagen
1951–1954

Borgward B 1500
Borgward B 511
Pritschenwagen
1954–1960

Borgward B 1500 F
Borgward B 611
Kastenwagen
1957–1961

	Borgward B 1500 (D) 1954–1959 Borgward B 511 (D) 1959–1960	Borgward B 1500 (O) 1954–1959 Borgward B 511 (O) 1959–1960
Bauart	Kleiner Lastwagen 4 × 2 mit Alligator-Motorhaube	
Motor	Borgward D 4 M 1,8 Wirbelkammer-Dieselmotor	Borgward 4 M 1,5 II Vergasermotor
Zylinder	4 (Reihe), 78 × 92 mm	4 (Reihe), 75 × 84,5 mm
Hubraum	1758 ccm	1493 ccm
Leistung	42 PS bei 3700 U/min	60 PS bei 4700 U/min
Getriebe	4 Gang, Lenkradschaltung	4 Gang, Lenkradschaltung
Rahmen	U-Profil-Leiterrahmen	
Vorderradaufhängung	Starrachse, Halbfedern	
Hinterradaufhängung	Starrachse, Halbfedern	
	Pritschenwagen	
Radstand	3200 oder 3600 mm	
Pritsche	3000 (3500) × 1800 mm	
Gesamtmaße	5340 (5840) × 1990 × 1960 mm (Höhe über Fahrerhaus)	
Reifen	6,00-16, Zwillings-Hinterräder	
Wagengewicht (mit Fahrer)	1480 (1530) kg	1380 (1430) kg
Zuläss. Gesamtgewicht	3080 (3120) kg	2980 (3030) kg
Nutzlast	1600 kg	1600 kg
	Wagen mit Kofferaufbau	
Radstand	3200 oder 3600 mm	
Laderaum	2800 (3300) × 1670 × 1265 mm	
Gesamtmaße	5175 (5675) × 1950 × 2090 mm	
Nutzlast	1500 (1550) kg	1550 (1600) kg

	Borgward B 1500 F (D) 1957–1959 Borgward B 611 (D) 1959–1961	Borgward B 1500 F (O) 1957–1959 Borgward B 611 (O) 1959–1961
Bauart	Kleiner Frontlenker-Lastwagen 4 × 2	
Motor	Borgward D 4 M 1,8 Wirbelkammer-Dieselmotor	Borgward 4 M 1,5 II Vergasermotor
Zylinder	4 (Reihe), 78 × 92 mm	4 (Reihe), 75 × 84,5 mm
Hubraum	1758 ccm	1493 ccm
Leistung	42 PS bei 3700 U/min	60 PS bei 4700 U/min
Getriebe	4 Gang, Lenkradschaltung	4 Gang, Lenkradschaltung
Rahmen	U-Profil-Leiterrahmen	
Vorderradaufhängung	Doppel-Querlenker, Schraubenfedern	
Hinterradaufhängung	Starrachse, Halbfedern	
	Pritschenwagen	
Radstand	2600 mm	
Pritsche	3250 × 1900 mm	
Gesamtmaße	5200 × 2100 × 2180 mm (Höhe über Fahrerhaus)	
Reifen	6,70-15, extra Transport, Zwillings-Hinterräder	
Wagengewicht (mit Fahrer)	1695 kg	1650 kg
Zuläss. Gesamtgewicht	3475 kg	3480 kg
Nutzlast	1780 kg	1830 kg
	Kastenwagen	
Radstand	2600 mm	
Laderaum	3400 × 1700 × 1500 mm	
Gesamtmaße	5100 × 2080 × 2230 mm	
Nutzlast	1680 kg	1730 kg
	Bus (1 + 17 Sitze)	
Radstand	2600 mm	

Die Goliath Drei- und Vierrad-Lieferwagen

Der damals 38jährige Carl F. W. Borgward gründete 1928 in Bremen die Goliath-Werke, um seine bis dahin bereits gut eingeführten Goliath Blitzkarren, kleine Liefer-Dreiräder, serienmäßig herstellen zu können. Das Geschäft blühte, und Ende 1931 verschmolz Borgward sein Goliath-Werk mit den großen, aber vor der Pleite stehenden Hansa-Lloyd-Werken. In der nunmehrigen Firma war Goliath bald nicht mehr die tragende Marke, aber sie behielt weiterhin ihre herausragende Bedeutung auf dem Markt der leichten Nutzfahrzeuge. Im zweiten Weltkrieg wurde das Goliath-Werk total zerstört. Die Aufräumungsarbeiten und der Wiederaufbau begannen im Oktober 1948. Am 19. April 1949 verließ, vom Beifall der damals erst wieder 300 Mann starken Belegschaft begleitet, der erste Goliath-Wagen der Nachkriegsproduktion das Werkstor. Es war ein Goliath GD 750, verbesserte Ausführung des bereits vor dem Krieg sehr beliebt gewesenen Dreirad-Lieferwagens. (Seit 1924 waren fast 80 000 Dreirad-Lieferwagen gebaut worden.) Der Öffentlichkeit vorgestellt wurde der wiedererstandene Goliath im Mai 1949 auf der Export-Messe in Hannover. Er fand sofort gute Aufnahme auf dem Markt, zumal er als wirtschaftliches Transportmittel bestens in die Zeit der geldarmen Wiederaufbaujahre paßte. Außerdem hatte er seinem Hauptkonkurrenten Tempo gegenüber den Vorzug des Hinterradantriebes. Im Juni 1955 wurde der Goliath GD 750 durch den Goli abgelöst, der bei unveränderter Grundkonzeption ein geschickt modernisiertes Erscheinungsbild sowie einen stärkeren Motor besaß. Ab 1957 ging allerdings das Geschäft mit den Dreiradwagen deutlich zurück. Im März 1951 hatte das Goliath-Werk jedoch bereits mit der Produktion eines Vierrad-Lieferwagens begonnen, dessen Konstruktion sich noch weitgehend an das Dreirad anlehnte. Seine Entwicklung und Erprobung hatte über 12 Monate in Anspruch genommen. Vorgestellt wurde der Goliath GV 800 im April 1951 auf der Frankfurter Automobil-Ausstellung. Annähernd 3000 Arbeiter waren zu diesem Zeitpunkt im Goliath-Werk beschäftigt. Schon im Herbst 1952 löste ein etwas größerer und stärkerer GV 800 A den GV 800 ab, aber auch er erfüllte offenbar nicht die in ihn gesetzten Erwartungen. So er-

Goliath GD 750
Fahrgestell
1949–1955

schien an seiner Stelle 1953 der Goliath Expreß. Dieser völlig neue Wagen besaß nunmehr den entsprechend abgewandelten Fronttriebblock des Personenwagens und einen nach dem Beispiel des VW Transporters gestalteten Aufbau. Der Goliath Expreß lief ursprünglich mit dem 700 ccm- und ab September 1955 mit dem 900 ccm Zweitakt-Einspritzmotor, die zwar leistungsfähig und relativ sparsam, aber im Betrieb nicht genügend zuverlässig waren. Im Juni 1957 brachte man den Goliath Expreß 1100 auf den Markt, unverändert in seiner äußeren Form, aber mit einem völlig neuen Antrieb. Er hatte einen inzwischen bereits beim Personenwagen gut bewährten 1,1 Liter Viertakt-Boxermotor erhalten. So war ein technisch hervorragender Transporter entstanden, der aber dennoch bei der Kundschaft nur mehr mäßigen Zuspruch fand, weil der Markenname durch die Vormodelle leider schon zu sehr gelitten hatte. Dazu kam, daß ab Ende 1959 beim Borgward-Konzern finanzielle Schwierigkeiten begannen. Zu den Sanierungsversuchen gehörte auch eine Umgliederung der Firmengruppe im Herbst 1960. Dabei verwandelte sich der Goliath zum Borgward Expreß 1100, ohne daß außer dem Namen sonstige Änderungen erfolgt wären. Ende Januar 1961 war Borgwards Zusammenbruch perfekt und damit auch das Ende der Goliath Lieferwagen gekommen.

Produktion

	Goliath GD 750	**Goli**	**Goliath GV 800 (A)**	**Goliath Expreß**	**Goliath Expreß 1100**
1949	3724				
1950	8468				
1951	6910 / 226		797 / 51		
1952	4093 / 354		2235 / 87		
1953	2859 / 147		846 / —	288 / —	
1954	2233 / 38			1834 / 378	
1955	1027 / 14	2144		1742 / 1010	
1956		2737		1730 / 894	
1957		1573		170 / 83	757 / 529
1958		1222			1009 / 361
1959		1032			997 / 472
1960		784			813 / 294
1961		412			254 / 148
	30093 (dabei 779 Kombi)	**9904**	**4016** (dabei 138 Kombi)	**8129** (dabei 2365 Kombi und Luxus-Bus)	**5634** (dabei 1804 Kombi und Luxus-Bus)
	39997		**17779**		
	57776				

Preise

	Pritschenwagen	Kastenwagen	Kombi	Luxus-Bus
Goliath GD 750	DM 3600,–	DM 4200,–	DM 4400,–	
Goli	DM 4000,–	DM 4200,–		
Goliath GV 800	DM 5700,–	DM 5600,–		
Goliath Expreß	DM 6200,–	DM 6700,–	DM 7100,–	DM 8200,–
Goliath Expreß 1100	DM 6600,–	DM 7100,–	DM 7500,–	DM 8750,–

Goliath GD 750
Tief-Pritsche
1949–1955

Goliath GD 750
Hoch-Pritsche
1949–1955

Goliath GD 750
Kastenwagen
1949–1955

Goliath GD 750
Milch-Verkaufswagen
1950–1955

Goliath GD 750
1949–1955

Bauart	Dreirad-Lieferwagen Motor hinter Vorderrad, Antrieb über Kardanwelle auf Hinterräder
Motor	Goliath GM 400 Flachkolben-Zweitakter
Zylinder	2 (Reihe), 60 × 70 mm, 396 ccm
Leistung	14 PS bei 4000 U/min
Vergaser	1 Flachstromvergaser Solex 26 BFR
Kühlung	Wasser/Thermosyphon
Getriebe	4 Gang, Mittelschaltung
Rahmen	U-Profil-Preßstahl-Rahmen in V-Form
Vorderradaufhängung	Schwingarm, 1 Viertelelliptikfeder
Hinterradaufhängung	Rohr- bzw. (ab April 1951) Banjo-Starrachse, Halbfedern
Fußbremse	Mechanisch (Gestänge und Seilzug)

	Chassis A	**Chassis B**	**Chassis C**
Radstand	2950 mm	2950 mm	3350 mm
Spur hinten	1400 mm	1600 mm	1600 mm
Reifen	5,50–16	5,50–16	5,50–16
Zuläss. Gesamtgewicht	1500 bis 1540 kg	1500 bis 1540 kg	1500 bis 1540 kg
Nutzlast	ca. 750 kg	ca. 750 kg	ca. 750 kg
Höchstgeschwindigkeit	55 bis 60 km/h	50 km/h	50 km/h
Verbrauch/100 km	8 Liter	8 Liter	8 Liter
	Hoch-Pritsche	**Hoch-Pritsche**	**Hoch-Pritsche**
Pritsche	2250 × 1620 mm	2500 × 1820 mm	2500 × 1820 mm 3000 × 1920 mm
Gesamtmaße	4410 × 1720 × 1600 mm (Höhe über Fahrerhaus)	4600 × 1920 × 1600 mm (Höhe über Fahrerhaus)	4600 × 1920 × 1600 mm 5460 × 2020 × 1600 mm (Höhe über Fahrerhaus)
Wagengewicht (mit Fahrer)	750 kg	780 kg	810 kg
	Tief-Pritsche	**Tief-Pritsche**	**Tief-Pritsche**
Pritsche	2250 × 1380 mm	2250 × 1600 mm 2500 × 1600 mm	2800 × 1600 mm
Gesamtmaße	4460 × 1570 × 1600 mm (Höhe über Fahrerhaus)	4460 × 1770 × 1600 mm 4710 × 1770 × 1600 mm (Höhe über Fahrerhaus)	5100 × 1770 × 1600 mm (Höhe über Fahrerhaus)
		Tief-Pritsche zw. Radkästen	**Tief-Pritsche zw. Radkästen**
Pritsche		2250 × 1350 mm 2500 × 1350 mm	2800 × 1350 mm
Gesamtmaße		4460 × 1770 × 1600 mm 4710 × 1770 × 1600 mm (Höhe über Fahrerhaus)	5010 × 1770 × 1600 mm (Höhe über Fahrerhaus)
	Kastenwagen		
Laderaum	2020 × 1310 × 950 mm		
Gesamtmaße	4120 × 1570 × 1650 mm		
	Kofferwagen	**Kofferwagen**	
Laderaum	2230 × 1400 × 1170 mm	2230 × 1600 × 1170 mm	
Gesamtmaße	4460 × 1570 × 1850 mm	4460 × 1770 × 1850 mm	
Wagengewicht (mit Fahrer)	800 kg	830 kg	
	Kombi		
Sitzplätze	1 + 3		
Laderaum	1980 × 1400 × 1070 mm		
Gesamtmaße	4300 × 1600 × 1700 mm		

Für Sonderaufbauten ferner lieferbar:
Chassis D (Radstand 3350 mm, Spur 1400 mm

Goliath Goli
Hoch-Pritsche
1955 – 1961

Goliath Goli
Kofferwagen
1955 – 1961

Goliath Goli
Kastenwagen
1955 – 1961

	Goliath Goli 1955–1957		Goliath Goli 1957–1961
Bauart	Dreirad-Lieferwagen Motor hinter Vorderrad, Antrieb über Kardanwelle auf Hinterräder		
Motor	Goliath GM 500 L Flachkolben-Zweitakter, Umkehrspülung		Goliath GM 500 W Flachkolben-Zweitakter, Umkehrspülung
Zylinder	2 (Reihe), 67 × 70 mm, 493,5 ccm		2 (Reihe), 65 × 70 mm, 461 ccm
Leistung	16 PS bei 4000 U/min		15 PS bei 4000 U/min
Vergaser	1 Flachstromvergaser Solex 32 HR		1 Flachstromvergaser Solex 26 BFR
Kühlung	Luft/Gebläse		Wasser/Pumpe
Getriebe	4 Gang, Mittelschaltung		
Rahmen	U-Profil-Preßstahl-Rahmen in V-Form		
Vorderradaufhängung	Schwingarm, 1 Viertelelliptikfeder		
Hinterradaufhängung	Banjo-Starrachse, Halbfedern		
Fußbremse	Hydraulisch		
	Chassis A	**Chassis B**	**Chassis C**
Radstand	2950 mm	2950 mm	3350 mm
Spur hinten	1400 mm	1600 mm	1600 mm
Reifen	6,40 oder 6,70–13 oder 6,70–13 extra Transport	6,40 oder 6,70–13 oder 6,70–13 extra Transport	6,40 oder 6,70–13 oder 6,70–13 extra Transport
Zuläss. Gesamtgewicht	1470 bis 1800 kg	1470 bis 1800 kg	1470 bis 1800 kg
Nutzlast	750 bis 900 kg	750 bis 900 kg	750 bis 900 kg
Höchstgeschwindigkeit	65 bis 70 km/h	60 km/h	60 km/h
Verbrauch/100 km	8 Liter	8 Liter	8 Liter
	Hoch-Pritsche		**Hoch-Pritsche**
Pritsche	2250 × 1610 mm		2500 × 1810 mm 3000 × 1920 mm
Gesamtmaße	4550 × 1750 × 1600 mm (Höhe über Fahrerhaus)		4720 × 1910 × 1600 mm 5250 × 2050 × 1600 mm (Höhe über Fahrerhaus)
Wagengewicht (mit Fahrer)	730 kg		790 kg
	Tief-Pritsche	**Tief-Pritsche**	**Tief-Pritsche**
Pritsche	2250 × 1400 mm	2250 × 1600 mm	2500 × 1600 mm 2800 × 1600 mm
Gesamtmaße	4500 × 1700 × 1600 mm (Höhe über Fahrerhaus)	4500 × 1800 × 1600 mm (Höhe über Fahrerhaus)	4740 × 1800 × 1600 mm 5020 × 1800 × 1600 mm (Höhe über Fahrerhaus)
		Tief-Pritsche zw. Radkästen	**Tief-Pritsche zw. Radkästen**
Pritsche		2250 × 1350 mm	2500 × 1350 mm 2800 × 1350 mm
Gesamtmaße		4500 × 1820 × 1600 mm (Höhe über Fahrerhaus)	4700 × 1820 × 1600 mm 5000 × 1820 × 1600 mm (Höhe über Fahrerhaus)
	Kastenwagen		
Laderaum	2075 × 1490 × 920 mm		
Gesamtmaße	4300 × 1700 × 1600 mm		
	Kofferwagen		
Laderaum	2200 × 1460 × 1230 mm		
Gesamtmaße	4450 × 1730 × 1920 mm		
Wagengewicht (mit Fahrer)	850 kg		

Für Sonderaufbauten ferner lieferbar:
Chassis D (Radstand 3350 mm, Spur 1400 mm

Goliath GV 800
Pritschenwagen
1951 – 1952

Goliath GV 800
Stabholz-Kofferwagen
1951 – 1952

Goliath GV 800
Kombi 4 Sitze
1951 – 1952

	Goliath GV 800 1951–1952	Goliath GV 800 A (Chassis A) 1952–1953	Goliath GV 800 A (Chassis B) 1952–1953
Bauart	Vierrad-Frontlenker-Kleintransporter Motor liegend hinter Vorderachse, Antrieb über Kardanwelle auf Hinterräder		
Motor	Goliath GM 500 Flachkolben-Zweitakter	Goliath GM 600 Flachkolben-Zweitakter	
Zylinder	2 (Reihe), 65 × 70 mm	2 (Reihe), 73 × 70 mm	
Hubraum	465 ccm	586 ccm	
Leistung	16 PS bei 4800 U/min	21 PS bei 4000 U/min	
Vergaser	1 Solex 26 BFRH	1 Solex 32 BJPU	
Kühlung	Wasser/Thermosyphon	Wasser/Pumpe	
Getriebe	4 Gang, Mittelschaltung		
Rahmen	U-Profil-Leiterrahmen		
Vorderradaufhängung	Querlenker oben, 1 Querfeder unten		
Hinterradaufhängung	Banjo-Starrachse, Halbfedern		
Fußbremse	Mechanisch oder (auf Wunsch) hydraulisch		
		Chassis A	**Chassis B**
Radstand	2000 mm	2400 mm	2400 mm
Spur vorn/hinten	1400/1400 mm	1400/1400 mm	1600/1600 mm
Reifen	5,50–16	5,50–16	5,50–16
Wagengewicht (mit Fahrer)	830–860 kg	845–875 kg	890 kg
Zuläss. Gesamtgewicht	1630 kg	1685 kg	1685 kg
Nutzlast	770–800 kg	790–820 kg	ca. 800 kg
Höchstgeschwindigkeit	ca. 60 km/h	ca. 70 km/h	ca. 70 km/h
Verbrauch/100 km	ca. 8,5 Liter	ca. 9 Liter	ca. 9 Liter
	Pritschenwagen	**Pritschenwagen**	**Pritschenwagen**
Pritsche	2500 × 1620 mm	2900 × 1620 mm	2900 × 1920 mm
Gesamtmaße	4140 × 1690 × 1750 mm (Höhe über Fahrerhaus)	4550 × 1770 × 1750 mm (Höhe über Fahrerhaus)	4550 × 2020 × 1750 mm (Höhe über Fahrerhaus)
	Tieflader-Pritschenwagen	**Tieflader-Pritschenwagen**	**Tieflader-Pritschenwagen**
Pritsche		2900 × 1400 mm	2900 × 1600 mm
Gesamtmaße		4550 × 1630 × 1750 mm	4550 × 1800 × 1750 mm
			Tieflader-Pritschenwagen (ohne Radkästen)
Pritsche			2900 × 1350 mm
Gesamtmaße			4550 × 1600 × 1750 mm
	Kastenwagen	**Kastenwagen**	
Laderaum	2490 × 1450 × 1110 mm	2900 × 1460 × 1120 mm	
Gesamtmaße	4000 × 1600 × 1820 mm	4400 × 1600 × 1820 mm	
	Kofferwagen	**Kofferwagen**	
Laderaum	2450 × 1380 × 1200 mm	2800 × 1390 × 1200 mm	
Gesamtmaße		4400 × 1600 × 1900 mm	
	Kombi		
Radstand	2000 mm		
Spur vorn/hinten	1400/1400 mm		
Laderaum	1310 × 1450 × 1105 mm (hinter 2. Sitzbank)		
Sitzplätze	1 + 4		
Gesamtmaße	4000 × 1640 × 1820 mm		

	Goliath Expreß 1953–1955	Goliath Expreß 1955–1957	Goliath Expreß 1956–1957
Bauart		Frontlenker-Transporter Frontantrieb, Motor-Getriebe-Block vor der Vorderachse	
Motor	Goliath GM 700 E Zweitakt-Einspritzmotor	Goliath GM 900 E Zweitakt-Einspritzmotor	Goliath GM 900 V Zweitakt-Einspritzmotor
Zylinder	2 (Reihe), 74 × 80 mm	2 (Reihe), 84 × 80 mm	2 (Reihe), 84 × 80 mm
Hubraum	688 ccm	886 ccm	886 ccm
Leistung	29 PS bei 4000 U/min	40 PS bei 4000 U/min	38 PS bei 4250 U/min
Vergaser bzw. Pumpe	Bosch Einspritzpumpe	Bosch Einspritzpumpe	1 Stufen Horizontalvergaser Solex 44 HR
Kühlung	Wasser/Pumpe	Wasser/Pumpe	Wasser/Pumpe
Getriebe	4 Gang, Mittelschaltung	4 Gang, Mittelschaltung	4 Gang, Mittelschaltung
Rahmen		U-Profil-Leiterrahmen	
Vorderradaufhängung		2 Querfedern	
Hinterradaufhängung		Starrachse, Halbfedern	
Fußbremse		Hydraulisch	
		Kastenwagen, Kombi	
Radstand		2500 mm	
Spur vorn/hinten	1350/1250 mm bzw. (ab Wagen Nr. 761) 1350/1400 mm	1350/1400 mm	1350/1400 mm
Laderaum		2800 × 1460 × 1360 mm	
Gesamtmaße		4520 × 1810 × 1880 mm	
Reifen	6,00–16 bzw. (ab Wagen 1426) 6,40–15	6,40–15	6,40–15
Wagengewicht (mit Fahrer)		1155 kg, Kombi 1245 kg	
Zuläss. Gesamtgewicht		2075 kg, Kombi 2130 kg	
Nutzlast		930 kg, Kombi 850 kg	
		Bus	
Sitzplätze		bis 10	
		Hoch-Pritsche	
Pritsche		2940 × 1640 mm	
Gesamtmaße		4600 × 1810 × 1870 mm (Höhe über Fahrerhaus)	
Wagengewicht (mit Fahrer)		1080 kg	
Zuläss. Gesamtgewicht		2000 kg	
Nutzlast		920 kg	
		Tief-Pritsche	
Pritsche		2900 × 1610 mm	
Gesamtmaße		4600 × 1810 × 1870 mm (Höhe über Fahrerhaus)	

Goliath Expreß 1100 1957–1959	Goliath Expreß 1100 1959–1960 Borgward Expreß 1100 1960–1961

Frontlenker-Transporter, Frontantrieb,
Boxermotor vor, Getriebe hinter der Vorderachse
Goliath 1100
Viertakt-Vergasermotor
4 (Boxer), 74 × 64 mm
1093 ccm
40 PS bei 4250 U/min

1 Fallstromvergaser Solex 32 PJCB	1 Flachstromvergaser Solex 32 KL-D 5

Wasser/Pumpe
4 Gang, Lenkradschaltung
U-Profil-Leiterrahmen
1 Querfeder oben, Querlenker unten
Starrachse, Halbfedern
Hydraulisch

Kastenwagen/Kombi
2500 mm
1350/1400 mm

2800 × 1460 × 1360 mm
4520 × 1810 × 1880 mm
6,70–15

1270 kg, Kombi 1360 kg
2210 kg, Kombi 2265 kg
940 kg, Kombi 905 kg

Bus
bis 10

Hoch-Pritsche

2940 × 1640 mm	3100 × 1610 mm
4600 × 1810 × 1870 mm (Höhe über Fahrerhaus)	4750 × 1810 × 1870 mm (Höhe über Fahrerhaus)
1150 kg	1195 kg
2145 kg	2195 kg
995 kg	1000 kg

Tief-Pritsche

2900 × 1610 mm	3100 × 1610 mm
4600 × 1810 × 1870 mm (Höhe über Fahrerhaus)	4750 × 1810 × 1870 mm (Höhe über Fahrerhaus)

Goliath Expreß Kombi 8 Sitze 1954–1957

Goliath Expreß Hoch-Pritsche 1953–1957

Goliath Expreß 1100 Tief-Pritsche 1957–1960
Borgward Expreß 1100 Tief-Pritsche 1960–1961

Goliath Expreß 1100 Kastenwagen 1957–1960
Borgward Expreß 1100 Kastenwagen 1960–1961

Der Kleintransporter von Lloyd

In seinem völlig zerstörten Werk Bremen-Hastedt gründet Carl F. W. Borgward im April 1949 die Lloyd Maschinenfabrik GmbH, 1951 umbenannt in Lloyd Motoren Werke GmbH. Die neue Firma übernahm zunächst den bei Borgward bereits wieder aufgenommenen Bau von Elektrofahrzeugen, nämlich eines 3 t Elektro-Lastwagens und eines 1,5 t Elektrokarrens. Schon seit fast 50 Jahren waren hier Elektrofahrzeuge unter dem Namen Hansa-Lloyd produziert worden, und das tat man nun bei Lloyd weiterhin, wenn auch nur in geringer Stückzahl. Im Vordergrund stand nämlich bald der kleine Personenwagen Lloyd LP 300 (»Leukoplastbomber«), der ab Mai 1950 in die Serie ging. Diesem wurde ab November 1952 der entsprechend konstruierte Kleintransporter Lloyd LT 500 mit luftgekühltem 400 ccm Zweitaktmotor und Frontantrieb zur Seite gestellt. Es handelte sich um ein recht bescheidenes, aber auch billiges Transportmittel, das gerade zu jener Zeit sehr wohl seine Berechtigung hatte, worüber mancher angesichts heutiger Verwöhntheit staunen mag. Gebaut wurde der Kleintransporter bis zur Pleite der Borgward-Gruppe, wobei jedoch wiederholt Verbesserungen und Weiterentwicklungen erfolgten.

Die Sperrholzkarosserie war zunächst wie beim Personenwagen mit Kunstleder bezogen, wurde dann aber ab Jahresbeginn 1954 stufenweise mit Stahlblech verkleidet. Ab September 1955 kam statt des 400 ccm Zweitakt- ein 600 ccm Viertakt-Motor zum Einbau, die Typenbezeichnung lautete nun LT 600. Ab November 1956 gab es den Sechssitzer und den Kastenwagen wahlweise auch in verlängerter Ausführung. Diese wurde bald überwiegend gekauft, doch blieb auch das normale Modell bis zum Produktionsende erhältlich. Ab Juli 1957 bekam der LT 600 ein Viergang-Vollsynchron-Getriebe, 13″- statt 15″-Räder und (letzte Stufe des Übergangs vom Kunstleder auf Blech) ein Stahldach. Das war nun die Endausführung des Kleintransporters von Lloyd.

Produktion

	LT 500 Sechssitzer	LT 500 Kastenwagen Pritsche	LT 600 Sechssitzer	LT 600 Kastenwagen Pick-up	
1952	142	3			**145**
1953	2 902	224			**3 126**
1954	3 786	703			**4 489**
1955	1 858	282	774	339	**3 253**
1956			3 119	774	**3 893**
1957			2 471	748	**3 219**
1958			2 253	582	**2 835**
1959			2 189	992	**3 181**
1960			218	9	**227**
1961			225	75	**300**
	8 688	**1 212**	**11 249**	**3 519**	**24 668**

	Lloyd LT 500 1952–1955	Lloyd LT 600 1955–1961	
Bauart	Kurzhauben-Kleintransporter Frontantrieb, Motor-Getriebe-Block quer vor Vorderachse Sperrholzkarrosserie zunächst mit Kunstlederbezug, dann ab 1953/54 stufenweiser Übergang zur Stahlblechverkleidung		
Motor	Lloyd 400 ccm Flachkolben-Zweitakter mit Umkehrspülung	Lloyd 600 ccm Viertakt-Vergasermotor	
Zylinder	2 (Reihe), 62 × 64 mm	2 (Reihe), 77 × 64 mm	
Hubraum	386 ccm	596 ccm	
Leistung	13 PS bei 3750 U/min	19 PS bei 4500 U/min	
Vergaser	1 Flachstromvergaser Solex 30 BFR	1 Fallstromvergaser Solex 28 VFIS	
Kühlung	Luft/Gebläse	Luft/Gebläse	
Getriebe	3 Gang Krückstockschaltung	3 Gang, Krückstockschaltung bzw. (ab Juli 1957) 4 Gang, Lenkradschaltung	
Rahmen	Zentralrohrrahmen, Plattformboden		
Vorderradaufhängung	2 Querfedern		
Hinterradaufhängung	Pendelachse, Halbfedern		
Fußbremse	Mechanisch/Seilzug bzw. (ab März 1953) hydraulisch		
	Sechssitzer		**Sechssitzer**
Radstand	2350 mm		2850 mm
Spur	1200/1200 mm		1200/1200 mm
Laderaum	1600 × 1350 × 1250 mm		2100 × 1350 × 1250 mm
Gesamtmaße	3530 × 1545 × 1620 mm		4030 × 1545 × 1620 mm
Reifen	5,00–15	5,00–15 bzw. (ab Juli 1957) 5,60–13	5,00–15 bzw. (ab Juli 1957) 5,60–13
Wagengewicht (mit Fahrer)	710 kg	790 kg	810 kg
Zuläss. Gesamtgewicht	1235 kg	1270 kg	1270 kg
Nutzlast	525 kg	480 kg	460 kg
Höchstgeschwindigkeit	65 km/h	85 km/h	85 km/h
Verbrauch/100 km	8 Liter	8 Liter	8 Liter
Preis	1952/53: DM 4675,– 1954/55: DM 4350,–	DM 4660,–	DM 4760,-
	Kastenwagen		**Kastenwagen**
Wagengewicht (mit Fahrer)	685 kg	745 kg	765 kg
Zuläss. Gesamtgewicht	1245 kg	1285 kg	1285 kg
Nutzlast	560 kg	540 kg	520 kg
	Pritschenwagen (nur 1952/53)		**Pick-up**
Radstand	2350 mm		2850 mm
Pritsche	1600 × 1330 mm + Stauraum im Heck und seitlich		1960 × 1380 mm
Gesamtmaße	3530 × 1545 × 1620 mm		4045 × 1545 × 1620 mm
Wagengewicht (mit Fahrer)	725 kg		720 kg
Zuläss. Gesamtgewicht	1255 kg		1225 kg
Nutzlast	530 kg		505 kg

Lloyd LT 500 Sechssitzer 1952–1953

Lloyd LT 500 Kastenwagen 1954–1955

Lloyd LT 600 Kastenwagen (normaler Radstand) 1955–1956

Lloyd LT 600 Sechssitzer (normaler Radstand) 1957–1961

Lloyd LT 600 Sechssitzer (langer Radstand) 1956–1961

Fiat

Fiat ist schon seit den dreißiger Jahren die einzige Importmarke, die auf dem deutschen Automarkt sozusagen Heimatrecht genießt. Ein Fiat gilt hierzulande kaum als ein Ausländer. Galt dies vor dem Krieg nur für die Personenwagen, so sind inzwischen längst auch die Transporter heimisch geworden. Dies hat sich im wesentlichen daraus ergeben, daß die deutsche Automobilindustrie nach dem Krieg jahrzehntelang den Fiat Kleintransportern, also unterhalb des VW und des Ford Transit, keine ebenbürtige Konkurrenz gegenüber zu stellen vermochte. Die Fiat Kleintransporter, technisch damals mit den Heckmotor-Kleinwagen aus dem gleichen Stall verwandt, hielten geradezu eine Monopolstellung auf dem deutschen Markt, bis 1978 der japanische Toyota Hi-Ace als erster direkter Wettbewerber auftrat. Bei den Großtransportern auf der anderen Seite gelang eigentlich erst in den letzten Jahren mit dem Fiat Ducato der entscheidende Durchbruch zu einem gewichtigen Marktanteil.

Transporter-Verkaufszahlen der Deutschen Fiat

	Fiat 600 Multipla	Fiat 600 T Fiat 850 T, 900 T, 900 E	Fiat 1100 T 2 Fiat 1100 T Fiat 1100 TD	Fiat 238 Fiat 238 E	Fiat 241	Fiat 242 Fiat 242 E	Fiat Ducato
1956	1 271						
1957	1 149		1				
1958	1 015		3				
1959	937		3				
1960	722		34				
1961	579		1 068				
1962	493		835				
1963	259		476				
1964	40	98	369				
1965		203	281				
1966		515	148				
1967		490					
1968		826		909	49		
1969		998		2 153	133		
1970		1 178		2 251	107		
1971		1 586		2 335	54		
1972		1 221		2 032	20		
1973		798		1 724	17		
1974		645		1 179	19		
1975		636		909		160	
1976		657		973		404	
1977		1 173		1 252		363	
1978		1 594		1 252		519	
1979		1 228		1 613		373	
1980		1 027		1 703		199	
1981		1 187		1 489		168	
1982		666		517		141	1 857
1983		489		67		28	4 554
1984		370		5		4	5 296
1985		59					7 156
1986		2					7 753
1987							10 860
	6 330	**18 043**	**3 224**	**22 712**	**389**	**2 359**	**39 276**

Fiat 600 Multipla (1956–1964)

Fiat stellte den Multipla (»Vielplätzer«) zum Jahresbeginn 1956 vor. Bald sah man ihn auch in Deutschland. Er war vom damals ungemein populären Fiat 600 abgeleitet worden. Es gab zwei äußerlich gleiche Ausführungen, den Kombi mit vier, und den Klein-Bus mit sechs Sitzplätzen. Seiner Erscheinung nach

	Fiat 600 Multipla 1956–1960	**Fiat 600 D Multipla 1960–1964**
Bauart	Frontlenker-Kombi oder -Sechssitzer	
	Hecktriebblock. Motor hinter, Getriebe vor der Hinterachse	
Motor	Fiat Vergasermotor	
Zylinder	4 (Reihe), 60 × 56 mm	4 (Reihe), 62 × 63,5 mm
Hubraum	633 ccm	767 ccm
Leistung	19 PS bei 4600 U/min	25 PS bei 4800 U/min
Getriebe	4 Gang, Mittelschaltung	
Rahmen	Selbsttragende Ganzstahlkarosserie	
Vorderradaufhängung	Doppel-Querlenker, Schraubenfedern	
Hinterradaufhängung	Schräglenker, Schraubenfedern	
Fußbremse	Hydraulisch	
Radstand	2000 mm	
Spur vorn/hinten	1225/1157 mm	
Laderaum	1330 × 1280 × 1130 mm	
Gesamtmaße	3535 × 1450 × 1565 mm	
Reifen	5,20–12	
Wagengewicht (mit Fahrer)	820 kg	900 kg
Zuläss. Gesamtgewicht	1150 kg	1230 kg
Nutzlast	330 kg	350 kg
Höchstgeschwindigkeit	90 km/h	100 km/h
Verbrauch/100 km	7,5 Liter	8 bis 8,5 Liter
Preis	Kombi 4 Sitze DM 5300,–	
	Klein-Bus 6 Sitze DM 5400,–	

Fiat 600 Multipla
Kombi oder Sechssitzer
1956–1964

war er kaum eindeutig zu klassifizieren, denn weder als Personenwagen noch als Transporter entsprach er den üblichen Vorstellungen. Dieser Zwiespalt hemmte sicherlich den Verkauf, aber dennoch konnten in der Bundesrepublik immerhin 6330 Exemplare abgesetzt werden, und damals war das eine beachtliche Stückzahl! Anerkennung fanden die kultivierte Technik des Wagens, sein Bedienungskomfort und seine Fahreigenschaften. Der Wunsch nach mehr Motorleistung wurde ab 1960 erfüllt, eine wenn auch nutzfahrzeugmäßigere Zweckform brachte der Nachfolger Fiat 600 T.

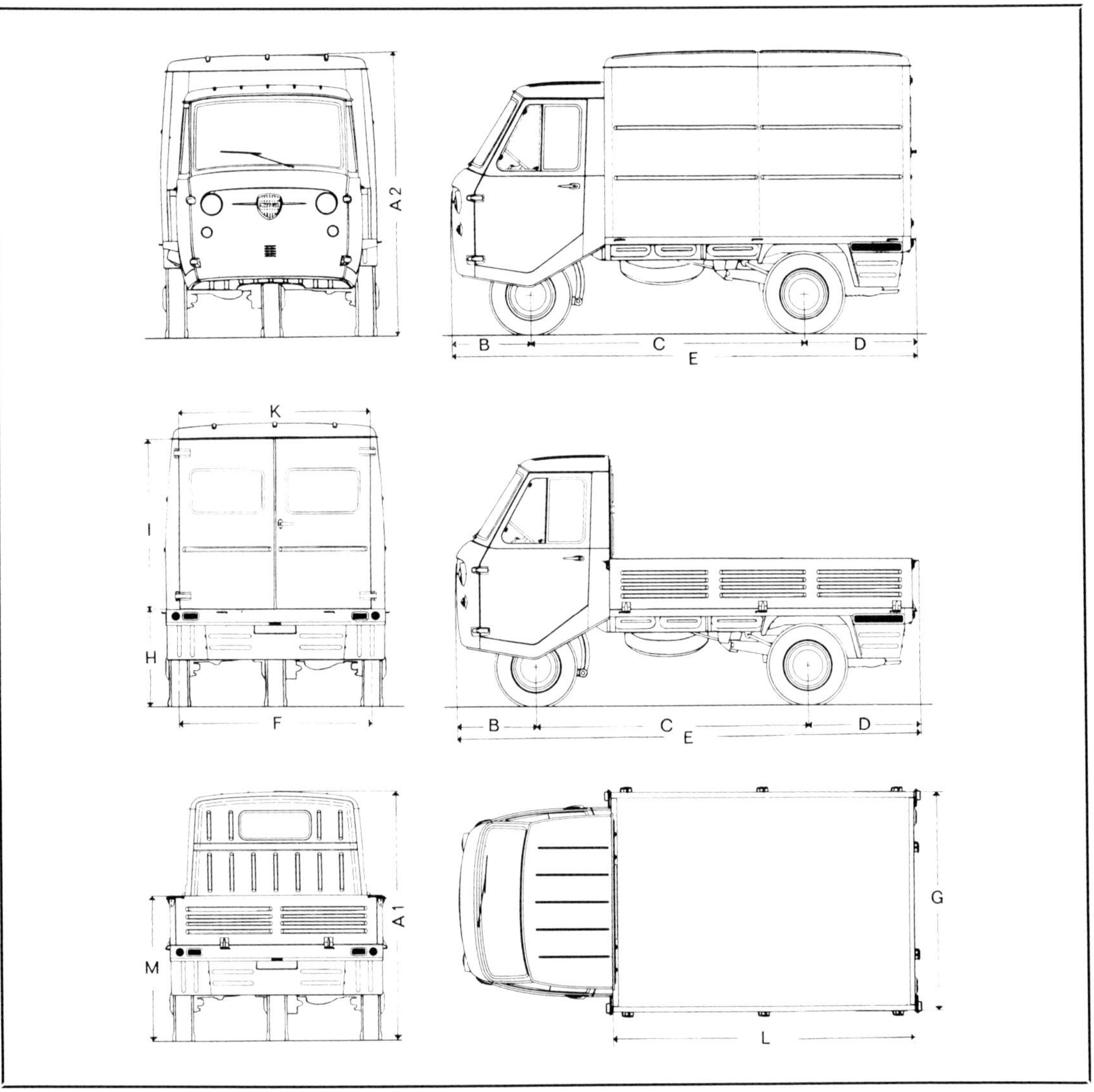

Neckar Pully 700 (1963–1964)

In den fünfziger und sechziger Jahren setzte die Deutsche Fiat AG. in Heilbronn mehrere Male dazu an, auch eigenständige Automobile zu bauen. Wohl der letzte Versuch hierzu war der Neckar Pully 700, der im September 1963 auf der Frankfurter Automobil-Ausstellung gezeigt wurde und damals sogar in der offiziellen Fiat-Preisliste auftauchte. Es wurden aber nur insgesamt 5 Exemplare gebaut, von denen eines, noch bis vor kurzem innerbetrieblich im Heilbronner Werk eingesetzt, bis heute überlebte. Wichtigste Daten: 15 PS Unterflur-Heckmotor aus dem Fiat 500 Kombi, Radstand 1840 mm, Spur hinten 1280 mm, Gesamtmaße 3150 × 1520 × 1665 (Kastenwagen 1865) mm, Reifen 5,20–12, Nutzlast 700 (Kastenwagen 650) kg, zuläss. Gesamtgewicht 1280 kg, Pritschenwagen DM 4000,–, Kastenwagen DM 4350,–.

Fiat 1100 T (1961–1966)

Im Herbst 1957 erschien der Schnelltransporter Fiat 1100 T (Vergasermotor 1089 ccm, 38 PS, Nutzlast 1000 kg). Als Nachfolger kam der äußerlich unveränderte Fiat 1100 T 2 mit 1221 ccm-Motor, 42 PS Leistung und 1300 kg Nutzlast. Ab Juni 1961 wurde dieser Schnelltransporter auch in der Bundesrepublik als Kasten- und als Pritschenwagen angeboten. Im Herbst 1963 lief die dritte Serie dieser Typenreihe an: wahlweise 1300 ccm-Vergaser- oder 1900 ccm-Dieselmotor, Nutzlast 1300 kg oder auch (bei gleichem Preis) 1000 kg. Ersetzt wurde diese Typenreihe nach über einjähriger Pause durch den Fiat 238 mit Frontantrieb.

Fiat 1100 T Kastenwagen 1961–1966

	Fiat 1100 T 2 1961–1963	Fiat 1100 T 1963–1965	Fiat 1100 TD 1964–1966
Bauart		Frontlenker-Kleintransporter Motor hinter der Vorderachse bzw. zwischen den Sitzen, Antrieb auf Hinterräder	
Motor	Fiat Vergasermotor	Fiat Vergasermotor	Fiat Wirbelkammer-Dieselmotor
Zylinder	4 (Reihe), 72 × 75 mm	4 (Reihe), 72 × 79,5 mm	4 (Reihe), 82 × 90 mm
Hubraum	1221 ccm	1295 ccm	1901 (Steuer 1888) ccm
Leistung	44 PS bei 4800 U/min	43 PS bei 4800 U/min	50 PS bei 3800 U/min
Getriebe		4 Gang, Lenkradschaltung	
Rahmen		Selbsttragende Ganzstahlkarosserie	
Vorderradaufhängung		Doppel-Querlenker, Schraubenfedern	
Hinterradaufhängung		Starrachse, Halbfedern	
Fußbremse		Zweikreis-Hydraulik	
		Kastenwagen	
Radstand		2300 mm	
Spur vorn/hinten		1374/1383 mm	
Laderaum		2587 × 1575 × 1390 mm	
Gesamtmaße	4358 × 1780 × 2015 mm	4433 × 1825 × 1940 mm	4433 × 1825 × 1840 mm
Reifen	6,70–14 (8 PR)	6,70–14 (8 PR)	6,70–14 (8 PR)
Wagengewicht (mit Fahrer)	1310 kg	1310 kg	1445 kg
Zuläss. Gesamtgewicht	2610 kg	2600 kg	2755 kg
Nutzlast	1300 kg	1290 kg	1330 kg
Höchstgeschwindigkeit	100 km/h	105 km/h	92 km/h
Verbrauch/100 km	12,5 Liter	13 Liter	12 Liter Diesel
Preis	DM 6850,–	DM 6850,–	DM 8700,–
		Pritschenwagen	
Pritsche		2630 × 1628 mm	

	Fiat 600 T 1964–1970	Fiat 850 T 1970–1977	Fiat 900 T 1977–1980 Fiat 900 E 1980–1986
Bauart	Frontlenker-Kleintransporter		
	Hecktriebblock. Motor hinter, Getriebe vor der Hinterachse		
Motor	Fiat Vergasermotor	Fiat Vergasermotor	Fiat Vergasermotor
Zylinder	4 (Reihe), 62 × 63,5 mm	4 (Reihe), 65 × 68 mm	4 (Reihe), 65 × 68 mm
Hubraum	767 ccm	903 (Steuer 896) ccm	903 (Steuer 896) ccm
Leistung	23 PS bei 4500 U/min	33 PS = 24 kW b. 4800 U/min	35 PS = 26 kW b. 4800 U/min
Getriebe	4 Gang, Mittelschaltung		
Rahmen	Selbsttragende Ganzstahlkarosserie		
Vorderradaufhängung	Doppel-Querlenker, Schraubenfedern		
Hinterradaufhängung	Schräglenker, Schraubenfedern		
Fußbremse	Hydraulisch	Hydraulisch	Zweikreis-Hydraulik Scheibenbremsen vorn
	Kastenwagen	**Kastenwagen**	**Kastenwagen**
Radstand	2000 mm	2000 mm	2000 mm
Spur vorn/hinten	1224/1192 mm	1224/1192 mm	1224/1192 mm
Laderaum	2045 × 1190 × 1170 mm	2045 × 1190 × 1170 bzw. (mit Hochdach) 1865 mm	2100 × 1300 × 1200 bzw. (mit Hochdach) 1400 mm
Gesamtmaße	3730 × 1490 × 1660 mm	3730 × 1490 × 1660 bzw. (mit Hochdach) 1860 mm	3730 × 1490 × 1660 bzw. (mit Hochdach) 1860 mm
Reifen	5,60–12 (6 PR)	5,60–12 C (6 PR)	900 T: 5,60 R 12 C (6 PR) 900 E: 155 SR 13 verstärkt
Wagengewicht (mit Fahrer)	885 kg	890 kg	900 T: 910 bzw. 900 E: 925
Zuläss. Gesamtgewicht	1485 kg	1490 kg	1510 bzw. 1540 kg
Nutzlast	600 kg	600 kg	600 bzw. 615 kg
Höchstgeschwindigkeit	94 km/h	100 km/h	100 km/h
Verbrauch/100 km	8,5 bis 9 Liter	9 bis 9,5 Liter	9,5 bis 10 Liter
Preis	DM 5500,–	1970: DM 5950,– 1972: DM 6900,– 1974: DM 8000,– 1977: DM 9000,–	1977: DM 9500,– 1979: DM 10 500,– 1981: DM 11 100,–
			900 T Pritschenwagen
Pritsche			2230 × 1510 mm

Der Fiat 600 T und seine Nachfolger (1964–1986)

Als Nachfolger des Multipla kam im November 1964 der Fiat 600 T. Er war sowohl technisch als auch in der Form bestens gelungen, wenn auch etwas schwach motorisiert. Die primitiven Sitze boten wenig Bequemlichkeit, und das Reserverad hatte man recht unglücklich dem Beifahrer vor die Beine gestellt. Dafür imponierten die Wendigkeit und Beweglichkeit, die ordentlichen Fahreigenschaften und die leichte Bedienbarkeit des kompakten Kleintransporters. In Deutschland wurde der Fiat 600 T bis 1970 angeboten, in Italien gab es ihn noch vier Jahre länger.

Schon 1965 stand der Fiat 850 Familiare auf der Frankfurter Automobil-Ausstellung, doch verkaufte ihn die Deutsche Fiat erst ab 1970 als Nachfolger des 600 T auf dem hiesigen Markt. Diesen wiederum löste im März 1977 der Fiat 900 T ab, der den Motor des Fiat 127 und eine modernisierte Front erhalten hatte. Außerdem ließ man ihm mehr Vorsorgen gegen Rost angedeihen. 1979 wurde das Programm um einen Pritschenwagen und um den gut ausgestatteten Fiat 900 P »Pulmino« erweitert. Er galt schon fast als Oldtimer, als er sich 1986 verabschiedete.

Fiat 600 T Kombi oder Bus 6 Sitze 1964–1970

Fiat 850 T Kastenwagen mit Hochdach 1970–1977

Fiat 900 T Kastenwagen 1977–1980

Fiat 900 E Puulmino Bus 6 Sitze 1979–1986

Fiat 238 und 241 (1968–1978)

Anfang 1968 begann mit dem Fiat 238 die Produktion einer völlig neuen Transporter-Baureihe. Ab April 1968 wurden der Kastenwagen und der Kombi auch auf dem deutschen Markt angeboten. Der Fiat 238 erhielt Frontantrieb und einen vom Fiat 124 Personenwagen abgeleiteten Motor. Ergänzend dazu wurde der Fiat 241 als Pritschenwagen importiert, der äußerlich fast gleich war, aber Hinterradantrieb, eine starre Hinterachse und eine höhere Nutzlast aufwies. Dieser Ausführung, die bis 1971 zum Verkaufsprogramm der Deutschen Fiat gehörte, folgte 1974 der Fiat 238 Pritschenwagen. Außerdem gab es den Fiat 238 schon seit 1971 auch als Neunsitzer-Autobus.

Im Juni 1978 kam der Fiat 238 E auf den Markt, der sich vom Vorgänger technisch durch Zweikreisbremsen und Gürtelreifen, äußerlich durch den Plastik-Kühlergrill und den seitlichen Gummi-Flankenschutz unterscheidet. Im Fahrerhaus sind die Sitze verbessert und die Automatik-Sitzgurte im Holm versenkt.

Fiat 238 Krankenwagen 1968–1978

Fiat 241 Pritschenwagen 1968–1971

	Fiat 241 1968–1974	Fiat 238 1968–1978	Fiat 238 E 1978–1984
Bauart	Frontlenker-Transporter Motor steht zwischen d. Sitzen Antrieb auf Hinterräder	Frontlenker-Transporter Fronttriebblock Motor querliegend vor Vorderachse bzw. unter Vordersitzen	
Motor	Fiat Vergasermotor	Fiat Vergasermotor	
Zylinder	4 (Reihe), 80 × 71,5 mm	4 (Reihe), 80 × 71,5 mm	
Hubraum	1438 ccm	1438 ccm	
Leistung	51 PS bei 4400 U/min	Normalbenzin-Motor: 46 PS = 34 kW b. 4200 U/min Superbenzin-Motor: 52 PS = 38 kW b. 4600 U/min	
Getriebe	4 Gang, Lenkradschaltung	4 Gang, Mittelschaltung	
Rahmen	Selbsttr. Ganzstahlkarosserie	Selbsttragende Ganzstahlkarosserie	
Vorderradaufhängung	Doppel-Querlenker, Schraubenfedern	Querlenker unten, 1 Querfeder oben	
Hinterradaufhängung	Starrachse, Halbfedern	Längslenker, je 1 Federstab quer, Querstabilisator	
Fußbremse	Zweikreis-Hydraulik	Hydraulisch	Zweikreis-Hydraulik
		Kastenwagen	
Radstand		2400 mm	
Spur vorn/hinten		1484/1489 mm	
Laderaum		2800 × 1640 × 1510 bzw. (mit Hochdach) 1970 mm	
Gesamtmaße		4600 × 1835 × 1980 bzw. (mit Hochdach) 2270 mm	
Reifen		6,50–14 (6 PR)	165 R 14 C (6 PR)
Wagengewicht (mit Fahrer)		1300 kg	
Zuläss. Gesamtgewicht		2300 kg bzw. (ab 1981) 2370 kg	
Nutzlast		1000 kg bzw. (ab 1981) 1070 kg	
Höchstgeschwindigkeit		107, Super 113 km/h	
Verbrauch/100 km		12 Liter Normal bzw. Super	
Preis		1969: DM 6900,– 1971: DM 7950,–, Hochdach DM 8800,– 1974: DM 10 000,–, Hochdach DM 11 800,– 1978: DM 12 360,–, Hochdach DM 14 330,– 1981: DM 14 700,–, Hochdach DM 16 500,–	
		Kombi	
Sitzplätze		1 + 2 bis 8	
Wagengewicht (mit Fahrer)		1325 kg (ohne hintere Sitze)	
		Bus »Panorama« (ab 1970)	
Sitzplätze		1 + 8	
Wagengewicht (ohne Fahrer)		1450 kg	
	Pritschenwagen (1968–1974)	**Pritschenwagen (1974–1978)**	**Pritschenwagen**
Radstand	2290 mm	2400 mm	2400 mm
Spur vorn/hinten	1374/1383 mm	1484/1489 mm	1484/1489 mm
Pritsche	3100 × 1725 mm	3100 × 1725 mm	2875 × 1785 mm
Gesamtmaße	4630 × 1850 × 2040 mm (Höhe über Fahrerhaus)	4790 × 1855 × 1980 mm (Höhe über Fahrerhaus)	4600 × 1855 × 1980 mm (Höhe über Fahrerhaus)
Reifen	6,70–15 (8 PR)	6,50–14 (6 PR)	165 R 14 C (6 PR)
Wagengewicht (mit Fahrer)	1375 kg	1300 kg	1300 bzw. (ab 1981) 1370 kg
Zuläss. Gesamtgewicht	2800 kg	2300 kg	2300 bzw. (ab 1981) 2370 kg
Nutzlast	1425 kg	1000 kg	1000 kg
			Tieflader Pick-up
Pritsche			2800 × 1640 mm
			Tieflader Pick-up mit Doppelkabine
Pritsche			1800 × 1640 mm

Fiat 238 E
Kastenwagen
1978–1984

Fiat 238 E
Wohnmobil. Aufbau:
Karosseriewerke Weinsberg 1981

Fiat 242 (1975–1983)

Im Herbst 1968 übernahm Fiat eine Beteiligung an der französischen Marke Citroen, gab diese aber 1973 an den damaligen Großaktionär Michelin zurück, wobei politische Gründe zum Scheitern dieser Verbindung geführt haben dürften. Das einzige wesentliche Ergebnis der zeitweisen technischen Zusammenarbeit blieb ein völlig neuer Großraum-Transporter mit Fiat-Karosserie und Citroen-Technik. Er wurde im Herbst 1973 als Fiat 242 und als Citroen C 32 bzw. C 35 vorgestellt. Gebaut wurde das komplette Fahrzeug für beide Marken bei Fiat in Turin. Auf den deutschen Markt kam der Fiat 242 im Juli 1975. Er fand hier nur mäßigen Anklang, sehr im Gegensatz zu seinem überaus erfolgreichen Nachfolger, dem Fiat Ducato.

Fiat 242
Kastenwagen
1975–1983

	Fiat 242/15 1975–1980	Fiat 242/18 1975–1980
Bauart	Frontlenker-Großtransporter mit kurzem Vorbau Fronttriebblock. Motor vor, Getriebe hinter der Vorderachse	

Motor	Fiat Vergasermotor	Citroen Vorkammer-Dieselmotor	Fiat Vergasermotor
Zylinder	4 (Reihe), 84 × 71,5 mm	4 (Reihe), 90 × 85,5 mm	4 (Reihe), 84 × 90 mm
Hubraum	1585 ccm	2175 ccm	1995 ccm
Leistung	62 PS = 46 kW b. 4600 U/min	62 PS = 46 kW b. 4500 U/min	70 PS = 51 kW b. 4300 U/min

Getriebe	4 Gang, Mittelschaltung
Rahmen	Selbsttragende Ganzstahlkarosserie
Vorderradaufhängung	Doppel-Querlenker, je 1 Federstab längs
Hinterradaufhängung	Längslenker, je 1 Federstab quer
Fußbremse	Zweikreis-Hydraulik, Scheibenbremsen vorn

	Kastenwagen (mit 62 PS Benzin- oder Dieselmotor)	**Kastenwagen** (mit 70 PS Benzin- oder 62 PS Dieselmotor)
Radstand	3200 mm	3200 mm
Spur vorn/hinten	1666/1692 mm	1666/1692 mm
Laderaum	3000 × 1790 × 1830 mm	3000 × 1790 × 1830 mm
Gesamtmaße	4960 × 1990 × 2355 mm	4960 × 1990 × 2355 mm
Reifen	175 R 16 (8 PR)	195 R 16 (8 PR)
Wagengewicht (mit Fahrer)	1650, Diesel 1800 kg	1700, Diesel 1800 kg
Zuläss. Gesamtgewicht	3300 kg	3500 kg
Nutzlast	1650, Diesel 1500 kg	1800, Diesel 1700 kg
		Kombi (mit 70 PS Benzinmotor)
Sitzplätze		1 + 2 bis 8
Wagengewicht (mit Fahrer)		1750 kg
Zuläss. Gesamtgewicht		2800 kg
	Tieflader »Pick-up«	**Tieflader »Pick-up«**
Pritsche	3000 × 1790 mm	3000 × 1790 mm

	Fiat 242 E 1980–1983	
Bauart	Frontlenker-Großtransporter mit kurzem Vorbau Fronttriebblock, Motor vor, Getriebe hinter der Vorderachse	
Motor	Fiat Vergasermotor	Citroen Vorkammer-Dieselmotor
Zylinder	4 (Reihe), 84 × 90 mm	4 (Reihe), 93 × 92 mm
Hubraum	1995 ccm	2499 ccm
Leistung	70 PS = 52 kW bei 4200 U/min	70 PS = 52 kW bei 4000 U/min
Getriebe	4 Gang, Mittelschaltung	
Rahmen	Selbsttragende Ganzstahlkarosserie	
Vorderradaufhängung	Doppel-Querlenker, je 1 Federstab längs	
Hinterradaufhängung	Längslenker, je 1 Federstab quer	
Fußbremse	Zweikreis-Hydraulik, Scheibenbremsen vorn	
	Kastenwagen	
Radstand	3200 mm	
Spur vorn/hinten	1666/1692 mm	
Laderaum	3000 × 1660 × 1830 mm	
Gesamtmaße	4960 × 2000 × 2355 mm	
Reifen	195 R 16 C (8 PR)	
Wagengewicht (mit Fahrer)	1685, Diesel 1765 kg	
Zuläss. Gesamtgewicht	3500 kg	
Nutzlast	1815, Diesel 1735 kg	
	Tieflader »Pick-up«	
Pritsche	3000 × 1790 mm	

Fiat Ducato (ab 1982)

Als außergewöhnlich erfolgreicher Transporter erwies sich der Fiat Ducato, der sich seit 1982 auf dem Markt befindet. Gemeinsam von Fiat, Peugeot und Citroën entwickelt, erfolgt seine Herstellung im mittelitalienischen Werk Sevel, das je zur Hälfte Fiat und Peugeot gehört.

Das damals völlig neue Fahrzeug fand auf Anhieb lebhaften Zuspruch, weil die Größen- und Gewichtsverhältnisse bestens stimmen, weil bewährte Motoren zur Wahl stehen und weil zahlreiche Serienkarosserien nahezu jedem Bedarf gerecht werden. Hervorgehoben sei in diesem Zusammenhang der Pritschenwagen mit Doppelkabine, der sich bei den Handwerkern besonderer Gunst erfreut, weil der Ducato als wohl einziger auf dem hiesigen Markt angebotener Doppelkabiner seiner Klasse vier Seitentüren besitzt.

Der heutige Ducato präsentiert sich in der dritten Entwicklungsstufe. Ab August 1984 bekam er Gürtelreifen, einige Verbesserungen in der Ausstattung sowie als seither einheitliches Kennzeichen aller Fiat die fünf schräggestellten Chrom-Stäbe im Kühlergrill. Ab Mai 1987 wurde mit Einführung des Turbo-Dieselmotors das gesamte breite Programm neu geordnet und einige Monate später der Ducato Maxi mit 1,8 t Nutzlast zugefügt.

Fiat Ducato Diesel
Bus 9 Sitze
ab 1982

Fiat Ducato »14« Turbodiesel
Großraum-Kastenwagen
ab 1987

Fiat Ducato Maxi »18« Diesel
Pritschenwagen mit Doppelkabine 4 Türen
ab 1987

	Fiat Ducato »10« 1982–1986		Fiat Ducato »13« 1982–1986
Bauart	Großtransporter mit kurzem Vorbau, Frontantrieb Motor-Getriebe-Block quer vor der Vorderachse Einstieg hinter der Vorderachse		
Motor	Fiat Vergasermotor	Sofim Vorkammer-Dieselmotor	Fiat Vergasermotor
Zylinder	4 (Reihe), 84 × 81 mm	4 (Reihe), 93 × 90 mm	4 (Reihe), 88 × 81 mm
Hubraum	1796 ccm	2445 ccm	1971 ccm
Leistung	69 PS = 51 kW b. 4800 U/min	72 PS = 53 kW b. 4200 U/min	78 PS = 57 kW b. 5000 U/min
Getriebe	4 Gang, Lenkradschaltung		5 Gang, Lenkradschaltung
Rahmen	Kastenwagen, Kombi, Bus: Selbsttragende Ganzstahlkarosserie Pritschenwagen: Leiterrahmen Fahrgestell je nach Sonderaufbau: Leiterrahmen oder Flachboden		
Vorderradaufhängung	McPherson-Federbeine mit Schraubenfedern		
Hinterradaufhängung	Rohr-Starrachse, Halbfedern		
Fußbremse	Zweikreis-Hydraulik, Scheibenbremsen vorn		

	Kastenwagen »10«	**Kastenwagen »13«**
Radstand	2923 mm	2923 mm
Spur vorn/hinten	1682/1650 mm	1682/1650 mm
Laderaum	2670 × 1670 × 1520 mm	2670 × 1670 × 1520 bzw. (mit Hochdach) 1835 mm
Gesamtmaße	4760 × 1965 × 2088 mm	4760 × 1965 × 2100 bzw. (mit Hochdach) 2420 mm
Reifen	165–14 (8 PR)	185–14 (8 PR)
Wagengewicht (mit Fahrer)	1455, Diesel 1555 kg	1460, Diesel 1560 kg Hochdach + 55 kg
Zuläss. Gesamtgewicht	2450, Diesel 2550 kg	2800 kg
Nutzlast	995 kg	1340, Diesel 1240 kg bzw. (mit Hochdach) 1285, Diesel 1185 kg
Höchstgeschwindigkeit	125 km/h	125, Hochdach 115 km/h
		Kombi 6 oder 9 Sitze
Wagengewicht (ohne Fahrer)		1550, Diesel 1650 kg
Zuläss. Gesamtgewicht		2500, Diesel 2600 kg
		Luxus-Bus »Panorama«
Wagengewicht (ohne Fahrer)		1600, Diesel 1700 kg
Zuläss. Gesamtgewicht		2500, Diesel 2600 kg
		Großraum-Kastenwagen »13«
Radstand		3653 mm
Laderaum		3400 × 1670 × 1835 mm
Gesamtmaße		5490 × 1965 × 2424 mm
Wagengewicht (mit Fahrer)		1515, Diesel 1615 kg
Zuläss. Gesamtgewicht		2800 kg
		Pritschenwagen »13«
Radstand		2923 oder 3653 mm
Pritsche		2750 (3480) × 2000 mm
		Pritschenwagen »13« mit Doppelkabine
Radstand		3653 mm
Pritsche		2750 × 2000 mm

	Fiat Ducato »14« Ab 1986	Fiat Ducato »14« Diesel Ab 1986	Fiat Ducato »14« Turbodiesel Ab 1987
Bauart	Großtransporter mit kurzem Vorbau, Frontantrieb Motor-Getriebe-Block quer vor der Vorderachse Einstieg hinter der Vorderachse		
Motor	Fiat Vergasermotor	Sofim Vorkammer-Dieselmotor	Sofim Direkteinspritz-Dieselmotor mit Abgas-Turbolader
Zylinder	4 (Reihe), 88 × 81 mm	4 (Reihe), 93 × 92 mm	4 (Reihe), 93 × 90 mm
Hubraum	1971 ccm	2499 ccm	2445 ccm
Leistung	75 PS = 55 kW b. 5000 U/min	75 PS = 55 kW b. 4200 U/min	92 PS = 68 kW b. 3800 U/min
Getriebe	5 Gang, Lenkradschaltung		
Rahmen	Kastenwagen, Kombi, Bus: Selbsttragende Ganzstahlkarosserie Pritschenwagen: Leiterrahmen Fahrgestelle je nach Sonderaufbau: Leiterrahmen oder Flachboden		
Vorderradaufhängung	McPherson-Federbeine mit Schraubenfedern		
Hinterradaufhängung	Rohr-Starrachse, Halbfedern		
Fußbremse	Zweikreis-Hydraulik, Scheibenbremsen vorn		
	Kastenwagen »14«		
Radstand	2923 mm		
Spur vorn/hinten	1682/1650 mm		
Laderaum	2670 × 1670 × 1520 bzw. (mit Hochdach) 1835 mm		
Gesamtmaße	4760 × 1970 × 2100 bzw. (mit Hochdach) 2420 mm		
Reifen	185 R 14 C (8 PR)	185 R 14 C (8 PR)	195/75 R 16 C
Wagengewicht (mit Fahrer)	1480, Hochdach 1535 kg	1580, Hochdach 1635 kg	1630, Hochdach 1685 kg
Zuläss. Gesamtgewicht	2800 kg	2800 kg	2800 kg
Nutzlast	1320, Hochdach 1265 kg	1220, Hochdach 1165 kg	1170, Hochdach 1115 kg
Höchstgeschwindigkeit	125 km/h	125 km/h	133 km/h
	Kombi 6 Sitze		
Wagengewicht (ohne Fahrer)	1550 kg	1650 kg	
Zuläss. Gesamtgewicht	2800 kg	2800 kg	
	Kombi 9 Sitze		
Wagengewicht (ohne Fahrer)	1600 kg	1700 kg	
Zuläss. Gesamtgewicht	2800 kg	2800 kg	
	Luxus-Bus »Panorama«		
Wagengewicht (ohne Fahrer)	1600 kg	1700 kg	1760 kg
Zuläss. Gesamtgewicht	2500 kg	2600 kg	2660 kg
	Großraum-Kastenwagen »14«		
Radstand	3653 mm		
Laderaum	3400 × 1670 × 1835 mm		
Gesamtmaße	5490 × 1970 × 2420 mm		
Wagengewicht (mit Fahrer)	1565 kg	1665 kg	1705 kg
Zuläss. Gesamtgewicht	2800 kg	2800 kg	2800 kg
Nutzlast	1235 kg	1135 kg	1095 kg
	Pritschenwagen »14«		
Radstand	2923 oder 3653 mm		
Pritsche	2750 (3480) × 2000 mm		
	Pritschenwagen »14« mit Doppelkabine		
Radstand	3653 mm		
Pritsche	2750 × 2000 mm		

	Fiat Ducato »10« Ab 1986	Fiat Ducato »10« Diesel 1986–1987	Fiat Ducato »10« Diesel Ab 1987
Bauart	Großtransporter mit kurzem Vorbau, Frontantrieb Motor-Getriebe-Block quer vor der Vorderachse Einstieg hinter der Vorderachse		
Motor	Fiat Vergasermotor	Sofim Vorkammer-Dieselmotor	Fiat Direkteinspritz-Dieselmotor
Zylinder	4 (Reihe), 84 × 81 mm	4 (Reihe), 93 × 92 mm	4 (Reihe), 82,6 × 90 mm
Hubraum	1796 ccm	2499 ccm	1930 ccm
Leistung	67 PS = 49 kW b. 5000 U/min	75 PS = 55 kW b. 4200 U/min	70 PS = 52 kW b. 4600 U/min
Getriebe	4 Gang, Lenkradschaltung	4 Gang, Lenkradschaltung	5 Gang, Lenkradschaltung
Rahmen	Selbsttragende Ganzstahlkarosserie		
Vorderradaufhängung	McPherson-Federbeine mit Schraubenfedern		
Hinterradaufhängung	Rohr-Starrachse, Halbfedern		
Fußbremse	Zweikreis-Hydraulik, Scheibenbremsen vorn		
	Kastenwagen »10«		
Radstand	2923 mm		
Spur vorn/hinten	1682/1650 mm		
Laderaum	2670 × 1670 × 1520 mm		
Gesamtmaße	4760 × 1970 × 2100 mm		
Reifen	185 SR 14 verstärkt		
Wagengewicht (mit Fahrer)	1475 kg	1575 kg	1525 kg
Zuläss. Gesamtgewicht	2450 kg	2550 kg	2550 kg
Nutzlast	975 kg	975 kg	1025 kg
Höchstgeschwindigkeit	125 km/h	120 km/h	120 km/h
		Bus 9 Sitze	
Wagengewicht (ohne Fahrer)		1670 kg	1620 kg
Zuläss. Gesamtgewicht		2500 kg	2500 kg

		Fiat Ducato Maxi Ab 1987	
		Allgemeine Angaben wie Ducato »10« und »14«	
Motor		Peugeot Vorkammer-Dieselmotor	Peugeot Direkteinspritz-Dieselmotor mit Abgas-Turbolader
Zylinder		4 (Reihe), 93 × 92 mm	4 (Reihe), 93 × 90 mm
Hubraum		2499 ccm	2445 ccm
Leistung		75 PS = 55 kW b. 4200 U/min	92 PS = 68 kW b. 3800 U/min
Getriebe		5 Gang, Lenkradschaltung	5 Gang, Lenkradschaltung
		Großraum-Kastenwagen »18«	
Radstand		3653 mm	
Spur vorn/hinten		1695/1660 mm	
Laderaum		3400 × 1670 × 1835 mm	
Gesamtmaße		5490 × 1970 × 2470 mm	
Reifen		195/75 R 16 (8 PR)	
Wagengewicht (mit Fahrer)		1790 kg	1820 kg
Zuläss. Gesamtgewicht		3500 kg	3500 kg
Nutzlast		1710 kg	1680 kg
Höchstgeschwindigkeit		118 km/h	126 km/h
		Pritschenwagen »18«	
Radstand		3653 mm	
Pritsche		3480 (mit Doppelkabine 2750) × 2000 mm	

Fiat bzw. Iveco Daily (ab 1978)

Ungeachtet des mit Citroën herausgebrachten Gemeinschaftstyps und dessen Nachfolger Ducato gibt es bei Fiat seit Anfang 1978 einen ähnlich aussehenden, aber etwas gewichtigeren, technisch lastwagenmäßigeren und robusteren Großtransporter. Es ist der Fiat Daily, der in Zusammenarbeit mit Alfa Romeo entstand und dessen Produktion bei der Fiat-Tochterfirma OM in Brescia stattfindet. Im Gegensatz zum Ducato freilich, der zum Fiat-Programm gehört, verkauft den Daily die 1975 gegründete Iveco. Dies führte konsequenterweise dazu, daß alle Wagen dieses Typs seit 1983 kein Fiat-Markenschild mehr tragen, sondern nur noch den Iveco-Schriftzug. Im Bundesgebiet erfolgt der Vertrieb des Daily inzwischen ausschließlich durch Magirus in Ulm.

Der Ruf des Daily litt unter zahlreichen Qualitätsmängeln, die er viel zu viele Jahre lang mit sich herumschleppen mußte. Erst die gründliche Modellpflege, die man ihm im Frühjahr 1985 angedeihen ließ, führte zu einer wesentlichen Besserung der seitherigen Ärgernisse. Bei gleicher Gelegenheit erfuhr der Iveco Daily eine Aufwertung durch das wahlweise Angebot einer Turboversion der als Saugmotor auch schon bisher gut bewährten Sofim-Dieselmaschine.

Seit Herbst 1987 ist der Turbo-Daily mit Allrad-Antrieb und 100 PS Motorleistung erhältlich, womit man sich wohl vor allem den Zugang zum schwierigen Geschäft mit leichten Militärfahrzeugen zu erschließen hofft.

Iveco Turbo-Daily 49-10 V
Großraum-Kastenwagen
ab 1985

Bild unten links:
Iveco Turbo-Daily 35-10
Pritschenwagen
ab 1985

Bild unten rechts:
Iveco Turbo-Daily 40-10 WM
92 PS Geländewagen 4 × 4
ab 1985

	Fiat Daily 1978–1980 Iveco-Fiat Daily 1981–1982 Iveco Daily 1983–1985		
Bauart	Großtransporter mit kurzem Vorbau, Einstieg hinter den Vorderrädern		
	Motor steht längs vor und über der Vorderachse, Antrieb auf Hinterräder		
Motor	Sofim Vorkammer-Dieselmotor		
Zylinder	4 (Reihe), 93 × 90 mm, 2445 ccm		
Leistung	72 PS = 53 kW bei 4200 U/min		
Getriebe	bis 3,5 t: 4 oder 5 Gang, Mittelschaltung		
	über 3,5 t: 5 Gang, Mittelschaltung		
Rahmen	U-Profil-Leiterrahmen		
Vorderradaufhängung	Doppel-Querlenker, beiderseits längs 1 Federstab		
Hinterradaufhängung	Banjo-Starrachse, Halbfedern		
Fußbremse	Zweikreis-Hydraulik, Scheibenbremsen vorn		
	Kastenwagen	**Kastenwagen**	
Radstand	2800 mm	3200 mm	
Laderaum	2460 × 1820 × 1512 mm	2460 × 1820 × 1512 mm bzw. (mit Hochdach) 1885 mm	
Reifen	195 R 14 C (8 PR) Einzel-Hinterräder	195 R 14 C (8 PR) Einzel-Hinterräder	
Zuläss. Gesamtgewicht	2800 kg	2800 kg	
Nutzlast	870 kg	730, Hochdach 700 kg	
		oder	
Reifen		195 R 16 C (8 PR) Zwillings-Hinterräder	
Zuläss. Gesamtgewicht		2800 kg	
Nutzlast		820 kg	
	oder	**oder**	
Reifen	215 R 14 C (8 PR)	175 R 16 C (6 PR)	
Zuläss. Gesamtgewicht	3500 kg	3500 kg	
Nutzlast	1510, Hochdach 1460 kg	1410, Hochdach 1360 kg	
		oder	
Reifen		175 R 16 C (8 PR)	
Zuläss. Gesamtgewicht		4200 kg	
Nutzlast		2130, Hochdach 2050 kg	
	Kombi (9 Sitze)	**Kombi (9 Sitze)**	
Radstand	2800 mm	3200 mm	
Zuläss. Gesamtgewicht	2800 kg	2800 oder 3500 kg	
	Pritschenwagen	**Pritschenwagen**	**Pritschenwagen**
Radstand	2800 mm	3200 mm	
Pritsche	2808 × 2050 mm	3500 × 2050 mm	
Reifen	195 R 14 C (8 PR) Einzel-Hinterräder	195 R 14 C (8 PR) Einzel-Hinterräder	
Zuläss. Gesamtgewicht	2800 kg	2800 kg	
Nutzlast	955 kg	855 kg	
	oder	**oder**	
Radstand	2800 mm	3200 mm	3600 mm
Pritsche	3040 × 2050 mm	3500 × 2050 mm	4100 × 2050 mm
Reifen	175 R 16 C (6 PR) Zwillings-Hinterräder	175 R 16 C (6 PR) Zwillings-Hinterräder	175 R 16 C (6 PR) Zwillings-Hinterräder
Zuläss. Gesamtgewicht	3500 kg	3500 kg	3500 kg
Nutzlast	1560 kg	1500 kg	1460 kg
	oder	**oder**	**oder**
Reifen	175 R 16 C (8 PR)	175 R 16 C (8 PR)	175 R 16 C (8 PR)
Zuläss. Gesamtgewicht	4200 kg	4200 kg	4200 kg
Nutzlast	2200 kg	2150 kg	2090 kg
	Doppelkabine	**Doppelkabine**	
Pritsche	2350 × 2050 mm	2808 × 2050 mm	
Zuläss. Gesamtgewicht	2800 oder 3500 kg	2800 oder 3500 kg	

	Iveco Daily Ab 1985		
Bauart	Großtransporter mit kurzem Vorbau, Einstieg hinter den Vorderrädern Motor steht längs vor und über der Vorderachse, Antrieb auf Hinterräder		
Motor	Sofim Vorkammer-Dieselmotor		
Zylinder	4 (Reihe), 93 × 90 mm, 2445 ccm		
Leistung	72 PS = 53 kW bei 4200 U/min		
Getriebe	5 Gang, Mittelschaltung		
Rahmen	U-Profil-Leiterrahmen		
Vorderradaufhängung	Doppel-Querlenker, beiderseits längs 1 Federstab		
Hinterradaufhängung	Banjo-Starrachse, Halbfedern		
Fußbremse	Zweikreis-Hydraulik, Scheibenbremsen vorn		
	Kastenwagen	**Kastenwagen**	
Radstand	2800 mm	3200 mm	
Laderaum	2460 × 1820 × 1512 mm	3500 × 1820 × 1512 mm bzw. (mit Hochdach) 1855 mm	
Reifen	195 R 14 C (8 PR) Einzel-Hinterräder	195 R 14 C (8 PR) Einzel-Hinterräder	
Zuläss. Gesamtgewicht	2800 kg	2800 kg	
Nutzlast	870 kg	730, Hochdach 700 kg	
		oder	
Reifen		175 R 16 C (6 PR) Zwillings-Hinterräder	
Zuläss. Gesamtgewicht		3500 kg	
Nutzlast		1330, Hochdach 1300 kg	
	Kombi (9 Sitze)	**Kombi (9 Sitze)**	
Radstand	2800 mm	3200 mm	
Zuläss. Gesamtgewicht	2800 kg	2800 oder 3500 kg	
	Pritschenwagen	**Pritschenwagen**	**Pritschenwagen**
Radstand	2800 mm	3200 mm	3600 mm
Pritsche	2808 × 2076 mm	3050 × 2076 mm	4100 × 2076 mm
Reifen	195 R 14 C (8 PR) Einzel-Hinterräder	195 R 14 C (8 PR) Einzel-Hinterräder	175 R 16 C (6 PR) Zwillings-Hinterräder
Zuläss. Gesamtgewicht	2800 kg	2800 kg	3500 kg
Nutzlast	910 kg	810 kg	1450 kg
	oder	**oder**	
Reifen	175 R 16 C (6 PR) Zwillings-Hinterräder	175 R 16 C (6 PR) Zwillings-Hinterräder	
Zuläss. Gesamtgewicht	3500 kg	3500 kg	
Nutzlast	1560 kg	1500 kg	
	Pritschenwagen mit Doppelkabine	**Pritschenwagen mit Doppelkabine**	
Radstand	2800 mm	3200 mm	
Pritsche	2348 × 2076 mm	2808 × 2076 mm	
Reifen	195 R 14 C (8 PR) Einzel-Hinterräder	195 R 14 C (8 PR) Einzel-Hinterräder	
Zuläss. Gesamtgewicht	2800 kg	2800 kg	
	oder	**oder**	
Zuläss. Gesamtgewicht	3500 kg	3500 kg	
Nutzlast	1450 kg	1420 kg	
		Pritschenwagen mit Dreifachkabine	
Pritsche		2074 × 2076 mm	
Zuläss. Gesamtgewicht		3500 kg	
Nutzlast		1330 kg	

	Iveco Turbo-Daily Ab 1985		
Bauart	Großtransporter mit kurzem Vorbau, Einstieg hinter den Vorderrädern		
	Motor steht längs vor und über der Vorderachse, Antrieb auf Hinterräder		
Motor	Sofim Direkteinspritz-Dieselmotor mit Abgas-Turbolader		
Zylinder	4 (Reihe), 93 × 90 mm, 2445 ccm		
Leistung	92 PS = 68 kW bei 3800 U/min		
Getriebe	5 Gang, Mittelschaltung		
Rahmen	U-Profil-Leiterrahmen		
Vorderradaufhängung	Doppel-Querlenker, beiderseits längs 1 Federstab		
Hinterradaufhängung	Banjo-Starrachse, Halbfedern		
Fußbremse	Zweikreis-Hydraulik, Scheibenbremsen vorn		
		Kastenwagen	**Kastenwagen**
Radstand		3200 mm	3950 mm
Laderaum		3500 × 1820 × 1885 mm	4530 × 1820 × 1930 mm
Reifen		175 R 16 C (6 PR)	175 R 16 C (6 PR)
		Zwillings-Hinterräder	Zwillings-Hinterräder
Zuläss. Gesamtgewicht		3500 kg	3500 kg
Nutzlast		1330 kg	1200 kg
		oder	
Reifen		175 R 16 C (8 PR)	
Zuläss. Gesamtgewicht		4200 kg	
Nutzlast		2000 kg	
		oder	**oder**
Reifen		185 R 16 C (8 PR)	185 R 16 C (8 PR)
Zuläss. Gesamtgewicht		4500 kg	4500 kg
Nutzlast		2210 kg	2130 kg
		oder	**oder**
Reifen		195 R 16 C (8 PR)	195 R 16 C (8 PR)
Zuläss. Gesamtgewicht		5000 kg	5000 kg
Nutzlast		2690 kg	2610 kg
		Kombi (9 Sitze)	
Radstand		3200 mm	
Zuläss. Gesamtgewicht		3500 kg	
	Pritschenwagen	**Pritschenwagen**	**Pritschenwagen**
Radstand	2800 mm	3200 mm	3600 mm
Pritsche	3040 × 2076 mm	3500 × 2076 mm	4100 × 2076 mm
Reifen	175 R 16 C (6 PR)	175 R 16 C (6 PR)	175 R 16 C (6 PR)
	Zwillings-Hinterräder	Zwillings-Hinterräder	Zwillings-Hinterräder
Zuläss. Gesamtgewicht	3500 kg	3500 kg	3500 kg
Nutzlast	1525 kg	1490 kg	1420 kg
	oder	**oder**	**oder**
Reifen	175 R 16 C (8 PR)	175 R 16 C (8 PR)	175 R 16 C (8 PR)
Zuläss. Gesamtgewicht	4200 kg	4200 kg	4200 kg
Nutzlast	2180 kg	2150 kg	2090 kg
		oder	**oder**
Reifen		185 R 16 C (8 PR)	185 R 16 C (8 PR)
Zuläss. Gesamtgewicht		4500 kg	4500 kg
Nutzlast		2390 kg	2340 kg
		oder	**oder**
Reifen		195 R 16 C (8 PR)	195 R 16 C (8 PR)
Zuläss. Gesamtgewicht		5000 kg	5000 kg
Nutzlast		2880 kg	2830 kg

Fiat Talento (ab 1989)

Ab 1989 wird Fiat nach längerer Pause auch bei den Kleintransportern – Nutzlast etwa 800 kg – wieder präsent sein. Das neue Auto ist beträchtlich kleiner, aber in seiner äußeren Erscheinung dem Ducato ähnlich. Auch in seiner technischen Anlage entspricht es dem größeren Bruder: Frontantrieb, der nahezu gleiche 70 PS Diesel am Fünfganggetriebe quer eingebaut sowie Scheibenbremsen und Lenkradschaltung. Gute Fahreigenschaften – ohnehin bei den niedrigeren Gewichten leichter zu realisieren – sowie personenwagenmäßiger Bedienungs- und Fahrkomfort dürften dem neuen Fiat Talento eine erfolgversprechende Zukunft sichern. Noch ein paar Daten: Radstand 2315 mm, Gesamtlänge 4160 mm. Kastenwagen: Laderaum 2062 × 1670 × 1519 mm, Gesamtgewicht 2265 kg. Pritschenwagen: Ladefläche 2062 × 1940 mm, Gesamtgewicht 2290 kg.

Fiat Talento Kastenwagen (ab 1988)

DKW (bis 1965)

Der erste Automobiltyp, der nach dem Krieg bei der wiedererstandenen Auto Union GmbH. in Ingolstadt serienmäßig anlief, war der DKW Schnell-Laster. Technisch basierte er auf der altbekannten DKW Meisterklasse, war aber als Transporter in Frontlenker-Bauart für damals richtungsweisend. Vorgestellt wurde der DKW F 89 L auf der Export-Messe Hannover 1949, seine Produktion begann im Oktober des gleichen Jahres. Er fand gute Aufnahme auf dem Markt, zumal ihm zunächst kaum nennenswerte Konkurrenz gegenüberstand. Das sollte sich allerdings bald ändern, nachdem der VW Transporter herauskam. Dieser dürfte auch der Anlaß gewesen sein, daß der DKW Schnell-Laster in den folgenden Jahren leistungsmäßig mehrmals deutlich aufgewertet wurde.

Zunächst erhielten die geschlossenen Ausführungen des DKW F 89 L im Mai 1952 längeren Radstand und breitere Spur, um mehr Laderaum zu gewinnen und eine ruhigere Straßenlage zu erzielen. Außerdem sorgten vier statt der bisherigen drei Vorwärtsgänge für zügigere Fahrt.

Im August 1954 folgte der Typ 30. Sein 800 ccm-Zweizylinder, entwickelt aus einem bewährten DKW Industriemotor, brachte 30 PS, also spürbare 8 PS mehr als bisher. Der Motor war nunmehr stehend vor der Vorderachse eingebaut und das Vierganggetriebe synchronisiert. Statt der bisher markentypischen Dynastart-Anlage fanden von jetzt an übliche Lichtmaschinen und Anlasser Verwendung. Der Shell-Mixer, damals von den Zweitaktleuten wie das Ei des Columbus bestaunt, erübrigte beim Tanken den lästigen Umgang mit der Mischkanne.

Indes blieb der Typ 30 ein Übergangsmodell zum DKW Schnell-Laster 3 = 6 mit Dreizylinder-Motor, der im August 1955 erschien. Er bot eine deutlich höhere Transportleistung und blieb schließlich bis 1962 un-

Produktion der DKW Schnell-Laster

	in Ingolstadt	in Spanien
1949	504	
1950	6873	
1951	7418	
1952	6785	
1953	5358	
1954	4103	
1955	7045	
1956	7827	
1957	3540	
1958	4667	
1959	2807	
1960	856	200
1961	935	1010
1962	74	1270
1963		1871
1964		10216
1965		10457
1966		11373
1967		9629
1968		8013
1969		7903
1970		8364
1971		7839
1972		8871
1973		9572
1974		11559
1975		2832
	58792	**110979**

verändert in der Produktion, wenngleich in den letzten Jahren nur mehr mit sehr bescheidener Stückzahl.

Die »Industrias des Motor S.A.« (IMOSA) in der nordspanischen Stadt Vitoria, an der sich die Auto Union GmbH. beteiligt hatte, begann 1960 mit dem lizenzweisen Nachbau von insgesamt 3900 Stück des DKW Schnell-Lasters 3 = 6, allerdings mit auf 40 PS verstärktem Motor. Daneben aber entwickelten die Spanier ein Nachfolgemodell F 1000 L. Dieses wurde mit Beginn der Fertigung in einer modernen, eigens hierfür errichteten Fabrik im Juli 1963 vorgestellt. Nachdem inzwischen in Ingolstadt keine Schnell-Laster mehr gebaut wurden, nahm die Auto Union den spanischen F 1000 L in ihr deutsches Verkaufsprogramm auf. Das für damalige Begriffe hinreißend schön gezeichnete Fahrzeug war in seiner äußeren Erscheinung ohne Zweifel der modernste und eleganteste Transporter auf dem deutschen Markt. Daß hier innerhalb der nächsten Jahre dennoch nur an die 700 Exemplare verkauft werden konnten, lag am nicht mehr zeitgemäßen Zweitaktmotor und auch am bereits sehr angeschlagenen Markenruf von DKW.

Die IMOSA ging 1968 mit der Auto Union GmbH. in den Besitz der Daimler-Benz AG. über. Die Schnell-Laster wurden bald wahlweise statt mit Zweitakt- auch mit Dieselmotoren von Mercedes geliefert, aber sie behielten bis 1975 die Markenzeichen Auto Union und DKW. Doch die IMOSA verwandelte sich in die MEVOSA, und die Schnell-Laster, nunmehr ausschließlich mit Mercedes-Motoren bestückt, bekamen ein anderes, wenn auch nicht schöneres Gesicht. Sonst sahen sie unverändert aus, hießen aber seit 1975 Mercedes-Benz N 1000 und N 1300. Jährlich wurden etwa 12 500 Stück dieser Serie gebaut. Erst vor kurzer Zeit wurden die DKW-Abkömmlinge durch den neuen Mercedes-Benz 100 D abgelöst.

DKW F 89 L
1949–1952

DKW F 89 L
Pritschenwagen
1949–1952

DKW F 89 L
Bus 8 Sitze
1949–1952

DKW F 89 L Kofferwagen (Stabholzausführung) 1949–1952

DKW F 89 L Kombi 1953–1954
DKW Typ 30 Kombi 1954–1955

DKW F 89 L Pritschenwagen 1953–1954
DKW Typ 30 Pritschenwagen 1954–1955

DKW F 89 L Bus 8 Sitze 1953–1954
DKW Typ 30 Bus 8 Sitze 1954–1955

DKW F 89 L Kastenwagen 1953–1954
DKW Typ 30 Kastenwagen 1954–1955

	DKW Schnell-Laster F 89 L 1949–1952	DKW Schnell-Laster F 89 L 1952–1954	DKW Schnell-Laster Typ 30 1954–1955
Bauart	Frontlenker-Transporter mit kurzem Vorbau Frontantrieb Motor-Getriebe-Block quer vor Vorderachse	Frontlenker-Transporter mit kurzem Vorbau Frontantrieb Motor-Getriebe-Block quer vor Vorderachse	Frontlenker-Transporter mit kurzem Vorbau Frontantrieb Motor in Längsrichtung stehend vor, Getriebe hinter der Vorderachse
Motor		Auto Union/DKW Vergasermotor Flachkolben-Zweitakter mit Umkehrspülung	
Zylinder	2 (Reihe), 76 × 76 mm	2 (Reihe), 76 × 76 mm	2 (Reihe), 78 × 83 mm
Hubraum	684 ccm	684 ccm	792 ccm
Leistung	20 PS bei 3600 U/min bzw. (ab 1951) 22 PS bei 4200 U/min	22 PS bei 4200 U/min	30 PS bei 3800 U/min
Getriebe	3 Gang, Mittelschaltung	4 Gang, Mittelschaltung	4 Gang, Lenkradschaltung
Rahmen		Kastenrahmen mit Querträgern	
Vorderradaufhängung		Querlenker unten, 1 Querfeder oben	
Hinterradaufhängung		Längslenker, Federstäbe quer	
Fußbremse		Hydraulisch	
	Kastenwagen und Kombi	**Kastenwagen und Kombi**	**Kastenwagen und Kombi**
Radstand	2500 mm	2750 mm	2750 mm
Spur vorn/hinten	1190/1260 mm	1320/1390 mm	1317/1400 mm
Laderaum	1970 × 1390 × 1580 mm	2230 × 1390 × 1575 mm	2230 × 1390 × 1575 mm
Gesamtmaße	3925 × 1550 × 1900 mm	4180 × 1670 × 1900 mm	4180 × 1670 × 1900 mm
Reifen	5,50–16	5,50 oder 6,00–16	5,50 oder 6,00–16
Wagengewicht (mit Fahrer)	1020 kg	1100, Kombi 1140 kg	1150, Kombi 1190 kg
Zuläss. Gesamtgewicht	1765 kg	1850, Kombi 1875 kg	1950, Kombi 1975 kg
Nutzlast	745 kg	750, Kombi 735 kg	800, Kombi 785 kg
Sitzplätze	Kombi 1 + 1 bis 6	Kombi 1 + 1 bis 6	Kombi 1 + 1 bis 6
Höchstgeschwindigkeit	78 km/h	80 km/h	85 km/h
Verbrauch/100 km	9,5 Liter Gemisch	10 Liter Gemisch	10,5 Liter Gemisch
Preise	Kastenwagen DM 6335,– Kombi DM 6975,–	Kastenwagen DM 6650,– Kombi DM 7350,–	
	Bus 8 Sitze	**Bus 8 Sitze**	**Bus 8 Sitze**
Radstand	2500 mm	2750 mm	2750 mm
Wagengewicht	1100 kg	1180 kg	1230 kg
Zuläss. Gesamtgewicht	1640 kg	1780 kg	
Preis	DM 7675,–	DM 7900,–	
	Pritschenwagen	**Pritschenwagen**	**Pritschenwagen**
Radstand	3000 mm	3000 mm	3000 mm
Pritsche	2600 × 1750 mm	2600 × 1750 mm	2600 × 1750 mm
Gesamtmaße	4440 × 1786 × 2035 mm (Höhe mit Plane)	4455 × 1866 × 1900 mm (Höhe über Fahrerhaus)	4455 × 1886 × 1900 mm (Höhe über Fahrerhaus)
Reifen	6,00–16	5,50 oder 6,00–16	5,50 oder 6,00–16
Wagengewicht (mit Fahrer)	1040 kg	1080 kg	1130 kg
Zuläss. Gesamtgewicht	1860 kg	1850 kg	1950 kg
Nutzlast	820 kg	780 kg	830 kg
Preis	DM 5885,–	DM 6350,–	

DKW 3 = 6 Kombi 8 Sitze 1955–1962

DKW 3 = 6 Kastenwagen 1955–1962

DKW 3 = 6 Pritschenwagen 1955–1962

DKW F 1000 L Pritschenwagen 1963–1965

DKW F 1000 L Kastenwagen 1963–1965

	DKW Schnell-Laster 3 = 6 (F 800/3) 1955–1962	DKW Schnell-Laster F 1000 L 1963–1965
Bauart	Frontlenker-Transporter mit kurzem Vorbau Frontantrieb. Motor in Längsrichtung stehend vor, Getriebe hinter der Vorderachse	
Motor	Auto Union/DKW Vergasermotor Flachkolben-Zweitakter mit Umkehrspülung	
Zylinder	3 (Reihe), 71 × 76 mm	3 (Reihe), 74 × 76 mm
Hubraum	896 ccm	981 ccm
Leistung	32 PS bei 4000 U/min	40 PS bei 4200 U/min
Getriebe	4 Gang, Lenkradschaltung	4 Gang, Mittelschaltung
Rahmen	Kastenrahmen mit Querträgern	
Vorderradaufhängung	Querlenker unten, 1 Querfeder oben	
Hinterradaufhängung	Längslenker, Federstäbe quer	
Fußbremse	Hydraulisch	
	Kastenwagen und Kombi	**Kastenwagen**
Radstand	2750 mm	2500 mm
Spur vorn/hinten	1317/1400 mm	1318/1460 mm
Laderaum	2230 × 1390 × 1537 mm	2725 × 1600 × 1530 mm
Gesamtmaße	4177 × 1670 × 1900 mm	4395 × 1790 × 1950 mm
Reifen	5,50 oder 6,00–16 extra	6,70–15 extra Transport
Wagengewicht (mit Fahrer)	1180, Kombi 1220 kg	1400 kg
Zuläss. Gesamtgewicht	1980 kg	2400 kg
Nutzlast	800, Kombi 760 kg	1000 kg
Sitzplätze	1 + 1, Kombi 1 + 1 bis 6	1 + 1
Höchstgeschwindigkeit	90 km/h	95 km/h
Verbrauch/100 km	11 Liter Gemisch	11,5 Liter Gemisch
Preise	Kastenwagen DM 6400,– Kombi DM 7000,–	DM 7200,–
	Bus 8 Sitze	
Radstand	2750 mm	
Wagengewicht	1270 kg	
Zuläss. Gesamtgewicht	1900 kg	
Preis	DM 8000,– (Bus nur 1955–1960 lieferbar)	
	Pritschenwagen	**Pritschenwagen**
Radstand	3000 mm	2500 mm
Pritsche	2600 × 1750 mm	2670 × 1860 mm
Gesamtmaße	4486 × 1848 × 2000 mm (Höhe über Fahrerhaus)	4450 × 2000 × 1950 mm (Höhe über Fahrerhaus)
Reifen	5,50 oder 6,00–16 extra	6,70–15 extra Transport
Wagengewicht (mit Fahrer)	1170 kg	1400 kg
Zuläss. Gesamtgewicht	1980 kg	2400 kg
Nutzlast	810 kg	1000 kg
Preis	DM 6300,–	DM 7000,–

Büssing (bis 1971)

Die traditionsreiche und seit jeher hochangesehene Lastwagenmarke Büssing hatte das Glück, daß ihr Stammwerk Braunschweig den zweiten Weltkrieg mit »nur« etwa 30 % Schäden an Gebäuden und Maschinen überstanden hatte. Völlig verloren gingen allerdings das Omnibuswerk im ostpreußischen Elbing sowie die beiden Fabrikationsstätten der ehemaligen NAG in Berlin-Oberschöneweide und in Leipzig. Durch den Verlust dieser beiden Betriebe hatte nun auch der Vertrag mit der NAG, die noch als eine der AEG gehörende Verwaltungsgesellschaft bestand, seinen Inhalt verloren. Die Familie Büssing übernahm die restlichen Kapitalanteile der NAG. Ab 1. Januar 1950 entfiel der zweite Teil des seit der Fusion 1931 geführten Doppelnamens Büssing-NAG, und die Firma Büssing lief von da an wieder als private Familien-GmbH.

Als weiterer Glücksfall kam hinzu, daß Büssing von der damaligen britischen Militärregierung bereits am 18. April 1945 die Genehmigung zum Weiterbau ihrer Lastwagen und Omnibusse erhielt. Nach einigen Aufräumungsarbeiten konnte schon am 2. Mai die Produktion wieder aufgenommen werden.

Diese beschränkte sich zunächst auf zwei Typen, nämlich den Pritschenwagen Typ 5000 S, also den 4,5 Tonner aus der Kriegszeit, und das Trambus-Fahrgestell Typ 5000 T. Erstmalig erweitert wurde das Programm Ende 1948 mit einem Siebentonner und anläßlich der Exportmesse Hannover im Mai 1949 mit dem Trambus-Fahrgestell 5000 TU, welches durch seinen liegenden Unterflurmotor viel Beachtung fand. In der Folgezeit wurden diese Fahrgestelle auch für Möbel- und Kastenwagen verschiedener Art verwendet, die somit als erste Lastwagen mit Unterflormotor zum Einsatz kamen.

Richtig bekannt, ja populär wurde der Unterflurmotor im Lastwagen erst mit dem riesigen 175 PS Zwölftonner-Dreichachser, den Büssing auf der Frankfurter Automobil-Ausstellung im April 1951 vorzeigte. Das Fahrgestell, das ebenso für Lastwagen wie für Omnibusse verwendbar war, fand staunende Bewunderer, und der eindrucksvolle Zwölftonner steht heute noch in hohem Ruhm. Seinen Schöpfern freilich bereitete das Prachtstück wenig Freude, denn es erlitt das Schicksal fast aller übermäßig bejubelter Neuerscheinungen. Je mehr sie von der Fachpresse hochgelobt und vom Publikum angebetet werden, umso zurückhaltender reagieren die wirklich in Betracht kommenden Kaufinteressenten. Nur 44 Omnibus- und 39 Lastwagen-Fahrgestelle des Typs 12 000 konnten an den Mann gebracht werden, wobei von den ersteren allein 40 Stück als Doppelstock-Trambusse an die Berliner BVG gingen. Hauptursache für den Mißerfolg des Zwölftonner-Lastwagens war, daß er sich nach den damals geltenden Maß- und Gewichtsvorschriften nicht wirtschaftlich einsetzen ließ: Er war am Markt vorbei gebaut!

Der weitere Versuch, mit einem Viertonner-Unterflur-Lastwagen die Kundschaft von den Vorzügen dieser Bauart zu überzeugen, brachte ebenfalls keinen durchschlagenden Erfolg. Erst mit dem Typ 7500 U, maßgeschneidert für den Güterfernverkehr, hatte – ebenso wie bei den damaligen Großomnibussen – der Unterflurmotor seine ideale Verwendung gefunden. Nachdem es Büssing dazu auch noch verstand, dem 7500 U und 8000 U sowie deren Nachfolgern LU 11, Commodore, BS 16, 20 und 22 L ein hervorragend eingerichtetes, lärm- und geruchsfreies Großraum-Fahrerhaus sowie zu jeder Zeit die besten Motorleistungen mitzugeben, galten die Fernlastwagen dieser Marke bis zu deren Ende als vorbildlich, ja weithin als die besten ihrer Art. Marktanteil: Zeitweise bis zu 50 Prozent!

Die Kehrseite der Medaille war freilich, daß sich der Unterflurmotor für Kipper wenig, für Allradantrieb und Sattelzugmaschinen überhaupt nicht eignete. Deshalb sah sich Büssing gezwungen, solche Fahrzeuge als Haubenwagen oder als »normale« Frontlenker mit stehendem Motor zu bauen, was eine an sich unerwünschte Mehrgleisigkeit sowohl bei der Konstruktion als auch bei der Produktion bedeutete. Deshalb versuchte man einmal, nämlich im Jahr 1965, den Unterflurmotor auf der ganzen Linie durchzusetzen, indem man ihn bei einer neuen Reihe schwerer Sattelzugmaschinen und Allrad-Kipper vor der Vorderachse anordnete. Um die so entstandenen Kurzhauber auch äußerlich attraktiv zu machen, überließ man deren Formgebung dem prominenten Designer Louis L. Lepoix. Obwohl dieser seine Aufgabe herorragend löste, gingen die technisch zu anspruchsvollen und damit zu teuren, überdies auch längst nicht produktionsreifen Allrad-Typen gar nicht erst in die Serie. Lediglich die Sattelzugmaschine mit Hinterradantrieb wurde vorübergehend gebaut, bald aber ebenfalls wieder durch ein Modell üblicher Bauart abgelöst.

Mit den Lastwagen mittlerer Größe, vor allem dem »Burglöwe« und seinen Nachfolgern, brachte es Büssing nie zu den erhofften, sondern allenfalls zu gerade ausreichenden Stückzahlen. Auch hier wurde lange Zeit dreigleisig gefahren, nämlich mit Unterflur-, mit Hauben- und mit den halt überall üblichen Frontlenker-Ausführungen.

Im Omnibusgeschäft, und da vor allem bei den Linienbussen, lag Büssing in vorderster Position, sowohl technisch als auch zahlenmäßig. Zugegebenermaßen fällt es gerade auf diesem Gebiet ganz besonders schwer, angemessene Preise zu erzielen, dennoch herrschte allgemeine Überraschung, als sich herausstellte, daß Büssing trotz des insgesamt recht zufriedenstellenden Geschäftsgangs mehr und mehr in finanzielle Schwierigkeiten geriet.

Das hatte wohl vielerlei Ursachen. Was zunächst ein Glücksfall schien, nämlich die weitgehende Schonung des Stammwerks Braunschweig im Krieg, erwies sich mit der Zeit als Wettbewerbsnachteil. In dem alten Gemäuer ließen sich die immer komplizierter werdenden Fertigungsabläufe längst nicht so rationell bewältigen wie in den Nachkriegs-Neubauten der Konkurrenz. Außerdem war – wenigstens in der Automobilindustrie – die Zeit der großen, allein von einer Besitzerfamilie beherrschten Privatunternehmen vorbei. Diese konnten den immens wachsenden Kapitalbedarf nicht mehr aus eigenen Mitteln bereitstellen, und es fehlte ihnen der einer Aktiengesellschaft mögliche Zugriff auf den freien Geldmarkt.

Deshalb wurde, wohl schon zu spät, Büssing im April 1960 in eine Aktiengesellschaft (15 Millionen DM Grundkapital) umgewandelt. Um Kapazitäten zu gewinnen, pachtete man zunächst, und zwar bis 1967, die frühere Karosseriefabrik Hubertia in Küps/Oberfranken. Dann errichtete man ein Zweigwerk in Emden, das aber so viel Ärger machte, daß man es schon 1965 dem Volkswagenwerk überließ. Ebenso als nur vorübergehend erwies sich der im Oktober 1961 vollzogene Erwerb der früheren Borgward-Lastwagenfabrik in Bremen-Osterholz, wo die Reparatur von Bundeswehr- und die Herstellung von Sonderfahrzeugen für die Polizei unrentabel blieb. Das Werk wurde 1969 an Faun verkauft.

In Braunschweig-Querum besaß Büssing ein Preßwerk. Es stand auf den Resten einer vor dem Krieg mit Reichskrediten errichteten Flugmotorenfabrik, der Niedersächsischen Motorenwerke GmbH (Nemo). Dort begann man 1961 mit der großzügigen Anlage eines hochmodernen Betriebs, dazu bestimmt, die gesamte Produktion des veralteten Stammwerks zu übernehmen. Doch wiederum kam alles ganz anders.

Bei derart kostspieliger Betriebsamkeit konnte es nicht ausbleiben, daß sich die Büssing AG. völlig verausgabte. Wohl gelang es, und zwar zum letzten Mal, im Geschäftsjahr 1959/60 mit 6000 Mitarbeitern und bei einem Umsatz von 227 Millionen DM noch einen bescheidenen Gewinn zu erwirtschaften. Aber man brauchte nun einen starken Partner. So übernahm 1962, vor allem natürlich zwecks Sicherung der Arbeitsplätze, die bundeseigene Salzgitter AG. zum Kurs von 200 eine Sperrminorität von 35,5 % des auf 20 Millionen erhöhten Aktienkapitals. Diese Beteiligung wurde in den folgenden Jahren durch weitere Einlagen so weit aufgestockt, daß 1968 die Übernahme des restlichen Aktienbestandes der Familie Büssing genügte, um die Salzgitter AG. zum Alleinbesitzer des inzwischen 42 Millionen DM betragenden Kapitals der Gesellschaft zu machen.

Die neuen Herren bestimmten, daß nunmehr die gesamte Lastwagenmontage und der Omnibusbau im neuen Werk Salzgitter-Watenstedt zusammengefaßt wurde, das 1964 anlief. Im Werk Querum verblieb die Fertigung von Motoren, Getrieben und Achsen.

Von 1962 an erzielte die Büssing AG. keine Gewinne mehr und ab 1964 arbeitete die Gesellschaft mit empfindlichen Verlusten. Das 8 Jahre dauernde Abenteuer mit Büssing hat den Salzgitter-Konzern etwa 450 Millionen DM gekostet und ihn selbst in beträchtliche Schwierigkeiten gebracht.

Mit ganz besonderem Interesse hatte man bei der MAN die Vorgänge in Salzgitter und Braunschweig beobachtet, denn man hatte längst auch dort erwogen, die Büssing AG. zu übernehmen. Und beim Salzgitter-Konzern war man vermutlich sowieso froh, den Verlustbringer so bald wie möglich wieder loszuwerden. Bereitwillig überließ man noch 1968 der MAN eine zehnprozentige Beteiligung an der Büssing AG., die innerhalb kürzester Zeit auf 50 % aufgestockt wurde. Die andere Hälfte des Aktienkapitals ging bis zum 30. Juni 1972 an den Gutehoffnungshütte Aktienverein, zu dessen Konzern die MAN gehörte. Von diesem Zeitpunkt an wurde Büssing in die MAN eingeliedert, was bis 1974 dauerte. Bereits zum Jahresende 1971 hörte Büssing auf, eine selbständige Automarke zu sein.

Produktion

	1945	1946	1947	1948	1949	1950	1951	1952	1953	1954	1955	1956	1957
5000	1032	1507	908	1411	1553	243	–	–	–	–	–	–	–
5500	–	–	–	–	–	572	876	413	–	–	–	–	–
6000	–	–	–	–	–	–	–	685	1085	506	574	331	66
6500	–	–	–	–	–	–	–	–	95	70	–	–	–
7000	–	–	–	10	470	170	–	–	–	–	–	–	–
7500	–	–	–	–	–	–	–	–	–	478	380	6	–
8000	–	–	–	–	–	556	813	558	471	247	150	74	11
4000 / 4500 U	–	–	–	–	–	–	–	–	115	182	59	19	6
7500 U	–	–	–	–	–	–	–	–	–	24	520	–	–
12 000 U	–	–	–	–	–	–	–	20	13	3	–	3	–
LS 5	–	–	–	–	–	–	–	–	–	–	–	–	4
LU 5	–	–	–	–	–	–	–	–	–	–	–	–	1
LS 7	–	–	–	–	–	–	–	–	–	–	–	208	222
LU 7	–	–	–	–	–	–	–	–	–	–	–	191	151
LS 11	–	–	–	–	–	–	–	–	–	–	–	372	281
LU 11	–	–	–	–	–	–	–	–	–	–	–	515	353
LS 55	–	–	–	–	–	–	–	–	–	–	–	–	–
LU 55	–	–	–	–	–	–	–	–	–	–	–	–	–
LS 77	–	–	–	–	–	–	–	–	–	–	–	–	–
LU 77	–	–	–	–	–	–	–	–	–	–	–	–	–
LS 75	–	–	–	–	–	–	–	–	–	–	–	–	–
LU 75	–	–	–	–	–	–	–	–	–	–	–	–	–
LS 711	–	–	–	–	–	–	–	–	–	–	–	–	–
Burglöwe	–	–	–	–	–	–	–	–	–	–	–	–	–
Supercargo	–	–	–	–	–	–	–	–	–	–	–	–	–
Commodore	–	–	–	–	–	–	–	–	–	–	–	–	–
BS 09 / 11 / 12	–	–	–	–	–	–	–	–	–	–	–	–	–
BS 13 / 14 / 15	–	–	–	–	–	–	–	–	–	–	–	–	–
BS 16 / 19 / 20 / 22 / 32	–	–	–	–	–	–	–	–	–	–	–	–	–
Sd.Kfz. SW 1 und 2	–	–	–	–	–	–	–	–	–	–	–	–	–
Sd.Kfz. 0,75 t gl	–	–	–	–	–	–	–	–	–	–	–	–	–
	1032	**1507**	**908**	**1421**	**2023**	**1541**	**1689**	**1676**	**1779**	**1510**	**1683**	**1719**	**1095**

Büssing-NAG 5000 S Möbel-Lastzug (Aufbau und Anhänger Kässbohrer) 1948

1958	1959	1960	1961	1962	1963	1964	1965	1966	1967	1968	1969	1970	1971	Gesamtzahl
–	–	–	–	–	–	–	–	–	–	–	–	–	–	**6 654**
–	–	–	–	–	–	–	–	–	–	–	–	–	–	**1 861**
–	–	–	–	–	–	–	–	–	–	–	–	–	–	**3 247**
–	–	–	–	–	–	–	–	–	–	–	–	–	–	**165**
–	–	–	–	–	–	–	–	–	–	–	–	–	–	**650**
–	–	–	–	–	–	–	–	–	–	–	–	–	–	**864**
–	–	–	–	–	–	–	–	–	–	–	–	–	–	**2 860**
–	–	–	–	–	–	–	–	–	–	–	–	–	–	**381**
–	–	–	–	–	–	–	–	–	–	–	–	–	–	**544**
–	–	–	–	–	–	–	–	–	–	–	–	–	–	**39**
131	145	66	–	–	–	–	–	–	–	–	–	–	–	**346**
4	–	–	–	–	–	–	–	–	–	–	–	–	–	**5**
117	411	127	–	–	–	–	–	–	–	–	–	–	–	**1 085**
144	55	–	–	–	–	–	–	–	–	–	–	–	–	**541**
229	112	341	497	–	–	–	–	–	–	–	–	–	–	**1 832**
287	35	545	1189	–	–	–	–	–	–	–	–	–	–	**2 924**
–	56	255	85	–	–	–	–	–	–	–	–	–	–	**396**
–	206	276	181	–	–	–	–	–	–	–	–	–	–	**663**
–	119	165	71	–	–	–	–	–	–	–	–	–	–	**355**
–	180	234	199	–	–	–	–	–	–	–	–	–	–	**613**
–	5	1	–	–	–	–	–	–	–	–	–	–	–	**6**
–	14	2	–	–	–	–	–	–	–	–	–	–	–	**16**
–	–	29	–	–	–	–	–	–	–	–	–	–	–	**29**
–	–	–	–	796	631	726	856	763	–	–	–	–	–	**3 772**
–	–	–	–	192	133	274	196	269	–	–	–	–	–	**1 064**
–	–	–	–	1767	1147	1297	1396	783	–	–	–	–	–	**6 390**
–	–	–	–	–	–	–	–	–	536	400	484	379	206	**2 005**
–	–	–	–	–	–	–	–	–	250	262	550	699	399	**2 160**
–	–	–	–	–	–	–	–	–	690	1448	1805	2433	2459	**8 835**
–	–	–	–	20	270	–	–	171	–	–	–	–	–	**461**
–	–	–	–	–	–	104	28	6	–	–	25	–	–	**163**
912	**1338**	**2041**	**2222**	**2775**	**2181**	**2401**	**2476**	**1922**	**1476**	**2100**	**2864**	**3511**	**3064**	**50 923**

Büssing 5500 Möbel-Lastzug (Aufbau und Anhänger Kässbohrer) 1950

Büssing-NAG 5000 S
Pritschenwagen
1945–1950

Büssing-NAG 5000 T
Kastenwagen auf
Omnibus-Fahrgestell
1949

Büssing 6000 AK
Hinterkipper
Bauart Meiller
mit Allrad-Antrieb
1956

	Büssing-NAG Typ 5000 S 1945–1950	Büssing Typ 5500 (S) 1950–1952	Büssing Typ 6000 (S) 1952–1957
Bauart	Hauben-Schwerlastwagen mit zurückversetzter Vorderachse	Hauben-Schwerlastwagen mit zurückversetzter Vorderachse	
Motor	Büssing-NAG LD Vorkammer-Dieselmotor	Büssing (LDX) S 8 Vorkammer-Dieselmotor	
Zylinder	6 (Reihe)	6 (Reihe)	
Bohrung × Hub	110 × 130 mm	110 × 140 mm	
Hubraum	7413 ccm	7983 ccm	
Leistung	105 PS bei 1800 U/min	120 PS bei 1800 U/min	
Getriebe	5 Gang	5 Gang	
	Pritschenwagen	**Pritschenwagen**	**Pritschenwagen**
Radstand	4800 mm	4800 mm	4800 oder 5250 mm
Pritsche	5000 mm	5000 mm	5000 (5500) mm
Gesamtmaße	8200 × 2350 × 2450 mm (Höhe über Fahrerhaus)	8200 × 2350 × 2580 mm (Höhe über Fahrerhaus)	8210 (8710) × 2400 × 2825 mm (Höhe über Fahrerhaus)
Reifen	10,00 oder 10,50–20 eHD Zwillings-Hinterräder	10,00–20 eHD Zwillings-Hinterräder	11,00–20 eHD Zwillings-Hinterräder
Wagengewicht (mit Fahrer)	5250 kg	5500 kg	6000 kg
Zuläss. Gesamtgewicht	10 600 kg	11 250 kg	12 500 kg
	Dreiseiten-Kipper	**Dreiseiten-Kipper**	**Dreiseiten-Kipper**
Radstand	4800 mm	4800 mm	4800 mm
Pritsche	4000 mm	4000 mm	4000 mm
		Sattelzugmaschine	**Sattelzugmaschine**
Radstand		3600 mm	3600 oder 4200 mm
	5000 A (1950)	**5500 A**	**6000 A**
Antrieb	Allrad-Antrieb 4 × 4	Allrad-Antrieb 4 × 4	Allrad-Antrieb 4 × 4
Wagengewicht	+ 400 kg	+ 400 kg	+ 400 kg

		Büssing Typ 6500 (S) 1953–1954	Büssing Typ 7500 (S) 1954–1956
Bauart		Hauben-Schwerlastwagen mit zurückversetzter Vorderachse	
Motor		Büssing S 10 Vorkammer-Dieselmotor	
Zylinder		6 (Reihe)	
Bohrung × Hub		118 × 150 mm	
Hubraum		9842 ccm	
Leistung		150 PS bei 2000 U/min	
Getriebe		5 Gang	5 Gang bzw. (ab 1955) 6 Gang
		Pritschenwagen	**Pritschenwagen**
Radstand		4800 mm	5350 oder 5600 mm
Pritsche		5000 mm	5500 (6000) mm
Gesamtmaße		8300 × 2400 × 2825 mm (Höhe über Fahrerhaus)	8825 (9325) × 2400 × 2850 mm (Höhe über Fahrerhaus)
Reifen		11,00–20 eHD Zwillings-Hinterräder	11,00–20 eHD verst. Zwillings-Hinterräder
Wagengewicht (mit Fahrer)		6300 kg	6500 kg
Zuläss. Gesamtgewicht		12 800 kg	14 000 bzw. (ab 1955) 14 500 kg
			Dreiseiten-Kipper
Radstand			4800 mm
Pritsche			4300 mm
			Sattelzugmaschine
Radstand			4100 mm

Büssing 12000 U
Fernlastwagen
und Fernlastzug
1952–1956

→
→

Büssing 8000 S
Rüstkranwagen RKW 10
Aufbau: Metz (Karlsruhe)
1952

Büssing 8000 A
Meiller Dreiseiten-Kipper
mit Allrad-Antrieb
und Doppelkabine
für den Autobahndienst
1953–1957

Büssing 8000 U
Fernlastwagen
mit Pritschenaufbau
sowie (Bild rechts)
Sattelzugmaschine
1953–1955

STEINE UND ERDEN GMBH
GOSLAR/Harz

Büssing 4000
Pritschenwagen 1953–1954

Bild oben rechts:
Büssing 4000
Polizei-Wasserwerfer 1954

Büssing 4000
Meiller Dreiseiten-Kipper
Pritsche 3600 mm
Neben der schmalen
Doppelkabine Durchlade-
möglichkeit für Gerüstteile
1954

Büssing LS 11 F
Sattelzugmaschine
mi Kässbohrer
Pritschen-Auflieger
1956–1959

	Büssing Typ 12 000 (U) 1952–1953	Büssing Typ 12 000 (U) 1953–1956	Büssing Typ 8000 (U) 1953–1955
Bauart	Frontlenker-Sechsrad-Schwerlastwagen mit liegendem Unterflurmotor zwischen den Achsen Antrieb auf beide Hinterachsen		Frontlenker-Schwerlastwagen mit liegendem Unterflurmotor zwischen den Achsen
Motor	Büssing U 13 Vorkammer-Dieselmotor	Büssing U 15 Vorkammer-Dieselmotor	Büssing U 13 Vorkammer-Dieselmotor
Zylinder	6 (Reihe)	6 (Reihe)	6 (Reihe)
Bohrung × Hub	130 × 170 mm	135 × 175 mm	130 × 170 mm
Hubraum	13 539 ccm	15 025 ccm	13 539 ccm
Leistung	175 PS bei 1600 U/min	200 PS bei 1600 U/min	180 PS bei 1600 U/min
Getriebe	5 Gang + Vorgelege	5 Gang + Vorgelege	5 Gang + Vorgelege
	Pritschenwagen		**Pritschenwagen**
Radstand	5900 (bis 6300) + 1500 mm		5200 mm
Pritsche	8500 mm		6500 mm
Gesamtmaße	11 100 (bis 12 000) × 2500 × 3050 mm (Höhe über Fahrerhaus)		9135 × 2500 × 2850 mm (Höhe über Fahrerhaus)
Reifen	14,00–22 eHD 4 Einzel-Hinterräder		12,00–22 eHD verst. Zwillings-Hinterräder
Wagengewicht (mit Fahrer)	12 000 kg		8400 kg
Zuläss. Gesamtgewicht	24 000 kg		16 000 kg
Zuläss. Gesamtzuggewicht	40 000 kg		40 000 kg

	Büssing Typ 4000 1953–1954 Büssing Typ 4500 U 1955–1957		Büssing Typ 7500 U 1954–1955
Bauart	Frontlenker-Lastwagen mit liegendem Unterflurmotor zwischen den Achsen		Frontlenker-Schwerlastwagen mit liegendem Unterflurmotor zwischen den Achsen
Motor	Büssing U 5 Vorkammer-Dieselmotor		Büssing U 10 Vorkammer-Dieselmotor
Zylinder	6 (Reihe)		6 (Reihe)
Bohrung × Hub	96 × 125 mm		118 × 150 mm
Hubraum	5429 ccm		9842 ccm
Leistung	100 PS bei 2600 U/min		150 PS bei 2000 U/min
Getriebe	5 Gang		6 Gang + Vorgelege
	Pritschenwagen		**Pritschenwagen**
Radstand	3600 mm		4550 mm
Pritsche	4800 mm		6000 mm
Gesamtmaße	6840 × 2300 × 2400 mm (Höhe über Fahrerhaus)		7770 × 2400 × 2760 mm (Höhe über Fahrerhaus)
Reifen	8,25–20 T Zwillings-Hinterräder		11,00–20 eHD verst. Zwillings-Hinterräder
Wagengewicht (mit Fahrer)	4200 kg		6300 kg
Zuläss. Gesamtgewicht	8700 kg		15 000 kg
Zuläss. Gesamtzuggewicht	20 700 kg		39 000 kg
	Dreiseiten-Kipper		
Radstand	3600 mm		
Pritsche	3600 mm		

Büssing TU 5
Möbelwagen auf
Omnibus-Fahrgestell
etwa 1960

Büssing TU 7
Möbelwagen auf
Omnibus-Fahrgestell
Aufbau: Ackermann
etwa 1960

Büssing LS 11 K
Dreiseiten-Kipper
1956–1959

Büssing LU 11
Pritschenwagen
1956–1961

Büssing LU 11
Pritschenwagen
1961–1963

Büssing LS 11 F
Dreiseiten-Kipper
1961

Büssing LS 11 Sattelzug 1956–1959

Büssing LS 11 F Sattelzug 1956–1959

Büssing LU 11 Kühlzug (Aufbau und Anhänger Ackermann) 1958

	Büssing LU 11 1956–1959	**Büssing LS 11 1956–1959**	**Büssing LS 11 F 1956–1959**
Bauart	Frontlenker-Schwerlastwagen mit längsliegendem Unterflurmotor zwischen den Achsen	Hauben-Schwerlastwagen mit zurückversetzter Vorderachse	Frontlenker-Schwerlastwagen mit stehendem Motor zwischen den Sitzen
Motor	Büssing U 11 Vorkammer-Dieselmotor	Büssing S 11 Vorkammer-Dieselmotor	Büssing S 11 Vorkammer-Dieselmotor
Zylinder		6 (Reihe)	
Bohrung × Hub		122 × 155 mm	
Hubraum		10 870 ccm	
Leistung		170 PS bei 2000 U/min	
Getriebe		6 Gang	
	Pritschenwagen	**Pritschenwagen**	
Radstand	4550 mm	5350 oder 5600 mm	
Pritsche	6000 mm	5500 (6000) mm	
Gesamtmaße	7840 × 2400 × 2760 mm (Höhe über Fahrerhaus)	8830 (9330) × 2400 × 2850 mm (Höhe über Fahrerhaus)	
Reifen	11,00–20 eHD verst. Zwillings-Hinterräder	11,00–20 eHD verst. Zwillings-Hinterräder	
Wagengewicht (mit Fahrer)	6600 kg	6400 kg	
Zuläss. Gesamtgewicht	15 300 kg	14 600 kg	
Zuläss. Lastzuggewicht	39 300 kg	38 600 kg	
		Dreiseiten-Kipper	**Dreiseiten-Kipper**
Radstand		4800 mm	3600 mm
Pritsche		4000 mm	4300 mm
		Sattelzugmaschine	**Sattelzugmaschine**
Radstand		4000 mm	3000 mm

	Büssing LU 11 Commodore 1960–1961 Büssing LU 11/16 Commodore 1961–1963	**Büssing LS 11 F 1960–1961 Büssing LS 11/16 F Commodore 1961–1963**	**Büssing LS 11 1961 Büssing LS 11/16 Commodore 1961–1963**
Bauart	Frontlenker-Schwerlastwagen mit längsliegendem Unterflurmotor zwischen den Achsen	Frontlenker-Schwerlastwagen mit stehendem Motor zwischen den Sitzen	Hauben-Schwerlastwagen mit zurückversetzter Vorderachse
Motor	Büssing U 11 Vorkammer-Dieselmotor	Büssing S 11 Vorkammer-Dieselmotor	Büssing S 11 Vorkammer-Dieselmotor
Zylinder		6 (Reihe)	
Bohrung × Hub		125 × 155 mm	
Hubraum		11 413 ccm	
Leistung		192 PS bei 2100 U/min	
Getriebe		6 Gang	
	Pritschenwagen	**Dreiseiten-Kipper 4 × 2**	**Dreiseiten-Kipper 4 × 4**
Radstand	4800 oder 5150 mm	3600 mm	4750 mm
Pritsche	5500 (6000) mm	4300 mm	4200 mm
Gesamtmaße	7950 (8450) × 2500 × 2790 mm (Höhe über Fahrerhaus)	6845 × 2500 × 2750 mm (Höhe über Fahrerhaus)	7450 × 2500 × 2890 mm (Höhe über Fahrerhaus)
Reifen	12,00–20 eHD verst. Zwillings-Hinterräder	12,00–20 eHD verst. Zwillings-Hinterräder	12,00–20 eHD verst. Zwillings-Hinterräder
Wagengewicht (mit Fahrer)	7100–7200 kg	7600 kg	8725 kg
Zuläss. Gesamtgewicht	16 000 kg	16 000 kg	16 000 kg
Zuläss. Lastzuggewicht	32 000 kg	32 000 kg	32 000 kg
	Dreiseiten-Kipper 4 × 2		**Dreiseiten-Kipper 4 × 2**
Radstand	4550 mm		4500 mm
Pritsche	4800 mm		4200 mm
		Sattelzugmaschine	**Sattelzugmaschine**
Radstand		3000 oder 3600 mm	4500 mm

Büssing LS 55 Burglöwe
Pritschenwagen
1959–1961

Büssing LS 77
Dreiseiten-Kipper 4 × 4
1959–1961

Büssing LS 77
Pritschenwagen
1959–1961

Büssing LU 55 Burglöwe
1959–1961

Bauart	Frontlenker-Lastwagen mit längsliegendem Unterflurmotor zwischen den Achsen		
Motor	Büssing U 5, Vorkammer-Dieselmotor		
Zylinder	6 (Reihe)		
Bohrung × Hub	96 × 125 mm		
Hubraum	5430 ccm		
Leistung	110 PS bei 2600 U/min		
Getriebe	5 Gang		
	Pritschenwagen	**Pritschenwagen**	**Pritschenwagen**
Radstand	3400 oder 3700 mm	3400 oder 3700 mm	3400, 3700 oder 4300 mm
Pritsche	4500 (5000) mm	4500 (5000) mm	4500 (5000) (6000) mm
Gesamtmaße	6300 (6900) × 2250 × 2580 mm (Höhe über Fahrerhaus)	6300 (6800) × 2250 × 2600 mm (Höhe über Fahrerhaus)	6250 (6750) (7750) × 2250 × 2600 mm
Reifen	7,50–20 eHD verst. Zwillings-Hinterräder	8,25–20 eHD verst. Zwillings-Hinterräder	8,25–20 eHD verst. Zwillings-Hinterräder
Wagengewicht (mit Fahrer)	3650 (3750) kg	3750 (3850) kg	3800 (3900) (4100) kg
Zuläss. Gesamtgewicht	8400 kg	9150 kg	10 200 kg
Zuläss. Lastzuggewicht	16 800 kg	18 300 kg	18 300 kg
		Dreiseiten-Kipper 4 × 2	**Dreiseiten-Kipper 4 × 2**
Radstand		3400 mm	3400 mm
Pritsche		3400 mm	3400 mm

Büssing LS 55 Burglöwe
1959–1961

Bauart	Hauben-Lastwagen mit zurückversetzter Vorderachse	
Motor	Büssing S 5, Vorkammer-Dieselmotor	
Zylinder	6 (Reihe)	
Bohrung × Hub	96 × 125 mm	
Hubraum	5430 ccm	
Leistung	110 PS bei 2600 U/min	
Getriebe	5 Gang bzw. (bei 4 × 4): 5 Gang + Vorgelege	
	Dreiseiten-Kipper 4 × 2	**Dreiseiten-Kipper 4 × 2**
Radstand	3700 mm	3700 mm
Pritsche	3400 mm	3400 mm
Gesamtmaße	6300 × 2250 × 2600 mm (Höhe über Fahrerhaus)	6300 × 2250 × 2600 mm (Höhe über Fahrerhaus)
Reifen	8,25–20 eHD Zwillings-Hinterräder	8,25–20 eHD verst. Zwillings-Hinterräder
Wagengewicht (mit Fahrer)	4250 kg	4300 kg
Zuläss. Gesamtgewicht	9050 kg	9900 kg
Zuläss. Lastzuggewicht	18 100 kg	18 300 kg
	Dreiseiten-Kipper 4 × 4	**Dreiseiten-Kipper 4 × 4**
Radstand	4000 mm	4000 mm
Pritsche	3400 mm	3400 mm
		Pritschenwagen
Radstand		4800 mm
Pritsche		5000 mm

Büssing LU 55 M Möbelwagen (etwa 1960)

Büssing LU 7/14 Supercargo Pritschenwagen 1961–1963

Büssing LU 75 Schlammsauger (Aufbau Schörling) 1960

Bauart

Motor

Zylinder
Bohrung × Hub
Hubraum
Leistung
Getriebe

Radstand
Pritsche
Gesamtmaße

Reifen

Wagengewicht (mit Fahrer)
Zuläss. Gesamtgewicht
Zuläss. Lastzuggewicht

Radstand
Pritsche

Radstand

Bauart

Motor

Zylinder
Bohrung × Hub
Hubraum
Leistung
Getriebe

Radstand
Pritsche
Gesamtmaße

Reifen

Wagengewicht (mit Fahrer)
Zuläss. Gesamtgewicht

Radstand
Pritsche

Radstand

Radstand
Laderaum-Länge

<table>
<tr><th>Büssing LU 77
1959–1961</th><th>Büssing LS 77
1959–1961</th><th>Büssing LS 77 F
1959–1961</th><th></th></tr>
<tr><td>Frontlenker-Lastwagen mit
längsliegendem Unterflurmotor
zwischen den Achsen</td><td>Hauben-Lastwagen mit
zurückversetzter Vorderachse</td><td>Frontlenker-Lastwagen mit
stehendem Motor
zwischen den Sitzen</td><td></td></tr>
<tr><td>Büssing U 7
Vorkammer-Dieselmotor
6 (Reihe)
106 × 135 mm
7148 ccm
145 PS bei 2500 U/min
6 Gang</td><td colspan="2">Büssing S 7
Vorkammer-Dieselmotor
6 (Reihe)
106 × 135 mm
7148 ccm
145 PS bei 2500 U/min
6 Gang</td><td></td></tr>
<tr><td>Pritschenwagen
3750 oder 4300 mm
5000 (6000) mm
6750 (7750) × 2400 × 2650 mm
(Höhe über Fahrerhaus)
9,00–20 eHD verst.
Zwillings-Hinterräder
4850 (5000) kg
12 000 kg
24 000 kg
Dreiseiten-Kipper
3750 mm</td><td>Pritschenwagen
4600 mm
4800 mm
7900 × 2400 × 2620 mm
(Höhe über Fahrerhaus)
9,00–20 eHD verst.
Zwillings-Hinterräder
4800 kg
12 000 kg
24 000 kg
Dreiseiten-Kipper
4100 mm
4000 mm</td><td>Sattelzugmaschine
3000 mm</td><td></td></tr>
</table>

<table>
<tr><th colspan="2">Büssing LU 5/10 Burglöwe
1961–1963</th><th>Büssing LS 5/10 Burglöwe
1961–1963</th><th>Büssing LU 7/14 Supercargo
1961–1963</th></tr>
<tr><td colspan="2">Frontlenker-Lastwagen mit
längsliegendem Unterflurmotor
zwischen den Achsen
Büssing U 5
Vorkammer-Dieselmotor
6 (Reihe)
100 × 125 mm
5890 ccm
126 PS bei 2800 U/min
5 Gang</td><td>Hauben-Lastwagen mit
zurückversetzter Vorderachse

Büssing S 5
Vorkammer-Dieselmotor
6 (Reihe)
100 × 125 mm
5890 ccm
126 PS bei 2800 U/min
5 Gang bzw. (bei 4 × 4)
5 Gang + Vorgelege</td><td>Frontlenker-Lastwagen mit
längsliegendem Unterflurmotor
zwischen den Achsen
Büssing U 7
Vorkammer-Dieselmotor
6 (Reihe)
106 × 135 mm
7148 ccm
145 PS bei 2500 U/min
6 Gang</td></tr>
<tr><td>Pritschenwagen
3700 mm
5000 mm
6800 × 2250 × 2600 mm
(Höhe über Fahrerhaus)
8,25–20 eHD
Zwillings-Hinterräder
3900 kg
9150 kg</td><td>Pritschenwagen
3700 oder 4300 mm
5000 (6000) mm
6750 (7750) × 2250 × 2600 mm
(Höhe über Fahrerhaus)
8,25–20 eHD Super
Zwillings-Hinterräder
3960 (4180) kg
10 500 kg

Dreiseiten-Kipper 4 × 2
3400 mm
3400 mm
Sattelzugmaschine
3400 mm
Möbelwagen
4500 oder 5000 mm
7100 (8000) mm</td><td>Dreiseiten-Kipper 4 × 2
3700 mm
3400 mm
6300 × 2250 × 2600 mm
(Höhe über Fahrerhaus)
8,25–20 eHD Super
Zwillings-Hinterräder
4300 kg
10 500 kg

Dreiseiten-Kipper 4 × 4
4000 mm
3400 mm</td><td>Pritschenwagen
3900 oder 4300 mm
5500 (6000) mm
7200 (7800) × 2400 × 2700 mm
(Höhe über Fahrerhaus)
10,00–20 eHD Super
Zwillings-Hinterräder
5150 (5340) kg
14 000 kg

Dreiseiten-Kipper 4 × 2
3900 mm
4500 mm
Sattelzugmaschine
3900 mm</td></tr>
</table>

Büssing Burglöwe 09-110
Stadt-Lastwagen mit
vor- und tiefgesetztem Fahrerhaus
1965

Büssing Burglöwe U
Dreiseiten-Kipper
1963–1967

Büssing LS 711 F
Fernverkehrs-Lastwagen
1960

Büssing Supercargo 22-150
Decklaster mit vor- und
tiefgesetztem Fahrerhaus
1965–1967

Büssing Supercargo SK
Entsorgungswagen
1966

Büssing Supercargo 14-185
Pritschenwagen
1965–1967

	Büssing Burglöwe II 1964–1967	Büssing Burglöwe Universal 1963–1967	Büssing Burglöwe SAK 1963–1967
Bauart	Frontlenker-Lastwagen längsliegender Unterflurmotor zwischen den Achsen	Frontlenker-Fahrgestell 4 × 4 längsliegender Unterflurmotor zwischen den Achsen	Hauben-Lastwagen 4 × 4 mit zurückversetzter Vorderachse
Motor	Büssing U 5 Vorkammer-Dieselmotor		Büssing S 7 Vorkammer-Dieselmotor
Zylinder	6 (Reihe)		6 (Reihe)
Bohrung × Hub	100 × 125 mm		108 × 135 mm
Hubraum	5890 ccm		7416 ccm
Leistung	126 PS bei 2800 U/min		132 PS bei 2500 U/min
Getriebe	5 Gang	2 × 4 Gang	5 Gang + Vorgelege
	Pritschenwagen 4 × 2	**Fahrgestell 4 × 4**	**Dreiseiten-Kipper 4 × 4**
Radstand	3600 oder 4300 mm	3000 mm	3850 mm
Pritsche	5000 (6000) mm	—	3400 mm
Gesamtmaße	6675 (7700) × 2360 × 2630 mm (Höhe über Fahrerhaus)	5040 × 2350 × 2800 mm (Höhe über Fahrerhaus)	6480 × 2300 × 2750 (Höhe über Fahrerhaus)
Reifen	8,25–20 Super Zwillings-Hinterräder	14,50–20 Einzel-Hinterräder	9,00–20 verst. S + G Zwillings-Hinterräder
Wagengewicht (mit Fahrer)	4150 (4300) kg	4900 kg	5700 kg
Zuläss. Gesamtgewicht	10 500 kg	10 000 kg	11 700 kg
	Dreiseiten-Kipper 4 × 2		
Radstand	3600 mm		
Pritsche	4000 mm		
	Sattelzugmaschine		
Radstand	3600 mm		
	Möbelwagen		
Radstand	4500 oder 5000 mm		
Aufbaulänge	7100 (8100) mm		

	Büssing Supercargo U 1963–1965	Büssing Supercargo S 1963–1965	
Bauart	Frontlenker-Lastwagen mit längsliegendem Unterflurmotor zwischen den Achsen	Hauben-Lastwagen mit zurückversetzter Vorderachse	
Motor	Büssing U 7 Vorkammer-Dieselmotor	Büssing S 7 Vorkammer-Dieselmotor	Büssing S 11 Vorkammer-Dieselmotor
Zylinder	6 (Reihe)	6 (Reihe)	6 (Reihe)
Bohrung × Hub	108 × 135 mm	108 × 135 mm	125 × 155 mm
Hubraum	7416 ccm	7416 ccm	11 413 ccm
Leistung	150 PS bei 2500 U/min	150 PS bei 2500 U/min	170 PS bei 2000 U/min
Getriebe	6 Gang	6 Gang bzw. (bei 4 × 4) 6 Gang + Vorgelege	6 Gang
	Pritschenwagen 4 × 2	**Dreiseiten-Kipper 4 × 4**	**Dreiseiten-Kipper 4 × 2**
Radstand	3900 oder 4300 mm	4300 mm	4100 mm
Pritsche	5500 (6000) mm	4000 mm	4000 mm
Gesamtmaße	7200 (7740) × 2500 × 2670 mm (Höhe über Fahrerhaus)	7150 × 2400 × 2750 mm (Höhe über Fahrerhaus)	7350 × 2500 × 2700 mm (Höhe über Fahrerhaus)
Reifen	10,00–20 eHD Super Zwillings-Hinterräder	10,00–20 eHD verst. S + G Zwillings-Hinterräder	10,00–20 eHD Super Zwillings-Hinterräder
Wagengewicht (mit Fahrer)	5350 (5450) kg	6200 kg	6100 kg
Zuläss. Gesamtgewicht	14 000 kg	13 000 kg	14 000 kg
	Dreiseiten-Kipper 4 × 2	**Pritschenwagen 4 × 2 Export**	
Radstand	3900 mm	5600 mm	
Pritsche	4500 mm	7000 mm	
	Sattelzugmaschine		**Sattelzugmaschine**
Radstand	3900 mm		4100 mm

	Büssing Supercargo U 1965–1967	
Bauart	Frontlenker-Lastwagen mit längsliegendem Unterflurmotor zwischen den Achsen	
Motor	Büssing U 11 D Direkteinspritz-Dieselmotor	Büssing U 7 Vorkammer-Dieselmotor
Zylinder	6 (Reihe)	6 (Reihe)
Bohrung × Hub	128 × 150 mm	108 × 135 mm
Hubraum	11 581 ccm	7416 ccm
Leistung	210 PS bei 2100 U/min	150 PS bei 2500 U/min
Getriebe	6 Gang	6 Gang
	Pritschenwagen	**Dreiseiten-Kipper 4 × 2**
Radstand	4300 mm	3900 mm
Pritsche	6000 mm	4500 mm
Gesamtmaße	8100 × 2500 × 2775 mm (Höhe über Fahrerhaus)	6750 × 2500 × 2640 mm (Höhe über Fahrerhaus)
Reifen	10,00–20 Super Zwillings-Hinterräder	10,00–20 Super Zwillings-Hinterräder
Wagengewicht (mit Fahrer)	5450 kg	5750 kg
Zuläss. Gesamtgewicht	14 000 kg	14 000 kg
		Sattelzugmaschine
Radstand		3900 mm

	Büssing Supercargo 14–185 1965–1967	**Büssing Supercargo 14–150 1965–1967**	**Büssing Supercargo 22–150 1965–1967**
Bauart	Frontlenker-Lastwagen längsliegender Unterflurmotor zwischen den Achsen		Decklaster, vor- und tiefgelegtes Fahrerhaus, längsliegender Unterflurmotor zwischen den Achsen, 2 Lenkachsen vorn, Luftfederung
Motor	Büssing U 11 D Direkteinspritz-Dieselmotor	Büssing U 7 Vorkammer-Dieselmotor	
Zylinder	6 (Reihe)	6 (Reihe)	
Bohrung × Hub	128 × 150 mm	108 × 135 mm	
Hubraum	11 581 ccm	7416 ccm	
Leistung	185 PS bei 2100 U/min	150 PS bei 2500 U/min	
Getriebe	6 Gang	6 Gang	Automatic
	Pritschenwagen	**Dreiseiten-Kipper 4 × 4**	**Plattformwagen 6 × 2**
Radstand	4350 mm	3000 mm	1300 + 4350 mm
Pritsche	6100 mm	4000 mm	10 000 mm
Gesamtmaße	8000 × 2500 × 2660 mm (Höhe über Fahrerhaus)	6550 × 2300 × 2700 mm (Höhe über Fahrerhaus)	10 325 × 2500 × 1500 mm (Höhe über Fahrerhaus und Lade-Plattform)
Reifen	10,00–20 Super Zwillings-Hinterräder	10,00–20 Super Zwillings-Hinterräder	10,00 R 20 Super Zwillings-Hinterräder
Wagengewicht (mit Fahrer)	6400 kg	6000 kg	7300 kg
Zuläss. Gesamtgewicht	14 400 kg	14 000 kg	22 000 kg
Zuläss. Gesamtzuggewicht	30 400 kg	25 000 kg	—

Büssing Commodore UK
Dreiseiten-Kipper
1963

Büssing Commodore U
Fernverkehrs-Lastzug
1963

Büssing Commodore U
Fernverkehrs-Lastwagen
1964

	Büssing Commodore U 1963–1965	Büssing Commodore S 1963–1965
Bauart	Frontlenker-Schwerlastwagen für den Güterfernverkehr, längsliegender Unterflurmotor zwischen den Achsen	Hauben-Schwerlastwagen für die Bauwirtschaft, zurückversetzte Vorderachse
Motor	Büssing U 11 Vorkammer-Dieselmotor	Büssing S 11 Vorkammer-Dieselmotor
Zylinder	6 (Reihe)	6 (Reihe)
Bohrung × Hub	125 × 155 mm	125 × 155 mm
Hubraum	11 413 ccm	11 413 ccm
Leistung	192 PS bei 2100 U/min	192 PS bei 2100 U/min
Getriebe	6 Gang	6 Gang bzw. (bei 4 × 4) 6 Gang + Vorgelege
	Pritschenwagen 4 × 2	**Pritschenwagen 4 × 2 Export**
Radstand	4800 oder 5100 mm	5600 mm
Pritsche	6000 mm	6000 mm
Gesamtmaße	8030–8500 × 2500 × 2775 mm (Höhe über Fahrerhaus)	9250 × 2500 × 2850 mm (Höhe über Fahrerhaus)
Reifen	12,00–20 eHD Super Zwillings-Hinterräder	12,00–20 eHD Super Zwillings-Hinterräder
Wagengewicht (mit Fahrer)	7100–7200 kg	6250 kg
Zuläss. Gesamtgewicht	16 000 kg	20 500 kg
Zuläss. Lastzuggewicht	32 000 kg	
	Dreiseiten-Kipper 4 × 2	**Dreiseiten-Kipper 4 × 4**
Radstand	4550 mm	4750 mm
Pritsche	4800 mm	4200 mm
Gesamtmaße	7500 × 2500 × 2775 mm (Höhe über Fahrerhaus)	7450 × 2500 × 2890 mm (Höhe über Fahrerhaus)
Reifen	12,00–20 eHD Super Zwillings-Hinterräder	12,00–20 eHD Super S + G Zwillings-Hinterräder
Wagengewicht (mit Fahrer)	7800 kg	8250 kg
Zuläss. Gesamtgewicht	16 000 kg	16 000 kg
		Dreiseiten-Kipper 4 × 2
Radstand		4500 mm
Pritsche		4200 mm
		Sattelzugmaschine 4 × 2
Radstand		3700 mm

	Büssing Commodore F 1963–1965	Büssing Commodore F 3 Prototyp 1963
Bauart	Schwere Frontlenker-Sattelzugmaschine für den Güterfernverkehr, stehender Motor zwischen den Sitzen	Dreiachs-Frontlenker-Schwerlastwagen für die Bauwirtschaft, stehender Motor zwischen den Sitzen Antrieb auf beide Hinterachsen
Motor	Büssing S 11	Büssing S 11
Leistung	192 PS bei 2100 U/min	192 PS bei 2100 U/min
Getriebe	6 Gang	6 Gang
		Dreiseiten-Kipper 6 × 4
Radstand		2900 + 1350 mm
Pritsche		4400 mm
Gesamtmaße		6470 × 2500 × 2750 mm (Höhe über Fahrerhaus)
Reifen		11,00–20 eHD Super (4 Zwillings-Hinterräder)
Wagengewicht (mit Fahrer)		6650 kg
Zuläss. Gesamtgewicht		19 350 kg
	Sattelzugmaschine 4 × 2	**Sattelzugmaschine 6 × 4**
Radstand	3000 oder 3600 mm	2900 + 1350 mm

Büssing Commodore S Silo-Sattelzug (Anhänger: Spitzer) 1965–1967

Büssing Commodore SAK Allrad-Dreiseiten-Kipper 1965–1967

Büssing Commodore 16-210 Sattelzugmaschine Prototyp 1965/66

	Büssing Commodore U 1965–1967	Büssing Commodore S 1965–1967	Büssing Commodore F 1965–1967
Bauart	Frontlenker-Schwerlastwagen längsliegender Unterflurmotor zwischen den Achsen	Hauben-Schwerlastwagen, zurückversetzte Vorderachse	Frontlenker-Schwerlastwagen, stehender Motor zwischen den Sitzen
Motor	Büssing U 11 D Direkteinspritz-Dieselmotor	Büssing S 11 Vorkammer-Dieselmotor	
Zylinder	6 (Reihe)	6 (Reihe)	
Bohrung × Hub	128 × 150 mm	125 × 155 mm	
Hubraum	11 581 ccm	11 413 ccm	
Leistung	210 PS bei 2100 U/min	200 PS bei 2100 U/min	
Getriebe	6 Gang	6 Gang bzw. (bei 4 × 4) 6 Gang + Vorgelege	
	Pritschenwagen	**Dreiseiten-Kipper 4 × 4**	
Radstand	4800 oder 5150 mm	4750 mm	
Pritsche	5500–6000 mm	4200 mm	
Gesamtmaße	8100–8600 × 2500 × 2900 mm (Höhe über Fahrerhaus)	7450 × 2500 × 2910 mm (Höhe über Fahrerhaus)	
Reifen	12,00–20 Super Zwillings-Hinterräder	12,00–20 eHD verst. S + G Zwillings-Hinterräder	
Wagengewicht (mit Fahrer)	7400–7500 kg	8250 kg	
Zuläss. Gesamtgewicht	16 000 kg	16 000 kg	
Zuläss. Lastzuggewicht	38 000 kg	32 000 kg	
	Dreiseiten-Kipper 4 × 2	**Dreiseiten-Kipper 4 × 2**	
Radstand	4500 mm	4500 mm	
Pritsche	4800 mm	4200 mm	
		Sattelzugmaschine 4 × 2	**Sattelzugmaschine 4 × 2**
Radstand		3700 mm	3600 mm

	Büssing Commodore 16–210 Prototyp 1965	Büssing Commodore 19–210 Prototyp 1965	Büssing Commodore 22–210 Prototyp 1965
Bauart	Kurzhauber-Schwerlastwagen, längsliegender Unterflurmotor vor der Vorderachse		Kurzhauber-Schwerstlastwagen, längsliegender Unterflurmotor vor der Vorderachse
Motor	Büssing U 11 D Direkteinspritz-Dieselmotor		
Zylinder	6 (Reihe)		
Bohrung × Hub	128 × 150 mm		
Hubraum	11 581 ccm		
Leistung	210 PS bei 2100 U/min		
Getriebe	2 × 6 Gang		
	Kipper 4 × 4	**Pritschenwagen 4 × 2**	**Kipper 6 × 6**
Radstand	4500 mm	4000 mm	2800 + 1350 mm
Pritsche	4800 mm	6100 mm	Muldenkipper
Gesamtmaße	7515 × 2500 × 2700 mm (Höhe über Fahrerhaus)	8470 × 2500 × 2700 mm (Höhe über Fahrerhaus)	7800 × 2500 × 3000 mm (Höhe über Fahrerhaus)
Reifen	12,00–20 verst. Zwillings-Hinterräder	12,00–20 verst. Zwillings-Hinterräder	12,00–20 verst. Einzel-Hinterräder
Wagengewicht (mit Fahrer)	8500 kg	7700 kg	11 000 kg
Zuläss. Gesamtgewicht	16 000 kg	19 000 kg	22 000 oder 26 000 kg
Zuläss. Lastzuggewicht	38 000 kg		
	Sattelzugmaschine 4 × 2		**Sattelzugmaschine 6 × 6**
Radstand	3000 oder 3400 mm		2800 + 1350 mm
Bemerkung	Luftfederung vorn und hinten		

Büssing/OM Lupetto 27 Dreiseiten-Kipper 1965–1971

Büssing/OM Leonico 40 Meiller-Dreiseiten-Kipper 1967–1971

Von 1956 an bis zur Fusion mit der MAN betreute Büssing den Verkauf und den Kundendienst der Großtransporter der italienischen Marke OM, die ihrerseits zum Fiat-Konzern gehört. Aber die gut konstruierten und auch gut aussehenden Fahrzeuge blieben ein unbedeutendes Nebengeschäft.

	Büssing/OM Cerbiatto 20 1965–1971	Büssing/OM Lupetto 27 1965–1971	Büssing/OM Lupetto 33 1965–1966 Büssing/OM Lupetto 35 1967–1971
Bauart	Frontlenker-Großtransporter, Motor unter den Sitzen		
Motor	Saurer Direkteinspritz-Dieselmotor		
Zylinder	4 (Reihe)		
Bohrung × Hub	108 × 120 mm		
Hubraum	4397 ccm		
Leistung	80 PS bei 2400 U/min	80 PS bei 2400 U/min	85 PS bei 2400 U/min
Getriebe	5 Gang	5 Gang	5 Gang
	Pritschenwagen	**Pritschenwagen**	**Pritschenwagen**
Radstand	2600 mm	3000 mm	3000 mm
Pritsche	3100 mm	3700 mm	3700 mm
Gesamtmaße	4950 × 1930 × 2100 mm (Höhe über Fahrerhaus)	5550 × 1930 × 2120 mm (Höhe über Fahrerhaus)	5550 × 2210 × 2180 mm (Höhe über Fahrerhaus)
Reifen	6,00–16 Zwillings-Hinterräder	6,00–16 Zwillings-Hinterräder	7,00–16 Zwillings-Hinterräder
Wagengewicht (mit Fahrer)	2400 kg	2500 kg	2750 kg
Zuläss. Gesamtgewicht	4400 kg	5200 kg	6250 kg
	Kastenwagen	**Kastenwagen**	**Kastenwagen**
Radstand	2600 mm	3000 mm	3000 mm
Laderaum	3020 × 1875 × 1750 mm	3620 × 1875 × 1750 mm	3620 × 1875 × 1750 mm
Gesamtmaße	4890 × 2060 × 2590 mm	5550 × 2100 × 2120 mm	5460 × 2100 × 2635 mm
		Kipper	
Radstand		3000 mm	
Pritsche		3000 mm	

	Büssing/OM Leoncino 38 1965–1966 Büssing/OM Leoncino 40 1967–1971	Büssing/OM Daino 44 1966 Büssing/OM Daino 45 1967–1971	
Bauart	Frontlenker-Großtransporter, Motor unter den Sitzen		
Motor	Saurer Direkteinspritz-Dieselmotor		
Zylinder	4 (Reihe)		
Bohrung × Hub	108 × 120 mm	110 × 120 mm	
Hubraum	4397 ccm	4561 ccm	
Leistung	85 PS bei 2400 U/min	92 PS bei 2600 U/min	
Getriebe	5 Gang	5 Gang	
	Pritschenwagen	**Pritschenwagen**	
Radstand	3000 mm	3600 mm	
Pritsche	3700 mm	4600 mm	
Gesamtmaße	5550 × 2710 × 2200 mm (Höhe über Fahrerhaus)	6500 × 2210 × 2225 mm (Höhe über Fahrerhaus)	
Reifen	7,50–16 Zwillings-Hinterräder	7,00 R 20 Zwillings-Hinterräder	
Wagengewicht (mit Fahrer)	2820 kg	3120 kg	
Zuläss. Gesamtgewicht	6800 kg	7490 kg	
	Kastenwagen	**Kastenwagen**	
Radstand	3000 mm	3600 mm	
Laderaum	3620 × 1875 × 1750 mm	4600 × 1875 × 1750 mm	
Gesamtmaße	5460 × 2100 × 2635 mm	6430 × 2100 × 2635 mm	
	Kipper		
Radstand	3000 mm		
Pritsche	3400 mm		

Büssing BS 14 L
Pritschenwagen
1966–1967

Büssing BS 14 AK
Büssing BS 15 AK
Dreiseiten-Kipper
1966–1968

Büssing BS 11 LT
Stadt-Lastwagen mit
vor- und tiefgesetztem
Fahrerhaus
1967–1969

	Büssing BS 11 L 1966–1967	Büssing BS 14 L 1966–1967	Büssing BS 14 AK 1966–1967 Büssing BS 15 AK 1967–1968
Bauart	Frontlenker-Lastwagen, längsliegender Unterflurmotor zwischen den Achsen	Frontlenker-Lastwagen, längsliegender Unterflurmotor zwischen den Achsen	Frontlenker-Lastwagen, Motor senkrecht stehend zwischen den Sitzen
Motor	Büssing U 5 Vorkammer-Dieselmotor	Büssing U 11 D Direkteinspritz-Dieselmotor	Büssing S 7 Vorkammer-Dieselmotor
Zylinder	6 (Reihe)	6 (Reihe)	6 (Reihe)
Bohrung × Hub	100 × 125 mm	128 × 150 mm	108 × 135 mm
Hubraum	5890 ccm	11 581 ccm	7416 ccm
Leistung	126 PS bei 2800 U/min	185 PS bei 2100 U/min	150 PS bei 2500 U/min
Getriebe	5 Gang	6 Gang oder 2 × 6 Gang	2 × 6 Gang
	Pritschenwagen	**Pritschenwagen**	**Dreiseiten-Kipper 4 × 4**
Radstand	3600, 4300 oder 5000 mm	4350 mm	3300 mm
Pritsche	5000–7500 mm	5580 mm	4000 mm
Gesamtmaße	6850–9350 × 2390 × 2580 mm (Höhe über Fahrerhaus)	7860 × 2500 × 2660 mm (Höhe über Fahrerhaus)	6305 × 2400 × 2750 mm (Höhe über Fahrerhaus)
Reifen	8,25–20 Super Zwillings-Hinterräder	10,00–20 Super Zwillings-Hinterräder	10,00–20 Super Zwillings-Hinterräder
Wagengewicht (mit Fahrer)	4650–5250 kg	6500 kg	6700 bzw. 6800 kg
Zuläss. Gesamtgewicht	11 000 kg	14 600 kg	14 600 bzw. 15 000 kg
	Dreiseiten-Kipper 4 × 2	**Dreiseiten-Kipper 4 × 2**	
Radstand	3600 mm	4350 mm	
Pritsche	4000 mm	4500 mm	
	Sattelzugmaschine		
Radstand	3600 mm		
	Fahrgestell f. Sonderaufbauten		**Fahrgestell f. Sonderaufbauten**
Radstand	5000 mm		4400 mm

	Büssing Burglöwe 09–110 1965–1967 Büssing BS 09 LT 1967–1968	Büssing BS 11 LT 1967–1969	
Bauart	Frontlenker-Lastwagen für den Nah- und Verteilerverkehr, vor- und tiefgelegtes Fahrerhaus, Unterflurmotor zwischen den Achsen		
Motor	Büssing U 5 Vorkammer-Dieselmotor		
Zylinder	6 (Reihe)		
Bohrung × Hub	100 × 125 mm		
Hubraum	5890 ccm		
Leistung	110 PS bei 2400 U/min	126 PS bei 2800 U/min	
Getriebe	5 Gang		
	Pritschenwagen		
Radstand	3600 mm		
Pritsche	5000 mm	5500 mm	
Gesamtmaße	6900 × 2300 × 2150 mm (Höhe über Fahrerhaus)	7265 × 2400 × 2275 mm (Höhe über Fahrerhaus)	
Reifen	9,00–20 Super Einzel-Hinterräder	9,00–20 Super Einzel-Hinterräder	
Wagengewicht (mit Fahrer)	4450 kg	4800 kg	
Zuläss. Gesamtgewicht	8950 kg	10 800 kg	

Büssing BS 16 S Sattelzug 1967–1969

	Büssing BS 16 L 1967–1969	Büssing BS 22 L 1967–1969
Bauart	Frontlenker-Schwerstlastwagen 4 × 2 für den Güterfernverkehr, längsliegender Unterflurmotor zwischen den Achsen	Dreiachs-Frontlenker-Schwerstlastwagen 6 × 2 für den Güterfernverkehr, längsliegender Unterflurmotor zwischen den Achsen Achse 2 = Antriebsachse, Zwillingsräder Achse 3 = Nachlaufachse, liftbar, Einzelräder
Motor	Büssing U 12 D, Direkteinspritz-Dieselmotor	
Zylinder	6 (Reihe)	
Bohrung × Hub	132 × 150 mm	
Hubraum	12 316 ccm	
Leistung	240 PS bei 2200 U/min	
Getriebe	6 Gang + Vorschaltgruppe	
	Pritschenwagen	**Pritschenwagen**
Radstand	4800 oder 5250 mm	4800 + 1300 mm
Pritsche	6500 mm	7000 mm
Gesamtmaße	7800–8300 × 2500 × 2715 bzw. (ab Mitte 1968) 2885 mm (Höhe über Fahrerhaus)	9200 × 2500 × 2715 bzw. (ab Mitte 1968) 2885 mm (Höhe über Fahrerhaus)
Reifen	12,00–20 verst. Zwillings-Hinterräder	12,00–20 verst. Antriebsachse: Zwillingsräder Nachlaufachse: Einzelräder
Wagengewicht (mit Fahrer)	7400–7500 kg	8600 kg
Zuläss. Gesamtgewicht	16 000, für Export 19 000 kg	22 000 kg
Zuläss. Lastzuggewicht	38 000 kg	38 000 kg

	Büssing BS 16 S/LL *) 1967–1968	Büssing BS 16 S/BL Büssing BS 19 S/BL 1968–1969
Bauart	Kurzhauber-Sattelzugmaschine 4 × 2 für den Güterfernverkehr, längsliegender Unterflurmotor vor der Vorderachse	Frontlenker-Sattelzugmaschine 4 × 2 für den Güterfernverkehr, stehender Motor zwischen den Sitzen
Motor	Büssing U 12 D Direkteinspritz-Dieselmotor	Büssing S 12 D Direkteinspritz-Dieselmotor
Zylinder	6 (Reihe)	6 (Reihe)
Bohrung × Hub	132 × 150 mm	132 × 150 mm
Hubraum	12 316 ccm	12 316 ccm
Leistung	240 PS bei 2200 U/min	240 PS bei 2200 U/min
Getriebe	6 Gang + Vorschaltgruppe	6 Gang + Vorschaltgruppe
	Sattelzugmaschine Luftfederung vorn und hinten	**Sattelzugmaschine** hinten Blatt- oder Luftfederung
Radstand	3400 mm	3400 mm
Gesamtmaße	6300 × 2500 × 2705 mm (Höhe über Fahrerhaus)	5830–5995 × 2500 × 2745–2905 mm (Höhe über Fahrerhaus)
Pritsche	Auflieger: 12 000 mm	Auflieger: 12 000 mm
Reifen	12,00–20 verst. Zwillings-Hinterräder	12,00–20 verst. Zwillings-Hinterräder
Wagengewicht (mit Fahrer)	6530 kg	6530–6800 kg
Zuläss. Lastzuggewicht	bei Einachs-Auflieger 36 000 kg bei Zweiachs-Auflieger 38 000 kg	bei Einachs-Auflieger 36 000 kg bei Zweiachs-Auflieger 38 000 kg
		BS 19 K: Dreiseiten-Kipper 4 × 2
Radstand		3800 mm
Pritsche		4500 mm

*) bis Sept. 1967: Büssing S 16–210 mit 210 PS-Motor

	Büssing BS 11 L 1969–1970	**Büssing BS 12 L 1968–1970**	**Büssing BS 12 L 1969–1971**	**Büssing BS 12 L 1971**
Bauart	Frontlenker-Lastwagen für den Nah- und Bezirksverkehr Längsliegender Unterflurmotor zwischen den Achsen			
Motor	Büssing U 7 D Direkteinspritz-Diesel			Büssing U 11 D Direkteinspritz-Diesel
Zylinder	6 (Reihe)			6 (Reihe)
Bohrung × Hub	108 × 135 mm			128 × 150 mm
Hubraum	7416 ccm			11 581 ccm
Leistung	135 PS bei 2400 U/min	135 PS bei 2400 U/min	156 PS bei 2400 U/min	192 PS bei 2200 U/min
Getriebe	6 Gang	6 Gang	6 Gang	6 Gang
	Pritschenwagen			
Radstand	4000 oder 4300 mm			
Pritsche	5100 (6100 bzw. bei Fahrerhaus lang 5100) mm			
Gesamtmaße	7145 (7820 bzw. 7320) × 2500 × 2615–2815 mm (Höhe über Fahrerhaus)			
Reifen	8,25–20 Super / PR 14 Zwillings-Hinterräder	9,00–20 verst. / PR 12 Zwillings-Hinterräder		
Wagengewicht (mit Fahrer)	5300–5400 kg	5400–5900 kg		
Zuläss. Gesamtgewicht	11 600 kg	12 400 kg		
Zuläss. Lastzuggewicht	19 500 kg	19 500 kg	19 500 kg	24 000 kg
	Fahrgestell für Sonderaufbauten			
Radstand	5200 mm			
Aufbaulänge	bis 7500 bzw. (bei Fahrerhaus lang) 7000 mm			

		Büssing BS 13 L 1968–1970	**Büssing BS 13 L 1968–1971**	**Büssing BS 13 L 1971**
Bauart		Frontlenker-Lastwagen für den Nah- und Bezirksverkehr Längsliegender Unterflurmotor zwischen den Achsen		
Motor		Büssing U 7 D Direkteinspritz-Diesel		Büssing U 11 D Direkteinspritz-Diesel
Zylinder		6 (Reihe)		6 (Reihe)
Bohrung × Hub		108 × 135 mm		128 × 150 mm
Hubraum		7416 ccm		11 581 ccm
Leistung		135 PS bei 2400 U/min	156 PS bei 2400 U/min	192 PS bei 2200 U/min
Getriebe		6 Gang	6 Gang	6 Gang
		Pritschenwagen		
Radstand		4000 oder 4300 mm		
Pritsche		5100 (6100 bzw. bei Fahrerhaus lang 5100) mm		
Gesamtmaße		7145 (7820 bzw. 7320) × 2500 × 2640–2840 mm (Höhe über Fahrerhaus)		
Reifen		9,00–20 Super / PR 14 Zwillings-Hinterräder		
Wagengewicht (mit Fahrer)		5500–6000 kg		
Zuläss. Gesamtgewicht		13 200 kg		
Zuläss. Lastzuggewicht		19 500 kg	19 500 kg	24 000 kg
		Fahrgestell für Sonderaufbauten		
Radstand		5200 mm		
Aufbaulänge		bis 7500 bzw. (bei Fahrerhaus lang) 7000 mm		
		Fahrgestell mit Luftfederung für Sonderaufbauten (ab Mitte 1970)		
Radstand		3500 mm		

	Büssing BS 14 L 1969–1970	Büssing BS 14 L 1969–1971	Büssing BS 14 L 1971
Bauart	Frontlenker-Lastwagen für den Nah- und Bezirksverkehr Längsliegender Unterflurmotor zwischen den Achsen		
Motor	Büssing U 7 D Direkteinspritz-Dieselmotor		Büssing U 11 D Direkteinspritz-Dieselmotor
Zylinder	6 (Reihe)		6 (Reihe)
Bohrung × Hub	108 × 135 mm		128 × 150 mm
Hubraum	7146 ccm		11 580 ccm
Leistung	135 PS bei 2400 U/min	156 PS bei 2400 U/min	192 PS bei 2200 U/min
Getriebe	6 Gang	6 Gang	6 Gang
	Pritschenwagen		
Radstand	4000 oder 4300 mm		
Pritsche	5100 (6100 bzw. bei Fahrerhaus lang) 5100 mm		
Gesamtmaße	7145 (7820 bzw. 7320) × 2500 × 2640–2840 mm (Höhe über Fahrerhaus)		
Reifen	10,00–20 verst. / PR 14 Zwillings-Hinterräder		
Wagengewicht (mit Fahrer)	5650–6150 kg		
Zuläss. Gesamtgewicht	14 000 kg		
Zuläss. Lastzuggewicht			
	Fahrgestell für Sonderaufbauten		
Radstand	5200 mm		
Aufbaulänge	bis 7500 bzw. (bei Fahrerhaus lang) 7000 mm		

	Büssing BS 15 L 1969–1971	Büssing BS 15 L 1968–1971	Büssing BS 15 L 1969–1971
Bauart	Frontlenker-Lastwagen für den Nah- und Bezirksverkehr Längsliegender Unterflurmotor zwischen den Achsen		
Motor	Büssing U 7 D Direkteinspritz-Dieselmotor	Büssing U 11 D Direkteinspritz-Dieselmotor	
Zylinder	6 (Reihe)	6 (Reihe)	
Bohrung × Hub	108 × 135 mm	128 × 150 mm	
Hubraum	7416 ccm	11 580 ccm	
Leistung	156 PS bei 2400 U/min	192 PS bei 2200 U/min	210 PS bei 2100 U/min
Getriebe	6 Gang	6 Gang	6 Gang oder 6 Gang + Vorschaltgruppe
	Pritschenwagen		**Pritschenwagen**
Radstand	4000 oder 4300 mm		4800 mm
Pritsche	5100 (6100, bei Fahrerhaus lang 5100) mm		6100 oder 6600 mm bzw. (bei Fahrerhaus lang) 5600 oder 6100 mm
Gesamtmaße	7145 (7820 bzw. 7320) × 2500 × 2640–2840 mm (Höhe über Fahrerhaus)		7855–8355 × 2500 × 2670–2840 mm
Reifen	10,00–20 Super / PR 16 Zwillings-Hinterräder		10,00–20 Super / PR 16 Zwillings-Hinterräder
Wagengewicht (mit Fahrer)	5600–6100 kg		6550–6700 kg
Zuläss. Gesamtgewicht	15 000 kg		15 600 kg
Zuläss. Lastzuggewicht	19 500 kg	24 000 kg	31 600 kg
	Fahrgestell für Sonderaufbauten		
Radstand	5200 mm		
Aufbaulänge	bis 7500 bzw. (bei Fahrerhaus lang) 7000 mm		

Büssing BS 16 L
Fernlastzug
1969–1971

→

←

Büssing BS 12 L
Pritschenwagen
1968–1971

←

←

Büssing BS 15 L
Pritschenwagen
1968–1971

Büssing BS 15 L
Kofferwagen
Aufbau: Blumhardt
1970

←

→

Büssing BS 18 UK
Dreiseiten-Kipper
1969–1971

BÜSSING
KA-MY 933

BÜSSING

Büssing BS 16 S Container-Sattelzug 1969–1971

Büssing BS 16 S Fernlastzug mit Blumhardt Sattelanhänger 1970

Büssing BS 20 S Sattelzug 1969–1971

Büssing BS 16 L
1969–1971

Bauart	Frontlenker-Schwerlastwagen, längsliegender Unterflurmotor zwischen den Achsen			
Motor	Büssing U 11 D Direkteinspritz-Dieselmotor	Büssing U 12 D Direkteinspritz-Dieselmotor	Büssing U 12 DA Direkteinspritz-Dieselmotor mit Abgas-Turbolader	
Zylinder	6 (Reihe)	6 (Reihe)	6 (Reihe)	
Bohrung × Hub	128 × 150 mm	132 × 150 mm	132 × 150 mm	
Hubraum	11 413 ccm	12 316 ccm	12 316 ccm	
Leistung	210 PS bei 2100 U/min	240 PS bei 2200 U/min	280 PS bei 2200 U/min	310 PS bzw. (ab Sept. 1971) 320 PS bei 2200 U/min
Getriebe	6 oder 2 × 6 Gang	6 oder 2 × 6 Gang	6 oder 2 × 6 Gang	9 Gang Fuller

Pritschenwagen

Hinterachse mit Blatt- oder Luftfedern

	mit Normal-Fahrerhaus	mit Großraum-Fahrerhaus
Radstand	4800 oder 5250 mm	4800 oder 5250 mm
Pritsche	6100 (6600) mm	5600 (6100) mm
Gesamtmaße	7800 (8300) × 2500 × 2715 mm (Höhe über Fahrerhaus)	7800 (8300) × 2500 × 2885 mm (Höhe über Fahrerhaus)
Reifen	12,00–20 / PR 16 Zwillings-Hinterräder	12,00–20 / PR 16 Zwillings-Hinterräder
Wagengewicht (mit Fahrer)	7130–7710 kg	7190–7770 kg
Zuläss. Gesamtgewicht	16 000 kg	16 000 kg
Zuläss. Lastzuggewicht	38 000 kg bzw. (bei 210 PS) 35 000 kg	38 000 kg bzw. (bei 210 PS) 35 000 kg

BS 16 UK: Dreiseiten-Kipper

Radstand	4550 mm
Pritsche	4800 mm

Büssing BS 19 L
1969–1971

Bauart	Frontlenker-Schwerlastwagen Stehender Motor zwischen den Sitzen		
Motor	Büssing S 12 D	Büssing S 12 DA	Büssing S 12 DA
Leistung	240 PS	280 PS	310 bzw. 320 PS

Fahrgestell für Pritschen- oder Sonderaufbauten

Radstand	4800 oder 5800 mm
Reifen	12,00–20 / PR 18, Zwillings-Hinterräder
Zuläss. Gesamtgewicht	19 000 kg

BS 16 S, BS 19 S: Sattelzugmaschine

Radstand	3400 mm

BS 16 SK, BS 19 SK: Dreiseiten-Kipper

Radstand	3800 mm
Pritsche	4500 mm

Büssing BS 22 L
Pritschenwagen
1969–1971

Büssing BS 26 K
Dreiseiten-Kipper
Aufbau Meiller
1969–1971

Büssing BS 20 S 2
Fernlastzug mit
Vidal Sattelanhänger
1969–1971

	Büssing BS 22 L 1969–1971		
Bauart	Frontlenker-Dreiachs-Schwerstlastwagen, längsliegender Unterflurmotor zwischen den Achsen Hinterachsen mit Blatt- oder Luftfedern 3. Achse = Nachlaufachse, a. W. pneumatisch anhebbar		
Motor	Büssing U 12 D Direkteinspritz-Dieselmotor	Büssing U 12 DA Direkteinspritz-Dieselmotor mit Abgas-Turbolader	
Zylinder	6 (Reihe)	6 (Reihe)	
Bohrung × Hub	132 × 150 mm	132 × 150 mm	
Hubraum	12 316 ccm	12 316 ccm	
Leistung	240 PS bei 2200 U/min	280 PS bei 2200 U/min	310 PS bzw. (ab Sept. 1971) 320 PS bei 2200 U/min
Getriebe	6 Gang oder 2 × 6 Gang ZF	6 Gang oder 2 × 6 Gang ZF	9 Gang Fuller

	Pritschenwagen mit Großraum-Fahrerhaus
Radstand	4800 + 1300 mm bzw. (bei Luftfederung) 4800 + 1305 mm
Pritsche	7000 mm
Gesamtmaße	9235 × 2500 × 2885 bzw. (bei Luftfederung) 2835 mm (Höhe über Fahrerhaus)
Reifen	12,00–20 / PR 16 (Achse 2 = Antriebsachse Zwillings-, Achse 3 Einzel-Räder)
Wagengewicht (mit Fahrer)	8970–9090 kg
Zuläss. Gesamtgewicht	22 000 kg
Zuläss. Lastzuggewicht	38 000 kg

	Büssing BS 20 S 2 **1969–1971**			**Büssing BS 22 S** **1969–1971**		
Bauart	Schwere Sechsrad-Frontlenker-Sattelzugmaschine 6 × 2 – 4 für Güterfernverkehr Achse 1: Lenkachse, Blattfedern Achse 2: Mitlenkende und antriebslose Vorlaufachse, Blattfedern, Einzelräder Achse 3: Antriebsachse, Blattfedern, Zwillingsräder			Schwere Sechsrad-Frontlenker-Sattelzugmaschine 6 × 4 für Güterfernverkehr Achse 1: Lenkachse, Blattfedern Achsen 2 + 3: Antriebsachsen, Zwillingsräder		
Motor	Büssing S 12 D 240 PS	Büssing S 12 DA 280 PS	Büssing S 12 DA 310 bzw. 320 PS	Büssing S 12 D 240 PS	Büssing S 12 DA 280 PS	Büssing S 12 DA 310 bzw. 320 PS
	Sattelzugmaschine			**Sattelzugmaschine**		
Radstand	2300 + 1300 mm			2600 + 1350 mm		
Reifen	11,00–20 / PR 14 bzw. 16			10,00–20 / PR 14 bzw. 16		
Wagengewicht (mit Fahrer)	ca. 8000 kg			ca. 8500 kg		
Zuläss. Gesamtgewicht	20 000 kg			22 000 kg		
Zuläss. Lastzuggewicht	38 000 kg			38 000 kg		

	Büssing BS 22 K **Büssing BS 26 K** **1969–1971**	**Büssing BS 32 K** **1969–1971**
Bauart	Frontlenker-Dreiachs-Kipper 6 × 4 für schweren Baustellenbetrieb Stehender Motor zwischen den Sitzen, Achsen 2 + 3 = Antriebsachsen	
Motor	Büssing S 12 D 240 PS	
	Dreiseiten-Kipper 6 × 4	**Dreiseiten-Kipper 6 × 4**
Radstand	2925 + 1300 mm	2900 + 1400 mm
Pritsche	4500 mm	4500 mm
Gesamtmaße	7020 × 2500 × 2675 mm	6550 × 2500 × 2690 mm
Reifen	11,00–20 / PR 18 (4 Zwillings-Hinterräder)	12,00–20 / PR 18 (4 Zwillings-Hinterräder)
Wagengewicht (mit Fahrer)	8560 kg	8550 kg
Zuläss. Gesamtgewicht	22 000 bzw. 26 000 kg	32 000 kg

Krupp (bis 1968)

Im Oktober 1944 wurde die Motoren- und Kraftwagenfabrik der Fried. Krupp GmbH. (Essen) in eine alte Brauerei nach Kulmbach verlagert. Nach dem Zusammenbruch begann sie als Südwerke GmbH. schon 1946 mit der Herstellung eines 4,5 t Lastwagens. Man lieferte ihn zunächst überwiegend mit Holzgasgenerator und ab 1948 wieder mit dem bei älteren Fuhrleuten wenig geschätzten Zweitakt-Doppelkolben-Dieselmotor. Gleichzeitig freilich arbeiteten die noch evakuierten Kruppianer an ihrem Zweitakt-Diesel eigener Machart, gekennzeichnet durch direkte Einspritzung, die sogenannte Gleichstromspülung (nach Professor Hans List!), Roots-Gebläse für die Spülluft und ventilgesteuertem Auslaß. Ab Augsut 1950 lief bei den Südwerken die Produktion eines solchen Sechszylinder-Zweitakters (mit bis zu 210 PS Leistung), eingebaut im völlig neuen »Titan«, der wegen seiner imponierenden äußeren Erscheinung damals gewaltiges Aufsehen erregte. 1951 erfolgte die Rückverlegung der Krupp-Südwerke nach Essen. Man zeigte wieder das herkömmliche Markensymbol der drei Ringe, bis schließlich 1954 auch das Beiwort »Südwerke« aus der Firmen- und Markenbezeichnung verschwand. Dem 8 t »Titan« (6 Zylinder, 190 bis 210 PS) folgte bald der 6,5 t »Mustang« (4 Zylinder, 145 PS) und der 5 t »Büffel« (3 Zylinder, 110 PS). Diese Motoren, im Baukastensystem hergestellt, erbrachten exorbitant hohe Literleistungen, was freilich im praktischen Betrieb wenig nützte. Als wichtiger erwies es sich, daß sich hier mittels hydraulisch betätigter Verstellung der Nockenwelle der Motor zum Verdichter umfunktionieren ließ. Dieser Motorkompressor, allerdings nur als Sonderausstattung für den damals enorm hohen Aufpreis von etwa 2000 DM eingebaut, zeigte als Talfahrtbremse unvergleichlich mehr Wirkung als die (heute noch) üblichen Auspuffsperren. Wesentliche Nachteile des Krupp-Zweitakters blieben hingegen eine gewisse Anfälligkeit sowie sein lautes Laufgeräusch, verursacht durch die schnelle Zündfolge und durch das Spülgebläse. Dennoch verlief in jenen Nachkriegsjahren das Lastwagengeschäft bei Krupp – wie bei allen Konkurrenzmarken –

**Südwerke L 45
110 PS
Vergasermotor
Holz-Fahrerhaus mit
Schiebefenstern
1946/47**

recht positiv, denn in der Zeit des stürmischen Wiederaufbaus wurde jeder Lastwagen dringend gebraucht, gleichgültig, wer ihn lieferte. 1956 war bei Krupp der Höhepunkt erreicht. 1957 fiel man dann sozusagen aus allen Wolken, als der Lastwagenverkauf drastisch absackte. Da dieser innerhalb des Konzerns stets nur untergeordnete Bedeutung besessen hatte, war es klar, daß Krupp an einem solchen Rückschlag nicht zugrunde ging. Bald allerdings redete man allenthalben davon, daß der Lastwagenbau in Essen aufgegeben würde. Umso mehr überraschte es die Fachwelt, als die Firma zur Frankfurter Automobil-Ausstellung im September 1959 ein völlig neues Lastwagenprogramm vorstellte. Markant war dabei ein vorbildlich gestaltetes und eingerichtetes Fahrerhaus, aber auch ein konstruktiv recht ansprechender, weitgehend aus Leichtmetall bestehender Zweitakt-Dieselmotor, der freilich samt den mittelschweren Typen 401, 501 und 601, in die er eingebaut wurde, schon nach zwei Jahren wieder ruhmlos von der Bildfläche verschwand. Überdies hatte man die neuen Lastwagen nur halbherzig gestartet, denn daneben wurden die seitherigen Typen teilweise noch jahrelang weitergebaut. So litt die Wirtschaftlichkeit der Produktion keineswegs nur an der allgemeinen Marktschwäche. Vor allem blockierte der Zweitakt-Diesel mehr und mehr den Verkauf, so daß Krupp im Juni 1963 mit der amerikanischen Motorenfabrik Cummins ganz überraschend ein Abkommen zum lizenzweisen Nachbau von deren Viertakt-Dieselmotoren schloß. Der Einstieg erfolgte mit dem Krupp 960 (16 t Gesamtgewicht), der einen 200 PS V6 Viertakt-Diesel besaß. Bald folgte im gleichen Wagen auch ein V8-Diesel mit 250 PS Leistung. So bot Krupp damals den stärksten deutschen Straßen-Lastwagen an, und ebenso führte Krupp erstmalig in Deutschland das Gruppengetriebe und das kippbare Fahrerhaus ein. Aber auch der Cummins-Diesel, mit dem es anfangs schreckliche Malaisen gab, fand auf dem Markt wenig Gegenliebe. Die Verkaufszahlen blieben unbefriedigend, und 1967 brachte Krupp seine schweren Lastwagen nur noch mit Rabatten bis zu 40 % an den Mann. Verhandlungen zur Zusammenarbeit mit Fiat waren weit gediehen, zerschlugen sich dann aber. Daraufhin stellte die Fried. Krupp GmbH., die zu jener Zeit ohnehin eine überaus kritische Phase durchzustehen hatte, zum 30. Juni 1968 nach 49 Jahren die Produktion von Lastwagen ein. Daimler-Benz übernahm für 40 Millionen DM die Verkaufsniederlassungen, Faun einige Zeit später die noch unverkauften Muldenkipper. Die einzigen Kraftfahrzeuge, welche heute noch die berühmten drei Ringe als Frontverzierung tragen, sind die Krupp Autokrane aus dem Werk Wilhelmshaven.

Südwerke LG 45
75 PS – Motor mit Holzgas-Generator
Holz-Fahrerhaus mit Kurbelfenstern
1947/48

Produktion

		1946	1947	1948	1949	1950	1951	1952	1953	1954	1955
L 45, L 50, LD 50		175	481	443	467	131	17				
LD 60						174	10				
Büffel	5 t						95	249	159	271	
Mustang	6 t						395	730	839	1013	
Titan	8 t					116	318	260	234	48	
Widder	5–6 t										40
Elch	6–7 t										
Büffel	7 t										315
Mustang	8 t									78	1365
Tiger	8 t										213
401	4,5 t										
501	5,5 t										
601	6,5 t										
701, 760, 941	7 t										
801	8,4 t										
901	8,8 t										
1010, 1051, 1052											
301, 302											
960											
1060, 1065											
806, 816, 860											
306											
360, 361											
980											
1080, 1085											
380, 381											
Omnibusse	5 t				44	32	9				
Omnibusse	6–7 t						14	50	19	1	
Omnibusse	8 t						15	12	27	35	64
O-Busse	8 t								1	4	
Muldenkipper	12–30 t							39	11	19	32
		175	481	443	511	453	873	1340	1290	1469	2029

1956	1957	1958	1959	1960	1961	1962	1963	1964	1965	1966	1967	1968	
													1714
													184
													774
													2977
													976
452	40	92	374	20	18	2							1038
313	262	469	572	284	186	300							2386
466	391	435	228	549	11								2395
1110	497	168	193	341	9	16							3777
156	98	109	147	301	50								1074
			7	25									32
			11	121	102								234
				30	46								76
			118	413	752	783	271	405					2742
				113	665	626	606	195					2205
				152	199	640	339						1330
					180	224	111	50					565
			2	19	69	280	295	228					893
							552	656	572	251	44	40	2115
							56	415	367	60	136	62	1096
								140	429	50	20	20	659
								80	220	119	40	5	464
									138	429	169	131	867
									81	401	218	222	922
									60	75	141	100	376
									1	90	230	167	488
													85
				1	2	13	1						101
7	12	13	14										199
													5
39	57	12	68	56	34	50	29	125	83	59	2	56	761
2543	1357	1298	1734	2425	2287	2934	2260	2294	1951	1534	1000	803	**33 500**

Südwerke LD 50
Dreiseiten-Kipper
Aufbau: Meiller
1949

Südwerke LD 50
Möbel-Lastzug
1949

Südwerke TD 50
Ausstellungswagen
Aufbau: Kässbohrer
auf Omnibus-
Frontlenker-Fahrgestell
1949

	Südwerke L 45 1946–1948	Südwerke LG 45 1946–1948	Südwerke L 50 1948–1949
Bauart	Haubenwagen 4 × 2 Pritschenwagen	Haubenwagen 4 × 2 Pritschenwagen	Haubenwagen 4 × 2 Pritschenwagen
Motor	Vergasermotor Südwerke M 12 a	Vergasermotor Südwerke M 12 a mit Imbert Generatorgas-Anlage	Vergasermotor Südwerke M 12 a
Zylinderzahl	6 (Reihe)	6 (Reihe)	6 (Reihe)
Bohrung × Hub	102 × 160 mm	102 × 160 mm	102 × 160 mm
Hubraum	7844 ccm	7844 ccm	7844 ccm
Leistung	110 PS bei 1600 U/min	75 PS bei 1600 U/min	110 PS bei 1600 U/min
Getriebe	5 Gang	5 Gang	5 Gang
Radstand	4400 mm	4400 mm	4400 mm
Gesamtmaße	7650 × 2400 × 2500 mm	7650 × 2400 × 2665 mm	7650 × 2400 × 2500 mm
Ladefläche	4700 × 2250 mm	4700 × 2250 mm	4700 × 2250 mm
Reifen	10,00–20 eHD Zwillings-Hinterräder	10,00–20 eHD Zwillings-Hinterräder	10,00–20 eHD Zwillings-Hinterräder
Fahrzeuggewicht	4900 kg	5350 kg	4900 kg
Zuläss. Gesamtgewicht	9500 kg	9500 kg	10 500 kg

<table>
<tr><th></th><th>Südwerke LD 50
1948–1950</th><th>Südwerke L 4 D 50
1949–1950</th><th>Südwerke LD 60
1950–1951</th></tr>
<tr><td>Bauart</td><td>Haubenwagen 4 × 2
Pritschenwagen</td><td colspan="2">Haubenwagen 4 × 2
Pritschenwagen</td></tr>
<tr><td>Motor</td><td>Zweitakt-Doppelkolben-
Dieselmotor Südwerke M 413</td><td colspan="2">Zweitakt-Doppelkolben-
Dieselmotor Südwerke M 422</td></tr>
<tr><td>Zylinderzahl</td><td>3 (Reihe)</td><td colspan="2">4 (Reihe)</td></tr>
<tr><td>Bohrung × Hub</td><td>85 × 240 mm</td><td colspan="2">85 × 240 mm</td></tr>
<tr><td>Hubraum</td><td>4086 ccm</td><td colspan="2">5448 ccm</td></tr>
<tr><td>Leistung</td><td>110 PS bei 1600 U/min</td><td colspan="2">125 PS bei 1600 U/min</td></tr>
<tr><td>Getriebe</td><td>5 Gang</td><td colspan="2">5 Gang</td></tr>
<tr><td>Radstand</td><td>4400 mm</td><td>4400 mm</td><td>4600 mm</td></tr>
<tr><td>Gesamtmaße</td><td>7650 × 2400 × 2500 mm</td><td>7650 × 2400 × 2500 mm</td><td>8065 × 2500 × 2600 mm</td></tr>
<tr><td>Ladefläche</td><td>4700 × 2250 mm</td><td>4700 × 2250 mm</td><td>5000 × 2300 mm</td></tr>
<tr><td>Reifen</td><td>10,00–20 eHD
Zwillings-Hinterräder</td><td>10,00–20 eHD
Zwillings-Hinterräder</td><td>11,00–20 eHD
Zwillings-Hinterräder</td></tr>
<tr><td>Fahrzeuggewicht</td><td>4900 kg</td><td>5250 kg</td><td>5600 kg</td></tr>
<tr><td>Zuläss. Gesamtgewicht</td><td>10 500 kg</td><td>10 850 kg</td><td>11 700 kg</td></tr>
<tr><td></td><td>Kipper: Radstand 4400 mm
Pritsche 4050 mm</td><td>Kipper: Radstand 4400 mm
Pritsche 4050 mm

Pritschenwagen auch mit
Radstand 5400 mm</td><td>Kipper: Radstand 4400 mm
Pritsche 4050 mm

SD 60: Sattelzugmaschine
Radstand 4300 mm</td></tr>
</table>

Krupp-Südwerke
SW L-80 »Titan«
Pritschenwagen
1950–1954

Krupp
K 55 »Büffel«
Sprengwagen
Aufbau: Schörling
1955

Krupp-Südwerke
SW L-60 »Mustang«
Pritschenwagen
1951–1954

	Krupp-Südwerke SW L-80 »Titan« 1950–1954	Krupp-Südwerke SW L-50 »Büffel« 1951–1954	Krupp-Südwerke SW L-60 »Mustang« 1951–1954
Bauart	Haubenwagen 4 × 2 Pritschenwagen	Haubenwagen 4 × 2 Pritschenwagen	Haubenwagen 4 × 2 Pritschenwagen
Motor	Zweitakt-Dieselmotor mit Roots-Gebläse Krupp-Südwerke SW-6	Zweitakt-Dieselmotor mit Roots-Gebläse Krupp-Südwerke SW 3	Zweitakt-Dieselmotor mit Roots-Gebläse Krupp-Südwerke SW 4
Zylinderzahl	6 (2 × 3, Reihe)	3 (Reihe)	4 (Reihe)
Bohrung × Hub	115 × 140 mm	115 × 140 mm	115 × 140 mm
Hubraum	8724 ccm	4362 ccm	5816 ccm
Leistung	190–210 PS bei 1700 U/min	110 PS bei 1700 U/min	145 PS bei 1700 U/min
Getriebe	6 Gang	5 oder 6 Gang	6 Gang
Radstand	5650 mm	4600 (oder 5000) mm	4850 (oder 5500) mm
Gesamtmaße	9900 × 2500 × 2800 mm	7775 (8775) × 2410 × 2600 mm	8450 (9350) × 2500 × 2700 mm
Ladefläche	6000 × 2350 mm	4700 (5700) × 2250 mm	5000 (6000) × 2320 mm
Reifen	12,00–20 eHD Zwillings-Hinterräder	10,00–20 eHD Zwillings-Hinterräder	11,00–20 eHD Zwillings-Hinterräder
Fahrzeuggewicht	8000 kg	5650 (5850) kg	6000 (6300) kg
Zuläss. Gesamtgewicht	16 000 kg	11 000–11 500 kg	12 800 (13 000) kg
Bemerkungen	Kipper SW K-80: Radstand 5000 mm Pritsche 4500 mm Sattelzugmaschine SW S-80: Radstand 4200 mm	Kipper SW K-50: Radstand 4400 mm Pritsche 4000 mm Sattelzugmaschine SW S-50: Radstand 3600 mm	Kipper SW K-60: Radstand 4600 mm Pritsche 4000 mm Sattelzugmaschine SW S-60: Radstand 3600 mm

	Krupp L 80 F »Titan Super« 1953–1954	Krupp L 55 »Büffel« 1954–1955	Krupp L 70 »Mustang« 1954–1955
Bauart	Kurzhauber 4 × 2 Pritschenwagen	Haubenwagen 4 × 2 Pritschenwagen	Haubenwagen 4 × 2 Pritschenwagen
Motor	Zweitakt-Dieselmotor mit Roots-Gebläse Krupp D 688	Zweitakt-Dieselmotor mit Roots-Gebläse Krupp D 344.6	Zweitakt-Dieselmotor mit Roots-Gebläse Krupp D 459
Zylinderzahl	6 (2 × 3, Reihe)	3 (Reihe)	4 (Reihe)
Bohrung × Hub	115 × 140 mm	115 × 140 mm	115 × 140 mm
Hubraum	8724 ccm	4362 ccm	5816 ccm
Leistung	210 PS bei 1700 U/min	110–115 PS bei 1850 U/min	145 PS bei 1850 U/min
Getriebe	6 Gang	6 Gang	6 Gang
Radstand	5100 (oder 5700) mm	4850 (oder 5150) mm	5500 (oder 6000) mm
Gesamtmaße	9075 (10 000) × 2500 × 2950	7830 (8530) × 2410 × 2550	8200 (9000) × 2500 × 2700
Ladefläche	6000 (7000) × 2340 mm	5000 (5700) × 2250 mm	5500 (6000) × 2350 mm
Reifen	12,00–22 / 12,00–24 eHD Zwillings-Hinterräder	10,00–20 eHD Zwillings-Hinterräder	12,00–20 eHD Zwillings-Hinterräder
Fahrzeuggewicht	8000 (8200) kg	5750 (5950) kg	7300 (7500) kg
Zuläss. Gesamtgewicht	16 000 kg	11 850 kg	15 500 kg
Bemerkungen	Kipper: K 80 F: Radstand 4600 mm Pritsche 4500 mm Produktion nur etwa 30 Wagen	Kipper K 55: Radstand 4400 mm Pritsche 4000 mm Sattelzugmaschine S 55: Radstand 3600 mm	

M. Overbeck
Krefeld
330-067

STEFAN SCHMUCK
STEFAN SCHMUCK

Krupp
L 80 »Titan«
Fern-Lastzug
Aufbau und Anhänger:
Kässbohrer
1953–54

Krupp
L 80 F »Titan Super«
Kühlwagenzug
Aufbau und Anhänger:
Kässbohrer
1953–1954

Krupp L 5 W 3 »Widder« Langeisen-Transporter 1955–1957

Krupp L 60 W 3 »Widder« Werkstattwagen 1957–1959

Krupp AK 70 E 3 »Elch« Allrad-Kipper 1957–1959

Krupp K 60 W 3 »Widder« Kipper 1959–1962

Krupp L 70 E 3 »Elch« Pritschenwagen 1959–1960

Krupp »Drache« Flachbett-Muldenkipper 1954–1955

Krupp K 70 B 4 »Büffel« Kipper 1957–1959

Krupp S 8 M 4 »Mustang« Frontlenker-Sattelzug 1956–1959

Krupp L 8 MF 4 »Mustang« Frontlenker-Pritschenwagen 1956–1959

RHEINE
AUGSBURG

Krupp S 8 M 4 »Mustang«
Fernverkehrs-Sattelzug
Aufbau: Kässbohrer
1954–1960

←

→

Krupp K 8 Tg 5 »Tiger«
Dreiseiten-Kipper
1954–1957

Krupp S 8 M 4 »Mustang«
Sattelzug zum Transport
von losem Zement
Aufbau: Blumhardt
1954–1960

←

→

Krupp L 8 Tg 5 »Tiger«
Kühlwagen
Aufbau: Kässbohrer
1954–1957

Krupp K 8 M 4 »Mustang«
Feuerwehr-Drehleiter DL 30
für die BF Essen
Aufbau: Metz
1956

←

→

Krupp K 90 M 4 »Mustang«
Ganzstahl-Hinterkipper
168 PS-Motor
Export-Modell
1959–1962

	Krupp L 5 W 3 »Widder« 1955–1957	Krupp L 60 W 3 »Widder« 1957–1959	Krupp L 60 W 3 »Widder« 1959–1962
Bauart	Haubenwagen 4 × 2 Pritschenwagen	Haubenwagen 4 × 2 Pritschenwagen	Haubenwagen 4 × 2 Pritschenwagen
Motor	Zweitakt-Dieselmotor mit Roots-Gebläse Krupp D 344.6	Zweitakt-Dieselmotor mit Roots-Gebläse Krupp D 344.6	Zweitakt-Dieselmotor mit Roots-Gebläse Krupp D 344.8
Zylinderzahl	3 (Reihe)	3 (Reihe)	3 (Reihe)
Bohrung × Hub	115 × 140 mm	115 × 140 mm	115 × 140 mm
Hubraum	4362 ccm	4362 ccm	4362 ccm
Leistung	110–115 PS bei 1900 U/min	110–115 PS bei 1900 U/min	120–125 PS bei 1900 U/min
Getriebe	5 Gang	5 Gang	5 Gang
Radstand	4300 mm	4300 mm	4500 (oder 5200) mm
Gesamtmaße	7200 × 2200 × 2400 mm	7200 × 2200 × 2400 mm	7220 (8480) × 2350 × 2430 mm
Ladefläche	4500 × 2100 mm	4500 × 2100 mm	
Reifen	8,25–10 verst. Zwillings-Hinterräder	9,00–20 eHD Zwillings-Hinterräder	9,00–20 eHD verst. Zwillings-Hinterräder
Fahrzeuggewicht	4300 kg	4450 kg	4800 (5050) kg
Zuläss. Gesamtgewicht	9300 kg	12 000 kg	11 500 kg
Bemerkungen	Kipper K 5 W 3: Radstand 3950 mm Pritsche 3600 mm	Kipper K 60 W 3: Radstand 4150 mm Sattelzugmaschine S 60 W 3: Radstand 3500 mm	Kipper K 60 W 3: Radstand 4150 mm Sattelzugmaschine S 60 W 3: Radstand 3500 mm

	Krupp L 7 B 3 »Büffel« 1955–1957	Krupp L 70 B 4 »Büffel« 1957–1959	Krupp L 70 B 4 »Büffel« 1957–1959
Bauart	Haubenwagen 4 × 2 Pritschenwagen	Haubenwagen 4 × 2 Pritschenwagen	Frontlenker 4 × 2 Pritschenwagen
Motor	Zweitakt-Dieselmotor mit Roots-Gebläse Krupp D 344.8	Zweitakt-Dieselmotor mit Roots-Gebläse Krupp D 459	Zweitakt-Dieselmotor mit Roots-Gebläse Krupp D 459/MF
Zylinderzahl	3 (Reihe)	4 (Reihe)	4 (Reihe)
Bohrung × Hub	115 × 140 mm	115 × 140 mm	115 × 140 mm
Hubraum	4362 ccm	5816 ccm	5816 ccm
Leistung	120 PS bei 1950 U/min	150–168 PS bei 1950 U/min	150–168 PS bei 1950 U/min
Getriebe	6 Gang	6 Gang	6 Gang
Radstand	4950 (oder 5250) mm	4600 (oder 5450) mm	3600 (oder 3900) mm
Gesamtmaße	7800 (8500) × 2410 × 2480 mm	7875 (9100) × 2420 × 2580 mm	7450 (7850) × 2500 × 2600 mm
Ladefläche	5000 (5700) × 2250 mm	4800 (6000) × 2250 mm	5000 (5300) × 2340 mm
Reifen	10,00–20 eHD verst. Zwillings-Hinterräder	10,00–20 eHD Zwillings-Hinterräder	10,00–20 eHD Zwillings-Hinterräder
Fahrzeuggewicht	5800 (5950) kg	5750 (5950) kg	5800 kg
Zuläss. Gesamtgewicht	12 900 kg	12 000 kg	14 000 kg
Bemerkungen	Kipper K 7 B 3: Radstand 4350 mm Pritsche 4000 mm	Kipper K 70 B 4: Radstand 4300 mm Pritsche 4000 mm Sattelzugmaschine S 70 B 4: Radstand 3600 mm	Sattelzugmaschine S 70 BF 4: Radstand 3100 mm

Krupp L 5,5 E 3 »Elch« 1956–1957	Krupp L 70 E 3 »Elch« 1957–1960	Krupp-Südwerke »Drache« 1953–1954 Krupp »Drache« 1954–1955	Krupp AL 8 Dr 4 »Drache« 1956–1959
Haubenwagen 4 × 2	Haubenwagen 4 × 2	Kurzhauber 4 × 4	Kurzhauber 4 × 4
Pritschenwagen	Pritschenwagen	Pritschenwagen	Pritschenwagen
Zweitakt-Dieselmotor	Zweitakt-Dieselmotor	Zweitakt-Dieselmotor	Zweitakt-Dieselmotor
mit Roots-Gebläse	mit Roots-Gebläse	mit Roots-Gebläse	mit Roots-Gebläse
Krupp D 344.6	Krupp D 344.8	Krupp D 459	Krupp D 459
3 (Reihe)	3 (Reihe)	4 (Reihe)	4 (Reihe)
115 × 140 mm	115 × 140 mm	115 × 140 mm	115 × 140 mm
4362 ccm	4362 ccm	5816 ccm	5816 ccm
110–115 PS bei 1950 U/min	120–125 PS bei 1950 U/min	145 PS bei 1850 U/min	150 PS bei 1900 U/min
5 Gang	6 Gang	6 Gang + Vorgelege	6 Gang + Vorgelege
4300 (oder 5100) mm	4850 (oder 5400) mm	4100 mm	3900 mm
7200 (8400) × 2350 × 2360 mm	7670 (8570) × 2360 × 2580 mm		7550 × 2500 × 2980 mm
4500 (5700) × 2200 mm	4800 (5700) × 2200 mm		5000 × 2320 mm
9,00–20 eHD	10,00–20 eHD verst.	11,00–24	12,00–24 eHD
Zwillings-Hinterräder	Zwillings-Hinterräder	Zwillings-Hinterräder	Zwillings-Hinterräder
4450 (4850) kg	5600 (5850) kg	8300 kg	8300 kg
10 700 kg	13 350 kg	16 000 kg	16 000 kg
Kipper K 5,5 E 3: Radstand 3950 mm Pritsche 3600 mm	Kipper K 70 E 3: Radstand 4400 mm Sattelzugmaschine S 70 E 3: Radstand 3600 mm Kipper AK 70 E 3: Allrad-Antrieb Radstand 4300 mm	Baustellenfahrzeug	Baustellenfahrzeug

Krupp L 8 M 4 »Mustang« 1954–1960	Krupp L 8 MF 4 »Mustang« 1956–1959	Krupp L 8 Tg 5 »Tiger« 1954–1957	Krupp L 100 Tg 5 »Tiger« 1957–1960
Haubenwagen 4 × 2	Frontlenker 4 × 2	Haubenwagen 4 × 2	Haubenwagen 4 × 2
Pritschenwagen	Pritschenwagen	Pritschenwagen	Pritschenwagen
Zweitakt-Dieselmotor	Zweitakt-Dieselmotor	Zweitakt-Dieselmotor	Zweitakt-Dieselmotor
mit Roots-Gebläse	mit Roots-Gebläse	mit Roots-Gebläse	mit Roots-Gebläse
Krupp D 459	Krupp D 459/MF	Krupp D 573	Krupp D 573
4 (Reihe)	4 (Reihe)	5 (Reihe)	5 (Reihe)
115 × 140 mm	115 × 140 mm	115 × 140 mm	115 × 140 mm
5816 ccm	5816 ccm	7260 ccm	7260 ccm
150 PS bei 1950 U/min	150 PS bei 1950 U/min	185 PS bei 1850 U/min	200 PS bei 1900 U/min
6 Gang	6 Gang	6 Gang	6 Gang
4900 (oder 5500) mm	4600 mm	5650 mm	5650 mm
7000 (8000) × 2500 × 2660 mm	8400 × 2500 × 2640 mm	9000 × 2500 × 2715 mm	9000 × 2500 × 2715 mm
5000 (6000) × 2330 mm	6000 × 2330 mm	6000 × 2330 mm	6000 × 2330 mm
12,00–20 eHD verst.	12,00–20 eHD verst.	12,00–20 eHD verst.	12,00–20 eHD verst.
Zwillings-Hinterräder	Zwillings-Hinterräder	Zwillings-Hinterräder	Zwillings-Hinterräder
7000 (7400) kg	7000 kg	7600 kg	7950 kg
15 500 kg	15 600 kg	16 000 kg	16 000 kg
Kipper K 8 M 4: Radstand 4700 mm Pritsche 4200 mm Sattelzugmaschine S 8 M 4: Radstand 3700 oder 4150 mm		Kipper K 8 Tg 5: Radstand 4750 mm Pritsche 4400 mm Sattelzugmaschine S 8 Tg 5: Radstand 3700 oder 4150 mm	Kipper K 100 Tg 5: Radstand 4750 mm Pritsche 4400 mm Sattelzugmaschine S 10 Tg 5: Radstand 3900 mm

Krupp AK 501
Dreiseiten-Kipper
1959–1961

Krupp LF 501
Pritschenwagen
1959–1961

	Krupp L 401 1959–1960	Krupp L 501 1959–1961	Krupp L 601 1959–1961
Bauart	Haubenwagen 4 × 2	Haubenwagen 4 × 2	
Motor	Zweitakt-Dieselmotor mit Roots-Gebläse Krupp D 433.6	Zweitakt-Dieselmotor mit Roots-Gebläse Krupp D 433.5	
Zylinderzahl	4 (Reihe)	4 (Reihe)	
Bohrung × Hub	97 × 110 mm	97 × 110 mm	
Hubraum	3251 ccm	3251 ccm	
Leistung	110 PS bei 2400 U/min	120 PS bei 2500 U/min	
Getriebe	5 Gang Synchron	5 Gang Synchron	
Radstand	4400 (oder 5000) mm	4400 (oder 5000) mm	
Spur	1815/1722 mm	1815/1722 mm	
Gesamtmaße	7260 (8210) × 2280 × 2550 mm	7260 (8210) × 2280 × 2550 mm	
Ladefläche	4400 (5350) × 2100 mm	4400 (5350) × 2100 mm	
Reifen	8,25–20 eHD Zwillings-Hinterräder	8,25–20 eHD verst. Zwillings-Hinterräder	8,25–20 eHD Super Zwillings-Hinterräder
Wagengewicht	4035 (4185) kg	4090 (4240) kg	4160 (4310) kg
Zuläss. Gesamtgewicht	8970 kg	10 170 kg	10 650 kg
Höchstgeschwindigkeit	82 km/h	75 km/h	75 km/h
Bemerkungen	K 401 Kipper: Radstand 3900 mm	K 501 Kipper: Radstand 3900 mm AK 501 Kipper: Allrad-Antrieb Radstand 3900 mm	

		Krupp LF 501 1959–1961	Krupp LF 601 1959–1961
Bauart		Frontlenker 4 × 2	
Motor		Zweitakt-Dieselmotor mit Roots-Gebläse Krupp D 433.5	
Zylinderzahl		4 (Reihe)	
Bohrung × Hub		97 × 110 mm	
Hubraum		3251 ccm	
Leistung		120 PS bei 2500 U/min	
Getriebe		5 Gang Synchron	
Radstand		3300 (oder 3900 (oder 4400) mm	
Spur		1815/1722 mm	
Gesamtmaße		6310 (7265) (8070) × 2280 × 2550 mm	
Ladefläche		4400 (5350) (6150) × 2100 mm	
Reifen		8,25–20 eHD verst. Zwillings-Hinterräder	8,25–20 eHD Super Zwillings-Hinterräder
Wagengewicht		3950 (4115) (4235) kg	4030 (4195) (4315) kg
Zuläss. Gesamtgewicht		10 170 kg	10 650 kg
Höchstgeschwindigkeit		75 km/h	75 km/h
Bemerkungen		SF 501 Sattelzugmaschine: Radstand 3300 mm	

Krupp LF 701
Pritschenwagen
1959–1964

←

→

Krupp SF 701
Fernverkehrs-Sattelzug
Aufbau: Kässbohrer
1959–1964

Krupp AK 701
Dreiseiten-Kipper
1959–1964

Krupp AK 701 »Mustang«
Gerätewagen GW 3 der
Essener Feuerwehr
Aufbau: Metz
Einzelstück 1964

Krupp K 801
Dreiseiten-Kipper
1960–1963

Krupp S 860 »Mustang«
Sattelzugmaschine mit
Hinterkipper-
Mulden-Auflieger
1963–1964

Krupp L 860 Tankwagenzug (Aufbau und Anhänger: Blumhardt) 1960–1963

Krupp SF 960 Tank-Sattelzug (Anhänger: Blumhardt) 1960–1963

Krupp F 301 Mulden-Hinterkipper 1960–1963

Krupp K 860 Feuerwehr-Drehleiter DL 30 (Aufbau: Metz) 1966

Krupp AS 860 Sattelzugmaschine mit Mulden-Kippauflieger 1965–1968

	Krupp L 701 1959–1964	Krupp LF 701 1959–1964	Krupp KF 301 1960–1963
Bauart	Haubenwagen 4 × 2 Pritschenwagen	Frontlenker 4 × 2 Pritschenwagen	Frontlenker 6 × 4 Kipper
Motor		Zweitakt-Dieselmotor mit Roots-Gebläse Krupp D 447	
Zylinderzahl		4 (Reihe)	
Bohrung × Hub		110 × 125 mm	
Hubraum		4752 ccm	
Leistung		145–150 PS bzw. (ab 1963) 156 PS bei 2400 U/min	
Getriebe	5 Gang	5 Gang	6 Gang
Radstand	4620 (oder 4900) mm	3500 (oder 4170) mm	2750 + 1300 mm
Gesamtmaße	7500 (8000) × 2410 × 2565 mm	7340 (8345) × 2400 × 2580 mm	6830 × 2440 × 2690 mm
Ladefläche			4800 × 2240 mm
Reifen	10,00–20 eHD Zwillings-Hinterräder	10,00–20 eHD Zwillings-Hinterräder	12,00–20 Super alle Räder einfachbereift oder hinten D 20 X / 10,00–20 Zwillings-Hinterräder
Fahrzeuggewicht	5055 (5100) kg	5140 (5240) kg	9120 kg
Zuläss. Gesamtgewicht	12 450 kg	12 450 kg	22 000 kg
Bemerkungen	K 701: Kipper 4 × 2 5 Gang oder Doppel-5 Gang Radstand 4300 mm Pritsche 3800 mm AK 701: Kipper 4 × 4 5 Gang + Geländegang Radstand 4250 mm Pritsche 3800 mm	SF 701 Sattelschlepper: Radstand 3225 mm F 941: Fahrgestell für Betonmischer: Radstand 3700 mm KF 941 Kipper: Radstand 3700 mm	F 301: Fahrgestell für Muldenkipper-, Betonmischer-, Silobehälter- oder Kranaufbau Auch mit 185 PS- oder 200 PS-Motor lieferbar

	Krupp L 801 »Mustang« 1963–1964	Krupp LF 801 »Mustang« 1963–1964	Krupp KF 302 1963–1964
Bauart	Haubenwagen 4 × 2 Pritschenwagen	Frontlenker 4 × 2 Pritschenwagen	Frontlenker 6 × 4 Kipper
Motor		Zweitakt-Dieselmotor mit Roots-Gebläse Krupp D 459	
Zylinderzahl		4 (Reihe)	
Bohrung × Hub		115 × 140 mm	
Hubraum		5816 ccm	
Leistung		186 PS bei 1950 U/min	
Getriebe	6 Gang	6 Gang	6 Gang
Radstand	5300 mm	4800 mm	2850 + 1300 mm
Gesamtmaße	8610 × 2500 × 2725 mm	8570 × 2500 × 2715 mm	6550 × 2440 × 2740 mm
Ladefläche	5500 × 2350 mm	6500 bzw. (mit langem Fahrerhaus) 5500 × 2350 mm	4800 × 2300 mm
Reifen	11,00–20 eHD verst. Zwillings-Hinterräder	11,00–20 eHD verst. Zwillings-Hinterräder	12,00–20 Super alle Räder einfachbereift oder hinten D 20 X / 10,00–20 Zwillings-Hinterräder
Fahrzeuggewicht	6320 kg	6300 kg	8880 kg
Zuläss. Gesamtgewicht	15 200 kg	15 200 kg	22 000 kg
Bemerkungen	K 801 Kipper: Radstand 4300 oder 4800 mm Pritsche 4000 bzw. 4300 mm S 801 Sattelzugmaschine: Radstand 4300 mm	SF 801 Sattelzugmaschine: Radstand 3700 mm	F 302: Fahrgestell für Muldenkipper-, Betonmischer-, Silobehälter- oder Kranaufbau

Krupp L 801 1960–1963	**Krupp LF 801 1960–1963**	**Krupp L 1051 1961–1964**	**Krupp LF 1051 1961–1964**
Haubenwagen 4 × 2 Pritschenwagen	Frontlenker 4 × 2 Pritschenwagen	Haubenwagen 4 × 2 Pritschenwagen	Frontlenker 4 × 2 Pritschenwagen

Zweitakt-Dieselmotor mit Roots-Gebläse
Krupp D 459
4 (Reihe)
115 × 140 mm
5816 ccm
175–180 PS bei 1950 U/min
6 Gang

4800 (oder 5350) mm	3900 mm	5800 mm	5300 mm
8125 (9080) × 2470 × 2640 mm	7860 × 2470 × 2640 mm	9120 × 2500 × 2710 mm	8620 × 2500 × 2750 mm
5050 (6000) × 2350 mm	5500 × 2350 mm	6500 × 2350 mm	6500 × 2350 mm
11,00–20 Super Zwillings-Hinterräder	11,00–20 Super Zwillings-Hinterräder	12,00–20 Super Zwillings-Hinterräder	12,00–20 Super Zwillings-Hinterräder
5800 (6150) kg	6060 kg	6100 kg	6110 kg
14 200 kg	14 200 kg	19 000 kg	19 000 kg
K 801 Kipper: Radstand 4300 mm		K 1051 Kipper: Radstand 4800 mm	
S 801 Sattelzugmaschine: Radstand 3800 mm	SF 801 Sattelzugmaschine: Radstand 3100 oder 3300 mm	S 1051 Sattelzugmaschine: Radstand 3700 mm	SF 1051 Sattelzugmaschine: Radstand 3700 mm

Krupp LF 901 1960–1963	**Krupp K 901 1960–1963**	**Krupp L 1001 1961–1964**	**Krupp LF 1001 1961–1964**
Frontlenker 4 × 2 Pritschenwagen	Haubenwagen 4 × 2 Kipper	Haubenwagen 4 × 2 Pritschenwagen	Frontlenker 4 × 2 Pritschenwagen

Zweitakt-Dieselmotor mit Roots-Gebläse
Krupp D 573
5 (Reihe)
115 × 140 mm
7270 ccm
200 PS bei 1900 U/min
6 Gang

4300 (oder 4800) mm	4800 mm	5800 mm	5300 mm
7510 (8115) × 2500 × 2680 mm	7400 × 2500 × 2700 mm	9120 × 2500 × 2710 mm	8620 × 2500 × 2750 mm
4800–6050 × 2350 mm	4300 × 2300 mm	6500 × 2350 mm	6500 × 2350 mm
12,00–20 eHD verst. Zwillings-Hinterräder	12,00–20 eHD verst. Zwillings-Hinterräder	12,00–20 Super Zwillings-Hinterräder	12,00–20 Super Zwillings-Hinterräder
7000 kg	7655 kg	6410 kg	6420 kg
16 000 kg	16 000 kg	19 000 kg	19 000 kg
SF 901 Sattelzugmaschine: Radstand 3700 mm	S 901 Sattelzugmaschine: Radstand 3700 oder 4300 mm	S 1001 Sattelzugmaschine: Radstand 3700 mm	SF 1001 Sattelzugmaschine: Radstand 3700 mm
		K 1001 Kipper: Radstand 4800 mm Pritsche 4600 mm	

<table>
<tr><th></th><th>Krupp LF 960
1963–1968</th><th>Krupp K 960
1963–1968</th><th></th></tr>
<tr><td>Bauart</td><td>Frontlenker 4 × 2
Pritschenwagen</td><td>Haubenwagen 4 × 2
Kipper</td><td></td></tr>
<tr><td>Motor</td><td colspan="2">Viertakt-Direkteinspritz-Dieselmotor (Lizenz Cummins)
Krupp V6 – 200 bzw. (ab 1965) V6 – 210</td><td></td></tr>
<tr><td>Zylinderzahl</td><td colspan="2">V6 (90°-V-Form)</td><td></td></tr>
<tr><td>Bohrung × Hub</td><td colspan="2">139,6 × 104,8 mm</td><td></td></tr>
<tr><td>Hubraum</td><td colspan="2">9640 ccm</td><td></td></tr>
<tr><td>Leistung</td><td colspan="2">200–210 PS (ab Sept. 1967 auch 230 PS) bei 2600 U/min</td><td></td></tr>
<tr><td>Getriebe</td><td colspan="2">6 Gang bzw. (ab 1964) Doppel-6 Gang</td><td></td></tr>
<tr><td>Radstand</td><td>4300 (oder 4800) mm</td><td>4800 mm</td><td></td></tr>
<tr><td>Gesamtmaße</td><td>7940 (8260) × 2500 × 2860 mm</td><td>7400 × 2500 × 2770 mm</td><td></td></tr>
<tr><td>Ladefläche</td><td>4800–6050 × 2350 mm</td><td>4300 × 2300 mm</td><td></td></tr>
<tr><td>Reifen</td><td>12,00–20 / PR 16
Zwillings-Hinterräder</td><td>12,00–20 / PR 16
Zwillings-Hinterräder</td><td></td></tr>
<tr><td>Fahrzeuggewicht</td><td>6200–6900 kg</td><td>7250 kg</td><td></td></tr>
<tr><td>Zuläss. Gesamtgewicht</td><td>16 000 kg</td><td>16 000 kg</td><td></td></tr>
<tr><td>Bemerkungen</td><td>KF 960 Kipper:
Radstand 3700 mm

SF 960 Satelzugmaschine:
Radstand 3700 mm</td><td>S 960 Sattelzugmaschine:
Radstand 3700 oder 4300 mm

AK 960 Kipper (ab 1965):
Allrad-Antrieb
Radstand 4500
6 Gang oder 2 × 5 Gänge</td><td></td></tr>
</table>

<table>
<tr><th></th><th>Krupp AK 760
1964–1965
Krupp AK 860
1965–1968</th><th>Krupp L 806, L 816
1965–1968</th><th>Krupp LF 806, LF 816
1965–1968</th></tr>
<tr><td>Bauart</td><td>Haubenwagen 4 × 4
Kipper</td><td>Haubenwagen 4 × 2
Pritschenwagen</td><td>Frontlenker 4 × 2
Pritschenwagen</td></tr>
<tr><td>Motor</td><td colspan="3">Viertakt-Direkteinspritz-Dieselmotor (Lizenz Cummins)
Krupp V6 – 186</td></tr>
<tr><td>Zylinderzahl</td><td colspan="3">V6 (90°-V-Form)</td></tr>
<tr><td>Bohrung × Hub</td><td colspan="3">139,6 × 104,8 mm</td></tr>
<tr><td>Hubraum</td><td colspan="3">9640 ccm</td></tr>
<tr><td>Leistung</td><td colspan="3">186 PS bzw. bei 2600 U/min</td></tr>
<tr><td>Getriebe</td><td colspan="3">6 Gang oder Doppel-6 Gang</td></tr>
<tr><td>Radstand</td><td>4300 mm</td><td>5300 mm</td><td>4300 (oder 4800) mm</td></tr>
<tr><td>Gesamtmaße</td><td>7120 × 2500 × 2840 mm</td><td>8610 × 2500 × 2730 mm</td><td>8165 (8255) × 2500 × 2820 mm</td></tr>
<tr><td>Ladefläche</td><td>4000 × 2300 mm</td><td>5500 × 2350 mm</td><td>5500 (6050) × 2350 mm</td></tr>
<tr><td>Reifen</td><td>11,00–20 / PR 14
Zwillings-Hinterräder</td><td>11,00–20 / PR 14
Zwillings-Hinterräder</td><td>11,00–20 / PR 14
Zwillings-Hinterräder</td></tr>
<tr><td>Fahrzeuggewicht</td><td>6580 bzw. (AK 860) 6860 kg</td><td>6730 kg</td><td>5500–6500 kg</td></tr>
<tr><td>Zuläss. Gesamtgewicht</td><td>AK 760: 14 600 kg
AK 860: 15 000 kg</td><td>L 806: 15 200 kg
L 816: 17 000 kg</td><td>LF 806: 15 200 kg
LF 816: 17 000 kg</td></tr>
<tr><td>Bemerkungen</td><td>AS 760, AS 860
Sattelzugmaschine:
Radstand 4300 mm</td><td>K 806, K 816 Kipper:
Radstand 4300 oder 4800 mm

S 806, S 816
Sattelzugmaschine:
Radstand 3700 oder 4300 mm

K 815:
Exportausführung</td><td>SF 806, SF 816
Sattelzugmaschine:
Radstand 3700 mm

LF 815, SF 815:
Exportausführung</td></tr>
</table>

<table>
<tr><th>Krupp L 1060
1963–1968</th><th>Krupp LF 1060
1963–1968</th><th>Krupp AK 1060
1965–1968</th><th></th></tr>
<tr><td>Haubenwagen 4 × 2
Pritschenwagen</td><td>Frontlenker 4 × 2
Pritschenwagen</td><td>Haubenwagen 4 × 4
Kipper</td><td></td></tr>
<tr><td colspan="3">Viertakt-Direkteinspritz-Dieselmotor (Lizenz Cummins)</td><td></td></tr>
<tr><td colspan="3">Krupp V6 – 200 bzw. (ab 1965) V6 – 210</td><td></td></tr>
<tr><td colspan="3">V6 (90°-V-Form)</td><td></td></tr>
<tr><td colspan="3">139,6 × 104,8 mm</td><td></td></tr>
<tr><td colspan="3">9640 ccm</td><td></td></tr>
<tr><td colspan="3">200–210 PS (ab Sept. 1967 auch 230 PS) bei 2600 U/min</td><td></td></tr>
<tr><td colspan="3">6 Gang bzw. (ab 1964) Doppel-6 Gang</td><td></td></tr>
<tr><td>5800 mm</td><td>4800 mm</td><td>4500 mm</td><td></td></tr>
<tr><td></td><td>8100 × 2470 × 2880 mm</td><td>7115 × 2500 × 2820 mm</td><td></td></tr>
<tr><td>6500 × 2350 mm</td><td>5800 × 2375 mm</td><td>4000 × 2300 mm</td><td></td></tr>
<tr><td>12,00–20 / PR 16</td><td>12,00–20 / PR 16</td><td>12,00–20 / PR 16</td><td></td></tr>
<tr><td>Zwillings-Hinterräder</td><td>Zwillings-Hinterräder</td><td>Zwillings-Hinterräder</td><td></td></tr>
<tr><td></td><td>6430 kg</td><td>7730 kg</td><td></td></tr>
<tr><td>19 000 kg</td><td>19 000 kg</td><td>16 000 kg</td><td></td></tr>
<tr><td>K 1600 Kipper:
Radstand 4800 mm
Pritsche 4600 mm
S 1060 Sattelzugmaschine:
Radstand 3700 mm</td><td>SF 1060 Sattelzugmaschine:
Radstand 3700 mm</td><td></td><td></td></tr>
<tr><td>L 1065, K 1065, S 1065:
Exportausführung</td><td>LF 1065, SF 1065:
Exportausführung</td><td></td><td></td></tr>
</table>

<table>
<tr><th>Krupp LF 980
1965–1968</th><th>Krupp LF 1080
1965–1968</th><th>Krupp AK 1080
1967–1968</th><th>Krupp AZ 1080
1967–1968</th></tr>
<tr><td>Frontlenker 4 × 2
Pritschenwagen</td><td>Frontlenker 4 × 2
Pritschenwagen</td><td>Haubenwagen 4 × 4
Kipper</td><td>Haubenwagen 4 × 4
Zugmaschine</td></tr>
<tr><td colspan="2">Viertakt-Direkteinspritz-Dieselmotor (Lizenz Cummins)</td><td colspan="2">Viertakt-Direkteinspritz-Dieselmotor (Lizenz Cummins)</td></tr>
<tr><td colspan="2">Krupp V8 – 250 bzw. (ab Sept. 1967 auch) V8 – 265</td><td colspan="2">Krupp V8 – 265</td></tr>
<tr><td colspan="2">V8 (90°-V-Form)</td><td colspan="2">V8 (90°-V-Form)</td></tr>
<tr><td colspan="2">139,6 × 104,8 mm</td><td colspan="2">139,6 × 104,8 mm</td></tr>
<tr><td colspan="2">12 849 ccm</td><td colspan="2">12 949 ccm</td></tr>
<tr><td colspan="2">250 PS (ab Sept. 1967 auch 265 PS) bei 2600 U/min</td><td colspan="2">265 PS bei 2600 U/min</td></tr>
<tr><td colspan="2">Doppel-6 Gang</td><td colspan="2">Doppel-6 Gang</td></tr>
<tr><td>4800 mm</td><td>4800 mm</td><td>4500 mm</td><td>3600 mm</td></tr>
<tr><td>8250 × 2500 × 2860 mm</td><td>8250 × 2500 × 2860 mm</td><td>7235 × 2500 × 2845 mm</td><td>6300 × 2500 × 2855 mm</td></tr>
<tr><td>5800 × 2375 mm</td><td>5800 × 2375 mm</td><td>4000 × 2300 mm</td><td>3000 × 2375 mm</td></tr>
<tr><td>12,00–20 / PR 16</td><td>12,00–20 / PR 16</td><td>12,00–20 / PR 16</td><td>12,00–20 / PR 16</td></tr>
<tr><td>Zwillings-Hinterräder</td><td>Zwillings-Hinterräder</td><td>Zwillings-Hinterräder</td><td>Zwillings-Hinterräder</td></tr>
<tr><td>7200 kg</td><td></td><td>8150 kg</td><td>8000 kg</td></tr>
<tr><td>16 000 kg</td><td>19 000 kg</td><td>16 000 kg</td><td>16 000 kg</td></tr>
<tr><td></td><td></td><td></td><td>Anhängelast 80 000 kg</td></tr>
<tr><td>KF 980 Kipper:
Radstand 3700 mm
SF 980 Sattelzugmaschine:
Radstand 3700 mm</td><td>KF 1080 Kipper:
Radstand 3700 mm
SF 1080 Sattelzugmaschine:
Radstand 3700 mm</td><td>K 980 Kipper:
Kein Allrad-Antrieb</td><td>AZ 1080 Sattelzugmaschine:
Gesamtzug 36 000 kg</td></tr>
</table>

Krupp AK 360 Dreiseiten-Kipper 1965–1968

Krupp KF 360 Dreiseiten-Kipper 1965–1968

	Krupp KF 306, KF 360 1965–1968	Krupp AK 360 1965–1968	Krupp SF 360 1965–1968
Bauart	Frontlenker 6 × 4 Kipper	Haubenwagen 6 × 6 Kipper	Frontlenker 6 × 4 Sattelzugmaschine
Motor	Viertakt-Direkteinspritz-Dieselmotor (Lizenz Cummins) Krupp V6 – 210 PS		
Zylinderzahl	V6 (90°-V-Form)		
Bohrung × Hub	139,7 × 104,8 mm		
Hubraum	9460 ccm		
Leistung	210 PS (ab Sept. 1967 auch 230 PS) bei 2600 U/min		
Getriebe	Doppel-6 Gang	Doppel-5 Gang	Doppel-6 Gang
Radstand	2850 + 1300 mm	3900 + 1300 mm	2850 + 1300 mm
Gesamtmaße	7000 × 2500 × 2725 mm	7465 × 2480 × 2800 mm	6525 × 2460 × 2860 mm
Ladefläche	4800 × 2300 mm	4300 × 2300 mm	
Reifen	vorn 10,00–20 / PR 16 hinten 10,00–20 / PR 12 Zwillings-Hinterräder	vorn 10,00–20 / PR 16 hinten 10,00–20 / PR 12 Zwillings-Hinterräder	vorn 10,00–20 / PR 16 hinten 10,00–20 / PR 12 Zwillings-Hinterräder
Fahrzeuggewicht	9370 kg	9730 kg	7310 kg
Zuläss. Gesamtgewicht	22 000 kg	22 000 kg	22 000 kg Gesamtzug 38 000 kg
Bemerkungen	1965/66 mit 186 PS-Motor Wahlweise lieferbar: Alle Räder einfachbereift 12,00–20 / PR 18 F 306 bzw. F 360: Betonmischer-Fahrgestell	K 360: Kipper 6 × 4 Doppel-6 Gang-Getriebe	SF 361: Alle Räder einfachbereift 11,00–20 / PR 16 Fahrzeuggewicht 6810 kg Gesamtgewicht 19 000 kg

	Krupp LF 380 1966–1968	Krupp KF 380 1966–1968	Krupp SF 380 1966–1968
Bauart	Frontlenker 6 × 4 Pritschenwagen	Frontlenker 6 × 4 Kipper	Frontlenker 6 × 4 Sattelzugmaschine
Motor	Viertakt-Direkteinspritz-Dieselmotor (Lizenz Cummins) Krupp V8 – 250 PS		
Zylinderzahl	V8 (90°-V-Form)		
Bohrung × Hub	139,7 × 104,8 mm		
Hubraum	12 849 ccm		
Leistung	250 PS (ab Sept. 1967 auch 265 PS) bei 2600 U/min		
Getriebe	Doppel-6 Gang		
Radstand	4500 + 1300 mm	2850 + 1300 mm	2850 + 1300 mm
Gesamtmaße	9500 × 2500 × 2860 mm	7000 × 2500 × 2725 mm	6525 × 2460 × 2860 mm
Ladefläche	7000 × 2375 mm	4800 × 2300 mm	–
Reifen	vorn 10,00–20 / PR 16 hinten 10,00–20 / PR 12 Zwillings-Hinterräder	vorn 10,00–20 / PR 16 hinten 10,00–20 / PR 12 Zwillings-Hinterräder	vorn 10,00–20 / PR 16 hinten 10,00–20 / PR 12 Zwillings-Hinterräder
Fahrzeuggewicht	8820 kg	9850 kg	7580 kg
Zuläss. Gesamtgewicht	22 000 kg	22 000 kg	22 000 kg Gesamtzug 38 000 kg
Bemerkungen		F 380: Betonmischer-Fahrgestell	SF 381: Alle Räder einfachbereift 11,00–20 / PR 16 Fahrzeuggewicht 7080 kg Gesamtgewicht 19 000 kg

Krupp »Cyklop« Muldenkipper
mit Einmann-Fahrerhaus
1952–1956

Krupp-Südwerke »Gigant«
Muldenkipper (Aufbau: Meiller)
1953–1954
→

Krupp AMK 22 C 7
Sattelzug mit Allrad-Antrieb
Nutzlast 40 t, Mulde 26 cbm,
Gesamt-Zuggewicht 76 t
etwa 1960
↓

Krupp AMK 22 C 7
Allrad-Muldenkipper
Nutzlast 22 t
etwa 1957

←

Krupp MK 30 Muldenkipper
mit Einmann-Fahrerhaus
Nutzlast 30 t
1963–1968

↓

Faun

<table>
<tr><th></th><th>Faun M 6
1946–1949</th><th>Faun M 8
1948–1949</th><th></th></tr>
<tr><td>Bauart</td><td>Müllwagen
Fassungsvermögen 6 m^3</td><td>Müllwagen
Fassungsvermögen 8 m^3</td><td></td></tr>
<tr><td>Motor</td><td colspan="2">Maybach Vergasermotor
6 Zylinder, 4170 ccm
100 PS bei 2800 U/min</td><td></td></tr>
<tr><td>Radstand</td><td>3450 mm</td><td>3900 mm</td><td></td></tr>
<tr><td>Gesamtmaße</td><td>6275 × 2200 mm</td><td>6750 × 2350 mm</td><td></td></tr>
<tr><td>Wagengewicht</td><td>5450 kg</td><td>6000 kg</td><td></td></tr>
</table>

<table>
<tr><th></th><th>Faun M 6
1949–1950</th><th>Faun M 8
1949–1950</th><th>Faun F 60
1949–1950</th></tr>
<tr><td>Bauart</td><td>Müllwagen
Fassungsvermögen 6 m^3</td><td>Müllwagen
Fassungsvermögen 9 m^3</td><td>Müllwagen
Fassungsvermögen 12 m^3</td></tr>
<tr><td>Motor</td><td colspan="2">Deutz Diesel (luftgekühlt)
4 Zylinder, 5322 ccm
75 PS bei 2000 U/min</td><td>Deutz Diesel (luftgekühlt)
6 Zylinder, 7983 ccm
105 PS bei 1800 U/min</td></tr>
<tr><td>Radstand</td><td>3450 mm</td><td>3800 mm</td><td>4300 mm</td></tr>
<tr><td>Gesamtmaße</td><td>6275 × 2200 mm</td><td>6750 × 2350 mm</td><td></td></tr>
<tr><td>Wagengewicht</td><td>5500 kg</td><td>6200 kg</td><td>7200 kg</td></tr>
</table>

<table>
<tr><th></th><th>Faun M 6
1950–1951</th><th>Faun F 45
1950–1951</th><th>Faun F 60
1950–1951</th></tr>
<tr><td>Bauart</td><td>Müllwagen
Fassungsvermögen 6 m^3</td><td>Müllwagen
Fassungsvermögen 9 m^3</td><td>Müllwagen
Fassungsvermögen 12 m^3</td></tr>
<tr><td>Motor</td><td colspan="2">Deutz Diesel (luftgekühlt)
4 Zylinder, 5322 ccm
85–90 PS bei 2250 U/min</td><td>Deutz Diesel (luftgekühlt)
6 Zylinder, 7983 ccm
130 PS bei 2250 U/min</td></tr>
<tr><td>Getriebe</td><td colspan="2">4 Gang</td><td>5 Gang</td></tr>
<tr><td>Radstand</td><td>3300 bzw. (mit Fahrerhaus lang) 4000 mm</td><td>3800 bzw. (mit Fahrerhaus lang) 4500 mm</td><td>4300 bzw. (mit Fahrerhaus lang) 5000 mm</td></tr>
<tr><td>Gesamtmaße</td><td>6125 (6825) × 2200 × 2850</td><td>6800 (7450) × 2350 × 3200</td><td>7745 (8045) × 2500 × 3250</td></tr>
<tr><td>Reifen</td><td>8,25–20
Zwillings-Hinterräder</td><td>9,00–20
Zwillings-Hinterräder</td><td>11,00–20
Zwillings-Hinterräder</td></tr>
<tr><td>Wagengewicht</td><td>5620 (5740) kg</td><td>6100 (6250) kg</td><td>7500 (8050) kg</td></tr>
<tr><td>Zuläss. Gesamtgewicht</td><td>9240 kg</td><td>11 220 kg</td><td></td></tr>
</table>

Die Vorgeschichte der Faun-Werke reicht bis in das Jahr 1845 zurück. Damals gründete Justus Christian Braun die spätere »Nürnberger Feuerlöschgeräte- und Maschinenfabrik«, die sich bis zur Jahrhundertwende zum führenden Hersteller von Feuerwehrleitern und -spritzen entwickelt hatte. Weil das Geschäft so glänzend lief, wurde auch noch der Automobilbau aufgenommen. Der aber ruinierte den 300 Mann-Betrieb und trieb ihn 1911 in die Pleite. Noch im gleichen Jahr übernahm der gelernte Wagenschmied Karl Schmidt die Fabrik, um dort Lastwagen, Kommunal- und Feuerwehrfahrzeuge nach eigenen Vorstellungen zu bauen. Das funktionierte recht gut, zumal bald der erste Weltkrieg für die Ausnützung aller vorhandenen Produktionsmöglichkeiten sorgte. 1918 erfolgte die Vereinigung der »Fahrzeugwerke Ansbach und Nürnberg«, wobei 1920 aus den Anfangsbuchstaben dieser vier Worte der Markenname »Faun« entstand. Während Schmidt bis dahin viel Ärger mit den in seinen Fahrzeugen eingebauten Fremdmotoren hatte, standen von nun an die eigenen Motoren aus dem Werk Ansbach zur Verfügung. Der inzwischen weiterentwickelte Dreitonner aus der Kriegszeit blieb vorderhand das wichtigste Produkt. Dazu kamen Müllwagen, Feuerwehr- und Sonderfahrzeuge, bald auch Omnibusse und ein paar Jahre lang sogar Personenautomobile, die Karl Schmidt alle selbst konstruierte. Infolge der Inflation mußten die Faun-Werke 1925/26 saniert werden, wodurch die Fried. Krupp AG. bis in die dreißiger Jahre hinein die Aktienmehrheit bekam. Nach dem Tod des Firmengründers übernahm 1938 dessen Sohn, Dipl.-Ing. Karl Heinz Schmidt, erst 28 Jahre alt, die Faun-Werke und wurde 1939 deren Alleininhaber. Wiederum brachte die Rüstungsproduktion Geld ins Haus, aber 1942/43 auch die restlose Zerstörung der Nürnberger Fabrik.

Schmidt kaufte daraufhin ein Waldstück bei Lauf an der Pegnitz, wo er noch 1944 mit dem Bau eines neuen Stammwerks begann. Schon 1946 konnte die Produktion von Müllwagen der Vorkriegsbauart fortgeführt werden, allerdings nur behelfsmäßig im alten Karosseriewerk Nürnberg-Doos. 1947 lief dann im Werk Lauf die Herstellung von Lastwagen und Zugmaschinen an, die Auslieferung begann 1948/49. Sie wurden jahrelang glänzend verkauft, allerdings bestand auf dem Markt auch ein riesiger Bedarf.

1955 übernahm Faun die Fahrzeugfabrik Willy Ostner in Sulzbach-Rosenberg, um hinfort auch leichte Transporter anbieten zu können. Dieser Produktionszweig wurde jedoch 1968 wieder aufgegeben, weil er wegen der zu geringen Stückzahlen unrentabel blieb.

Die Produktion von Schwerlastwagen und Sonderfahrzeugen lief hingegen auf vollen Touren, zumal Faun in dieser Kategorie für die Erstausstattung der damals neu aufgestellten Bundeswehr zu sorgen hatte. Auf dem zivilen Markt wurde hingegen das Lastwagengeschäft immer schwieriger, bis sich die Faun-Werke ab 1967/68 hier völlig zurückzogen. Hingegen blieben die Straßenzugmaschinen im Programm, wobei aber auch hier im Laufe der Zeit die üblichen Größen immer mehr den überschweren Einheiten weichen mußten. Neu aufgenommen wurde hingegen 1952 der Bau von Großraum-Muldenkippern, 1955 die Herstellung mehrachsiger Kranwagen-Fahrgestelle und seit 1980 die Lieferung kompletter Autokrane in allen Größen. Weitere Spezialitäten sind seit 1967 überschwere Löschfahrzeuge für Flughafen-Feuerwehren, ferner Straßenkehrmaschinen, Bagger, Grader und Radlader sowie seit 1958 überschwere Schlackentransporter für die Hüttenindustrie. Zum Stammwerk in Lauf an der Pegnitz sind inzwischen die Werke Butzbach in Hessen, Osterholz (einst Borgward Lastwagenwerk) bei Bremen und Kissing (einst Frisch Baumaschinen) bei Augsburg hinzugekommen.

1983 übernahmen die Faun-Werke von der IWKA (Quandt-Gruppe) deren Unternehmensbereich Umwelttechnik. Wichtigstes Produkt sind hier die bis dahin in Augsburg hergestellten Kuka Müllwagenaufbauten, deren Produktion jedoch 1985 in das Werk Osterholz-Schambeck verlegt wurde.

Nach dem Tod von Dipl.-Ing. Karl Heinz Schmidt im Januar 1979 wurden die Faun-Werke 1984 in eine Aktiengesellschaft umgewandelt. Per 1. 1. 1986 übernahm die zur Hoesch-Gruppe gehörende Baumaschinen- und Bergbaugesellschaft O & K (Orenstein & Koppel, Dortmund und Lübeck), die Faun AG. Zum Vergleich: O & K beschäftigt weltweit 7000, Faun 3700 Personen. 1985 setzte O & K 1,7, die Faun AG. 0,65 Milliarden DM um.

Die Faun-Werke haben von 1945 bis heute etwa 20 000 Straßen-Lastwagen und Straßen-Zugmaschinen gebaut, davon über 8000 Einheiten für die Bundeswehr. Ferner wurden knapp 3000 leichte Nutzfahrzeuge, 900 Kraka (kleines Fallschirmjäger-Fahrzeug für die Bundeswehr) und 250 Groß-Omnibusse (1950 bis 1953) fertiggestellt. Dazu kommen schätzungsweise 2200 Großraum-Muldenkipper, ungefähr 1500 überschwere Zugmaschinen und wohl etwa 1400 Fahrgestelle für Autokrane und Flugfeld-Löschfahrzeuge.

Faun M 6
Müllwagen (6 m³)
1946–1949

Faun L 7 L
Fernverkehrs-Lastzug
Koffer-Aufbau und -Anhänger:
Blumhardt
1950

Faun L 7 S Sattelzugmaschine mit Koffer-Auflieger (Blumhardt) 1950

	Faun L 7 L **1949–1951**	**Faun L 7 V** **1950–1951**
Bauart	Hauben- Schwerlastwagen 4 × 2	Frontlenker- Schwerlastwagen 4 × 2
Motor	Deutz F 6 M 517, Vorkammer-Dieselmotor	
Zylinder	6 (Reihe), Wasserkühlung	
Hubraum	130 × 170 mm, 13 540 ccm	
Leistung	165 PS bei 1800 U/min	
Getriebe	6 Gang	
	L 7 L: Pritschenwagen	**L 7 V: Pritschenwagen**
Radstand	5380 mm	4750 mm
Pritsche	5500 × 2350 mm	6500 × 2350 mm
Gesamtmaße	9100 × 2500 × 2920 mm (Höhe über Fahrerhaus)	9100 × 2500 × 3190 mm (Höhe über Fahrerhaus)
Reifen	12,00–22 eHD Zwillings-Hinterräder	12,00–22 eHD Zwillings-Hinterräder
Wagengewicht	7750 kg	7850 kg
Zuläss. Gesamtgewicht	16 000 kg	16 000 kg
Nutzlast	8250 kg	8150 kg
Lastzug-Gesamtgewicht	40 000 kg	40 000 kg
	L 7 K: Dreiseiten-Kipper	
Radstand	4500 mm	
	L 7 S: Sattelzugmaschine	
Radstand	4450 mm	
	L 7 R: Straßenzugmaschine	
Radstand	3600 mm	

	Faun L 8 L **1951–1962**	**Faun L 8 V** **1951–1962**	**Faun L 900** **1953–1962**
Bauart	Hauben- Schwerlastwagen 4 × 2	Frontlenker- Schwerlastwagen 4 × 2	Hauben- Schwerlastwagen 6 × 4
Motor	Deutz F 6 M 617, Wirbelkammer-Dieselmotor		
Zylinder	6 (Reihe), Wasserkühlung		
Hubraum	130 × 170 mm, 13 540 ccm		
Leistung	175–180 PS bei 1800 U/min		
Getriebe	6 Gang		
	L 8 L: Pritschenwagen	**L 8 V: Pritschenwagen**	**L 900: Pritschenwagen**
Radstand	5600 mm	5200 mm	5745 + 1400 mm
Pritsche	5500 oder 6000 × 2350 mm	7000 × 2350 mm	6500 × 2350 mm
Gesamtmaße	9110 (9610) × 2500 × 2920 mm (Höhe über Fahrerhaus)	9290 bzw. (mit Fernfahrer- haus) 9335 × 2500 × 3190 (Höhe über Fahrerhaus)	9500 × 2500 × 2900 mm (Höhe über Fahrerhaus)
Reifen	12,00–22 eHD Zwillings-Hinterräder	12,00–22 eHD Zwillings-Hinterräder	14,00–22 eHD 4 Einzel-Hinterräder
Wagengewicht	8000 kg	8000 kg	10 000 kg
Zuläss. Gesamtgewicht	16 000 kg	16 000 kg	23 000 kg
Nutzlast	8000 kg	8000 kg	13 000 kg
	L 8 K: Kipper 4 × 2	**L 8 VK: Kipper 4 × 2**	**L 900 K: Kipper 6 × 4**
Radstand	4750 oder 4900 mm	3750 mm	4100 + 1400 mm
	L 8 KA: Kipper 4 × 4		
Radstand	5250 mm		
	L 8 S: Sattelzugmaschine		
Radstand	4250 oder 4500 mm		
	L 8 Z: Straßenzugmaschine	**L 8/475 VA: Zugmaschine 4 × 4**	
Radstand	3600 oder 4100 mm	4750 mm	

Faun L 8 L
Fernverkehrs-Lastzug
1951–1955

Faun L 8 VA
Frontlenker-Sattelzugmaschine
mit Kässbohrer Zweiachs-Auflieger
1951–1962

Faun L 8 L
für Milch-Ferntransporte
Kühlaufbau: Kässbohrer
1955–1962

Faun L 900 K
Dreiachs-Dreiseiten-Kipper
Aufbau: Meiller
1953–1962

Faun F 66/40 KF »Sepp«
Dreiseiten-Kipper
1954–1955

Faun F 68 L
Pritschenwagen
Aufbau: Kässbohrer
1955–1961

Faun F 68 K
Dreiseiten-Kipper
Aufbau: Meiller
1955–1961

	Faun F 60 (»Sepp«) 1950–1953	Faun F 66 (»Sepp«) 1954–1955	Faun F 66 (»Sepp«) 1956–1961
Bauart	Hauben-Schwerlastwagen 4 × 2 (Kipper auch 4 × 4)		
Motor	Deutz F 6 L 514, Wirbelkammer-Dieselmotor		
Zylinder	6 (Reihe), Luftkühlung		
Hubraum	110 × 140 mm, 7983 ccm		
Leistung	120–125 PS bei 2250 U/min		
Getriebe	6 Gang		
	F 60 L: Pritschenwagen	**F 66/55: Pritschenwagen**	**F 66/53: Pritschenwagen**
Radstand	5000 oder 5500 mm	5500 mm	5300 mm
Pritsche	5000 (6000) × 2350 mm	5500 × 2350 mm	6000 × 2350 mm
Gesamtmaße	8240 (9240) × 2500 × 2580 mm (Höhe über Fahrerhaus)	8625 × 2500 × 2825 mm (Höhe über Fahrerhaus)	9320 × 2500 × 2675 mm (Höhe über Fahrerhaus)
Reifen	11,00–20 eHD Zwillings-Hinterräder	12,00–20 eHD Zwillings-Hinterräder	11,00–20 eHD Zwillings-Hinterräder
Wagengewicht	7400 kg	6800 kg	6600 kg
Zuläss. Gesamtgewicht	13 500 kg	14 300 kg	13 800 kg
Nutzlast	6200 kg	7500 kg	7200 kg
	F 60 K: Kipper 4 × 2	**F 66/40 K: Kipper 4 × 2**	**F 66 K: Kipper 4 × 2**
Radstand	4000 mm	4000 mm	4000, 4200 oder 4700 mm
Pritsche	4000 × 2320 mm	4000 × 2320 mm	4000 (4000) (4500) × 2320 mm
	F 60 KF: Kipper 4 × 4	**F 60/40 KF: Kipper 4 × 4**	**F 66 KA: Kipper 4 × 4**
Radstand	4000 mm	4000 mm	4000 mm
Pritsche	4000 × 2320 mm	4000 × 2320 mm	4000 × 2320 mm
	F 60 S: Sattelzugmaschine		**F 66 S: Sattelzugmaschine**
Radstand	3600 mm		3600 mm
	F 60 Z: Straßenzugmaschine		
Radstand	3600 mm		
Pritsche	3000 × 2350 mm		

	Faun F 68 1955–1961	Faun F 68 V (»Franz«) 1955–1961	Faun F 630 V 1952–1955 Faun F 63 V 1955–1961
Bauart	Hauben-Schwerlastwagen 4 × 2 (Kipper auch 4 × 4)	Frontlenker-Schwerlastwagen 4 × 2	Frontlenker-Schwerlastwagen 6 × 4
Motor	Deutz F 8 L 614, Wirbelkammer-Dieselmotor		Deutz F 6 L 514
Zylinder	8 (V-Form), Luftkühlung		6 (Reihe), Luftkühlung
Hubraum	110 × 140 mm, 10 640 ccm		110 × 140 mm, 7983 ccm
Leistung	170 PS bei 2300 U/min		120–125 PS bei 2250 U/min
Getriebe	6 Gang		6 Gang
	F 68: Pritschenwagen	**F 68 V: Pritschenwagen**	**F 630 V (63 V): Pritschenwagen**
Radstand	5250 mm	4900 oder 5300 mm	4250 + 1400 mm
Pritsche	6000 × 2350 mm	6000 × 2350 mm	7000 × 2350 mm
Gesamtmaße	9380 × 2500 × 2700 mm (Höhe über Fahrerhaus)	8380 × 2500 × 2830 mm (Höhe über Fahrerhaus)	9200 × 2500 × 2850 mm (Höhe über Fahrerhaus)
Reifen	12,00–20 eHD verst. Zwillings-Hinterräder	12,00–20 eHD verst. Zwillings-Hinterräder	14,00–20 eHD verst. 4 Zwillings-Hinterräder
Wagengewicht	6400 kg	6800 kg	10 000–12 000 kg
Zuläss. Gesamtgewicht	16 000 kg	16 000 kg	22 000–23 000 kg
Nutzlast	9600 kg	9200 kg	12 000–14 000 kg
	F 68 K: Kipper 4 × 2		**F 630 K (63 K): Kipper 6 × 4**
Radstand	4500 mm		3840 + 1400 mm
Pritsche	4500 × 2320 mm		4500 × 2320 mm
	F 68 KA: Kipper 4 × 4		
Radstand	3900, 4000 oder 4500 mm		
Pritsche	4000 (4000) (4500) × 2320 mm		
	F 68 KA: Muldenkipper 4 × 4		
Radstand	3900 mm		
Reifen	12,00–24 EM Spezial		
	F 68 S: Sattelzugmaschine		
Radstand	3600 oder 4000 mm		

Faun L 7 R Straßen-Zugmaschine 1948–1951

Faun F 68 S Sattelzugmaschine mit Kässbohrer Auflieger 1955–1961

Faun L 8/41 Z Schwere Straßen-Zugmaschine 1955–1961

	Faun L 7 R **1948–1951**	**Faun L 8 Z** **1951–1956**	**Faun L 8 Z** **1957–1962**
Bauart	Schwere Hauben-Straßenzugmaschine 4 × 2 mit Ballast-Kasten		
Motor	Deutz F 6 M 517 Wirbelkammer-Dieselmotor	Deutz F 6 M 617 Wirbelkammer-Dieselmotor	
Zylinder	6 (Reihe), Wasserkühlung	6 (Reihe), Wasserkühlung	
Hubraum	130 × 170 mm, 13 538 ccm	130 × 170 mm, 13 538 ccm	
Leistung	165 PS bei 1800 U/min	175–180 PS bei 1800 U/min	
Getriebe	6 Gang	6 Gang oder auch 4 Gang + Schnellgang-Vorgelege	
	L 7 R: Zugmaschine	**L 8 Z: Zugmaschine**	**L 8/41 Z: Zugmaschine**
Radstand	3600 mm	3600 mm	4100 mm
Gesamtmaße	6435 × 2500 × 2700 mm	6600 × 2500 × 2750 mm	6880 × 2500 × 2850 mm
Reifen	11,00–20 (auch 12,00–22) eHD Zwillings-Hinterräder	12,00–20 (auch 12,00–22) eHD Zwillings-Hinterräder	12,00–22 eHD Zwillings-Hinterräder
Fahrzeuggewicht	7000 kg	7000 kg	7500 kg
Zuläss. Gesamtgewicht	13 500 (15 800) kg	13 500 (15 800) kg	15 450 kg
Max. Anhängelast	30 t (im direkten Gang)	30 t (im direkten Gang)	30 t (im direkten Gang)
		L 8 ZRS: Zugmaschine **für Straße und Schiene**	

	Faun F 60 Z **1950–1955** **Faun F 66 Z** **1955–1961**	**Faun F 68 Z** **1955–1961**	**Faun F 68 VS** **1955–1961**
Bauart	Schwere Hauben-Straßenzugmaschine 4 × 2 oder 4 × 4 Ballast-Kasten oder -Brücke		Schwere Frontlenker- Sattelzugmaschine 4 × 2
Motor	Deutz F 6 L 514 Wirbelkammer-Dieselmotor	Deutz F 8 L 614 Wirbelkammer-Dieselmotor	Deutz F 8 L 714 Wirbelkammer-Dieselmotor
Zylinder	6 (Reihe), Luftkühlung	8 (V-Form), Luftkühlung	8 (V-Form), Luftkühlung
Hubraum	110 × 140 mm, 7983 ccm	110 × 140 mm, 10 460 ccm	120 × 140 mm, 12 667 ccm
Leistung	125–130 PS bei 2500 U/min	170 PS bei 2300 U/min	195–200 PS bei 2300 U/min
Getriebe	6 Gang	6 Gang bzw. (bei 4 × 4) 6 Gang + Vorgelege	6 Gang
	F 60 Z bzw. F 66/36 Z: **Zugmaschine 4 × 2**	**F 68/36 Z bzw. F 68/40 Z:** **Zugmaschine 4 × 2 oder 4 × 4**	**F 68/36 VS:** **Sattelzugmaschine 4 × 2**
Radstand	3600 mm	3600 bzw. 4000 mm	3600 mm
Pritsche	3000 × 2350 mm		
Gesamtmaße	6550 × 2500 × 2700 mm	6450 (6800) × 2500 × 2700 (4 × 4: 2850) mm	
Reifen	12,00–20 eHD Zwillings-Hinterräder	11,00 oder 12,00–20 eHD Zwillings-Hinterräder	12,00–20 eHD Zwillings-Hinterräder
Fahrzeuggewicht	5400 kg	5450 bzw. 6150 kg	
Zuläss. Gesamtgewicht	13 550 kg	13 750 bzw. 15 000 kg	

Faun K 20 Muldenkipper 12 m³
250 PS V12 Deutz Diesel
Gewicht 17 t, Nutzlast 22 t
1957–1959

Faun K 10 Muldenkipper 6 m³
125 PS 6 Zylinder Deutz Diesel
Gewicht 10 t, Nutzlast 10 t
1957–1963

Faun K 25 Muldenkipper 16 m³
250 PS V12 Deutz Diesel
Gewicht 24 t, Nutzlast 25 t
1961–1962

Faun K 40 Muldenkipper 22 m³
450 PS V12 MWM Diesel
Gewicht 33 t, Nutzlast 40 t
1969–1976

Faun L 908/425 A
Pritschenwagen
für die Bundeswehr
1957–1960

Faun L 908/SA
Sattelzugmaschine
für die Bundeswehr
1957–1963

Faun L 908/54 VA
Pritschenwagen
mit Teha-Kran
für die Bundeswehr
1960–1971

Faun L 908 (Bundeswehr) 1957–1971

Bauart	Schwerer Hauben-Lkw 6 × 6 für Militär und Gelände Nutzlast-Klasse 10 t	Schwerer Hauben-Lkw 6 × 6 für Militär und Gelände Nutzlast-Klasse 10 t	Schw. Frontlenker-Lkw 6 × 6 für Militär und Gelände Nutzlast-Klasse 10 t

Motor	Bis 1961: Dieselmotor Deutz F 8 L 614	Ab 1961: Vielstoff-Dieselmotor Deutz F 8 L 714 a
Zylinder	V 8, Luftkühlung	V 8, Luftkühlung
Hubraum	110 × 140 mm, 10 644 ccm	120 × 140 mm, 12 667 ccm
Leistung	170 PS bei 2300 U/min	178 PS bei 2300 U/min
Getriebe	6 Gang + Vorgelege	6 Gang + Vorgelege

	L 908/425 A: Pritschenwagen 1957–1960	**L 908/ATW: Flugfeld-Tank-Lkw 12 t bzw. Straßen-Tank-Lkw 15 t 1957–1971**	**L 908/54 VA: Pritschenwagen 1960–1971**
Radstand	3550 + 1400 mm	4990 + 1320 mm	4700 + 1400 mm
Pritsche	3250 × 2350 mm	12 000 bzw. 15 000 Liter-Tank	6700 × 2350 mm
Gesamtmaße	7210 × 2500 × 3350 (Höhe über Plane)	9500 × 2500 × 2750 (Höhe über Fahrerhaus)	9750 × 2500 × 3350 (Höhe über Plane)
Reifen	14,00–20 (PR 18) M 4 Einzel-Hinterräder	11,00–20 (PR 14) M 4 Zwillings-Hinterräder	14,00–20 (PR 18) M 4 Einzel-Hinterräder
Wagengewicht	9600 kg	13 100 bzw. 14 200 kg	11 500 kg
Zuläss. Gesamtgewicht	20 000 kg	25 400 kg	21 500 kg

	L 908/SA: Sattelzugmaschine 1957–1963	**L 908/SAT: Tank-Sattelzugmaschine 1957–1959**
Radstand	3550 + 1400 mm	3550 + 1400 mm
Reifen	14,00–20 (PR 18) M 4 Einzel-Hinterräder	11,00–20 (PR 14) M 4 Zwillings-Hinterräder

	Faun L 912 (Bundeswehr) 1957	**Faun L 1221 (Bundeswehr) 1962–1966**
Bauart	Schwere Frontlenker-Sattelzugmaschine für Panzertransporte	Schwere Frontlenker-Sattelzugmaschine für Panzertransporte
Motor	Deutz BF 12 L 614 Dieselmotor	Deutz BF 12 L 714 Dieselmotor
Zylinder	V 12, Luftkühlung	V 12, Luftkühlung
Hubraum	110 × 140 mm, 15 966 ccm	120 × 140 mm, 19 000 ccm
Leistung	300 PS bei 2300 U/min	340 PS bei 2300 U/min
Getriebe	6 Gang + Vorgelege	6 Gang + Vorgelege
	L 912/VSA (6 × 6)	**L 1212/45 VSA (6 × 6)**
Radstand	3750 + 1500 mm	3750 + 1500 mm
Gesamtmaße	7740 × 2900 × 3065 mm	7840 × 2900 × 3040 mm
Reifen	14,00–20 (PR 18) M 4 Zwillings-Hinterräder	14,00–20 (PR 18) M 4 Zwillings-Hinterräder
Fahrzeuggewicht	17 000 kg	18 100 kg
Zuläss. Gesamtgewicht	42 600 kg	43 000 kg
Sattellast	24 000 kg	25 000 kg
Sattelzug-Gesamtgewicht	bis 80 000 kg	

Faun L 912/21
Munitionswagen
für die Bundeswehr
1961–1969

Faun LK 1212/485
Kranwagen 13 t
für die Bundeswehr
1958–1968

Faun SLT 50
Schwerlast-Sattelzugmaschine
mit Panzertransport-Anhänger
für die Bundeswehr
1977–1979

Faun L 912 (Bundeswehr)
1957–1970

Bauart	Schwerer Hauben-Lkw 6 × 6 für Militär und Gelände Nutzlast-Klasse 15 t	Schw. Frontlenker-Lkw 6 × 6 für Militär und Gelände Nutzlast-Klasse 15 t	Schw. Frontlenker-Lkw 6 × 6 für Militär und Gelände Nutzlast-Klasse 10 t 2 Lenkachsen vorn

Motor	Bis 1961: Dieselmotor Deutz F 12 L 614	Ab 1961: Vielstoff-Dieselmotor Deutz F 12 L 714 a
Zylinder	V 12, Luftkühlung	V 12, Luftkühlung
Hubraum	110 × 140 mm, 15 966 ccm	120 × 140 mm, 19 000 ccm
Leistung	250 PS bei 2300 U/min	265 PS bei 2300 U/min
Getriebe	6 Gang + Vorgelege	6 Gang + Vorgelege

	L 912/45 A: Pritschenwagen 1958–1970		**Z 912/21–203: Zugkraftwagen 1961–1969**
Radstand	3770 + 1460 mm		1780 + 3110 mm
Pritsche	3500 × 2350 mm		5000 × 2350 mm
Gesamtmaße	7650 × 2500 × 3440 (Höhe über Plane)		8400 × 2500 × 3450 (Höhe über Plane)
Reifen	12,00–24 (PR 16) M 4 Zwillings-Hinterräder		16,00–25 (PR 20) M 2 Einzel-Hinterräder
Fahrzeuggewicht	12 000 kg		16 400 kg
Zuläss. Gesamtgewicht	27 000 kg		26 400 kg
	L 912/SA: Sattelzugmaschine 1957–1965	**LK 1212/485: Kranwagen 13 t 1958–1968**	**LK 12/21–400: Kranwagen 10 t 1959–1961**
Radstand	3770 + 1460 mm	4000 + 1700 mm	1780 + 3110 mm
Reifen	12,00–24 (PR 16) M 4 Zwillings-Hinterräder	16,00–25 (PR 24) M 4 Einzel-Hinterräder	16,00–24 (PR 20) M 2 Einzel-Hinterräder
	L 912/5050 A: Gleitkipper 10 t 1959–1971		**Z 912/21 A 1: Gerätewagen 1958–1962**
Radstand	4300 + 1500 mm		1780 + 2610 mm
Reifen	14,00–24 (PR 18) M 4 Einzel-Hinterräder		16,00–24 (PR 16) M 2 Einzel-Hinterräder

	Faun FS 42 (Bundeswehr) 1981–1984	**Faun SLT 50 (Bundeswehr) 1977–1979**
Bauart	Frontlenker-Schwerlast-Sattelzugmaschine für Panzertransporte	
Motor	Deutz BF 12 L 413 FC Dieselmotor mit Abgas-Turbolader	MTU (Friedrichshafen) MB 837 Fa 500 Dieselmotor mit Abgas-Turbolader
Zylinder	V 12, Luftkühlung	V 8, Wasserkühlung
Hubraum	19 144 ccm	165 × 175 mm, 29 920 ccm
Leistung	525 PS (386 kW) bei 2650 U/min	694 PS (509 kW) bei 2100 U/min
Getriebe	8 Gang + Vorgelege	4 Gang ZF Hydromedia + Vorgelege
	FS 42.75/42 (8 × 6)	**SLT 50-2 »Elefant« (8 × 8)**
Radstand	1500 + 2700 + 1500 mm	1500 + 2700 + 1500 mm
Gesamtmaße	8830 × 3070 × 3020 mm	8830 × 3070 × 3020 mm
Reifen	18 R 22,5 XS (PR 20) 4 Einzel-Hinterräder	18 R 22,5 XS (PR 20) 4 Einzel-Hinterräder
Fahrzeuggewicht	19 200 kg	23 200 kg
Sattelzug-Gesamtgewicht	93 700 kg	bei 40 km/h 92 000, bei 62 km/h 87 500 kg
Sattelzug-Nutzlast	56 000 kg	bei 40 km/h 52 000, bei 62 km/h 47 500 kg

Faun F 24 B
Faun F 24 D
Pritschenwagen
1957–1968

Faun F 24 B
Faun F 24 D
Kofferwagen
1957–1968

Faun F 24 DL/260 UT
Sonderfahrzeug für
Untertage-Einsatz
1959–1968

	Faun F 24 B 1957–1962	Faun F 24 B 1962–1965	Faun F 24 D 1957–1959
Bauart	Frontlenker-Großtransporter Motor stehend unter Mittelsitz, Antrieb auf Hinterräder		
Motor	Ford-Vergasermotor	Ford-Vergasermotor	I.H.C. Dieselmotor
Zylinder	4 (Reihe), 82 × 70,9 mm	4 (Reihe), 76,6 × 84 mm	4 (Reihe), 82,6 × 101,6 mm
Hubraum	1498 ccm	1698 ccm	2175 ccm
Leistung	55 PS bei 4250 U/min	60 PS bei 4200 U/min	40 PS bei 2400 U/min
Getriebe	4 Gang, Lenkradschaltung	4 Gang, Lenkradschaltung	4 Gang, Lenkradschaltung
	F 24 B/255: Pritschenwagen		**F 24 D/275: Pritschenwagen**
Radstand	2550 mm		2750 mm
Pritsche	3000 × 2000 mm		3500 × 2000 mm
Gesamtmaße	4800 × 2130 × 2120 mm (Höhe über Fahrerhaus)		5300 × 2130 × 2220 mm (Höhe über Fahrerhaus)
Reifen	6,50–16 extra Transport Zwillings-Hinterräder		6,50–16 extra Transport Zwillings-Hinterräder
Wagengewicht (mit Fahrer)	1700 kg		2000 kg
Zuläss. Gesamtgewicht	3400 kg		3700 kg
Nutzlast	1700 kg		1700 kg
	F 24 B/255: Kastenwagen		**F 24 D/275: Kastenwagen**
Radstand	2550 mm		2750 mm
Laderaum	3000 × 2000 × 1600 mm		3600 × 2000 × 1600 mm
Gesamtmaße	4700 × 2170 × 2355 mm		5310 × 2170 × 2410 mm
	F 24 B/255: Kofferwagen		**F 24 D/275: Kofferwagen**
Radstand	2550 mm		2750 mm
Laderaum	3000 × 2000 × 1600 mm		3400 × 2000 × 1600 mm
Gesamtmaße	4780 × 2170 × 2355 mm		5200 × 2170 × 2410 mm
	F 24 B/310: Möbelwagen		**F 24 D/340: Möbelwagen**
Radstand	3100 mm		3400 mm
Laderaum	4000 × 2100 × 2100 mm		4500 × 2100 × 2100 mm
Gesamtmaße	5720 × 2270 × 2855 mm		6210 × 2270 × 2910 mm
			F 24 D/260: Dreiseiten-Kipper
Radstand			2600 mm
Pritsche			2600 mm
			F 24 D/310: Pritschenwagen mit Doppelkabine
Radstand			3100 mm
Pritsche			3050 mm
			F 24 D/340: Pritschenwagen mit Dreifachkabine
Radstand			3400 mm
Pritsche			3100 mm

Faun Eilfrachter F 284 D
70 PS Kämper Diesel
Pritschenwagen
1959–1966

Faun Eilfrachter F 284 D
70 PS Kämper Diesel
Möbelwagen
1963–1965

Faun F 24 DL
64 PS Deutz Diesel
Feuerwehr-Löschgruppen-
fahrzeug LF 8
Aufbau: Magirus
1963–1965

Faun F 284 DL
70 PS Deutz Diesel
Feuerwehr-Löschgruppen-
fahrzeug LF 8
Aufbau: Magirus
1965–1968

	Faun F 24 D 1959–1966	Faun F 284 D 1961–1965	Faun F 284 D 1967–1968
Bauart	Frontlenker-Großtransporter Motor stehend unter Mittelsitz, Antrieb auf Hinterräder		
Motor	Kämper Dieselmotor		MWM Dieselmotor
Zylinder	4 (Reihe), 92 × 118 mm		4 (Reihe), 95 × 105 mm
Hubraum	3138 ccm		2980 ccm
Leistung	65–70 PS bei 2750 U/min		75–80 PS bei 2800 U/min
Getriebe	4 Gang, Lenkradschaltung		4 Gang, Lenkradschaltung
	F 24 D/275: Pritschenwagen	**F 284 D/290: Pritschenwagen**	
Radstand	2750 mm	2900 mm	
Pritsche	3500 × 2000 mm	3800 × 2000 mm	
Gesamtmaße	5300 × 2130 × 2220 mm (Höhe über Fahrerhaus)	5580 × 2130 × 2300 mm (Höhe über Fahrerhaus)	
Reifen	7,50–16 extra Transport Zwillings-Hinterräder	7,50–16 extra Transport Zwillings-Hinterräder	
Wagengewicht (mit Fahrer)	2300 kg	2500 kg	
Zuläss. Gesamtgewicht	4600 kg	5500 kg	
Nutzlast	2300 kg	3000 kg	
	F 24 D/310: Pritschenwagen	**F 284 D/310: Pritschenwagen**	
Radstand	3100 mm	3100 mm	
Pritsche	4000 × 2000 mm	4000 × 2000 mm	
	F 24 D/340: Pritschenwagen	**F 284 D/340: Pritschenwagen**	
Radstand	3400 mm	3400 mm	
Pritsche	4500 × 2000 mm	4500 × 2000 mm	
		F 284 D/370: Pritschenwagen	
Radstand		3700 mm	
Pritsche		5000 × 2000 mm	
	F 24 D/310: Pritschenwagen mit Doppelkabine	**F 284 D/310: Pritschenwagen mit Doppelkabine**	
Radstand	3100 mm	3100 mm	
Pritsche	3000 × 2000 mm	3000 × 2000 mm	
	F 24 D/260 K: Dreis.-Kipper	**F 284 D/260 bzw. 275 K: Dreiseiten-Kipper**	
Radstand	2600 mm	2600 bzw. 2750 mm	
Pritsche	2600 × 1900 mm	2600 (3100) × 1900 mm	
	F 24 D Kastenwagen	**F 284 D Kastenwagen**	
Radstand	2750 oder 3100 mm	2900, 3100 oder 3400 mm	
Laderaum	3600 (4000) × 2000 × 1600 mm	3900 (4000) (4500) × 2000 × 1800 mm	
	F 24 D Kofferwagen	**F 284 D Kofferwagen**	
Radstand	2750 oder 3100 mm	2900, 3100 oder 3400 mm	
Laderaum	3400 (3900) × 2000 × 1600 mm	3800 (3900) (4400) × 2000 × 1800 mm	
	F 24 D Möbelwagen	**F 284 D Möbelwagen**	
Radstand	3100 oder 3400 mm	3100, 3400 oder 3700 mm	
Laderaum	4000 (4500) × 2100 × 2100 mm	4000 (4500) (5000) × 2100 × 2100 mm	
	Faun F 24 DL Gleiche Daten wie oben, jedoch wahlweise:		**Faun F 284 DL** Gleiche Daten wie oben, jedoch wahlweise:
Motor	Deutz F 4 L 712 Diesel		Deutz F 4 L 712 Diesel
Zylinder	4 (Reihe), Luftkühlung		4 (Reihe), Luftkühlung
Hubraum	95 × 120 mm, 3402 ccm		95 × 120 mm, 3402 ccm
Leistung	60–64 PS bei 2800 U/min		70–80 PS bei 2800 U/min

Faun F 54/375 K
Dreiseiten-Kipper
Aufbau: Meiller
1956–1962

Faun F 5643 V
Pritschenwagen
1956–1962

Faun F 54
Müllwagen (noch mit Kühlermaske älterer Art)
1956

<table>
<tr><th></th><th>Faun F 54
1956–1962</th><th>Faun F 56
1956–1962</th><th>Faun F 56 V
1956–1962</th></tr>
<tr><td>Bauart</td><td>Hauben-Lastwagen 4 × 2</td><td>Hauben-Lastwagen 4 × 2
(Kipper auch 4 × 4)</td><td>Frontlenker-Lastwagen 4 × 2</td></tr>
<tr><td>Motor</td><td>Deutz F 4 L 514
Wirbelkammer-Dieselmotor</td><td colspan="2">Kämper 692 A
Dieselmotor</td></tr>
<tr><td>Zylinder</td><td>4 (Reihe), Luftkühlung</td><td colspan="2">6 (Reihe), Wasserkühlung</td></tr>
<tr><td>Hubraum</td><td>110 × 140 mm, 5322 ccm</td><td colspan="2">92 × 118 mm, 4706 ccm</td></tr>
<tr><td>Leistung</td><td>85 PS bei 2300 U/min</td><td colspan="2">108 PS bei 2800 U/min</td></tr>
<tr><td>Getriebe</td><td>5 Gang</td><td>5 Gang bzw. (bei 4 × 4)
5 Gang + Vorgelege</td><td>5 Gang</td></tr>
<tr><td></td><td>F 54/43: Pritschenwagen</td><td>F 56/43: Pritschenwagen</td><td>F 56/36 V: Pritschenwagen</td></tr>
<tr><td>Radstand</td><td colspan="2">4300 mm</td><td>3600 mm</td></tr>
<tr><td>Pritsche</td><td colspan="2">4500 × 2080 mm</td><td>4800 × 2080 mm</td></tr>
<tr><td>Gesamtmaße</td><td colspan="2">7400 × 2250 × 2340 mm
(Höhe über Fahrerhaus)</td><td>6740 × 2200 × 2440 mm
(Höhe über Fahrerhaus)</td></tr>
<tr><td>Reifen</td><td>8,25–20 eHD
Zwillings-Hinterräder</td><td>8,25–20 eHD verst.
Zwillings-Hinterräder</td><td>8,25–20 eHD verst.
Zwillings-Hinterräder</td></tr>
<tr><td>Wagengewicht</td><td>4200 kg</td><td>4400 kg</td><td>4850 kg</td></tr>
<tr><td>Zuläss. Gesamtgewicht</td><td>9200 kg</td><td>9900 kg</td><td>9900 kg</td></tr>
<tr><td>Nutzlast</td><td>5000 kg</td><td>5500 kg</td><td>5050 kg</td></tr>
<tr><td></td><td>F 54/375 K: Kipper</td><td>F 56/38 K: Kipper (bis 1959)
F 56/41 K: Kipper (ab 1958)</td><td>F 56/43 V: Pritschenwagen</td></tr>
<tr><td>Radstand</td><td>3750 mm</td><td>3800 bzw. 4100 mm</td><td>4300 mm</td></tr>
<tr><td>Pritsche</td><td>3400 × 2100 mm</td><td>3400 × 2100 bzw. 3600 × 2200</td><td></td></tr>
<tr><td></td><td></td><td>F 56/39 KA: Kipper 4 × 4</td><td></td></tr>
<tr><td>Radstand</td><td></td><td>3900 mm</td><td></td></tr>
<tr><td>Pritsche</td><td></td><td>3600 × 2200 mm</td><td></td></tr>
<tr><td>Reifen</td><td></td><td>9,00–20 eHD</td><td></td></tr>
<tr><td></td><td></td><td>F 56/38 S: Sattelzugmaschine</td><td></td></tr>
<tr><td>Radstand</td><td></td><td>3800 mm</td><td></td></tr>
</table>

		Faun F 50 1961–1962	Faun F 50 V 1961–1962
Bauart		Hauben-Lastwagen 4 × 2	Frontlenker-Lastwagen 4 × 2
Motor		Deutz F 4 L 514 Wirbelkammer-Dieselmotor	Deutz F 6 L 514 Wirbelkammer-Dieselmotor
Zylinder		4 (Reihe), Luftkühlung	6 (Reihe), Luftkühlung
Hubraum		110 × 140 mm, 5322 ccm	110 × 140 mm, 7983 ccm
Leistung		85 PS bei 2300 U/min	125 PS bei 2300 U/min
Getriebe		6 Gang	6 Gang
		F 50/435: Pritschenwagen	**F 50/400 V: Pritschenwagen**
Radstand		4350 mm	4000 mm
Pritsche			
Gesamtmaße		6600 × 2500 × 2650 mm (Höhe über Fahrerhaus)	6800 × 2500 × 2750 mm (Höhe über Fahrerhaus)
Reifen		10,00–20 Zwillings-Hinterräder	11,00–20 Zwillings-Hinterräder
Wagengewicht		4450 kg	5350 kg
Zuläss. Gesamtgewicht		13 650 kg	15 700 kg
Nutzlast		9000 kg	10 000 kg

Faun F 78/38 V
Pritschenwagen
1957–1960

Faun L 106/39 KVA
Dreiseiten-Kipper 6×6
Aufbau: Meiller (München)
1957–1965

Faun F 57/365 A 4×4
Feuerwehr-
Löschfahrzeug TLF 16
Aufbau: Magirus
Einzelstück 1968

	Faun F 76 V 1957–1960	Faun F 78 V 1957–1960
Bauart	Frontlenker-Lastwagen 4 × 2	Frontlenker-Lastwagen 4 × 2
Motor	Deutz BF 6 L 514 Wirbelkammer-Dieselmotor mit Abgas-Turbolader	Kämper 8 V 105 Dieselmotor
Zylinder	6 (Reihe), Luftkühlung	8 (V-Form), Wasserkühlung
Bohrung × Hub	110 × 140 mm	105 × 125 mm
Hubraum	7983 ccm	8559 ccm
Leistung	150 PS bei 2300 U/min	160 PS bei 2500 U/min
Getriebe	6 Gang	6 Gang
	F 76/38 V: Pritschenwagen	**F 78/38 V: Pritschenwagen**
Radstand	3800 mm	
Pritsche	5000 × 2330 mm	
Gesamtmaße	7000 × 2500 × 2700 mm (Höhe über Fahrerhaus)	
Reifen	9,00–20 eHD verst. Zwillings-Hinterräder	
Wagengewicht	5500 kg	
Zuläss. Gesamtgewicht	12 000 kg	
Nutzlast	6500 kg	
	F 76/32 VK: Kipper 4 × 2	**F 78/32 VK: Kipper 4 × 2**
Radstand	3200 mm	
Pritsche	4000 × 2240 mm	
	F 76/30 VS: Sattelzugmaschine	**F 78/30 VS: Sattelzugmaschine**
Radstand	3000 mm	

	Faun L 106 V 1957–1965	
Bauart	Frontlenker-Dreiseiten-Kipper 6 × 6	
Motor	Deutz F 6 L 514 Wirbelkammer-Dieselmotor	Deutz BF 6 L 514 Wirbelkammer-Dieselmotor mit Abgas-Turbolader
Zylinder	6 (Reihe), Luftkühlung	6 (Reihe), Luftkühlung
Bohrung × Hub	110 × 140 mm	110 × 140 mm
Hubraum	7983 ccm	7983 ccm
Leistung	125 PS bei 2300 U/min	150 PS bei 2300 U/min
Getriebe	6 Gang + Vorgelege	6 Gang + Vorgelege
	L 106/39 KVA: Kipper 6 × 6	**L 106/39 KVA III: Kipper 6 × 6**
Radstand	3250 + 1300 mm	3250 + 1300 mm
Pritsche	4500 × 2240 mm	4500 × 2240 mm
Gesamtmaße	6842 × 2500 × 2835 mm (Höhe über Fahrerhaus)	6842 × 2500 × 2815 mm (Höhe über Fahrerhaus)
Reifen	12,00–20 eHD verst. Einzel-Hinterräder	10,00–20 eHD Zwillings-Hinterräder
Wagengewicht	8000 kg	8000 kg
Zuläss. Gesamtgewicht	18 000 kg	18 000 kg
Nutzlast	10 000 kg	10 000 kg

Faun F 687/41 KAN
Dreiseiten-Kipper 4×4
1962–1966

Faun F 687/49 V
Fernlastzug
1962–1966

Faun F 687 V
Müllwagen
1962–1966

	Faun F 687 V **1962–1966**	**Faun F 688 V** **1966–1968**	**Faun F 689 V** **1968–1971**
Motor	Deutz F 8 L 714 Wirbelkammer-Dieselmotor	Deutz F 8 L 814 Wirbelkammer-Dieselmotor	Deutz F 8 L 914 Direkteinspritz-Dieselmotor
Zylinder	8 (V-Form), Luftkühlung	8 (V-Form), Luftkühlung	8 (V-Form), Luftkühlung
Hubraum	120 × 140 mm, 12 667 ccm	115 × 140 mm, 11 633 ccm	120 × 140 mm, 12 667 ccm
Leistung	192–200 PS bei 2300 U/min	210 PS bei 2300 U/min	230 PS bei 2300 U/min
Getriebe	6 Gang bzw. (bei 4 × 4) 6 Gang + Vorgelege	6 Gang bzw. (bei 4 × 4) 6 Gang + Vorgelege	6 Gang bzw. (bei 4 × 4) 6 Gang + Vorgelege
Bauart	Frontlenker-Schwerlastwagen 4 × 2		
	F 687/49 V: Pritschenwagen		
Radstand	4900 mm		
Pritsche	5500 × 2350 mm		
Gesamtmaße	7925 × 2500 × 2800 mm (Höhe über Fahrerhaus)		
Reifen	12,00–20 eHD (vorn verst.) Zwillings-Hinterräder		
Wagengewicht	7000 kg		
Zuläss. Gesamtgewicht	16 000 kg		
Nutzlast	9000 kg		
Lastzug-Gesamtgewicht	32 000 kg		
	F 687/36 VS: Sattelzugmaschine	**F 688/36 VS: Sattelzugmaschine**	**F 689 VS: Sattelzugmaschine**
Radstand	3600 mm	3600 mm	3600 mm

	Faun F 687 **1962–1966**	**Faun F 688** **1966–1968**	**Faun F 689** **1968–1971**
Bauart	Hauben-Schwerlastwagen 4 × 2 und 4 × 4		
	F 687/41 KAN: Kipper 4 × 4	**F 688/41 KAN: Kipper 4 × 4**	**F 689 KA: Kipper 4 × 4**
Radstand	4100 mm	4100 mm	3900 mm
Pritsche	4000 × 2300 mm	4000 × 2300 mm	4000 × 2300 mm
Gesamtmaße	7100 × 2500 × 2720 mm (Höhe über Fahrerhaus)	7050 × 2500 × 2720 mm (Höhe über Fahrerhaus)	7015 × 2500 × 2785 mm (Höhe über Fahrerhaus)
Reifen	12,00–20 eHD (vorn verst.) Zwillings-Hinterräder	12,00–20 / PR 16 Zwillings-Hinterräder	12,00–20 / PR 16 Zwillings-Hinterräder
Wagengewicht	8500 kg	8500 kg	8500 kg
Zuläss. Gesamtgewicht	16 000 kg	16 000 kg	16 000 kg
Nutzlast	7500 kg	7500 kg	7500 kg
	F 687/47 K: Kipper 4 × 2	**F 688/42 K: Kipper 4 × 2**	**F 689 K: Kipper 4 × 2**
Radstand	4700 mm	4200 mm	4200 mm
Pritsche	4500 × 2300 mm	4000 × 2300 mm	4000 × 2300 mm
	F 687/36 S bzw. 36 SAN: Sattelzugmaschine 4 × 2 bzw. 4 × 4	**F 688/36 S bzw. 36 SAN: Sattelzugmaschine 4 × 2 bzw. 4 × 4**	**F 689 S bzw. 689 SA: Sattelzugmaschine 4 × 2 bzw. 4 × 4**
Radstand	3600 mm	3600 mm	3600 mm
	F 687/41 SAN: Sattelzugmaschine 4 × 4		
Radstand	4100 mm		

Faun F 688/36 SAN Sattelzugmaschine 4×4 (1966–1968)

Faun F 688/41 KAN Dreiseiten-Kipper 4×4 (1966–1968)

Faun F 6083/42 KA Dreiseiten-Kipper 6×6 (1967–1971)

	Faun F 6083 1967–1968	Faun F 6083 1968–1969	Faun F 6083 1969–1971
Motor	Deutz F 8 L 814 Wirbelkammer-Dieselmotor	Deutz F 8 L 914 Direkteinspritz-Dieselmotor	Deutz F 8 L 413 Direkteinspritz-Dieselmotor
Zylinder	8 (V-Form), Luftkühlung	8 (V-Form), Luftkühlung	8 (V-Form), Luftkühlung
Hubraum	115 × 140 mm, 11 633 ccm	120 × 140 mm, 12 667 ccm	120 × 125 mm, 11 309 ccm
Leistung	210 PS bei 2300 U/min	230 PS bei 2300 U/min	232 PS bei 2650 U/min
Getriebe	6 Gang oder 6 Gang + Vorgelege	6 Gang oder 6 Gang + Vorgelege	6 Gang oder 6 Gang + Vorgelege
	F 6083/400 V: Frontlenker-Transport-Betonmischer 6 × 4	**FB 6 × 4: Frontlenker-Transport-Betonmischer**	
Radstand	3340 + 1320 mm (4000 mm bis Pivot)	2740 + 1320 mm (3400 mm bis Pivot)	
Trommel-Inhalt	5 m³	6 m³	
Reifen	10,00–20 / PR 16; 4 Zwillings-Hinterräder	10,00 R 20; 4 Zwillings-Hinterräder	
Wagengewicht	10 600 kg		
Zuläss. Gesamtgewicht	22 000 kg	22 000 kg	
Nutzlast	11 400 kg		
		FK 6 × 6: Frontlenker-Kipper	
Radstand		3240 + 1320 mm (3900 mm bis Pivot)	
Pritsche		4800 × 2300 mm	
Gesamtmaße		7420 × 2500 × 3000 mm (Höhe über Fahrerhaus)	
Reifen		10,00 R 20; 4 Zwillings-Hinterräder	
Zuläss. Gesamtgewicht		22 000 kg	
		FK 8 × 6: Frontlenker-Kipper	
Radstand		4000 mm (von Pivot zu Pivot)	
Gesamtmaße		7700 × 2500 × 3000 mm (Höhe über Fahrerhaus)	
Reifen		13,00–20; 4 Einzel-Hinterräder	
Zuläss. Gesamtgewicht		32 000 kg	
	F 6083/42 K: Hauben-Kipper 6 × 4		
Radstand	3540 + 1320 mm (4200 mm bis Pivot)		
Pritsche	4800 × 2300 mm		
Gesamtmaße	7400 × 2500 × 2690 bzw. 2720 mm (Höhe über Fahrerhaus)		
Reifen	10,00 bzw. 12,00–20; 4 Zwillings-Hinterräder		
Wagengewicht	10 000 bzw. 10 700 kg		
Zuläss. Gesamtgewicht	22 000 bzw. 26 000 kg		
Nutzlast	12 000 bzw. 15 300 kg		
	F 6083/42 KA: Hauben-Kipper 6 × 6		
Radstand	3540 + 1320 mm (4200 mm bis Pivot)		
Pritsche	4800 × 2300 mm		
Gesamtmaße	7860 × 2500 × 2850 bzw. 2880 mm (Höhe über Fahrerhaus)		
Reifen	10,00 bzw. 12,00–20; 4 Zwillings-Hinterräder		
Wagengewicht	10 800 bzw. 11 500 kg		
Zuläss. Gesamtgewicht	22 000 bzw. 26 000 kg		
Nutzlast	11 200 bzw. 14 450 kg		

Faun F 610/465 V Fernverkehrs-Lastwagen 4×2 (1965–1971)

Faun F 6103 V Fernverkehrs-Lastwagen 6×4 (1967–1971)

Faun L 6104/40 VKA Muldenkipper 8×8 (1965–1971)

Bauart

Motor
Zylinder
Hubraum
Leistung
Getriebe

Radstand
Pritsche
Gesamtmaße

Reifen

Wagengewicht
Zuläss. Gesamtgewicht
Nutzlast
Lastzug-Gesamtgewicht

Radstand

Radstand
Pritsche
Gesamtmaße

Reifen

Wagengewicht
Zuläss. Gesamtgewicht
Nutzlast

Bauart
Motor
Getriebe

Radstand

Radstand
Pritsche

Radstand

Faun F 610 V **1965–1971**	**Faun F 6103 V** **1967–1971**	**Faun F 6104 V** **1965–1971**
Frontlenker-Schwerlastwagen 4 × 2	Frontlenker-Schwerlastwagen 6 × 4 oder 6 × 6	Frontlenker-Schwerlastwagen 8 × 4 oder 8 × 6 oder 8 × 8 Antrieb auf Achsen 3 + 4 oder Achsen 1 + 3 + 4 oder Achsen 1–4 Lenkung auf Achsen 1 + 2
	Deutz F 10 L 714, Wirbelkammer-Dieselmotor 10 (V-Form), Luftkühlung 115 × 140 mm, 14 550 ccm 250 PS bei 2300 U/min	
6 Gang oder 6 Gang + Vorschaltgruppe	6 Gang oder (außer Kipper) 6 Gang + Vorschaltgruppe	6 Gang
F 610/465 V: Pritschenwagen 4500 mm 6025 × 2350 mm 8260 × 2500 × 2930 mm (Höhe über Fahrerhaus) 12,00–20 / PR 16 Zwillings-Hinterräder 7800 kg 16 000, technisch 19 000 kg 8200 (10 800) kg 38 000 (40 000) kg	**F 6103/47 V: Pritschenwagen** 4700 mm (Vorderachse bis Pivot) 7025 × 2350 mm 9325 × 2500 × 2950 mm (Höhe über Fahrerhaus) 12,00–20 / PR 16 4 Zwillings-Hinterräder 10 000 kg 22 000 kg 12 000 kg 38 000 (40 000) kg	
F 610/36 VS: Sattelzugmaschine 3600 mm	**F 6103/34 VS: Sattelzugmaschine** 3400 mm (Vorderachse bis Pivot)	
	F 6103/40 VK bzw. VKA: **Kipper 6 × 4 bzw. 6 × 6** 4000 mm (Vorderachse bis Pivot) 4800 × 2300 mm 7630 × 2500 × 2725–2880 mm (Höhe über Fahrerhaus) 10,00–20 / PR 16 (für 22 t Gesamtgew.) 12,00–20 / PR 16 (für 26 t Gesamtgew.) 4 Zwillings-Hinterräder 11 000–12 000 bzw. 12 000–13 000 kg 22 000 bzw. 26 000 kg 10 000–11 000 bzw. 13 000–14 000 kg	**L 6104/40 VK bzw. VKA:** **Muldenkipper 8 × 4, 8 × 6 bzw. 8 × 8** 4000 mm (Pivot bis Pivot) Mulde 5500 × 2200 mm 8000 × 2500 × 3200 mm (Höhe über Schutzschild) 14,00–20 eHD 4 Einzel-Hinterräder 15 000 kg 32 000 kg 17 000 kg

Faun F 610 **1965–1971**	**Faun F 6103** **1965–1971**	**Faun F 6124 V** **1969–1971**
	Hauben-Schwerlastwagen 250 PS Deutz-Motor wie die Frontlenker 6 Gang bzw. (bei 4 × 4 und 6 × 6) 6 Gang + Vorgelege	Frontlenker-Sattelzugmaschine 300 PS Deutz-Motor 6 Gang
F 610/41 K bzw. F 610/47 KA (bis 1967): **Kipper 4 × 2 bzw. 4 × 4** 4100 bzw. 4700 mm		
F 610/42 K bzw. F 610/39 KA (ab 1967) **Kipper 4 × 2 bzw. 4 × 4** 4200 bzw. 3900 mm 4000 × 2300 mm	**F 6103/42 K bzw. F 6103/42 KA:** **Kipper 6 × 4 bzw. 6 × 6** 4200 mm (Vorderachse bis Pivot) 4800 × 2300 mm	
F 610/36 S bzw. F 610/36 SA: **Sattelzugmaschine 4 × 2 bzw. 4 × 4** 3600 mm	**F 6103/36 S bzw. F 6103/36 SA:** **Sattelzugmaschine 6 × 4 bzw. 6 × 6** 3600 mm (Vorderachse bis Pivot)	**F 6124 VS:** **Sattelzugmaschine 8 × 4 bzw. 8 × 6** 3500 mm (von Pivot zu Pivot)

Faun F 64/30 Z Straßenzugmaschine 4×2 (1956–1961)

Faun F 64/30 Z Straßenzugmaschine 4×2 (1961–1966)

Faun F 64/6/30 Z Straßenzugmaschine 4×2 (1965–1968)

Bauart

Motor

Zylinder
Hubraum
Leistung
Getriebe

Radstand
Pritsche
Gesamtmaße
Reifen

Fahrzeuggewicht
Zuläss. Gesamtgewicht
Anhängelast

Gesamtmaße
Fahrzeuggewicht
Anhängelast

Bauart

Motor

Zylinder
Hubraum
Leistung
Getriebe

Radstand
Pritsche
Gesamtmaße
Reifen

Fahrzeuggewicht
Zuläss. Gesamtgewicht
Anhängelast

Gesamtmaße
Fahrzeuggewicht
Anhängelast

Faun F 64/30 Z **1956–1966**	**Faun F 64/6/30 Z** **1965–1968**	**Faun F 667/345 Z** **1965–1966**	**Faun F 668/345 Z** **1967–1968**
Hauben-Straßenzugmaschine 4 × 2		Hauben-Straßenzugmaschine 4 × 2 oder 4 × 4	
Ballast-Kasten oder -Brücke		Ballast-Kasten oder -Brücke	
Deutz F 4 L 514	Deutz F 6 L 613	Deutz F 6 L 714	Deutz F 6 L 814
Wirbelkammer-Dieselmotor	Wirbelkammer-Dieselmotor	Wirbelkammer-Dieselmotor	Wirbelkammer-Dieselmotor
4 (Reihe), Luftkühlung	6 (Reihe), Luftkühlung	6 (Reihe), Luftkühlung	6 (Reihe), Luftkühlung
110 × 140 mm, 5322 ccm	110 × 130 mm, 7412 ccm	120 × 140 mm, 9500 ccm	115 × 140 mm, 8750 ccm
85 PS bei 2300 U/min	126 PS bei 2500 U/min	150 PS bei 2300 U/min	156 PS bei 2300 U/min
5 Gang	5 Gang	6 Gang bzw. (bei 4 × 4)	6 Gang bzw. (bei 4 × 4)
		6 Gang + Vorgelege	6 Gang + Vorgelege
3000 mm	3000 mm	3450 mm	3450 mm
2600 × 2350 mm	2600 × 2350 mm	2600 × 2350 mm	2600 × 2350 mm
5300–5600 × 2500 × 2475 mm	5600 × 2500 × 2745 mm	5800 × 2500 × 2590 mm	5800 × 2500 × 2610 mm
8,25–20 / PR 10	8,25–20 / PR 10	11,00–20 / PR 12	11,00–20 / PR 12
Zwillings-Hinterräder	Zwillings-Hinterräder	Zwillings-Hinterräder	Zwillings-Hinterräder
3200 kg	4500 kg	6200 kg	6200 kg
8700–9150 kg	9150 kg	13 950 kg	13 950 kg
16–20 t	20–30 t	30 t	30 t
		F 667/345 ZAN (4 × 4)	**F 668/345 ZAN (4 × 4)**
		5800 × 2500 × 2680 mm	5800 × 2500 × 2710 mm
		7000 kg	7000 kg
		bis 40 t	bis 40 t

Faun F 687/36 Z **1962–1966**	**Faun 688/36 Z** **1966–1969**	**Faun HZ 19.20/36** **1976–1977**	
Schwere Hauben-Straßenzugmaschine 4 × 2 oder 4 × 4			
Ballast-Kasten oder -Brücke			
Deutz F 8 L 714	Deutz F 8 L 914	Deutz F 8 L 413	
Wirbelkammer-Dieselmotor	Wirbelkammer-Dieselmotor	Direkteinspritz-Dieselmotor	
8 (V-Form), Luftkühlung	8 (V-Form), Luftkühlung	8 (V-Form), Luftkühlung	
120 × 140 mm, 12 667 ccm	120 × 140 mm, 12 667 ccm	120 × 125 mm, 11 309 ccm	
200 PS bei 2300 U/min	230 PS bei 2300 U/min	217 PS bei 2650 U/min	
6 Gang bzw. (bei 4 × 4)	6 Gang bzw. (bei 4 × 4)	6 Gang bzw. (bei 4 × 4)	
6 Gang + Vorgelege	6 Gang + Vorgelege	6 Gang + Vorgelege	
3600 mm	3600 mm	3600 mm	
2600 × 2350 mm	2600 × 2350 mm		
6185 × 2500 × 2650 mm	6185 × 2500 × 2670 mm	6680 × 2500 × 2850 mm	
12,00–20 / PR 16	12,00–20 / PR 16	10,00–20	
Zwillings-Hinterräder	Zwillings-Hinterräder	Zwillings-Hinterräder	
7000 kg	7000 kg	7500 kg	
16 000 kg	16 000 kg	16 000 kg	
bis 50 t	bis 50 t	bis 56 t	
F 687/36 ZAN (4 × 4)	**F 688/36 ZAN (4 × 4)**	**HZ 19.20/36 (4 × 4)**	
6185 × 2500 × 2720 mm	6185 × 2500 × 2720 mm	6680 × 2500 × 2750 mm	
7800 kg	7800 kg	6800 kg	
bis 60 t	bis 60 t	bis 56 t	

Faun F 610/36 Z Schwere Straßenzugmaschine 4×2 (1965–1966)

Faun F 60/12/40 ZA Schwere Straßenzugmaschine 4×4 (1967–1972)

Bauart

Motor

Zylinder
Hubraum
Leistung
Getriebe

Radstand
Pritsche
Gesamtmaße
Reifen

Fahrzeuggewicht
Zuläss. Gesamtgewicht
Anhängelast

Gesamtmaße
Fahrzeuggewicht
Anhängelast

Bauart

Motor

Zylinder
Hubraum
Leistung
Getriebe

Radstand
Pritsche
Gesamtmaße
Reifen

Fahrzeuggewicht
Zuläss. Gesamtgewicht
Anhängelast

Faun F 610/36 Z **1965–1966**	**Faun F 610/36 Z** **1966–1970**	**Faun F 610/36 Z** **1970–1975** **Faun HZ 19.25/36** **1975–1977**	**Faun HZ 19.25/36** **1977–1979**
	Schwere Hauben-Straßenzugmaschine 4 × 2 oder 4 × 4 Ballast-Kasten oder -Brücke		
Deutz F 10 L 714 Wirbelkammer-Dieselmotor 10 (V-Form), Luftkühlung 120 × 140 mm, 15 833 ccm 250 PS bei 2300 U/min 6 Gang bzw. (bei 4 × 4) 6 Gang + Vorgelege	Deutz F 10 L 814 Wirbelkammer-Dieselmotor 10 (V-Form), Luftkühlung 115 × 140 mm, 14 569 ccm 250 PS bei 2300 U/min 6 Gang bzw. (bei 4 × 4) 6 Gang + Vorgelege	Deutz F 10 L 413 L Direkteinspritz-Dieselmotor 10 (V-Form), Luftkühlung 120 × 130 mm, 14 702 ccm 275 PS bei 2650 U/min 6 Gang bzw. (bei 4 × 4) 6 Gang + Vorgelege	Deutz F 10 L 413 F Direkteinspritz-Dieselmotor 10 (V-Form), Luftkühlung 125 × 130 mm, 15 953 ccm 305 PS bei 2500 U/min 9 Gang
	3600 mm 2600 × 2350 mm 6400 × 2500 × 2670 mm 12,00–20 / PR 16 Zwillings-Hinterräder 7300 kg 16 000 kg bis 70 t		3600 mm 6680 × 2500 × 2800 mm 12,00–20 / PR 16 Zwillings-Hinterräder 7100 kg 20 700 kg bis 80 t
	F 610/36 ZAN bzw. 19.25/36 (4 × 4) 6400 × 2500 × 2780 mm 8100 kg bis 80 t		**HZ 19.25/36 (4 × 4)** 6680 × 2500 × 2900 mm 7800 kg bis 80 t

Faun F 60/12 ZA **1966–1967**	**Faun F 60/12 ZA** **1967–1972**	**Faun F 60/12 ZA** **1972–1973**	**Faun HZ 19.25/36** **1974–1984**
	Schwere Hauben-Straßenzugmaschine 4 × 4 Ballast-Kasten oder -Brücke		
Deutz F 12 L 714 Wirbelkammer-Dieselmotor 12 (V-Form), Luftkühlung 120 × 140 mm, 19 000 ccm 300 PS bei 2300 U/min 6 Gang + Vorgelege	Deutz F 12 L 814 Wirbelkammer-Dieselmotor 12 (V-Form), Luftkühlung 115 × 140 mm, 17 500 ccm 300 PS bei 2300 U/min 6 Gang + Vorgelege	Deutz F 12 L 413 Direkteinspritz-Dieselmotor 12 (V-Form), Luftkühlung 120 × 125 mm, 16 955 ccm 340 PS bei 2650 U/min 6 Gang + Vorgelege	Deutz F 10 L 413 Direkteinspritz-Dieselmotor 10 (V-Form), Luftkühlung 125 × 130 mm, 15 953 ccm 305 PS bei 2500 U/min 9 Gang
	4000 mm 2600 × 2350 mm 7000 × 2500 × 2780 mm 12,00–20 / PR 16 Zwillings-Hinterräder 8600–9200 kg 16 000 kg bis 80 t		3800 mm 6840 × 2500 × 2900 mm 12,00–20 / PR 16 Zwillings-Hinterräder 8000 kg 20 700 kg bis 80 t

Faun Schwerlast-Zugmaschine HZ 34.30/41 (6×4) 1975–1977

Faun Schwerlast-Zugmaschine »Herkules«, ab 1987

	Faun F 1206/45 Z 1969–1973 Faun HZ 36.45/45 W 1973–1975
Bauart	Überschwere Dreiachs-Hauben-Straßenzugmaschine 6 × 6 (auch 6 × 4)
Motor	MTU Direkteinspritz-Dieselmotor
Zylinder	6 (Reihe), Wasserkühlung, 165 × 155 mm, 19 860 ccm
Leistung	450–455 PS bei 2350 U/min
Getriebe	8 Gang Automatik
Radstand	4500 mm (bis Pivot)
Pritsche	4000 × 2350 mm
Gesamtmaße	8600 × 2500 × 3330 mm
Reifen	12,00–25 (4 Zwillings-Hinterräder)
Fahrzeuggewicht	18 500 kg
Zuläss. Gesamtgewicht	36 000 kg
Anhängelast	bis 100 t

	Faun HZ 32.25/40 1975–1977	Faun HZ 32.25/40 1977–1987	Faun HZ 34.30/41 1975–1977	Faun HZ 34.30/41 1977–1979
Bauart	Überschwere Dreiachs-Hauben-Straßenzugmaschine 6 × 6 (auch 6 × 4)			
Motor	Deutz F 10 L 413 L	Deutz F 10 L 413 F	Deutz F 12 L 413	Deutz F 12 L 413 F
Zylinder	V10, Luftkühlung	V10, Luftkühlung	V12, Luftkühlung	V12, Luftkühlung
Hubraum	120 × 130, 14 702 ccm	125 × 130, 15 953 ccm	120 × 125, 16 960 ccm	125 × 130, 19 134 ccm
Leistung	275 PS (202 kW) bei 2650 U/min	305 PS (224 kW) bei 2500 U/min	326 PS (240 kW) bei 2650 U/min	365 PS (268 kW) bei 2500 U/min
Getriebe	6 Gang + Vorgelege	6 Gang + Vorgelege bzw. (ab 1985) Fuller 15 Gang	6 Gang + Vorgelege	6 Gang + Vorgelege
Radstand	4100 mm (bis Pivot)			
Gesamtmaße	7660–8360 × 2500 × 2900 mm			
Reifen	12,00–20 / PR 18 (4 Zwillings-Hinterräder)			
Fahrzeuggewicht	10 600–11 000 kg			
Zuläss. Gesamtgewicht	34 000 kg			
Anhängelast	bis 100 t	bis 125 t	bis 100 t	bis 125 t

	Faun Herkules ab 1987	
Bauart	Überschwere Dreiachs-Hauben-Straßenzugmaschine 6 × 6 (auch 6 × 4)	
Motor	Deutz F 10 L 413 F	Deutz F 12 L 413 F
Zylinder	V10, Luftkühlung	V12, Luftkühlung
Hubraum	125 × 130 mm, 15 953 ccm	125 × 130 mm, 19 143 ccm
Leistung	320 PS (235 kW) bei 2500 U/min	384 PS (282 kW) bei 2500 U/min
Getriebe	ZF 16 Gang + Vorgelege	ZF 16 Gang + Vorgelege
Radstand	4500 mm (bis Pivot)	
Gesamtmaße	7900–8000 × 2500 × 3100 mm	
Reifen	12,00–20 (4 Zwillings-Hinterräder)	
Fahrzeuggewicht	12 000–12 400 kg	
Zuläss. Gesamtgewicht	36 000 kg	
Anhängelast	bis 230 t	

Auch lieferbar mit 530 PS (390 kW) Daimler-Benz OM 424 A Turbodiesel samt Wandler-Schaltkupplung und 16 Gang-Getriebe sowie wahlweise Reifen 12,00 oder 14,00–24.

In allen Ausführungen auch als Hauben-Zugmaschine lieferbar

Faun Schwerlast-Zugmaschine F 1206 W/45 Z
Motor 450 PS, Zugleistung 160 t
1969

	Faun HZ 50.40/45 1975–1977	Faun HZ 50.40/45 1977–1979
Bauart	Überschwere Dreiachs-Hauben-Straßenzugmaschine 6 × 6	
Motor	Deutz BF 12 L 413 Direkteinspritz-Dieselmotor mit 2 Abgas-Turboladern	Deutz BF 12 L 413 F Direkteinspritz-Dieselmotor mit 2 Abgas-Turboladern
Zylinder	12 (V-Form), Luftkühlung	12 (V-Form), Luftkühlung
Hubraum	120 × 125 mm, 16 960 ccm	120 × 130 mm, 19 134 ccm
Leistung	425 PS (313 kW) b. 2500 U/min	455 PS (335 kW) b. 2500 U/min
Getriebe	Allison 5 Gang Automatik + Vorgelege	Allison 5 Gang Automatik + Vorgelege
Radstand	4500 mm (bis Pivot)	
Gesamtmaße	8450 × 2750 × 3250 mm	
Reifen	12,00–24 / PR 20 4 Zwillings-Hinterräder	
Fahrzeuggewicht	15 000–17 000 kg	
Zuläss. Gesamtgewicht	50 000 kg	
Anhängelast	bis 250 t	
Bemerkung		Wahlweise MTU Diesel 530 PS (390 kW)

	Faun HZ 40.45/45 1979–1987	Faun HZ 40.45/45 W 1979–1987	Faun HZ 40.45/45 1981–1987
Bauart	Überschwere Dreiachs-Hauben-Zugmaschine 6 × 6		
Motor	Deutz BF 12 L 413 F Direkteinspritz-Dieselmotor mit 2 Abgas-Turboladern		Deutz BF 12 L 413 FC Direkteinspritz-Dieselmotor mit 2 Abgas-Turboladern und Ladeluftkühlung
Zylinder	12 (V-Form), Luftkühlung		12 (V-Form), Luftkühlung
Hubraum	125 × 130 mm, 19 143 ccm		125 × 130 mm, 19 143 ccm
Leistung	425 PS (353 kW) b. 2500 U/min		525 PS (386 kW) b. 2500 U/min
Getriebe	Fuller 15 Gang + Vorgelege	Allison 5 Gang Automatik + Vorgelege	Wandler-Schaltkupplung + ZF 8 Gang
Radstand	4500 mm (bis Pivot)	4750 mm (bis Pivot)	5700 mm (bis Pivot)
Gesamtmaße	8360 × 2750 × 3320 mm	8610 × 2750 × 3320 mm	9953 × 3200 × 3885 mm
Reifen	12,00–24 / PR 20 4 Zwillings-Hinterräder	12,00–24 / PR 20 4 Zwillings-Hinterräder	21,00–25 Sand 4 Einzel-Hinterräder
Fahrzeuggewicht	12 900 kg	13 700 kg	15 500 kg
Zuläss. Gesamtgewicht	40 000 kg	40 000 kg	46 500 kg
Anhängelast	bis 220 t	bis 250 t	bis 100 t
Bemerkung	Wahlweise auch folgende Motoren lieferbar: 525 PS (386 kW) Deutz BF 12 L 413 FC (ab 1981) 525 PS (386 kW) Daimler-Benz OM 404 530 PS (390 kW) Cummins NCT 400		

Faun Schwerlast-Zugmaschine »Kolos« 6×6 (Hauben-Ausführung), ab 1987

Faun Schwerlast-Zugmaschine »Kolos« 6×6 (Frontlenker), ab 1987

	Faun Koloss ab 1987	Faun Koloss RT ab 1987	Faun Koloss S ab 1987	Faun Koloss RT S ab 1987
Bauart	Überschwere Dreiachs-Hauben-Straßenzugmaschine 6 × 6			
Motor	Deutz BF 12 L 513 Direkteinspritz-Dieselmotor mit 2 Abgas-Turboladern		Deutz BF 12 L 513 C Direkteinspritz-Dieselmotor mit 2 Abgas-Turboladern und Ladeluftkühlung	
Zylinder	12 (V-Form), Luftkühlung		12 (V-Form), Luftkühlung	
Hubraum	125 × 130 mm, 19 143 ccm		125 × 130 mm, 19 143 ccm	
Leistung	480 PS (353 kW) bei 2300 U/min		525 PS (386 kW) bei 2300 U/min	
Getriebe	ZF Wandler-Schaltkupplung + ZF 16 Gang		ZF Wandler-Schaltkupplung + ZF 16 Gang	
Radstand	4600 mm (bis Pivot)	4800 mm (bis Pivot)	4600 mm (bis Pivot)	4800 mm (bis Pivot)
Gesamtmaße	8400 × 2750 × 3200	8700 × 2750 × 3300	8400 × 2750 × 3200	8700 × 2750 × 3300
Reifen	12,00–24 4 Zw.-Hinterräder	160 R 25 4 Einzel-Hinterräder	12,00–24 4 Zw.-Hinterräder	160 R 25 4 Einzel-Hinterräder
Fahrzeuggewicht	14 500 kg	15 000 kg	14 700 kg	15 200 kg
Zuläss. Gesamtgewicht	41 000 kg	m. Sandreifen 33 600 kg Geländereifen 38 000 kg	41 000 kg	m. Sandreifen 33 600 kg Geländereifen 38 000 kg
Anhängelast	bis 280 t	bis 280 t	bis 280 t	bis 280 t
Bemerkung	In allen Ausführungen auch als Frontlenker-Zugmaschine lieferbar			

	Faun HL 40.45/83 1985–1987
Bauart	Überschwerer Dreiachs-Riesen-Gelände-Hauben-Lastwagen 6 × 6
Motor	Deutz BF 12 L 513 Direkteinspritz-Dieselmotor mit 2 Abgas-Turboladern
Zylinder	12 (V-Form), Luftkühlung
Hubraum	125 × 130 mm, 19 143 ccm
Leistung	480 PS (353 kW) bei 2500 U/min
Getriebe	ZF Wandler-Schaltgetriebe + ZF 16 Gang
Radstand	8300 mm (bis Pivot)
Gesamtmaße	14 300 × 3250 × 3300 mm (Höhe über Fahrerhaus)
Reifen	21,00–25 4 Einzel-Hinterräder
Wagengewicht	26 500 kg
Zuläss. Gesamtgewicht	50 500 kg
Nutzlast	24 000 kg

Faun Schwerlast-Zugmaschine »Goliath« 8×8 (ab 1987)

Faun Schwerlast-Zugmaschine »Gigant« 8×8 (ab 1986)

Bauart
Motor

Zylinder
Hubraum
Leistung
Getriebe

Radstand
Pritsche
Gesamtmaße
Reifen

Fahrzeuggewicht
Zuläss. Gesamtgewicht

Sattelzug-Gesamtgewicht
Anhängelast

Bemerkungen

Bauart
Motor

Zylinder
Hubraum
Leistung
Getriebe

Radstand
Pritsche
Gesamtmaße

Reifen

Fahrzeuggewicht
Zuläss. Gesamtgewicht

Anhängelast

Faun HZ 46.40/49 1975–1979	Faun HZ 50.45/50 1979–1987	Faun Goliath ab 1987	Faun Goliath RT ab 1987
Überschwere Vierachs-Hauben-Zugmaschine 8 × 8			
Deutz BF 12 L 413 Direkteinspritz-Dieselmotor mit 2 Abgas-Turboladern 12 (V-Form), Luftkühlung 120 × 125 mm, 16 960 ccm 425 PS (313 kW) b. 2500 U/min Fuller 13 Gang oder Allison 5 Gang Automatik	Deutz BF 12 L 413 F Direkteinspritz-Dieselmotor mit 2 Abgas-Turboladern 12 (V-Form), Luftkühlung 120 × 130 mm, 17 634 ccm 455 PS (335 kW) b. 2500 U/min ZF Wandler-Schaltkupplung + ZF 8 Gang	Deutz BF 12 L 513 C Direkteinspritz-Dieselmotor mit 2 Abgas-Turboladern und Ladeluftkühlung 12 (V-Form), Luftkühlung 125 × 130 mm, 19 143 ccm 525 PS (386 kW) b. 2300 U/min ZF Wandler-Schaltkupplung + ZF 16 Gang	
4950 mm (Pivot – Pivot)	5000 mm (Pivot – Pivot)	5200 mm (Pivot – Pivot)	5400 mm (Pivot – Pivot)
9800 × 2500 × 3150 mm 12,00–24 / PR 20 4 Zwillings-Hinterräder 16 200 kg 46 000 kg	10 040 × 2750 × 3320 mm 12,00–24 / PR 20 4 Zwillings-Hinterräder 16 500 kg 50 000 kg	9800 × 2750 × 3300 mm 12,00–24 / PR 20 4 Zwillings-Hinterräder 17 000 kg 50 500 kg	10 200 × 2750 × 3400 mm 160 R 25 4 Einzel-Hinterräder 18 000 kg mit Sandreifen 44 800 kg mit Geländereifen 52 000 kg
130 000 kg bis 200 t	130 000 kg bis 300 t	bis 350 t	bis 350 t
Motor ab 1977: 455 PS Deutz BF 12 L 413 F Außerdem ab 1977 wahlweise 575 PS Cummins oder 780 PS GM Detroit Zweitakt-Dieselmotor	Wahlweise auch 430 PS (316 kW) Daimler-Benz oder als Faun HZ 50.60/50 mit 575 PS Cummins-Motor		

Faun HZ 70.80/50 1979–1986	Faun Gigant ab 1986	
Überschwere Vierachs-Hauben-Zugmaschine 8 × 8 mit Ballast-Brücke		
MTU Viertakt-Dieselmotor V8, Wasserkühlung 165 × 155 mm, 26 500 ccm 1000 PS (736 kW) ZF Wandler-Schaltkupplung + ZF 8 Gang	GM Detroit Diesel Zweitakt-Dieselmotor V16, Wasserkühlung 18 630 ccm 780 PS (574 kW) bei 2100 U/min Allison-Wandler + Allison 6 Gang Lastschaltgetriebe	
5000 mm (Pivot – Pivot) 5000 × 2370 mm 11 000 × 3000 × 3800 mm (Höhe über Fahrerhaus) 12,00 oder 14,00–24 4 Zwillings-Hinterräder 28 500 kg 62 000 kg (bis 20 km/h 70 000 kg) bis 400 t		

←
←

Faun LK 910/48
Kranwagen-Fahrgestell 8×6
für 60 t-Kran
250 PS V10 Deutz Diesel
1967

Faun TF 55.52/55
Kranwagen-Fahrgestell 10×6
für 90 t-Kran
320 PS V10 Deutz Diesel
1976

↑ Faun »Fakir«
Niederflur-Mulden-Hinterkipper
als Gelenkfahrzeug mit
hydraulischer Knicklenkung
200 PS Deutz Diesel-Motor
ab 1965

Faun LF 30 (6×6)
Flugfeld-Löschfahrzeug
zwei 360 PS Deutz Diesel-Motoren
Aufbau und Einrichtung: Ziegler
Prototyp 1988 ↓

←

Faun LF 40.30×2/48 V (8×8)
Flugfeld-Feuerlösch-Kfz 8000
der Bundeswehr
zwei 320 PS Deutz Diesel-Motoren
8000 l Wasser, 900 l Schaummittel
Aufbau und Einrichtung:
Kronenburg (Holland)
ab 1977

FAUN

Faun HL 40.45/83
Überschwerer Gelände-Lastwagen 6×6
auf der Frankfurter Automobil-Ausstellung 1985
vermutlich der größte Lastwagen,
der jemals in Deutschland gebaut wurde
Technische Daten siehe Seite 803

Gutbrod (1946–1954)

Die Firma Gutbrod (damals: Standard Fahrzeugfabrik GmbH.) hat schon vor dem Krieg zunächst in Stuttgart-Feuerbach und dann in Plochingen neben Motorrädern sehr ordentliche Drei- und Vierrad-Lieferwagen gebaut. Die Fahrzeuge hießen »Standard« sowie für den Export »MotoStandard«. Schon 1946 konnte das Familienunternehmen, nunmehr mit dem eigenen Namen als Marke, den Bau des Vorkriegsmodells Gutbrod Heck 504 weiterführen, das übrigens auf einen Entwurf von Dipl.-Ing. Josef Ganz zurückging. Anfang 1950 wurde das alte Modell durch einen völlig neuen, von Dr. Hans Scherenberg entwikkelten Transporter Gutbrod Atlas 800 abgelöst. Er besaß einen 600 ccm-Motor sowie einen Radstand von 2200 mm. Ab Mai 1950 kam die Großraum-Pritsche mit 2500 mm Radstand hinzu. Ab März 1951 wurde der Radstand aller Ausführungen auf 2350 mm vereinheitlicht und wahlweise ein 700 ccm-Motor lieferbar. Ab Mai 1951 gab es außerdem den Atlas 1000, der durch größere Reifen mehr Nutzlast sowie hydraulische Bremsen aufwies. 1952 geriet die Firma in finanzielle Schwierigkeiten. Im Januar 1953 wurde noch ein Gutbrod Atlas 1000/3 mit neuem Dreizylinder 990 ccm-Motor und im Juni 1953 ein Sparmodell Gutbrod Atlas 700 angekündigt, die aber beide nur mehr in wenigen Exemplaren herauskamen. Die Jahreswende 1953/54 brachte das Ende des Automobilbaus bei der Firma Gutbrod.

Gutbrod Heck 504 Pritschenwagen 1946–1950

Produktion

	Gutbrod Heck 504 Pritschenwagen Kastenwagen	**Gutbrod Atlas 800** Pritschenwagen Kastenwagen	**Gutbrod Atlas 1000** Pritschenwagen Kastenwagen	**Gutbrod Atlas 800 und 1000** Kombi	**Gutbrod Atlas 800 und 1000** Bus
1946	200				
1947	202				
1948	759				
1949	2599	7			
1950	50	4162		92	56
1951		1915	1383	412	95
1952		243	1492	264	52
1953		161	460	72	12
1954		9	8	3	8
	3810	**6497**	**3343**	**843**	**223**
	3810	**10 906**			

Gutbrod Atlas 800
Kastenwagen
1950–1951

Gutbrod Atlas 800
Pritschenwagen
1950–1951

Gutbrod Atlas 1000
Hotel-Omnibus 8 Sitze
Karosserie Binz
1951–1954

Gutbrod Atlas 1000 Milchverkaufswagen (Aufbau Westfalia) 1951–1954

Gutbrod Atlas 1000 Getränkeverkaufswagen (Aufbau Westfalia) 1951–1954

Gutbrod Atlas 800 Viehtransportwagen 1951–1954

Bauart

Motor
Zylinder
Hubraum
Leistung
Vergaser
Getriebe
Rahmen
Vorderradaufhängung
Hinterradaufhängung
Fußbremse

Radstand
Spur vorn/hinten
Gesamtmaße
Ladefläche
Reifen
Wagengewicht (mit Fahrer)
Zuläss. Gesamtgewicht
Nutzlast
Höchstgeschwindigkeit
Verbrauch/100 km

Radstand
Gesamtmaße
Ladefläche

Radstand
Gesamtmaße
Ladefläche

Radstand
Gesamtmaße
Laderaum

Gutbrod Heck 504 1946–1950	**Gutbrod Atlas 800 1950–1951**	**Gutbrod Atlas 800 1951–1954**	**Gutbrod Atlas 1000 1951–1954**
Kleinlastwagen mit Heckmotor und Hauben-Vorbau; Luftgekühlter Zweitaktmotor hinter, Getriebe vor der Hinterachse	Frontlenker-Heckmotor-Kleintransporter; Luftgekühlter Zweitaktmotor hinter, Getriebe vor der Hinterachse		
Hirth (Konstruktion Gutbrod)	Gutbrod		Gutbrod
4 (Boxer)	2 (Reihe)		2 (Reihe)
52 × 58 mm, 492 ccm	70 × 75 mm, 576 ccm		75 × 75 mm, 662 ccm
14 PS bei 4000 U/min	16 PS bei 3500 U/min		18 PS bei 3500 U/min
1 Bing-Vergaser	1 Vergaser Solex 30 BFRH		1 Vergaser Solex 30 BFRH
3 Gang ZF	3 Gang Hurth		
Zentralrohr-Rahmen	Zentralrohr-Rahmen		
Doppel-Querfedern	2 Achtblatt-Querfedern		
Pendelachse, Schraubenfedern	Pendelachse, Schraubenfedern		
Mechanisch, 4 Räder	Mechanisch (Seilzug), 4 Räder		Hydraulisch, 4 Räder
Pritschenwagen	**Pritschenwagen**	**Pritschenwagen**	
2960 mm	2200 mm	2350 mm	
1050/1366 mm	1300/1330 mm	1300/1330 mm	
4250 × 1650 × 1550 mm	4210 × 1790 × 1860 mm	4340 × 1800 × 1860 mm	4340 × 1800 × 1900 mm
2200 × 1600 mm	2600 × 1750 mm	2750 × 1700 mm	2750 × 1700 mm
5,50–16	5,50–16	5,50–16	6,00–16
750 kg	895 kg	900 kg	900 kg
1500 kg	1695 kg	1895 kg	2095 kg
750 kg	800 kg	800 kg	1000 kg
60 km/h	60 km/h	60 km/h	65 km/h
10 Liter	9 Liter	9 Liter	9,5 Liter
	Großraum-Pritsche (1950)	**Großraum-Pritsche**	
	2200 mm	2350 mm	
	4360 × 1950 × 1860 mm	4520 × 1950 × 1900 mm	
	2760 × 1620 mm	3000 × 1850 mm	
	Großraum-Pritsche (1950/51)		
	2500 mm		
	4610 × 1950 × 1860 mm		
	3000 × 1820 mm		
Kastenwagen	**Kastenwagen**	**Kastenwagen**	
2960 mm	2200 mm	2350 mm	
	3960 × 1630 × 1920 mm	4190 × 1600 × 1950 mm	
	2530 × 1470 × 1330 mm	2650 × 1520 × 1360 mm	

	Kaelble K 625 L 1945–1949	**Kaelble K 630 L 1949–1950**	**Kaelble K 631 L 1950–1952**
Bauart	Schw. Hauben-Lastwagen 4 × 2	Schw. Hauben-Lastwagen 4 × 2	Schw. Hauben-Lastwagen 4 × 2
Motor	Kaelble GN 125 S	Kaelble GN 130 S	
	Vorkammer-Dieselmotor	Vorkammer-Dieselmotor	
Zylinder	6 (Reihe), 125 × 180 mm	6 (Reihe), 130 × 180 mm	
Hubraum	13 250 ccm	14 330 ccm	
Leistung	130–135 PS bei 1400 U/min	150 PS bei 1400 U/min	
Getriebe	5 Gang	5 Gang	6 Gang
	K 625 L: Pritschenwagen	**K 630 L: Pritschenwagen**	**K 631 L: Pritschenwagen**
Radstand	4750 mm	5100 mm	5400 mm
Pritsche	4500 × 2350 mm	5000 × 2350 mm	5500 × 2350 mm
Gesamtmaße	8000 × 2500 × 2500 mm	8500 × 2500 × 2540 mm	8900 × 2500 × 2580 mm
	(Höhe über Fahrerhaus)	(Höhe über Fahrerhaus)	(Höhe über Fahrerhaus)
Reifen	12,00–20 eHD	12,00–20 eHD	12,00–20 oder 22 eHD
	Zwillings-Hinterräder	Zwillings-Hinterräder	Zwillings-Hinterräder
Wagengewicht	6900 kg	7000 kg	7500 bzw. 7650 kg
Zuläss. Gesamtgewicht	13 400 kg	14 000 kg	15 800 bzw. 16 000 kg
Nutzlast	6500 kg	7000 kg	8300 bzw. 8350 kg
		K 630 K: Kipper 4 × 2	**K 631 K: Kipper 4 × 2**
Radstand		4750 mm	4900 mm
Pritsche		4000 × 2350 mm	4500 × 2350 mm
			K 631 S: Sattelzugmaschine
Radstand			4900 mm
			K 631 LF: Frontlenker-Fahrgestell:
Radstand			4900 mm

	Kaelble K 410 K 1949–1955	**Kaelble K 610 K 1949–1953**	**Kaelble K 612 L 1953–1956**
Bauart	Schw. Hauben-Lastwagen 4 × 2	Schw. Hauben-Lastwagen 4 × 2	Schw. Hauben-Lastwagen 4 × 2
Motor	Kaelble GN 110 v	Kaelble GN 110 s	
	Vorkammer-Dieselmotor	Vorkammer-Dieselmotor	
Zylinder	4 (Reihe), 110 × 170 mm	6 (Reihe), 110 × 170 mm	
Hubraum	6462 ccm	9693 ccm	
Leistung	70–80 PS bei 1600 U/min	120–125 PS bei 1600 U/min	
Getriebe	5 Gang	5 Gang	6 Gang
	K 410 K: Kipper 4 × 2	**K 610 K: Kipper 4 × 2**	**K 612 L: Pritschenwagen**
Radstand	3700 mm	3900 mm	4870 oder 5700 mm
Pritsche	3000 × 2000 mm	3200 × 2350 mm	5000 (6000) × 2350 mm
Gesamtmaße	5400 × 2000 × 2260 mm	6650 × 2440 × 2400 mm	8220 (9210) × 2500 × 2700
	(Höhe über Fahrerhaus)	(Höhe über Fahrerhaus)	(Höhe über Fahrerhaus)
Reifen	8,25–20	10,00–20	11,00–20 eHD (verstärkt)
	Zwillings-Hinterräder	Zwillings-Hinterräder	Zwillings-Hinterräder
Wagengewicht	5100 kg	6500 kg	7200 (7400) kg
Zuläss. Gesamtgewicht	8400 kg	12 000 kg	13 800 bzw. 14 700 kg
Nutzlast	3300 kg	5500 kg	6600 bzw. 6400 (7500 bzw. 7300)
	K 410 S: Sattelzugmaschine		**K 612 K: Kipper 4 × 2**
Radstand	3700 mm		3870 mm
Pritsche			4000 oder 4500 × 2350 mm
			K 612 LF: Frontlenker-Fahrgestell
Radstand			4870 mm

Kaelble K 832 L **1951–1954**	**Kaelble KD 832 L** **1952–1954**	**Kaelble K 680 L** **1954–1961**	**Kaelble KD 680 L** **1954**
Schw. Hauben-Lastwagen 4 × 2	Schw. Hauben-Lastwagen 6 × 4	Schw. Hauben-Lastwagen 4 × 2	Schw. Hauben-Lastwagen 6 × 4
Kaelble GN 130 a Vorkammer-Dieselmotor 8 (V-Form), 130 × 180 mm 19 104 ccm 200 PS bei 1400 U/min 6 Gang		Kaelble GO 130 s Vorkammer-Dieselmotor 6 (Reihe), 130 × 180 mm 14 330 ccm 180 PS bei 1600 U/min 6 Gang	
K 832 L: Pritschenwagen 5400 mm 6000 × 2350 mm 9400 × 2500 × 2580 mm (Höhe über Fahrerhaus) 12,00–20 eHD verst. Zwillings-Hinterräder 8000 kg 16 000 kg 8000 kg **K 832 K: Kipper 4 × 2** 4900 mm 4500 × 2350 mm **K 832 LF:** **Frontlenker-Fahrgestell** 4900 mm	**KD 832 L: Pritschenwagen**	**K 680 L: Pritschenwagen** 5500 mm 6000 × 2350 mm 9470 × 2500 × 2580 mm (Höhe über Fahrerhaus) 12,00–20 eHD Zwillings-Hinterräder 7800 kg 16 000 kg 8200 kg **K 680 K: Kipper 4 × 2** 5000 mm 4800 × 2350 mm **K 638 S: Sattelzugmaschine** 4215 mm	**KD 680 L: Pritschenwagen**

Kaelble K 645 LF **1955–1957**	**Kaelble K 650 LF** **1957–1960**	**Kaelble K 652 LF** **1962–1964**	
Schwerer Frontlenker-Lastwagen 4 × 2			
Kaelble GN 115 s Vorkammer-Dieselmotor 6 (Reihe), 115 × 170 mm 10 594 ccm 145 PS bei 1700 U/min 5 oder 6 Gang	Kaelble M 115 s Vorkammer-Dieselmotor 6 (Reihe), 115 × 130 mm 8104 ccm 150 PS bei 2400 U/min 6 Gang	Kaelble M 130 s Vorkammer-Dieselmotor 6 (Reihe), 130 × 150 mm 11 945 ccm 192 PS bei 2100 U/min 6 Gang + 2 Gang-Hinterachse	
K 645 LF: Pritschenwagen 4450 mm 6000 × 2350 mm 8025 × 2500 × 2885 mm (Höhe über Fahrerhaus) 11,00–20 eHD verst. Zwillings-Hinterräder 6800 kg 15 000 kg 8200 kg **K 645 K: Hauben-Kipper 4 × 2** 4550 mm 4500 × 2350 mm **K 645 SF: Sattelzugmaschine** 3200 mm	**K 650 LF: Pritschenwagen** 3650 mm 5200 × 2350 mm 7100 × 2500 × 2800 mm (Höhe über Fahrerhaus) 10,00–20 eHD Zwillings-Hinterräder 5600 kg 12 000 kg 6400 kg **KV 650 K: Hauben-Kipper 4 × 4** 4150 mm 4000 × 2350 mm **K 650 SF: Sattelzugmaschine** 3000 mm	**K 652 LF: Pritschenwagen** 4600 mm 5600 × 2350 mm 8000 × 2500 × 2700 bzw. (bei Fernfahrerhaus) 3150 mm 12,00–20 eHD verst. Zwillings-Hinterräder 6800–7300 kg 16 000 kg 8700–9200 kg **KV 652 K: Hauben-Kipper 4 × 4**	

Kaelble K 630 L mit Kässbohrer Möbel-Aufbau 1949/1950

Kaelble K 631 L Fernlastzug mit Kässbohrer Aufbau und Anhänger 1951

Kaelble K 631 L Fernverkehrs-Lastwagen mit Kässbohrer Aufbau 1951

Kaelble K 631 LF Lastzug mit Eylert Isolier-Aufbau 1950

Kaelble K 832 K Fernverkehrs-Lastwagen mit Kässbohrer Aufbau 1952

Kaelble K 832 S Sattelzugmaschine mit Drehschemel 1951–1954

Kaelble KD 680 K
mit Silo-Aufbau
1954

Kaelble K 680 K
Dreiseiten-Kipper
Aufbau: Meiller
1954–1961

Kaelble K 680 L
Pritschenwagen
Aufbau: Kässbohrer
1954–1961

Kaelble KV 612 KF
Dreiseiten-Kipper
mit Allrad-Antrieb
Aufbau: Meiller
1956

Kaelble K 612 SF
Sattelzugmaschine
mit Drehschemel
1953–1956

Kaelble K 652 LF
Pritschenwagen
1962–1964

Kaelble K 410 Z Straßenzugmaschine 1949–1955

Kaelble K 415 Z Straßenzugmaschine 1955–1961

Kaelble K 631 LF Frontlenker-Straßenzugmaschine 1954

Bauart

Motor

Zylinder
Hubraum
Leistung

Getriebe

Radstand
Pritsche

Gesamtmaße
Reifen

Fahrzeuggewicht
Zuläss. Gesamtgewicht
Anhängerlast

Bemerkung

Bauart

Motor

Zylinder
Hubraum
Leistung
Getriebe

Radstand
Pritsche
Gesamtmaße
Reifen

Fahrzeuggewicht
Zuläss. Gesamtgewicht
Anhängelast

Radstand
Pritsche
Gesamtmaße
Reifen

Fahrzeuggewicht
Zuläss. Gesamtgewicht

Kaelble K 410 Z 1949–1955	Kaelble K 415 Z 1955–1961	Kaelble K 610 Z 1949–1953	Kaelble K 612 Z 1953–1960
Straßenzugmaschine 4 × 2 Hauben-Bauart Kaelble GN 110 v Vorkammer-Dieselmotor 4 (Reihe), 110 × 170 mm 6462 ccm 70 PS bzw. (ab 1950) 80 PS bei 1600 U/min 5 Gang	Straßenzugmaschine 4 × 2 Hauben-Bauart Kaelble GN 115 v Vorkammer-Dieselmotor 4 (Reihe), 115 × 170 mm 7063 ccm 90 PS bzw. (ab 1957) 95 PS bei 1700 U/min 6 Gang	Schwere Straßenzugmaschine 4 × 2 Hauben-Bauart Kaelble GN 110 s Vorkammer-Dieselmotor 6 (Reihe), 110 × 170 mm 9693 ccm 120–125 PS bei 1600 U/min 5 Gang	6 Gang
K 410 Z: Zugmaschine 2500 mm 1700 × 1940 mm 4600 × 2040 × 2260 mm 7,50 oder 8,25–20 eHD Zwillings-Hinterräder 4000 bzw. 4200 kg 7200 bzw. 8400 kg 21 t	**K 415 Z: Zugmaschine** 2500 mm 1630 × 1960 bzw. (bei Doppelkabine) 1020 × 1960 mm 4580–4670 × 2070 × 2460 mm 7,50 oder 8,25–20 eHD Zwillings-Hinterräder 4600 bzw. 4750 kg 6900 bzw. 7800 kg 24 t Wahlweise auch mit 80 PS-Motor wie K 410 Z	**K 610 Z: Zugmaschine** 2970 mm 2340 × 2350 mm 5720 × 2440 × 2400 mm 10,00–20 eHD Zwillings-Hinterräder 6000 kg 12 000 kg	**K 612 Z: Zugmaschine** 3400 mm 2800 × 2350 mm 6100 × 2480 × 2650 mm 10,00–20 eHD Zwillings-Hinterräder 6200 kg 12 000 kg

Kaelble K 625 Z 1945–1949	Kaelble K 630 Z 1949–1950	Kaelble K 631 Z 1950–1958	
Schwere Zugmaschine mit Ballastbrücke oder Sattelkupplung Hauben-Bauart, Antrieb 4 × 2 oder 4 × 4			
Kaelble GN 125 s Vorkammer-Dieselmotor 6 (Reihe), 125 × 180 mm 13 250 ccm 130–135 PS bei 1400 U/min 5 Gang	Kaelble GN 130 s Vorkammer-Dieselmotor 6 (Reihe), 130 × 180 mm 14 330 ccm 150 PS bei 1400 U/min 5 oder 6 Gang; 4 × 4: 6 Gang + Vorgelege		
K 625 Z: Zugmaschine 4 × 2 3500 mm 3000 × 2350 mm 6000 × 2500 × 2580 mm 12,00–20 eHD Zwillings-Hinterräder 6200 kg 13 400 kg	**K 630 Z: Zugmaschine 4 × 2** 3500 mm 3000 × 2350 mm 6500 × 2500 × 2580 mm 12,00–20 eHD Zwillings-Hinterräder 6200 kg 15 000 kg 28 t, im Berggang 40 t	**K 631 Z: Zugmaschine 4 × 2** 3500 mm 3130 × 2350 mm 6600 × 2500 × 2580 mm 12,00–20 eHD Zwillings-Hinterräder 7000 kg 15 400 kg 28 t, im Berggang 40 t **KV 631 ZR: Zugmaschine 4 × 4** 3500 mm 1750 × 2340 mm 6300 × 2500 × 3000 mm 12,00–20 eHD Zwillings-Hinterräder 10 700 kg 16 000 kg	

Kaelble K 631 Z Überschwere Straßenzugmaschine
mit Kässbohrer Tieflade-Anhänger (1962–1971)

Kaelble K 632 ZB Überschwere Straßenzugmaschine
der Bundesbahn mit SEAG-Straßenroller (1964)

Kaelble K 633 ZB Überschwere Straßenzugmaschine
der Bundesbahn mit Straßenroller (1973)

	Kaelble K 645 Z 1955–1957	Kaelble K 650 Z 1957–1961	
Bauart	Straßenzugmaschine 4 × 2 Hauben-Bauart	Straßenzugmaschine 4 × 2 Hauben-Bauart	
Motor	Kaelble GN 115 S Vorkammer-Dieselmotor	Kaelble M 155 S Vorkammer-Dieselmotor	
Zylinder	6 (Reihe), 115 × 170 mm	6 (Reihe), 115 × 130 mm	
Hubraum	10 594 ccm	8104 ccm	
Leistung	145 PS bei 1700 U/min	150 PS bei 2400 U/min	
Getriebe	5 oder 6 Gang	6 Gang	
	K 645 Z: Zugmaschine	**K 650 Z: Zugmaschine**	
Radstand	2850 mm	2850 mm	
Pritsche			
Gesamtmaße	5575 × 2500 × 2700 mm	5390 × 2490 × 2600 mm	
Reifen	10,00–20 eHD Zwillings-Hinterräder	8,25 oder 9,00–20 eHD Zwillings-Hinterräder	
Fahrzeuggewicht	6250 kg	5100–5200 kg	
Zuläss. Gesamtgewicht	11 600 kg	6000 oder 10 000 kg	
Max. Anhängelast	28 t		

	Kaelble K 632 Z 1957–1968	Kaelble K 632 Z 1958–1968	Kaelble K 632 Z 1962–1971
Bauart	Überschwere Straßenzugmaschine 4 × 2 oder 4 × 4, Hauben-Bauart		
Motor	Kaelble M 130 s Vorkammer-Dieselmotor	Kaelble M 130 sT Vorkammer-Dieselmotor mit Abgas-Turbolader	Kaelble MD 230 sT Vorkammer-Dieselmotor mit Abgas-Turbolader
Zylinder	6 (Reihe), 130 × 150 mm	6 (Reihe), 130 × 150 mm	6 (Reihe), 130 × 150 mm
Hubraum	11 945 ccm	11 945 ccm	11 945 ccm
Leistung	180 PS bei 2000 bzw. (ab 1965) 200 PS bei 2100 U/min	225–230 PS b. 2000 U/min	270–280 PS b. 2100 U/min
Getriebe	6 Gang	6 Gang bzw. (bei 4 × 4) 6 Gang + Vorgelege	6 Gang bzw. (bei 4 × 4) 6 Gang + Vorgelege
	K 632 Z: Zugmaschine 4 × 2	**K 632 Z: Zugmaschine 4 × 2**	**K 632 Z: Zugmaschine 4 × 2**
Radstand	3500 mm	3500 mm	3500 mm
Pritsche	2500 bzw. (bei Doppelkabine) 1600 × 2350 mm	2500 bzw. (bei Doppelkabine) 1600 × 2350 mm	2500 bzw. (bei Doppelkabine) 1600 × 2350 mm
Gesamtmaße	6400 × 2500 × 3120 mm	6400 × 2500 × 3120 mm	6400 × 2500 × 3120 mm
Reifen	12,00 R 20 PR 16 Zwillings-Hinterräder	12,00 R 20 PR 16 Zwillings-Hinterräder	12,00 R 20 PR 16 Zwillings-Hinterräder
Fahrzeuggewicht	10 000 kg	10 500 kg	10 900 kg
Zuläss. Gesamtgewicht	15 400 kg	15 400 kg	14 400–16 000 kg
Max. Anhängelast	bis 100 t	bis 100 t	bis 100 t
		KV 632 Z: Zugmaschine 4 × 4	**KV 632 Z: Zugmaschine 4 × 4**
Radstand		3500 mm	3500 mm
Pritsche		2680 bzw. (bei Doppelkabine) 1790 × 2350 mm	2680 bzw. (bei Doppelkabine) 1790 × 2350 mm
Gesamtmaße		6435 × 2500 × 3255 mm	6435 × 2500 × 3255 mm
Reifen		12,00 R 20 PR 16 Zwillings-Hinterräder	12,00 R 20 PR 16 Zwillings-Hinterräder
Fahrzeuggewicht		11 200 kg	11 600 kg
Zuläss. Gesamtgewicht		16 400 kg	15 400–16 000 kg
Max. Anhängelast		bis 100 t	bis 100 t

Kaelble KDV 22 Z Überschwere Straßenzugmaschine (300 PS, Allrad-Antrieb, 100 t Zugkraft) 1964

Kaelble KDV 12 Z 6 Überschwere Straßenzugmaschine der Bundespost (nur 2 Stück gebaut) 1963

Kaelble KDV 22 Z Überschwere Straßenzugmaschine (300 PS, Allrad-Antrieb, 100 t Zugkraft) 1964

Bauart

Motor

Zylinder
Hubraum
Leistung
Getriebe

Radstand
Pritsche
Gesamtmaße
Reifen

Gewicht
Zuläss. Gesamtgewicht
Max. Anhängelast

Bauart

Motor

Zylinder
Hubraum
Leistung
Getriebe

Radstand
Pritsche
Gesamtmaße
Reifen

Gewicht
Zuläss. Gesamtgewicht
Nutzlast
Max. Anhängelast

Kaelble KD 631 Z 1956–1957	**Kaelble KD 832 Z 1952–1957**	**Kaelble KD 836 Z 1958–1962**	
Schwere Dreiachs-Straßenzugmaschine 6 × 4 oder 6 × 6, Hauben-Bauart	Überschwere Dreiachs-Straßenzugmaschine 6 × 4 oder 6 × 6 Hauben-Bauart		
Kaelble GO 130 S Vorkammer-Dieselmotor	Kaelble GN 130 a Vorkammer-Dieselmotor	Kaelble GN 130 aT Vorkammer-Dieselmotor mit 2 Abgas-Turboladern	
6 (Reihe), 130 × 180 mm	8 (V-Form), 130 × 180 mm	8 (V-Form), 130 × 180 mm	
14 330 ccm	19 104 ccm	19 104 ccm	
180 PS bei 1600 U/min	200 PS bei 1400 U/min	300 PS bei 1600 U/min	
6 Gang bzw. (bei 6 × 6) 6 Gang + Vorgelege	5 Gang + Vorgelege	5 Gang + Vorgelege	
KD 631 Z: Zugmaschine 6 × 4 **KDV 631 Z: Zugmaschine 6 × 6**	**KDV 832 Z: Zugmaschine 6 × 6**	**KDV 836 Z: Zugmaschine 6 × 6**	
3500 + 1420 mm	3820 + 1560 mm	3820 + 1560 mm	
7270 × 2500 × 2850 mm	7800 × 3100 × 2950 mm	7800 × 3100 × 2950 mm	
12,00 oder 14,00–22	14,00–24 EM	14,00–24 EM	
4 Zwillings-Hinterräder	4 Zwillings-Hinterräder	4 Zwillings-Hinterräder	
9900–10 000 kg	15 000 kg	15 400 kg	
22 000 bzw. 24 000 kg			
14 bzw. 20 t			

Kaelble KD 15 Z 1959–1963	**Kaelble KD 22 Z 1962–1963**	**Kaelble KD 32 Z 1962–1963**	**Kaelble KD 400 Z 1967–1968**
Schwere Dreiachs-Straßenzugmaschine 6 × 6	Überschwere Dreiachs-Straßen- oder Sattelzugmaschine, Hauben-Bauart, Antrieb 6 × 4 oder 6 × 6		Überschwere Dreiachs-Straßenzugmaschine 6 × 6 Kurzhauben-Bauart
Kaelble M 155 s Vorkammer-Dieselmotor	Kaelble GO 130 a Vorkammer-Dieselmotor	Kaelble GO 130 aT Vorkammer-Dieselmotor mit 2 Abgas-Turboladern	Kaelble MD 140 aT Direkteinspritz-Dieselmotor mit 2 Abgas-Turboladern
6 (Reihe), 115 × 130 mm	8 (V-Form), 130 × 180 mm	8 (V-Form), 130 × 180 mm	8 (V-Form), 140 × 150 mm
8102 ccm	19 104 ccm	19 104 ccm	18 472 ccm
150 PS bei 2400 U/min	240 PS bei 1600 U/min	300 PS bei 1600 U/min	400 PS bei 2100 U/min
6 Gang + Vorgelege	6 Gang + Vorgelege	6 Gang + Vorgelege	6 Gang + Vorgelege
KDV 15 Z: Zugmaschine 6 × 6	**KDV 22 Z: Zugmaschine 6 × 6**	**KDV 32 Z: Zugmaschine 6 × 6**	**KDV 400 Z: Zugmaschine 6 × 6**
	3600 + 1420 mm		3600 + 1420 mm
	3900 bzw. (bei Doppelkabine) 3550 × 2350 mm		3340 × 2350 mm
	8365 × 2500 × 2490 mm		8150 × 2500 × 3110 mm
	12,00–24 (vorn. verst.)		12,00–24 PR 18
	4 Zwillings-Hinterräder		4 Zwillings-Hinterräder
	13 500–14 100 kg		14 700 kg
	22 000 kg		22 000 kg
	8200 bzw. (bei Doppelkabine) 7900 kg		7300 kg
	bis 100 t		bis 100 t
	KD 22 Z: Zugmaschine 6 × 4	**KD 32 Z: Zugmaschine 6 × 4**	
	KDV 22 S: Sattelzugmaschine 6 × 6	**KDV 32 S: Sattelzugmaschine 6 × 6**	

Kaelble KD 832 E Muldenkipper (Aufbau Meiller) 1959–1962

Kaelble KDV 650 E (KDV 12 E 6) Muldenkipper (Aufbau Meiller) 1959–1962

Bauart
Motor

Zylinder
Hubraum
Leistung
Getriebe

Radstand
Pritsche
Gesamtmaße

Reifen

Wagengewicht
Zuläss. Gesamtgewicht
Nutzlast

Bauart
Motor

Zylinder
Hubraum
Leistung
Getriebe

Radstand
Pritsche
Gesamtmaße

Reifen

Wagengewicht
Zuläss. Gesamtgewicht
Nutzlast

Kaelble KV 832 E 1954–1959		Kaelble KV 835 E 1959–1962	
Überschwerer Muldenkipper 4 × 4, Hauben-Bauart			
Kaelble GN 130 a		Kaelble GO 130 a	Kaelble GO 130 aT
Vorkammer-Dieselmotor		Vorkammer-Dieselmotor	Vorkammer-Dieselmotor mit 2 Abgas-Turboladern
8 (V-Form), 130 × 180 mm		8 (V-Form), 130 × 180 mm	8 (V-Form), 130 × 180 mm
19 104 ccm		19 104 ccm	19 104 ccm
200 PS bei 1400 U/min		240 PS bei 1600 U/min	300 PS bei 1600 U/min
6 Gang + Vorgelege		5 Gang + Vorgelege	5 Gang + Vorgelege
KV 832 E: Muldenkipper 4 × 4		**KV 835 E: Muldenkipper 4 × 4**	
3900 mm	3900 mm		
Mulde 2460 mm	Mulde 2800 mm		
7200 × 2500 × 3050 mm (Höhe über Schutzschild)	7200 × 2800 × 3200 mm (Höhe über Schutzschild)		
vorn 12,00–24	vorn 13,00–24		
hinten 14,00–24	hinten 16,00–24		
Zwillings-Hinterräder	Zwillings-Hinterräder		
12 000 kg	12 700 kg		
28 000 kg	32 700 kg		
16 000 kg	20 000 kg		

Kaelble KDV 832 E 1952–1957	Kaelble KDV 833 E 1958–1962	Kaelble KDV 836 E 1958–1962	Kaelble KDV 650 E 1959–1962
Überschwerer Dreiachs-Muldenkipper 6 × 6, Hauben-Bauart			
Kaelble GN 130 a	Kaelble GN 130 a	Kaelble GN 130 aT	Kaelble M 155 s
Vorkammer-Dieselmotor	Vorkammer-Dieselmotor	Vorkammer-Dieselmotor mit 2 Abgas-Turboladern	Vorkammer-Dieselmotor
8 (V-Form), 130 × 180 mm	8 (V-Form), 130 × 180 mm	8 (V-Form), 130 × 180 mm	6 (Reihe), 115 × 130 mm
19 104 ccm	19 104 ccm	19 104 ccm	8102 ccm
200 PS bei 1400 U/min	240 PS bei 1600 U/min	300 PS bei 1600 U/min	150 PS bei 2400 U/min
5 Gang + Vorgelege	5 Gang + Vorgelege	5 Gang + Vorgelege	6 Gang + Vorgelege
KDV 832 E: Muldenkipper 6 × 6	**KDV 833 E: Muldenkipper 6 × 6**	**KDV 836 E: Muldenkipper 6 × 6**	**KDV 650 E: Muldenkipper 6 × 6**
3500 + 1420 mm		3820 + 1560 mm	3785 + 1250 mm
7970 × 2500 × 2875 mm (Höhe über Schutzschild)		8550 × 3100 × 3100 mm (Höhe über Schutzschild)	7910 × 2500 × 3100 mm (Höhe über Schutzschild)
12,00–24 EM Spezial		14,00–24 EM Spezial	10,00–20 EM
4 Zwillings-Hinterräder		4 Zwillings-Hinterräder	4 Zwillings-Hinterräder
15 500 kg		21 500 kg	12 000 kg
37 500 kg		51 500 kg	24 000 kg
22 000 kg		30 000 kg	18 000 kg
			KDV 650 K: Dreiseiten-Kipper 6 × 6

Kaelble KV 27 E Muldenkipper 1962–1971

Kaelble KDV 32 E Muldenkipper 1962–1971

	Kaelble K 20 E 1962–1971	Kaelble KV 24 E 1962–1971	Kaelble KV 27 E 1962–1971
Bauart	Schwerer Muldenkipper 4 × 2 bzw. 4 × 4 Bis 1965: Hauben-Bauart Ab 1965 wahlweise Einmann-Fahrerhaus mit kurzem Vorbau oder Zweimann-Fahrerhaus mit großem Vorbau		
Motor	Kaelble M 130 s Vorkammer-Dieselmotor	Kaelble GO 130 a Vorkammer-Dieselmotor	Kaelble MD 230 sT Vorkammer-Dieselmotor mit Abgas-Turbolader
Zylinder	6 (Reihe), 130 × 150 mm	8 (V-Form), 130 × 180 mm	6 (Reihe), 130 × 150 mm
Hubraum	11 945 ccm	19 104 ccm	11 945 ccm
Leistung	180 PS bei 2000 bzw. (ab 1965) 200 PS bei 2100 U/min	240 PS bei 1600 U/min	270–280 PS bei 2100 U/min
Getriebe	6 Gang	6 Gang + Vorgelege	6 Gang + Vorgelege
	K 20 E: Muldenkipper 4 × 2	**KV 24 E: Muldenkipper 4 × 4**	**KV 27 E: Muldenkipper 4 × 4**
Radstand	3700 mm	4100 mm	4100 mm
Mulde	12,5 m^3	15 m^3	
Gesamtmaße	7300 × 2750 × 3300 mm (Höhe über Schutzschild)	7520 × 3450 × 3180 mm (Höhe über Schutzschild)	7725 × 3550 × 3580 mm (Höhe über Schutzschild)
Reifen	14,00–24 EM Zwillings-Hinterräder	vorn 14,00–24 EM Spezial hinten 18,00–25 EM Spezial Zwillings-Hinterräder	14,50–24 EM Zwillings-Hinterräder
Wagengewicht	15 000 kg	18 200 kg	21 400 kg
Zuläss. Gesamtgewicht	35 000 kg	42 000 kg	48 500 kg
Nutzlast	20 000 kg	24 200 kg	27 100 kg

	Kaelble KDV 22 E 1962–1971	Kaelble KDV 24 E 1962–1971	Kaelble KDV 32 E 1962–1971
Bauart	Überschwerer Dreiachs-Muldenkipper 6 × 6 Bis 1965: Hauben-Bauart Ab 1965 wahlweise Einmann-Fahrerhaus mit kurzem Vorbau oder Zweimann-Fahrerhaus mit großem Vorbau		
Motor	Kaelble GO 130 a Vorkammer-Dieselmotor	Kaelble MD 230 sT Vorkammer-Dieselmotor mit Abgas-Turbolader	Kaelble GO 130 aT Vorkammer-Dieselmotor mit 2 Abgas-Turboladern
Zylinder	8 (V-Form), 130 × 180 mm	6 (Reihe), 130 × 150 mm	8 (V-Form), 130 × 180 mm
Hubraum	19 104 ccm	11 945 ccm	19 104 ccm
Leistung	240 PS bei 1600 U/min	270–280 PS bei 2100 U/min	300 PS bei 1600 U/min
Getriebe	6 Gang + Vorgelege	6 Gang + Vorgelege	6 Gang + Vorgelege
	KDV 22 E: Muldenkipper 6 × 6	**KDV 24 E: Muldenkipper 6 × 6**	**KDV 32 E: Muldenkipper 6 × 6**
Radstand	3600 + 1420 mm	3600 + 1420 mm	3820 + 1460 mm
Mulde	15 m^3 (Länge 4800 mm)		17,5 m^3 (5200 × 2900 mm)
Gesamtmaße	8125 × 2500 × 3400 mm (Höhe über Schutzschild)	8145 × 2500 × 3435 mm (Höhe über Schutzschild)	8660 × 3100 × 3200 mm (Höhe über Schutzschild)
Reifen	12,00–24 EM Spezial 4 Zwillings-Hinterräder	12,50–24 EM Spezial 4 Zwillings-Hinterräder	14,00–24 EM Spezial 4 Zwillings-Hinterräder
Wagengewicht	17 600 kg	18 000 kg	21 500–24 300 kg
Zuläss. Gesamtgewicht	39 600 kg	42 500 kg	53 600–57 500 kg
Nutzlast	22 000 kg	24 500 kg	32 100–33 200 kg

Ostner (1950–1955)

Die Fahrzeugfabrik Willy Ostner in Dresden baute von 1921 bis 1936 die O. D.-Motorräder. 1932 kam die Produktion der O. D.-Lieferdreiräder hinzu, die sich so gut entwickelte, daß 1935 die ehemaligen Elite-Diamant-Werke in Brand-Erbisdorf übernommen werden konnten. Dort stellte man Dreirad-Lieferwagen mit 200 und 400 ccm-Motoren her, aber auch Vierrad-Lieferwagen, zunächst mit 600 ccm-Zweitaktmotor, bald aber mit dem 1,1 Liter-Motor aus dem Ford Eifel. Nach dem Krieg ließ sich Willy Ostner in der oberpfälzischen Stadt Sulzbach-Rosenberg nieder, wo er zunächst ab 1948 Gespannwagen für landwirtschaftliche Zwecke baute. 1950 wurde der etwas modernisierte Vierrad-Lieferwagen Ostner Rex 4 weitergebaut, dem später der Rex Diesel und schließlich die Eilfrachter Rex 15 und 18 folgten. Am 1. 5. 1955 war die Fahrzeugfabrik Willy Ostner von den Faun-Werken übernommen worden, welche die Produktion der Ostner Automobile 1958 auslaufen ließen, dort aber noch bis 1970 die daraus weiterentwickelten Faun F 24 Eilfrachter herstellten. Willy Ostner ist 1959 verstorben. Die von ihm errichtete Fabrik in Sulzbach-Rosenberg dient heute als Reparaturwerk für Faun Muldenkipper und Baumaschinen.

Produktion

	Ostner Rex 4	Ostner Rex Kombi	Ostner Rex 15	Faun (Ostner) Rex 18	
1950	184				**184**
1951	289				**289**
1952	241				**241**
1953	232	21			**253**
1954	217	73			**290**
1955	83	2	14		**99**
1956	39		52	77	**168**
1957			96	37	**133**
1958			12	3	**15**
					1672

Ostner Rex 4 Kofferwagen 1950–1952

Ostner Rex 18 Kofferwagen 1956

	Ostner Rex 4 1950–1952		Ostner Rex 4 1952–1956	
Bauart	Kleiner Hauben-Lastwagen in herkömmlicher Bauart			
Motor	Ford Taunus		Ford Taunus 12 M	
Zylinder	4 (Reihe)		4 (Reihe)	
Hubraum	63,5 × 92,5 mm, 1172 ccm		63,5 × 92,5 mm, 1172 ccm	
Leistung	34 PS bei 4250 U/min		38 PS bei 4250 U/min	
Getriebe	4 Gang		4 Gang	
Rahmen	U-Profil-Leiterrahmen			
Vorderradaufhängung	Starrachse, Halbfedern			
Hinterradaufhängung	Starrachse, Halbfedern			
Fußbremse	Hydraulisch, 4 Räder			
	Pritschenwagen	**Pritschenwagen**	**Pritschenwagen**	**Pritschenwagen**
Radstand	2860 mm	3120 mm	2800 mm	3200 mm
Spur vorn/hinten	1460/1460 mm	1460/1460 mm	1470/1470 mm	1470/1470 mm
Ladefläche	2500 × 1700 mm	2800 × 1700 mm	2500 × 1670 mm	2900 × 1670 mm
Gesamtmaße	4650×1800×2000 mm	5200×1800×2000 mm	4800×1800×2000 mm	5200×1800×2000 mm
Reifen	vorn 6,00–16 extra, hinten 6,50 oder 7,00–16 extra	vorn 6,00–16 extra, hinten 6,50 oder 7,00–16 extra	vorn 6,00–16 extra, hinten 6,50 oder 7,00–16 extra	vorn 6,00–16 extra, hinten 6,50 oder 7,00–16 extra
Wagengewicht (mit Fahrer)				
Zuläss. Gesamtgewicht				
Nutzlast	1000 bis 1200 kg	1000 bis 1200 kg	1000 bis 1200 kg	1000 bis 1200 kg
Preis			DM 6900,–	DM 7100,–

	Ostner Rex Diesel 1954–1956	Ostner Rex 15 Eilfrachter 1955–1956 Faun Rex 15 Eilfrachter 1957–1958	Ostner Rex 18 Eilfrachter 1956 Faun Rex 18 Eilfrachter 1957–1958
Bauart	Kleiner Lastwagen in herkömmlicher Bauart	Kleiner Frontlenker-Lastwagen Motor zwischen den Sitzen	
Motor	I.H.C. Dieselmotor	Ford Taunus 15 M	I.H.C. Dieselmotor
Zylinder	4 (Reihe)	4 (Reihe)	4 (Reihe)
Hubraum	82,6 × 101,6 mm, 2175 ccm	82 × 70,9 mm, 1498 ccm	82,6 × 101,6 mm, 2175 ccm
Leistung	40 PS bei 2400 U/min	55 PS bei 4250 U/min	40 PS bei 2400 U/min
Getriebe	4 Gang	4 Gang	4 Gang
Rahmen		U-Profil-Leiterrahmen	
Vorderradaufhängung		Starrachse, Halbfedern	
Hinterradaufhängung		Starrachse, Halbfedern	
Fußbremse		Hydraulisch, 4 Räder	
	Pritschenwagen	**Pritschenwagen**	**Pritschenwagen**
Radstand	3400 mm	2620 mm	2620 mm
Spur vorn/hinten	1350/1460 mm	1464/1464 mm	1464/1464 mm
Ladefläche		2850 × 1900 mm	2850 × 1900 mm
Gesamtmaße		4550 × 1900 × 2080 mm	4550 × 1900 × 2080 mm
Reifen	6,00–18 extra Zwillings-Hinterräder	6,00–16 extra Zwillings-Hinterräder	6,00–16 extra Zwillings-Hinterräder
Wagengewicht (mit Fahrer)	1400 kg	1800 kg	1850 kg
Zuläss. Gesamtgewicht	2900 kg	3300 kg	3600 kg
Nutzlast	1500 kg	1500 kg	1750 kg
Preis	DM 9750,–		

Manderbach (1949–1956)

Louis Manderbach gründete 1899 in Wissenbach (Dillkreis) einen Handwerksbetrieb, der zunächst 30 Jahre lang Pferdefuhrwerke anfertigte. 1928 begann Manderbach mit dem Bau von Liefer-Dreirädern. Diese bestanden aus der vorderen Hälfte eines Motorrads, die hinten eine Pritsche auf zwei Rädern angebaut hatte. Zum Antrieb diente ein 8 PS DKW Zweitaktmotor. Einige Jahre später kam es zur Zusammenarbeit mit der sächsischen Firma Framo, die ähnliche Fahrzeuge herstellte. Von da an bis zum zweiten Weltkrieg wurde bei Manderbach ein Teil der Dreirad-, später auch der Vierrad-Lieferwagen von Framo montiert. Ab 1949 machte Manderbach wieder eigene Kleinlastwagen, wobei er die Konstruktion des Rahmens und des Fahrwerks vom Framo beibehielt. Auch einen DKW Zweitaktmotor wollte er wieder verwenden, doch da dieser zu jener Zeit noch nicht wieder zur Verfügung stand, baute er den 1,2 Liter-Motor des Ford Taunus ein. – Nach dem Tod Louis Manderbachs im Jahre 1949 wurde seine Einzelfirma in eine Kommandit-Gesellschaft unter der Leitung seines Sohnes umgewandelt. 1956 endete die Produktion der Manderbach Kleinlastwagen. Insgesamt 589 Wagen sind nach dem Krieg gebaut worden.

Manderbach Kastenwagen 1949–1956

Triro (1950–1954)

Die damalige Maschinenfabrik Möckmühl, heute Agria-Werke GmbH. (Möckmühl/Württemberg) wurde 1945 gegründet und gehört inzwischen zu den führenden Herstellern von Maschinen zur Bodenbearbeitung, Rasen- und Landschaftspflege. Auch Kraftfahrzeuge zählen zum Programm, nämlich Kompaktschlepper in vier Größen. Als die Firma in der ersten Nachkriegszeit nach möglichen Produkten suchte, entwickelte und baute sie, wahrscheinlich angeregt durch die damals rasch populär gewordenen Motorroller, den Triro Dreirad-Lastenroller. Eine große Zukunft war dem ordentlich durchkonstruierten Fahrzeug freilich nicht beschieden, doch immerhin wurden bis 1954 ohne nennenswerte Organisation des Verkaufs 500 Stück an den Mann gebracht.

<table>
<tr><th></th><th>Manderbach
1949–1952</th><th>Manderbach
1952–1956</th></tr>
<tr><td>Bauart</td><td colspan="2">Kleiner Hauben-Lastwagen in herkömmlicher Bauart</td></tr>
<tr><td>Motor</td><td>Ford Taunus</td><td>Ford Taunus 12 M</td></tr>
<tr><td>Zylinder</td><td>4 (Reihe)</td><td>4 (Reihe)</td></tr>
<tr><td>Hubraum</td><td>63,5 × 92,5 mm, 1172 ccm</td><td>63,5 × 92,5 mm, 1172 ccm</td></tr>
<tr><td>Leistung</td><td>34 PS bei 4250 U/min</td><td>38 PS bei 4250 U/min</td></tr>
<tr><td>Getriebe</td><td>3 Gang</td><td>3 Gang</td></tr>
<tr><td>Rahmen</td><td colspan="2">U-Profil-Rahmen, hintere Hälfte hochgezogen</td></tr>
<tr><td>Vorderradaufhängung</td><td colspan="2">Querlenker oben, 1 Querfeder unten</td></tr>
<tr><td>Hinterradaufhängung</td><td colspan="2">Starrachse, Halbfedern</td></tr>
<tr><td>Fußbremse</td><td colspan="2">Mechanisch/Seilzug bzw. (ab 1950) hydraulisch, 4 Räder</td></tr>
<tr><td></td><td>Pritschenwagen</td><td>Pritschenwagen</td></tr>
<tr><td>Radstand</td><td>2700 mm</td><td>2950 mm</td></tr>
<tr><td>Spur vorn/hinten</td><td>1250/1250 mm</td><td>1250/1250 mm</td></tr>
<tr><td>Ladefläche</td><td>2300 × 1500 mm</td><td>2500 × 1700 mm</td></tr>
<tr><td>Gesamtmaße</td><td>4345 × 1600 × 1620 mm</td><td>4545 × 1790 × 1620 mm</td></tr>
<tr><td>Reifen</td><td>5,50–16</td><td>5,50–16</td></tr>
<tr><td>Wagengewicht (mit Fahrer)</td><td>975 kg</td><td>1000 kg</td></tr>
<tr><td>Zuläss. Gesamtgewicht</td><td>1725 kg</td><td>1725 kg</td></tr>
<tr><td>Nutzlast</td><td>750 kg</td><td>725 kg</td></tr>
<tr><td>Preis</td><td>DM 6200,–</td><td>DM 6800,–</td></tr>
<tr><td></td><td>Kastenwagen</td><td>Kastenwagen</td></tr>
<tr><td>Laderaum</td><td>2150 × 1325 × 1030 mm</td><td>2350 × 1650 × 1000 mm</td></tr>
<tr><td>Gesamtmaße</td><td>4300 × 1540 × 1715 mm</td><td>4500 × 1700 × 1650 mm</td></tr>
<tr><td>Wagengewicht</td><td>1040 kg</td><td>1065 kg</td></tr>
<tr><td>Bemerkung</td><td></td><td>Auch mit Radstand 3200 mm sowie mit Reifen 6,00 oder 6,50–16 für 1000 kg Nutzlast lieferbar</td></tr>
</table>

<table>
<tr><th></th><th>Triro
1950–1951</th><th>Triro
1952–1954</th></tr>
<tr><td>Bauart</td><td>Kleiner Dreirad-Lastenroller
Motor steht hinter Vorderrad
Antrieb über Kardanwelle auf Hinterachse</td><td>Kleiner Dreirad-Lastenroller
Motor unterflur unter Fahrersitz
Antrieb über Kardanwelle auf Hinterachse</td></tr>
<tr><td>Motor</td><td colspan="2">Triumph</td></tr>
<tr><td>Zylinder</td><td colspan="2">Einzylinder-Doppelkolben-Zweitakter</td></tr>
<tr><td>Hubraum</td><td colspan="2">2 × 40 × 78 mm, 248 ccm</td></tr>
<tr><td>Leistung</td><td colspan="2">9,5 PS bei 3500 U/min</td></tr>
<tr><td>Getriebe</td><td>3 Gang</td><td>4 Gang</td></tr>
<tr><td>Rahmen</td><td>V-förmig nach vorn zusammenlaufender U-Profil-Preßstahl-Rahmen</td><td>Zentralrohrrahmen mit Kasten-Querträgern</td></tr>
<tr><td>Vorderradaufhängung</td><td colspan="2">Parallelogramm-Federgabel, 2 Schraubenfedern</td></tr>
<tr><td>Hinterradaufhängung</td><td colspan="2">Starrachse, Halbfedern</td></tr>
<tr><td>Fußbremse</td><td colspan="2">Mechanisch, 3 Räder</td></tr>
<tr><td></td><td colspan="2">Pritschenwagen</td></tr>
<tr><td>Radstand</td><td colspan="2">2610 mm</td></tr>
<tr><td>Spur hinten</td><td colspan="2">1400 mm</td></tr>
<tr><td>Ladefläche</td><td colspan="2">2170 × 1600 mm</td></tr>
<tr><td>Gesamtmaße</td><td colspan="2">3970 × 1600 × 1660 mm</td></tr>
<tr><td>Reifen</td><td colspan="2">6,00–9 extra</td></tr>
<tr><td>Wagengewicht (mit Fahrer)</td><td colspan="2">650 kg</td></tr>
<tr><td>Nutzlast</td><td colspan="2">600 kg</td></tr>
<tr><td>Preis</td><td colspan="2">DM 3675,–</td></tr>
</table>

Kramer (1958–1975)

Die Kramer-Werke in Überlingen am Bodensee brachten es in den zwanziger und dreißiger Jahren mit dem Bau landwirtschaftlicher Schlepper und Motorgeräten zu einem guten Ruf. Diese Tradition ist heute noch lebendig, doch in diesem Buch hier interessieren uns mehr die Kramer Universal-Zugmaschinen, welche im Zeitraum von 1958 bis 1975 angeboten wurden. Zunächst gab es bis 1964 die Typen »Universal 540« und »Universal 800«, die sich nur durch den 54 PS oder den 80 PS Deutz Dieselmotor unterschieden. Sonstige Hauptmerkmale waren die Portalachsen mit gleich großen Rädern, der Allrad-Antrieb und die Lade- oder Ballast-Pritsche für 1,2 t Nutzlast. Die Zugleistung betrug 20 t.

Diese Hauben-Zugmaschinen wurden 1964 durch die »Universal UF 900« in Frontlenker-Bauart abgelöst. Sie war als Zugmaschine wie auch als vielseitiger Geräteträger geeignet. Lade- oder Ballast-Pritsche für 3,2 t Nutzlast. Aus der UF 900 wurde 1967 die UF 1000 mit 100 PS Deutz Dieselmotor. Eine in geringer Stückzahl gebaute Abwandlung war die UF 1003 (6 × 6), ein Dreiachs-Fahrgestell mit Allrad-Antrieb, hauptsächlich bestimmt für Sonderaufbauten. Mit der Traktoren-Baureihe 914, 1014 und 1214, die 1975 erschien, hat Kramer den Bau von Straßen- und Universal-Zugmaschinen aufgegeben.

Kramer Zugmaschine »Universal 540« 1958–1964
Kramer Zugmaschine »Universal 800« 1958–1964

Kramer Zugmaschine »Universal UF 900« 1964–1967
Kramer Zugmaschine »Universal UF 1000« 1967–1975

Enser (1958–1971)

Bis 1950 lieferte Hanomag die kleine Straßenzugmaschine ST 20. Der Bestand reichte zwar noch eine Zeitlang aus, doch nach wenigen Jahren stellte sich ein deutlicher Nachholbedarf heraus. Dies veranlaßte August Enser, Inhaber einer großen Hanomag Vertretung in Fürth/Bayern, für Abhilfe zu sorgen. Im Einvernehmen mit Hanomag baute er mittels Verkürzung des Rahmens, einer kurzen Kardanwelle, einer kurzen Brücke sowie angepaßter Antriebsübersetzungen normale Hanomag Lastwagen zu Straßenzugmaschinen um.

Die ersten 70 Hanomag Straßenzugmaschinen Typ »Enser« entstanden 1959 bis 1960 aus dem Hauben-Fahrgestell L 28 mit 50 PS-Motor, 4 oder 5 Gang-Getriebe und Pritschen- oder Kofferaufbau. Radstand 2110 mm, Zugleistung 14 t.

Diesen folgten zwischen 1960 und 1967 etwa 200 Fahrzeuge auf der Basis des Frontlenkers Hanomag Kurier mit 50 bzw. später 60 PS. Zugleistung 20 t. Außerdem wurden auf Betreiben der Bundespost, des

Hanomag L 28
Straßenzugmaschine Typ »Enser«
1958–1960

Hanomag F-Serie
Straßenzugmaschine Typ »Enser«
1967–1971

wichtigsten Kunden, um 1965 aus dem Hanomag AL 28 etwa 15 Allrad-Zugmaschinen mit 70 PS entwikkelt.

Ab Ende 1967 bis 1971 stellte Enser aus der Hanomag F-Serie ungefähr 70 Straßenzugmaschinen mit 65 und 80 PS-Motor her.

Nachdem die Hanomag nun zu Daimler-Benz gehörte, übernahm Enser die Vertretung für Fiat Lastwagen und baute 7 Exemplare dieser Marke ebenfalls zu Straßenzugmaschinen um. Ein nennenswerter Bedarf hierfür bestand freilich nicht mehr, seit sich Container- und Wechselaufbauten nachhaltig durchgesetzt haben. Das Autohaus Enser, inzwischen nach Nürnberg umgezogen, arbeitet heute für Iveco-Magirus.

Titan (ab 1971)

Die Titan GmbH. im badischen Appenweiler befaßt sich seit ihrer Gründung im Jahr 1971 mit dem Bau schwerer und überschwerer Spezialfahrzeuge. Begonnen hat es mit knickgelenkten Plattformfahrzeugen für den Braunkohlentagebau, mit Tiefladern und Autokran-Fahrgestellen. Mehr Bekanntheit gewann der Name Titan, seit die Firma im Jahr 1977 mit der Fertigung von Schwerlast-Zugmaschinen anfing. Basisfahrzeug hierfür war ursprünglich vor allem der Mercedes-Benz Allrad-Kipper Typ 2632 AK 6 × 6 mit 420 PS V12-Saugdiesel und Wandler-Schaltgetriebe. Als Daimler Jahre später selbst Schwerlast-Zugmaschinen serienmäßig lieferte, ging die Titan GmbH. dazu über, solche Fahrzeuge vorzugsweise von MAN und Iveco-Magirus Schwerlastwagen abzuleiten. Mehr und mehr aber verwendet Titan inzwischen eigene Fahrgestelle mit Motoren nach Kundenwunsch. So liefert das Unternehmen beispielsweise an die Firma Rosenbauer (Linz/Österreich) die Fahrgestelle für deren Flugfeld-Lösch- und Tankfahrzeuge. – Im Mai 1987 ging die nunmehrige Titan Spezialfahrzeuge GmbH. an die schweizerische Dornier-Unternehmensgruppe über, die übrigens nicht zu jenem Komplex gehört, der sich jetzt im Besitz der Daimler-Benz AG. befindet.

Titan Schwerlast-Zugmaschine
entwickelt aus
Mercedes-Benz 2632 AK 6 × 6
mit 420 PS V12 Saugdiesel
und Wandler-Schaltgetriebe
1981

Der bis dahin wohl größte und aufwendigste Transport in der Bundesrepublik fand Mitte April 1987 statt, als der außer Dienst gestellte Seenotkreuzer »Theodor Heuss«, auf dem Wasserweg von der Nordsee bis nach Nürnberg gekommen, von dort auf der Straße ins Deutsche Museum nach München gebracht wurde. Das Schiff selbst ist 23 Meter lang, sein Landtransport ergab einen 55 Meter langen und 120 t schweren Lastzug. Die mächtige Ladung war auf zwei Plattformwagen mit je 6 Achsen aufgesattelt worden. Als Vorspann diente eine Vierachs-Schwerlast-Zugmaschine von Titan, für die als Basisfahrzeug ein MAN mit 615 PS V12-Motor verwendet worden war.

Die Feuerwehr des Frankfurter Rhein-Main-Flughafens besitzt seit Juni 1986 neue Flugfeld-Großlöschfahrzeuge, 5 an der Zahl. Jeder dieser Giganten führt 11 600 Liter Wasser, 1200 Liter Schaummittel und 2000 kg Löschpulver mit. Geliefert wurden die Fahrzeuge von der Konrad Rosenbauer KG. (Linz/Österreich), einer in Fachkreisen hochangesehenen Fabrik für Feuerwehrgeräte. Für den »Simba 8 × 8« – so lautet die Typenbezeichnung – entwickelte und baut die Firma Titan ein Spezialfahrgestell, ausgerüstet mit 1250 PS MTU-Motor im Heck, ZF Viergang-Automatik, Vierrad-Antrieb (beide vorderen Antriebsachsen lenkbar) und Luftfederung. Die Höchstgeschwindigkeit des Simba 8 × 8 beträgt 125 km/h, beschleunigen kann er von 0 auf 80 km/h in 25 Sekunden bei 44 t Einsatzgewicht.

Eicher (1963–1967)

Eicher 70 PS Pritschenwagen 1966/67

Auf der Frankfurter Automobil-Ausstellung 1963 brachte die im südbayerischen Raum recht angesehene Schlepper- und Landmaschinenfabrik Eicher, damals ansässig in Landshut und Dingolfing, auch einen richtigen Lastwagen heraus, nämlich einen Frontlenker für 3 bis 3,5 t Nutzlast. Innerhalb von zwei Jahren wurden davon etwa 300 Stück gebaut und verkauft. Das Fahrzeug war so gut gelungen, daß es von Magirus-Deutz in das eigene Verkaufsprogramm übernommen wurde, wobei als einzige wesentliche Änderung der luftgekühlte Eicher Dieselmotor durch einen ebenfalls luftgekühlten Deutz Diesel ersetzt wurde. Der »Magirus-Eicher« wurde weiterhin im Lohnauftrag bei Eicher hergestellt (bis zu 200 Stück jährlich), bis im Zeichen der Iveco ein abgewandelter Fiat, die spätere Zeta-Baureihe, an seine Stelle trat.

Econom (1950–1954)

Oberingenieur Helmut Butenuth, zeitlebens ein unruhiger und schöpferischer Geist, entwickelte 1949 einen Nahverkehrs-Lastwagen für 4,5 bis 5 t Nutzlast. Er ging von der Überlegung aus, daß ein normaler Fünftonner, der nur im Stadt- und Nahverkehr läuft, übermotorisiert ist und deshalb unwirtschaftlich betrieben wird. Aus handelsüblichen Baugruppen konfektionierte er deshalb selbst einen Lastwagen nach seinen Vorstellungen. Der »Econom« erhielt einen 28 PS MWM Zweizylinder-Dieselmotor, Viergang- und Zusatzgetriebe von Prometheus, Achsen von Ford, Fahrerhaus von Gaubschat und Pritsche von Buhne. Mit Unterstützung des Magistrats von West-Berlin errichtete Butenuth in Spandau einen Betrieb zur Herstellung seiner Fahrzeuge. Dort baute er von 1950 bis 1954 immerhin 153 Econom Lastwagen für 4,5 bis 5 t Nutzlast, 27 Sattelzugmaschinen mit 40/45 PS-Motor, 83 Kommunalfahrzeuge der verschiedensten Art, 5 Dreiachser (2 Lenkachsen vorn, 63 PS Kämper Vierzylinder-Dieselmotor, 6,5 t Nutzlast) sowie ferner 18 Stück eines 1,7 t Lastwagens, von welchem Bilder und Einzelheiten nicht überliefert sind. Das Konzept des Econom, für die Nachkriegsverhältnisse in Berlin durchaus zeitgemäß, hatte freilich bald keine Zukunft mehr. Die Produktion hörte auf und Butenuth konzentrierte sich wieder als größter Ford-Händler Berlins auf die Leitung seines Autohauses.

Econom 5 t
1950–1954

Wendax (1949/50)

Die Firma Draisinenbau Dr. Alpers (Hamburg), die damals mit ihren unglaublich primitiven Wendax Personenwagen den Automobilmangel jener Zeit auszunützen trachtete, baute 1949/50 auch etwa 20 Vorderlader-Lieferdreiräder sowie etwa 10 Frontlenker-Transporter für 1,2 t Nutzlast mit Frontantrieb und gebrauchten (!), aus Wehrmachtsbeständen aufgekauften Volkswagen-Motoren. Die Nutzfahrzeuge erwiesen sich von ebenso minderwertiger Beschaffenheit wie die Personenwagen. Der Verfasser dieses Buches hat durch seinen damaligen Bericht »In Sachen Wendax« (»Das Auto« Heft 6/1951) dem skandalösen Spuk ein Ende bereitet.

Wendax Front Typ 1200 (1949–1950)

Krauss-Maffei (1955)

Krauss-Maffei KMO 131 Paketpostwagen 1950

Die Krauss-Maffei AG. in München begann nach 1945 auf Betreiben der amerikanischen Besatzungsmacht den Bau großer Heckmotor-Omnibusse. Das lief eine Zeitlang recht gut, ist aber für die vorliegende Dokumentation nur insofern relevant, als 1949/50 zwei Omnibus-Fahrgestelle für die Post und eines für einen Privatkunden mit Kastenaufbauten versehen wurden.

Ferner wünschten die Amerikaner, daß Krauss-Maffei auch einen 4,5 t Lastwagen entwickeln und bauen solle. Das Projekt lief zwar an, wurde aber bald nicht mehr weiterverfolgt, als man erkannte, daß die notwendige Produktionskapazität weder vorhanden noch mit eigenen Mitteln zu schaffen war.

Darüber hinaus plante man bei Krauss-Maffei auch den Bau eigener Motoren, um nicht auf die Dauer von Fremdaggregaten abhängig zu sein. Die Wahl war auf den Schnürle Zweitakt-Diesel gefallen. Ausgiebige

Versuche sowie die Vorbereitung der Serienproduktion kosteten eine Menge Geld. Doch glücklicherweise wurde das Vorhaben gerade noch rechtzeitig aufgegeben, so daß weitere unabsehbare Verluste und Schäden von der Firma abgewendet waren.

Schließlich fiel in die Zeit um 1954 die Entwicklung der Sattelzugmaschine KMS 302. Sie war von der Bundesbahn speziell für den Huckepackverkehr gewünscht worden. 10 Exemplare wurden an die Deutsche Bundesbahn geliefert.

Krauss-Maffei KMS 302 Sattelzugmaschine 1954

Neoplan Rettungswagen (ab 1985)

Den in Deutschland gebräuchlichen Rettungs- und Notarztwagen fehlen in geradezu skandalöser Weise gewisse technische Voraussetzungen für den einigermaßen schonenden Transport schwerkranker oder schwerverletzter Patienten. Abgeleitet sind diese Sanitätsfahrzeuge von handelsüblichen Kastenwagen, also Lastentransportern mit Starrachsen und bockharten Blattfedern, wie sie für die Beförderung von Gütern und Waren genügen mögen, aber für kranke Menschen sind es sicherlich die falschen Autos. Dieser merkwürdigerweise weithin unbekannte Sachverhalt veranlaßte die Firma Gottlob Auwärter/Neoplan, deren moderne und komfortable Omnibusse in hohem Ansehen stehen, einen Rettungswagen zu entwickeln, der rein fahrzeugtechnisch die Qualifikation aller seitherigen Typen dieser Art in Frage stellt. Wichtigstes Merkmal des Neoplan Rettungswagens ist die Einzelaufhängung der Vorderräder in Verbindung mit der Luftfederung vorn und hinten. Damit erreicht man viel mehr Schonung für empfindliche Patienten, und außerdem läßt sich der Wagen hinten um 250 mm absenken, was die Be- und Entladung erleichtert. Zum Antrieb dient ein 170 PS Dieselmotor (wahlweise Mercedes-Benz oder MAN). Das Gesamtgewicht beträgt 7490 kg, der Radstand 3600 mm, und die Gesamtmaße belaufen sich auf 6000 × 2350 × 2700 mm. Bei der Frankfurter Feuerwehr befindet sich seit Februar 1985 ein Musterwagen in Einsatz, ein zweiter (mit kürzerem Radstand) läuft dort seit September 1987. Als hinderlich für die weitere Verbreitung des neuen Rettungswagens erweist sich bisher der relativ hohe Anschaffungspreis, der freilich immer höher liegen wird als bei einem technisch primitiven Großserien-Blechkasten. Außerdem ist der Neoplan zu breit geraten, wodurch er im dichten Verkehr und bei engen Durchfahrten schlecht vorankommt. Die endgültige Ausführung sollte 200 bis 300 mm schmaler sein. Dessenungeachtet bleibt die Initiative der Firma Auwärter/Neoplan in höchstem Maße lobenswert, mit der hier ein Versuch unternommen wird, endlich einen zeitgemäßen Rettungswagen anzubieten.

Neoplan N 907
Notarzt- und Rettungswagen
Medizintechnische Einrichtung: Binz
1985

EWK Schwimm-Lastwagen (1982)

Die Eisenwerke Kaiserslautern (EWK) entwickeln und produzieren interessante Spezialfahrzeuge und -geräte, die überwiegend militärischen Zwecken und da vor allem der besseren Wasserbeweglichkeit dienen. Bekanntestes Erzeugnis der Firma ist das Amphibische Brücken- und Übersetzfahrzeug M 2 der Bundeswehr, aber auch Falt-Schwimmbrücken, Brückenpanzer sowie Pionier-Panzer stammen von EWK. – Ein Einzelstück blieb bisher der nach jahrelanger Entwicklung 1982 vorgestellte Schwimm-Lkw »Bison«. Er ist ein hochgeländegängiger und dazu voll schwimmfähiger Lastwagen für 7 t Nutzlast. Mit seiner überzeugenden Konzeption, verbunden mit originellen technischen Lösungen dürfte er der beste Schwimm-Lastwagen sein, den es bisher gegeben hat. Fachleute aus aller Welt bestaunen ihn. Daß der Bison dennoch bisher keinen Großabnehmer gefunden hat, wofür nur das Militär irgendeines Landes in Frage käme, liegt vor allem an einem grundsätzlichen Problem: Einzelne oder einige wenige Wagen können rein taktisch nichts von Bedeutung bewirken, eine ganze Flotte solcher Wagen aber wäre, gemessen an den begrenzten Einsatzmöglichkeiten, viel zu teuer. Ferner kommt ein psychologisches Moment dazu: Landsoldaten gehen unter gefechtsmäßigen Bedingungen nur höchst widerwillig auf das Wasser! Deshalb dürfte der Bison ein militärisches Schau- und Studienobjekt ohne praktische Bedeutung und somit geschäftlich leider ein Mißerfolg bleiben.

	EWK»Bison« Prototyp 1982	
Bauart	Amphibischer Frontlenker-Mehrzweck-Lastwagen 4 × 4	
Motor (wahlweise)	Daimler-Benz OM 422 A Direkteinspritz-Dieselmotor mit Abgas-Turbolader	KHD BF 8 L 413 F Direkteinspritz-Dieselmotor mit Abgas-Turbolader
Zylinder	V8 (Wasserkühlung)	V8 (Luftkühlung)
Bohrung × Hub	128 × 142 mm	120 × 125 mm
Hubraum	14 620 ccm	11 310 ccm
Leistung	320 PS (235 kW) bei 2300 U/min	320 PS (235 kW) bei 2500 U/min
Getriebe	ZF Automatik (6 Gang + Wandler) + 3 Wellen-Verteilergetriebe	
Vorderradaufhängung	2 Längslenker, 1 Querlenker, Schraubenfedern	
Hinterradaufhängung	2 Längslenker, 1 Querlenker, Schraubenfedern	
Aufbau	Selbsttragender Leichtmetall-Aufbau als Schwimmkörper, dazu 2 aufblasbare Seitenschwimmer aus Neoprene	
	Pritschenwagen	
Radstand	5100 mm	
Spur vorn/hinten	2120/2150 bzw. (bei Reifen 16,00–25) 2020/2050 mm	
Laderaum	6030 × 2330 × 1540 mm	
Gesamtmaße	9340 × 2700 (2500) × 3400 mm	
Reifen	20,5 oder 16,00–25 Michelin XL Einzel-Hinterräder Reifendruck-Regelanlage	
Wagengewicht	11 000 kg	
Zuläss. Gesamtgewicht	18 000 kg	
Nutzlast	7000 kg	
Höchstgeschwindigkeit	Straße 100 km/h, Wasser 12 km/h	
Fahrbereich	Straße 900 km, Wasser 7 Stunden	

→
→
→

EWK »Bison« Schwimm-Lastwagen Prototyp 1982

Elektro-Last- und Lieferwagen

Wiewohl das elektrisch betriebene Kraftfahrzeug fast so alt ist wie das Automobil mit Verbrennungsmotor, hat es im Gegensatz zum letzteren in technischer Hinsicht seither kaum Fortschritte gemacht. Deshalb haben im Straßenverkehr der Benzin- und der Dieselmotor den Elektromotor nahezu völlig verdrängt. Immer dann freilich wird versucht, die erhofften oder tatsächlichen Vorzüge des Elektro-Automobils wieder zu aktivieren, wenn das Benzin knapp oder teuer wird. Das war zum Beispiel in den ersten Nachkriegsjahren der Fall. Und in jüngerer Zeit besann man sich infolge der Energiekrise auf den irrtümlicherweise als Alternative erwogenen Batterieantrieb.

Vor allem wegen seines beschränkten Fahrbereichs kommt der Batterieantrieb für den Fern- und Reiseverkehr überhaupt nicht in Betracht. Seine eventuelle Eignung beschränkt sich auf den Nah-, den Zustell- oder den Verteilerverkehr, und zwar vor allem dann, wenn häufig angehalten und wieder angefahren werden muß. Typisches Beispiel ist der Paketzustelldienst der Post. Doch selbst dort werden seit 30 Jahren keine Elektrofahrzeuge mehr beschafft, weil sie einerseits zu langsam, andererseits zu teuer sind. Wenn man sich inzwischen dennoch wieder der Elektro-Automobile erinnert, so geht man dabei, vor allem inbezug auf die staatlichen Förderungen, meistens von ganz falschen, ja möglicherweise vielleicht von gar keinen Überlegungen aus.

1. Das Elektro-Automobil beansprucht zwar unmittelbar keinen Benzin- oder Dieselkraftstoff, aber es verbraucht keineswegs weniger Energie wie jedes andere Kraftfahrzeug. Der elektrische Strom, der zum Aufladen der Batterie aus der Steckdose entnommen wird, muß ja ebenfalls unter entsprechendem Energieaufwand in einem E-Werk erzeugt werden.

2. Elektro-Autos verursachen zwar tatsächlich ganz wenig Fahrgeräusche, aber letztlich auch nicht weniger als ebenso langsam und bedächtig gefahrene Wagen mit Benzinmotor. Und auch die Luftverschmutzung wird beim Gebrauch von Elektro-Automobilen ja absolut nicht beseitigt, sondern nur verlagert. Abgase und Gestank entstehen halt jetzt nicht mehr am Fahrzeug, sondern beim E-Werk.

3. Fanatische Umweltschützer und ahnungslose, unbelehrbare Kernkraftgegner sind meistens ein und dieselben Leute. So sie den massenhaften Einsatz von Elektro-Autos fordern, wissen sie überhaupt nicht, wovon sie reden. Schon heute würde die Kapazität unserer Stromversorgung bei weitem nicht ausreichen, wenn tatsächlich in kurzer Zeit eine größere Zahl batteriegetriebener Fahrzeuge auf die Straßen käme. Sollte deren massenhafter Einsatz früher oder später dennoch erfolgen, dann würde derart viel zusätzlicher Strom benötigt, daß erst recht und noch viel mehr Kernkraftwerke gebaut werden müßten, als uns allen lieb sein kann.

So wird es wohl noch lange oder für immer dabei bleiben, daß Elektrofahrzeuge fast nur als Fahrerstand- oder Fahrersitzkarren eine Rolle spielen, die aber kaum im Straßenverkehr, sondern fast ausschließlich als innerbetriebliche Beförderungsmittel verwendet werden. Aber es gab und gibt auch elektrische Last- und Lieferwagen in geringer Zahl, die für den Straßenverkehr bestimmt sind.

	Borgward BE 3000 1945–1949 Lloyd EL 3000 1949–1954	Eßlingen EL 3001 1945–1968
Bauart	Normaler Kurzhauber-Lastwagen mit Elektro-Antrieb	Normaler Kurzhauber-Lastwagen mit Elektro-Antrieb
Antrieb	1 Elektro-Motor	1 Elektro-Motor
Motorleistung	10,3 kW (14 PS)	12,5 kW (17 PS)
Normalbatterie	160 V 250 Ah	160 V 250 Ah
Radstand	3500 mm	4000 mm
Spur vorn/hinten	1640/1600 mm	1650/1500 mm
Ladefläche	4000 × 2100 mm	4000 × 2000 mm
Reifen	7,50–20 extra Zwillings-Hinterräder	7,50–20 extra Zwillings-Hinterräder
Wagengewicht mit Batterie	4450 kg	4400 kg
Nutzlast	3000 kg	3000 kg
Geschwindigkeit	beladen 24, leer 28 km/h	beladen 24, leer 28 km/h
Reichweite	beladen 70, leer 100 km	beladen 70, leer 100 km

	Still EWL 1502 **1950–1952**
Antrieb	Je 1 gekapselter Hauptstrom-Elektromotor an jedem Hinterrad
Leistung	Je 2,2 kW = 6 PS, Gesamtleistung 4,4 kW = 12 PS
Batterie	80 V 200 Ah 40 Zellen, untergebracht in 2 Trögen
Fahrschalter	automatisch, 4 Vorwärts- und 4 Rückwärts-Fahrstufen betätigt durch Kontaktbügel unterhalb des Lenkrads Stromlose Momentschaltung vermeidet Kontaktabbrand
Fahrwerk	Zentralrohrrahmen
Vorderradaufhängung	achslos, 2 Querfedern
Hinterradaufhängung	achslos, Halbfedern
Lenkung	ZF-Roß
Fußbremse	Mechanisch, Hinterräder
Handbremse	Mechanisch, Hinterräder
Allgemeine Daten	**Pritschenwagen**
Radstand	2080 mm
Spur vorn/hinten	1500/1500 mm
Gesamtmaße	4690 × 1930 × 1850 mm
Felgen	5″–20 L
Reifen	6 × 20″ eHD
Wendekreis-∅	9,4 Meter
Laderaum	3200 × 1800 × 400 mm (Höhe Bordwand)
Ladefläche über Boden	950 mm
Wagengewicht (mit Fahrer)	Ohne Batterie 1455 kg, mit Batterie 2175 kg
Zuläss. Gesamtgewicht	3600 kg
Nutzlast	1425 kg
Sitzplätze	1 + 1
Höchstgeschwindigkeit	beladen 22, leer 25 km/h
Fahrbereich	leer 90 km, beladen 70 km
Preis	DM 6800,– + Batterie DM 2200,–

Borgward (bis 1949)
Lloyd (1949 bis 1954)

Schon die Ursprungsfirmen von Hansa-Lloyd befaßten sich seit Anfang des Jahrhunderts mit dem Bau von Elektro-Automobilen der verschiedensten Arten. Auch Borgward behielt nach der Übernahme von Hansa-Lloyd diese Fertigung bei, obwohl der Elektro-Lastwagen auf dem Markt längst nur noch eine ganz untergeordnete Rolle spielte. Vor dem zweiten Weltkrieg lieferte Borgward zuletzt jährlich etwa 30 Fahrzeuge. In der gleichen Größenordnung bewegte sich bei Borgward auch in den Jahren 1945 bis 1948 die Produktion des auf Elektroantrieb umgestellten, ansonsten aber handelsüblichen Dreitonner-Lastwagens. Ungeachtet dieser niedrigen Zahlen war damals der Borgward BE 3000 der meistgebaute Elektro-Lastwagen in Deutschland.

Als 1949 die Lloyd-Werke gegründet wurden, übertrug Borgward diesen den Bau der Elektro-Lastwagen, zumal das Stammwerk inzwischen wieder gut ausgelastet war. Lloyd brachte zunächst einen Elektro-Lastwagen für 1,5 t Nutzlast heraus, der aber, außer dem von Borgward übernommenen Dreitonner, mit einem Verkaufsergebnis von etwa 75 Stück ein Mißerfolg blieb. Als wichtigstes Produkt dieses Fertigungszweiges entstand der Lloyd EL 2500, ein von der Bundespost entwickelter Einheits-Paketwagen. 100 Stück davon lieferte Lloyd an die Post, wobei die Aufbauten von NWF (Wilhelmshaven) stammten. 1954 gab Lloyd die Herstellung von Elektrofahrzeugen auf, zumal das Werk nunmehr mit seinen Kleinwagen (»Leukoplastbomber«) hinreichend beschäftigt war.

Borgward BE 3000
Pritschenwagen
1945–1949

Lloyd EL 3000
Pritschenwagen
1949–1954

Lloyd EL 2500
Einheits-Paketwagen
der Deutschen Bundespost
1951–1954

**M.E. (Eßlingen) EL 3000
Pritschenwagen
1945–1968**

**M.E. (Eßlingen) EL 2500
Einheits-Paketwagen
der Deutschen Bundespost
1951–1954**

Eßlingen (bis 1968)

Die Maschinenfabrik Eßlingen, damals hauptsächlich mit dem Bau von Lokomotiven und Waggons beschäftigt, war bereits ein ansehnlicher 4000 Mann-Betrieb, als sie 1924 den Bau von Elektrokarren aufnahm. Deren Produktion betrug in der Folge jährlich zwischen 100 und 200 Stück. Im Jahr 1926 kam der Bau von Elektro-Lastwagen für 1,5, 2,5 und 5 t Nutzlast hinzu, die großenteils an die Reichspost geliefert wurden. Den Höhepunkt erlebte der Fahrzeugbau in Esslingen in der Vorkriegs- und Kriegszeit. 1937 beispielsweise stellte man dort 412 Elektro-Straßenfahrzeuge her. Das waren 38% mehr als 1936 und 35% aller in Deutschland produzierten Vehikel dieser Art. 1941 waren es 572, 1942 immer noch 476 und 1943 sogar 605 Elektro-Fahrzeuge.

Sofort nach Kriegsende konnte die Produktion der Elektro-Karren und des 3 t Elektro-Lastwagens fortgesetzt werden. Noch 1945 kamen 57 Stück des letzteren zur Lieferung, dazu 330 Last- und Industrie-Karren. Der kriegsbedingte Nachholbedarf war freilich bald gedeckt und die Produktion normalisierte sich wieder auf ähnliche Größenordnungen wie früher. Der Bau elektrischer Nutzfahrzeuge in Esslingen ging zu Ende, nachdem 1968 die Fabrik von der Daimler-Benz AG. aufgekauft worden war.

Still (1950 bis 1954)

Die Firma Hans Still (Hamburg), 1920 gegründet, befaßte sich ursprünglich mit der Reparatur und bald mit dem Bau elektrischer Maschinen. 1946 kam die Herstellung von Elektrofahrzeugen hinzu. 1950 brachte die Firma den Elektro-Lastwagen Still EWL 1502 auf den Markt. Dieser war kein elektrifizierter Benzinwagen mit angehängter Batterie, sondern ein von vornherein nur für Elektroantrieb ausgelegter Lastwagen, einem Fahrersitz-Elektrokarren ähnlicher als einem üblichen Automobil.

Still EWL 1502
Elektro-Lastwagen
1950–1954

Still/Tempo Matador 1400
Elektro-Lastwagen
1953–1954

Wohl ab 1953 freilich ging die nunmehrige Hans Still AG. vermutlich aus Kostengründen ebenfalls dazu über, statt der Eigenkonstruktion serienmäßige Automobile, nämlich den Tempo Matador 1400 zu elektrifizieren, gab dann aber bald den Bau von Elektro-Lastwagen völlig auf. An die 300 Stück sind von 1950 bis 1954 insgesamt ausgeliefert worden. Heute gilt die Still AG. als Marktführer bei Elektrokarren, Elektroschleppern, Gabelstaplern, Hubwagen sowie zugehörigen Lade- und Anbaugeräten.

Gaubschat (1953 bis 1975)

Die in Berlin ansässigen Gaubschat Fahrzeugwerke GmbH., gegründet 1904 und 1975 in Konkurs gegangen, beschäftigten sich mit einem außergewöhnlich vielfältigen Programm von Fahrzeugen und Fahrzeugaufbauten. Die bekanntesten Produkte von Gaubschat waren wohl die Doppelstock-Aufbauten der Berliner Omnibusse und die »D-Züge der Landstraße«, 20 Meter lange Omnibus-Züge

Gaubschat ELK 2,5
»Elektrischer Berliner« Typ Krüger
Einheits-Paketwagen der Bundespost
1952–1954

mit Faltbalgverbindung zwischen Motorwagen und Anhänger. Um das Geschäft auch auf Elektro-Lastwagen auszudehnen, wurde 1953 die Tochterfirma Gaubschat Elektrowagen GmbH. aufgezogen. Sie erhielt von der Bundespost den Auftrag zum Bau von 100 kleinen 1 t Paketwagen, darüber hinaus aber konnten nicht mehr als eine Handvoll Elektroautos verkauft werden, so beispielsweise eine Straßenkehrmaschine für die Stadt Augsburg.

DKW (1955)

Die damalige Auto Union GmbH. zeigte auf der Frankfurter Automobil-Ausstellung im September 1955 den »DKW Elektro«, der sich vom DKW Schnell-Laster 3=6 Kastenwagen technisch durch den Antrieb und äußerlich nur durch die beiderseitigen Abdeckbleche für die Batterien unterschied. Die Batterien hatten eine Spannung von 80 V und eine Kapazität von 200 Ah. Der Elektromotor für den Antrieb, vorn statt des Benzinmotors eingebaut, leistete 4,8 PS bei 3200 U/min. Über die Lenkradschaltung wurden 4 elektrische Schaltstufen betätigt. Der DKW Elektro erreichte eine Geschwindigkeit von 35 bis 40 km/h. Mit einer Batterieladung kam man 80 bis 100 km weit. Das zulässige Gesamtgewicht betrug 2580 kg bei einer Nutzlast von 800 kg. – Nur wenige Exemplare des DKW Elektro wurden gebaut. Ein paar davon liefen bei der Bundespost, zwei oder drei bei den Bremer Stadtwerken und einer auf der Insel Wangerooge, bis ihn 1980 ein DKW-Sammler auf das Festland zurückholte.

Volkswagen

Das Volkswagenwerk hatte seit 1975 über 150 Elektro-Transporter hergestellt, die auf dem damaligen VW Typ 2 basierten. Die Fahrzeuge fuhren zu Erprobungs- und Versuchszwecken in der Bundesrepublik und in Berlin, aber auch in den USA und anderen Ländern.

In Berlin lief ab Mai 1980 im Rahmen des vom Bundesministerium für Forschung und Technologie finanzierten Programms »Alternative Energien für den Straßenverkehr« ein drei Jahre dauernder Langzeittest, an welchem sich das Volkswagenwerk mit 40 Elektrotransportern beteiligte. Man erhoffte sich von diesem Großversuch Erkenntnisse über den Einsatz von Lieferwagen im Kurzstreckenverkehr, der Ladetechnik und der Lebensdauer der Batterien sowie der geruch- und geräuschmäßigen Umweltentlastung. Freilich waren diese Dinge längst bekannt, so daß es sich wohl kaum um eine Erprobungs- als vielmehr um eine Propaganda-Aktion handelte, wofür Millionen von Steuergeldern ver(sch)wendet wurden.
Ausgerüstet waren die VW Elektro-Transporter mit einem kompakten Gleichstrom-Transformator als Fahrmotor. Bei einer Spannung von 144 V wurde eine Dauerleistung von 17 kW (23 PS) und eine Höchstleistung von 33 kW (44 PS) erreicht. Die Höchstgeschwindigkeit lag bei 70 km/h und die Reichweite je Batterieladung betrug 50 bis 70 km. Die Batterien verfügen über eine Kapazität von 170 Ah und erfordern bei völliger Entladung 10 bis 12 Stunden Aufladezeit. Bei einem Batteriegewicht von etwa 750 kg und einem Leergewicht des Wagens (mit Fahrer) von 2275 kg stehen für die Zuladung 800 kg zur Verfügung.

Volkswagen Typ 2
Elektro-Transporter
1975

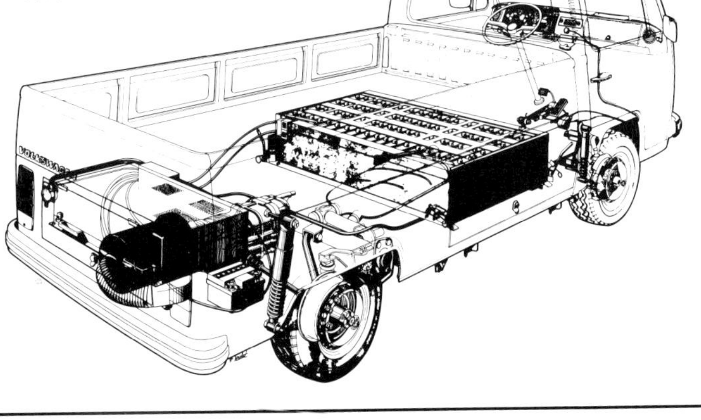

Mercedes-Benz

Im März 1972 wurde der Prototyp des Mercedes-Benz Elektro-Transporters LE 306 vorgestellt. Der Nebenschluß-Gleichstrom-Motor für den Antrieb befand sich beim LE 306 an der Vorderachse. Er leistete je nach Geschwindigkeit 35 bis 56 kW (48 bis 76 PS). Die elektronische Impulssteuerung arbeitete bei allen Fahrvorgängen fast ohne Energieverluste. Die Höchstgeschwindigkeit des Stadtverteiler-Fahrzeugs mit 3,5 bis 3,9 t Gesamtgewicht betrug 80 km/h. Eine Batterieladung reichte 50 bis 100 km weit. Die Batterie (144 V 22 kWh) lag quer zwischen den Achsen. Dank einer »Durchschiebe-Querwechseltechnik« konnte sie innerhalb weniger Minuten ersetzt werden. Gebaut wurden vom Mercedes-Benz LE 306 in den Jahren 1975 bis 1977 insgesamt 59 Exemplare zur Erprobung bei kommunalen Behörden und bei Energieunternehmen. Der Preis von etwa 45 000 DM pro Fahrzeug war enorm hoch, bedingt allerdings auch durch die geringe Stückzahl.

Eine kostengünstigere Weiterentwicklung stellte der Mercedes-Benz Elektro-Transporter 307 E dar, dessen erstes Exemplar 1978 entstand. Hier wurde auf die vollelektronische Arbeitssteuerung und auf die Batterie-Querwechseltechnik verzichtet.

Beim 307 E mit hydrodynamischem Drehmomentwandler beschränkt sich die Anfahrsteuerung auf die Regelung des Fahrmotor-Nebenschlußfeldes. Zwei 90 V-Batterien unter dem Fahrzeugboden lassen sich durch eine Hebevorrichtung leicht nach unten ausbauen. Der Laderaum, durch keinerlei Kästen oder Einbauten beeinträchtigt, entspricht genau dem des Serien-Wagens. Die Nutzlast betrug etwa 1,5 t. Ende 1980 übernahm die Bundespost versuchsweise 22 Einheiten dieses Modells – im Rahmen des von der Bundesregierung finanzierten Programms »Alternative Energien für den Straßenverkehr«. Der Großversuch sollte zeigen, wie sich der Elektroantrieb im Vergleich zu anderen Antriebsarten technisch und wirtschaftlich bewährt. Als ob man dies bei der Post nicht sowieso längst gewußt hätte . . .

Mercedes-Benz LE 306
Elektro-Transporter
(mit Batterie-Wechseltechnik)
1975–1977

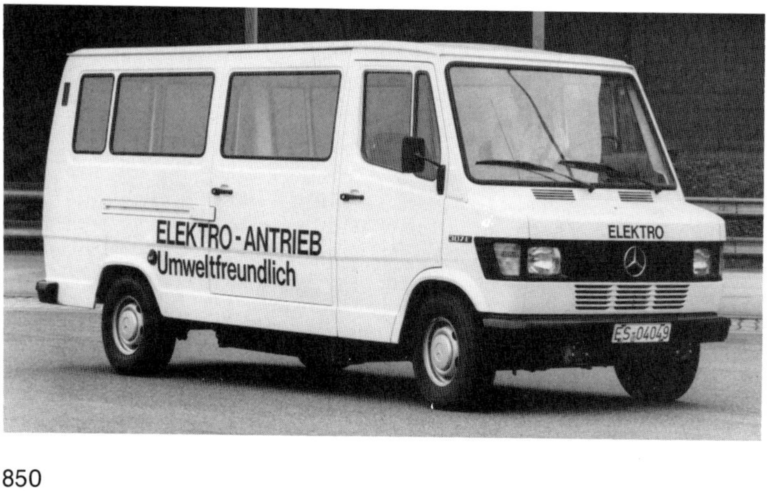

Mercedes-Benz 307 E
Elektro-Transporter
1978

Vorschriften über Maße und Gewichte

Gesetzliche Vorschriften, die das Kraftfahrzeug betreffen, sollten konstruktionsneutral sein. Andernfalls lösen sie Entwicklungen aus, welche der Gesetzgeber und schon gar die gesetzgebenden Politiker nicht voraussehen und erst recht nicht beherrschen können. Markantestes Beispiel hierfür ist die Kraftfahrzeugsteuer, die, soweit es die Personenwagen angeht, nach dem Hubraum gestaffelt ist und geradezu zwingend zum Bau kleinvolumiger, aber hochdrehender Motoren führte. Wiederum aus politischen Gründen ist diese Art der Besteuerung heute fast nicht mehr zu korrigieren.

Konstruktive Beschränkungen per Gesetz sind sicherlich dann angebracht, wenn sie der Verkehrssicherheit oder dem Umweltschutz dienen. Aber auch hier müssen rein sachliche und nicht bloß tagespolitische Erwägungen im Vordergrund stehen. Die Daumenschrauben beispielsweise, die man in der Bundesrepublik nach dem Krieg jahrzehntelang dem Güterkraftverkehr anlegte, dienten ja angeblich vor allem der besseren Verkehrssicherheit und der Straßenschonung, tatsächlich aber wurde damit das rein politische Ziel verfolgt, die Bundesbahn zu entlasten. Mittlerweile aber haben wohl auch die hartnäckigsten Eisenbahnverfechter begriffen, daß mit solchen Maßnahmen von außen her der Bahnmisere nicht beizukommen ist.

In den dreißiger Jahren waren die höchstzulässigen Maße und Gewichte für Lastwagen in wenigen Zahlen festgelegt. So galten im Deutschen Reich seit 1934 die folgenden, recht vernünftigen Grenzwerte: Lastzug-Gesamtlänge max. 22 Meter, Gesamtbreite max. 2,5 Meter, Gesamthöhe max. 4 Meter, letztere allerdings mit Einschränkungen im Hinblick auf die Eisenbahn-Verladefähigkeit.

Hingegen ließ man damals den Fahrzeuggewichten größere Aufmerksamkeit angedeihen, damit die noch großenteils ziemlich schlechten Straßen einigermaßen geschont würden. Im März 1939 wurden mit der letzten diesbezüglichen Verordnung vor dem Krieg die bis dahin recht komplizierten Gewichtsbestimmungen radikal vereinfacht: Achslast max. 9 t, Fahrzeug-Gesamtgewicht max. 14 t.

Nach dem Krieg wurden die erlaubten Gewichte zum ersten Mal im März 1950 der Entwicklung angepaßt: Man erhöhte die zulässige Achslast auf 10,5 t und die Last je Doppelachse auf 14,5 t sowie das zulässige Gesamtgewicht auf 16 t bei Zweiachs- und auf 22,5 t bei Dreiachs-Lastwagen. Für den Lastzug genehmigte man ein Gesamtgewicht von 40 t. Im November 1951 erfolgte eine Modifizierung dieser Vorschriften: 10 t je Einzelachse, 16 t je Doppelachse, Gesamtgewicht 16 t bzw. für Dreiachser 24 t, Lastzuggewicht wie bisher 40 t.

Bewußt ruinöse Beschränkungen wurden dem Bau und dem Betrieb von Lastwagen mit der Verordnung vom 21. 3. 1956 auferlegt, die am 1. 1. 1958 in Kraft traten. Die Achslast wurde auf 8 t (Doppelachse 12 t), das Fahrzeug-Gesamtgewicht auf 12 t (Dreiachser 18 t) und das Lastzuggewicht von 40 auf 24 t reduziert! Gleichzeitig verkürzte man die Gesamtlänge von Lastzügen von 20 auf 14 Meter.

Mit der hieraus resultierenden Strangulierung des Straßengüterverkehrs sollte die Bundesbahn massiv begünstigt werden. In Wirklichkeit geriet die Großtat des damaligen Bundesverkehrsministers Seebohm zu einem grandiosen Mißerfolg. Die Bundesbahn profitierte von dieser Gewaltmaßnahme soviel wie nichts, ihr Defizit, schon damals schwindelerregend hoch, wuchs sprunghaft weiter bis zu den astronomischen Größenordnungen von heute. Solche Verkehrspolitik bewirkte lediglich eine unnötige Verteuerung des Straßengüterverkehrs und der von ihm erbrachten Versorgungsleistungen. Am schlimmsten betroffen waren die mittelständischen Fuhrunternehmer. Die Lastwagenproduktion fiel um ein Drittel zurück, und die Industrie sah sich gezwungen, nunmehr für den Export ganz andere Fahrzeuge zu bauen als für den heimischen Markt.

Die einzige vernünftige Regelung von damals bestand darin, daß ab 1958 eine Mindest-Motorleistung von 6 PS je 1 t Gesamtgewicht vorgeschrieben wurde. Diese Norm, die heute noch gilt, hat zwar inzwischen kaum noch praktische Bedeutung, sorgt aber weiterhin dafür, daß unzumutbar schwachmotorisierte Lastwagen von den Autobahnen ferngehalten werden.

Daß die hanebüchenen, rein politisch motivierten Vorschriften von 1958, die mehr schadeten als nützten, nicht durchgehalten werden konnten, mußte damals selbst die Bonner Regierung für ihre Verhältnisse sehr rasch, nämlich »schon« nach einigen Jahren einsehen. Eine Verordnung vom Juli 1960 lockerte die schlimmsten Strangulierungen. Für den Lastzug wurden jetzt bis zu 32 t Gesamtgewicht zugelassen. Zwar blieb es bei der Achslast von 8 t, doch gestattete man jetzt wenigstens für die Antriebsachse 10 t und für die Doppelachse 14,5 t. Damit war für Zweiachs-Lastwagen ein Gesamtgewicht von 16 t und für Dreiachser von 22 t möglich. Die Lastzuglänge stieg von den lächerlichen 14 auf 16,5 Meter an, was von einer gewissen Einsicht zeugte, aber immer noch viel zu wenig war.

Ab Mai 1965 rangen sich die Herren Politiker endlich wieder zu einer einigermaßen halt- und tragbaren Kompromißlösung durch. Die Achslast »erholte sich« auf 10 t (Doppelachse 16 t), das Lastzuggewicht auf 38 t und die Lastzuglänge auf 18 Meter.

Diese Regelung hatte immerhin 20 Jahre lang Bestand, ehe seit Juli 1986 für die Antriebsachse 11 t Last, für den Zweiachs-Lastwagen 17 t, für den Dreiachser 24 t und für den in der Bundesrepublik erst seit 1984 wieder zugelassenen Vierachser 32 t Gesamtgewicht erlaubt wurden. Das höchstzulässige Lastzug-Gewicht beträgt nunmehr wieder 40 t.

Damit ist eine gewisse Normalisierung erreicht, worüber sich die Automobilindustrie ebenso freut wie das Verkehrsgewerbe. Weitere Fortschritte erwartet man von einer Vereinheitlichung der Verkehrsgesetze in den Ländern der Europäischen Gemeinschaft. Allerdings bedingt jede Änderung der vorgegebenen Maße und Gewichte konstruktive Anpassungen, die zuweilen ebenfalls viel Geld kosten.

Marken-Register